中華大藏經編輯局編

中華大藏經

漢文部分

五一

中華書局

圖書在版編目(CIP)數據

中華大藏經:漢文部分.第51册/《中華大藏經》編輯局編.
—北京:中華書局,1992.7(2021.5 重印)
ISBN 978-7-101-00948-4

Ⅰ.中…　Ⅱ.中…　Ⅲ.大藏經　Ⅳ.B941

中國版本圖書館 CIP 數據核字(2020)第 212085 號

內封題簽:李一氓
裝幀設計:伍端端

中華大藏經(漢文部分)

第五一册

《中華大藏經》編輯局 編

*

中 華 書 局 出 版 發 行
(北京市豐臺區太平橋西里 38 號　100073)
http://www.zhbc.com.cn
E-mail:zhbc@zhbc.com.cn
三河市航遠印刷有限公司印刷

*

787×1092 毫米 1/16・63¼印張・2 插頁
1992 年 7 月第 1 版　2021 年 5 月北京第 4 次印刷
定價:600.00 元

ISBN 978-7-101-00948-4

卷五　（麗藏本）

卷六　（麗藏本）

賢愚經卷第一　䜟

元魏涼州沙門慧覺等在高昌郡譯

梵天請法六事品第一

如是我聞一時佛在摩竭國善勝道場初始得佛念諸衆生迷網邪倒難可教化若我住世於事無益不如遷逝無餘涅槃尒時梵天知佛所念即從天下前詣佛所頭面礼足長跪合掌勸請世尊轉于法輪莫般涅槃佛荅梵天衆生之類塵垢所弊樂著世樂無有慧心若我住世唐勞其功如吾所念唯滅為快尒時梵天復更傾倒而白佛言世尊今日法海已滿法幢已立潤濟開導今正是時又諸衆生應可度者亦甚衆多云何世尊欲入涅槃使此萌類永失覆護世尊往昔無數刧時恒為衆生採集法藥乃至一偈以身妻子而用募求云何不念便欲孤棄過去久遠於閻浮提有大國王号修樓婆領此世界八万四千諸小國邑六万山川八千億聚落王有二万夫人一万大臣時妙色王德力無比覆育民物豐樂无極王心念曰如我今者唯以財寶資給一切無有道教而安立之此是我咎何其苦哉今當推求堅實法財普令得脫即時宣令閻浮提內誰能有法與我說者恣其所須不敢違逆募出周遍無有應者時王憂愁酸切懇惻毗沙門王見其如是欲往試之輙自變身化作夜叉色貌青黑眼赤如血狗牙上出頭髮悉竪火從口出來詣宮門自宣言誰欲聞法我當為說王聞是語喜不自勝躬自出迎前為作礼敷施高座請令就坐即集羣僚前後圍遶欲得聽聞尒時夜叉復告王曰學法事難云何直尒欲得聞知王叉手曰一切所須不敢有逆夜叉報曰若以大王可愛妻子與我食者乃與汝法尒時大王以所愛夫人及兒中勝者供養夜叉夜叉得已於高座上衆會之中取而食之尒時諸王百官羣臣見王如是啼哭懊惱宛轉在地勸請大王令捨此事王為法故心堅不迴時夜叉鬼食妻子盡為說一偈

一切行無常　生者皆有苦　五陰空无相
無有我我所

說是偈已王大歡喜心無悔恨大如毛髮即便書寫遣使頒示閻浮提內咸使誦習時毗沙門王還復本形讚言善哉甚奇甚特夫人太子猶存如故尒時王者今佛身是世尊昔日為法尚尒云何今欲便捨衆生早入涅槃而不救濟又復世尊過去久遠阿僧祇刧於閻浮提作大國王名虔闍尼婆梨典領諸國八万四千聚落二万夫人婇女一万大臣王有慈悲矜及一切人民蒙賴穀米豐賤感佩王恩猶視慈父時王心念我今處尊位居豪首人民於我各各安樂雖復有是未盡我心今當推求妙寶法財以利益之思惟是已遣臣宣令遍告一切誰有妙法與我說者當給所須隨其所欲時有婆羅門名勞度差來詣宮門云我有法王聞之喜即出奉迎前為作礼敷好牀褥請令就座王與左右合掌白言唯願大師垂矜愚鄙開闡妙法令得聞知時勞度差復報王

曰我之智慧追求遐方積學不易云
何直尒便欲得聞王復報曰一切所須
悉見告勑皆當供給勞度差曰大王今
日能於身上剜燃千燈用供養者乃
與汝說王聞此語倍用歡喜即時遣
人乘八万里爲告語一切閻浮提内定
閻婆梨大國王者却後七日爲於法
故當剜其身以燃千燈時諸小王一
切人民聞此語已各懷愁毒悉來詣
王到作礼畢共白之言今此世界有
命之類依恃大王如盲依導孩兒仰
母王薨之後當何所怙若於身上剜
千燈者必不全濟云何爲此一婆羅
門棄此世界一切衆生是時宫中二
万夫人五百太子一万大臣合掌勸
請亦皆如是時王報曰汝等諸人慎
勿却我無上道心吾爲是事捨求作
佛後成佛時必先度汝是時衆人見
王意正啼哭懊惱自投於地王意不
改語婆羅門今可剜身而燃千燈尋
爲剜之各著脂炷衆會見已絶而復
穌以身投地如大山崩王復白言唯
願大師垂哀矜採先爲說法然後燃

燈我命儻斷不及聞法時勞度差便
唱法言
　常者皆盡　高者必墮　合會有離
　生者皆死
說是偈已而便燃火當此之時王大
歡喜心無悔恨自立誓願我今求法
爲成佛道後得佛時當以智慧光明
照悟衆生結縛黑闇作是誓已天地
大動乃至淨居諸天宫殿動揺咸各
下視見於菩薩作法供養毀壞身體
不顧軀命僉然俱下側塞虚空啼哭
之淚猶如盛雨又雨天華而以供養
時天帝釋下至王前種種讃歎復問
之曰大王今者苦痛極理心中頗有
悔恨事不王即言無帝釋復白今觀
王身戰掉不寧自言無悔誰當知之
王復立誓若我從始乃至於今心不
悔者身上衆瘡即當平復作是語已
尋時平復時彼王者今佛是也世尊
往昔苦毒求法皆爲衆生今者滿足
云何捨棄欲入涅槃永使一切失大
法明又復世尊過去世中於閻浮提
作大國王名毗楞竭梨典領諸國八

万四千聚落二万夫人婇女五百太
子一万大臣王有慈悲視民如子尒
時大王心好正法即時遣臣宣令一
切誰有經法爲我說者當隨其意給
足所須有婆羅門名勞度差來詣宫
門言有大法誰欲聞者我當爲說王
聞此語喜不自勝躬出奉迎接足爲
礼問訊起居將至大殿敷施高座請
令就坐合掌白言唯願大師當爲說
法勞度差曰我之所知四方追學勞
苦積年云何大王直尒欲聞王叉手
曰一切所須幸垂勑及於大師所不
敢有惜尋報王言若能於汝身上斵
千鐵釘乃與汝法王即可之却後七
日當辦斯事尒時大王尋時遣人乘
八万里爲遍告一切閻浮提内毗楞竭
梨大王却後七日當於身上斵千鐵
釘臣民聞之悉來雲集白大王言我
等四遠承王恩德各獲安樂唯願大
王爲我等故莫於身上斵千鐵釘尒
時宫中夫人婇女太子大臣一切衆會
咸皆同時向王求哀唯願大王以我
等故莫爲一人便取命終孤棄天下

一切衆生尒時國王報謝之曰我於久遠生死之中終身無數或為貪欲瞋恚愚癡計其白骨高於須弥斬首流血過於五江啼哭之淚多於四海如是種種唐捐身命未曾為法吾今斷釘以求佛道後成佛時當以智慧利劒斷除汝等結使之病云何乃欲遮我道心尒時衆會默然無言於時大王語婆羅門唯願大師垂恩先說然後下釘我命儻終不及聞法時勞度差便說偈言

一切皆無常　生者皆有苦　諸法空無生
實非我所有

說是偈已即於身上斷千鐵釘時諸小王羣臣之衆一切大會以身投地如大山崩宛轉啼哭不識諸方是時天地六種震動欲色諸天怪其所以翕然俱下見於菩薩因苦為法傷壞其身同時啼哭淚如濊雨又雨天花而以供養時天帝釋来到王前而問王言大王今者勇猛精進不憚苦痛為於法故欲何所求欲作帝釋轉輪王乎為欲求作魔王梵王王荅之曰

我之所為不求三界受報之樂所有功德用求佛道天帝復言王今壞身乃如是苦寧悔恨意耶王言無也天帝復言今觀王身不能自持言無悔恨以何為證王尋立誓若我至誠心無悔恨者我今身體還復如故作是語已即時平復天及人民欣勇无量世尊今者法海已滿功德悲備云何欲捨一切衆生疾入涅槃而不說法又復世尊過去久遠無量阿僧祇劫此閻浮提有大國王名曰梵天王有太子字曇摩鉗好樂正法遣使推求四方周遍了不能得

尒時太子求法不獲愁悶懊惱時天帝釋知其至誠化作婆羅門来詣宮門言我知法誰欲聞者吾當為說太子聞之即出奉迎接足為礼將至大殿敷好牀座請令就坐合掌白言唯願大師垂愍為說婆羅門言學事甚難追師積久尒乃得之云何直尒便欲得聞理不可也太子復言大師所須願見告勑身及妻子一皆不惜婆羅門言汝今若能作大火坑令深十丈滿中熾火自投於中以供養者吾乃

與法尒時太子即如其言作大火坑王及夫人羣臣婇女聞是語已不能自寧咸悉都集詣太子宮諫喻太子曉婆羅門唯願慈愍以我等故勿令太子投於火坑若其所須國城妻子及尚我身當為給使婆羅門言吾不相逼隨太子意能如是者我為說法不者不說觀其志固各自默然尒時大王即遣使者乘八万里象宣告一切閻浮提內曇摩鉗太子為於法故却後七日身投火坑其欲見者宜早来會時諸小王四遠士民强弱相扶悉皆雲集詣太子所長跪合掌異口同音白太子言我等諸臣仰憑太子猶如父母今若投火天下喪父永無所怙願愍我曹莫為一人孤棄一切尒時太子語衆人言我於久遠生死之中喪身無數人中為貪更相斬害天上壽盡失欲憂苦地獄之中火燒湯煑斧鋸刀戟灰河劒樹一日之中喪身難計痛徹心髓不可具陳餓鬼之中百毒鑽軀畜生中苦身供衆口負重食草苦亦難數空荷衆苦唐失

身命未曾善心為於法也吾今以此晁䶨之身供養法故汝等云何復欲却我無上道心我捨此身為求佛道後成佛時當施汝等五分法身衆人默然是時太子立火坑上白婆羅門唯願大師為我說法我命儻終不及聞法時婆羅門即便為說此偈

常行於慈心　除去恚害想　大悲愍衆生
矜傷為雨淚　修行大喜心　同己所得法
救護以道意　乃應菩薩行

說是偈已便欲投火尒時帝釋并梵天王各捉一手而復難之閻浮提內一切生類賴太子恩莫不得所今投火坑天下喪父何為自沒孤棄一切尒時太子報謝天王及諸臣民何為遮我無上道心天及人衆即各默然輙自并身投於火坑天地大動虛空諸天同時號哭淚如盛雨即時火坑變成花池太子於中坐蓮花臺諸天雨華乃至於膝尒時梵天大王今父王淨飯是尒時母者今摩耶是尒時太子曇摩鉗者今世尊是世尊尒時如是求法為教衆生今已成滿宜當

潤彼枯槁之類云何便欲捨至涅槃不肯說法又復世尊過去無量阿僧祇刧尒時波羅㮈國有五百仙士時仙人師名欝多羅恒思正法欲得修學四方推求宣告一切誰有正法為我說者隨其所欲悉當供給有婆羅門來應之言吾有正法誰欲聞者我當為說時仙人師合掌白言唯願矜愍垂哀為說婆羅門言學法事難久苦乃獲汝今云何直尒欲聞於理不可汝若至誠欲得法者當隨我教仙人白言大師所勅不敢違逆尋即語曰汝今若能剥皮作紙拆骨為筆血用和墨寫吾法者乃與汝說是時欝多羅聞此語已歡喜踊躍敬如來教即剥身皮拆取身骨以血和墨仰白之曰今正是時唯願速說時婆羅門便說此偈

常當攝身行　而不殺盜婬　不兩舌惡口
妄言及綺語　心不貪諸欲　無瞋恚毒想
捨離諸邪見　是為菩薩行

說是偈已即自書取遣人宣寫閻浮提內一切人民咸使誦讀如說修行世

尊尒時如是求法為於衆生心无悔恨今者云何欲捨一切入於涅槃而不說法又復世尊過去久遠阿僧祇刧於閻浮提作大國王名曰尸毗王所住城号提婆拔提豊樂無極時尸毗王主閻浮提八万四千諸小國土六万山川八千億聚落王有二万夫人婇女五百太子一万大臣行大慈悲矜及一切時天帝釋五德離身其命將終愁憒不樂毗首羯摩見其如是即前白言何為慷慨而有愁色帝釋報言吾將終矣死證已現如今世間佛法已滅亦復无有諸大菩薩我心不知何所歸依是以愁耳毗首羯摩白天帝言今閻浮提有大國王行菩薩道名曰尸毗志固精進必成佛道宜往投歸必能覆護解救危厄天帝復白若是菩薩當先試之為至誠不汝化為鴿我變作鷹急逐汝後相逐詣彼大王坐所便求擁護以此試之足知真偽毗首羯摩復答天帝菩薩大人不宜加苦正應供養不須以此難事逼也尒時帝釋便說偈言

我亦非惡心　如真金應試　以此試菩薩
知為至誠不
說是偈已毗首羯摩自化為鴿帝釋
作鷹急追鴿後臨欲捉食時鴿惶怖
飛趣大王入王腋下歸命於王鷹尋
後至立於殿前語大王言今此鴿者
是我之食來在王邊宜速還我我飢
甚急尸毗王言吾本誓願當度一切
此來依我終不與汝鷹復言曰大王
今者云度一切若斷我食命不得濟
如我之類非一切耶王時報言若與
餘宍汝能食不鷹即言曰唯得新煞
熱宍我乃食之王復念曰今求新煞
熱宍者害一救一於理無益內自思
惟唯除我身其餘有命皆自護惜即
取利刀自割股肉持用與鷹貿此鴿
命鷹報王曰王為施主等視一切我
雖小鳥理無偏枉若欲以肉貿此鴿
者宜稱使停王勅左右疾取稱來以
鉤鉤中兩頭施盤即時取鴿安著一
頭所割身肉以著一頭割股肉盡故
輕於鴿復割兩髀兩脅身肉都盡故
不等鴿尒時大王舉身自起欲上稱

盤氣力不接失跨墮地悶無所覺良
久乃穌自責其心我從久遠為汝所
困輪迴三界酸毒備嘗未曾為福今
是精進立行之時非懈怠時也種種
責已自強起立得上稱盤心中歡喜
自以為善是時天地六種震動諸天
宮殿皆悉傾搖乃至色界諸天同時
來下於虛空中見於菩薩行於難行
傷壞軀體心期大法不顧身命各共
啼哭淚如盛雨又雨天華而以供養
尒時帝釋還復本形住在王前語大
王曰今作如是難及之行欲求何等
汝今欲求轉輪聖王帝釋魔王三界
之中欲求何等菩薩答言我所求者
不期三界尊榮之樂所作福報欲求
佛道天帝復言汝今壞身乃徹骨髓
寧有悔恨意耶王言无也天帝復曰
雖言無悔誰能知之我觀汝身戰掉
不停言氣斷絕言無悔恨以何為證
王即立誓我從始來乃至於今無有
悔恨大如毛髮我所求願必當果獲
至誠不虛如我言者令吾身體即當
平復作誓已訖身便平復倍勝於前

天及世人歎未曾有歡喜踊躍不能
自勝尸毗王者今佛身是也世尊往
昔為於衆生不顧身命乃至如是今
者世尊法海已滿法幢已立法鼓已
建法炬已照潤益成立今正得時云
何欲捨一切衆生入於涅槃而不說
法尒時梵王於如來前合掌讚歎說
於如來先身求法為於衆生凡有千
首世尊尒時受梵王請即便往詣波
羅㮈國鹿野苑中轉于法輪三寶因
是乃現於世時諸人天諸龍鬼神八
部之衆聞說是已莫不歡喜頂戴奉行

摩訶薩埵以身施虎品第二

如是我聞一時佛在舍衛國祇樹給
孤獨園尒時世尊乞食時到著衣持
鉢獨將阿難入城乞食時有一老母
唯有二男偷盜無度財主捕得便將
詣王平事按律其罪應死即付旃陁
羅將至煞處遥見世尊母子三人俱
共向佛叩頭求哀唯願天尊垂濟苦
厄救我子命誠心款篤甚可憐愍如
來慈矜即遣阿難詣王請命王聞佛
教即便放之得脫此厄感戴佛恩欣

踊無量尋詣佛所頭面礼足合掌白言蒙佛慈恩得濟餘命唯願天尊慈愍我等聽在道次佛即可之告曰善来比丘鬚髮自墮身所著衣變成袈裟敬心内發志信益固佛為說法諸垢永盡得阿羅漢道其母聞法得阿那含尒時阿難目見此事歎未曾有讃說如来若干徳行又復咨嗟母子三人宿有何慶值遇世尊得免重罪快哉佛告阿難此三人者非但今日獲涅槃安一身之中特蒙利益何其蒙我得活乃往過去亦蒙我恩而得濟活阿難白佛不審世尊過去世中濟活三人其事云何佛告阿難乃往久遠阿僧祇刧此閻浮提有大國王名曰摩訶羅檀囊秦言大寶典領小國凡有五千王有三子其第一者名摩訶富那寧次名摩訶提婆秦言大天次名摩訶薩埵此小子者少小行慈矜愍一切猶如赤子尒時大王與諸羣臣夫人太子出外遊觀時王疲懈小住休息其王三子共遊林間見有一虎適乳二子飢餓逼切欲還食

之其王小子語二兄曰今此虎者酸苦極理羸瘦垂死加復初乳我觀其志欲自噉子二兄荅言如汝所云弟復問兄此虎今者當復何食二兄報曰若得新煞熱血宍者乃可其意又復問曰今頗有人能辦斯事救此生命令得存不二兄荅言是為難事時王小子内自思惟我於久遠生死之中捐身無數唐捨軀命或為貪欲或為瞋恚或為愚癡未曾為法今遭福田此身何在設計已定復共前行前行未遠白二兄言兄等且去我有私緣比尒隨後作是語已疾從本徑至於虎所投身虎前餓虎口噤不能得食尒時太子自取利木刺身出血虎得舐之其口乃開即噉身肉二兄待之經久不還尋迹推覓憶其先心必能至彼餧於餓虎追到岸邊見摩訶薩埵死在虎前虎已食之血宍塗污自撲墮地氣絶而死經於久時乃還穌活啼哭宛轉迷憒悶絶而復還穌夫人眠睡夢有三鴿共戲林野鷹卒捉得其小者食覺已驚怖向王說之

我聞諺言鴿子孫者也今亡小鴿我所愛兒必有不祥即時遣人四出求覓未久之間二兒已到父母問言我所愛子今為所在二兒哽噎隔塞斷絶不能出聲經于久時乃復出言虎已食之父母聞此躃地悶絶而無所覺良久乃穌即與二兒夫人婇女馳奔至彼死屍之處尒時餓虎食肉已盡唯有骸骨狼藉在地母扶其頭父捉其手哀號悶絶絶而復穌如是經久時摩訶薩埵命終之後生兜率天即自生念我因何行来受此報天眼徹視遍觀五趣見前死屍故在山間父母悲悼纏綿痛毒憐其愚惑啼泣過甚或能於此喪失身命我今當往諫喻彼意即從天下住於空中種種言辞解諫父母父母仰問汝是何神願見告示天尋報曰我是王子摩訶薩埵我由捨身濟虎餓乏生兜率天大王當知有法歸無生必有終惡墮地獄為善生天生死常塗今者何獨没於憂愁煩惱之海不自覺悟懃修衆善父母報言汝行大慈矜及一切

捨我取終吾心念汝荒塞寸絶我苦難計汝修大慈厀得如是於時天人復以種種妙善偈句報謝父母父母於是小得惺悟作七寶函盛骨著中埜埋畢訖於上起塔天即化去王及大衆還自歸宮佛告阿難尒時大王摩訶羅檀厀者豈異人乎今我父王閱頭檀是時王夫人我母摩訶摩耶是尒時摩訶富厀霈者今弥勒是第二太子摩訶提婆者今婆修蜜多羅是尒時太子摩訶薩埵豈異人乎我身是也尒時帝母今此老母是尒時二子今二人是我於久遠濟其急厄危頓之命令得安全吾今成佛亦濟彼厄令其永離生死大苦尒時阿難一切衆會聞佛所說歡喜奉行

二梵志受齋品第三

如是我聞一時佛在舍衛國祇樹給孤獨園尒時初夜有二天來詣於佛所天人身光照曜祇桓皆如金色佛便隨宜演暢妙法心意開悟俱得道迹頭面礼佛還歸天上明日清朝阿難白佛昨夜二天来覲世尊威相晒

著淨光赫弈昔種何德獲斯妙果佛告阿難迦葉如来滅度之後遺法垂末有二婆羅門受持八齋其一人者求願生天其第二人求作國王其第一人還歸其家婦呼共食夫荅婦言向受佛齋過中不食婦復語曰君是梵志自有戒法何緣乃受異道之齋今若相違不共我飯當以斯事語諸梵志使駈擯汝不與會同聞此語已深懐恐怖便與其婦非時而食二人隨壽長短各取命終願作王者持齋完具得生王家願生天者由破齋故乃生龍中時有一人為王守園日日奉送種種果蓏此人後時於泉水中得一異㮈色香甚美便作是念我每出入常為門監所見前却當以與之如念即與門監受已復自思惟我適事時每為黄門之所拙縮當以與之便用斯㮈奉貢黄門黄門納竟轉上夫人夫人得㮈復用獻王王食此㮈甚覺甘美便問夫人從何處得夫人即時如實而對展轉相推到于園監王復召喚而問之曰吾國之中有此

美果何不見奉乃與他人園監於是本末自陳王復告言自今已後常送斯㮈莫令斷絶園監啓曰此㮈無種從泉中得勅使常送無由可辦王復告言若不能得當斬汝身園監還出至彼園中憂愁懊惱舉聲大哭時有一龍聞其哭音變身為人来問之言汝有何事悲哭乃尒是時園監具自宣說龍還入水以多美果著金盤上用與此人因告之言可持此果以奉汝王并騰吾意云吾及王本是親友乃昔在世俱為梵志共受八齋各求所願汝戒完具得為人王吾戒不全生於龍中今欲奉修齋法求捨此身願索八關齋法用遺於我若其相違吾覆汝國用作大海園監於是奉果於王因復說龍所囑之變王聞此已甚用不樂所以者何時世無佛法又滅盡八關齋文今不可得若不稱之恐見危害惟念此理是故愁悒王有大臣冣所敬重王告臣曰神龍從我求索齋法仰卿得之當用寄與大臣對言今世無法云何可得王又告曰汝今

不獲吾當煞卿大臣聞此甚懷惆悵往至自舍此臣有父年老耆舊每從外来和顔悦色以慰父意當於是時父見其子面色改常即便問之何由乃尒於時大臣便向其父委曲自説其父荅曰吾家堂柱每現光明試破看之儻有異物奉父言教令他拖伐取而斬揩得經二卷一是十二因縁經二是八關齋文大臣即持奉上於王王得歡喜不能自勝便以此經著金盤上自送與龍龍獲此經大用欣慶便用好寶贈遺於王受持八齋懃而奉行命終之後生於天宮人王亦復修奉齋法壽盡生天共同一處晝夜俱来諮稟法化應時尋得須陁洹果永息三塗遊人天道徙是巳往畢得涅槃佛説是時一切衆會歡喜奉行

波羅㮈人身貧供養品第四

如是我聞一時佛在舍衛國祇樹給孤獨園是時國中有大長者生一男兒面首端政既生數日復能言語問其父母世尊在不荅曰故在復更問日尊者舍利弗阿難等悉為在不荅

言悉在父母見子生便能言謂其非人深怪所以便往問佛佛言此兒有福不足疑也父母歡喜還歸其家兒又啓曰唯願二親為我請佛及比丘僧父母告曰請佛及僧當須供具非卒可辦兒又啓曰但掃灑堂舍莊嚴牀席施三高座百味飲食當自然至又我先身之母今猶存在居波羅㮈國為我喚之父母隨語使人乘爲馳奔呂来所以作三高座者一為如来二為本生母三為今身母佛與衆僧既入其舍次第坐定甘饍美味自在豊足佛為説法父及二母合家大小聞法歡喜盡得初果此兒轉長便辞出家精懃正業獲致羅漢阿難白佛此沙門者宿種何德生於豪貴小而能言又復學道逮得神通佛告阿難此人前身生波羅㮈為長者子父亡沒後家業衰耗漸致貧窮雖值佛世無以供養念此不悦情不自釋便捨豪姓求為客作終竟一歲索金千兩豪姓問曰卿欲娶妻耶荅曰不也豪姓又問用金何為荅曰欲用飯佛

及於聖僧豪姓告曰若欲請佛吾當與金并為經營會於我舍貧者唯諾便設餚饍請佛及僧由此因縁命終之後生在長者家今復請佛聞法得道佛告阿難往昔貧人者今長者子沙門是也佛説此時一切衆會莫不歡喜頂戴奉行

海神難問船人品第五

如是我聞一時佛在舍衛國祇樹給孤獨園尒時此國有五百賈客入海採寶自共議言當求明人用作導師便請一五戒優婆塞共入大海既到海中海神變身作一夜叉形體醜惡其色青黑口出長牙頭上火燃来牽其舩問估客曰世間可畏有過我者無賢者對曰更有可畏劇汝數倍海神復問何者是耶荅曰世有愚人作諸不善煞生盜竊婬泆無度妄言兩舌惡口綺語貪欲瞋恚沒在邪見死入地獄受苦万端獄卒阿傍取諸罪人種種治之或以刀斫或以車裂分壞其身作數千段或復臼擣或復磨之刀山劍樹火車鑪湯寒氷沸屎一切

倍受苛如此苦經數千万歲此之可畏劇汝甚多海神放之隱形而去舩進數里海神復更化作一人形體痟瘦筋骨相連復来牽舩問諸人曰世間羸瘦有劇我者無賢者荅言更有羸瘦甚劇於汝海神復問誰復劇耶賢者荅曰有愚癡人心性弊悪慳貪嫉妬不知布施死墮餓鬼身大如山咽如針鼻頭髮長乱形體黒瘦數千万歲不識水穀如是之形復劇於汝海神放舩没而不現舩行數里海神復化更作一人極為端政復来牽舩問諸商客人之美妙有與我等者無賢者荅曰乃有勝汝百千万倍海神復問誰為勝者賢者荅曰世有智人奉行諸善身口意業恒令清淨信敬三寶隨時供養其人命終生於天上形貌皎潔端政无雙殊勝於汝數千万倍以汝方之如瞎獼猴比彼妙女海神取水一掬而問之曰掬中水多海水多耶賢者荅曰掬中水多非海水也海神重問汝今所說為至誠不賢者荅曰此言真諦不虗妄也何以明

之海水雖多必有枯竭劫欲盡時両日竝出泉源池流悉皆旱涸三日出時諸小河水悉皆枯乾四日出時諸大江海悉皆枯竭五日出時大海稍減六日出時三分減二七日出時海水都盡須弥崩壞下至金剛地際皆悉燋燃若復有人能以信心以一掬水供養於佛或用施僧或奉父母或匃貧窮給與禽獸此之功德歷劫不盡以此言之知海為少掬水為多海神歡喜即以珎寶用贈賢者兼寄妙寶施佛及僧時諸賈客即與賢者採寶已足還歸本國是時賢者五百賈客咸詣佛所稽首佛足作礼畢已各持寶物并海神所寄奉佛及僧悉皆長跪叉手白佛願為弟子禀受清化佛尋可之善来比丘鬚髮自落法衣在身佛為說法應適其情即時開悟諸欲都淨得阿羅漢時諸會者聞佛所說皆大歡喜頂戴奉行

恒伽達品第六

如是我聞一時佛在羅閱祇竹園精舍是時國中有一輔相其家大冨然

無兒子時恒河邊有摩尼跋羅天祠合土人民皆悉敬奉時此輔相往詣祠所而禱之言我無子息承聞天神功德无量救護羣生能與其願令故自歸若蒙所願願賜一子當以金銀挍餝天身及以名香塗治神室如其无驗當壞汝廟屎塗汝身天神聞已自思惟言此人豪冨力勢強盛非是凡品得為其子我德尠少不能與願願若不果必見毀辱廟神便復往白摩尼跋羅摩尼跋羅其力不辦自詣毗沙門王啓白此事毗沙門言亦非我力能使有子當詣天帝從求斯願毗沙門王即時上天啓帝釋曰我有一日摩尼跋羅近日見語云王舍城有一輔相從其求子結立重誓若願得遂倍加供養所願若違當破我廟而毀辱之彼人豪皃必能如是幸望天王令其有子帝釋荅曰斯事至難當覔因緣時有一天五德離身臨命欲盡帝釋告曰卿命垂終可願生彼輔相之家天子荅言意欲出家奉脩正行若生尊榮離俗則難欲在中流

莫遂所志帝釋復曰但往生彼若欲學道吾當相佐天子命終降神受胎輔相之家即生出外形貌端正即名相師為其立字相師問曰本於何處求得此兒輔相荅言昔從恒河天神求之因為作字為恒伽達年漸長大志在道法便啓父母求索出家父母告曰吾今冨貴産業弘廣唯汝一子當嗣門户遣吾存活終不相聽兒不從志深自惆悵便欲捨身更求凡處於中求出必極易也於是竊去自墜高巖既墮在地無所傷損復至河邊投身水中水還漂出亦無所苦復取毒藥而吞噉之毒氣不行無由致死復作是念當犯官法為王所煞值王夫人及諸婇女出宮到園池中洗浴皆脱衣服置林樹間時恒伽達竊入林中取其服餝抱持而出門監見之將往白阿闍世王王聞此事瞋恚隆盛便取弓箭自手射之而箭還反正向王身如是至三不能使中王怖投弓問彼人言卿是天龍鬼神乎恒伽達言賜我一願乃敢自陳王曰當與

恒伽達言我非是天亦非龍鬼是王舍國輔相之兒我欲出家父母不聽故欲自煞更生餘處投巖赴河飲毒不死故犯王法望得危命王令加害復不能傷事情如是何酷之甚願見顧愍聽我為道王尋告曰聽汝出家修學聖道因復將之共到佛所啓白世尊如向之事於時如来聽為沙門法衣在體便成比丘佛為說法心意開暢成羅漢道三明六通具八解脱阿闍世王尋白佛言此恒伽達者先世之時種何善根投山不死墮水不溺食毒無苦箭射無傷加遇聖尊得度生死佛告王曰乃往過去无數世時有一大國名波羅㮈其王名梵摩達將諸宮人林中遊戲諸婇女輩激聲而歌外有一人高聲和之王聞其聲便生瞋妬遣人捕来勑使煞之時有大臣從外邊来見此一人而被囚執便問左右何緣乃尒其傍諸人具列事狀臣曰且停待我見王大臣進入啓白王言彼人之罪不至深重何以殺之雖和其音而不見形既無交

通姦婬之事幸願垂矜匃其生命王不能違赦不刑戮其人得脱奉事大臣懃謹無替如是承給經歷多年便自思惟婬欲傷人利於刀劔我今因厄皆由欲故即語大臣聽我出家遵修道業大臣荅曰不敢相違學若成道還来相見即詣山澤專思妙理精神開悟成辟支佛還来城邑造大臣家大臣歡喜請供養之甘饍妙服四事無乏時辟支佛於虚空中現神變化身出水火放大光明大臣見之欣然無量便立誓願由吾恩故命得全濟使我世世冨貴長壽殊勝奇特數千万倍令我智德相與共等佛告王曰時彼大臣救活一人令得道者今恒伽達是由是因緣所生之處命不中夭今值我時逮致應真佛說此已諸在會者信敬歡喜頂受奉行

須闍提品第七

如是我聞一時佛在羅閱祇竹園精舍尒時世尊而與阿難著衣持鉢入城乞食時有老翁老母兩目既盲貧窮孤苦無止住處止宿門下唯有一

子年始七歲常行乞匃以養父母得好果菜其美好者供養父母餘殘酸澁臰穢惡者便自食之尒時阿難見此小兒雖為年小恭敬孝順心懷愛念佛乞食已還到精舍尒時世尊為諸大衆演說經法阿難於時長跪叉手前白佛言向與世尊入城分衛見一小兒慈心孝順共盲父母住城門下東西乞匃所得之物飯食菜果其美好者先以供養其老父母破敗臰穢極不好者便自食之日日如是甚可愛敬佛語阿難出家在家慈心孝順供養父母計其功德殊勝難量所以者何我自憶念過去世時慈心孝順供養父母乃至身宍濟活父母危急之厄以是功德上為天帝下為聖主乃至成佛三界特尊皆由斯福阿難白言不審世尊過去世時慈孝父母不惜身命能以身宍濟救父母危嶮之命其事云何佛告阿難諦聽善念我當說之阿難唯然當善聽之佛告阿難乃往過去无量無數阿僧祇劫此閻浮提有一大國名特叉尸利

賢愚經卷第一　第三十[sic]張

尒時有王名曰提婆時彼國王有十太子各領諸國最小太子字修婆羅提致晋言善住所領國土人民觀望最為豊樂時父王邊有一大臣名曰羅睺每懷凶逆反煞大王大王已死攝正為王即遣兵衆往詣諸國煞諸太子此最小者鬼神所敬時入園中欲行觀看有一夜叉從地而出長跪白言羅睺大臣反煞父王遣諸兵衆煞汝諸兄今復遣人欲来煞汝王可思計避其禍難時王聞之心崩惶怖到於其夜便思計挍而欲突去時有一兒字須闍提晋言善生至年七歲端正聰黠甚為可愛其王愛念出復来還而抱此兒悲泣歎息其婦見王入出惶怖即而問之何以忩忩如恐怖狀其夫荅曰非卿所知婦復牽之我今與汝身命共并危嶮相隨莫見捐捨今有何事當以告示其王荅言我近入園有夜叉鬼從地而出長跪白我羅睺大臣今興惡逆已煞父王遣諸兵衆煞汝諸兄今亦遣兵當来煞王宜可避之我聞是語心懷恐怖

賢愚經卷第一　第三十二張

但恐兵衆如是来到是故忩疾欲得去耳其婦長跪即白王言願得隨侍莫見孤棄時王即便將婦抱兒相將而去欲至他國時有二道一道七日一道十四日初發惶懅唯作七日粮調規俟一人而已既已出城其心憒乱乃涉十四日道已經數日粮食乏盡飢餓迷荒無餘方計憐愛其子欲煞其婦而欲自濟并用活兒令婦在前擔兒而行於後拔刀欲煞其婦時兒迴顧見父拔刀欲煞其母兒便叉手曉父王言唯願大王寧煞我身勿害我母慇懃諫父救其母命而語父言莫絕煞我稍割食之可經數日若斷我命宍便臰爛不可經久於是父母欲割兒宍啼哭懊惱而割食之日日割食其宍稍盡唯有骨在未至他國飢荒遂甚父復捉刀於其節解次第剥之而得少宍於是父母臨當棄去兒自思惟我命少在唯願父母向所有宍可以少許還用見施父母不違即作三分二分自食餘有一分并殘肌宍眼舌之等悉以施之於是別

賢愚經卷第一　第三十三張

去兒便立願我今身完供養父母持是功德用求佛道普濟十方一切衆生使離衆苦至涅槃樂發是願時三千世界六反震動色欲諸天而皆愕然不知何故宫殿動搖即以天眼觀於世間而見菩薩以身之完供養父母願成佛道擠度衆生以是之故天地大動於是諸天皆悉来下側塞虚空悲泣墮淚猶如盛雨時天帝釋来欲試之化作乞兒来從其乞持手中完復用施之即復化作師子虎狼来欲噉之其兒自念此諸禽獸欲食我者我身餘殘骨完髓腦悉以施之心生歡喜無有悔恨尒時天帝見其執志心不移轉還復釋身住其兒前而語之曰如汝慈孝能以身完供養父母以是功德用求何等天帝魔王梵天王耶兒即荅言我不願求三界快樂持此功德用求佛道願度一切無量衆生天帝復言汝能以身供養父母得無悔恨於父母耶其兒荅言我今至誠供養父母無有悔恨大如毛髮天帝復言我今視汝身完已盡言

賢愚經卷第一　第三十四張

不悔恨是事難信其兒荅言若無悔恨我願當成佛者使我身軆平復如故言揞已竟身即平復時天帝釋及餘諸天異口同音讃言善哉其兒父母及國中人皆到兒所歎未曾有時彼國王見其太子所作奇特倍加恭敬歡喜無量將其父母及其太子入宫供養極為恭敬哀此太子時彼國子還至本國誅滅羅睺立作本王父王躬將軍馬共善住王及須闍提太子相継其國豊樂遂致太平佛語阿難尒時善住王者今現我父白淨王是尒時母者今現我母摩訶摩耶是尒時須闍提太子者今我身是佛語阿難由過去世慈心孝順供養父母以持身完濟父母厄緣是功德天上人中常生豪尊受福无量緣是功德自致作佛尒時衆會聞佛自說宿世本緣尒時會者皆各悲歎咸佛奇特慈孝之行其中有得須陁洹者斯陁含者阿那含者阿羅漢者有發無上正真道者有住不退地者一切衆會皆大歡喜頂戴奉行

賢愚經卷第一　第三十五張

賢愚經卷第一

乙巳歲高麗國大藏都監奉
勅雕造

賢愚經卷第一　第三十六張

賢愚經卷第一

校勘記

一　底本，麗藏本。

一　一頁上一行經名，磧、普、南、徑、清作「賢愚因緣經卷第一」。卷末經名同。

一　一頁上二行譯者，磧、普、南作「元魏沙門慧覺在高昌郡譯」；徑、清作「元魏沙門慧覺譯」。以下各卷同。

一　一頁上三行品名，磧、普、南作「雜譬喻經第一」並有夾註「梵天請法六事」；徑、清作「雜譬喻品第一」並有夾註「梵天請法六事」。

一　一頁上九行「莫般涅槃」，磧、普、南、徑、清無。

一　一頁上一二行「傾倒」，磧、普、南、徑、清作「傾側」。

一　一頁上二一行「八千億」，磧、普、南、徑、清作「八十億」。

一　一頁中九行「狗牙」，磧、普、南、徑、清作「鉤牙」。

一　一頁下一三行「感佩」，磧、普、南、徑、清作「咸佩」。

一　一頁下一九行「所欲」，磧、普、南、徑、清作「意欲」。

一　一頁下二〇行「之喜」，磧、普、南、徑、清作「甚喜」。

一　二頁上五行第一二字「即」，磧作「耶」。

一　二頁上六行「八万里象」，磧、普、南、徑、清作「八千里象」。下同。

一　二頁上末行第七字「採」，南、徑、清作「愍」。

一　二頁中四行「皆死」，磧、普、南、徑、清作「有死」。

一　二頁中一五行「復白」，徑作「復曰」。

一　二頁下一三行末字「斵」，磧、普、南、徑、清作「㧻」。下同。

一　二頁下一四行「汝法」，磧、普、南、徑、清作「汝說」。

一　三頁上一二行「無生」，磧、普、南、徑、清作「無主」。

一　三頁中二行第一一字至四行第三字「王今……復言」，磧、普、南、徑、清無。

一　三頁中七行「欣勇」，磧、普、南、徑、清作「欣踴」。

一　三頁中一七行「接足」，磧、普、南、徑、清作「捉足」。

一　三頁中二〇行「得之」，磧、普、南、徑、清作「知之」。

一　四頁上一三行第一三字「今」，磧、普、南、徑、清作「今若」。

一　四頁上二〇行「梵天」，磧、普、南、徑、清作「梵天及帝釋等皆悉讚歎勤苦如此必成佛爾時」。

一　四頁上二一行「王淨飯」，磧、普、南、徑、清作「淨飯王」。

一　四頁上二二行第一一、一二字「世尊」，磧、普、南、徑、清無。

一　四頁上末行「爲教」，磧、普、南、徑、清作「爲救」。

一　四頁中一二行「所勑」，磧、普、南、徑、清作「教勑」。

一　四頁中一三行「作紙」，磧、普、南、徑、清作「當紙」。
一　四頁中一四行第一二字「是」，磧、普、南、徑、清無。
一　四頁中一五行「踊躍」，徑作「誦踴」。
一　四頁中末行「誦讀」，磧、普、南、徑、清作「踊讚」。
一　四頁下九行「天帝釋」，磧、普、南、徑、清作「天王帝釋」。
一　四頁下一八行「復白」，南、徑、清作「復曰」。
一　四頁下二〇行第二字「詣」，磧、普、南、徑、清作「至」。
一　五頁上一一行「如我」，徑作「汝我」。
一　五頁上一二行「汝能」，徑作「如能」。
一　五頁上一五行「護惜」，磧、普、南、徑、清作「惜護」。
一　五頁中四行第一二字「也」，磧、普、南、徑、清無。
一　五頁中一三行「魔王」，磧、普、南、徑、清作「梵王」。
一　五頁中一五行「福報」，磧、普、南、徑、清作「福業」。
一　五頁下一三行品名，磧、普、南、徑、清作「摩訶薩埵以身施虎緣品第二」。
一　六頁上二二行第一三字「聞」，徑作「聞」。
一　六頁中一行「小子」，磧、普、南、徑、清作「太子」。
一　六頁中三行第一〇字「如」，磧、普、南、徑、清作「信如」。
一　六頁中一三行「比尒」，清作「此爾」。
一　六頁中末行第六字「食」，磧、普、南、徑、清作「眠」。
一　六頁下二行及四行「所愛」，磧、普、南、徑、清作「可愛」。
一　六頁下一九行「餓乏」，磧、普、南、徑、清作「飢乏」。
一　七頁上七行末字「王」，磧、普、南、徑、清無。
一　七頁上一〇行第八字「者」，磧、普、南、徑、清無。
一　七頁上一七行品名，磧、普、南作「二梵志受齋品三」；徑、清作「二梵志受齋緣品第三」。
一　七頁上二〇行「天人」，磧、南作「大人」。又「祇桓」，磧、普、南、徑、清作「祇洹」。
一　七頁下一六行「於是」，磧、普、南、徑、清作「於時」。
一　七頁下二一行「神龍」，磧、普、南、徑、清作「龍神」。
一　八頁上二行第一〇字「老」，磧、普、徑作「在」。
一　八頁上七行「令他拖伐」，磧、普、南作「令他施代」；徑、清作「爲柱施代」。
一　八頁上九行首字「經」，磧、普、南、徑、清無。
一　八頁上一六行「三塗」，南作「二塗」。
一　八頁上一八行品名，磧、普、南作「波羅㮈人身貿供養品四」；徑、清作「波羅㮈人身貿供養緣品第四」。
一　八頁中三行「福不」，磧、普、南、清作「祖不」，徑作「不相」。

一　八頁中八行第七字「母」，磧、普、南、徑、清作「父母」。

一　八頁中一二行「美味」，磧、普、南、徑、清作「美餚」。

一　八頁中二一行「求爲」，磧、普、南、徑、清作「以爲」。

一　八頁中二二行「娶妻」，磧、普、南、徑、清作「妻娶」。

一　八頁下八行品名，磧、普、南作「海神難問船人品五」；徑、清作「海神難問船人緣品第五」。

一　九頁上五行第一三字「更」，磧、普、南、徑、清無。

一　九頁上一二行「化更」，磧、普、南、徑、清作「更化」。

一　九頁上二一行末字「水」，磧、普、南、徑、清作「水多」。

一　九頁中四行「枯竭」，磧、普、南、徑、清作「消竭」。

一　九頁中一一行「無寄」，磧、普、南、徑、清作「并寄」。

一　九頁中一八行「其情」，磧作「其倩」。

一　九頁中二一行品名，磧、普、南作「恒伽達品六」；徑、清作「恒伽達緣品第六」。

一　九頁下一〇行第一一字「便」，磧、普、南、徑、清無。

一　九頁下二一行「卿命」，磧、普、徑作「卿令」。

一　一〇頁上一行首字「莫」，磧、普、南、徑、清作「冀」。

一　一〇頁上三行「即生出外」，磧、普、南、徑、清作「即便受生」。

一　一〇頁上九行第五字「遣」，磧、普、南、徑、清作「遭」。

一　一〇頁上一八行末字「之」，磧、普、南、徑、清作「已」。

一　一〇頁上二二行第七字「是」，磧、普、南、徑、清作「爲是」。

一　一〇頁中四行「故犯」，磧、普、南、徑、清作「故枉」。

一　一〇頁中七行「修學聖道」，磧、普、南、徑、清作「學道」。

一　一〇頁下四行「我今」，磧、普、南、徑、清作「我之」。

一　一〇頁下一九行品名，磧、普、南作「須闍提品七」；徑、清作「須闍提緣品第七」。

一　一〇頁下二二行「老翁」，磧、普、南、徑、清作「老公」。又「既盲」，磧、普、南、徑、清作「既冥」。

一　一一頁上一行「七歲常行乞匃以養父母」，磧、普、南作「十歲常行乞食以供養父母」；徑、清作「七歲常行乞食以供養父母」。

一　一一頁上九行「乞匃」，磧、普、南、徑、清作「乞食」。

一　一一頁上一五行「濟活」，南、徑、清作「濟救」。

一　一一頁上一八行「白言」，磧、普、南、徑、清作「白佛」。

一　一一頁中二行末三字至次行首二字「修婆羅提致」，磧、普、南、徑、清作「修婆提羅致」。

一　一一頁中五行及九行「反煞」，磧、普、南、徑、清作「叛殺」。

一　一一頁中一一行「心崩」，磧、普、南、徑、清作「心用」。

一　一一頁中一三行「至年」，磧、普、南、徑、清作「方年」。

一　一一頁中一六行「惶怖」，磧、普、南、徑、清作「惶惶」。

一　一一頁下七行首字「乱」，磧、普、南、徑、清作「錯」。

一　一一頁下八行末字「欲」，磧、普、南、徑、清作「即欲」。

一　一一頁下一一行「迴顧」，磧、普、南、徑、清作「還顧」。

一　一一頁下一三行「諫父」，磧、普、南、徑、清作「諫王」。

一　一二頁上一一行第七字「復」，磧、普、南、徑、清無。

一　一二頁上一五行「移轉」，磧、普、南、徑、清作「移動」。

一　一二頁上二一行「得無」，磧、普、南、徑、清作「得不」。

一　一二頁中一行「答言」，清作「不言」。

一　一二頁中一〇行「本王」，磧、普、南、徑、清作「大王」。

一　一二頁中一二行第六字「王」，磧、普、南、徑、清無。又「白淨王」，磧、普、南、徑、清作「淨飯王」。

賢愚經卷第二　聲

元魏涼州沙門慧覺等在高昌郡譯

波斯匿王女金剛品第八

如是我聞一時佛在舍衛國祇樹給孤獨園尒時波斯匿王宼大夫人名日摩利時生一女字波闍羅晋言金剛其女面類極為醜惡肌膚麁澁猶如駞皮頭髮麁强猶如馬尾王觀此女無一喜心便勑宮內懃意守護勿令外人得見之也所以者何此女雖醜形不似人然是末利夫人所生此雖醜惡當密遣人而護養之女年轉大任當嫁處時王愁憂无餘方計便告吏臣御徃推覔本是豪姓居士種者今若貧乏無錢財者便可將來吏即如教即徃推覔得一貧窮豪姓之子吏便喚之將至王所王得此人共至屏處具以情狀向彼人說我有一女面狀醜惡欲覔嫁處未有酬類聞卿豪族今者雖貧當相供給幸卿不逆當納受之時長者子長跪白言當奉王勑正使大王以狗見賜我亦當受何况大王遺躰之女今設見賜奉命納之王即以女妻彼貧人為起宮殿舍宅門閤令有七重王勑女夫自捉户鑰若欲出行而自閇之我女醜惡世所未有勿令外人覩見面狀常牢門户幽閇在內王出財貨一切所須供給女壻使无乏短王即拜授以為大臣其人所有財寶饒益与諸豪族共為識會月月為更會同之時夫婦俱詣男女雜會共相娛樂諸人来會悉皆將婦唯彼大臣恒常獨詣衆人疑恠彼人婦者儻能端政暉赫曜絶或能極醜不可顯現是以彼人故不將来今當設計徃覩彼婦即各同心密共相語以酒勸之令其醉卧解取門鑰便令五人徃至其家開其門户當於尒時彼女心惱自責罪ㄠ而作是言我種何罪為夫所憎恒見幽閇處在闇室不覩日月及与衆人復自念言今佛在世潤益衆生遭苦厄者皆蒙過度即便至心遥礼世尊唯願垂慈到於我前暫見教訓其女精誠敬心純篤佛知其志即到其家於

其女前地中踊出現紺髮相令女見之其女舉頭見佛髮相倍加歡喜歡喜情敬敬心極深其女頭髮自然細軟如紺青色佛復現面女得見之見已歡喜面復端政惡相麁皮自然化滅佛復現身齊腰以上金色晃昱令女見之女見佛身益增歡喜因歡喜故惡相即滅身躰端嚴猶如天女奇妙蓋世無能及者佛慈女故盡現其身其女諦察目不曽眴歡喜踊躍不能自勝其女盡身亦皆端政相好非凡世之希有惡相悉滅無有遺餘佛為說法即盡諸惡應時逮得須陁洹道女已得道佛便滅去時彼五人開户入內見婦端政殊特少雙自相謂言我恠此人不將来徃其婦端政乃至如是觀覩已竟還閇門户持其户鑰還彼人所繫著本帶其人醒悟會罷至家入門見婦端政奇妙容貌挺特人中難有見已欣然問是何人女荅夫言我是汝婦夫問婦言汝前極醜今者何緣端政乃尒其婦具以上事荅夫我緣佛故受如是身婦復白

夫我今意欲与王相見汝當為我通其意故夫受其言即往白王女郎今者欲来相見王荅女聟勿道此事急當牢閉慎勿令出女夫荅王何以乃尒女郎今者蒙佛神恩已得端政天女無異王聞是已荅女聟言審如是者速往將来即時嚴車迎女入宫王見女身端政殊特歡喜踊躍不能自勝即勑嚴駕王及夫人女并女夫共至佛所礼佛畢訖却住一面時波斯匿王跪白佛言不審此女宿殖何福乃生豪貴富樂之家復造何咎受醜陋形皮毛麁强劇如畜生唯願世尊當見開示佛告大王夫人處世端政醜陋皆由宿行罪福之報乃往過去久遠世時時有大國名波羅棕時彼國中有大長者財富無量舉家恒共供養一辟支佛身軆麁惡形状醜陋㸌悴叵看時彼長者有一小女日日見彼辟支佛来惡心輕慢呵罵毀言面貌醜陋身皮麁惡何其可憎乃至如是時辟支佛數至其家受其供養在世經久欲入涅槃為其檀越作種

種變飛騰虚空身出水火東踊西没西踊東没南踊北没北踊南没坐卧虚空種種變現感使彼家覩見神足即從空下還至其家長者見已倍懷歡喜其女即時悔過自責唯願尊者當見原恕我前惡心罪釁過厚幸不在懷勿令有罪也時辟支佛聽其懺悔佛告大王尒時女者今王女是由其尒時惡不善心毀呰賢聖辟支佛故自造口過於是以来常受醜形後見神變自改悔故還得端正英才越群無能及者由供養辟支佛故世世富貴緣得解脫如是大王一切衆生有形之類應護身口勿妄為非輕呵於人尒時王波斯匿及諸群臣一切大衆聞佛所說因緣皆生信敬自感佛前以是信心有得初果至四果者有發無上平等意者復有得住不退轉者咸懷渴仰敬奉佛教歡喜遵承皆共奉行

金財因緣品第九

如是我聞一時佛在舍衛國祇樹給孤獨園与尊弟子千二百五十人俱

尒時城中有大長者長者夫人生一男兒名曰金財其兒端政殊特世之少雙是兒宿世捲手而生父母驚怪謂之不祥即披兒兩手觀其相好見二金錢在兒兩手父母歡喜即便収取取已故處續復更生尋更取之復生如故如是懃取金錢滿藏其兒手中未曾有盡兒年轉大即白父母求索出家父母不逆即便聽之尒時金財往至佛所頭面作礼而白佛言唯願世尊當見憐愍聽我出家得在道次佛告金財聽汝出家蒙佛可已於時金財即剃鬚髮身著袈裟便成沙弥年已滿足任受大戒即令衆僧當受具足臨壇衆僧次第為礼其作礼時兩手拍地當手拍處有二金錢如是次第一切為礼隨所礼處皆有金錢受戒已竟精勤脩習得羅漢道阿難白佛不審世尊此金財比丘本造何福自生已来手把金錢唯願世尊當見開示佛告阿難汝當善思我今說之阿難對曰如是諾當善聽佛言乃往過去九十一劫時世有佛名毗婆尸

出現於世政法教化度脫衆生不可稱數佛与衆僧遊行國界時諸豪富長者子等等施設飯食供養彼佛及弟子衆尒時有一貧人乏於財貨常於野澤取薪賣之值時取薪賣得兩錢見佛及僧受王家請歡喜敬心即以兩錢施佛及僧佛愍此人即為受之佛告阿難尒時貧人以此二錢施佛及僧故九十一劫恒把金錢財寶自恣無有窮盡尒時貧人者金財比丘是也正使其人未得道者未來果報亦復無量是故阿難一切衆生皆應精懃布施為業尒時阿難及衆會者聞佛所說皆悉信解有得須陁洹果者斯陁含阿那含阿羅漢者有發無上正真道意者復有得住不退地者一切衆會聞佛所說歡喜奉行

華天因緣品第十

如是我聞一時佛在舍衛國祇樹給孤獨園與大比丘衆千二百五十人俱尒時國內有豪富長者生一男兒面首端政其兒生已家內自然天雨衆華積滿舍內即字此兒名弗波提

婆晉言華天兒年轉大往至佛所見佛顏容相好无比見已歡喜心自思惟我生處世得值聖尊今當請佛及諸衆僧即前白佛言唯願世尊及与衆僧明日屈意臨適鄙家受少蔬食因見福慶佛知其根即時受請于時華天還至其家明日食時佛与衆僧往至其家華天即化作寶牀座遍其舍內整設嚴餝佛及衆僧即坐其座華天欲須種種飲食其人福徳自然而辦佛与衆僧食已攝鉢廣為華天具說諸法華天合家得須陁洹於時華天即辭父母求索出家為佛弟子父母聽之即至佛所稽首佛足求作比丘稟受佛教佛聽入道讚言善來比丘鬚髮自墮袈裟著身即成沙門遵修佛教逮得羅漢尒時阿難見斯事已往至佛所長跪白言世尊是華天比丘本殖何福而得如是自然天華又能化作牀座飲食世尊當為決散此疑佛告阿難欲知善聽過去有佛名毗婆尸出現於世度脫衆生時諸衆僧遊行聚落到諸豪族皆悉供

養時有一人貧無錢財見僧歡喜恨無供養即於野澤採衆草華用散衆僧至心敬礼於是而去佛告阿難尒時貧人散僧華者今此華天比丘是也由其過去用信敬心故採華散僧至心求願九十一劫所生之處身軆端政意有所須欲得飲食牀卧之具尋時如念自然而至緣斯之福自致得道是故阿難一切衆生莫輕小施以為無福猶如華天今悉自得尒時阿難及諸衆會聞佛所說歡喜奉行

寶天因緣品第十一

如是我聞一時佛在舍衛國祇樹給孤獨園尒時有長者生一男兒當尒之時天雨七寶遍其家內皆令積滿即召相師占相此兒相師覩已見其奇相答長者言兒相殊特長者聞已心懷歡喜即語相師當為立字相師問曰此兒生時有何瑞應長者答曰此兒生時天雨七寶滿我家內相師答曰是兒福徳當為立号為勒那提婆晉言寶天兒年轉大才藝博通聞佛神聖奇徳少雙心懷渴仰貪欲出

家即辭父母往詣佛所頭面作礼而白佛言唯願世尊聽我出家佛即聽許善來比丘鬚髮自墮法衣在身佛為說法即得羅漢阿難白佛不審世尊此寶天比丘本作何福而當生時天雨衆寶衣食自然无有乏短佛告阿難過去世時有毗婆尸佛出現於世度脫衆生不可計數尒時衆僧遊行村落時彼村中有諸居士共請衆僧種種供養時有貧人雖懐喜心家无財寶供養之具便以一把白石似珠用散衆僧發大誓願佛告阿難尒時貧人珠供養者今此寶天比丘是也由其過去用信敬心持白石似珠散衆僧故乃至九十一劫受無量福多饒財寶衣食自然無有乏短緣於尒時有信敬心今遭我世得道果證尒時衆會聞佛所説自生信心有得初果乃至第四果者復有發心住不退轉尒時衆會聞佛所説歡喜奉行

羼提波梨品第十二

如是我聞一時佛在羅閲祇竹園林中止尒時世尊初始得道度阿若憍

陳如等次度欝卑羅迦葉兄弟千人度人漸廣蒙脫者衆於時羅閲祇人欣戴无量莫不讃歎如來出世甚為奇特衆生之類咸蒙度苦又復歎美憍陳如等及欝毗羅衆諸大德比丘宿与如來有何因緣法皷初震特先得聞甘露法味獨先服嘗時諸比丘聞諸人民之所稱宣即具以事往白世尊佛告之曰乃往過去与此衆輩有大誓願若我道成當先度之諸比丘聞已復白佛言久共誓願其事云何唯垂哀愍願為解説佛告諸比丘諦聽諦聽善思念之乃往久遠無量無邊不可思議阿僧祇劫此閻浮提有一大國名波羅㮏當時國王名為迦梨尒時國中有一大仙士名羼提波梨与五百弟子處於山林修行忍辱于時國王与諸群臣夫人婇女入山遊觀王時疲懈因卧休息諸婇女輩捨王遊行觀諸花林見羼提波梨端坐思惟敬心内生即以衆花而散其上因坐其前聽所說法王覺顧望不見諸女与四大臣行共求之見諸女輩坐

仙人前尋即問曰汝於四空定為悲得未荅言未得又復問曰四無量心汝復得未荅言未得王又問曰於四禪事汝為得未猶荅未得王即怒曰於尒所功德皆言未有汝是凡夫獨与諸女在此屏處云何可信又復問曰汝常在此為是何人修設何事仙人荅曰修行忍辱王即拔劒而語之言若當忍辱我欲試汝知能忍不即割其兩手而問仙人猶言忍辱復斷其兩脚復問之言故言忍辱次截其耳鼻顔色不變猶稱忍辱尒時天地六種震動時仙人五百弟子飛於虚空而問師言被如是苦忍辱之心不忘失耶其師荅言心未變易王乃驚愕復更問言汝云忍辱以何為證仙人荅曰我若實忍至誠不虛血當為乳身當還復其言已訖血尋成乳平完如故王見忍證倍懐恐怖咄我無狀毀辱大仙唯見垂哀受我懺悔仙人告曰汝以女色刀截我形吾忍如地我後成佛先以慧刀斷汝三毒尒時山中諸龍鬼神見迦梨王枉忍辱仙

人各懷懊惱興大雲霧雷電霹靂欲害彼王及其眷屬時仙人仰語若為我者莫苦傷害時迦梨國王懺悔之後常請仙人就宮供養尒時有異梵志徒衆千人見王敬待羼提波梨甚懷妬忌於其屏處坐以塵土糞穢而以坌之尒時仙人見其如是即時立誓我今修忍為於群生積行不倦後會成佛若佛道成先以法水洗汝塵垢除汝欲穢永令清淨佛告比丘欲知尒時羼提波梨者則我身是時王迦梨及四大臣今憍陳如等五比丘是時千梵志塵坌我者今欝卑羅等千比丘是我於尒時緣彼忍辱誓當先度是故道成此等之衆先得度苦時諸比丘聞佛所說歎未曾有歡喜奉行

慈力王血施品第十三

如是我聞一時佛在舍衛國祇洹中止尒時尊者阿難於中食後林間坐禪而自思惟如來興世甚為奇特衆生之類皆蒙安樂又思惟憍陳如等五尊比丘種何善本依何因緣法門初開而先得入法鼓始振獨先得聞

甘露法降特先蒙潤念是事已從坐處起往至佛所具以所念而用白佛佛告之曰憍陳如等先世於我實有因緣過去世時我以身血充其飢渴令得安隱是故今身先得我法用致解脫賢者阿難重白佛言過去以血濟其飢乏其事云何願具開示并令衆會咸得解了佛告之曰過去久遠阿僧祇劫此閻浮提有大國王名弥佉羅拔羅晉言慈力領閻浮提八万四千小國王有二万夫人一万大臣王有慈悲具四等心恒愍一切未曾懈厭常以十善教誨民庶四方欽慕王所化治國土安樂莫不慶賴諸疫鬼輩恒噉人血氣用自濟活尒時人民攝身口意敦從十善衆邪惡疫不敢侵近飢羸困乏瘦悴無力時五夜叉來至王所我等徒類仰人血氣得全身命由王教導咸持十善我等自是无復飲食飢渴頓乏永活無路大王慈悲豈不矜愍王聞是語甚懷哀傷即自放脉剌身五處時五夜叉各自持器來承血飲飲血飽滿咸賴王恩欣

喜無量王復告曰汝若充足念修十善我今以身血濟汝飢渴令得安隱後成佛時當以法身戒定慧血除汝三毒諸欲飢渴安置涅槃安隱之處阿難欲知尒時慈力王者今我身是五夜叉者今憍陳如等五比丘是我世世誓願許當先度是故我初說法聞便解脫時尊者阿難及諸衆會聞佛所說咸增敬仰歡喜奉行

降六師品第十四

如是我聞一時佛在王舍城竹園之中与千二百五十比丘俱時洴沙王已得初果信敬之心倍復隆厚常設上妙四事所須供養於佛及比丘僧樂人同善志兼勸導于國有六師富蘭那等先素出世邪見倒說誑惑民庶迷冥之徒信服邪教衆類廣布惡黨遍滿時王有弟敬奉六師信惑邪倒謂其有道竭家之貨供給與之佛日初出慧流肇潤無心拔擢沒在重網兄王洴沙甚愛重之慇懃方便曉令奉佛弟執邪理不從王教數數勅令請佛供養弟白兄王我自有師不能

復往奉事瞿曇然王有教理無有違
當設大會不限來衆若其自至我當
与食許王之後辦設供具餚數牀座
事訖設會遣人往唤六師之徒尋皆
来集坐於上位怙佛及僧不自來至
即往白王王前數數勑請瞿曇令為設
會日時欲至如何不来王告弟言汝
雖不能躬自往請可遣一人白於時
到王弟受教遣人白時佛與大衆来至
會所見諸六師先坐上座佛与衆僧次
第而坐佛以神足令此六師合其徒
類忽在下行六師情耻各起移坐坐
定自見還在其下如是再三移坐就
上猶自見身乃在下末更无力能俛
仰而坐擅越行水至上座前佛語施
主先与汝師持水往師前即舉罌罌
口自閉其水不下還往佛前從佛作
次尒乃水出咸得洗手洗手既竟次
當呪願擅越捉食在上座前佛語擅
越本不為我往汝師前自令呪願爰
教尋往至六師所六師口噤不得出
言但各舉手遥指於佛佛便呪願梵
音聲暢呪願既竟次當行食欲隨上
座作次付之佛又告言先与汝師即

便持食從六師付食皆忽上住虛空
中各當其上取不可得行食与佛并僧
遍訖食乃還下各在其前佛与衆僧
一切食訖澡漱還坐次當說法佛語
擅越令汝師說尋請六師六師復噤
但各同時舉手指佛於是如來廣為
衆會出柔軟音暢演法性分別義理
應適衆情聞佛說法咸得開解洴沙
王弟得法眼淨其餘衆人或得初果
至第三果出家盡漏發无上心住不
退地隨心所慕悉得其願各乃識真
信敬三寶薄賤六師捨不承供於是
六師甚懷惱恚各至閑靜求學奇術
天魔波旬懼其情怯不能宣布悪邪
之毒即下化作六師之形於一人前
現五人術飛行空中身出水火分身
散體百種現變愚癡之徒更相恃賴
忿前見辱亡失供養六師悉集各共
議言我曹技能不減瞿曇緣前一辱
衆心離散比來衆師神術顯變今察
奇妙足任伏彼當詣國王求決勝負
作議已定即詣王所自說智能神化
靈術貪共沙門講捔奇變對試之後

可否自現王笑之曰汝等何癡佛德
弘大神足無量欲以螢火与日諍光
牛跡之水与巨海比大野干之微与
師子捔猛蟻蛭之堆与須弥等高大
小之形昭然有別迷惑高企何愚之
劇六師復言驗事在後大王未見我
等殊變是使偏心謂望彼大決試之
後巨細自定王又告曰欲試可試但
恐汝等自招毀辱正使与佛捔神足
者當使我曹具覩異變六師言曰期
後七日領王平治講試之場六師去後
王即嚴駕往至佛所以事白佛六師
紛紜欲得講術以理呵語其意不息
唯願世尊奮其神力化伏邪悪尒乃
從善因使我曹得覩其變佛告洴沙
我自知時洴沙謂佛可共捔神即勑
臣吏平治博處安施牀座竪諸幢幡
莊嚴挍絡極令麗妙其當會日一切
企望於時如來及与衆僧從王舍城
往毗舍離毗舍離中諸律昌輩与諸
人民皆来奉迎諸人後日求佛不在
問實乃知至毗舍離六師之徒與張
唱言久知瞿曇智術單淺諸人猶豫

不信我言剋期捔術自省不如靡然
逃去至毗舍離諸六師輩貢高轉盛
各共相率當必追窮時洴沙王辦設
供具滿五百乘車王與群臣十四億
衆各辦粮食悉隨佛往前後絡繹集
毗舍離六師復往白諸律昌聽我曹等
與此瞿曇捔試神力談講實性若見
聽者期來七日時諸律昌復往白佛
六師羣迷自謂有道求與如來共捔
神力唯願世尊垂神降伏佛又告曰
佛自知時諸律昌輩合率臣民嚴治
設辦如洴沙王比悉皆企慕望在明
日佛與衆僧至拘睒弥拘睒弥王名
曰優填將諸群臣亦來奉迎毗舍離
人明晨問佛云佛已往拘睒弥國六
師聞是高心遂盛合徒聚衆覘必窮
逼諸律昌輩辦致供具五百車載用
俟供養將領國人七億之衆并洴沙王
集拘睒弥觀佛六師共捔神力前後
滿道絡繹而至六師既到見優填王
騰說事情如上之辭沙門自省内無
顧恃空逃避不可要勒須王剋定
令與我試優填白佛說六師辭世尊

賢愚經卷第二　第十九張

寧可與捔之不佛復告言我自知時
優填望佛在其國試嚴治設辦如洴
沙王比皆到當會佛復捨去與比丘僧
至越祇國越祇國王毛真陁羅將諸
人民來迎世尊拘睒弥人明日乃問
去佛已去向於越祇六師徒衆尋逐
其後時優填王與八億衆并洴沙等
諸國人民悉共往詣集越祇國六師
見王廣自陳說當令瞿曇與我共試
毛真陁羅復往白佛佛猶答言佛自
知時王亦嚴辦會日垂至佛與衆僧
即向特叉尸利此國中王名因陁婆
弥與諸臣民亦來奉迎毛真陁羅與
五億人洴沙王等諸王臣民亦皆逐
佛向特叉尸利六師已到白因陁婆
弥極自譸張高談大語聽與瞿曇捔
試神力因陁婆弥復往白佛佛故荅
言我自知時嚴辦日到佛復捨去并
與諸衆僧至波羅㮈波羅㮈王名梵摩
達亦與人衆躬來迎佛特叉尸利人民
明日乃知佛去六師追逐尋跡馳往因
陁婆弥與六億衆洴沙王等一切隨
逐六師既到如前白王王如前辭往白

賢愚經卷第二　第二十張

於佛佛亦荅言我自知時嚴辦日到佛
復捨去與比丘僧往迦毗羅衛國迦毗
羅衛諸釋種輩率諸大衆皆來迎佛波
羅㮈人明日乃知六師徒衆續復馳逐
梵摩達王與八億人洴沙諸王六國人
民皆悉前後隨逐佛往六師既到向
諸釋種紛紜自說廣引術能聽與瞿
曇共決神力釋種復往白佛具宣其
事佛又告言我自知時嚴治設辦剋
日垂至佛與衆僧往舍衛國舍衛國
王名波斯匿與諸臣民皆來迎佛釋
種明日乃知佛去六師率徒從後追
之釋種將領九億人衆洴沙王等諸
國人民亘川滿野逐趣舍衛六師等
到見波斯匿具自陳說本末情事欲
與瞿曇決捔神力臨期逃避不可要
勒今與大衆逐至王國大王當使與
我等決波斯匿王亦用為笑說佛殊
大法王捔試力能六師凶凶言氣遂
高波斯匿王既往見佛白言六師慇
懃乃尒唯願世尊垂神化伏普使一
切別為識真佛告王言我自知時波

賢愚經卷第二　第二十一張

斯匿王尋勑臣吏平治場地多積香花敷設牀座竪諸幢幡嚴辦已訖大衆都集臈月一日佛至試場波斯匿王是日設食清晨躬手授佛楊枝佛受嚼竟擲殘著地隨地便生蓊欝而起根莖踊出高五百由旬枝葉雲布周匝亦尒漸復生華大如車輪遂復有菓大五斗瓶根莖枝葉純是七寶若干種色映爆麗妙隨色發光揜蔽日月食其菓者美踰甘露香氣四塞聞者情悅香風來吹更相摽阜枝葉皆出和雅之音暢演法要聞者無厭一切人民覩兹樹變敬信之心倍益純厚佛乃說法應適其意心皆開解志求佛者得果生天數甚衆多次第二日優塡王請佛佛於時如來化其兩邊成兩寶山嚴顯可觀衆寶雜合五色暉耀光焰暐曄若干種樹行列山上華果茂盛出微妙香其一山頂有成熟粳米滑美百味甘之附口人民之類自恣而食其一山上有柔軟之草肥膩甘美以餧畜生須者往噉飽已情歡一切衆會覩山顯異食已懷

悅仰慕遂深佛更稱適為說妙法各得開解發無上心得果生天其數亦衆到第三日乇真陁羅請佛供養奉佛淨水佛以澡漱佛吐水棄化成寶池周匝四邊各二百里純以七寶共相間雜衆色相照光明焰弈其池中水八德具足水底遍滿七寶之沙八種蓮花大如車輪青黃赤白紅緑紫雜香氣芬馥馨徹四遠隨蓮花色各發光明光明顯照暉曜天地大會覩此寶池奇妙歡喜稱歎佛无量德佛因觀察隨衆人心方便說法各令開解發無上心得果生天盡增福業數多難計到第四日因陁婆弥王請佛佛於是日令其寶池四面自然有八渠流還相灌注自然迴轉水流有聲其聲清妙皆說諸法五根五力七覺八道三明六通六度四等大慈大悲勸發開導說種種法一切聞覩心皆開解發心求佛得果生天增積福慧數甚衆多次第五日梵摩達王請佛供養佛於是日口中放光金色赫弈遍大千土光明所𦘕一切衆生三毒五陰

皆自然息身心快樂辟如比丘得第三禪衆會歎怪志慕佛德便為說法各得開解發大道心得果生天進福修慧數甚衆多第六日中諸律昌輩次復請佛佛於是日普令大會一切衆生心心相知各各一人知一切心所念善惡志趣業行咸自驚喜欽美佛德佛便為說若干妙法皆得開解指求佛者得果生天數甚衆多到第七日釋種請佛佛於是日化諸會者悉令自見為轉輪王七寶千子諸王臣民肅恭承已侍仰無減各自驚怪喜慶無量佛便為說法投適其意亦發无上正覺之心得果生天甚難計數又第八日受帝釋請為佛作師子座如來昇座帝釋侍左梵王侍右衆會一切靜然坐定佛徐申臂以手接座欻有大聲如象鳴吼應時即有五大神鬼摧滅撓拽六師高座金剛密迹捉金剛杵杵頭出火舉擬六師六師驚怖奔突而走慙此重辱投河而死六師徒類九億人衆皆來歸佛求為弟子佛言善來比丘鬚髮自落法

衣在身皆成沙門佛為說法示其法要漏盡結解悉得羅漢於是如來從八万毛孔皆放光明遍滿虛空一一光頭有大蓮花一一華上皆有化佛與諸大衆圍繞說法衆會覩玆無上之化信敬之心倍益隆感佛即為說隨其所應有發大心得果生天進福增善數甚衆多到第九日梵王請佛佛自化身高至梵天威嚴高顯巍巍難極放大光明暉赫天地一切仰瞻皆聞其語佛為種種顯示法要亦令多衆發心求佛得果生天數亦難計到第十日四天王請佛尒時世尊普令大衆見佛色身遍諸天中從四天王至色究竟皆見佛身放大光明各為大衆說微妙法咸遥仰視了了見之一切衆會甚增敬仰佛為說法隨應其意皆發大心住不退地得果生天不可稱計第十一日須達請佛佛於是日於高座上自隱其身寂滅不現但放光明出柔軟音分別演暢諸法之要在會之人聞法解悟有發大心住不退者得果生天亦甚衆多第

十二日貫多居士請佛供養佛於此日入慈三昧出金色光遍照大千光觸衆生三毒心息自然興慈等視衆生如父如母如兄如弟愛潤之心都无增減然後為說若干妙法亦發大心住不退地得果生天難可稱量第十三日乇真陁羅王次復請佛施設供養佛於是日身昇高座放於臍光分作兩音離身七仞頭各有花上有化佛如佛無異化佛臍中復出光明亦分兩音離身七仞頭有蓮花上有化佛如是轉遍大千國土一切瞻覩愕然驚喜佛為應時隨意說法亦發大心住不退者得果生天數甚衆多第十四日優填王請佛時優填王花散佛上佛即應時變其所散花作千二百五十七寶高車高至梵天晃踰金山雜寶衆色曜麗相照赫然金光振明珠妙難量神珠瓔珞雜廁其間諸高車中皆有佛身放大光明遍三千土衆會覩變喜敬交懷佛便說法應病投藥皆發大心或住不退得道生天數復甚多第十五日洴沙王請

佛佛豫勑王唯須食具王但嚴辦器物極令饒多食時已到諸器悉滿甘饍百味種種異美普令衆會飽足有餘食已身心自然安樂於時世尊以手指地十八地獄一切都現無量塵數諸受罪人各各自說我於本時作如是惡今受此苦一切衆會具悉聞見甚懷悲慼衣毛驚悚佛便為說法應適其意有發大心住不退者得果生天不可稱數地獄衆生緣見佛聞法心生敬仰皆遥自歸終皆得生天上人中時洴沙王長跪白佛世尊奇相三十有二身手諸相猶曾得見未覩如來足下輪相願見示衆咸共敬觀佛即出脚普示衆會一切見佛足底輪相端嚴晒著文理如畫分別顯了觀之無猒王益歡喜重白佛言不審世尊本作何德而乃致此輪相之妙佛即告王由我過去自修十善復以教人故得斯相明顯如是王又白佛不審世尊自修十善復以教人其事云何願見開示佛告王曰善聽著心乃往無數阿僧祇劫此閻浮提有

大國王名施陁尼弥領八万四千國八万億聚落一万大臣王有二万夫人皆無有子王甚憂愁懼絕國嗣即廣禱祀祈願諸天王第一夫人名須梨波羅滿經數時間便覺有娠自懷妊後心性聰了仁慈矜哀勸人以善日月滿足生一男兒端政超異姿相顯美身諸毛孔皆有光明王甚欣慶觀之無猒即召相師占其吉不相師披見歎言奇哉是兒之相挺特殊倫德綏四域天下欽戴王益歡喜勑為立字相師白王有何異瑞王言此兒懷妊已來其母聰慧仁慈勸善餘瑞雖衆甚怪此異相師驚喜而白王言母豫辯慧自身光明當為立字名鄢波羅滿晉言惠光太子長大智慧殊人父王崩薨葬送畢訖諸王臣集勸令嗣位太子固辭云不能當諸臣各曰大王已崩唯有太子更無兄弟今言不肯推讓為誰太子荅言世人行惡必不執順若加刑罰罪我不少若能率民普行十善我乃堪任領受國事諸臣言善唯願昇殿十善之道當

賢愚經卷第二　第二十八張　游

勑令行太子尒時尋登王位告下人民普行十善一切敬順改心易操魔王妬忌欲敗王化密作封書告下諸國前勑行善既無利驗唐自勞苦修无益事自今以往聽民恣心作十惡事勿更憚情諸王得書恠此異詔何緣越理勸人從惡各遣親信重問所由王聞是語愕然驚曰我無是令何緣乃尒即勑嚴駕躬行諸國親見臣民宣政異化魔於道邊化作一人身處大火威炎熾燃於中哭叫聲悲酸切王即前問汝何以尒人白王言我坐前時勸人十善今受此苦痛毒難忍王重荅言何有是事勸人修善反更受苦又復問言勸行十善令汝受苦前受勸人行十善者得善報不荅言前人得善福耳但教他故獨受此苦王聞歡喜荅言但令前人得善福者甘心受苦不以為恨魔聞是語即隱形去遍行諸國宣十善行人民服化慎身口意正化弥布一切欽崇王德隆赫嘉瑞而降金輪先應七寶具臻遊化四域導善為務如是大王欲

賢愚經卷第二　第二十九張　游

知尒時施陁尼弥王者今現我父淨飯王是尒時母者今現我母摩訶摩耶是彼惠光王十善化民者今我身是我緣彼世自行十善又以勸民令行十善是以今日得是足下千輻相輪時洴沙王復白佛言六師羣迷不自度量貪著利養生嫉妬心求与世尊捔試神力言佛作一我當作二佛現神變妙難思議六師窮縮乃無一術慙形愧影投水而死徒類散解自遺殃患念其迷惑何劇之甚佛告大王不但今日六師之徒諍名利故求与我决自喪失衆過去世時亦共我諍我亦傷彼奪其人衆王即長跪尋白佛言不審世尊過去世時与六師鬪奪其徒衆其事云何願具說示佛告王曰善着心聽乃往過去無數无量阿僧祇劫此閻浮提有一國王名摩訶睒仇利領五百小國王有五百夫人無有太子可以繼嗣王自念言吾年轉大无有一子以續國位若其一旦崩亡之後諸王臣民不相承受便當興兵狂害民命國將乱矣何苦之劇念

賢愚經卷第二　第三十張　游

是事已心没憂海時天帝釋遥知王憂即從天下化作一醫来詣王所問王憂意王即如事宣示語醫化醫白王莫復憂慮我當為王往入雪山採合衆藥為夫人服服藥之後皆當有娠王聞是語差得釋憂即語醫言能尒者善是時化醫即往雪山取諸藥草搚還王宮以乳煎之為大夫人夫人嫉髡情又不信化醫歸天後不肯服餘小夫人盡共分服服未經久尋覺有娠各以情事白大夫人夫人聞已情乃憂悔即問所服有餘殘不荅言已盡復問前草今者在不荅言猶在尋勑取乳更用重煎持為夫人夫人便服服之數日亦覺有娠諸小夫人月滿各生皆是男兒端政殊異王見諸子歡喜踊躍悒遲念想於大夫人夫人月滿亦生一男面貌極醜形如株杌父母見之情不歡喜因共号之為多羅睺施晉言株杌勑令養育年漸長大其餘諸兄皆已納娶唯有株杌不以在意後會邊國興兵入界五百王子領兵往拒始戰軍敗退来趣城

株杌王子問諸兄言何以退走如恐怖狀兄輩語言往鬪不利他軍見逐是以走退株杌言曰如斯軍賊敢見侵麩取我先祖天寺之中大弓具来我欲往擊其先祖是轉輪王即遣多人往取舁来而授与之取弓舒張弓聲如雷彈弓之音聞四十里持弓捉貝便獨往擊到先吹貝聲如霹靂彼軍聞聲驚怖散走敵退乃還父王異過尒乃愛待深思方便欲為娉娶時一國王名律師跋蹉聞其有女端政絶世王即遣使往告求娉指其一兒貌狀示之言為此兒求索卿女使奉教到具騰王辭律師跋蹉即許為娉使還白王王大歡喜尋遣車馬往迎將来自勑株杌莫晝見婦自今以後常以日暮乃見交會時諸子婦後共談語各歎其夫種種才德時株杌婦亦歎夫言我夫猛健力士之力身又細軟甚可敬愛餘婦語曰汝不須言汝夫狀貌正似株杌若汝晝見足使汝驚株杌婦聞憶之在心豫掩一燈藏著屏處伺夫卧訖發燈来看見其形軀甚用

恐怖即夜嚴駕還至本國天明乃覺甚用悒慼捉弓持貝尋跡逐往到其國中依一臣住後六國王聞律師跋蹉有絶妙之女各貪欲得興兵集衆競共来索時律師跋蹉甚用憒惱令諸群臣悖議其事正欲与一其餘則恨作何方便却此怨敵有一臣言當分此女用作六分一軍与一其意可息或有臣言且出重募有能却軍以女妻之分國共治重加賞賜王即然之便行宣募時多羅睺施即持弓貝出城趣賊吹貝叩弓六軍驚駭怖不能動即入軍中斬六王首奪取冠餝攝録其衆律師跋蹉甚用歡喜以女貢之奉為大王領攝七國一切軍兵將諸士衆与婦還國父王聞来往出界迎見子所領軍衆極盛以國讓子勸作大王其子不肯云父猶在理不應尒還到宮中窮責其婦汝前何以夜棄我亡其婦荅言君身極醜初見驚怖謂非是人多羅睺施捉鏡自照乃見身首孰似株杌患厭其身自不喜見便至林間乃欲自煞帝釋遥知

即下到邊問所由緣慰喻其意為一
寶珠而告之言常以此珠著汝頂上
可得殊異如我端政尋喜奉受安其
頂上覺身倍異還至宮中自取弓貝
欲至外戲婦見不識尋語之曰汝是
何人莫卑此物我夫若来儻相傷損
尋語婦言我是汝夫婦殊不信而語
之言我夫極醜汝形端正汝是何人
說是我夫夫即却珠還示故形婦乃
驚喜云何乃尒夫即具悉說得珠意
婦自是後敬愛其夫抹杌之名從是
滅除便更稱之名須陁羅扇後自生
念當率兵衆更起宮城即出觀行平
愽之處勸諸人衆是中可作有四龍
王人形来問欲作城者為用何物須
陁羅扇言當用土作龍復白言何不
用寶荅言城大郍得多寶龍復白言
我當相為尋化四邊作四大泉而語
之言用東泉水而作塹者便成琉璃
用南泉水而作塹者可成為金用西泉
水而作塹者可成為銀用北泉水而
作塹者可成頗梨尋時勑作如語成
寶便令作城方四百里復勑作宮方

四十里宮城街陌樓觀舍宅樹林浴
池悉是四寶嚴淨顯妙略如天上宮
城既竟七寶来應捴攝四域化民脩
善如是大王欲知尒時摩訶檡仇梨者
今現我父淨飯王是尒時母者今現我
母摩訶摩耶是彼多羅睺施醜王子者
今我身是彼時婦者今瞿夷是彼婦
翁者今摩訶迦葉是彼六國王欲以
兵力逼求女者今六師是於彼世時
為我諍色我傷害彼奪取兵衆乃至
今日嫉名利故求為我試無術稱心
投水而死我攝徒類九億人衆為我
弟子時洴沙王復白佛言多羅睺施
本作何行福德力强形如是醜佛復
告王皆有因緣乃往過去無量難計
阿僧祇劫此閻浮提有一大國名波
羅㮈國有仙山名曰律師時仙山中
有一辟支佛身有風患當須服油至
油師家從其乞索油師瞋恚逆呵責
之頭如株杌手脚如軸不肯生活恢
伺他家不覲錢買但欲唐得雖瞋呵
責然為油滓辟支佛心甚敬仰受已
適復擔去其油師婦從外而来見辟

支佛心甚敬仰問言快士從何而来
持此油滓用作何等時辟支佛如實
語之婦便悵恨還嘖將來即取其鉢
為滿鉢油怨責夫言汝實不是云何
乃以油滓為之念還懴悔除汝口過
油師心悔粗還辟謝夫婦同心白辟
支佛若使須油日日来取後辟支佛
數返取油感其恩力於油師前現神
足力飛昇虛空身出水火分合身躰
種種現變油師夫婦見其神變倍用
歡喜甚增敬仰夫見是已便語婦言
汝所施油當共同福受果報時共
為夫妻婦語夫言汝興惡言向於快
士方施油滓無有淨心所生之處當
極醜惡云何共汝作夫婦耶夫復荅
言我當辛苦積聚油具云何獨施不
為我共終不聽汝要作夫婦妻復言
曰若為汝妻見汝形醜夜棄汝亡夫
荅之言正使汝亡我當逐汝要得乃
止夫妻語竟向辟支佛身心自歸款
誠悔過時辟支佛語油師夫妻緣汝
施油我病得差今汝夫妻欲求何願
恣汝所求悉當令得夫妻歡喜長跪

立願令我夫妻所生之處天上人中一切從意如是大王欲知尒時賣油人者多羅眹施是是時油師婦者多羅眹施婦是緣於尒時見辟支佛言似㭗杌手脚如軸雖施油滓瞋色㐫語由是因緣所生之處初形甚醜如前恶言緣後懺悔喜施好油所生之處還得端正緣以油施常得多力數千万衆無敢當者福德報故作轉輪王食福四域五欲從心善恶之業其報不朽是故一切當念道要慎身口意遵修道行佛說是時洴沙王等諸王臣民四輩之衆天龍鬼神聞佛所說有得須陁洹斯陁含阿那含阿羅漢者有種辟支佛善根本者有發无上大道心者或有還住不退地者一切歡喜礼敬奉行

賢愚經卷第二

乙巳歲高麗國大藏都監奉

勑雕造

賢愚經卷第二　第二十七張　[illegible]

賢愚經卷第二

校勘記

一　底本，麗藏本。

一　七頁上經名，磧、普、南、徑、清作「賢愚因緣經卷第二」。卷末經名同。

一　七頁上二行譯者，磧、普、南作「元魏沙門慧覺在高昌郡譯」；徑、清作「元魏沙門慧覺譯」。

一　七頁上三行品名，磧、普、南、徑、清作「波斯匿王女金剛緣品第八」。

一　七頁上七行「面類」，磧、普、南、徑、清作「面貌」。

一　七頁上八行「驢皮」，磧、普、南、徑、清作「馬皮」。又「馬尾」，磧、普、南、徑、清作「馬毛」。

一　七頁上一四行「推覔」，磧、普、南作「惟覔」。

一　七頁上一九行「欲見」，磧、普、南、徑、清作「欲求」。又「酬類」，磧、普、南、徑、清作「儔類」。

一　七頁中九行「譏會」，磧、普、南、徑、清作「課會」。

一　七頁中一二行末字至次行首字「曜絶」，磧、普、南、徑、清作「絶曜」。

一　七頁中一六行「便令」，磧、普、南、徑、清作「使令」。

一　七頁下三行第三字「敬」，磧、普、南、徑、清作「故」。

一　七頁下六行「齊腰」，磧、南作「臍腰」。

一　七頁下七行第一二字「因」，磧、普、南、徑、清作「用」。

一　七頁下九行首字「妙」，磧、普、南、徑、清作「姿」。

一　七頁下一七行末字「户」，磧、普、南、徑、清作「門」。

一　七頁下末行第六字「佛」，磧、普、南、徑、清作「見佛」。

一　八頁上一行「我今」，磧、普、南、徑、清作「今我」。

一　八頁中七行第七字「也」，磧、普、南、徑、清無。

一八頁中九行「賢聖辟支佛」，磧作「賢豐辟支」。

一八頁下三行「捲手」，磧、普、南、徑、清作「拳手」。又「驚恠」，磧、普、南、徑、清作「驚怖」。

一八頁下一四行「即令」，磧、普、南、徑、清作「即合」。

一九頁上三行「飯食」，磧、普、南、徑、清作「飲食」。

一九頁上二一行第八字「富」，磧、普、南、徑、清無。

一九頁中四行第五字「前」，磧、普、南、徑、清無。

一九頁中六行「福慶」，磧、普、南、徑、清作「福度」。

一九頁下三行「敬礼」，磧、普、南、徑、清作「作礼」。

一九頁下四行「散僧」，磧、普、南、徑、清作「供散」。

一九頁下五行「過去」，磧、普、南、徑、清作「過去世」。又第九字「故」，磧、普、南、徑、清無。

一九頁下七行「牀卧」，磧、普、南、徑、清作「坐卧」。

一九頁下二一行「號爲」，磧、普、南、徑、清作「字號」。

一九頁下末行「渴仰」，普、南、徑、清作「注仰」。

二〇頁上一一行末字至次行首字「似珠」，磧、普、南、徑、清作「圓珠」。一四行同。

二〇頁上一九行第三字「第」，磧、普、南、徑、清無。

二〇頁上二一行品名，磧、普、南作「羼提婆羅因緣品十二」；徑、清作「羼提婆羅因緣品第十二」。

二〇頁中一二行第一二字「諸」，磧、普、南、徑、清無。

二〇頁中一六行「羼提波梨」，磧、普、南、徑、清作「羼提婆羅」。下同。

二〇頁中二二行「王覺」，徑作「正覺」。

二〇頁下九行末字「即」，磧、普、南、徑、清作「尋」。

二〇頁下一〇行「仙人」，普、南、徑、清作「何人」。

二〇頁下一八行「其言」，磧、普、南、徑、清作「具言」。

二一頁上三行「莫苦」，磧、普、南、徑、清作「莫造」。

二一頁上一七行品名，磧、普、南作「慈力王血施緣品十三」；徑、清作「慈力王血施緣品第十三」。

二一頁上二一行第八字「又」，磧、普、南、徑、清作「又復」。

二一頁中二二行「放脉」，磧、普、南、徑、清作「施脤」。

二一頁下八行「時尊者」，磧、普、南、徑、清作「賢者」。

二一頁下一〇行品名，磧、普、南作「降六師緣品十四」；徑、清作「降六師緣品第十四」。

二一頁下一九行「與之」，磧、普作「其乏」；南、徑、清作「無乏」。

二二頁上一四行末字「俛」，磧、普作「勉」。

一 二二頁上一六行「持水」，磧、普、南、徑、清作「擔水」。又「罠罠」，磧、普、南、徑、清作「罐罐」。
一 二二頁上一九行首字「當」，磧、普、南作「受」。
一 二二頁上二一行「口喋」，磧作「口禁」。
一 二二頁中一一行「所慕」，磧、普、南、徑、清作「所務」。
一 二二頁中末行第三字「貪」，磧、普、南、徑、清作「願」。
一 二二頁下二行「螢大」，磧、普、南、徑、清作「螢火」。
一 二二頁下四行「蟻蛭」，磧、普、南、徑、清作「蟻垤」。
一 二二頁下七行「殊變」，磧、普、南、徑、清作「殊異」。
一 二二頁下九行「自招」，磧、普、南、徑、清作「自貽」。
一 二二頁下一八行「挍珞」，磧、普、南、徑、清作「交絡」。
一 二二頁下二二行「興張」，磧、普、徑、清作「豐張」；南作「覺張」。
一 二三頁上一行「靡然」，磧、普、南、徑、清作「歷然」。
一 二三頁上一一行首字「佛」，磧、普、南、徑、清作「我」。
一 二三頁上一九行「集拘睒彌」，磧、普、南、徑、清作「集拘睒彌國」。
一 二三頁上二二行「空空」，磧、普、南、徑、清作「屢屢」。
一 二三頁中三行第四字「皆」，磧、普、南、徑、清作「日」。
一 二三頁中一〇行第一三字「佛」，南、徑、清作「我」。
一 二三頁中一六行「譸張」，磧、普、南、徑、清作「迋張」。
一 二三頁中一八行末字「并」，磧、普、南、徑、清無。
一 二三頁下四行「乃知」，磧、普、南、徑、清作「乃知佛去」。
一 二三頁下一一行「皆來」，磧、普、南、徑、清作「皆悉」。
一 二三頁下一七行第二字「今」，南作「令」。
一 二三頁下末行「別爲」，磧、普、南、徑、清作「別僞」。
一 二四頁上五行「墮地」，磧、普、南、徑、清作「隨地」。
一 二四頁上六行「踊出」，清作「湧出」。
一 二四頁上八行「枝葉」，磧、普、南、徑、清作「枝華」。
一 二四頁上一一行「揨觕」，普、磧、南、徑、清作「振觸」。
一 二四頁上一三行第一三字「倍」，南作「悟」。
一 二四頁上一八行「暉耀」，徑作「暉輝」。
一 二四頁上二〇行「甘之」，磧、普、南、徑、清作「甘香」。
一 二四頁中一五行「寶池」，磧、普、南、徑、清作「寶地」。
一 二四頁下七行「欽美」，磧、普、南、徑、清作「欽羨」。
一 二四頁下一三行第四字「佛」，磧、普、南、徑、清無。

一 二四頁下二二行「歸佛」，磧、普、南、徑、清作「師佛」。
一 二五頁中七行「施設」，磧、普、南、徑、清作「設施」。
一 二五頁中一七行末字「踰」，磧、普、南、徑、清作「喻」。
一 二五頁下四行「於時」，磧、普、南、徑、清作「於是」。
一 二五頁下八行第一二字「便」，磧、普、南、徑、清無。
一 二六頁上二行「八万億」，磧、普、南、徑、清作「八十」。
一 二六頁上七行第三字「满」，磧、普、南、徑、清作「已满」。
一 二六頁上一二行第五字「白」，磧、普作「曰」。
一 二六頁上二二行「率民」，磧、普、南、徑、清作「寧民」。又「我乃」，磧、普、南、徑、清作「我能」。
一 二六頁中一行「令行」，磧、普、南、徑、清作「修行」。
一 二六頁中六行「惮情」，磧、普、南、徑、清作「彈責」。
一 二六頁中八行「驚口」，磧、普、南、徑、清作「驚曰」。
一 二六頁中九行「覩見」，磧、普、南、徑、清作「觀見」。
一 二六頁中一二行第二字「王」，磧作「上」。又第一〇字「人」，磧、普、南、徑、清作「而」。
一 二六頁中一三行首字「坐」，南、徑、清作「生」。
一 二六頁中二〇行末字「服」，磧、普、南、徑、清作「伏」。
一 二六頁下三行末字至次行首字「身是」，磧、普、南、徑、清作「是也」。
一 二六頁下一七行「無數无量」，磧、普、南、徑、清作「無量無數」。
一 二六頁下二一行第一二字「其」，磧、普、南、徑、清無。
一 二七頁上四行第一〇字「徃」，磧、普、南、徑、清無。本頁中五行末字同。
一 二七頁上二〇行「多羅眹施」，磧、普、南、徑、清作「多羅眹柁」。下同。
一 二七頁中四行第一一字「具」，磧、普、南、徑、清作「貝」。
一 二七頁中六行「而授」，磧、普、南、徑、清無。
一 二七頁中一〇行「婚娶」，磧、普、南、徑、清作「娉娶」。
一 二七頁中一八行「夫言」，磧、普、南、徑、清無。
一 二七頁中末行首字「伺」，磧作「何」。
一 二七頁下一行「天明」，磧、普、南、徑、清作「夫明」。
一 二七頁下五行末字「令」，磧、普、南、徑、清作「合」。
一 二七頁下二二行「熟似」，清作「酷似」。
一 二八頁上六行「傷損」，磧、普、南、徑、清作「害損」。
一 二八頁上一一行第四字「後」，磧、普、南、徑、清作「已後」。
一 二八頁上二〇行「而作」，磧、普、清作「用作」。

一　二八頁中五行第二字「現」，磧、普、南、徑、清作「見」。又第一四字「現」，磧、普、南、徑、清無。
一　二八頁中八行首字「翁」，磧、普、南、徑、清作「公」。
一　二八頁中二二行「心甚敬仰」，磧、普、南、徑、清無。
一　二八頁下五行第七字「念」，磧、普、南、徑、清作「令」。
一　二八頁下七行第四字「使」，磧、普、南、徑、清作「更」。
一　二八頁下一二行「果報」，磧、普、南、徑、清作「其果報」。
一　二八頁下二〇行「夫妻」，磧、普、徑作「夫婦」。

賢愚經卷第三　欝

宋沙門慧覺共威德在高昌譯

鋸陁身施緣

如是我聞一時佛在羅閱祇耆闍崛山中尒時世尊身有風患祇域醫王為合藥蘇用三十二種諸藥雜合令佛日服三十二兩時提婆達常懷嫉妬心自高大望與佛齊聞佛世尊服於藥蘇情中貪慕欲與佛同復勑祇域當與我合尒時祇域復與合之因語之言日服四兩提婆達問佛服幾兩祇域荅言日三十二兩提婆達言我亦當服三十二兩祇域荅言如來身者不與汝同汝若多服必更為患提婆達言我若服之自足能消我身佛身有何差別但與我服即皆效佛日日亦服三十二兩藥在體中流注諸脉身力微弱不能消轉舉身支節極患苦痛呻吟喚呼煩憒惋轉世尊憐愍即遥申手以摩其頭藥時即消痛患即除病既得愈看識佛手因而言曰悉達餘術世不承用復學醫道

善能使知於是阿難聞說此語情用悵恨長跪白佛提婆達多不識恩養世尊慈矜為之除患方便吐此不善之言有何情懷能生此心長夜思嫉向佛世尊佛告阿難提婆達者不但今日懷不善心欲中傷我過去世時亦常惡心煞害於我阿難白佛不審過去傷害之事因緣云何佛言善聽當為汝說唯然世尊當一心聽佛告阿難過去久遠不可計數阿僧祇劫此閻浮提有一大城名波羅棕尒時國王名梵摩達兇暴无慈奢婬好樂每懷惡忌好為傷害尒時其王欻於夢中見有一獸身毛金色其諸毛端出金光明照于左右皆亦金色覺已自念如我所夢世多有此當勑獵者求覓其皮作是念已告諸獵師而告之言我夢有獸身毛金色毛頭出光殊妙晃朗想今國界必有此物仰汝等輩廣行求捕若得其皮當重賜與令汝子孫食用七世若不用心求不得者當俱誅滅汝等族黨時諸獵師得王教已憂愁憒憒无復方計聚會

一處共議此事王所愛獸生未曾覩當於何所而求覔此若今不得王法難犯我曹徒類永無活路論此事已益增悶惱又復有言此山澤中毒虫惡獸亦甚衆多遠行求覔必不能得交當喪身困死林野且私募一人令行求之衆人言善更相簡練曉勸一人汝可盡力廣行求覔若汝吉還我曹合物當重賞汝設令山澤遇害不還亦當以物與汝妻子共人聞此心自念言為此衆人分棄身命內計已定即可當行辦行道具涉險而去行已經久身羸力弊天時感暑到熱涉道脣乾渴之欝蒸歎死窮酸苦切悲悴而言誰有慈悲矜愍我者當見拯濟救我身命時山澤中有一野獸名日鋸陁身毛金色毛頭光明遙聞其語甚憐愍之身入冷泉來至其所以身裹抱小還有力將至水所為其洗浴行拾菓蓏來與食之躰既平復而自念言覩此奇獸毛色光明是我大王所須之者然我垂死賴其濟命感識其恩未能酬報何能生心當害於

此若復不獲彼諸獵師宗黨徒類當彼誅戮念此事已悲不自勝鋸陁聞言何以不樂垂泣而說心所懷事鋸陁語言此事莫憂我皮易得計我前世捨身无數未曾為福而能捨壽今以身皮濟彼衆命心懷歡喜如有所獲但剥取皮莫便絕命我已施汝終无悔恨尒時獵師即徐剥皮尒時鋸陁即自立願令我以皮用施此人救彼衆人所愛之命持此功德施及衆生用成佛道無上正真普度一切生死之苦安著涅槃永樂之處作此願已三千國土六反震動諸天宮殿動揺不寧各用驚愕推尋其相見於菩薩剥皮布施即從天下來到其所散花供養涕淚如雨剥皮去後身肉赤裸血出流離難可看覩復有八万蠅蟻之屬集其身上同時唼食時欲趣穴復恐傷煞忍痛自持身不動揺分以身施死於彼中時諸蠅蟻食菩薩身者命終之後皆得生天尒時獵師揺皮到國奉上於王王見歡喜奇之未有善其細軟常敷用卧心乃安隱

情用快樂如是阿難欲知尒時獸鋸陁者今我身是彼梵摩達王今提婆達是八万諸虫我初成佛始轉法輪上八万諸天得道者是此提婆達於彼世時傷害於我乃至今日猶無善心長夜思害欲相中傷賢者阿難及諸會者聞佛所說悲悵兼懷各自感勵懃求法要有得須陁洹斯陁含阿那含阿羅漢者有種辟支佛因緣者有發無上佛道意者有住不退地者咸各歡喜敬戴奉行

微妙比丘尼緣

如是我聞一時佛在舍衛國祇陁精舍波斯匿王崩背之後太子流離攝政為王暴虐無道駈逐醉象蹹煞人民不可稱計時諸貴姓婦女見其如是心中摧悴不樂於俗即共出家為比丘尼國中人民見諸女人或是釋種或是王種尊貴端正國中第一恚捨諸欲出家為道凡五百人莫不歡喜競共供養諸比丘尼自相謂言吾等今者雖名出家未服法藥消婬怒癡寧可共詣偷羅難陁比丘尼所諮

受經法莫獲所剋即往其所作礼問
訊各自陳言我等雖復為道未獲甘
露願見開悟時偷羅難陁心自念言
我今當教令其反戒吾攝衣鉢不亦
快乎即語之曰汝等尊貴大姓田業
七寶為馬奴婢所須不乏何為捨之
持佛禁戒作比丘尼辛苦如是不如
還家夫妻男女共相娛樂恣意布施
可榮一世諸比丘尼聞說是語心用
悯然即各涕泣捨之而去復至微妙
比丘尼所前為作礼問訊如法即各
啓曰我等在家習俗迷久今雖出家
心意蕩逸情欲熾然不能自解願見
憐愍為我說法開釋罪蓋尒時微
妙即告之曰汝於三世欲問何等諸
比丘尼言去來且置願說現在解我
疑結微妙告曰夫婬欲者辟如威火
燒于山澤蔓莚滋甚可傷弥廣人坐
婬欲更相賊害日月滋長故墮三塗
無有出期夫樂家者貪於合會恩愛
榮樂因緣生老病死離別縣官之惱
轉相哭戀傷壞心肝絕而復穌家戀
深固心意纏縛甚於牢獄我本生梵

志之家我父尊貴國中第一尒時有
梵志子聰明智慧聞我端正即遣媒
禮娉我為婦送成室家後生子息夫
家父母轉復終亡我時妊身而語夫
言今我有身穢汙不淨日月向滿儻
有危頓當還我家見我父母夫即言
善遂便進歸至於道半身躰轉痛止
一樹下時夫別卧我時夜產汙露大
出毒虵聞臭即來煞夫我時夜喚數
反無聲天轉向曉我自力起往牽夫
手知被虵毒身躰腫爛支節解散我
時見此即便悶絕時我大兒見父身
死失聲啼叫我聞兒聲即時還穌便
取大兒擔著項上小者抱之涕泣進
路道復曠險絕無人民至於中路有
一大河既深且廣即留大兒著大河
邊先擔小兒度著彼岸還迎大者見
遥見我即来入水水便漂去我尋追
之力不能救浮沒而去我時即還
欲趣小兒狼巳噉訖但見其血流離在
地我後斷絕良久乃穌遂進前路逢
一梵志是父親友即問我言汝從何
來困悴乃尒我即具以所更苦毒之

事告之尒時梵志憐我孤苦相對涕
哭我問梵志父母親里盡平安不梵
志荅言汝父母大小近日失火一時
死盡我時聞之即復悶絕良久乃穌
梵志憐我將我歸家供給無乏看視
如子時餘梵志見我端正求我為婦
即相許可適其為室我復妊身日月
巳滿時夫出外他舍飲酒日暮来歸
我時欲產獨閇在內時產未竟梵志
打門大喚無人往開梵志瞋恚破門
来入即見撾打我如事說梵志遂怒
即取兒煞以蘇熬煎逼我使食我甚
愁惱不忍食之復見撾打食兒之後
心中酸結自惟福盡乃值斯人便棄
亡去至波羅㮈在於城外樹下坐息
時彼國中有長者子適初喪婦乃於
城外園中埋之戀慕其婦日往出城
塚上涕哭彼時見我即問我言汝是
何人獨坐道邊我如事說復語我言
今欲與汝入彼園觀寧可尒不我便
可之遂為夫妻經于數日時長者子
得病不救奄忽壽終時彼國法若其
生時有所愛重臨塟之日幷埋冢中

我雖見埋命故未絶時有群賊来開
其冢尒時賊師見我端正即用為婦
數旬之中復出刧盗為主所覺即斷
其頭賊下徒衆即持死屍而来還我
便共埋之如國俗法以我為殯時在
冢中經于三日諸狼狐狗復来開冢
欲噉死人我復得出重自剋責宿有
何殃旬日之閒遇斯罪苦死而復生
當何所奉得全餘命即自念言我昔
常聞釋氏之子棄家學道道成号佛
達知去来寧可往詣身心自歸即便
逕往馳趣祇洹遥見如来如樹花茂
星中之月尒時世尊以無漏三達察
我應度而来迎我我時形露无用自
蔽即便坐地以手覆乳佛告阿難汝
持衣往覆彼女人我時得衣即便稽
首世尊足下具陳罪厄願見垂愍聽
我為道佛告阿難將此女人付憍曇
弥令授戒法時大愛道即便受我作
比丘尼即為我說四諦之要苦空非
常我聞是法剋心精進自致應真達
知去来今我現世所更勤苦難可具
陳如宿所造豪分不差時諸比丘尼

重復啓白宿有何咎而獲斯殃唯願
說之微妙荅曰汝等静聽乃往過世
有一長者財富無數無有子息更取
小婦雖小家女端正少雙夫甚愛念
遂便有身十月已滿生一男兒夫妻
敬重視之無猒大婦自念我雖貴族
現無子息可以繼嗣今此小兒若其
長大當領門户田財諸物盡當攝持
我唐勞苦積聚財產不得自在妬心
即生不如早煞内計已定即取鐵針
刾兒顖上令没不現兒漸痟瘦旬日
之閒遂便喪亡小婦懊惱氣絶復穌
疑是大婦妬煞我子即問大婦汝之
无狀怨煞我子大婦即時自呪誓曰
若煞汝子使我世世夫為毒虵所煞
有兒子者水漂狼食身見生埋自噉
其子父母大小失火而死何為謗我
何為謗我當於尒時謂无罪福反報
之殃前所呪誓今悉受之無相代者
欲知尒時大婦者則我身是諸比丘
尼重復問曰復有何慶得覲如来就
迎之耶得在道堂免了生死微妙荅
曰昔波羅㮈國有大山名曰仙山其

中恒有辟支佛聲聞外道神仙無有
空缺彼時緣覺入城乞食有長者婦
見之歡喜即供養之緣覺食已飛昇
虚空身出水火坐卧空中婦時見之
即發誓言使我後世得道如是尒時
婦者則我身是緣是之故得見如来
心意開解成羅漢道今日我身雖得
羅漢恒熱鐵針從頂上入於足下出
晝夜患此无復竟已殃福如是無有
朽敗尒時五百貴姓比丘尼聞說是
法心意悚然觀欲之法猶如熾火貪
欲之心永不復生在家之苦甚於牢
獄諸垢消盡一時入定成阿羅漢道
各共齊心白微妙曰我等纏綿繫著
婬欲不能自拔蒙仁恩導得度生死
時佛歎曰快哉微妙夫為道者能以
法教轉相教誡可謂佛子衆會聞說
莫不歡喜稽首奉行

阿輸迦施土緣

如是我聞一時佛在舍衛國祇樹給
孤獨園尒時世尊晨朝與阿難入城乞
食見群小兒於道中戲各聚地土用
作宫舍及作倉藏財寶五穀有一小

兒還見佛光相敬心內發歡喜踊躍生布施心即取倉中名為穀者即以手掬欲用施佛身小不逮語一小兒我登汝上以穀布施小兒歡喜報言可尒即躡肩上以土奉佛佛即下鉢伍頭受土受之已訖授與阿難語言持此塗汙我房乞食既得還詣祇洹阿難以土塗佛房地齊汙邊其土便盡汙已整衣服具以白佛佛告阿難向者小兒歡喜施土土足塗汙佛房一邊緣斯功德我般涅槃百歲之後當作國王字阿輸迦其次小兒當作大臣共領閻浮提一切國土興顯三寶廣設供養分布舍利遍閻浮提當為我起八万四千塔阿難歡喜重白佛言如來先昔造何功德而乃有此多塔之報佛言阿難專心善聽過去久遠阿僧祇劫有大國王名波塞奇典閻浮提八万四千國時世有佛名曰弗沙波塞奇王與諸臣民供養於佛及比丘僧四事供養敬慕無量尒時其王心自念言今此大國人民之類常得見佛礼拜供養其餘

小國各處邊僻人民之類無由修福就當畫佛之形像布與諸國咸令供養作是念已即召畫師勑使畫畫時諸畫師來至佛邊看佛相好欲得畫之適畫一處忘失餘處重更觀看復次下手忘一畫一不能使成時弗沙佛調和衆彩手自為畫以為摸法畫立一像於是畫師乃能畫畫八万四千之像極令淨妙端正如佛布與諸國一國與一又作告下勑令人民辦具花香以用供養諸國王臣民得如來像歡喜敬奉如視佛身如是阿難波塞奇王今我身是緣於彼世畫八万四千如來之像布與諸國令人供養緣是功德世世受福天上人中恒為帝主所受生處端正殊妙三十二相八十種好緣是功德自致成佛涅槃之後當復得此八万四千諸塔果報賢者阿難及諸會者聞佛所說歡喜奉行

七瓶金施緣

如是我聞一時佛在舍衛國祇樹給孤獨園尒時諸比丘各處異國隨意安居經九十日安居已竟各詣佛所

諮受聖教尒時世尊與諸比丘隔别經久慈心愍傷即舉千輻相輪神手而慰喻之下意問訊汝等諸人住在僻遠飲食供養得無乏耶如來功德世無儔類今乃下意瞻諸比丘特懷謙敬阿難見之甚怪所以即白佛言世尊出世寂為殊特功德智慧世之希有今乃下意慰喻問訊諸比丘衆何其善耶不審世尊興發如是謙卑之言為遠近耶世尊告曰欲知不乎明聽善思當為汝說奉教善聽佛告阿難過去久遠無數无量不可思議阿僧祇劫此閻浮提有一大國名波羅㮈時有一人好修家業意偏愛金勤力積聚作役其身肆力治生所得錢財盡用買金因得一瓶於其舍內堀地藏之如是種種懃身苦躰經積年歲終不衣食聚之不休乃得七瓶悉取埋之其人後時遇疾命終由其愛金轉身作一毒虵之身還其舍內守此金瓶經積年歲其舍摩滅無人住止虵守金瓶壽命年歲已復向盡捨其身已愛心不息復受本形自以

其身纏諸金瓶如是展轉經數万歲寂後受身猒心復生自計由来為是金故而受惡形無有休已今當用施快福田中使我世世蒙其福報思惟計定往至道邊竄身草中匿身而看設有人来我當語之尒時毒虵見有一人順道而過虵便呼之人聞喚聲左右顧望不見有人但聞其聲復道而行虵復現形喚言咄人可来近我人荅虵言汝身毒惡喚我用為我若近汝儻為傷害虵荅人言我茍懷惡設汝不来亦能作害其人恐懼往至其所虵語人言吾今此處有一瓶金欲用相託供養作福能為之不若不為者我當害汝其人荅虵我能為之時虵將人共至金所出金與之又告之曰御持此金供養衆僧設食之日好念持一阿輪提来取我輩去其人擔金至僧伽藍付僧維那具以上事向僧說之云其毒虵欲設供養剋作食日僧受其金為設美饍作食日至其人持一小阿輪提往至虵所虵見其人心懷歡喜慰喻問訊即盤其

身上阿輪提於是其人以疊覆上擔向佛啚道逢一人問擔虵人汝從何来[illegible]佉不其人默然不荅彼問再三問之不出一言所持毒虵即便瞋恚含毒熾盛欲煞其人還自遏折復自思念云何此人不知時宜他以好意問訊進止鄭重三問無一言荅何可疾耶作是念已毒心復興隆猛內發復欲害之臨當吐毒復自思惟此人為我作福未有恩報如是再三還自奄伏此人於我已有大恩雖復作罪事宜忍之前到空處虵語其人下我著地窮責極切囑誡以法其人於是便自悔責生謙下心垂矜一切虵重囑及莫更尒耶其人擔虵至僧伽藍著衆僧前於時衆僧食時已到住行而立虵令彼人次第賦香自以信心視受香者如是盡底熟看不移衆僧引衛遶塔周匝其人捉水洗衆僧手虵懷敬意觀洗手人無有猒心衆僧食訖重為其虵說諸法虵倍歡喜更增施心將僧維那到本金所殘金六瓶盡用施僧作福已訖便取命終

由其福德生忉利天佛告阿難欲知尒時擔虵人者豈異人乎則我身是時毒虵者今舍利弗是我乃往日擔虵之時為虵見責慚愧立誓生謙下心等視一切未曾中退乃至今日時諸比丘阿難　等聞佛所說歡喜奉行

差摩現報緣

如是我聞一時佛住羅閱祇竹林精舍與尊弟子無鞅數衆尒時國中有一婆羅門居貧窮困乏於錢穀勤加不懈妻禍自甚方宜理盡衣食不供便行問人今此世間作何等行令人現世蒙賴其福有人荅言汝不知耶今佛出世福度衆生祐利一切無不得度如来復有四尊弟子摩訶迦葉大目犍連舍利弗阿那律等斯四賢士每哀貧乏常行福利苦厄衆生汝今若能以信敬心設食供養此諸賢士則可現世稱汝所願時婆羅門聞諸人所說如是事已心懷歡喜往其國中遍行自衒作役其身得少財物擔至其家施設飲食請諸賢聖供養一日剋心精勤望現世報婆羅門婦

字曰差摩晋言安隱飯僧已訖諸尊子勸請差摩受八關齋受齋已訖各還精舍時瓶沙王值遊林澤還來向城道見一人犯王重罪縛著標頭豎在道邊見王悲哀求索少食王情愍傷即可當與正尒别去時王竟日忽忘前事夜卒自念我以先許彼罪人食云何欵忘即時遣人致食往與深宮内外無欲往者咸作是說今是夜半道路恐有猛獸惡鬼羅刹禍難衆多寧死於此不能去也尒時國王念彼人苦身心煩惱極懷憐愍即令國中誰能致食至彼人所賞金千兩國中人民無受募者於時差摩常聞人說若世有人受持八關齋者衆邪惡鬼毒獸之類一切惡害無能傷害差摩聞之便興此心我家貧窮加復受齋今王所募欲為我耳我今當往受其募直思惟已定往應王募尒時國王又語差摩為吾擔食至彼人所若達来還吾定當與汝金千兩差摩即時如勅擔往至心持齋无有欹失順道而行出城漸遠逢一羅刹名曰藍婆彼

鬼是時生五百子初生已竟極懷飢渴見差摩来望以為食然彼差摩持齋無欹羅刹見之逆懷怖畏飢餓所逼現身從乞所擔之食持少施我差摩不逆以少与之所施雖少鬼神力故而用飽滿於時羅刹問差摩言汝字何等女人荅言我字差摩羅刹歡喜語差摩言今我分身而得安隱由卿活命益我不少我既蒙活復聞好字我所住處有一釜金持以報卿来時捻取又復問言汝欲何至差摩荅言欲持此食往與彼人藍婆又言我有女妹在前住止字阿藍婆卿若見之為吾問訊云我分身生五百子身體安隱具謄我情令知消息差摩如言順道而至見阿藍婆即出問訊說其藍婆情事委曲生五百子皆悉安隱時阿藍婆聞之歡喜問婦人曰今汝字何女人荅言我字差摩羅刹聞之亦用歡悅我姊分身復得安隱汝字復好何其善也今此住處有一釜金我用賜卿来時捻取又問之曰汝欲何至差摩荅言為王擔食至彼人

所阿藍婆曰我有一弟子分鄉奇住在前路為吾問訊因騰姊意即復共辭順道而進到前如意見分鄉奇為其二姊具說意狀云彼大姊生五百子身輕安隱無有不祥時分鄉奇聞其二姊平安消息心用歡喜復問差摩汝字何等婦人荅曰我字差摩其鬼荅言汝字安隱復傳我姊平安消息倍何快耶即語差摩我此住處有金一釜以用遺卿来時捻取辭别已竟引路而去憶識故處至彼人所與食已訖還来本處取金三釜持至其家復於王家得賞金千兩其家於是拔貧即富國中庶民見其家内財寶饒多各各慕及樂為營從来至其家承給使命王聞是人福德如是即召至宮拜為大臣既蒙王禄其家又富信心誠篤廣殖福業請佛及僧施設大檀佛與徒衆悉受其請飲食已訖佛為說法心意開解成須陁洹時諸會者阿難之等聞佛所說歡喜奉行

貧女難陁緣

如是我聞一時佛在舍衛國祇樹給

孤獨園尒時國中有一女人名曰難陁貧窮孤獨乞匃自活見諸國王臣民大小各各供養佛及衆僧心自思惟我之宿罪生處貧賤雖遭福田無有種子酸切感傷深自咎悔便行乞匃以俟微供竟日不休唯得一錢持詣油家以用買油油家問曰一錢買油少無所逮用作何等難陁具以所懷語之油主憐愍增倍與油得已歡喜足作一燈擔向精舍奉上世尊置於佛前衆燈之中自立誓願我今貧窮用是小燈供養於佛以此功德令我来世得智慧照滅除一切衆生垢闇作是誓已礼佛而去乃至夜竟諸燈盡滅唯此獨燃是時目連次當日直察天已曉収燈拼擋見此一燈獨燃明好膏炷未損如新燃心便生念白日燃燈無益時用欲取滅之暮規還燃即時舉手扇滅此燈燈焰如故無有虧滅復以衣扇燈明不損佛見目連欲滅此燈語目連曰今此燈者非汝聲聞所能傾動正使汝注四大海水以用灌之隨嵐風吹亦不能

滅所以尒者此是廣濟發大心人所施之物佛說是已難陁女人復来詣佛頭面作礼於時世尊即受其記汝於来世二阿僧祇百劫之中當得作佛名曰燈光十号具足於是難陁得記歡喜長跪白佛求索出家佛即聽之作比丘尼慧命阿難目連見貧女人得勉苦厄出家受記長跪合掌前白佛言難陁女人宿有何行經尒許時貧乞自活復因何行值佛出家四輩欽仰諍求供養佛言阿難過去有佛名曰迦葉尒時世中有居士婦躬往請佛及比丘僧然佛先已可一貧女受其供養此女已得阿那含道時長者婦自以財富輕忽貧者嫌佛世尊先受其請便復言曰世尊云何不受我供乃先應彼乞人請也以其惡言輕忽賢聖從是以来五百世中恒生貧賤乞匃之家由其彼日供養如来及於衆僧敬心歡喜今值佛世出家受記合國欽仰尒時衆會聞佛說此已皆大歡喜國王臣民聞此貧女奉上一燈受記作佛皆發欽仰並各

施與上妙衣服四事無乏合國男女尊卑大小競共設作諸香油燈持詣祇洹供養於佛衆人猥多燈滿祇洹諸樹林中四面弥滿猶如衆星列在空中日日如是經於七夜尒時阿難甚用歡喜嗟歎如来若干德行前白佛言不審世尊過去世中作何善根致斯無極燈供果報佛告阿難過去久遠二阿僧祇九十一劫此閻浮提有大國王名波塞奇主此世界八万四千諸小國土王大夫人生一太子身紫金色三十二相八十種好當其頂上有自然寶衆相晃朗光曜人目即召相師占相吉凶因為作字相師披看見其奇妙舉手唱言善哉善哉今此太子於諸世間天人之中無與等者若其在家作轉輪聖王若其出家成自然佛相師白王太子生時有何異事王答之言頂上明寶自然隨出便為立字字勒那識祇晉言寶髻年漸長大出家學道得成為佛教化人民度者甚多尒時父王請佛及僧三月供養有一比丘字阿梨蜜羅晉

言聖友保三月中作燈檀越日日入城詣諸長者居士人民求索蘇油燈炷之具時王有女名曰牟尼登於高樓見此比丘日行入城經營所須心生敬重遣人往問尊人恒尒勞苦何所營理比丘報言我今三月與佛共僧作燈檀越所以入城詣諸賢者求索蘇油燈炷之具使還報命王女歡喜又語聖友自今以往莫復行乞我當給汝作燈之具比丘可之從是已後常送蘇油燈炷之具詣於精舍聖友比丘日日經營燃燈供養發意曠濟誠心款著佛授其記汝於來世阿僧祇劫當得作佛名曰定光十号具足王女牟尼聞聖友比丘授記作佛心自念言佛燈之物悉是我有比丘經營今已得記我獨不得作是念已往詣佛所自陳所懷佛復授記牟尼曰汝於來世二阿僧祇九十一劫當得作佛名釋迦牟尼十号具足於是王女聞佛授記歡喜發中化成男子重礼佛足求為沙門佛便聽之精進勇猛勤修不息佛告阿難尒時比

丘阿梨蜜者豈異人乎乃往過去定光佛是王女牟尼豈異人乎我身是也因由昔日燈明布施從是已來无數劫中天上世間受福自然身體殊異超絕餘人至今成佛故受此諸燈明之報時諸大會聞佛所說有得初道乃至四果或種緣覺善根之者有發無上正真道意慧命阿難及諸衆會咸共頂戴踊躍奉行

賢愚經卷第三

大光明王始發道心緣品第十六

有智慧巧便人以小緣故能發大心趣向佛道懈怠懶惰人雖有大緣猶不發意趣向佛道是故行者應強心立志勇猛善緣何以知然爾時世尊在舍衛國祇樹給孤獨園與諸四衆諸王臣民前後圍遶供養恭敬於是衆中多有疑者世尊本以何因緣故初發無上菩提之心自致成佛多所利益我等亦當發心成道利安衆生尊者阿難知衆所念即從坐起整衣服前白佛言今此大衆咸皆有疑世尊本昔從何因緣發大道心唯願說之廣利一切佛告阿難善哉善哉汝所問者多所饒益諦聽善思當爲汝說時大會寂靜無聲風河江水百鳥走獸皆寂無聲於是大衆天龍鬼神悚然樂聞一心觀佛佛言阿難過去久遠無量無邊阿僧祇劫此閻浮提有一大王名大光明有大福德聰明勇慧王相具足爾時邊境有一國王與爲親厚彼國所乏大光明王隨時贈送彼國所珍亦復奉獻於光明王時彼國王大山遊獵得二象子端正姝

妙白如玻瓈山七支拄地甚可敬愛心喜念言我今當以與光明王念已莊校金銀雜寶極世之珍遣人往送時光明王見此象已心大欣悅時有象師名曰散闍王即告言汝教此象瞻養令調散闍奉教不久調順衆寶交絡往白王言我所調象今已調良願王觀試王聞心喜遲欲見之即擊金鼓會諸臣下令觀試象大衆既集王乘是象譬如日初出山光明照曜王初乘象亦復如是與諸臣民出城遊戲將至試所時象氣壯見有群象於蓮華池食蓮華根見已欲發奔逐牸象遂至深林時王冠服悉皆墮落壞衣破身出血牽髮王時眩瞤自惟必死極懷恐怖即問象師吾寧當有餘命不耶散闍白王林中諸樹有可捉者願王搏捉乃可得全王搏樹枝象去王住下樹坐地自視無復衣冠身體傷破生大苦惱迷悶出林不知從者所在象師小前捉樹得住還求見王愁惱獨坐象師叩頭白王願王莫大憂苦此象正爾婬心當息厭惡穢草不甘濁水思宮清淨肥美飲食如是自還

王即告曰吾今不復思汝及象以此象故幾失吾命爾時群臣咸各生念謂王已爲狂象所害尋路推求處處或得天冠衣服或見落血遂乃見王駕乘餘象還來入城城中人民悉見大王受如是苦莫不憂惱爾時狂象在野澤中食諸惡草飲濁穢水婬欲意息即思王宮清涼甘饍行如疾風詣本止處象師見已往白王言大王當知先所失象今還來至願王視之王言我不須汝亦不須象散闍啓王王若不須我及象者唯願觀我調象之方王即使於平坦地敷置坐處時國中人聞此象師欲示大王調象之法普皆雲集時王出宮大衆導從詣座而坐象師散闍將象至會尋使工師作七鐵丸燒令極赤作已念言象吞此丸決定當死王後或悔白言大王此白象寶唯轉輪王乃得之耳今有小過不應喪失王告之言象若不調不應令吾乘之若其調適事豊如斯今不須汝亦不須象象師又言雖不須我象甚可惜王怒隆盛告言遠去散闍起已泣淚而言王無親踈其心如毒詐

出甜言時會大小聞已墮淚諦視於象象師即便作相告象吞此鐵丸若不吞者當以鐵鉤斵裂汝腦象知其心即自思惟我寧吞此熱丸而死實不堪忍被鐵鉤死如人俱死寧受絞死不樂燒殺屈膝向王垂淚望救王意怒盛覩已餘視散闍告象汝今何以不吞此丸時象四顧念是衆中乃無有能救我命者以手取丸置口吞之入腹焦爛直過而死如金剛杵打玻瓈山鐵丸墮地猶故熱赤時會見已莫不悲泣王見此事驚怖愕然乃生悔心即召散闍告言汝象調順乃爾何故在林不能制之時淨居天知光明王應發無上菩提之心即作神力令象師跪荅王言大王我唯能調象身不能調心王即問言頗復有人亦能調身兼調心不白言大王有佛世尊既能調身亦能調心時光明王聞佛名已心驚毛竪告言散闍所言佛者何種性生散闍荅言佛世尊者二種性生一者智慧二者大悲勤行六事所謂六波羅蜜功德智慧悉具足已號之爲佛既自能調亦調衆生王聞是已

悚然踊躍即起入宮洗浴香湯更著新衣上高閣上四向作禮於一切衆生起大悲心燒香誓願願我所有功德迴向佛道我成佛已自調其心亦當調伏一切衆生若以一衆生故在於阿鼻地獄住經一劫有所益者當入是獄終不捨於菩提之心作是誓已六種震動諸山大海距跳踊没虚空之中自然樂聲無量諸天作天妓樂歌歎菩薩而作是言如汝所作得佛不久成佛道已願度我等我等於此清淨法會亦應有分佛告諸比丘欲知爾時白象吞鐵丸者難陀是也時象師者舍利弗是也光明王者我身是也我於爾時見是象調順故始發道心求於佛道爾時大會聞佛苦行如是有得四道果者有發大道心者有出家修道者莫不歡喜頂戴奉行以是因緣強志勇故由小因緣能辦大事懶惰懈怠雖遇大緣無所能成是故行者當勤精進趣向佛道

賢愚經卷第三

校勘記

一 底本，金藏廣勝寺本。

一 三四頁中一行經名，磧、普、南、徑、清作「賢愚因緣經卷第三」。卷末經名同。

一 三四頁中二行譯者，磧、普、南作「元魏沙門慧覺在高昌郡譯」；徑、清作「元魏沙門慧覺譯」；麗作「元魏涼州沙門慧覺等在高昌郡譯」。

一 三四頁中三行「鋸陁身施緣」，磧、普、南、徑、清作「鋸陁身施緣品第十五」；麗作「鋸陁身施品第十五」。

一 三四頁中六行「諸藥」，徑作「諸樂」。

一 三四頁中七行「日服」，磧、普、南、徑、清作「日日服」。

一 三四頁中九行「欲與佛同」，麗作「欲同佛服」。

一 三四頁中一五行「自足」，磧、普、南、徑、清作「身足」。

一 三四頁中一六行第一二字「皆」，麗作「習」。

一 三四頁中一九行「惋轉」，磧、普、南、徑、清作「宛轉」；麗作「夗轉」。

一 三四頁中二〇行「時即」，磧、普、南、徑、清作「即時」。

一 三四頁中二一行「即除病既得」，磧、普、南、徑、清作「除」。

一 三四頁下一行「於是」，磧、普、南、徑、清、麗作「於時」。

一 三四頁下三行「方便」，磧、普、南、徑、清、麗作「方更」。

一 三四頁下五行第二字「佛」，磧、普、南、徑、清作「於」。

一 三四頁下九行「當爲汝説」，磧、普、南、徑、清作「當與汝説應曰」。又「當一心聽」，磧、普、徑、清作「諾當善聽」；南作「諾當然聽」。

一 三四頁下一六行「世多有此」，磧、普、南、徑、清、麗作「世必有此」。

一 三五頁上一行「共議」，磧、普、南、徑、清作「共論」。

一 三五頁上一二行「行道」，磧、普、

南、徑、清作「道路」。

一　三五頁上一三行「盛署」，磧、普、南、徑、清作「上署」。又末字「涉」，磧、普、南、徑、清、麗作「沙」。

一　三五頁上一五行「矜愍」，磧、普、南、徑、清作「矜憐」。

一　三五頁上二一行第四字至次行第五字「覩此奇獸毛色光明是我大王所須之者」，磧、普、南、徑、清作「今覩此獸毛色金光正是我王所求之者」。

一　三五頁中一〇行「衆人」，磧、普、南、徑、清作「諸人」。

一　三五頁中一三行「六反」，磧、普、南、徑、清作「六變」。

一　三五頁中一七行「難可」，磧、普、南、徑、清作「不可」。

一　三五頁中一九行「傷熱」，磧、普、南、徑、清、麗作「傷害」。

一　三五頁中二〇行第一二字「食」，磧、普、南、徑、清、麗作「緣食」。

一　三五頁中末行「善其」，磧、普、南、徑、清作「喜其」。又「數用」，麗作「用數」。

一　三五頁下一一行與一二行之間，磧、普、南、徑、清有二品經文，即一、大光明王始發道心緣品第十六，今據清藏本附録於卷末(即四二頁下至四四頁上共五版)，並校以磧、普、南、徑；二、摩訶斯那優婆夷緣品第十七(見卷第四)。

一　三五頁下一二行至卷末共五品：微妙比丘尼緣、阿輸迦施土緣、七瓶金施緣、差摩現報緣、貧女難陁緣。前四品與後一品，磧、普、南、徑、清分別在卷第七與卷第十一。

一　三五頁下一二行「微妙比丘尼緣」，磧、普、南作「微妙比丘尼緣第三十二」；徑、清作「微妙比丘尼緣品第三十二」；麗作「微妙比丘尼品第十六」並有夾註「丹本此品在第四卷爲第十九」。

一　三五頁下一三行「如是我聞」，磧、普、南、徑、清作「聞如是」。

一　三五頁下一七行「心中摧悴」，磧、普、南、徑、清作「心用憔悴」。

一　三五頁下二〇行末字至次行首字「歡喜」，磧、普、南、徑、清、麗作「歎美」。

一　三六頁上一行「所剋」，磧、普、南、徑、清作「所曉」。

一　三六頁上七行「持佛」，磧、普、南、徑、清作「受持」。

一　三六頁上八行「夫妻」，磧、普、南、徑、清作「夫婦」。下同。

一　三六頁上一三行「熾燃」，磧、普、南、徑、清作「熕熾」。

一　三六頁上一八行「可傷」，磧、普、南、徑、清、麗作「所傷」。

一　三六頁上一九行「故墮」，磧、普、南、徑、清、麗作「致墮」。

一　三六頁上二二行「心肝」，磧、普、南、徑、清作「肝心」。

一　三六頁上二二行末二字至次行首二字「家戀染固」，磧、普、南、徑、清作「在家深固」；麗作「家戀深固」。

一　三六頁上末行第一三字「生」，磧、普、南、徑、清、麗作「生於」。
一　三六頁中一行第九字「中」，磧、普、南、徑、清作「之」。
一　三六頁中三行第六字「送」，磧、普、南、徑、清、麗作「遂」。
一　三六頁中五行「今我」，磧、普、南、徑、清作「我今」。
一　三六頁中七行第四字「進」，磧、普、南、徑、清、麗作「遣」。
一　三六頁中八行「夜産」，磧、普、南、徑、清作「夜生」。
一　三六頁中一一行「虵毒」，磧、普、南、徑、清作「毒蛇」。
一　三六頁中一二行第八字至次行首字「時我大兒見父身死」，磧、普、南、徑、清作「爾時大兒見父母死」。
一　三六頁中一三行「噑叫」，磧、普、南、徑、清、麗作「號叫」。
一　三六頁中一四行「項上」，磧、普、南、徑、清作「頸上」。又「小者」，麗作「小兒」。
一　三六頁中一六行「著大」，磧、普、南、徑、清、麗作「著於」。
一　三六頁中二一行第三字「後」，磧、普、南、徑、清、麗作「復」。
一　三六頁中末行第一一字「更」，清作「受」。
一　三六頁下三行「答言汝父母大小」，磧、普、南、徑、清作「即答我言汝家大小」；麗作「答言汝家父母」。
一　三六頁下七行「即相許可適其爲室」，磧、普、南、徑、清作「即相可適共爲室家」；麗作「即相許可適共爲室」。
一　三六頁下一四行「福盡」，磧、普、南、徑、清作「薄福」。又「便棄」，磧、普、南、徑、清作「即便」。
一　三六頁下二一行「經于」，磧、普、南、徑、清作「經歷」。
一　三六頁下二二行第二字「病」，磧、普、南、徑、清作「疾」。又第五字「奄」，磧、普、南、徑、清、麗作「奄」。
一　三七頁上二行「賊師」，磧、普、南、徑、清作「賊帥」。
一　三七頁上四行「即持」，磧、普、南、徑、清作「即將」。
一　三七頁上五行「爲殯」，磧、普、南、徑、清作「并埋」。
一　三七頁上六行「經于三日諸狼狐狢」，磧、普、南、徑、清作「經乎三日諸狼豺狗」。
一　三七頁上八行「苦死」，磧、普、南、徑、清作「害死」。
一　三七頁上一〇行首字「常」，磧、普、南、徑、清作「嘗」。
一　三七頁上一八行末二字至次行首字「憍曇彌」，磧、普、南、徑、清作「瞿曇彌」。
一　三七頁上一九行第一二字「受」，徑作「授」。
一　三七頁上二一行首字「常」，磧、普、南、徑、清作「身」。
一　三七頁上二二行第九字「更」，磧、普、南、徑、清作「受」。又第一二字「難」，磧、普、南、徑、清作「其」。

一　三七頁上末行「豪分」，磧、普、南、徑、清、麗作「毫分」。
一　三七頁中一行「啓白」，磧、普、南、徑、清作「啓曰」。
一　三七頁中二行「汝等靜聽乃往過世」，磧、普、南、徑、清作「汝等善聽乃往過去」。
一　三七頁中九行「勞苦」，磧、普、南作「懃苦」；徑、清作「勤苦」。
一　三七頁中一一行「膂上」，磧、普、南、徑、清、麗作「顀上」。又「痟瘦」，磧、普、南、徑、清作「稍病」。
一　三七頁中一二行「遂使喪亡」，磧、普、南、徑、清作「遂使命終」；麗作「遂使喪亡」。
一　三七頁中一六行「狼食身見」，磧、普、南、徑、清作「狼噉身現」。
一　三七頁中一九行「無相伐者」，磧、普、南、徑、清、麗作「無相代者」。
一　三七頁中二二行「免了」，磧、普、南、徑、清、麗作「免子」。
一　三七頁中末行「大山」，麗作「一大山」。
一　三七頁下二行「匕食」，麗作「分衛」。
一　三七頁下五行「誓言使我後世」，磧、普、南、徑、清作「願言使我世世」。
一　三七頁下九行「殃福」，磧、普、南、徑、清作「殃禍」。
一　三七頁下一一行第九字「法」，磧、普、南、徑、清、麗作「本」。
一　三七頁下一三行「阿羅漢」，磧、普、南、徑、清作「羅漢」。
一　三七頁下一五行「蒙仁恩導」，磧、普、南、徑、清作「今蒙仁恩」；麗作「今蒙仁恩導」。
一　三七頁下一七行「教誡」，磧、普、南、徑、清作「教成」。又「佛子」，磧、普、南、徑、清作「佛弟子」。
一　三七頁下一九行「阿輸迦陁施土緣」，磧、普、南、徑、清作「阿輸迦施土緣品第三十五」；麗作「阿輸迦施土品第十七」並有夾註「丹本此品在第四卷爲第二十二」。
一　三七頁下二一行第九字「朝」，磧、普、南、徑、清、麗無。
一　三八頁上三行「手搊」，磧、普、南、徑、清作「手探」。
一　三八頁上七行第七字「汙」，徑作「圬」。下至一一行首字同。
一　三八頁上一五行第六字「起」，南作「設」。
一　三八頁上一七行「佛言」，磧、普、南、徑、清作「佛告」。
一　三八頁中八行「八万」，麗作「都盡八万」。
一　三八頁中一六行「帝主」，麗作「帝王」。
一　三八頁中二〇行「七瓶金施緣」，磧、普、南、徑、清作「七瓶金施緣品第三十六」；麗作「七瓶金施品第十八」並有夾註「丹本爲二十三」。
一　三八頁中二二行「各處」，磧、普、南、徑、清作「各各」。
一　三八頁下三行「慰喻」，麗作「慰勞」。
一　三八頁下一五行「肆力」，磧、普、南、徑、清、麗作「四方」。

一　三九頁上三行第二字「故」，磧、普、南、徑、清作「瓶」。

一　三九頁上七行末字「喚」，磧、普、南、徑、清作「呼」。

一　三九頁上一八行第三字「念」，磧、普、南、徑、清作「捻」。又「阿輸提」，磧、普、南、徑、清作「阿翰提」，二行及本頁中一行同。

一　三九頁中八行第二字「疾」，磧、普、南、徑、清作「癡」。

一　三九頁中一六行末字至次行首字「住行」，磧、普、南、徑、清作「住街」；麗作「作行」。

一　三九頁中一七行「賦香」，磧、普、南、徑、清作「付香」。

一　三九頁中一九行「引街」，麗作「引行」。

一　三九頁中二一行「説諸法」，磧、普、南、徑、清、麗作「廣爲説法」。

一　三九頁下二行第三字「擔」，磧、普、南、徑、清作「持」。

一　三九頁下三行首字「時」，磧、普、南、徑、清作「爾時」。

一　三九頁下六行「阿難等」，磧、普、南、徑、清、麗作「阿難之等」。

一　三九頁下七行「差摩現報緣」，磧、普、南、徑、清作「差摩現報品第三十七」；麗作「差摩現報品第十九」並有夾註「丹本爲二十四」。

一　三九頁下一一行「自甚」，磧、普、南、徑、清、麗作「遂甚」。

一　四〇頁上一行「諸尊子」，磧、普、南、徑、清、麗作「諸尊弟子」。

一　四〇頁上四行「標頭」，磧、普、南、徑、清作「梁頭」。

一　四〇頁上八行第一二字「深」，磧、普、南、徑、清、麗作「舉」。

一　四〇頁上一二行「極懷憐愍」，磧、普、南、徑、清作「極憐愍之」。

一　四〇頁中二行第一一字「彼」，磧、普、南、徑、清作「復」。

一　四〇頁中五行「句之」，磧、普、南、徑、清作「與之」。

一　四〇頁中一一行「捻取」，普、徑、清、麗作「念取」。

一　四〇頁中一五行第五字「騰」，磧、普、南、徑、清作「滕」。本頁下二行第九字同。

一　四〇頁中一六行「而至」，麗作「而去」。

一　四〇頁中一九行第七字「言」，磧、普、南、徑、清無。

一　四〇頁中二二行「捻取」，磧、普、南、徑、清、麗作「念取」。下同。

一　四〇頁下一行「弟子」，磧、普、南、徑、清、麗作「弟字」。

一　四〇頁下六行「心用」，磧、普、南、徑、清作「用心」。

一　四〇頁下八行第八字「復」，磧、普、南、徑、清作「復得」。

一　四〇頁下九行「差摩」，麗作「差摩言」。

一　四〇頁下一四行第一〇字「其」，磧、普、南、徑、清無。

一　四〇頁下一六行「使命」，磧、普、南、徑、清、麗作「使令」。

一 四〇頁下二二行品名「貧女難陁緣」，磧、普、南、徑、清作「貧女難陁緣品第五十三」；麗作「貧女難陁品第二十」。並有夾註「丹本此品在第十一卷爲五十三」。
一 四一頁上七行「以用」，磧、普、南、徑、清、麗作「欲用」。
一 四一頁上一六行「拼擋」，磧、普、南、徑、清、麗作「摒擋」。
一 四一頁上一七行「燈燃」，磧、普、南、徑、清作「然燈」；麗作「燃燈」。
一 四一頁上二〇行「尉滅」，磧、普、南、徑、清作「虧滅」。
一 四一頁下一行「四事」，磧、普、南、徑、清作「四供」。
一 四二頁上五行「敬重遣人」，磧、普、徑、清作「敬愍遣人」；南作「敬愍遺人」。
一 四二頁上六行末字「共」，磧、普、南、徑、清、麗作「及」。
一 四二頁上一二行末字「曠」，磧、普、南、徑、清、麗作「廣」。
一 四二頁上一三行「欵著」，磧、普、南、徑、清作「欵篤」。
一 四二頁上一五行「授記」，磧、普、南、徑、清作「受記」。
一 四二頁上末行「不息」，磧、普、南、徑、清作「不懈」。又末字「此」，磧、普、南、徑、清、麗無。
一 四二頁中三行「因由」，磧、南、清作「由因」。
一 四二頁中七行「初道」，麗作「初果」。
一 四二頁下末行末字「姝」，磧作「好」。
一 四三頁上六行首字「絡」，磧、普、南作「路」。

賢愚經卷第四　　欝

宋沙門慧覺共威德在高昌譯

摩訶斯那優婆夷品

如是我聞一時佛在舍衛國祇洹精舍與大比丘衆圍繞恭敬尒時佛讚智慧行者欲成佛道當樂經法讚誦演說正使白衣說法諸天鬼神悉来聽受況出家人出家之人乃至行路誦經說偈常有諸天隨而聽受是故應勤誦說經法何以故知佛初至祇洹精舍功德流布莫不聞知時諸善人聞佛名德歡喜無量稱揚讚歎所以者何世間惡人聞善人名心生憎嫉聞惡歡喜賢善之人過惡揚善欲令廣聞見人作惡而知結使憐愍愿恕如是善人聞佛出世稱揚流布今遍諸國時波斯匿王有邊小國名毗細軋時此聚落中人多邪見无佛法僧時此村落有一女人名摩訶優波斯那時有事緣至舍衛國波斯匿王所緣事畢訖從諸篤信優婆塞邊聞佛功德欲得見佛即往祇洹覲佛相

好莊嚴殊特頭面礼足却在一面尒時世尊為諸大衆說五戒法所謂不煞得長壽不盜得大富不邪婬得人敬愛念不妄語得言見信用不飲酒得聰明了達時優波斯那聞此法已甚大歡喜前白佛言唯願世尊授我五戒我當盡壽清淨奉持寧失身命終不毀犯如飢人惜食渴者愛水如疾者護念我護禁戒亦復如是時佛即與授五戒法得五戒已白言世尊我所住處偏僻迥遠當還所止願賜少物當敬奉之過去諸佛如恒河沙盡說法句未来諸佛如恒河沙亦說是經尒時世尊以法句經與優波斯那令諷奉行得已作礼遶佛三匝而去還本聚落思惟憶念佛所與經是時中夜於高屋上思佛功德讀誦法句時毗沙門天王欲至南方毗樓勒叉所將千夜叉從優波斯那上過聞誦經聲尋皆住空聽其所誦讚言善哉善哉姊妹善說法要令我若以天寶相遺非尒所宜我今以一善言相贈謂尊者舍利弗大目揵連從舍

衛來當上此林汝明往請於舍供養彼咒願時弁稱我名優波斯那聞此語已仰視空中不見其形如眼明人於夜黑闇都無所見即問言曰汝為是誰不見其形而但有聲空中荅言我是鬼王毗沙門天也為聽法故於此住耳優婆夷言天無謬語汝天我人絶無因由何故稱我為姊妹耶天王荅言佛是法王亦人天父我為優婆塞汝為優婆夷同一法味故言姊妹時優婆夷心生歡喜問言天王我供養時稱汝名字有何利耶天王荅言我為天王天耳遠聞稱我名者我悉聞之以稱我故增我勢力威德眷屬我亦復以神力及勑鬼神護念是人增其福祿令離衰患說是語已尋便過去時優婆夷歡喜踊躍自思惟言佛於百劫精勤苦行唯為我耳以佛恩故乃使鬼王為我姊妹便不寢寐天垂欲曉方得少眠時彼家中常令使人入林取薪是時使人早赴入林上樹採薪遥見尊者舍利弗目連等五百比丘在此林中其精勤者坐

禪誦經其懶墮者卧沙草上時彼使人奔隨大家到舍衛國是故遥見識二尊者便自念言我等大家所尊敬者今在此林大家不知若我徐取薪已乃還白者或有餘人脫先請去我則有過於事折減先辦斯要後乃取薪於事無苦即便下樹往尊者所頭面礼足白言尊者我大家優波斯那礼足問訊尊者荅言令優波斯那安隱受樂解脫生死白言尊者我大家優波斯那請明日食唯願屈臨尊者荅言汝還歸家告優波斯那善哉優婆夷知時長宜佛讃五施得福無量所謂施遠來者施遠去者施病瘦者於飢餓時施於飲食施知法人如是五施現世獲福使者受教辭退出林急疾還家到已問婢大家所在荅言彼高屋上初夜中夜不得睡眠今方始眠便白喚覺婢言不敢曰汝若不能我自當喚咸言隨意使前上屋彈指令覺覺已問言欲何所白白言大家尊者舍利弗目揵連等在其林中優波斯那甚大喜躍即便自取耳二

金鏍而以賞之尋更白言尊者有好言教到大家邊即日有何好教可時說之具以五施而為說之時優婆夷歡喜踊前辟如蓮花見日則便開敷時彼開解亦復如是即自解頸衆寶瓔珞重以賜之使者白言大家時起洗手辦具飲食供養我向轉持大家言教請二尊者及五百弟子今日來食願時供辦聞是語已益復踊躍言我所欲作已為我作快不可言我今放汝更不屬我如汝善好在家出家聚落城邑隨處光好時優波斯那即起洗手告語家屬及諸隣比汝應作食汝應燃火汝應取水汝應敷席汝應取花如是種種分部訖已即自取香擣末擣和所供已辦即遣是人還白時到食具已辦唯願知時時二尊者與諸比丘著衣持鉢往詣其家就座而坐時優波斯那手自行水下種種食色香味具一切諸行隨業受報好色食施得好顔色食有好香得遠名稱其味具足得隨意所欲以食之報得大勸力衆僧食已尊者舍利弗

聊與之呪願其呪願時優波斯那白言尊者願當稱彼毗沙門天名時舍利弗呪願已訖尋便問言汝於毗沙門天王有何因緣而稱其名白言尊者有希有事以我昨夜誦法句故使彼天王住於空中聽我誦經讚言善哉善哉姊妹善說妙法我即仰問汝為是誰不覩身形但有聲耶彼荅我言我是鬼王毗沙門身聞汝誦經故住聽耳欲以天寶相遺而非汝所宜今以善言贈汝我即問言欲何所告即言尊者舍利弗目揵連明日當至某林汝可請來於舍供養呪願之時念稱我名我即問之稱汝名字有何利益彼即荅我具以上事以是因緣我今稱之舍利弗言實為奇特汝人彼天而能屈意與汝言語云是何姊妹優婆夷言我又更有奇特之事此舍有神與我親厚如有女人共相往來我布施時此神語我此阿羅漢此阿那含此斯陁含此須陁洹此凡夫此持戒此破戒此智慧此愚癡我雖聞此說意等无二於凡夫犯戒等如

阿羅漢舍利弗言汝實奇特能於此中生平等心摩訶斯那言我復有奇特好事我女人身加復在家而能除滅二十身見得須陁洹舍利弗言姊妹汝甚奇特能於女身成須陁洹優婆夷言我又更有希有奇特我有四子皆惡邪見我夫惡邪又亦尤甚於佛法僧不識不敬我若供養三寶及給貧窮便生嫉恚咸言我等勞勤家業而乃作此無益之用雖有此說我於道心脩善布施終无退縮亦不恚恨舍利弗言婦人之法一切時中常不自在少小則父母護壯時則其夫護老時則子護而汝不為夫子所制隨意脩善姊妹我今誨女可善著心何者好事謂佛世尊是暮當至毗紐軋持林我用是事以相報遺語已辭還所止優婆夷言尊者所告實為甚善尊者去後當辦所供以待世尊如是世尊以至是林摩訶斯那甚大歡喜即集諸優婆夷尋於其暮往至佛所遥見世尊光相殊妙五情悅豫喜勇無量到已作礼種種香華供

養佛畢却坐一面佛為說法施論戒論生天斷欲涅槃之論聞說法已將欲還家合掌白佛我此村人普皆邪見不識佛法不知佛德不好布施故使沙門婆羅門入此村乞常至我家唯願世尊隨我業時住此村邑佛及弟子常受我請四事供養白已礼足而退次第觀諸比丘所止宿處最後見有一病比丘卧草窟中即問大德何所苦患比丘荅言道路行来四大不調困苦少賴優婆夷言大德所患便宜何食荅言醫處當服新熱宍汁優婆夷言莫復餘求我明日當送荅言可尒時優婆夷礼足還家自思惟言我得大利見佛世尊及舍利弗等諸大尊者深加喜慶然不憶念明十五日時彼國法其十五日一切不煞煞者違命明日晨朝勅使持錢買新熱肉使人受教詣市遍求不得空還白大家言今十五日市无屠煞時優婆夷告使人言汝持千錢買百錢肉有求利者或能與汝使人持錢又往推覓王限重故無敢與者使人還白具

如事情時優婆夷聞是事已心憂惱
言汝持金錢等重買索尒時使人雖
持金錢如勅推求而詣屠者雖貪其
利王法嚴重懼失命根無敢與者如
是往返了不能得時優婆夷倍增憂
惱念病比丘已受我請而我設當不供
所須或能失命便是我咎當設何計
念是事已重自思惟往昔菩薩以一
鴿故猶自屠割不惜身肉況此比丘
於鴿有降我寧不可愛自己身肉而
不濟彼作是念已捋一可信常所使
人却入靜室淨自洗身踞坐床上勅
使人言汝今割我股裏肉取尒時使
人如教即以利刀割取當割肉時苦
痛逼切悶絕躃地時婢即以白氎纏
裹既取肉已合諸藥草煮以為饘送
與比丘比丘受是信心檀越所送食
已疾即除愈夫婆羅門于時不在行
還問言摩訶斯那為何所在荅其房
中其夫往見顏色變異不與常同即
便問言汝今何緣憔悴乃尒對曰我
今為病所侵其夫憂愁尋集諸醫訪
其所患醫集問言汝有何疾所疾發

動其来久如有休間不荅言我病一
切時痛如今疼苦無復休閒時醫察
脉不知所痛默然還出其夫垂泣而
問妻言汝何所疾以情見語妻荅之
曰明醫不知我焉能知時婆羅門問
家內人汝等能知摩訶斯那所苦患
不時諸使人白言大家我等不知當
問可信所親近者時婆羅門即呂彼
婢於隱屏處問言我婦何由有疾婢
以實荅大家當知為病比丘故割肉
餡之夫聞是已於佛法僧生恚害心
便於街巷高聲唱言沙門釋子食噉
人肉如班足王尒時篤信優婆塞聞
婆羅門罵佛法僧憂愁不樂往世尊
所頭面礼足世尊告曰汝等何故愁
慘不樂白言世尊有一婆羅門於多
人衆高聲唱言罵佛法僧昔班足王
食噉人肉今沙門釋子食噉人肉亦
復如是願佛世尊勅諸比丘莫食人
肉尒時世尊以是事故集比丘僧呼
病比丘時病比丘聞世尊教心懷喜
勇世尊大慈乃流及我身雖羸瘦自
力而来到已礼足却坐一面佛言貴

子汝何所患比丘白言為病所惱今
見世尊小得瘳降世尊又問今日汝
何所食荅言今日食肉汁食佛言所
食是新肉為乾宍乎荅言新肉天竺
國熱肉不經宿所食若新若乾善男
子汝食肉時為問淨不淨不荅言世
尊我病困久得便食之實不問也佛
言比丘汝云何乃受不淨食比丘之
法檀越與食應先問之此是何肉檀
越若言此是淨肉應重觀察可信應
食若不可信便不可食尒時世尊即
制比丘諸不淨肉皆不應食若見聞
疑三不淨肉亦不應食如是分別應
不應食時優婆夷聞佛世尊正由
我故制諸比丘不得食肉生大苦惱
以緣於已永令比丘不食肉故即語
夫言若能為我請佛及僧明日來此
設供養者甚善若其不能我當捨命
我乃自以身肉施人汝有何惱乃起
是事此婆羅門素於三寶無信敬心
聞妻是語以其妻故入林趣佛至佛
所已即言瞿曇沙門及諸弟子當受
我請明日舍食佛默然受時婆羅門

知佛受請還家語妻沙門瞿曇已受汝請時優婆夷即勑家内辦種種食香花坐具明日時到遣人林中往白世尊食具已辦唯聖知時佛與比丘著衣持鉢往至其家就座而坐坐已問婆羅門摩訶斯那今何所在荅言病在某房佛言喚來時婆羅門即往告言汝師呼汝即曰我摩訶斯那礼佛法僧足我有病苦不任起居其夫往白佛言優婆斯那礼佛法僧足我有病苦不任起往佛告阿難汝往告優波斯那汝起見佛阿難即往告優波斯那世尊呼汝汝可往見時優波斯那即於卧上合掌白言我今礼佛法僧思見世尊如飢須食如渴須飲如寒思温如熱思涼如失道得道我思見佛亦復如是心雖欲往身不肯隨阿難還白佛如優波斯那所說佛勑阿難并牀轝来阿難奉教使人轝来到於佛前尒時如来放大光明諸遇佛光觸其身者狂者得正乱者得定病者得愈時優波斯那遇佛光已苦痛即除尒時舎神以水洗瘡以藥塗之平復如故時優波斯那即起下牀手執金瓶自行澡水下種種食色香味具佛食已澡手洗鉢為摩訶斯那說微妙法所謂布施持戒人天果報生死過患貪欲為害出離滅樂十二因緣輪轉不息時優波斯那聞佛所說得斷慳嫉成阿那含道家内眷屬悉受五戒其婆羅門捨離邪見信敬三寳受優婆塞戒時會四衆有得須陁洹者有得斯陁含阿那含阿羅漢者有發大道心者一切大小莫不歡喜時有衆人畏生死者各作是念今此女人乃能如是自割身肉以供沙門甚為奇特我等若捨聚落田宅豈足為難便各棄捨聚落家屬出家求道勤脩精進斷諸結漏成阿羅漢道時此聚落佛法信行廣闡流布以是緣故有强志者乃至女人讀誦經法不惜身肉得諸道果况於丈夫勤心道業當不成者乎是因緣故諸善男子當勤善法畏於生死便得結使微薄離於生死雖於此末法之中不能得度緣此功德當於人天受無窮福弥勒世尊不久五十六億七千万歲来此成佛當為汝等廣說妙法汝於其中隨願所求成三乘道悉得解脫頂戴奉行

賢愚經卷第四　第十四張　贊字号

出家功德尸利苾提緣

如是我聞一時佛在摩伽陁國王舎城迦蘭陁竹園中尒時世尊讚歎出家功德因緣其福甚多若放男女若放奴婢若聽人民若自己身出家入道者功德無量布施之報十世受福六天人中往返十到猶故不如放人出家及自出家功德為勝何以故布施之報福有限極出家之福无量無邊又持戒果報五通神仙受天福報極至梵世於佛法中出家果報不可思議乃至涅槃福故不盡假使有人起七寳塔高至三十三天所得功德不如出家何以故七寳塔者貪惡愚人能壞破故出家之法無有毀壞欲求善法除佛法已更无勝故如百盲人有一明醫能治其目一時明見又有百人罪應挑眼一人有力能救其罪令不失目此二人福雖復無量猶亦不如聽人出家及自出家其福弘

大何以故雖能施於二種人目此人唯各獲一世利有肉眼性性有敗壞聽人出家若自出家展轉示導衆生永劫無上慧眼慧眼之性歷劫無壞何以故福報人天之中恣意受樂无窮無盡畢成佛道所以者何由出家法滅魔眷屬增益佛種摧滅惡法長養善法滅除罪垢興無上福業是故佛說出家功德高於須弥深於大海廣於虛空若使有人為出家者作諸留難令不從志其罪甚重如夜黑闇无所覩見是人罪報亦復如是入深地獄黑闇無目辟如大海江河百流悉投其中此人罪報亦復如是一切諸惡皆集其身如須弥山劫火所燒无有遺餘此人亦尒地獄火燒無有窮已辟如迦留樓醯尼藥極為毒苦若等斤兩比於石蜜彼善惡報亦復如是聽人出家若自出家功德最大以出家人以修多羅為水洗結使之垢能滅除生死之苦為涅槃之因以毗尼為足踐清戒之地阿毗曇為目視世善惡恣意遊步八正之路至涅槃之妙城以是義故放人出家若自出家若老若少其福最勝尒時世尊在王舍城迦蘭陁竹園時王舍城有一長者名尸利苾提（秦言福增）其年百歲聞出家功德如是無量便自思惟我今何不於佛法中出家修道即辭妻子奴婢大小我欲出家其人老耄家中大小莫不猒恢輕賤其言無從用者聞欲出家咸各喜言汝早應去何以遲晚今正是時尸利苾提即出其家往趣竹林欲見世尊求出家法到竹林已問諸比丘佛世尊大仙大悲廣利天人者今何所在比丘荅言如来世尊餘行教化利益不在尸利苾提又問次佛大師智慧上足更復是誰比丘指示彼尊者舍利弗是即柱杖至舍利弗所捨杖作礼白言尊者聽我出家時舍利弗視是人已念此人老三事皆缺不能學問坐禪佐助衆事告言汝去汝老年過不得出家次向摩訶迦葉優波離阿㝹樓陁等次第五百大阿羅漢彼皆問言汝先向餘人未荅言我先以向世尊世尊不在向尊者舍利弗又問彼何所說荅言彼告我言汝年老過不得出家諸比丘言彼舍利弗智慧第一尚不聽汝我等亦復不聽汝也辟如良醫善知瞻病捨不療治餘小諸醫亦悉拱手當知是人必有死相以舍利弗大智不聽其餘比丘亦尒不聽尸利苾提求諸比丘不得出家還出竹園住門閫上悲泣懊惱舉聲大哭我從生来无有大過何故特不聽我出家如優波離剃髮賤人泥提下𧶘除糞之人鴦堀摩羅煞無量人及陁塞覊大賊惡人如是等人尚得出家我有何罪不得出家作是語時世尊即於其前踊出放大光明相好莊嚴辟如切利天王帝釋七寶高車佛問福增汝何故哭尒時長者聞佛梵音心懷喜勇如子見父五躰投地為佛作礼泣白佛言一切衆生煞人作賊妄語誹謗下賤等人皆得出家我獨何罪特不聽我佛法出家我家大小以我老耄不復用我今於佛法不得出家今設還家必不前我當何所趣我

令定當於此捨命尒時佛告尸利苾
提誰能舉手於虛空中而作定說是
應出家此人不應是老長者白佛言
世尊法轉輪王第一智子次佛第二
世間導師舍利弗者此不聽我佛法
出家尒時世尊以大慈悲慰喻福增
譬如慈父慰喻孝子而告之言汝莫
憂惱我今當令汝得出家非舍利弗
三阿僧祇刧精懃苦行百刧修福非
舍利弗世世難行斫頭挑眼髓腦血
肉皮骨手足耳鼻布施非舍利弗投
身餓虎入於火坑身琢千釘剜身千
燈非舍利弗國城妻子奴婢象馬七
寶施與非舍利弗初阿僧祇刧供養
八万八千諸佛中阿僧祇刧供養九
万九千諸佛後阿僧祇刧供養十万
諸佛世尊出家持具足尸波羅蜜非
舍利弗於法自在何得制言此應出
家此人不應唯我一人於法自在唯
我獨乘六度寶車被忍辱鎧於菩提
樹下坐金剛坐降魔王怨獨得佛道
无與我等汝來隨我我當與汝出家
如是世尊種種慰喻　憂惱即除

心大歡喜便隨佛後入佛精舍告大
目揵連令與出家何以故衆生隨緣
得度或於佛有緣餘人則不能度於
餘人有緣佛則不能度於舍利弗有
緣目連迦葉阿那律金毗羅等一切
弟子則所不度如是展轉隨其有緣
餘人不度尒時目連亦思此人年高
老耄誦經坐禪佐助衆事三事悉缺
然佛法王勑使出家理不有違即與
出家受具足戒此人前世已種得度
因緣以吞法鈎如魚吞鈎必出不疑
已曾修集諸善功德晝夜精勤修習
讀誦修多羅毗尼阿毗曇廣通經藏
以年老故不能隨時恭敬迎送礼問
上座諸年少比丘以先出家為上座
故常苦言剋切此老耄比丘自恃年
高誦經學問憍慢自大不相敬承時
老比丘便自思惟我在家時為家大
小之所剋惱今来出家望得休息而
復為此諸年少輩之所激切何罪乃
尒益增苦惱又作是念我今寧死時
彼林邊有大河水既深且駛尋往岸
邊脫身袈裟置樹枝上長跪向衣啼

泣墮淚自立誓言我今不捨佛法衆
僧唯欲捨命我此身上衣布施持戒
精進誦經設有報者願我捨身生冨
樂家眷屬調順於我善法不作留難
常遇三寶出家修道逮値善師示悟
涅槃捨已於河深駛迴波覆涌之處
欲投其中尒時目連以天眼觀我老
弟子為作何事尋見弟子投身投水
未至水頂以神通力接置岸上問言
法子汝何所作尸利苾提甚大慚愧
即自思惟當以何荅我今不應妄語
誑師設誑師者世世獲罪當無舌根
又我和上神通玄鑒我縱妄語亦自
知之世若有人智慧明達性實質直
諸天應敬若有智慧而懷謟誑可為
人師人應恭敬供養若無智慧而有
質直雖不兼物行足自濟若人愚癡
心懷誑謟一切衆中悪賤下劣設有
所說人悉知之皆言此人謟誑無實假
令實說捨不信用是故我若欺誑和
上此非我宜當知實說即白師言我
猒家出家欲求休息今復不樂故欲
捨命目連聞已即作是念此人設當

不以生死恐畏之事而怖之者於出家利空無所獲即告之言汝今至心捉我衣角其中放捨即奉師教辟如風性輕舉所吹塵草上衝虛空神足遊空若捉一毛隨意所至尒時目連猶如猛鷹銜於小鳥飛騰虛空目連神足亦復如是身昇虛空屈申辟頃至大海邊海邊有一新死女人面貎端正身容殊妙相好具足見有一虫從其口出還從鼻入復從眼出從耳而入目連立觀觀已捨去尸利苾提白言和上此何女人狀相如是目連告言時到當說小復前行見一女人自負銅鑊檐著水邊然火吹之既沸脫衣自入鑊中髮爪先脫肉熟離骨沸吹骨出在外風吹尋還成人自取其肉而食敢之福增見已心驚毛竪白言和上自食肉者為是何人目連告曰時到當說次小前行見一大身多有諸虫圍𠈓其身乃至支節無有空處如針頭許時有大聲叫喚啼哭震動遠近如地獄聲白言和上此大惡聲為是何人目連告言時到當說復次見

有一大男子周匝多有獸頭人身諸惡鬼神手執弓弩三叉毒箭鏃皆火燃覺共射之身皆燋燃白言和上此是何人受茲苦毒逃走無所師言且住時到當說次前經久見一大山下安刀劍見有一人從上投下刀戟劍稍壞刺其身即自𢫬拔還登本處復還上山如前不息見已白師此復何人而受斯苦告言且止時至當說次前見有一大骨山高七百由旬能鄣蔽日使海蔭黑尒時目連於此骨山一大肋上來往遅行弟子隨行尋自思惟我今和上既已無事我寧可問向來事不念已白言唯願和上為我解說向所見事目連告言今正是時即白和上先所見者是何女人目連荅言汝欲知者是舍衛城大薩薄婦容貎端正夫甚愛敬尒時薩薄欲入大海貪戀此婦不能捨離即將入海與五百估客上舩入海時婦常以三奇木頭擎鏡照面自覩端正便起憍慢深生愛著時有一大龜以腳蹹舩舩破沒海薩薄及婦五百估客一切

皆死大海之法不受死屍若水迴波夜叉羅剎出置岸上衆生命終隨所愛念死即生中或有難言隨所愛著便往生者誰愛地獄而入地獄者衆人荅曰若有衆生盜三尊財及父母物乃至煞人如是大罪應墮熾火地獄是人為風寒冷病所逼便思念火欲得入中念已命終便墮是獄若人盜佛燈明及物或盜僧祇燈燭薪草若破壞發徹僧祇房舍講堂若冬寒時剥脫人衣若以力勢以冰寒時水灌奴婢及以餘人若抄掠時剥人衣裳如是罪報應墮寒冰地獄是人為熱病所逼常思寒冷之處念想之時便墮此獄優鉢羅鉢頭摩拘物頭分陁利地獄亦復如是寒冰地獄中受罪之人身肉冰燥如燋豆散腦隨火白爆頭骨碎破百千万分身骨劈烈如刨箭鉫若人慳貪斷餓衆生隨時飲食應墮餓鬼得逆氣病不能下食瞻病知識以種種食強勸之言是甜是酢此美易消汝可強食便起恚心使我何時眼不見食尒時命終生餓

鬼中若人愚癡不信三寶誹謗毀道應墮畜生為病所困唯得伏卧不得偃側不喜善言左右定知此人必死便逼勸言汝當聽法受齋受戒當見像見比丘僧汝當布施其人心意都不喜樂為强教曉喻便增惡念願我得一不聞三寶善名處者快不可言尒時命終生畜生中若有修善種人天因此人不為大病所困臨終時心不錯乱所親左右知其將死各勸之言樂聞法不欲見像不欲見比丘聽經偈不汝喜欲得受齋戒不欲得財物施佛像不悉荅言好復與說言施佛形像得成佛道供養法者在所生處得深智慧達解法相若施衆僧所生之處得大珎寶隨意無乏病人聞已歡喜願言使我所生常遇三寶聞法開悟尒時命終得生人中若人廣種生天善因清淨施戒樂聽經法修持十善其人將終安隱仰卧見佛形像天宮婇女及聞天樂顏色和悅舉手上向尒時命終即生天中此薩薄婦自愛著身命終還生故身作虫捨

此虫去墮大地獄受苦无量尸利苾提白言和上自食肉者是何婦人目連告曰是舍衛國優婆夷婢彼優婆夷請一清淨持戒比丘夏九十日奉給供養於自陌頭起房安止自辦種種香美飲食時到使婢送食供養婢至屏處選好美者自取食之餘與比丘大家覺婢顏色悅澤有飲食相問言汝得無汙比丘食荅言大家我亦有信非邪見人何緣先食比丘食已有殘與我我乃食之若我先食使我世世自食身肉以是因緣故先受輕繫花報之罪命終當墮大地獄中受正果報苦毒無量福增白言所見大身諸虫唼食發大惡聲復是誰乎告言福增是瀕利吒營事比丘以自在故用僧祇物花果飲食送與白衣受此花報於此命終墮大地獄唼食諸虫即是尒時得物之人福增白言和上彼舉聲哭衆箭競射洞身火燃復是何人目連告言此人前身為大獵師多害禽獸以是罪故受斯苦毒於此命終墮大地獄逕久難出又問

和上彼大山上自投来下刀劒牟稍剋割其身撥已復上此是何人目連告言是王舍城王大健闘將以猛勇故身處前鋒或以刀劒牟稍傷尅物命故受此報於是死已墮大地獄受苦長久福增又白今此骨山復為是誰目連告言汝欲知者此即是汝故身骨也尸利苾提聞是語已心驚毛堅惶怖汗水白言和上願我今者心未裂頃時為我說本末因緣目連告言生死輪轉無有邊際而善惡業終无朽敗必受其報造若干業隨行受報目連又言過去世時此閻浮提有一國王名曰曇摩苾提（秦言法增）好喜布施持戒聞法有慈悲心性不暴惡不傷物命王相具足是正法治國滿二十年事簡閑暇共人慱戲時有一人犯法煞人諸臣白王外有一人犯於王法云何治罪王時慕戲脫荅之言隨國法治即案律法煞人應死尋煞此人王慱戲已問諸臣言向者罪人今何所在我欲斷決臣白王言隨國法治今已煞竟王聞是語悶絕躃地

諸臣左右冷水灑面良久乃蘇啼泣
而言宮人伎女象馬七寶悉何處在
唯我一人獨地獄中受諸苦痛我本
未為王時而此宮中亦有王治我不
久死此中亦當續有王治我名為王
而害人命當知便是栴陁羅王不知
世世當何所趣我今決定不須為王
即捨王位入山自守時王命終生大
海中作摩竭魚其身長大七百由旬
諸王大臣自恃勢力抂尅百姓離別
人民剥脫衆生命終多作摩竭大魚
多有諸虫唼食其身譬如拘執及毾
毲茸者身諸虫亦復如是身瘙痒故
揩頗梨山碎煞諸虫血流汙海白黑
皆赤以此罪緣於是命終墮大地獄
時摩竭魚一眠百歲覺已飢渴即便
張口海水流入如注大河尒時適有
五百估客入海採寶值魚張口舩行
駃疾投趣魚口賈人恐怖舉聲大哭
各作是言我等今日決定當死各隨
所敬或有稱佛及法衆僧或稱諸天
山河鬼神父母妻子兄弟眷屬普作
是言我等今日是為最後見閻浮提

更永不見尒時垂入摩竭魚口一時
同聲稱南無佛時魚聞稱南无佛聲
即時閉口海水停止諸賈客輩從死
得活此魚飢渴即便命終生王舍城
中夜叉羅刹即出其身置此海邊日
曝雨浇肉消骨在此骨山是福增當
知尒時法增王者汝身是也緣煞人
故墮大海中為摩竭魚汝今既已還
得人身不猒生死若於此死當墮地
獄欲出甚難時尸利苾提既見故身
聞是說已畏於生死於所修法次第
憶念繫心住意觀見故身解法無常
猒離生死盡諸結漏得羅漢道目連
歡喜告言汝子汝今所應作者皆已
作竟汝来向此因我力来汝今可以
自神力去尒時目連飛昇虛空尸利
苾提隨和上後如鳥子從母還至竹林
時諸年少未知得道如前激剌尸利
苾提心已調順威儀安祥默無所陳
佛知此事欲護諸比丘不起惡業故
又欲顯此老比丘德於大衆中呼福
增言汝来福增汝今日往大海邊耶
福增白言實往世尊汝所見者今可

說之福增比丘具白世尊如所見事
佛言善哉善哉福增比丘如汝所見
事實如是汝今已離生死之苦得涅
槃樂應受一切人天供養比丘所應
作事汝已具足年少比丘聞佛是語
深懷憂悔如是智慧賢善之人我等
無智惡心剌排我等云何受此罪報
時諸比丘即從坐起至福增所五體
投地而作是言諸善人生與悲俱生
大德今生亦應當與大悲俱生唯願
於我生憐愍心受我悔過福增荅言
我於諸人無不善心可尒悔過尸利
苾提見諸年少心懷恐怖即為說法
諸比丘聞猒生死法精勤修集斷結
盡漏得阿羅漢道福增因緣善名流
布遍王舍城諸人咸言甚奇甚特此
老長者於此城中老耄无施今於佛
法出家成道顯說如是希有妙法時
城中人多發淨心或有放男女奴婢
人民令出家者或自出家者莫不歡
喜相勸出家以是因緣出家功德無
量无邊福增百歲方乃出家成就如
是諸大功德況諸盛年欲求妙勝大

果報者應勤修法出家學道歡喜奉行

賢愚經卷第四　第三十張

賢愚經卷第四

賢愚經卷第四

校勘記

一　底本，金藏廣勝寺本。

一　五〇頁中一行經名，磧、普、南、徑、清作「賢愚因緣經卷第四」。

一　五〇頁中三行至五四頁下三行摩訶斯那優婆夷緣品經文全文，磧、普、南、徑、清在卷第三。

一　五〇頁中三行品名「摩訶斯那優婆夷緣」，磧、普、南作「摩訶斯那優婆夷緣品十七」；徑、清作「摩訶斯那優婆夷緣品第十七」；麗作「摩訶斯那優婆夷品第二十一」並有夾註「丹本無此品」。

一　五〇頁中四行首字至六行第二字「如是……智慧」，磧、普、南、徑、清無。

一　五〇頁中六行「讚誦」，磧、普、南、徑、清作「讀誦」。

一　五〇頁中九行「聽受」，磧、普、南、徑、清作「聽之」。

一　五〇頁中一〇行「何以故知佛」，磧作「何以知之佛爾時世尊在舍衛國祇洹精舍與大比丘衆圍繞恭敬」；普、南、徑、清作「何以知之爾時世尊在舍衛國祇洹精舍與大比丘衆圍繞恭敬」。

一　五〇頁中一五行第八字至次行首字「而知結使憐愍愿恕」，磧、普、南、徑、清作「知結使使憐愍原恕」。

一　五〇頁中一八行第三字「時」，磧、普、南、徑、清作「特」。

一　五〇頁下九行「疾者護念」，磧、普、南、徑、清作「病者護命」。

一　五〇頁下一〇行「得五戒已」，磧、普、南、徑、清作「得五戒法已」。

一　五〇頁下一一行「住處偏僻」，磧、普、南、徑、清作「往處邊僻」。

一　五〇頁下一五行「奉行」，南作「奉持」。

一　五〇頁下一六行「憶念」，南作「故念」。

一　五〇頁下二一行「善説」，南作「若説」。

一　五一頁上三行「眼明人」，磧、普、南、徑、清、麗作「盲眼人」。

一　五一頁上六行末字「於」，南作「若」。

一　五一頁上一〇行「汝爲」，普、南、徑、清作「汝是」。又「同一」，南作「同知」。

一　五一頁上一六行「福禄」，麗作「禄福」。

一　五一頁上二一行「早赴」，磧、普、南、徑、清作「早起」。

一　五一頁上二二行末二字至次行首字「目連等」，磧、普、南、徑、清作「目揵連」。

一 五一頁中一行「沙草」，磧、普、南、徑、清作「少草」。

一 五一頁中二行「奔隨」，磧、普、南、徑、清作「本隨」。又「是故」，磧、普、南、徑、清作「以故」。

一 五一頁中七行第一〇字「往」，磧、南作「在」。

一 五一頁中一一行「明日」，磧、普、南、徑、清作「今日」。

一 五一頁中一三行「長宜」，磧、普、南、徑、清作「知宜」。

一 五一頁中一六行「辤退」，磧、普、南、徑、清作「禮退」。

一 五一頁中一八行「睡眠」，磧、普、南、徑、清作「睡寐」。

一 五一頁中一九行「使白」，磧、普、南、徑、清作「使曰」；麗作「使白」。又「娉言不敢曰」，麗作「率言不敢白」。

一 五一頁中二〇行第五字「喚」，麗作「覺」。又第一〇字「使」，磧、普、南、徑、清作「便」。

一 五一頁中二二行第一二字「其」，磧、普、南、徑、清作「某」。

一 五一頁中末行「喜躍」，磧、普、南、徑、清作「歡踊」。

一 五一頁下二行「即日」，磧、普、南、徑、清、麗作「即曰」。

一 五一頁下七行「轉持」，磧、普、南、徑、清、麗作「輒持」。

一 五一頁下一四行「敷席」，磧、普、南、徑、清作「布坐」。

一 五一頁下一六行首字「香」，磧、普、南、徑、清、麗作「藥」。又「搗和」，磧、普、南、徑、清作「和篵」。

一 五二頁上一行「與之」，磧、普、徑、清作「與」；南作「自」。

一 五二頁上二行第一一字「天」，磧、普、南、徑、清作「天王」。

一 五二頁上五行末字「使」，磧、普、南、徑、清無。

一 五二頁上六行「讚言」，磧、普、南、徑、清作「讚我」。

一 五二頁上一〇行第二字「聽」，磧、普、南、徑、清作「而聽」。

一 五二頁上一二行「目揵連」，磧、普、南、徑、清作「目連」。

一 五二頁上一七行第一三字「何」，磧、普、南、徑、清無。

一 五二頁上一八行末字「此」，磧、普、南、徑、清作「比」。

一 五二頁中一行末字「此」，磧、普、南、徑、清無。

一 五二頁中二行第一一字「我」，磧、普、南、徑、清作「我又」。

一 五二頁中一一行「終无」，磧、普、南、徑、清作「終不」。

一 五二頁中一三行末字「其」，磧、普、南、徑、清無。

一 五二頁中一五行至次行首字「女可善著心」，磧、普、南、徑、清作「汝可喜善言」。

一 五二頁中一六行「當至」，磧、普、南、徑、清作「當往」。

一 五二頁中一七行「持林」，磧、普、南、徑、清、麗作「特林」。

一 五二頁中末行第三字「勇」，磧、普、南、徑、清、麗作「踊」。次頁中二二行首字同。

一 五二頁下六行第六字「我」，磧、普、南、徑、清作「有」。又第一一字「村」，磧、普、南、徑、清無。

一 五二頁下一四行第四字「時」，麗無。

一 五二頁下一六行「喜慶」，磧、普、南、徑、清作「欣慶」。

一 五二頁下一八行「違命」，磧、普、南、徑、清作「夆命」。

一 五三頁上一行「憂惱」，磧、普、南、徑、清作「憂愁惱」。

一 五三頁上三行第九字「詣」，磧、普、南、徑、清、麗作「諸」。

一 五三頁上四行「命根」，磧、普、南、徑、清作「命憂」。

一 五三頁上五行末字「憂」，磧、普、南、徑、清作「愁」。

一 五三頁上七行「當設」，磧、普、南、徑、清作「當施」。

一 五三頁上一〇行第八字「可」，磧、普、南、徑、清無。

一 五三頁上一三行第一一字「取」，磧、普、南、徑、清作「耳」。

一 五三頁上一六行第一三字「饘」，磧、普、南、徑、清作「臛」。

一 五三頁上一七行首字「疾」，磧、普、南、徑、清作「病」。一八行第二字、本頁中四行第七字同。

一 五三頁上一九行首字「還」，麗作「遠」。又「某房」，磧、普、南、徑、清作「在某房」。

一 五三頁中三行「所痛」，磧、普、南、徑、清作「所疾」。

一 五三頁中九行「隐屏」，磧、普、南、徑、清作「屏密」。

一 五三頁中一三行「班足王」，磧、普、南、徑、清作「駮足王」。下同。

一 五三頁中一七行「言罵佛法僧」，磧、普、南、徑、清作「罵佛法衆僧」。

一 五三頁中二二行第七字「流」，磧、普、南、徑、清作「留」。

一 五三頁下五行「熱肉」，徑作「熟肉」。

一 五三頁下一六行末字「語」，南作「與」。

一 五三頁下一九行首字「我」，磧、普、南、徑、清無。又「何惱」，磧、普、南、徑、清、麗作「何悔」。

一 五四頁上九行「起居」，磧、普、南、徑、清作「起往」。

一 五四頁上一四行「卧上」，磧、普、南、徑、清作「卧起」。

一 五四頁上一五行第八字及第一二字「湏」，磧、普、南、徑、清作「思」。

一 五四頁上一六行「得道」，磧、普、南、徑、清作「思導」。

一 五四頁中一行「平復」，磧作「平服」。

一 五四頁中三行第七字「手」，磧、南作「渫水」。

一 五四頁中一六行「阿羅漢」，磧、普、南、徑、清作「羅漢」。

一 五四頁中一八行「讀誦」，磧、普、南、徑、清作「誦讀」。

一 五四頁中二一行「便得」，磧、普、

南、徑、清作「使得」。
一 五四頁中二二行第六字「此」，磧、普、南、徑、清無。
一 五四頁下一行「七千万」，麗作「十千萬」。
一 五四頁下三行「頂戴奉行」，磧、普、南、徑、清無。
一 五四頁下四行品名，磧、普、南、徑、清作「出家功德尸利苾提緣品第十八」；麗作「出家功德尸利苾提品第二十二」並有夾註「丹本此品在第七卷三十三」。
一 五四頁下一〇行「十到」，磧、普、南、徑、清作「十倒」。
一 五四頁下末行「其福」，磧、普、南、徑、清作「其德」。
一 五五頁上二行第七字「有」，磧、普、南、徑、清、麗作「又」。
一 五五頁上五行「恣意」，磧、普、南、徑、清作「自恣」。
一 五五頁上一七行「毒苦」，磧、普、南、徑、清作「苦毒」。
一 五五頁上二二行「清戒」，麗作「淨戒」。
一 五五頁上末行首字「視」，磧、普、南、徑、清作「覩」。又「遊步」，磧、普、南、徑、清作「而遊步」。
一 五五頁中一一行及一二行「竹林」，徑、清作「竹園」。
一 五五頁中二〇行「年過」，南、徑、清作「年邁」。
一 五五頁下一行第四字「向」，磧、普、南、徑、清、麗作「次向」。
一 五五頁下二行「汝年老過」，磧、普、麗作「汝老年過」；南、徑、清作「汝老年邁」。
一 五五頁下五行「餘小諸醫」，磧、普、南、徑、清、麗作「餘諸小醫」。
一 五五頁下一三行「大賤」，磧、普、南、徑、清、麗作「大賊」。
一 五五頁下一五行第四字「勇」，磧、普、南、徑、清、麗作「踊」。一八行第三字同。
一 五五頁下末行「必不」，磧、普、南、徑、清作「必不能」。
一 五六頁上八行「憂惱」，磧、普、南、徑、清作「愁憂苦惱」。
一 五六頁上一〇行「斫頭」，磧、普、南、徑、清、麗作「破頭」。
一 五六頁上一二行「身琢」，磧、普、南、徑、清作「身掾」。
一 五六頁上一六行「十万」，磧作「十方」。
一 五六頁上一七行第七字「持」，磧、普、南、徑、清、麗作「持戒」。
一 五六頁上末行「憂怡」，磧、普、南、徑、清作「憂惱」；麗作「福增憂怡」。
一 五六頁中二行「目揵連」，磧、普、南、徑、清作「目連」。
一 五六頁中三行第三字「或」，磧、普、南、徑、清、麗作「或有」。
一 五六頁中四行第八字「能」，磧、普、南、徑、清無。
一 五六頁中九行第一一字「有」，麗作「可」。
一 五六頁中一七行「誦經」，磧、普、

南、徑、清作「讀經」。

一　五六頁中二〇行「年少」，磧、普、南、徑、清作「少年」。

一　五六頁中二二行第一一字「駚」，磧、普、南、徑、清作「駛」。下六行第八字磧、普、南、徑、清、麗同。

一　五六頁下一六行「恭敬」，磧、普、南、徑、清無。

一　五六頁下一七行第八字「足」，磧、普、南、徑、清作「已」。

一　五六頁下一八行「誑諂」，磧、普、南、徑、清作「諂誑」。

一　五六頁下二一行「當知」，磧、普、南、徑、清、麗作「當如」。

一　五七頁上九行「相好」，磧、普、南、徑、清作「女相」。又「其口」，磧、普、南、徑、清作「口中」。

一　五七頁上一四行「槠著水邊」，磧、普、南、徑、清作「揞著水邊」；麗作「揞鑊著水」。

一　五七頁上一九行第一一字「身」，磧、普、南、徑、清作「樹」。次頁中一五行首字同。

一　五七頁上末行「復次」，磧、普、南、徑、清、麗作「次復」。

一　五七頁中五行「時到」，磧、普、南、徑、清作「時至」。

一　五七頁中九行「時至」，磧、普、南、徑、清作「時到」。

一　五七頁中一二行第七字「逕」，普、南、徑、清、麗作「經」。次頁中末行第九字同。

一　五七頁中一七行「舍衛城」，磧、普、南、徑、清作「舍衛國」。

一　五七頁下五行首字「人」，磧、普、南、徑、清無。

一　五七頁下九行「及物」，磧、普、南、徑、清作「及直物」；麗作「及直」。

一　五七頁下一〇行「發徹」，磧、普、南、徑、清、麗作「撥撤」。

一　五七頁下一五行首字「便」，磧、普、南、徑、清作「即」。

一　五七頁下一六行第一〇字「冰」，磧、普、南、徑、清作「冷」；麗無。

一　五七頁下一七行末三字至次行首二字「腦隨火白爆」，磧、普、南、徑、清作「腦髓米爆」；麗作「腦髓白爆」。

一　五七頁下一九行「如刨箭鉫」，磧、普作「如剖箭鉫」；南作「如剖箭銛」；徑、清作「如剖箭栝」；麗作「如皀箭鉫」。又「隨時」，磧、普、南、徑、清作「不隨時」。

一　五七頁下二一行「强勸」，磧、普、南、徑、清作「勸强」。

一　五八頁上四行末三字至次行首字「女當見像」，磧、普、南、徑、清、麗作「汝當見佛像」。

一　五八頁上六行第七字「曉」，磧、普、南、徑、清無。

一　五八頁上九行「臨終時」，磧、普、南、徑、清、麗作「臨命終時」。

一　五八頁中一行第三字「去」，磧、普、南、徑、清、麗作「身」。

一　五八頁中一七行末字至次行首字「受此」，磧、普、南、徑、清作「此受」。

一　五八頁中一八行「唼食」，磧、普、

一　南、徑、清作「唼身」。

一　五八頁中一九行「福增」，磧、普、南、徑、清無；麗作「增福」。

一　五八頁中二〇行「覺射」，磧、普、南、徑、清作「相射」。

一　五八頁中末行「逕久」，磧、普、南、徑、清、麗作「經久」。

一　五八頁下一行「牟矟」，磧、普、南、徑、清、麗作「矛矟」。四行同。

一　五八頁下二行「刬割」，磧、普、南、徑、清作「刺害」。又「拔已」，麗作「投已」。

一　五八頁下三行「告言是王舍城王」，磧、普、南、徑、清作「答言是王舍城中」。

一　五八頁下一四行第五字「曰」，磧、普、南、徑、清無。

一　五八頁下一六行第八字「是」，磧、普、南、徑、清、麗無。

一　五八頁下一七行第四字「簡」，磧、普、南、徑、清作「間」。

一　五八頁下二〇行「律法」，磧、普、南、徑、清、麗作「限律」。

一　五九頁上二行「七寶悉何處在」，磧、普、南、徑、清作「七珍悉於此住」。

一　五九頁上一四行「白黑」，磧、普、南、徑、清、麗作「百里」。

一　五九頁上二二行「普作」，磧、普、南、徑、清、麗作「並作」。

一　五九頁中四行「飢渴」，磧、普、南、徑、清、麗作「飢逼」。

一　五九頁中六行「浇肉」，磧、普、南、徑、清作「洗肉」。

一　五九頁中一二行「住意」，磧、普、南、徑、清作「注意」。

一　五九頁中一四行「汝子」，磧、普、南、徑、清、麗作「法子」。

一　五九頁下八行第一二字「所」，磧、普、南、徑、清作「前」。

一　五九頁下一五行「阿羅漢」，磧、普、南、徑、清作「羅漢」。

一　五九頁下一七行「老長」，麗作「長老」。

一　五九頁下一九行第一〇字「放」，磧、普、南、徑、麗作「聽放」；清作「聽故」。

一　五九頁下二一行「相勸出家」，磧、普、南、徑、清作「頂戴奉行」。

一　六〇頁上一行「歡喜奉行」，磧、普、南、徑、清無。

一　六〇頁上卷末經名，磧、普、南、徑、清無（未換卷）。

賢愚經卷第五　讚

宋沙門慧覺共威德在高昌譯

沙弥守戒自煞緣

如是我聞一時佛在安陁國尒時世尊慇懃讚歎持戒之人護持禁戒寧捨身命終不毀犯何以故戒為入道之初基盡漏之妙趣涅槃安樂之平途若持淨戒計其功德無量無邊辟如大海無量無邊戒亦如是猶如大海多有阿脩羅黿鼉水性摩竭魚等大衆生居戒海亦尒多有三乘大衆生居辟如大海多諸金銀琉璃等寶戒海亦尒多出善法有四非常三十七品諸禪三昧如是等寶猶如大海金剛為底金剛山圍四江大河流注其中不增不減戒海亦尒毗尼為底阿毗曇山以為圍繞四阿含河流注入中湛然常尒不增不減何以故注入不增不減下阿鼻火上衝大海海水消涸以故不增常流入故以故不減佛法戒海不放逸故不增具功德故不減是故當知能持戒者其德甚多佛涅槃後安陁國土尒時有一乞食比丘樂獨靜處威儀具足乞食比丘佛所讚嘆非住衆者何以故乞食比丘少欲知足不儲畜積聚次第乞食隨敷露坐一食三衣如是等事可尊可尚在僧比丘多欲無猒貯聚儲畜貪求悋惜嫉妬愛著以故不能得大名聞彼乞食比丘德行淳備具沙門果六通三明住八解脫威儀庠序名聞流布尒時安陁國有優婆塞敬信三寶受持五戒不煞不盜不邪婬不妄語不飲酒布施脩德名遍國邑即請是乞食比丘終身供養供養之福隨因受報若請僧衆就舍供養則妨廢行道道路寒暑勞苦後受報時要勞思慮出行求逐乃能得之若就住奉供養後受福報時便坐受自然是優婆塞信心淳厚辦具種種色香美食遣人往送日日如是沙門四種好惡難明如菴羅果生熟難知或有比丘威儀庠序徐行諦視而內具足貪欲恚癡破戒非法如菴羅果外熟內生或有比丘外行麁疏不順儀式

賢愚經卷第五　第三張　儲字号

而內具足沙門德行禪定智慧如菴羅果內熟外生或有比丘威儀麁穬破戒造惡內亦具有貪欲恚癡慳貪嫉妬如菴羅果內外俱生或有比丘威儀庠審持戒自守而內具足沙門德行戒定慧解如菴羅果內外俱熟彼乞食比丘內外具足亦復如是德行滿故人所宗敬尒時國中有一長者信敬三寶有一男兒心自思惟欲令出家當求善師而付託之所以尒者近善知識則增善法近惡知識便起惡法辟如風性雖空由栴檀林若瞻蔔林吹香而來風有妙香若經糞穢臭屍而來其風便臭又如淨衣置之香篋出衣衣香若置臭處衣亦隨臭親近善友則善日隆親附惡友則惡增長是故我今當以此兒與此尊者令其出家念已即往白比丘言我此一子令使出家唯願大德哀納濟度若不能受當將還家尒時比丘以道眼觀此人出家能持淨戒增長佛法即便受之度為沙彌優婆塞有一親善居士請優婆塞及其妻子合家

賢愚經卷第五　第四張　儲字号

奴婢明日客會時優婆塞晨朝念言今當就會誰後守舍我若強力課留一人所應得分我則負他若有自能開意住者我於會還當別投報優婆塞女即白父言唯願父母從諸僮使但行應請我堪後守其父喜曰甚善甚善今汝住守與我汝母正等無異於家損益心無疑慮於是合家悉往受請汝便牢閉門戶獨住家內時優婆塞是日忩忩忘不送食尒時尊者忩自念言日時向晚俗人多事或能忘不送食我今寧可遣人迎不即告沙彌汝往取食善攝威儀如佛所說入村乞食莫生貪著如蜂採華但取其味不損色香汝今亦尒至家取食收攝根門莫貪色聲香味觸也若持禁戒必能取道如提婆達多雖誦經以造惡毀戒墮阿鼻獄如瞿迦利誹謗破戒亦入地獄周利槃特雖誦一偈以持戒故得阿羅漢又戒即為入涅槃門受快樂因辟如婆羅門法若設長齋三月四月請諸高明持戒梵行諸婆羅門以簡擇請不得普故仇

賢愚經卷第五　第五張　儲字号

留為封印請者悅一婆羅門雖復高經性不清廉貪審惦故舐封都盡明日至會所呈封乃入次呈梵志無印欲入典事語言汝有封不荅言我有以惦故舐盡語言汝今如是已足便不得前復貪小惦失四月中甘香美味及竟違觀種種珍寶汝今如是莫貪小事破淨戒印失人天中五欲美味及諸無漏三十七品涅槃安樂無量法寶汝莫毀破三世佛戒汙染三寶父母師長沙彌受教礼足而去往到其家打門作聲女問是誰荅言沙彌為師迎食女心歡喜我願遂矣即與開門是女端正容貌殊妙年始十六婬欲火燒於沙彌前作諸嬿媚搖肩顧影深現欲相沙彌見已念言此女為有風病癲狂病羊癇病耶是女將無欲結所使欲嬈毀我清淨行耶堅攝威儀顏色不變時女即便五體投地白沙彌言我常願者今已時至我恒於汝欲有所陳未得靜便想汝於我亦常有心當與我願我此舍中多有珍寶金銀倉庫如毗沙門天宮寶

梳而無有主汝可屈意為此舍主我
為汝婦供給使令必莫見違滿我所
願沙弥心念我有何罪遇此惡緣我
今寧當捨此身命不可毀破三世諸
佛所制禁戒昔日比丘至婬女家寧
投火坑不犯於婬又諸比丘賊所劫
奪以草繫縛風吹日曝諸虫唼食以
護戒故不絕草去如鳥吞珠比丘雖
見以持戒故極苦不說如海船壞下
座比丘以守戒故授板上座没海而
死如是諸人獨佛弟子能持禁戒我
非弟子不能持耶如來世尊獨為彼
師非我師耶如瞻蔔華并胡麻壓油
瞻蔔香若合臭花油亦隨臭我今已
得遇善知識云何今日當造惡法寧
捨身命終不破戒汙佛法僧父母師
長又復思惟我若逃突女欲心盛捨
於慚愧走外牽挽及誹謗我街陌人
見不離汙辱我今定當於此捨命方
便語言牢閉門戶我入一房作所應
作尒乃相就女即閉門沙弥入房關
擲門戶得一剃刀心甚歡喜脫身衣
服置於架上合掌跪向拘尸那城佛

涅槃處自立誓願我今不捨佛法衆
僧不捨和上阿闍梨亦不捨戒正為
持戒捨此身命願所往生出家學道
淨修梵行盡漏成道即刎頸死血流
滂沛汙染身體時女恠遲趣門看之
見戶不開喚無應聲方便開戶見其
已死失本容色欲心尋息懃結懊惱
自搣頭髮抓裂面目宛轉灰土之中
悲号泣淚迷悶斷絕其父會還打門
喚女女默不應父恠其靜使人踰入
開門視之見女如是即問女言汝何
以尒有人侵汝汙辱汝耶女默不荅
心自思惟我今若以實對甚可慚愧
若言沙弥毀辱我者則謗良善當墮
地獄受罪無極不應欺誑即以實荅
我此獨守沙弥來至為師索食我欲
心盛求嬈沙弥冀從我心而彼守戒
心不改易方便入房自捨身命以我
穢形欲壞淨器罪釁若斯故我不樂
父聞女言心無驚懼何以故知結使
法尒故即告女言一切諸法皆悉無
常汝莫憂懼即入房內見沙弥身血
皆汙赤如栴檀机即前作礼讚言善

哉護持佛戒能捨身命時彼國法若
有沙門白衣舍死當罰金錢一千入
官時優婆塞以一千金錢置銅盤上
載至王宮白言大王我有讁罰應入
於王願當受之王荅之言汝於我國
敬信三寶忠正守道言行無違唯汝
一人當有何過而輸罰耶時優婆塞
具陳上緣自毀其女讚嘆沙弥持戒
功德王聞情事心驚悚然篤信增隆
而告之言沙弥護戒自捨身命汝無
辜咎聽得有罰但持還舍吾今躬欲
自至汝家供養沙弥即擊金鼓宣令
國人前後導從往至其家王自入內
見沙弥身赤如栴檀前為作礼讚其
功德以種種寶莊嚴高車載死沙弥
至平坦地積衆香木闍毗供養嚴飾
是女極世之殊置高顯處普使一切
時會皆見語衆人言是女殊妙容暉
乃尒未離欲者誰無染心而此沙弥
既未得道以生死身奉戒捨命甚奇
希有王即遣人命請其師廣為大衆
說微妙法時會一切見聞是事有求
出家淨持戒者有發無上菩提心者

莫不歡喜頂戴奉行
長者無眼耳舌縁
如是我聞一時佛在舍衛國祇陁精
舍與諸比丘大衆說法尒時國内有
大長者財富無量金銀七寶象馬牛
羊奴婢人民倉庫盈溢無有男兒唯
有五女端正聦達其婦懷妊長者
命終時彼國法若其命終家無男兒
所有財物悉應入官王遣大臣攝録
其財垂當入官其女心念我母懷妊
未知男女若續是女財應屬官若其
是男應為財主念已往白王言我父
命終以無男故財應入王然今我母
懷妊須待分身若苟是女入財不遅
若或是男應為財主時波斯匿王法
平整即可所白聽如其言其母不久
月滿生兒其身渾沌無復耳目有口
無舌又無手足然有男根即為作字
名曰慈毗梨尒時是女具以是事往
問於王王聞是已思惟其義不以眼
耳鼻舌手足等而為財主乃以男故
得為財主兒有男根應得父財即告
諸女財屬汝弟吾不取也尒時大女

往適他家奉給夫主謙卑恭謹拂拭
林蓐供設飲食迎来送去拜起問訊
辟如婢事大家比近長者覩其如是
怪問而言夫婦之道家家皆有汝獨
何為改操若斯女子對曰我父終沒
家財無量雖有五女猶當入王會母
分身生我一弟無有眼耳舌及手足
但有男根得為財主以是義故雖有
諸女不如一男是故尒耳長者聞已
怪其如是即與其女往至佛所白言
世尊彼長者子以何因縁無有眼耳
舌及手足而生富家為此財主佛告
長者善哉問也諦聽善思當為汝說
唯然樂聞佛告長者乃往過去有大
長者兄弟二人兄名檀若世質弟名
尸羅世質其兄少小忠信成實常好
布施賑救貧乏以其信善舉國稱美
王任此人為國平事諍訟曲直由之取
決是時國法舉貸取與無有券疏悉
詣平事檀若世質以為時女時有估
客將欲入海從弟尸羅世質多舉錢
財以供所須時弟長者唯有一子其
年幼小即將其子并所出錢到平事

所白言大兄是估客子從我舉錢入
海来還應得尒許兄為明人我若終
亡證令子得平事長者指言如是其
弟長者不久命終時估客子乘船
入海風起波浪船壞喪失時估客子
捉板得全還其本國時長者子聞其船
壞空歸(向家唯見此)便自念言此雖負
我今者空窮何由可得須有當償時
此估客長者復與餘賈續復入海
獲大珎寶安隱吉還心自念言彼長
者子前雖見我不從我債我舉錢時
此人幼稚或能不憶或以我前窮故
不債耶今當試之即嚴好馬衆寶
服飾寶衣乘馬入市長者子見服乘
如是心念此人似還有財當試從債
即遣人語言汝負我錢今可見償荅
言可尒當思宜子估客自念所舉頓
大重生累息無由可畢當作一策乃
可了尒即持一寶珠到平事婦所白
言夫人我本從尸羅世質舉少錢財
其子從来我債今上一珠賈直十万
若從我債可囑平事莫為時人其婦
荅言長者誠信必不肯尒為當試語

即受其珠平事暮歸即具白長者荅言何有是事以我忠信不妄語故王立我為國平事若一妄言此事不可時估客来具告情狀即還其珠時估客子更上一珠賈直二十万復往白言願使屬及此既小事但作一言得二十万彼若得勝雖復姪兒無一錢分此理可通尒時女人貪愛寶珠即為愛之暮更白夫昨日所白事亦可通願必在意長者荅言絶無此理我以可信得為平事若一妄語現世當為世所不信後世當受無量劫苦尒時長者有一男兒猶未能行其婦泣曰我今與汝共為夫妻若有死事猶望不違囑此小事直作一言當不相從我用活為若不見隨我先煞兒然後自煞長者聞此譬如人噎既不得咽亦不得吐自念我唯有此一子若其當死財無所付若從是語今則不為人所信用將来當受無量苦惱迫蹙不已即便可之其婦歡喜語估客言長者已許估客聞之欣悅還家嚴一大爲衆寶莊挍者大寶衣乘爲入市長者子見心喜念言是人必當服乘乃尒我得財矣即往語曰薩薄當知先所負錢今宜見償估客驚言我都不憶何時負君若相負者時人是誰長者子言若干日月我父及我手付汝錢平事為我時人何緣言不估客子言我今不念尚有時事當還相償尋共相將至平事所長者子言此人姓曰親從我父舉若干錢伯為時人我時亦見事為尒不荅言不知其姪驚曰伯父尒時審不見聞不作是語此事可尒不以手提指是財耶荅言不尒姪子恚曰以伯忠良王令平事國人信用我親弟子非法猶尒況於外人枉者豈少此之虗實後世自知佛告長者欲知尒時平事長者今身慈毗梨無有目耳渾沌者是由於尒時一妄語故墮大地獄多受苦毒從地獄出五百世中常受渾沌之身由於尒時好布施故常生豪富得為財主善惡之報雖久不敗是故汝等當勤精進攝身口意莫妄造惡時諸大衆聞佛所說有得初果至四果者有發無上菩提心者莫不歡喜頂戴奉行

貧人夫婦疊施得現報緣

如是我聞一時佛在舍衛國祇樹給孤獨園祇洹精舍與大比丘衆圍繞說法尒時國中有一長者其婦懷妊月滿生女端正姝妙容貌少雙其初生時細軟白疊裹身而生父母怪之召師占相師曰甚吉有大福德因為作字名曰叔離（秦言白也）叔離長大疊隨身大此女璝瑋國內遠近覓来娉求父母念言女年已大宜當嫁處即使巧師為作瓔珞叔離問父鍜是金銀用作何等父告之言汝年已大欲嫁汝處故作環釧女白父言我欲出家不樂嫁去父母愛念不違其志尋為出疊欲作五衣女見復問欲作何等告言為汝作衣白父母言我此所著悉已具足更不湏作唯願聽我時往佛所父母即將往詣佛所頭面作礼求索出家佛言善来頭髮自墮所著白疊尋成五衣付大愛道為比丘尼精進不久成何羅漢道阿難白佛言

㭊離比丘𡰱本種何功德生長者家生與㲲俱出家不久得阿羅漢道佛告阿難諦聽善思吾今說之阿其言唯然佛言過去久遠有佛出世名毗婆尸與諸弟子廣度一切時王臣民多設供養作般遮于瑟有一比丘恒行勸化令詣佛所聽法布施時有女人名檀膩伽極為貧窮夫婦二人共有一㲲若夫出行則被而往婦便裸住坐於草蓐若婦被㲲出外求索夫則裸坐草蓐勸化比丘次至其家見是女人因勸之言佛出難值經法難聞人身難得汝當聽法汝當布施廣說慳貪布施之報女人白言大德小住還入舍中語其夫言外有沙門勸我見佛聽法布施我等先世不布施故致此貧窮今當以何為後世資夫答之言我家貧困如是雖可有心當以何施婦言前世不施今致是困今復不種後欲何趣汝但聽我我决欲施夫心自念此婦或能少有私産我當聽之即可之言欲施便施尋曰我意欲以此㲲布施夫言我之與汝共此一㲲出

入求索以自存活今若用施俱當守死欲作何計婦言人生有死今不施與施會當歸死寧施而死後世有望不施而死後遂當劇夫歡喜言分死用施婦即還出白比丘言大德可止屋上我當布施比丘答言若欲施者汝當面施為汝呪願㭊離白言唯此被㲲內無異衣女形穢惡不宜此脫即還入內遥於向下脫身上㲲授與比丘比丘呪願持至佛所佛言比丘持此㲲来比丘授佛佛自手受此㲲垢汙時王衆會微心嫌佛受此垢㲲佛知衆心而告之言我觀此會清淨大施無過於此以㲲施者大衆聞已莫不悚然夫人歡喜即脫已身所著嚴飾瓔珞寶衣送與陁膩鞞王亦喜悅脫身衣服送與其夫命令詣會毗婆尸佛廣為大衆說微妙法時會大衆得度者衆佛告阿難欲知尒時貧窮女人陁膩鞞者今㭊離比丘𡰱是由於尒時以清淨心㲲布施故九十一劫所生之處常與㲲生無所之少隨意悉得緣於彼佛聞深妙法願解脫故今

得遇我成阿羅漢是故汝等應勤精進聞法布施佛說是時得道者衆莫不歡喜頂戴奉行

迦旃延教老母賣貧緣

如是我聞一時佛在阿梨提國時彼國中有一長者多財饒寶慳貪暴惡無有慈心時有一婢晨夜走使不得寧處小有違失便受鞭捶衣不蔽形食不充體年老困悴思死不得時適持瓶詣河取水思惟是苦舉聲大哭時迦旃延来至其所問言老母何以悲泣懊惱乃尒白言尊者我既年老恒執苦役加復貧窮衣食不充思死不得以故哭耳迦旃延言汝若貧者何不賣貧母言貧鄉可賣誰當買貧迦旃延言貧窮可賣如是至三女人白言苟貧可賣我宜問方即言大德貧云何賣迦旃延言審欲賣者一隨我語答言唯諾告言汝先洗浴洗已告言汝當布施白言尊者我極貧困如今我身無手許完納雖有此瓶是大家許當以何施即授鉢與汝持此鉢取少淨水如教取来奉迦旃延

迦旃延受尋為呪願次教受齋後教念佛種種功德即問汝有住止處不荅言無也若其磨時即磨下臥舂炊作使即臥是中或時無作止宿糞䊸迦旃延言汝好持心恭謹走使莫生嫌恨自伺大家一切臥竟密開其户於户曲内敷淨草坐思惟觀佛莫生惡念尒時老母奉而歸家如勅施行於後夜中即便命終生忉利天大家早起見婢命終恚而言曰此婢恒常不聽入舍今暮何故乃於此死即便使人草索繫脚拽置寒林中彼時天中有一天子有五百天子以為眷屬宮殿嚴麗尒時天子福盡命終此老母人即代其處生天之法其利根者自知來緣鈍根生者但知受樂尒時此女既生天中與五百天子娛樂受樂不知生緣時舍利弗在忉利天知此天子生天因緣問言天子汝因何福生此天乎荅言不知時舍利弗借其道眼觀見故身生天因緣由迦旃延即將五百天子來至寒林散花燒香供養死屍諸天光明照曜村林大家

見變怪其所由告令遠近詣林觀看見諸天子供養此屍即問天曰此婢醜穢生存之時人猶惡見況今已死何故諸天而加供養彼時天子具說本末生天因緣即皆迴詣迦旃延所為諸天人廣說諸法所謂施論戒論生天之論欲不淨法出離為樂尒時彼天及五百天子遠塵離垢得法眼淨飛還天宮時諸會衆聞此法已各獲道迹乃至四果莫不歡喜頂戴奉行敬礼而去

金天緣

如是我聞一時佛在舍衛國祇樹給孤獨園時此國中有一長者其家大富財寶無數生一男兒身體金色長者欣慶即設施會請諸相師令占吉凶時諸相師抱兒看省見其奇相喜不自勝即為字字修越耶提婆晉言金天此兒福德極為純厚其生之日家中自然出一井水縱廣八尺深亦如是其水汲用能稱人意須衣出衣須食出食金銀珍寶一切所須作願取之如意即得兒年轉大才藝博通長者

愛之未敢違意而作是念我子端正容貌無倫要當推求選擇名女形容色狀殊姿越群金容妙體類我兒者當往求之即募諸賈周遍求之時闍波國有大長者而生一女字脩跋耶婆蘇晉言金光明端正非凡身體金色晃昱照人細滑光澤初生之日亦有自然八尺井水其水亦能出種種珍寶衣服飲食稱適人情彼長者亦自念言我女端正人中英妙要得賢士形色光暉如我女比乃當嫁與共為姻婚尒時女名遠布舍衛金天名稱復聞女家時二長者各懷歡喜即各相詣求為婚姻娶婦已竟還至舍衛時金天家便設上供請佛及僧供養一日佛受其請徃至舍食食已攝鉢具為長者金天夫妻廣演妙法開解其心金天夫妻及其父母即時破壞二十億洞然之惡心情開解獲須陁洹尒時世尊便還精舍於是金天與金光明俱白父母求索出家父即聽許俱徃佛所稽首佛足作礼繞竟求索入道佛尋聽可讃言善來比丘鬚髮

自落法衣著身便成沙門於是金天
在比丘衆金光明比丘尼付大愛道
漸漸教化悉成羅漢三明六通具八
解脫一切功德悉皆具足阿難白佛
言不審世尊金天夫妻本造何行自
生已來多財饒寶身體金色端正
第一得此一井能出一切唯願如來
當具宣示佛告阿難乃往過去九十
一劫時世有佛号毗鉢尸佛既滅度
有遺法在世後有諸比丘遊行教化
到一村落有諸人民豪賢長者見衆
僧至各竟供設衣被飲食無有乏短
時有夫妻二人貧餓困乏每自思念
我母在時財寶積滿富溢難量今者
我身貧困極甚坐臥草蓐衣不蓋形
家無升斗何其苦耶尒時雖富財寶
無量不遭斯等聖衆之僧今既得値
無錢供養思惟是已惛然而啼懊惱
墮淚墮婦辟上婦見夫涕而問之言
有何不適懊惱若是聟荅婦言汝不
知耶今有衆僧適過此村豪賢居士
咸興供養我家貧乏獨無升斗於此
衆僧不種善緣今者貧困來世又劇

我惟此已是故泣耳婦荅聟言今當
知何正欲供養無有財寶雖有空意
不遂其願婦語聟言今汝可往至本
舍中於故藏内推覓財寶若有得之
當用供養時夫如言至故藏中遍行推
覓得一金錢持至婦所于時其婦有
一明鏡即共合心當用布施置一新瓶
盛滿淨水以此金錢著瓶水中以鏡
著上持至僧所到已至心用布施僧
於時衆僧即為受之各各取水而
用洗鉢復有取水而飲之者時彼夫
婦歡喜情悅作福已竟遇疾命終生
忉利天佛告阿難尒時貧人持一瓶
水布施僧者今此金天夫婦是也由
其前世持此一金錢及一瓶水井此
明鏡施衆僧故世世端正身體金色
容儀晃昱殊妙無比九十一劫恒常
如是由于尒時有信敬故得離生死
尋得應真阿難當知一切福德不可
不作如彼貧人以少施故乃獲如是
無量福報尒時阿難及諸衆會聞佛
所說咸興施心勤加福業歡喜奉行

重姓緣

如是我聞一時佛在舍衛國祇樹給孤
獨園尒時國中有豪長者財富無量
唯無子姓每懷悒遲禱祠神祇求索
一子精誠款篤婦便懷妊日月滿足
生一男兒其兒端正世所希有父母
尊親值時讌會共相合集詣大江邊
飲酒自娛父母持兒詣其會所父愛
此兒順坐揩攤父攤已竟母復揩之
歷坐數騰歡娛自樂臨到河邊意
卒散乱執之不固失兒墮水尋時摶
擄竟不能得于時父母憐念此兒愛
著傷懷絕而復甦其兒福德竟復不
死至河水中隨水沉浮時有一魚吞此
小兒雖在魚腹猶常不死時有小村
而在下流有一富家亦無子姓種種
求索困不能得而彼富家恒令一奴
捕魚取賣僕輸大家其奴日日捕魚
為業值時捕得吞小兒魚剖腸看之
得其小兒面貌端正得已歡喜抱與
大家大家觀看而自慶言我家由來
禱祠神祇求索子息精誠報應故
天與我即便摩飾乳哺養之時彼上
村父母聞下村長者魚腹得兒即往

其所追求索之而語之言此是我兒我於彼河而失是子今汝得之願以見還時彼長者而荅之言我家由來禱祠求子令神報應賜我一兒君之亡兒竟為所在紛紜不了詣王求斷於是二家各引道理其兒父母說是我兒我於某時失在河中而彼長者復自說言我於河中魚腹得之此實我子非君所生王聞其說靡知所如即與二家評詳此事卿二長者各認此兒今若與一於理不可更互共養至兒長大各為娶婦安置家業二處異居此婦生兒即屬此家彼婦生兒即屬彼家時二長者各隨王教兒年長大俱為娶婦供給所須無有乏短于時其兒白二父母言我生以來遭羅苦難墮水魚吞垂死得濟今我至意欲得出家唯願父母當見聽許時二父母心愛此兒不能非逆即便聽許其兒即辭往至佛所稽首佛足求索入道佛即聽之讃言善来比丘鬚髮自落即成沙門字曰重姓佛為說法得盡諸苦即於坐上成阿羅漢阿難白

佛不審世尊此重姓比丘本造何行種何善根而今生世墮水魚吞而故不死佛告阿難汝且聽之吾當為說過去久遠有佛世尊号毗婆尸集諸大衆為說妙法時有長者来至會中聞其如来廣說大法布施之福持戒之福聞已歡喜信心猛烈即從彼佛受三自歸受不煞戒復以一錢布施彼佛由是之故世世受福財寶自恣無有乏短佛告阿難欲知尒時長者子者今重姓比丘是也由其尒時施佛一錢九十一劫恒富錢財至於今世二家父母供給所須受不煞戒故墮大水魚吞不死受三自歸故今值我世沐浴清化得羅漢道尒時阿難及與大衆聞佛所說遵脩善行敬重佛教歡喜信受頂戴奉行

散檀寧緣

如是我聞一時佛在舍衛國祇樹給孤獨園尒時世尊與諸弟子千二百五十人俱尒時國中有五百乞人常依如来隨逐衆僧乞匃自活經歷年歲猒心內發而作是言我等諸人雖

蒙僧福得延餘命苦事猶多咸作是念我等今者寧可從佛求索出家共詣佛所於是衆人即共白佛如来出世甚為難遇我等諸人生在下賤蒙尊遺恩濟活身命既受殊養貪得出家不審世尊寧可得不尒時世尊告諸乞兒我法清淨無有貴賤譬如淨水洗諸不淨若貴若賤若好若醜若男若女水之所洗無不淨者又復如火所至之處山河石壁天地所有無大無小一切万物其被燒者無不燋燃又復我法猶如虛空男女大小貧富貴賤有人入中者隨意自恣時諸乞兒聞佛所說普皆歡喜信心倍隆歸誠向佛求索入道世尊告曰善来比丘鬚髮自墮法衣在身沙門形相於是具足佛為說法心開意解即盡諸漏成阿羅漢於時國中諸豪長者庶民之等聞諸乞兒佛聽入道皆興慢心而作是言云何如来聽此乞匃下賤之人在衆僧次我等諸人儻脩福業請佛衆僧供養食時奈何令此下賤之徒坐我牀席捉我食器尒時太子

名曰祇陁施設供養請佛及僧遣使
白佛唯願世尊明受我請及比丘僧因
令白佛所度乞兒作比丘者我不請之
慎勿將來佛便受請明日食時佛及
衆僧當應請時告諸乞兒比丘吾等
受請汝不及例今可往至欝多羅越
取自然成熟粳米還至其家隨意坐
次自食粳米時諸比丘如命即以羅
漢神足往彼世界各各自取滿鉢還
来攝持威儀自隨次第乘虚而来如
鴈王飛至祇陁家隨次而坐各各自
食於時太子觀衆比丘威儀進止神
足福德敬心歡喜嘆未曾有而白佛
言不審世尊此諸聖賢大德之衆威
神巍巍衆相具足為從何方而来至
此甚大欽敬唯願如来今當為我說
其徒衆本末因緣佛告祇陁汝若欲
知者善思聽之當為汝說此諸比丘
正是昨日所不請者吾及衆僧向者
欲来應太子請此諸比丘以不請故
往欝多越取自然粳米而自食之尒
時祇陁聞說是語極懷慚愧懊惱自
責我何愚蔽不別明闇又復言曰世

尊功德難可思議此諸乞兒於此國
中最為下賤今日乃得稟受清化宿
蒙洪潤既受現世安樂身福復獲永
世無為之樂如来今日所以出世但
為此輩更不存餘又復世尊不審此
徒往古世時種何善行修何功德今
值世尊特蒙殊潤復造何咎從生已
来乞匃自活困苦乃尒世尊慈愍幸見
見開示佛告之曰若欲知者宜善聽之
吾當為汝具足解說如是本末諾當
善聽尒時世尊便告祇陁過去久遠
無量无數不可思議阿僧祇劫此閻
浮提有一大國名波羅奈國有一山
名曰利師(晉言仙山)古昔諸佛多往其中
若無佛時有辟支佛依其住止假使
復無辟支佛時有諸五通學仙之徒
復依止住終無空廢尒時山中有辟
支佛二千餘人恒止其中於時彼國
有火星現是其惡变此星已現十二
年中國當乾旱無有天雨不得種殖
國必破矣是時國內有一長者名散
檀寧其家巨富財穀無量恒設供具
給諸道士時千快士往至其家求索

供養而作是言我等諸人住在彼山
值國枯旱乞食叵得長者若能供我
食者當住於此若不見與當至餘方
長者於時即問藏監今我藏中所有
穀米足供此諸大士食不吾欲請之
藏監對曰唯願時請所有穀食饒多
足供長者即請千辟支佛飯食供養
彼殘千人復詣其家亦求供養長者
復問其藏監曰卿所典藏穀米多少
更有千人亦欲設供具能辦不其藏
監言所典穀食想必足矣若欲設供
宜可時於請時長者即便請之差五
百使人供設飯食時諸使人執作食
具經積年歲猒心便生並作是說我
等諸人所以辛苦皆由此諸乞兒之
等尒時長者恒令一人知白時到此
使人養一狗子若往白時狗子逐往
日日如是尒時使人卒值一日忘不
往白狗子時到猶往常處向諸大士
高聲而吠諸辟支佛聞其狗吠即知
来請便至其家如法受食因白長者
天今當雨宜可種殖長者如言即令
諸作人賫持作器勤力耕種大麦小

麦一切食穀悉皆種之經數時間所種之物盡變爲瓠長者見已怪而問之諸大士曰此事無苦但勤加功隨時溉灌如言勤灌其後成熟諸瓠皆大加復繁熾即擗看之隨所種物成治淨好麦滿其中長者歡喜合家藏積其家滿溢復分親族合國一切咸蒙恩澤是時五百作食之人念言斯之所獲果實之報將由斯等大士之恩我等云何惡言向彼即往其所請求改悔大士聽之改悔已竟復立誓言願使我等於將来世遭值賢聖蒙得解脫由此之故五百世中常作乞兒因其改悔復立誓故今遭我世蒙得過度太子當知介時大智散檀寧者豈異人乎我身是也時藏目者今須達是也日日往白時到人者優塡王是時猗子者由是吠故世世好音美音長者是也介時五百作食之人今此五百阿羅漢是也介時祇陁及衆會者覩其神變感佛功德赴心精勤有得初果及第四果者復有專脩快士行者復有興心求佛道者各各精勤求遂本心歡喜踊躍頂戴奉行

賢愚經卷第五

賢愚經卷第五

校勘記

一　底本，金藏廣勝寺本。

一　六六頁中一行經名、二行譯者，磧、普、南、徑、清無(末換卷)。

一　六六頁中三行品名，磧、普、南、徑、清作「沙彌守戒自殺緣品第十九」；麗作「沙彌守戒自煞品第二十三」並有夾註「丹本此品在第七卷爲三十四」。

一　六六頁中四行首字至次行第五字「如是……讃歎」，磧、普、南、徑、清無。

一　六六頁中五行第一一字「持」，磧、普、南、徑、清無。

一　六六頁中一八行「何以」，磧、普、南、徑、清作「海何以」。

一　六六頁中一九行「不滅」，磧、南無。

一　六六頁下六行「貯聚」，磧、普、南、徑、清作「積貯」。

一　六六頁下一〇行第五字「介」，磧、

普、南、徑、清無。

一　六六頁下一四行「僧衆」，磧、普、南、徑、清、麗作「衆僧」。

一　六六頁下一五行「勞苦」，磧、普、南、徑、清作「勞勤」。

一　六六頁下一六行「求逯」，磧、普、南、徑、清作「求遂」；麗作「求逐」。

一　六六頁下一七行首字「住」，磧、普、南、徑、清、麗作「往」。又「受福報時」，磧、普、南、徑、清作「得受福報」。

一　六六頁下末行「不順」，磧、普、南、徑、清作「不慎」。

一　六七頁上二行「庬穨」，磧、普、南、徑、清作「粗獷」。

一　六七頁上三行「恚癡」，磧、普、南、徑、清作「恚癡法」。

一　六七頁上二二行「優婆塞」，磧、普、南、徑、清、麗作「時優婆塞」。

一　六七頁中九行第二字「汝」，磧、普、南、徑、清、麗作「女」。

一　六七頁中一七行「雖誦經」，磧、普、南、徑、清、麗作「雖多誦經」。

一　六七頁下一行第七字「恱」，南、徑、清作「怨」。又末字「高」，清作「誦」。

一　六七頁下三行首字「日」，磧、普、南、徑、清無。

一　六七頁下四行第九字「封」，磧、普、南、徑、清作「印」。

一　六七頁下一一行「師長」，磧、普、南、徑、清作「師僧」。

一　六七頁下一六行首字「[illegible]」，磧、普、南、徑、清作「眉」。

一　六八頁上六行「於婬」，磧、普、南、徑、清作「於欲」。

一　六八頁上八行「如鳥」，磧、普、南、徑、清、麗作「如鵄」。

一　六八頁上一四行「瞻蔔香」，磧、普、南、徑、清作「如瞻蔔香」。

一　六八頁上二一行末字「關」，磧、普、南、徑、清作「開」。

一　六八頁中三行「徃生」，磧、普、南、徑、清作「在生」。

一　六八頁中五行第一二字「門」，磧、普、南、徑、清作「戶」。

一　六八頁中八行「抓裂」，磧、普、南、徑、清作「分裂」；麗作「爪裂」。

一　六八頁中九行「悲吗」，磧、普、徑、清作「悲吁」；南作「悲呼」。

一　六八頁中一〇行「其静」，磧、普、南、徑、清作「其情」。

一　六八頁中一一行首字「開」，徑作「向」。

一　六八頁中末行「栴檀机」，磧、普、南、徑、清作「栴檀杌」。

一　六八頁下三行「銅盤」，磧、普、南、徑、清作「銅案」。

一　六八頁下四行「謫罰」，磧、普、南、徑、清、麗作「罰謫」。

一　六八頁下五行「願當受之王答之言」，磧、普、南、徑、清作「願王受之王言」。

一　六八頁下一三行「徃至」，磧、普、南、徑、清作「徃到」。

一　六八頁下一四行「赤如」，磧、普、南、徑、清作「如赤」。

一 六八頁下一七行末二字至次行首二字「一切時會」，磧、普、南、徑、清作「時會一切」。

一 六八頁下二一行「命請」，磧、普、南、徑、清作「往命」。

一 六八頁下末行「淨持戒」，磧、普、南、徑、清、麗作「持淨戒」。

一 六九頁上二行品名，磧、普、南、徑、清作「長者無耳目舌緣品第二十」；麗作「長者無耳目舌品第二十四」並有夾註「丹本爲三十五」。

一 六九頁上三行「如是我聞一時佛」，磧、普、南、徑、清作「爾時世尊」。次頁下四行同。

一 六九頁上五行首字「大」，磧、普、南、徑、清作「一」。

一 六九頁上九行「王遣」，磧、普、南、徑、清作「其王」。

一 六九頁上一一行「屬官」，磧、普、南、徑、清作「屬王」。

一 六九頁上一五行「住法」，磧、普、南、徑、清作「任法」。

一 六九頁中三行「覩其」，磧、普、南、徑、清作「覩見」。

一 六九頁中四行「怯問而言」，麗作「怪而問言」。

一 六九頁中一六行「成實」，徑作「誠實」。

一 六九頁中一七行「賑救」，磧、普、南、徑、清作「拯救」。

一 六九頁中二〇行「時女」，磧、普、南、徑、清作「時人」；麗作「明人」。

一 六九頁下二行「明人」，磧、普、南、徑、清作「時人」。

一 六九頁下六行第一二字「子」，磧、普、南、徑、清無。

一 六九頁下七行「向家」，麗無。

一 六九頁下八行「當償」，麗作「當債」。

一 六九頁下九行首字「此」，麗作「見此」。又「餘貫」，磧、普、南、徑、清作「餘舉假」。

一 六九頁下一一行第一〇字「債」，磧、普、南、徑、清作「責」。下至二二行第四字同。

一 六九頁下一二行第六字「能」，磧、普、南、徑、清作「時」。又末字「故」，磧、普、南、徑、清無。

一 六九頁下一七行第七字「子」，磧、普、南、徑、清、麗作「了」。

一 六九頁下一九行「了尒」，磧、普、南、徑、清作「了耳」。

一 六九頁下二一行「從來」，磧、普、南、徑、清、麗作「來從」。

一 六九頁下二二行「時人」，麗作「明人」。次頁中四行、六行及九行末字至次行首字同。

一 七〇頁上一行「即具」，磧、普、南、徑、清作「婦即具」；麗作「即便具」。

一 七〇頁上二行第一三字「故」，磧、普、南、徑、清、麗作「故故」。

一 七〇頁上四行首字「時」，磧、普、南、徑、清作「明」。

一 七〇頁上五行第七字「貫」，磧、普、南、徑、清無。

一 七〇頁上六行第三字「使」，磧、普、南、徑、清作「便」。

一七〇頁上七行「二十万」，磧、普、南、徑、清、麗作「三十万」。
一七〇頁上一四行「夫妻」，磧、普、南、徑、清作「夫婦」。
一七〇頁上一五行第一二字「當」，磧、普、南、徑、清作「而」。
一七〇頁上二一行首字「蹴」，磧、普、南、徑、清作「蹙」。
一七〇頁中七行「時事」，麗作「事實」。
一七〇頁中一二行「手捉」，磧、普、南、徑、清、麗作「手足」。
一七〇頁中一三行「忠良」，磧、普、南、徑、清作「忠信」。
一七〇頁中一五行「抂者」，磧、普、南、徑、清作「枉者」。
一七〇頁中一七行「目耳」，磧、普、南、徑、清、麗作「耳目」。
一七〇頁下三行品名，磧、普、南作「貧人夫婦氎施得現報緣二十一」；徑、清作「貧人夫婦氎施得現報緣品第二十一」；麗作「貧人夫婦疊施得現報品第二十五」並有夾註「丹本爲三十六」。
一七〇頁下六行「園中」，磧、普、南、徑、清、麗作「國中」。
一七〇頁下七行「姝妙」，磧、普、南、徑、清作「殊妙」。
一七〇頁下一一行「瓌瑋」，磧、普、南、徑、清作「瑰偉」。
一七〇頁下一五行「汝處」，磧、普、南、徑、清、麗作「處汝」。又第九字「父」，磧、普、南、徑、清作「父母」。
一七〇頁下末行「何羅漢」，磧、普、南、徑、清、麗作「阿羅漢」。
一七一頁上一行第七字「種」，磧、普、南、徑、清作「修」。
一七一頁上二行第五字「出」，麗作「出出」。
一七一頁上三行「阿其」，磧、普、南、徑、清、麗作「阿難」。
一七一頁上一二行第七字「出」，磧、普、南、徑、清作「世」。
一七一頁上一八行「貧困」，磧、普、南、徑、清作「窮困」。
一七一頁中二行第一二字「今」，磧、普、南、徑、清無。
一七一頁中三行第二字「施」，麗無。又「會當歸死」，磧、普、南、徑、清作「會歸當死」。
一七一頁中五行末三字至次行首字「可止屋上」，磧、普、南、徑、清作「可上屋上」；麗作「可止屋下」。
一七一頁中一二行「衆會」，磧、普、南、徑、清作「會衆」。
一七一頁中一六行「送與」，磧、普、南、徑、清作「送與其婦」。又「喜悅」，磧、普、南、徑、清作「欣悅」。
一七一頁下三行「頂戴」，磧、普、南、徑、清作「頂受」。
一七一頁下四行品名，磧、普、南作「迦旃延教老母賣貧緣品二十二」；徑、清作「迦旃延教老母賣貧緣品第二十二」；麗作「迦旃延教老母賣貧品第二十六」並有夾註「丹本爲三十七」。
一七一頁下五行「如是我聞一時佛

在阿梨提國」，磧、普、南、徑、清作「爾時尊者大迦旃延在阿槃提國」。

一 七一頁下九行「充體」，磧、普、南、徑、清作「充口」。

一 七一頁下一五行「可賣」，磧、普、南、徑、清作「得賣」。

一 七一頁下一六行「貧窮」，磧、普、南、徑、清、麗作「貧實」。

一 七一頁下二一行「雖有」，磧、普、南、徑、清作「唯有」。

一 七二頁上五行「恭謹」，麗作「恭勤」。

一 七二頁上八行「奉而歸家如勑」，磧、普、南、徑、清作「奉教而歸家依勑」；麗作「奉教而歸如勑」。

一 七二頁上一二行「彼時」，磧、普、南、徑、清、麗作「時彼」。

一 七二頁上一三行第九、一〇字「天子」，磧、普、南、徑、清作「天人」。

一 七二頁上二〇行「天乎」，磧、普、南、徑、清、麗作「天中」。

一 七二頁中六行首字「爲」，麗作「時迦旃延爲」。又「諸法」，磧、普、南、徑、清作「妙法」。

一 七二頁中一一行末字「去」，至此，磧、普、南、徑、清卷第四終，卷第五始。

一 七二頁中一二行品名，磧、普、南、徑、清作「金天緣品第二十三」；麗作「金天品第二十七」並有夾註「丹本此品在第五卷爲第二十五」。

一 七二頁中一八行「字字」，磧、普、南、徑、清作「字名」。

一 七二頁中二一行「級用」，磧、普、南、徑、清、麗作「汲用」。

一 七二頁下六行「婆蘊」，磧、普、南、徑、清作「波婆蘇」。

一 七二頁下八行「其水」，磧、普、南、徑、清、麗作「其井」。又第一三字「珎」，磧、普、南、徑、清無。

一 七二頁下九行第九字「彼」，磧、普、南、徑、清作「時彼」；麗作「然彼」。

一 七二頁下一七行「夫妻」，磧、普、南、徑、清作「夫婦」。次頁上五行同。

一 七二頁下一八行「破壞」，磧、普、南、徑、清作「壞破」。

一 七二頁下一九行「須陁洹」，麗作「須陁洹果」。

一 七二頁下二一行第一一字「父」，麗作「父母」。

一 七二頁下二二行末二字至次行首二字「求索入道」，磧、普、南、徑、清作「求入佛道」。

一 七三頁上一行「自落」，磧、普、南、徑、清作「自墮」。

一 七三頁上五行首字「言」，磧、普、南、徑、清無。

一 七三頁上七行第八字「出」，磧、普、南、徑、清作「稱」。

一 七三頁上八行「佛告」，磧、普、南、徑、清作「佛言」。

一 七三頁上九行末字至次行首字「度有」，磧、普、南、徑、清作「後」；麗作「度」。

一 七三頁上一三行「思念」，磧、普、南、徑、清作「惟念」。

一　七三頁上一四行「我母」，磧、普、南、徑、清、麗作「我父」。

一　七三頁上一七行「聖衆」，磧、普、南、徑、清作「衆聖」。

一　七三頁上二〇行「不適」，磧、普、南、徑、清作「不吉」。

一　七三頁中二行首字「知」，磧、普、南、徑、清、麗作「如」。又「財寶」，磧、普、南、徑、清作「錢寶」，四行同。

一　七三頁中五行「藏中」，磧、普、南、徑、清作「藏内」。

一　七三頁中七行第一二字「置」，磧、普、南、徑、清作「買」。

一　七三頁中一五行第五字「此」。磧、普、南、徑、清無。

一　七三頁中一八行「信敬」，磧、普、南、徑、清作「敬信」。

一　七三頁中一九行「尋得」，磧、普、南、徑、清、麗作「逮得」。

一　七三頁中末行品名，磧、南作「重姓緣品二十四」；徑、清作「重姓緣品第二十四」；麗作「重姓品第二十八」並有夾註「丹本爲二十六」。

一　七三頁下三行「子姓」，磧、普、南、徑、清作「子息」。

一　七三頁下六行「尊親」，磧、普、南、徑、清、麗作「宗親」。

一　七三頁下九行「驚騰歡娛」，磧、普、南、徑、清作「擎騰歡喜」；麗作「擎騰歡娛」。

一　七三頁下一一行「憐念」，磧、普、南、徑、清作「憐愍」。

一　七三頁下一四行「猶常」，磧、普、南、徑、清、麗作「猶復」。

一　七三頁下一八行「剖腸」，磧、普、南、徑、清作「割腹」；麗作「剖腹」。

一　七三頁下一九行第二字「其」，磧、普、南、徑、清、麗作「一」。又「抱與」，磧、普、南、徑、清作「施與」。

一　七三頁下二〇行「觀看」，磧、普、南、徑、清作「觀之」。

一　七三頁下二二行「摩飾」，磧、普、南、徑、清作「摩捫」；麗作「摩收」。

一　七三頁下末行「魚腹」，磧、普、南、徑、清、麗作「魚腹中」。

一　七四頁上七行「某時」，磧、普、南、徑、清作「其時」。

一　七四頁上一三行「生兒」，磧、普、南、徑、清作「生子」。

一　七四頁上一五行「供給」，磧、普、南、徑、清作「經營」。

一　七四頁上一六行第七字「言」，磧、普、南、徑、清無。

一　七四頁上一六行末三字至次行首字「遭羅苦難」，磧、普、南、清作「遭羅艱苦」；徑作「遭羅難苦」。

一　七四頁上一七行「至意」，磧、普、南、徑、清作「志意」。

一　七四頁上二一行末三字至次行首字「鬚髮自落」，磧、普、南、徑、清作「頭髮自墮」。

一　七四頁中一行第一二字「造」，磧、普、南、徑、清作「作」。

一　七四頁中二行第七字「生」，磧、普、南、徑、清作「出」。

一　七四頁中一四行「大水」，磧、普、南、徑、清作「水中」。

一　七四頁中一六行「大衆」，磧、普、南、徑、清作「衆會」。

一　七四頁中一八行品名，磧、普、南作「散檀寧緣品二十五」；徑、清作「散檀寧緣品第二十五」；麗作「散檀寧品第二十九」，並有夾註「丹本爲二十七」。

一　七四頁中二一行「乇人」，磧、普、南、徑、清、麗作「乇兒」。

一　七四頁中末行首字「歲」，磧、普、南、徑、清作「稔」。

一　七四頁下一一行「被燒」，磧、普、南、徑、清作「被火」。

一　七四頁下一三行第三字「人」，磧、普、南、徑、清、麗無。

一　七五頁上一行「供養」，磧、普、南、徑、清、麗作「供具」。

一　七五頁上六行「辦多羅越」，磧、普、南、徑、清作「辦單越」。

一　七五頁上一四行「聖賢」，磧、普、南、徑、清作「賢聖」。

一　七五頁上一六行第三字「大」，磧、普、南、徑、清、麗作「可」。

一　七五頁上一七行第一二字「汝」，磧、普、南、徑、清無。

一　七五頁上一八行「善思」，磧、普、南、徑、清作「善心」。

一　七五頁上二一行「辦多越」，磧、普、南、徑、清作「辦單越」。

一　七五頁上二二行第九字「懷」，磧、普、南、徑、清作「生」。

一　七五頁上末行首字「責」，麗作「嘖」。

一　七五頁中三行「洪潤」，磧、普、南、徑、清作「洪澤」。

一　七五頁中九行首字「見」，磧、普、南、徑、清、麗無。又「知者宜善聽之」，磧、普、南、徑、清作「知之宜善心聽」。

一　七五頁中一三行第一一字「國」，磧、普、南、徑、清無。

一　七五頁中一四行「多往其中」，磧、普、南、徑、清、麗作「多住其中」。

一　七五頁下七行「飯食」，磧、普、南、徑、清作「飲食」。一三行同。

一　七五頁下九行「穀米」，磧、普、南、徑、清、麗作「穀食」。

一　七五頁下一〇行「具能」，磧、普、南、徑、清、麗作「足能」。

一　七五頁下一一行第一三字「設」，磧、普、南、徑、清作「使」。

一　七五頁下一二行「於請」，磧、普、南、徑、清、麗作「請於」。

一　七五頁下一三行第三字「人」，磧、普、南、徑、清無。又第九字「諸」，磧、普、南、徑、清作「設」。

一　七五頁下一六行末字「此」，磧、普、南、徑、清、麗作「時此」。

一　七五頁下一九行「猶徃」，磧、普、南、徑、清、麗作「獨往」。

一　七五頁下二〇行「猶吠」，磧、普、南、徑、清作「吠聲」。

一　七五頁上五行「加復」，磧、普、南、徑、清作「復加」。

一　七六頁上一一行「改悔己竟」，磧、

普、南、徑、清、麗作「悔過己竟」。

一　七六頁上一五行「當知」，磧、普、南、徑、清作「欲知」。又「大智」，磧、普、南、徑、清、麗作「大富」。

一　七六頁上一六行「藏臣者」，磧、普、南、徑、清作「藏監者」。

一　七六頁上一七行第五字「也」，磧、普、南、徑、清作「時」。

一　七六頁上一八行第九字「是」，磧、普、南、徑、清、麗作「其」。

一　七六頁上二〇行第一〇字「也」，磧、普、南、徑、清無。

一　七六頁上二二行「初果及第四果者」，磧、普、南、徑、清作「初道及四果者」。

一　七六頁中卷末經名，磧、普、南、徑、清無(未換卷)。

趙城縣廣勝寺

賢愚經卷第六

元魏涼州沙門慧覺等在高昌郡 譯

快目王眼施品第二十九

如是我聞一時佛在舍衛國祇樹給孤獨園尒時世尊大衆圍遶而為說法城中人民樂聽法者往至佛所前後相次時城中有盲婆羅門坐街道邊聞多人衆行步駛疾即問行人此多人衆欲何所至行人荅曰汝不知耶如来出世此難值遇今在此園敷演道化我等欲往聽其說法此婆羅門而有一術衆生之中有八種聲悉能別識知其相禄何謂八種一者烏聲二者三尺烏聲三日破聲四日鴈聲五日鼓聲六日雷聲七日金鈴聲八日梵聲其烏聲者其人受性不識恩養志不廉潔三尺烏聲者受性兇暴樂為傷害少於慈順其破聲者男作女聲女作男聲其人薄德貧窮下賤其鴈聲者志性勤了多於親友將接四遠其鼓聲者言辞辯捷解釋道理必為國師其雷聲者智慧深遠散析法性任化天下金鈴聲者巨富饒財其人必積千億兩金其梵聲者福德弥高若在家者作轉輪聖王出家學道必得成佛時婆羅門語行路人我能識別人之語聲若實是佛當有梵音汝可將我往至其所當試聽之審是佛不時行路人因牽將往漸近佛所聽佛說法梵音具足深遠流暢歡喜踊躍兩目得開便得見佛紫磨金色三十二相明朗如日即時礼拜喜慶無量佛為說法至心聽受即破二十億惡得須陁洹已得慧眼便求出家佛言善來便成沙門佛重方便廣為說法即復尋得阿羅漢果一切衆會莫不奇怪賢者阿難從坐而起長跪叉手而白佛言世尊出世實多饒益拔濟盲冥恩難稱極此婆羅門一時之中肉眼既開慧眼清淨佛於此人恩何隆厚佛告阿難吾與其眼不但今日過去世時亦復與眼阿難重白不審世尊過去與眼其事云何唯願垂哀其為解說佛告阿難過去久遠無量無數不可思議阿僧祇刼此閻浮提有一大城名富迦羅拔時有國王名須提羅(晉言快目)所以名之為快目者其目明淨清妙無比目覩墻壁視四十里以是故立字号曰快目領閻浮提八萬四千國六萬山川八十億聚

落王有二萬夫人婇女一萬大臣五百太子其第一太子名尸羅拔陁提晉言戒賢王有慈悲愍念一切養有民物猶如慈父化導以善民從其度風時雨順四氣和適其國豐樂群生蒙賴尒時其王退自思惟我因宿福今為人主財寶五欲富有四海發言化下如風靡草合世會用更無紹續恐我來世窮苦是分譬如耕夫春日多種秋夏收入所得必廣復遭春時若當懶惰來秋於穀何望是以我今於諸福田及時廣種不宜懈怠即告群臣出我庫藏金銀珎寶衣被飲食所須之具著諸城門及積市中遍行宣令一切人民有所乏者皆悉來取并復告下八萬四千國亦令時開庫藏施給一切時諸群臣奉受王教即竪金幢擊大金鼓騰王慈教遍閻浮提閻浮提人沙門婆羅門孤貧困厄年老疾病有所欲得稱意而與一切人情賴王慈澤安快自娛無復憂慮歌頌讚嘆皆稱王德尒時邊裔有一小國其王名曰波羅陁拔弥恃遠慠慢不賓王化又其治政五事無度受性倉猝火於思慮躭荒色欲不

理國政國有忠賢不往諮稟邊境之土役使煩倍賨賈到國稅奪過常彼王有臣名曰勞陁達聰明智略明識道理覩其違度前諫王曰王有五事不能安國必招禍患恐是不久儻不忌諱聽臣說之王曰便道尋長跪曰受性者倉猝火於思慮事大不當必致後悔王躭荒色欲不理國事外有枉滯理情無處國有忠賢不往諮稟則不防慮未然之事邊土之民役調煩劇則思違背賓屬他國賨賈稅奪違於常度惡憚行來寶貨猛貴有此五事亡國之兆願王易操與民更始須提羅王恩慈廣普閻浮提人咸蒙惠澤我曹此國獨不恭順幽遐之民不蒙其潤願王降意還相承奉便可子孫食祿長久波羅陁拔弥聞此臣語心恚作色不從其言臣勞陁達益生瞋憤而自心念我見王治政臣化不周表貢忠誠望相扶輔反更怒感不從我言言既不用儻復見煞當就除之為民去患謀未及就事已發露王合兵衆欲往誅討時勞陁達知王欲收即乘疾馬逃走而去兵衆尋逐彼勞陁達素善射術知

人身著射應死處凡有十八兵衆雖逮不敢能近經得徹到富迦羅拔國見快目王拜問訊訖共王談對事事得理王即善之立為大臣漸得親近具以來事以用啓聞王聞是已問群臣言彼之國土不屬我耶群臣白言悉屬大王但恃遐遠不來賓附勞陁達言彼波羅拔陁弥頑嚚兇闇縱逸荒迷不識礼度憑遠守謬不承王命彼民惡猒視之如怨與臣兵馬自往降伏王聞其語即然可之告下諸國選擇兵衆尅日都集彼波羅陁跋弥王國尒時波羅陁跋弥此國之王遣人語之閻浮提內都勑發兵當集汝國汝快晏然而安坐耶波羅陁跋弥聞是消息愁悶迷憒莫知所如著垢黑衣坐黑闇處有輔相婆羅門來至其所問其意故王有何憂願見示語波羅陁跋弥王曰卿不聞乎前勞陁達逃突至彼快目王邊因相發起令快目王恚發八萬四千諸國兵衆欲來攻我若當來者便滅我國其輔相曰當令群臣試共議之即合共議各各異計其輔相言我聞快目王自誓布施唯除父母不以施

耳其餘一切不逆來意今此國中有盲婆羅門當勤勉之往乞一眼若能得者軍兵足却王聞是語即然可之尋遣輔相往求晓之輔相即時遣人往唤尋使令來而告之曰今有國事欲相勞苦願垂留意共相佐辦婆羅門言我今盲冥竟何所能而相佐辦輔相又曰須提羅王欲合兵衆來伐我國若當來者我等强壯雖能逃避猶憂殘戮況汝無目能得脫耶彼王有誓一切布施隨人所須不逆人意往從乞眼度必得之若得其眼兵衆可息此事苟辦當重募汝婆羅門言今我無見此事云何王重勸勉我當遣人將護汝往即給道粮行道所須引路而去時快目王國種種灾怪悉皆興現空中崩聲拙電星落陰霧霹靂地處處裂飛鳥之類悲鳴感切挫戾其身自拔羽翼虎狼師子走獸之屬鳴吼人間宛轉于地國王臣民恠其所以時婆羅門漸到大城逕至殿前高聲唱言我在他國承王名德一切布施不逆人意故涉遠來欲望乞丏王聞是語即下問訊步步迎道得無倦疲若欲所得一切

所須國土珎寶車馬輦轝衣被飲食隨病醫藥一切所須皆當給與婆羅門言外物布施福德不妙内身布施果報乃大我久失眼長夜處冥承聞大王故發意來欲乞王眼王聞歡喜語婆羅門若欲得眼我當相與婆羅門言欲與我者何時能與王語之曰却後七日便當與汝王即宣下八萬四千小國須提羅王却後七日當剜其眼施婆羅門諸欲來者悉皆時集諸王人民聞斯令已普來奔詣於大王所八萬四千諸王臣民以身投地腹拍王前啼淚交流而白王言我之等類閻浮提人蒙賴大王以爲廕覆若當剜眼施婆羅門一切人民當何恃怙唯願廻意勿爲一人而捨一切一萬大臣亦皆投地仰白王言何不哀愍憐我曹等爲一人意捨棄我等唯願廻意莫與其眼二萬夫人頭腦打地腹拍王前亦皆求請唯願大王迴意易志莫以眼施安慰我等五百太子涕哭王前唯願大王當見矜憐莫以眼施撫養我等時戒賢太子重白王言願剜我眼以代父王所以然者我雖身死國無損益

大王無眼海内靡恃時快目王告諸王臣夫人太子我受身來生死長久設積身骨高於須弥斬刺之血倍於四海而飲母乳過四大江别離悲淚多於四海地獄之中破壞之身燒煑斫刺棄眼無數餓鬼之中受若干形火從身出還自燋然如是破壞眼亦無數畜生之中更相食敢種種死傷復不可計人間受身壽多中夭或爭色欲還相啚謀共相煞傷死非一徹如是散破無央數眼正使生天命亦不久計本以來亦受多形於此三界迴波五道爲貪恚癡碎身塵數未曾給施用求佛道如此臭眼危脆之物如是不久自當爛壞今得用施不應不與今持此眼以用布施求佛無上一切智眼若我願成當與汝等清淨慧眼汝莫遮我無上道意一切會者默然無言王語左右可挑我眼左右諸臣咸各言曰寧破我身猶如芥子不能舉手向大王眼王語諸臣汝等推覓其色正黑諦下視者便召將來諸臣求得將來與王王即授刀勑語令剜剜得一眼著王掌中王便立誓我以此眼以此布施誓

求佛道若審當得成佛道者此婆羅門得我此眼即當用視作是誓已王即以眼安婆羅門眼匡之中尋得用見得視王身及餘衆會歡喜踊躍不能自勝即白王言得王一眼足我用視願留一眼王自用看王復荅言我已言決許與兩眼不應違言便更剜一眼復著掌中重復立誓我持眼施用求佛道審能成佛至誠不虛此婆羅門得於我眼便當用視復安一眼尋得用視當尒之時天地震動諸天宮殿皆亦動搖時諸天人愕然驚懼尋見菩薩剜眼布施咸皆飛來側塞虛空散諸華香而用供養讚言善哉大王所作甚奇甚特天帝前問實為奇特能作是事欲求何報王荅言曰不求魔梵四王帝釋轉輪聖王三界之樂以此功德誓求佛道度脫衆生至于涅槃天帝復問汝今剜眼苦痛如是頗有悔退瞋恚不耶王言不悔亦不瞋恨天帝復言我今觀汝血出流離形體顫掉言不悔恨此事難信王即自誓我剜眼施无悔恨意用求佛道會當得成審不虛者令我兩眼平復如故王誓已訖兩眼平完明淨徹視倍勝於前諸天人民一切大會稱慶喜躍不能自勝王語婆羅門今與汝眼令汝得視能成佛時復當令汝得慧眼見將婆羅門入寶藏中恣取一擔發遣還去還到本國波羅陁跋弥自出迎之見已先問得眼不耶荅曰得眼我今用視復問言曰彼王今者為存為亡荅言諸天來下尋即誓願眼還平復明好於前波羅陁跋弥以聞此語惱悶憤結心裂而死佛告阿難欲知尒時須提羅王今我身是波羅陁跋弥今調達是時乞我眼婆羅門者今此會中盲婆羅門得道者是先世之時我與其眼乃至今日由見我故既得肉眼復得慧眼我為汝曹世世苦行積功累德今自致佛汝等應當勤求出要佛說是時諸在會者咸念佛恩內身剋勵有得須陁洹斯陁含阿那含阿羅漢者有發無上道意者賢者阿難及諸會者聞佛所說歡喜奉行

五百盲兒往返逐佛品第三十

如是我聞一時佛住舍衛國祇樹給孤獨園尒時毗舍離國有五百盲人乞丐自活時聞人言如來出世甚奇甚特其有衆生覩見之者癃殘百病皆蒙除愈盲視聾聽瘂語僂伸拘癖手足狂亂得正貧施衣食愁憂苦厄悉能解免時諸盲人聞此語已還共議言我曹罪積苦毒特兼若當遇佛必見救濟便問人言世尊今者為在何國人報之曰在舍衛國聞此語已共於路側卑言求哀誰有慈悲愍我等者願見將導到舍衛國至於佛所奐請經時無有應者時五百人復共議曰空手倩人人無應者今共行乞人各令得金錢一枚以用雇人足得達彼各各行乞經於數時人獲一錢凡有五百金錢已竟左右喚人誰將我等到舍衛者金錢五百雇其勞苦時有一人來共相可相可已定以錢與之將諸盲人展轉相牽自在前導將至摩竭國棄諸盲人置於澤中是時盲人不知所在為是何國乎相捉手經行他田傷破苗穀時有長者值來行田見五百人踐蹈苗稼傷壞甚多瞋憤忿盛勑與痛手乞兒求哀具宣上事長者愍之令一使人將詣舍衛適達彼國又聞世尊已復

來向摩竭提國是時使人復還將來向摩竭國時諸盲人欽仰於佛係心欲見肉眼雖閉心眼已覩歡喜發中不覺疲勞已至摩竭復聞世尊已還舍衛如是追逐凡經七返尒時如來觀諸盲人善根已熟敬信純固於舍衛國便住待之使將盲人漸到佛前佛光觸身驚喜無量即時兩目即得開明乃見如來四衆圍遶身色晃昱如紫金山感戴殊澤喜不自勝前詣佛所五體投地為佛作礼作礼畢訖異口同音共白佛言唯願垂矜聽在道次時佛告曰善來比丘鬚髮自墮法衣在身重為說法得阿羅漢尒時阿難見諸盲人宍眼明淨又盡諸漏成阿羅漢長跪合掌前白佛言世尊出世實復奇特所為善事不可思議又此諸盲人特蒙殊澤肉眼既明復獲慧眼為此等除大黑闇阿難白佛不審世尊今日除其冥闇乃往久遠無量劫時亦世尊出世正為此等佛告阿難我非但過去世中為此除闇其事云何佛告阿難乃昔久遠無量無數阿僧祇劫此閻浮提五百賈客共行曠野經遊險路穴

山孔中極為黑闇時諸賈人迷悶愁憂恐失財物此處多賊而復怖畏咸共同心向於天地日月山海一切神祇啼哭求哀時薩薄主慰諸賈客迷悶之苦便告言曰汝等莫怖各自安意吾當為汝作大照明是時薩薄即以白氎自纏兩臂酥油灌之然用當炬將諸賈人經於七日乃越此闇時諸賈客感戴其恩慈敬無量各獲安隱喜不自勝佛告阿難尒時薩薄豈異人乎我身是也我從昔來國城妻子及以肉血恒施衆生以是之故今致特尊尒時五百諸賈客者豈異人乎今此五百比丘是也過去世時以生死力施其光明今得成佛亦施無漏慧明尒時衆會聞佛所說有得須陁洹斯陁含阿那含阿羅漢有種辟支佛善根或發無上道意度者甚多尊者阿難及諸衆會聞佛所說歡喜奉行

富那奇品第三十一

如是我聞一時佛在舍衛國祇樹給孤獨園尒時放鉢國有一長者名晏摩羡(晉言法軍)彼國中巨富第一時長者妻生一男兒值王出軍征伐餘國因字其兒号曰

羡那(晉言軍也)後復生兒值王出軍征討得勝復字其兒比耆陁羡(晉言勝軍)二子長大各為妻娶尒時長者遇疾困篤數召諸醫瞻養其病看視醫師甘饍盡供諸醫貪養欲遣殘病逆懷姧詐更與餘藥使病不差時有一婢供養長者飲食湯藥恒知時宜白長者言從今以去此諸醫師不足更喚惡意相遇病更不差今我自當如前法度隨病所須更莫喚醫婢便看養長者得差於是其婢白長者言大家我看大家瞻視供養病得除差唯當垂慈賜我一願長者告曰卿求何等時婢便答言欲得大家與我共通若不違者當從我志長者不逆即遂其願交通已竟便覺有娠時婢懷妊十月已滿生一男兒其願滿足故因字其兒名富那奇(晉言滿願)端正福德宜於錢財善能賈販種殖治生倍獲盈利所至到處無有不吉雖復禀受長者遺體才藝智量出過人表然是斯賤婢使所生不及兒次名在奴例尒時長者復嬰固疾困篤著牀將死不久遺言慇懃告其二子吾設沒後愼勿分居長者被病雖服醫藥不能救濟

奄致命終尒時二子承用父教共居一處經歷年載值時有緣欲至他國賈作生活各以家居婦兒付囑富那奇為我看視斯等稚小及家餘事悉用相累正尒別去於時富那奇即受其教營理家事時二兄子數往其所求索飲食及餘所須時富那奇稱給其意隨其所求買索與之卒值一日無錢持行勝軍小兒白富那奇我今飢渴與我飲食手中無錢索食叵得小兒瞋恚往語其母今富那奇懷情不普見伯父兒隨意稱給我從索食獨不見與母聞兒言恨心便生云此婢子敢懷偏心勝軍還家其婦及兒忿心未息具以上事向勝軍說勝軍聞之倍懷憤怒此婢子奴子敢違我教薄賤我兒吾當煞之懷情已定求兄分居兄敬父勑即時不可勝軍懊惱數求不止兄見意感察其所規知弟懷恚意不得已即可其言聽各分居弟以家財一切所有養生園宅用作一分以富那奇用作一分以此二分恣兄取之謂兄取財規自取富那奇而欲煞之兄知勝軍必害富那奇慈心憐愍取富那奇空

將妻子單罄來出依餘家住時富那奇聞其嫂曰與我少錢欲用買薪兄嫂荅白唯有五錢即解用與時富那奇持此五錢詣市買薪見一束薪賣索五錢時富那奇即買其薪雇以五錢尋見牛頭栴檀香木在薪束中意甚歡喜持薪歸家取此香木分為十叚值王夫人熱病之極當須牛頭栴檀香木磨以塗身以除其病舉國推覔求之叵得即令國內誰有香木一兩當與金千兩時富那奇往應王募持一小叚用奉王家王如本令償千兩金如是展轉十叚香木悉皆集盡得金万兩因用起居園田舍宅象馬車乘奴婢畜生家業於是豊富具足過踰於前合居數倍尒時復有五百賈客相與結要欲入大海喚富那奇共為伴侶富那白兄求共採寶兄即聽之給其所須及伴往至大海如意取寶自重而還來至中道險難之處衆人咸見閻浮提內有三日現怪問導師今三日出是何瑞應導師荅言汝等當知一是正日二是魚眼其閒白者此是魚齒今水所投黑冥之處是魚口也寂為可畏我

等今者無復活路臨至魚口計定垂死有一賢者敬信佛道告語衆賈唯當達心稱南無佛三界大德無過佛者救厄赴急矜濟一切寂能覆護苦厄衆生唯佛神聖願救危險濟此諸人毫氂之命時摩竭魚聞稱佛名即還閉口沉竄海底衆賈於是安隱還國時富那奇取大金柔以諸妙寶摩尼珠等衆累積滿奉兄羨那長跪仰望白大兄言我已為兄積畜財寶舍宅所有一切具足子孫七世食用不盡唯願大兄聽我出家羨那荅曰吾不相違但卿年少未達人倫佛法要重持之甚難比更數年乃可遂意富那奇曰大兄當知人命無常斯須難保前在大海值摩竭魚吸舡趣口命危垂死蒙佛神恩得濟餘命唯願垂許聽在道次兄即聽之時富那奇與其五百採寶之衆咸以信心至舍衛國到於佛所礼敬問訊因具白佛求索出家佛即許可聽使入道讚言善來便成沙門佛為種種苦切說法五百比丘心意開解盡諸苦際成阿羅漢唯富那奇結使深重佛為說法未能暢達精誠款篤始入

初果勤精修習無有休懈時諸比丘安居日近佛聽各各隨意安居時富那奇往白佛言弟子欲往至彼放鉢國安居三月唯願見聽於時世尊告富那奇彼國人惡信邪倒見汝今初學於佛法中未能具足佛法聖行設為彼人見毀辱者當奈之何富那奇曰縱令彼人極理毀辱但莫見害世尊又告彼人極惡設彼害時當復云何富那奇曰世尊當知正使彼人毀辱加害莫斷我命猶戢其恩佛又告曰汝往至彼欲遣惡人殘害汝命無益於汝當如之何富那奇言世尊當知一切萬物有形歸無彼若煞我分受其死於時世尊告富那奇彼諸惡人毀辱加害及未毀命汝當瞋不富那奇曰不也世尊正使彼人無根見謗毀辱極世不軌之事設加刀杖斫害刺煞復來殘戮臨當斷命終不一念生起恚心佛即讚言善哉善哉弟子所行唯是為快時富那奇攝持衣鉢礼佛辭退至放鉢國明日食時入城乞食至一大富婆羅門家時婆羅門見是比丘即懷惡心而來罵逐比丘即往異家乞食自其

明日續復其舍乞食時婆羅門復來撾打極手比丘歡喜顏色不變時婆羅門覩此比丘見毀被害苦困垂死而無怨色不生瞋恨便自悔責懺謝已過時富那奇於彼國中勤修不懈盡諸結使心欲開解獲無漏證安居已竟便辭檀越佛所稽首問訊已竟隨意住止時兄羨羈及其兄慎勿入海大海中難甚多無數兄之財寶足用七世羈及已竟還往那不惟其勅有諸衆賈來歸羨那種種曉喚共入大海羨那不逆即可共去至海渚上隨意自重唯有羨那多取牛頭栴檀香木滿舡而還龍性慳悋惜其香木即於道中捉其舡舫舉帆羅風不能得過一切衆客定計恐死羨那一心稱富那奇令遭令厄願見拔濟時富那奇在舍衛國祇桓精舍坐禪思惟遥以天耳聞兄羨那處在危厄至心自陳悲酸一心稱富那奇富那奇即以羅漢神足猶如健夫屈伸臂頃變身化作金翅鳥王至於大海恐感其龍龍見鳥形怖入海底衆賈於是安隱還家時富那奇教化其兄令為世尊立一小堂覆堂材木

純以栴檀其堂已成教化其兄請佛羨那答曰請佛之宜以何等物能屈世尊時富那奇俱與其兄辦足供養各持香爐共登高樓遥向祇桓燒香歸命佛及聖僧唯願明日臨顧鄙國開悟愚朦盲冥衆生作願已訖香煙如意乘虛往至世尊頂上相結合聚作一煙蓋後遥以水洗世尊足水亦從虛猶如釵股如意徑到世尊足上尒時阿難覩見是事怪而問佛誰放煙水佛告阿難是富那奇羅漢比丘於放鉢國勸兄羨那請佛及僧故放煙水以為信請因勅阿難往至僧中行籌告語神足比丘明日悉來往應羨那請因現變化以遊彼國阿難奉命合僧行籌有神足者明當受請時諸比丘各各受籌明日晨旦僧作食人名處直奇其人已得阿那含道恒日供給一切衆僧結跏趺坐身放光明四出照曜引作食具瓢杓揵支百斛大釜而隨其後乘虛飛行趣向其國羨那問曰是汝師不答言非也是諸比丘作食之人故來相佐辦具飲食於是羨那即以華香伎樂供養供養畢竟即便過去次後

復有十六沙弥均提之等各以神足變作樹林採華採菓種種變現演身光明晃曜天地凌虚繼邁駱驛而到美那復問是汝師不荅曰非也斯諸人等先前來者乃是我等同師弟子年始七歲得羅漢道諸漏永盡神足純備今故先來採華具菓以華香具足供養供養訖已各各過去次復耆年大阿羅漢化作千龍結身為座頭皆四出雷乳震天其諸龍口悉雨七寶復於其上施大寶座飛昇虚空身放光明照曜天下而來至國美那復問是汝師不荅曰非也是師弟子名憍陳如佛初得道在鹿野苑初轉法輪廣度衆生斯等五人㝡先受化於弟子中第一上首神通具足無所罣礙美那聞說倍加恭敬香華伎樂悉以供養供養已訖即便過去次後復有摩訶迦葉化作七寶講堂七寶莊嚴奮身光明晃昱四布往至其國美那見之問富那奇是汝師不荅曰非也是師弟子摩訶迦葉清儉知足常行頭陁愍諸厮賤拯濟貧乏美那即以香華伎樂供養畢訖即時過去時舍利弗次後乘千師子蟠身為座頭皆四出口雨七寶雷乳咆哮震動天地復於其上敷大寶牀莊挍嚴飾而處其上身出光明普照四域飛騰虚空翱翔而至美那問曰是汝師不荅曰非也今來者是師大弟子廣博大智名舍利弗美那聞已倍生歡喜即以華香伎樂供養供養訖已即自過去時大目連尋後而發化作千鳥羅頭四出其諸鳥口皆有六牙其一牙頭有七浴池水一一池中有七蓮華其一華上有七玉女種種變現其數無極放大光明感動四鄰復於其上安置寶座自坐其上乘虚逕至美那問曰是汝師不荅言非也是師弟子名大目連神足第一德行純備美那聞說歡喜戴仰香華伎樂而以供養供養訖已即便過去次後復有阿那律提而自化作七寶浴池浴池之中復生金色蓮華華蓋皆是七寶合成處其華上結跏趺坐項佩日光照耀天下光所照處皆是金色乘虚至國美那復問是汝師不荅言非也是師弟子阿那律提於是大衆天眼第一美那聞之歡喜恭敬香花供養即自過去次後復有佛弟難陁化作千馬駕七寶車車上復有七寶大蓋放演光明四出照曜乘虚馳至詣放鉢國美那見之問富那奇是汝師不荅言非也是世尊弟名曰難陁衆相具足德行純備美那即以香華伎樂供養畢訖即自過去時須菩提次後復來作七寶山坐瑠璃窟身放種種雜色光明照曜天地來至其國美那問曰是汝師不荅言非也是師弟子名須菩提廣智多聞解空第一即以華香供養畢訖即自過去次有分耨文陁尼子化作一千迦樓羅王結身為座四向羅頭口含衆寶發哀和音復於其上施大寶座而坐其上乘虚來至美那問曰是汝師不荅言非也是我同師名曰分耨文陁尼子辯才應適㝡為第一即以華香供養訖已便自過去次薩弟子名優波離化作千鴈聚身相結頭口出聲哀鳴相和口含衆寶飛翔虚空於其身上敷衆寶座放大光明照曜四遠身坐其上馳奔來至美那問曰是汝師不荅言非也是師弟子名優波離於衆比丘持律第一美那聞已即持華香供

養畢訖即復過去次後復有沙門二十億化作樹街於虛空中以紺瑠璃作經行道復以七寶俠樹兩邊種種妙寶以界道側於中經行漸至其國美那問曰是汝師不答曰非也是佛弟子名曰沙門二十億於比丘中精進第一華香伎樂供養畢訖即便過去次後復有大劫賓寧化作七寶樹樹上復有種種華菓樹下皆有七寶高座處其座上放大光明乘虛來至美那問曰是汝師不答曰非也是佛弟子名劫賓寧挺特勇猛端正第一美那聞已歡喜供養華香伎樂供養已訖即自過去次有弟子名賓頭盧埵闍坐寶蓮華項佩月光放千光明暉赫天地飛昇虛空來至其國美那問曰是汝師不答曰非也是師弟子名賓頭盧埵闍善能入定坐禪第一即以香華供養畢訖即自過去次羅睺羅尋後趣引自化其身作轉輪王千子七寶皆悉具足導從前後來至其國美那問曰是汝師不答曰非也是佛之子名曰羅云設在家者領四天下七寶自至兵仗不用自然降附今捨此位出家學道得

阿羅漢六通清徹無所罣礙今故變身作是形位美那聞已香華供養即自過去五百神足弟子各各現變不可稱計介時世尊知諸弟子盡過彼國放大光明照曜天地普皆金色時富那奇語其兄曰今者世尊始欲發意而來至此故先放光作是瑞應介時世尊始於座上下足蹈地應時天地六返震動時富那奇語其兄曰今者世尊始於座上下足蹈地以是之故天地大動介時世尊始出精舍住在於外八金剛神住於八面時四天王在前導道時天帝釋從諸欲天子百千萬衆侍衛左面大梵天王與色界諸天無央數衆住在右面弟子阿難住在佛後大衆圍遶放演光明照曜天地飛昇虛空趣放鉢國於其中道逢五百作人以千具犁牛墾治壟畝諸牛見佛乘虛而過身放金色普照世界諸牛至心仰視世尊心存篤敬住壟不行作人見牛仰面上觀驚怔所以亦視見佛即各跪白咸興歸誠唯願如來當見哀愍暫下開度使離生死佛以悲心知其可度即下為說種種妙法五百作人

心意開悟斷二十億洞然之惡成須陀洹時牛命終盡生天上普皆歡喜於時如來即復發引到前未遠有五百童女共遊曠野見地金色仰視其變見佛乘虛而行咸懷歡喜叉手白言願天尊垂心矜愍蹔見濟度佛知其宿行應可受化即稱所願往至其所隨應堪能為說諸法信受開解成須陀洹變感已竟遂步而至復有五百仙人處在林澤見光普照地悉金色仰觀如來與諸大衆遊行乘虛心懷踊躍敬心倍隆仰請佛言唯願大聖蹔見勞神形因見過度聽在道次佛觀其本緣知之應度尋下在前求作沙門佛即聽之善來比丘便成沙門因為說法心淨開解諸漏永盡成阿羅漢隨從佛後乘空而去時富那奇遥見佛來光曜天地大衆虛轉語兄美那世尊大衆今始來至佛到其國美那歡喜即以香華及衆伎樂供養畢訖共至會所佛至其舍如法就坐美那合家供辦甘饍自行澡水敬意奉食佛為達嚫食訖澡漱為其舉國合家大小演說妙法合家一切得須陀洹有具二道三四果

者復有發意趣大乘者復有堅住不退地者佛說法訖舉國男女得度者衆不可稱計阿難長跪叉手合掌前白佛言不審世尊此富那奇過去世中作何惡行為人下賤屬他為奴復有何福遇佛得度佛告阿難欲知之者明聽善思當為汝說對曰唯然願具開示佛告阿難乃往過去迦葉佛時有一長者財富無數為佛衆僧興僧伽藍衣被飲食病瘦醫藥四事供辦供給一切無有乏短尒時長者遇疾命終其後一兒出家學道其父死後佛畜供具皆悉轉少衆僧罷散其寺荒壞無人住止其兒比丘勤力招合檀越知識積聚錢財修補故落復合衆僧還繼供養於時多衆住在其寺勤精專修具諸道者時彼道人作僧自在時有羅漢道人次知曰直掃除草土積在中庭不時除棄於時比丘惡心呵叱今比丘如奴無異雖知掃地不能除棄阿難當知彼時比丘大自在者今富那奇比丘是也由其惡心呵得道人此之為奴由此一言五百世中恒為奴身復由興立勸合衆人供養衆僧償罪已畢復遭我世蒙得過度今此國中受化之人皆是往昔勸助之衆緣是果報皆得度脫又阿難之等及與衆會聞佛所說歡喜奉行

尼提度緣品第三十二

如是我聞一時佛在舍衛國祇樹給孤獨園尒時舍衛城中人民衆多居止隘迮廁溷鮮少大小便利多往出城或有豪尊不能去者利在器中雇人除之時有一人名曰尼提極貧至賤無所趣向唯仰客作除糞得價自濟尒時世尊即知其應度獨將阿難入於城內欲拔濟之到一里頭正值尼提持一瓦器盛滿不淨欲往棄之遥見世尊極懷鄙愧退從異道隱屏欲去垂當出里復見世尊倍用鄙恥迴趣餘道復欲避去心意怳惚持以瓶打壁瓶即破壞屎尿澆身深生慙愧不忍見佛是時世尊就到其所語尼提言欲出家不尼提答言如來尊重金輪王種翼從弟子悉是貴人今我下賤弊惡之極云何同彼而得出家世尊告曰我法清妙猶如淨水悉能洗除一切垢穢亦如大火能燒諸物大小好

惡皆能焚之我法亦尒弘廣無邊無問貴賤男之與女有能修者皆盡諸欲是時尼提聞佛所說信心即生欲得出家佛使阿難將出城外大河水邊洗浴其身已得淨潔將詣祇桓為說經法苦切之理生死可畏涅槃永安霍然意解獲初果證合掌向佛求作沙門佛即告曰善來比丘鬚髮自落法衣在身佛重解說四諦要法諸漏得盡成阿羅漢三明六通皆悉具足尒時國人聞尼提出家咸懷恐心而作是言云何世尊聽此賤人出家學道我等如何為其礼拜設作供養請佛及僧斯人若來汙我牀席展轉相語乃聞於王王聞亦怨恨情用反側即乘羽寶之車與諸侍從往詣祇桓欲問如來所疑之事既到門前且小停息祇桓門外有一大石尼提比丘坐於石上縫補故衣有七百天人各持華香而供養之右遶敬礼時王覩見深用歡喜到比丘所而語之言我欲見佛願為通白比丘即時身沒石中踊出於內白世尊曰波斯匿王今者在外欲得來入覲省諮問佛告尼提從汝本道往語令

前尼提尋時還從石出如似出水無有
罣礙即語王言白佛已竟王可進前王
作此念向所疑事且當置之先當請問
此比丘者有何福行神力乃尒王入見
佛稽首佛足右遶三匝却坐一面白世
尊言向者比丘神力難及入石如水出
石無孔姓字何等願見告示世尊告曰
是王國中極賤之人我已化度得阿羅
漢大王故來欲問斯義王聞佛語慢心
即除欣悅無量因告王曰凡人處世尊
卑貴賤貧富苦樂皆由宿行而致斯果
仁慈謙順敬長愛小則為貴人兇惡強
梁憍恣自大則為賤人波斯匿王白世
尊言大聖出世多所潤濟如此凡陋下
賤之人拔其苦毒使常安樂此尼提者
有何因緣生於賤處復種何德得遇聖
尊稟受仙化尋成應真唯願世尊敷演
分別佛告王曰諦聽善持吾當解說令
汝開悟乃往過去迦葉如來出現世間
滅度之後有比丘僧凡千萬人中有一
沙門作僧自在身有疾患服藥自下惝
傲恃勢不出便利以金銀澡盤就中清
澡令一切弟子擔往棄之然其弟子是

須陁洹由在彼世不能謙順自恃多財
秉捉僧事雖有微患懶不自起駈役聖
人令除糞穢以是因緣流浪生死恒為
下賤五百世中為人除糞乃至於今由
其出家持戒功德今值我世聞法得道
佛告大王欲知尒時僧自在者今尼提
比丘是波斯匿王白世尊言如來出世
實為奇特利益無量苦惱衆生佛告大
王善哉善哉如汝所言佛又告曰三界
輪轉無有定品積善仁和生於豪尊習
惡放恣但生卑賤王大歡喜無有慢心
即起長跪執尼提足而為作禮懺悔自
謝願除罪咎世尊尒時因為廣說諸法
微妙之義所謂論者施論戒論生天之
論欲不淨想出要為樂尒時大會聞佛
所說各獲道證信受奉行

賢愚經卷第六

月光王頭施品第三十 丹本此品却在五卷為二十八

如是我聞一時佛在毗舍離菴羅樹
園中尒時世尊告賢者阿難其得四神
足者能住壽一劫吾四神足極能善
修如來今者當壽幾許如是至三於
時阿難為魔所迷聞世尊教默然不
對又告阿難汝可起去靜處思惟賢
者阿難從坐而起往至林中阿難去
後時魔波旬來至佛所白佛言世尊
處世教化已久度人周訖蒙脫生死數
如恒沙時年又老可入涅槃於時世
尊取地少土著於爪上而告魔言地
土為多爪上多耶魔答佛言地土極
多非爪上土佛又告言所度衆生如
爪上土餘殘未度如大地土又告魔
言却後三月當般涅槃於時波旬聞
說是已歡喜而去尒時阿難於林中
坐忽然眠睡夢見大樹普覆虛空枝
葉欝茂花果茂盛一切群萌靡不
蒙賴其樹功德種種奇妙不可稱數

旋風卆起吹激其樹枝葉壞碎猶如
微塵滅於力士所住之地一切群生
莫不悲悼阿難驚覺怖不自寧又自
思惟所夢樹者殊妙難量一切天下
咸賴其恩何緣遇風碎壞如是而今
世尊覆育一切猶如大樹將無世尊
欲般涅槃作是念已甚用戰懼来至
佛所為佛作礼而白佛言我向所夢
如斯之事將無世尊欲般涅槃佛告
阿難如汝所言吾後三月當般涅槃
我向問汝若有得四神足者能住壽
一劫吾四神足極能善修如来今日
能壽幾何如是滿三而汝不對汝去
之後魔来勸我當取涅槃吾已許之
阿難聞此悲慟迷荒悶惱悃塞不能
自持其諸弟子展轉相語各懷悲悼
来至佛所尒時世尊告於阿難及諸
弟子一切無常誰得常存我為汝等
應作已作應說已說汝等但當懃精
修集何為憂慼无補無行時舍利弗
聞于世尊當般涅槃深懷歎慼因而
說曰如来涅槃一何疾耶世間眼滅
永失恃怙又白佛言我今不忍見於

世尊而取滅度今欲在前而入涅槃
唯願世尊當見聽許如是至三世尊
告曰宜知是時一切賢聖皆常寂滅
時舍利弗得佛可已即整衣服長跪
膝行繞佛百匝来至佛前以若干
偈讚歎佛已捉佛兩足敬戴頂上如
是滿三合掌侍佛因而言曰我今宜
復見於世尊又手肅敬却行而去將
沙弥均提詣羅閱祇至本生地到已
即勑沙弥均提汝往入城及至聚落
告國王大臣舊故知識諸檀越輩来
共取別尒時均提礼師足已適行宣
告我和上舍利弗今来在此欲般涅
槃諸欲見者宜可時往尒時阿闍世
王及國豪賢檀越四輩聞均提語皆
懷悵悼異口同音而說是言尊者舍
利弗法之大將衆生之類之所親仰
今般涅槃一何疾哉各自馳奔来至
其所前為作礼問訊已竟各共白言
承聞尊者欲捨身命至于涅槃我曹
等類失於恃怙時舍利弗告衆人言
一切無常生者皆終三界皆苦誰得
安者汝等宿慶生值佛世經法難聞

人身難得念懃福業求度生死如是
種種若干方便廣為諸人隨病授藥
尒時衆會聞其所說有得初果乃至
三果或有出家成阿羅漢者復有發
心求佛道者聞說法已作礼而去時
舍利弗於其後夜正身正意繫心在
前入於初禪從初禪起入第二禪從
第二禪起入第三禪從第三禪起入
第四禪從第四禪起入空處定從空處
起入於識處從識處起入不用處從
不用處起入非有想非無想處從非
有想非無想處起入滅盡定從滅盡定
起而般涅槃時天帝釋知舍利弗已
取滅度與多天衆百千眷屬各賫花
香供養之具来至其所側塞虚空咸
各悲叫淚如感雨普散諸花積至于
膝復各言曰尊者智慧深若巨海捷
辯應機音若涌泉戒定慧具法大
將軍當逐如来廣轉法輪其取涅槃
何其速哉城聚内外聞舍利弗已取
滅度悲賫酥油香花供具馳走悉集
悲哀痛戀不能自勝各持香花而用
供養時天帝釋勑毗首羯磨合集衆

寶莊嚴高車安舍利弗在高車上諸天龍鬼國王臣民侍送號咷至平博地時天帝釋勅諸夜叉往大海邊取牛頭栴檀夜叉受教尋取來還積為大積安身在上酥油以灌放火耶旬作礼供養各自還去火滅之後沙弥均提収師舍利盛著鉢中擔其三衣揩至佛所為佛作礼長跪白佛我和上舍利弗已般涅槃此是舍利此是衣鉢時賢者阿難聞說是語悲悼憒悶益增感切而白佛言今此尊者法大將軍已取涅槃我何憑怙佛告之曰此舍利弗雖復滅度其戒定慧解脫解脫知見如是法身亦不滅也又舍利弗不但今日不忍見我取般涅槃而先滅度過去世時亦不堪忍見於我死而先我前死賢者阿難合掌白佛不審世尊往昔先前取死其事云何願為解說佛告阿難過去久遠无量無數不可思議阿僧祇劫此閻浮提有一大國王名栴陁婆羅脾晉言月光統閻浮提八万四千國六万山川八十億聚落王有二万夫人婇女其第一夫人名

須摩檀晉言施一万大臣其第一者名摩栴陁晉言大月王有五百太子其最大者太子名曰尸羅跋陁晉言戒賢王所住城名跋陁耆婆晉言賢壽其城縱廣四百由旬金銀琉璃頗梨所成四邊凡有百二十門街陌里巷齊整相當又其國中有四行樹亦金銀琉璃頗梨所成或金枝銀葉或銀枝金葉或琉璃枝頗梨葉或頗梨枝琉璃葉有諸寶池亦金銀琉璃頗梨所成其池底沙亦是四寶其王內宮周四十里純以金銀琉璃頗梨其國豐潤人民快樂弥奇異妙不可稱數尒時其王坐於正殿忽生此念夫人處世尊榮豪貴天下敬瞻發言無違弥妙五欲應意而至斯之果報皆由積德修福所致辟如農夫由春廣種秋夏豐収春時復到若不勤種秋夏何望吾今如是由先修福今獲妙果今復不種後亦無望作是念已告諸群臣今我欲出弥寶妙藏置諸城門及著市中設大檀施隨其衆生一切所須盡給與之并復告下八万四千諸小國土悉令開藏給施一切衆

臣曰善敬如王教即竪金幢擊於金鼓廣布宣令騰王慈詔遠近內外咸令聞知於時國中沙門婆羅門貧窮孤老有乏短者强弱相扶雲趍雨集須衣與衣須食與食金銀寶物隨病醫藥一切所須稱意與之閻浮提內一切臣民蒙王恩澤快樂無極歌頌讚歎盈於衢路善名遐宣流布四方無不欽仰慕王恩化於時邊表有一小國其王名曰毗摩斯那聞月光王美稱高大心懷嫉妬寢不安席即自思惟月光不除我名不出當設方便請諸道士慕求諸人用辦斯事思惟是已即勅請喚國內梵志供設餚饍百味飲食恭敬奉事不失其意經三月已告諸梵志我今有憂纏綿我心夙夜反側何方能釋汝曹道士是我所奉當思方便佐我除雪諸婆羅門共白王言王有何憂當見示語王即言曰彼月光王名德遠著四遠承風但我獨卑陋无此美稱情志所願欲得除之作何方便能辦此事諸婆羅門聞說是語各自言曰彼月光王慈恩

惠澤潤及一切悲濟窮厄如民父母我等何心從此惡謀寧自煞身不能為此即各罷散不願供養時毗摩斯郡益增愁憒即出廣募周遍宣令誰能為我得月光王頭共分國半治以女妻之尒時山腦有婆羅門名曰勞度差聞王宣令来應王募王甚歡喜重語之言苟能成辦不違信誓若能去者當以何日婆羅門曰辦我行道粮食所須却後七日便當發引時婆羅門作呪自護七日已滿便来辭王王給所須進路而去時月光王國豫有種種變恠興現地處處裂掣電星落陰霧晝昏雷電霹靂諸飛鳥輩於虛空中悲鳴感切自拔羽翼虎豹豺狼禽獸之屬自投自擲跳踉鳴叫八万四千諸小國王皆夢大王金幢卆折金鼓卆裂大月大臣夢提為鬼奪王金冠各懷愁憂不能自寧時城門神知婆羅門欲乞王頭亦用憒憒遮不聽入時婆羅門繞城門數匝不能得前首陁會天知月光王以此頭施於檀得滿便於夢中而語王言汝

賢愚經卷第六　第八張

擔布施不逆衆心乞者在門無由得前欲為施主事所不然王覺愕然即勑大月大臣汝往諸門勑勿遮人大月大臣往到城門時城門神即自現形白大月言有婆羅門從他國来懷挾惡心欲乞王頭是以不聽大臣荅言若有此事是為大災然王有教理不得違當奈之何時城門神便休不遮大月大臣即自思惟若此婆羅門必乞王頭當作七寶頭各五百枚用貿易之即勑令作時婆羅門徑至殿前高聲唱言我在遠方聞王功德一切布施不逆人意故涉遠来欲有所得王聞歡喜迎為作礼問訊行道不疲極耶隨汝所願國城妻子珎寶車乘輦轝象馬七寶奴婢僕使所有欲得皆當與之婆羅門言一切外物雖用布施福徳之報未為弘廣身实布施其福乃妙我故遠来欲得王頭若不辜逆當見施與王聞是語踊躍無量婆羅門言若施我頭何時當與王言却後七日當與汝頭尒時大月大臣擔七寶頭来用曉謝腹拍其前語婆

賢愚經卷第六　第九張

羅門言此王頭者骨肉血合不淨之物何用索此今持尒所七寶之頭以用貿易汝可取之轉易足得終身之富婆羅門言我不用此欲得王頭合我所志時大月大臣種種諫曉永不迴轉即時憒感心裂七分死於王前於時其王勑語臣下乘八千里象遍告諸國言月光王却後七日當持其頭施婆羅門若欲来者速時馳詣尒時八万四千諸王絡繹而至咸見大王腹拍王前閻浮提人賴王恩澤各得豊樂歡娯无患云何一旦為一人故永捨衆庶更不矜憐唯願垂慜莫以頭施一万大臣皆身投地腹拍王前唯見哀慜矜恤我等莫以頭施永見捐棄二万夫人亦身投地仰白王言莫見忘捨唯垂舊覆若以頭施我等何怙五百太子啼哭王前我等孤幼當何所歸願見慜念莫以頭施長養我等得及人倫於是大王告諸臣民夫人太子討我從本受身已來涉歷生死由来長久若在地獄一日之中生而輙死棄身無數經歷灰河鐵林沸

賢愚經卷第六　第十張

屎火車炭坑及餘地獄如是等身燒剥煑炙棄而復棄永無福報若在畜生更相食噉或人所煞身供衆口破壞消爛亦復無數空棄此身亦無福報或墮餓鬼火從身出或爲飛輪來截其頭斷而復生如是無數如是煞身亦無福報若生人間諍於財色瞋目忿盛共相煞害或興軍對陣更相斫截如是煞身亦復無數爲貪恚癡恒煞多身未曾爲福而捨此命今我此身種種不淨會當捐捨不能得久捨此危脆穢惡之頭用貿大利何得不與我持此頭施婆羅門持是功德誓求佛道若成佛道功德滿具當以方便度汝等苦今我施心垂欲成滿慎莫遮我无上道意一切諸王臣民夫人太子聞王語已嘿然無言尒時大王語婆羅門欲取頭者今正是時婆羅門言今王臣民大衆圍繞我獨一身力勢單弱不堪此中而斫王頭欲與我者當至後園尒時大王告諸小王太子臣民汝等若苟愛敬我者愼勿傷害此婆羅門作此語已共

賢愚經卷第六　第十一張　讃

婆羅門入於後園時婆羅門又語王言汝身盛壯力士之力若遭斫痛儻復還悔取汝頭髮堅繫在樹尒乃然後能斫取耳時王用語求一壯樹枝葉欝茂堅固欲繫向樹長跪以髮繫樹語婆羅門汝斫我頭墮我手中然後於我手中取去今我以頭施汝持是功德不求魔梵及天帝釋轉輪聖王三界之樂用求無上正真之道誓濟群生至涅槃樂時婆羅門舉手欲斫樹神見此甚大懊惱如此之人云何欲煞即以手搏婆羅門耳其項反向手脚繚戾失刀在地不能動摇尒時大王即語樹神我過去已來於此樹下曾以九百九十九頭以用布施今施此頭便當滿千捨此頭已檀便滿具汝莫遮我無上道心尒時樹神聞王是語還使婆羅門平復如故時婆羅門便從地起還更取刀便斫王頭頭墮手中尒時天地六反震動諸天宮殿摇動不安各懷恐怖怪其所以尋見菩薩爲一切故捨頭布施皆悉来下感其奇特悲淚如雨因共讃

賢愚經卷第六　第十二張　讃

言月光大王以頭布施於檀波羅蜜今便得滿是時音聲普遍天下彼毗摩羡王聞此語已喜踊驚愕心擗裂死時婆羅門擔王頭去諸王臣民夫人太子已見王頭自投于地同聲悲叫絶而復甦或有悲結吐血死者或有愕住無所識者或自剪拔其頭髮者或復斸裂其衣裳者或有兩手斸壞面者啼哭縱横宛轉于地時婆羅門爆王頭臭即便擲地脚蹹而去或復有人語婆羅門汝之酷毒劇甚乃尒既不中用何乃索之于時婆羅門進道而去人見便責无給食者飢餓委悴困苦極理道中有人因問消息知毗摩羡王已復命終失於所望懊惱憒憒心裂七分吐血而死毗摩羡王及勞度差命終皆墮阿鼻泥犁其餘臣民思念王恩感結死者皆得生天如是阿難欲知尒時月光王者今我身是毗摩羡王今波旬是時勞度差婆羅門者今調達是時樹神者今目連是時大月大臣者今舍利弗是當於尒時不忍見我死而先我前死

賢愚經卷第六　第十三張　讃

乃至今日不忍見我入於涅槃而先滅度佛說是已賢者阿難及諸弟子聞佛所說悲喜交集異口同音咸共嗟歎如來功德奇特之行咸共尊修有得四道果者有發無上正真道意者皆大歡喜敬戴奉行

賢愚經卷第六

校勘記

一　底本，金藏廣勝寺本。

一　八四頁中一行經名、二行譯者，磧、普、南、徑、清無（末換卷）。

一　八四頁中二行譯者與三行品名之間，磧、普、南、徑、清、麗有「月光王頭施品」整品經文，今據麗藏本附録於卷末，並校以磧、普、南、徑、清。

一　八四頁中三行至卷末共四品（快目王眼施品、五百盲兒往返逐佛品、富那奇品、尼提度緣品），麗無。

一　八四頁中三行品名，磧、普、南、徑、清作「快目王眼施緣品第二十七」。

一　八四頁中一〇行第七字「園」，磧、普、南、徑、清作「國」。

一　八四頁中一三行第四字、第八字「者」，普、徑、清作「曰」。又第一一字「象」，磧、普、南、徑、清作「烏」，一一六行第一一字同。又第一四字「日」，磧、普、南、徑、清作「曰」，下至一五行第五字同。

一　八四頁下四行第七字「聽」，磧、普、南、徑、清作「聞」。

一　八四頁下七行首字「拜」，磧、普、南、徑、清作「佛」。又第一〇字「至」，磧、普、南、徑、清作「志」。

一　八四頁下一七行第一〇字「其」，磧、普、南、徑、清作「具」。

一　八四頁下二一行「目覩」，磧、普、南、徑、清作「徹覩」。

一　八五頁上七行「合世」，磧、普、南、徑、清作「今世」。

一　八五頁上一五行「時開庫藏」，磧、普、南、徑、清作「開藏」。

一　八五頁上一六行「金憧」，磧、普、南、徑、清作「金幢」。

一　八五頁上一七行「騰王」，磧、普、南、徑、清作「謄王」。

一　八五頁中三行第三字「曰」，磧、普、南、徑、清無。

一　八五頁中六行「長跪曰受性者倉猝」，磧、普、南、徑、清作「長跪白王受性倉猝」。

一　八五頁中二二行第一〇字「即」，磧、普、南、徑、清作「即便」。

一　八五頁中末行末字「知」，磧、普、南、徑、清作「又知」。

一　八五頁下二行第五字「經」，磧、普、南、徑、清作「逕」。

一　八五頁下六行「白言」，磧、普、南、徑、清作「答曰」。

一　八五頁下七行「拔陁」，磧、普、南、徑、清作「陀跋」。

一　八五頁下一一行第一三字「彼」，磧、普、南、徑、清作「往彼」。

一　八五頁下一九行第一四字「恚」，磧、普、南、徑、清作「悉」。

一八五頁下二一行第九字「曰」，磧、普、南、徑、清作「曰」。

一八五頁下二二行第一一字「共」，磧、普、南、徑、清作「共」。

一八六頁上二行「一眼」，磧、普、南、徑、清作「王眼」。

一八六頁上五行首字「令」，磧、普、南、徑、清無。

一八六頁上一一行第九字「度」，磧、普、南、徑、清作「庶」。

一八六頁上一六行第七字「抴」，磧、普、南、徑、清作「曳」。

一八六頁上二二行「乞丐」，磧作「乞無」。

一八六頁上末行「步步」，磧、普、南、徑、清作「步涉」。又「倦疲」，磧、普、南、清作「疲倦」。

一八六頁中九行第八字「眼」，磧、普、南、徑、清作「目」。

一八六頁中一七行「一人」，南作「二人」。

一八六頁中二一行「大王」，磧、普、南、徑、清作「天父」。

一八六頁下一行「靡特」，磧、普、南、徑、清作「靡恃」。

一八六頁下九行末字至次行首字「煞傷」，磧、普、南、徑、清作「傷殺」。

一八六頁下一〇行「散破」，磧、普、南、徑、清作「破散」。

一八六頁下一七行「一切」，磧、普、南、徑、清作「其在」。

一八六頁下一八行第二字「王」，磧、普、南、徑、清作「正」。

一八六頁下末行第一二字「此」，磧、普、南、徑、清作「用」。

一八七頁上一二行第九字「眼」，磧、普、南、徑、清作「目」。

一八七頁上一七行末三字至次行首字「至于涅盤」，磧、普、南、徑、清作「至涅槃樂」。

一八七頁中二行「喜躍」，磧、普、南、徑、清作「喜踊」。

一八七頁中三行「能我成佛時」，磧、普、南、徑、清作「後成佛時」。

一八七頁中五行第七字「還」，磧、普、南、徑、清無。

一八七頁中六行「見已」，磧、普、南、徑、清作「已見」。

一八七頁中九行第四字「明」，磧、普、南、徑、清作「眼」。

一八七頁中一六行第二字「自」，磧、普、南、徑、清作「日」。又末字「是」，磧、普、南、徑、清作「是語」。

一八七頁中一七行「咸念」，磧、普、南、徑、清作「感念」。

一八七頁中二一行品名，磧、普、南、徑、清作「五百盲兒往返逐佛緣品第二十八」。

一八七頁下三行「拘癖」，磧、普、南、徑、清作「拘躄」。

一八七頁下一〇行第五字「請」，磧、普、南、徑、清作「倩」。

一八七頁下一四行「金錢」，磧、普、南、徑、清作「合錢」。

一八七頁下一六行第一四字「將」，磧、普、南、徑、清作「勅」。

一　八七頁下二一行首字「蹈」，磧、普、南、徑、清作「踰」。

一　八八頁上五行「七返」，磧作「十返」。

一　八八頁上七行「佛前」，磧、普、南、徑、清作「佛所」。

一　八八頁上末行「經遊」，磧、普、南、徑、清作「經由」。

一　八八頁中一行第二字「孔」，磧、普、南、徑、清作「谷」。

一　八八頁中一五行「慧明」，磧、普、南、徑、清作「慧眼」。

一　八八頁中一七行「尊者」，磧、普、南、徑、清作「慧命」。

一　八八頁中一九行品名，磧、普、南、徑、清作「富那奇緣品第二十九」。

一　八八頁中二二行「彼國中」，磧、普、南、徑、清作「於彼國中」。

一　八八頁中末行第三字「王」，磧、普、南、徑、清無。

一　八八頁下二行「比耆陁美」，磧、普、南、徑、清作「比耆陀羨那」。

一　八八頁下三行「妻娶」，磧、普、南、徑、清作「娶妻」。

一　八八頁下四行「諸醫貪養」，磧、普、南、徑、清作「醫貪利養」。

一　八八頁下五行第二字「遣」，磧、普、南、徑、清作「遺」。

一　八八頁下八行「相遇」，磧、普、南、徑、清作「相誤」。

一　八八頁下一三行第二字「荅」，磧、普、南、徑、清無。又「違者」，磧、普、南、徑、清作「見違」。

一　八八頁下二〇行第三字「斯」，磧、普、南、徑、清作「厮」。

一　八九頁上三行「生活」，磧、普、南、徑、清作「治生」。

一　八九頁上四行「稚小」，磧、普、南、徑、清作「大小」。

一　八九頁上一一行「稱給」，磧、普、南、徑、清作「給稱」。

一　八九頁上一五行第一一字「子」，磧、普、南、徑、清無。

一　八九頁上末行第二字「必」，磧、普、南、徑、清作「心」。

一　八九頁中一〇行「金千兩」，磧、普、南、徑、清作「黄金千兩」。

一　八九頁下一行「計定」，磧、普、南、徑、清作「定計」。

一　八九頁下二行末字「建」，磧、普、南、徑、清作「虔」。

一　八九頁下三行「大德」，磧、普、南、徑、清作「德大」。

一　八九頁下八行第一一字「衆」，磧、普、南、徑、清作「莊」。

一　八九頁下一二行「年少」，磧、普、南、徑、清作「少年」。

一　八九頁下一六行「唯願」，磧、普、南、徑、清作「唯念」。

一　八九頁下末行「欵篤」，磧、普、南、徑、清作「困篤」。

一　九〇頁上三行第一〇字「彼」，磧、普、南、徑、清無。

一　九〇頁上七行「縱令彼人」，磧、普、南、徑、清作「設令被人」。

一　九〇頁上一一行第一〇字「欻」，磧、普、南、徑、清作「忽」。　本頁中六行首字同。

一 九〇頁上一五行「毀命」，磧、普、南、徑、清作「斷命」。

一 九〇頁上一七行「斫害刺煞」，磧、普、南、徑、清作「打害次殺」。

一 九〇頁上一八行第二字「來」，磧、普、南、徑、清作「未」。

一 九〇頁上二一行「食時」，磧、普、南、徑、清作「晨旦」。

一 九〇頁中一行第四字「復」，磧、普、南、徑、清無。又第一四字「來」，磧、普、南、徑、清無。

一 九〇頁中九行「問訊已竟」，磧、普、南、徑、清作「問訊問訊訖竟」。

一 九〇頁中一六行「令遣今厄」，磧、普、南、徑、清作「今遣苦厄」。

一 九〇頁中二〇行第八字「湏」，磧、普、南、徑、清作「頃」。

一 九〇頁下一七行「虔直奇」，磧、普、南作「奇虔直奇」並有夾註「晉言續生」；徑、清作「奇虔直奇」並有夾註「此言續生」。

一 九一頁上一八行「莊嚴」，磧、普、南、徑、清作「莊校」。

一 九一頁上二二行「拯濟」，磧、普、南、徑、清作「賑濟」。

一 九一頁中一行「蟠身」，磧、普、南、徑、清作「槃身」。

一 九一頁中六行「倍生」，磧、普、南、徑、清作「倍增」。

一 九一頁中七行第一四字「自」，磧、普、南、徑、清作「以」。

一 九一頁中九行「其一」，磧作「其七」。一〇行同。

一 九一頁中一一行「無極」，磧、普、南、徑、清作「無量」。

一 九一頁中一六行第九字「訖」，磧、普、南、徑、清無。

一 九一頁中一八行第三字「之」，磧、普、南、徑、清無。又「華蓋」，磧、普、南、清作「華莖」；徑作「蓮莖」。

一 九一頁中末行「香花」，磧、普、南、徑、清作「華香」。

一 九一頁下四行第九字「言」，磧、南無。

一 九一頁下一七行第一四字「隨」，磧、普、南、徑、清作「復」。

一 九二頁上二行「樹街」，磧、普、南、徑、清作「行樹」。

一 九二頁上一一行「挺特」，磧、普、南作「挺持」。

一 九二頁上一四行「月光」，徑、清作「日光」。

一 九二頁上二一行末字至次行首字「羅云」，磧、普、南、徑、清作「羅睺羅」。

一 九二頁中四行第一〇字「過」，磧、普、南、徑、清作「適」。

一 九二頁中一二行末字「欲」，磧、普、南、徑、清作「欲界」。

一 九二頁中一八行第四字「虛」，磧、普、南、徑、清作「空」。

一 九二頁中二〇行「仰面上觀」，磧、普、南、徑、清作「仰向觀瞻」。

一 九二頁中二一行第七字「與」，磧、普、南、徑、清作「興」。

一 九二頁下一行「洞然」，磧、普、南、作「烔然」。

一 九二頁下四行第一四字「佛」，磧、普、南、徑、清無。

一 九二頁下五行「願天尊」，磧、普、南、徑、清作「唯願天尊」。

一 九二頁下六行末字「受」，磧、普、南、徑、清作「度」。

一 九二頁下一六行「而去」，磧、普、南、徑、清作「而至」。

一 九二頁下一八行第二字「大」，磧、普、南、徑、清作「及」。

一 九三頁上九行「衣被」，磧、普、南、徑、清作「衣服」。

一 九三頁上一九行「今比丘」，磧、普、南、徑、清作「今此比丘」。

一 九三頁上二一行末字「此」，磧、普、南、徑、清作「比」。

一 九三頁中三行第四字「又」，磧、普、南、徑、清無。

一 九三頁中五行品名，磧、普、南、徑、清作「尼提度緣品第三十」。

一 九三頁中九行第七字「利」，磧、普、南、徑、清作「便利」。

一 九三頁中一一行「唯仰」，磧、普、南、徑作「仰」；清作「即」。

一 九三頁中一五行第五字「屢」，磧、普、南、徑、清作「屏」。

一 九三頁中一六行末字至次行首二字「恍惚持」，磧、普、南、徑、清作「忽忙」。

一 九三頁中二〇行第一四字「令」，磧、普、南、徑、清無。

一 九三頁下一行「無問」，磧、普、南、徑、清作「貧富」。

一 九三頁下一八行「石上」，磧、普、南、徑、清作「石岩」。

一 九三頁下末行末字「命」，磧、普、南、徑、清作「令」。

一 九四頁上一〇行「欣悦」，磧、南作「欣説」。

一 九四頁上二〇行「千萬」，磧、普、南、徑、清作「十萬」。

一 九四頁上二二行末三字至次行第六字「就中清屎令一切弟子」，磧、普、南、徑、清作「就中盛屎令一弟子」。

一 九四頁中一一行「但生」，磧、普、南、徑、清作「便生」。

一 九四頁中一三行第一四字「諸」，磧、普、南、徑、清無。

一 九四頁中末行經名，磧、普、南、徑、清作「賢愚因緣經卷第六」。

一 九四頁下一行品名，磧、南作「月光王頭施緣品第二十六」；普、徑、清作「月光王頭施緣品第二十六」。又夾註「丹本此品却在五卷爲二十八」，磧、普、南、徑、清無。

一 九四頁下一二行「取地」，磧、普、南、徑、清作「地取」。

一 九四頁下一九行「蓊欝」，磧、普、南、徑、清作「蓊蔚」。

一 九五頁上二〇行第九字「無」，徑、清作「於」。

一 九五頁上二一行第二字「于」，磧、普、南、徑、清作「乎」。

一　九五頁中三行第一二字「常」，磧、普、南、徑、清作「當」。

一　九五頁中六行「兩足敬戴」，磧、普、南、徑、清作「手足擎戴」。

一　九五頁中八行「肅敬」，磧、普、南、徑、清作「敬肅」。

一　九五頁中一七行「覩仰」，磧、普、南、徑、清作「視仰」。

一　九五頁中一九行「已竟」，磧、普、南、徑、清作「訖竟」。

一　九五頁中二一行「等類」，磧、普、南、徑、清作「之類」。

一　九五頁下一七行第一一字「若」，磧、普、南、徑、清作「於」。

一　九五頁下二一行「香花」，磧、普、南、徑、清作「華香」。二二行同。

一　九五頁下二二行「悲哀痛戀」，磧、普、南、徑、清作「悲痛戀惜」。

一　九五頁下末行第七字「勑」，磧、普、南、徑、清無。

一　九六頁上一行「莊嚴」，磧、普、南、徑、清作「莊校」。

一　九六頁上七行第二字「收」，磧、普、南、徑、清作「斂」。

一　九六頁上二一行首字「大」，磧、普、南、徑、清無。

一　九六頁中二行末字「者」，磧、普、南、徑、清無。

一　九六頁中一二行「其國」，磧、普、南、徑、清作「國中」。

一　九六頁中二〇行「珎寶妙藏」，磧、普、南、徑、清作「珍妙寶藏」。

一　九六頁下二行「騰王」，磧、普、南、徑、清作「滕王」。

一　九六頁下三行「國中」，磧、普、南、徑、清作「國内」。

一　九六頁下四行「雲趍」，磧、普、南、徑、清作「雲起」。

一　九六頁下五行「寶物」，磧、普、南、徑、清作「珍寶」。

一　九六頁下一三行「慕永」，磧、普、南、徑、清作「慕求」。

一　九六頁下一四行「供設」，磧、普、南、徑、清作「供養」。

一　九六頁下一八行「除雪」，磧、普、南、徑、清作「除滅」。

一　九六頁下二〇行末字「但」，磧、普、南、徑、清無。

一　九七頁上一〇行第一三字「時」，磧、普、南、徑、清無。

一　九七頁上一二行第二字「給」，磧、普、南、徑、清作「供給」。又第一二字「王」，磧、普、南、徑、清無。

一　九七頁上一四行「雷電」，磧、普、南、徑、清作「雷雹」。

一　九七頁上一八行「提爲」，磧、普、南、徑、清無。

一　九七頁上二一行第一二字「門」，磧、普、南、徑、清無。

一　九七頁中三行「大臣」，磧、普、南、徑、清無。又第八字「諸」，磧、普、南、徑、清作「詣」。又第一三字「人」，南、徑、清作「入」。

一　九七頁中一一行「徑至」，磧、普、南、徑、清作「往至」。

一　九七頁中一八行「身宍」，磧、普、

南、徑、清作「内身」。

一　九七頁中二〇行首字「韋」，磧、普、南、徑、清作「狐」。

一　九七頁下五行第一三字「永」，磧、普、南、徑、清作「求」。

一　九七頁下一八行末字「孤」，磧、普、南、徑、清作「孩」。

一　九七頁下二〇行末字「臣」，磧、普、南、徑、清作「王」。

一　九八頁上三行「身供衆口」，磧、普、南、徑、清作「一身以供衆」。

一　九八頁上五行「或爲」，磧、普、南、徑、清作「或有」。

一　九八頁上一四行「滿具」，磧、普、南、徑、清作「具足」。

一　九八頁中一四行第四字「即」，磧、普、南、徑、清作「仰」。

一　九八頁中一六行第二字「施」，磧、普、南、徑、清作「捨」。同行末二字至次行首二字「檀便滿具」，磧、普、南、徑、清作「於檀便具」。

一　九八頁中二二行末字至次行首字「皆悉」，磧、普、南、徑、清作「悉皆」。

一　九八頁下二行第二字「便」，磧、普、南、徑、清作「已」。

一　九八頁下六行第八字「悲」，磧、普、南、徑、清作「感」。

一　九八頁下一二行「何乃索之于時」，磧、普、南、徑、清作「何爲乃索此乎時」。

一　九八頁下一四行「困苦」，磧、普、南、徑、清作「困切」。

一　九九頁上三行「交集」，磧、普、南、徑、清作「交懷」。

一　九九頁上四行「咸共」，磧、普、南、徑、清作「咸皆」。

一　九九頁上五行第四字「道」，磧、普、南、徑、清無。

一　九九頁上六行末字「行」，至此，磧、普、南、徑、清卷第五終，卷第六始。

賢愚經卷第七　樹

宋沙門慧覺等在高昌譯

大劫賓寧緣

如是我聞一時佛在舍衛國祇樹給孤獨園於時國王名波斯匿于時南方有國名為金地其王字劫賓寧王有太子名摩訶劫賓寧其父崩背太子嗣位體性聰明大力勇健所統國土三万六千兵衆殷熾無能敵者威風遠振莫不攝伏然與中國不相交通後有商客往到金地以四端細疊奉上彼王王納受已問商客言此物甚好為出何處商客啓曰出於中國王復問言其中國者名字云何商客啓曰名羅悅祇又名舍衛其數衆多不能具說王復問言中國諸王以何等故不來獻我商客啓曰各自霸主威名相齊以是之故不承奉王自思惟今我力勢能㧾威攝一切天下何緣諸王不來承貢今當加威令彼率伏遣商客中國諸王何者最大商主白言舍衛國王為第一大時金地王即便遣使詣舍衛國持書示教其理委備

告語其王波斯匿言我之威風遍閻浮提卿為所恃斷絶使命今故遣使共卿相聞卿若卧時聞我聲者尋應起坐若坐聞者尋時應立若食聞聲應即吐哺若沐聞聲應即握髮若住時聞應即相趣却後七日與我相見設不如是吾當興兵破汝國界波斯匿聞深用驚惶即往詣佛具白斯事佛告王言王還語使云我不大更有六王王奉佛教告彼使言世有聖王近在此間卿可到邊傳汝王命使即時往詣於祇桓于時世尊自變其身作轉輪王令目連作典兵臣七寶侍從皆悉備有又化祇桓令作寶城繞城四邊有七重塹其間皆有七寶行樹雜色蓮花不可稱計光明晃晃照然赫發城中宮殿亦是衆寶王在殿上尊嚴可畏於是彼使前入化城既覩大王情甚驚悚自念我君无狀招禍然不得已以書與之化王得書蹋著脚下告彼使言吾為大王臨統四域汝王頑迷敢見違距汝速還國致宜吾敎信至之日馳奔來覲卧聞當起

坐聞應立立聞吾令便當涉道尅期七日不得稽遲敢違斯制罪在不請便受教竟還詣本國具以聞見白金地王王承斯問深自各責合率所領諸小王莊嚴辦車馬欲朝大王然有所疑未便即路先遣一使白大王言臣所捴秉三万六千王為當都去將半去耶大王還報聽半留住但將半来時金地王將万八千小王同時来到既見化王謁拜畢已心作是念大王形貌雖復勝我力必不如化王于時勑典兵臣以弓與之金地國王手不能勝化王還取以指張弓復持與之勑令引挽金地國王殊不能挽化王復取而彈扣之三千世界皆為振動次復取箭彎弓而射離手之後化為五發其諸箭頭各各皆出無數光明其光明頭皆有蓮花大如車輪一一花上各皆有一轉輪王七寶具足奮演光明普照三千大千世界五道衆生莫不蒙賴諸天境界見其光明及聞說法身心清淨有得道果第二第三道者有發无上正真道意復

有得住不退地者人道衆生見佛光明及聞所說心生踊躍其中有得一道二道三道之者出家入要得應真者有發無上正真道意得不退地不可稱計餓鬼中者見佛光明及聞所說皆得飽滿身心清淨無諸熱惱皆生慈心恭敬於佛即得解脫生人天中畜生中者見佛光明貪欲瞋毒皆得消除癡心矇貿尋得醒悟皆悉歡喜信敬於佛即得解脫生人天中地獄中者見佛光明寒則熅煖熱則清涼苦痛之處即得休息身心踊躍慈敬於佛即得解脫生人天中尒時摩訶刧賓寧王金地諸王見斯變已其心信伏遠塵離垢得法眼淨万八千王一時霍然須臾之頃佛攝神力還復本形諸比丘僧前後圍繞金地王衆求索出家佛即聽許鬚髮自墮袈裟在體思惟妙法盡得阿羅漢果阿難白佛此金地王宿種何行生在豪尊功德巍巍遭值佛世速成無漏佛告阿難衆生由行受其果報乃往過去有迦葉佛般涅槃後有一長者為

起塔廟造作堂閣四供養具歲月漸久而塔崩落床蓐衣食亦復斷絶其主長者有子比丘便行勸化人民之類各令減割用治斯塔又設飲食床卧之具諸人同心咸共供承因發誓願當来之世富貴長壽值佛出世聞法獲證行報無遺皆令果成佛告阿難尒時長者子比丘者今金地王摩訶刧賓寧是其諸人民受道化者今万八千諸王是也佛說是法衆會聞者逮得道證發心不退受持至教歡喜奉行

梨耆弥七子緣

如是我聞一時佛在舍衛國祇樹給孤獨園尒時波斯匿王有一大臣名梨耆弥家居大富生七男兒為其妻娶已至于六歲第七子當為求婦自思惟言吾年衰邁唯餘一兒為之納婦要令殊勝此長者有一親厚婆羅門来共相見因議語曰今我欲為小兒求婚未能知處卿自昔来遊行諸國今欲煩君為我推覔若見有女端政賢智性命相宜適我子意乃當求之時婆羅門即便然可遍行看覔到

特叉尸利國見有五百童女羣行遊

戲採取好花用作拂鎫此婆羅門隨逐觀之轉復前行當度少水諸女子輩皆脫草屣中有一女而獨不脫着屣入水轉復前行續更有河衆女褰衣尒乃入水唯此一女獨并衣入前行林間諸女各各上樹採花時此一女自不上樹從他索之得花甚多時婆羅門問此女言我有少疑欲得相問其女荅曰有疑便問婆羅門言向者諸女當入水時盡脫草屣汝獨不脫有何意故時女荅言汝癡何甚所以作屣正用護脚陸地之事眼有所見荊蕀瓦石可得避之水底隱匿眼所不覩儻有蕀刺及諸毒虫傷害人脚是以不脫時婆羅門復更問言以何事故并衣入水時女荅言女人之身相有好惡褰衣入水為人所見相好則不好虫笑以是事故而不褰之時婆羅門復更問言以何緣故獨不上樹女便荅言若當上樹樹枝儻折危害人身以是之故而不上耳此女即是波斯匿王弟曇摩訶羨女也羨昔

因罪逃奔彼國便於其土安家納娶

而生斯女字毗舍利時婆羅門聞女所說知必賢能而問女言汝父母在不女荅曰在遂逐到門來共相見女入白父外有婆羅門欲見大人時曇摩訶羨便出見之問訊已竟而語之言向者女子是君女不荅言是也為有主未荅言未也婆羅門言舍衛國中有一大臣字梨耆弥君識之不荅言舊識婆羅門言是梨耆弥㝡下小兒端政聰明欲求君女共為婚姻可得尒不曇摩羨言彼是豪姓本與定偶尚其欲得情在無遺已蒙許可便共剋日尒時有伴往舍衛國時婆羅門即作書䟽與梨耆弥陳說事狀長者聞已辦具娉物車馬騎乘往特叉尸利國漸近欲到先遣使往時曇摩羨善加敬待即設賓會以女性之諸事畢竟當還舍衛時此女母於衆人前屬其女言曰今已後常著好衣恒食美食日日照鏡莫令斷絕女即長跪奉受教勑梨耆弥聞陰用為恨人生一世苦樂無定好衣美食如何得常

恒照明鏡斯亦非理雖有此念難不

問之容主相辭於是別去大小徒侶進路歸國於道中間有一客舍四面垂軒極為清涼其先到者在下休息兒婦後至啓白姑言此不可住速出向外姑不違之出向露處左右數人不肯出去時有為馬身躰瘙痒以身揩柱屋即崩壞塡煞下人時梨耆弥作是念言我今脫死由是兒婦敬遇之心倍益隆厚即便駕乘進路而歸到一大澗草茂水美衆人息駕澗側而住兒婦後到便語之言住此不快速出岸上即用其言速澗休息須臾之間便有雲起震雷降雨滂沛而下溢澗流來時梨耆弥復重念曰吾等今日再脫於死由此兒婦得全身命復勑嚴駕涉道進前既達本國中表親里悉來慶問長者欣悅即設供具共相娛樂終竟一日賓客既罷是時長者告諸兒婦而告之曰吾今年高猒衆事務家居噐物欲有付託卿等諸人誰能為我知藏執鑰六大兒婦盡辭不堪其第七者自言能任于時

賢愚經卷第七　第九張　謙字号

長者以諸藏排悉以付之既以受命懃謹不懈朝朝早起灑掃堂舍炊蒸已竟先飴姑妐及諸男女後奴婢僮僕使人各各分處赴趣作業然後自食以是為常妐見忠恪不與凡同恠前母囑而不用之便問之曰汝前来時被母教勑好衣美食日照明鏡其事云何卿可説之兒婦長跪具荅事狀我母所約者好衣者斡上大衣教便愛護恒令淨潔時間客會可得鮮妙所勑美食非為甘肥教使晚飯飢靈得食麁細盡美其明鏡者非銅鐵鏡教令早起灑掃内外端整床席務令淨潔我母所囑其事如是時妐聞之知有妙才情存待遇甚倍於前家中衆物悉以委之歡喜泰然無復憂慮時有羣鴈飛入海渚食噉粳米食之既飽銜穟翔来當王宮上失墮殿前諸人見之取用奉王王奇甚好必中作藥勑使留種莫得棄散賦與諸臣各令殖之時梨耆弥亦得少許持至於家教令種之兒婦奉取駈率奴僕調和佳由於中下種生長滋茂大

賢愚經卷第七　第十張　謙字号

獲子實諸人種者消息失度悉皆不生時王夫人欻得篤疾召問諸醫治病所由中有醫言當須海渚粳米作食食之尒乃可差王自憶念昔得其種賦人墾殖今當推挍為有為无即召諸臣而問之言前勑種稻為成熟不今日急須用治困病諸臣各各自説本末或云不生或云耗敗時梨耆弥歸家問日前種稻米為獲實不欲得與王治夫人病兒婦荅言家内豊多若用作藥足周一國不啻一人也時梨耆弥即送與王尋用作食以與夫人夫人食已病得除愈王甚歡喜大與賞賜時特叉尸利舍衛二國共相嫌郄常不和順時特叉尸利王欲試舍衛有賢智不遣一使者至舍衛國送騂馬二疋而是母子形狀毛色一類無異能別識者實為大善王及羣臣不能分別時梨耆弥從宮歸家兒婦問言有何消息妐即荅言如向所見兒婦白言此事易知何足為憂但取好草竝頭而與其是母者推草與子其是子者揣博食之時梨耆弥

賢愚經卷第七　第十一張　謙字号

尋往白王王如其語以草試之果如其筞母子區別即語使者斯是馬母彼是其駒時使荅言審如来語無有差錯王大歡喜倍加爵賞時彼来使還歸本國具白諸理時特叉尸利王便更遣使送於二虵麁細長短相似如一能別雄者斯亦大善波斯匿王及諸羣臣無能識者時梨耆弥歸問兒婦此復云何兒婦荅言以一端細㲲敷置於地取此二虵用著㲲上若是雌者靜然不動其是雄者擾攘不寧何以知之女之為姓愛著細滑得軟生染不欲動搖男子性弊轉側不安以此推之可足知矣長者聞已即往白王王從其計尋時試之果如所言了了識別告彼使曰是雄是雌使尋報曰審尒不虛王甚慶悅大賜財寶時彼國王復送一木長滿一丈根枝正等无有節拇刀斧之迹而語之曰若能識別此木上下亦大快善甚不可量王及諸臣無能識者時梨耆弥復問兒婦兒婦荅曰此事易耳但取其木用著水中根自沉沒頭浮在上長者

聞已復往白王王用其語而便試之
果如其計沉浮各殊語彼使言浮者
是頭沉處是根時使答言信如所論
王益歡喜重與賞賜彼使還國具白
因緣其王聞之心用信伏更遣使命
兼獻珎寶因復語曰大王國中實有
賢達自今以後當修義好波斯匿王
情倍踊躍白梨耆弥而問之曰比來
諸事卿何由知梨耆弥言非臣所達
是臣兒婦之智辯耳國王聞已深加
欣敬拜其兒婦用為王妹復經少時
兒婦懷妊日月已滿三十二卵其一
卵中出一男兒形幹顏貌端嚴挺特
年遂長大勇健無雙一人之力敵於
千夫父母愛念合國敬畏後為納娶
各已備畢純是國中豪賢之女時毗
舍離信心開解請佛及僧於舍供養
佛為說法合家眷屬得須陁洹唯末
小兒未獲道迹時乘白象欲出遊戲
門外有塹既深且廣於其塹上有大
木橋時此年少適到橋宕尒時復有
輔相之子乘車外來橋中相逢各恃
豪姓不相開避毗舍離兒便懷瞋恚

就於為王伍身下向捉輔相子并其
車乘擲置塹中身體傷破百節皆痛
啼哭而歸白其父言毗舍離兒橫見
毀辱傷我身體苦痛若斯其父聞之
甚用懊惱恤其子言彼人力壯又是
國親難與諍勝當思密計以報此怨
即以七寶合為馬鞭三十二枚用好
純鐵作刀內中三十二人各遺一枚
而語之言汝等年少幹性自嬉故作
此鞭而用相贈幸可納之恒捉在手
諸人歡喜便為受之是時國法見王
之時禮不帶刀於是輔相已見納受
而常秉執便向國王深譖讒之云毗
舍離三十二子年盛力壯一人敵千
今懷異計謀欲害王王雖聞之情猶
未信復更白王事審不虛現有證驗
各作利刀置馬鞭中以此推之事足
明矣王即索看果如所言王意便信
謂必為然選擇力士安在宮內一一
召喚於裏煞之以三十二頭盛著一
函繫縛封印送與其妹當於是日其
毗舍離請佛及僧就家供養見王送
函謂為致供來相助辦便欲開看世

尊告曰且住勿解須待食竟食飽已
訖使命令坐為其說法此身無常苦
空无我生多危懼不得久立眾惱纏
縛辛酸難計恩愛別離乎相悲戀唐
困身識於道无益唯有智者能解此
惡時毗舍離霍然情悟得阿那含道
歡喜合掌白世尊言唯垂矜愍見賜
四願一者諸病比丘給足湯藥隨病
飲食二者看病比丘亦給其食三者
遠來比丘先供養之四者遠行比丘
給辦糧餉所以者何諸病比丘由無
湯藥好飲食故其病難差或復沒命
瞻病比丘由无食故當捨乞求早晚
无時病人所須或能差錯違心恚怒
病則難愈以是之故當施其食諸有
他方遠來比丘初到異土未有知識
若行乞食或值惡狗或逢弊人讙能
瞋恚傷損毀辱以是之故當先與食
遠去比丘當須伴侶由無糧餉或不
逮伴道路遐險多諸毒獸設當獨涉
或致危難我以是故當供給之尒時
世尊聞毗舍離求此四願讚言善哉善哉如汝所願
其德弘大供佛無異即與眾僧還到祇桓世尊

安後開函視之三十二頭悉在函中由愛斷故不生懊惱但作是言痛哉悲哉人生有死不得長久馳驅五道何苦乃尒三十二兒婦家親族聞此事理極懷瞋恚咸共唱言大王無道枉煞善人共合兵馬欲為報仇軍衆雲集圍繞王宮時王恐怖退向佛所諸人聞之即引軍馬往園祇桓尒時阿難聞波斯匿王煞毗舍離三十二子婦家宗黨欲為報仇長跪合掌白世尊言有何因緣三十二兒為王所煞世尊告曰毗舍離子三十二人不但今日為王所煞三十二人一時殞死汝今善聽持之在心當為汝說阿難曰諾佛告阿難乃往過去久遠世時此三十二人共為親友相與言議盜他一牛彼時國中有一老母無有子息單窮苦厄時諸偷兒往詣其舍欲共煞牛老母歡喜為辦薪水煑熟之具臨下刀時牛跪句命諸人意感必欲煞之牛便結誓汝今煞我將來之世我不置汝正使得道猶不相放立誓已竟便為所煞諸人燒煑競共啖

之老母因次亦得飽滿欣悅而言由來安客今日寂善佛告阿難尒時牛者今波斯匿王是尒時盜牛人者今毗舍離三十二子是尒時老母者今毗舍離是由此果報五百世中常為所煞乃至於今彼時老母由助喜故五百世中常為作母極懷懊惱今值我時始獲道證阿難合掌白佛言復修何福豪富猛健佛告阿難乃往過去迦葉佛時有一老母信敬三寶大富合集衆香以油和之欲往塗塔於其中路逢三十二人因而勸之我欲以油塗塔可相助佐當得福德世世所生端正多力時三十二人歡喜共去塗地已竟各作是言由是老母故令我等得種於福業願所生處尊榮富貴恒為我母我等為子常莫相離見佛聞法疾得道果老母喜悅便許可之從是已來五百世中恒生尊貴尒時老母今毗舍離是尒時三十二人今三十二子是時諸軍衆聞佛所說恚心便息而作是言大王所刑非造為之此人自種今受其報由煞一牛

猶尚如是波斯匿王是我曹主云何懷惡而欲危害即除器仗自投王前求哀請過王亦釋然不問其罪尒時世尊因為四衆廣說諸法善業應修惡行應離敷演分別四諦妙法衆會聞者皆得道證受持佛教歡喜奉行

設頭羅健寧緣

如是我聞一時佛在羅閱祇竹園中尒時賢者阿難從座而起整衣服長跪叉手前白佛言阿若憍陳如伴黨五人宿有何慶依何因緣如来出世法鼓初震獨先得聞甘露法味特先得當唯願垂哀具為解說於時世尊告阿難言此五人者先世之時先食我肉致得安隱是故今日先得法食用致解脫尒時阿難重白佛言先世食肉有何因緣願具開示佛告之曰過去久遠无量無數阿僧祇劫此閻浮提有大國王名曰設頭羅健寧領閻浮提八万四千國六万山川八十億聚落二万夫人婇女王有慈悲憐念一切人民之類靡不蒙賴尒時國中有火星現相師尋見而白王言若

賢愚經卷第七　第十八張　贊字号

火星現當旱不雨經十二年今有此變當如之何王聞是語甚大憂苦若有此灾奈何民物民命不濟無復國土即合羣臣而共議之衆臣啓曰當下諸國計現民口復令筭數藏倉簞現穀知定斛斗十二年中人得幾許王從其議即時宣令急勅筭之都計筭覔一切人民日得一斗猶尚不足從是已後人民飢餓死亡者衆王自念日當設何計濟活人民因與夫人婇女出遊園觀到各休息王伺衆眠寐即從座起向四方礼因立誓言今此國人飢羸無食我捨此身願為大魚以我身肉充濟一切即上樹端自投於地即時命終於大河中為化生魚其身長大五百由旬尒時國中有木工五人各賷斤斧往至河邊規斫材木彼魚見已即作人語而告之曰汝等若飢欲須食者来取我宍若復食飽可賷持去汝今先食我肉而得充飽後成佛時當以法食濟脫汝等汝可并告國人大小有須食者悉各来取五人歡喜尋各斫取食飽賷歸因

賢愚經卷第七　第十九張　贊字号

以其事具語國人於是人民展轉相語遍閻浮提悉皆来集噉食其肉一脇肉盡即自轉身復取一脇比復食盡故處還生復轉身與之如是憐愍恒以身肉給濟一切經十二年其諸衆生食其肉者皆生慈心命終之後得生天上阿難欲知尒時設頭羅健寧王者則我身是時五木工先食肉者今憍陳如等五比丘是其諸人民後食肉者今八万諸天及諸弟子得度者是我於尒時先以身肉充彼五人令得濟活是故今日宜初說法度彼五人以我法身少分之肉除彼三毒飢乏之苦賢者阿難及諸會者聞佛所說且悲且喜頂戴奉行

賢愚經卷第七

賢愚經卷第七

校勘記

一　底本，金藏廣勝寺本。

一　一〇六頁中一行及卷末經名，資作「賢愚因緣經卷第七」。以下各卷例同。

一　一〇六頁中二行譯者，資作「元魏沙門慧覺在高昌郡譯」。以下各卷同。

一　一〇六頁中三行品名，資作「大劫賓寧品三十一」；磧、普、南、徑、清作「大劫賓寧緣品第三十一」；麗作「大劫賓寧品第三十一」並有夾註「丹本此品前在第四卷為十八」。

一　一〇六頁中五行「於時」，諸本（不含石，下同）作「爾時」。

一　一〇六頁中一〇行「中國」，磧、磧、普、南、徑、清作「中土」。

一　一〇六頁中一三行「啓曰」，諸本作「答曰」。

一　一〇六頁中一四行「名字」，資、磧、

普、南、徑、清作「號字」。

一　一〇六頁中一六行「具説王」，資、磧、普、南、徑、清作「具宣」。

一　一〇六頁中一七行「相齊」，麗作「相齋」。

一　一〇六頁中一八行「不承」，資、磧、普、南、徑、清作「不來」；麗作「不來承」。

一　一〇六頁中二一行「爲第一大時」，資、磧、普、南、徑、清作「爲最第一爾時」。

一　一〇六頁下五行第九字「應」，資、磧、普、南、徑、清作「尋」。

一　一〇六頁下九行「我不大」，資、磧、普、南、徑作「我大」；清作「我土」。

一　一〇六頁下一二行「其身」，資、磧、普、南、徑、清作「其形」。

一　一〇六頁下一四行末字至次行首字「城四」，資、磧、普、南、徑、清無。

一　一〇六頁下二〇行「與之」，諸本作「示之」。

一　一〇七頁上二行第九字「斯」，資、磧、普、南、徑、清作「期」。

一　一〇七頁上三行首字「便」，諸本作「使」。

一　一〇七頁上四行第九字「各」，諸本作「咎」。

一　一〇七頁中一三行「人天」，資、普、南、徑、清作「天人」。

一　一〇七頁中一六行「霍然」，諸本作「皆然」。

一　一〇七頁中二〇行「何行」，麗作「何德」。

一　一〇七頁下五行「誓願」，磧、南作「言願」。

一　一〇七頁下六行「當來之世」，資、磧、普、南、徑、清作「願當來世」。又「値佛出世」，資、磧、普、南、徑、清作「遭値佛世」。

一　一〇七頁下一一行與一二行之間，資、磧、普、南、徑、清有微妙比丘尼品整品經文，載於第三卷。

一　一〇七頁下一二行品名，資作「梨者彌七子品三十三」；磧、普、南、徑、清作「梨書彌七子緣品第三十三」；麗作「梨書彌七子品第三十三」並有夾註「丹本此品在第四卷爲第二十」。

一　一〇七頁下一五行末字至次行首字「妻娶」，麗作「娶妻」。

一　一〇七頁下一七行「唯餘」，資、磧、普、南、徑、清作「餘唯」。

一　一〇七頁下一八行首字「婦」，資作「定」；磧、普、南、徑、清作「室」。又第六字「此」，諸本作「時此」。

一　一〇七頁下末行第一二字「看」，資、磧、普、南、徑、清無。

一　一〇八頁上四行「而獨不脱」，資、磧、普、南、徑、清作「獨而不脱」。又末字「着」，資、磧、普、南、徑、清作「革」；麗作「并」。

一　一〇八頁上九行「少疑」，資、磧、普、南、徑、清作「小疑」。

一　一〇八頁上一二行第一一字「癡」，南、徑、清作「疑」。

一　一〇八頁上一九行首字「則」，諸

本作「則可」。

一 一〇八頁上二二行「以是之故」，諸本作「以是事故」。

一 一〇八頁中一行第九字「其」，資、磧、普、南、徑、清作「彼」。

一 一〇八頁中四行第五字「在」，磧作「有」。又第一〇字「來」，諸本作「求」。

一 一〇八頁中五行末字至次行第三字「曇摩訶羨」，資、磧、普、南、徑、清作「曇摩羨」。下同。

一 一〇八頁中一二行「曇摩羨」，麗作「曇摩訶羨」。下同。

一 一〇八頁中一八行「性之」，資、磧、普、南、徑、清作「妻之」；麗作「娉之」。

一 一〇八頁中二〇行第五字「目」，諸本作「自」。

一 一〇八頁中二一行「美食」，資、磧、普、南、徑、清作「美飯」。

一 一〇八頁中末行「美食」，資、磧、普、南、徑、清作「飲食」。

一 一〇八頁下三行第二字「路」，資、磧、普、南、徑、清作「引」。

一 一〇八頁下八行「填煞」，資、磧、普、南、徑、清作「鎮殺」。

一 一〇八頁下一一行「凋側」，資、磧、普、南、徑、清作「側凋」。

一 一〇八頁下一四行第二字「閒」，資、磧、普、南、徑、清作「頃」。

一 一〇九頁上一行第六字「排」，諸本作「鑰」。

一 一〇九頁上二行「朝朝」，資、磧、普、南、徑、清作「朝夕」。

一 一〇九頁上三行第一一字「後」，磧、普、南、徑、清、麗作「後飯」。

一 一〇九頁上一〇行首字「便」，諸本作「使」。

一 一〇九頁上一一行「非爲」，資、磧、普、南、徑、清作「非謂」。

一 一〇九頁上一二行「明鏡」，磧、普作「門鏡」。

一 一〇九頁上一三行「灑掃」，資、磧、普、南、徑、清作「勤灑掃」。又「端整」，資、磧、普、南、徑、清作「整端」。

一 一〇九頁上一九行「王奇甚好」，諸本作「王見奇好」。

一 一〇九頁上二〇行第一二字「賦」，資、磧、普、南、徑、清作「付」。本頁中五行第二字同。

一 一〇九頁上末行「佳由」，資、磧、普、南、徑、清作「佳田」；麗作「畦田」。又「生長」，資、磧、普、南、徑、清作「後生」。

一 一〇九頁中六行第一三字「成」，磧、普、南、徑、清作「或」。

一 一〇九頁中七行第九字「病」，資、磧、普、南、徑、清作「患」。

一 一〇九頁中一〇行第七字「病」，資、磧、普、南、徑、清作「疾」。

一 一〇九頁中一一行「不齊」，資、磧、普、南、徑、清作「不但濟」。

一 一〇九頁中一五行第三字「郄」，資、磧、普、南、徑、清作「隙」；麗作「隟」。

一 一〇九頁中一六行第五字「賢」，

麗作「聖」。

一　一〇九頁中一七行「駻馬」，資、磧、普、南、徑、清作「牸馬」。

一　一〇九頁中末行第二字「子」，諸本作「之」。又第八字「博」，麗作「搏」。

一　一〇九頁下三行「時使答言」，資作「時一人言」。又「如來」，南作「如是」。

一　一〇九頁下六行「更遣使送於」，資、磧、普、南、徑、清作「遣使送」。

一　一〇九頁下一二行「爲姓」，諸本作「爲性」。

一　一〇九頁下一八行「根枝」，諸本作「根杪」。

一　一〇九頁下一九行第四字「栂」，麗作「目」。

一　一〇九頁下二〇行「識別」，資、磧、普、南、徑、清作「別識」。

一　一一〇頁上五行第一〇字「仗」，諸本作「伏」。

一　一一〇頁上八行「比來」，諸本作「頃來」。

一　一一〇頁上一二行「三十二夘」，諸本作「生三十二卵」。

一　一一〇頁上一五行「愛念」，資、磧、普、南、徑、清作「敬念」。

一　一一〇頁上二一行「年少」，資、磧、普、南、徑、清作「少年」。

一　一一〇頁上末行「豪姓」，資、磧、普、南、徑、清作「豪性」。

一　一一〇頁中一行「象王」，諸本作「象上」。

一　一一〇頁中八行第五字「内」，資、磧、普、南、徑、清作「著」。

一　一一〇頁中一四行第六字「子」，資、磧、普、南、徑、清作「人」。

一　一一〇頁下一行「食飽」，資、磧、普、南、徑、清作「食飲」。

一　一一〇頁下六行首字「惡」，資、磧、普、南、徑、清作「要」。

一　一一〇頁下九行首字「飲」，資作「飯」。

一　一一〇頁下一三行「乞求」，諸本作「乞食」。

一　一一〇頁下一五行第一三字「諸」，資、磧、普、南、徑、清作「時」。

一　一一一頁上一行末字「中」，資、磧、普、南、徑、清作「内」。

一　一一一頁上二行「不生」，資、磧、普、南、徑、清作「不至」。又「是言」，資、磧、普、南、徑、清作「是念」。

一　一一一頁上三行「悲哉」，資、磧、普、南、徑、清作「悲矣」。又「長久」，資、磧、普、南、徑、清作「長存」。又「馳駈」，諸本作「驅馳」。

一　一一一頁上六行「抂煞」，資、磧、普、南、徑、清作「枉殺」。

一　一一一頁上一八行「苦厄」，諸本作「困厄」。

一　一一一頁上二〇行第二字「臨」，資、磧、普、南、徑、清作「臨當」。又「匄命」，資、磧、普、南、徑、清作「乞命」。

一　一一一頁上二一行第六字「結」，資、磧、普、南、徑、清作「設」。

一 一一一頁中七行第九字「懷」，資、磧、普、南、徑、清作「爲」。

一 一一一頁中八行「白佛言」，諸本作「重白佛言」。

一 一一一頁中一〇行「大富」，諸本作「其家大富」。

一 一一一頁中一五行第二字「地」，諸本作「塔」。

一 一一一頁中一六行第五字「於」，麗無。

一 一一一頁中二二行末字「造」，麗作「適」。

一 一一一頁下一行第二字「尚」，磧、普、南作「向」。

一 一一一頁下七行品名，資作「設頭羅健寧品三十四」；磧、普、南、徑、清作「設頭羅健寧緣品第三十四」；麗作「設頭羅健品第三十三」並有夾註「丹本爲二十一」。

一 一一二頁上二行「憂苦」，諸本作「憂愁」。

一 一一二頁上三行「奈何」，資、磧、普、南、徑、清作「何得」。

一 一一二頁上四行「議之」，資、磧、普、南、徑、清作「議言」。又「啓曰」，諸本作「咸曰」。

一 一一二頁上五行第一二字「滿」，諸本無。又第一四字「箄」，普、南、徑、清、麗作「篙」。

一 一一二頁上八行「一斗」，諸本作「一升」。

一 一一二頁上二〇行第一二字「而」，資、磧、普、南、徑、清作「又」。

一 一一二頁中三行第一二字「比」，麗作「皆」。

一 一一二頁中八行第九字「五」，資、磧、普、南、徑、清作「五人」。又末字「肉」，麗作「我肉」。

一 一一二頁中一五行經文與末行經名之間，資、磧、普、南、徑、清有阿輸迦施土品、七瓶金施品、差摩現報品等三品經文，載於第三卷。

賢愚經卷第八　　讚

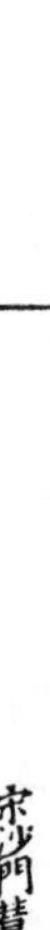
宋沙門慧覺共威德在高昌譯

蓋事因緣

如是我聞一時佛在羅閱祇竹林精舍慧命阿難竹林中坐心自思惟如來出世甚奇甚特令諸弟子蒙佛恩澤於四供養無所乏少各獲安隱得盡苦際一切世間諸王臣民亦得大利遭值三寶人民安樂悉思世尊威力所致作是念已從坐起來詣佛所尒時世尊為四部衆廣說妙法慧命阿難前整衣服偏袒右肩右膝著地長跪合掌向佛自說林中所念

佛告阿難如汝所言如来出世實復奇特令一切衆生皆獲利益復次阿難如来正覺非但今日祐利衆生過去世時亦復利益阿難白佛不審世尊過去世中饒益衆生其事云何佛告阿難過去久遠阿僧祇劫此閻浮提有四河水二大國王一王名曰婆羅提婆晉言梵天獨據三河人民熾威然復儜弱一王名曰冠闍達提晉

言金剛聚唯得一河人民亦少然其國人悉皆勇健特金剛聚處于正殿獨坐思惟如我今者兵衆勇捍而所獲水少彼國儜弱獨常三河今當遣使和索一河若與我者共為親厚國有好物更相貢贈若有艱難共相赴救若其不得便當力逼而奪取之作是念已召諸大臣共議此事諸臣或言今正是時即遣驛使至梵天國具以王意宣示梵王梵王聞此復自思惟我國豐實人衆亦多又此國界父王所有轉用授我至於力諍我不下彼作是念已報彼使言今此國土非我所得乃是父王轉用見授如我今者力不減汝汝欲力決我不相畏使還本國具以聞王王即合軍攻梵天國共戰一交梵天軍壞乘背追躡經至城邊衆人怖縮更不敢出諸臣相將悉共集會詣梵王所咸皆同心白大王言他國兵强我國儜弱惜一河水令致此敗如是不久懼恐失國雅頗開意以一河水與之共為親厚足得安全王心便開可衆臣意即時遣使至

彼軍中白其王言我曹此國用作惡為
所索河水今以相與我當以女為汝
夫人國有特物更相貢贈急難危嶮
共相赴救時金剛聚從其來意即迎
其女拜為夫人各共和解迴軍還國經
於數時其王夫人便覺有胎懷妊之
後恒有自然七寶大蓋常在身上坐
卧行立終不遠離至滿十月生一男兒
身紫金色頭髮紺青光相昞著世之
少雙兒以出胎蓋在其上召諸相師
令相此兒相師披看擧手唱言善哉
善哉異口同音白大王言今觀太子
德力無比人相畢足世之希有王及
群臣喜不自勝即告相師為其立
字尒時國法依於二事而為作字一
者瑞應二者星宿相師白王今此太
子入胎已來有何等瑞王荅之曰有
七寶蓋恒在其上便為作字刹羅伽
利晉言蓋事以衆妙供隨時承奉年
至成人父便命終葬送畢訖諸小王
臣共立蓋事用為大王治政數年出
外遊觀見諸人民耕種勞苦問左右
曰我國人衆何以作此種種役使臣荅

王言國以民為本民以穀為命若其
不尒民命不全民命不在國則滅矣
王便言曰若我福相應為王者令我民
衆獲自然穀莫復作此發言已竟一切
人民倉簞自滿種種雜穀隨意悉
有又經數時復出外遊見其國人採
薪汲水舂磨作役又問臣言今諸人
衆故復勞苦何以尒耶臣白王言蒙
王恩澤獲自然穀穀亘生食事須成
熟是以庶民辦作食調王復言曰若
我福德相為王者令吾國內一切人
民若欲食時有自然食恒在其前
發言已訖合境皆獲自然之食又
復經時更出遊觀見人忩忩各執
所務紡織裁縫辦具衣裳王問臣言
此諸人等何以故尒辛苦執作臣白
王言蒙天王恩獲自然食今者作役
辦具衣裳王復言曰若我福德應為
王者使吾國內一切樹木出自然衣
適發此語國中諸樹皆出妙衣極為
細濡青黃赤白隨人所好又經數時王
復出遊見於人民各各竟共作諸樂
器王復問臣我國人民何以故尒勞

煩執作臣白之言此諸人等蒙大王
恩衣食自然各獲安隱事須伎樂
用自娛樂是以今者治伎樂器王便
言曰若我有福應為王者令我國中
一切樹上皆有種種樂器鼓具琴瑟
琵琶箜篌一切所須稱意悉有又經
數時諸王民臣悉來拜賀值王食時
王即請留與飲食尒時諸臣得王飯
食百味具足咸共白言臣等家食其
味薄少今得王食美味非凡王告之
曰卿等臣民若欲常得如我食者用
吾食時食者皆得如是之食即勅司
官吾食時到恒鳴大鼓令諸人民悉
得聞知用我時食當得百味上妙之
供從是已後食便鳴鼓一切人民承
音念食百味上饌自然在前人民優
樂不可具陳時王梵天遣使來至蓋
事王國語蓋事言汝父在時我以
河水用與汝父汝父已終宜當還我
時蓋事王報彼使曰我今境土及以
河水亦非我力強從汝得然我為王
不勞民物此蓋小事宜停在後須我
面與汝王相見乃當宣備國土之要

使還到國一一白王王然其意剋日共期期日已滿二王俱進軍衆圍遶甚多無數各安大營在河一邊二王乗舩河中相見時王梵天初見蓋事身色晃曜如紫金山頭髮弈弈如紺琉璃其目廣長人中難有敬心内發謂是梵天到相問訊對坐一處談兩國土論索水事蓋事報曰我國人民所欲自然亦嘗輸王役之勞所言未訖食時已至蓋事王軍鳴鼓欲食時梵天王其以惶懼謂欲牽攝而取煞之怖不自寧起謝已過手足四布腹拍前地蓋事自起曉令還坐復語之曰大王何以恐怖如是我軍食時恒自鳴鼓所以尒者是我食時用我時食皆獲百味上饌之供時王梵天復起合掌白蓋事曰唯願大王普見臨覆我及國人悲愍降附令諸民庶悉蒙恩澤於是蓋事典閻浮提一切人民盡獲安樂登位之後處於正殿群僚百官宿衛侍立日初出時有金輪寶從東方來王遙見之即下御坐右膝著地向於輪所以手三招輪已來

至千輻具足光色晒著王告之曰若我應作轉輪王者汝法住處汝便住中於是輪寶當在王前虛空中住其輪去地七多羅樹為寶神珠王女典兵典藏寶次第來至時蓋事王七寶具足典四天下一切衆生蒙王恩德所欲自恣王悉教令脩行十善壽終之後皆得生天

佛告阿難尒時剎羅伽利王者豈異人乎我身是也尒時父王羅閱建提今現我父淨飯王是尒時母者今現我母摩訶摩耶是我因往昔慈愍衆生以財法而攝取之從是因緣自致成佛三界獨尊無與等者以此義故一切衆生皆應脩習大慈潤益尒時阿難復白佛言不審世尊過去世中剎羅伽利轉輪聖王以何因緣獲如是等無量功德初入母胎寶蓋隨覆佛告阿難乃復過去久遠無量阿僧祇劫此閻浮提波羅㮈國仙人山中有辟支佛恒於山中止住時辟支佛患身不調往問藥師藥師語曰汝有風病當須服乳時彼國中有一

薩薄名曰阿利耶蜜羅晉言聖友時辟支佛往告其家陳病所由從其乞乳薩薄歡喜便請供養日給其乳經於三月三月已竟身病得差感其善意欲使主人獲大利益踊在空中坐卧行立身出水火或現大身滿虛空中又復現小入秋毫之裏如是種種現十八變於是聖友極懷歡喜復從空下重受其供經於數時乃入涅槃薩薄悲悼追念無量闍維其身收取舍利盛以寶瓶用起鍮婆香花伎樂種種妙物持用供養所捉大蓋以覆其上盡其形壽供養此塔由其供養一辟支佛四事供養因此福報無量世中或生天上或處人中尊豪挺特世之少雙又告阿難一切衆生在家出家皆應脩福生生之中獲如是利尒時阿難及諸會衆聞佛所說歡喜奉行

大施杼海因緣

如是我聞一時佛在羅閱祇耆闍崛山中與尊弟子千二百五十人俱尒時世尊念須侍者諸尊弟子憍陳

如等各共觀察知佛所念時憍陳如從坐而起偏袒右肩合掌長跪白佛貪得侍近捉衣持鉢唯願垂愍賜教聽許佛告之曰汝年老邁自須給侍何忍使汝復見供事時憍陳如知佛不聽礼已還坐摩訶迦葉舍利弗目揵連及諸弟子五百人等次第白佛皆求給侍佛皆不聽時阿那律試觀佛意見佛志趣心在阿難如日在東照于舍宅光從東牖直至西壁世尊志意亦復如是諸大弟子皆亦觀知時舍利弗及目揵連從坐起到阿難前語阿難言世尊志意欲得於仁以為侍者仁有善利獨蒙稱可宜速往白求為佛侍時賢者阿難見諸上座来到其前又聞其語尋起合掌白上座言世尊德重智思深遠以我常近親侍奉事懼招罪尤自遺殃患舍利弗等復語之言今觀世尊專注致意欲得於仁以為侍者如日初出照于室宅光從東牖直照西壁世尊注心亦復如是又復世尊究人情能知仁堪任是以留意宜時速白求為侍者賢

者阿難重得是語思惟是事靡知所如復更合掌白諸上座若今世尊賜我三願我乃堪任為佛侍者何謂為三世尊故衣勿與我著世尊殘食莫令我敢時節進現隨我裁量賜此三願乃能侍佛舍利弗等聞是語已具以其事往白世尊佛聞此已告舍利弗諸弟子等阿難所以求索不著我故衣者阿難長慮恐諸弟子懷嫉妬者而生此心國王臣民諸檀越輩施佛貴價細濡之衣阿難貪此故求給事復索不敢我殘食者慮諸弟子復生此心如来鉢中所食之餘甘美百味世無此食阿難嗜故而来側近阿難所以索自裁量時節進現者慮諸弟子及外道衆生來進現有所難問不知時節儻相惱觸又為侍者當條時節飲食所宜便身蓋體一一制度處過見及是以先預索此三願又復阿難不但今日索自知時過去此時奉侍於我善知時宜時舍利弗重白佛言不審過去奉事於佛善知時宜其事云何佛告舍利弗汝欲聞者諦

聽著心當為汝說唯然世尊諾當善聽佛告舍利弗乃往過去無數無量阿僧祇劫有大國王領閻浮提八万四千小國八十億聚落王所住城名婆樓施舍於是城中有一婆羅門号丘拘樓陁聰明博達天才殊邈王甚宗戴師而事之八万四千諸小國王悉遥敬慕瞻仰所在四遠貢獻遣使詣承略而言之如奉大王於是婆羅門富饒王家但無子息可以紹継出入坐卧每懷此愁不知何方可以得子即禱祀梵天天帝四王摩醯跋羅及餘諸天日月星宿山河樹神種種禱祀無所不遍剋誠積報經十二年其大夫人便覺有身聰明女人能得知此自知所懷必是男兒即以情事白婆羅門婆羅門歡喜倍增怡躍即勅家内夫人婇女悉共擁護夫人進止飲食林薦極令細濡調適稱給莫違其意十月已滿便生男兒身紫金色頭髮紺青端正超異人相難有婆羅門見喜不自勝即名相師來共相之相師披觀嘆未曾有此兒相好福

德弘廣天下所瞻如子賴母其父歡喜勅為立字天竺作字依於二種或依星宿或依變異相師便問懷妊以來有何變異其父答言此兒之母素來忌惡少於慈順不脩慈慧自懷妊來心性改異矜憐苦厄如母愛子志好布施無有貪惜相師聞之歡喜而言是此兒志故使然也當為立字號摩訶闍迦樊晉言大施其兒漸大父甚愛念別為作宮立三時殿冬溫夏涼春秋居中安諸伎侍以娛樂之其兒聰明好樂學問誦持俗典十八部書文既通利并善其義學諸伎術靡所不通其後大施白其父言久在深宮思欲出遊父聞此語即勅臣吏我子大施欲出遊行掃灑街陌除諸不淨豎諸幢幡散華燒香莊嚴道路極令潔淨施設辦已大施於是乘大白象七寶校飾揵鍾鳴鼓作倡伎樂千乘万騎導從前後行大御道往詣城門於時國中人民之類於樓閣上俠道兩邊競共觀看無有猒足皆各言曰甚奇甚妙觀其威相猶如梵天轉

復前行見諸乞兒著弊壞衣執持破器甲言求哀匄我少少許大施見之而問之曰汝等何以辛苦乃介或有荅言我無父母兄弟妻子貧窮孤煢無所恃怙或有荅言我有長病不能作役自活無路或有荅言我之不幸數遭破亡債負盈集身口所切無方自濟是以行乞以繼餘命大施聞已酸嘆而去次復前行見諸屠兒剋剝畜生剮割稱賣大施見問此作何等各各荅言曰父已來屠煞為業若捨此事無以自濟大施嘆息捨之而去次見耕者以犁墾地虫從土出蝦蟇拾吞復有虵來吞食蝦蟇孔雀飛來啄食其虵大施問之此作何等荅言墾地於中下種後當得穀以自供養并復當得以輸王家大施聞已深歎而去次復前行見諸獵者張網設罝捕諸禽獸見諸禽獸墮罝網中自挽自頓不能得脫悲鳴相喚各懷怖懼大施見之何以作此各共荅言我等唯仰獵煞為業若不為此存活無路聞其語已酸傷而去次復前行見

捕魚師張設羅網所得甚多積著陸地趣能動捕復問其故此何以介各前荅言祖父已來無餘生業唯仰捕魚賣供衣食大施見已甚懷愍悼而自思惟是諸衆生皆由貧窮乏衣食故為此惡業煞害衆生歡喜極意壽終之後當歸三塗從冥入冥何其怯哉作是念已迴駕還宮思憶是事愁憂不樂往見其父求索一願父語大施隨汝所求終不相違即自說言先日出遊觀彼人民求衣求食勞形役思煞害欺誑具諸惡業意甚矜憐思欲賑給唯願垂恩施我大藏聽自恣施濟衆所之父告之曰我聚財寶盡為汝故意欲介奈何相違兒得父教即勅宣下一切人民摩訶闍迦樊欲設大檀有所須者皆恣來取唱令已訖沙門婆羅門貧窮負責孤苦疾病諸城道邊前後而住諸人民輩有從百里二三百千里來者復從三千五千万里來者皆強弱相扶四方雲集一切給與滿其所願須衣與衣須食給食金銀七寶車馬輦轝園田六畜稱

意而與如是布施經數時中諸藏之物三分已二時典藏吏往白其父摩訶闍迦樊自布施來藏物已三分巳施其二諸王信使當有往返頗熟思惟後勿見責父聞吏語自思惟言吾愛此子不能距逆寧復空藏何能中斷如是布施復經數時用殘藏物三分復二吏復更白前所殘物三分之中巳更用二諸王信使事須報知今藏垂空願更重思時婆羅門而語吏言吾愛此子愛心隆厚未曾違失面折其意汝可方便假設因緣來求物時乍稱不在且令餘殘延引日月吏得語巳即閉藏户小復他行乞兒來集至大施所大施將來詣吏求物其吏不在比行推覓經歷時節困乃得之雖復得物不稱時要大施自念今此小吏自力何敢不承受我將是父意故使尒耳又人子之法不宜空竭父母之藏令其盡也今此藏中所殘無幾作是念巳我當云何多得財寶用滿我意濟給群生即問諸人今此世間作何事業可得多財用之難盡或有人

言多種五穀脩治園圃可得多財或有人言多養六畜隨時蕃息可得多財或有人言不避劇難遠出行估販得多財或有人言唯有入海採取珎寶最得多財大施用此而自言曰耕種養畜遠出行估既非我宜得利無幾唯有入海此計可從我當力勵求辦此事作是念巳往白父母今欲入海求多珎寶還用施給濟民所乏唯願見聽得遂所志父母聞語驚而問言世人入海窮貧無計分棄身命無所顧戀汝有何事復欲習此若欲布施我家所有一切衆物及藏中殘盡令汝用莫入大海又復海中衆難甚多水浪迴波摩竭大魚惡龍羅剎水色之山如是衆險難可經過汝有何急投身此難我等命存終不相聽宜息汝意勿多紛紜大施聞此願不從心甚懷悒慼而自心念我今所願欲辦大事設復貪身事何由成以身布地伏父母前而自言曰若必顧留違我志願伏身此地終不復起父母聞此心懷灼然與諸內宮前諫喻曰海道

遼遠險難事多往者甚衆來還者尠我念求子禱祠諸天精誠懇惻靡所不遍經十二年因乃從願適汝長大欲得捨我念棄此志還起飲食從一日二日至于六日如是種種諫喻求曉其言如初執志不迴父母心懼自共議言此兒前後欲有所作要令成辦未曾中退今令入海猶望期還今必拒遮到其七日交見其禍為之奈何宜當聽去轉復在後言議已决俱來兒邊各捉一手而語兒言聽隨汝意起還就食大施聞此即起就飯飯食巳訖即起出外廣行宣令告語衆人我今躬欲入海採寶誰欲往者可共俱進我為薩薄自辦行具於時國中有五百人聞是令巳僉然應命即辦所須剋定發日日到裝駕辭別趣道王與群臣并其父母諸王太子臣民之類數千万人送到路次各贈妙寶供道所須啼哭斷絶於是別去轉行數日止宿曠野值遇群賊來欲向盜菩薩憐愍即以所賫盡用匃與轉前到城城名牧鉢城中有婆羅門名

迦毗梨於時大施往到其所欲從貸
索三千兩金時婆羅門有一妙女身
紫金色頭髮紺青端正絕世更無儔
類八万四千諸小國王皆為太子求
索不許是時大施到其門中問迦毗
梨欲共相見其女在內聞外語聲歡
喜驚起語父母言在外之者斯是我
智時迦毗梨即出相見覩其色狀知
必非凡聞其須金一切許給又復左
手捉金澡罐右手捉女語大施言今
我此女容貌殊異諸王遣使各為子
求今覩薩薄端正相似請以此女用
相奉侍大施荅言我今方當涉難入
海焉知能得安全還不預受君女此
非所以迦毗梨言若令吉還當為我
受是時大施即許可之時迦毗梨歡
喜便與三千兩金及餘所須於是共
別轉前到海勅語賈人牢治其船令
有七重依風以至推著海中以七張
大索繫於岸邊便搖鈴唱令告衆賈
人汝等皆聽海中之難黑風羅剎水
浪迴覆龍毒氣水色之山摩竭大魚
衆難甚多百伴入海時一要還誰欲

退者可於此住索斷之後欲悔無及
若能堅心不顧身命分捨父母兄弟
妻子竊遇安隱得七寶還者子孫七
世食用不盡作是令已便斷一索日
日如是七日復唱令已斷第七索望
風舉帆船疾如箭普與衆賈到於
寶所大施多聞識諸寶輕重貴賤色
貌好醜示諸賈客如是色寶致之不
重價貴可取如是華寶致重價賤各
共莫取又復約勅取寶多少當令得
中多則船重重則沉沒少雖船輕不
補勞苦誡語已訖各勤採拾積著船
上寶足裝嚴便欲來還於時大施不
欲上船諸人悉集問其意故大施荅
言我欲前進至龍王宮求如意珠盡
我身命不得不還衆賈聞此愁悴無
憀各共白言我曹之等憑賴薩薄指
捨所重冒嶮至此冀望相因全濟還
家今者云何欲見棄捨大施荅言我
當為汝自捨求願令汝曹等安隱還
國諸賈人聞心怖乃安大施導師手
執香鑪向於四方而自立捨我不憚
勞涉海求珎用濟群生飢乏之困令

集此德用求佛道若我至誠所願當
就令此衆賈及船珎寶不逢惡難安
全還國作捨已訖衆賈前抱導師手
足涕泣愴恨辭別還國斷索舉帆還
閻浮提皆蒙安隱得出大海舉衆
別後前入於水水可齊膝行經七日
轉復前行其水漸深可齊於咽復經
七日如是前進七日齊腰七日齊項
七日恒浮到一山邊兩手捉木刺山
而上經平七日乃徹山頂於彼山上
平行七日復還下山七日徹下到於
水邊水中皆有金色蓮花有諸毒虵
其毒極盛悉以其身纏蓮花根菩
薩見此即自端坐繫心攝念入慈三
昧念諸毒虵本生之時皆由瞋恚嫉
妬倍盛故生此中受斯惡形極以慈
心矜憐悲念慈心已滿彼諸毒虵皆
自除歇大施即起蹈花而行復經七
日乃得度虵轉復前行見諸羅剎聞
人香氣皆來求覓大施已見攝心慈
觀諸羅剎輩敬心自生源語來問欲
何所至大施具荅欲求如意寶珠羅剎
歡喜而自念言此福德人去於龍宮

其道猶遠云何使此經涉辛苦我當發遣於諸嶮難即時接去度四百由旬乃還致地於是大施轉自前行見一銀城白淨曒然知是龍城歡喜往趣見其城外有七重塹滿諸塹中皆有毒虵其毒猛盛視之可惡大施導師念諸毒虵皆由前身怒害多盛故受如斯可惡之形念慈哀愍如視赤子慈心已滿毒虵悉除即起蹈上行詣龍城見有二龍以身繞城交頭門閫見於大施仰頭愕視大施尋時復入慈心龍毒便除低頭不視大施即前躡上而過城中有龍坐七寶殿遥見菩薩驚起自念今我城外七重塹中皆有毒虵餘龍夜叉無敢妄越斯是何人能來至此即前迎問作礼恭敬請令就坐坐七寶牀種種美饍以用供養食已談語問其來意菩薩荅言閻浮提人貧窮辛苦求於財寶供衣食故煞害欺誑具造衆惡命終之後墜三惡道意甚憐愍欲救濟故涉嶮遠來見於大王求栴陁摩尼往用救濟積此功德誓求佛道若不拒逆唯

見給與龍王荅言栴陁摩尼難得之寶汝故遠涉正來為此若能開意留住一月受少微供因為說法栴陁摩尼介乃可得菩薩可之龍王日日供設百味作諸伎樂供養菩薩菩薩便為具足分別四念處慧經一月竟辭當還去龍王歡喜解髻寶珠以用奉上因而言曰大士慈心普濟難及此志强猛必至佛道我願為作智慧弟子菩薩可之而問之言今汝此珠有何力能即荅之言此珠能雨二千由旬一切所須菩薩自念此珠雖快故未辦我曠濟大事諸龍大小送到門外重相辭謝於是別去轉復前行遥見一城紺青琉璃其色清潔復前往趣其城外邊亦七重塹諸塹之中亦滿毒虵菩薩見已念此諸虵瞋妬所致故來此中受此毒形端坐入慈極加哀念慈心已盛毒皆得除經蹈其上往趣城門亦見二龍以身纏城交頭門閫已見菩薩擧頭怒視菩薩尋時思惟慈心慈心已滿其毒復除便復低頭菩薩蹈過介時城中有龍王坐

七寶殿遥見菩薩驚起自念計我城外七重虵塹諸龍夜叉无能越者此何人能來至此尋下迎問恭敬作礼請詣殿上坐七寶牀辦諸百味盛美飯食食竟徐徐談問所由菩薩因荅故來之意唯欲求七栴陁摩尼龍王白言栴陁摩尼其為難得苟欲得者願受我請二月住此并見開示菩薩之行龍王供設種種飲食作諸伎樂而以供養菩薩具足為其分別四神足事經二月已辭當還去龍王即出髻中寶珠以用奉上因立要誓大士懃心悲濟群生其心廣大必至佛道我願為作神足弟子菩薩可言如汝所願又復問此所與寶珠力能云何龍即荅言此珠能雨四千由旬一切所須菩薩自念此珠轉勝雖復殊妙未稱我意諸龍大小送出門外各懷戀恨於是別去轉更前進見一金城其色晃晃甚為妙好菩薩往趣見其城外亦七重塹諸塹之中亦滿毒虵菩薩自念此諸毒虵亦由前身習恚憎妬怒害盛故受此毒形端坐入慈極

加愛念慈心已至毒虵皆除便前登躡蹈上而過到於城門亦見二龍以身纏城交頭門閫已見菩薩仰頭愕視菩薩如法入于慈定龍毒得除伍頭而視即前躡上度入城中彼時城中亦有龍王處於寶殿遥見菩薩愕然自念我此城外七重壍滿中毒虵餘龍夜叉无能越者今此何人能来至此心極奇怯尋下迎問致敬為礼請令上殿施七寳牀讓之令坐坐已具食種種美味食以徐問所以来意菩薩答言閻浮提人薄德窮苦勞身伇恳煞害欺誑為衣食故具十不善命終後復墮三𢇁苦中意甚愍傷思欲救濟承海龍王有如意珠故渉遐嶮唯望得此龍王答言如意寳珠此難得物大士故来逄當相與若欲得者四月留住受我微供并見教誨菩薩尋可龍王歡喜日日施設百味上美躬自斟酌奉進甘食亦復勑作種種伎樂菩薩恒為分別諸法名字本末廣宣其義龍王敬慕專意聽受朝夕聞說不失時節隨時所須自龍裁量諸龍

夜叉来欲求現可進可退自立限度奉事四月善知時宜四月已竟菩薩辭去尒時其龍即解髻中如意之珠用奉上之因立誓願大士弘誓慈心曠濟悲彼群生不憚勤勞必能成佛拔濟塗炭願作侍者摠持弟子菩薩許之又復問言所可施珠力能何如龍王答言此珠能雨八千由旬七寳所須菩薩歡喜而自念言閻浮提地七千由旬此珠之德副我所望前後所得凡有三珠繫在衣角即起出城諸龍大小送到城外各懷悲戀遂共別去菩薩到前捉珠求願若今實是旃陁摩尼當令我身能飛虚空求願已訖即舉其身便能飛翔出于海外已度海難小眠休息是時海中有諸龍輩自共議言我曹海中唯此三珠其德甚大難有般比此人皆能索得持去可惜此寳當還攝取言議已竟密解持去菩薩眠覺看珠不在即自思惟此中無人必是海龍持我寳去我為此珠遲涉遐嶮今垂還國滿我所願雖取我珠吾終不放會當力盡

抒此海水誓心尅志必命於此若不得珠終不空歸思惟已定即行海邊得一龜甲兩手捉持方欲抒海海神知意来問之曰海水深廣三百三十六万里正使一切人民之類盡来共抒不能使減况汝一身而欲辦此菩薩答言若人至心欲有所作事無不辦我得此寳當用饒益一切群生以此功德用求佛道我心不懈何以不能是時首陁會天遥見菩薩一身一意獨執勤勞欲用充濟安樂一切我曹云何不往佐助展轉相語来至其所菩薩下器一切諸天盡以天衣同搙水中菩薩出器諸天舉衣棄著餘處一反抒海減四十里二反抒之減八十里三反抒之減百二十里其龍惶怖来到其所語言止止更莫抒海菩薩尋休龍来問言汝求此寳用作何等菩薩答言欲用給濟一切衆生龍復問言如汝言者我曹海中衆生甚多何以不與必欲得去菩薩答言海中之類亦是衆生然無劇苦如閻浮提人民之類為錢財故煞害欺誑

賢愚經卷第八　第二十七張　斯字号

作十不善死墮三途我以人類解於
法化故來索寶先充所乏後以十善
而勸誨之龍聞其語出珠還之尒時
海神見其精進强力所作即作揩言
汝今如是精進不休必成佛道我願
為作精進弟子菩薩得珠復更飛去
到便先問入海同伴賈客即下在地
同伴見之驚喜無量皆共歎言甚奇
甚特轉復前行到施鉢城迦毗梨婆
羅門聞於菩薩海中吉還歡喜踊躍
出迎問訊并請同伴為設客會辦具
種種餚饍飲食託談敘行路恤耗
是時菩薩持其寶珠循歷其家婆羅
門家內諸藏悉滿會者覩此歎未曾
有時迦毗梨莊嚴其女若干種寶挍
餝其身躬手自捉金寶澡罐先自洗
手後牽女辟授與菩薩菩薩為受迦
毗梨歡喜嚴五百伎女擇取才能工
為伎者具五百白象衆寶莊挍極令
奇異用送其女菩薩勅伴駕乘進路
城中大小送到道次作衆伎樂導從
還國大施父母自與兒別愛憂迷憒
啼哭過哀其目俱冥盲無所見兒還

賢愚經卷第八　第二十八張　斯字号

到國礼拜問訊父母聞聲以手摩捫
尒時審知大施還國悲喜交代窮責
其子汝寶無狀捨我入海困苦我遭
微命趣存汝大海中得何等物菩薩
出珠以授父母父母手捉而自言曰
今我藏中如斯石比亦不少也何用
辛苦方乃得此菩薩取珠循父母眼
目欸明淨如風除雲既得還視心遂欣
豫感此珠德嘆言甚奇汝雖辛苦功
不唐捐菩薩復捉其珠而從求願若
是旃陁摩尼者使我父母身下自然
有七寶奇妙珍異牀座上有嚴淨七
寶大蓋言訖尋成一切皆喜菩薩復
更捉珠求願令我父母及王臣民一
切諸藏皆悉盈滿即以其珠四向歷
託如語悉滿莫不驚喜即時遣人乘
八千里象告閻浮提一切人民摩訶闍
迦樊海中吉還得如意珠其德殊異
却後七日當令其珠雨於一切珍寶
衣食隨人所須自恣而取皆各齋戒
諸侯以待告下遍已七日頭到大施
菩薩沐浴其身著新淨衣至平坦地
即持其珠著高幢頭手執香鑪四

賢愚經卷第八　第二十九張　斯字号

方求願閻浮提人貧窮辛苦欲得濟
給令無有乏若當實是旃陁摩尼便
當次第雨衆所須求願已訖四方陰
雲即時風起吹諸不淨瑕穢糞掃皆
悉除去次雨微水以掩塵土次雨飲
食百味上美次雨五穀次雨衣服次
雨七寶種種奇珍閻浮提內衆寶積
滿人民之類自恣而取上妙衣食盈
溢有餘視諸珍寶猶如瓦石尒時菩
薩觀民充足即遣臣吏四遠告下閻
浮提內咸使聞知汝等群民先由窮
乏求於衣食及諸財寶更相欺誑慇
害搶意自利忘義不惟罪福命終皆
墮三塗之中從冥入冥受罪多劫常
想悲憐無由相濟故忘形苦涉嶮入
海得此寶珠來用相救汝等既已更
無乏短念自剋勵勤脩十善攝身口
意慈仁孝順精進御意勿懷放逆種
種方便廣勅奉善因作書文告諸王
臣騰其法誨咸令聞知更相勸督勿
妄為非尒時一切閻浮提內既蒙大
恩慈澤滂潤各思何方仰酬至德又
蒙優敎勅使脩善咸皆慕義專習

慈敬制身口意不妄犯非命終之後皆得生天如是舍利弗欲知介時父婆羅門尼拘樓陁者今現我父淨飯王是介時母者今現我母摩訶摩耶是時大施者今我身是銀城中龍者今舍利弗是琉璃城中龍者今目揵連是金城中龍者今阿難是時海神者今離越是阿難為龍王時奉事於我善知時宜乃至今日素自知時阿難欲得此三願者隨從其意阿難聞此歡喜踊躍從座處起長跪白佛當盡形壽為佛侍者時諸會者聞佛所說感念大恩專心剋勵思惟四諦諸法出要有得須陁洹斯陁含阿那含阿羅漢者有種辟支佛善因緣者有發無上正真道意者有得住不退地者咸共歡喜頂戴奉行

賢愚經卷第八

賢愚經卷第八

校勘記

一　底本，金藏廣勝寺本。

一　一一七頁中三行品名，資作「蓋事因緣三十八」；磧、普、南作「蓋事因緣第三十八」；徑、清作「蓋事因緣品第三十八」；麗作「蓋事因緣品第三十四」並有夾註「丹本爲三十八」。

一　一一七頁中九行「悉思」，資、磧、普、南、徑、清作「皆悉思惟」。

一　一一七頁中一〇行第九字「坐」，諸本(不含石，下同)作「坐處」。

一　一一七頁中二〇行第一一字「王」，資、磧、普、南、徑、清無。

一　一一七頁中末行「冠闍建提」，資、磧、普、南、徑、清作「罰闍建提」；麗作「罰闍達提」。

一　一一七頁下三行「勇捍」，諸本作「勇悍」。

一　一一七頁下八行末字「或」，麗作「感」。

一　一一七頁下一七行末字「經」，資、磧、普、南、徑、清作「逕」。

一　一一七頁下一九行第六字「詣」，磧、普、南、徑、清作「諸」。

一　一一七頁下末行第五字「開」，資、磧、普、南、徑、清作「迴」。

一　一一八頁上三行「特物」，資、磧、普、南、徑、清作「異物」。

一　一一八頁上七行「常在」，資、磧、普、南、徑、清作「當在」。

一　一一八頁上一三行「畢足」，資、磧、普、南、徑、清作「具足」。

一　一一八頁上一八行第一一字「字」，資、磧、普、南、徑、清作「字字」。

一　一一八頁上二〇行「畢訖」，資、磧、普、南、徑、清作「畢竟」。

一　一一八頁上二〇行末三字至次行首字「諸小王臣」，資、磧、普、南、徑、清作「小王臣民」。

一　一一八頁中二行「不全」，諸本作「不存」。又「不在」，諸本作「不存」。

一　一一八頁中三行第一三字「令」，磧、南作「今」。

一　一一八頁中五行「倉篳」，普、南、徑、清、麗作「倉筥」。

一　一一八頁中一一行第四字「相」，徑、清、麗作「應」。

一　一一八頁中一四行第四字「更」，麗作「王更」。又第九字「人」，麗作「衆人」。

一　一一八頁中一五行第一〇字「裳」，諸本作「調」。

一　一一八頁中一七行「天王」，諸本作「大王」。

一　一一八頁下一行第六字「之」，諸本作「王」。

一　一一八頁下五行「鼓具」，資、磧、普、南、徑、清作「鼓貝」。

一　一一八頁下七行「民臣」，諸本作「臣民」。又末字「時」，諸本作「時時」。

一　一一八頁下八行末字「飯」，資、磧、普、南、徑、清作「飲」。

一　一一八頁下九行「白言」，資、磧、普、南、徑、清作「白王」。

一　一一八頁下一七行「梵天」，磧、普、南作「梵王」。

一　一一八頁下二一行第七字「强」，徑、清作「雖」。

一　一一九頁上七行「問訖」，諸本作「問訊」。

一　一一九頁上九行第五字「亦」，諸本作「亦無」。

一　一一九頁中二行第八字「汝」，諸本作「如」。

一　一一九頁中五行「典藏」，資、磧、普、南、徑、清作「典藏等」。

一　一一九頁中一〇行至次行首字「羅閱建提」，資、磧、普、南、徑、清作「罰闍建提」；麗作「罰闍達提」。

一　一一九頁中一三行第四字「以」，諸本作「恒以」。

一　一一九頁中一九行第八字「復」，磧、普、南、徑、清作「往」。

一　一一九頁下一行「阿利耶蜜羅」，資、磧、普、南、徑、清作「阿利那蜜羅」。

一　一一九頁下七行第九字「之」，資、磧、普、南、徑、清無。

一　一一九頁下一〇行「闍維」，資、磧、普、南、徑、清作「耶旬」。

一　一一九頁下二〇行品名，資作「大施杅海品三十九」；磧、普、南、徑、清作「大施杅海緣品第三十九」；麗作「大施杅海品第三十五」並有夾註「丹本爲三十九」。

一　一二〇頁上九行「心在」，資、磧、普、南、徑、清作「心存」。

一　一二〇頁上一二行第九字「坐」，諸本作「坐處」。

一　一二〇頁上一七行第七字「思」，諸本作「慧」。

一　一二〇頁中二行第一一字「今」，資、磧、普、南、徑、清作「令」。

一　一二〇頁中五行第一二字「賜」，資、磧、普、南、徑、清作「得」。

一　一二〇頁中一六行第七字「生」，

諸本作「來」。

一 一二〇頁中一八行第九字「蓋」，諸本作「益」。

一 一二〇頁中二〇行第一三字「此」，諸本作「世」。

一 一二〇頁下一八行第八字「悉」，麗作「來」。

一 一二一頁上二行第五字「字」，徑作「子」。

一 一二一頁上八行「是此」，資、磧、普、南、徑、清作「此是」。

一 一二一頁上二一行末字至次行首字「伕道」，資、磧、普、南、徑、清作「夾道」；麗作「挾道」。

一 一二一頁中二行「少少許」，資、磧、普、南、徑、清作「少少」；麗作「少許」。

一 一二一頁中六行「不幸」，資、磧、普、南、徑、清作「不遇」。

一 一二一頁中八行第八字「繼」，麗作「託」。

一 一二一頁中一〇行第三字「削」，資、磧、普、南、徑、清作「稍」。

一 一二一頁中一一行「各答言曰父」，資、磧、普、南、徑、清作「答言曰祖父」；麗作「各言曰祖父」。

一 一二一頁下二行第五字「捕」，諸本作「摇」。

一 一二一頁下一一行「求衣求食」，資、磧、普、南、徑、清作「以求衣食」。

一 一二一頁下一三行「賑給」，資、磧、普、南、徑、清作「拯給」。

一 一二一頁下一五行第四字「意」，諸本作「汝意」。

一 一二一頁下一七行「設大檀」，資、磧、普、南、徑、清作「大檀施」。

一 一二一頁下一九行「道邊前後而住」，諸本作「道路前後而去」。

一 一二一頁下二〇行「三百」，諸本作「三五百」。

一 一二二頁上三行第一〇字「己」，諸本無。

一 一二二頁上七行第九字「殘」，資作「綫」。

一 一二二頁上九行第一一字「知」，資、磧、普、南、徑、清作「遺」。

一 一二二頁上一二行「假設」，資、磧、普、南、徑、清作「假託」。

一 一二二頁中四行「採取」，資、磧、普、南、徑、清作「採求」。

一 一二二頁中五行第八字「用」，諸本作「聞」。

一 一二二頁中末行「灼然」，資、磧、普作「㣿然」；南、徑、清作「灼熱」。又「内宮」，麗作「内官」。

一 一二二頁下二行「我念」，資、磧、普、南、徑、清作「念我」。

一 一二二頁下三行第七字「因」，麗作「困」。

一 一二二頁下七行「所作」，資、磧、普、南、徑、清作「所爲」。

一 一二二頁下八行「期還」，諸本作「還期」。

一 一二二頁下一〇行「轉復」，麗作「轉憂」。

一 一二二頁下一三行第一三字「語」，

資作「諸」。
一二二頁下二一行末字「向」，諸本作「伺」。
一二二頁下末行「牧鉢城」，諸本作「放鉢城」。
一二三頁上七行第一〇字「之」，資、磧、普、南、徑、清作「語」。
一二三頁上一〇行「捉金澡罆」，資、磧、普、南、徑、清作「提金澡罐」；麗作「捉金澡罐」。
一二三頁上一一行第五字「貎」，資、磧、普、南、徑、清作「妙」。
一二三頁上二二行第四字「龍」，諸本作「惡龍」。
一二三頁中三行「竊遇」，諸本作「際遇」。
一二三頁中四行第八字「令」，資、磧、普、南、徑、清作「念」。
一二三頁中七行第七字「識」，諸本作「明識」。
一二三頁中一三行第八字「來」，徑、清作「求」。
一二三頁中一七行首字「憏」，資、磧、普、南、徑、清作「聊」。
一二三頁中一八行首字「捨」，資、磧、普、南、徑、清作「棄」。
一二三頁下五行「舉衆」，資、磧、普、南、徑、清作「與衆」。麗作「尒時大施與衆」。
一二三頁下一七行「毒虵」，麗作「虵毒」。次頁上九行同。
一二四頁上一五行第二字「皆」，資、磧、普、南、徑、清無。
一二四頁中八行「心普」，資、磧、普、南、徑、清作「普悲」。
一二四頁中一二行末字「来」，諸本作「未」。
一二四頁中一九行第一一字「經」，資、磧、普、南、徑、清作「徑」。
一二四頁中二一行第七字「撆」，資作「驚」。
一二四頁中二二行第一三字「便」，徑作「更」。
一二四頁中末行「有龍王」，諸本作「有一龍王」。
一二四頁下二行末字「此」，諸本作「此是」。
一二四頁下四行末字「飯」，資、磧、普、南、徑、清作「飲」。
一二四頁下七行第六字「其」，諸本作「甚」。
一二四頁下一二行末字「勤」，資、磧、普、南、徑、清作「慈」。
一二四頁下一九行第五字「去」，諸本作「後」。又第九字「進」，資、磧、普、南、徑、清作「行」。
一二四頁下二二行第一三字「恚」，資、磧、普、南、徑、清作「毒」。
一二五頁上一行「毒虵」，麗作「虵毒」。
一二五頁上七行第七字「七」，諸本作「有七」。
一二五頁上一四行首字「後」，資、磧、普、南、徑、清作「之後」。
一二五頁上末行「自龍」，諸本作「龍自」。

一　一二五頁中六行「塗炭」，麗作「荼蓼」。
一　一二五頁中一五行「便能」，資、磧、普、南、徑、清作「徑能」。
一　一二五頁中二二行「逕涉」，諸本作「經涉」。
一　一二五頁中末行「力盡」，諸本作「盡力」。
一　一二五頁下一行「必命」，諸本作「畢命」。
一　一二五頁下一四行首字「拚」，資、磧、普、南、徑、清作「淹」；麗作「弁」。
一　一二五頁下二二行末字「間」，諸本作「閭」。
一　一二六頁上九行「施鉢城」，諸本作「放鉢城」。
一　一二六頁上一六行「澡罐」，諸本作「澡罐」。又「自洗」，資、磧、普、南、徑、清作「洗自」。
一　一二六頁上二〇行第一三字「進」，麗作「即」。
一　一二六頁上二二行「愛憂」，諸本作「憂結」。
一　一二六頁中三行「我遭」，諸本作「我曹」。
一　一二六頁中八行「既得還視」，諸本作「既還得視」。
一　一二六頁中一一行第一一字「身」，資、磧、普、南、徑、清無。
一　一二六頁中一二行首字「有」，麗作「當有」。
一　一二六頁中二一行「諸侯」，資、磧、普、南、徑、清作「儲侯」；麗作「儲侯」。
一　一二六頁下二行「旃陁摩尼」，麗作「旃陁摩尼者」。
一　一二六頁下三行末字「陰」，資、磧、普、南、徑、清作「陰雨」。
一　一二六頁下一三行「自利」，磧、普、南、徑、清作「見利」。又「不惟」，資、磧、普、南、徑、清作「不推」。
一　一二六頁下一五行首字「想」，諸本作「相」。
一　一二六頁下一九行「書文」，諸本作「文書」。
一　一二六頁下二〇行第二字「騰」，資、磧、普、南、徑、清作「幐」。
一　一二六頁下二二行「澹閏」，諸本作「霑潤」。
一　一二七頁上三行「尼拘樓陁」，資、磧、普、南、徑、清作「尼拘盧陀」。
一　一二七頁上六行第一二字「今」，資、磧、普、南、徑、清無。
一　一二七頁上九行第一〇字「素」，資、磧、南、徑作「索」。
一　一二七頁上一五行第一〇字「善」，麗作「善根」。

賢愚經卷第九

宋沙門慧覺共威德在高昌譯

淨居天請佛洗緣

如是我聞一時佛在舍衛國祇樹給孤獨園尒時首陁會天下閻浮提至世尊所請佛及僧洗浴供養世尊默然已為許可即設飲食并辦洗具温室𤏙水調和適體穌油浣澤皆悉備有施設已辦白世尊曰食具已訖唯聖知時於是世尊及諸比丘納受其供盡共洗浴并享飲食其食甘美世所希有食竟澡漱各還本坐是時阿難長跪合掌白世尊曰此天往昔作何功德形體妙好威相奇特光明顯赫如大寶山唯願世尊敷演其事佛告阿難諦聽善持吾當解說乃往過去毗婆尸佛時此天彼世為貧家子恒行庸作以供身口聞毗婆尸佛說浴僧之德情中欣然思設供養便勤作務得少錢穀用施洗具并及飲食請佛衆僧而已盡奉由此福行壽終之後生首陁會天有此光相佛告阿難而此天者非但今日請佛及僧尸棄佛時亦來此閒供養世尊及於衆僧及至迦葉佛時亦復如是佛告阿難此天非但承供七佛於當來世賢劫之中與千佛出亦當一一洗佛及僧猶如今日無有差別尒時世尊因受天記於未來世滿阿僧祇百劫之中當得作佛号曰淨身十号具足所化衆生不可限量尒時阿難及諸四衆聞佛所說歡喜無量咸作是言如來出世所利益大如是少施獲報弥多佛告阿難善哉善哉如汝所言因為衆會廣說妙法其聞法者有得道迹往來不還逮應真者發大道意各各歡喜頂受奉行

善事太子入海緣

如是我聞一時佛在羅閱祇耆闍崛山中與大比丘僧圍繞說法尒時賢者阿難見提婆達多於如來所常懷嫉妬駈飲醉象推山鎮佛種種方便欲得危害然佛慈心常有矜愍於睺睺羅及提婆達多視之一等無有差別賢者阿難覩其如是常懷悲恨思

惟在意從座而起偏袒右肩長跪合掌歎說是事佛告阿難提婆達多不但今日興惡於我宿世之時亦傷害我然我於彼常慈念之賢者阿難即白佛言不審世尊提婆達多亦為傷害尒時慈愍其事云何願具說示佛告阿難過去久遠無數无量不可思議阿僧祇劫此閻浮提有一國王名曰勒那跋弥晉言寶鎧領五百小國王有五百夫人婇女皆無有子王便禱祠諸天日月山海樹神經年歷紀不獲子息王大愁憂而自念言我今無子旦夕崩亡國無紹繼天下必乱所以者何五百諸臣不相賓伏便當力諍强弱相陵狂煞無辜亡國豈民莫不由此念是事已益增憒惱時有天神知王至意於王夢中而語王言城外林中有二仙士其第一仙身有金色福德聡辯不可逮及汝若須子可往求請必當迴意來生王家王尋驚悟差有善色即勅駕乘單將數人逕至推覓便得見之即向求哀種種自說國無繼嗣憂深慮重貪屈大仙來

生我家紹繼國嗣去我憂患若不見恥唯垂見願尒時仙人見王慇懃不忍拒逆即便可之第二仙人須語王言我亦當往生於王家王大歡喜便辭還宮經歷數時金色仙人即取命終大王夫人名曰䕫摩即覺有身聡明女人能得此智知所懷妊分別男女便自說言我所懷妊必當是男王及宮內聞此語已欣悅無量王勅宮內夫人婇女盡共承給稱悅其意牀蓐飲食極令細軟將護進止不臨危險十月已滿其大夫人便生男兒端正絕異身紫金色其髮紺青人相具足王及內外觀之無猒因召相師令占相之相師尋諦上下觀相歡喜踊躍而白王言此兒相好人中難有聡明福德不可逮及王聞遂喜復告相師可為立字相師問王今此太子受胎已來有何變異王即荅言此太子母素來妬惡樂人之過妄舉姧非見他人善心不為喜懷妊已來志性改異為人慈仁矜愚愛智好修施惠等意護養相師聞此讃言善哉此是兒志

寄情於母便為立字字迦良那伽梨晉言善事其第二夫人名曰弗巴第二仙人亦復命終生於第二夫人腹中日月足滿便生男兒形躰状貌無他殊異復召相師次令相師而瞻相之相師披觀而語之言此太子者是常人耳福德智能為足自任王復勅之為其立字相師復言有何異事王語相師此太子母素性忠良為人慈順樂宣人善懷妊已来返更樂惡嫉妬賢能見善不喜相師復言此亦兒志寄之於母故使然耳因即立字為波婆伽梨晉言惡事其王尒時注心愛念迦良那伽梨不失其意即勅為起三時之殿冬時居温殿春秋居中殿夏時居涼殿安置伎樂而娛樂之太子漸大聡辯殊異學諸世典十八部經誦持通利善其義理後辭出遊王即聽之勅治道陌除去不淨乘大白象金銀校餝千乘万騎導從前後街道陌中一切人民俠道兩邊諸樓閣上觀者無數皆言太子㷀似梵天威相姿貌人中希有尒時太子見諸

乞兒身體羸瘦衣被弊壞左捉破器右持折杖卑言求哀從人乞匃太子問曰何以乃尒羣臣荅言如此人輩或無父母孤窮單獨無所依仰癃疾狂病不能作役無一錢儲身口所切是使尒耳太子心慈愍深增悼轉復前行見諸屠兒煞害畜生稱割稱賣太子問言何以作此尋各荅言我不必樂祖父已來以此為業若捨此事無以自濟太子聞此長歎而去轉前到田見諸耕者墾地虫出蝦蟇拾吞復見有虵吞食蝦蟇孔雀飛來啄食其虵太子問人此作何等耕者荅言此是我業於中下種後當得穀以自供食并輸王家太子歎曰人由飲食煞害衆生役身役力辛苦乃尒轉復前行見諸獵師趣向群鳥撼弓欲射復見安網張施在地見諸禽獸墮在其中驚張鳴吼不能得脫太子問言皆作何等咸皆荅言捕諸禽獸以自供濟太子聞此深歎捨去到河池邊見捕魚師張網捕魚狼籍在地跳踉中縮死者无數太子復問皆各荅言

我仰此魚用供衣食太子長歎愍衰羣生為衣食故乃當如是煞害衆生供俟身口殃罪日資後報如何便還迴宮憂念不樂往曰父王願賜一願王荅之曰恣汝所欲不相違逆太子白王出行遊觀覩彼群品為衣食故欺誑煞害積罪日增意甚悼愍欲得供濟願王聽我用於王藏自恣布施充民所乏王於太子倍加愛念聞其所語不能違意即便可之於是太子即時宣下告語人民迦良耶伽梨太子布施窮困乏短之者一切施給皆悉來取若有欲須金銀寶物衣服飲食及諸所須當施與之即開王藏出諸寶物著諸城門及置市中隨人所須一切悉給尒時諸國沙門婆羅門貧窮孤老癃殘疾病强弱相扶次第而至須衣與衣須食與食金銀寶物恣意而與尒時人民展轉相語遍閻浮提皆悉來集用王寶藏三分向二時典藏臣入白王言大王典領五百小國諸國使命當有往返事須寶物還相報遺太子布施用王內藏三分

之物向用其二王可思之勿令後悔王聞是語而告臣言我此太子意好布施其心猛威不可迴轉若當禁遮儻違其意令其憂惱當云何耶分恣其意莫得違失如是數時太子布施所殘藏物三分用二臣復白王前所殘物日日布施三分之中已更用二餘殘少許當俟信遣不可盡用願王熟思後莫見咎王便思惟而告臣曰吾愛此子特復倍餘不忍顯露違逆其意若來索寶小避行來若其急索且復與之乍得乍不得可延日月尒時藏臣得王敎已太子後日來索寶時其臣託緣餘處行來或時索得或時不得不能一一稱其所須太子覺之而自念言今此藏臣有何力能敢違失我不相承用將是王意故使尒耳又人子禮不應竭用父母庫藏令其盡也今此藏中所殘無幾我當云何得於財寶給施一切令無有盡作是念已即問諸人今此世間作何事業可得多財稱意用之有一人言不避劒難遠出販賣可得多財有一人言

墾治田畞不避寒暑廣種五穀可得多財有一人言多養六畜隨時將護時節蒭息可得多財有一人言唯不顧命能入大海至龍王宮求如意珠斯事成辦最得多財於時太子聞衆人語而自念言行估種田畜養六畜且非我宜得利无幾唯入大海詣龍王宮此入我意當勤求是事作是念已往白父王我欲入海求索珎寶給施衆生用之無盡唯願父母當見聽許王及夫人聞太子言甚懷憂灼問太子曰汝有何意而欲入海苟欲布施成汝本志我家所有藏内餘殘盡當與汝以用布施何為自棄云欲入海又聞海中多諸𠧙難黒風羅刹水浪迴波摩竭大魚水色之山如斯衆難安全者少百伴共往時有一還汝今何急沒身危險我及汝母无不拯憂諸王臣民皆懷灼惕之懼念捨此意勿更紛紜於是太子聞王此語心在大計志存拔濟王雖留遮意不傾動規盡身命成辦其事布身于地腹拍王前因白王言唯願垂哀遂子本

心若必拒逆不見聽許伏身此地終不起也王及夫人内外一切見太子意不可迴轉自揩畢死伏身于地皆共解喻曉謝令起其言如初執志不變從一日至二日乃至六日王及夫人自共議言太子不食已經六日到明七日命必不全此見前後意欲所作要必成辦不可迴轉若令入海猶有還理今違其意交斷人望就當聽之放憂在後王與夫人相可已訖俱共来前各捉一手涕淚交流因語之言聽汝入海可起還食於時太子聞王語已歡喜而起曉喻父母我雖入海不久當還唯願莫大憂念於我為辦種種餚饍飲食已訖出外廣行宣令迦良那伽梨今欲入海誰欲往者當共俱進尒時國中有五百賈客咸皆来集悉言欲去是時國中有盲導師自前已曾數返入海太子聞之即往到邊向其慇勤嘉言求曉汝當與我共入大海示我行來利害去就導師荅言我既年耄又盲無見雖欲自去私情甚難王愛太子隆倍異常須

臾離目有懷悒遲今聞與我共入大海儻復見拒各我不少於時太子聞是語已即便還宫自白父王今此國中有盲導師前已數返曾到大海願王勑曉令共我去王聞是語自往其所語導師言我此太子志存入海種種諫語意堅不迴事不得已今聽就去念其年少未猒辛苦聞汝前行知海去就望汝迴意忍勞共往尒時導師聞王是語即白王言恨我年耆盲无所見大王所勑豈敢有違王得是語即自還宫于時太子即共導師論定發日還到王所王問左右誰敬愛我可與太子共往採寶波婆伽梨即白王言願與兄俱共涉大海王聞此語而自念言今弟共往險厄之中儻能濟要勝於他人作是念已即可聽去尒時太子出三千兩金以千兩辦粮千兩辦船復以千兩辦諸所須嚴辦已訖於是欲發王及夫人諸王臣民啼哭送之別於路次於是太子與諸同伴進道而去到於海邊牢治其舩令有七重候風時節推著水中以

七大索繫於海邊搖鈴唱令語衆人言汝等皆聽海中衆難水浪迴波惡龍羅刹黑風迴覆海色之山摩竭大魚如是餘難其數猶多前後入海吉還者少若狐疑者於此可還誰能堅意分捨身命不顧父母不戀妻子當共入海至於寶所若得珎寶安隱還歸子孫七世用不可盡作是念已便斷一索日日如是至於七日唱令已訖斷第七索望風舉帆船疾如箭往與諸人到彼寶渚太子聰明通達世典識寶色相悉知其價示諸衆人諸寶好醜勅語衆賈令隨意取重告諸賈令多少得中多取船重有沉没之憂少取行勞不補其苦勅誡已訖獨與導師別乘小船與衆賈別轉復前進導師問言此前應有白色之山汝為見不太子言見導師語曰此是銀山轉復前行導師復問當有紺色之山汝見未耶太子答言我已見之導師語言是紺琉璃山轉更前進復問太子此中應有黃色之山汝為見未太子言見導師語之此是金山到金山

賢愚經卷第九　第十二張　類字號

下坐金沙上導師言曰我今羸劣命必不濟示方面已進止道路汝從是去前當有城其城極妙七寶雜廁汝到城門城門若閉其城門邊有金剛杵汝便取杵以撞其門城中當有五百天女各賫寶珠來用奉汝更有一女宜持尊勝所持寶珠而有紺色名旃陁摩尼此如意珠得便堅持勿令失脫其餘與者亦得取之攝錄諸根勿復與語我今轉極餘命少少若命終後念識我恩斟我發哀埋此沙中導師語竟氣絶命終對之悲慟為之塟埋隨其所教前進而去到七寶城城門堅閉見金剛杵在其門邊如語取杵以撞其門城門便開五百天女各持寶珠來奉太子宜前一女手所持珠如語紺色隨次第攝取裹在衣角便旋還來前太子別後波婆伽梨復語衆人行來不易但當多取衆人貪寶取之過度太子還到其舟已滿放船還來船便沉没諸賈人輩乍沉乍浮太子已有如意珠故身不没溺波婆伽梨遥喚太子當見救濟勿便

賢愚經卷第九　第十三張　類字號

捐棄太子聞語即牽共浮力厲相挽便得出海出海之後弟語兄言我曹兄弟辤父母來入於大海望不空歸際遇不諧喪失財寶單身空到甚可耻也迦良那伽梨天性忠直即語弟言我故得寶弟語兄言當用見示即解衣裏以珠示之弟得見珠因復懷情念我父王恩慈不普偏愛我兄我不在意今我二人俱來入海兄得異寶我獨空歸從是已後當賤遇我我當云何因其卧寐陰煞其兄取其珠寶歸語父王言其兄沒海於是乃當異愛念我作是念已竊自懷計語其兄言人村漸近我曹兄弟不應俱眠宜更坐守護持寶珠兄即然之常共更守波婆伽梨次應休眠卧地經時極過常度然後乃起兄復次卧由坐久故睡極著波婆伽梨起入林中林中有樹其刺極利即取兩枚各長尺五持來兄邊兄眠甚重刺手捉一當其眼宕刺令没刺取寶而去太子苦痛高聲急喚波婆伽梨波婆伽梨此中有賊喚經數返無有應者尒時樹

賢愚經卷第九　第十四張　類字號

神語言汝婆伽梨是汝之賊刺汝眼竟持法珠去於是太子宛轉辛苦匍匐而行漸小前進到梨跋陁國至於澤宕值五百頭牛来到其邊有一牛王見於太子憐敬兼懐出舌舐之餘牛悉集愕住共視時牧牛人來前試看覩太子卧在于地見其眼中有是長刺觀其形相又知非凡即為拔刺將至住處常以蘇乳著其瘡中飲食供給隨其瞻養復經數時眼瘡漸差主人承事未曾懈廢尒時太子問牧牛人汝居此中有何基業牧牛人荅我在此中无有基業唯仰乳酪賣用自濟太子自念我遭困厄勞煩主人恒供養我今者瘡差小能行來當更方宜求易處所念是事已因語主人尒所時節共相勞煩感念主人恩難酬報我欲前行到於城中展轉行乞以自供活時牧牛舍主聞太子言懼其舍内妻子奴婢有餘欣辭聞太子耳若其不尒何緣乃辭作是念已先問舍内汝曹有何不稱之事而令貴客辭欲索去舍内皆言我曹於此

如兄如弟不知何緣欲相捨去於時舍主語太子言我相承侍未有不稱不可捨我轉行餘乞於時太子聞舍主語見其慇懃恒護其意且小停住復經數時便語主人汝供侍我隨時無乏家内一切接我隆厚但我意中自欲轉行到前城中望遣一人將我共往時牧牛人見其慇懃恐違其意令其心愁躬自將護共至城中已到彼城共別當還太子語言汝衰我者買索一琴與我自娛時牧牛人尋買索與共相辭謝於時别去尒時太子素多伎能歌頌文辭極善巧妙即於陌宕激聲歌頌彈琴以和音甚清雅城中人民聞其音者皆樂聽受无有猒足各持飲食競来與之時城中有五百乞兒皆来依附賴其飽食梨師跋王有一園監為王監守果㮈之園㮈有熟者鸚鵡来食手力不周不能驚遮於時園監擔㮈與王其中好㮈鸚鵡啄壞王見瞋恚欲加刑罰園監惶怖向王自陳家之人力故使尒耳唯見寬恕原旬刑罰當索守人更不令尒

王便恕置不問其罪園監得脫行求索人見迦良那伽梨匃於道邊觀其形相似是忠人即語之曰汝能為我看守園不汝若能者當供所乏太子荅言我眼無見云何看守園監語者汝苟欲看雖復无眼當作方便多作細繩繫諸樹端以諸鈴物連繫相著展轉相牽汝捉一頭若聞有聲汝便頓繩鸚鵡驚怖無緣得住太子聞語而荅之言若有此事我能為之共相可竟即往為守時波婆伽梨到父王國王怪獨来即問消息波婆伽梨而語王言我曹不遇船重沉没迦良那伽梨并諸賈人合諸珎寶盡没大海我力勵浮趣得全濟王及夫人聞是語已悶絶良久無所覺識以水灑面困乃還蘇宮閣内外諸王臣民聞此事者莫不悲悼王及夫人語波婆伽梨迦梨太子没海汝何以来何不并就死大海中合土人民無不痛惜朝夕哭懸如喪父母太子在宮常愛一鴈王告其鴈太子養汝今入大海奄没不還何不往看知其所在因作書

昔以繫鴈項鴈即高翔廣行求覓遊
彼國上識其歌聲即下試看得見太
子鳴聲悲喜不能自勝太子聞識即
解取書眼無所見不能看讀因求紙
筆作書與王說波婆伽梨刺眼委曲
所更歷處辛酸諸事繫於鴈項鴈便
賢愚經卷第九　第十八張
飛去梨師跋王時有一女端政殊妙
世間希有王甚愛重不違其意時女
辭王出遊園觀王便聽去女至園中
見於太子迦良那伽梨頭乱面垢目
無所見著弊壞衣坐林樹間其女觀
察覩其色狀心情矚向不離其側便
王其邊與共談語食時已到王遣人
喚女還遣人白於王曰願送食來欲
就此食即送食來女語太子我欲共
汝一處坐食太子答言我是乞匃之
人汝是王女云何共食王若聞者罪
我不少其女慇懃語太子言若汝不
肯我便不食如是數返逼迫不已而
便共食言遂欵篤意漸附近目無去
離日轉欲暮王遣人喚女女還遣人
往白王曰我願為此守園人婦不用
其餘國王太子今我專心慇懃如是

唯願父王勿違我意使到王所具道
其事王聞是已不能違情因自言曰
此事奇異是女不肖乃至若是寶鎧
大王為第一太子迦良那伽梨來求
索之今此太子入海未還乃欲為是
乞兒作婦辱人名字甚為不少我當
覆頭藏著何處作是語已復遣人喚
女言如初執志不移時王愛念不能
違意就并將來著於宮中便令交會
成為夫婦復經數日婦恒晝去冥乃
來還夫佐問之汝言與我共為夫婦
晨去暮還心不在此將為他志故使
尒耶婦因自誓我今一心共相尊奉
無有他意大如毛髮若當實尒至誠
不虛令汝一目平復如故言誓已訖
一目尋復如是一故復問太子汝之
父母為在何國太子語婦汝聞大王
勒那跋弥名字不耶答言聞之是我
父也彼王太子迦良那伽梨汝復聞
不答言聞之我身是也婦即驚問汝
復何為辛苦如是太子因為說其本
末婦聞是語深懷歎息語太子言波
婆伽梨懷害於汝自古至今未有此

處汝若得彼當云何治答言波婆伽
梨雖害於我我於其邊永無瞋恨婦
復語言此事難信相困如是㮇何不
瞋迦良那伽梨因自誓言若我於彼
波婆伽梨無有微恨大如毛髮我言
至誠不虛欺者當令一目復得平復
自誓已訖眼悉明淨婦見其夫兩目
皃淨端正威相未曾所覩喜不自勝
往白其父寶鎧太子迦良那伽梨父
王識不王答言識女即言曰今欲見
不王言今在何處女言我夫則是其
人王笑之曰此女癡狂志乱失性迦
良那伽梨入海未還見盲乞兒名之
為是女復白言願王往看王尋往視
審是太子衣毛悚然愧懼交懷腹拍
其前向懺悔言實不相知願恕其過
客將太子還著界上便唱露言大王
太子迦良那伽梨從大海還施設辦
具嚴駕為馬躬與群臣自往迎之還
來到國廣作實眾莊校其女方云始
欵以女用配尒時鴈還擔書到國大
王見鴈披解看讀始得消息知太子
存具其所更辛酸諸事王及夫人乍

悲作喜宮閤内外靡不悲悼懊惱瞋憤取波婆伽梨枷鏁其身幽閉在獄勑令告下梨師跋王太子辛苦在於尒國云何嘿住不来表示書到其時爲馬侍送事若有違吾當自往使便賫書徑到其國梨師跋王奉受披讀於是太子語梨師跋王牧牛之人於我有恩我今思念欲得見之可遣使往為我喚之王尋呂来太子語王我眼被刺正仰此人供給將養如我父母王若見念當為我報王大歡喜即時賜遺名衣上服爲馬車乘園田舍宅金銀寶物奴婢僕使并所典牛盡持與之其人歡喜非其所望便得安樂終身富貴即還報使還表事情太子在此實所不知辛酸諸事伏想垂曲太子今在已還得眼即娉鄙女為太子妻比嚴辦具臣自衛送尋勑嚴具五百白爲金銀挍餝極令殊妙選五百人奉侍太子復令擇取五百侍女極取端正才能巧妙種種寶物而莊餝之五百乘車寶物莊挍亦令極妙以送其女梨師跋王自與羣臣數

百千乘亦共侍送伎樂歌頌圍繞前後稱慶無量進道還國尒時其使到大王所披讀書表甚增喜踊告下諸王悉皆来集即嚴爲馬群臣百官夫人婇女導從前後躬迎太子到於界宕尒時太子遥見父王下車步進頭面礼拜問訊父母父母亦下便共抱持別久念想與子相見一悲一喜諸王臣民見其如是欣感之情不可具說談論粗訖即還駕乘揵鍾鳴鼓作衆伎樂歡喜稱善導從趣城門外太子白王波婆伽梨今何所在王荅之言如斯悪人天下不覆吾不忍見先来幽閉在於獄中太子白王今當還放王荅之言其罪深重未及撿挍太何當出太子復言若不放出波婆伽梨終不入城王即勑放語令来出既得脫出来見太子太子抱持慰撫其意然後尒乃入城至宮尒時父母諸王臣民男女大小見於太子視於然家如視赤子波婆伽梨雖刺其眼無有微恨大如毛髮敬愛慈憫倍加於前一切大衆皆共歎美甚為奇特天

上人中實無有比太子到宮與波婆伽梨親欵之情慈愛如舊徐問其珠今在何處波婆伽梨荅太子言来時藏著道邊土中勑還往取求覔不得太子共往到便見之𠬡取珠寶還共歸宮以五百寶珠遺與諸王各令取一殘如意珠而自留之手捉其珠便從求願若實當是如意珠者令我父母所坐之處有七寶座頂上當有七寶大蓋其言已訖如語而成復捉其珠而從求願令我父母舍内諸藏及諸王臣所有諸藏前所用施悉令還滿即時捉珠四向歷訖一切諸藏而皆還滿復勑諸臣告下諸國迦良鄃伽梨太子却後七日當雨七寶即時告下悉皆聞知於時太子香湯洗浴著新淨衣手執竪立大幢以珠著頭著香爐向四方礼口自說言若其實是如意珠者便當普雨一切所須求願已訖四方雲霧即有風来吹除糞穢及餘不淨悉自除去次復雨水用淹塵土次復雨於百味飲食種種美味次雨五穀次雨衣服次雨七寶積滿

天下尒時人民稱慶无量視諸珍寶
猶如瓦石於時太子廣布宣令汝等
已得一切所須供身之事无所乏少
若能感識如是之恩攝身口意脩十
善道尒時一切閻浮提內感念太子
無極之施人聞其令剋勵其心奉行
十善不犯衆惡命終之後皆得生天
佛告阿難欲知尒時迦良那伽梨太
子者今我身是尒時我父勒那跋弥
今現我父淨飯王是尒時母者今現
我母摩訶摩耶是時梨師跋王摩訶
迦葉是尒時妻者今瞿夷是尒時波
婆伽梨者今提婆達多是閻浮提人
蒙我恩者我初得道八万諸天及我
弟子得授記者如此等是阿難我於
尒時為彼所害辛苦極理猶以慈心
而矜愛之況我今日得成佛道煩惱
都除慈悲廣布被彼少害豈不慈愍
佛說是已時諸會者聞佛所說感念
世尊為於群生經涉劇苦而不退廢
歎未曾有悲喜交懷剋心勵志思惟
妙法有得須陁洹斯陁含阿那含阿
羅漢者種辟支佛善根者有發无上
正真道意者咸共敬戴歡喜奉行

賢愚經卷第九

摩訶令奴緣品第四十八

如是我聞一時佛在迦維羅衛國尼拘盧陀
僧伽藍佛初還國於時諸釋覩佛威儀相好
殊異身體金色三十二相視之無猒各共羣
聚街陌市里異口同音歎說如來於此衆中
無有儔類實可敬哉時諸比丘聞是論已並
共白佛說其諸人歎詠之詞於時世尊告諸
比丘汝等當知吾乃往昔於此衆中最尊最
妙不但今日時諸比丘各共白佛不審世尊
過去世時於此衆中最尊最妙其事云何爾
時世尊告諸比丘諦聽諦聽善著心中吾當
為汝具足解釋過去世事對曰唯然願樂欲
聞佛便為說過去無量不可思議阿僧祇劫
此閻浮提有大國王名曰令奴其王統領八
萬四千諸小國王一萬大臣五百太子夫人
婇女合有二萬最大夫人字提婆跋提最後
懷妊生一太子其兒端正身紫金色其髮紺
青兩手掌中千輻輪相其左足底有馬形相

其右足底有白象相其兒福德人中奇尊即依父母而爲立字提婆今奴乳哺長大令奴大王卒遇時病其命將終諸小國王羣臣太子咸來問病因問大王假其終没諸王太子誰應紹嗣時王報曰若我諸子有能具足十功德者乃立爲王何等十德一者身紫金色其髮紺青二者兩手掌中有金輪相具足不缺三者其右足底有白象相四者其左足下有馬形相五者著王衣服與身相可不大不小六者坐王御座威德巍巍其坐安隱七者諸王羣臣歡喜敬禮稱善無量入於後宮夫人婇女踊躍歡喜作禮恭敬八者若將至於天祠泥天木像悉爲作禮九者福德威力能雨七寶稱給一切十者其母是誰提婆跋提夫人所生若有具足是十功德斯乃立之用作大王敎勑已竟無常對至遂便命終諸王臣民五百子中從其大者次以十事觀相其身此諸太子身無金色髮無紺青手掌無輪足底無有象馬之相著王者服不相應當坐于御座其木師子驚張起立欲搏嚙之諸王

臣民悉不敬禮將至宮内夫人婇女悉不歡喜無禮敬者設入天祠自禮天像諸餘泥木天像悉不作禮語使雨寶亦復不能又復不是提婆跋提夫人所生乃至五百諸大太子於十事中乃無一事最下小子身紫金色其髮紺青看其兩手輪相具足覩其脚底象形馬相眪然如畫著王法服與身相可坐於御座福德巍巍諸王臣民無不敬禮入於後宮夫人婇女敬奉作禮將至天祠泥木天像悉皆爲禮教使雨寶始語即雨問是誰生提婆跋提夫人所生十事具足諸王臣民即拜爲王至十五日日初出時有金輪寶從東方來輪有千輻縱廣一由旬王即下座右膝著地跪而言曰若我福德應爲王者輪當稱我即如其言來在殿前住虛空中白象寶者從香山來毛尾貫珠若王乘上象皆能飛從朝至午遍四天下若以足行足所觸地即成金沙紺馬寶者身紺青色其馬毛尾皆悉珠色皆雨七寶若王乘上一食之頃遊四天下不疲不勞神珠寶者自然而至其珠光明晝夜恒

照百二十里内復能雨於七寶稱給一切玉女寶者自然而至端正姝妙稱適王意典藏臣者王須七寶隨意給足終無乏盡其典兵臣王若欲須四種兵時顧視之頃諸兵悉集行陣嚴整威力非凡七寶既具坐自思惟吾享斯位皆由前身宿種福業乃致之耳今當紹繼使不斷絶即以香湯洗浴其身著新淨衣手執香爐向于東方跪而言曰東方快士來受我請即時便有二萬辟支佛來至王宮南西北方悉皆請之時有六萬辟支佛來受王請王與諸臣四事供養其八萬四千諸小國王離家來久即啓大王欲辭還國王即聽之因啓王曰此中快士其數甚衆願王垂愍減省少許與臣供養願使將來共享斯福於時大王即以四方辟支佛與諸小王隨時供養經八萬四千歲諸王臣民命終之後皆得生天佛告諸比丘欲知爾時令奴王者今現我父白淨王是爾時提婆跋提夫人者今現我母摩訶摩耶是爾時提婆令奴王者今我身是爾時五百太子者今此五百釋是我乃

爾時於諸人中最爲尊妙吾今成佛衆相具足於此衆中最爲奇妙時諸大會聞佛所說有得須陀洹者斯陀含阿那含阿羅漢者有種辟支佛因緣者有發菩薩心成不退者衆坐歡喜頂戴奉行

善求惡求緣品第四十九

如是我聞一時佛在舍衛國祇樹給孤獨園爾時提婆達多雖復出家利養蔽心作三逆罪推山壓佛傷佛脚指復縱放黒象欲令害佛別僧兩部殺漏盡比丘尼以故殺生疑畏受後報時有六師即往問之六師便爲説諸邪見言爲惡無罪爲善無福信敬心生喪斷善根是時阿難析體愛重惋恨情深悲哽懊惱白世尊言調達愚癡造不善業壞破善根辱釋種子爾時世尊告阿難言提婆達多非但今世爲利養故斷破善根過去世時亦貪利養喪身失命阿難白佛言世尊提婆達多過去世時貪利喪身其事云何願樂欲聞佛告阿難善聽當説往昔無量不可思議阿僧祇劫此閻浮提有國名波羅柰時有薩薄名摩訶夜移其婦懷妊自然仁善意性柔和月滿生男形體端正父母愛念施設美饍延請親戚并諸相師共相娛樂抱兒示衆爲其立字相師問言此兒受胎已來有何瑞應其父答言受胎已來其婦自然慈心和善相師即爲立字名爲善求乳哺長大好積諸德慈愍衆生次後懷妊自然弊惡期滿生男形體醜陋即請相師爲其立字相師問言此兒懷妊有何感應答言懷兒已來受性弊惡於時相師即爲立字名曰惡求乳哺長大好爲惡事恒生貪心懷嫉妬意年各長大欲行共賈入海求索寶物各有五百侍從前後而發途路懸遠中道乏粮經於七日去死不遠是時善求及諸賈人咸共誠心禱諸神祇欲濟飢儉於空澤中遥見一樹枝葉鬱茂便即趣之有一泉水善求及衆悉共誠心求哀救護誠感神應現身語之斫去一枝所須當出諸人歡喜便斫一枝美飲流出斫第二枝種種食出百味具足咸共承接各得飽滿斫第三枝出諸妙衣種種備具斫第四枝種種寶物悉皆具足莊嚴悉備所須盡辦惡求後到衆人如前盡得充足便自念言今此樹枝能出如是種種好物況復其根今當伐之足得極妙佳好之物思惟心定令人伐之是時善求聞如是語懷憤懊惱語惡求言我等飢乏命在旦夕蒙此樹恩得濟餘命云何懷此弊惡之心而欲伐之爾時惡求不用其言即掘其根善求感佩不忍見之領衆歸家伐樹已竟有五百羅刹取此惡求及衆賈人悉皆噉之財物伴侶一切喪失佛告阿難爾時善求者今我身是爾時父者今現我父淨飯王是爾時母者今現我母摩訶摩耶是也時惡求者今提婆達多是阿難提婆達多非但今日作不善事貪利養故世世常造我於往昔常與相值恒教善法而不用之反更以我爲怨爾時阿難及四部衆聞佛所説悲喜交集咸自勸勵頂戴奉行

賢愚經卷第九

校勘記

一　底本，金藏廣勝寺本。

一　一三二頁中二行譯者與三行品名之間，資、磧、普、南、徑、清有七品經文(阿難總持、優婆斯兄所殺、兒誤殺父、須達起精舍、大光明始發無上心、勒那闍耶、迦毗梨百頭)，載於第一〇卷。

一　一三二頁中三行品名，磧作「淨居天請洗緣品第四十七」；普、南、徑、清作「淨居天請洗浴緣品第四十七」；麗作「淨居天請佛洗品第三十六」。

一　一三二頁中八行「浣澤」，磧、普、南、徑、清、麗作「浣草」。

一　一三二頁中一四行「妙好」，磧、普、南、徑、清作「殊妙」。

一　一三二頁中二〇行第八字「施」，磧、普、南、徑、清作「設」。

一　一三二頁下三行「及至」，磧、普、南、徑、清、麗作「乃至」。

一　一三二頁下五行「興千佛」，磧、普、南、徑、清作「千佛興」。

一　一三二頁下七行首字「受」，磧、普、南、徑、清作「授」。又第一二字「百」，磧、普、南、徑、清作「一百」。

一　一三二頁下九行「不可」，磧、普、南、徑、清作「乃可」。

一　一三二頁下一五行經文與一六行品名之間，資、磧、普、南、徑、清多有二品經文(摩訶令奴緣品第四十八、善求惡求緣品第四十九)，茲據清藏本附録於卷末，並校以資、磧、普、南、徑。

一　一三二頁下一六行至卷末善事太子入海品全文，資、磧、普、南、徑、清載卷第十。

一　一三二頁下一六行品名，資作「善事太子入海品五十」；磧、普、南、徑、清作「善事太子入海緣品第五十」；麗作「善事太子入海品第三十七」並有夾註「丹本此品却在九卷爲四十二」。

一　一三二頁下二〇行第四字「飲」，磧、普作「欲」。

一　一三二頁下末行「怨恨」，資、磧、普、南、徑、清作「惋悵」。

一　一三三頁上一行「偏袒」，諸本(不念石，下同)作「偏袒」。

一　一三三頁上五行「世尊」，麗作「宿世」。

一　一三三頁上一一行「善色」，諸本作「喜色」。

一　一三三頁上一二行首字「至」，資、磧、普、南、徑、清作「往」。

一　一三三頁中二行「見顧」，資、磧、普、南、徑、清作「降顧」。

一　一三三頁中三行第一二字「須」，諸本作「復」。

一　一三三頁中六行「大王」，麗作「王大」。

一　一三三頁下一行「宇迦良」，資、磧、普、南、徑、清作「名迦良」。

一　一三三頁下五行「次令相師」，麗

無。

一三三頁下七行「自任」，磧、徑、清作「自住」。

一三三頁下一六行「伎樂」，南、徑、清作「妓直」。

一三三頁下一八行「善其義理」，資、磧、普、南、徑、清作「並善其義」。

一三三頁下二一行「俠道」，資、磧、普、南、徑、清作「夾」；麗作「挾」。

一三四頁上六行「心慈愍深」，諸本作「慈愍心深」。

一三四頁中三行「日資」，麗作「日滋」。

一三四頁中三行末字至次行首字「還迴」，諸本作「迴還」。

一三四頁中四行第八字「曰」，諸本作「白」。

一三四頁中一一行第六字「語」，諸本作「諸」。又「迦良郁伽梨」，資、磧、普、南、徑、清作「迦良伽梨」。

一三四頁中一四行第三字「諸」，資、磧、普、南、徑、清作「餘」。

一三四頁下一二行「不得」，資、磧、普、南、徑、清作「否」。

一三四頁下二〇行「有盡」，麗作「有乏」。

一三四頁下二二行「用之」，資、磧、普、南、徑、清作「足用」。

一三五頁上三行第三字「翻」，諸本作「蕃」。又第九字「有」，磧、南、徑、清作「或」。

一三五頁上一一行第一三字「灼」，資、磧、普、南、徑、清作「忄勺」。一九行第八字同。

一三五頁上二一行首字「在」，資、磧、普、南、徑、清作「存」。又第五字「存」，資、磧、普、南、徑、清作「期」。

一三五頁中七行「欲所」，資、磧、普、南、徑、清作「所欲」。

一三五頁中九行第八字「交」，清作「反」。

一三五頁中一〇行第二字「放」，資、磧、普、南、徑、清作「故」。

一三五頁中末行首字「去」，資、磧、普、南、徑、清作「力」。

一三五頁下七行「意堅」，資、磧、普、南、徑、清作「意志」。又「聽就」，資、磧、普、南、徑、清作「就聽」。

一三五頁下八行「前行」，資、磧、普、南、徑、清作「曾行」。

一三五頁下一〇行「年耆」，資、磧、普、南、徑、清作「年老」。

一三五頁下一四行「波婆伽梨」，資、磧、普、南、徑、清作「波伽梨」。

一三五頁下一六行第六字「今」，資、磧、普、南、徑、清作「令」。

一三五頁下一九行第一〇字「辦」，磧、南、清作「供」。

一三六頁上八行「是念」，麗作「是令」。

一三六頁上一〇行末字「往」，諸本作「徑」。

一三六頁上一二行第一一字「諸」，磧、普、南、徑、清作「語」。

一三六頁上一三行末字「諸」，諸

本作「衆」。

一三六頁上一六行「衆貫」，資、磧、普、南、徑、清作「衆人」。

一三六頁上二一行第八字「山」，資、磧、普、南、徑、清無。

一三六頁中二行「示方面已」，資、磧、普、南、徑、清作「即示方面」。

一三六頁中三行「其城」，資、磧、普、南、徑、清無。

一三六頁中九行「亦得」，麗作「亦可」。

一三六頁中一三行「前進」，資、磧、普、南、徑、清作「進前」。

一三六頁中末行第一二字「滿」，諸本作「濟」。

一三六頁下七行第一三字「復」，諸本作「而」。

一三六頁下一〇行第一〇字「當」，資、磧、普、南、徑、清作「當遂」。

一三六頁下一一行「陰熱」，磧、普、南、徑、清作「徐殺」。

一三六頁下一三行首字「異」，資作「冀」。

一三六頁下一六行「休眠」，資、磧、普、南、徑、清作「休息」。

一三六頁下一八行第三字「睡」，諸本作「睡寐」。

一三六頁下二〇行「剡手捉一」，資、磧、普、南、徑、清作「一手捉一」；麗作「一手捉刺」。

一三七頁上一行「語言」，資、磧、普、南、徑、清作「語太子」；麗作「語太子言」。又「娑婆伽梨」，諸本作「波婆伽梨」。

一三七頁上二行「持法」，諸本作「持汝」。又「於是」，資、磧、普、南、徑、清作「於時」。

一三七頁上三行「梨跋陁」，諸本作「梨師跋陀」。

一三七頁上四行第七字「頭」，資、磧、普、南、徑、清無。

一三七頁上五行「兼懷」，資、磧、普、南、徑、清作「慊懷」。

一三七頁上七行第三字「覩」，諸本作「乃覩」。

一三七頁上一〇行「隨其」，資、磧、普、南、徑、清作「隨時」。

一三七頁中二行第一〇字「侍」，資、磧、普、南、徑、清作「待」。中五行第一一字諸本同。

一三七頁中一二行首字「索」，資、磧、普、南、徑、清作「琴」。同行第八字「時」，資、磧、普、南、徑、清作「是」。

一三七頁中一四行第三字「激」，諸本作「激」。

一三七頁中一五行「聽受」，諸本作「聽觀」。

一三七頁中二二行第二字「向」，資、磧、普、南、徑、清作「白」。

一三七頁中末行「原匀刑罪」，資、磧、普、南、徑、清作「原恕刑罰」；麗作「原匀刑罰」。

一三七頁下五行「語者」，諸本作「語言」。

一三七頁下一三行「不遇」，資、磧、

普、南、徑、清作「不偶」。

一 一三七頁下一六行「悶絶」，資、磧、普、南、徑、清作「絶悶」。

一 一三七頁下一九行「伽梨」，資、磧、普、南、徑、清無。

一 一三七頁下二〇行「人民」，資、磧、普、南、徑、清作「臣民」。

一 一三七頁下二二行第一一字「入」，資、磧、普、南、徑、清作「没」。又末字「奄」，資、磧、普、南、徑、清作「淹」。

一 一三八頁上一行「鴈項」，磧、南、徑、清作「鴈頸」。

一 一三八頁上六行「鴈項」，資、磧、普、南、徑、清作「鴈頸」。

一 一三八頁上一二行「矚向」，諸本作「屬向」。

一 一三八頁上一三行首字「王」，諸本作「坐」。

一 一三八頁上一七行「王若」，資、磧、普、南、徑、清作「若王」。

一 一三八頁中四行第三字「爲」，資、磧、普、南、徑、清無。

一 一三八頁中一六行「如是一故」，資、磧、普、南、徑、清作「如是已後」；麗作「如故」。

一 一三八頁中二二行「深懷」，資、磧、普、南、徑、清作「復懷」。

一 一三八頁下一三行「入海」，資、磧、普、南、徑、清作「大海」。

一 一三八頁下二一行「用配」，資、磧、普、南、徑、清作「爲配」。

一 一三八頁下末行「存具」，麗作「存在具知」。

一 一三九頁上二行首字「憤」，資、磧、普、南、徑、清作「責」。

一 一三九頁上四行「介國」，資、磧、普、南、徑、清作「汝國」。

一 一三九頁上一五行第一〇字「還」，諸本作「因」。

一 一三九頁上一七行「今在」，諸本作「今者」。

一 一三九頁上一八行「比嚴」，麗作「莊嚴」。

一 一三九頁上二一行第三字「取」，資、磧、普、南、徑、清作「最」。

一 一三九頁上二二行「莊飾」，資、磧、普、南、徑、清作「莊嚴」。

一 一三九頁中七行第一二字「便」，資、磧、普、南、徑、清作「更」。

一 一三九頁中八行「與子」，資、磧、普、南、徑、清作「與汝」。

一 一三九頁中一〇行「談論」，資、磧、普、南、徑、清作「談語」。

一 一三九頁中一一行「門外」，諸本作「到城門外」。

一 一三九頁中一四行第一〇字「白」，磧、普、南、徑、清作「向」。

一 一三九頁下五行「收取」，資、磧、普、南、徑、清作「收拾」。

一 一三九頁下一一行第一〇字「舍」，諸本作「宫」。

一 一三九頁下一五行第六字「後」，資、普作「彼」。

一 一四〇頁上四行第四字「識」，資、磧、普、南、徑、清作「謝」，又第九字「攝」，諸本作「當攝」。

一　一四〇頁上六行第五字「人」，資、磧、普、南、徑、清作「又」。

一　一四〇頁上一五行第四字「授」，資、磧、普、南、徑、清作「受」。

一　一四〇頁上二一行「勵志」，資、磧、普、南、徑、清作「廣志」。

一　一四〇頁上末行第四字「種」，資、磧、普、南、徑、清作「有種」。

一　一四〇頁下一行品名，資作「摩訶令奴品四十八」。

一　一四二頁上六行品名，資作「善求惡求品四十九」。

一　一四二頁中一一行第一六字「貫」，資、磧、普、南作「估」。

賢愚經卷第十　　替

宋沙門慧覺共威德在高昌譯

阿難捴持緣

如是我聞一時佛在舍衛國祇樹給孤獨園尒時諸比丘咸皆生疑賢者阿難本造何行獲此捴持聞佛所說一言不失俱往佛所而白佛言賢者阿難本興何福而得如是無量捴持唯願世尊當見開示佛告諸比丘諦聽着心斯之捴持皆由福德乃往過去阿僧祇劫尒時有一比丘畜一沙弥恒以嚴勑教令誦經日日課呈其經足者便以歡喜若其不足苦切責之於是沙弥常懷懊惱誦經雖得復无食具若行乞食疾得食時誦經便足乞食若遲誦則不充若經不足當被切責心懷愁悶啼哭而行時有長者見其啼哭前呼問言何以懊惱沙弥荅曰長者當知我師嚴難勑我誦經日日課限若其足者即以歡喜若其不充苦切見責我行乞食若疾得者誦經即足若乞遲得誦便不充若

賢愚經卷第十　第二張　替字号

不得經便被切責以是事故我用愁耳於時長者即語沙弥從今以往常詣我家當供飲食令汝不憂食已専心勤加誦經於時沙弥聞是語已即得専心勤加讀誦學課限不减日日常度師徒於是俱問歡喜佛告比丘尒時師者定光佛是時沙弥者今我身是時長者供養食者今阿難是乃由過去造是行故今得捴持無有忘失尒時諸比丘聞是說已歡喜信受頂戴奉行

優婆斯兄所煞緣

如是我聞一時佛在舍衛國祇樹給孤獨園尒時羅閱祇國有估客兄弟二人共住一處兄求長者女欲以為婦其女年小未任出嫡於時其兄即與衆賈遠至他國經歷年歲滯不時還女年向大任可嫁處而語其弟卿兄遠行投彼不還汝今宜可納取我女其弟荅言何有是事我兄存在不敢有違尒時長者數數陳說其弟意堅未曾迴轉長者不已詐作遠書託諸賈客說兄死亡弟聞兄死心乃愕

賢愚經卷第十　第三張　赫字号

然長者復往而告之曰卿兒已死女當云何卿若不取當思餘計弟被急逼即妻其女經歷數時女便懷妊兄後便乃從他國還於時其弟聞兄還國心懷慙懼逃至舍衛發跡之後諸親友輩案其婦腹驗其胎兒如是展轉到於佛前慙愧所逼求索出家佛知可度即時聽許蒙佛聽已便成沙門名優婆斯奉持律行精勤不懈應時便得阿羅漢道六通清澈衆智具足時兄到家見弟已娶其婦嫉心內忿往追欲煞求索推問云至舍衛毒恚煩心即出重募誰能取得我弟頭者當與重賞金五百兩時有一人來應其募我能往取其頭兄即出金用募其人相將俱進至舍衛國到彼見弟坐禪思惟於時彼人欻生慈心而作是念我當云何煞此比丘吾設不煞當奪我金引弓欲射當挽弓時向彼比丘至於放矢乃中其兄其兄懷恚憤惱而死後更受身作毒虵形生彼道人戶樞之中毒心未歇規當害之戶數開閉撤身而死即死之後未

賢愚經卷第十　第四張　赫字号

能改操遂願更作小形毒虫依彼道人屋間而伺其道人端坐之時從屋間下墮其頂上惡毒猛熾即煞比丘時舍利弗見斯事已往至佛所而白佛言彼死比丘本作何緣今現得道被毒而死唯願世尊當見開示佛告舍利弗善聽善念吾當為汝具分別說乃往過去無數世中有辟支佛出現於世處在山林修習其志時有獵師恒捕禽獸施設方計望伺當得時辟支佛驚其禽獸令其獵師伺捕不得便懷瞋恚懊惱憤結即以毒箭射辟支佛時辟支佛心愍此人欲令改悔為現神足所謂飛行履虛屈伸舒戢出沒自在神足變現於時獵師見是事已心懷敬仰恐怖自責歸誠謝過求哀懺悔時辟支佛受其懺悔懺悔已竟被毒而死其人命終便墮地獄既出地獄五百世中常被毒死至于今日得阿羅漢道猶為毒虫見螫斷命由興惡意即還懺悔而發擔願使我來世遭值聖師所得神足如今者故今得值我蒙獲道法尒時舍

賢愚經卷第十　第五張　赫字号

利弗及與衆會聞佛所說歡喜奉行

兒誤煞父緣

如是我聞一時佛在舍衛國祇樹給孤獨園尒時有一老翁早失其婦獨與兒居困無財寶覺世非常念欲出家即往佛所求索入道時佛怜愍即聽出家於時其父便作比丘時兒年小即為沙弥恒共其父入村乞食暮還所止時有一村最為邊遠至彼乞食逼暮當還父年老行步遲緩其兒恐懼畏諸毒獸急扶其父排之進路執之不固推父倒地應時其父當手而死父死之後獨至佛所時諸比丘問沙弥言汝朝與師至村乞食今為所在沙弥荅言我向與師至彼乞食日暮還時師行小遲我時恐怖故急推之推之手急撲師著地我師於時即死道中時諸比丘呵責沙弥汝大惡人煞父煞師即以白佛佛告之曰此師雖死不以惡意即問沙弥汝煞師不沙弥荅言我實排之不以惡意而煞父也佛可其語如是沙弥我知汝心無有惡意過去世時亦復如是

無有惡意而相煞害時諸比丘聞佛
語已即共白佛不審世尊過去世時
二人父子有何因緣而便相煞佛言
諦聽吾當說之過去無量阿僧祇劫
時父子二人共住一處時父病極於
時輒卧多有蚉蠅數来惱軰父即令
兒遂遮其蠅望得安眠以解疲勞時
兒急遮蠅遂數来數来不止兒便瞋
恚即持大杖伺蠅當煞時諸蚉蠅普
来父額以杖打之即煞其父當於尒
時尒非惡意比丘當知尒時父者此
沙弥是時見以杖打父額者今彼死
比丘是由於尒時無有惡心以杖打
父煞之不以惡意令還相報亦非故
煞於時沙弥漸漸修學勤加不懈逮
得羅漢尒時諸比丘聞佛所說心悉
信解歡喜奉行

須達起精舍因緣

如是我聞一時佛在王舍城竹園中
止尒時舍衛國王波斯匿有一大臣
名曰須達居家巨富財寶無限好喜
布施賑濟貧乏及諸孤老時人因行
為其立号名給孤獨尒時長者生七

男兒年各長大為其納娶次第至六
其第七兒端政殊異偏心愛念當為
妻娶欲得極妙容姿端政有相之女
為兒求之即語諸婆羅門言誰有好
女相貌脩足當為我兒往求索之諸
婆羅門便為推覔展轉行乞到王舍
城王舍城中有一大臣名曰護弥財
富無量信敬三寶時婆羅門到家從
乞國法施人要令童女持物布施護
弥長者時有一女威容端正顏色花
妙即持食出施婆羅門婆羅門見心
大歡喜我所見者今日見之即問女
言叵有人来求索汝未荅言未也問
言女子汝父在不其女言在婆羅門
言語令出外我欲見之與共談語時
女入内白其父言外有乞人欲得相
見父便出外時婆羅門問訊起居安
和善耶舍衛國王有一大臣字曰須
達輔相識不荅言未見但聞其名報
言知不是人於彼舍衛國中第一富
貴汝於此間富貴第一須達有兒端
正殊妙卓略多奇欲求君女為可尒
不荅言可尒值有估客欲至舍衛時

婆羅門作書因之送與須達具陳其
事須達歡喜詣王求假為兒娶婦王
即聽之大載珎寶趣王舍城於其道
次賑濟貧乏到王舍城至護弥家為
兒求妻護弥長者歡喜迎之安置敷
具暮宿其舍家内搔擾辦具飲食須
達念言今此長者大設供具欲作何
等將請國王太子大臣長者居士婚
姻親戚設大會耶思惟所以不能了
知而問之言長者今暮躬自執勞經
理事務施設供具為欲請王太子大
臣荅言不也欲請婚姻親戚會耶荅
言不也將何所作荅言請佛及比丘
僧於時須達聞佛僧名忽然毛竪如
有所得心情悅豫重問之言云何名
佛願解其義長者荅言汝不聞乎淨
飯王子厥名悉達其生之日天降瑞
應三十有二万神侍衛即行七步舉
手而言天上天下唯我為尊身黃金
色三十二相八十種好應王金輪典
四天下見老病死苦不樂在家出家
脩道六年苦行得一切智盡結成佛
降諸魔衆十八億万号曰能仁十力

無畏十八不共光明焰耀三達遐鑒故号佛也須達問言云何名僧護弥答言佛成道已梵天勸請轉妙法輪至波羅棕鹿野菀中為拘憐五人轉四真諦漏盡結解便成沙門六通具足四意七覺八道悉練上虛空中八万諸天得須陁洹無量天人發無上正真道意次度欝卑迦葉兄弟千人漏盡意解如其五人次第度舍利弗目連徒衆五百亦得應真如是之等神足自在能為衆生作良祐福田故名僧也須達聞說如此妙事歡喜踊躍感念信敬企望至晚當往見佛誠報神應見地明曉尋明即往羅閱城門夜三時開初夜中夜後夜是謂三時中夜出門見有天祠即為礼拜忽忘念佛心自還闇便自念言今夜故闇若我往者儻為悪鬼猛獸見害且還入城待曉當往時有親友命終生四天見其欲悔便下語之居士莫悔也汝往見佛得利無量正使令得百車珎寶轉足一步逕趣世尊所得利深過踰於彼居士汝去莫悔正使令

得白為珎寶不如舉足一步往趣世尊利過於彼居士汝去莫悔正使令得一閻浮提滿中珎寶不如轉足一步至世尊所得利弥多居士汝去莫悔正使令得一四天下滿中珎寶不如舉足一步至世尊所所得盈利踰過於彼百千万倍須達聞天說如此語益增歡喜敬念世尊闇即還曉尋路往至到世尊所尒時世尊知須達來出外經行是時須達遥見世尊猶如金山相好威容儼然昞著過踰護弥所說万倍覩之心悅不知礼法直問世尊不審瞿曇起居何如世尊即時命令就坐時首陁會天遥見須達雖覩世尊不知礼拜供養之法化為四人行列而來到世尊所接足作礼長跪問訊起居輕利右遶三匝却住一面是時須達見其如是乃為愕然而自念言恭敬之法事應如是即起離坐如彼礼敬問訊起居右遶三匝却住一面尒時世尊即為說法四諦微妙苦空無常聞法歡喜便深聖法成須陁洹譬如淨潔白疊易染為色

長跪合掌問世尊言舍衛城中如我伴輩聞法易染更有如我比不佛告須達更無有二如卿之者舍衛城中人多信邪難染聖教須達白佛唯願如來垂神降屈臨履舍衛使中衆生除邪就正世尊告曰出家之法與俗有別住止處所應當有異彼無精舍云何得去須達白佛言弟子能起願見聽許世尊默然須達辝往為兒娶婦竟辝佛還家因白佛言還到本國當立精舍不知摸法唯願世尊使一弟子共往勑示世尊思惟舍衛城内婆羅門衆信邪倒見餘人往者必不能辦唯舍利弗是婆羅門種少小聡明神足兼備去必有益即便命之共須達往須達問言世尊足行日能幾里舍利弗言日半由旬如轉輪王足行之法世尊亦尒是時須達即於道次二十里作一客舍計挍功作出錢雇之安止使人飲食敷具悉皆令足從王舍城至舍衛國還來到舍共舍利弗案行諸地何處平博中起精舍案行周遍無可意處唯王太子祇陁

有園其地平正其樹欝茂不遠不近正得處所時舍利弗告須達言今此園中宜起精舍若遠作之乞食則難近處憒㝠妨廢行道須達歡喜到太子所白太子言我今欲為如来起立精舍太子園好今欲買之太子笑言我無所乏此園茂盛當用遊戲逍遥散志須達慇懃乃至再三太子貪惜增倍求價謂呼價貴當不能買語須達言汝若能以黄金布地令間無空者便當相與須達曰諾聽隨其價太子祇他言我戲語耳須達白言為太子法不應妄語妄語欺詐云何紹繼撫恤人民即共太子欲往訟了時首陁會天以當為佛起精舍故恐諸大臣偏為太子即化作一人下為評詳語太子言夫太子法不應妄語已許價決不宜中悔遂斷與之須達歡喜便勑使人象負金出八十頃中須臾欲滿殘有少地須達思惟何藏金足不多不少當取滿足祇陁問言嫌貴置之荅言不也自念金藏何者可足當補滿耳祇陁念言佛必大德乃使斯

人輕寶乃尔教齊是止勿更出金園地屬卿樹木屬我我自上佛共立精舍須達歡喜即然可之即便歸家當施功作六師聞之往白國王長者須達買祇陁園欲為瞿曇沙門興立精舍聽我徒衆與共捔術沙門得勝便聽是起立若其不如不得起也瞿曇徒衆住王舍城我等徒衆當住於此王召須達而問之言今此六師云卿買祇陁園欲為瞿曇沙門起立精舍求共沙門弟子捔其伎術若得勝者得立精舍苟其不如便不得起須達歸家著垢膩衣愁惱不樂時舍利弗明日到時著衣持鉢至須達家見其不樂即問之曰何故不樂須達荅言所立精舍但恐不成是故愁耳舍利弗言有何事故畏不成就荅言今諸六師詣王求捔尊人得勝聽立精舍若其不如遮不聽起此六師輩出家来久精誠有素所學伎術無能及者我今不知尊人伎藝能與鬪不舍利弗言正使此輩六師之衆滿閻浮提數如竹林不能動吾足上一毛欲捔

何等自恣聽之須達歡喜更著新衣沐浴香湯即往白王我以問之六師欲捔恣隨其意國王是時告諸六師今聽汝等共沙門捔是時六師宣語國人却後七日當於城外寬博之處與沙門捔舍衛國中八億人時彼國法擊鼓會衆若擊銅鼓八億人集若打銀鼓十四億集若打金鼓一切皆集七日期滿至平博處打擊金鼓一切都集六師徒衆有三億人是時人民悉為國王及其六師敷施高座尒時須達為舍利弗而施高座時舍利弗在一樹下寂然入定諸根寂默遊諸禪定通達無礙而作是念此會大衆習邪来久憍慢自高草芥群生當以何德而降伏之思惟是已當以二德即立擔言若我無數劫中慈孝父母敬尚沙門婆羅門者我初入會一切大衆當為我礼尒時六師見衆已集而舍利弗獨未来到便白王言瞿曇弟子自知無術偽求捔能衆會既集怖畏不来王告須達汝師弟子捔時已至宜来談論是時須達至舍利

弗所長跪白言大德大衆已集願來詣會時舍利弗從禪定起更整衣服以尼師壇著左肩上徐庠而步如師子王往詣大衆是時衆人見其形容法服有異及諸六師忽然起立如風靡草不覺為礼時舍利弗便昇須達所敷之座六師衆中有一弟子名勞度差善知幻術於大衆前呪作一樹自然長大蔭覆衆會枝葉欝茂花果各異衆人咸言此變乃是勞度差作時舍利弗便以神力作旋嵐風吹拔樹根倒著於地碎為微塵衆人皆言舍利弗勝今勞度差便為不如又復呪作一池其池四面皆以七寶池水之中生種種華衆人咸言是勞度差之所作也時舍利弗化作一大六牙白象其一牙上有七蓮花一一花有七玉女其象徐徃詣池邊并含其水池即時滅衆人悉言舍利弗勝勞度差不如復作一山七寶莊嚴泉池樹木花果茂盛衆人咸言此是勞度差作時舍利弗即便化作金剛力士以金剛杵遥用指之山即破壞無有

遺餘衆會皆言舍利弗勝勞度差不如復作一龍身有十頭於虛空中雨種種寶雷電振地驚動大衆衆人咸言此亦勞度差作時舍利弗便化作一金翅鳥王擗裂噉之衆人皆言舍利弗勝勞度差不如復作一牛身體高大肥壯多力麁脚利角跑地大吼奔突來前時舍利弗化作師子分裂食之衆人言曰舍利弗勝勞度差不如復變其身作夜叉鬼形體長大頭上火燃目赤如血四牙長利口自出火騰躍奔走時舍利弗自化其身作毗沙門王夜叉恐怖即欲退走四面起火無有去處唯舍利弗邊涼冷無火即時屈伏五體投地求哀脫命辱心已生火即還滅衆咸唱言舍利弗勝勞度差不如時舍利弗身昇虛空現四威儀行住坐卧身上出水身下出火東没西踊西没東踊北没南踊南没北踊或現大身滿虛空中而復現小或分一身作百千万億身還合為一身於虛空中忽然在地履地如水履水如地作是變已還攝神足坐

其本座時會大衆見其神力咸懷歡喜時舍利弗即為說法隨其本行宿福因縁各得道迹或得須陁洹斯陁含阿那含阿羅漢者六師徒衆三億弟子於舍利弗所出家學道斠伎訖已四衆便罷各還所止長者須達共舍利弗往圖精舍須達手自捉繩一頭時舍利弗自捉一頭共經精舍時舍利弗欣然含笑須達問言尊人何笑答言汝始於此經地六欲天中宮殿已成即借道眼須達悉見六欲天中嚴淨宮殿問舍利弗是六欲天何處最樂舍利弗言下三天中色欲深厚上二天中憍逸自恣第四天中少欲知足恒有一生補處菩薩來生其中法訓不絶須達言曰我正當生第四天上出言已竟餘宮悉滅唯第四天宮殿湛然復更從繩時舍利弗慘然憂色即問尊者何故憂色答言汝見今此地中蟻子不耶對曰已見時舍利弗語須達言汝於過去毗婆尸佛亦於此地為彼世尊起立精舍而此蟻子在此中生尸棄佛時汝為彼佛

賢愚經卷第十　第十八張　攝字号

亦於是中造立精舍而此蟻子亦在
中生毗鉢尸佛時汝為世尊於此地
中起立精舍而此蟻子亦在中生拘
留秦佛時亦為世尊在此地中起立
精舍而是蟻子亦於中生迦那含牟
尼佛時汝為世尊於此地中起立精
舍而此蟻子亦在中生迦葉佛時汝
亦為佛於此地中起立精舍而此蟻
子亦在中生乃至今日九十一劫受
一種身不得解脫生死長遠唯福為
要不可不種是時須達悲憐愍傷經
地已竟起立精舍為佛作窟以妙栴
檀用為香泥別房住止千二百人凡
百二十處別打揵椎施設已竟欲往
請佛復自思惟上有國王應當令知
若不啓白儻有瞋恨即往白王我為
世尊已起精舍唯願大王遣使請佛
時王聞已即遣使者詣王舍城請佛
及僧唯願世尊臨赴舍衛尒時世尊
與諸四衆前後圍遶放大光明震動
天地至舍衛國所經客舍悉於中止
次第度人無有限量漸漸來近舍衛
城邊一切大集持諸供具迎待世尊

賢愚經卷第十　第十九張　都字号

世尊到國至廣博處放大光明遍照
三千大千世界足指案地地皆震動
城中伎樂不皷自鳴盲視聾聽瘂語
僂申癃殘拘躄皆得具足一切人民
男女大小覩斯瑞應歡喜踊躍來詣
佛所十八億人都悉集聚尒時世尊
隨病投藥為說妙法宿緣所應各得
道迹有得須陁洹斯陁含阿那含阿
羅漢者有種辟支佛因緣者有發無
上正真道意者各各歡喜奉行
佛告阿難今此園地須達所買林樹
華菓祇陁所有二人同心共立精舍
應當與号太子祇樹給孤獨園名字
流布傳示後世尒時阿難及四部衆
聞佛所說頂戴奉行
大光明始發無上心緣
如是我聞一時佛在羅閱祇迦蘭陁
竹園尒時阿難在林樹閒靜坐思惟
欻生此念如來正覺諸根具足功德
慧明殊妙難量世尊先昔本何因緣
發此大乘無上之心修習何事而得
如是勝妙之利作是念已即從禪起
往詣佛所頭面作礼前白佛言如諸

賢愚經卷第十　第二十張　欝字号

世尊於諸世間人天之中最尊最妙
功德慧明巍巍無量不審世尊先昔以何
因緣發此大乘無上之心佛告阿難
汝欲知者善思念之吾當為汝具分
別說阿難白佛諾當善聽佛告阿難
過去久遠無量無邊不可思議阿僧
祇劫此閻浮提有大國王名摩訶波
羅婆修晉言大光明主五百小國尒
時大王與諸群臣俱出遊獵王所乘
象欲心熾盛擔王馳走奔逐牸象漸
逼林木突入樹閒象師白王捉樹自
立足得全濟王用其言俱共持樹象
去之後王心大怒苦責象師欲即煞
之由卿調象不合制度致使令者僅
危吾身象師白王調之如法但令此
象為欲所惑欲心難調非臣咎也願
見寬恕却後三日象必自還觀臣試
之万死不恨即便停置如斯三日象
還詣宮尒時象師燒七鐵丸令色正
赤逼象吞之象不敢違吞盡即死王
意開解及賢群臣歎未曾有復之問
曰如此欲心誰能調者時有天神感
悟象師令荅王曰佛能調之王聞是

語便發心言如此膠固難調伏法唯佛能除即自誓願願求作佛精勤歷劫未曾休替至於今日果獲其報佛告阿難欲知尒時大國王者今我身是尒時衆會聞佛所說咸發無上正真道意歡喜踊躍不能自勝頂受奉行

勒那闍耶緣

如是我聞一時佛在迦毗羅衛國尼拘盧陁僧伽藍尒時諸釋覩見世尊光明神變闡揚妙化甚奇甚特巍巍堂堂無能及者又復歎美憍陳如等宿有何慶如來出世法皷初震寂先得聞甘露始降而便蒙澤永離垢穢心體玄要城營村邑群黨相隨異口同音稱讚無量時諸比丘聞是語已往至佛所頭面礼足前白佛言今此國界人民之類咸共集聚異口同音讚詠世尊若干德行及與五人宿有何慶獨先蒙度佛告比丘非獨今日先度五人我於久遠亦濟此等以身為船救彼没溺全其生命各得安隐得至彼岸吾今成佛先拔濟之時諸比丘即白佛言不審世尊先昔之時云何拔濟令各安隐唯願世尊當為說之佛告比丘若樂聞者當為汝說皆曰唯然佛告比丘過去久遠此閻浮提波羅㮈國時彼國王名梵摩達尒時國中有大薩薄名勒那闍耶遊出於外到林樹閒見有一人涕泣悲切以索繫樹入頭在中欲自戮死便前問之汝何以尒人身難得命復危脆衰變無數恒恐自至種種曉喻教令捨索人報之曰我之薄福貧窮理極債負盈集甚多難計諸債主輩覔見剥脫日夜催切憂心不釋天地雖寬無容身處今欲自沒避離此苦仁雖諫及存不如死尒時薩薄即許之曰卿但釋索所負多少悉代汝償作是語已彼人便休歡喜踊躍感戴无量隨從薩薄俱至市中宣令一切云欲償債時債主競共雲集迎取所負來者無恨空竭其財財貨已盡猶不畢債妻子窮凍乞匃自活宗親國邑悉共呵嫌此是狂夫自破家業當于是時有衆賈人勸進薩薄欲共入海即荅之曰為 薩薄法當辦船具我今窮困無所復有何緣得從衆人報言我等衆人凡有五百開意出錢用辦船具聞是語已即便許可衆人授合大獲金寶尒時薩薄以三千兩金千兩辦船千兩辦粮千兩俟船上所須餘故大有給活妻子便於海邊施作大船船有七重嚴辦已訖推著水中以七大索繫著岸邊擊大鳴鈴令宣一切誰欲入海得大妙寶奇珎異物用無盡者今可雲集共詣寶所復告之曰其誰不愛父母妻子閻浮提樂及身命者乃可往耳所以然者大海之中艱險衆多迴波暴風大魚惡鬼如是種種不可具陳作是語已便斷一索日日如是至第七日斷索都盡船即馳去便於道中卒遇暴風破碎其船衆人嘍救無所歸依或有能得板墻浮囊以自度者或墮水溺死之者中有五人共白薩薄依汝來此今當沒死危險垂至願見拔度薩薄荅曰吾聞大海不宿死屍汝等今者悉各捉我我為汝故當自煞身以濟尒厄誓求作佛後成佛時當以無上

正法之船度汝生死大海之苦作是語已以刀自剖命斷之後海神起風吹至彼岸得度大海皆獲安隱佛告比丘欲知尒時勒腳闍耶者今我身是時五人者拘隣等是我於先世濟彼人等生死之命今得成佛令其五人皆宿初得無漏正法遠離長流結使大海尒時諸比丘皆共讚歎如來大悲深妙難量咸勤勉勵聞佛所說歡喜奉行

迦毗梨百頭因緣

如是我聞一時佛在摩竭國竹園之中尒時世尊與諸比丘向毗舍離到梨越河所是時河邊有五百牧牛人五百捕魚人其捕魚者作三種網大小不同小者二百人挽中者三百人挽大者五百人挽於時如來去河不遠而坐止息及諸比丘亦皆共坐時捕魚人網得一魚五百人挽不能使出復喚牧牛之衆合有千人併力挽出得一大魚身有百頭若干種類驢馬駱駝虎狼猪狗猨猴狐狸如斯之屬衆人甚怪覺集看之是時世尊告

阿難曰彼有何事大衆皆集汝往試看阿難受教即往看視見一大魚身有百頭還白世尊如所見事世尊尋時共諸比丘往至魚所而問魚言汝是迦毗梨不荅言實是鄭重三問汝是迦毗梨不荅言實是復問教匠汝者今在何處荅言墮阿鼻地獄中尒時阿難及於大衆不知其緣白世尊曰今者何故喚百頭魚為迦毗梨唯願垂愍而見告示佛告阿難諦聽諦聽當為汝說昔迦葉佛時有婆羅門生一男兒字迦毗梨（晉言黄頭）聰明博達於種類中多聞第一唯復不如諸沙門輩其父臨終慇懃約勑汝慎莫與迦葉沙門講論道理所以者何沙門智深汝必不如父沒之後其母問曰汝本高朗今頗更有勝汝者不荅言沙門殊勝於我母復問言云何為勝荅言我有所疑往問沙門其所演說令人開解彼若問我我不能荅以是之故自知不如母復告言何以不往學習其法荅言欲學其法當作沙門我是白衣何緣得學母復告曰僞作沙門

學習已達還來在家奉共母教而作沙門經少時間讀誦三藏綜練義理母問之曰今得勝未荅言學問中勝不如坐禪何以知之我問彼人悉能分別彼人問我我不能知因是事故未與他等母復告曰自今已往若共談論儻不如時便可罵辱迦毗梨言出家沙門無復過罪云何罵之荅言但罵卿當得勝時迦毗梨不違母後日更論理若短屈即便罵言汝等愚騃無所識別劇於畜生知曉何法諸百獸頭皆用比之如是數數非一非二緣是果報今受魚身而有百頭阿難問佛何時當得脫此魚身佛告阿難此賢劫中千佛過去猶故不脫尒時阿難及於衆人聞佛所說悵然不樂悲傷交懷咸共同聲而作是言身口意行不可不慎時捕魚人及牧牛人一時俱共合掌向佛求索出家淨修梵行佛即言可善來比丘鬚髮自落法衣在體便成沙門是時世尊為說妙法種種苦切漏盡結解成阿羅漢復為衆會廣說諸法分別四諦

苦集滅道有得初果乃至第四果有發大道意者其數甚多尒時四衆聞佛所說歡喜奉行

賢愚經卷第十

賢愚經卷第十

校勘記

一　底本，金藏廣勝寺本。

一　本卷全卷七品(阿難總持、優婆斯兄所殺、兒誤殺父、須達起精舍、大光明始發無上心、勒那闍耶、迦毗梨百頭)經文，資、磧、普、南、徑、清在第九卷。

一　一四八頁中三行品名，資作「阿雖總持緣品四十」；磧、普、南、徑、清作「阿難總持緣品第四十」；麗作「阿難總持品第三十八」並有夾註「丹本爲四十三」。

一　一四八頁中一二行「課呈」，諸本(不含石，下同)作「課程」。

一　一四八頁中一四行「懊惱」，資、磧、普、南、徑、清作「憂惱」。

一　一四八頁中一四行末字至次行第三字「復无食具」，資、磧、普、南、徑、清作「食復不周」。

一　一四八頁中一八行「言何以」，資、磧、普、南、徑、清作「之何」。

一　一四八頁下三行「供飲」，資、磧、普、南、徑、清作「供養」。

一　一四八頁下四行「於時」，資、磧、普、南、徑、清作「爾時」。

一　一四八頁下五行第六字「讀」，諸本無。

一　一四八頁下六行「俱問」，資、磧、普、南、徑、清作「俱用」；麗作「俱同」。

一　一四八頁下八行「長者」，諸本作「大長者」。

一　一四八頁下一二行品名，資作「優婆斯兄所殺緣品四十一」；磧、普、南、徑、清作「優婆斯兄所殺緣品第四十一」；麗作「優婆斯兄所殺品第三十八」並有夾註「丹本爲四十三」。

一　一四八頁下一六行「出嫡」，諸本作「出適」。

一　一四八頁下一九行第四字「投」，資、磧、普、南、徑、清作「没」。

一 一四九頁上二行末字至次行首字「急逼」，資、磧、普、南、徑、清作「逼急」。

一 一四九頁上五行「慗懼」，資、磧、普、南、徑、清作「愁懼」。

一 一四九頁上一三行「得我」，資、磧、普、南、徑、清作「我彼」。

一 一四九頁上二一行「憤惱」，資、磧、普、南、徑、清作「憒惱」。

一 一四九頁上末行第一〇字「即」，諸本作「既」。

一 一四九頁中九行「修習其志」，資、磧、普、南、徑、清作「修道以遂其志」；麗作「修遂其志」。

一 一四九頁中一〇行「擒獸」，諸本作「禽獸」。次行同。

一 一四九頁中一五行「神足」，資、磧、普、南、徑、清作「具足」。

一 一四九頁中一七行第一一字「受」，資、磧、普、南、徑、清作「即受」。

一 一四九頁中二〇行「阿羅漢道」，資、磧、普、南、徑、清作「羅漢道」。

一 一四九頁中末行「者故」，磧、普、南、徑、清作「是人以是之故」。

一 一四九頁下二行品名，資作「兒誤殺父緣品四十二」；磧、普、南、徑、清作「兒誤殺父緣品第四十二」；麗作「兒誤殺父品第三十九」並有夾註「丹本爲四十四」。

一 一四九頁下四行「老翁」，資、磧、普、南、徑、清作「老公」，

一 一四九頁下一〇行第六字「父」，諸本作「其父」。

一 一四九頁下一一行「排之」，麗作「推之」。

一 一四九頁下一三行第一一字「時」，資、磧、普、南、徑、清無。一六行第一〇字同。

一 一五〇頁上三行「二人」，諸本作「斯人」。

一 一五〇頁上七行「遂遮」，諸本作「遮逐」。

一 一五〇頁上一一行「尒非」，諸本作「亦非」。

一 一五〇頁上一八行品名，資作「須達起精舍緣品四十三」；磧、普、南、徑、清作「須達起精舍緣品第四十三」；麗作「須達起精舍品第四十一」並有夾註「丹本爲四十六」。

一 一五〇頁上二二行「賑濟」，資作「拯濟」。

一 一五〇頁中三行「妻娶」，麗作「娶妻」。

一 一五〇頁中七行「王舍」，資、磧、普、南、徑、清無。

一 一五〇頁中一〇行末字「花」，諸本作「殊」。

一 一五〇頁中一二行「所見」，諸本作「所覓」。

一 一五〇頁中一三行第九字「未」，資、磧、普、南、徑、清作「不」。

一 一五〇頁中一八行「善耶」，諸本作「善吉」。

一 一五〇頁下四行第一〇字「至」，資、磧、普、南、徑、清作「到」。

一 一五〇頁下五行「迎之」，諸本作

「迎逆」。
一　一五〇頁下一二行「欲請」，麗作「欲營」。
一　一五〇頁下一四行「忽然」，磧、普、南、徑、清作「懍然」。
一　一五〇頁下一五行「心清」，諸本作「心情」。
一　一五〇頁下二〇行末字「與」，諸本作「典」。
一　一五一頁上四行「拘憐」，諸本作「拘隣」。
一　一五一頁上一三行「至晚」，諸本作「至曉」。
一　一五一頁上一四行首字「報」，資、磧、普、南、徑、清作「欸」。
一　一五一頁上一六行末字「思」，諸本作「忽」。
一　一五一頁上一七行第五字「自」，資、磧、普、南、徑、清作「目」。
一　一五一頁上二二行「轉足」，諸本作「不如轉足」。又「逕趣」，麗作「往趣」。

一　一五一頁中一行「白象」，資、磧、普、南、徑、清作「百象」。
一　一五一頁中八行「還曉」，資、磧、普、南、徑、清作「得曉」。
一　一五一頁中一六行「接足」，資、磧、普作「捉足」。
一　一五一頁中一七行「長跪」，資、磧、普、南、徑、清作「胡跪」。
一　一五一頁下五行第八字「履」，資、磧、普、南、徑、清作「覆」。
一　一五一頁下六行至次行首二字「法與俗有別」，資、磧、普、南、徑、清作「人法與俗別」。
一　一五一頁下一一行「摸法」，磧、普、南、徑、清作「模法」。
一　一五一頁下一二行「城內」，資、磧、普、南、徑、清作「城中」。
一　一五一頁下一七行「轉輪王」，資、磧、普、南、徑、清作「轉輪聖王」。
一　一五二頁上一二行「祇他言」，資、磧、普、南、徑、清作「祇言」；麗作「祇陁言」。

一　一五二頁上二一行「當取滿足」，資、磧、普、南、徑、清作「當滿足之」。
一　一五二頁上末行第三字「耳」，資、磧、普、南、徑、清作「之」。
一　一五二頁中六行第八字「捔」，資、磧、普、南、徑、清作「較」。下至本頁下二二行末字同。
一　一五二頁中七行第二字「是」，諸本無。
一　一五二頁中一四行「到時」，資、磧、普、南、徑、清作「時到」。
一　一五二頁中一八行第六字「捔」，麗作「挍」。本頁下六行第四字、二一行第一〇字、二二行末字同。
一　一五二頁中二一行第一一字「斠」，資、磧、普、南、徑、清作「較」；麗作「捔」。
一　一五二頁下四行「是時」，資作「時」；磧、普、南、徑、清作「時諸」。
一　一五二頁下六行「八億」，諸本作「十八億」。
一　一五二頁下七行「八億」，資、磧、

普、南、徑、清作「十二億」。

一五二頁下八行「若打」，資、磧、普、南、徑、清作「若振」。

一五二頁下九行「打擊」，資、磧、普、南、徑、清作「椎擊」。

一五二頁下一六行末字「二」，資、磧、普、南、徑、清作「三」。

一五二頁下末行第八字「是」，資、磧、普、南、徑、清無。

一五三頁上一三行第六字「今」，資、磧、普、南、徑、清無。

一五三頁上一七行「一花」，諸本作「一花上」。

一五三頁上一八行「庠徐」，資、磧、普、南、徑、清作「徐詳」。麗作「徐庠」。

一五三頁上一九行第五字「滅」，諸本作「減」。

一五三頁中三行「棖地」，資、磧、普、南作「振地」；徑、清作「震地」。

一五三頁中七行「爬地」，資、磧、普、南、徑、清作「跑地」。

一五三頁中八行「奔隊」，諸本作「奔突」。又「師子」，麗作「師子王」。

一五三頁中一一行「口自」，資、磧、普、南、徑、清作「口目」。

一五三頁中一二行「騰躍」，資、磧、普、南、徑、清作「驚躍」。又第一二字「其」，資、磧、普、南、徑、清無。

一五三頁中一四行「起火」，諸本作「火起」。

一五三頁中二二行第三字「身」，資、磧、普、南、徑、清無。

一五三頁中末行第六字「作」，磧、普、南、徑、清作「現」。

一五三頁下五行第一二字「𣁽」，資、磧、普、南、徑、清作「較」；麗作「挍」。

一五三頁下八行第七字「捉」，資、磧、普、南、徑、清作「捉繩」。

一五三頁下一三行第一三字「深」，資、磧、普、南、徑、清作「染」。

一五三頁下一七行「天上」，資、磧、普、南、徑、清作「天中」。

一五三頁下一九行末字至次行首字「見今」，諸本作「今見」。

一五四頁上二行「毗鉢尸佛」，諸本作「毗浮舍佛」。

一五四頁上五行「中生」，資、磧、普、南、徑、清作「此生」；麗作「此中生」。

一五四頁上一一行「悲怜愍傷」，資、磧、普、南、徑、清作「悲心憐傷」。

一五四頁上一三行第一三字「人」，資、麗作「處」。

一五四頁上一九行「臨赴」，諸本作「臨覆」。

一五四頁上二一行「天地」，麗作「大地」。

一五四頁上二二行「次第」，諸本作「道次」。

一五四頁上末行「大集」，麗作「大衆」。

一五四頁中四行「癴瘊拘躄」，資、磧、普、南、徑、清作「癃殘拘癖」；麗作「癴瘊拘癖」。

一 一五四頁中一〇行「奉行」，麗作「奉行佛語」。

一 一五四頁中一三行「祇樹」，資、磧、普、南、徑、清作「祇陀樹」。

一 一五四頁中一六行品名，資作「大光明始發無上心緣品四十四」；磧、普、南、徑、清作「大光明始發無上心緣品第四十四」；麗作「大光明始發無上心品第四十二」並有夾註「丹本爲四十七」。

一 一五四頁下一行「世尊」，資、磧、普、南、徑、清作「如來」。

一 一五四頁下二行「世尊」，資、磧、普、南、徑、清無。

一 一五四頁下一一行「林木」，麗作「大林」。

一 一五四頁下一二行第一一字「共」，資、磧、南、清作「捉」；普、徑無。

一 一五四頁下一四行末字「僅」，麗作「幾」。

一 一五四頁下一五行「但令」，諸本作「但今」。

一 一五四頁下一八行「如斯」，諸本作「如期」。

一 一五四頁下二一行「賢羣臣」，諸本作「諸羣臣」。又「之問」，諸本作「問之」。

一 一五五頁上七行品名，資作「勒那闍耶緣品四十五」；磧、普、南、徑、清作「勒那闍耶緣品第四十五」；麗作「勒那闍那品第四十三」並有夾註「丹本爲四十八」。

一 一五五頁中七行第九字「中」，資、磧、普、南、徑、清作「罥」。又第一二字「罻」，麗作「絞」。

一 一五五頁中一四行第二字「離」，諸本作「雖」。

一 一五五頁中一五行「釋索」，資、磧、普、南、徑、清作「自釋」。

一 一五五頁中一八行「時債主」，諸本作「時諸債主」。

一 一五五頁中一九行「無恨」，諸本作「無限」。

一 一五五頁中二二行「貫人」，麗作「貫客」。

一 一五五頁下三行末字「投」，麗作「許」。

一 一五五頁下五行第一一字「[illegible]」，諸本作「用佚」。

一 一五五頁下八行「擊大鳴鈴」，資、磧、南、徑、清作「鳴擊大鈴」；麗作「擊大金鈴」。

一 一五五頁下九行「令宣」，諸本作「宣令」。

一 一五五頁下一三行「艱險」，資、磧、普、南、徑、清作「難險」。

一 一五五頁下一四行末字「便」，諸本作「即」。

一 一五五頁下一六行末字至次行第三字「破碎其舩」，資、磧、普、南、徑、清作「碎破船舫」。

一 一五五頁下一八行「板墻」，諸本作「板牆」。又第一〇字「或」，諸本作「或有」。

一 一五五頁下一九行第八字「自」，諸本作「白」。

一　一五五頁下二〇行「拔度」，麗作「救度」。

一　一五五頁下二二行第三字「投」，諸本作「捉」。

一　一五五頁下末行「尒厄」，資作「尒危」。

一　一五六頁上二行「自割」，資、磧、普、南、徑、清作「自刎」。

一　一五六頁上九行「剋勵」，資、磧、普、南、徑、清作「克勵」。

一　一五六頁上一一行品名，資作「迦毗梨百頭緣品四十六」；磧、普、南、徑、清作「迦毗梨百頭緣品第四十六」；麗作「迦毗梨百頭品第四十四」並有夾註「丹本爲四十九」。

一　一五六頁上一九行「一魚」，麗作「一大魚」。

一　一五六頁上二〇行「之衆」，資、磧、普、南、徑、清作「人衆」。

一　一五六頁中七行「阿鼻地獄」，資、磧、普、南、徑、清無。

一　一五六頁中一四行第一一字「慎」，麗作「當慎」。

一　一五六頁中一五行「沙門」，麗作「佛沙門」。

一　一五六頁中一七行「高朗」，南、徑、清作「高明」。

一　一五六頁中二〇行「彼若」，資、磧作「彼苦」。

一　一五六頁中二一行「何以」，麗作「汝何以」。

一　一五六頁下二行「沙門」，資、磧、普、南、徑、清作「比丘」。又第六字「間」，資作「時聞」。

一　一五六頁下六行「自令」，諸本作「自今」。

一　一五六頁下二〇行「言可」，資、磧、普、南、徑、清作「可言」。

一　一五六頁下末行「衆會」，資、磧、普、南、徑、清作「會衆」。

一　一五七頁上一行第一一字「第」，資、磧、普、南、徑、清無。

趙城縣廣勝寺

賢愚經卷第十一　鬱

宋沙門慧覺共威德在高昌譯

無惱指鬘緣

如是我聞一時佛在舍衛國祇樹給孤獨園於時國王名波斯匿王有輔相聰明巨富其婦懷妊生一男兒形貌端正容體殊絶於時輔相見兒歡喜即占相師令占相之相師看見懷喜而言是兒福相人中挺特聰明智辯有踰人之德父聞遂喜勑為作字相師問言兒受胎來有何異事輔相荅言其母素性不能良善懷妊已來倍更異常心性恭順樂宣人德慈矜苦厄不喜說過相師言曰此是兒志當為立字号阿㲲賊奇晉言無惱兒漸長大雄壯絶倫有力士之力一人敵千騰接飛鳥走疾奔馬其父輔相甚愛念之於是國中有一婆羅門聰明博達多聞廣識有五百弟子追逐隨學尒時輔相即將其子往囑及之令其學問婆羅門可之受持教授加阿㲲賊奇夙夜勤業一日諮受勝餘

終年學未經久普悉通達婆羅門師異常待遇行來進止每與是俱及諸同學傾意瞻敬尒時婆羅門師婦見其端正才姿挺邁過踰人表懷情色著愛不去意然諸弟子與共周迴行止不獨無緣與語有心不遂常以歎悒會有檀越来請其師及諸弟子三月一時婆羅門師內與婦議我今當行受請三月當留一人經營於後時婦內善密自懷計白婆羅門是事應尒後家理重宜須才能可留無惱囑以後事時婆羅門即勑無惱我今赴彼檀越之請後事慈多須人料理卿著才能為吾營後無惱受教即住不行師及徒衆降道而去其婦怡悅欣喜無量極自莊餝多作姿媚與共談語娆動其意無惱志固無心相從欲心轉盛實意語之我相欽愛由来有素但逼衆人有懷未發汝師臨去吾故相留今既獨靜當從我意无惱曉謝語言我梵志法不婬師婦若當違犯非婆羅門寧交取死終不為此於時師婦望重違心慙愧瞋情復作密

計俟師垂至挽裂衣裳齧破其面塵

土坌身憔悴卧地無所言語時婆羅
門師徒俱到師即入内見婦色狀即
問其故何緣乃尒婦垂淚言不足問
也時婆羅門重更問之汝有何事當
相告語云何不說婦啼而言汝所欽
美阿疊賊奇自汝去後常見侵陵我
適不從摧裂我衣壞我身首汝畜弟
子云何乃尒婆羅門聞甚懷恚忿語
其婦言此無惱者力敵千人輔相之
子種族彊盛雖欲治之宜當以漸詮
謀是已往見無惱隨宜方便而慰喻
言我去之後苦汝勞歷又汝前後奉
事盡忠常感汝意思欲相酬有人寄
法由来未說若能成辦直生梵天無
惱長跪問是何事荅言善持七日之
中斬千人首而取一指凡得千指以
為鬘餝尒生梵天便自来下命終之
後定生梵天無惱聞此情懷猶豫復
白師言此事不應煞害衆生更生梵
天師又告言汝我弟子豈不從我至
要之言若汝不信則為義絶隨尒道
徑莫復此住又更作呪竪刀在地說

呪已訖惡心轉生師知其意即授與

刀受刀走外得人便煞取指為鬘人
見便号鴦仇魔羅晋言指鬘周行斬
害到七日頭方得九百九十九指唯
少一指殘煞一人指數便滿人皆藏
竄無敢行者遍行求覔更不能得七
日之中不得飲食其母憐愍遣人為
致恙各懷懼無敢往者其母持食躬
自致往見遥見母走趣欲煞母時語
言咄不孝物云何懷逆欲危害我兒
便語言我受師教要七日中滿得千
指便當得願得生於梵天日數已滿
更不能得事不獲已當煞於母母又
語言事苟當尒但取我指莫見傷煞
於時世尊具遥覩見知其可度化作
比丘行於彼邊鴦仇摩羅已見比丘
捨母騰躍走趣規煞佛見其来徐行
捨去指鬘極力走不能及便遥喚言
比丘小住佛遥見荅言我常自住但汝
不住指鬘復問云何汝住我不住耶
佛即荅言我諸根寂定而得自在汝
從惡師禀受邪倒變易汝心不得定
住晝夜煞害造無邊罪指鬘聞此意

欻開解授刀遠棄遥礼自歸於時如

来尒乃待之還現佛身光明朗日三
十二相咼著奇妙指鬘見佛光相威
儀以身投地悔過自責佛粗說法得
法眼淨心遂純信求索出家佛即可
之善来比丘鬚髮自落法衣著身隨
彼所應重為說法心垢都盡得羅漢
道佛即將其還祇陁林尒時國中人
民之類聞指鬘聲皆各驚怖人及畜
生懷妊怖不能生時有一烏不能出
子佛勑指鬘往說誠言我生已来不
煞一人指鬘白佛我由来煞多云何不
煞佛告之曰於聖法中是為始生尒
時指鬘便整衣服奉敬往說如語尋
生皆得安隱還詣精舍坐一房中時
波斯匿王大合兵衆躬欲往討鴦仇
摩羅路由祇洹當往攻擊時祇洹中
有一比丘形極痤陋音聲異妙振聲
高唄音極和暢軍衆傾耳無有猒足
為馬竪耳住不肯行王恠問御者何
以乃尒御者荅言由聞唄聲是使為
馬停足立聽王言畜生尚樂聞法我
曹人類何不往聽即與羣衆暫還祇

洹到下邑乘解劒却蓋直進佛所敬礼問訊彼唄比丘唄聲已絶王先問言向聞唄音清妙和暢情豫欽慕願得見識施十万錢佛告之曰先與其錢然後可見若已見者更不欲與一錢之心即將示之見其形狀倍復痤陋不忍見之意無欲與一錢之想王從坐起長跪白佛言今此比丘形極短醜其音深遠辭徹乃尒宿作何行致得斯報佛告王曰善聽著心過去有佛名曰迦葉度人周訖便般涅槃時彼國王名機里毗𠭁取舍利欲用起塔時四龍王化為人形来見其王問起塔事為用寶作為用土耶王即荅言欲令塔大無多寶物柰得使成今欲土作令方五里高二十五里極使高顯可觀龍王白言我非是人皆是龍王聞王作塔故来相問苟欲用寶當相佐助王歡喜言能尒者快龍復語言四城門外有四大泉城東泉水取用作墼成紺琉璃城南泉水取用作墼其墼已成皆成黃金城西泉水取用作墼墼成就已變成為銀城北

泉水取用作墼其墼成已變為白玉王聞是語倍増踊躍即立四監各典一邊其三監所作工向欲成一監慢怠工獨不就王行看見便以理責𠛬不用心當加罰讁其人懷怨便白王言此塔太大當何時成王去之後勅諸作人晝夜勤作一時都訖塔極高峻衆寶晃昱莊挍雕餝極有異觀見已歡喜懺悔前過持一金鈴著塔棠頭即自求願令我所生音聲極好一切衆生莫不樂聞將来有佛号釋迦牟尼使我得見度脫生死如是大王欲知尒時一監作遲恐塔大者此比丘是緣彼恨言嫌其塔大五百世中常極痤陋由後歡喜施鈴塔頭求索好聲及願見我五百世中極好音聲今復見我致得解脫王聞是已便辭欲退佛問大王欲何所至王白佛言國有惡賊鴦仇摩羅傷煞人民縱横暴害今欲率衆往攻伐之佛告王曰鴦仇摩羅當如今者不能煞蟻况復餘耶王心念言世尊已往已降伏之佛告王言指鬘今已出家入道得阿

羅漢諸惡永盡今在其房欲見之不王言思見即起到其房外聞指鬘比丘謦咳之聲憶其暴惡所傷弥廣怖躃斷絶良久乃蘇還至佛所以事白佛佛告王言不但今日聞彼之聲躃地斷絶過去世時聞音聲亦尒斷絶善聽大王過去久遠此閻浮提有一大國名波羅㮈尒時國中有一毒鳥捕諸毒虫恒以為食其形極毒不可卑近所經歷下衆生皆死樹木恙枯尒時此鳥遇到一林住一樹上謦咳欲鳴時彼林中有白象王在傍樹下聞毒鳥聲躃地斷絶不能動揺如是大王尒時毒鳥今指鬘是時白象王今王身是王復白佛鴦仇摩羅暴害滋甚煞尒所人賴蒙世尊降化修善佛告王曰鴦仇摩羅不但今日煞此多人蒙我降化過去世時亦煞此等我亦降化乃復思善王重白佛言不審此等先世被害世尊降化其事云何願為解説佛告王曰善聽著心過去久遠阿僧祇劫此閻浮提有一大國名波羅㮈於時國王名波羅摩

逵尒時國王將四種兵入山林中遊行獵戲王到澤上馳逐禽獸單隻一乘獨到深林王時疲極下馬小休尒時林中有騂師子懷欲心感行求其偶困不能得值於林間見王獨坐婬意轉隆思欲從王近到其邊舉尾背住王知其意而自思惟此是猛獸力能煞我若不從意儻見危害王以怖故即從師子成欲事已師子還去諸兵羣從已復來到王與人衆即還宮城尒時師子從是懷胎日月滿足便生一子形盡似人唯足班駮師子憶識知是王有便銜擔來著於王前王亦思惟自憶前事知是已兒即收取養以足班駮字為迦摩沙波陁晋言駮足養之漸大雄才志猛父王崩亡班足繼治時駮足王有二夫人一王者種二婆羅門種時駮足王一日出城遊於園觀勑二夫人隨我後往誰先到者當與一日極相娛樂其隨後者吾不見之王去之後其二夫人極自莊餝嚴駕車乘一時俱往到於道中見於天祠梵志種者下車作礼已訖

進猶隨後到王從本言而不前之於是夫人瞋恚煩憤怨責天神我由礼汝使王見薄若有天力何不護我恚恨憤惱畜自懷計王後還宮加意奉事復還待遇從王求願聽我國中一日自在值王偏心即聽可之出外令人打壞天祠令平如地乃還宮中守天祠神悲苦懊惱往至宮中欲思傷損王宮天神遮不聽入有一仙人住仙山中時駮足王恒常供養日日食時飛来入宮不食餚饍粗食麁供偶值一日仙人不来天神知之化作其形欲来入宮宮神猶識不聽前入還在門外白王求通王聞仙人在外索現恠其所以急勑聽入是時宮神聞王有教即休不遮經前得入坐於仙人常坐之處辦如常食以用供養時化仙人不肯就食即語王言此食麁悪又無肉魚云何可噉王即白言大仙自来恒食清素故令不辦肉魚餚饍化仙又告自今已後莫設麁供具肉為食即如語辦食已還去復到明日舊仙飛来為設餚饍種種諸肉仙人

瞋恚怨憤於王王言大仙先日勑如是作仙人語言昨日有患斷食一日不来是誰語汝曹但相輕試故復尒耳令王是後十二年中恒食人肉作是語竟飛還山中是後廚監忌不辦肉臨時無計出外求肉見死小兒肥白在地念且稱急即却頭足擔至廚中加諸美藥作食與王王得食之覺美倍常即問廚監由来食肉未有斯美此是何肉廚監惶怖腹拍王前若王原罪乃敢實說王荅之言但審說之不問汝罪廚監白王先日有緣不及覓肉得死小兒以稱時要不意大王乃當覺之王言此肉甚美異常自今已往如是求索廚監白王前者偶值自死小兒更求叵得其作食者畏懼國法王又語言汝但密取設有覺者斷處由我廚監受教密捕得之煞日日供王於時城中民人之類各各行哭云云小兒展轉相問何由乃尒諸臣聚議當試徼伺即於街里處處安人見王廚監抴他小兒伺捕得之縛將詣王具以前後所云事白王聞

是語默然不荅再三重白王令捕得賊罪釁彰露事當斷決云何默然王乃荅言是我所教諸臣懷恨各自罷去於外共議王便是賊食我等子噉人之王云何共治當共除之去此禍害一切同心咸共齊謀城外園中有好池水其王日日至彼洗浴諸臣儲兵安伏園中王出洗浴已到池中伏兵一時周匝四合即圍其王當取煞之王見兵集驚怖問言汝等何故而圍逼我諸臣荅言夫為王者養民為事方臨厨子煞人為食衆民呼嗟告情無處不任苦酷故欲煞王王語諸民我實無狀自今已後更不復為唯見恕放當自改厲諸臣語曰終不相放正使今日天雨黑雪令汝頭上生黑毒虵猶不相聽不須多云時王駮足聞臣語已知自必死得脫無路即語諸臣雖當煞我小緩須臾聽我小住諸臣緩置王即自誓我身由來所修善行為王正治供養仙人合集衆德迴令今日我得變成飛行羅刹其語已訖尋語而成即飛虛空告諸臣

曰汝等合力欲强煞我賴我大幸復能自拔自今已後汝等好忍所愛妻兒我次當食語訖飛去止山林間飛行擒人擔以為食人民之類恐怖藏避如是之後煞噉多人諸羅刹輩附為翼從徒衆漸多所害轉廣後諸羅刹白駮足王我等奉事為王翼從願為我曹作一宴會時駮足王即許之言當取諸王令滿一千與汝曹輩以為宴會許之已訖一一往取閉著深山已得九百九十九王殘少一人其數便足諸王念言我曹窮急當何所趣若其捕得須陁素弥須陁素弥有大方便能濟活我若作是計已白羅刹王欲作會極令有異純取諸王不用凡細須陁素弥甚有高德若能得來王會乃好羅刹王言有何高德即時飛騰而往取之值須陁素弥將諸婇女晨欲出城至園洗浴道見婆羅門從其乞匃王語婆羅門待我洗還當相布施王既到園入池中洗時羅刹王飛空來取擔到山中須陁素弥愁憂悲泣時駮足王而問之曰聞

汝名德殊勝第一大丈夫志當任窮達云何特愁啼如小兒須陁素弥白羅刹王我不愛身貪惜壽命但念生來未曾妄語朝出宫行見一道士當車駕前從我乞匃我許洗還當相施與出值大王擔我至此念令妄語違失誠信是以故愁非惜身也願見哀愍假我七日施彼道士當歸就死駮足聞是而語之言汝今得去寧當自還來就死耶即復問言正使不還我自能得尋放令去王還到國道士猶在歡喜供養施婆羅門時婆羅門見王不久欲還就死懼其戀國而有愁憂即為其王而說偈言

劫數終訖　乾巛洞然　須弥巨海
都為灰揚　天龍人鬼　於中彫喪
二儀尚殞　國有何常　生老病死
輪轉無際　事與願違　憂悲為害
欲深禍重　瘡疣無外　三界都苦
國有何賴　有本自然　因緣成諸
盛者必衰　實者必虛　衆生蠢蠢
都如幻居　三界都空　國土亦如
識神無形　假乘四虵　無明寶爲

以為樂車　形無常主　神無常家
形神尚離　豈有國耶
時須陁素弥聞說此偈思惟義理歡喜無量即立太子自代為王與諸臣別當還赴信諸臣同聲白於王言願王但住勿憂駮足臣等思計設備防慮鍜鐵為舍王且在中駮足雖猛何所能耶王告諸臣并諸人民夫人生世誠信為本虛妄苟存情所未許寧就信死不妄語生復為種種說誠信之利廣為分別虛妄之罪諸臣悲咽一更無言王起出城一切皆送嘷哭道次斷絕復疑王曉喻說涉道而去時駮足王自思惟言須陁素弥今日應來坐於山頂遥候望之見其順道徑來趣已既到見之顏色怡悅歡喜解釋踰過於舊羅剎王問快能來到人生於世靡不惜壽汝今當死歡喜倍常還到本國獲何善利須陁素弥荅言大王寬恩假我七日布施得遂誠言又聞妙法心用開解當如今日志願畢足雖當就死情欣猶生駮足王言汝聞何法試為吾說須陁素弥為說本偈復更方便廣為說法分別煞罪及其惡報復說慈心不煞之福駮足歡喜敬戴為礼承用其教無復害心即放諸王各還本國須陁素弥即佐兵衆還將駮足安置本國前仙人捨十二年滿自是巳後更不噉人遂還爲王治民如舊如是大王欲知尒時須陁素弥王者今我身是駮足王者今鴦仇摩羅是尒時諸人十二年中為駮足王所食噉者今此諸人為鴦仇摩羅所煞者是此諸人等世世常為鴦仇摩羅之所煞害我亦世世降之以善我念過去為凡夫時化令不煞况我今日成為如來衆德善備諸惡永息豈復不能降化之耶王復白佛今此諸人宿有何緣乃常世世為其所煞佛告王曰善心聽之乃往過去久遠劫中此閻浮提有一大國名波羅㮈於時國王名波羅摩達王有二子各有雄才端正殊妙王甚愛念於時小者心自念言設我父崩兄當繼治我既年小無望國位生於一世巳不作王處世何為不如幽靜以求仙道作是念巳往白父王貪慕深山求於仙道願見聽放得遂所志如是慇懃志不可奪父便聽之即放入山去經數年父王崩亡其兄繼位統領人民兄治不久遇疾命終未有子嗣更無繼紹諸臣集議靡知所歸有一臣言王有小子前啓大王入山學仙當還往迎以續王位諸臣喜曰定有此事即相率合入山請喚到以情狀具白其意唯願垂憐撫接我國仙人荅言此事可畏我此靜樂永無憂患世人兇惡好相斬戮若我為王償見畾害今甚樂此不能為也諸臣重白王崩絕嗣更無紹繼唯有大仙是王之種國土人民不得無主唯願垂愍顧意臨覆如是致誠慇懃求請其意不忍遂與還國仙人少小不習欲事既來治國親近女色婬事巳深奔逸放蕩晝夜躭荒不能自制遂勑國中一切諸女欲出行時要先從我尒乃然後聽往從夫及諸國中端正婦女入其意者皆悉陵辱時一女人於道陌上多人衆中倮形立溺人悉驚笑

来共呵之汝何無羞乃至若是女即答言女於女中有何羞耻汝等立屣既亦不羞我汝不異有何羞耻諸人荅言是語何謂女復言曰唯王一人是男子耳一國婦女皆被其辱汝等若男當令尒耶於是諸人更相慚愧便共談論如此女言實是其理陰持女言轉審相語用心合謀欲共啚王城外園中有清涼池王恒前後至池洗浴諸臣民輩安伏園中值王出洗伏兵悉出周匝圍遶逼取欲煞王乃驚曰欲作何等諸臣白言王為正治婬荒過度壞乱常俗汙辱諸家臣等覩見不能堪忍故欲除王更求賢能王聞遂驚語諸臣言我實不是負累汝等請自改厲更不敢尒願見寬放與民更治諸臣復語正使今日天雨黑雪頂生毒角終不相放奚須多云王聞是已自知不活瞋恚慷憤語諸臣言我本在山無豫世事强来見逼以我為王未有大失同心啚我我今單弱無力自拔誓當来世當常煞汝乖當得道猶不相置雖作是誓猶故煞

之如是大王欲知尒時仙人王者今鴦仇摩羅是尒時臣民同心煞王者今此諸人為鴦仇摩羅所煞者是從彼已来常為所煞乃至今日猶害此等時王長跪復白佛言指鬘比丘煞此多人今已得道當受報不佛告大王行必有報今此比丘在於房中地獄之火從毛孔出極患苦痛酸切叵言于時如来欲令衆會知作惡行必有罪報勑一比丘汝持户排往指鬘房剌户孔中比丘即往奉教為之排入户内尋時難消比丘驚愕還来白佛佛告比丘行報如是王及衆會莫不信解尒時阿難長跪白佛鴦仇摩羅宿有何慶身力雄壯力士之力捷僻輕疾走及飛鳥復得值佛越度生死唯願垂哀為衆會說佛告阿難汝等善聽乃往過去迦葉佛時有一比丘為僧執事將僧人畜載致穀米道中逢雨展避無處穀米囊物悉被浇浸時彼比丘思欲疾過力少行遲無方從意而懷恚遲即立誓言願我後生力敵千人身輕行速走疾飛鳥將

来有佛釋迦牟尼使我得見求脱生死如是阿難尒時執事比丘者今鴦仇摩羅是由彼世時出家持戒因營僧事立願之故自從是来世世端正猛力輕疾悉如其願復遇見我得度生死尒時阿難及諸比丘及王臣民一切會者聞佛所說因緣行報皆悉感厲思惟四諦有得須陁洹斯陁含阿那含阿羅漢者有種辟支佛善根本者有發無上正真道意者或有得住不退轉者皆護身口剋心從善聞佛所說歡喜奉行

檀膩䩭緣

如是我聞一時佛在舍衛國祇樹給孤獨園尒時國内有婆羅門賔頭盧埵闍其婦醜惡兩眼復青純有七女無有男兒家自貧困諸女亦窮婦性弊惡恒罵其夫女等更手来求所須比未稱急瞋目啼哭其七女夫臻集其舍承待供給恐失其意田有熟穀未見踐治從他借牛將往踐之守牛不謹於澤亡失時婆羅門坐自思惟我種何罪酸毒兼至内為惡婦所罵

七女所切女夫来集無以承當復失他牛不知所在廣行推覔形疲心勞愁悶惱悖偶到林中值見如来坐於樹下諸根寂定静然安樂時婆羅門以杖拄頰久住觀之便生此念瞿曇沙門今寂安樂無有惡婦罵詈鬪諍諸女熱惱貧女夫等煩損愁苦又復無有田中熟穀不借他牛無有失憂佛知其心便語之曰如汝所念如我今者静無衆患實無惡婦呪咀罵詈无有七女熱惱於我亦無女夫競集我家亦復不憂田中熟穀不借他牛無有亡憂佛告之曰欲出家不即白佛言如我今者觀家如塚婦女衆緣如處怨賊世尊慈愍聽出家者甚適鄙願佛即告曰善来比丘鬚髮自落身所著衣變成袈裟佛為説法即於坐處諸垢永盡成阿羅漢阿難聞之歎言善哉如来權導實難思議此婆羅門宿種何慶得離衆患獲茲善利猶如淨疊易染為色佛告阿難此婆羅門非但今日蒙我恩澤離苦獲安過去世時亦賴我恩免衆厄難復獲安快阿難白佛不審世尊過去世時云何勉救令其脱苦佛告阿難諦聽諦聽善思念之吾當為汝廣分别説阿難白佛諾當善聽佛告阿難乃往過去阿僧祇劫有大國王名阿波羅提目佉晋言端正治以道化不枉民物時王國中有婆羅門名檀膩䩭家理空貧食不充口少有熟穀不能治之從他借牛將往践穀已竟驅牛還主驅到他門忘不囑付於是還歸牛主雖見謂用未竟復不取攝二家詳棄遂失其牛後往從索言已還汝共相諍訟令時牛主將檀膩䩭詣王决了于時出外值見王家牧馬之人時馬逸走喚檀膩䩭為我遮為時檀膩䩭下手得石持用擲之值脚即折次行到水不知渡處值一木工口銜斲斤檀膩䩭問彼人曰何處渡應聲荅處其口開已斲斤墮水債主所催加復飢渴從沽酒家乞少白酒上床飲之不意被下有小兒卧壓兒腹潰往一墻邊恐惟懼罪自跳躑墻下有織公墮上即死時織公兒復捉得之便與衆人共將詣王時諸債主將至王前尒時牛主前白王言此人借我牛去我從索牛不肯償我王問之曰何不還牛檀膩䩭曰我實貧困熟穀在田彼有恩意以牛借我我用践訖驅還歸主主亦見之雖不口付牛在其門我空歸家不知彼牛竟云何失王語彼人卿等二人俱為不是由檀膩䩭口不付汝當截其舌由卿見牛不自取攝當挑汝眼彼人白王請棄此牛不樂剜眼截他舌也即聽和解馬吏復言彼之無道折我馬脚王便為問檀膩䩭言此王家馬汝何以輒打其脚折跪白王言債主將我從道而来彼人喚我令遮王馬馬奔叵御下手得石捉而擲之誤折馬脚非故尒也王語馬吏由汝喚他當截汝舌由彼打馬當截其手馬吏白王自當備馬勿得行刑各共和解木工復前去檀膩䩭失我斲斤王即問言汝復何以失他斲斤跪白王言我問渡處彼便荅我口中斲斤失墮渠水求覔不得實不故尒王語木工由喚汝故當截其舌擔物

之法禮當用手由卿口銜致使墮水今當打汝前兩齒折木工聞是前白王言寧棄斵斤莫行此罰各共和解時酒家母復牽白王王問檀膩䩭何以乃尒狂煞他兒跪白王言債主逼我加復飢渇被乞少酒上牀飲之不憶被下有卧小兒飲酒已訖兒已命終非臣所樂唯願大王當見恕察王告母人汝舍沽酒衆客猥多何以卧兒置於坐處覆令不現汝今二人俱有過罪汝兒以死以檀膩䩭與汝作夫令還有兒乃放使去尒時母人便叩頭曰我兒已死聽各和解我不用此餓婆羅門用作夫也於是各了自得和解時織工兒復前白王此人枉暴蹋煞我公王問言曰汝以何故狂煞他父檀膩䩭曰衆債逼我我甚惶怖趣墻逃走偶墮其上實非所樂王語彼人二俱不是卿父已死以檀膩䩭與汝作公其人白王父已死了我経不用此婆羅門以為父也聽各共解王便聽之時檀膩䩭身事都了欣踊無量故在王前見二母人共諍一兒詣王

相言時王明黠以智權計語二母言今唯一兒二母名之聽汝二人各挽一手誰能得者即是其兒其非母者於兒無慈盡力頓牽不恐傷損所生母者於兒慈深隨從愛護不忍挫挽王鑒真偽語出力者實非汝子强摸他兒今於王前道汝事實即向王首我審虛妄枉名他兒大王聽聖幸恕虛過兒還其母各尒放去復有二人共諍白疊詣王紛紜王復以智如上斷之時檀膩䩭便白王言此諸債主將我来時於彼道邊有一毒虵慇懃倩我寄意白王不知何故從穴出時柔軟便易還入穴時妨㝵苦痛我不自知何緣有是王荅之言所以然者從穴出時無有衆惱心情和柔身亦如是虵由在外鳥獸諸事单嬈其身瞋恚隆盛身便麤大是以入時㝵穴難前卿可語之若汝在外持心不瞋如初出時則無此患復白王言道見女人倩我白王我在夫家念父母舍若在父舍復念夫家不知所以何緣乃尒王復荅言卿可語之由汝邪

心於父母舍更畜傍聓汝在夫家念彼傍人至彼小猒還念正聓是以尒耳卿可語之汝若持心捨邪就正則無此患又白王言道邊樹上見有一雉倩我白王我在餘樹鳴聲不好若在此樹鳴聲哀和不知其故何緣如是王告彼人所以尒者由彼樹下有大釜金是以於上鳴聲哀好餘處無金是以住上音聲不好王告檀膩䩭卿之多過吾已釋汝汝家貧窮困苦理極樹下釜金應是我有就用與汝卿可掘取奉受王教一一荅報掘取彼金貿易田業一切所須皆無乏少更為富人盡世快樂佛告阿難尒時大王阿婆羅提目佉者豈異人乎我身是也尒時婆羅門檀膩䩭者今婆羅門賓頭盧埵闍是我往昔時勉其尼衆施以珎寶令其快樂吾今成佛復拔彼苦施以無盡法藏寶財尊者阿難及諸衆會聞佛所說歡喜奉行

賢愚經卷第十一

次復前行到深水邊不知渡處值一木工口銜斲斤褰衣垂越時檀膩鞠問彼人曰何處可渡彼人應聲荅渡處所其口已開斲斤墮水求覓不得復來捉之共將詣王時檀膩鞠爲諸債主所見催逼加復飢渴便於道次從酤酒家乞少白酒酒家憐愍即便勾與得他酒已上牀飲之不意被下有小兒卧飲酒比竟壓令腹潰尒時兒母復捉不放汝之無道枉殺我兒並共持著將詣王宮到一墻邊內自思惟我之不幸衆過橫集若至王所儻能殺我我今逃之或可得脫作是念已自擲越墻不意墻後有織老公身墮其上老公即死時織公兒復捉得之便與衆人共將詣王云殺我父次復前行見有一雉住在樹上遥問之曰汝檀膩鞠今欲那去即以上緣向雉說之雉復報言汝到彼所爲我白王我在餘十五樹鳴聲不快若在此樹鳴聲哀好何緣乃尒賢三汝可語王爲我問之次見毒蛇蛇復問之汝檀膩鞠今欲何至即以上事具向蛇說蛇復報言汝到王所爲我白王我常晨朝初出穴時身體柔軟無有衆痛暮還入時身體強痛𨄔孔難前時檀膩鞠亦受其囑復見母人而問之言汝欲何趣復以上事盡向說之母人報曰汝到王所爲我白王不知何故我向夫家思父母舍父母舍住思念夫家亦受其囑時諸債主咸共圍守將至王所尒時牛主前白王言此檀膩鞠從我借牛云用踐穀不還見付失

賢愚經卷第十一

校勘記

一　底本，金藏廣勝寺本。

一　一六三頁中三行品名，資作「無惱指鬘緣品五十一」；磧、普、南、徑、清作「無惱指鬘緣品第五十一」；麗作「無惱指鬘品第四十五」並有夾註「丹本爲五十」。

一　一六三頁中一八行「於是」，資、磧、普、南、徑、清作「於時」。

一　一六三頁中二〇行「其子」，資、磧、普、南、徑、清作「其兒」。

一　一六三頁中二一行末字「加」，麗無。

一　一六三頁中末行末字「餘」，徑、清作「於」。

一　一六三頁下一行「終年」，資、磧、普、南、徑、清作「經年」。

一　一六三頁下二行第一一字「是」，磧、普、南、徑、清作「其」。

一　一六三頁下四行第七字「邀」，資、磧、普、南、徑、清作「貌」。

一　一六三頁下五行「周迴」，資作「同迴」；磧、南、清作「同遊」，普、徑作「周遊」。

一　一六三頁下九行「經營」，麗作「經紀」。

一　一六三頁下一〇行「內善」，諸本（不含石，下同）作「內喜」。

一　一六三頁下一四行首字「著」，磧、普、南、徑、清作「善」。

一　一六三頁下一五行第六字「降」，諸本作「引」。

一　一六三頁下一九行第三字「逼」，磧、南、徑、清作「避」。

一　一六三頁下末行「瞋情」，諸本作「瞋憤」。

一　一六四頁上一行「斷破」，資、磧、普、南、徑、清作「摑破」。

一　一六四頁上二行第一一字「語」，資、磧、普、南、徑、清作「說」。本頁下一四行第一三字同。

一　一六四頁上七行首字「美」，資、磧、

普、南、徑、清作「羨」。
一六四頁上一一行末字「詮」，資、磧、普、南、徑、清作「詃」。
一六四頁上一二行末字「喻」，資作「譬」。
一六四頁上一三行首字「言」，資、磧、普、南、徑、清作「之」。又「勞歷」，諸本作「營勞」。
一六四頁上一四行末三字至次行首字「有人審法」，諸本作「有一秘法」。
一六四頁上一六行「善持」，諸本作「若持」。
一六四頁上一八行「介生」，諸本作「爾時」。
一六四頁上二〇行「更生」，麗作「便生」。
一六四頁上二一行「從我」，諸本作「信我」。
一六四頁上二二行「若汝」，資、磧、普、南、徑、清作「汝若」。
一六四頁中一二行第六字「得」，諸本無。
一六四頁中一五行「覩見」，資、磧、普、南、徑、清作「見之」。
一六四頁中一九行第七字「見」，諸本無。
一六四頁下一行「開解」，諸本作「開悟」。
一六四頁下九行末三字至次行首字「人及畜生」，諸本作「人畜」。
一六四頁下一四行「奉敬」，諸本作「奉教」。
一六四頁下一八行「痤陋」，資、磧、普、南、徑、清作「矬陋」。
一六四頁下二〇行第一一字「問」，麗作「顧問」。
一六四頁下末行第一三字「還」，資、磧、普、南、徑、清作「過」。
一六五頁上六行第八字「見」，資、磧、普、南、徑、清作「看」。又末字「痤」，徑、清作「矬」，本頁中一五行第三字同。
一六五頁上八行第八字「言」，資、磧、普、南、徑、清無。
一六五頁上九行第七字「磬」，諸本作「聲」。
一六五頁上一三行「化爲」，資、磧、普、南、徑、清作「化作」。
一六五頁上一五行「柰得」，諸本作「那得」。
一六五頁上二二行「已成」，諸本作「成已」。
一六五頁上末行末字「比」，資、磧、普、南、徑、清作「北」。
一六五頁中四行第七字「行」，資、磧、普、南、徑、清作「往」。
一六五頁中五行第一一字「怨」，資作「忍」；磧、普、南、徑、清作「恐」。
一六五頁中八行第一〇字「極」，資、磧、普、南、徑、清作「各」。
一六五頁中九行第七字「過」，磧作「還」。又末字「業」，諸本作「根」。
一六五頁中一〇行「極好」，資、磧、普、南、徑、清作「極妙」。
一六五頁中一三行第九字「恐」，

資、磧、普、南、徑、清作「怨」。
一六五頁中一九行「惡賊」，資、磧、
普、南、徑、清作「怨賊」。
一六五頁中二二行「已往」，資、磧、
普、南、徑、清作「似往」。
一六五頁下一行「其房」，資、磧、
普、南、徑、清作「某房」。
一六五頁下六行「聞音聲」，諸本
作「聞其音聲」。
一六五頁下一一行第五字「遇」，
資、磧、普、南、徑、清作「過」。
一六五頁下一四行第九字「鬚」，
諸本作「髮」。
一六五頁下一六行第二字「滋」，
磧、普、南、徑、清作「茲」。
一六五頁下一九行末字「言」，資、
磧、普、南、徑、清無。
一六六頁上四行「⿰馬字師子」，資、磧、
普、南、徑、清作「牸師子」。
一六六頁上一五行首字「養」，資、
磧、普、南、徑、清作「養之」。
一六六頁上一七行「班足」，資、磧、
普、南、徑、清作「駮足」。
一六六頁上二〇行第一三字「墮」，
麗作「隨」。
一六六頁上末行第一二字「礼」，
諸本作「禮禮」。
一六六頁中一行「猶隨」，資、磧、
普、南、徑、清作「獨墮」。
一六六頁中六行第七字「即」，資、
磧、普、南、徑、清作「自」。
一六六頁中八行「傷損」，諸本作
「傷害」。
一六六頁中九行第一三字「住」，
資、磧、普、南、徑、清作「作」。
一六六頁中一一行「餚饍」，資、磧、
普、南、徑、清作「餚饌」。下同。
一六六頁中一六行第七字「經」，
諸本作「徑」。
一六六頁中二一行第一三字「具」，
麗作「但」。
一六六頁中末行第一一字「諸」，
資、磧、普、南、徑、清作「之」。
一六六頁下一行「怨憒」，資、磧、
普、南、徑、清作「怨責」。又「先日」，
諸本作「昨日」。
一六六頁下一三行第三字「兎」。
資、磧、普、南、徑、清作「具」。
一六六頁下一七行第一三字「設」，
資、磧、普、南、徑、清作「設令」。
一六六頁下一八行「蜜捕得之便
煞」，資、磧、普、南、徑、清作「夜恒
密捕得便殺之」；麗作「密捕得之」。
一六六頁下一九行「民人」，諸本
作「人民」。
一六七頁上一行第七字「再」，麗
無。又第一一字「王」，資、磧、普、
南、徑、清無。
一六七頁上二行「斷决」，資、磧、
普、南、徑、清作「決斷」。
一六七頁上一二行「方臨」，資、磧、
普、南、徑、清作「方驗」。
一六七頁上一三行「諸民」，諸本
作「諸臣」。
一六七頁上一五行「當自敃厲」，
磧、普作「當月自勵」；南、徑、清作

「當改自勵」。

一　一六七頁上一八行「知自」，諸本作「自知」。

一　一六七頁中三行「止山林間」，資、磧、普、南、徑、清作「居止林間」。

一　一六七頁中三行末字至次行首三字「飛行搏人」，資、磧、普、南、徑、清作「飛搏取人」。

一　一六七頁中一二行「便足」，麗作「未足」。

一　一六七頁中一三行「所趣若其捕得須陁素彌須陁素彌」，資、磧、普、南、徑、清作「所歸若當捕得須陁素彌」。

一　一六七頁中一四行「活我若作是計已」，諸本作「我等作是濟已」。

一　一六七頁中一五行第三字「王」，諸本作「王王」。

一　一六七頁中一六行「甚有高德」，資、磧、普、南、徑、清作「有高名德」。

一　一六七頁中一七行「有何高德」，資、磧、普、南、徑、清作「此有何難」。

一　一六七頁中一八行「而往」，資、磧、普、南、徑、清作「欲往」；麗作「往欲」。

一　一六七頁下七行第一三字「見」，資、磧、普、南、徑、清作「是」。

一　一六七頁下一〇行「問言」，資、磧、普、南、徑、清作「言曰」。

一　一六七頁下一五行「終訖」，諸本作「終極」。

一　一六七頁下一六行「灰揚」，麗作「灰煬」。

一　一六七頁下二〇行「自然」，諸本作「自無」。

一　一六七頁下二二行「都空」，諸本作「皆空」。

一　一六七頁下末行「無明寶象」，麗作「無眼寶養」。

一　一六八頁上一二行第一三字「嘷」，磧、普、南、徑、清作「號」。

一　一六八頁上一三行第一〇字「說」，諸本作「訖」。

一　一六八頁上一五行第一三字「順」，資、磧、普、南、徑、清作「循」。

一　一六八頁上一七行第二字「釋」，資、磧、普、南、徑、清作「懌」。又「能來」，資、磧、普、南、徑、清作「善能」。

一　一六八頁中五行首字「佐」，諸本作「收」。

一　一六八頁中七行「如舊」，徑作「始舊」。

一　一六八頁中一二行第一〇字「害」，資、磧、普、南、徑、清作「者」。

一　一六八頁中一三行「過去」，資、磧、普、南、徑、清作「過世」。

一　一六八頁中一四行「善偹」，資、磧、普、南、徑、清作「普被」；麗作「普偹」。

一　一六八頁中一七行「善心」，麗作「善諦」。

一　一六八頁下六行「繼紹」，資、磧、普、南、徑、清作「紹繼」。

一　一六八頁下八行「喜日」，諸本作「喜曰」。

一 一六八頁下一〇行「垂憐」，資、磧、普、南、徑、清作「垂降」。

一 一六八頁下一八行「覩近」，諸本作「漸近」。又「已深」，資、磧、普、南、徑、清作「已染」。

一 一六九頁上二行第三字「女」，資、磧、普、南、徑、清作「汝」。

一 一六九頁上三行第一二字「耻」，資、磧、普、南、徑、清作「耶」。

一 一六九頁上七行「談論」，資、磧、普、南、徑、清作「談議」。

一 一六九頁上八行「用心」，麗作「同心」。

一 一六九頁上一二行「爲正」，資、磧、普、南、徑、清作「違政」。

一 一六九頁上一五行「驚語」，資、磧、普、南、徑、清作「懼即語」。又第一〇字「實」，資、磧、普、南、徑、清無。

一 一六九頁上一六行第六字「厲」，資、磧、普、南、徑、清作「勵」。本頁下八行第二字同。

一 一六九頁上一七行「更治」，諸本作「更始」。

一 一六九頁上一九行「不活」，諸本作「必死」。同行「瞋恚慽憒」，資作「瞋慽憒語」；磧、普、南、徑、清作「瞋慽內憒」。

一 一六九頁上二二行「自拔」，資、磧、普、南、徑、清作「自救」。又「當常」，資、磧、普、南、徑、清作「常當」。

一 一六九頁中一五行末字至次行首字「捷辯」，諸本作「健捷」。

一 一六九頁中二〇行「展避」，資、磧、普、南、徑、清作「隱息」；麗作「隱避」。

一 一六九頁中二二行「而懷」，諸本作「心懷」。

一 一六九頁下六行「及王」，諸本作「王及」。

一 一六九頁下一三行品名，資作「檀膩鞞緣品五十二」；磧、普、南、徑、清作「檀膩鞞緣品第五十二」；麗作「檀膩鞞緣品第四十六」並有夾註「丹本爲五十二」。

一 一六九頁下一五行「婆羅門」，資、磧、普、南、徑、清作「婆羅門名」。

一 一六九頁下一六行「兩眼」，資、磧、普、南、徑、清作「兩目」。

一 一六九頁下一九行「比未稱急」，資、磧、普、南、徑、清作「比來稱給」；麗作「比未稱給」。

一 一六九頁下二〇行「承侍」，諸本作「承待」。

一 一七〇頁上一六行「自落」，資、磧、普、南、徑、清作「自墮」。

一 一七〇頁上末行「免衆厄難」，資、磧、普、南、徑、清作「得免衆厄」。

一 一七〇頁中二行「勉救」，諸本作「免救」。

一 一七〇頁中六行「提目佉」，資、磧、普、南、徑、清作「提目伽」。

一 一七〇頁中六行末三字至次行首字「不抂民物」，資、磧、普、南、徑、清作「不枉人民」。

一 一七〇頁中九行「將往」，諸本作「將往踐治」。

一　一七〇頁中一一行第一〇字「收」，徑作「牧」。又末字「詳」，麗作「相」。

一　一七〇頁中一三行「訶謾」，資作「詎冒」；磧、普、南、徑、清作「欺冒」。

一　一七〇頁中一三行末字至次行首字「決了」，資、磧、普、南、徑、清作「責」；麗作「債」。

一　一七〇頁中一四行第五字「外」，諸本作「到外」。

一　一七〇頁中一五行「遮爲」，諸本作「遮馬」。

一　一七〇頁中一六行「值脚即折」，資、磧、普、南、徑、清作「偶值馬脚當手即折馬吏復捉亦共詣王」；麗作「值脚即折馬吏復捉亦共詣王」。

一　一七〇頁中一六行第一〇字至本頁下二行第八字「次……借」，諸本殊異，難以對校，茲以宋磧砂藏本原文附於卷末(即一七二頁上)，並校以資、普、南、徑、清、麗。

一　一七〇頁下一三行「其脚折」，諸本作「折其脚」。

一　一七〇頁下末行「喚汝」，資、磧、普、南、徑、清作「汝喚」。

一　一七一頁上七行首字「憶」，諸本作「意」。

一　一七一頁上一一行末字「夫」，諸本作「婿」。

一　一七一頁上一五行「枉暴」，諸本作「狂暴」。

一　一七一頁上一八行首字「超」，諸本作「趒」。

一　一七一頁上二〇行第一四字「經」，諸本作「終」。

一　一七一頁中一行末字「言」，資、磧、普、南、徑、清作「人」。

一　一七一頁中二行第七字「各」，資、磧、普、南、徑、清作「名」。

一　一七一頁中三行第一〇字「兒」，資、磧、普、南、徑、清作「子」。

一　一七一頁中六行第二字「鑒」，資、磧、普、南、徑、清作「監」。

一　一七一頁中七行首字「摸」，資、磧、普、南、徑、清作「謀」；麗作「挽」。

一　一七一頁中八行「聽聖」，諸本作「聰聖」。

一　一七一頁下一二行首字「卿」，資、磧、普、南、徑、清作「卿到」。又第六字「受」，資、磧、普、南、徑作「受用」。

一　一七一頁下一四行首字「更」，諸本作「便」。

一　一七一頁下一七行末二字至次行首二字「勉其厄衆」，諸本作「免其衆厄」。

一　一七一頁下二〇行與卷末經名之間，資、磧、普、南、徑、清有「貧女難陀緣品第五十三」全品經文，此經文見卷第三。

一　一七二頁上一行「次復前行到深水邊」，麗作「次行到水」。

一　一七二頁上三行「彼人應聲答渡處所其口已開」，麗作「應聲答處其口開已」。

一　一七二頁上六行第九字至次行第三字「酒家憐愍即便肉與得他酒

已」，麗無。

一　一七二頁上七行末二字至次行首二字「飲酒比竟」，麗無。

一　一七二頁上八行第四字「令」，麗作「兒」。

一　一七二頁上一一行「逃之」，麗作「逃走」。

一　一七二頁上一一行末二字至一四行首字「自擲𨀲墻不意墻後有織老公身墮其上老公即死」，麗作「自跳擲墻下有織公墮上即死」。

一　一七二頁上一四行「云殺我父」，麗無。

一　一七二頁上一八行「汝可語王」，麗作「汝若見王」。

一　一七二頁上二四行「報曰」，麗作「告曰」。

一　一七二頁上二六行「王所」，麗作「王前」。

一　一七二頁上二七行第五字至末行第三字「檀膩羇從我借牛云用踐穀不還見付失」，麗作「人借」。

賢愚經卷第十二

元魏涼州沙門慧覺等在高昌郡譯

師質子摩頭羅世質品第四十七 丹本爲五十四

如是我聞一時佛在舍衛國祇樹給孤獨園尒時國中有一婆羅門字曰師質居家大富無有子息詣六師所問其因緣六師荅言汝相無兒尒時師質便還歸家著垢膩衣愁思不樂而自念言我無子息一旦命終居家財物當入國王思惟是已益增愁惱婆羅門婦與一比丘尼共爲知識時比丘尼值到其舍見其夫主憂愁燋悴便問之言汝夫何故愁悴如是婆羅門婦即荅之曰家無子姓往問六師六師占相云當無兒以是之故愁憂不樂時比丘尼復語之言六師之徒非一切智何能知人業行因緣如來在世明達諸法過去未來無所障㝵可往問之必足了知比丘尼去後婦便白夫如向所聞時夫聞已心便開悟更著新衣往詣佛所稽首佛足而白佛言我之相命當有兒不世尊告曰汝當有兒福德具足生長已大當樂出家婆羅門聞歡喜無量而作是言但使有兒學道何苦時因請佛及比丘僧明日舍食是時世尊默然許之明日時到佛與衆僧往詣其家衆坐已定婆羅門夫婦齊心同志敬奉飲食衆會食竟佛及衆僧還歸所止路由一澤中有泉水甚爲清美佛與比丘僧便住休息諸比丘衆各各洗鉢有一弥猴來從阿難求索其鉢阿難恐破不欲與之佛告阿難速與勿憂奉教便與獼猴得鉢持至蜜樹盛滿鉢來奉上世尊世尊告曰去中不淨獼猴即時拾去蜂蟲極令潔淨佛便告言以水和之如語著水和調已竟奉授世尊世尊受已分布與僧咸共飲之皆悉周遍獼猴歡喜騰躍起舞墮大坑中即便命終魂識受胎於師質家時師質婦便覺有娠日月已足生一男兒面首端正世之少雙當生之時家內器物自然滿蜜師質夫婦喜不自勝請諸相師占其吉凶相師占訖而告之言此兒有德甚

善無比因爲作字字摩頭羅瑟質晉言蜜勝以其初生之日蜜爲瑞應故因名焉兒年已大求索出家父母戀惜不肯放之兒復慇懃白其父母若必違遮不從我願當取命終不能處俗父母議言昔日世尊已豫記之云當出家今若固留或能取死就當聽之共議已決而告兒言隨汝所志兒大欣踊往到佛所稽首作礼求索出家世尊告言善來比丘鬚髮自墮法衣在身便成沙門因爲廣說四諦妙法種種諸理心開結盡得阿羅漢每與諸比丘人間遊化若渴之時擲鉢空中自然滿蜜衆人共飲咸蒙充足是時阿難白佛言世尊摩頭羅瑟質積何功德出家未久獲得應真意有所須隨意而得佛告阿難汝憶往日受師質請不荅言憶之佛言阿難於彼食還至空澤中時有獼猴從汝索鉢盛蜜施佛佛爲受之欣悅起儛墮坑即死汝復憶不荅言憶之佛語阿難彼獼猴者今摩頭羅瑟質是由其見佛歡喜施蜜得生彼家姿貌端正

出家學道速成無漏阿難長跪重白佛言復有何緣生獼猴中佛告阿難乃往過去迦葉佛時有年少比丘見他沙門跳渡渠水而作是言彼人飄疾熟似獼猴彼時沙門聞是語已便問之曰汝識我不答言識汝汝是迦葉佛時沙門何以不識也時彼沙門復語之言汝莫呼我假名沙門沙門諸果我悉備辦年少聞已毛衣皆竪五體投地求哀懺悔由悔過故不墮地獄形呰羅漢故致五百世中恒作獼猴由前出家持禁戒故今得見我沐浴清化得盡諸苦佛告阿難尒時年少比丘今摩頭羅瑟質是尒時阿難及諸大衆聞佛所說悲喜交懷咸作是語身口意業不可不護緣是比丘不能護口獲報如是佛告阿難如汝所言因為四衆廣說諸法淨身口意心垢除淨各得道迹有得須陁洹斯陁含阿那含阿羅漢有發無上正真道意或有住於不退地者衆會聞法咸共歡喜頂戴奉行

檀弥離品第四十八 丹本為五十五

如是我聞一時佛在王舍城竹園之中時拘薩羅國中有一長者字曇摩貰質豪貴大富無有子息禱祀國中一切神祇求索有子精誠感神婦即懷妊日月期滿生一男兒軀體端嚴世所希有召諸相師占相吉凶相師占之知其有德因為立字名檀弥離年既長大其父命終時波斯匿王即以父爵封之受王封已父時舍宅變成七寶諸庫藏中悉皆盈滿種種具有時王子流離被純熱病王為困悴諸醫處藥須牛頭栴檀用塗其身當得除愈王即出令唱語國中誰有牛頭栴檀持詣王家市當雇直與千兩金令語盡遍無持来者時有一人啓白王曰拘薩羅國檀弥離長者家內大有時王聞之乘車馬轝躬自往求到檀弥離長者門前時守門人即入白之波斯匿王来在門外長者歡喜即出奉迎請王入宮前見外門純以白銀門內有女面首端正世無有雙踞銀牀紡銀縷小女十人侍從左右時王便問是汝婦耶答曰非也是守門

婢王續問之是小女輩復用何為弥離答言通白消息次入中門純紺琉璃門內有女面貌端嚴復勝於上左右侍從轉倍前數進入內門純以黃金門內有女顏貌端正轉勝上者坐金牀紡金縷左右侍人復倍上數王亦問之此女人者是卿婦耶答言非也入到舍內見琉璃地清徹如水屋間刻鏤種種獸形及水魚像風吹動之影現地中弈弈動搖王見疑怖謂是實水而問之言餘更無地殿前作池弥離答言此非水也是紺琉璃即脫手指七寶環釧擲置于地徑到彼際尋壁乃住王見歡喜即共入內昇七寶殿弥離夫人在其殿上所坐之床用紺琉璃更有妙牀請王令坐弥離夫人眼即淚出王問之言何以淚出不相喜耶夫人答言王来大善但王衣服有微烟氣令我淚出非是相憎王便問言今汝家內不然火耶答言不也王問曰以何煑食答曰欲食之時百味飯食自然在前王復問言冥暮之時以何為明答言用摩尼珠即

便門户及諸窓牖出摩尼珠明踰晝日時檀弥離跪白王言大王何故勞屈尊神王告之曰我子流離被病困篤須牛頭栴檀故來索之弥離歡喜將入諸藏指示其物七寶珎琦明淨曜日栴檀積聚不可稱計而語王言須者取之時王荅言我須二兩便折與之多少正足即使侍從先送歸國時王敬念而語之言汝當見佛弥離荅言云何為佛王曰汝不聞乎迦維羅衛淨飯王子厭老病死出家學道道成号佛三十二相八十種好神足智慧殊挺無比人天中尊故号為佛弥離聞已深生敬心而問王言今在何許王荅之曰在王舍城竹園中止王去之後即往見佛覩佛威顏過踰國王所歎万倍心懷歡喜頭面作礼問訊起居佛為說法得須陁洹道長跪合掌求索出家佛即聽許善來比丘鬚髮便墮法衣著身重為說法四諦真法苦習盡道心垢都盡成阿羅漢尒時阿難及諸比丘合掌白佛問世尊言檀弥離比丘有何功德生於

人中受天福祿不樂世樂出家未久即獲道果佛語阿難善聽當說乃往過去九十一劫時世有佛名毗婆尸滅度之後於像法中有五比丘共計盟要求覓靜處當共行道見一林澤泉水清美淨潔可樂時諸比丘俱共同聲勸語一人此去城遠乞食勞苦汝當為福供養我等尒時一人即便許可往至人間勸諸檀越日為送食四人身安專精行道九十日中便獲道果即共同心語此比丘緣汝之故我等安隱本心所規今已得之欲求何願恣汝求之時彼比丘心情歡喜而作是言使我將來天上人中富貴自然所願之物不加功力皆悉而生遭值聖師過踰仁等百千万倍聞法心淨疾獲道果佛告阿難尒時比丘今檀弥離是緣其供給四比丘故九十一劫生天人中豪貴尊嚴不處貧窮卑賤之家今得見我獲道度世尒時阿難及諸比丘聞佛所說各自勸勵精進修道有得初果乃至四果有發曠濟之心住不退者各各喜悅頂戴奉行

為護品第四十九 五冊十本十六

如是我聞一時佛在舍衛國祇樹給孤獨園尒時摩竭國中有一長者生一男兒相貌具足甚可愛敬其生之日藏中自然出一金烏父母歡喜便請相師為其立字時諸相師見兒福德問其父母此兒生日有何瑞應即荅之言有一金烏與兒俱生因瑞立字名曰為護兒漸長大烏亦隨大既能行步烏亦行步出入進止常不相離若意不用便住在內為大小便唯出好金其為護者常與五百諸長者子共行遊戲各各自說家內奇事或有說言我家舍宅牀榻坐席悉是七寶或有自說我家屋舍及與園林亦是眾寶復有說言吾家庫藏妙寶恒滿如是之比種種眾多是時為護復自說言我初生日家內自然生一金烏我年長大堪任行來烏亦如是於我無違我恒騎之東西遊觀遲疾隨意甚適人情其大小便純是好金時王子阿闍貰亦在其中聞為護所說便作是念若我為王當奪取之既得

作王便召爲護教使將爲共詣王所時爲護父語其子曰阿闍貰王兇暴無道貪求慳悋自父尚虐何况餘人今者喚卿將貪卿爲儻能被奪其子荅曰我此爲者無能刧得父子即時共乘見王時守門人即入白王爲護父子乘爲在門王告之曰聽乘爲入時守門者還出具告爲護父子乘爲徑前既達宮内尒乃下爲爲王跪拜問訊安否王大歡喜命令就座賜與飲食粗略談語須臾之頃辭王欲去王告爲護留爲在此莫將出也爲護欣然奉教留之空步出宮未久之間爲没於地踊出門外爲護還得乘之歸家經由少時便自念曰國王無道刑罰非理因此爲故或能見害今佛在世澤潤羣生不如離家遵修梵行即白父母求索入道二親聽許便辭而去乘其金爲往至祇洹既見世尊稽首作礼陳說本志佛尋許言善来比丘鬚髮自落法服在身便成沙門佛便爲說四諦要法神心超悟便逮羅漢每與諸比丘林閒樹下思惟修道

其金爲者恒在目前舍衛國人聞有金爲競集觀之忩鬧不靜妨廢行道時諸比丘以意白佛佛告爲護因此象故致有煩憒卿今可疾遣爲令去爲護白佛久欲遣之然不肯去佛復告曰汝可語之我今生分已盡更不用汝如是至三爲當滅矣尒時爲護奉世尊教向爲三說吾不須汝是時金爲即入地中時諸比丘咸共奇恠白世尊言爲護比丘本修何德於何福田種此善根乃獲斯報巍巍如是佛告阿難及諸比丘若有衆生於三寶福田之中種少少之善得無極果乃往過去迦葉佛時時彼世人壽二万歲彼佛教化周訖還神泥洹分布靈骨多起塔廟時有一塔中有菩薩本從兜率天所乘爲來下入母胎時像彼時爲身有少剥破時有一人值行繞塔見爲身破便自念言此是菩薩所乘之爲今者損壞我當治之取埿用補雌黄汙塗因立誓願使我將来恒處尊貴財用無乏彼人壽終生於天上盡天之命下生人間常生尊豪富樂之

家顏貌端正與世有異恒有金爲隨時侍衛佛告阿難欲知尒時治爲人者今爲護是由於彼世治爲之故從是以来天上人中封受自然緣其敬心奉三尊故今遭值我禀受妙化心垢都盡逮阿羅漢慧命阿難及諸衆會聞佛所說莫不開解各得其所有得須陁洹斯陁含阿那含阿羅漢者有發無上正真道意者有證不退位者莫不歡喜敬戴奉行

波婆離品第五十　丹本卷十三 五十七

如是我聞一時佛在王舍城鷲頭山中與尊弟子千二百五十人俱尒時波羅㮈王名波羅摩達王有輔相生一男兒三十二相衆好備滿身色紫金姿容挺特輔相見子倍增怡悅即召相師令占相之相師披看歎言奇哉相好畢滿功德殊備智辯通達出踰人表輔相益喜因爲立字相師復問自從生来有何異事輔相荅言甚恠異常其母素性不能良善懷妊已来悲矜苦厄慈潤黎元等心護養相師喜言此是兒志因爲立字号曰弥

勒父毋喜慶心無有量其兒殊稱合
土宣聞國王聞之懷懼言曰念此小
兒名相顯美儻有高德必奪我位㝵
其未長當豫除滅久必為患作是計
已即勅輔相聞汝有子容相有異汝
可將來吾欲得見時宮內人聞兒暉
問知王欲害甚懷湯火其兒有舅名波
婆梨在波梨弗多羅國為彼國師聰明
高儁智達殊才五百弟子恒逐諮稟
於時輔相憐愛其子懼被其害復作
密計遣人乘象送之與舅舅見弥勒
覩其色好加意愛養敬視在懷其年
漸大教使學問一日諮受勝餘終年
學未經歲普通經書時波婆梨見其
甥甥兒學既不久通達諸書欲為作
會顯揚其美遣一弟子至波羅㮈語
於輔相說兒所學索於珎寶欲為設
會其弟子往至于中道聞人說佛無
量德行思慕欲見即往趣佛未到中
間為虎所噉乘其善心生第一四天
波婆梨自竭所有合集財賄為設大
會請婆羅門一切都集供辦餚饍種
種甘美設會已訖大施達嚫一人各

得五百金錢布施訖竟財物罄盡有
一婆羅門名勞度差㝡於後至見波
婆梨我從後來雖不得食當如比例
与我五百金錢波婆梨荅言我物已盡
實不從汝有所愛也勞度差言聞汝
設施有望相投云何空見不垂施惠
若必非逆不見給者汝更七日頭破
七段時波婆梨聞是語已自思惟言
世有惡呪及餘蠱道事不可輕儻能有
是財物悉盡卒無方計念是愁憂深
以為懼前使弟子終生天者遙見其
師愁悴無賴即從天下来到其前問
其師言何故愁憂師具以事廣說因
緣天聞其語尋白師言勞度差者未
識頂法愚癡迷網惡邪之人竟何所
能而乃憂此今唯有佛㝡解頂法無
極法王特可歸依時波婆梨聞天說
佛即重問之佛是何人天即說佛生
迦毗羅衛淨飯王家右脅而生尋行
七步稱天人尊三十二相八十妙好
光照天地梵釋侍御三十二瑞振動
顯發相師覩見記其兩處在家當作
轉輪聖王出家成佛覩老病死不樂

國位踰宮出國六年苦行菩提樹下
破十八億魔於後夜中普具佛法三
明六通十力無畏十八不共悉皆滿
備至波羅㮈初轉法輪阿若憍陳如
五人漏盡八万諸天得法眼淨無數
天人發大道意復到摩竭度欝毗羅
并舍利弗目揵連等出千二百五十
比丘以為徒類号曰衆僧功德智能
不可稱計惣而言之名為佛也今在
王舍鷲頭山中時波婆梨聞歎佛德
自思惟言必當有佛我書所記佛星
下現天地大動當生聖人今悉有此
似當是也即勅弥勒等十六人往見
瞿曇看其相好衆相若備心念難之
我師波婆梨為有幾相如我今者身
有兩相一髮紺青二廣長舌若其識
之復更心難我師波婆梨年今幾許
如我年者今百二十若其知之復更心
念我師波婆梨是何種姓欲知我種
是婆羅門吾其荅識復更心難我師
波婆梨有幾弟子如我今者有五百
弟子若荅知數斯必是佛汝等必當
為其弟子令遣一人語我消息時弥

勒等進趣王舍近到鷲頭山見佛足跡千輻輪相晒然如畫即問人言此是誰跡有人荅言斯是佛跡時弥勒等遂懷慕仰俳佪跡側豫欽渴仰時有比丘尼刹羅持一死虫着佛跡處示弥勒等各共看此汝等欽羨歎慕斯跡踊煞衆生有何奇哉弥勒之等各共前看諦觀形相是自死虫即問比丘尼汝誰弟子比丘尼荅言是佛弟子時弥勒等各自說言佛弟子中乃有是人漸進佛所遥見世尊光明顯照衆相赫然即數其相不見其二佛即為其出舌覆面復以神力令見陰藏見相數滿益以歡喜即奉師勑遥以心難我師波婆梨為有幾相佛即遥荅汝師波婆梨唯有二相一髮紺青二廣長舌聞是語已復更心難我師波婆梨年今幾許佛遥荅言汝師波婆梨年百二十既聞是已復心念難我師波婆梨是何種姓佛即遥荅汝師波婆梨是婆羅門種得聞是已復更心難我師波婆梨有幾弟子佛即遥荅汝師波婆梨有五百弟子於時會

者聞佛所說甚怪如來獨說此語時諸弟子長跪問佛世尊何故而說是言佛告比丘有波婆梨在波婆梨弗多羅國遣十六弟子來至我所試觀我相因心念難是以一一還以荅之時弥勒等聞佛荅難事事如實一無差違深生敬仰往至佛所頭面礼訖却坐一面佛為說法其十六人得法眼淨各從座起求索出家佛言善來鬚髮自墮法衣在身尋成沙門重以方便為其說法其十五人成阿羅漢時弥勒等自共議言波婆梨師在遠悒遲宜時遣人還白消息十六人中時有一人字賓祈奇是波婆梨姊子衆人即遣往白消息還到本國波婆梨所具以聞見廣為說之波婆梨聞已喜發於心即從坐起長跪合掌向王舍城自說誠言生遭聖世甚難值遇思觀尊容稟受清化年已老邁足力不强雖有誠款靡由自達世尊大慈豫知人心唯願屈神來見接濟於時如來遥知其意屈伸臂頃來到其前礼已舉頭尋見世尊驚喜踊躍礼拜問訊請

令就坐恭肅侍佛佛為說法逮阿那舍於時世尊尋還鷲頭山時淨飯王聞佛道成遊行教化多有所度情懷渴仰思得覲覲告優陁耶汝往佛所騰我志意白於悉達汝本有要得道當還願遵往言時來相見優陁耶到具宣王意佛尋可之七日當往優陁耶喜還白消息淨飯王聞告語諸臣優陁耶來云佛當還莊嚴城內極令清潔塗汙街陌遍竪幢幡鐃儲華香當俟供養嚴辦已訖与諸群臣四十里外奉迎世尊於時如來與大衆俱八金剛力士住在八面時四天王各在前導時天帝釋與欲界諸天侍衛其左時梵天王與色界天侍衛其右諸比丘僧列在其後佛在衆中放大光明暉曜天地威踰日月普與大衆乘虛而往漸欲近王下齊人頭王與臣民夫人婇女觀見大衆晃朗俱顯佛在中央如星中月王大歡喜不覺下礼礼畢問訊与共還國住尼拘盧陁僧伽藍是時國法男女有別王与臣民日日聽法聞法開悟得度者衆諸

女人輩各懷怨恨佛為大衆雖復還國男子有幸獨得見聞我曹女人不蒙恩祐佛知其意即語王言自今已後令國男女普俱聽法一日一更從是已後蒙度甚多時佛姨母摩訶波闍波提佛已出家手自紡織豫作一端金色之氎積心係想唯俟於佛既得見佛喜發心髓即持此氎奉上如來佛告憍曇弥汝持此氎往奉衆僧時波闍波提重白佛言自佛出家心每思念故手紡織規心俟佛唯願垂愍為我受之佛告之曰知母專心欲用施我然恩愛之心福不弘廣若施衆僧獲報弥多我知此事是以相勸佛又言曰若有檀越於十六種具足別請雖獲福報亦未為多何謂十六比丘比丘尼各有八輩不如僧中漫請四人所得功德福多於彼十六分中未及其一將來末世法垂欲盡正使比丘畜妻侠子四人以上名字衆僧應當敬視如舍利弗目揵連等時波闍波提心乃開解即以其衣奉施衆僧僧中次行無欲取者到弥勒前

尋為受之於後世尊為比丘僧遊波羅㮈轉行化導尒時弥勒著金色氎衣身既端正色紫金容表裏相稱威儀詳序入波羅㮈城欲行乞食到大陌上擎鉢住立人民之類覩其色相圍遶觀看無有猒足雖皆欽敬無能譲食有一穿珠師偶到道宕見於弥勒甚懷敬慕即問大德為得食未荅言未得尋請將歸辦設飲食食已澡漱為說妙法言辭高美聽之無猒時有大長者值欲嫁女先與一珠雇令穿之若其穿訖當為錢十万於時長者遣人来索珠師聞法五情甘樂語言且去比後當穿其人復語今急須之念時者手囑已還去具語長者斯須之頃重遣往索猶故聽法未為穿之還語長者長者恨言既重相雇不唐倩託今乃前却不稱我要更重遣人因賫錢往若其未穿還揞珠来使人到問猶故聽法知未穿珠急從還索事不得已即取還他穿珠之師在弥勒前次第聽法心無猒退其妻瞋恚嬈責夫言須臾之勞當得錢十万以供家

中衣食之短但聽沙門浮美之談亡失尒許錢財之利夫聞其言情懷悔恨弥勒知意而語之言汝今能共至精舍不荅言可尒即時共到精舍將到僧中問衆僧言若有檀越請一持戒清淨沙門就舍供養所得盈利何如有人得十万錢時憍陳如尋即說言假使有人得百車珎寶計其福利不如請一淨戒沙門就舍供養得利弘多舍利弗言設令有人得一閻浮提滿中珎寶猶不如請一淨戒者就舍供養獲利弥多目揵連言正使有人得二天下滿中七寶實不如請一清淨沙門於舍供養得利極多其餘比丘如是各各引於方喻比挍其利皆悉多彼時阿那律復自說言正令得滿四天下寶其利猶復不如請一清淨沙門詣舍供養得利殊倍所以然者我是其證自念過去九十一劫時世有佛号毗婆尸般涅槃後經法滅盡時閻浮提有一大國名波羅奈尒時國中有一薩薄家居巨富無所乏少有二男兒各皆端正長名瀧吒小

字阿淚吒父垂命終告勅二子我必不免當即後世汝等兄弟念相承奉合心并力慎勿分居所以然者辟如一絲不任繫爲合集多絲乃能制爲辟如一葦不能獨然合捉一把燃不可滅今汝兄弟亦復如是共相依恃外人不壞內穆勲家則財業日增囑誡之後氣絕命終兄弟奉教合居數時後阿淚吒婦自心念言今共居止通難兄家人客知識不得瞻待若當分異各自努力情既無難可自成家念是事已具向夫說阿淚吒聞婦所言以為不可婦復懇懃廣引道理阿淚吒情迴以事白兄兄復引父垂命之言廣示方比不可之理時阿淚吒婦數數勸夫其夫意決急求分居兄見意感禹分家居分異之後阿淚吒夫妻恣情放志招合伴黨飲噉奢侈不順禮度未經幾年家物耗盡窮罄无計詣兄白之兄復矜之與錢十万用盡更索如是六返前後凡与六十万錢後復來求兄復訶責云父勅誡汝不承用未經幾時求共分異豈用無度不

可供給前後与汝六十万錢汝不知足復更來求今復更与汝十万錢能有能無更勿來索其弟得責慚愧取錢夫婦改操謹身節用懃心家業財産日廣其後漸富更無乏短其兄淚吒違遭衰艱所在破亡財物迸散家理傾窮無有方計往到弟邊說所須闕求索少錢供足不逮其弟瞋嫌而語兄言謂望兄家不識有貧云何復來從我所索作是語已乃不讓食兄便還去而自愕然生死之中何可畏耶析體兄弟不識恩養豈況他人當推義理心即厭世捨家入山靜坐思惟諸法生滅心即開悟成辟支佛威儀可觀入城乞食後值歲儉人民飢乏之時辟支佛乞食難得時弟阿淚吒後轉貧窮復值歲荒食穀不繼日往取薪賣糴粺子共家婦兒以自供活一日晨朝早往入澤於城門中見辟支佛威儀可觀入城乞食即往取薪還來到門見辟支佛空鉢而出心自生念此是快士晨見入城今乃空來若今與我共歸至舍當共分食

以奉施之作是念已捨之而去時辟支佛尋知其意即隨其後往到門中阿淚吒見之心用歡喜即為敷牀請令入坐索其自分粺子之糜躬手自持施辟支佛時辟支佛語阿淚吒言汝亦飢渴當共分噉阿淚吒白言我曹世俗食無時節尊日一食但願為受即受食訖感其至心遭斯歲儉父子不救能割身分以用見施當為現變令其歡喜即飛虛空身出水火廣現神足還住其前語阿淚吒言欲求何願恣隨汝意見變歡喜踊躍即前至心自立誓言一切眾生多種求財我願世世莫有所乏情有所欲應意而至又願將來得遇上士功德勝汝百千万倍令我於彼得漏盡證神足變化與汝不異求願已訖倍復歡喜時辟支佛還歸所止時阿淚吒即還入澤取薪到見一兎意欲捕取走逐轉近以鎌遙擲即時墮地適欲前取化為死人上其背上急抱其頭盡力推却不能令却心懷恐怖憧惶苦惱意欲入城共婦解却復恐人見令不聽

入留待日暮以衣用覆擔負入城往趣其舍已到舍內自然墮地變成一聚閻浮檀金光明晃昱并照比舍展轉談之上徹於王王即遣人往看審實使人到覲見是死人尋還白王是死人耳王問餘人猶言是金甚怯所以重遣人看如是七返來言不定王即自往親往看之見是死人形漸欲是即問阿㝹吒汝見是何荅言看實是金即取少許用奉於王王見金色敬之未有問其所由何緣得此於時阿㝹吒具以本末向王而說必當由施辟支佛故王聞其語歎言善哉汝得快利值此上人即更賜與拜為大臣如彼世以少稗糜施辟支佛因自求願是諸尊彼阿㝹吒者即我身是我於緣是以來九十一劫生天人中無所乏少三事挺特端正受稱情有所欲應意而至乃至今身在家之時我常優遊不喜世務兄摩訶男常有怨辭我母語言我兒福德摩訶男言我獨勞慮家理田業優閑卧食云何福德其母欲試遣我至田監臨種作令不送

食我怯食遲遣人往索母遣人語我云無所有我還白母唯願與我送無所有於時其母聞兒是語即取寶案嚴具器物以襆覆上送以與我令摩訶男逐而看之已到我前發去其襆百味飲食案器悉滿如是餘時在所應意若令滿得四天下寶劫盡之時理當消滅復不得久如是我以少糜施辟支佛九十一劫福利未滅復緣斯德見佛度苦以是之故故知請一淨戒比丘於舍供養得利多彼四天下寶時阿㝹律說是語已於時世尊從外來入聞阿㝹律說過去事告諸比丘汝等比丘說過去事我復次說當來之世此閻浮提土地方正平坦廣博無有山川地生濡草猶如天衣尒時人民壽八万四千歲身長八丈端正殊妙人性仁和具修十善彼時當有轉輪聖王名曰勝伽（晉言具也）彼時當有婆羅門家生一男兒字曰弥勒身色紫金三十二相衆好畢滿光明殊赫出家學道成最正覺廣為衆生轉尊法輪其第一大會度九

十三億衆生之類第二大會度九十六億第三大會度九十九億如是比丘三會說法得蒙度者悉我遺法種福衆生或三寶中興供養者出家在家持齋戒者燒香燃燈礼拜之者皆得在彼三會之中三會度我遺殘衆生然後乃化同緣之徒於時弥勒聞佛此語從座而起長跪白佛言願作彼弥勒世尊佛告之曰如汝所言汝當生彼為弥勒如來如上教化悉是汝也於時會中有一比丘名阿侍多長跪白佛我願作彼轉輪之王佛告之曰汝但長夜貪樂生死不覲出耶於時在會一切大衆見佛世尊授弥勒決當來成佛猶字弥勒各皆有疑欲知本末尊者阿難即起白佛弥勒成佛復字弥勒不審從何造起名字佛告阿難諦聽著意過去無量阿僧祇劫此閻浮提有一大國王名曇摩留支領閻浮提八万四千國六万山川八十億聚落二万夫人婇女一万大臣有一小國豊樂是中國王名波塞奇時弗沙佛初出於世在此國中化導衆

生時波塞奇王與諸群臣專供養佛及於衆僧不暇得往朝覲大王貢獻音信亦悉斷替於時大王怯其閒絕即遣使者往責所以使者到已宣王言令比年已來人信俱斷汝爲人臣何以違常將有異心欲懷逆耶時波塞奇得大王教自知違替靡知所如即往見佛白如是事佛告王言汝勿憂慮但還遣使以誠告言佛在我國朝夕承事是以不暇往覲大王國內財物供佛及僧無有遺餘可以獻貢波塞奇王得佛教已即還報使如佛所語使到見王具道其意大王聞之甚懷感怒即合諸臣共詳此事諸臣皆言彼王慠慢擴引道理宜合兵衆往攻伐之王即然之合兵躬往前軍近到彼王乃知心懷怖懼急往白佛佛告王言莫用憂慮但自往見宣說前語波塞奇王即與群臣往到界上見於大王礼問畢訖住在一面大王責問汝何所恃違慢失常不來朝覲波塞奇言佛世難值甚難得覲須來在國化導民物朝夕侍奉故使違替於

時大王復更重責正使令尒何以斷獻波塞奇言佛有徒衆名曰衆僧戒德清淨世良福田合國所有常用供養無有盈長可以爲貢曇摩留支聞此語已告言且住須我見佛見佛來還乃問汝罪即與群臣往至佛所是時如來大衆圍遶各悉靜然端坐入定有一比丘入慈三昧放金光明如大火聚曇摩留支遥見世尊光明顯赫明曜踰日大衆圍遶如星中月爲佛作礼問訊如法見此比丘光明特顯即白世尊此一比丘入何等定光曜乃尒佛告大王此比丘者入慈等定王聞是語倍增欽仰言此慈定巍巍乃尒我會當習此慈三昧作是願已志慕慈定意甚柔濡更無害心即時請佛及比丘僧唯願迴神往至大國佛即許可剋日當往波塞奇王聞佛欲往至大王國甚懷戀恨愁悴無憀心自念言若當令我是大王者如來則當常住我國由我小故不得自在念是事已即問佛言諸王之中何者最大佛告之曰轉輪王大波塞奇王因

自作願願我由來供養佛及衆僧持此功德搘願將來世世常作轉輪之王如是阿難尒時大王曇摩留支者今弥勒是始於彼世發此慈心自此以來常字弥勒彼波塞奇王今祇陁是乃於彼中常作轉輪王自是以來世世恒作乃至今日功德不盡是以今日復求索作時穿珠師聞說是已尋發無上正真道意其餘會者聞佛所說有得須陁洹斯陁含阿那含阿羅漢者有發無上正真道意者有得還住不退地者各皆敬戴歡喜奉行

二鸚鵡聞四諦品第五十一（丹本爲五十八）

如是我聞一時佛在舍衛國祇樹給孤獨園尒時長者須達敬信佛法爲僧檀越一切所須悉皆供給時諸比丘隨其所須日日往來說法教誨須達家內有二鸚鵡一名律提二名賒律提稟性黠慧能知人語諸比丘往来每先告語家內聞知拂整敷具歡喜迎逆是時阿難往到其家見鳥聰黠愛之在心而語之言欲教汝法二鳥歡喜授四諦法教令誦習而說偈言

豆佉 三牟提耶 尼樓陁 末加 晉言苦習滅道
門前有樹二鳥聞法喜悅誦習飛向
樹上次第上下經由七返誦讀所受
四諦妙法其暮宿樹野狸所食緣此
善心即生四天尊者阿難明日時到
著衣持鉢入城乞食聞二鸚鵡為狸
所煞生矜愍心還白佛言須達家內
有二鸚鵡弟子昨日教誦四諦其夜
命終不審識神生處何所唯願如來
垂愍見示佛告阿難諦聽諦聽善著心
中當為汝說令汝歡喜緣汝授法喜心
受持命終之後生四王天此閻浮提
五十歲為四王天上一日一夜彼亦
三十日為一月十二月為一歲彼四
王天壽五百歲阿難問佛於彼命終
當生何處佛告阿難當生第二忉利
天上此閻浮提百歲為忉利天上一
日一夜亦三十日為一月十二月為
一歲彼忉利天壽千歲阿難復問於
彼命終當生何處佛告阿難當生第
三炎摩天上此閻浮提二百歲為炎
摩天一日一夜亦三十日為一月十
二月為一歲彼炎摩天上壽二千歲

阿難又問於彼命終當生何處佛告
阿難當生第四兜率天上此閻浮提
四百歲為彼天上一日一夜亦三十
日為一月十二月為一歲彼兜率天
壽四千歲阿難又問於彼命終當生
何處佛告阿難當生第五不憍樂天
此閻浮提八百歲為第五天上一日
一夜亦三十日為一月十二月為一
歲彼第五天壽八千歲阿難又問於
彼命終當生何處佛告阿難當生第
六化應聲天此閻浮提千六百歲為
第六天上一日一夜亦三十日為一
月十二月為一歲彼第六天壽万六
千歲阿難又問於彼命終復生何處
佛告阿難還生第五天上如是次第
至四天王天上下七返生六欲天中自
恣受福極天之壽無有中夭阿難又
問六天壽盡當生何處佛告阿難當
下閻浮提生於人中出家學道緣前
鳥時誦持四諦心自開解成辟支佛
一名曇摩二名修曇摩佛告阿難一
切諸佛及衆賢聖天人品類受福多
少皆由於法種其善因致使其後各

獲妙果尒時阿難及諸衆會聞佛所
說歡喜奉行

鳥聞比丘法生天品第五十二 丹本為五十九

如是我聞一時佛在舍衛國祇樹
給孤獨園尒時於林樹間有一比
丘坐禪行道食後經行因尒誦經音
聲清雅妙好無比時有一鳥敬愛其
聲飛在樹上聽其音響時有獵師以
箭射煞緣茲善心即生第二忉利天
中父母膝上忽然長大如八歲兒面
貌端正殊異光相晒然無有倫疋即
自念言我以何福得生此中天福果
報便識宿命觀見故身本是禽鳥蒙
彼比丘誦經福報得生此中即持天
華詣閻浮提到比丘所礼敬問訊以
天華香供散其上比丘問言汝是何
神荅言我本是鳥愛尊音聲來此聽經
承為獵師所煞因此善心生忉利天
比丘歡喜即命令坐為其說法種種
妙善天人開解得須陁洹果歡喜踊
躍即還天上佛告阿難如來出世饒
益甚多所說諸法實為深妙乃至飛
鳥緣愛法聲獲福無量豈況於人信

心堅固受持之者所獲果報難以為比介時阿難及諸大衆聞佛所說歡喜奉行

賢愚經卷第十二

甲辰歲高麗國大藏都監奉
勅雕造

賢愚經卷第十二　第二十四張　傑

賢愚經卷第十二
校勘記

一　底本，麗藏本。

一　一七九頁上三行品名及夾註，諸本（不含[石]，下同）作「師質子摩頭羅瑟質綠品第（「第」，[資]無）五十四」。

一　一七九頁上一四行「子姓」，諸本作「子息」。

一　一七九頁上二一行「佛足」，諸本作「作禮」。

一　一七九頁中五行第一三字「其」，諸本作「師質」。

一　一七九頁中九行「諸比丘衆」，諸本作「時諸比丘」。

一　一七九頁中一三行首字「盛」，諸本作「盛蜜」。又「世尊世尊告」，諸本作「佛佛告之」。

一　一七九頁中一四行「去蜂」，諸本作「却其」。又「潔淨」，諸本作「淨潔」。

一　一七九頁下三行「兒年已大」，諸本作「兒已年大」。

一　一七九頁下八行首字「之」，諸本作「許」。

一　一七九頁下九行第三字「踴」，諸本作「躍」。

一　一七九頁下一一行「廣説」，諸本作「演説」。

一　一七九頁下一三行第一一字「乏」，[徑]作「之」。

一　一七九頁下一六行「獲得」，諸本作「便獲」。

一　一七九頁下一七行「隨意」，諸本作「隨念」。

一　一七九頁下一九行「還至」，諸本作「已至」。

一　一八〇頁上六行「汝汝」，諸本作「汝」。

一　一八〇頁上七行第九字「也」，諸本無。

一　一八〇頁上九行「偝辦」，諸本作「辦之」。又「聞已毛衣」，諸本作「聞之衣毛」。

一　一一八〇頁上一一行第六字「致」，諸本無。

一　一一八〇頁上一五行「交懷」，諸本作「交集」。

一　一一八〇頁上末行品名及夾註，諸本作「檀彌離緣品第（「第」，資無）五十五」。

一　一一八〇頁中二行末字「貫」，諸本作「貫」。

一　一一八〇頁中三行「大富」，諸本作「大姓」。

一　一一八〇頁中五行「期滿」，諸本作「斯滿」。

一　一一八〇頁中一一行「困悴」，諸本作「困悖」。

一　一一八〇頁中一四行第七字「市」，資作「別」，磧、普、南、徑、清作「兩」。

一　一一八〇頁下二二行「飯食」，諸本作「飲食」。

一　一一八一頁上一行「閇戶」，資作「開戶」。

一　一一八一頁上五行「珎琦」，諸本作「珍奇」。

一　一一八一頁上六行「曜日」，資、磧、普、南、清作「目」。

一　一一八一頁上二〇行「便墮」，諸本作「自墮」。

一　一一八一頁上二一行第一一字「盡」，諸本作「淨」。

一　一一八一頁中一七行第一四字「今」，諸本無。

一　一一八一頁中二一行「勸勵」，諸本作「勑勵」。

一　一一八一頁下一行品名及夾註，諸本作「象護緣品第（「第」，資無）五十六」。

一　一一八一頁下八行「俱生」，諸本作「共生」。

一　一一八一頁下九行「字名」，諸本作「名字」。

一　一一八二頁上三行「尚虐」，諸本作「尚害」。

一　一一八二頁上四行「被奪」，諸本作「相奪」。

一　一一八二頁上五行「無能劫得」，諸本作「無人能劫」。

一　一一八二頁中四行第一一字「象」，諸本作「之」。

一　一一八二頁中七行第九字「矣」，諸本作「去」。

一　一一八二頁中一三行第三字「之」，諸本無。

一　一一八二頁中一五行「泥洹」，諸本作「涅槃」。

一　一一八二頁中一六行第一三字「從」，諸本無。

一　一一八二頁中一七行「象來下入母胎時像」，諸本作「來下入胎時象」。

一　一一八二頁中一八行「值行」，諸本作「直行」。

一　一一八二頁中末行「人間常生」，諸本作「世間常在」。

一　一一八二頁下二行「時侍衛」，諸本作「侍衛護」。

一　一一八二頁下一一行品名及夾註，諸本作「波婆梨緣品第（「第」，資無）五十七」。

一 一八二頁下二〇行末字「甚」，諸本作「共」。

一 一八三頁上一行「喜慶」，諸本作「喜愛」。

一 一八三頁上三行末字「曼」，南、徑、清作「及」。

一 一八三頁上八行「波梨弗多羅」，諸本作「波梨富羅」。

一 一八三頁上九行「智達」，徑作「智遠」。

一 一八三頁上一一行「遣人乘象送之」，諸本作「密遣人乘送之」。

一 一八三頁上一五行「娚甥兒」，諸本作「外甥」。又「諸書」，資、磧作「請書」。

一 一八三頁中四行第一一字「言」，諸本無。

一 一八三頁中六行「見不」，諸本作「爾見」。

一 一八三頁中一三行末字「因」，諸本作「由」。

一 一八三頁下三行「不共」，諸本作「不共法」。

一 一八三頁下一一行第一三字「佛」，諸本作「沸」。

一 一八三頁下末行第五字「令」，諸本作「念」。

一 一八四頁上一行「鷲頭山」，諸本作「鷲山」。本頁下二行同。

一 一八四頁上五行第一〇字「著」，磧、普作「者」。

一 一八四頁中三行末五字至次行首字「波婆梨弗多羅」，資、磧、普、南、清作「波梨弗羅」；徑作「波梨富羅」。

一 一八四頁中八行「其十六」，諸本作「十五」。

一 一八四頁中一二行第一三字「悒」，諸本作「邑」。

一 一八四頁下二一行「礼畢問訊」，諸本作「禮問畢竟」。又「住尼」，諸本作「往尸」。

一 一八五頁上四行「番休」，資作「番復」；磧、普、南、徑、清作「番往」。

一 一八五頁上一三行第七字「之」，諸本無。

一 一八五頁上二〇行「侠子」，磧、普、南、徑、清作「挟子」。

一 一八五頁中四行「詳序」，諸本作「庠序」。

一 一八五頁中一八行第二字「今」，諸本作「而」。

一 一八五頁下一三行第一四字「一」，諸本無。

一 一八六頁上四行「乃能」，諸本作「乃可」。

一 一八六頁上九行第一四字「逼」，諸本作「留」。

一 一八六頁上一一行第九字「自」，諸本作「得」。

一 一八六頁上一六行「勸夫」，諸本作「勸動」。

一 一八六頁上二〇行「白之」，資作「白乏」；磧、普、南、徑、清作「白乏」。

一 一八六頁中二行「來求」，諸本作「求索」。

一八六頁中六行第五字「艱」，諸本作「難」。

一八六頁中七行第二字「頓」，諸本作「次」。又末字「契」，諸本作「闕」。

一八六頁中一五行第一〇字「歲」，諸本作「世」。

一八六頁中一六行第一〇字「時」，資作「值」。

一八六頁中一七行「貧窮」，諸本作「貧乏」。

一八六頁中末行「今與」，諸本作「令見」。

一八六頁下九行第六字「身」，諸本作「食」。

一八七頁上四行第四字「上」，諸本作「向」。

一八七頁上五行第四字「覩」，諸本作「覩」。

一八七頁上八行第四字「徃」，諸本作「住」。

一八七頁上一一行「何緣」，諸本作「何由」。

一八七頁上二二行「福德」，諸本作「非德」。

一八七頁上末行第一二字「令」，諸本作「全」。

一八七頁中六行末字「所」，諸本作「前」。

一八七頁中九行「未滅」，諸本作「未滅」。

一八七頁中一五行「當來之世」，諸本作「未來事將來之世」。

一八七頁中二〇行夾註左「具也」，諸本作「貝也」。

一八七頁中二一行「色紫金」，諸本作「紫金色」。

一八七頁下一行「十三」，磧、普、南、徑、清作「十六」。

一八七頁下二行「六億」，磧、普、南、徑、清作「四億」。同行「九十九億」，資作「九十億」；磧、普、南、徑、清作「九十二億」。

一八七頁下五行首字「齊」，諸本作「齋」。

一八七頁下一二行第六字「彼」，諸本無。

一八八頁上九行「告言」，諸本作「往言」。

一八八頁上一三行「具道」，諸本作「具導」。

一八八頁上末行「侍奉」，諸本作「奉侍」。

一八八頁中四行「盈長」，諸本作「羸長」。

一八八頁中七行「静然」，磧、普、南、徑、清作「静默」。

一八八頁中一七行「徃至」，諸本作「往到」。

一八八頁下一行第四字「願」，諸本無。

一八八頁下一三行品名及夾註，諸本作「二鸚鵡聞四諦緣品第（「第」，資無）五十八」。

一八九頁中六行第一一字「不」，諸本作「無」。

一八九頁中一五行第六字「生」，

諸本作「是」。

一　一八九頁中二二行第五字「衆」，諸本作「僧」。

一　一八九頁下三行品名及夾註，資作「烏聞比丘生天緣品五十九」；磧、普、南、徑、清作「烏聞比丘說法生天緣品第五十九」。

一　一八九頁下五行「尒時」，諸本作「爾時世尊」。

一　一八九頁下七行「清雅妙好」，諸本作「清妙雅好」。

一　一八九頁下九行第五字「茲」，諸本作「慈」。

一　一八九頁下一一行「光相」，諸本作「光明」。

一　一八九頁下一三行「禽鳥」，諸本作「禽獸」。

一　一八九頁下一七行末字「經」，諸本無。

一　一八九頁下二〇行「開解」，諸本作「聞解」。

一　一九〇頁上一行「心堅」，諸本作「此牢」。

趙城縣廣勝寺

賢愚經卷第十三　驕

宋沙門慧覺共威德在高昌譯

五百鴈聞佛法生天緣

如是我聞一時佛在波羅㮈國尒時世尊於林澤中為天人四輩之類演說妙法時虚空中有五百羣鴈聞佛音聲深心愛樂脟桓迴翔尋欲來下至世尊所時有獵師張施羅網五百羣鴈墮彼網中為獵師所煞生忉利天父母膝上忽然生長如八歲兒身體端嚴顏貌無比光相明淨踰若金山便自念言我以何因生此天中天人心聰神解即識宿命緣愛法聲果報生天當報其恩即共同時持天花香下閻浮提波羅㮈國至世尊所天光明曜猶寶樹林一時曲身礼世尊足合掌白言我蒙世尊說法音聲生在妙處願重矜愍開示道要尒時世尊便為演說四諦妙法天人開悟得湏陁洹果即還天上不墮三塗隨緣七生得盡諸漏尒時阿難白世尊言昨夜有天光明照曜礼敬世尊不知其緣願見告示佛告阿難善思念之當為汝說世尊昨日在林澤中為天世人四輩之衆敷演妙法有五百羣鴈愛敬法聲心悅欣慶即共飛來欲至我所墮獵師網中於時獵師即取煞之因此善心生忉利天自識宿命故來報恩尒時阿難聞佛所說歡喜踊躍歎未曾有而作是言如來出世實為竒妙闡演法雨莫不蒙潤乃至禽鳥猶聞法聲獲福乃尒豈況於人信心受持計其果報過踰於彼百千万倍不可為比佛告阿難善哉善哉如汝所說如来出世多所潤益普雨甘露浸潤羣生以是之故當共一心信敬佛法尒時阿難及諸衆會聞佛所說歡喜奉行

堅誓師子緣

如是我聞一時佛在王舍城耆闍崛山中尒時提婆達多恒懷惡心向於世尊欲害如來自稱為佛教阿闍世害父為王新佛新王治理天下不亦快乎王子信用便煞其父自立為王是時世人咸懷惡心於諸比丘

愢不欲見時諸比丘入城乞食人民忿恚咸不與語空鉢而出還到山中白世尊言提婆達多作不善事使諸四輩各興惡心向於沙門尒時世尊告阿難言若有衆生起於惡心向諸沙門著染衣人當知是人則便惡心向於過去諸佛辟支佛阿羅漢向於未来諸佛辟支佛阿羅漢現在諸佛辟支佛阿羅漢以發惡心向於三世諸賢聖故便獲無量罪業果報所以者何染色之服皆是三世賢聖標式其有衆生剃除鬚髮著染衣者當知是人不久當得解脫一切諸苦獲無漏智為諸衆生作大救護若有衆生能發信心於出家著染衣人獲福難量佛告阿難我由往昔於諸出家著染衣人深生信心敬戴之故致得成佛阿難白佛言世尊往昔深心敬染衣人其事云何願樂欲聞佛告阿難善聽當說唯然世尊願樂欲聞佛告阿難古昔無量阿僧祇劫此閻浮提有大國王名曰提毗揔領八万四千諸小國王世無佛法有辟支佛在於山

閒林中坐禪行道飛騰變化福度衆生時諸野獸咸来親附有一師子名号跋迦羅毗晋言堅擔軀躰金色光相明顯爗然明裂食果噉草不害羣生是時獵師剃頭著袈裟内佩弓箭行於澤中見有師子甚懷歡喜而心念言我今大利得見此獸可煞取皮以用上王足得脫貧是時師子適值睡眠獵師便以毒箭射之師子驚覺即欲馳害見著袈裟便自念言如此之人在世不久必得解脫離諸苦厄所以者何此染衣者過去未来現在三世聖人標相我若害之則為惡心趣向三世諸賢聖人如是思惟害意還息箭毒雨行命在不久便說偈言

耶羅羅　婆奢沙婆呵

說此語時天地大動無雲而雨諸天惋愓即以天眼下觀世間見於獵師煞菩薩師子於虚空中雨諸天花供養其屍是時獵師剥師子皮持至于家以奉國王提毗求索賞募時王念言經書有云若有畜獸身金色相必是菩薩大士之人我今云何貪賞此

人若與賞者便為共此煞害無異是時獵師素窮求哀國王矜愍與少財物問獵師言師子死時有何瑞應荅言口說八字天地普動無雲而雨天降諸花尒時國王聞是語已悲喜交集信心益猛即召諸臣耆舊智人令解是義時諸人衆都不能解空林澤中有一仙人字奢摩字義俱閑仙人聰明喆達貫練使還白王王即請来仙人于時具為大王解說其義耶羅羅其義唯剃頭著染衣當於生死疾得解脫婆奢沙云剃頭著染衣者皆是賢聖之相近於涅槃婆呵云剃頭著染衣者當為一切諸天世人所見敬仰於時仙人解是語已提毗歡喜即召八万四千小王悉集一處作七寶高車張師子皮表示一切悉共敬戴燒香散花而以供養極盡忠心後復打金作棺盛師子皮以用起塔尒時人民緣是善心壽終之後皆得生天佛告阿難及四部衆尒時師子由發善心向染衣人十億万劫作轉輪聖王給足衆生廣殖福業致得成佛尒時

号跋迦毗羅者豈異人乎今我身是也時國王提毗緣供養師子皮故十万億劫天上人中尊貴弟一修諸善本今弥勒菩薩是時仙人者今舍利弗是時獵師者今提婆達多是尒時四衆從佛聞說過去因緣心懷歡喜深自惋悼悲歎而言我等愚癡不識明喆生起悪心唯願如來憐愍愚癡聽悔前罪世尊弘慈因為說法四諦微妙隨其宿緣皆獲諸果有得須陁洹斯陁含阿那含阿羅漢果者有發無上正真道意者是時阿難四部之衆聞佛所說歡喜奉行

梵志施佛納衣得受記緣

如是我聞一時佛在舍衛國祇樹給孤獨園尒時世尊將侍者阿難入城分衛世尊身上所著之衣有少穿壞將欲以化應度衆生乞食周訖欲還所止有一婆羅門來至佛所為佛作礼覩佛容顏光相殊特見佛身衣有少破壞心存慧施剖省家中得少白氎持用施佛唯願如來當持此納以用補衣佛即受之時婆羅門見佛受已心情歡喜倍加踊躍佛哀此人即與授決於當來世二阿僧祇百劫之中當得作佛神通相好十号具足佛授記已歡喜而去國中豪賢長者居士咸興此心云何世尊受彼少施酬以大報作是念已各為如來破損好氎作種種衣持用奉佛阿難問佛世尊先昔造何善行能令一切奉施衣服願佛為說令得開解世尊告曰諦聽著心當為汝說過去因緣阿難曰諾我當善聽佛告阿難乃往過去無量無數阿僧祇劫尒時有佛名毗鉢尸出現於世與其徒衆九万人俱彼時有王名曰槃頭有一大臣請佛及僧三月供養佛即許可既蒙可已還至其家辦具所須時槃頭王亦欲供養佛及衆僧往至佛所而白佛言貪得如來及比丘僧三月供養佛告槃頭吾先已受彼大臣請大人之法不宜中違王即還宮告其臣曰佛處我國吾欲供養云卿已請今可避我我供養訖卿乃請之臣荅王言若使大王保我身命復保如來常住於此復令國土常安無灾若使能保此諸事者我乃息意放王使請王自念言斯事叵辦復更曉臣卿請一日我復一日臣便可之更互設會各滿所願尒時大臣為彼如來辦具三衣皆悉豊足復為九万諸比丘衆作七條衣人與一領阿難當知尒時大臣以上衣服施佛及僧供養之者豈異人乎則我身是我乃世世殖福無猒今悉自得終不虛損時阿難等聞說是已歡喜懃修造諸福業心懷踊躍頂戴奉行

佛說起慈心緣

如是我聞一時佛在舍衛國祇樹給孤獨園尒時諸比丘夏安居竟往至佛所礼敬問訊佛以慈心慰喻撫恤汝等住彼得無苦耶慈心矜篤極懷憐愍阿難見之而白佛言世尊慈愍毋矜特隆不審世尊發如是心為遠近耶佛告阿難若欲知之當為汝說過去久遠不可稱計阿僧祇劫有二罪人共在地獄獄卒驅之使挽鐵車剥取其皮用作車鞅復以鐵棒打令奔走東西馳騁無有休息時彼一人

筋力劣薄獄卒逼之蹴地便起疲極困乏絶死復甦彼共對者見其困苦興發慈心憐愍此人顧白獄卒唯願聽我躬代是人獨挽此車獄卒瞋恚以棒打之應時即死生忉利天阿難當知尒時獄中慈心人者我身是也我乃尒時於彼地獄受罪之時初發如是慈矜之心於一切人未曾退捨至於今日故樂修行慈愍一切尒時阿難聞佛所說歡喜奉行

頂生王緣

如是我聞一時佛在舍衛國祇樹給孤獨園尒時大比丘衆千二百五十人俱尒時世尊見諸比丘貪於餝好著於名利多畜盈長積聚無猒佛見此已為諸比丘說貪利害夫貪欲者現損身命終歸三塗受苦無量所以然者吾自憶念過去時由於貪故而便墮落受諸苦惱

尒時阿難長跪叉手前白佛言世尊過去由於貪故而便墮落其事云何世尊告曰乃往過去無量無邊不可思議阿僧祇劫此閻浮提有一大王

名瞿薩離典斯天下八万四千小國有二万夫人婇女一万大臣時王頂上欻生一皰其形如璽淨潔清徹亦不疼痛後轉轉大乃至如瓠便擗看之得一童子甚為端正頭髮紺青身紫金色即召相師占相吉凶相師占已便荅王言此兒有德雄姿奇特必為聖人主統臨四域因為立字名文陁竭(晋言頂生)年已長大英德遂著王以一國用封給之大王後時被病困篤諸小王輩皆來瞻省不能自勉遂便薨背諸附庸王共詣頂生而咸啓曰大王已崩願嗣國位頂生荅言若吾有福應為王者要令四天及尊帝釋来相迎授尒乃登祚立搚已竟四天即下各挺寶瓶盛滿香湯以灌其頂時天帝釋復持寳冠来為著之然後稱揚諸王復勸當詣大國王所治處頂生復言若我有福應為王者國當就我我不就國立搚適竟大國之中所有宮殿園林浴池悉来就王金輪象馬玉女神珠典藏典兵悉亦應集君四天下為轉輪王巡行國界見諸

人民墾地耕種王問臣吏此諸群生欲作何等便荅王言有形之類由食得存是以種穀欲以濟命王立搚言若我有福應為王者當有自然百味飲食充飽一切使無飢渴作願已竟尋有飲食王更出遊見諸人民紡績經織王復問言作此用為諸人對曰食已自然無以嚴身是故紡織用作服餝王復立搚若我有福應為王者當有妙衣自然而出賑給万民使無窮乏作願已竟應時諸樹悉生種種異色妙服一切人民求得無盡王更出遊見諸羣黎修治樂器王因問之作此何為諸人報言衣食既充乏於音聲所以治此欲用自娱王復立搚若我有福應為王者衆妙樂器當自然至作願適竟應時諸樹若干種伎樂懸在其枝若有須者取而皷之音聲和暢其有聞者無不歡預王德至重万善臻集天雨七寳遍諸國界王問諸臣此誰之德諸臣對曰此是王德亦因民福王復立搚若是民福會當普雨若獨我德齊雨宮内作願適

竟餘處悉斷唯雨宮裏七日七夜其頂生王於閻浮提五欲自娛經八万四千歲時有夜叉踊出殿前高聲唱言東方有國名佛婆提其中豐樂快善無比大王可往遊觀彼界王則允可意欲巡行金輪復轉踊虛而進羣臣七寶皆悉隨從既至彼土諸小王等盡來朝賀王於彼國五欲自恣經八億歲夜叉復唱西方有國名瞿耶尼亦復快樂王可至彼王即允然往遊其土食福受樂經十四億歲夜叉復唱北方有國名欝單曰其土安豐人民熾盛王可到彼王即往詣留止其中上妙五欲極情恣意經十八億歲夜叉復唱有四天王處其樂難量王可遊之王與羣臣及四種兵乘虛而上四天遥見甚懷恐怖即合軍衆出外拒之竟不奈何還歸所止頂生於中優遊受樂經數十億歲意中復念欲昇忉利即與羣衆蹈虛登上時有五百仙人住在須弥山腹王之象馬屎尿下落汙仙人身諸仙相問何縁有此中有智者告衆人言吾聞頂生

王欲上三十三天必是爲馬失此不淨仙人忿恨便結神呪令頂生王及其人衆悉住不轉王復知之即立誓願若我有福斯諸仙人悉皆當來承供所爲王德弘博能有感致五百仙人盡到王邊狀輪御馬共至天上未至之頃遥覩天城名曰快見其色曒白高顯殊特此快見城有千二百門諸天怖畏悉閉諸門著三重鐵關頂生兵衆直趣不疑王即取貝吹之彈弓扣彈千二百門一時皆開帝釋尋出與共相見因請入宮與共分坐天帝人王貌類一種其初見者不能分別唯以視眴遲疾知其異耳王於天上受五欲樂盡三十六帝末後帝釋是迦葉菩薩時阿修羅王興軍上天與帝釋鬪帝釋不如退軍入城頂生復出吹貝扣弓阿修羅王即時崩墜頂生自念我力如是無有等者今與帝釋共坐何爲不如害之獨爾爲快惡心已生尋即墮落當本殿前委頓欲死諸人來問若後世人問頂生王云何命終何以報之王對之曰若有

此問便可荅之頂生王者由貪而死統領四域四十億歲七日雨寶及在二天而無猒足故致墜落是故比丘夫利養者實爲大患當思遠離深求道真阿難白佛此頂生宿殖何福而獲如此無量大報佛告之曰乃往過去不可計劫時世有佛号曰弗沙與其徒衆遊化世間時婆羅門子適欲娶婦手把大豆當用散婦是其曩世俗之家禮於道值佛心意歡喜即持此豆奉散於佛四粒入鉢一粒住頂由此因緣受無極福四粒入鉢王四天下一粒在頂受樂二天尒時諸弟子聞佛所說有得初果二果三果及阿羅漢者不可稱數受持佛語歡喜奉行

蘇曼女十子緣

如是我聞一時佛在舍衛國祇樹給孤獨園尒時須達長者末下小女字曰蘇曼面首端正容貌宛妙其父憐愛特於諸子若遊行時每將共去於是長者將至佛所其女見佛情倍欣踊願得好香塗佛住室斯女手中有賓婆落佛從索之奉教便與佛尋於

上書香種褸還以與之女共其父還
歸城裏便行推覓種種妙香如佛所
須持詣祇洹躬自擣磨日日如是時
持叉尸利國王遣其一兒使到舍衛
初適他土廣行觀看漸漸展轉復至
精舍見穢鼻女在中磨香愛其姿容
欲得為妻即往入城啓波斯匿王云
有此女可適我意願王見賜勿違我
志王問之曰是誰家女荅言是須達
許王言卿自從索吾不能知復重啓
王王若相聽當自求之王言可尒彼
國王兒發遣子弟車乘衆物先歸本
國唯留一為及已在後往至祇洹博
穢鼻女累騎而去須達聞之遣人追
逐為走駛速不能及逮即達本土便
為婦後遂懷妊生卵十枚卵後開敷
有十男兒形貌姝好與人有異年遂
長大勇健非凡然喜田獵傷害物命
其母矜愍教使莫尒諸子白毋射獵
之事寂為快樂毋今相遮將為見憎
毋復告言吾愛汝等是以因制若當
憎汝終無此言所以者何夫煞生之
罪當入地獄受諸苦惱數千万歲常

賢愚經卷第十三　第十五張　贊字号

為麞頭羊頭兎頭諸禽獸頭阿傍獄
卒之所獵射無鞅數歲雖思解脫其
罪何由於時諸子白毋如毋所說為自出
心從他邊聞毋復告言吾昔從佛聞
如此事兒復問毋佛者何人幸願具
宣毋告諸子卿不聞乎迦維羅衛淨
飯王子形相炳著應為聖王猒老病
出家學道願行成就得無上果巨身
丈六相好無比三明六通遐鑒無外
前知無窮却知無極觀知三世如掌
中珠諸子聞之心內欣然因更問毋
佛今近遠為可見不毋便荅言今在
舍衛諸子啓毋來往覲佛毋即聽之
諸子同時共詣舍衛其祖須達見之
情悅倍加愛念將至祇洹奉覲如來
諸子見佛姿好形貌踰前所聞數千
万倍五情欣喜不能自勝佛因隨宜
為說妙法十人俱時得法眼淨便復
白佛求索出家佛問之曰汝父毋聽
不荅言未諮佛言父毋未聽不得涂
化須達復言斯是我孫我得自在我
今放之於理亦可佛便允然聽使為
道鬚髮自落法衣在身便成沙門精

賢愚經卷第十三　第十六張　贊字号

勤大業盡得羅漢斯十比丘甚相欽
敬行則俱進住在同處國中人民莫
不宗戴阿難白佛此十比丘有何福
慶生在貴家容貌奇特遭值世尊盡
於苦際佛告阿難乃往過去九十一
劫有毗婆尸佛出現於世教化畢訖
而般涅槃分布舍利起無量塔時有
一塔朽故崩壞有一老毋而修治之
有年少十人偶見問老毋曰何所施
為老毋語言斯是尊塔功德弥弘是
以修補欲望善果年少歡喜助共興
功所作已竟擔為毋子其十年少願
共同生從是已來九十一劫天上人
中恒為俱生受福快樂常有三事勝
於餘人一者形體端正二者衆所敬
愛三者恒得長壽經尒許時不墮三
塗今遇我世沐浴清化諸塵垢盡咸
逮應真欲知尒時老毋者今穢鼻女
是尒時十年少者今十羅漢是佛說
此時其在大會有得須陁洹斯陁含
阿那含阿羅漢者發大乘意逮不退
者信受佛語歡喜奉行
婆世蹟緣

賢愚經卷第十三　第十七張　贊字号

如是我聞一時佛在羅閱祇耆闍崛山中于時此國有豪長者名尸利蹉其家大富七寶盈溢其婦懷妊月滿生男形容嚴妙世之少雙父母喜慶深用自幸便請相師令占吉凶相師占已語其二親斯子福德榮曜宗族長者益歡情在無量因復勸請便為立字相師問曰從有此兒有何瑞應長者報曰其母本來訥口鈍辭即懷此兒談語巧妙踰倍於常便為作字号婆世躓年歲已大聰才邈群與其等輩遊行觀看見郁羅伎家有一女子面貌淨潔暉容希有心便染著欲得娉娶歸啓父母願為求索父母告言吾是貴姓彼是凡賤高卑非疋如何為婚子情深愛不能自釋重便啓為我求若不如志便自損命父母從之遣人往求彼家報言君是大姓我是小人素非儔偶何緣得尒其兒愍懃情猶不息復更遣信重從索之彼家荅言若能如我習種種術歌儛戲笑悉令備知及於王前試使得中然

後乃當共作婚姻兒惑其色不耻鄙事即詣彼家學習戲藝數時之間皆已成就是時國王集諸郁羅上幢投空中索走如是種種衆多戲事時長者子亦往王邊次應現伎上索而走索走既竟王睨不見復勅更上奉命為之氣力漸劣中道欲墮心中惶懅無所歸依尊者目連陵虛至邊而告之曰如卿今日寧全身命出家學道為寧墮地娶彼女耶尋報之言願自存濟不用女也目連即時於虛空中化作平地其人見已情怖便止因地而下得全身首既蒙安隱喜不自勝隨逐目連往詣世尊礼拜供養佛於是時廣說妙論所謂論者施論戒論生天之論欲為不淨出要寂快心意暢解便得初果因復白佛願得出家奉修正法世尊聽之鬚髮自落法衣在身便成沙門比丘專精禪思遵修正業諸漏得盡成阿羅漢慧命阿難前白佛言婆世躓沙門往昔之時與彼女子有何因緣心染惑著僥致厄沒復共目連造何善因今蒙其恩

而獲寧濟復何因緣自致應真佛告阿難乃往過去無量之劫波羅棕國有大長者初生一子端正無比當于是時其家有人從海中來賚一鳥卵用奉長者長者納受經少時間其卵便剖出一鳥鷄毛羽光潤長者愛之與子使弄漸漸長大乎相懷念時長者子騎鳥背上鳥便搏飛處處遊覲情既滿猒還歸其舍日日如是經歷多時其長者子聞他國王作郁羅戲便乘斯鳥往至彼間來下觀看鳥往樹上偶見王女情便染愛其時遣信騰說情狀王女然可便與共交作事不密為王所知遣人推捕尋時獲得縛束其身而當斬截長者子言諸君何為勞力煞我聽我上樹自投而死諸人聽許便起攀枝而上乘騎其鳥翔虛而去因此鳥故得延壽命佛告阿難彼時長者子今婆世躓是尒時王女者今伎家女是尒時鳥者則目連是過去世時惑色致困由鳥得濟今復貪色垂當死亡由目連故致得安隱其婆世躓所說聰辯成無漏者

乃往過去波羅㮈國有一居士見辟支佛来從乞飯居士即時以食施與因復勸請令說經法其辟支佛辭云不能擲鉢虛空踊騰而逝居士念曰斯人神力變化無方然其不能敷宣道化願我後生遭值聖尊勝於此士巨億万倍演散法義無窮無盡令我身者亦獲果證由此因緣今世聰明逮羅漢果佛說是時莫不歡喜有得須陁洹斯陁含阿那含阿羅漢者有種緣覺根者發菩薩心者皆信佛語頂戴奉行

優波毱提緣

如是我聞一時佛在舍衛國祇樹給孤獨園尒時此國有一梵志字阿巳耆提聰明廣學掬古達今往至佛所求作沙門因復啓曰若我出家智慧辯才與舍利弗等者情則甘樂若當不如便自歸家佛尋荅曰卿不如也時彼梵志止不作道還歸其舍世尊於後告衆會言我滅度巳一百歲中此婆羅門而當深化逮成六通智慧高遠教化衆生其數如塵佛涅槃

時告阿難言我滅度後一切經藏悉付囑汝汝當受持廣使流布世尊既滅阿難持法阿難後時復欲捨身告弟子耶貰羁言我去世後所有典要汝當護持因復告曰波羅㮈國有居士字為毱提此人有子名優波毱提卿好求索度用為道卿即壽終以法付之阿難滅巳此耶貰羁奉持佛法遊化世間所度甚多復至波羅㮈往造居士與共相識數數往来其彼居士生一男兒字阿巳毱提年在幼稚于時耶貰羁往從索之欲使為道其父荅曰始有一子當紹門户不可尒也若後更生便用相給後復生男字難陁毱提耶貰羁復往從索其父報言太子營外次子營内於其家居乃可豊隆情中戀惜未能相許若後更有信當奉慧此耶貰羁是阿羅漢三明具足能知人根觀此二兒與道無緣亦自息意不慇懃求時彼居士復更生男顔貌端妙形相殊特時耶貰羁復往從索其父報曰兒今猶小未能奉事又復家貧無以餉送且欲停之

須大當與年漸長大才器益威父付財物居肆販賣時耶貰羁往到其邊而為說法教使繫念以白黑石子用當籌筭善念下白惡念下黑優婆毱提奉受其教善惡之念輙投石子初黑偏多白者甚少漸漸修習白黑正等繫念不止更無黑石純有白者善念巳威逮得初果時彼城中有婬女人遣婢持錢往從買花優波毱提心性質直饒與其花不令有恨婢賫花歸婬女甚恠問其婢言前日買花用錢一種往何以少今何以多婢無前時相欺減乎婢荅之言今日花主慈仁守禮平等相與所以饒獲又復其人形躰殊妙大家若見浔不有恨婬女聞之遣信請喚優波毱提自抑不往又復延呂終不從命于時婬女與王家兒而共交通貪其衣服衆寶所成利興義裴煞而藏之王家搜覔於其舍得尋取婬女斬截手足劓其耳鼻懸於高標竪置𦬊間雖荷此苦然未命終優波毱提往到其所婬女謂言往者端正不肯相見今日形殘何

所肴乎尋即對日吾不愛色而來至
此用相憐故來到此耳因為宣說四
非常法是身不淨苦空无我二一諦
察有何可恃愚惑之徒妄生染想婬
女聞法逮法眼淨優波毱提成阿那
含時耶世鞞復從居士索此少年用
作沙弥奉教持與將至精舍授其十
戒年滿二十便授具足四羯磨竟得阿
羅漢道三明六通皆悉滿具言辭巧
妙所演無窮便集衆人欲為說法時
魔波旬於會處所而雨金錢衆人覓
拾竟不聞法於第二日復集大衆魔
雨花鬘以乱衆心於第三日復更集
大衆魔王便化作一大象紺琉璃色
口有六牙其一牙上有七浴池其浴
池中有七蓮花一蓮花上有七玉女
斯諸玉女皆作伎樂其為優遊徐
步會側衆人顧目惰不在法於第四
日復集大衆魔王復化作一女人端
正美妙侍立尊後衆人注目忽忘法
事于時尊者尋化其女令作白骨衆
人見已乃專聽法得道者衆尊者本
來有一狗子日日於耳竊為說法其

狗命終生第六天與魔波旬共坐一
牀王思惟此天大德乃與我等為從
何沒而來生此尋觀察之知從狗身
彼沙門者相厚乃介遣伺尊者入禪
定時持一寶冠著其頭上既從定起
覺頂有冠尋便思察知魔所為即以
神力感魔使來化其狗屍令似鬘餝
而告魔言汝遣我冠深謝來意今以
鬘餝用相酬贈魔王受已便還天上
而見所著乃是死狗心中猒惡而欲
去之盡其神力不能令却復詣帝釋
求除不淨帝釋報言其作此者斯人
能捨非是吾力之所任却魔王復去
廣問諸天乃至梵天向之喜言願除
茲穢各荅如初非力所辦事不獲已
來詣尊者而謂言曰佛實大德慈心
無邊諸聲聞輩誠為凶忌何以驗之
我乃昔日將諸魔兵凡十八億攻圍
菩薩欲敗其道猶懷慈悲不以為怨
我今小觸相困乃介尊者荅言理實
如是佛之於我百千方倍不可為喻
如須弥山比彼芥子如大海水方於
牛跡如師子王喻於野干大小之形

實不相及尊者語魔吾生末世不見
如來聞汝神力能化作佛試為一現
我欲觀之魔王荅言我今化現慎莫
為礼對曰不礼是時魔王化身作佛
軀躰丈六紫磨金色三十二相八十
種好光明赫弈踰倍日月尊者欣悅
便前稽首魔還服形語尊者言向去
不礼今作礼何尊者荅言我自礼佛
不礼於汝魔復謝曰唯願矜愍却以
死狗尊者告曰汝起慈心擁護羣生
則此死狗變成寶餝若懷惡意則作
狗屍魔以畏故恒發善想是時尊者
成道已後所化衆生得四果者一人一
籌籌長四寸如此之籌滿於一房高
六丈縱廣亦介於是衆人歎尊者言
尊者福德實為弘博化度羣萠不可
稱數尊者告曰吾為畜生時亦化衆
生使得聖果何况今日衆會白言不
審先世所度云何尊者告曰乃往過
去波羅捺國有一仙山五百辟支佛
止住其中時有獼猴日來供養奉覲
儀容諸辟支佛後盡涅槃復有五百
梵志續在中止諸梵志等或事日月

或復事火事日月者翹脚向之其事

火者朝夕燃之時彼弥猴見其翹脚便取挽下見其燃火便取滅之猕猴于時端坐思惟諸梵志見自相謂言此猕猴者將為我曹示菩威儀尋各整身諦察真理心意開解盡得辟支佛道彼猕猴者我身是也衆會復白以何因縁受猕猴身尊者告曰乃往過去九十一劫有毗婆尸佛出現于世有諸比丘在波羅㮈仙山中住時有應真登上山巔放脚輕疾有一年少道人而作是言彼行飄速正似猕猴由此因縁五百世中常作猕猴以是之故凡在四輩應自護口勿妄出言尊者優波毱提說此法時一切大會有得須陁洹斯陁含阿那含阿羅漢者種縁覺善根者發大乘心逮不退者不可稱計信受其教歡喜奉行

汪水中虫縁

如是我聞一時佛在羅閱祇耆闍崛山中尒時城邊有一汪水汙泥不淨多諸糞穢屎尿臭處國中人民凡鄙之類恒以瑕穢投歸其中有一大虫

其形偽虵加有四足於其汪水東西

馳走或没或出經歷年載常處其中受苦無量尒時世尊將諸比丘前後圍遶至彼坑所問諸比丘汝等亘識此虫宿縁所造行不時諸比丘咸皆思量無有能知斯所造行俱共白佛皆云不知時佛告曰汝等當聽吾當為汝說斯所造行過去有佛名毗婆尸出現於世教化已周遷神涅槃彼佛法中有十万比丘淨修梵行閑居樂靜依於一山左右有好林樹華果茂盛翁鬱無比其諸樹閒流泉浴池清涼可樂時諸比丘依慕住止遵善行道懃修不懈悉具初果乃至四果無有凡夫時有五百估客共相合集欲入大海發引徑路經由此山見諸比丘剋心精懃內懷欣敬思欲設供時諸賈客共相合率往請衆僧求索供養值諸檀越各各已請日日相次理不從意即詣衆僧辭入大海設我等衆安隱來還當設供養願哀見許時僧默然允可受請衆賈入海大獲珎寶平安還至到衆僧所選衆妙寶截

上價者用施衆僧既俟飲食若食多者隨意用之於時衆僧受其寶物持用付授僧摩摩帝於後衆僧食具向盡從其求索尒時珎寶當用續食時摩摩帝苔衆僧言賈客前時自與我寶何縁乃索上座維那語摩摩帝檀越前時以寶施僧令汝舉之今僧食盡當用裨佐時摩摩帝瞋恚而言汝曹啾屎此寶是我所有何縁乃索時彼衆僧見摩摩帝已起惡意即便散去由其欺僧惡口罵故身壞命終墮阿鼻獄身常宛轉沸屎之中歷九十一劫乃從獄出今復墮此屎尿池中經歷年歲未得解脫所以者何過去有佛名曰尸棄將諸比丘臨過此坑示諸弟子為說本末復次有佛名日隨葉亦復將從諸比丘衆往到其所說其因縁從此命終還入地獄經歷數万億歲從後命終復生是中次復有佛名曰拘留秦亦共徒衆圍遶至此坑邊示諸比丘說其本末次名拘那含牟尼佛亦共弟子來至此坑次迦葉佛亦來至此咸為弟子說其

因緣次第七佛我釋迦牟尼今示汝等因緣本末觀視其垂如是一切賢劫千佛各各皆尒將諸弟子到其塊所指示其垂說其曩昔所造因緣時諸比丘聞佛所說心驚毛竪共相勑厲慎護身口意業信受佛語歡喜奉行

沙弥均提緣

如是我聞一時佛在舍衛國祇樹給孤獨園尒時尊者舍利弗晝夜三時恒以天眼觀視世間誰應度者輒往度之尒時有諸估客欲詣他國其諸商人共持一狗至於中路衆賈頓息伺人不看閑靜之時狗便盜取衆賈人肉於時衆人即懷瞋恚便共打狗而折其脚棄置空野捨之而去時舍利弗遥以天眼見此狗身攣躄在地飢餓困篤懸命垂死著衣持鉢入城乞食得已持出飛至狗所慈心憐愍以食施與狗得其食濟活餘命心甚歡喜倍加踊躍時舍利弗即為其狗具足解說微妙之法狗便命終生舍衛國婆羅門家時舍利弗獨行乞食婆羅門見而問之言尊者獨行無沙

弥耶舍利弗言我無沙弥聞卿有子當用見與婆羅門言我有一子字曰均提年既孩幼不任使令比前長大當用相與時舍利弗聞彼語已即戢在心還至祇洹至年七歲後來求之時婆羅門即以其兒付舍利弗令使出家時舍利弗便受其兒將至祇洹聽為沙弥漸為具說種種妙法心意開解得阿羅漢六道清徹功德悉備時均提沙弥始得道已自以智力觀過去本造何行來受此形得遭聖師而獲果證觀見前身作一餓狗蒙我和上舍利弗恩今得人身并獲道果欣心內發而自念言我蒙師恩得脫諸苦今當盡身供給所須永作沙弥不受大戒尒時阿難而白佛言不審此人曩昔之時興何惡行受此狗身造何善根而得解脫佛告阿難乃往過去迦葉佛時有諸比丘集在一處時年少比丘音聲清雅善巧讚唄人所樂聽有一比丘年高耆老音聲濁鈍不能經唄每自出聲而自娛樂其老比丘已得羅漢沙門功德皆悉具

足于時年少妙音比丘見老沙門音聲鈍濁自恃好聲而呵之言今汝長老聲如狗吠輕呵已竟時老比丘便呼年少汝識我不年少答言我大識汝汝是迦葉佛時比丘上座答曰我今已得阿羅漢道沙門儀式悉具足矣時年少比丘聞其所說心驚毛竪惶怖自責即於其前懺悔過咎時老比丘即聽懺悔由其惡言五百世中常受狗身由其出家持淨戒故今得見我蒙得解脫尒時阿難聞佛所說歡喜信受頂戴奉行

賢愚經卷第十三

賢愚經卷第十三

校勘記

一　底本，金藏廣勝寺本。

一　一九五頁中三行品名，資、磧、普、南、徑、清作「五百鴈聞佛法生天緣品第(「第」，資無)六十」；麗作「五百鴈聞佛法生天品第五十三」並有夾註「丹本爲六十」。

一　一九五頁中一六行第一一字「身」，資、磧、普、南、徑、清作「躬」。

一　一九五頁下一七行品名，資、磧、普、南、徑、清作「堅誓師子緣品第(「第」，資無)六十一」；麗作「堅誓師子品第五十四」並有夾註「丹本爲六十一」。

一　一九六頁上一行第五字「時」，資、磧、普、南、徑、清作「佛」。

一　一九六頁上一五行第五字「於」，麗作「向於」。

一　一九六頁中四行「明裂」，資、磧、普、南、徑、清作「明烈」。

一　一九六頁中一四行末字至次行首字「箭毒」，資、磧、普、南、徑、清作「箭毒病」；麗作「毒箭」。

一　一九六頁中一六行「婆呵」，諸本(不含石，下同)作「娑呵」。

一　一九六頁中一八行「惋惕」，資、磧、普、南、徑、清作「駭惕」。

一　一九六頁下八行「俱閑」，資、磧、普、南、徑、清無。

一　一九六頁下一六行「七寶」，清作「十寶」。

一　一九七頁上一四行品名，資作「梵志施佛納衣得受記緣品六十二」；磧、普、南、徑、清作「梵志施佛納衣得授記緣品第六十二」；麗作「梵志施佛納衣得受記品第五十五」並有夾註「丹本爲六十二」。

一　一九七頁上二一行「慧施」，諸本作「惠施」。

一　一九七頁上二二行第一三字「納」，諸本作「氎」。

一　一九七頁中一七行末字「貪」，資、磧、普、南、徑、清作「願」。

一　一九七頁下二行第八字「使」，諸本作「先」。

一　一九七頁下五行「大臣」，資、磧、普、南、徑、清作「大王」。

一　一九七頁下一一行第七字「心」，資、磧、南、清作「咸」。

一　一九七頁下一二行品名，資作「佛始起慈心緣品六十三」；磧、普、南、徑、清作「佛始起慈心緣品第六十三」；麗作「佛始起慈心緣品第五十六」並有夾註「丹本爲六十三」。

一　一九七頁下一四行第四字「尒」，資、磧、普、南、徑、清無。

一　一九八頁上一一行品名，資作「頂生王緣品第六十四」；磧、普、南、徑、清作「頂生王緣品第六十四」；麗作「頂生王品第五十七」並有夾註「丹本爲六十四」。

一　一九八頁上一三行「尒時」，諸本作「與」。

一　一九八頁上一八行「過去時」，諸

本作「過去世時」。

一　一九八頁中三行第五字「皰」，資、磧、普、南、徑、清作「胞」。

一　一九八頁中八行「聖人主」，資、磧、普、南、徑、清作「聖主」；麗作「聖王」。

一　一九八頁中一〇行第三字「用」，南、徑、清作「別」。

一　一九八頁中一八行第一二字「所」，資、磧、普、南、徑、清作「即」。

一　一九八頁中末行首字「君」，資、磧、普、南、徑、清作「王」。又「巡行」，資、磧、普、南、徑、清作「循行」，次頁上六行同。

一　一九八頁下一五行「音聲」，諸本作「音樂」。

一　一九八頁下一七行第一三字「種」，麗作「種種」。

一　一九八頁下二二行第三字「因」，麗作「國」。

一　一九九頁上一三行末字「止」，資作「心」。

一　一九九頁上一七行「軍衆」，資、磧、普、南、徑、清作「徒衆」；麗作「兵衆」。

一　一九九頁上一九行「優遊」，資、磧、普、南、徑、清作「隨遊」。

一　一九九頁中九行「怖畏」，資、磧、普、南、徑、清作「惶怖」。

一　一九九頁中一〇行末字「彈」，諸本作「張」。

一　一九九頁中二四行第四字「視」，資、磧、普、南、徑、清作「眼」。

一　一九九頁中一六行「迦葉菩薩」，諸本作「大迦葉」。又第一一字「與」，資、磧、普、南、徑、清作「興」。

一　一九九頁下五行「頂生」，諸本作「頂生王」。

一　一九九頁下一〇行「之家」，麗作「家之」。

一　一九九頁下一六行品名，資作「蘇曼女十子緣品六十五」；磧、普、南、徑、清作「蘇曼女十子緣品第六十五」；麗作「蘇曼女十子品第五十八」並有夾註「丹本爲六十五」。

一　一九九頁下末行第三字「落」，麗作「果」。

一　二〇〇頁上三行末字至次行第四字「時持叉尸利」，資、磧、普、南、徑、清作「時持叉利」；麗作「於是持叉尸利」。

一　二〇〇頁上一〇行首字「許」，資、磧、普、南、徑、清作「女」。

一　二〇〇頁上一三行末字「慱」，諸本作「博」。

一　二〇〇頁上一五行「駃速」，諸本作「駛速」。又末字「便」，諸本作「便用」。

一　二〇〇頁上二一行「因剬」，資、磧、普、南、徑、清作「相制」。

一　二〇〇頁中二行末字至次行第五字「其罪何由於時」，諸本作「其何由乎」。

一　二〇〇頁中七行「老病」，諸本作「老病死」。

一　二〇〇頁中一〇行「觀知」，資、磧、

一 普、南、徑、清作「觀省」。
一 二〇〇頁中一三行「來往」，諸本作「求往」。
一 二〇〇頁中一四行第一〇字「袓」，諸本作「祖」。
一 二〇〇頁中一七行末字「宜」，資、磧、普、南、徑、清作「緣」。
一 二〇〇頁中末行「自落」，資、磧、普、南、徑、清作「自墮」。
一 二〇〇頁下九行「偶見問」，資、磧、普、南、徑、清作「偶見」；麗作「偶行覩見問」。
一 二〇〇頁下一四行第三字「爲」，資、磧、普、南、徑、清作「與」。
一 二〇〇頁下末行品名，資作「婆世蹟緣品六十六」；磧、普、南、徑、清作「婆世蹟緣品第六十六」；麗作「婆世蹟品第五十九」並有夾註「丹本爲六十六」。
一 二〇一頁上二行第八字「豪」，麗作「豪富」。
一 二〇一頁上九行「即懷」，諸本作「既懷」。
一 二〇一頁上一一行首字「號」，資、磧、普、南、徑、清作「字」。
一 二〇一頁上一三行「希有」，麗作「希偶」。
一 二〇一頁上一六行「重便」，諸本作「重更」。
一 二〇一頁上一八行「損命」，諸本作「殞命」。
一 二〇一頁中二行第四字「彼」，磧作「往」。
一 二〇一頁中八行首字「懅」，資、磧、普、南、徑、清作「懼」。
一 二〇一頁中一〇行「墮地」，資、磧、普、南、徑、清作「墮死」。
一 二〇一頁中二一行第三字「白」，資、磧作「曰」。
一 二〇一頁中二二行第一三字「僅」，麗作「幾」。
一 二〇一頁中末行首字「厄」，諸本作「危」。又末字「思」，諸本作「恩」。
一 二〇一頁下一一行末字「往」，諸本作「住」。
一 二〇一頁下一三行首字「騰」，資、磧、普、南、徑、清作「膳」。
一 二〇二頁上七行第六字「散」，磧、普、南、徑、清作「敷」。
一 二〇二頁上一一行第三字「根」，麗作「善根」。
一 二〇二頁上一三行品名，資作「優波毱提緣品六十七」；磧、普、南、徑、清作「優波毱提緣品第六十七」；麗作「優波毱提品第六十」並有夾註「丹本爲六十七」。
一 二〇二頁上一六行「掬古」，資、磧、普、南、徑、清作「探古」；麗作「採古」。
一 二〇二頁上二〇行「作道」，資、磧、普、南、徑、清作「學道」。
一 二〇二頁上二二行「深化」，資、磧、普、南、徑、清作「染化」。
一 二〇二頁中五行第一三字「有」，磧、普、南、徑、清、麗作「當有」。
一 二〇二頁中六行第三字「爲」，資、

一　二〇二頁中七行第一〇字「即」，磧、普、南、徑、清作「曰」。
一　二〇二頁中一四行「生男」，資、磧、普、南、徑、清作「生男子」。
一　二〇二頁中一六行「太子」，諸本作「大子」。
一　二〇二頁中一七行「豐隆」，麗作「興隆」。
一　二〇二頁下一行「才器益盛」，資、磧、普、南、徑、清作「高才器盛」。
一　二〇二頁下六行「甚少」，資、磧、普、南、徑、清作「尠少」。
一　二〇二頁下一五行第一〇字「没」，麗作「復」。
一　二〇二頁下二一行第八字「冢」，資、磧、普、南、徑、清作「家」。
一　二〇三頁上一三行第三字「髻」，資、磧、普、南、徑、清作「鬚」。又第一三字「更」，資、磧、普、南、徑、清無。
一　二〇三頁上一六行第七字「一」，麗作「一一」。
一　二〇三頁上一八行第一〇字「在」，資、磧、普、南、徑、清作「存」。
一　二〇三頁上二〇行第一二字「忽」，磧作「怨」。
一　二〇三頁中二行第二字「王」，諸本作「魔王」。
一　二〇三頁中八行「深謝」，資、磧、普、南、徑、清作「深識」。
一　二〇三頁中一三行第一〇字「却」，資、磧、普、南、徑、清作「施」。
一　二〇三頁中一四行「喜言」，磧、普、南、徑、清作「嘉言」。
一　二〇三頁中一八行「十八億」，資、磧、普、南、徑、清作「十八種」。
一　二〇三頁下六行第七字「踰」，資、磧、普、南、徑、清作「喻」。
一　二〇三頁下七行第七字「服」，諸本作「復」。
一　二〇三頁下九行末字「以」，諸本作「此」。
一　二〇三頁下一四行第一三字「房」，諸本作「房房」。
一　二〇三頁下一五行第一一字「歎」，諸本作「白」。
一　二〇三頁下二二行「涅盤」，資、磧、普、南、徑、清作「徙去」。
一　二〇四頁上一四行第五字「在」，磧、普、徑作「有」。
一　二〇四頁上一九行品名，資作「汪水中虫緣品六十八」；磧、普、南、徑、清作「汪水中虫緣品第六十八」；麗作「汪水中虫品第六十一」並有夾註「丹本爲六十八」。
一　二〇四頁中四行「巨識」，麗作「頗識」。
一　二〇四頁中一一行「左右」，諸本作「其山左右」。
一　二〇四頁中一八行第一〇字「請」，資作「諸」；磧、普、南、徑、清作「詣」。
一　二〇四頁中二〇行首字「理」，麗作「竟」。
一　二〇四頁下一行第八字「既」，諸本作「規」。

一　二〇四頁下一二行第一三字「歷」，資、磧、普、南、徑、清無。

一　二〇四頁下一三行「十一」，麗作「十二」。

一　二〇四頁下一四行「得解」，資、磧、普、南、徑、清作「由得」。

一　二〇四頁下一五行「名曰尸棄」，資、磧、普、南、徑、清作「號曰式棄」。

一　二〇四頁下一七行第一二字「往」，資、磧、普、南、徑、清作「俱往」。

一　二〇四頁下二一行第四字「邊」，資、磧、普、南、徑、清作「所垂」；麗作「垂」。

一　二〇五頁上三行「千佛」，麗作「當來諸佛」。

一　二〇五頁上五行「心騰」，諸本作「心驚」。

一　二〇五頁上七行品名，資作「沙彌均提緣品六十九」；磧、普、南、徑、清作「沙彌均提緣品第六十九」；麗作「沙彌均提品第六十二」並有夾註「丹本爲六十九」。

一　二〇五頁上一二行第四字「持」，諸本作「將」。

一　二〇五頁中五行「後來」，麗作「復來」。

一　二〇五頁中八行末字「意」，徑作「竟」。

一　二〇五頁中九行「六道」，諸本作「六通」。

一　二〇五頁中一一行「過去」，諸本作「過去世」。

一　二〇五頁中二二行第七字「自」，徑作「日」。

一　二〇五頁中末行第一二字「皆」，資作「比」。

榆迦遮復彌經晉名修行道地卷第一　摟

造立修行道地經者天竺沙門厥名衆護出于中國聖興之域幼學大業洪要之典通盡法藏十二部經三達之智靡不貫博鈎玄致妙能體深奧以大慈悲弘益衆生助明大光照悟盲冥叙尊甘露蕩蕩之訓權現真人共實菩薩愍念後賢庶幾道者儻有力劣不能自前故總衆經之大較建易進之徑路分別五陰成敗所趣起機微生死苦以勸迷厲惑故作斯經雖文約而義豐採喻遠近防制奸心但以三昧禪數為務解空歸無衆想為定真可謂離患之至寂无為之道哉

修行道地經卷第一

西晉三藏竺法護譯

集散品第一

厭無由顯興　灼灼踰日光　德積其巍巍
勝於帝王種　諸天及神仙　専精暴露成
名學博衆義　咸皆礼寂安　天人龍鬼神
在世而精進　奉迎於世尊　三界無等倫
濟以無比慧　生死懼了除　佛正法衆僧

是三德無踰　當觀此道眼　諦説平等法
意採宜尊教　猶如出甘露　或有尊修行
觀察於世俗　衆丙若干種　生死之不安
沉溺千世根　猶朽車没泥　不能自拔濟
當從經典要　亦如採諸花　愍世是故演
専聽修行經　除有冬至無

於是當講修行道經生死老病憂結啼哭諸不可意衆惱集會尊修行者在家出學欲令究竟清淨之法志不轉還遂至甘露衆患為絶其無救護无所依仰唯當棄捨一切諸求是故修行欲離惱者常當精進奉行此經即説頌曰

墮生老死而憂惱　身心所興有衆苦
欲得濟度不復還　學修行道莫有猒

何謂無行何謂為行云何修行云何修行道其无行者謂念婬怒欲害親屬諸天國土弊叉毀戒習悪麁言聽于不善不好學問自輕自慢興有著想起邪計常貪樂有身所居之處習近女色放逸懈怠而着情欲不離怒癡多緣衆求人捨遠避縱恣自是放心睡㝱失于精進常懐恐怖根門不定

追逐衆事多於言語无有節度思樂長路及論邪說樂設戾事順遂非法遠于道義是謂無行此於无為而不可行於是頌曰

瞋恚貪欲念害命　常有樂身不淨想
邪智及順若干瑕　佛說是輩不可行

何謂可行不起瞋恚不念加害親近善友奉戒清淨言輒以道受教學問不自輕慢念計无常苦空非身處於可居不習女色除其放逸常志精進滅於塵勞少食知節救攝身行宿夜覺悟毅心不忘無有狐疑不懷恐怖寂定根門无有衆緣所說輒正平等解脫樂于閑居所觀如諦所未護法當以懷來諸可建法堅持不忘勸心採取法化之要於諸衣食而知止足至求經道而無厭極習計非常不樂世間穢食諸想也无為之道所為寂然如是輩法近於无為是謂可行行在何許謂之泥洹於是頌曰

戒淨悲樂無我想　唯聽經義隨善友
所見審諦如教行　佛說此則无為道
諸可所趣衆法念　定若干意无若歎

是為講說德所取　攝守諸根是謂行

何謂修行云何為行謂能順行修習遵奉是為修行其脩及習是謂為行何為修行道専精寂道是為修行道其彼修行而有三品一曰凡夫二曰學向道三無所學也所謂凡夫修行新學舊學未成為此輩說修行道經其不學者以為通達何所復論彼所以謂修行道地經寂然而觀云何寂觀趣於沙門四德之果云何四德謂為有餘泥洹之界云何有餘謂當至无為之界云何當至無為之界謂衆苦本一切除盡是故行者欲捨一切處一苦之惱常當專精不興異行　不傷教禁修建寂觀假使行者毀戒傷教不至寂觀唐捐功夫辟如有人鑚木求火數數休息而不專一終不致之既不獲火唐勞其功其懈怠心欲求無為辟猶亦然於是頌曰

常得寂然行於定　當捨憍慢及輕戲
以奉修行莫毀失　辟如冥夜閉目行
如是行者見所趣　智慧若斯精進前
奉于正礼未曾懈　乃至靜寞无為道

徹觀衆玄微妙事　觀採大德所說教
此經洪訓名寂觀　吾鈔衆經以演說

五陰本品第二

從若干經採明要　立不老死甘露言
耳所聽聞明者行　清淨之慧除垢冥
入於寂然若日光　辟若月行照衆星
已獲度世當受教　是處無量如秋月
恭奉羅漢而稽首　能仁如空頭面礼
歸命巍巍獲甘露　除世根牙種種欲
生若干種之果實　欣樂憂慼為諸枝
佛解五陰而本無　當觀衆經從其原

修行道者當復觀身五陰之本色痛想行識是謂五陰也辟如有城若干家居東西南北合乃為城邑色亦如是亦不一色為色陰也痛想行識亦復如是此非但一識名為識陰彼有十入或色觀法是為色陰也八百痛樂名之痛陰想行識陰各有八百乃名為陰解五陰本亦當如斯於是頌曰

色痛想行識　五陰之所起　辟如有大城
若干家名色　非一色為色　凡有十色入
痛樂有八百　想行識亦尒　慧人解此五
若干乃名陰　分別知非一　行者之所念

五陰相品第三

合集衆事而相連　用離慧言捨佛教
習於愚癡不了了　辟如有樹多枝葉
其五觚生而分布　無巧便種亦如是
當了五陰爲若斯　黠人解慧明知此
所以生長有姓地　所講法言如畫塗
比丘辟蜂採華味　猶若蓮華之開剖
其慧覺了勝日出　佛復超越勝蓮花
佛之清潔無所著　是故稽首歸命尊
其相淡然達无号　寂寞無想而得定
未曾有退還墮俗　而以救濟至无爲
秉意將導而示現　教訓群萌如已行
以愍傷吾是故說　及爲當來衆生類

其修行者當解五陰相玄何各知五陰之相有光明爲色有象相亦復爲色手所獲持亦名爲色若示他人亦復是色習樂有痛不樂不苦亦復是痛是爲痛想也識相爲想若男若女及餘衆物是曰思想有所造作名之爲行若作善行若作惡行亦不善惡是謂爲行曉想爲識善不善亦非有善亦非不善曉是爲識如是各了五陰之相於是頌曰

色者不安名琅鐵　佛說經教實如應
如其所言隨順行　分別五陰若干相

分別五陰品第四

而以甘露滅熾火　消除五陰諸苦本
其慧光明踰日光　三界普奉吾亦歸
佛能仁尊深慧力　解了清淨之智黠
順其所知而現義　採佛法教隨應說
當分別解聽其講　今者道彼順定意
別了五陰本所興　博引衆義善思之

其修行者當分別了五陰行本何謂曉了五陰之本辟如四衢墮貫真珠有人見之意中欣然欲往掇取其人目見真珠之貫謂應色陰愛樂可意是謂痛陰初始見之識是貫珠名爲想陰其人生意欲取貫珠是爲行陰分別貫珠是爲識陰如是

五陰如一貫珠一時俱行造若干行若從心出如一貫珠同時俱興退從五陰一切諸人亦復如是目所見色五陰皆從如是耳聲鼻香舌味身更心法　心中四陰爲無色陰如是爲別五陰之本於是頌曰

無極之德分別說　如其所講經中義

貪欲者迷不受教　吾今順法承其講

五陰成敗品第五

明智之無世尊要　調順无侶獲其際
已起境界无邊岸　稽首世尊稱无量
所講猶日月　照弟子若茲　了知于塵勞
除長如萎華　其觀諸起滅　了五陰成敗
頭稽首彼佛　聽我說尊言

修行道者當知五陰成敗之變何謂當知五陰成敗辟若如人命欲終時逼壽盡故其人身中四百四病前後稍至便值多夢而覩瑞怪而懷驚恐夢見蜜蜂烏鵲鵰住其頂上覩衆住堂在上醫樂身所著衣青黃白黑騎乱駝馬而復嗚呼夢枕大狗又枕猕猴在土上卧夢與死人屠魁除溷者共一器食同乘遊觀或以麻油及脂醍醐自澆其身又服食之數數如是見紬纏身倒掣入水或自覩身歡喜踊躍拍髀戲笑或自覩之華飾墮灰炭至其復取食之或見蟣子身越其上或見蜈蚣狗犬猕猴所見追逐各還顧之或見嬰婦又祠家神見屋崩壞諸神寺破夢見駕犁犁墮鬚髮或時

牙齒而自墮地又著五白衣或見已
身倮跣而行麻油塗身婉轉土中夢
服皮革弊壞之衣夢見他人乘朽敗
車到其門戶欲迎之去或見衆花甲
煎諸香親屬取之以嚴其身先祖為
見顏色青黑呼前挽挫數作此夢遊
丘冢間拾取華瓔及見赤蓮華洛在
頸墮大河中為水所漂夢倒墮水五
湖九江不得其底或見其身入諸蕀
林無有華果而為荆蕀鈎壞軀體以
諸瓦石鎮其身上或見枯樹都无枝
葉夢緣其上而獨戲樂在於廟壇而
自慱擲或見蓑樹獨樂其中欣欣大笑
折取枯枝束負持行或入冥室不知
戶出又上山嶽巖穴之中不知出處復見
山崩鎮已身上悲哭號呼或見群象
忽然來至蹹蹈其身夢見上塵坌其
身首或著壞衣行於曠野夢見乘弊
而暴奔走或乘驢狗而南遊行人於
冢間収炭灰髮自見其身戴於枯華
引入大山閻王見問於是頌曰
處世多安樂命對至乃怖為疾所中傷
逼困不自在心熱憂惱至見夢懷恐懼

猶惡人見逐夏憂畏亦如是
其人心覺已心懷恐怖身體戰慄計
命欲盡審尒不疑今吾所夢自昔未
有以意懅故衣毛為豎病遂困篤震
動不安辟如猛象群衆普至蹹蹈芭
蕉病轉著牀其辟如是窮迫無計便
求歸醫艮弟族親見困如此遣人呼
醫所可遣人體多垢穢衣被弊壞或
手爪長戴裂繖蓋其足履哭木屐壞
破乘朽壞車顏色正黑兩眼復青而
數以手摩挍鬚髮所可駕牛或青或
黑又有正白急急呼醫挽来上車於
是頌曰
人行遊觀時唯樂無益事放恣於所欲
未曾念於醫體適有疾病困篤著牀蓐
然後乃請醫欲令療其疾
於時其醫以意察之病者必死所以
者何見此恠應視来呼人服色語言
持壞繖蓋鬚爪毛孔又其日惡若四
日六日十二日十四日以此日来者
皆為不祥醫即不喜以觸星宿失於
良時神仙先聖所禁之日醫心念言
雖值此恠星宿吉凶或可治療所以

者何雖有病者方便消息本命未盡
想當除愈對至者不能令差以是言
之不必在善日星宿吉凶是故慧人
不從歷日而求良時神仙常言當求
方便或風寒病命未盡者儻有撗死
是者可治設命應盡無如之何雖尒
往而治之猶勝不行醫念此已即起
欲去於是頌曰
辟如有二人俱發行入海或有到彼岸
或而中斷絶墮于疾病海其辟亦如是
儻時從病差而有更死者
於是其醫已到病家則有惡恠便聞
殉聲亡失焚燒破壞斷截剥撥擲出
恐懼戰去發行拘閉當以占之不可
復療以為死巳南方狐鳴或聞烏梟
聲或見小兒以土相坌而復倮立相
挽頭髮破甖瓶盆及諸器物見此變
已前省病人困劣著牀於是頌曰
醫則占覩病者相驚怖惶惶而不安
或坐或起復著牀煩惱熱極如燒皮
醫覩如是便心念言如吾觀歷諸經
本末是則死應面色惶懅眼嗅為亂
身體萎黃口中涎出目冥眛眛鼻孔

𮔽黃顏來失色不聞聲香脣斷舌乾其貌如地百脈正青毛髮皆豎捉髮搯鼻都無所覺喘息不均或遲或疾於是頌曰

面色則為變　毛髮而正豎　直視如所思
舌强柱已現　病人有是應　餘命少少耳
猶火之所圍　如焚燒草木

復有異經說人終時諸恠之變設有洗沐若復不浴設燒好香木櫁旃檀根香花香此諸雜香其香實好病者聞之如燒死人骨髮毛爪及膚脂髓糞除之臭也又如烏鷲狐狸狗鼠蛇蠱虺之臭也病者聲變言如破瓦狀如咽塞其音或如鸖鴈孔雀牛馬噑狼雷鼓之聲其人志性變改不常或現端政其身柔軟或復麁堅身體數變或輕或重而失所願此諸變恠命應盡者各值數事不悉具有於是頌曰

覩見若干變　衆惱趣逼身　志懷於恐怖
遭厄為若斯　人性敗如此　身變不一種
猶如竹篹實　自生自然壞

令我所學如所聞知人臨死時所現

變恠口不知味耳不聞音筋脈縮急喘息不定體痛呻吟血氣微細身轉羸瘦其筋現麁或身卒肥血脈隆起頰車垂下其頭戰掉視之可增舉動舒緩其眼童子甚黑於常眼目不視便利不通諸節欲解諸根不定眼口中盡青氣結連喘諸所恠變各現如此於是頌曰

其病惱無數　血脈精氣竭　如木齒掛根
當憨如拔我
於時醫心念　言有如此病　必死不疑

古昔良醫造結經名曰於彼除恐長耳灰掌養言長育急救多騶天叉長蓋大首退轉燋悴大帛宗尊路面調牛岐伯醫個扁鵲如是等輩悉療身病於是頌曰

於彼之等類　尊法梵志仙　正救所有果
及餘王良醫　此為至誠敗　愽如能度危
愍以經救命　猶如梵造法

復有其醫王治耳目名曰眼晌動摇和闘鈴鳴月氏英子蓮藏善覺調牛目金梵鳥氏雷鳴是上醫名主治耳目於是頌曰

眼晌醫之等　造合藥分明　除疾之瑕宜
如日滅諸冥

復有瘡醫治療諸瘡名曰法財雜弟端政辞約黃金言談是為瘡醫於是頌曰

其有能療治　百種之瘡痍　能除衆厄疾
如以脚平地　法財所以出　於世造經書
正為治瘡病　令衆離患難

復有小兒醫其名曰尊迦葉耆域奉慢速疾是等皆治小兒之病於是頌曰

辟如有瘡頭　捐務除貢高　故生於世俗
愍傷治小兒　此尊迦葉等　行仁以正法
哀念童幼故　則作於醫經

復有鬼神醫名曰戴華不事火是等辟除鬼神來嬈人者於是頌曰

諸宿轉周行　人生猶亦然　主有所恐怖
而多有危害　造立是經者　悉為解其患
如佛以正法　除愚令見明

正使合會此上諸醫及幻盡道井正咒説不能使差令不終亡於是頌曰

造作罪塵勞　勤苦愡衆惱　病痛乱其志
多垢命日促　為病所漂沒　死證見便怖
天帝諸神等　不救安況吾

醫心念言身命未斷當避退矣便語
衆人令此病者設有所索飯食美味
恣意與之勿得逆也吾有急事而相
捨去事了當還故興此緣便捨退去
於是頌曰
命欲向斷時　得病甚困極　與塵勞俱合
罪至不自覺　恠變自然趣　得對陰熱極
正使執金剛　不能濟其命
是諸病家大小男女聞醫所說便棄
湯藥及諸呪術家室眷屬宗黨比隣
親厚知識悉來聚會圍遶病者悲哀
啼哭觀念病困譬如屠家群中捕猪
牽欲煞之餘猪悉聚驚怖側耳聽聲
惶懅愕視譬如猛群中捕牛餘牛見
之驚怖而走或入山巖或投深谷又
入樹間跳騰哮吼譬如魚師持網捕
魚餘魚見之怖散沉竄石岸草底又如
倉鷹臨其有所衆鳥𠰔取餘鳥見之各散
飛去其人如是無常對至其身壞散
家室親屬念當別離悲哀若斯命臨
欲斷閻王使者自然來至其到見縛
鐵箭所射上生死船罪所牽引即欲
發去家室遠之放髮悲慟塵坌其面

目哀泣嘆息涕淚流面皆言痛哉奈
何相捨椎胷搏悒稱歎病者若干德
行心懷懊惱於是頌曰
人其疾苦困　身本消離熱　室家悉聚會
舉聲而悲哀　造業更苦樂　如蜂採華味
心遂受憂感　并惱一宗門
其人病疾如是身中萬刀起令病者
骨節解有風名科斷諸節解有風名
震令筋脉緩有風名破骨消病人髓
有風名滅壞其面色眼耳鼻口咽喉
皆青出入諸孔斷絶破壞剋剝其身
復有一風名曰止脇令其身內及膝
肩脇背脊腹臍大小之腸肝肺心脾
并餘諸藏皆悉斷絶有風名旋令其脉
血及大小便生藏所食不通寒熱悉
乾有風名節間令諸支節或縮或伸
而舉手足欲捉虛空坐起煩憒有時
笑戲又復難嘆息其聲壄惻節節以斷
筋脉則緩髓腦為消目不見色耳不
聞聲鼻不別香口不知味身冷氣絶
無所復識心下尚煖魂神續在挺直
如木不能動摇於是頌曰
其力風起時　身動多不安　衆緣普皆至

悉不自覺知　身遭若干惱　命乃為窮盡
譬如弓弩弦　緩絶不可用
尒時彼人其心周匝所有四大皆為
衰落微命雖在如燈欲滅此人心中
有身意根其生存時所為善惡即心
念本殃福吉凶今世後世所可作為
心悉自知奉行善者面色和解其行
惡者顏貌不悅其人心喜面色則好
當知所歸必至善道其面變惡心念
不善則趣惡道如有老人而照淨鏡
皆自見形頭白面皺齒落瘡痍塵垢
黑醜皮緩脊僂年老戰疚設見如是
還自著鄙閉目放鏡吾已去少衰老
將至心懷愁憂已離安隱至於窮極
素行惡者臨壽終時所見惡變愁慘
恐怖深自剋責吾歸惡道定无有
疑亦如老人照鏡見身為衰老於是
頌曰
金寶等所作　巧拙成不同　設有行惡者
沉沒於深淵　已沒離更生　顧視無所依
如為水所漂　臨死亦若斯
其有行善為有三輩攝身口意淨修
衆德以法為財臨壽終時心懷喜踊

習定上天辟如賈客遠行治生得度厄道多獲財利還歸到家心悅无量又如田家犁不失時風雨復節多収五穀藏着篅中意甚歡喜如鬭得愈得畢償債中心踊躍亦復如是猶蜂採花以用作蜜積德亦尒其意大悅我定上天於是頌曰

其有學正士　積累行真法　以度於衆患
自致得明道　辟如閑居者　高山望其下
彼人命盡時　見善道若斯

尒時其人命已盡者身根識滅便受中止辟若如稱隨其輕重或上或下善惡如是神離人身住於中止五陰悉具無所乏少死時五陰不到中止中止五陰亦不離本也辟以印章以用印泥印不著泥亦不離之如種五穀苗生莖實非是本種亦不離本如是人死精神魂魄不齊五陰亦不離本也隨本所種各得果報其作德者住善中止履行惡者在罪中止唯有道眼乃見之耳處於中止而有三食一曰觸軟二曰心食三曰意識在中上者或住一日極久七日至父母會

隨其本行或越三塗人開天上行惡多者在中止中見大火起圍遶其身猶如野火焚燒草木塵雨其形見烏鵰鷲惡人之類爪齒皆長面目醜陋衣服弊壞頭上火然各執兵仗為所撾捶矛刺刀斫心懷恐懼欲求救護遥見叢樹走往趣之尒時即失中止五陰入刀劒樹泥犁之中墮地獄者神見若此於是頌曰

迷惑如醉象　違失聖法教　染濁如潦水
心憒乱若斯　常捐於正道　放心入邪徑
此人遭衆苦　命終墮地獄

行小惡者見大煙塵遠滿人身及為師子虎狼虵虺群象所逐又見故渠泉源深水崩山大澗心懷怖懅赴趣其中尒時即失中止五陰墮畜生處見是變者知受狩身於是頌曰

習癡捨慧便　或醉墮冥道　惡口常麁言
喜行撾捶人　又為犯罪殃　樂為不善事
如是無慈者　生於畜生中

罪若微者周匝四面有熱風起身體熏蒸自然飢渴遥見人来皆持刀杖矛戟弓箭而圍遶之望見大城意欲

入中適發此心即失中止所受五陰生於薜荔其見如是變當知墮餓鬼中於是頌曰

剛弊喜譖人　遠戒不順法　犯戒穢濁事
貪飲而獨食　墮於膿血處　飢餓煩惱熱
當知此輩人　定入為餓鬼

清修德善涼風四来其風甚香若干種熏雨其身上諸伎樂音相和而鳴覩觀樹木花果而悉茂盛發意欲往即時便失中止五陰精神自上忉利天於是頌曰

習法歸聖道　種福業生天　伎樂以自娛
遊諸花樹間　美豔玉女衆　端正光縱縮
光觀心欣悅　居止太山頂

行不淳一或善或惡當至人道父母合會精不失時子應来生父母德想而俱同時等其母胎通無所拘㝵心懷喜踊而无邪念則為柔軟而不憔悷無有疾疾堪任受子不為輕慢亦无反行順其正法不受濁涔即捐一切殃穢之塵其精不清亦不為濁中適不强亦無腐敗亦不赤黑不為風寒衆毒雜錯與小便別應来生者精

神便趣心自念言設是男子不與女人共俱合者吾欲與通起瞋怒心恚彼男子志懷恭敬念於女人瞋喜俱作便排男子欲向女人父時精下其期忻歡謂是吾許介時即失中止五陰便入胞胎父母精合既在胞胎倍用踊躍非是中止五陰亦不離之入於胞胎是為色陰歡喜之時為痛樂陰念於精時是為想陰因本罪福緣得入胎是為行陰神處胞中則應識陰如是和合名曰五陰尋在胎時即得二根意根身根也七日住中而不增減又二七日其胎稍轉譬如薄酪至三七日似如生酪又四七日精凝如酪至五七日胎精遂變猶如生蘇又六七日變如息肉至七七日轉如段肉又八七日其堅如坏至九七日變為五胞兩肘兩髀及其頸項而從中出也又十七日復有五胞手腕脚腕及生其頭十一七日續生二十四胞手指足指眼耳鼻口此從中出十二七日是諸胞相轉成就十三七日則現腹相十四七日生肝肺心及其脾腎

十五七日則生大腸十六七日即有小腸十七七日則有胃處十八七日生藏熟藏起此二處十九七日髀及蹲腸髖手掌足趺辟節筋連二十七日生陰臍乳頤項形二十一七日體骨各分隨其所應兩骨在頭三十二骨著口七骨著項兩骨著髀兩骨著肘四骨著辟十二骨著胷十八骨著背兩骨著臗四骨著膝四十骨著足微骨百八與體肉合其十八骨著在兩脇二骨著肩如是身骨凡有三百而相連結其骨柔軟如初生瓠二十二七日其骨稍堅如未熟瓠二十三七日其骨轉堅譬如胡桃此三百骨各相連綴足骨著足膝骨著膝踝骨著踝髀骨著髀臗骨著臗脊骨著脊胷骨著胷脇骨著脇脣骨著脣項頭辟腕手足諸骨轉相連著如是聚骨猶若幻化又如頷車骨為垣墻筋束血流皮肉塗裹薄膚覆之因本罪福栔獲致此無有思想依其心元隨風所牽引舉動於是頌曰

其立骨積聚　隨心輕放恣　在身現掣頓

猶如牽挽韆　前世所造行　善惡所興法
辟如人行路　或平或荊棘

二十四七日生七百筋連著其身二十五七日生七千脉尚未具成二十六七日諸脉悉徹具足成就如蓮華根孔二十七七日三百六十三節皆成二十八七日其肌始生二十九七日肥肉稍厚三十七日纔有皮衆三十一七日皮轉厚堅三十二七日皮革轉成三十三七日耳鼻脣指諸膝節成三十四七日生九十九万毛孔髮孔猶尚未成三十五七日毛孔具足三十六七日爪甲成三十七七日其母腹中若干風起有風開兒耳目鼻口或風起染其髮毛或端正或醜陋又有風起成體顏色或白赤黑有好有醜皆由宿行在此七日生中風寒熱大小便通於是頌曰

是身筋纏裹　諸血脉所成　不淨成腐積
水洗諸漏孔　盡覆心使然　巧爲而合成
機関如木人　求之甚難得

三十八七日在母腹中隨其本行自然風起宿行善者便有香風可其身

意柔軟無瑕正其骨節令其端正莫
不愛敬也本行惡者則起臭風令身
不安不可心意吹其骨節令僂邪曲
使不端正又不能男人所不喜也是
為三十八七日九月不滿四日其兒
身體骨節則成為人於是頌曰
人在身九月　則具諸骨脉　體節皆成就
滿足無所乏　腹中漸自辦　稍稍而成長
斯至悉具足　如月十五日
其小兒體而有二分一分從父一分
從母身諸髮毛頰眼舌喉心肝脾腎
膓血軟者從母也爪齒骨節髓腦筋
脉堅者從父也於是頌曰
人體相連綴　皆由父母生　若干之節解
因緣化成立　依而致顏色　悉當為衰秏
衆材合起車　計體由亦然　作前有二事
立成辟若斯　因父從母報　然後乃得生
其小兒在母腹中處生藏下熟藏之
上男兒背外面向內在於左脇也女
子背母而面向外處在右脇也苦痛
臭處汙露不淨一切骨節縮不得伸
揹在革囊腹網纏裹藏血塗染所處
逼迮依因柔尿瑕穢若斯其於九月

此餘四宿有善行初日後日發心念
言吾在薗觀亦在天上其行惡者謂
在泥犁世閒之獄至三日中即愁不
樂到四日時母腹風起或上或下轉
其兒身而令倒懸頭向產門其有德
者時心念言我投浴池水中遊戲如
墮高林華香之處也其无福者自發
念言吾從山墮投於樹岸灇坑溷中
或如地獄羅網棘上曠野石澗劍戟
之中愁憂不樂善惡之報不同若此
於是頌曰
如投燒熱火　乱煙來圍遶　放逸果所致
處形若沸湯　苦樂之所由　皆因罪福成
在在生所作　受身各如是
其小兒身既當向產又墮地時外風
所吹女人手觸煖水洗之逼迫毒痛
猶如瘡病也以是苦惱恐畏死亡便
有癡惑是故迷憒不識本來去至何
所也這生在地血纏臭處鬼魅來繞
姧邪所中飛尸所觸蠱道顛鬼各伺
犯之如四交道墮一段肉烏鵄鵰狼
各來諍之諸邪魅鬼欲得兒便周迊
圍遶亦復如是宿行善者邪不得便

設宿行惡衆邪即著兒初生時因母
乳活稍稍長大因食得立於是頌曰
在於胞胎時　遭若干苦惱　既生得為人
其痛有百千　諸根已成就　因出危脆身
有生必老死　是為寂不真
兒已長大揣哺養身這得穀氣其體
即時生八十種虫兩種在鬚根一名
舌䑛二名重舐三種在頭名曰堅固
傷損毀害一種在腦兩種在腦表一
名蜘蛛二名托擾三名憒乱兩種在
額一名卑下二名朽腐兩種在眼一
名䑛二名重䑛兩種在耳一名識味
二名現味英兩種在耳根一名曰赤
二名復赤兩種在鼻一名曰肥二名
復肥兩種在口一名曰搖二名動搖
兩種在齒中一名惡弊二名兒懸三
種在齒根名曰喘息休止捽搣一種
在舌名曰甘美一種在舌根名曰柔
軟一種在上齗名曰來往一種在咽
名為嗽喉兩種在膧子一名曰生二
名不熱兩種在肩一名曰垂二名曰
復垂一種在臂名為住立一種在手
名為周旋兩種在胃一名頞坑二名

廣普一種在心為殃駮一種在乳名
潼現一種在臍名為圍遶兩種在腸
一名為月二名月面兩種在脊一名
月行二名月貌一種在背胃閒名為
安豊一種在皮裹名為雨爪兩種在
肉一名消膚二名燒樹四種在骨名
為甚毒習毒細骨雜毒五種在髓名
日欻害無慜破離骸白骨兩種在腸
一名蜷蝹二名蜷蝹勞兩種在細腸
一名兒子二名復子一種在肝名為
觀咄一種在生藏名曰枝攸一種在
熟藏名為太息一種在轂道名為重
身三種在糞中名曰筋目結目編髮
兩種在屁一名流下二名重流五種
在泡名為宗姓惡族斮痛覺護汁一種
在髀名為過拔一種在脥名為現傷
一種在蹲名為鍼觜一種在足指名
為爍然一種在足心名為食皮是為
八十種虫處在人身晝夜食體於是
頌曰

從頭髮下至足　適中虫消食人
計念之為瑕穢　辟喻比如濁水
從己生及自殘　如刀恣患害人

常來齧傷其身　若流水浸兩岸

其人身中因風起病有百一種寒熱
共合各有百一凡合計之四百四病
在人身中如木生火還自燒然病亦
如是本因體興反來危人及身中虫
八十種虫擾動其身令人不安豈復
況外諸苦之惱也計身如是常有憂
患凡夫之士自謂為解所以者何不
見諦故於是頌曰

髮毛諸爪齒　心肉皮骨合　積血寒熱生
髓腦脂生熟　諸寒熱蟲涎　大小便常漏
非常計不淨　愚者謂為珎

計念人身覆以薄皮如合棗捺皮甚
薄少耳以為蓋之人而不知假使脫
皮如困蝕肉何可名之為是人身骨
節相拄如連鐵鏁諦見如是尚不足
蹈況復親近而目視之於是偈而歎
頌曰

計本為瑕穢　辟如臭爛屍　亦如諸塵垢
體虫俱復然　亦如畫好像　會當歸腐敗
以諦見本無　安可附近之

計人在世所作禍福不盡其壽亦有
中夭辟如陶家作諸凡器或始破者

向欲刀治坏時破者或埻上破或下
時破或者地破或拍時破或坏燥破或
陶中破或熟破者或移時破者或用破
者設使不用久久會破也人亦如是
有初發意向來未至死者或有二根
胎而生酪有如熟酪息肉段宍具足
六情或不具足而有死者向欲生時
又適墮一日百日一歲十歲學業死
者二十三十四十五十從一歲死至
到百歲雖復長壽會當歸盡也如是
五陰計本皆空展轉相依須臾有起
須臾有滅舉足下足而皆無常愚癡
之人不聞不知反計有身從少至老
皆謂我所呼為一種不知非常定變
也脩行道者思惟計之從是致是无
是則無何謂從是致是者因本之行
所作殃福故致死亡而在中止至于
胞胎精神處之形如薄酪息肉段肉
稍至堅肉因有六根六根具足則便
出生從少小身及至中年乃到老病
當復歸死其五陰轉於生死之輪常
如小流無有休息一切皆空辟如幻
化如是顛倒至于老病死辟有大城

修行道地經卷第一　第三十張　璧字号

西門失火從次燒之乃到東門皆令灰燼計東門火非是初火也然其燋然不離本火人亦如是從本因緣隨其禍福當觀如此從是有是也何謂無是則无也無有凶禍及餘塵勞則不歸死已不歸死不在中止設无中止何從有生已不有生其老病死何由而有也計生死流本末如此修行道者當觀五陰所從成敗於是頌曰

明識諸慧義　心淨如月盛　秉志而專一
愍哀三界人　分別演本起　了之歸滅盡
能仁悲究竟　以慈衆生故　吾從佛經中
省採而鈔取　因佛之講說　故造修行經

修行道地經卷第一

修行道地經卷第一

校勘記

一　底本，金藏廣勝寺本。此經與麗藏本相近，而與其餘校本大異。兹以資福藏作爲別本，校以磧、普、南、徑、清，附載於後。卷第三及卷第五亦同。

一　二一一頁中一行首字「揄」，麗作「偷」。同行「卷第一」下，麗有「并序」二字。

一　二一一頁中一〇行末字「起」，麗作「變起」。

一　二一一頁中一一行首字「機」，麗作「幾」。同行「苦以」，麗作「之苦」。

一　二一一頁中一四行首字「定」，麗作「宗」。

一　二一一頁中一八行第二字「無」，麗作「元」。同行第八字「喻」，麗作「踰」。同行第一三字「其」，麗作「甚」。

一　二一一頁中二〇行首字「名」，麗作「多」。

一　二一一頁下一八行第七字「反」，麗作「友」。

一　二一二頁上二行第三字及六行第三字「及」，麗作「反」。

一　二一二頁上二行第八字「設」，麗作「說」。同行第一二字「遂」，麗作「逐」。

一　二一二頁上一四行「未護」，麗作「未獲」。

一　二一二頁上一五行「勸心」，麗作「歡心」。

一　二一二頁上一六行末字至次行首字「至求」，麗作「志存」。

一　二一二頁上二一行第三字「悉」，麗作「志」。

一　二一二頁中一行「所取」，麗作「所聚」。

一　二一二頁中三行「何爲」，麗作「何謂」。

一　二一二頁中一一行第八字「謂」，麗作「謂其」。

一　二一二頁中一三行「處一苦」，麗作「劇苦」。

一　二一二頁中二〇行第一一字「惱」，麗作「慢」。

一　二一二頁中末行第四字「礼」，麗作「化」。

一　二一二頁下三行品名第二，麗冠有「修行道地經」五字。下至次頁下二行品名第五列同。

一　二一二頁下一四行第一一字「邑」，麗無。

一　二一二頁下一六行第二字「是」，麗無。

一　二一二頁下二二行末字「五」，麗作「法」。

一　二一三頁上一一行第七字「俗」，麗作「落」。

一　二一三頁上一三行第八字「及」，麗作「乃」。

一　二一三頁上一七行第三字「色」，麗作「色也」。同行第六字「有」，麗作「爲」。

一　二一三頁中一六行「如是」下，麗有「五陰如是」四字。

一　二一三頁下一二行第七字「鵰」，麗作「鵰鷲」。

一　二一三頁下一三行第四字「謟」，麗作「娱」。

一　二一三頁下一五行第一一字「魅」，麗作「魁」。

一　二一三頁下二一行第三字「娱」，麗作「嚼」。

一　二一三頁下二二行首字「嚼」，麗作「謟」。

一　二一三頁下末行第七字「駕」，麗作「耕」。

一　二一四頁上七行第一三字「洛」，麗作「落」。

一　二一四頁上一一行第二字「兀」，麗作「瓦」。

一　二一四頁上一七行第一一字「上」，麗作「土」。

一　二一四頁上一九行「人於」，麗作「入於」。

一　二一四頁中九行「展壞」，麗作「跂瓬」。

一　二一四頁中一五行第七字「這」，麗作「適」。

一　二一四頁中一九行第八字「孔」，麗作「乱」。

一　二一四頁下二行第五字「對」，麗作「若對」。

一　二一五頁上一行第四字「來」，麗作「彩」。

一　二一五頁上一三行首字「蟲」，麗無。

一　二一五頁中四行「可增」，麗作「可憎」。

一　二一五頁中一〇行末字「我」，麗作「裁」。

一　二一五頁中一三行「反長」，麗作「又長」。

一　二一五頁中一四行第九字「帛」，麗作「白」。

一　二一五頁中一八行「至誠」，麗作「主成」。同行「如能度危」，麗作

「知能度厄」。

一　二一五頁中二〇行第五字「王」，麗作「主」。

一　二一五頁中二二行「梵梟氏」，麗作「秃梟力氏」。

一　二一五頁下四行「瘡醫」，麗作「瘡醫等」。

一　二一五頁下一一行第四字「瘡」，麗作「蒼」。

一　二一五頁下一九行「盡道并正」，麗作「盡道并巫」。

一　二一六頁上九行第二字「諸」，麗作「時」。

一　二一六頁上一四行第七字「猛」，麗作「猛虎」。同行第一〇字「捕」，麗作「摶」。

一　二一六頁上一八行「有所衆鳥」，麗作「衆鳥有所」。

一　二一六頁上末行「家室」，麗作「室家」。

一　二一六頁中七行「萬刀」，麗作「刀風」。

一　二一六頁中一四行末字「脉」，麗作「肪」。

一　二一六頁中一五行「生藏」，麗作「生藏熟藏」。

一　二一六頁中一八行「難嘆」，麗作「大」。同行第一〇字「墜」，麗作「懸」。

一　二一六頁中末行第二字「力」，麗作「刀」。

一　二一六頁下二行第七字「絶」，麗作「急」。

一　二一六頁下九行「面變」，麗作「面色」。

一　二一六頁下一七行「爲裹老」，麗作「知爲裹至」。

一　二一六頁下二〇行第八字「離」，麗作「雖」。

一　二一七頁上四行第五字「箪」，麗作「篙」。

一　二一七頁中一一行第二字「憤」，麗作「憒」。

一　二一七頁中一三行「人身」，麗作「其身」。

一　二一七頁中二〇行第九字「生」，麗作「歠」。

一　二一七頁下一行第三字「這」，麗作「適」。二一九頁中一九行第三字同。

一　二一七頁下四行第四字「讃」，麗作「譖」。同行「犯戒」，麗作「犯禁」。

一　二一七頁下五行第二字「飲」，麗作「飡」。同行末字「熱」，麗作「極」。

一　二一七頁下九行「視觀」，麗作「瞻視園觀」。

一　二一七頁下一〇行第一一字「自」，麗作「自然」。

一　二一七頁下一三行第八字「玉」，麗作「王」。同行「縱容」，麗作「從容」。

一　二一七頁下一四行首字「光」，麗作「常」。

一　二一七頁下一八行第三字「踊」，麗作「躍」。

一　二一七頁下二〇行第一一字「洿」，

麗作「汙」。

一　二一七頁下二一行第二字「殁」，麗作「瑕」。

一　二一八頁上四行第一五字「期」，麗作「神」。

一　二一八頁上一四行末字「酪」，麗作「熟酪」。

一　二一八頁上一八行至二〇行「五胞」、「四胞」，麗作「五皰」、「四皰」。

一　二一八頁中五行第八字「形」，麗作「形相」。

一　二一八頁中一八行首字「頭」，麗作「頥」。

一　二一八頁中一九行第八字「頷」，麗作「合」。

一　二一八頁中二二行第二字「所」，麗作「所由」。

一　二一八頁中末行第二字「立」，麗作「五」。

一　二一八頁下六行第一三字「節」，麗作「筋」。

一　二一八頁下八行第一四字「衆」，麗作「像」。

一　二一八頁下一七行「生中」，麗作「中生」。

一　二一九頁上九行首字「斯」，麗作「期」。

一　二一九頁上一八行第一一字「下」，麗作「之下」。

一　二一九頁上一九行第六字「面」，麗作「而面」。

一　二一九頁中一行第三字「四」，麗作「四日」。

一　二一九頁中七行第三字「林」，麗作「牀」。

一　二一九頁下六行第九字「這」，麗作「適」。

一　二一九頁下一〇行「蜘蛛」，麗作「蜡咮」，同行第六字「托」，麗作「耗」。

一　二一九頁下一二行第二字「舐」，麗作「舌舐」。

一　二一九頁下一五行第一〇字「捶」，麗作「搖」。

一　二一九頁下二〇行第三字「嗽」，麗作「啾」。同行第八字「膧」，麗作「瞳」。

一　二一九頁下二一行第三字「熱」，麗作「熟」。

一　二二〇頁上一行第七字「爲」，麗作「名爲」。同行末字「名」，麗作「名曰」。

一　二二〇頁上五行「而種」，麗作「兩種」。

一　二二〇頁上八行第六字「破」，麗作「破壞」。

一　二二〇頁上一一行第一〇字「忮」，麗作「帔」。

一　二二〇頁上一五行「卧寤而覺」，麗作「卧寐不覺」。

一　二二〇頁上一七行第四字「蹲」，麗作「踝」。

一　二二〇頁中七行第四字「苦」，麗作「若」。

一　二二〇頁中八行「爲解」，麗作「爲安不聞不解」。

一　二二〇頁中一一行第一〇字「涎」，麗作「淚」。

一　二二〇頁中一三行第一二字「㮇」，麗作「柰」。

一　二二〇頁中一六行第三字「跓」，麗作「拄」。

一　二二〇頁中一七行第一二字「偈」，麗作「以偈」。

一　二二〇頁中末行「中㚇」下，麗有「而死傷者」四字。

一　二二〇頁下二行「烼破」，麗作「噪破」。

一　二二〇頁下六行第二字「而」，麗作「如」。

一　二二〇頁下八行「這墮」，麗作「適墮地」。

一　二二〇頁下一四行第一三字「定」，麗作「之」。

一　二二〇頁下二二行第二字「小」，麗作「川」。

一　二二一頁上三行第五字「火」，麗作「火也」。

一　二二一頁上一一行「愍哀三界人」下，麗有「如蓮花於水　甘美柔耎
上　口之所宣說　聽者所欣達」
二十字。

修行道地經序　揄迦遮復彌晉言修行道　樓

造立修行道地經者天竺沙門厥名衆護出
于中國聖興之域幼學大業洪要之典通盡
法藏十二部經三達之智靡不貫博鉤玄致
妙能體深奧以大悲慈弘益衆生助明大光
照悟盲冥叙尊甘露蕩蕩之訓權現真人其
實菩薩也愍念後賢庶幾道者儻有力劣不
能自前故撮衆義之大較建易進之徑路分
別五陰成敗所起變趣機微生死之苦以勸
進屬惑故作斯經雖文約而義豐深喻遠近
防制姧心但以三昧禪數爲務解空歸無衆
相爲定真可謂離患之至寂無爲之道哉

修行道地經卷第一

西晉三藏竺法護譯

集散品第一

厥無由顯興　灼灼踰日光　德積甚巍巍
勝於帝王種　諸天及神仙　專精暴露成
多學博衆義　成皆禮最要　天人龍鬼神
在世而精進　奉迎於世尊　三界無等倫
濟以無比慧　生死懼了除　佛正法衆僧
是三德無踰　當觀斯道眼　諦說平等法
意採宜尊教　猶如出甘露　或有專修行
觀察於世俗　衆闇若干種　生死之不安
沉溺於世根　猶朽車沒泥　不能自拔濟
當從衆典要　亦如採諸華　愍世是故演
專聽修行經　除有令至無

於是當講修行道經生死老病憂結啼哭諸
不可意衆惱集會專修行者在家出家欲令
究竟清淨之法志不轉還逮至甘露衆患爲
絕其無救護無所依仰唯當棄捨一切諸求
是故修行欲離惱者常當精進奉行此經即
說頌曰

墮生老死而憂惱　身心所興有衆苦
欲得濟度不復還　學修行道莫有猒

何謂無行何謂爲行云何修行云何修行道
其無行者謂念婬慾欲害親屬諸天國土弊
及毀戒習惡麁言聽于不善不好學問自輕
自慢興有著想起邪計常貪樂有身所居不
處習近女色放逸懈怠而著情欲不離慾癡
多緣衆求乍捨遠避縱恣自是放心睡疑失
于精進常懷恐怖根門不定追逐衆事多於
言語無有節度思樂長路及論邪說樂說戾
事順逐非法遠于道義是謂無行此於無爲
而不可行於是頌曰

瞋恚貪欲念害命　常有樂身不淨想
邪智及順若干瑕　佛說是輩不可行

可謂可行不起瞋恚不念加害親近善友奉
戒清淨言輒以道受教學問不自輕慢念計
無常苦空非身處於可居不習女色除其放
逸常志精進滅於塵勞少食知節救攝身行
宿夜覺悟斂心不忘無有狐疑不懷恐怖寂
定根門無有衆緣所說輒正平等解脫樂于
閑居所觀如諦所未獲法當以懷來諸可逮
法堅持不忘歡心聽采法化之要於諸衣食
而知止足至存經道而無猒極習計非常不
樂世間穢食之想也無爲之道所爲寂然如
是輩法近於無爲是謂可行行在何許謂之
泥洹於是頌曰

戒淨志樂無我想　唯聽經義隨善友
所見審諦如教行　佛說此則無爲道
諸可所趣衆法念　定若干意無苦猒
是爲講說德所聚　攝定諸根是謂行

何謂修行云何爲行謂能順行所習遵奉是
爲修行其修及習是謂爲行何謂修行道專
精寂道是謂修行道其彼修行而有三品一
曰凡夫二學向道三無所學也所謂凡夫修
行新學舊學未成爲此輩說修行道經其不
學者以爲通達何所復論
彼所以謂修行道地經寂然而觀云何寂觀
趣於沙門四德之果云何四德謂爲有餘泥
洹之果云何有餘謂其當至無爲之界云何

當至無爲之界謂衆苦本一切除盡是故行
者欲捨一切劇苦之惱常當專精不興異行
不傷教禁修建寂觀假使行者毀戒傷敎不
至寂觀唐捐功夫辟如有人鑽木求火數數
休息而不專一終不到之既不獲火唐勞其
功其以懈心欲求無爲辟猶亦然於是頌曰
常得寂然行於定　當捨憍慢及輕戲
以奉修行莫毀失　辟如冥夜開目行
如是行者見所趣　智慧如斯精進前
奉于正化未曾懈　乃致靖寞無爲道
徹覩衆玄微妙事　觀採大德所說教
此經洪訓名寂觀　吾鈔衆經以演說

五陰本品第二　一千三十六言

從若干經採明要　立不老死甘露言
耳所聽聞明者行　清淨之慧除垢冥
入於寂然若日光　辟如月行照衆星
已獲度世當受教　是盛無量如秋月
恭敬羅漢而稽首　能仁如空頭面禮
歸命魏魏獲甘露　除世根芽種種欲
生若干種之華實　欣樂憂感爲諸枝
佛解五陰而本無　當觀衆經從其源
修行道者當復觀身五陰之本色痛想行識
是謂五陰也辟如有城若干家居東西南北
合乃爲城色亦如是亦不一色爲色陰也痛想
行識亦復如此非但一識名爲識陰彼有十
入或色觀法是爲色陰也八百痛樂名之痛
陰想行識陰各有八百乃名爲陰解五陰本
亦當如斯於是頌曰
色痛想行識　五陰之所起　辟如有大城
若干家名色　非一色爲色　凡有十色入
痛樂有八百　想行識亦爾　慧人解此五
若干乃名陰　分別知非一　行者之所念

五陰相品第三

合集衆事而相連　用誰慧言捨佛教
習近愚冥不了了　譬如有樹多枝葉
其五陰生而分布　無巧便種亦如是
當了五陰爲若斯　黠人解慧明知此
所以生長有性地　所講法言如蜜塗
比丘喻蜂採華味　猶如蓮華之開剖
其慧覺了勝日出　佛復超越勝蓮華
佛之清潔無所著　是故稽首歸命尊
其相淡然達無礙　寂寞無想而得定
未曾有退還墮俗　而以救濟至無爲
秉意勝導而示現　敎訓群萌如己行
以慜傷吾是故說　乃爲當來衆生類
其修行者當解五陰相云何各知五陰之相
有光相爲色有像相亦復爲色手所獲持亦
名爲色若亦他人亦復是色也習樂爲痛不
樂不苦亦復是痛是爲痛想也識相爲想若
男若女及餘衆物是曰思想有所造作名之
爲行若作善行若作惡行亦不善惡是謂爲
行曉相爲識善不善亦非有善亦非不善曉
是爲識如是各了五陰之相於是頌曰
色者不安多瑕穢　佛說經教實如應
如其所言隨順行　分別五陰若干相

分別五陰品第四　三百二十九言

而以甘露滅盛火　消除五陰諸苦本
其慧光明喻日光　三界普奉吾亦歸
佛能仁尊深慧力　解了清淨之智黠
順其所知而現義　採佛法教隨應說
當分別解麤其講　今爲道彼順定意
別了五陰本所興　博引衆義善思之
其修行者當分別了五陰行本何謂曉了五
陰之本譬如四衢墮貫真珠有人見之意中
欣然欲往掇取其人目見真珠之貫謂應色
陰愛樂可意是謂痛陰初始見之識是貫珠
名爲想陰其人生意欲取貫珠是爲行陰分
別貫珠是爲識陰如是五陰如一貫珠一時
俱行造若干行若從身出如一貫珠同時俱
興退從五陰一切諸入亦復如是目所見色
五陰皆從如是耳聲鼻香舌味身受心法心
中四陰爲無色陰如是爲別五陰之本於是

頌曰
無極之德分別說　如其所講經中義
貪欲者迷不受教　吾今順法承其講
五陰成敗品第五　二百八十四言
明智之無世尊要　調順無底獲其際
已超境界無邊涯　稽首世尊稱無量
所講猶日月　照弟子若茲　了知于塵勞
除畏如萎華　其觀諸起滅　了五陰成敗
願稽首彼佛　聽我說尊言
修行道者當知五陰成敗之變何謂當知五陰成敗譬若如人命欲終時逼壽盡故其人身中四百四病前後稍至便值多夢而覩瑞惟而懷驚恐夢見蜜蜂烏鵲鵰鷲住其頂上覩衆住堂在上娛樂身所著衣青黃白黑騎亂髦馬而復鳴呼夢枕大猶又枕獮猴在土上卧夢與死人屠魁除溷者共一器食同乘遊觀或以麻油及脂醍醐自澆其身又服食之數數如是見虵纏身倒掣入水或自覩身歡喜踊躍拍髀戲笑或自覩之華飾墮床以灰坌身復取食之或見蟻子身越其上或見嚼鹽狗犬獮猴所見追逐各還嚙之或見婴婦又祠家神見屋崩壞諸神寺破夢見駕牸犢墮鬚髮或時牙齒而自墮地又著伍白衣或見己身裸跣而行麻油塗體婉轉土中夢服皮革弊壞之衣夢見他人乘朽敗車到其門戶欲迎之去或見衆華甲煎諸香親屬取之以嚴其身先祖爲見顏色青惡呼前捉拙數作此夢遊出塚間拾取華瓔及見赤華蓮落在頸墮大河中爲水所漂夢倒墮水五湖九江不得其底或見其身入諸叢林無有華果而爲荊棘鉤壞軀體以諸瓦石鎮其身上或見枯樹都無枝葉夢緣其上而獨戲樂在於廟壇而自博僻或見叢樹獨樂其中欣欣大笑折取枯枝束負持行或入冥室不知戶出又上山岳巖穴之中不知出處復見山崩鎮已身上悲哭號呼或見群象忽然來至蹹蹈其身夢見塵土坌其身首或著弊衣行於曠野夢見乘虎而暴奔走或乘驢狗而南遊行入於塚間收炭爪髮自見其身戴於枯華引入太山閻王見問於是頌曰
處世多安樂　命對至乃怖　爲疾所中傷
逼困不自在　心熱憂惱至　見夢懷恐怖
猶惡人見逐　憂畏亦如是
其人覺已心懷恐怖身體戰慄計命欲盡審尒不疑令吾所夢自昔未有以意懷故衣毛爲豎病遂困篤震動不安譬如猛象群衆普至蹹蹈芭蕉疾轉著床其譬如是窮迫無計便求歸醫昆弟親族見困如此遣人呼醫所可遣人體多垢穢衣被弊壞或毛爪長戴烈繖蓋其足履缺木屐屣破乘朽壞車旗色正黑兩眼復青而數以手摩拭鬚髮所可駕牛或赤或黑又有正白急急呼醫促來上車於是頌曰
人行遊觀時　唯樂無益事　放恣於所欲
未曾念於醫　體適有病疾　困篤著床席
然後乃請醫　欲令療其疾
於是其醫以意察之病者必死所以者何見此惟應視來呼人服色語言將壞繖蓋鬚爪毛亂又其日惡若四日六日十二日十四日以此日來者皆爲不祥醫即不喜以觸星宿失於良時神仙先聖所禁之日醫心念言雖值此惟星宿吉凶或可治療所以者何雖有病者方便消息本命未盡想當除愈若對至者不能令差以是言之不必在善日星宿吉凶是故慧人不從曆日而求良時神仙常言當求方便或風寒病命未盡者儻有橫死是者可治設命應盡無如之何雖尒往而治之猶勝不行醫念此已即起欲去於是頌曰
譬如有二人　俱發行入海　或有到彼岸
或而中斷絕　墮于疾病海　其譬亦如是
儻時從病差　而有便死者
於是其醫已到病家則有惡怪便聞凶聲亡

夫焚燒破壞斷截剝撥彈出恐殺曳去發行
拘閉當以占之不可復療以爲死已南方狐
鳴或聞烏梟聲或見小兒以土相坌而復裸
立相挽頭鬚破覺瓶瓮及諸持器見此變已
前省病人困劣著牀於是頌曰
醫則占視病者相　驚怖惶惶而不安
或坐或起復著床　煩懣熱極如燒皮
醫覩如是便心念言如吾觀歷諸經本末是
則死應面色惶懅眼中爲亂身體痿黃口中
涎出目冥眛眛鼻孔褰黃顏彩失色不聞聲
香脣斷舌乾其貌如地百脈正青毛髮皆竪
捉髮搯鼻都無所覺喘息不均或遲或疾於
是頌曰
面色則爲變　毛髮則正竪　直視如所思
舌強惟已現　病人有是應　餘命少少耳
疾火之所圍　如焚諸草木
復有異經說人終時諸惟之變設有洗沐若
復不浴設燒好香木蜜栴檀根香華香此諸
雜香其香實好病者聞之如燒死人骨髮毛
爪皮膚脂髓糞塗之臭也又如烏鷲狐狸狗
鼠蛇虺之臭也病者聲變言如破瓦狀如咽塞
其音或如鶴鷹孔雀牛馬虎狼雷鼓之聲其
人志性變改不常或現端正其身柔軟或復
麤堅身體數變或輕或重而失所願此諸變

惟命應盡者有值數事不悉具有於是頌曰
覩見若干變　衆惱趣逼身　志懷於恐怖
遭厄爲若斯　人性敗如此　身變不一種
猶如竹葦實　自生自然壞
今我所學如所聞知人臨死時所見變惟口
不知味耳不聞聲筋脈縮急喘息不定體痛
呻吟血氣微細身轉羸瘦其筋現麁或身卒
肥血脈隆起頰車垂下其頭顫掉視之可憎
舉動舒緩其眼瞳子甚黑於常眼目不視便
利不通諸節欲解諸根不明口中盡青氣結
連喉諸所惟變各現如此於是頌曰
其病惱無數　血脈精氣竭　如水齧樹根
當懸如拔栽
於是醫心念言有如此病必死不疑古昔良
醫造結經文名曰於彼除恐長耳灰掌養言
長育悉教多驕天又長益大首退轉顛頹太
白最尊路面調牛岐伯醫佃扁鵲如是等輩
悉療身疾於是頌曰
於彼之等類　尊法梵志仙　正救所有果
及餘王良醫　此爲至誠財　博知能度厄
愍以經救命　猶如梵造法
復有其醫主治耳目名曰眼眴動搖和調鬪
鈴鳴月氏英子懿藏善覺調牛目金禿梟力
氏雷鳴是上醫名主治耳目於是頌曰

眼眴醫之等　造合藥分明　除病之瑕冥
如日滅諸闇
復有瘡醫治療諸瘡名曰法財稚弟端正辯
約黃金言談是爲瘡醫等於是頌曰
其有能療治　百種之瘡痍　能除衆厄疾
如以膩平地　法財所以出　於世造經書
正爲治瘡病　令衆離患難
復有小兒醫其名曰尊迦葉耆域奉慢速疾
是等皆治小兒之病於是頌曰
譬如有瘡頭　捐務除貢高　故生於世俗
愍傷治小兒　此尊迦葉等　行仁以正法
哀念童幼故　則作於醫經
復有鬼神醫名曰戴華不事火是等辟除鬼
神來嬈人者於是頌曰
諸宿轉周行　人生猶亦然　主有所恐怖
而多有危害　造立是經者　悉爲解其患
如佛以正法　除愚令見明
正使合會此上諸醫及幻蠱道并巫祝說不
能使差令不終亡於是頌曰
造作罪塵勞　勤苦懷衆惱　病痛亂其志
多垢命日促　爲病所漂没　死證見便怖
天帝諸神等　不救安況吾
醫心念言是命未斷當避退矣便語衆人今
此病者設有所索飯食美味恣意與之勿得

逆也吾有急事而相捨去事了當還故興此緣便捨退去於是頌曰

命欲向斷時　得病甚困極　與塵勞俱合
罪至不自覺　怔忪自然趣　得對陰熟極
政使執金剛　不能濟其命

是時病家男女大小聞醫所說便弃湯藥及諸祝術室家眷屬宗黨比鄰親厚知識悉來聚會圍遶病者悲哀涕哭觀念病困譬如屠家群中捕猪牽欲殺之餘猪悉驚怖側耳聽聲惶懅愕視譬如猛虎群中搏牛餘牛見之驚怖而走或入山巖或投深谷又入樹間跳騰哮吼譬如魚師持網捕魚餘魚見之怖散沉竄石岸草底又如倉鷹臨其衆鳥有所攫取餘鳥見之各散飛去其人如是無常對至其身破壞家室親屬念當別離悲哀若斯命臨欲斷閻王使者自然來至期到見縛鐵箭所射上生死船罪所牽引即欲發去家室繞之放髮悲慟塵坌其目哀泣太息涕淚流面皆言痛哉奈何相捨椎胷懊惱稱歎病者若干德行心懷懊惱於是頌曰

其人病苦困　身冷稍離熱　室家悉聚會
舉聲而悲哀　造業更苦樂　如蜂採華味
心遂受憂慼　并惱一宗門

其人疾病如是身中乃刀風起令病者骨節解有風名拼斷諸節解有風名震令筋脉緩有風名破骨消病人髓有風名藏變其面色眼耳鼻口咽喉皆青出入諸孔斷絕破壞劍剥其身復有一風名曰止脅令其身內及膝肩肘背脊腹臍大小之腸肝肺心脾并餘諸藏皆悉斷絕有風名旋令其肪血及大小便生藏熟藏所食不通寒熱悉乾有風名節間令諸支節或縮或申而舉手足欲捉虛空坐起煩憒有時戲笑又復太息其聲懇惻節節已斷筋脉則緩髓腦爲消目不見色耳不聞聲鼻不別香口不知味身冷氣絕無所復識心下尚煖寬神續在挺直如木不能動搖於是頌曰

其刀風起時　身動多不安　衆緣普皆至
悉不自覺知　其遭若干惱　命乃爲窮盡
譬如弓弩絃　緩絕不可用

尒時彼人其心周帀所有四大皆爲衰落微命雖在如燈欲滅此人心中有身意根其生存時所爲善惡即心念本殃禍吉凶今世後世所可作爲心悉自知奉行善者面色和解其行惡者顏色不悅其人心喜面色則好當知所歸必至善道其面變惡心念不善則趣惡道如有老人而照淨鏡皆自見形頭白面皺齒落瘡痍塵垢黑醜皮緩脊瘻年老皺疫設見如是還自著鄙閉目放鏡吾已去少衰老將至心懷愁憂已離安隱至於窮極素行惡者臨壽終時所見惡變愁悒恐怖心自尅責吾歸惡道定無有疑亦如老人照鏡見身知爲衰至於是頌曰

金寶筆所作　巧拙成不同　設有行惡者
沉沒於深淵　已沒難更出　顧視無所依
如爲水所漂　臨亡亦若斯

其有行善爲有三輩攝身口意淨修衆德以法爲財臨壽終時心懷喜踊吾定上天譬如賈客遠行治生得度厄路多獲財利還歸到家心悅無量又如田家耕不失時風雨復節多收五穀藏著篅中意甚歡喜如病困得愈得畢償債中心踊躍亦復如是猶蜂採華以用作蜜積德亦尒其意大悅我定上天於是頌曰

其有學正士　積累行真法　已度於衆惡
自致得明道　譬如閑居者　高山望其下
彼人命盡時　見善道若斯

尒時其人命已盡者身根識滅便受中止形譬如若稱隨其輕重或上或下善惡如是神離人身任於中止五陰悉具無所乏少死時五陰不到中止中止五陰亦不離本也譬如印章以用印泥印不著泥亦不離之如種五

穀苗生莖實不是本種亦不離本如是人死
精神蒐鬼不齊五陰亦不離本也隨本所種
各得果報其作善者在善中止履行惡者在
罪中止唯有道眼乃見之耳處於中止而有
三食一曰觸軟二曰心食三曰意識在中止
者或住一日極久七日至父母會隨其本行
或趣三途人間天上行惡多者在中止見大
火起圍遶其身猶如野火焚燒草木塵雨其
形見烏鵰鷲惡人之類爪齒皆長面目醜陋
衣服弊壞頭上火然各執兵仗爲所撾捧矛
刺刀斫心懷恐懼欲求救護遥見叢樹走往
趣之尒時即失中止五陰入刀劍樹泥黎之
中墮地獄者神見如此於是頌曰
迷惑如醉象　違失聖法教　㥽獨如潦水
心憒亂斯若　常損於正道　放心入邪徑
此人遭衆苦　命終墮地獄
行小惡者見大烟塵繞滿其身及爲師子虎
狼蚖虵群象所逐又見故𡺎泉源深水崩山
大澗心懷恐怖起趣其中尒時即失中止五
陰墮畜生處見是變者知受獸身於是頌曰
習癡捨慧便　或醉墮冥道　惡口常麁言
喜行撾捶人　又爲犯罪殃　樂爲不善事
如是無慈者　生於畜獸中
罪若微者周帀四面有熱風起身體欝蒸自
然飢渴遥見人來皆持刀仗矛戟弓箭而圍
遶之望見大城意欲入中適發此心即失中
止所受五陰生於薜荔其見如是變當知墮
餓鬼中於是頌曰
剛蔽喜譖人　遠戒不順法　犯禁穢濁事
貪餘而獨食　墮於膿血處　飢餓煩惱熱
當知此人輩　定入爲餓鬼
清修德善涼風四來其風甚香若干種薰兩
其身上諸伎樂音相和而鳴瞻見園觀樹木
華菓而悉茂盛發意欲往即時便失中止五
陰精神自然上忉利天於是頌曰
習法歸聖道　種福業生天　伎樂以自娱
遊諸華樹間　美艷玉女衆　端正光縱容
常觀心欣悅　居止太山頂
行不純一或善或惡當至人道父母合會精
不失時子應來生父母德相而俱同等其母
胎通無所拘礙心懷喜踊而無邪念則爲柔
軟而不憔悴無有疥疾堪任受子而不爲輕
慢亦無反行順其正法不受濁殄即損一切
瑕穢之塵其精不清亦不爲濁中適不強亦
不腐敗亦不赤黑不爲風寒衆毒雜錯與小
便別應來生者精神便趣心自念言設是男
子不與女人共俱合者吾欲與通起瞋怒心
恚彼男子志懷恭敬念於女人瞋喜俱作便
排男子欲向女人父時精下其神欣歡謂是
吾許尒時即失中止五陰便入胞胎父母精
合既在胞胎倍用踊躍非是中止五陰亦不
離之入於胞胎是爲色陰歡喜之時爲痛樂
陰念於精時是爲想陰因本罪福緣得入胎
是爲行陰神處胎中則應識陰如是和合名
曰五陰
尋在胎時即得二根意根身根也七日住中
而不增減又二七日其胎稍轉譬如薄酪至
三七日似如生酪又四七日精凝如酪至五
七日胎精遂變猶如生蘇至六七日變如息
肉至七七日轉如段肉又八七日其堅如坏
至九七日變爲五皰兩肘兩髀及其頭項而
從中出也又十七日復有五皰手腕脚腕及
生其頭十一七日續生二十四胞手指足指
眼耳鼻口此從中出十二七日是諸皰相轉
成就十三七日則現腹相十四七日生肝肺
心及其脾腎十五七日則生大腸十六七日
即有小腸十七七日則有胃處十八七日生
藏熟藏起此二處十九七日生髀及蹲腸骸手
掌足趺臂節筋連二十七日生陰臍乳頸項
形相二十一七日體骨各分隨其所應兩骨
在頭三十二骨著口七骨著項兩骨著髀兩
骨著肘四骨著臂十二骨著胷十八骨著背

兩骨著髖四骨著膝四十骨著足微骨百八與體肉合其十八骨著在兩脅二骨著肩如是身骨凡有三百而相連結其骨柔軟如初生瓠二十二七日其骨稍堅如未熟瓠二十三七日其骨轉堅譬如胡桃此三百骨各相連綴足骨著足膝骨著膝踹骨著踹髀骨著髀髖骨著髖脊骨著脊胷骨著胷脅骨著脅肩骨著肩項頤臂腕手足諸骨轉相連著如是聚骨猶若幻化又如合車骨爲垣墻筋束血流皮肉塗裹薄膚覆之因本罪福以果獲致此無有思想依其心元隨風所由牽引與動於是頌曰

其立骨積聚　隨心轉放恣　在身見彎頓
猶如牽搖虵　前世所造行　善惡所興法
譬如人行路　或平或荊棘

二十四七日生七百筋連著其身二十五七日生七千脉尚未具成二十六七日諸脉悉徹具足成就如蓮華根孔二十七七日三百六十三筋皆成二十八七日其肌始生二十九七日肌肉稍厚三十七日裁有皮像三十一七日皮轉厚堅三十二七日皮革轉成三十三七日耳鼻眉指諸節成三十四七日生九十九萬毛髮孔猶尚未成三十五七日毛孔具成三十六七日爪甲成三十七七日其母腹中若干風起有風開兒目耳鼻口或有風起染其髮毛或有端正或有醜陋又有風起成體顏色或白赤黑有好有醜皆猶宿行在此七日中生風寒熱大小便通於是頌曰

是身筋纏裹　諸血脉所成　不淨盛腐積
水洗諸漏孔　虛妄心使然　巧僞而合成
機關如木人　求之甚難得

三十八七日在母腹中隨其本行自然風起宿行善者便有香風可其身意柔軟無瑕正其骨節令其端正莫不愛敬也本行惡者則起臭風令身不安不可心意吹其骨節令癰邪曲使不端正又不能男人所不喜也是爲三十八七日九月不滿四日其兒身體骨節則成爲人於是頌曰

人在身九月　則具諸體脉　骨節皆成就
滿足無所乏　腹中漸自辦　稍稍而成長
期至悉具足　如月十五日

其小兒體而有二分一分從父一分從母身諸髮毛頰眼舌喉心肝脾腎腸血軟者從母爪齒骨節髓腦筋脉堅者從父也於是頌曰

人體相連綴　皆由父母生　若干之節解
因緣化成立　依而致顏色　悉當爲衰耗
衆材合起車　計軀猶亦然　作前有二事
立身譬若斯　因父從母報　然後乃得生

其小兒在母腹中處生藏下熟藏之上男兒背外而面向內在於左脅也女子背母而面向外處在右脅也苦痛臭處汚露不淨一切骨節縮不得申捐在革囊腸網纏裹藏血塗染所處逼迮依因屎尿瑕穢若斯其於九月此餘四日宿有善行初日後日發心念言吾在園觀亦在天上其行惡者謂在泥犁世間之獄至三日中即愁不樂到四日時母腹風起或上或下轉其兒身而令倒懸頭向產門其有德者時心念言我投浴池水中遊戲如墮高林華香之處也其無福者自發念言吾從山墮投於樹岸溝坑溷中或如地獄羅網棘上曠野石澗劍戟之中愁憂不樂善惡之報不同若此於是頌曰

如投燒熱火　亂烟來圍遶　放逸果所致
處形若沸湯　苦樂之所由　皆因罪福成
在在生所作　受形各如是

其小兒身既當向生又墮地時外風所吹女人手觸煖水洗之逼迮毒痛猶如瘡疾以是苦惱恐畏死亡便有癡惑是故迷憒不識本來去至向所也適生在地血纏臭處鬼魅來嬈猸邪所中飛屍所觸蠱道巔鬼各伺犯之如四交道墮一段肉鵄烏鵰狼各來諍之諸邪妖鬼欲得兒便周帀圍繞亦復如是宿行

善者邪不得便設宿行惡者衆邪即著兒初生時因母乳活稍稍長大因食得立於是頌曰

在於胞胎中　遭苦若干惱　旣生得爲人
其痛有百千　諸根已成就　因出危脆身
有生必老死　是爲最不真

兒已長大摶哺養身適得穀氣其體即時生八十種蟲兩種在髮根一名舌舐二名重舐三種在頭名曰堅固傷損毀害一種在腦兩種在腦表一名蜘蛛二名耗擾三名憒亂兩種在額一名甲下二名朽腐兩種在眼一名曰舐二名重舐兩種在耳一名識味二名現味英兩種在耳根一名曰赤二名復赤兩種在鼻一名曰肥二名復肥兩種在口一名曰搖二名曰動搖兩種在齒中一名惡齩二名凶暴三種在齒根名曰喘息休止捽摵一種在舌名爲甘美一種在舌根名爲柔軟一種在上齗名爲來往一種在咽名爲數喉兩種在矒子一名曰生二名不熟兩種在脣一名曰垂二名復垂一種在臂名曰住立一種在手名爲周旋兩種在胷一名顉坑二名廣普一種在心名爲班駮一種在乳名爲犨現一種在臍名爲圍遶兩種在脅一名爲月二名月面兩種在脊一名月行二名月貌一種在背骨間名爲安豐一種在皮裏名爲虒爪兩種在肉一名消膚二名遶樹四種在骨名爲甚毒習毒細骨雜毒五種在髓名爲殺害無殺破壞雜骸白骨兩種在膓一名蜣蜋二名蜣蜋嘴兩種在細膓一名兒子二名復子一種在肝名爲艱嗏一種在生藏名爲忮閔一種在熟藏名爲大息一種在穀道名爲重身三種在糞中名曰筋目結目編髮兩種在尻一名流下二名重流五種在胞名曰宗姓惡族卧寐不覺護汗一種在髀名爲播杖一種在膝名爲現傷一種在踝名爲鍼觜一種在足指名爲燒然一種在足心名爲食皮是爲八十種蟲處在人身中晝夜食體於是頌曰

從頭髮下至足　適中蟲消食人
計念之爲瑕穢　譬喻比如濁水
從己生反自殘　如刀怨喜害人
常來齧傷其身　若流水浸兩岸

其人身中因風起病有百一種寒熱共合各有百一凡合計之四百四病在人身中如木生火還自燒然病亦如是本因體興反來危人及其身中表八十種蟲擾動其身令人不安豈復況外諸苦之惱也計身如是常有憂愚凡夫之士自謂爲安不聞不解所以者何不見諦故於是頌曰

髮毛諸爪齒　心肉皮骨合　精血寒熱生
髓腦脂生熟　諸寒涕唾淚　大小便常漏
非常計不淨　愚者謂爲珍

計念人身覆以薄皮如合棗棕皮甚薄少少耳以僞蓋之人而不知假使脫皮如困鈍肉何可名之爲是人身骨節相拄如連鐵璅審諦如是尚不足蹈況復親近而目視之於是以偈而歎頌曰

計本爲瑕穢　譬如臭爛屍　亦若諸塵垢
體蟲俱復然　亦如畫好像　會當歸腐敗
以諦見本無　安可附近之

計人在世所作禍福不盡其壽亦有中夭而死譬如陶家作諸瓦器或始作而破者或欲刀治坏時破者或在墫上破者或下時破者或著地時破者或拍時破者或坏燥時破者或陶中破者或熟時破者移時破者或用時破者設使不用久久會皆當破也人亦如是有初發意向來未至死者或有二根胎始如生酪有如熟酪息肉健肉墮者或具足六情或不具足而有死者向欲生時有適墮地一日百日一歲十歲學業死者或二十三十四十五十從一歲死至到百歲雖後長壽會當歸盡如是五陰計本皆空展轉相依須臾有起須臾有滅舉足下足而皆無常愚癡之人不聞不知反計有身從少至老皆謂我所呼爲一

種不知非常之變也修行道者思惟計之從是致是無是則無何謂從是致是者因本之行所作殃禍故致死亡而在中止至于胞胎精神與之形如薄酪息肉健肉稍至堅肉因有六根六根具足則便出生從少小身及至中年乃到老病當復歸死其五陰轉於生死之輪常如川流無有休息一切皆空譬如幻化如是顛倒至於老死譬有大城西門失火從次燒之乃到東門皆令灰盡計東門火非是初火也然其燋燃不離本火人亦如是從本因緣隨其禍福當觀如此從是有是也何謂無是則無有也無有四福及餘塵勞則不歸死已不歸死不在中止設無中止何從有生已不有生其老病死何由而有也計生死流本末如此修行道者當觀五陰所從成敗於是頌曰

明識諸慧義　心淨如月盛　秉志而專一
愍哀三界人　如蓮華於水　甘美柔軟成
口之所宣說　聽者則欣達　分別演本起
了之歸滅盡　能仁悉究竟　以愍衆生故
吾從佛經教　省采而鈔取　因佛之講說
故造修行經

修行道地經卷第一　　樓

修行道地經卷第一

校勘記

一　底本，宋資福藏本。

一　二二六頁上二行末字「道」，磧、普、南作「道地」。

一　二二六頁上六行「大光」，磧、普、南、徑、清作「震光」。

一　二二六頁上一一行「深喻」，磧、普、南、徑、清作「探喻」。

一　二二六頁上一三行首字「相」，磧、普、南、徑、清作「想」。

一　二二六頁上一七行第二字「無」，磧、普、南、徑、清作「元」。

一　二二六頁上一九行第六字「成」，磧、普、南、徑、清作「咸」。

一　二二六頁上二二行第七字「觀」，磧、普、南、徑、清作「親」。

一　二二六頁中末行「可謂」，磧、普、南、徑、清作「何謂」。

一　二二六頁下末行第三字「果」，磧、普、南、徑、清作「界」。

一　二二七頁上一〇行「乃致」，磧、普、南、徑、清作「乃至」。

一　二二七頁上一三行「一千三十六言」，徑、清無。

一　二二七頁中二一行第八字「乃」，磧、普、南、徑、清作「及」。

一　二二七頁下八行「三百二十九言」，徑、清無。

一　二二八頁上四行「二百八十四言」，徑、清無。

一　二二八頁上一四行第三字「住」，磧、普、南、徑、清作「柱」。

一　二二八頁上一五行「鳴呼」，磧、普、南、徑、清作「嗚呼」。同行「大猗」，南、徑、清作「犬猗」。

一　二二八頁上末行第五字「踐」，磧、普、南、徑、清作「跣」。

一　二二八頁中一行「皮草」，磧、普、南、徑、清作「皮革」。

一　二二八頁中四行「華連」，南、徑、清作「蓮華」。

一　二二八頁中九行第五字「博」，磧、

徑、清作「搏」。

一　二二八頁中一七行第一〇字「怖」，徑、清作「惱」。

一　二二八頁中一八行第九字「惱」，徑、清作「怖」。

一　二二八頁中二一行第四字「令」，徑、清作「今」。

一　二二八頁下一行末字「烈」，徑、清作「裂」。

一　二二八頁下三行第一一字「拉」，磧、普、南、徑、清作「抈」。

一　二二八頁下一〇行第一二字「將」，磧、普、南、徑、清作「持」。

一　二二九頁上一行首字「夫」，南、徑、清作「失」。

一　二二九頁上四行第九字「瓫」，磧作「瓮」。

一　二二九頁上一〇行第五字「昧」，磧、普、南、徑、清作「眊」。同行第九字「褭」，磧、普、南、徑、清作「裊」。

一　二二九頁中一六行第八字「又」，磧、普、南、徑、清作「友」。

一　二二九頁下二三行「退矣」，磧、普、南、徑、清作「退失」。

一　二三〇頁上七行第二字「祝」，磧、普、南、徑、清作「呪」。

一　二三〇頁上一四行首字「擭」，磧、普、南、徑、清作「獲」。

一　二三〇頁中四行第九字「止」，磧、普、南、徑、清作「山」。同行「身内」，磧、普、南、徑、清作「身肉」。

一　二三〇頁中一九行第一二字「禍」，南、徑、清作「福」。

一　二三〇頁下二三行「離本」，磧、普、南、徑、清作「離於本」。

一　二三一頁上七行第四字「途」，磧、普、南、徑、清作「塗」。

一　二三一頁中八行末字「兩」，磧、普、南、徑、清作「雨」。

一　二三一頁下一四行第五字「又」，磧、普、南、徑、清無。

一　二三一頁下一五行第一三字「胞」，磧作「皰」。

一　二三一頁下一九行第二字「有」，磧、普、南、徑、清作「生有」。

一　二三一頁下二一行第一六字「頸」，磧、普、南、徑、清作「頤」。

一　二三二頁上一行第四字「髖」，磧、普、南、徑、清作「腕」。

一　二三二頁上一〇行第二字「流」，磧、普、南、徑、清作「澆」。

一　二三二頁上一一行末字「舉」，磧、普作「與」。

一　二三二頁上一四行「興法」，磧、普、南、徑、清作「與法」。

一　二三二頁中一行第一二字「見」，磧、普、南、徑、清作「皃」。

一　二三二頁中二二行末字「毦」，磧作「耗」。

一　二三二頁下八行第一六字「腹」，磧、普、南、徑、清作「腹中」。

一　二三二頁下一〇行第八字「言」，磧、南作「有」。

一　二三二頁下二一行第四字「向」，磧、普、南、徑、清作「何」。

一　二三三頁上九行第一一字「耗」，

磧、普、南、徑、清作「扡」。
一　二三三頁上一八行第一五字「脣」，磧、普、南、徑、清作「肩」。
一　二三三頁上二三行「月貌」，磧、普、南、徑、清作「月根」。
一　二三三頁中三行第三字「雜」，磧、普、南、徑、清作「離」。
一　二三三頁中五行第一五字「悶」，磧、普、南、徑、清作「悏」。
一　二三三頁中九行第三字「不」，磧、普、南、徑、清作「而」。
一　二三三頁中一五行第一〇字「喜」，南、徑、清作「恚」。
一　二三三頁中末行第四字「爪」，磧、普、南、徑、清作「爪」。
一　二三三頁下一二行末字「刀」，磧、普、南、徑、清作「成刀」。
一　二三三頁下一五行第一〇字「移」，磧、普、南、徑、清作「或移」。
一　二三四頁上八行第一一字「有」，磧、普、南、徑、清作「如」。
一　二三四頁上九行第一二字「盡」，磧、普、南、徑、清作「燼」。

修行道地經卷第二　樓

西晉三藏竺法護譯

慈品第六

賈人行曠野　飢渴於厄道　導師救護之
將至水果處　以無為之道　消滅諸垢毒
積安得等心　稽首佛世尊　本船在巨海
向魚摩竭口　其船入魚腹　發慈以濟之
向沒之傾間　度人及珍寶　知無數百千
終始之苦樂　超越諸先聖　其德如太山
道習踰日光　奉頭稽首慧

修行道者當棄瞋恚常奉慈心或有行者但口發願令衆生安不曉何緣救濟使安雖有此言柔軟安隱不為慈心平等定故修行道者莫為口慈或修行者發意念慈欲安一切衆生之類有此慈心亦為佳耳非是道德具足之慈也欲行大道莫與此慈於是頌曰

設使學道士　心口言念慈　則自趣安隱
亦獲薄福祐　辟如師治箭　失墮火燒之
安能使其箭　成就而可用

修行道地建大弘慈當何行之設修行者在於暑熱求處清涼然後安隱在於寒處求至温暖然乃安隱如飢得食如渴得飲如行遠路疲極甚困而得車乘然後安隱如見住立而得安坐如疲極者得卧安隱如人倮形得衣弊蓋如身有垢沐浴澡洗心大忻歡隱定寂然若干種苦各得所便身志踊躍得諸安故執心不亂所可愛敬親親恩愛父母兄弟妻子親屬朋友知識皆令安隱一切衆生諸苦惱者亦復如我身得安隱十方人民悉令度脫身心得安欲使二親宗族中外悉令安隱次念凡人等加以慈普及怨家無差特心皆令得度如我身安設使前念十方人民中念怨家其心儻乱初始之心不能頓等怨家及友中間之人者當作是觀我所懷結憎於怨家此心已過今已棄捨更生愛之念如父母及身妻子亦如宗親敬之如是不復懷恨察其本源五道生死或作父母家室妻子兄弟朋友但其久遠不復識念以是之故不當懷怨於是頌曰

當發行慈心　念怨如善友　展轉在生死
恚曾為親族　辟如樹生華　轉成果无異
父母妻子友　宗親亦如是

修行道者心自念言假使瞋恚向於他人則為自侵也如木出火還自燒身若如芭蕉生實便枯如騾懷駒還自危身吾亦如是設懷瞋恚自侵猶然有起瞋恚向他人者儻用此罪墮於虵虺或入惡道諦觀如是不當懷惡若增於人當發慈哀於是頌曰

其有從瞋恚　怨害向他人　後生墮虵虺
或作殘賊獸　辟如竹樹劈　芭蕉騾懷妊
還害亦如是　故當發慈心

其修道者當行等慈父母妻子兄弟朋友及與怨家无遠無近等无憎愛及於十方無量世界普以慈向未曾增減有如此行乃應為慈於是頌曰

其行慈心者　等意无憎愛　不問於遠近
乃應為大慈　等心行大哀　乃至三界人
行慈如是者　其德踰梵天

其修道者成具慈心火所不燒刀刃不害毒亦不行衆邪不得便於是頌曰

刀刃不能害　縣官及大怨　邪鬼諸羅刹
虵虺雷霹靂　師子并象虎　及餘諸害獸
一切不敢近　無能中傷者
修道習慈行當如是　夜寐安隱寤已
懽然　天人宿護　未曾惡夢　顏色和悦
衣食不乏　生於梵天所在之處　常端正
好眼目白黑分明　身體柔軟少於疾病
而得長壽　諸天恭敬　所趣得道　佛所
稱嘆　消於塵勞　逮不退轉　以獲安隱
至無餘界而得滅度　皆由慈心　於是
頌曰
其有行慈者　端正衣食豊　眾人皆宗仰
長壽明如日　卧覺行止安　神天悉擁護
生梵諸天敬　世尊所稱嘆
是故修道當行慈心　於是頌曰
其行慈心向一切　除諸瞋害是謂慈
今吾已現眾德本　觀察佛經而抄說
修行道地經除恐怖品第七
諸所當覺了　分別悉解之　觀諸過去佛
明達爲若斯　用正等覺故　是故号爲佛
明智及天龍　莫不歸命奉　教化諸部界
除去眾瑕穢　化惡幼冥者　令心獲光明
得安脫諸苦　除去眾恐怖　頭稽首彼佛

修行道地經卷第二　第四張

歸命於寂勝　佛降於不調　象吼如雷震
兼忘聲普聞　悉出永蒙度　愚癡而自恣
奔走如暴雨　象名爲檀鉢　以制伏貢高
及諸龍神王　懷毒眼出火　佛以善化教
其身常寂然　解脫而無量　今吾頭稽首
歸命寂然勝　世尊之足下　覩魔懷恚毒
變化普爲火　戴山貫兵仗　持刀及矛戟
虵虺擎大樹　欲來危世尊　諸鬼神普至
不懼亦不懅　其毛如錐刀　周匝而圍遶
計數甚眾多　不以爲恐畏　亦未曾驚疑
而無諸愚癡　已棄諸畏難　願歸命寂勝
其行道者若在閑居及於曠野　儻懷
恐怖衣毛爲竪　當念如來功德之
善形像顏貌及法眾僧思其戒禁　分
別解空知爲六分　十二因緣　奉行慈
哀　假使恐怖若念此事無所復畏　於
是頌曰
或以恐怖而躄地　不能自正立於法
教令堅住持戒法　如風吹山不能動
辟如彼蜂採花味　吾抄諸經亦如是
其文甚少所安多　欲除恐怖故講是
修行道地經分別相品第八
本失於實珠　墮之于大海　即時執取器

修行道地經卷第二　第五張

耗海求珠寶　精進不以懈　執心而不移
海神見如此　即出珠還之　適興此方便
休息意天王　逝至大寶山　不以爲懈惓
能究竟本無　稽首無所著　所願而不轉
歸命禮寂勝　如龍王蟠結　端坐亦如是
求道以精進　大力起得佛　獨步於七日
能忍化女人　稽首彼至尊　信見而不轉
其行道者心設自念　在於生死不可
稱計　習婬怒癡　已來甚久　人命既短
又復懈怠　安能一生除盡諸瑕　乎若
有此念當作是觀　辟如故舍初無居
者若干之歲　冥不燃燈　執火而入　冥
即消索　也雖爲久習塵垢眾毒　以有
智慧諸瑕則滅　所以者何　智慧力強
愚癡劣故　於是頌曰
欲求道義莫懈怠　以得法利離衰耗
承佛光明之智慧　除婬怒癡悉永盡
誰能奉斯順道如是　唯有信者精進
智慧無諂有志　尒乃順行　何謂爲信
見知万物皆歸無常　所可受身悉爲
憂苦　三界悉空　一切諸法計皆无我
解如此者是謂爲信　於是頌曰
其行修道者　計知世不安　万物盡非常

修行道地經卷第二　第六張

其受身皆苦　三界悉為空　一切法無我
所在能受行　是故謂有信　設有吾我想
則為顛倒人　能解了悉空　即當知是佛
獲致甘露道　覺了如是者　无有能動搖
此乃謂為信

修行道者何謂精進假使行者專精空元心不捨離是謂精進設野火燒稍来近座并燒衣服上及首目心當念言火燒我頭正使燋燃骨肉皮肌令我身死終不捨行所以者何雖燒吾身為不足言其内體中婬怒癡火展轉生死三惡道中燒我身来无央數世未得究竟至於道德雖燒一身不足為救但當力濟婬怒癡火已得滅度不復退還已無有身則无内外諸火之患此婬怒癡不可輕滅辟如以糠欲消銅鐵終不能也執心堅强一切方便乃可除盡婬怒癡病於是頌曰

其有專精於道德　當尒之時莫惜身
辟如有象洗其身　沐浴適淨復卧土
假使急厄来及已　雷電霹靂不以驚
辟如萎華人不惜　捐棄塵勞當如是

修行道者何謂智慧曉了寂定時知

當觀時知察慧時知受法時了知定意正受之時亦知遲疾從定起時分別已心所有善惡辟如良醫知腹中病也當制其心莫令放恣辟如健象墜向滿井將養之者以御抑之不令墮落修行道者制斷外者亦當如是知心因緣諸想所奉辟如明者知食所便又如宰人知君主意所嗜可否也了知方便一切解脫進止所趣猶如金師別金好醜設行道者離於明智不了道趣心懷恐懼以是為非以非為是則不成慧其行道者設得一禪至第二禪則自畏懼謂為失禪不知轉寂也心自念言咄我迷設本有善應而念叉失心便移走也在歡喜悅離於定意則自限心而不得前懷疑如此便為失禪謂成不成謂不成為成云何了知禪定之意專心專志入第一禪心在滅定適作是行入第二禪所以迷者久習俗事未知正諦及諸漏盡用不了諦志在所漏故也求第二禪不能制心則不具禪是故行者當知此非也設行者明不作是迷則不

失禪斯謂智慧於是頌曰

假使曉了身諸法　則知其意所歸趣
方便制止心所趣　辟如鐵鉤調白象
其有明了解定意　分別寂觀亦如是
常以智慧无猶豫　住於道德如法教

修行道者云何不邪謂不諛諂其心質直專精行道敦信守誠設使在行而不為行諸所塵勞不可之事悉向法師說其瑕疵辟如病者而有疾苦悉當為醫至誠說之法師觀察行者志意應所乏短為其說法於是頌曰

行者懷質直　其心無諛諂　承受法師教
斷諸塵勞垢　安隱善清淨　專精勤修道
奉經如佛教　遵法猶戰鬪

假使行者情欲熾盛為說人身不淨之法有三品教一曰身骨如鎖支拄相連二曰適受法教便觀頭骨三曰已了是觀復察額上係心著頭假使瞋恚而熾多者為說慈心慈有四品一曰父母宗親二曰中間之人無大親疎三曰凡人衆庶四曰以得是行等施慈心護於怨家仁心具足則除九惱及與横瞋分別此義雖有親厚則遠

離之何謂九惱而橫瞋者一曰心自念言此人本曾侵枉我二曰此人後儻侵我三曰今復欺我四曰過去之時枉我親友五曰後儻復侵我親友六曰於今現復欺我親友七曰其人前時敬我怨家八曰後儻復敬九曰於今現復敬之雖有是心悉當棄捨何能令人不侵已身但當自守不侵人耳是我宿罪不善之報致此惡果也吾親友本亦有罪故致此患也及吾怨家素與彼人宿舊親親又有福德令人敬耳三品九惱不足懷恨何謂橫瞋未曾相見便恚之即當思惟此人未曾侵枉我身今亦无過復且無失何故懷惡視他人乎其發惡心橫加於人還自受罪辟如向風揚塵還自坌身也修行道者不能滅恚令不起者此輩之人不入道品如坏盛水不能致遠也能制恚者如水澆火則無所害是應修行入於道律以是之故辟遭苦惱刀鋸截身莫起瞋恚如燒枯樹無有恨心況復瞋恚向精神者於是頌曰

等觀於已身　凡人怨無異　棄捐諸九惱
立志不橫瞋　制心不懷恨　如枯樹无恚
修行道地者　如是無瑕穢

修行道者設多愚癡當觀十二因緣分別了之從生因緣而有老死設不來生則無終始於是頌曰

不癡則无生　已除老死患　觀本無有始
何從致衰盡　原因六情興　多亂故致癡
從癡有結網　轉成愚冥癡

修行道者設多想念則為解說出入數息喘息已定意寂无求於是頌曰

數息求止及相隨　觀正諦想心便止
本性淨者奉如是　獨坐多想不成行

修行道者設多憍慢為說此義人有三慢一曰言我不如某二曰某與我等三曰我勝於某有念是者為懷自大當作此計城外冢間棄捐骨鎖頭身異處无有血脉皮肉消爛當往觀此貧富貴賤男女大小端正醜陋枯骨正等有何殊別本末終時肉衣皮裹血潤筋束衣服香花瓔珞其身辟如幻化巧風所合因心意識周旋而行至於城郭國邑聚落出入進止作

是觀已無有憍慢本无觀者見於冢間及一切人等而無異於是頌曰

其有豪富貴　乘駕出城遊　及散棄冢間
計之等无異　閑居處樹下　若有作是觀
執心而行道　慢火不能燒

法師說經觀察人情凡十九輩以何了知分別塵勞分乃知之何謂十九一曰貪婬二曰瞋恚三曰愚癡四曰婬怒五曰婬癡六曰癡恚七曰婬怒愚癡八曰口清意婬九曰言柔心剛十曰口慧心癡十一者言美而懷三毒十二者言麁心和十三者惡口心剛十四者言麁心癡十五者口麁而懷三毒十六者口癡心婬十七者口癡懷怒十八者心口俱癡十九者口癡心懷三毒於是頌曰

其有婬怒癡　合此為三毒　兩兩而雜錯
計便復有四　口柔復有四　口癡言癡四
世尊之所說　人情十九種

何而知人有貪婬相文飾自喜調戲性急志操忿性如獼猴而多忘誤智詐淺薄無有遠慮舉動所為不顧前後造作不要多事恐怖多言喜啼

易詐易伏安隱易解不耐勤苦得小
利入大用歡喜忘失小小而甚憂慼
閙人稱譽歡喜信之伏匿之事忘為
道說體溫多汗皮薄身臭毛髮稀踈
多白多皺不好長鬚白齒起行喜淨
潔衣好著文飾莊嚴其身喜於薄衣
多學伎術無所不通數行遊觀常喜
含笑綺飾奉戒性和敬長見人先問
巧黠妍雅性不佷戾慚愧多慈分別
好醜取與交易柔和多哀多所恩惠
於諸親友放捨施與所有多少不與
人爭所惠廣大觀顧身形所作遲緩
了知世法忘能決斷若見好人敬而
重之覺事疑疾工於言語黠慧言和
多有朋友不能久親少於瞋恚尊敬
長老卧起行步而不安詳雖學于法
愛欲財物親屬朋友捨不堅固結友
不久聞色欲事即貪著之說其惡
露尋復默之易進易退以是之故為
貪婬相於是頌曰

卒暴輕舉如獼猴　常歡喜笑又喜啼
得利大喜失甚憂　多於言語易降伏
志或忽忽而驚恐　自喜易詐信人語

志性多忘无遠慮　好按戒法而有慧
貪視於色志善施　綺頗其身敬明友
舒緩體溫為多汗　喜信慚軟而有勇
於法財色及親友　不可便踈尋即悔
諸所造學即能得　雖疾知之速忘失
花餝莊嚴其衣服　所作不要而敬老
智者敬之有學志　通達能明而和解
常喜出城行遊觀　美於言語亦樂聽
利口便辤能分別　所處卧坐不忍久
柔軟性至誠　輕事不顧後　志卒不耐苦
朋友好恵施　憎長鬚喜短　自喜然而臭
巧黠多玻白　奉戒慧无尋　見人先問訊
衣薄面齒淨　有慈易徙事　起行不惜財
別知人行慈　易教不佷戾　佛說性如是
為應貪婬相

當何以觀瞋恚之相解於深義不
卒懟恨若怒難解无有哀心所言
至誠惡口麁礦普懷狐疑不尋信之
喜求他短多寤少寐多有怨憎結友
究竟仇讎難和所受不忘無有怨驚
人怖不懼多力反復不能下屈多憂
難訓身體長大肥項大頭廣肩方頷
好鬪勇猛性强難伏所可聽受遲鈍

難得既受得之亦復難忘若失法財
所欲親友永无愁顧難進難退以是
知之為瞋恚相於是頌曰

志性剛强深解義　普疑於人求長短
少於睡眠難屈伏　性喋難學亦難忘
能忍勤苦亘觸近　無所畏録不卒瞋
身口相應難諫曉　勇猛有力而剛强
少恐懟友多怨憎　少安有反身廣大
所可作為不追悔　棄法財反不顧念
一捨所親不思之　未曾還顧亦不伏
勤力精進修大事　佛說是輩為瞋相

云何察知愚癡之相謂性柔軟喜自
稱譽無有慈哀破壞法橋常而閉目
面色憔悴無有黠慧憂樂冥處數自
歎息懈惰無信憎於善人常喜獨行
宗見自大作事猶豫不了吉凶不別
善惡若有急事不能自理又不受諫
不別善友及與怨家作事反戾弊如
弗狼被服弊衣身體多垢性不自喜
鬚髮蓬亂不自整頓多憂嗜卧多食
無節人倩使之而不肯作不倩不使
而更自為當畏不畏不當畏者然反
畏之當憂反喜當喜反憂應哭而笑

應笑而哭設有急事使之不行適去
呼還不肯反顧常遣勤苦强忍塵勞
有所食噉不別五味言語多笑喜忘
重語齒舌舐脣然而噤齘行步卧起
未曾安隱舉動作事無所畏難不知
去就佛說是輩為愚癡相於是頌曰

弱顏愚无慈　强額而自舉　眼目不視眴
嗟嘆數歎息　獨行然無信　嫉賢及懈息
常懷多狐疑　不別諸善惡　體面多塵垢
不知善惡語　作事多憒丙　不能自究竟
當哭而反笑　當笑而反哭　會飲食无飽
不畏而反畏　應喜而反憂　應憂而反喜
所借使不肯　不使而反行　當畏而不畏
不別反怨讎　志性喜恨戾　無慧遭苦惱
覿鋟常逢亂　无信喜居冥　不別知五味
多卧如席狼　索見而貢高　齧舌而舐脣
弄口而喜齘　所語而多笑　卧寢而不安
諸急事難進　呼還而突前　性介為癡相

何謂婬怒癡相向所說婬怒癡是也
婬癡怒癡相亦如是其與一切塵勞
合者是謂婬怒癡相於是頌曰

其處於塵勞　與婬怒俱合　當觀婬怒相
是為癡无恚　一切前所說　貪欲諸垢穢

修行道地經卷第二　第十六張　樓

有婬怒愚行　則知不離癡

何謂口欲心欲者語言柔軟順從不
違身所不欲不加於人言念輒善安
隱可意辟如好樹其華色鮮果實亦
美口欲心欲亦復如此於是頌曰

其語常柔和　順從言可人　言行而相副
心身不傷人　辟如好花樹　成實亦甘美
佛尊解說是　心口之婬相

何謂口欲心怒者口言柔軟而心懷毒
如種苦樹其花色鮮成果甚苦言柔
懷毒亦復如是於是頌曰

其口言柔軟　而心懷毒害　視人甚歡喜
相隨而可親　口言而柔順　其心內含毒
如樹華色鮮　其實苦若毒

云何知口欲心癡者言語柔和其心
冥冥不能益人亦不欺損辟如畫瓶
視表甚好裏空且冥口欲心癡亦猶
如此於是頌曰

口言有柔和　而心懷冥癡　當知此輩人
口婬而心愚　觀其口如慧　心中冥如漆
外好如畫瓶　其內空且冥

何謂口欲而心怒癡所言柔軟念善
尠少性不調順或復念惡有時不念

修行道地經卷第二　第十七張　樓

善惡不別其性難知辟如甜藥雜以
鹹苦不可分別其有口欲而心怒癡
亦復如此於是頌曰

其有口言欲　心懷諸怒癡　辟如醍醐蜜
雜以辛苦鹹

何謂口麁而心婬者語言剛急中傷
於人衆所憎惡不欲見之無有敬者
辟如父母訶教子孫雖口剛急而心
猶愛辟如瘡醫破洗人瘡當時大痛
久久除愈心甚歡喜其有口剛而心
婬者亦復如是於是頌曰

有現口言急　而心懷婬欲　辟如夏日熱
其光照冷水

何謂口剛而心怒者口言麁麵所可
懷念無有慈善不欲人利辟如苦藥
復和以毒設飲病人吐之不服設飲
消時則害人命其口剛急而心怒者
亦復如是於是頌曰

其口言急无親敬　心念弊惡而懷毒
當喜侵狂於他人　當觀此輩行雜毒

何謂口麁而心癡者言常剛急惡加
於人舉動所作心不自覺不念人善
亦不念惡辟若有賊拔刀恐人而不

修行道地經卷第二　第十八張　樓

能害如是行者知為口急而心愚癡於是頌曰

口言剛急心不害　喜恐於人無所加
辟如拔刀无所施　口麄心癡亦如是

何謂口麄心懷三毒者口言剛急或善於人又復加惡乍念不善亦不能惡辟如大吏捕得盜賊其下小吏恐責其辞又復有吏誘進問之其次小吏鞭杖拷之又復有吏不問善惡亦不拷責是謂口麄而懷三毒者於是頌曰

口言而剛急　其心懷三毒　志性如是者
不善不為惡　行跡若斯者　名之中間人
勤苦及安隱　是事雜錯俱

何謂口癡而心欲者无所别知人與共語都無所解不曉善惡義所歸趣心常自念當何以益加於人也至於趣事如所思念不失本要辟如冥夜興雲降雨其口癡心欲亦復如此於是頌曰

其有口癡而心婬　口所言說不了了
如龍興雲而不雷　口癡心婬亦如是

云何為口癡心剛不能施善亦不加惡常心念言以何方便中傷於人設得便者輙危害人辟如以灰覆於炭

修行道地經卷第二　第十九張　標

火行人蹈上便燒其足口癡心怒亦復如是於是頌曰

口癡而心剛　不柔無惡言　常懷惡加人
不念人善利　所言不了了　藏惡在於心
如灰覆炭火　設蹈燒人足

何謂口癡而心懷冥不能以善加施於人亦不加惡心亦不念他人善惡無所增損所以者何无勢力故辟如火滅以灰覆之若持枯草及焫牛屎積著其上手觸足蹈无所能燒而不成熟所以者何無所堪任口癡心冥亦復如是於是頌曰

其口有癡愚　而心懷闇冥　都不能念惡
亦不能念善　不能成辦事　亦不不為能
如暴中炊煑　無所能成熟

何謂口癡心懷三毒口无所犯不益於人少所中傷晝夜思念以何方便中傷於人又復心念云何饒人或心念言不損益人辟如故瓶盛淨不淨而蓋其口不見其裏發口則現口癡心懷三毒亦復如此於是頌曰

作性喜反戾　口言不了除　而懷婬怒癡
盛滿以臭穢　辟如大故瓶　受諸淨不淨
不能益於人　亦都无所損

修行道地經卷第二　第二十張　標

其為法師以此十九事觀察人情而為說法其婬相者云何解說為講法言習欲多者墮於地獄餓鬼之中然後得出復作婬鳥鷃鵐青雀及鴿鴛鴦鵝鶩孔雀野人獮猴設還作人多婬放逸輕舉卒暴仁當察此憂及人身觀知罪垢惡露不淨莫習婬欲於是頌曰

其多習婬色　憍慢達目燒　在人若畜生
地獄餓鬼中　生彼還自害　塵勞火見燒
欲令解脫此　隨行故說是

設多瞋者隨其行跡而為說法犯衆瞋恚墮於地獄餓鬼之道從惡處出當作毒獸鬼魅羅剎夊足女鬼溷鬼之類又作師子虎狼虵虺毒虫蚉虻蜂百足之虫設從此道還在世間形貌醜陋人所不媚常當短命而多疾病身體不完以是之故殃罪分明常奉慈心除其瞋恚於是頌曰

人多懷瞋恚　衆共所憎惡　坐是墮惡道
多病不安隱　墮鬼及毒獸　既作人下賤
能行慈心者　即除瞋恚冥

修行道地經卷第二　第二十一張　標

設多愚癡為説此法曚冥興盛死墮地獄餓鬼之路若在畜生則作癡獸謂牛羊狐犬騾驢猪豚之屬設還人道性不決了少眼根弱當多疾病六情不完生於邊狄野人之中從冥入冥以是教之觀十二緣除愚冥本於是頌曰

多習愚癡者　諸根不完具　生於牛羊中
然後墮地獄　假使修學人　顛度此惡道
欲得脫其冥　當觀十二緣

設多婬怒當行二事觀其不淨又奉慈心若多婬癡為講二事空无及慈設怒癡盛為説二事導以慈心并了癡本於是頌曰

行慈觀不淨　攻治婬怒癡　教色諸愚者
十二緣不明　若人瞋恚盛　及癡甚除冥
當為講慈心　十二因緣本

若有口婬而心欲者為説無常空寂之義也心怒口恚唯講慈仁也口癡心冥講十二緣其餘四種衆病俗具一者口婬心懷三毒二者口怒婬恚癡具三者口愚内懷三垢四者有人淳懷三毒其解法師當為此輩説法教

修行道地經卷第二　第十二張

化令其寂然觀因緣本所以者何是輩種類塵勞淳厚積諸罪殃而自纏累雖為現法不見聖諦唯當教之諷誦勸進緣是之故專在誦務塵勞轉薄雖不獲道可得上天於是頌曰

其有行犯婬　而心瞋恚癡　當教諷誦經
及勸使為福　塵勞雖興盛　緣是除罪盡
因斯之方便　然後得生天

譬如有人修治樹園地高下之垢壚平之溉灌以時拔去荊棘穢草藘葦邪生諸曲橫出不理皆落治之棄著垣外令其順好樹木無尋根生滋茂皆悉護之令不折傷以是之故樹木轉大花實興盛其修行者受法師教除婬怒癡欲想諸穢以是之故行遂長成至于得道於是頌曰

其樹木曲戾　邪出不順生　荊蕀諸瑕穢
悉落治令政　以若干方便　修理乃得成
修行治法樹　奉經亦如是　除諸婬怒癡
受師百千教　滅去諸瑕穢　如園師修樹

法師説經察以四事何謂為四一曰博學而得至道二曰懷來以道其於學問不能論義三曰博學道德未得

修行道地經卷第二　第十三張

成就四曰無知无道復有四法一曰初由法師從其啓受知義解法二曰辯解其義不能微妙三曰分別淺法不能至深四曰不知其義亦不曉了如是學法所習唐苦譬如兩人俱不曉泅墮深水中欲相免濟反更溺死如盲牽盲欲有所至中道迷惑竟不能達不知義者亦不曉慧而欲説法欲有所救亦復如是於是頌曰

譬如人博學　衆善無央數　已得度无極
若人越大海　若人淨如諦　而無有智慧
但可取其要　不能獲深義　若習入道者
隨順不違律　以能敬受教　如是有反復
譬如近尊者　必當獲大利　其學修行道
所求義必進　但解進其義　而不能微妙
如人食空羹　而無有餘具　從師諮受義
不了妙如是　不能解大道　不至正真慧
設使不入道　不能分別説　則不解於慧
無義不了了　如盲欲御者　不能致所趣
無義亦无慧　譬之亦其然

其修行者計有二品一曰或身行道而心不隨二曰或心行道而身不從三曰修道身心俱行也何謂身行而

修行道地經卷第二　第十四張

心不隨假使行者結加趺坐政直端心辟如柱樹未曾動搖而現此相内心流逸色聲香味細滑之念所更不更而普求之其心放逸不得自在辟如死屍損在冢墓虎狼禽獸飛鳥狗犬狢爭食之身定内乱亦猶其然斯為修行道德地者身定心乱於是頌曰

結加趺端坐　不動如太山　其心内迷散
情猶象墮渊　如是修行者　身定而心乱
辟若樹狂花　不成果而落

何謂修行道地者有心在道而身不從身不端坐成四意止是時心定而身不安於是頌曰

假使心性自調和　住四意止無他相
是時則名四意止　雖身不定心不乱

修行道地何謂身心而俱定者身坐端正心不放逸内根皆寂亦不走外隨諸因緣也當尒之時身心端定都不可動以此知之身心等定於是頌曰

其身心俱定　内外不放逸　寂然加趺坐
如柱定難傾　見於生死諦　如水漂岸樹
身心而相應　疾成道得果

修行道地專精於道而不動轉如是寂滅速至泥洹於是頌曰

修行道地經卷第二　第二十五張　憧

講說若干之要義　如乳石蜜和食之
其無諛謟能承法　則以佛教自調順

修行道地經卷第二

乙巳歲高麗國大藏都監奉
勑雕造

修行道地經卷第二　第二十六張　憧

修行道地經卷第二

校勘記

一　底本，麗藏本。

一　二三七頁上八行第四字「傾」，資、徑、清作「頃」。

一　二三七頁上一七行第一二字「此」，諸本作「小」。

一　二三七頁中六行第三字「弊」，諸本作「覆」。

一　二三七頁中七行「忻歡隱」，諸本作「欣歡安隱」。

一　二三七頁中一三行「凡人」，諸本作「凡夫人」。

一　二三七頁中一八行第二字「憎」，諸本作「增」。

一　二三七頁下六行第一三字「軀」，諸本作「軀」。

一　二三七頁下一〇行第三字「增」，諸本作「憎」。

一　二三七頁下一四行第二字「修」，諸本作「修行」。

一 二三七頁下一九行「乃至」，諸本作「及至」。
一 二三八頁上一行第九字「大」，資、磧、普作「火」。
一 二三八頁上五行「和悦」，諸本作「怡悦」。
一 二三八頁上七行第三字「目」，諸本無。
一 二三八頁上八行「所趣」，資作「所起」。
一 二三八頁上一三行「如日」，諸本作「如月」。
一 二三八頁上一四行「諸天」，諸本作「天人」。
一 二三八頁上一八行及本頁中二二行「修行道地經」，諸本無。
一 二三八頁上二〇行「是故號爲佛」，諸本作「是以號曰佛」。
一 二三八頁上二二行第八字「窈」，諸本作「杳」。
一 二三八頁中一六行「若念」，諸本作「各念」。
一 二三八頁中二一行「甚少」，諸本作「雖少」。
一 二三八頁中二二行「分別相品」，諸本作「分別行相品」。
一 二三八頁下一行首字「毦」，諸本作「抒」。
一 二三八頁下六行第八字「起」，諸本作「超」。
一 二三八頁下七行「女人」，諸本作「玉女」。
一 二三八頁下八行第二字「行」，諸本作「修行」。
一 二三八頁下末行「行修」，諸本作「修行」。
一 二三九頁上七行「火燒」，諸本作「放火」。
一 二三九頁上一三行「數世」，諸本作「數世也」。
一 二三九頁上一七行首字「糠」，諸本作「糠火」。
一 二三九頁上一九行末字「身」，諸本作「命」。
一 二三九頁上二一行「雷電」，諸本作「雷霆」。
一 二三九頁上末行第一〇字「了」，諸本作「行」。同行末字「知」，諸本作「又知」。
一 二三九頁中五行第六字「養」，諸本作「象」。
一 二三九頁中七行「所奉」，諸本作「所湊」。
一 二三九頁中　九行「一切」，諸本作「一心」。
一 二三九頁中一四行「咄我迷設」，諸本作「咄我迷誤」。
一 二三九頁中一五行首字「念」，諸本作「今」。同行「心便」，資作「止更」；磧、普、南、徑、清作「心更」。
一 二三九頁中一八行「專心」，資、磧、普作「專弘」；南、徑、清作「專弘」。
一 二三九頁下四行「了解定意」，諸本作「解定意時」。
一 二三九頁下五行首字「常」，諸本作「當」。

一　二三九頁下一二行末字「教」，諸本作「戒」。

一　二三九頁下一三行「勤修道」，諸本作「修道行」。

一　二三九頁下一六行「支拄」，諸本作「交拄」。

一　二四〇頁上二行「本曾侵枉」，資、磧、普作「本曾侵横枉」；南、徑、清作「未曾侵横枉」。

一　二四〇頁上一四行末字「復」，諸本作「後」。

一　二四〇頁上一七行第六字「也」，諸本無。

一　二四〇頁中一七行「骨鎖」，諸本作「骨髓」。

一　二四〇頁中二〇行「衣皮」，諸本作「依皮」。

一　二四〇頁下一一行第八字「者」，諸本作「曰」。

一　二四〇頁下一二行第七字「和」，徑、清作「恕」。

一　二四〇頁下一八行第二字「便」，諸本作「更」。

一　二四〇頁下二一行第四字「操」，諸本作「躁」。

一　二四〇頁下二二行第二字「詐」，諸本作「計」。

一　二四一頁上二行「小小」，諸本作「少少」。

一　二四一頁上五行及本頁中一三行「起行」，諸本作「趨行」。

一　二四一頁上九行首字「乃」，磧、普、南、徑、清作「巧」。

一　二四一頁上二一行第一二字「又」，諸本作「及」。

一　二四一頁上末行「志或」，諸本作「迷惑」。

一　二四一頁中一行第九字「按」，資作「案」；磧、普、南、徑、清作「安」。

一　二四一頁中二行第八字「綺」，資、磧、普、南作「欹」。

一　二四一頁中五行第四字「學」，磧、南、徑、清作「惡」。

一　二四一頁中七行「敬之有學」，諸本作「奉之有覺」。

一　二四一頁中一一行「憎長鬚」，資作「增長髮」。

一　二四一頁中一八行及次頁下一四行「麁⿰金冓」，諸本作「麁獷」。同行末字「之」，諸本作「人」。

一　二四一頁中二〇行「怨驚」，磧、普、南、徑、清作「恐驚」。

一　二四一頁中二二行第八字「項」，諸本作「頸」。

一　二四一頁中末行「強難」，諸本作「難折」。

一　二四一頁下五行第九字「曚」，諸本作「朦」。

一　二四一頁下八行第一一字「反」，資作「及」；磧、普、南、徑、清作「友」。

一　二四一頁下九行「追悔」，諸本作「退悔」。同行第一一字「反」，諸本作「友」。

一　二四一頁下一〇行末字「伏」，諸本作「休」。

一　二四一頁下一三行「破壞」，諸本

作「壞於」。

一 二四一頁下二一行「肯作」，諸本作「肯行」。

一 二四一頁下二二行「然反」，諸本作「而反」。

一 二四二頁上四行第三字「嚙」，諸本作「嚼」。同行第七字「然」，諸本作「後」。同行第一〇字「齗」，諸本作「齗」。

一 二四二頁上六行第一〇字「相」，諸本作「之相」。

一 二四二頁上七行第一〇字「舉」，諸本作「譽」。

一 二四二頁上八行第六字「獨」，資作「猛」。同行「懈息」，諸本作「懈怠」。

一 二四二頁上一三行「貪飲」，諸本作「貪餮」。

一 二四二頁上一六行「齧舌」，諸本作「嚼舌」。

一 二四二頁上二〇行第二字「癡」，徑、清無。

一 二四二頁中一〇行「言柔」，諸本作「心柔」。

一 二四二頁中一三行第三字「而」，諸本作「如」。

一 二四二頁中一六行「欺損」，諸本作「欺人」。

一 二四二頁中一九行「輩人」，諸本作「人輩」。

一 二四二頁中二一行「外好」，諸本作「好外」。

一 二四二頁下一行第四字「別」，諸本作「別也」。

一 二四二頁下六行第四字「麁」，諸本作「剛」。

一 二四二頁下末行第七字「有」，諸本作「如」。

一 二四三頁上三行第九字「恐」，南、徑、清作「怒」。

一 二四三頁上五行第九字「者」，諸本作「也」。

一 二四三頁上一〇行「於是」，磧、普、南、徑、清作「而是」。

一 二四三頁上一六行「益加」，諸本作「加益」。

一 二四三頁上二一行第四字「雲」，諸本作「雨」。

一 二四三頁中五行第六字「設」，資作「誤」。

一 二四三頁中九行第一二字「烯」，諸本作「乾」。

一 二四三頁中一三行「口有癡愚」，諸本作「有口愚癡」。

一 二四三頁中一五行「中炊羮」，諸本作「秋中暑」。

一 二四三頁中二〇行「則現」，諸本作「則現也」。

一 二四三頁下六行第四字「鴹」，諸本作「鶩」。

一 二四三頁下一〇行第九字「目」，諸本作「自」。

一 二四三頁下一一行「見燒」，南、徑、清作「自燒」。

一 二四三頁下一二行「隨行」，諸本作「修行」。

一　二四三頁下一三行第五字及二二行第六字「隨」，諸本作「墮」。
一　二四三頁下一七行第一〇字「在」，諸本作「生」。
一　二四三頁下末行「能行」，磧、普、南、徑、清作「既行」。
一　二四四頁上一行第九字「矇」，諸本作「朦」。
一　二四四頁上四行第七字「眼」，諸本作「明」。
一　二四四頁上五行「從冥」，諸本作「從其」。
一　二四四頁上一〇行第四字「其」，諸本作「斯」。
一　二四四頁上一六行「除冥」，諸本作「陰冥」。
一　二四四頁上二〇行「備具」，諸本作「備有」。
一　二四四頁上二二行末字及本頁中二行第六字「淳」，諸本作「純」。
一　二四四頁中二行首字「輩」，諸本作「等」。
一　二四四頁中四行首字「誦」，諸本作「經」。
一　二四四頁中一二行「滋茂」，諸本作「葉茂」。
一　二四四頁中一七行第六字「邪」，資、磧、普、徑作「斜」。
一　二四四頁中一九行「除諸」，諸本作「除去」。
一　二四四頁下六行「墮深水中」，諸本作「墮於深水」。同行「免濟」，資、磧、普作「勉濟」；南、徑、清作「挽濟」。
一　二四四頁下七行首字「如」，諸本作「譬如」。
一　二四四頁下一一行第六、七字「若人」，諸本作「善入」。
一　二四四頁下一九行第一三字「致」，徑作「至」。
一　二四五頁上四行「放逸」，諸本作「放恣」。
一　二四五頁上五行至六行「狗犬狢爭」，諸本作「狐犬各諍」。
一　二四五頁上六行「內乱亦猶」，諸本作「心乱由亦」。
一　二四五頁上九行第五字「洮」，諸本作「澗」。
一　二四五頁上一四行末字「相」，諸本作「想」。
一　二四五頁上二〇行第三字「定」，諸本作「之」。
一　二四五頁上二一行第九字「得」，諸本作「德」。
一　二四五頁中二行第三字「諫」，諸本作「諌」。

趙城縣廣勝寺

修行道地經卷第三　　樓

西晉三藏竺法護譯

勸意品第九

修行道地以何方便自正其心吾曾聞之昔有國王選擇一國明智之人以為輔臣尒時國王設權方便無量之慧選得一人聰明博達其志弘雅威而不暴名德具足王欲試之故知何如故以重罪欲加此人勑告臣吏盛滿鉢油而使擎之從北門來至於南門去城二十里園名調戲令將到彼設人持油墮一滴者便級其頭不須啓問於是頌曰

假使其人到戲園　承吾之教不棄油
當敬其人如我身　中道棄油便級頭

尒時群臣受王重教盛滿鉢油以與其人兩手擎之甚大愁憂則自念言其油滿器城里人多行路車馬觀者填道辟如水定而風吹之其水波揚人亦如是心不安隱退自念言無有一人而勸勉我言莫恐懼也是器之油擎至七步尚不可諧況有里數耶此人憂憒不知所湊心自懷懼於是頌曰

覩人象馬及車乘　大風吹水心如此
志懷怖懼懼不達　安能究竟了此事

其人心念吾今定死无復有疑也設能擎鉢使油不墮到彼園所尒乃活耳當作專計若見是非而不轉移唯志油鉢志不在餘然後度耳於是其人安行徐步時諸臣兵及衆觀人無數百千隨而視之如雲興起圍遶太山於是頌曰

其人擎鉢心堅强　道見若干諸觀者
衆人圍遶而隨之　辟如江海興大雲

當尒其人擎鉢之時音聲普流莫不聞知无央數人皆来集會衆人皆言觀此衆形體舉動定是死囚斯人消息乃至其家父母宗族皆共聞之悉奔走来到彼子所啼哭悲哀其人專心不顧二親兄弟妻子及諸親屬心在油鉢無他之念於是頌曰

其子啼哭泣而泉　若干種泣哭嘆父
心畏怖懼不省親　專精秉志而持鉢

衆人論説相令稱歎如是再三時一國人普来集會觀者擾攘喧呼震動

馳至相逐躃地復起轉相登蹋閙不相容其人心端不見衆變於是頌曰

衆人叫喚不休息　前後相逐不容閙
而摯油鉢都不觀　如雲雨空无所傷

觀者復言有女人來端正姝好威耀光顔一國無雙如月盛滿星中獨明色如蓮華行於御道像貌巍巍姿色踰人譬如玉女又若忉利天王之后字曰護利端正姝好諸天人民莫不敬重於今斯女昭昭如是能八種儛音聲清和聞者皆喜於是頌曰

舉動而安詳　歌儛不越法　其心懷歡喜
感動一切人　歌頌聲則悲　其身如逶迤
不疾亦不遲　被服順政齊　七種微妙音
奇述有五十　三處而清淨　宮商節相和
身從頭至足　莊嚴寶瓔珞　語言而美雅
猶若甘露降

尒時其人心一摯鉢志不動轉亦不察視觀者皆言寧使今日見此女顔終身不恨勝於久存而不覩者也彼時其人雖聞此語專精摯鉢不聽其言於是頌曰

巧便而安詳　其儛寂工妙　一切一貪樂
譬如魔之后　能動離欲者　何況於凡夫
來往其人邊　摯鉢心不傾

當尒之時有大醉象放逸犇走入於御道衆人相謂今醉象來蹹蹴吾等而今横死此為夭魅化作象形多所危害不避男女身生瘡痍其身盛流辟若大斛毒氣下流舌赤如血其腹委地口脣而垂行步縱横无所省録人血塗體獨遊無難進退自在猶若國王遥視如山暴鳴哮吼譬如雷聲而摯其鼻瞋恚忿怒於是頌曰

大象力强甚難當　其身血流若泉源
蹹地興塵而張口　如欲危害於衆生

其象如是恐怖觀者令其馳散破壞兵衆諸象犇逝一切覩者而欲怖死能拔大樹踐害群生雖得杖痛无所畏難於是頌曰

壞衆及群象　恐怖人或死　俳擻諸舍宅
犇走不畏御　名聞於遠近　剛强以為德
憍慢無所錄　不忍於高望

尒時街道市里坐肆諸賣買者皆懅収物蓋藏閉門畏壞屋舍人悉避走又殺象師无有制御瞋恚熾甚蹈殺道中象馬牛羊猪犢之屬碎諸車乘星散狼藉於是頌曰

諸坐肆者皆蓋藏　傷害人畜碎車乘
觀見如是閉門戶　狼藉如賊壞大營

或有人見懷振恐怖不敢動揺或有稱怨呼嗟淚下又有迷惑不自覺知有未著衣或之而走復有迷誤不識東西或有馳走如風吹雲不知所至也中有惶懅以腹拍地又人窮逼張弓安箭而欲射之或把刀刃意欲前挌中有失色恍惚妄語或有懷瞋其眼正赤又有屏住遥觀歡喜雖執兵仗不能加施於是頌曰

於斯迷怖懅　亦有而悲涕　或愕无所難
又有執兵仗　愁憒躃地者　貌絶不自知
推是不安隱　皆猶見醉象

彼時有人曉化象呪心自念言我自所學調象之法善惡之儀凡有八百吾觀是象無此一事吾今當察從何種出上種有四為是中種下種耶以察知之即舉大聲而誦神呪於是頌曰

天王授金剛　吾有微妙語　能除語貢高

羸劣能令强

彼人即時舉聲稱曰諸覺明者无有自大亦不興熱華除恩愛承彼奉法修行誠信之所致也象揞貢高伏心使安說此往古先聖二偈言

婬泆及怒癡　此世三大憍　誠道無諸垢
衆熱為以消　用彼至誠法　修行亦如是
大意供象王　除惑揞貢高

尒時彼象聞此正教即揞自大降伏便順大道還至象廐不犯衆人無所嬈害其擎鉢人不省象來亦不覺還所以者何專心懼死无他觀念於是頌曰

見象如暴雨　而心未曾亂　其雨雖止已
虛空亦不悅　其人亦如是　不省象往還
執心擎油鉢　如藏寶不忘

尒時觀者擾攘馳散東西走故城中失火燒諸宮殿及寶舍樓閣高臺現妙巍巍展轉連及譬如大山無不見者烟皆周遍火尚盡徹於是頌曰

愁憂心懷不自覺　家室親屬及僕從
乘諸象馬悲哀出　言有大火當避捨

尒時官兵悉來滅火其人專精一心

擎鉢一滴不墮不覺失火及與滅時所以者何秉心專意无他念故於是頌曰

有衆人悉惑　如鳥遇火飛　其火燒殿舍
烟出如浮雲　頭乱而驚怖　避烟火馳走
一心在油鉢　不覺火起滅

是時五色雲起天大雷電於是頌曰

既興大霧非時雨　風起吹雲令滓陰
虛空普遍无清天　猶暴象群雲如是

尒時亂風起吹地興塵沙礫瓦石墳於王路拔樹折枝落諸華實於是頌曰

風起揚塵而周普　興雲藏水無不適
暴風冒冥不相見　雷電俱降無不驚

彼時大雲而熖掣電霹靂落墮孔雀皆鳴天便放雨墮於諸雹雖有此變其人不聞所以者何專念油鉢於是頌曰

其放逸象時　猶如大雲興　墮雹失火風
拔樹壞屋舍　其人不覩見　何善誰為惡
不覺風雲起　但觀滿鉢油

尒時其人擎滿鉢油至彼園觀一滴不墮諸兵臣吏悉還至宮具為王說所更衆難而人專心擎鉢不動不棄

一滴得至園觀王聞其言則而嘆曰此人難及人中之雄不顧親屬及王女不懅懼象水火之患雷電霹靂吾聞雷聲愕然怖懅雖有啓白不省其言或有心裂而終亡者或有懷駒而傷胎者人民所立悉不自覺雖遇衆難其心不移如是人者無所不辦心强若斯終不得難地獄王考能食金剛其王歡喜立為大臣於是頌曰

見親族泣涕　及醉象暴乱　雖遭諸恐難
其心不移易　王覩人如此　心堅定不轉
親愛而礼敬　立之為大臣

尒時正士其心堅固雖遭善惡及諸恐難志不轉移得脫死罪既自豪貴壽考長生也修行道者御心如是雖有諸患及婬怒癡未乱諸根護心不隨攝意第一觀其內體察外他身痛痒心法亦復如是於是頌曰

如人擎油鉢　不動無所棄　妙慧意如海
專心擎油器　若人欲學道　執心當如是
意懷諸德明　皆除一切瑕　若干之色欲
而興於怒癡　有志不放逸　寂滅而自制
人身有病疾　醫藥以除之　心疾亦如是

修行道地經卷第三　第九張　杜字号

四意止除之

心堅强者志能如是則以指抆壞於雪山以蓮華根鑽穿金山則以鋸斷須弥寶山其無有信不能精進而懷諛諂放逸喜忘雖在世久終不能除婬怒癡有信精進質直智慧其心堅强亦能吹山而使動揺何況而除婬怒癡也故修行者欲成道德為信精進智慧朴直調御其心專在行地於是頌曰

直信而精進　智慧无諛諂　是五德除瑕
離心無數穢　綜解无量經　自覺斯佛教
但取其要言　分別義無量

修行道地經離顛倒品第十

功德佳覺高巍巍　猶如學述依靜居
智慧川流善實形　願稽首礼大山王
從天上來下　如趣而不惑　佛生不胞胎
不入亦不出　不更諸苦惱　不著不顛倒
德重無所著　歸命度生死

修行道者或懷懈怠謂法微妙難曉難了不可分別當識苦本斷除諸習證於盡滅修念道迹辟如有人而取一髮破為百分還續如故全不差錯

修行道地經卷第三　第十張　杜字号

是事甚難不乎荅曰甚難甚難可以幻化諸藥神呪續髮如故泥洹之道不以此事而成立也雖不能致於道證者當有方便於是頌曰

常健精進向脫門　欲覺了此雖復難
勤力勸樂而無退　如深穿地得泉水

當作是觀速疾成就莫如泥洹不從他求自因心致從他人得乃為難耳由己勤獲何所難乎當作斯計唯以諦觀誘進其心如誘小兒呼之至前來取手物而食敢之小兒來至一一擘指而無所得世人如是所見顛倒無常謂常苦謂為樂非身謂有身空謂為實捨四顛倒作本無觀尒乃為順佛之教誡於是頌曰

人不曉本無　常計樂為淨　辟如以捉拳
用以誘小兒　於是人顛倒　而有吾我想
當為現光曜　如冥中然燈

吾有頭髮不能常久亦非淨潔弗妄無我以是觀之一切皆然勸發其心如明眼人執炬而行入於空室觀之無人亦无所覩審諦見者亦復如是察色之本見無常苦吾非身盡妄見

修行道地經卷第三　第十一張　杜字号

者而返自縛解空觀者有何難乎現可見聞得道迹者往還不還及无所著得平等覺此等斯人吾亦是人此等成道我身何故獨不獲乎修行道者勸心如是捨四顛倒專於行地於是頌曰

髮毛抆骨肉　及諸像色形　衆來惑心法
五陰之所亂　無常苦不安　无我不清淨
身如丘空舍　明者觀如是

修行道地經曉了食品第十一

佛在巴質樹　天帝奉百味　又在舍衛城
波斯匿供養　比蘭若設飯　麦飯雖甘味
皆等意受之　稽首無所著　雖食此飯已
弗著不以色　亦不造憍慢　棄捐諸貢高
所在受供養　如越大曠路　不以為甘美
是故稽首礼

尒時修行當觀飯食設百種味及穢麦飯在於腹中等无有異舉食著口齒與唾合與吐這同若入生藏身火煑之體木爛之風吹展轉稍稍消減墮於熟藏堅為大便濕為小便沫為涕唾藏中要味以潤成體此要衆味流布諸脈然後長養毛髮爪齒骨髓肉血肪膏

精氣頭腦之屬是以外四大養内五
根諸根得力長於心法起婬怒癡欲
知是者是揣食之本由是而起於是
頌曰
計無央數諸上味　隨在腹中而无異
於體變化等不淨　故行道者不貪食
雖當飯食不求於肥趣欲肢命辟如
大官捕諸飛鳥皆揃其翅閉著籠中
日擇肥者以給官厨時諸飛鳥日日
稍減中有一鳥心自念言肥者先死
若吾當肥亦死如前設不食者便當
餓死今當節食令身不肥亦莫使羸
令身輕便出入無㝵不為宰人所見
㝵害羽翼可得漸漸生長若從籠出
便可飛遊從意所至修行道者亦計
如是食趣安身令體不重食適輕便少
於睡眠坐起經行喘息安隱勘大小
便身依於行婬怒癡薄其修行者當
作是觀吾不貪身除諸情欲此身非
要骨鏁相支今此身中但盛不淨无
有堅固辟如怨家無益羅網常懷怨
賊而傷親友當消息之供養奉事辟
如王者當以如何尊承佛教坐起經

行令不災患常觀汙露具知多穢將
養其命趣得行道如有親屬不可棄
捨身亦如是沐浴飯食衣被蓋形如
愛一子常將護之不令寒温飢渴之
苦非為蚤虱所齧如有逆賊収
閉牢獄獄吏考治若干種搒卿為前
後劫盜誰物家居所在盜何所藏與
誰同伴兕師黨部耶五毒治之氣絶
復蘇即自思惟以何方便得脫搒笞
心便開解對獄吏首遠討其國大長
者子名曰禁戒前後所偷皆著彼所
居止其家共行竊盜是吾伴侶獄吏
聞之収長者子與前賊共同一牢中
俱繫鐵靽時長者子家有餉來便自
獨食不分與賊賊大瞋怒張目齰齒
汗出歎息欲興惡意令長者子不濟
其命况乃獨食今我自在則當逼之
不獨飲水何况獨食其長者子少小
憍樂不忍須臾不行在左右欲至舍
後便報賊言共至廁上其賊報言在
卿所至吾不能行時長者子逼急窮
極謂其賊言無過於子子擯牽閉在
刑獄今欲小起及不相從乎設不其

繫終不相報吾假相犯卿便說之以
當省過而謝其罪時賊荅曰子實无
過吾擯相牽卿眷屬多欲自免罪不見
孝治蒙得飲食故相枉耳仁有餉來
而反獨食永不相分故不相從時長
者子則報賊言弗子所恨從今以往
終不相失若有餉來先當飯子然後
自食爲我命存願道舍後使身氣通
賊乃随之後日餉來便勑婢使所持
飯來先奉親厚所食之餘小乃自食
時婢奉教輙如其言使人還歸具啓長
者長者聞之心懷恚怒明日詣獄謂
其子言卿生豪族反與逆賊惡人從
事而與親厚都不覺知此擯牽汝閉
在牢獄其子報言父所言是不敬此
人以為親厚也具知是賊耳我從小
逼不從身重腹脹眼及耳齀頭痛皆
裂脇肋欲拔胷懷氣滿喘息欲斷心
意擾乱迷不自覺諸節欲解骨體疼
痛命欲窮絶悪對在上汗出短氣而
賊語我卿能随吾如病從醫介乃可
耳先以飯我然後自食吾當相從用
貪身命故為親厚也如長者子具知

此賊為怨家也用窮逼故於外示現若如親草而內懷蒺蔾知四大寄非常之物四事增緘藏無安如地毒蛇幻野馬水月山響觸身如是其行道者亦復解此曉知五陰皆為怨賊趣以衣食將養其體令不危害夙夜專精如救頭燃非以懈廢得成道德至於無為度于三界終始之患

修行道地經伏勝諸根品第十二

其修行者婬怒癡薄設不習塵无所逮害未成道德非見聖諦自謂獲矣如是行者自識心意放之在於色聲香味細滑之念著於五陰所作未辦設心不隨五陰蓋者則知得道若其心乱隨諸情欲即還恐懅當更精進如放牛者放牛于澤其牛犇突或他禾稼牧牛者恐怖其主覺之牽將歸家以杖捶治明自復出還在牧上佯如不覩知復犯他稼不也時牛心念牧者不見復食他苗其主見之便復撾搒牛後恐畏不敢復犯行者如是自誡五根不隨情欲則知道成也若從六衰即還自制觀三塗之苦生死之難晝夜精勤勝前万倍所未獲者當令成就已得成就令不放逸

修行道地經忍辱品第十三

設使有人撾罵行者介時修道當作是觀所可罵詈但有音聲諦惟計之皆為空無這起即滅辟如文字其名各異一一計字无有罵聲辟如一音自無所見正使百盲亦无所覩罵亦如此一字不成正百千字悉皆空無設使父母家室親里共稱譽我亦復皆空當作是觀辟如夷狄異音之人雖来罵我辟如風響是聲皆空

修行道地經棄加惡品第十四

假使行者坐於寂定人来撾捶刀杖凡石以加其身當作是觀名色皆空所捶可捶悉无所有本從何生誰為瞋者向何人怒我宿不善得致此患設無名色无緣遣厄我若欲瞋報其人者衆怨甚多不可悉報辟如毒虵及與百足蜂風蚤蚉蚑蜂之屬是輩逮人無以加報假使能除外諸憂患安能辟除其內體中四百四病八十種虫以是之故當伏內心滅諸垢穢寂定其志故謂修行

修行道地經天眼見終始品第十五

其修行者假使睡眠常念無常不久趣死想於衆苦生死之惱澡手盥面瞻視四方夜觀星宿以自御心棄捐懈怠不思卧寐若睡不止當起經行假令不定當移其坐想欲見明雖心中寞思惟三光令內外明於是頌曰

當念生死苦　觀罪觀四方　省視外光影
內心求照明　滅壞睡眠寞　如日消除闇
如是雖閉目　所見喻開者

其修行者常思見明晝夜无異分別大小是非所趣遠行普學无所不博思惟如是則得道眼所見平等無有弥延及淨居天於是頌曰

雖為眼目常如開　禪定所見喻天眼
普視世間衆生類　徹達天上無不見

其修行者已成道眼悉見諸方三惡之處辟如淋雨一旦清除有明眼人住於山頂觀視城郡國縣邑聚落人民樹木花實流水源泉師子虎狼象馬羊廄及諸野狩行来進止皆悉見之於是頌曰

辟如明鏡及虛空　霖雨已除日晴明

有淨眼人住高山　從上視下無不見
又觀城郭及國邑　其修行者亦如是
觀見世間及禽狩　地獄餓鬼衆生處
修行如是觀三千界見人生死善惡所趣是之名曰所達神通於是頌曰
雖有甘露无上味　見三千世德踰彼
其修行道隨佛教　度得神通無罣㝵
佛皆普見一切淨　愍傷衆人故説此
决終始根令速疾　以无極義而分别

修行道地經天耳品第十六

識慧為聲寂應緣　無所罣㝵順正道
其有轉此道法輪　稽首轉輪大聖族
察省若干之伎樂　設有悲哀心正等
聞諸天人地獄聲　又十稽首尊淨性

其修行者適成天耳便得徹聽亦无煩憒辟如有人掘地求藏本願索一并得餘藏行者如是本求天耳徹聽隨從悉聞天上世間之聲耳於是頌曰

計彼修行者　興法以善權　精勤得天耳
觀天上世閒　徹聽自然至　所聞亦無限
如人地求藏　自然得餘寶

辟如夜半衆人眠寐一人獨覺上七重樓於靜時聽省諸音伎樂歌儛啼泣悲哀擣鼓之聲修道見亦復如是如是心本寂靜逼聽地獄啼嘷酸苦見聞餓鬼及與畜生天下世間伎樂之音是為天耳神通之證於是頌曰

如夜衆寢皆眠寐　一人起上七重樓
淨心而聽一切人　伎樂歌儛之音聲
其修道者亦如是　天耳徹聞諸音聲
其在三界諸形色　悉曉了知其語言
從無央數大經義　戒得其餘服甘露
辟如人病服良藥　今演世尊天眼教

修行道地經念往世品第十七

智慧為牙善根元　經法成華德為果
解脱示現立不動　今吾歸命佛大樹
從億百生值善殖　昔無限世寂梵行
識百千億本宿命　佛覺意强歸心定

假使修行心自念言吾從何來致得人身以天眼視明心徹觀本生為人若在非人辟如有人從一縣邑復至一縣識前往返坐起之處也修行如是自念本生所歷受身名姓好惡壽命長短飲食被服皆悉識之彼没生此此終生彼如是之比知無央數所更生死是号曰識本宿命神通於是頌曰

以天眼觀日修行　知無數劫而歷生
皆見過去可受身　辟如乘船自照面
佛所生處悉識念　吾觀諸經而鈔取
是為号曰昔所更　以慧之心採至要

修行道地經知人心念品第十八

不可計哀宣　知衆所趣念　自觀心所思
是非定放逸　志所懐至意　解了無量智
而除諸瑕穢　願歸尊寂勝

其修行者以天眼視人及非人是非善惡端政醜陋徹觀心行所明窈冥喜瞋恚者其心如斯志和悦者當所趣矣於是頌曰

天眼之徹視　見諸人非人　觀察衆顔色
其修道悉省　懐瞋及悦和
亦觀心所念　知其意本无　何緣獲此行

辟如有人坐於江邊見水中物魚鼈黿鼉及無央數異類之蟲修行如是觀衆生心所念善惡了了无疑是名神通知他人心所念善惡於是頌曰

覺眼明了心清淨　因修道行而獲斯
知他心念所思想　猶如見樹根枝葉

辟如賈客欲得水精之珠便入江海則得此寶并獲真珠金剛珊瑚車𤦲

馬瑙修行如是棄于睡眠專心在明則得天眼并獲天耳神足自知己所從來見他人犇是故修行當習覺明於是頌曰

如以一事入江海　而獲無數大珎寶
修行如是除睡眠　天眼聽飛識本末
修行若斯志寂定　今吾所宜如佛教
見無量色踰天眼　觀衆生心念是非
其忍辱力踰於地　柔軟安和過於水
秉志堅固如須弥　越於人民超虛空
深慧過於江　如海無瞋恨　其德莫能及
頭稽首最勝　其心而懐道　諸天所嗟歎
執心而一定　非以為歡喜　彼調柔等意
非以為增減　明德无輕戲　吾頭稽首礼

假使修行心有輕戲使當思惟愁慼之法會當歸死未得度脫无常之法非歡喜時所有恩愛會當別離於是頌曰

無數諸川流　滿若耶氾水　未受死河法
耗乱及歡喜　无量之恩愛　不久當別離
非常之惡對　各追隨罪神

其修行者心自念言吾儻命終不成道德亦未向道或恐犯逆不隨法教入于三塗不得免濟無忌之患隨衆邪見得无迷惑復更胞胎將無積骨若如太山或恐斷頭血如江海或值涕泣淚如五河與父母別妻子无常兄弟死亡憂惱無量於是頌曰

尚未得成道　不斷恐死原　當更百千難
當復入胞胎　未除憂慼根　遇衆無量惱
不得歸聖道　三塗自然開

修行自念宿夜恐懼儻墮禽狩非法之處常懷害心轉相牽命無有羞耻從冥入冥已墮此患難復人身一鉞投海求之可得已失人身難得於此於是頌曰

貪婬所蓋怒癡冥　欲杖所驅無羞慚
以入畜生之雲霧　而墮此苦復人難

行者自念成身將無墮於餓鬼曾聞其人執持凡器盛以涕唾膿血及人獄虫以為飲食適行乞匂於是頌曰

以不淨之器　凡杇而不完　盛膿血涕唾
服之如飲水　貪飲常鬪諍　犯罪之所致
作行如是者　則墮餓鬼道

修行道地經地獄品第十九

修行自念我身將無墮於地獄曾聞罪人違共相見則懐瞋毒欲還相害手捨鋒利若如刀刃自然兵仗矛戟弓箭凡石也當相向時刀戟之聲若如破銅兵仗砕增刀矛交錯若如羅網罪人見此懐愁憂於是頌曰

是輩諸罪人　在地獄相害　意欲得兵仗
應心皆獲之　刀刃持相害　如水羅網動
猶夏日中熱　刀刃炎如是

或有恐怖不自覺知又有稱怨而懐毒恚欲相害命以此為樂遂興諍鬪轉相推撲還相傷害節節解之頭頸異處或刺其身血流如泉刀刃在體痛豈可言刀瘡之處火從中出或有摧碎辟如乱風吹落樹葉有卧在地身碎如薆須臾之間身復如故於是頌曰

罪人會共鬪　苦惱无央數　恐怖更相加
當介時大嚴　辟若拔藂樹　相推盡如是

介時罪人須臾平復凉風四來吹令如故也守獄之鬼水灑人上已活且起過惡未盡故使不死聞獄鬼聲即起如故於是頌曰

以水灑其身　凉風来吹之　介時獄罪人

又聞守鬼言　罪人身壞碎　即活而有想
塵勞罪未盡　當復受考治
尒時罪人住轉復相見即懷瞋恚口
脣戰慄眼亦如血腸胃脫落戰鬬如
故結怨已来其日固久身體傷壞墮
地流血辟如濁泉身體平復復從地
起相害如故於是頌曰
墮於地獄中　勤苦不可言　相害懷大恐
宿罪之所致　數數而見害　還復活如故
惡意又相向　種罪無休息　於此世閒人
喜造為煞害　在於想地獄　受罪如本行
是故同行人　久長處罪獄　相棄命无數
死復生如故　住世犯罪者　墮於想地獄
辟如芭蕉樹　這壞旋復生
罪人若墮黑繩地獄彼時獄鬼取諸
罪人俳著熱鐵之地又持鐵繩及執
鐵鋸火自然出絣直其體以鋸解之
從頭至足令百千段辟如木工解諸
枝材於是頌曰
守獄之鬼受王教　鐵繩絣身以鋸解
其鋸火然上下徹　撲人著地段段解
守鬼又以斧斫其身斤鑿并行辟如
木工斫治材不或令四方而有八角

治罪人身亦復如是於是頌曰
守鬼罪人惡行會　斧鑿斤鋸及與繩
劈解罪囚如木工　辟如有人新起屋
時獄守鬼火燒鐵繩互縣其身截肥
破體微骨至體腸脊髀脛頭頸手脚
各令異處於是頌曰
考治百種痛　在於黑繩獄　皮剥以斧解
見斫如起舍　各支解其身　血出如流泉
骨肉別異處　酷痛叵具言　閻王之守鬼
碎其身如此　彼過罪未盡　膿血流若斯
其有墮在合會地獄罪垢所致令罪
人坐鐵釘釘其膝次復釘之盡遍其體
身碎破壞骨肉皆然諸節解脫各在
異處其命欲斷困不可言自然有風
吹拔諸釘平復如故更復以釘而釘
其身如是苦惱不可計數百千万歲
於是頌曰
以無央數百千釘　從空中下如雲雨
碎其人身若磨麨　本罪所致遭斯厄
次雨鐵椎及復鐵杵黑象大山鎮其
身上如擣甘蔗若笮蒲陶髓腦肪膏
血肉不淨皆自流出於是頌曰
黑象鐵杵大石山　笮以鐵砧碎其身

修行道地經卷第三　第十六張
見地獄鬼皆懷懅　破碎其身如甘蔗
以鐵軖輪而笮其身如壓麻油置著
臼中以杵擣之於是頌曰
獄吏無慈仁　以鐵軖杵臼　困苦於罪人
如笮於麻油
尒時罪人遥覩大山見之怖走入廣
谷中欲望自濟而不得脫這入其谷
轉相謂言此山多樹當止於斯時各
布散在諸樹閒山自然合破碎其身
於是頌曰
以積衆罪殃　已之本所造　彼時諸罪人
悉入於山谷　這入山谷已　彼山自然合
碎罪人身時　其聲甚悲痛
害牛羊猪鹿飛鳥　既無加哀棄人命
在合會獄痛无數　危他人身獲此惱
又遥見火燒罪人謂言此地平博草
木菁菁辟如琉璃當往詣彼尒乃安
隱即行逆火坐樹木閒四面火起圍
遶其身燒之毒痛嘷哭悲哀東西南
北走欲避此火輙與相逢不能自救
於是頌曰
爪髮自然長　色變燒炙痛　風吹體舌乾
見獄吏怖懅　无數衆罪人　為熘之所燒

煙熏火熢之　如餓入煙中

又復遥見鐵棻𧂐樹轉相謂言彼樹甚好青草流泉共行詣彼無數百千諸犯罪人悉入樹間或坐樹下或有住立或睡卧寐熱風四起吹樹動揺劔棻落墮在其身上剥皮截肉破骨至髓傷脇胷背截項破頭於是頌曰

多所依信害衆生　墮于地獄謂有活
熱風四起落鐵棻　辟入于鬪傷如是

尒時鐵樹間便有自然烏鵲鵰鷲其口如鐵以肉血為食住人頭上取眼而食破頭噉腦於是頌曰

彼人前世時　依信而害生　以鐵洛身上
住頭而脫目　發腦而食之
解脫而斷截　烏鵰甚可畏　四面来擊人

於是鐵棻大地獄中便自然生衆狗正黒或有白者走来嚾吼欲齧罪人罪人悲哭避之而藏或有四散或怖不動狗走及之便捉罪人斷頭飲血次噉肉體於是頌曰

張口齒正白　吼鳴聲可畏　吐舌而舐脣
強逼傷害人　以刀傷其身　烏狗而食噉
皆毒見惱害　坐依信煞生

尒時罪人為狗所噉烏鳥所害恐怖忙走更見大道分有八路皆是利刀意中自謂生草青青有若干樹當往詣彼行利刀上截其足趺血出流離於是頌曰

其人受經律　破壞於法橋　見有順戒者
而強教犯戒　逐之入長路　刀刃截其足
足下皆傷壞　窮極不自在

尒時遥見諸刺蕀樹高四千里刺長尺六其刺皆銛自然火出罪人心念彼是好種種花實皆共詣到鐵樹間於是頌曰

遥見鐵樹棻　枝梢甚高遠　利刺生皆鋸
或上或向下　其罪人反見　謂為是果樹
宿命罪所致　殃咎之所犯

尒時有羅刹顔貌可畏爪髮悉長衣被可惡頭上火出獲持兵仗来趨罪人勑使上樹罪人恐懼淚出交横悉皆受教其刺向下皆貫彼身傷其軀體血出流離於是頌曰

體大色如灰　麁穬惡目張　獄王使持杖
皆趨擊刺人　前世積罪殃　愚喜犯他妻
自言我宿過　血流刺傷身

尒時罪人為守鬼所射箭至如雨啼泣悲哀呼使来下刺便上向貫軀如炙復嚾使上罪人叉手皆共求哀歸命悪鬼願見原赦於是頌曰

從刺樹上来下已　獄王守鬼逆刺害
為箭所射而叉手　求哀可愍欲免罪

時獄守鬼聞見求哀益以瞋怒復重趨刺更遣使上體悉傷壞啼嘷還上於是頌曰

獄王守鬼而趨刺　求哀欲脫鬼益怒
時諸刺貫身悉傷　勑使還上復如故

彼鐵樹邊有二大釜猶若大山守鬼即取犯罪之人著鐵釜中湯沸或上或下辟如人間大釜之中煑于小豆而沸上下又於濩湯若千万億年考治毒痛於是頌曰

設得為國長　横制於万民　以至地獄界
考治百億年　墮于濩湯中　在釜而見煑
以火燒煑之　辟若如煑豆

從鐵釜脫遥見流河轉相謂言彼河洋洋而有威神水波興隆衆花順流兩邊生樹其棻青青蔭彼河水底皆流沙其水清凉往詣飲水洗浴解疲

兩邊生棘罪人不察入彼河水悉是沸灰於是頌曰

其人前世害水蟲　血肉皆落遺骨䯛
本謂涼水多沸灰　甚深而熱沸踊躍

罪人墮沸灰地獄髮毛爪齒骨肉各流異處骸體筋纏隨流上下這欲求出守鬼鈎取卧著熱地風起吹之體復如故獄鬼問曰御所從來欲何所湊罪人荅曰不審去來計從若干百千億歲飢不獲食其以飢渴故守鬼取鈎開其口以燒鐵團又以洋銅注其口中燒罪人咽腹内五藏悉爛腸胃便下過去毒痛甚不可言過惡未盡故不死也去河不遠有二地獄一名曰叫喚二名大嗷鐵以為城樓櫓百尺睥睨嚴牢悉以鐵網覆蓋其上罪人相謂此城大好共往觀之這入中已心自念言已脫恐難無復衆惱歡喜跳踉皆稱万歲或面拍地或仰面卧或睡眠躃破傷面者四垣從外自然有火燒諸樓櫓睥睨衆網及門悉然城内皆燒罪人身展轉相見躃如然炬猶若攢竈亦如散火焚體毒

痛辟如大箭射鳥叫嚾苦痛叵言積百年已東門乃開時無央數百千罪人悉走趣門這至便閉相排墮地如大樹崩轉相鎮壓若如積薪過惡未盡故令不死於是頌曰

至恐怖處叫喚樹　求救護故而致彼
如大積薪以火燒　罪人如是相積燒
若斯燒毒痛　叫喚走四散　常畏於獄鬼
恐怖而懷懅　若受於所寄　抂突不肯還
閉在喚叫獄　惡罪受毒痛
受無央數之苦酷　為火所燒甚困厄
遭無量惱不可言　罪人叫喚大嗷呼

尒時罪人脫出嗷喚獄次入阿鼻摩訶地獄守鬼尋即録諸罪人五毒治之挓其身體如張牛皮以大鐵釘釘其手足及釘人心拔出其舌百釘釘之又剥其皮從足至頭於是頌曰

挓身如牛皮　鐵釘而釘之　兩舌之所致
鐵釘壞其舌　剥身皮曳地　若如師子尾
如是計數之　受苦不可量

於是守鬼録取罪人駕以鐵車守鬼御車以勒勒口左手執御右手持杖撾之令走東西南北罪人挽車疲極

吐舌被杖傷身破壞軀體而皆吐血躃地傷胃於是頌曰

罪人駕之以鐵車　獄鬼驅之令奔走
撾撈其身而吐血　如馬戰鬪被柔瘡
若無有信輕善人　自犯罪惡謂應法
凶罪引之入阿鼻　受无央數諸苦毒

阿鼻地獄自然炭火至罪人膝其火廣大無有里數尒時罪人發於邪念及從曲道謂是好地即入火中燒其皮肉及筋血脉這還舉足平服如故於是頌曰

時炭火然至于脥　既自廣長復風吹
罪人行上然爛皮　捨正入邪罪如斯

得離此獄去之不遠有沸屎獄廣長無數其底甚深罪人見之謂是浴池轉相語言彼有浴池中有青蓮五色之華當共往洗飲水解渴悉皆入中沉没至底中有諸蟲其口如鐵鍼以肉為食鑽罪人身壞破肌膚從足鑚之乃出頭上眼耳鼻口皆有蟲出本罪未竟故令不死於是頌曰

罪果所致受毒痛　尒時罪入阿鼻獄
苦痛嗷喚而懊惱　挓其身體鐵釘之

沸屎與不淨　廣長無數量　惡露皆在彼
其底而甚深　犯罪無一善　墮此閻王獄
斯諸罪人輩　鍼嘴虫㗔之

在炭火獄及阿鼻　并一切瑕沸屎中
墮於流河罪所興　宿殃所致故不死

於是有二獄名燒炙煮煮　彼時守鬼取諸罪人段段解之持著鏉上以火熬之又覆鐵鏉以火炙之　於是頌曰

已到于大苦　在燒炙煮煮　罪中殃老者
則識本行惡　以刀段段解　破壞令無數
而食無所擇　生城守獄鬼
洪鳥見蹈踐　作人姓刑弊　常喜害衆生
設害於賢者　投之大火中　其犯戒壞法
可惡爲瑕惱　無數人見酷　如厨作肉羹
用鏉燒炙之　者鏉上熬之　在燒炙煮煮

修行道者心自念言吾身將无以此之比墮八罪獄及十六部又吾前世無數生來更斯惡道假令不能究竟聖道當復入中辟如有人犯於逆惡王勑邊臣明旦早時矛刺百瘡日中刺百向冥刺百彼人日被三百瘡其身皆壞无一兒處體痛苦惱甚不可言雖有此痛比地獄惱百千万億無數之倍不可相喻地獄之痛甚苦如是也於是頌曰

自犯衆惡牽致斯　毒痛見考而可憎
觀此苦惱常諦思　常勤精進速成道

其修行者立是學地當除歡喜堅固其心若志輕舉當自制止辟如御者將御馳車於是頌曰

喻若燒炭火　未曾有休息　常遭此苦痛
晝夜酷无量　以利諸矛戟　見刺百倍痛
計此衆惱害　不比獄毛痛

其修行者心自念言吾身今者未脫此患不當歡欣如是自制不復輕戲若斯立者則能專行入于善法行者尒乃戰慄驚恐夙夜不進其法於是頌曰

觀衰耗若斯　如樹果自傷　且觀罪塵勞
積之如太山　見是穢濁苦　人犯墮惡道
專精在修行　棄歡及調戲

觀於惡道窈冥苦　而佛經法照如日
以猒衆患順講此　依鈔經卷除輕慢

修行道地經卷第三

修行道地經卷第三

校勘記

一　底本，金藏廣勝寺本。
一　二五〇頁中一〇行第九字「今」，麗作「令」。
一　二五〇頁中二一行第九字「諂」，麗作「諂」。
一　二五〇頁下七行首字「志」，麗作「念」。
一　二五〇頁下二〇行「啼哭泣而泉」，麗作「啼泣淚如泉」。
一　二五一頁上二行第一〇字「度」，麗作「庶」。
一　二五一頁上三行末字「間」，麗作「聞」。
一　二五一頁上一一行第四字「知」，麗作「和」。
一　二五一頁上一八行「心一」，麗作「一心」。
一　二五一頁上末行「工妙」，麗作「巧妙」。同作「一切一」，麗作「一切」。

人」。

一 二五一頁中一行末二字「凡夫」，麗作「凡人」。

一 二五一頁中五行「而令」，麗作「而令」。同行第七字「夭」，麗作「魃」。

一 二五一頁中八行第五字「而」，麗作「如」。

一 二五一頁中一三行末字「生」，麗作「人」。

一 二五一頁中一八行第一一字「俳」，麗作「排」。

一 二五一頁中末行第一〇字「述」，麗無。

一 二五一頁下一一行第八字「妄」，麗作「妄」。二五三頁中末行第一三字同。

一 二五一頁下一五行第一一字「貌」，麗作「邈」。

一 二五一頁下末行第一三字「語」，麗作「諸」。

一 二五二頁上九行「降伏」，麗作「降伏其心」。

一 二五二頁上一〇行第三字「大」，麗作「本」。

一 二五二頁上一八行第七字「及」，麗作「及衆」。

一 二五二頁上一九行第一三字「是」，麗作「見」。

一 二五二頁上二〇行與二一行之間麗有：「其城豐樂嚴正好宮殿屋舍甚寬妙而煙普熏莫不達火熾如人故欲然火燒城時諸蜂皆出放毒齧人觀者得痛驚恠馳走男女大小面色變惡亂頭衣解寶飾脫落爲煙所熏眼瞳淚出遥見火光心懷怖懅不知所湊展轉相呼父子兄弟妻息奴婢更相教言避火離水莫墮泥坑余乃安隱於是頌曰」一百十六字。

一 二五二頁中七行第一三字「淳」，麗作「純」。

一 二五二頁中一二行第一〇字「戴」，麗作「載」。

一 二五二頁中一三行第三字「曶」，麗作「忽」。

一 二五二頁中二二行第九字「至」，麗作「王」。

一 二五二頁下二行末字「王」，麗作「與玉」。

一 二五二頁下三行第四字「懼」，麗作「巨」。

一 二五二頁下一六行第八字「未」，麗作「來」。

一 二五三頁上二行第一二字「抓」，麗作「爪」。本頁下七行第三字及二五七頁下二行第二字同。

一 二五三頁上六行第三字「癡」，麗作「癡垢」。

一 二五三頁上一二行第六字「綜」，麗作「採」。

一 二五三頁上末行第一一字「全」，麗作「令」。

一 二五三頁中五行第一二字「雖」，麗作「難」。

一 二五三頁中一九行末字「妄」，麗作「安」。

一 二五三頁中末行第九字「吾」，麗

作「無吾」。

一　二五三頁下九行「丘空」，麗作「空丘」。

一　二五三頁下一四行第一三字「語」，麗作「諸」。

一　二五三頁下一九行第七字「這」，麗作「適」。下同。

一　二五三頁下二〇行末字「滅」，麗作「化」。

一　二五四頁上一行第八字「以」，麗無。

一　二五四頁上五行第八字「隨」，麗作「隮」。

一　二五四頁上八行第八字「揃」，麗作「剪」。

一　二五四頁上一五行第四字「遊」，麗作「逝」。

一　二五四頁中一〇行第一一字「其」，麗作「某」。

一　二五四頁中一九行第九字「在」，麗無。

一　二五四頁中末行末字「其」，麗作「共」。

一　二五四頁下六行第七字「弗」，麗作「解」。

一　二五四頁下八行第八字「道」，麗作「到」。

一　二五四頁下一〇行「小乃自食」，麗作「尒乃給我」。

一　二五四頁下一六行「便小」，麗作「小行」。

一　二五四頁下一七行第三字「從」，麗作「相從」。

一　二五四頁下一九行第二字「擾」，麗作「煩」。

一　二五五頁上二行第七字「隱」，麗無。

一　二五五頁上三行第四字「安」，麗作「安隱」。

一　二五五頁上一〇行首字及本頁中二〇行首字「遶」，麗作「嬈」。

一　二五五頁上一一行第六字「誠」，麗作「誡」。

一　二五五頁上一五行第三字及第六字「放」，麗作「牧」。

一　二五五頁上一七行第八字「自」，麗作「日」。

一　二五五頁上一八行首字「佯」，麗作「陽」。同行第九字「稼」，麗作「禾稼」。

一　二五五頁中七行「音目」，麗作「盲目」。

一　二五五頁中八行「悉皆」，麗作「亦悉」。

一　二五五頁中一四行首字「凡」，麗作「瓦」。

一　二五五頁中一九行「蝩風」，麗作「蚤虱」。

一　二五五頁下二行第九字「常」，麗作「當」。

一　二五五頁下五行第八字「腄」，麗作「睡」。

一　二五五頁下一〇行第八字「喻」，麗作「踰」。

一　二五五頁下一五行第三字「眼」，麗作「眠」。

一　二五五頁下一八行第九字「清」，麗作「晴」。

一 二五五頁下一九行第七字「城」，麗作「城郭」。

一 二五六頁上七行第八字「度」，麗作「疾」。

一 二五六頁上九行第七字「疾」，麗作「度」。

一 二五六頁上一四行「叉十」，麗作「叉手」。

一 二五六頁上一六行「本願」，麗作「本規」。

一 二五六頁上二〇行第一〇字「至」，麗作「生」。

一 二五六頁上末行第四字「静」，麗作「寂静」。

一 二五六頁中一行第一〇字「見」，麗作「所見」。

一 二五六頁中二行「如是」，麗無。

一 二五六頁中三行「天下」，麗作「天上」。

一 二五六頁中六行首字「淨」，麗作「静」。

一 二五六頁中九行第八字「戒」，麗作「我」。

一 二五六頁中一一行第七字「住」，麗作「往」。

一 二五六頁中一四行「値善殖」，麗作「殖善根」。

一 二五六頁下一行第一二字「而」，麗作「所」。

一 二五六頁下一四行第一〇字「无」，麗作「元」。

一 二五六頁下一五行「悦和」，麗作「和悦」。

一 二五七頁上三行第六字「犇」，麗作「本」。

一 二五七頁上一四行第三字「爲」，麗作「所」。

一 二五七頁上一九行「未受」，麗作「未度」。

一 二五七頁上二〇行第三字「及」，麗作「反」。

一 二五七頁上二一行末字「神」，麗作「福」。

一 二五七頁中一行「無忌」，麗作「無底」。

一 二五七頁中一二行第三字「未」，麗作「求」。

一 二五七頁中二〇行第七字「飲」，麗作「餐」。

一 二五七頁下一行第一〇字「毒」，麗作「恚」。

一 二五七頁下四行第七字「增」，麗作「壞」。

一 二五七頁下五行首字「絅」，麗作「網」。

一 二五七頁下八行第八字「炏」，麗作「炎」。

一 二五七頁下一三行末字「有」，麗作「身」。

一 二五七頁下一七行第九字「夾」，麗作「央」。

一 二五七頁下一八行第五字「嚴」，麗作「戰」。同行「摧盡」，麗作「推壓」。

一 二五八頁上四行第五字「亦」，麗作「赤」。

一　二五八頁上一七行第七字及頁上二〇行第一〇字「絣」，麗作「拼」。
一　二五八頁中四行末字「肥」，麗作「肌」。
一　二五八頁中五行第六字及次頁上二〇行第三字「體」，麗作「髓」。
一　二五八頁中一〇行首字「碎」，麗作「破」。
一　二五八頁中一九行第七字「鈔」，麗作「麵」。
一　二五八頁中末行第一一字「砧」，麗作「⿰車任」。
一　二五八頁下二行第三字及四行第八字「軠」，麗作「⿰車任」。
一　二五八頁下五行「於麻油」，麗作「麻油人」。
一　二五八頁下九行首字「布」，麗作「怖」。
一　二五八頁下一七行「菁菁」，麗作「青青」。
一　二五九頁上一三行第一三字「洛」，麗作「落」。
一　二五九頁上一四行第二字「脱」，麗作「解」。
一　二五九頁上一七行第一一字「磐」，麗作「擊」。
一　二五九頁上二二行第一三字「而」，麗作「所」。
一　二五九頁上末行末字「主」，麗作「生」。
一　二五九頁中九行第一一字「千」，麗作「十」。
一　二五九頁中一〇行「背銛」，麗作「比緻」。
一　二五九頁中一一行第四字「稠」，麗作「樹」。
一　二五九頁中一四行第九字「反」，麗作「及」。
一　二五九頁中一七行第八字「獲」，麗作「捉」。
一　二五九頁中一九行「向下」，麗作「下向」。
一　二五九頁中二二行第四字「刻」，麗作「此」。
一　二五九頁下三行首字「灸」，麗作「炙」。
一　二五九頁下一五行及一八行「濩湯」，麗作「鑊湯」。
一　二五九頁下二一行第一〇字「隆」，麗作「降」。
一　二六〇頁上五行第三字「墮」，麗作「墮在」。
一　二六〇頁上一〇行第八字「其」，麗無。
一　二六〇頁上一四行第四字「不」，麗作「又」。
一　二六〇頁上一五行首字「名」，麗作「一名」。同行「嗷鐵以」，麗作「叫喚以鐵」。
一　二六〇頁上二〇行第六字「躃」，麗作「擗」。
一　二六〇頁上二二行第六字「燒」，麗作「火燒」。
一　二六〇頁中一行「大箭射鳥」，麗作「火箭射象」。
一　二六〇頁中六行「處叫喚樹」，麗

作「懱叫喚獄」。同行「致彼」。麗作「到彼」。

一 二六〇頁中一三行末字「摩」，麗作「摩訶」。

一 二六〇頁下四行第一三字「柔」，麗作「矛」。

一 二六〇頁下一〇行「平服」，麗作「平復」。

一 二六〇頁下末行第六字「奥」，麗作「懊」。

一 二六一頁上三行第九字「嗷」，麗作「嗷」。

一 二六一頁上六行「焦羮」，麗作「焦煮」。下同。

一 二六一頁上一四行第二字「烏」，麗作「象」。

一 二六一頁上二一行第九字「日」。麗作「一日」。

一 二六一頁上二二行第六字「皃」，麗作「完」。

一 二六一頁中四行第五字「常」，麗作「當」。

修行道地經卷第三　　樓

西晉三藏竺法護　譯

勸意品第九

修行道地以何方便自正其心吾曾聞之昔有國王選擇一國明智之人以爲輔臣爾時國王設權方便無量之慧選得一人聰明博達其志弘雅威而不暴名德具足王欲試之欲知何如故以重罪欲加此人勅告臣吏盛滿鉢油而使擎之從北門來至於南門去城二十里園名調戲令得到彼設人持油墮一滴者便級其頭不須啟聞於是頌曰

假使其人到戲園　承吾之教不棄油
當敬其人如我身　中道棄油便級頭

爾時群臣受王重教盛滿鉢油以與其人兩手擎之甚大愁憂則自念言其油滿器城里人多行路車馬觀者塡道辟如水定而風吹之其水波揚人亦如是心不安隱退自念言無有一人而勸勉我言莫恐懅也是器之油擎至七步尚不可階況有里數耶此人憂憒不知所湊心自懷懼於是頌曰

觀人爲馬及車乘　大風吹水心如此
志懷怖懅懼不達　安能究竟了此事

其人心念吾今定死無復有疑也設能擎鉢使油不墮到彼園所爾乃活耳當作專計若見是非而不轉移唯念油鉢志不在餘然後度耳於是其人安行徐步時諸臣兵及衆觀人無數百千隨而視之如雲興起圍遶大山於是頌曰

其人擎鉢心堅強　道見若干諸觀者
衆人圍遶隨之後　辟如江海興大雲

當時其人擎鉢之時音聲普流莫不聞知無數數人皆來集會衆人皆言觀此人衣形體舉動定是死囚斯之消息乃至其家父母宗族皆共聞之悉奔走來到彼子所啼哭悲哀其人專心不顧二親兄弟妻子及諸親屬心在油鉢無他之念於是頌曰

其子啼泣淚如泉　若干種音嗟歎父
心懷怖懅不省親　專精執志而持鉢

衆人論說相令稱叫如是再三時一國人普來集會觀者擾攘喚呼震動馳至相逐躃地復起轉相蹬蹋間不相容其人心端不見衆庶於是頌曰

衆人叫呼不休息　前後相逐不容間
而擎油鉢都不觀　如雷雨空無所傷

觀者復言有女人來端正姝好威儀光顏一國無雙如月盛滿星中獨明色如蓮華行於御道像貌巍巍姿色踰人辟如玉女又若忉利天王之后字曰護利端正姝好諸天人民莫不敬重於今斯女懸照如是能八種舞音聲清和聞者皆善於是頌曰

舉動而安庠　歌舞不越法　其心懷歡喜
感動一切人　歌頌聲則悲　其身而逶迤
不疾亦不遲　被服順正齊　七種微妙音
音述有五十　三處而清淨　宮商節相和
身從頭至足　莊嚴寶瓔珞　語言而美雅
猶若甘露降

爾時其人一心擎鉢志不動轉亦不察視觀者皆言寧使今日見此女顏終身不恨勝於久存而不覩者也彼時其人雖聞此語專精擎鉢不聽其言於是頌曰

巧便而安庠　其舞最工妙　一切人貪樂
辟如魔之后　能動離欲者　何況於凡夫
來住其人邊　擎鉢心不傾

當爾之時有大醉象放逸奔走入於御道來人相謂令醉象來蹋蹈吾等而令横死此爲大魅化作象形多所危害不避男女身生瘡瘢其身麤澁辟若大鞞毒氣下流舌赤如血其腹委地口脣而垂行步縱横無所省録人血塗體獨遊無難進退自在猶若國王遥視如山暴鳴哮吼辟如雷聲而擎其鼻瞋恚懷怒於是頌曰

大象力強甚難當　其身血流若泉源

蹋地興塵而張口　　如欲危害於衆人
其爲如是恐怖觀者令其馳散破壞兵衆諸
爲犇逝一切覩者而欲怖死能拔大樹踐害
衆生雖得杖痛無所畏難於是頌曰
壞衆及群爲　恐懼人或死　排撥諸舍宅
奔走不畏御　名聞於遠近　剛強以爲德
憍慢無所録　不忍於高望
爾時街道市里坐肆諸賣買者皆懅收物蓋
藏閉門畏壞屋舍人悉避走又殺爲師無有
制御嗔或搏蹈殺道中爲馬牛羊猪犢之
屬碎諸車乘星散狼藉於是頌曰
諸坐肆者皆蓋藏　傷害人畜碎車乘
覩見如是閉門戶　狼藉如賊壞大營
或有人見懷振恐怖不敢動搖或有稱怨呼
嗟淚下又有迷惑不能覺知有未著衣服之
而走復有迷誤不識東西或有馳走如風吹
雲不知所至也中有惶懅以腹拍地又人窮
逼張弓安箭而欲射之或把刀刃意欲前格
中有失色恍惚妄語或有懷瞋其眼正赤又
有屏住遥觀歡喜雖執兵仗不能加施於是
頌曰
於斯迷怖懅　亦有而悲涕　或愕無所難
又有執兵仗　愁憒躃地者　邈絶不自知
獲是不安隱　皆猶見醉爲

彼時有人曉化爲呪心自念言我自所學調
爲之法善惡之儀凡有八百吾覩是爲無此
一事吾今當察從何種出上種有四爲是中
種下種耶以察知之即舉大聲而誦神呪於
是頌曰
天王授金剛　吾有微妙語　能除諸貢高
羸劣能令強
彼人即時舉聲稱曰諸覺明者無有自大亦
不興熱棄除恩愛承彼奉法修行誠信之所
致也棄捐貢高伏心使安説此往古先聖二
偈曰
婬泆及怒癡　此世三大憍　成道無諸垢
衆熱爲以消　用彼至誠法　修行亦如是
大意洪象王　除惑捨貢高
爾時彼象聞此正教即捐自大降伏其心便
順本道還至象廐不犯衆人無所嬈害其擎
鉢人不省象來亦不覺還所以者何專心懼
死無他觀念於是頌曰
見象如暴雨　而心未曾亂　其雨雖止已
虛空亦不悦　其人亦如是　不省象往還
執心擎油鉢　如藏寶不忘
尒時觀者擾攘馳散東西走故城中失火燒
諸宮殿及衆寶舍樓閣高臺現妙巍巍展轉
連及譬如太山無不見者烟皆周遍火尚盡

徹於是頌曰
其城豐樂嚴正好　宮殿屋舍甚寬妙
而烟普薰莫不達　火熾如人故欲然
火燒城時諸蜂皆出放毒螫人觀者得痛驚
惟馳走男女大小面色變惡亂頭衣解寶飾
脫落爲烟所薰眼腫淚出遥見火光心懷怖
懅不知所湊展轉相呼父子兄弟妻息奴婢
更相教言避火離水莫墮泥坑爾乃安隱於
是頌曰
愁憂心懷不自省　家室親屬及僕從
棄諸象馬悲哀出　言有大火當避捨
爾時官兵悉來滅火其人專精一心擎鉢一
渧不墮不覺失火及與滅時所以者何秉心
專意無他念故於是頌曰
有衆人迷惑　如鳥遇火飛　其火燒殿舍
烟出如浮雲　頭亂而驚怖　避烟火馳走
一心在油鉢　不覺火起滅
是時五色雲起天大雷電於是頌曰
既興大霧非時雨　風起吹雲令純陰
虛空普遍無青天　猶黑象群雲如是
時亂風起吹地興塵沙礫瓦石填於王路拔
樹折枝落諸華實於是頌曰
風起揚塵而周普　興雲戴水無不遍
暴風忽冥不相見　雷震俱陰無不驚

彼時大雲而炎掣電霹靂落墮孔雀皆鳴天
便放雨墮於諸雹雖有此變其人不聞所以
者何專念油鉢於是頌曰
其放逸象時　猶如大雲興　墮雹失火風
拔樹壞屋舍　其人不覩見　何善誰爲惡
不覺風雲起　但觀滿鉢油
爾時其人擎滿鉢油至彼園觀一滴不墮諸
兵臣吏悉還至宮具爲王說所更衆難而人
專心擎鉢不動不棄一滴得至園觀王聞其
言則而歎曰此人難及人中之雄不顧親屬
及與玉女不懼巨象水火之患雷電霹靂吾
聞雷聲愕然怖懅雖有啓白不省其言或有
心裂而終亡者或有懷軀而傷胎者人民所
立迷不自覺雖遇衆難其心不移如是人者
無所不辦心強如斯終不恐難地獄王考能
食金剛其王歎喜立爲大臣於是頌曰
見親族涕泣　及象醉暴風　雖遭諸恐難
其心不移易　王覩人如此　心堅定不轉
親愛而孔敬　立之爲大臣
爾時正士其心堅固雖遭善惡及諸恐難志
不轉移得脫死罪既自豪貴壽老長生也修
行道者御心如是雖有諸患及婬怒癡來亂
諸根設心不隨攝意第一觀其內體察外他
身痛痒心法亦復如是於是頌曰

如人擎油鉢　不動無所棄　妙慧意如海
專心擎油器　若人欲學道　執心當如是
意懷諸明德　皆除一切瑕　若干之色欲
而興於怒癡　有志不放逸　寂滅而自制
人身有疾病　醫藥以除之　心疾亦如是
四意止消之
心堅強者志能如是則以指爪壞於雪山以
蓮華根鑽穿金山則以鋸斷須彌寶山其無
有信不能精進而懷諛諂放逸喜忘雖在世
久終不能除婬怒癡垢有信精進質直智慧
其心堅強亦能吹山而使動搖何況而除婬
怒癡也故修行者欲成道德爲信精進智慧
朴直調御其心專在行地於是頌曰
直信而精進　智慧無諛諂　是五德除瑕
離心無數穢　深解無量經　自覺斯佛教
但取其要言　分別義無量
離顛倒品第十
功德住覺高巍巍　猶如學術依靜居
智慧川流善寶形　願稽首禮大山王
從天上來下　知趣而不惑　佛生在胞胎
不入亦不出　不更諸苦惱　不著不顛倒
德重無所著　歸命度生死
修行道者或懷懈怠謂法微妙難了難曉不
可分別當識苦本斷除諸習證於盡滅修念

道術譬如有人而取一髮破爲百分還續如
故令不差錯是事甚難不乎答言甚難甚難
可以幻化諸藥神呪續髮如故泥洹之道不
以此事而成立也雖不能致於道證者當有
方便於是頌曰
常健精進向脫門　欲覺了此難復難
勤力勸樂而無退　如深穿地得泉水
當作是觀速疾成就真如泥洹不從他求自
因心致從他人得乃爲難耳由己難獲何所
難乎當作斯計唯以諦觀誘進其心如誘小
兒呼之至前來取手物而食噉之小兒來至
一一擘指而無所得世人如是所見顛倒無
常謂常苦謂爲樂非身謂有身空謂爲實捨
四顛倒作本無觀爾乃爲順佛之教誡於是
頌曰
人不曉本無　常計樂謂淨　譬如以拳
用以誘小兒　於是人顛倒　而有吾我想
當爲現光曜　如冥中燃燈
吾有頭髮不能久常亦不淨潔虛妄無我以
是觀之一切皆然勸發其心如明眼人執炬
而行入於空室觀之無人亦無所覩審諦見
者亦復如是察色之本見無常苦無吾非身
虛妄見者而反自縛解空觀者有何難乎現
可聞知得道迹者往還不還及無所著得

平等覺此斯等人吾亦是人此等成道我身何故獨不獲乎修行道者觀心如是捨四顛倒專於行地於是頌曰

髮毛爪骨肉　及諸有色形　衆來惑心法
五陰之所亂　無常苦不安　無我不清淨
自如丘空舍　明者觀如是

曉了食品第十一

佛在巴質樹　天帝奉百味　又在舍衛城
波斯匿供養　比蘭若設食　麦飯離甘味
皆等意受之　稽首無所著　雖食此飯已
弗著非以色　亦不造憍慢　棄捐諸貢高
所在受供養　如越大曠路　不以爲甘美
是故稽首禮

尒時修行當觀飯食設百種味及穢麦飯在於腹中等無有異舉食著口嚼與唾合與吐適同若入生藏身火煮之體水爛之風吹展轉稍稍消化墮於熟藏堅爲大便濕爲小便沫爲涕唾藏中要味以潤成體此要衆味流布諸脈然後長養髮毛爪齒骨髓肉血肪膏精氣頭腦之屬是以外四大養内五根諸根得力長於心法起婬怒癡欲知是者摶食之本由是而起於是頌曰

計無鞅數諸上味　啖在腹中而無異
於體變化等不淨　故行道者不貪食

雖當飯食不求於肥趣欲支命譬如大官捕諸飛鳥皆擲其翅閉著籠中日擇肥者以給官厨時諸飛鳥日日稍減中有一鳥心自念言肥者先死若吾當肥亦死如前設不食者便當餓死今當節食令身不肥亦莫使羸令身輕便出入無礙不爲宰人所見烹害扌翼可得漸漸生長若從籠出便可飛遊從意所至修行道者亦計如是食趣安身令體不重食適輕便少於睡眠坐起經行喘息安隱趣大小便身依於行婬怒癡薄其修行者當作是觀吾不貪身陰諸情欲此身不要骨鏁相支今此身中但臧不淨無有堅固譬如怨家無益羅網常懷怨賊而傷親友當消息之供養奉事譬如王者當以如何遵承佛教坐起經行令無災事常觀汙露具知多穢將養其命趣得行道如有親屬不可棄捨身亦如是沐浴飯食衣被蓋形如愛一子當將護之不令寒温飢渴乏苦非爲蚊虻蚤虱所齧也如有逆賊收閉牢獄獄吏考治若干種榜卿爲前後劫盜誰物家居所在盜何所藏與誰同伴魁帥黨部耶五毒治之氣絶復蘇即自思惟以何方便得脫榜笞心便開解對獄之首遠計其國大長者子名曰禁戒前後所偷皆著彼所居止其家共行竊盜是吾伴侶獄吏聞之收長者子與前賊共同一牢中俱繫鐵紣時長者子家有餉來便自獨食不分與賊賊大瞋怒張目齒齘汗出數息欲興惡意令長者子不濟其命豈況獨食今我自在見則當逼之不獨飲水何況獨食其長者子少小憍樂不忍須臾不行左右欲至舍後便報賊言共至廁上其賊報言在卿所至吾不能行時長者子逼急窮極謂於賊言無過於子子横牽吾閉在刑獄今欲小起反不相從乎設不共繫終不相報吾假相犯卿便說之以當省過而謝其罪時賊荅曰子實無過吾横相牽卿眷屬衆多欲自免罪不見考治藥得飲食故相誣耳仁有餉來而反獨食不相分故不相從時長者子則報賊言解子所恨從今已往終不相失若有餉來先當飯子然後自食㝵我命存願到舍後使身氣通賊乃隨之後日餉來便勑婢使所持食來先奉親厚所食之餘尒乃給我婢使受教輙如其言使人還歸具啓長者長者聞之心懷恚怒明日詣獄謂其子言卿生豪族反與逆賊惡人從事而與親厚都不覺知此横牽汝閉在牢獄其子報言父所言是不敢此人以爲親厚也具知是賊耳我欲小便逼不相從身重腹脹眼反耳聾頭痛背烈脅肋欲拔匈懷氣滿喘

息欲斷心意煩亂迷不自覺諸節欲解骨體疼痛命欲窮絕惡對在上汚出短氣而賊語我卿能隨吾如病從醫尒乃可耳先以飯我然後自食吾當相從用貪身命故爲親厚也如長者子具知此賊爲怨家也用窮逼故於外示現若如親厚而内疎薄知四大竒非常之物四事增減輒不安隱如虵虺毒如幻野馬水月山響解身如是其行道者亦復解此曉知五陰皆爲怨賊趣以衣食持養其體令不危害夙夜專精如救頭燃非以懈廢得成道德至於無爲度于三界終始之患

伏勝諸根品第十二

其修行者婬怒癡薄設不習塵無所嬈害未成道德非見聖諦自謂獲矣如是行者自誡心意放之在於色聲香味細滑之中念著五陰所作辦未設心不隨五陰蓋者則知得道若其心亂隨諸情欲即還恐懅當更精進如牧牛者放牛于澤其牛奔突踐他禾穀牧牛者怖恐其主覺之牽將歸家以杖捶治明日復出還在牧上佯如不視知復犯他禾稼不也時牛心念牧者不見復食他苗其主見之便復撾榜牛後恐畏不敢復犯行者如是自誡五根不隨情欲則知道成也若從六衰即還自制觀三塗之苦生死之難晝夜精勤勝前萬倍所未獲者當令成就已得成就令不放逸

忍辱品第十三

設使有人撾罵行者尒時修道當作是觀所可罵詈但有音聲諦推計之皆爲空無適起即滅譬如文字其名各異一一計字無有罵詈譬如一盲目無所見正使百盲亦無所覩罵亦如此一字不成正百千字悉皆空無設使父母家室親里共稱譽我亦復皆空當作是觀譬如夷狄異音之人雖來罵我譬如風響是聲皆空

棄加惡品第十四

假使行者坐於寂定人來撾捶刀杖瓦石以加其身當作是觀名色皆空所捶可捶悉無所有本從何生誰爲瞋者向何人怒我宿不善得致此患設無名色無緣遭厄我若欲瞋報其人者衆惡甚多不可悉報譬如毒蟒及與百足蚤虱蚊虻跂蜂之屬是輩嬈人無以加報假使能降外諸憂患安能辟除其内體中四百四病八十種蟲以是之故當伏内心滅諸垢穢寂定其志故謂修行

天眼見終始品第十五

其修行者假使睡眠常念無常不久趣死想於衆苦生死之惱澡手盥面瞻視四方夜觀星宿以自御止棄捐懈怠不思卧寐若睡不止當起經行假令不定當移其坐想欲見明雖心中冥思惟三光令内外明於是頌曰

當念生死苦　觀罪覩四方　省視外光影
内心求照明　滅壞睡瞑冥　若日消除闇
如是雖閉目　所見踰開者

其修行者常思見明晝夜無異分別大小是其所趣遠近普學無所不博思惟如是則得道眼所見平等無遠無近及諸居天於是頌曰

雖爲眼目常如開　禪定所見踰天眼
普視世間衆生類　徹達天上無不見

其修行者已成道眼悉見諸方三惡之處譬如淋雨一旦清除有明眼人住於山上觀視城郭郡國縣邑聚落人民樹木華實流水源泉師子虎狼象馬群鹿及諸野獸行來進止皆悉見之於是頌曰

譬如明鏡及虛空　淋雨已除日晴明
有淨眼人住高山　從上視下無不見
又觀城郭及國邑　其修行者亦如是
觀見世間諸禽獸　地獄餓鬼衆生類

修行如是觀三千界見人生死善惡所趣是之名曰所達神通於是頌曰

雖有甘露無上味　見三千世德踰彼
其修行道奉佛教　疾得神通無罣礙
佛皆普見一切淨　愍傷衆人故說此

決終始根令速度　以無極義而分別

天耳品第十六

識慧爲聲寂應緣　無所罣礙順正道
其有轉此道法輪　稽首轉輪大聖族
察省若干之伎樂　設有悲哀心正等
聞諸天人地獄聲　叉手稽首尊淨性

其修行者適成無眼便得徹聽亦無煩憒譬如有人掘地求藏本覩索一并得餘藏行者如是本求天眼徹聽隨從悉聞天上世間之聲於是頌曰

計彼修道者　興法以善權　精勤得天眼
觀天上世間　徹聽自然至　所聞亦無限
如人地求藏　自然得餘寶

譬如夜半衆人眠寐一人獨覺上七重樓於寂靜時聽省諸音伎樂歌舞啼泣悲哀搗皷之聲修道所見亦復如是心本寂靜遥聽地獄啼號酸苦見聞餓鬼及與畜生天上世間伎樂之聲是天耳神通之證於是頌曰

如夜衆庶皆昏寐　一人起上七重樓
靖心而聽一切人　伎樂歌舞之音聲
其修道者亦如是　天耳徹聞諸音聲
其在三界諸形色　悉曉了知其語言
從無鞅數大經義　我得其餘服甘露
譬如人病飲良藥　今演世尊天眼教

念往世品第十七

智慧爲身善根元　經法成華德爲葉
解脱示現立不動　吾今歸命佛大樹
從億百生植善根　昔無限世寂梵行
識百千億本宿命　佛覺意強歸心定

假使修行心自念言吾從何來致得人身以天眼視明心徹觀本生爲人若在非人譬如有人從一縣邑復至一縣識前往反坐起之處也修行如是自念本生所歷受身名姓好惡壽命長短飲食被服皆悉識之彼没生此此終生彼如是之比知無鞅數所更生死是号曰識本宿命神通於是頌曰

以天眼覩曰修行　知無數劫所歷生
皆見過去可受身　譬如乘船自照面
佛所生處悉識念　吾覩諸經而鈔取
是爲号曰昔所更　以慧之心採至要

知人心念品第十八

不可計哀宜　知衆所趣念　自覩心所思
是非定放逸　志所懷至慧　解了無量智
而除諸瑕穢　願歸尊最勝

其修行者以天眼視人及非人是非善惡端正醜陋徹觀心行所明竅冥喜瞋恚者其心如斯志和悦者當所趣矣於是頌曰

天眼之徹視　見諸人非人　觀察衆顔色
亦觀心所念　知其意李無　何因獲此行
其修道悉省　懷瞋及和悦

譬如有人坐於江邊見水中物魚鱉黿鼉及無鞅數異類之蟲修行如是覩衆生心所念善惡了了無疑是名神通知他人心所念善惡於是頌曰

覺眼明了心清淨　因修行道而獲斯
知他心念所思想　猶如見樹根枝葉

譬如賈客欲得水精之珠便入江海則得此寶并獲真珠金剛珊瑚車渠瑪瑙修行如是棄于睡眠專心在明則得天眼并獲天耳神足自知己所從來見他人本是故修行當習覺明於是頌曰

如以一船入江海　而獲無數大珍寶
修行如是除睡眠　天眼聽飛識本末
修行若斯志寂定　今吾所宣如佛教
見無量色踰天眼　覩衆生心念是非
其忍辱力踰於地　柔軟安和過於水
秉志堅固如須彌　越於人民超虛空
深慧過於江　如海無恚恨　其德莫能及
願稽首最勝　其心而懷道　諸天所嘆歎
執志而一定　非以爲歡喜　彼調柔等意
非以爲增減　明德無輕戲　吾願稽首禮

假使修行心有輕戲便當思惟愁感之法會

當歸死未得度脫無常之法非歡喜時有所
恩愛會當別離於是頌曰
無數諸川流　滿苦邪沉水　未度死河法
秏亂反歡喜　無量之恩愛　不久當別離
非常之惡對　各追隨罪福
其修行者心自念言吾儻命終不成道德亦
未向道或恐犯逆不隨法教入于三塗不得
勉濟無底之患墮衆邪見得無迷惑復更胞
胎將無積骨若入太山或恐斷頭血如江海
或值涕泣淚如江河與父母別妻子無常兄
弟死亡憂惱無量於是頌曰
尚未得成道　不斷恐死原　當更百千種
儻復入胞胎　未除憂感根　遇衆無量惱
不得歸聖道　三塗自然開
修行自念夙夜恐懼儻墮貪欲非法之總常
懷害心轉相奪命無有羞恥從冥入冥已墮
此患難復人身一錢投海求之可得已失人
身難復如是於是頌曰
貪婬所蓋怒癡冥　欲杖所驅無善斷
以入畜生之雲霧　而隨此苦復人難
行者自念我身將無墮於餓鬼曾聞其人執
持瓦器盛以涕唾膿血及人殘吐以爲飲食
過以乞匃於是頌曰
以不淨之器　瓦盂而不完　盛膿血涕唾
服之如飲水　貪飲常鬪諍　殃罪之所致
作行如是者　則墮餓鬼道

修行道地經卷第三　樓

修行道地經卷第三
校勘記

一　底本，宋資福藏本。
一　二六七頁上七行第四字「弘」，磧作「弘」。二六九頁上一九行第四字同。
一　二六七頁下二行第七字「善」，南、徑、清作「喜」。
一　二六七頁下一六行末字「來」，磧、普、南、徑、清作「衆」。
一　二六八頁下二三行第一〇字「戴」，南、徑、清作「載」。
一　二六九頁中二〇行第一三字「在」，磧、普、南、徑、清作「不」。
一　二六九頁下八行第九字「真」，南、徑、清作「直」。
一　二六九頁下一九行第一四字「妄」，徑、清作「安」。
一　二七〇頁上二行「斯等」，磧、普、南、徑、清作「等斯」。
一　二七〇頁上八行第一一字「又」，

一 磧、南作「人」。

一 二七〇頁上二一行「欲知」，磧、普、南、徑、清作「欲如」。

一 二七〇頁中二行第五字「揃」，磧、普、南、徑、清作「翦」。

一 二七〇頁中一一行第七字「陰」，磧、普、南、徑、清作「除」。

一 二七〇頁中一五行第六字「事」，徑、清作「患」。同行第九字「汙」，磧、普、南、徑、清作「惡」。

一 二七〇頁中一七行第一三字「當」，磧、普、南、徑、清作「常」。

一 二七〇頁中一八行第六字「乏」，磧、普、南、徑、清作「之」。

一 二七〇頁中一九行第一二字「苦」，磧、普、南、徑、清作「若」。

一 二七〇頁中二三行第三字「其」，磧、普、南、徑、清作「某」。

一 二七〇頁下一三行第四字「誑」，磧、普、南、徑、清作「枉」。

一 二七一頁上二行第一一字「污」，磧、普、南、徑、清作「汗」。

一 二七一頁上一一行「道德」，磧、普、南、徑、清作「道德勝前萬倍」。

一 二七一頁上一六行「辦未」，磧、普、南、徑、清作「未辦」。

一 二七一頁中末行第六字「止」，磧、普、南、徑、清作「心」。

一 二七一頁下四行第九字「瞑」，磧、普、南、徑、清作「眠」。

一 二七二頁上二三行第二字「無」，磧、普、南、徑、清作「其」。

一 二七二頁中二行第四字「身」，磧、普、南、徑、清作「芽」。

一 二七二頁下一五行「聽飛」，磧、普、南、徑、清作「聰明」。

一 二七三頁上八行首字「勉」，磧作「免」。同行第七字「墮」，南、徑、清作「隨」。

一 二七三頁上九行第七字「入」，磧、普、南、徑、清作「如」。

一 二七三頁上二〇行第九字「隨」，磧、普、南、徑、清作「墮」。

趙城縣廣勝寺

修行道地經卷第四　　掛

西晉三藏竺法護譯

勸悅品第二十

承慧得度衆　道成清為流　其智常飲此
脫以法甘露　厥水而无盡　猶窮漏不斷
願歸智慧種　道德以具足　其以羸弱者
承學意自達　造度之意使　立志法禪思
其佛天中天　行權善方便　現无量智慧
身心自歸首

假使修行發羸弱心心自念言我得善利脫于八難得閑居自在吾以還遇一切智師而有歸命其法無欲衆僧具成吾已梵行種道而有成者或向道者衆人墮邪我順心道餘入行反吾從等行今吾不久為法王子天上人間歎戒德香不匿其功德不出熱尒乃安隱服解脫味日當飽滿獲殺濟安度於惡路無有恐懼秉于寂觀入八道行到无恐難趣泥洹城以是自歡遵奉精勤於是頌曰

修行設羸弱　常僥遇法利　吾得歸世尊
正法及衆僧　方便歡喜心　以歡羸弱竟
常專思遵奉　是謂為修行　初學及道成
人難如叢樹　以離於邪徑　便立在正路
戒德以為香　辟如林樹熏　忽然而解脫
得道則普現

修行道地經卷第四　第十張　扶字号

而從佛生經法樹　因衆要鈔如採華
正法須臾有懈怠　欲令自免故說是

行空品第二十一

自各名人物　志知其本号　曉衆生微苦
如蓮花根絲　以審諦觀故　无有吾我想
人上不計身　願礼无著尊　其光照於世
如炬明冥室　厥心之所觀　一切无固要
我歸命彼覺　其心行平等　察諸天及人
普見如空無

設修行者有吾我想而不入空則自刻責吾衰無利用心星身不順空慧樂吾我想憂慼自勉誘心至空或試其志誘之向定固至本无主三界皆空万物無常有是計者諫進其心念不放逸於是頌曰

其不解空有我想　志則動起如樹搖
勸誘厥心向空無　不久當獲至本淨

辟如國王而有俳兒其俳母終持服在家王欲聞說使人召之王欲相見

俳自念言吾有親老這見背棄今王
嚴急若不往者當奪我命或見誅罰
母雖壽終无他基業宜當應之不違
尊命佯作俳戲得至歡心强自伏意
制於哀戚不復念母則自莊嚴和悅
被服便往奉現外佯嘲說令王歡喜
退自思念遭於母喪心中悲慼如火
燒草嗚呼痛哉何忍當笑這罹重喪
竊畏國王即制哀心如水澆火遂復
俳戲稍忘諸憂戲笑益慼令王踊躍
其修行者亦當如是誘進道心使解
空无除吾我想因是習行遂入真空
於是頌曰

辟●如王有俳　身遭重憂哀　佯笑除憂慼
心遂歡喜悅　修行亦如是　稍誘心向空
炤燿近慧明　志定不動轉

是故行者當順空教設誡其心或中
乱者起吾我想則自思惟辟如有人
合集草木以用作栰欲度廣河其水
急暴漂而壞栰吾誘進心從來積曰
勤苦叵言乱志卒起違其專精有吾
我想於是頌曰

辟如合集草木栰　山川江河漂之壞
愛欲之河急如是　意念于寂則何空

辟如夏月熱燋草木得淋雨時便復
茂生五穀豐盛吾思惟空則无吾我
設不思惟便興身想於是頌曰

辟如於彼淋雨時　諸枯草木悉茂生
設使修行思惟空　則捐吾我无想念

修行自念吾所以坐欲求滅度實事
叵失設有我者可放求之而我本空
無有吾我欲令分別身之本無我何
所是寧有身乎於是頌曰

其處我想解乃覺　常諦觀之為本无
設使隨俗不自了　若如冥中追于盲

其修行者退自思惟有身成我衣食
供養有餘與他是為吾我計本悉空
假使有難先自將護然後救他若捨
身已復有餘患則當追護人一切貪
皆由身興无復他計是故知之身為
吾我於是頌曰

諸貪財色皆為身　設有恐難先自護
求不顧人唯慕已　是故俗人為吾我

修行自念當觀身本六事合成何謂
為六一曰地二曰水三曰火四曰風
五曰空六曰神何謂為地地有二事
內地外地於是頌曰

地水火風空　䰟神合為六　身六外亦六
佛以聖智演

何謂身地中堅者髮毛爪齒垢濁骨
肉皮革筋連五臟腸胛屎穢不淨諸
所堅者是謂身地於是頌曰

人身積之若干種　髮毛爪齒骨肉皮
及餘體中諸所堅　是則謂為內身地

彼修行者便自念言吾觀內地是我
身不神為著之與內合守身合為異
吾我別守當觀剃頭下鬚髮時著於
自前一一分髮百反心察何所吾我
設一毛我安置餘者若毛悉是斯亦
非應為若干身又除鬚髮從小至長
亦難計量若持著火燒其髮時身便
當亡髮從四生一曰因緣二曰塵勞
三曰愛欲四曰飲食計是非身則无
吾我鬚髮衆緣合我這有一髮墮地
設投於火若捐在廁以足蹈之於身
無患在於頭上亦无所益以是觀之
在頭在地等而無異於是頌曰

頭上雖多髮　增減亦無異　設除及與在
亦不以為憂　諦觀察是已　則无有吾我

是故分別了　各各无有身

假使彼髮為吾我者如截葱韮後則復生以是計之當復有我所以者何其葱韮者自毀自生一切皆空非吾無我假使鬚髮與神合者如水乳合猶尚可別設使鬚髮有吾我者初在胎中受形識時都无髮毛尒時吾我為在何許後因緣生以是知之髮無吾我髮生不生若除若在計无有身以是觀之草苗及髮一切無有異於是頌曰

假使鬚髮有吾我　便當可見如葱韮
身猶莖草剉斬之　觀體與草等无異

其修行者思惟如是本无有吾今不見我曉了若斯不懷狐疑如髮無我一切亦然髮毛抓齒骨肉皮膚悉无所屬諦觀如是地無吾我我不在地於是頌曰

身髮種類无吾我　分別體內百千段
於中求之无有身　辟如入水而求火

其修行者心自念言吾求內地觀无吾我當察外地儻有吾我依外地耶何謂外地與身不連麤強堅固離於人身謂為土地山巖沙石瓦木之形銅鐵鉛錫金銀鍮石珊瑚虎魄硨磲馬瑙琉璃水精諸樹草木苗稼穀物諸所積聚於是頌曰

山巖石瓦地樹木　及餘諸所有形類
其名離身衆殖生　是則名曰外地種

其修行者觀於外地則知內地无有吾我所以者何內地增減則有苦安尚無有身何況外地當有體耶設有破壞斷截燒滅墾掘剝裂不覺苦痛寧可謂之有吾我乎故外內地皆无所屬等而無異於是頌曰

辟如內地無吾我　何況在外而有者
以觀无我等无異　省之同空而不別

何謂為水水為在我我為在水水有二事內水外水何謂內水身中諸軟濕膩肪膏血脉髓腦涕淚涎唾肝膽小便之屬身中諸濕是謂內水於是頌曰

肝膽諸血脉　及汗肪之屬　涕唾諸小便
身中諸濕者　散體有柔軟　與神不相連
通流遍身中　是謂為內水

其修行者涕唾在前諦觀視之以本穢之我著此乎假使依是日日流出棄捐滅沒將定在外不計是我亦不護之假使水聚有吾我者盛著器中以何名之如是觀者諦知無身所以者何計於形體无有若干以此之比水種衆多水則无我內外亦尒於是頌曰

假使我如水　水消我則滅　如身水稍長
我者亦應尒　如棄體中水　不貪計是身
諦觀如是者　則无有吾我

其修行者復更省察已見內水无有吾我當觀外水為有我耶我依水乎何謂外水不在已者根味莖味枝葉花實之味醍醐麻油酒漿霧露浴池井泉溝渠澇水江河大海地下諸水是謂外水於是頌曰

地上諸何名水者　及餘衆藥根莖味
與身各別不相連　是則謂之為外水

其修行者諦觀外水分別如是而身中水尚无吾我有所增減令身苦痛何況外水而有身乎設有取者於已無損若有與者於身無益以是觀之此內外水等而无異所以者何俱无

所有於是頌曰
身中諸水無吾我　設有苦樂及增減
如是外水豈有身　苦樂增減而无患
今當觀察諸火種火有我耶我者火
乎何謂為火火有二事內火外火何
謂內火身中溫煖諸熱煩滿其存命
識消飲食者身中諸溫此為內火於
是頌曰
身中諸煖消飲食　溫和存命諸熱者
是則體分及日光　斯謂名之為內火
其修行者當作等觀身中諸溫或熱
者頭或在手足脊脅腹背如是觀者
各各有異計人身一不應有我諦視
如是則无所屬是為內火於是頌曰
分別計人身　心察火无我　所處若干種
各各不見我
其修行者便自思惟吾求內火則无
有身當觀外火為有我乎我依火耶
何謂外火與身不連謂火及炎溫熱
之屬日月星宿所出光明諸天神宮
地岸山巖鑿石之火衣服珎琦金銀
銅鐵珠璣瓔珞及諸五穀樹木藥草
醍醐麻油諸所有熱是謂外火於是
頌曰
日月炎火及星宿　下地諸石光熱者
及餘一切諸溫煖　是則名曰為外火
其修行者思惟外火所覩如是則知
外火不可稱數火有二事有所燒煮
火在草木不禁草木所處各異設外
火中有吾我者則不別異以故知之
外火无身亦不在彼內火外火俱而
无異所以者何等歸于空於是頌曰
所以有此火　唯燒熱吹熟　山巖諸石子
所積聚如是　各各所在異　熾燈不一時
外火為若斯　是故知无我
今當觀察諸所風　氣為有我耶我
在風耶何謂為風風有二事內風外
風何謂內風所受氣上下往來橫起
脅間脊背腰風通諸百脉骨間之風
掣縮其筋力風急暴諸風興作動發
則斷人命此謂內風於是頌曰
截身諸風猶機關　其斷人命衆風動
喘息動搖掣縮體　是則名曰為內風
其修行者當作是觀斯內諸風皆因
飲食不時節起及餘因緣風不虛發
風若干種步步之中各各起滅於彼
求我而不可得以是言之求於內風
而无吾我於是頌曰
人身動風及住風　計若干種從緣起
此各殊異非有我　是故內風而无身
其修行者心自念言今求內風則無
有我當復察外何謂外風不與身連
東西南北暴急亂風漂風冷熱多少
微風興雲之風旋嵐動風成敗天地
及持水風是謂外風於是頌曰
四方諸風及寒熱　旋嵐之風亦成敗
持風塵清并漂風　是則名曰為外風
其修行者觀風如是則自念言外風
不同或大或小或時中適或時盛熱
持扇自扇若有塵土而拂拭之急疾
飄風則逝擊人旋嵐風立在虛空天
地壞時拔須弥山兩兩相搏皆令破
壞舉下令上飄高使墮相揬碎破皆
使如塵計身有一毛有大小外風既
多又復大小觀內外風等无老特所
以者何俱無所屬於是頌曰
若使熱扇除汗暑　人身中風及旋嵐
虛空衆風亦无我　是則名曰為外風
其修行者皆能分別了此四大舉名

未捨不解身空所在作為輙計有身亦言有吾以觀本計内四種及外四種俱等无異色痛想行識則為猗内亦无所猗所以者何其心意識而不在内痛想行識亦不與身四大相連於是頌曰

當觀察此四種分　其无慧者常懐疑
色痛行識不連内　安當相著外四種

其脩行者假使狐疑當觀本原能解其根則知如審辟如種樹而生果實非是本子亦不離本一切如是因獲四大如有五陰則在胞胎成心精神形如濁酪則　生息内稍稍而成小見之身從少小身便至中年是若干種本從胎起既成就身非初合身亦不離初始從胎精稍稍成形至于中年精神所處四大種之變漸漸日長以觀本無則无有我等无老特四種法余精神所處漸漸成軀其无精神亦轉長大於是頌曰

内由心生實　如樹從子出　心如樹因果
外種亦如是　其身法亦然　因心念衆想
厥外種无意　安能有衆想

辟如外種或有出金後有工師或出銅鐵或出鈆錫或出銀者或出鍮石車𤦲馬瑙琉璃水精珊瑚虎魄碧英金剛金精衆寶其於外種出如是輩琦璝珎異計身内種胎中始生若二内揣名為眼相其目中光有所見者名曰為精目中黒瞳因于内精得見外形内外相迎然後為識識何所興謂痛想行若如從目生痛想行耳鼻身意亦復如是内外諸種等亦无異從内諸種心痛想行本從内起不由于外於是頌曰

有護於外種　用出金銀故　内種亦如是
二内揣成眼　從眼想覩色　因色而成識
猶心起衆想　内自在号識

其脩行者儻有是疑所謂内種頗有喻者所謂内中之内或自覺言矇瞋之人不聞不了其心反耶入於貢高所見身者則是吾所我為有體我或在内觀他人身亦如是也所覩如斯不能起踰佛解人身四大五陰及諸衰入因号之身我所他人計此内外凡俗言耳如俗所言吾欲從之設不

從者儻有諍訟學道之人未曽計形於是頌曰

我寧有勝乎　能超内我耶　愚騃亦如是
无慧隨邪見　言語有增減　凡俗所説耳
智慧除如是　分別无特異

其脩行者見知了了成清淨慧設使内種是我所者常得自在當制訶之進退由人所以知之无我者何不得自在感於衰老鬚髮自白拚長齒落面皺皮緩顔色慶變筋脉為緩肉損傷骨風寒熱至相錯不和體血濁乱計外四大亦復如是或有掘地山崩谷壞地水火風或增或損用不自在是故由此知於是頌曰

生老病死生　猶尚不自在　外地亦如此
崩掘常增減　内衆事成身　外種亦若干
如實正諦觀　則知無吾我

脩行自念我心去何從久遠四大患空反謂我所辟如夏熱清淨无雲遊於曠澤遥見野馬當時地熱如散炭火既有無水草木皆枯及若沙地日中炎盛或有賈客失衆伴輩獨在後行上无散蓋足下無履體面汗出曆

口燋乾熱外身體張口吐舌劣極甚渴四顧望視其心迷惑遥見野馬意為是水謂為不遠似如水波其邊生樹若干種類鳧鴈鴛鴦皆遊其中我當至彼自投坑底復出除身垢熱及諸虚渴疲極得解尒時彼人念是已後盡力馳走趣於野馬身劣益渴遂更困頓氣促心乱即復思惟我謂水近走行有里永不知至此為云何今之所見實是何水吾自惑乎遂復進前日轉晚暮時向欲凉不見野馬无有此水心即覺之是熱盛炎之所作耳吾用渴極遥見野馬反謂是水於是頌曰

遥見日盛炎　謂是流水波　以渴極困故
意想呼是河　時暮遂向凉　更諦察視之
乃知是野馬　吾惑謂為水

修行自念吾本亦然渴於情欲追之不息著終始受還自燋然迷等疑想癡網所盖野馬見惑吾從久遠唐有是心貪著于我謂是吾所念已覺了所觀審諦身所想見斯已除矣今觀六分无有吾我觀一毛竅永不見有況

於體中毛孔諸物解身一毛有若干說況當講論一切地乎於是頌曰

自觀其身謂有我　愚渴見炎亦如是
知此六分非我所　有是心者諸合德

其修行者當復思惟愚者不明發心生想是吾斯我彼意所念衆想邪行初起謂念後起謂行思是然後心中風動令口發言倚四大身計吾有我是事皆空无吾无我唯是陰種諸入之根是故有身因号名人男子丈夫萌類視息載齒之種志從内動因風有聲合舌而言辟如大水高山流下其震動暢逸行者聞之亦如深山之嚮呼者即應人若有言本從心起亦猶如是於是頌曰

依倚諸種想衆法　本從邪思起意念
因長成身有言説　出若干義如山川

其修行者當復自念是四種身无吾無我轉相增害辟如有人財富無數而有四怨四怨念言此人大富財寶不貲田地舍宅器物无量奴婢僕使無所乏少宗室親友皆亦熾盛吾等既貧復無力勢我輩不能得報此怨

當以方便危斯入當以何因緣成其方計常親近之乃可報怨尒時四怨詐往歸命各自説言我等為君趣走給使當如奴客所欲作為願見告勑其人即受慈親信之令在左右四怨恭肅晚卧早起悚慄叉手諸可重作皆先為之不避勤難尒時富者見彼四怨恭敬順從清淨言和卑下其意心甚愛之謂此四人是吾親親莫踰卿者所在坐席輙歎説之是吾親友亦如兄弟子孫無異是輩所興有可作為吾終不違有是教已食飲同器出入参乘於是頌曰

親近无數便　除慢不逆命　卑下如家客
順意令歡喜　怨安能行此　是輩為本讎
在世有嫌結　佯之如親友

尒時富者親是四怨心未曾疎然後有緣與斯四人從其本城欲到異縣自共竊議此人長夜是我重讎今者在此墮吾手中既在壙野無有人民此間前後所傷非一也今斯道路離城玄曠去縣亦遠前後无人邊無候望亦無放牧取薪草人射獵之者也

今正日中猛狩尚息況人當行今甚可危於時四怨捉冨者髮抴之著地騎智上各陳本罪一怨言曰其時煞我父第二人言卿煞我兄第三人言汝煞我子第四人言汝煞我孫今得卿便段段相解當截其頭解解斬之自省本心曾所作不皆思惟之今汝亡命至閻羅獄尒時冨者尒乃覺耳是我怨家反謂親親初来附吾吾愛信之食飲好樂不為恡惜視之如子吾所欲得恣者其前久欲害我我但不覺耳今捉我頭撲之在地陳吾万罪截吾耳鼻及手足指剥皮斷舌今諦知卿是我仇怨於是頌曰

其入相随来　怨家像善友　口軟心懐毒
如灰覆盛火　現信無所持　剥吾而屠羊
其人心乃覺　是怨非親友

修行如是等觀此義吾本自謂地水火風四事屬我今諦察之已為覺知是為怨家骨𩪘相連所以者何身水增減令發寒病有百一苦本從身出還自危已也若使身火復有動作則發熱疾百一之患本来從身還復自

危也風種若起則得風病百一之病也地若動者衆病皆興是為四百四病俱起也是四大身皆是怨𫗦恚非我許誠可患猒明者捐棄未曾貪樂於是頌曰

火大在於木　相縶還自然　四種亦如是
不和危其身　明人常諦觀　省察其本原
是内四大空　此怨何為樂

其修行者自思惟念吾觀四種實非我所當觀空種為何等類空者有身身為有空何謂空種空有二事内空外空何謂内空身中諸空眼耳鼻口身心胷腹腸胃孔竅晃藏之屬胃中諸空衆脉瞤動是華名為内空也於是頌曰

如蓮華諸化　體空亦如斯　骨肉皮動瞤
身内空无異

其修行者當作斯觀身中諸孔皆名曰空不從此空而起想念不與空合所以者何意從心起意意相續本從對生其意法者當自觀心觀他人心心无亦空无所依倚以三達智察去来今皆無所有若干方便省於内空

永不見身是故内空而無吾我於是頌曰

觀於内種何所在　永不得我如毛塵
是故身空心意識　辟如冥影但有名

其修行者當作是觀已見内空悉无所有當復觀外為何等類為有我乎我依之耶何謂外空不與身連無像色者而不可見亦弗可獲无有身形不可牽制不為四種之所覆蓋因是虚空分别四大而依往反出入進退上下行来屈申舉動不深上高風得周旋云起山崩日月星宿周匝圜遶得因而行是　為外空於是頌曰

不見其色像　能忍无罣㝵　衆人因往還
屈申及動作　衆水所通流　日月風旋行
山崩若火起　是謂為外空

其修行者諦觀如是而身内空常非吾所況復外空而云我于執心專精内外諸空等無有異所以者何何無有樂也不可捉持无有想念已無心意無有苦樂不當計我於是頌曰

是身中諸空　計體了無我　何況於外空
當復計有所　察於内外空　悉等无差異

以不與苦樂 離於諸想念
今當觀察心神之種 心有我我依心
神耶 何謂心神 心神在內不在外 心
依內種得見外種而起 因緣神有六
界 眼耳鼻口身心之識也 彼修行者
當作是知 自因色明猶空隨心以是
之故便有眼識 於是頌曰
因內諸種火 及外衆四分 如兩木相鑽
火出識如斯 耳鼻身口意 分別成六事
色為罪福生 是名曰諸識
其眼識者不在目裏 不在外色 色不
與眼而合同也 亦不離眼 從外因色
內而應之緣 是名識 於是頌曰
譬如取火燧 破之為百分 而觀不見火
觀火不離木 其諸識之種 計之亦若斯
因六情有識 察之不可分
譬如有王上在高樓 與群臣百寮俱
會 未為王時在於山居 為仙人子 群
臣迎之立為國王 未曾聽樂聞鼓箜
篌琴瑟之聲 其音其悲柔和雅妙 得
未曾有 顧謂群臣 是何等聲 其音殊
和 於是頌曰
如仙人王在閑居 來在人間聞琴聲

其王尒時問群臣 是何音聲殊乃尒
群臣白王 大王未曾聞此音耶 於是
頌曰
群臣報王曰 王未曾聞耶 如王見識者
臣不宣惡言
王告群臣 言吾身本學久居靈山 為
仙人子 其處閑居 與此差別 以故不
聞 於是頌曰
王以本未為臣說 止在閑居法為樂
遊于獨處故不知 不能分別此音聲
尒時傍臣前啓王言 大王欲知是名
曰琴 於是頌曰
王未曾聞此 不解音所出 臣言人中尊
是者名曰琴
王告傍臣 便取琴來 吾觀之何類 即
受勅命 則持琴來 王告之曰 吾不用
是 取其聲來 傍臣報曰 是名曰琴 當
與方便動作功夫 乃有聲耳 何緣舉
聲以示王乎 於是頌曰
其王有所問 群臣尋荅曰 其聲不可獲
无有自然音
王問群臣 興何功夫而令有聲 群臣
白王 此名曰琴 工師作成 既用𢯱材

加以筋纏 以作成竟 復試厥音 令不
大小 使其平正 於是頌曰
治用𢯱材作斯琴 覆以薄板使內空
復著好絃調其音 然後尒乃聲悲和
臣啓王曰 鼓琴當工巧 節相和 不急
不緩 不遲不疾 知音時節 解聲麤細
高下得所 又既曉賦 詠歎詠之聲 歌
不失節 習於鼓音 八音九十八之品
品有異調 其絃之變四十有九 於是
頌曰
其音而悲和 宣暢聲逸殊 四部鼓柔軟
能歌皆通利 曉了詩賦詠 若如天伎樂
得如是人者 鼓琴乃清和
群臣白王 如斯師者調琴絃聲 尒乃
悲快 如向者王之所聞聲 已滅盡矣
不可復得 設人四方追逐其音 求之
所在而不可獲 王調群臣 所謂琴者
无益於世 無有要矣 是謂為琴 令無
數人放逸不順 為是見斯 迷惑於人
取是琴去 破令百分 棄捐于野 於是
頌曰
若干功夫成其音 是為虛妄迷惑俗
假使无鼓聲不出 煩勞甚多用是為

其修行者作是思惟辟如彼琴與若干功尒乃成聲眼亦如是无風寒熱其精明徹心不他念目因外明所覩色者無有遠近色無細微亦不覆蓋識非一種因是之緣便有眼識於是頌曰

如琴若干而得成　聲從耳聞心樂不
无有衆病目精明　設無他念名眼識

所從因緣起眼識者其緣所合无常苦空非我之物因從眼識而致此患設有人言有常樂命是我所者是不可得此為虛言安可自云眼識我所以是知之身無眼識也眼識无常識心諸所想亦復如是審諦觀者知其根本一切諸法皆非我所辟如御車擿取芭蕉之樹一葉謂之為堅在手即微次第擿取至其根株无一堅固亦不有要能令剛也修行如是從初發意時觀其毛髮為是我所為在他所審觀如是察其頭髮一切地種水火風空并及精神視察无身如吾曾聞日入夜冥有人獨行而无有月光遂至中半遥察見樹謂之為賊如欲拔刀

張弓執戟危我不疑心懷恐怖不敢復前舉足移動志甚愁慼惱不可言天轉向曉星宿逐沒日光欲出尒乃知覺非賊是樹其修行者當作是觀我自往昔愚癡所蓋謂有吾身及頭手足胷脊脅腹諸所合聚行步進止坐起言語所可作為稍稍自致學問曉道智慧聰明愚癡之冥遂為淺薄尒乃解了无有吾我骨瑣相連皮革裹纏因心意風行步進止卧起語言有所作為於是頌曰

有人冥行路　望見樹謂賊　愚人亦如是
見身計有我　明无吾我人　積衆事成體
骨瑣諸孔流　因心神動風

吾曾聞之昔有一國諸年少輩遊在江邊而相娛樂以沙起城或作屋室謂是我所各各自護分別所為令不差錯作之已竟中有子即以足觸壞他沙城主大瞋恚牽其頭髮以拳打之舉聲大叫某壞我城仁等願来助我治罪衆人應聲悉往佐助而撾治之足蹈其身汝何以故壞他人所作其輩復言汝破他城當還復之共相謂

曰寧見此人壞他城不其有校者治罪如是各自在城而戲忻笑勿復相犯於是頌曰

小兒作沙城　觸之皆破壞　戲笑而作之
謂為是我所　各各自懷心　是吾城屋界
而已娛樂中　如王處國宫

尒時小兒娛樂沙城謂是我所將護愛之不令人觸日遂向冥各欲還歸其心不樂不顧沙城各以手足蹹壞之去而歸其家於是頌曰

小兒積沙以為城　在中娛樂盡黄昏
日適向冥不戀慕　即捨其城歸還家

其修行者當作是觀吾未解道計有吾我恩愛之者普護身色老病將至无常對到忽盡滅矣今適捨色心无所樂以智慧法分別散壞四大五陰今已解了色痛想行識諸入之衰皆非我所如今五陰非身所有過去當来現在亦然其觀生死以如是者便能具足得至脫門欲求空者順行若斯於是頌曰

其有習欲者　不捨恩愛著　普自將護身
如人奉敬親　若離於情欲　如月蝕光明

知身如沙城　不復計吾我
其修行者見三界空不復願樂有所向生何謂无願而向脫門所有境界婬怒癡垢假使起者制而不隨是謂无願而向脫門无相如是已了是者謂三脫門其修行者所以專精唯欲解空於是頌曰
三界不見我　所觀皆為空　安能復求生
一切不退還　設心常思念　无相无願空
如在戰鬪中　降伏除怨賊　觀五陰本無
依倚在人身　過去及當来　現在亦如是
積聚勤苦身　一切悉敗壞　明者觀五陰
如水之有沫　若得無相願　覩三界皆空
致三脫安隱　悉度衆苦惱　見吉祥不遠
如掌中觀文　是謂為沙門　无有終始患
省察覺佛諸經法　為求解脫永安隱
義深廣演說捴衆　令行者解多講空

修行道地經卷第四

修行道地經卷第四

校勘記

一　底本，金藏廣勝寺本。

一　二七五頁中一行經名，二行譯者，資、磧、普、南、徑、清無（未換卷）。

一　二七五頁中四行「得度衆」，資、磧、普、南、徑、清作「德度衆」。

一　二七五頁中五行首字「脱」，麗作「服」。同行第一二字「窮」，麗作「穿」。

一　二七五頁中七行「之意使」，資、磧、普、南、徑、清作「定意便」；麗作「定意使」。

一　二七五頁中九行「自歸首」，諸本作「歸稽首」。

一　二七五頁中一一行第四字「乎」，資、磧、普、南、徑、清作「于」。同行第九字「居」，資、磧、普、南、徑、清無。同行末字「還」，麗作「逮」。

一　二七五頁中一二行第七字「有」，資、磧、普、南、徑、清作「身」。

一　二七五頁中一三行第一〇字「而」，資、磧、普、南、徑、清無。

一　二七五頁中一四行「心道餘入」，諸本作「正道餘人」。

一　二七五頁中一六行第四字「歎」，麗作「難」。

一　二七五頁中一六行至次行「不惱熱」，資、磧、普、南、徑、清作「得不熱惱」；麗作「得不惱熱」。

一　二七五頁中一九行第五字「到」，資、磧、普、南、徑、清作「致」。

一　二七五頁中二〇行「自歡」，諸本作「自勸」。同行「精勤」，資、磧、普、南、徑、清作「精進」。

一　二七五頁下一行「道成」，資、磧、普、南、徑、清作「成道」。

一　二七五頁下六行「自免」，諸本作「自勉」。

一　二七五頁下六行「故說是」，至此，資、磧、普、南、徑、清卷第四終，卷第五始。

一　二七五頁下七行「行空品」，麗作

「修行道地經行空品」。

一　二七五頁下八行「自各」，諸本作「各自」。同行「衆生」，磧、普、南作「來主」。

一　二七五頁下一〇行「人上」，資、磧、普、南、徑、清作「人常」。

一　二七五頁下一三行「空無」，資、磧、普、南、徑、清作「空人」。

一　二七五頁下一六行末字「試」，南、麗作「誠」。

一　二七五頁下一七行「定固」，資、磧、普、南、徑、清作「定因」；麗作「之因」。

一　二七五頁下一八行末字「念」，諸本作「令」。

一　二七五頁下二一行第二字「誘」，資、磧、普、南、徑、清作「進」。

一　二七六頁上一行第九字「這」，諸本作「適」。下至二七八頁下一三行第一〇字同。

一　二七六頁上四行第三字「佯」，麗作「陽」。同行第八字「至」，諸本作「王」。

一　二七六頁上一四行「憂哀」，諸本作「憂喪」。

一　二七六頁上一七行「設誠」，資、磧、普、南、徑、清作「設試」。

一　二七六頁中一行第二字「欲」，資、磧、普、南、徑、清作「樂」。同行「何空」，諸本作「向空」。

一　二七六頁中二行第五字「熱」，資、磧、普、南、徑、清作「暑」。

一　二七六頁中八行第二字「失」，麗作「求」。同行第八字「放」，諸本作「方」。同行第一二字「我」，資、磧、普、南、徑、清作「然」。

一　二七六頁中九行「欲令」，諸本作「今欲」。

一　二七六頁中一七行第八字「計」，麗作「討」。

一　二七六頁下四行第五字「中」，諸本作「身中」。

一　二七六頁下五行第九字「髀」，諸本作「腨」。

一　二七六頁下一〇行第一〇字及一一行第四字「守」，諸本作「乎」。

一　二七六頁下一二行首字「自」，諸本作「目」。

一　二七六頁下一五行至次行「便當」，磧、普、南、徑、清作「當便」。

一　二七六頁下一八行第三字「鬚」，資、磧、普、南、徑、清無。同行末字「地」，資、磧、普、南、徑、清作「在地」。

一　二七七頁上二行及四行「慈蕜」，資、磧、普、南、徑、清作「葱蕹」。

一　二七七頁上一〇行第一〇字「切」，諸本無。

一　二七七頁上一二行第九字「當」，資、磧、普、南、徑、清作「是」。

一　二七七頁上一五行「不懷」，資、磧、普、南、徑、清作「一壞」。

一　二七七頁上一六行「扴齒」，諸本作「爪齒」。

一　二七七頁上一九行第一一字「內」，資、磧、普、南、徑、清作「肉」。

一 二七七頁上二一行「覩无」，諸本作「都無」。
一 二七七頁中六行第二字「名」，諸本作「各」。
一 二七七頁中八行「苦安」，資、磧、普、南、徑、清作「苦毒」。
一 二七七頁中一〇行「剥裂」，資、磧、普、南、徑、清作「割裂」。
一 二七七頁中一七行第一二字「涶」，資、磧、南、清作「唾」。
一 二七七頁中一八行及二一行「諸漯」，諸本作「諸濕」。
一 二七七頁中二〇行「涕唾」，諸本作「涕淚」。中末行資、磧、普、南、徑、清同。
一 二七七頁下二行「將定」，資、磧、普、南、徑、清作「朽之」。
一 二七七頁下八行「稍長」，南、徑、清作「消長」。
一 二七七頁下一一行「内水」，資、磧、普、南、徑、清作「内外」。
一 二七七頁下一四行第一〇字「漿」，資、磧、普、南、徑、清作「醬」。
一 二七七頁下一七行第四字「何」，諸本作「可」。
一 二七八頁上六行「温腝」，諸本作「温煖」。
一 二七八頁上九行末字「者」，資、磧、普、南、徑、清作「著」。
一 二七八頁上一二行第一〇字「背」，資、磧、普、南、徑、清作「背也」。
一 二七八頁中二行第四字「火」，資、磧、普、南、徑、清作「光」。
一 二七八頁中六行第六字「禁」，諸本作「焚」。
一 二七八頁中一一行第一二字「燈」，諸本作「然」。
一 二七八頁中一二行第五字「斯」，資、磧、普、南、徑、清作「此」。
一 二七八頁中一三行第一二字「耶」，資、磧、普、南、徑、清作「乎」。
一 二七八頁中一五行第六字「所」，諸本作「身所」。
一 二七八頁中一九行首字「載」，資、磧、普、南、徑、清作「戴」。
一 二七八頁中二一行「斯内」，諸本作「此内」。
一 二七八頁中二二行「虚發」，資、磧、普、南、徑、清作「空發」。
一 二七八頁下四行「无身」，資、磧、普、南、徑、清作「無我」。
一 二七八頁下八行「旋嵐」，資、磧、普、南、徑、清作「隨藍」。下至二一行同。
一 二七八頁下一一行第二字「風」，諸本作「雲」。
一 二七八頁下一五行第四字「逝」，資、磧、普、南、徑、清作「斷」。同行第五字「摯」，麗作「鷙」。同行第九字「風」，諸本作「之風」。
一 二七八頁下一六行末字「破」，資、磧、普、南、徑、清作「碎」。
一 二七八頁下一七行「相撲碎破」，資、磧、普、南、徑、清作「相搪碎敗」；麗作「相撲碎壞」。
一 二七八頁下二一行「熱扇」，南、麗

作「執扇」。同行第六字「汗」，南作「于」。
一　二七九頁上二行第七字「本」，諸本作「本無」。
一　二七九頁上八行第一〇字「相」，資、磧、普、南、徑、清作「想」。
一　二七九頁上九行「本原」，資、磧、普、南、徑、清作「本無」。
一　二七九頁上一〇行第二字「根」，資、磧、普、南、徑、清作「相」。
一　二七九頁上一七行第七字「大」，資、磧、普、南、徑、清無。
一　二七九頁上一九行第一〇字「軀」，資、磧、普、南、徑、清作「體」。
一　二七九頁中三行「碧英」，資、磧、普、南、徑、清作「碧玉」。
一　二七九頁中四行「出如」，資、磧、普、南、徑、清作「出於如」。
一　二七九頁中七行第四字及第一二字「精」，麗作「睛」。
一　二七九頁中一〇行首字「身」，麗無。
一　二七九頁中一三行第二字「護」，徑作「諸」。
一　二七九頁中一四行第八字「想」，麗作「根」。
一　二七九頁中一七行首字「喻」，諸本作「踰」。同行第一〇字「自」，徑作「有」。同行第一三字「矇」，資、磧、普、南、徑、清作「朦」。
一　二七九頁中一九行「所我」，資、磧、普、南、徑、清作「我所」。
一　二七九頁中二一行第三字「起」，資、磧、普、南、徑、清作「超」。同行第五字「佛」，資、磧、普、南、徑、清作「弗」。
一　二七九頁下三行第七字「超」，資、磧、徑、清作「起」；南作「趍」。
一　二七九頁下五行「如是」，資、磧、普、南、徑、清作「是知」。
一　二七九頁下九行「抍長」，南、清、麗作「爪長」。
一　二七九頁下一〇行第七字「[illegible]」，諸本作「醜」。
一　二七九頁下一一行「體血」，麗作「膿血」。
一　二七九頁下一四行「由此知」，諸本作「無身猶此知之內外諸種無吾非我」。
一　二七九頁下一五行第五字「生」，諸本作「至」。
一　二七九頁下一八行「久遠」，諸本作「久遠來」。
一　二七九頁下二一行「有無」，諸本作「無有」。
一　二七九頁下末行第四字「散」，諸本作「傘」。
一　二八〇頁上一行「熱外身體」，資、磧、普、南、徑、清作「熱炙身軀」；麗作「熱炙身體」。
一　二八〇頁上五行第六字「坑」，資、磧、普、南、徑、清作「沉」。同行第一一字「身」，資、磧、普、南、徑、清作「身中」。
一　二八〇頁上六行第二字「虛」，諸本作「劇」。

一 二八〇頁上八行第五字「促」，諸本作「乏」。

一 二八〇頁上九行「有里」，資、磧、普、南、徑、清作「數里」。同行第六字「永」，南、徑、清作「水」。同行末字「令」，諸本作「本」。

一 二八〇頁上一〇行「何水」，資、磧、普、南、徑、清作「河水」。

一 二八〇頁上一二行第五字「即」，資、磧、普、南、徑、清作「既」。

一 二八〇頁上一五行「極困」，諸本作「困極」。

一 二八〇頁上一九行「迷守」，資、磧、普、南、徑、清作「迷爲」。

一 二八〇頁上二一行第一〇字「念」，諸本作「令」。

一 二八〇頁上末行「見有」，資、磧、普、南、徑、清作「見有也」。

一 二八〇頁中一行第五字「孔」，資、磧、普、南、徑、清作「中」。

一 二八〇頁中三行第二字「觀」，資、磧、普、南、徑、清作「覩」。

一 二八〇頁中三行第六字「有」，資、磧、普、南、徑、清作「是」。

一 二八〇頁中四行第一二字「謶」，資、磧、普、南、徑、清作「謂」。

一 二八〇頁中一二行第三字「合」，諸本作「令」。

一 二八〇頁中一九行第五字「增」，資、磧、普、南、徑、清作「憎」。

一 二八〇頁中二一行末字「使」，資、磧、普、南、徑、清作「從」。

一 二八〇頁下一行第五字「危」，諸本作「屈危」。同行第一二字「緣」，諸本無。

一 二八〇頁下二行「方計」，資、磧、普、南、徑、清作「方便」。

一 二八〇頁下三行「趣走」，麗作「趨走」。

一 二八〇頁下四行「當如」，麗作「以當」。

一 二八〇頁下六行「悚慄」，資、磧、普、南、徑、清作「竦慄」。

一 二八〇頁下七行「㩘難」，諸本作「劇難」。

一 二八〇頁下八行至次行「意心」，麗作「心意」。

一 二八〇頁下九行「親親莫踰」，資、磧、普、南、徑、清作「親友莫喻」。

一 二八〇頁下一三行第四字「乘」，資、磧、普、南、徑、清作「承」。

一 二八〇頁下一四行第五字「便」，徑、清作「使」。

一 二八〇頁下一五行「是業」，諸本作「是等」。

一 二八〇頁下二二行第三字「曠」，麗作「隔」。

一 二八一頁上一行第五字「猛」，資、磧、普、南、徑、清作「禽」。同行末字「甚」，麗作「垂」。

一 二八一頁上二行第一一字「抴」，資、磧、普、南、徑、清作「撲」。

一 二八一頁上三行首字「騎」，諸本作「騎其」。

一 二八一頁上六行第八字「截」，資、磧、普、南、徑、清作「斷」。

一　二八一頁上八行「闍羅」，資、磧、普、南、徑、清作「闍羅王」。

一　二八一頁上九行「親親」，資、磧、普、南、徑、清作「親友」。

一　二八一頁上一一行「我我但」，資、磧、普、南、徑、清作「我但」；麗作「我我」。

一　二八一頁上一五行第五字「來」，資、磧、普、南、徑、清作「交」。

一　二八一頁上一六行第一三字「而」，諸本作「如」。

一　二八一頁上一七行第三字「心」，資、磧、普、南、徑、清作「介」。

一　二八一頁上末行「本來從身」，諸本作「本從身出」。

一　二八一頁中一行末字「病」，麗作「痛」。

一　二八一頁中二行首字「也」，資、磧、普、南、徑、清無。

一　二八一頁中四行「未曾」，資、磧、普、南、徑、清作「未嘗」。

一　二八一頁中六行第二字「大」，諸本作「本」。同行第七字「槃」，麗作「揩」。

一　二八一頁中七行「本原」，資、磧、普、南、徑、清作「本無」。

一　二八一頁中一四行第五字及一六行末字「瞤」，資、磧、普、南、徑、清作「潤」。同行第九字「名」，資、磧、普、南、徑、清作「名曰」。

一　二八一頁中一六行第五字「化」，諸本作「孔」。

一　二八一頁中一八行第七字「斯」，資、磧、普、南、徑、清作「是」。

一　二八一頁中二二行「心无亦空」，徑、清作「心亦空無」。

一　二八一頁下三行第一一字「我」，資、磧、普、南、徑、清作「見」。

一　二八一頁下六行末字「乎」，麗無。

一　二八一頁下一一行第九字「不」，諸本作「下」。

一　二八一頁下一二行第三字「云」，諸本作「火」。

一　二八一頁下一五行「旋行」，資、磧、普、南、徑、清作「遊行」。

一　二八一頁下一七行「常非」，諸本作「尚非」。

一　二八一頁下一八行第一〇字「于」，諸本作「乎」。

一　二八一頁下一九行至次行「何無有樂也」，資、磧、普、南、徑、清作「無苦樂故也」；麗作「無有苦樂故也」。

一　二八一頁下末行第五字「所」，資、磧、普、南、徑、清作「耶」。同行「差異」，資、磧、普、南、徑、清作「差別」。

一　二八二頁上六行第五字「自」，諸本作「目」。

一　二八二頁上七行第六字「說」，諸本作「識」。

一　二八二頁上八行「種火」，諸本作「大種」。

一　二八二頁上一〇行第五字「生」，諸本作「主」。

一　二八二頁上一一行「在外」，資、磧、普、南、徑、清作「在目外」。

一 二八二頁上一四行「而覩」，諸本作「而都」。

一 二八二頁上一六行末字「分」，資、磧、普、南、徑、清作「別」。

一 二八二頁上一八行第三字「爲」，資、磧、普、南作「臣」。

一 二八二頁上二〇行「其悲」，諸本作「甚悲」。

一 二八二頁上二二行首字「和」，諸本作「好」。

一 二八二頁中四行第一〇字「耶」，資、磧、普、南、徑、清作「此」。同行「誠者」，諸本作「試者」。

一 二八二頁中九行「本未」，資、南、清、麗作「本末」。

一 二八二頁中一八行「有聲」，資、磧、普、南、徑、清作「有音」。

一 二八二頁中二〇行「尋答」，資、磧、普、南、徑、清作「皆答」。

一 二八二頁下五行「巧節」，資、磧、普、南、徑、清作「撓節」。

一 二八二頁下七行第五字「又」，資、磧、普、南、徑、清無。

一 二八二頁下七行「誄歎詠之」，資、磧、普作「誄歎誄之」；麗作「詠歎詠之」。

一 二八二頁下八行第一〇字「九」，諸本作「九韶」。

一 二八二頁下九行「四十」，麗作「三十」。

一 二八二頁下一一行第一〇字「姝」，諸本作「殊」。同行第一三字「鼓」，麗作「聲」。

一 二八二頁下一二行第一〇字「誄」，麗作「詠」。

一 二八二頁下一四行「如斯」，資、磧、普、南、徑、清作「如此」。

一 二八二頁下一七行第八字「調」，諸本作「謂」。

一 二八二頁下一九行「見斯」，諸本作「見欺」。

一 二八三頁上七行末字「不」，諸本作「之」。

一 二八三頁上八行第六字「精」，麗作「睛」。

一 二八三頁上一三行「識心」，資、磧、普、南、徑、清作「心識」；麗作「心」。

一 二八三頁上一四行首字「諸」，資、磧、普、南、徑、清無。

一 二八三頁上一八行第四字「能」，諸本作「安能」。

一 二八三頁上二〇行「頭髮」，麗作「髮頭」。

一 二八三頁上二二行第一〇字「有」，資、磧、普、南、徑、清無。

一 二八三頁上末行「中半」，資、磧、普、南、徑、清作「中夜」。

一 二八三頁中四行「知覺」，諸本作「覺知」。

一 二八三頁中二〇行第五字「某」，資、磧、普、南、徑、清作「其」。

一 二八三頁中二二行「所作」，資、磧、普、南、徑、清作「城」。

一 二八三頁下一行「有校」，諸本作「有効」。

一 二八三頁下二行第一〇字「忻」，

一　二八三頁下八行末字「歸」，資、磧、普、南、徑、清作「欣」。
一　二八三頁下九行第四字「樂」，諸本作「家」。
一　二八三頁下一一行第六字「爲」，諸本作「戀」。同行第一三字「踰」，諸本作「踏」。
一　二八三頁下一二行「歸還」，資、磧、普、南、徑、清作「作」。
一　二八三頁下一四行第七字「普」，資、磧、普、南、徑、清作「還歸」。
一　二八三頁下一五行第四字「到」，資、磧、普、南、徑、清作「並」。
一　二八三頁下一七行第五字「色」，資、磧、普、南、徑、清作「來」。
一　二八三頁下末行末字「明」，麗作資、磧、普、南、徑、清作「也」。
「伏」。
一　二八四頁上五行第八字「相」，麗作「想」。
一　二八四頁上一〇行「怨賊」，資、磧、普、南、徑、清作「賊怨」。
一　二八四頁上一一行「人身」，徑作「人中」。
一　二八四頁上一三行「有沫」，麗作「泡沫」。
一　二八四頁上末行「卷第四」，資、磧、普、南、徑、清作「卷第五」。

修行道地經卷第五　　樓

西晉三藏竺法護譯

神足品第二十二

其心清淨如流泉　與比丘俱由徳華
免苦慧安若涼風　長養佛樹願稽首
應時得寂定　知山不可動　明觀等如稱
除瑕令无穢　以經義寂觀　照曜現世間
歛心自歸命　稽首三界尊

其修行者或先得寂而後入觀或先得觀然後入寂習行寂寞這至於觀便得解脫設无入觀若至寂寞亦得解脫何謂為寂其心正住不動不亂而不放逸是為寂相尋因其行心觀正法省察所作而見本原因其形相是謂為觀辟如賫金有人買者見金已後不言好醜是謂為寂見金分別知出某國銀銅雜者識其真僞紫磨食金是謂為觀如人刈草左手攬草右手鐮刈其寂然者如手提草其法觀者如鐮截之於是頌曰

其心无瑕穢　不動名曰寂　若心遍省者
斯号謂法觀　手捉草應寂　鐮截之為觀
以是故寂然　微妙得解脫

其修行者觀人身骸在前在後等而无異開目閉目觀之同等是謂為寂尋便思惟頭頸異處手足各別骨節支解各散一處是謂為觀此骨璅身因四事長飲食愛欲睡眠罪福之所緣生皆歸无常苦空非身不淨朽積悉无所有是謂為觀取要言之見而不察是謂為寂分別其无是謂為觀於是頌曰

見諸骨璅不察省　心不濁乱是謂寂
分別其體頭手足　發意欲省是謂觀

其修行者何因專精求入寂然无方便而逕於寂今取要言而解說之因二事致一惡露觀二日數息守出入息何謂為不淨觀初當發心慈念一切皆令安隱發是心已便到塚間坐觀死人計從一日乃至七日或身膖脹其色青黑爛壞臭處為虫見食無復肌肉膿血見洿視其骨節筋所纒纍白骨星散甚為可惡或見久遠若干歲骨微碎在地色如鸖碧存心熟思隨其所觀行步進止卧起經行懷

之不忘若詣閑居寂无人處結跏趺
坐省彼塜閒所見屍形一心思惟於
是頌曰
欲省惡露至塜閒　往到塜閒觀死屍
在於空寂無人聲　自觀其身如彼屍
其修行者設忘此觀復往重視還就
本坐作无常觀出入進止未曾捨懷
宿夜不解一月一秋復增是數專精
不廢經行坐起寢覺住止若獨若衆
常不離心疾病强健當以著志不但
唯以此无常苦空非身為定也所觀
如諦不從虛妄於是頌曰
察因緣觀若妄者　重到塜閒觀視之
不但專觀无常苦　不轉其心省如見
如在塜閒所見屍形一心思念初不
忘捨觀身亦然觀死人形及吾軀體
等无差特若見他人男女大小端正
好醜倮形衣被在按瓔珞若无嚴餝
一心察之死屍无異用不淨觀得至
為寂介時修行常察惡露辟如衆流
悉歸于海於是頌曰
我身死尸及大小　見其惡露等无異
心常專精未曾捨　辟如衆流入巨海

介時修行心自念言已得自在心不
違我不復為惑即時歡喜以能甘樂
致於奇特竪立秉志不復隨欲若見
女人謂是骨瑑非為好顔察知審諦
本所習欲以為瑕穢離於情色不造
衆惡是第一禪棄捐五蓋具足五徳
離諸思想遠衆欲惡不善之法其心
專念靜然一定而歡喜安行第一禪
是謂為寂淡然之法求之若此因惡
露觀於是頌曰
志自在如弓　心心相牽挽　觀女人皮骨
制意不隨欲　離瑕心清淨　身脫於衆惡
在世得自在　歡喜得禪定
是第一禪續在穿漏諸漏未盡若是行者
住第一禪故為凡夫計佛弟子故立
在外未盡應入室如外仙人遠離於
欲終始不斷非佛弟子修行如是求
第一禪甚亦難致其餘三禪稍前轉
易辟如學射遇立大准習久乃中習
不休息工則析毛初學一禪精勤乃
致其餘三禪學之則易於是頌曰
其學第一禪　精勤甚難致　其餘三禪者
方便遂易坐　辟如學射法　初始甚難中

已能中大准　問自破一毛
若第一禪寂然致　故是凡夫當訶教
非佛弟子在界外　已離愛欲似仙人
其修行者已得自在順成四禪欲得
神足觀悉見空省諸節解眼耳鼻口
項頸脅脊手足骨膓及毛孔若如虛
空作是觀已自見其身解解連綴如
蓮花本猶根諸孔觀如虛空然後見
身辟如革囊漸察如是便離形想唯
有空想已得空想无復色想或習空
想續見其體但无所著也欲觀身者
則自見之欲不觀者則亦不見欲觀
虛空則而見之欲不觀者則亦不見
體心俱等意在其內如乳水合心不
離身身不離心堅固其志以心舉身
令去而坐專心在空如人持稱令稱鎚等
正安銖兩斤平已後手舉懸稱修行
如是自擎其形專心念空於是頌曰
其有修行者　神足飛如天　觀身諸骨節
毛孔皆為空　已離不計吾　專念想樂空
如大稱量物　舉身亦如是
其修行者習行如是便得成就初舉
身時去地如綖轉如胡麻稍如大豆

修行道地經卷第五　第六張　樓字号

遂復如棄習舉如此至于梵天乃到淨居諸天之宮通徹須弥无所拘㝵入地無閒出而無孔遊於空中坐卧行住身上出火身下出水身上出水身下出火從諸毛孔現若干光五色之燿如日明照能變一身以為无數化作牛馬龍象騾驢駱駞虎狼師子无所不現發意之頃普遊佛界旋則尋還是神足界通達之變是神足者因四禪致其四禪者因不淨觀數息致之是故修行當念惡露數息思定於是頌曰

因習學輕舉　如風無罣㝵　身踊至梵天
志觀諸天宮　飛行在虚空　如雲无禁制
入地如入水　在空如處地　挺身自出火
若如日光明　身下雨其水　如月降霜露
専精得神足　自在无所㝵　欲得捫梵天
自恣何況餘　欲至他方界　輕舉即能到
釋擲金剛疾　往返亦如是　自在而變化
能見無數形　如釋娛樂幻　樂神足亦然
遊于佛經甘露池　亦如大象入華泉
捻說其義如本敎　故歎詠是致神足

數息品第二十三

修行道地經卷第五　第七張　樓字号

其威神燿如日光　德焰巍巍過天帝
顔色端正如月滿　消除衆冥滅諸垢
口說法言如甘露　出諸姝妙歎十善
萬信合俱歸衆尊　願稽首佛无等倫
觀採諸經如入海　以獲禪定无穿漏
敢可計數佛弟子　是故稽首衆勝安

其修行者自惟念言何謂无漏至第一禪何謂名之世尊弟子若修行者在禪穿漏當發是心我得一禪故為穿漏以穿漏行第一之禪得生梵天在上福薄命若盡者當墮地獄餓鬼畜生及在人間計此之輩雖在梵天譬視比丘不免惡道凡夫之類也所以者何未解脫故於是頌曰

設使始學得漏禪　其修行穿如漏器
雖生梵天當復還　如雨染衣其色變

譬如國王有一大臣而犯重事先考治之五毒普至却乃著械閉在深獄令衣弊衣給以麁食草蓐為牀莫令家人得入相見使房近廁臭穢之處吏受敎已即承王命考治如法其人往時小功夫施恩於王王思念之遣告獄吏放出其人恣之四月自在娛

修行道地經卷第五　第八張　樓字号

樂與眷屬俱而相勞賀竟四月已還著獄中於是頌曰

譬如有臣犯王法　王念故恩使出獄
恣意所欲相娛樂　然後還閉著獄中

獄吏受敎如王勑告其人得脫沐浴眼餝與諸群從俱出遊觀五欲自恣雖相娛樂心退念之今與群從五欲自恣云何捨是當還就獄三時歎息當復考治著於弊衣麁食卧草與小人俱共止一處何一痛哉當為蝱虱蚊蝱見食在中可惡夏則感熱冬則㨾寒鼠夜鳴走冥冥如漆垢穢不淨流血覆地頭髮逸乱考治百千或有劓耳而截鼻者或斷手足穢濁不淨若在塚閒惱不可言當與此輩瑕穢俱處於是頌曰

竟夏四月其自念　與親愛俱而歡樂
夏當還獄諸考治　遭厄之惱不可量

當復更見諸罪繫因其犯禍者作事不道而婬恣竊劫人男女焚燒人家及諸榮藾以毒害人喜行輕慢或煞男女及諸為屠牛掠諸坵聚縣邑城郭念國家惡當復見此五毒搒笞手

脚耳鼻為血所塗或見斫頭瘡疾裂
壞膿血漏出或被重考身體腫起无
數之蠅皆来著身在地卧極若如鳴
豬或新入獄面目手足悉爛傷腫煌
煌燋悴愁不可言住不敢動或羸瘦
而骨立顏色醜陋辟如餓鬼或久在
獄以氣肥腫頭乱抓長或有在中日
日望出或有自念我在獄中无有出
期不復悒悒其新来者或見絞煞或
考或繫或口受辭或以結形或與死
人同一牀褥或牽出之卧著溷上或
行道地不大見考於是頌曰
惡人甚衆多　瑕穢可憎惡　與愚而俱止
辟如與屠膾　啼呻涕淚下　苦如鬼同家
是大臣愁憂　何忍重入獄
此諸罪囚在彼獄中各各談說國王
盜賊或說糓米飲食之屬華香伎樂
男女之事或說山海行故之事或說
他樂悖掩之事或嗟歎王所積之行
或說王惡治國不政賊来攻伐如是
失國或言王崩當有新立而出大赦
夫人懷軀如是在產獄因得脫若城
失火多所焚燒獄門得開我等則脫

或共議言若見瑞恠烏鵲来鳴倚獄
門住獄戶作聲夢見上堂及上高山
又入龍宮墮蓮花池乘舟度海自觀
不久免一切苦於是頌曰
犯諸王法者　談語自勸勉　衆會心歡喜
希望得解脫　如群牛投谷　墮厄井如是
時大臣思此　无福人甚愁
時臣思念我當云何而復聞此盜賊
言談或有相教若獄吏問當作是荅
極重考治不過二七日體轉狎習不
復大患假使取身段段解之刃在頂
上勿妄出言我犯斯過莫說其處藏
匿之家勿牽引人某是伴黨或誘問
者復莫信之獄卒恐汝順无為服若
見考治勿得驚懅於是頌曰
展轉相勸勉　教人下辭法　思念獄吏問
以何荅其言　大臣眷屬俱　復念獄衆苦
習於諸五欲　而心懷憂惱
獄囚相謂卿等不見人捨父母兄弟
親屬不惜身命遠其本國行於荆棘
竹木叢樹坵荒嶮難不顧其身入海
求財吾等不歷勤勞之苦而致寶物
以是之故當忍考掠令不失財使他

人得於是頌曰
賊刼他人財　所獄非已有　念當不惜命
失財更遭厄
臣自念言吾何忍見獄卒住前叫喚
呼之而自說言我以織女三星貶蘭
宿生屬地獄王二十九日夜中半生
卿不聞吾初墮地時國有衆患擾動
不安興諸恠變空有崩音地為震動
東西望赤四方忽冥鵰鷲烏鵲狐狼
野狩鷄梟在塚間生噉人肉鬼神諸
魅鳩桓溷鬼反足女神悉共忻悅此
女從在獄塚間我等當得死人血肉
及脂髓腦以為食飲以是之故吾等
謨子令壽命長我初生時以有此般
故不畏人於是頌曰
无有慈哀言剛急　其人无故懷忿結
念獄卒言臣意悲　雖快娛樂憂此惱
獄卒說言吾又便手无所不搏無有
比倫安有勝乎吾身前後以此便手
煞无央數男子女人又斷手足耳鼻
及頭以手挑眼不用刀刃注立諸囚
擎博擲捍壓强懸頭竹籤鬼窟在於

搒脉五毒治之布纏其指油塗火燒膏灌鬚上放火然之草纏其身以火焚之臠臠剖體問其辭對決口截脣剥其面皮口齧其指辟如散菜若鞭搒人竹杖革鞭獄卒喜踊以針刺指繩絞脊腹纏頭木挶於是頌曰

且不念樂恐還獄　如是考治甚可畏
獄卒數來說刑罪　有此憂者不為安

獄卒又言我无增愛不喜遊觀聽歌音聲設有死罪搒鼓兵圍詣於都市吾悉斬頭雖有勇猛軍陣督將豪貴高尊畏我便手摧碎象牙剛強逆賊輕慢善人我皆絞頸父母兄弟親屬涕泣求哀一時吾不聽之又一子父嚾呼跳躑乃如虎鳴吾折伏之令無有聲於是頌曰

且與群從相娛樂　思念獄卒說罪刑
辟如人飲淳清酒　或有醉喧又歡喜

獄卒又言有惡氣眼中毒出張目視人骨裂頭劈辟如水裂男女見我莫不懷懅雖有人形作鬼魅行在於獄户說是已竟便即還去甫當更還衆惱之患雖在宮殿五欲自娛安以為樂

於是頌曰

如是之苦惱　不淨瑕穢困　誰當以歡欣
安隱无憂患　如罪囚臨死　求花戴著頭
從王得假然　當復還受搒

其修行者自惟念言從梵天還當歸惡道在胞胎中處熟藏上生藏之下垢染不淨五繫所縛於是頌曰

修行得漏禪　獲此這中半　則生在梵天
不能久常安　心中念如是　命盡歸惡道
如人假出獄　限竟還受考

辟如小兒捕得一雀執持令惱以長縷繫足放之飛去自以為脫復還厄欲詣果樹清凉池水飲食自恣安隱无憂縷遂竟盡牽之復還續見捉惱如本無異修行如是自惟念言雖至梵天當還欲界勤苦如故於是頌曰

辟如有雀繩繫之　適飛縷盡牽復還
修行如是上梵天　續還欲界不離苦

修行自念我身假使得无漏禪尒乃脫於勤苦畏道号曰佛子所在飲食不為癡妄以脫猶豫在于正道得第一禪徑可依怙入正見諦於是頌曰

已得第一禪　无垢廣在行　猶終始難脫

當精進得道

修行自念觀衆善惡乃致一禪本從骨𩪘而獲之耳其形無常苦空非身因四事生於是頌曰

其第一禪因身故　解四大成一心行
无常苦空脫吾我　觀如是者常精進

修行思惟所用察心其心之本亦復非常苦空非身以四事成皆從因緣轉相牽引而由禍福心想依之形歸无常苦空非我從四事成如我受斯五陰之體空无所有十二因連去來今者亦復如是欲界諸陰色界　无色之界陰想若斯悉為羸弱見三界空其根本深及邪无正處動熾然觀无陰者皆為寂然志在恬怕趣於无為无他之念於泥洹尒時心行和順不剛修行於是以見審諦便成阿那含不復動還究竟解脫欲界之苦於是頌曰

其心思想志和順　志所依倚因厭身
了五陰本去來今　皆見空无謂聖道

修行自念我身長夜為五陰盡臭處不淨所見侵欺辟如博掩凶逆之子取執盡之中盛不淨封結其口以花

散上以香熏之與田家子汝持此瓶至共園觀中盛石蜜及好美酒往待吾等我各歸家辦作供具相從飲食堅持莫失顧卿勞償田家子信抱瓶歡喜心自念言今當自飲食娛樂至其園觀不得令蠅而住其上遂待經時過日中後腹中飢渴怪之不來憂感歎言曰欲向暮上樹四望不見來者下樹復待須留衆人遂至黄昏心自念言度城門閉衆人不來今此石蜜美酒盡瓶已屬我矣當以賣之可自致富先當視便淨澡手開發瓶口則見瓶中皆盛不淨尒乃知之諸博掩子定侵欺我修行如是已覩聖諦乃自曉了從久遠來為是五陰所見侵欺於是頌曰

生死載衆身　五陰所侵欺
常更歷苦樂　謂有我人壽
修行五樂欺　然後自見侵
如人得晝瓶　發之知不淨

辟如導師有饒財寶為子迎婦端正殊好无有不可甚重愛敬不失其意須臾相離自謂如終尒時國中道路斷絶計十二年无有来者後多賈客從遠方至住在比國休息未前道師

語子卿往詣彼市買来還子聞父教愁憂不樂如箭射心語親友言卿不知我親愛于妻今父告我遠離捨之當行賈作適聞是命我心剸裂今吾當死自投水若上高山自投深谷於是頌曰

年少親敬婦　愛欲甚熾盛　思父之教命
志懷大憂感　心惱而欲死　云何離愛妻
其子意甚痛　如捕山象紲

親友聞言即報之曰所以生子典知家門四向求財以供父母假使不勞以何生活設在天上尚不得安況於人間耶既聞父命得衆人諫即悲淚出兩手推胷便嚴發行於是頌曰

親友知識悉共諫　則受父母莊嚴行
為欲所傷如被箭　心懷思婦甚悢悢

心常念婦未曾離懷往至買裝即尋還國行道歡喜今當見之如是不久也朝暮思婦適到家已問婦所在於是頌曰

賈作治生行往返　心常懷念所重妻
已到家中先問之　吾婦今者為所在

其婦念夫心懷愁憂宿命薄祐稍得困疾命在呼吸而體即生若干種瘡

膿血流出得寒熱病後得顛疾水腹乹竭上氣體熱面手足腫無央數蠅皆著其身被髮羸瘦辟如餓鬼卧在草蓐衣被弊壞於是頌曰

其夫一心獨所愛　宿命之央而薄祐
得无數疾卧著牀　離於好坐而在地

於是夫入家問人吾婦所在婢既慙愧淚出悲泣而報之曰唯賢郎婦在其閣上尋自上閣見之色變未曾有也此類醜惡不可目覩諸所愛欲恩情之意永盡无餘无絲髮之樂悉更患猒不欲復見於是頌曰

觀察顔色不貪樂　辟如尸死捐塚間
羸瘦骨立无肌肉　如水没沙失色然

其修行者亦復如是患猒愛欲發汗露觀求致寂然於是頌曰

其修行者已離欲　猒於五樂亦如是
如人見婦病衆瘡　無央數疾卧著牀

何謂修行數息守意求於寂然今當解說數息之法何謂數息何謂為安何謂為般出息為安入息為般隨息出入而无他念是謂數息出入何謂修行數息守意能致寂然數息守意有

四事行无二瑕識十六特勝於是頌曰
其修行者欲求寂　當知安般出入息
无有二瑕曉四事　當有奇特十六變
何謂四事一謂數息二謂相隨三謂止觀四謂還淨於是頌曰
當以數息及相隨　則觀世間諸万物
還淨之行制其心　以四事宜而定意
何謂二瑕數息或長或短是為二瑕捐是二事於是頌曰
數息設長短　顛倒无次第　是安般守意
棄捐无二瑕
何謂十六特勝數息長則知息短亦知息動身則知息和釋即知遭喜悅則知遇安則知心所趣即知心柔順則知心所覺即知心歡喜則知心伏即知心解脫即知見无常則知若无欲則知觀寂然則知見道趣即知是為數息十六特勝於是頌曰
別知數息之長短　能了喘息動身時
和解其行而定體　歡悅如是所更樂
曉安則為六　志行号曰七　而令心和解
身行名曰八　其意所覺了　因是得歡喜
制伏心令定　自在令順行　无常諸欲滅

當觀此三事　知行之所趣　是十六特勝
何謂數息若修行者坐於閑居无人之處秉志不乱數出入息而使至十從一至二設心乱者當復數一二至九設心乱者當復更數是謂數息行者如是晝夜習數一月一年至得十息心不中乱於是頌曰
息在不動辟如山　數出入息令至十
晝夜月歲不懈止　修行如是守數息
數息已定當行相隨辟如有人前行有從如影隨行修行如是隨息出入无他之念於是頌曰
數息意定而自由　數息出入為修行
其心相隨而不乱　數息伏心謂相隨
其修行者已得相隨尒時當觀如牧牛人者住在一面遥視牛食行者若茲從初數息至後究竟悉當觀察於是頌曰
如牧牛者遥住察　群在澤上而護視
持御數息亦如是　守意若彼是謂觀
其修行者已成於觀當復還淨如守門者坐於門上觀出入人皆識知之行者如是係心鼻頭當觀數息知其出入於是頌曰

辟如守門者　坐觀出入人　在一處不動
皆察知人數　當一心數息　觀其出入意
修行亦如是　數息立還淨
何謂數息長遠未有息而預數之息未至鼻而數言二是為數長於是頌曰
尚未有所應　而數出入息　數一以為二
如是不成數
何謂數短二息為一於是頌曰
其息以至鼻　再還至於齊　以二息為一
是則為失數
何謂數息而知長其修行者從初數息隨息遲疾而觀察之視忖其趣知出入息限度知之是為息長數息短者亦復如是於是頌曰
數息長則知　息還亦如是　省察設若此
是謂息長短
何謂數息動身則知悉觀身中諸所喘息入息亦如是何謂數息身和釋即知初起息時若身懈墮而有睡蓋軀體沉重則除棄之一心數息數息還入亦復如是何謂數息遭喜即知若數息時歡喜所至息入如是何謂數息遇安即知初數息時則得安隱息入如是何謂數

息心所趣即知起數息想觀諸想念入息如是何謂心柔順數息即知始起息想分別想念而順數息息入亦尒何謂心所覺了數息即知初起息想識知諸觀而數息息入如是何謂數息歡悅即知始數息時若心不樂勸勉令喜以順出息入息如是何謂心伏出息即知心設不定强伏令寂而以數息入息如是何謂心解脫即知若使出息竟不肯解化伏令度而數出息如是何謂數息見无常即知見諸喘息皆无有常是為出息入息如是何謂出息無欲即知見息起滅如是離欲是為觀離欲出息即知入息如是何謂觀察滅數息即知其息出時觀見滅盡是為觀寂出息即知入息如是何謂見趣道數息即自知見息出滅處觀是以後心即離塵以離无欲棄於三處志即解脫將護此意是為數息出息入息是為十六特勝之說行者所以觀出入息用求寂故令心定住從其寂然而獲二事一者凡夫二者佛弟子何謂凡夫而求寂然欲令

心止陰五陰蓋何故欲除諸蓋之患欲獲第一禪定故何故欲求第一之禪欲得五通何謂佛弟子欲求寂然所以求者欲得溫和何故求溫和欲致頂法見五陰空悉皆非我所是謂頂法何故求頂法以見四諦順向法忍何故順求法忍故得世間最上之法何故求世最上之法欲知諸法悉皆為苦因得分別三十七道品之法何故欲知諸法之苦欲得第八之處何以故志第八之地其人欲致道跡之故何謂凡夫數息因緣得至寂然心在數息一意不乱無有他念因是之故從其數息得至寂然從其方便諸五陰蓋皆為消除尒時其息設使出入常與心俱緣其想念入息如是若出入息觀察所趣是謂為行心中歡喜是謂悅忻其可意者是謂為安心尊第一而得自在是為定意始除五蓋心中順解從是離者何謂離者遠於衆想愛欲不善之法行也如是念想歡喜安隱心得一定除斷五品具足五品因其數息緣致五德得第

一禪已得第一禪習行不捨一禪這安堅固不動欲求神通志于神足天眼洞視天耳徹聽知從来生知他心念恣意自在辟如金師以紫磨金自在所作瓔珞指環辟釧珱瑤之屬如意皆成已得四禪自在如是此為五通何謂佛弟子設出入息而得寂然其修行者坐於寂靜无人之處斂心不散閉口專精觀出入息息從鼻還轉至咽喉遂到臍中從臍還鼻當省察之出息有異入息不同令意隨息順而出入使心不乱因是數息志定獲寂於是中間永无他想唯念佛法聖衆之德苦習盡道四諦之義便獲欣悅是謂溫和如人吹火熱来向面火不著面但熱氣耳火之熱不可吹作當作是知溫和如斯何謂溫暖法未具足善本凡有九事有微柔和下柔和勝柔和有中有中中有勝中有上柔和有中上有上上柔和知彼微柔和下柔和是謂溫和之善本也其中下中中中上是謂法頂之善也其下上中上上上柔和是謂為諦柔和

法忍上中之上是謂俗間之尊法也是九事善本之義故是俗事諸漏未盡修行若得温和之行執數息想因此專念息若還者意隨其息無他之念若息出者知息往反心入佛法及在聖衆苦習盡道如在温和其心轉勝是謂頂法若如有人住高山上觀察四方或上山者或有下者或入聖道或入九夫地其修行者已得頂法入九夫地甚可憂之辟如山水流行暴疾起曲横波有人欲度入水而泅欲至彼岸迴波制還令在中流既疲且極遂沉波水没在其底其人心念定死不疑岸邊住人代之憂慼修行如是已得明師宿夜覺寤結加趺坐麁衣悪食坐於草蓐困苦其身作行如是反為生死流决所制投于恩情不能專一没於終始衆想流池安得道明是故行者當代憂愁辟如導師多賫財寶歷度曠野嶮厄之路臨欲到家卒遇悪賊亡失財物衆人悒悒也當為修行懷憂如是辟如田家耕種五穀子實茂盛臨當刈須卒有雹

霜傷煞穀實唯有遺草其人憂愁修行如是已得頂法入九夫地當為悒悒已得頂法而復墮落或遇悪友愛欲不淨為淨淨為不淨喜遠遊行不得專精或遇長疾或遇穀貴飢匱困厄不繼餬口或念家事父母兄弟妻息親屬或坐不處憒閙之中已得頂法未成道果衰老將至心遂迷惑忽得困病命棄盡曽所篤信佛法聖衆苦習盡道永不復信當習于定而反捨之當觀不觀精進更懈本所忍法永不復起以是之故從其頂法而退墮落何謂頂法而不退還如曽所信增益如本定心遂令不動所觀弗失常察精進轉増于前所思念法專精不捨以是之故不退頂法修行如是因其專精而想一思惟究竟之法初未曽動不念新故如是即知出息有異入息不同出入息異令其心生見知如此无所畏想是謂為中中之上而得法忍心無所想而作是觀前意後意未曽錯乱分別察心云何往反是謂上中之下柔順法忍設使其心愛

於專思志不移乱是謂上中柔順之法其忍何所趣順趣順四諦如審諦住心以如是遂至清淨是謂為信雖尒獲此未成信根以得是信身口心强是謂精進尚未能成精進之根志向諸法是謂有心未成念根揔一志是謂定意未成定根其觀諸法分別厥義是謂智慧未成慧根計是五法向于諸根未成道根有念有想尚有所在而見有遠未成定意上中之上世俗尊法其修行者當知了之色起滅處痛痒法意觀起滅本察其因緣過去當來行无願定隨入脫門察生死苦計斯五陰即是憂患无有狐疑尒時則獲解苦法忍已見苦本便見慧眼除于十結何謂為十一曰貪身二曰見神三曰邪見四曰猶豫五曰失戒六曰狐疑七曰愛欲八曰瞋恚九曰貢高十曰愚癡是十結已獲此心則向无漏入於正見度九夫地住于聖道不犯地獄畜生餓鬼之罪終不横死會成道跡无願而行正受已向脫門未起悪法則不復生諸悪自盡

修行道地經卷第五　第二十七張

未起法念當使興發所興善法令具是成心已如是隨其所欲是謂自恣令志專一是謂自在定意從是次第信念精進觀察護命是謂為信思惟其行是謂自恣三昧專精于道而獲神足假使修行身口心強是謂精進定意之法志專心識是謂意定欲入道義是謂察識定意以是之緣致四神足已獲神足是謂信根身心堅固謂精進根所可思法是為意根其心專一是謂定根能分別法而知所趣是謂智慧根以是之故具足五根其溫信和是謂信力精進力意力寂意力智慧力亦復如是成就五力能及諸法則覺意分別諸法是謂精求諸法覺意身心堅固是精進覺意心懷喜踊得如所欲是謂忻悅覺意身意相依信柔不亂是謂信覺意其心一寂是定覺意其心見滅婬怒癡垢所志如願是護覺意以是之故七覺意成設使別觀諸法之義是謂正見謂所思惟无邪之願是為正念身意堅固是為正方便心向經義是為正意其

修行道地經卷第五　第二十八張

心專一是為正定身意造業是三悉淨尒乃得成八正道行此八正道中正見正念正方便計是三事屬觀其正意定是二事則屬寂然是觀寂二如兩馬駕一車乘行者无漏心不專一法遍入三十七品之法以是具足此三十七法便解知苦如是之比即得第二无漏之心尒時思惟如今欲界五陰有苦色界无色界同然无異是謂知苦隨忍之患則成就達第三无漏之心已得是行用見苦故除十八結已過色界超无色界順冝慧者即得第四无漏之心已獲四無漏心便度三界勤苦之瑕即自了之吾已度患无有衆惱為得度苦則自思惟苦本何由恩愛之本而生著綱從久以来習此恩愛遭患于今求拔愛根則無衆惱已離恩愛忻樂可意何從而有是謂解習斷除法忍是為第五无漏之心除於欲界諸所習者則捐七結便為知拔欲界諸患是謂第六无漏之心修行自念色界之本本從何興諦觀其元從欲而起樂出恩愛可

修行道地經卷第五　第二十九張

意而悅是為第七无漏之心以有此行度於色界其无色界十二諸結心隨習慧是為第八無漏之心是謂八義佛之初子尒時心念吾見三界以除苦習於欲無愛是謂安隱則樂寂滅可意甘之為滅盡法慧之忍斯為第九無漏之心已獲此義見本滅盡於欲界除七結之縛是為第十无漏之心則自念言若不著色及無色界此謂為寂是為十一無漏之心則除十二諸結之疑已度此患即得滅盡之慧是為第十二無漏之心尒時自念得未曾有如佛世尊解法乃至尒因斯道義知欲界苦則棄捐之知從習生則離於習得至盡滅因此得入法慧道忍是為第十三无漏之心尒時以道觀於欲界則棄八結去是然後會當獲此興隆法慧是為第十四无漏之心應時心念得未曾有以是道行解於色界无色之苦而除諸習證於盡滅是為第十五无漏之心道從其志除十二結於色無色界除是結已則興道慧是為第十六無漏之心應

時除盡十八諸結當去十想結所以者何如從江河取一渧之水究竟道義如江河水其餘未除如一渧水即成道迹會至聖賢七反生天七反人間水盡苦本其修行者以是之比拔衆惱根斷生死流心則欣悅已度三塗不犯五逆離於異道愚其所知不從外道悕望榮異衆祐之德不更終始七反之患未曾犯戒見无數明晝夜歡喜辟如有人避飢饉地至豐賤國脫驗得安繫獄得出如病除愈心懷喜踊修行如是因安般守意則得寂滅欲求寂然習行如是於是頌曰

覺了睡眠重懈怠　分別身中息出時
修行息入念還德　是謂身息成其行

修行道地經卷第五

修行道地經卷第五

校勘記

一　底本，金藏廣勝寺本。

一　二九二頁中一〇行第一一字「這」，麗作「適」。下同。

一　二九二頁中一一行第六字「无」，麗作「先」。

一　二九二頁中一四行第一〇字「原」，麗作「無」。

一　二九二頁中一八行首字「食」，麗作「黄」。

一　二九二頁中一九行第一一字「提」，麗作「捉」。

一　二九二頁下一三行「无方」，麗作「無數方」。

一　二九二頁下二一行第三字「膏」，麗作「骨」。

一　二九三頁上八行第一〇字「增」，麗作「過」。

一　二九三頁上一一行首字「唯」，麗無。

一　二九三頁上一三行第六字「妄」，麗作「忘」。

一　二九三頁下六行「膓及」，麗作「腹及諸」。

一　二九三頁下一六行第三字「而」，麗作「其」。

一　二九四頁上九行第二字「還」，麗作「逮」。

一　二九四頁上末行「數息品」，麗作「修行道地經數息品」。

一　二九四頁中一八行「普至」，麗作「並至」。

一　二九四頁中二二行第三字「小」，麗作「有小」。

一　二九四頁下一二行首字「埰」，麗作「慘」。

一　二九四頁下二〇行第五字「恣」，麗作「盜」。

一　二九四頁下二二行第四字「諸」，麗無。

一　二九五頁上七行第五字「種」，麗作「腫」。同行第八字「拚」，麗作

「爪」。

一　二九五頁上一〇行第三字「繫」，麗作「擊」。

一　二九五頁上一六行第六字「形」，麗作「刑」。

一　二九五頁上一九行第三字「愽」，麗作「搏」。

一　二九五頁上二〇行末字「是」，麗作「寔」。

一　二九五頁中五行「犯諸」，麗作「諸犯」。

一　二九五頁中一四行第一〇字「順」，麗作「慎」。

一　二九五頁下二行第七字「獄」，麗作「獲」。

一　二九五頁下二二行第一一字「注」，麗作「住」。

一　二九五頁下末行第六字「强」，麗作「弶」。同行第一一字「兔」，麗作「勉」。

一　二九六頁上六行第八字「榍」，麗作「梢」。

一　二九六頁上九行第七字「增」，麗作「憎」。

一　二九六頁上二〇行第八字「水」，麗作「氷」。

一　二九六頁上二二行第一二字「還」，麗作「是」。

一　二九六頁中七行第二字「染」，麗作「汙」。

一　二九六頁中一六行第一〇字「故」，麗作「是」。

一　二九六頁中一七行第七字「之」，麗作「足」。

一　二九六頁下五行第七字「故」，麗作「致」。

一　二九六頁下一四行「熾然」，麗作「然熾」。

一　二九六頁下一六行第三字「於」，麗作「逮於」。

一　二九六頁下二〇行末字「道」，麗作「賢」。

一　二九七頁上二行第一三字「徃」，麗作「住」。

一　二九七頁上五行第九字「自」，麗作「自恣」。

一　二九七頁上八行第二字「歎」，麗作「難」。

一　二九七頁上九行第五字「待」，麗作「持」。

一　二九七頁上一二行第四字「先」，麗作「先應」。

一　二九七頁上一五行末字「具」，麗作「見」。

一　二九七頁上一六行末字「欺」，麗作「期」。

一　二九七頁中四行第九字「勤」，麗作「僅」。

一　二九七頁中五行第二字「投」，麗作「投於」。

一　二九七頁中一三行第四字「推」，麗作「椎」。

一　二九七頁中一四行第一一字「母」，麗作「教」。

一　二九七頁下五行第一一字「央」，麗作「殃」。

一　二九七頁下一〇行第三字「類」，麗作「顔」。
一　二九七頁下一五行末字「汗」，麗作「汙」。
一　二九八頁上二一行第二字「安」，麗作「女」。
一　二九八頁中四行「數一一」，麗作「更數一二」。
一　二九八頁中六行「一月」，麗作「息一月」。
一　二九八頁中一六行第二字「人」，麗無。
一　二九八頁中一九行第六字「住」，麗作「往」。
一　二九八頁下五行第四字「息」，麗無。
一　二九九頁上一〇行「出息」，麗作「出息入息」。
一　二九九頁上二〇行第一一字「特」，麗作「將」。
一　二九九頁中一行第三字「陰」，麗作「住除」。
一　二九九頁中一八行「悅忻」，麗作「忻悅」。
一　二九九頁下五行「玤瑤」，麗作「步瑤」。
一　二九九頁下七行第七字「設」，麗作「數」。
一　二九九頁下二二行第一二字「善」，麗作「善本」。
一　三〇〇頁上一一行首字「暴」，麗作「瀑」。
一　三〇〇頁上一七行第八字「決」，麗作「波」。
一　三〇〇頁中三行「已得頂法」，麗作「得頂法已」。同行第一三字「友」，麗作「友念於」。
一　三〇〇頁中九行第四字「乘」，麗作「垂」。
一　三〇〇頁中一一行第一三字「忍」，麗作「思」。
一　三〇〇頁中一三行「所信」，麗作「所信曰信」。
一　三〇〇頁中一七行「而想一思惟」，麗作「而心想一各各思惟」。
一　三〇〇頁中二〇行第五字「褁」，麗作「畏」。
一　三〇〇頁下一〇行「上中」，麗作「是謂上中」。
一　三〇〇頁下一六行第四字「于」，麗作「干」。
一　三〇〇頁下一九行第八字「棄」，麗作「癡」。
一　三〇〇頁下二二行「无願」，麗作「無願三昧」。
一　三〇一頁上二行首字「是」，麗作「足」。
一　三〇一頁上一二行至次行「温信」，麗作「信温」。
一　三〇一頁上一五行第二字「則」，麗作「則心」。
一　三〇一頁上一六行第七字「是」，麗作「是謂」。
一　三〇一頁上一九行首字「是」，麗作「是謂」。
一　三〇一頁上二一行「謂所」，麗作

「諸所」。

一　三〇一頁中四行第二字「定」，麗作「正定」。

一　三〇一頁中一〇行第一一字「達」，麗作「建」。

一　三〇一頁下六行第六字「爲」，麗作「是爲」。

一　三〇一頁下一〇行「十一」，麗作「第十一」。

一　三〇一頁下一三行第一二字「至」，麗無。

一　三〇二頁上一行「十八」，麗作「八十八」。

一　三〇二頁上五行第二字「水」，麗作「永」。

一　三〇二頁上七行第一〇字「愚」，麗作「遇」。

一　三〇二頁上一五行第七字「德」，麗作「得」。

修行道地經卷第五　樓

西晉三藏竺法護　譯

行空品第二十一

各自名人物　悉知其本号　曉衆生微苦
如蓮華根絲　以審諦觀故　無有吾我想
人常不計身　頭礼無著尊　其光照於世
如炬明冥室　厥心之所觀　一切無罣礙
我歸命彼覺　其心行平等　察諸天及人
普見如空人

設修行者有吾我想而不入空則自尅責吾衰無利用心罣礙不順空慧樂吾我想憂慼自勉誘心至空或試其志誘之向定因至本無三界皆空萬物無常有是計者諫進其心令不放逸於是頌曰

其不解空有我想　志則動起如樹搖
勸進厥心向空無　不久當獲至本淨

辟如國王而有俳見其俳母終持服在家王欲聞說使人召之王欲相見俳自念言吾有親老適見背棄今王嚴急若不往者當棄我命或見誅罰毋雖壽終無他基業宜當應之不違尊命俳作俳戲得王歡心強自伏意制於哀感不復念母則自莊嚴和悅被服便往奉現外佯嘲說令王歡喜退自思念遭於母喪心中悲感如火燒草嗚呼痛哉何忍當笑適羅重喪竊長國王即制哀心如水滅火逸復俳戲稍忘諸憂戲笑益盛令王踊躍其俳行者亦當如是誘進道心使解空無除吾我想因是習行遂入真空於是頌曰

辟如王有俳　身遭重憂喪　佯笑除憂慼
心遂歡喜悅　修行亦如是　稍誘心向空
照耀近慧明　志定不動轉

是故行者當順空教設試其心或中亂者起吾我想則自思惟辟如有人合集草木以用作栰欲渡廣河其水急暴漂而壞栰吾誘進心從來積日勤苦叵言亂志卒起違其專精有吾我想於是頌曰

辟如合集草木筏　山川江河漂之壞
愛樂之河急如是　意念于寂則向空

辟如夏月暑熱草木得霖雨時便復茂生五穀豐盛吾思惟空則無吾我設不思惟便興身想於是頌曰

辟如於彼霖雨時　諸枯草木悉茂生
設使修行思惟空　則損吾我無想念

修行自念吾所以坐欲求滅度實事叵失設有我者可方求之而然本空無有吾我今欲分別身之本無我何所是寧有身乎於是頌曰

其觀我想解乃覺　常諦觀之為本無
設使隨俗不自了　若如冥中追于盲

其修行者退自思惟有身成我衣食供養有餘與他是為吾我計本悉空假使有難先自將護然後救他若捨身已復有餘患則當追護人一切貪皆猶身興無復他計是故知之身為吾我於是頌曰

諸貪財色皆為身　設有恐難先自護
永不顧人唯慕己　是故俗人為吾我

修行自念當觀身本六事合成何謂為六一曰地二曰水三曰火四曰風五曰空六曰神何謂為地地有二事內地外地於是頌曰

地水火風空　意神合為六　身六外亦六
佛以聖智演

何謂身地身中堅者髮毛爪齒垢濁骨肉皮革筋連五藏腸胃屎穢不淨諸所堅者是謂身地於是頌曰

人身積之若干種　髮毛爪齒骨皮肉
及餘體中諸所堅　是則謂為內身地

彼修行者便自念言吾觀內地是我身不神為著之與內合乎身合為異吾我別乎當觀剃頭下鬚髮時著於目前一一分髮百反心察何所吾我設一毛我安置餘者若毛悉是斯亦非應為若于身又除鬚髮從小至長亦難計量若持著火燒其髮時身便當亡髮從四生一曰因緣二曰塵勞三曰愛欲四曰欲

食計是非身則無吾我髮衆緣合我適有一
髮墮在地設投於火若捐在廁以足蹈之於
身無患在於頭上亦無所益以是觀之在頭
在地等而無異於是頌曰
頭上雖多髮　增減亦無異　設除及與在
亦不以爲憂　諦觀察是已　則無有吾我
是故分別了　各各無有身
假使彼髮爲吾我者如截葱薤後則復生以
是計之當復有我所以者何其葱薤者自毀
自生一切皆空非吾無我假使髮與神合
者如水乳合猶尚可別設使髯髮有吾我者
初在胎中受形識時都無髮毛齒時吾我爲
在何許後因緣生以是知之髮無吾我髮生
不生若除若在計無有身以是觀之草苗及
髮一無有異於是頌曰
假使髯髮有吾我　便是可見如葱薤
身由蘙草剗斲之　觀體與草等無異
其修行者思惟如是本無有吾今不見我曉
了若斯一壞狐疑如髮無我一切亦然髮毛
爪齒骨肉皮膚悉無所屬諦觀如是地無吾
我我不在地於是頌曰
身髮種類無吾我　分別體內百千段
於中求之無有身　辟如入水而求火
其修行者心自念言吾求內地都無吾我當

察外地儻有吾我依外地耶何謂外地與身
不連廢強堅固離於人身謂爲土地山巖沙
石瓦木之形銅鐵鉛錫金銀鍮石珊瑚虎珀
車渠瑪瑙琉璃水精諸樹草木苗稼穀物諸
所積聚於是頌曰
山巖石瓦地樹木　及餘諸所有形類
其各離身衆殖生　是則名曰外地種
其修行者觀於外地則知內地無有吾我所
以者何內地增減則有苦毒尚無有身何況
外地當有體耶設有破壞斷截燒滅墾掘割
裂不覺苦痛寧可謂之有吾我乎故外內地
皆無所屬等而無異於是頌曰
譬如內地無吾我　何況在外而有者
以觀無我等無異　省之同空而不別
何謂爲水水爲在我我爲在水水有二事內
水外水何謂內水身中諸輭濕臟肪膏血脈
髓腦涕淚涎唾肝膽小便之屬身中諸濕是
謂內水於是頌曰
肝膽諸血脈　及汗肪之屬　涕淚諸小便
身中諸濕者　散體有柔軟　與神不相連
通流遍身中　是謂爲內水
其修行者涕唾在前諦觀視之以木舉之我
著此乎假使依是日日流出棄捐滅沒朽之
在外不計是我亦不護之假使木舉有吾我

者盛著器中以何名之如是觀者諦知無身
所以者何計於形體無有若干以此之比水
種衆多水則無我內外亦爾於是頌曰
假使我如水　水消我則滅　如身水稍長
我者亦應爾　如棄體中水　不貪計是身
諦觀如是者　則無有吾我
其修行者復更省察以見內外無有吾
我當觀外水爲有我耶我依外乎何謂
外水不在己者根味莖味枝葉華實之味醍
醐麻油酒醬霧露浴池井泉溝渠澇水江河
大海地下諸水是謂外水於是頌曰
地上諸可名水者　及餘衆藥根莖味
與身各別不相連　是則謂之爲外水
其修行者諦觀外水分別如是而身中水尚
無吾我有所增減令身苦痛何況外水而有
身乎設有取者於己無損若有與者於身無
益以是觀之此內外水等而無異所以者何
俱無所有於是頌曰
身中諸水無吾我　設有苦樂及增減
如是外水豈有身　苦樂增減而無患
今當觀察諸火種大有我耶我著火乎何謂
爲火火有二事內火外火何謂內火身中溫
煖諸熱煩滿其存命識消飲食者身中諸溫
此爲內火於是頌曰

身中諸煖消飲食　溫和存命諸熱著
是則體分及日光　斯謂名之爲內火
其修行者當作等觀身中諸溫或熱著頭或在手足脊脅腹背也如是觀者各各有異計人身一不應有我諦視如是則無所屬是爲內火於是頌曰
分別計人身　心察火無我　所處若干種
各各不見我
其修行者便自思惟吾求內火則無有身當觀外火爲有我乎我依火耶何謂外火與身不連謂火及炎溫熱之屬日月星宿所出光明諸天神宮地岸山巖鑿石之火衣服珍琦金銀銅鐵珠璣瓔珞及諸五穀樹木藥草醍醐麻油諸所有熱是謂外火於是頌曰
日月炎光及星宿　下地諸石光熱者
及餘一切諸溫煖　是則名曰爲外火
其修行者思惟外火所覩如是則知外火不可稱數火有二事有所燒煑火在草木不焚草木所處各異設外火中有吾我者則不別異以故知之外火無身亦不在彼內火外火俱而無異所以者何等歸于空於是頌曰
所以有此火　唯燒熱炊熟　山巖諸石子
所積聚如是　各各所在異　熾然不一時
外火爲若此　是故知無我

今當觀察諸所風氣爲有我乎我在風耶何謂爲風風有二事內風外風何謂內風身所受氣上下往來橫起脅間脊背腰風通諸百脈骨間之風掣縮其筋力風急暴諸風興作動發則斷人命此謂內風於是頌曰
載身諸風猶機關　其斷人命衆風動
喘息動搖掣縮體　是則名曰爲內風
其修行者當作是觀此內諸風皆因飲食不時節起及餘因緣風不空發風若干種步步之中各各起滅於彼求我而不可得以是言之求於內風而無吾我於是頌曰
人身動風及任風　計若干種從緣起
此各殊異非有我　是故內風而無我
其修行者心自念言今求內風則無有我當復察外何謂外風不與身連東西南北暴急亂風飄風冷熱多少微風興雲之風隨藍動風成敗天地及持水風是謂外風於是頌曰
四方諸風及寒熱　隨藍之風亦成敗
持雲塵清并飄風　是則名曰爲外風
其修行者觀風如是則自念言外風不同或大或小或時中適或時盛熱持扇自扇若有壁土而拂拭之急疾飄風則斷掣人隨藍之風立在虛空天地壞時拔須彌山兩兩相搏皆令碎壞舉下令上飄高使墮相搪碎敗皆使如塵計身有一無有大小外風既多又復大小觀內外風等無差特所以者何俱無所屬於是頌曰
若從熱扇除汗暑　人身中風及隨藍
虛空衆風亦無我　是則名曰爲外風
其修行者皆能分別了此四大雖爾未捨不解身空所在作爲輒計有身亦言有吾以觀本無計內四種及外四種俱等無異色痛想行識則爲猗內亦無所猗所以者何其心意識而不在內痛想行識亦不與身四大相連於是頌曰
當觀察此四種分　其無慧者常懷疑
色痛行識不連內　安當想著外四種
其修行者假使狐疑當觀本無能解其相則知如審譬如種樹而生菓實非是本子亦不離本一切如是因獲四大如有五陰則在胞胎成心精神形如酪則生息肉稍稍而成小兒之身從少小身便至中年是若干種本從胎起既成就身非初合身亦不離初始從胎精稍稍成形至於中年精神所處四種之變漸漸日長以觀本無則無有我等無差特四種法分精神所處漸漸成體其無精神亦轉長大於是頌曰
內猶心生實　如樹從子出　心如樹因菓

外種亦如是　其身法亦然　因心念衆想
厥外種無意　安能有衆想
譬如外種或有出金後有工師或出銅鐵或
出鈆錫或出銀者或出鍮石硨磲瑪瑙琉璃
水精珊瑚琥珀碧玉金剛金精衆寶其於外
種出於如是輩琦瓌珍異計身內種胎中始
生若二肉摶名爲眼相其目中光有所見者
名曰爲精目中黑瞳因于內精得見外形內
外相迎然後爲識識何所興謂痛想行若如
從目生痛想行耳鼻身口意亦復如是內外
諸種等亦無異從內諸種心痛想行本從內
起不由于外於是頌曰
有護於外種　用出金銀故　內種亦如是
二內摶成眼　從眼想覩色　因色而成識
由心起衆想　內自在號識
其修行者儻有是疑所謂內種頗有踰者所
謂內中之內或自覺言朦冥之人不聞不了
其心反耶入於貢高所見身者則是吾我所
爲有體我或在內觀他人身亦如是也所觀
如斯不能超踰彿解人身四大五陰及諸衰
入因號之身我所他人計此內外凡俗言耳
如俗所言吾欲從之設不從者儻有諍訟學
道之人未曾計形於是頌曰
我寧有勝乎　能起內我耶　愚騃亦如是
無慧隨邪見　言語有增減　凡俗所說耳
智慧除是知　分別無特異
其修行者見知了了成淸淨慧設使內種是
我所者常得自在當制訶之進退由人所以
知之無我者何不得自在感於衰老鬚髮自
白爪長齒落面皺皮緩顏色醜變筋脈爲緩
肉損傷骨風寒熱至相錯不和體匝濁亂計
外四大亦復如是或有掘地山崩谷壞地水
火風或增或損用不自在是故無身猶此知
之內外諸種無吾非我於是頌曰
生老病死至　猶尚不自在　外地亦如是
崩掘常增減　內衆事成身　外種亦若干
如實正諦觀　則知無吾我
修行自念我心云何從久遠來四大悉空反
謂我所譬如夏熱淸淨無雲遊於曠澤遙見
野馬當時地熱如散炭火飢無有水草木皆
枯及若沙地日中炎盛或有賈客失衆伴輩
獨在後行上無傘蓋足下無履體面汗出脣
口燋乾熱炙身軀張口吐舌劣極甚渴四顧
望視其心迷惑遙見野馬意爲是水謂爲不
遠似如水波其邊生樹若干種類鳧鴈鴛鴦
皆遊其中我當至彼自投沉底復出除身中
垢熱及諸劇渴疲極得解尒時彼人念是以
後盡力馳走趣於野馬身劣益渴遂更困頓
氣乏心亂即復思惟我謂水近走行數里永
不知至此爲云何本之所見實是河水吾自
惑乎遂復進前日轉晚暮時向欲涼不見野
馬無有此水心既覺之是熱盛炎之所作耳
吾用渴極遙見野馬反謂是水於是頌曰
遙見日盛炎　謂是流水波　以渴困極故
意想呼是河　時暮遂向涼　更諦察視之
乃知是野馬　吾惑謂爲水
修行自念吾本亦然渴於情欲追之不息著
終始愛還自燋然迷爲疑想癡網所蓋野馬
見惑吾從久遠唐有是心貪著于我謂是吾
所今已覺了所觀審諦身所想見斯已除矣
今觀六分無有吾我觀一毛髮永不見有也
況於體中毛中諸物解身一毛有若干說況
當講論一切地乎於是頌曰
自觀其身謂是我　愚渴見炎亦如是
知此六分非我所　有是心者謂合德
其修行者當復思惟愚者不明發心生想是
吾斯我彼意所念衆想邪行初起謂念後起
謂行思是然後心中風動令口發言猗四大
身計吾有我是事皆空無吾無我唯是陰種
諸入之根是故有身因號名人男子丈夫萌
類視息載齒之種志從內動因風有聲令舌
而言譬如大水高山流下其震動暢逸行者聞

之亦如深山之響呼者即應人舌有言本從心起亦猶如是於是頌曰

依猗諸種想衆法　本從邪思起意念
因長成身有言說　出若干義如山川

其修行者當復自念是四種身無吾無我轉相憎害譬如有人財富無數而有四怨四怨念言此人大富財寶不訾田地舍宅器物無量奴婢僕從無所乏少宗室親友皆亦熾盛吾等既貧復無力勢我輩不能得報此怨當以方便屈危斯人當以何因成其方便常親近之乃可報怨尒時四怨詐往歸命各自說言我等爲君趣走給使當如奴客所欲作爲願見告勑其人即受悉親信之令在左右四怨恭肅晚卧早起竦慄叉手諸可重作皆先爲之不避劇難尒時富者見彼四怨恭敬順從清淨言和卑下其意心甚愛之謂此四人是吾親友莫踰卿者所在坐席輒歎說之是吾親友亦如兄弟子孫無異是輩所興有可作爲吾終不違有是教已食飲同器出入參承於是頌曰

親近無數便　除慢不逆命　卑下如家客
愼意令歡喜　怨安能行此　是等爲伴儔
在世有嫌結　依之如親友

尒時富者親是四怨心未曾疎然後有緣與斯四人從其本城欲到異縣自共竊議此人長夜是我重讎今者在此墮吾手中既在曠野無有人民此間前後所傷非一也今斯道路離城懸曠去縣亦遠前後無人邊無候望亦無放牧取薪草人射獵之者也今正日中禽獸尚息況人當行今甚可危於時四怨捉富者髮撲之著地騎其胷上各陳本罪一怨言曰某時殺我父第二人言卿殺我兄第三人言汝殺我子第四人言汝殺我孫今得卿便段段相解當斷其頭解解斬之自省本心曾所作不皆思惟之今汝亡命至閻羅王獄尒時富者尒乃覺耳是我怨家反謂親友初來附吾吾愛信之食飲好樂不爲悋惜視之如子吾所欲得悉著其前久欲害我但不覺耳今捉我頭撲之在地陳吾萬罪截吾耳鼻及手足指剥皮斷舌今諦知卿是我仇怨於是頌曰

其人相隨交　怨家像善友　口軟心懷毒
如灰覆盛火　現信無所持　剥吾如屠羊
其人尒乃覺　是怨非親友

修行如是等觀此義吾本自謂地水火風四事屬我今諦察之以爲覺知是爲怨家骨鎖相連所以者何身水增減令發寒病有百一苦本從身出還自危已也若使身火復有動作則發熱疾百一之患本從身出還復自危也風種若起則得風病百一之病地若動者衆病皆興是爲四百四病俱起也是四大身皆是怨讎悉非我許誠可患猒明者捐棄未嘗貪樂於是頌曰

火本在於木　相縈還自然　四種亦如是
不和危其身　明人常諦觀　省察其本無
是內四大空　此怨何爲樂

其修行者自思惟念吾觀四種實非我所當觀空種爲何等類空者有身身爲有空何謂空種空有二事內空外空何謂內空身中諸空眼耳鼻口身心胷腹腸胃孔竅臭穢之屬骨中諸空衆脉潤動是輩名曰爲內空也於是頌曰

如蓮華諸孔　體空亦如斯　骨肉皮動潤
身內空無異

其修行者當作是觀身中諸孔皆名曰空不從此空而起想念不與空合所以者何意從心起意意相續本從對生其意法者當自觀心觀他人心心無亦空無所依倚以三達智察去來今皆無所有若干方便省於內空永不見身是故內空而無吾我於是頌曰

觀於內種何所在　永不得見如毛塵
是故身空心意識　譬如冥影但有名

其修行者當作是觀以見內空悉無所有當
復觀外爲何等類爲有我乎我依之耶何謂
外空不與身連無像色者而不可見亦弗可
獲無有身形不可牽制不爲四種之所覆蓋
因是虛空分別四大而依住反出入進退上
下行來屈伸舉動下深上高風得周旋火起
山崩日月星宿周帀圍遶得因而行是爲外
空於是頌曰
不見其色像　能忍無罣礙　衆人因往還
屈伸及動作　衆水所通流　日月風遊行
山崩若火起　是謂爲外空
其修行者諦觀如是而身內空尚非吾所況
復外空而云我乎執心專精內外諸空等無
有異所以者何無苦樂故也不可捉持無有
想念已無心意無有苦樂不當計我於是頌曰
是身中諸空　計體了無我　何況於外空
當復計有耶　察於內外空　悉等無差別
以不與苦樂　離於諸想念
今當觀察心神之種心有我我依心神耶何
謂心神心神在內不在外心依內種得見外
種而起因緣神有六界眼耳鼻口身心之識
也彼修行者當作是知目因色明猶空隨心
以是之故便有眼識於是頌曰
因內諸大種　及外衆四分　如兩木相鑽
火出識如斯　耳鼻身口意　分別成六事
色爲罪福主　是名曰諸識
其眼識者不在目裏不在目外色色不與眼
而合同也亦不離眼從外因色內而應之緣
是名識於是頌曰
譬如取火燧　破之爲百分　而都不見火
觀火不離木　其諸識之種　計之亦若斯
因六情有識　察之不可別
譬如有王上在高樓與群臣百僚俱會未民
王時在於山居爲仙人子群臣迎之立爲國
王未曾聽樂聞鼓箜篌琴瑟之聲其音甚悲
柔和雅妙得未曾有顧謂群臣是何等聲其
音殊好於是頌曰
如仙人王在閑居　來在人間聞琴聲
其王介時問群臣　是何音聲殊乃介
群臣白王大王未曾聞此音耶於是頌曰
群臣報王曰　王未曾聞此　如王見試者
臣不宜惡言
王告群臣言吾身本學父居雪山爲仙人子其
處閑居與此差別以故不聞於是頌曰
王以本末爲臣說　止在閑居法爲樂
遊于獨處故不知　不能分別此音聲
介時傍臣前啓王曰大王欲知是名曰琴於
是頌曰
王未曾聞此　不解音所出　臣言人中尊
是者名曰琴
王告傍臣便取琴來吾觀之何類即受勑命即
持琴來王告之曰吾不用是取其聲來傍臣
報曰是名曰琴當興方便動作功夫乃有音
耳何緣舉聲以示王乎於是頌曰
其王有所問　群臣皆答曰　其聲不可獲
無有自然音
王問群臣與何功夫而令有聲群臣白王此
名曰琴工師作成既用燥材加以筋纏以作
成竟復試厥音令不大小使其平正於是頌曰
治用燥材作斯琴　覆以薄板使內空
復著好絃調其音　然後介乃聲悲和
臣啓王曰鼓琴當工撓節相和不急不緩不
遲不疾知音時節解聲麁細高下得所既曉
賦誄歎誄之聲歌不失節習於鼓音八音九
韶十八之品品有異調其弦之變四十有九
於是頌曰
其音而悲和　宣暢聲過殊　四部鼓柔輭
能歌皆通利　曉了詩賦誄　若如天伎樂
得如是人者　鼓琴乃清和
群臣白王如此師者調琴絃聲介乃悲快如
向者王之所聞聲以滅盡矣不可復得設人
四方追逐其音求之所在而不可獲王謂群

曰所謂琴者無益於世無有要矣是謂爲琴令無數人放逸不順爲是見欺迷惑於人取是琴去破令百分棄捐于野於是頌曰

若干功夫成其音　是爲虛妄迷惑俗
假使無鼓聲不出　煩勞甚多用是爲

其修行者作是思惟譬如彼琴興若干功介乃成聲眼亦如是無風寒熱其精明徹心不他念目因外明所覩色者無有遠近色無細微亦不覆蓋識非一種因是之緣便有眼識於是頌曰

如琴若干而得成　聲從耳聞心樂之
無有衆病目精明　設無他念名眼識

所從因緣起眼識者其緣所合無常苦空非我之物因從眼識而致此患設有人言有常樂命是我所者是不可得此爲虛言安可自云眼識我所以是知之身無眼識也眼識無常心識所想亦復如是審諦觀者知其根本一切諸法皆非我所譬如御車擿取芭蕉之樹一葉謂之爲堅在手即微次第擿取至其根株無一堅固亦不有要安能令剛也修行如是從初發意時觀其毛髮爲是我所爲在他所審觀如是察其頭髮一切地種水火風空并及精神視察無身如吾曾聞日入夜冥有人獨行而無月光遂至中夜遥察見樹謂之爲賊如欲拔刀張弓執戟危我不疑心懷恐怖不敢復前舉足移動志甚愁慼惱不可言天轉向曉星宿遂沒日光欲出介乃覺知非賊是樹其修行者當作是觀我自往昔愚癡所蓋謂有吾身及頭手足脅脊胷腹諸所合聚行步進止坐起言語所可作爲稍稍自致學問曉道智慧聰明愚癡之冥遂爲淺薄介乃解了無有吾我骨瑣相連皮革裹纏因心意風行步進止卧起語言有所作爲於是頌曰

有人冥行路　望見樹謂賊　愚人亦如是
見身計有我　明無吾我人　積衆事成體
骨瑣諸孔流　因心神動風

吾曾聞之昔有一國諸少年輩遊在江邊而相娛樂以沙起城或作屋室謂是我所各各自護分別所爲令不差錯作之以竟中有一子即以足觸壞他沙城主大瞋恚牽其頭髮以拳打之舉聲大叫其壞我城仁等願來助吾治罪衆人應聲悉往佐助而撾治之足蹈其身汝何以故壞他人城其輩復言攸破他城當還復之共相謂曰寧見此人壞他城不其有効者治罪如是各自在城而戲欣樂勿復相犯於是頌曰

小兒作沙城　觸之皆破壞　戲笑而作之
謂爲是我所　各各自護心　是吾城屋界
而已娛樂中　如王處國宮

介時小兒娛樂沙城謂是我所將護愛之不令人觸日遂向冥各欲還家其心不戀不顧沙城各以手足踏壞之去而歸其家於是頌曰

小兒積沙以作城　在中娛樂盡黃昏
日適向冥不戀慕　即捨其城還歸家

其修行者當作是觀吾未解道計有吾我恩愛之著並護身色老病將至無常對來忽盡滅矣今適捨色心無所樂以智慧法分別散壞四大五陰今以解了也痛想行識諸入之衰皆非我所如今五陰非身所有過去當來現在亦然其觀死生以如是者便能具足得至脫門欲求空者順行若斯於是頌曰

其有習欲者　不捨恩愛著　昔自將護身
如人奉敬親　若離於情欲　如月蝕光明
知身如沙城　不復計吾我

其修行者見三界空不復願樂有所向生何謂無願而向脫門所有境界婬怒癡垢假使起者制而不隨是謂無願而向脫門無相如是已了是者謂三脫門其修行者所以專精唯欲解空於是頌曰

三界不見我　所觀皆爲空　安能復求生
一切不退還　設心常思念　無相無願空

如在戰鬪中　降伏除賊怨　觀五陰本無
俍倚在人身　過去及當來　現在亦如是
積聚勤苦身　一切悉敗壞　明者觀五陰
如水之有沫　若得無相願　觀三界皆空
致三脫安隱　悉度衆苦惱　見吉祥不遠
如掌中觀文　是謂爲沙門　無有終始患

省察覺佛諸經法　爲求解脫永安隱
義深廣演說愍哀　令行者解多講空

修行道地經卷第五

修行道地經卷第五

校勘記

一　底本，宋資福藏本。

一　三〇六頁上四行「衆生」，磧、普、南作「來主」。

一　三〇六頁上一二行第八字「試」，南作「誡」。

一　三〇六頁中一行第二字「羅」，磧、普、南、徑、清作「罹」。

一　三〇六頁中九行第六字「恖」，磧、普、南、徑、清作「思」。

一　三〇六頁下二三行「便當」，磧、普、南、徑、清作「當便」。

一　三〇七頁中二二行第六字「唾」，磧、普、南、徑、清作「淚」。

一　三〇七頁下四行「稍長」，南、清作「消長」。

一　三〇八頁下四行「熱扇除汗」，南作「執扇除于」。

一　三〇九頁上一三行第二字「護」，南、徑作「諸」。

一　三〇九頁上一七行第七字「自」，南、徑作「有」。

一　三〇九頁上末行第七字「起」，南作「趍」。

一　三〇九頁下一行末字「永」，南、徑、清作「水」。

一　三〇九頁下六行「盛炎」，南作「成炎」。

一　三一〇頁上一七行第六字「喻」，徑、清作「踰」。

一　三一〇頁上二一行第五字「便」，南、徑、清作「使」。

一　三一〇頁下二〇行「心無亦空」，徑、清作「心亦空無」。

一　三一一頁中九行末字「臣」，徑、清作「爲」。

一　三一一頁中二一行第四字「末」，磧作「未」。

一　三一一頁下一六行第四字「誄」，南、徑、清作「詠」。

一　三一二頁中八行第一五字「裹」，南、徑、清作「裏」。

一　三一二頁中二〇行第一五字「欣」，磧、普、南、徑、清作「汝」。

修行道地經卷第六　　樓

西晉三藏竺法護譯

觀品第二十四

眉間白毛相　其明踰日光　猶鵠飛空中
遠近無不見　其牙如師子　超越天帝象
肩肖而廣姝　願稽首佛尊

脾肘平正而滿足　世尊之膺如水洄
髀膝踌腸若金柱　當歸命佛而稽首
其目長好如蓮華　體著毛髮猶孔雀
心常住止在寂然　我願歸命超衆仙

其修行者何謂為觀若至閑居獨處樹下察五陰本見如審諦苦空無常非身之定色痛想行識身則本無五十五事无可貪者亦无處所於是頌曰

以行忍辱得法觀　察五陰本所從興
觀見過去來現在　分別頒說五十五

何謂五十五事是身如聚沫不可手捉是身如海不猒五欲是身如江歸於淵海趣老病死是身如糞明智所捐是身如沙城疾就磨滅是身如邊土多觀怨賊是身如鬼國無有將護是身如骨墻肉塗血澆是身如髓筋纏而立是身如窮士婬怒癡處是身如曠野愚者為惑是身如嶮道常失善法是身如博家百八愛所立是身如裂器常而穿漏是身如畫瓶中滿不淨是身如溷九孔常流是身如水瀆悉為瑕穢是身如幻以惑愚人不識正諦是身如蒜燒毒身心是身如朽屋敗壞飲食是身如大舍中多𧆞種是身如孔淨穢出人是身如萎華疾至老耄是身如車共死常俱是身如露不得久立是身如瘡不淨流出是身如肓不見色本是身如宅四百四病之所居止是身如注漏諸瑕穢衆垢所趣是身如篋毒虵所處是身如空拳以欺小兒是身如狂人見恐畏是身如甂瞋火常燃是身如顛國十八結所由是身如故殿死魅所牽是身如銅錢外見金塗皮革所裹是身如空聚六情所居是身如餓鬼常求飲食是身如野象懷老病死是身如死狗常覆蓋之是身如敵心常懷憂是身如芭蕉樹而不堅固是身如破舩六十二見為之

修行道地經卷第六 第三張 樓字号

所惑是身如娃蕩舍不擇善惡是身如朽閣傾壞善想是身如喉痺殲溺在內是身無益中外有患是身如塚而无有主為娃怨所害是身無救常遭厄敗是身無護衆病所趣是身无歸死命所逼是身如瑟因弦有聲是身如皷皮木裹覆計之本空是身如坏不有堅固是身如灰城風雨所壞歸老病死以是五十五事觀身瑕穢是身欺詐懷无反覆不信親厚爱之棄捨无有親踈辟如夢幻影響野馬忽然化現若如怨家常恭敬之奉事供給而求可意沐浴櫛攊飲食衣被安牀臥具隨所便冝牽人向窮老病死患於是頌曰

常飲食此身　五欲令自恣　求安如親友
諦省是怨仇　所救无所護　常懷無反復
牽人至患害　入生老病死

人死已後皆當爛壞犬狩所食或有見燒枯骨散地因无數法當觀斯身辟如癰瘡若如箭鏃在體不拔猶若死罪都市之處察體衆惱生在終沒有所貪著名曰為色觀身為軟所遭安危名曰痛痒有所了知名曰為想

修行道地經卷第六 第四張 樓字号

心念為行分別諸趣名曰為識於是頌曰

計之眼色上所觀　是身獲致因本緣
柔軟之等以成行　以無色心察衆德

辟如江河邊有潢池衆象入中澡浴飲水食𧇊池中青蓮芙蓉莖華則復退還其時跡現在於泥沙大小廣長有射獵人牧牛羊者擔薪負草道路行者見其足跡言大群象經過此地雖不見象但觀其跡則知群象經歷是間無想之陰痛痒行識所更為軟想行識然於是頌曰

如江河邊地　沙中有行足　以見衆遊跡
知有群象過　如是計細滑　至于法識念
多所而炤現　起滅之因緣

如是無色衆想之念皆依倚色然後有色法辟如雨東華相倚立於是頌曰

無色多所倚　有色依无色　如枝者連樹
名色亦如是

其無色法依有色分別有色則亦无倚無色之者如先有皷然後出聲聲之與皷各異不同皷不在聲聲在彼色色如果各異

修行道地經卷第六 第五張 樓字号

不合轉相依倚乃有所成其無色陰不得自在非己力與辟如二人一人生盲一人生跛欲詣他國盲者目冥永無所見不知所趣跛无兩足不能進行盲者謂跛吾目無見有足能行而目甚冥不識東西卿又跛搦不能行來既有眼明見其進退行步所趣令我二人轉共相依欲詣他國跛騎盲肩則而發去非跛威力非盲之德色法如是非能獨立無色亦然展轉相依於是頌曰

思惟諸法非獨成　其有色法無色然
在於世間轉相依　辟如盲跛相倚行

其名色者轉相依倚辟如皷音如弓弦箭而相恃怙不合不別万物如是從因緣成無有力勢不得自在悉從緣起與事乃與修行若斯而察法本知有起滅本无所有忽自然現則復滅沒無生則生无起則起皆歸無常於是頌曰

五陰常屬空　依倚行羸弱　因緣而合成
展轉相恃怙　起滅無有常　興衰如浮雲
身心相念法　如是悉則壞

其修行者常以四事觀其無常一日所生一切万物皆歸无常二日其所與者無有積聚三日万物滅盡亦不耗減四日人物悉歸敗壞亦不盡滅以是之故不生者生不盡者盡見諸万物當作是察起滅存亡以斯觀者無所不知悉能覩見靡所不了於是頌曰

人物雖有生　不積聚不滅　亦不捨衆形
雖没而不滅　雖終相連續　皆從四因緣
覲万物如是　超越度終始

假使修行專自思念東西南北所有万物皆歸無常擾動不安適起便滅莫不趣空始生已來无常之事老病死患常逐隨身作是觀者弗著三處不樂四生無住五識其心不入九神所居設使更生則除三結一日貪婬二日犯戒三日狐疑則成道迹趣於無為辟如流江會歸于海於是頌曰

觀万物動起　念之悉當過　愛欲之所縛
一切皆无常　欲得度世者　悉捨諸欲著
是名日道迹　流下無為然

其修行者所觀如是自察其身則是

毒虵假引辟言若城失火中有富者為衆導師見舍燒壞甚大愁憒心自念言作何方計出中要物則退思之舍有一篋中有衆寶在其屋藏好明月珠上妙珎物而皆成滿價數無極其餘无計心懷恐懼這欲前行畏火見燒貪於寶物不顧身命突前入火至寶藏篋邊有蚖虵篋尒時導師既畏盛火烟熏其目心中憒憒不自覺知不諦省察誤取蚖篋挾之走出賊隨其後追欲奪之這見賊追則而馳走賊逐不置遥喚呼言如是及鄉傷害煞汝設使捨篋便有活望假令不捨命在不惻導師見賊逼之欲近念失財寶又不濟命則更思之我當解篋取中要者以著懷中置餘退去尒乃安隱賊聞篋視唯見毒虵乃知非寶是虵蚖耳修行如是已逮道諦見一切形皆猶毒虵以是之故得至于觀欲求觀者當作是察於是頌曰

辟如熾火燃　人懅出要器　反俠於蚖篋
謂是珎寶物　發篋見弊悪　毒虺盛滿中
其時便即棄　尒乃知非實　修行計如是

諦觀見本元　以解於四諦　覩身如四蚖
作是行觀諦　當思念道德　以逮得無為
除苦乃獲安　自度入門脫　免他諸瑕穢
是故分別說　觀察无常法

修行道地經學地品第二十五

勇猛於善力　面光如金華　神足超疾風
自遊所至方　身德成無極　調順能忍辱
佛樂戒定安　衆歸顛稽首
行步庠序無真塵　其德无底所願安
佛無等倫常无著　願歸命尊莫能喻
佛執巧便法為弓　以此降伏邪怨敵
除盡塵勞衆瑕垢　願歸命佛一心礼

其修行者已得道迹知諸五樂皆歸無常不能盡除所以者何用見色聲香味細滑之念於是頌曰

已得成就為道迹　思智慧解五樂無
觀愛欲界如怯馬　心不著色續未斷

辟如梵志子淨潔自憙詣於舍後卒汙其指行語金師指汙不淨以火燒之金師諫曰勿發是心有餘方便除此不淨灰土拭之以水洗之設吾火燒卿不能忍火之毒痛自觸其身更甚于前梵志子聞即懷瞋恚便罵金

師莫以已心量度他人自不能忍謂人不堪吾無所欲用手有垢不敢行路畏人觸我吾儻近人而身有學三經之本及知六藝學於談語子知所應能相万物分別其義次第章句識於三光天文地理學六十四相知人祿命貧富貴賤安處田宅曉百鳥之語預知災變覩彼他國多有怨賊欲危此土當時日炎風雨失度有變星出美人清絳別于男女牛馬雞羊之相預知五穀旱澇貴賤識其星宿進止舉動別其水旱衰耗多少占有大水若所破壞見日月蝕出入之變若有懷軀別其男女曉知軍法戰鬪之事深知古今覩了五星熒惑所處十二之時晝夜百刻能曉醫道風寒熱病癊瘵少小以何療之知日月道所從由行其色所變皆為何應山崩地動星殞之恠諸宿所屬而奉天神古人學術皆能別之無不開通占書星出當計何瑞邑因不淨著吾手指勿得傳久當隨我言除其指穢也金師聞之燒鉗正赤以鑷彼指年少得

熱痛不能忍掣指著口金師大笑謂年少言卿自稱譽聰明博學採古知今無不開通清淨无瑕於今云何持不淨指含著口中年少報曰不遭痛時見指不淨適遇火毒即忘指穢道迹如是求長夜習在愛欲瑕須臾之間離於情欲適見好色婬意為動所以者何諸根小制未得盡定於是頌曰

已見色欲本所習　雖使解義至道迹
頭戴想華續聞香　如江詣海志欲然

道迹自念我身不宜習于婬欲如餘凡夫說情欲穢樂於無欲滅盡然熾習汙露觀晝夜不捨習如是者婬怒癡尠得往來道一返還世斷勤苦原巳得往還於諸愛欲無起清淨婬怒癡薄心常未斷因有惱患辟如男子有婦端正面貌無瑕以諸瓔珞莊嚴其身夫甚愛敬雖有是色婬鬼非人也唯人血肉以為飲食有人語夫卿婦羅剎肉血為食夫不信人數數語之夫心遂疑意欲試之夜伴卧出軒聲如眠婦謂定寐竊起出城詣於冢間夫尋逐

後見婦脫衣及諸寶飾却著一面面色變惡口出長牙頭上焰燒眼赤如火甚為可畏前近死人手　摑其肉口齧食之夫見如是尒乃知之非人是鬼便還其家卧於牀上婦便尋還來趣夫牀復卧如故其夫見婦莊嚴瓔珞面色端正尒乃親近假使念之在於冢間敢死人肉心即穢猒又懷恐怖得往還道若見外形端正殊好婬意為動設說偲露瑕穢不淨婬意為滅於是頌曰

變化人身如脫鎧　作婬鬼形詣冢間
便噉死屍如飲食　夫尒乃知是羅剎

得往還道者心自念言吾於欲界三結已薄其餘尠耳逮聖帝見愛欲之瑕多苦少安不宜習欲如凡衆庶恚在情欲若如蒼蠅著於死屍吾何方便除婬怒癡令滅無餘得盡漏禪然後安隱如淨居天於是頌曰

已得於往還　修行一反生　則見欲不可
習之未永斷　婬欲火雖熾　不能色其心
以作偲露觀　增欲如羅剎

譬如有人在於盛暑不能堪熱求扇

自刵慕水洗浴往来如是見婬怒癡
以為甚熱念求不還道於是頌曰
成二吉祥道　行来永除欲　以得無漏禅
行即梵天同　其身諸有熱　冰夲以除之
往求不還道　獲此則清涼
尒時修行作偲露觀永脫色欲及諸
怒癡諦見五陰所從起滅滅盡為定
知見如是便斷五結而無陰盖得不
退還世以脫愛欲无有諸导婬鬼之
患於是頌曰
以脫愛欲疾病困　常偲露觀除諸陰
永離恐畏遠苦安　成不還道等第三
即獲清涼無有衆熱若覩色欲常見
不淨則知瑕穢譬如遠方有估客来
若當疲極二十九日冥無月光夜半
来到城門復閉遠至南牆下有汪水
天雨之潦也解様住邊死屍人形雜
猶象畜蚘虫之屬悉在水中或沉或
浮百千万虫跳踉身中鬚毛浮出城
内掃除及漏穢水悉歸此汪於是
頌曰
譬如城傍有大水　不可目察況飲者
遠方人来值門閉　衆共止住此池邊

時衆人中或有遠客初未曾至於此
國土不識是非疲極既飢脫衣入洗
恣意飲水飽滿卧出於是頌曰
其人初来詣此國　入於水浴除諸熱
祭祠水神飲解渴　甚大疲極因卧寐
明日早起天向欲曉疲解覺已見於
水中偲露不淨或有捨走閉目不視
或自覆鼻又欲强吐尒乃知水垢穢
不淨於是頌曰
已得第三道　見欲樂不安　入禅定無患
覩欲如瑕水
尒時修行樂於禅定省于愛欲如彼
估客得不淨水譬如嬰兒自取屎捖
年小長大捨前所戲更樂餘事年遠
向老悉捨諸樂以法自樂修行已得
不還之道亦復如是見諸生死五道
所樂猶小兒戲也轉更精進欲脫終
始不樂求生於是頌曰
譬如有小兒　在地捖不淨　年遂向長大
捨戲轉樂餘　修行亦如是　求獲度三界
尒時遂精進　具足成四道
譬如遠國有衆估人從東方来止城
外園時彼城中有一諂人多端無信

詐作飲食華香異服往詣導師前問
起居多賀遠至道路無他飢渴日久
始乃奉面今與小食垂哀見受導師
即納又有更啓寧可入城吾有大舎
中有好殿具足細滑舎有井泉溷廁
別異諸樹行列器物備有顏皃威光
枉德入城說此欺竟即捨之去於是
頌曰
有人懷諂欺　見遠衆估客　奉迎供導師
飲食後說曰　吾身有一殿　高大樂巍巍
其人無成信　詐語便捨去
尒時城中有大長者悉聞彼人詐欺
導師即自出迎謂導師言莫信彼人
居止其堂穢濁潦水在其堂後屎尿
偲露普流趣前以是之故不可止頓
導師聞之荅長者曰堂雖有臭可設
方便燒香散華以除其穢於是頌曰
長者懷覩念　故往詣導師　語之斯堂邊
有臭穢不淨　導師聞此言　則反荅之曰
雖臭施方便　燒香散衆花
尒時長者荅導師曰堂復有難諸蟒
惡虫皆在其中以肉血脉而為飲食
假使飢者穿鄉囊裹齒[illegible]物導

師荅曰吾當給之隨其所食令不窂
物於是頌曰
多有弊虫處在堂　須肉血脉而為食
我能供給隨所乏　導師以此荅長者
長者報導師其堂四角有四毒虵凶
害憙諍不可近附以何方便而安此
虵導師荅曰吾能曉之施藥神呪令
無所犯於是頌曰
有四毒虵在其堂　弊惡凶害欲相危
以若干藥及神呪　能除毒虵所懷結
於是長者復謂導師又有大難𤔡之
故基如是當崩壁垣傾危不可依怙
導師荅曰設有此難吾不能處亦无
方便令不崩危所以者何儻有危敗
有失命之難於是頌曰
設堂久故欲崩壞　假使傾覆不可護
導師則報長者曰　有是恐懼吾不處
彼時導師具聞講堂諸難之瑕又自
目觀心即遠離不肯居之也不還如
是聞世尊教審知聖諦不樂生死終
始之患於是頌曰
已得不還離衆苦　修行則求無量安
不慕生死如毛氂　辟如導師不處堂

解喻堂者謂人身也穢濁水者謂九
瘡孔常出不淨虫滿水者謂身中八
十種虫常食軀中肉血骨髓者也平
地治𤔡者謂供養身給以飲食其四
虵者謂身四大地水火風堂朽故危
晝夜欲崩者謂老病死其修行者
晝夜方便欲免衆難其導師者謂不
還道修行專精聽世尊教觀於三界
皆見熾然目所察形悉歸無常不離
朽敗辟如導師見大堂危於是頌曰
蚖虵而懷毒　弊惡叵觸近　各處在四角
謂人身四大　朽敗欲傾危　謂身有增減
常遭衆苦惱　老病死窮道　城中諛諂人
以喻漏禪智　其人入貪欲　恩愛之罣㝵
持禁戒長者　謂師無著哀　常救濟修行
使度衆苦難　辟如大估客　中有導師者
佛子服甘露　以得无著道　師為行者講
苦空非常身　諦觀於三界　擾動而不安
當求一心志　無學地諦見　无著於是
頌曰
佛愍衆生演　能濟一切苦　吾察佛諸經
歎說無學地

修行道地經無學地品第二十六

其王放醉象　凶害安其利　諸龍懷毒氣
皆化令調伏　救護衆恐難　逮得常自在
十力佛無終　吾礼及弟子
諸天龍神奉大聖　吉祥人民皆歸命
悉以恭敬得度脫　衆聖所宗顔稽首
其修行者已在學地不樂終始已無
所樂弗貪三界起色无色斷一切結
志念根力及諸覺意見滅為寂是謂
永定觀如是離色無色遠戲自大
於是頌曰
心已住學地　曉了諸學意　制於生死畏
滅恐无所樂　衆患盡無餘　所見如審諦
除戲及自大　消凝亦如是
修行自念當知今時已成羅漢得無
所著諸漏永盡修潔梵行所作已辦
棄捐重擔逮得已利生死則斷獲平
等慧超出瀑溢鋤去穢草无有穿漏
成聖賢幢已度彼此於是頌曰
修行住學地　不動成聖道　已逮得已利
度苦常獲安　盛熱山石喝　永盡無流水
奉敬離調戲　是謂无所著
已斷五品為人中上於是頌曰
已斷於五品　具足成六通　蠲除諸塵勞

如水洗衣垢　而離生死患　依度得安隱
是謂爲政上　趣上無塵埃
斯阿羅漢得無所著應服天衣處于
神宮遊居紫殿飲食自然百種音樂
常以樂之歡喜踊躍便從坐起口宣
揚言今者吾身爲十力子逮得是者
天上世間一切衆祐其奉敬者增益
天種損阿須倫於是頌曰
巍巍四德成六通　忍辱之慧求最上
願於佛教致究竟　是故講說無學地

修行道地經無學品第二十七

方便勝衆苦　永脱諸恩愛　已離生死惱
滅盡於塵勞　如日出除雲　專離諸愛冥
歸命佛聖道　无痛長安隱　已度諸入界
如人出牢獄　辟此紫磨金　在火而無損
至定泥洹寂　未曾愛於身　佛以逮甘露
吾願稽首礼
其修行者住於有餘泥洹之界畢故
不造不復受身而心專一未曾放逸
在諸色聲香味細滑雜一切著无復
取捨窮盡苦根於是頌曰
已得度無爲　永觀无所欲　立於有餘地
畢故不造新　不在色聲香　諸味細滑斷

譬之若蓮花　不著于塵水　諸根爲已定
不隨諸入惑　如金不雜鑛　永與生死別
無有因緣者　尒乃長安隱　是謂閑居行
滅盡勤苦根
譬如燒鐵令其正赤以椎鍛之其上
垢除稍稍還冷不知其火熱之所湊
也修行如是設至无餘泥洹之界而
滅度者漸漸免苦是故此經名曰修
行於是頌曰
若如一椎鍛燒鐵　火焰忽出便復滅
其修行法亦如是　已得滅度不知處
譬如天雨而有泡　其泡適壞不知處
設有行者得滅度　永不可知其所湊
諸天神仙龍人民　不見度者何所至
其修行者非掌空　聰明智慧得滅度
假令行者以獲斯　計于甘露莫窮是
个乃覺了長安隱　已得滅度令無餘
其佛世尊說是喻　如椎鍛鐵火焰出
已漸向於滅度者　永不可知神所趣
已得滅度道　平等解如是　佛智慧明者
其神安不動　已濟諸瑕穢　生死自大離
獲致彼无欲　清淨淡如淵
其有奉行是道地教漸得解脱至於
無爲於是頌曰
其求無爲欲滅度　永離濁乱逮甘露
當講說斯修行經　從佛之教冥獲炬
其有說此經　假使有聽者　佛當示其路
常安無窮極
學如是者便得究竟修行道地心如
虛空五通自然不獲終始永若燈滅

修行道地經卷第六

修行道地經卷第六

校勘記

一　底本，金藏廣勝寺本。

一　三一四頁中一行及卷末經名「卷第六」，資、磧、普、南、徑、清作「卷第七」。

一　三一四頁中四行「白毛」，資、磧、普、南、徑、清作「白毫」。同行「日光」，資、磧、普、南、徑、清作「月光」。

一　三一四頁中五行「其牙」，諸本作「其身」。

一　三一四頁中一三行第四字「定」，資、磧、普、南、徑、清作「空」。

一　三一四頁中一七行「覩見過去來現在」，資、磧、普、南、徑、清作「教見過去未現前」。

一　三一四頁下一行第五字「墻」，麗作「背」。

一　三一四頁下二行第八字「士」，磧、普、南、徑、清作「土」。

一　三一四頁下四行「博家」，麗作「塼家」。

一　三一四頁下七行首字「濆」，諸本作「瀆」。

一　三一四頁下八行第七字「蒜」，資、磧、普、南、徑、清作「蒜」。

一　三一四頁下一〇行「出人」，諸本作「出入」。

一　三一四頁下一一行「是身如車與无常俱」，麗無。

一　三一四頁下一二行第一四字「肓」，諸本作「盲」。

一　三一四頁下一六行第一一字「蚖」，麗作「虵」。

一　三一四頁下二一行首字「懷」，資、磧、普、南、徑、清作「壞」。

一　三一四頁下二二行第七字「憂」，諸本作「怨」。

一　三一五頁上二行第七字「想」，資、磧、普、南、徑、清作「相」。同行末字「濁」，資、磧、普、南、徑、清作「漏」。

一　三一五頁上三行末字「塚」，資、磧、普、南、徑、清作「家」。

一　三一五頁上四行第七字「怒」，諸本作「怒癡」。

一　三一五頁上五行第二字「厄」，諸本作「危」。

一　三一五頁上六行「如瑟因弦」，諸本作「如琴因絃」。

一　三一五頁上一〇行「反捨」，資、磧、普、南、徑、清作「及捨」。

一　三一五頁上一一行「夢幼」，諸本作「夢幻」。

一　三一五頁上一二行第一三字「⿰木疏」，諸本作「梳」。

一　三一五頁上一六行「所救」，諸本作「無救」。

一　三一五頁上二一行第八字「體」，資、磧、普、南、徑、清作「軀」。同行末字「没」，資、磧、普、南、徑、清作「怨」。

一　三一五頁中三行第五字「主」，資、磧、普、南、徑、清作「生」。

一　三一五頁中一〇行第五字「覩」。

一　資、磧、普、南、徑、清作「觀」。

一　三一五頁中一一行第七字「痒」，資、磧、普、南、徑、清作「想」。

一　三一五頁中一三行第五字「地」，資、磧、普、南、徑、清作「池」。同行「衆遊」，麗作「象遊」。

一　三一五頁中一七行第八字「華」，諸本作「葦」。

一　三一五頁中一九行「如枝」，資、磧、普作「如杖」。

一　三一五頁中二二行「出聲」，資、磧、普、南、徑、清作「有聲」。

一　三一五頁中末行「聲在彼色色」，諸本作「聲不在鼓名色」。

一　三一五頁下二行末字「生」，麗作「往」。

一　三一五頁下五行第五字「跛」，資、磧、普、南、徑、清作「跛者」。

一　三一五頁下六行第一一字「掘」，資、磧、普、南、徑、清作「屈」。

一　三一五頁下七行末字「令」，諸本作「今」。

一　三一五頁下一〇行「能獨」，麗作「獨能」。

一　三一五頁下一三行「倚行」，麗作「騎行」。

一　三一五頁下一七行「具事乃與」，諸本作「見事乃興」。

一　三一五頁下末行「相念法」，資、磧、普、南、徑、清作「想念興」；麗作「想念法」。同行第九字「則」，資、磧、普、南、徑、清作「敗」。

一　三一六頁上一行第五字「常」，資、磧、普、南、徑、清作「當」。

一　三一六頁上三行首字「與」，諸本作「興」。

一　三一六頁上一二行第七字「思」，資、磧、普、南、徑、清作「惟」。

一　三一六頁上一六行第四字「生」，資、磧、普、南、徑、清作「大」。同行「九神」，資、磧、普、南、徑、清作「凡人」。

一　三一六頁上二〇行第五字「起」，資、磧、普、南、徑、清作「退」。

一　三一六頁上二二行末字「然」，資、磧、普、南、徑、清作「極」。

一　三一六頁中四行「其屋」，麗作「某屋」。

一　三一六頁中六行第九字「這」，諸本作「適」。下至三一八頁中一四行末字同。

一　三一六頁中八行「蚖蚍箆」，資、磧、普、南、徑、清作「虺箆」；麗作「蚖箆」。

一　三一六頁中一〇行第八字「蚖」，資、磧、普、南、徑、清作「虺」。

一　三一六頁中一一行第二字「其」，資、磧、普、南、徑、清無。同行「欲奪」，資、磧、普、南、徑、清作「欲抄奪」。同行「則而」，徑、清作「即時」。

一　三一六頁中一二行第七字「喚」，麗作「咄」。

一　三一六頁中一三行首字「害」，資、磧、普、南、徑、清作「割」。

一　三一六頁中一四行「不惻」，諸本作「不測」。

一　三一六頁中一七行第四字「賊」，資、磧、普、南、徑、清作「起」。

一　三一六頁中一九行第三字「形」，諸本作「則」。

一　三一六頁中二一行第七字「憶」，南作「影」。

一　三一六頁中二一行「反俠」，資、磧、諸本作「遽」。同行「反俠」，資、磧、普、南、徑、清作「及挾」；麗作「反挾」。

一　三一六頁下一行「觀見」，資、磧、普、南、徑、清作「聽見」；麗作「觀計」。

一　三一六頁下二行「行觀諦」，資、磧、普、南、徑、清作「修諦觀」；麗作「行諦觀」。同行「當思」，諸本作「常思」。同行「以逮」，資、磧、普、南、徑、清作「以還」。

一　三一六頁下三行第三字「乃」，資、磧、普、南、徑、清作「而」。同行「門脱」，諸本作「脱門」。

一　三一六頁下五行「修行道地經」，資、磧、普、南、徑、清無。

一　三一六頁下六行第一三字「起」，資、磧、普、南、徑、清作「起」。

一　三一六頁下七行第二字「遊」，資、磧、普、南、徑、清作「然」。

一　三一六頁下一〇行末字「喻」，資、磧、普、南、徑、清作「踰」。

一　三一六頁下一一行「降伏」，資、磧、普、南、徑、清作「除伏」。

一　三一六頁下一三行第九字「知」，麗作「見」。

一　三一六頁下一九行第五字「語」，磧、普、南、徑、清作「詣」。

一　三一七頁上四行「語子」，資、磧、普、南、徑、清作「言了」，麗作「語了」。

一　三一七頁上七行「安處」，資、磧、普、南、徑、清作「安隱」。

一　三一七頁上一〇行第五字「清」，諸本作「青」。

一　三一七頁上一九行第四字「殞」，諸本作「隕」。

一　三一七頁上二〇行第七字「别」，資、磧、普、南、徑、清作「分别」。

一　三一七頁上二一行第六字「瑞」，資、磧、普、南、徑、清作「瑞也」。

一　三一七頁中二行「採古」，資、磧、普、南、徑、清作「探古」。

一　三一七頁中六行第四字「求」，諸本作「本」。

一　三一七頁中一三行「然熾習汙」，資、磧、普、南、徑、清作「熾然習惡」。

一　三一七頁中一五行「斷勤苦原」，資、磧、普、南、徑、清作「勤斷苦源」。

一　三一七頁中一七行「常未斷因」，資、磧、普、南、徑、清作「尚未斷故」；麗作「尚未斷因」。

一　三一七頁中二一行第六字「信」，資、磧、普、南、徑、清作「信之」。

一　三一七頁中末行第二字「定」，資、磧、普、南、徑、清作「之」。

一　三一七頁下二行「焰燒」，資、磧、普、南、徑、清作「炎燃」。

一　三一七頁下三行「手捆」，諸本作「手斵」。

一　三一七頁下四行第二字「噛」，磧、

普、南、徑、清作「齧」。同行「乃知」，磧、南作「乃如」。

一　三一七頁下五行第一二字「便」，資、磧、普、南、徑、清作「即」。

一　三一七頁下六行第二字「趣」，磧、南作「取」。

一　三一七頁下九行「殊好」，資、磧、普、南、徑、清作「姝好」。

一　三一七頁下一三行「死屍如飲食」，資、磧、普、南、徑、清作「死人如食飯」；麗作「死屍如食飯」。

一　三一七頁下一五行「遠聖帝」，諸本作「遠望聖諦」。

一　三一七頁下一六行末字「悉」，諸本作「志」。

一　三一七頁下二一行「色其」，諸本作「危其」。

一　三一七頁下二二行「增欲」，資、磧、普、南、徑、清作「憎欲」。

一　三一八頁上三行第七字「来」，麗作「未」。

一　三一八頁上四行「冰冷」，麗作「水冷」。

一　三一八頁上五行「往求」，資、磧、普、南、徑、清作「往來」。

一　三一八頁上七行「滅滅」，資、磧、普、南、徑、清作「滅」。

一　三一八頁上九行「退還世」，諸本作「還道不退還世」。

一　三一八頁上一一行第七字「困」，資、磧、普、南、徑、清作「因」。同行末字「陰」，麗作「恚」。

一　三一八頁上一六行「汪水」，資、磧、普、南、徑、清作「池水」。

一　三一八頁上一七行第四字「滂」，麗作「潦」。

一　三一八頁中二行「既飢」，資、磧、普、南、徑、清作「飢渴」；麗作「既渴」。

一　三一八頁中三行「卧出」，資、磧、普、南、徑、清作「即出」。

一　三一八頁中八行「或自覆鼻」，資、磧、普、南、徑、清作「或自覆面自覆鼻」。

一　三一八頁中一三行第三字「得」，諸本作「惡」。

一　三一八頁中一四行第二字「小」，資、磧、普、南、徑、清作「稍」。同行「所戲」，資、磧、普、南、徑、清作「所𥡴」。

一　三一八頁中末行「外園」，資、磧、普、南、徑、清作「外國」。

一　三一八頁下一行末字「問」，資、磧、普、南、徑、清作「問訊」。

一　三一八頁下五行第八字「滑」，資、磧、普、南、徑、清作「治」。

一　三一八頁下七行第七字「欺」，資、磧、普、南、徑、清作「詐」。

一　三一八頁下一〇行第三字「後」，資、磧、普、南、徑、清作「候」。同行「吾身」，資、磧、普、南、徑、清作「吾舍」。

一　三一八頁下一一行第四字「成」，諸本作「誠」。

一　三一八頁下二一行第五字「答」，麗作「謂」。同行第九字「堂」，諸本作「當」。

一　三一九頁上三行「血脈」，資、磧、普、南、徑、清作「血髓」。

一　三一九頁上五行第一三字「蚖」，資、磧、普、南、徑、清作「虵」。

一　三一九頁上七行「曉之」，磧、普、南、徑、清作「燒之」。

一　三一九頁上九行第四字「虵」，麗作「蚖」。同行第一〇字「凶」，諸本作「懷」。

一　三一九頁上一四行「有危」，資、磧、普、南、徑、清作「其危」。

一　三一九頁上一八行第七字「講」，麗作「說」。同行至次行「又自目覩」，資、磧、普、南、徑、清作「有目自覩」。

一　三一九頁上一九行第四字「即」，資、磧、普、南、徑、清作「覩」。

一　三一九頁中三行「軀中」，資、磧、普、南、徑、清作「體蟲」。

一　三一九頁中九行「熾然」，資、磧、普、南、徑、清作「然熾」。

一　三一九頁中一一行「蚖虵」，資、磧、普、南、徑、清作「蛇虵」。

一　三一九頁中一三行首字「常」，資、磧、普、南、徑、清作「當」。同行「諛諂人」，資、磧、普、南、徑、清作「詐諂入」。

一　三一九頁中一八行第五字「身」，資、磧、普、南、徑、清作「者」。同行第七字「覩」，資、磧、普、南、徑、清作「觀」。

一　三一九頁中一九行第五字「志」，麗作「至」。

一　三一九頁中末行及次頁上一一行「修行道地經」，資、磧、普、南、徑、清無。

一　三一九頁下三行「十力」，資、磧、普、南、徑、清作「十方」。

一　三一九頁下一一行第九字「學」，資、磧、普、南、徑、清作「覺」。

一　三一九頁下一二行第一三字「如」，資、磧、普、南、徑、清作「而」。

一　三一九頁下一八行「成聖賢幢」，資、磧、普、南、徑、清作「成賢聖種」。

一　三一九頁下二〇行「山石」，資、磧、普、南、徑、清作「山原」；麗作「山源」。

一　三二〇頁上二行「政上」，諸本作「正士」。同行「趣上」，麗作「寂上」。

一　三二〇頁上三行首字「斯」，諸本作「斯謂」。

一　三二〇頁上一〇行「順於佛」，資、磧、普、南、徑、清作「順佛法」。

一　三二〇頁上一三行「除雲」，資、磧、普、南、徑、清作「雲除」。同行「專離諸愛冥」，資、磧、普、南、徑、清作「專離諸幽冥」；麗作「尊離諸愛冥」。

一　三二〇頁上一五行第七字「此」，諸本作「如」。

一　三二〇頁上一六行第八字「愛」，資、磧、普、南、徑、清作「受」。

一　三二〇頁上一九行第三字「不」，資、磧、普、南、徑、清作「而」。

一　三二〇頁上二一行「穿盡」，諸本作「窮盡」。同行第五字「苦」，資作「舌」。

一　三二〇頁上二二行第七字「覩」，諸本作「都」。

一　三二〇頁中五行第六字「其」，資、磧、普、南、徑、清作「甚」。

一　三二〇頁中一〇行第三字「一」，諸本作「以」。同行第六字「燒」，資、磧、普、南、徑、清作「熱」。

一　三二〇頁中一五行第六字「堂」，諸本作「常」。

一　三二〇頁中一六行「喻是」，麗作「踰是」。

一　三二〇頁中一七行首字「个」，諸本作「爾」。同行第一二字「令」，資、磧、普、南、徑、清作「而」。

一　三二〇頁中一八行第八字「如」，資、磧、普、南、徑、清作「以」。

一　三二〇頁中二二行第二字「致」，資、磧、普、南、徑、清作「此」。

一　三二〇頁下四行「假使」，資、磧、普、南、徑、清作「假令」。

一　三二〇頁下七行「不獲」，麗作「不懼」。

修行道地經卷第七　　　　接

西晉三藏竺法護譯

弟子三品修行第二十八

巍巍佛德尊威神不可量　道法隨時化度脫諸十方　覩見生死瑕　爲現法橋樑毀呰終始苦　咨嗟于泥洹　分別弟子决而順示厭行　稍稍而開導　乃至于大安若有修行見終始患地獄之毒畜生之惱餓鬼之苦人中憂憒天上無常不可堪矣展轉周旋譬如車輪生老病死飢渴寒暑恩愛之別怨吝集會愁慼之痛亘具說言從累劫來與父母違兄弟離闊妻子之乖涕泣流淚超于四海飲親之乳俱于五江四瀆之流或父哭子或子哭父或兄哭弟或弟哭兄或夫哭妻或妻哭夫顛倒上下不可經紀動勤苦根愚癡之元修行見然皆患厭之踰欲勉斯生死之病晝夜精進不捨道義求於無爲自見宿命從無量劫住反生死設積身骨過須弥山其髓塗地可遍天下三千世界計死若周其血流墮多於古今天下普雨修行自察如是之厄

千万劫說猶不可竟故棄捨家除鬚去髮專精求道不慕世榮若如明者不貪晃形於是頌曰

修行見終始　地獄之苦惱　畜生餓鬼厄
天下世間別　生死之展轉　譬如千車輪
父子兄弟乖　妻息子離慼　涕哭淚流下
超于四海水　飲親之乳湩　踰於五江河
修行故捨家　專精爲道法　不慕時俗榮
如明者捨毒

修行自念我身或來不可稱限不自覺知合會離別憂欝之痛譬如醉不可了之枉說趣語自爲審諦恩愛之著譬如膠漆不能自濟則行精進遠俗近道譬如有人遠遊他國賈作求利至彼未久興大疾病死巨者衆十不遺一死屍狼藉臭處叵言旣無良醫又無好藥可以療之其人恐怖悔詬彼國設不來者不遭此難夙夜反側愁不可言設我病瘳一還本國無有還時其人這遇得一大醫飲藥鍼灸疾稍稍愈氣力强健即反本土與家相見自陳値厄困不可言從今以後終不敢行不至彼土一衣一食

何所求耶唯欲自寧安知餘人也復念若聞彼土之名戰慄惶懅不欲出舍而守其身弟子如是見五道苦淫怒癡病生死無息夙夜専精坐禪念道得世尊教皆嘆泥洹毀呰終始是為良醫飲之好藥疾則除者謂佛法經去三毒也死屍狼藉謂五陰六衰悔至其國者自惟念言從累劫來周旋生死恩愛之著猶心多端不見苦諦習盡道諦以得道諦畏苦猒身早般泥洹不能還教固在然熾須佛世尊亦本無一乃當進前得不退轉進却自由於是頌曰

譬如有人遠行賈　至於彼國遭疾病
衆人死亡十遺一　死屍狼藉無藏者
心自悔恨至其國　吾何不遇值此殃
則得良醫療其疾　便還本土難復行
畏生死患亦如是　現於五道周旋苦
自責本咎不覺道　終始辛苦甚憂惱
一心精進求泥洹　欲度世間諸怖驚
惡終始困猶死屍　専志而向無為城

修行恐畏或當命盡不得度脫還歸三塗難得拔出不當懈怠計有吾我如世凡人與三寶乖窈窈冥冥譬如昔者有衆賈人遠行治產更歷曠野無人之處行道疲極便眠睡臥亦不持時弗嚴兵仗大賊卒至而無覺者不施弓矢為賊所害中有力者便走得脫飢困歸家更復設計求強猛伴復順故道行賈求利毋寘息寐持時行夜嚴正弓箭賊見如是不敢前格知之難當便自退去窈窈冥冥者謂為癡罔因癡致行而生識著名色六入更樂痛愛受有生老病死愁憂啼哭痛不可意行治生者謂修行也疲極臥寐者謂不曉了非常苦空非身也無行夜者謂不思惟深經之義也兵仗不嚴不遵大慈大悲之慧趣欲自投不念衆生賊來見危謂坐禪思不入空靜而為五陰六衰所迷墮四顛倒非常謂常苦謂有樂非身謂有身空謂有實命盡生天福偒還世不離三塗強者力走得脫歸家謂得羅漢也即求強伴更治產者謂至泥洹知羅漢但不至究竟見佛受教更發大意為菩薩也與衆為伴相隨行者謂六度無極諸等行也兵仗嚴正者持時行夜謂大慈大悲分別空行不著不斷也賊早還者謂不起法忍無罣礙慧觀三界空不畏生死一切四魔皆為之伏也於是頌曰

修行恐命盡或入三惡道　不復計吾我
歸命於三寶猶昔有賈人　遠行求財利
睡眠而臥寐為惡賊所害　中有強健者
盡力走得脫歸家說遭厄　今乃得安耳
以得羅漢道乃自知為限　不能入生死
以泥洹為礙更合強猛伴　嚴兵時行夜
賊見不敢前便退歸本土　在於無為界
知泥洹為限則發菩薩意　行大慈大悲
分別深空行不著無所斷　周旋度生死
無有三界難

修行奉法入四等心無大慈悲譬如小龍能雨一縣而不周遍雖為人民潤不足言羅漢行道四等如是若如海龍普雨天下無所不潤菩薩大人大慈大悲普及衆生無所不濟佛天中天見心如是便為現限莫踰泥洹稍稍進之至于大道知本迷惑喻有一人而有三子父少小養至令長大

衣食醫藥未曾令乏父轉年長氣力衰微謂諸子言汝輩不孝生長活汝使成為人吾既年老不欲供養報乳育恩反逼我身求財衣食何緣介乎當告縣官治殺汝等子聞父教即懷恐怖歸命於父我輩兄弟愚癡所致不識義理不顧父母恩養之德愛重望深不自察非今聞嚴教即當奉命遵修孝道超凡他人夙夜匪懈無厚我先時彼諸子各行持生入海採珎得諸七寶供給父母至孝巍巍唯念二親不自顧身獲大光珠名曰照明即往奉父父見明珠頭白更黑齒落更生為大長者遠近歸仰是謂父慈子則為孝也為弟行無有大慈父有三子者謂心意識也養長子者謂淫怒愚癡著於三界也衣食之者謂五陰六衰十二因緣縛也子長續求供養者謂諸情欲不知猒足也父恐欲詣縣官告者謂覺非常欲斷六入子受其教奉行孝道謂歸命佛三子更孝順者布施奉戒智慧之元也入海得七寶者七覺意成羅漢道也遂至孝者智弟子限至泥洹界更發大意為菩薩道得照明珠父更少者現在定意見十方佛無所罣礙也於是頌曰

昔者有一人　而生有三子　養育令長大
故求父衣食　父告於三子　吾又年老極
汝當供養父　既大索吾力　告言汝向官
搒笞以吾毒　子聞父之命　則奉行孝道
入海求七寶　供奉于尊父　又得照明珠
父則更年少　三子心意識　情欲不知足
父訶更孝順　謂施誡道慧　遵於七覺意
成羅漢泥洹　受佛大深教　更發菩薩心
道德甚巍巍　視見十方佛　不礙四大身
猶空無所拘

譬如昔者而有一鼈從海出遊至於岸邊有一大狐追之欲危其命鼈覺狐來藏頭四足覆於甲下狐住待之設出頭足我當持食鼈急不動狐極捨去鼈還詣於大神龍王說其本末求為龍王身乃無所畏能制五陰不為魔嬈得泥洹道得為龍者入菩薩道不畏四魔救濟衆生於是頌曰

如鼈縮頭足　不畏羅漢然　得飛為龍神
菩薩亦如是

譬如有人遠行求財涉於寒暑謂得大利或為遇賊亡失其業又有明人自於本土造方便計利入無量供給四方積功累德計無常苦空非身觀外万物成敗之事或得禪定成羅漢道更從發意求為菩薩或有達者知四大空無有內外行大慈悲加哀十方雖有所度為無所度道無遠近解慧為上得平等覺無去來今若如虛空於是頌曰

如人遠賈作　弟子亦如是　積功觀惡路
察万物非常　菩薩如明人　求利不遠遊
無生死泥洹　得成平等覺

其修行者恐畏生死惡三畏難畏苦猒身不了本無趣欲越患不念衆生譬如軍壞諸羸劣人唯欲自擬不濟危厄有此心者佛則為說除三毒之惱泥洹為快離冥就明譬如導師將大賈人遠涉道路於大曠野斷無水草賈人呼嗟謂塗悠悠安能所至永為窮矣時彼導師聰明博學亦有道術知於賈人心之所念猒患涉路則於中道化作一國城邑人民土地豐

樂五穀平賤賈人大喜轉共議言一何快乎本謂弥久何時脫難到于人間這有此念便至此城當復何懼時衆賈人便住彼土快相娛樂飲食自恣從意休息心如欲厭城郭則沒不見國土賈人皆怪何故如此也導師荅曰卿等患厭謂道懸曠永無達矣吾故化城國土人民使得休息見汝厭之故則沒之佛言如是弟子之行畏終始苦謂生死惱懼三界患早欲滅度故為示之羅漢易得誘進使前度於生死而盡三垢得無為道自以為達成就具足臨滅度時佛則住前現于大道是未為通發無上正真之道也得無所從生法忍至一切智乃為達耳譬如有國遭於三厄何等為三一曰盜賊二曰穀貴三曰疾病衆人流散走到他國久後國安或有往還者或有恐怖三難之患永不可反佛言國者謂三界也遭三厄者謂三毒垢也捨謂他國謂羅漢也國安還者謂菩薩以得無所從生法忍一切深慧還入三界度一切也遭於三厄而不還者羅漢以得無為懼三難衆而不能還度脫衆生也於是頌曰

譬如衆賈人　行於大曠野　疲極恐不達
導師化城郭　衆人住休息　安止有日月
知其心厭已　便沒不復現　佛世尊如是
見畏生死難　便為現無為　使度三界苦
臨般泥洹時　為示大道化　令還無從生
廣濟於一切　又譬如大國　卒遭三厄患
各散詣他國　國安還不還　畏生死之難
是謂為弟子　還國不以恐　菩薩化十方
權慧方便化　各令得其所　譬如大船師
往反無休息　佛世尊如是　法身無往反
周旋於一切　如日光普現

緣覺品第二十九

其從緣覺而不自了既發無上正真道不與善友而受真法專自反行假使奉敬六度無極而皆有想欲得尊号三十二相八十種好威神尊重不了善權佛現色身又謂有身便墮緣覺如有男子欲見大海遊到陂池及泉江河於彼求寶而獲水精小明月珠自以還得金剛尊光從菩薩心而還退者不曉如來無出入法空而無形道無三世去來今也而謂見空以為定矣而不了知適空之行這度三界不能進前上不及佛復踰弟子中道而止譬如有人欲見天帝而覩邊王則謂是帝欲學正覺慧有剖限不解深慧還墮緣覺亦如是也若有斯心佛便導示緣覺之法譬如長者年又老極其子衆多有大殿舍柱久故腐中心火興諸子放逸滿於五樂不覺此災父時念言此舍久故柱心火然轉恐柱摧壞殿鎮之當奈之何欲作方便誘化使出令勉火難父則於外作諸伎樂使人呼諸子各當賜汝象馬車乘摩尼之珠諸子遥聞伎樂之聲又被父命悉馳出舍往詣父所父則各賜諸子寶車好乘等而不偏諸子白曰向者尊父呼我等出各賜異珎今者何故所賜一等長者告曰吾殿久故柱中心腐而內生火吾恐柱摧鎮殺汝等故作伎樂呼汝輩出吾心乃安皆是我子等愛念之故悉與之珎寶車乘佛言其故殿舍謂三界也柱腐欲壞者謂三毒之患周旋

生死拄內火然謂衆想念也尊者謂如來也諸子放逸謂者三界欲也作伎樂者謂佛說罪福呼諸子出各賜與者現三道教也諸子悉出父等與寶者為現大乘無有三道臨滅度時乃了之耳於是頌曰

譬如有長者　諸子甚衆多　五樂自恣惑
著於故殿舍　拄腐而欲壞　中心而生火
父恐殿舍崩　鎮殺其諸子　因作衆伎樂
出子等賞賜　佛世尊如是　從緣覺意成
臨滅度之時　佛則住其前　為現一法教
大乘等無異

修行發意欲求大道不了本無者佛色身三十二相八十種好人中之尊譬如有人開四方帝号轉輪王主四天下而有七寶諸子千人力皆勇猛城廣且長東西四百有八十里南北二百八十里也中有大殿方四十里四寶床坐人民熾盛五穀豐熟伎樂无極伎樂之音有十二部夫人采女八万四千諸國治王八万四千象馬車乘其數亦然王有四德何謂四德長者梵志凡庶小民皆敬聖帝如奉父王愛念之猶母哀子王所教化則受奉行遠近歸命如人仰天依地得活復有四德無寒無熱初不飢渴生未曾病本祐所致其人聞之欲往見帝慕其聖教便發進行於道疲勞見一異道則順入中覩一大城人民熾盛樹木流水樂不可言謂是城郭為聖帝邦便止其土又斯雖樂鬼神之處其人不覺也時有天主名曰休息即觀其人為解說之此非聖帝處也是鬼神國也轉輪聖王威德巍巍尒乃欣然親近奉從若有發意學菩薩道不了深義不分別空世間無佛出入閑居處於樹下觀察万物非常苦空身不久立不解本無以得緣覺自以為成臨般泥洹佛在前住為現大法深妙之教十二因緣本無有根也曉本末空無去來今大慈大悲不見三界無泥洹想乃成正真度脫一切也於是頌曰

譬如有人求聖王　反見一城謂是邦
諸小國王憶轉輪　在中娛樂謂大通
休息天主往見之　則為解說此鬼土
非為大帝轉輪王　尒乃驚怖自知非
便發往詣大帝邦　見威神德大巍巍
五冥不解久迷惑　則奉聖王常侍從
欲學大道不了了　還墮緣覺亦如是
然後受佛深微行　乃至無上正真道
光光佛威德　其德濟衆生　等心加一切
除三毒之名　永脫生死苦　道因智慧成
清淨如日光　徹照三界冥

菩薩品第三十

其修行者因自思惟人在生死譬如車輪反覆上下而不離地終始若斯往反之患不離三界皆是本癡不了本無謂有四大猗之為諦復如有人見師化幻而謂是人不知化城愚人如是貪著吾我計有身命不曉其體地水火風譬如有人遠出欲遊行詣他國素聞道難常懷懼心畏於盜賊大賊數千百騎當奈之何各走馳散四向望候遙見諸塢衆石草木謂有不知所湊也有導師呼語衆人物得便捨至劉難處而無水漿或值窮厄不濟身命或困乏極尒乃來還往反既久如復疲勞悉失財物當何依怙

裸匱飢凍反當求恃而從豪富歸命
舉假且自安心共相率化遣人探候
設無賊者徑可進前假使有來堅志
共戰當令走壞所以者何一人欲死
十人不當十人欲死百人不當百人
欲死千人不當千人欲死万人不當
万人欲死天下縱橫衆人受教不復
馳散皆住嚴待遣人探竊唯且草木
瓦石之屬永無盜賊衆人忻歡爾乃
進前皆謂導師天下無雙智慧明達
誠非世有舉動進止輒從其命不敢
違失菩薩大人修行如是為一切導
解三界空一切如化五陰猶幻不德
生死而滅其身開化十方為示正路
嗟嘆菩薩深遠無侶周旋三界度脫
生死弟子既小志常懷懼趣欲滅身
不及一切又不究竟當復還退從發
意如明人因此聞菩薩教皆發無上
正真道意也於是頌曰

菩薩大士為修行　了一切空身如化
因緣合成得是體　坐心不正追逐邪
譬如賈人遠遊行　遥見樹木謂是賊
心各懷懅而馳散　導師解之心乃安
菩薩如是解本無　為一切師廣說法
示弟子等大道深　如日光出無浮雲

菩薩學道稍稍漸前至無極慧因六
度無極分別空行積功累德無央數
劫乃得佛道譬如有人少小士進始
為國貧轉得大富求為丞尉遂成令
長進二千石稍到州牧四征公卿大
臣轉至帝王轉輪聖王天帝梵尊為
菩薩道次第學者亦譬如是稍稍發
意布施持戒忍辱精進一心智慧縛
制六情除去三毒陰衰之蓋向空無
相無願之法至不退轉近成具事一
生補處猶如摩鏡洗治平鐵稍稍令
細遂復發明稍稍習行六度無極積
功累德不可計劫自致得佛開度十
方於是頌曰

如人少士進　至尉乃令長　二千石州牧
四征至公卿　大王幷轉輪　日月天帝釋
菩薩亦如是　稍稍積功德　奉六度無極
行足得至佛　開化十方人　悉令至大安

菩薩學定專精一心稍去衆垢進化
其志譬如有人欲行入海日月行前
而往不退雖遭飢寒未曾動移不計
遠近勤勞之厄行不休息遂至海邊
合人上船入海采寶雖知三難不以
為懅到大龍王所居之宮從求如意
上妙明珠欲給窮乏龍王與之言施
一切勿得愛惜衆人蒙光而不耗減
其人得珠蒙恩忽還以至一國無不
得安菩薩如是等心行道欲濟衆生
慈悲喜護一心念佛其所在方專精
向之未曾懈廢七日十日三月一歲
不為俗想一心向佛幷化衆生乘摩
訶衍無極之教見十方佛受教得定
三昧不動為一切護譬如從龍王得
如意珠廣及衆人譬如有人而聞天
上有好玉女端正殊好意欲往見無
有神足夙夜思想卧起不忘積有年
歲未曾他念便於夢中得往見之坐
起進止菩薩如是一心思惟向某方
佛積年不息得三昧定行不為懈累
劫不厭自致得佛菩薩行道大慈大
悲哀加一切昔有一人其目不明不
見日光心中憂悒雖有日明我眼盲
冥不能覩也當奈之何求得神師飲
之甘露内病即除其眼精徹得覩日

光察八方上下及諸人民初發大意
六入五陰三毒未除不能得見十方
諸佛從成就菩薩受法深教行四等
心解三界空便得三昧見十方佛從
定意起救濟衆生譬如琉寶著水精
上如以其器受於瑠璃瑠璃之色令
器同像菩薩如是一心念佛無有他
志即得定意見十方佛因佛威神本
德所致見佛世尊於是頌曰

譬如有人行入海　未曾懈廢乃至耳
合人乗船至龍王　從求大寶如意珠
以施一切莫不蒙　菩薩如是行四恩
大慈大悲行大道　一心精進三昧門
如人聞天有玉女　夙夜思想夢得見
菩薩如是等精進　見十方佛無不遍
又如目冥思日光　良醫治之眼即明
菩薩如是專向佛　未曾休息不退轉
如以琉寶著水精　其相光耀無不照
菩薩如是三昧定　從佛受教遍教化

菩薩積功累德欲度一切視之如父
視之如母視之如子視之如身等而
無異為五道人勤苦無量不以為劇
雖歷五道生死之患地獄之苦餓鬼
之毒畜生之惱天上世間終始之厄
心不迴動行大慈悲四恩無厭救濟
十方勉衆想念譬如彼月初生之時
若小羊角日日稍大遂至成滿光明
普照衆星獨輝次第學道為菩薩法
布施持戒忍辱精進一心智慧徑無
數劫勤苦之行身心相應言行相副
念十方人如若父母無有親疎譬如
種樹稍稍生牙後生莖節枝葉華實
漸行如是從初發意便喜向佛以獲
悅心休息惡道成就六度無極之法
入善方便不起法忍一切佛慧則轉
法輪示現滅度分布大法後生蒙恩
猶如有人欲立大屋先平其地漸興
根基稍累其墻令至高大以材木覆
梁柱勞牢以瓦瓦之塗治仰泥作惓
成了而污灑之白壁赤柱儼然巍巍
然後請會親族門室善友鄉黨無不
周遍飲食作樂無不欣歡菩薩如是
積行無量不以勤苦而有厭懈覩彼
衆生展轉五道終始周旋如磨不定
發大慈悲無蓋之慧欲救一切猶若
如空無所不覆道德已成現處三界
示於色身三十二相八十種好令衆
見悅為十方人而師子吼一切聞聲
莫不歸伏各從本心成三乗行於是
頌曰

初發意菩薩　慈念諸十方　如父母子身
等心無希望　漸漸發行迹　如樹芽至莖
枝葉節華實　積者功不唐　菩薩亦如是
稍稍奉行道　功德以成滿　平等寂吉祥
猶若起大屋　平地始基墻　累之令高大
覆蓋正圓方　請會親鄉黨　飲食作樂昌
菩薩救衆生　度脫以道光

何謂超行逮發道意至不退轉無所
從生具足成就至阿惟顏俱行菩薩
何緣獨介解三界空五陰無處四諦
無根緣想而生十二之因以癡為元
觀察癡元亦無處所有所著求則名
之癡慧者了無譬如幻師還觀化人
不見有人菩薩如是省三處空猶如
野馬夢幻芭蕉深山之響但可有名
而不可見昔者有一人自於夢中見
有國中多諸人民王大嚴急群臣奉
事不敢失意五穀平賤衣被綵色作
伎娛樂其人覩之驚然為歡往見國

正王便立之以爲大臣賜與官職僕從田宅七寶踊躍無量又自見身復入地獄餓鬼之中化爲驢身在於輩中鳴忽然上天七寶宮殿玉女相娛從夢便覺不覩所獲則自解了五道如夢一切本無而不可得分別此慧則不退轉至無處所權慧具足明學大道觀心如幻五陰六入若如群目色聲香味細滑之法五道所有皆如彼人所夢覺也見無所見亦無夢想是謂超越至無極慧不緣次第於是頌曰

四諦十二緣　人身及五陰　觀之無處所

一切悉如化　如其夜夢見

一國大伎樂　爲王作大臣　伎樂而豪富　入地獄餓鬼　爲驢輩中鳴

天上七寶殿　相娛寤不見　慧者觀三界

五陰悉如夢　以了無處所　還得不起忍

道法無遠近　猶空無所處　心空解本無

忽如日大光　當尒時之慧　無得無所失

道無去來今　覺乃本無一

何謂超行人本一故用不解之便起吾我這者便縛以縛求脫不著無縛何誰求脫譬如五事而住虛空霧塵煙灰不能爲彼虛空作垢心本如空五陰之毒喻如五事不蔽心本曉了無形慧無罣礙入深法忍不以次第譬如有人曾爲凡人家既困乏行詣佛所逐擅越食發一好心我身宿罪不能布施今得貧厄衣不蔽形食不充口又不作福因佛求食我設有財廣施供佛及諸聖衆給足窮乏尒時世尊及與聖衆各自罷去乞士自責吾本薄祐不能興德獲斯困匱思惟是已卧蔭樹下日已奢中餘蔭皆移所卧樹下其影不轉體諸垢坌悉爲除去自然有威時國王崩當得賢人以爲君主募一國中無不周遍獨見乞士有超異德樹蔭覆之若如大蓋往啓群臣詠其威德人民咸喜嚴駕奉迎立爲國王以得帝王普興德化供佛衆聖人在生死五道之苦五陰六入十二因緣聞佛深法本無之慧大慈大悲加於一切雖欲度人不見有人度無所度不見吾我三界如響一切無我等猶如虛空則超入慧不退轉法無所從生阿惟顏事名之有德亦無所獲譬如日出衆冥皆索還成平等無所適莫不見有縛亦無所脫譬如金山自然無作曉求金者輙如得之不以爲難人本清淨而無垢穢覺了此慧便入道門而無罣礙猶空自淨無有淨者於是頌曰

如人久困貧　乞食從衆聖　便自還剋責

吾宿積罪冥　便發恭敬意　慈念于衆生

若得爲帝王　給施於万姓　則卧於樹下

其影蔭彼形　使者啓群臣　悉往而奉迎

立之爲國王　事佛及衆聖　菩薩亦如是

超越解本淨　德高爲巍巍　度脫諸群生

五事不汙空　心淨如寶英　救濟五道厄

使除終始驚　如月十五日　星中而獨明

昔有一人欲往見佛知爲云何身形何像所說何趣阿難遥見前白佛言此遠來者爲是何人佛言阿難未曾有人其人住前欲得覩佛而不見之佛身忽然永不在坐人自思惟故來覩佛而不見之察念何謂便自解了世尊法身本無有形用吾我人而現此身譬如深山人呼響應因對有聲法身無處何緣欲見這悉此已便逮無所從生阿惟顏了無內外普等若

空越入正覺於是頌曰

昔有人發意　欲見佛世尊　其尊何等類
說法意云何　阿難問何人　佛言未曾有
尊身忽不現　恠之何所湊　便自解了慧
佛身無所遊　空體慧住道　示現無不周
道法如嚮應　等心無怨讎　解義若斯者
如空莫不覆

發意菩薩欲救一切觀四大身因緣合成若如幻化譬如貫物則非我所有亦非他人猶如合材機關木人因對動推愚者觀之謂爲是人慧明察之合木無人一切三界皆空如是色痛想行識十二因本無有往反若水中影無有形名如是行者超入法城於是頌曰

初發意菩薩　解四大本空　視生死泥洹
一切覩皆同　譬如借他物　當還所取供
不計吾我人　除去語矇矇　不見心意識
道明越海江　三界如幻化　菩薩受諷誦
五道猶野馬　衆惡悉㣲種　勸化諸未解
法身不轉動

或有慧人自然發意如來之行不因言說而至正覺如日大光一時普遍

解空義者無道欲觀等如虗新求不可名譬如曠野汚溼之中無有下種自然有生青蓮芙蓉芰華菩薩如是在恩愛中三界之難忽然慧解不見生死不住泥洹教化一切令至大安於是頌曰

於是發意爲菩薩　分別空義解本末
以入道法無所乏　智慧具足神通達
猶如蓮華生汚泥　發如來意成菩薩
開化一切衆生類　等住法門爲正覺
華生泥中清淨好　四種之色喻四等
超越次第阿惟顏　勇猛力休首楞嚴

菩薩修道譬如飛鳥飛行空中無所罣礙以空爲地不畏於空菩薩如是發意之傾便入道慧善權方便不以爲乏心等如空無所住止不難生死不樂泥洹俱不增減譬如五種彩色各異皆因草木草木根生悉因從地地下有水水下有風風因空立如是計本悉無所有若如浮雲忽有氣來沉無所至菩薩如是解三界空喻之如風無所住止計有吾我便有三處不計有我安計有彼不明無冥無淨不淨便入本無亦無出入譬如昔者有一小虫心懐金剛住於海邊閻浮大樹高四千里樹則震動不能自安樹神問之卿何故震動不安樹報之曰虫任我上所以不安神又問曰金翅大鳥立於仁上何故不動小虫處上而獨戰慄樹報之曰此虫雖小腹懐金剛吾不能勝是故搖動其小虫者謂發菩薩也其大樹者謂三界也樹動不安者謂發菩薩起至深慧逹阿惟顏三千大千世界爲六反震動其金翅鳥住上不搖謂諸弟子四道雖成無所能感也於是頌曰

譬如小鳥住大樹　戰慄不安五枝散
菩薩大士亦如是　超行成就動三千
其心堅固如金剛　度脫一切生死患
弟子猶如金翅鳥　處在三界無所感

菩薩解慧入深微妙不從次第猶如有人卒立爲帝凡夫之士曉了本無心等菩薩而無處所至阿惟顏昔者處空忽有藥樹枝葉普覆八隅上下其氣照下諸毒草木惡氣悉除長育天下諸有好人大小悉安地高爲平

早者則高天下太平無有鎔谷及與山陵七寶自然雨墮甘露人民大小莫不以歡吾本有福以離衆患出入行步無所畏難無有惡狩盜賊之若藥樹自然蒙者皆安風雨時節五穀豐熟面色和悅衣食化至無有衆惱猶如大樹忽然生花普照天下若有凡夫在生死中卒解深慧至眞本無而無罣礙氣照天下者謂彼菩薩放大光明以成爲佛除一切人婬怒癡垢也長育令安謂使四輩奉行道義也令高下平者使五道人皆獲平等慧七寶自然者謂七覺意也雨甘露者謂講菩薩法也人民安隱五穀豐滋謂終始斷還五神通遂至大義阿惟顏住於是頌曰

如入平立爲國王　菩薩大士亦如是
曉了深慧至無極　得成佛道度十方
猶如虛空生大樹　根株枝葉四分布
照於八隅上下方　地高下平五穀滋
人在生死凡夫身　忽解深法慧流布
令十方人度三塗　等心一切雨甘露

修行道地經卷第七

修行道地經卷第七

校勘記

一　底本，金藏廣勝寺本。
一　三二七頁中一行及卷末經名「卷第七」，資、磧、普、南、徑、清作「卷第八」。
一　三二七頁中三行「修行」，諸本作「修行品」。
一　三二七頁中一四行第九字「俱」，資、磧、普、南、徑、清作「喻」；麗作「踰」。
一　三二七頁中一七行「經紀」，資、磧、普、南、徑、清作「稱記」。同行第七字「動」，麗作「種」。
一　三二七頁中一八行第九字「踰」，諸本作「但」。
一　三二七頁中二〇行第九字「住」，諸本作「往」。
一　三二七頁下五行「千車」，麗作「于車」。
一　三二七頁下七行第一〇字「湩」，資、磧、普、南、徑、清作「䵺」。
一　三二七頁下二〇行第七字「這」，諸本作「適」。下同。
一　三二七頁下二二行末字「今」，麗作「令」。
一　三二八頁上一行末字「復」，麗作「後」。
一　三二八頁上七行「狼藉」，麗作「狼籍者」。
一　三二八頁上一〇行末字「早」，資、磧、普、南、徑、清作「畢」。
一　三二八頁上一八行第八字「現」，諸本作「覩」。
一　三二八頁上一九行第一二字「其」，麗作「甚」。
一　三二八頁中二行及二一行「治産」，諸本作「治生」。
一　三二八頁中七行及本頁下二行「持時」，磧、南、徑、清作「待時」。
一　三二八頁中一一行第七字「有」，麗作「身」。
一　三二八頁中一三行第七字「曉」，

資、磧、普、南、徑、清作「時」。

一　三二八頁中一五行「不嚴」，麗作「不嚴者」。

一　三二八頁中一六行「衆生」，麗作「衆生也」。同行「見危」，麗作「見危者」。

一　三二八頁中一七行第四字「静」，資、磧、普、南、徑、清作「淨」。

一　三二八頁中一九行第一一字「傷」，諸本作「賜」。

一　三二八頁中二〇行「三塗」，麗作「三塗也」。同行「歸家」，麗作「歸家者」。

一　三二八頁中二二行第四字「根」，麗作「限」。

一　三二八頁下一行末字「者」，諸本無。

一　三二八頁下二行「行夜」，麗作「行夜者」。

一　三二八頁下三行第六字「早」，麗作「退」。

一　三二八頁下七行「賈人」，資、磧、普、南、徑、清作「惡人」。

一　三二九頁上九行首字「遵」，南作「勤」。

一　三二九頁上一〇行「持生」，諸本作「治生」。

一　三二九頁上一七行第二字「愚」，資、磧、普、南、徑、清無。

一　三二九頁上一八行第六字「因」，資、磧、普、南、徑、清無。

一　三二九頁上二一行「孝道」，諸本作「孝道者」。

一　三二九頁中七行「搒笞」，資、磧、普、南、徑、清作「棒笞」；麗作「榜笞」。

一　三二九頁中八行第八字「于」，資、磧、普、南、徑、清作「子」。

一　三二九頁中一八行第一二字「其」，資、磧、普、南、徑、清作「某」。

一　三二九頁中一九行第四字「王」，資、磧、普、南、徑、清無。

一　三二九頁下四行第一〇字「苦」，麗作「苦行」。

一　三二九頁下一四行「三畏」，麗作「三界」。

一　三二九頁下二二行第三字「於」，徑、清作「爲」。

一　三三〇頁上五行第六字「心」，麗無。同行第九字「厭」，麗作「厭之」。

一　三三〇頁上二一行第五字「謂」，諸本作「詣」。

一　三三〇頁上末行「三界」，麗作「三世」。

一　三三〇頁中七行第一二字及二二行第四字「還」，麗作「逮」。

一　三三〇頁中一一行第六字「各」，資、普、南、徑、清作「皆」。

一　三三〇頁中一二行第一三字「無」，麗作「來」。

一　三三〇頁中一四行「緣覺品」，麗作「修行道地經緣覺品」。

一　三三〇頁中一九行第一三字「墮」，資、磧、普、南、徑、清作「隨」。

一　三三〇頁中二一行首字「衆」，麗作「衆」。

一 三三〇頁下三行「復踰」，南、徑、清作「復有」。
一 三三〇頁下一〇行第三字「炎」，麗作「災」。
一 三三〇頁下一二行第九字「勉」，諸本作「免」。三三三頁中三行第三字資、磧、麗同。
一 三三〇頁下一四行「遥間」，諸本作「遥聞」。
一 三三一頁上一行「尊者」，麗作「長者」。
一 三三一頁上一〇行第四字「賞」，資、磧、普、南、徑、清作「當」。
一 三三一頁上一九行「伎樂」，諸本作「快樂」。
一 三三一頁中八行「其土」，資、磧、普、南、徑、清作「其上」。
一 三三一頁中二一行第八字「反」，麗作「及」。
一 三三一頁下三行首字「五」，諸本作「吾」。
一 三三一頁下五行「深微」，磧、普、南、徑、清作「深妙」。
一 三三一頁下九行「菩薩品」，麗作「修行道地經菩薩品」。
一 三三一頁下一三行「復如」，資、磧、普、南、徑、清作「譬如」。
一 三三一頁下一四行「化幻」，資、磧、普、南、徑、清作「幻化」。同行「化城」，諸本作「化成」。
一 三三一頁下二〇行「物得」，諸本作「勿得」。
一 三三一頁下末行第三字「如」，諸本作「加」。
一 三三二頁上二行第九字「率」，資、磧、普、南、徑、清作「率」。
一 三三二頁上八行第一二字「且」，諸本作「見」。
一 三三二頁上九行「忻歡」，資、磧、普、南、徑、清作「欣歡」。
一 三三二頁上一三行末字「偲」，資、磧、普、南、徑、清作「得」；麗作「惡」。
一 三三二頁上一八行第二字「如」，諸本作「始」。
一 三三二頁上末行第四字「懅」，南、徑、清作「懼」。
一 三三二頁中五行及一七行「士進」，麗作「仕進」。
一 三三二頁中六行第二字「國」，麗作「困」。
一 三三二頁中七行第一一字及一八行第二字「征」，資、磧、普、南、徑、清作「正」。
一 三三二頁中一一行第八字「陰」，資、磧、普、南、徑、清作「除」。
一 三三二頁中一二行首字「相」，麗作「想」。
一 三三二頁中一三行「摩鏡」，諸本作「磨鏡」。
一 三三二頁中一七行第八字「乃」，麗作「及」。
一 三三二頁中二〇行第二字「足」，麗作「是」。
一 三三二頁下二行「深寶」，諸本作「採寶」。
一 三三二頁下三行第二字「懅」，資、

磧、普、南、徑、清作「劇」。
一　三三二頁下五行「不秏」，諸本作「不耗」。
一　三三二頁下一四行「殊好」，諸本作「姝好」。
一　三三二頁下一八行「不爲」，麗作「不僞」。
一　三三二頁下二二行「不能覩也」，資、磧、普、南、徑、清作「而不能覩」。
一　三三二頁下末行第一一字「微」，麗作「徹」。
一　三三三頁上一〇行「懈廢」，資、磧、普、南、徑、清作「解厭」。
一　三三三頁上一四行「思想」，麗作「思惟」。
一　三三三頁中四行「日日」，資、磧、普、南、徑、清作「日月」。
一　三三三頁中五行第六字「輝」，資、磧、普、南、徑、清作「耀」。
一　三三三頁中六行第一三字「俓」，諸本作「經」。
一　三三三頁中一六行「勞牢以瓦瓦」，資、磧、普、南、徑、清作「牢堅以瓦蓋」；麗作「牢堅以瓦瓦」。
一　三三三頁中一七行第四字「污」，資、磧、普、南、徑、清作「垩」。
一　三三三頁中二二行第四字「悲」，資、磧、普、南、徑、清作「慧」。
一　三三三頁下七行第六字「積」，麗作「種」。
一　三三三頁下一〇行末字「昌」，磧、普、南、徑、清、麗作「倡」。
一　三三三頁下二〇行第六字「者」，諸本無。
一　三三三頁下二二行末字「作」，諸本作「倡」。
一　三三三頁下末行「鷩然」，麗作「欣然」。同行第一一字「歡」，諸本作「覩」。
一　三三四頁上一行首字「正」，諸本作「王」。
一　三三四頁上一六行第一一字「還」，麗作「逮」。
一　三三四頁中四行第三字「逐」，麗作「遂」。
一　三三四頁中一五行首字「住」，徑、清、麗作「往」。
一　三三四頁中一九行第二字「慈」，資、磧、南作「慧」。
一　三三四頁中二一行「無我」，資、磧、普、南、徑、清作「無求」。同行「如虛」，麗作「虛」。
一　三三四頁下四行第二字「覺」，資、磧、普、南、徑、清作「學」。
一　三三四頁下一二行首字「五」，資、磧、普作「吾」。
一　三三四頁下一三行第五字「鷩」，麗作「冥」。
一　三三四頁下一七行第五字「住」，諸本作「徑」。
一　三三四頁下二二行「這惡念」，資、磧、普、麗作「適思」；南、徑、清作「適見」。
一　三三五頁上三行第三字「意」，磧、南、清、麗作「義」。
一　三三五頁上九行第九字「貫」，諸

本作「假」。

一 三三五頁上一四行第一一字「超」，資、磧、普、南、徑、清作「起」。

一 三三五頁上一七行第三字「覩」，南作「覩」。

一 三三五頁上一八行第八字「語」，麗作「諸」。

一 三三五頁上一九行「諷誦」，資、磧、普、南、徑、清作「誰誦」。

一 三三五頁中一行第七字「欲」，麗作「俗」。

一 三三五頁中九行「污泥」，資、磧、普、南、徑、清作「淤泥」，同行「菩薩」，資、磧、普、南、徑、清作「恒薩」。

一 三三五頁中一二行第一一字「休」，麗作「伏」。

一 三三五頁中一四行「於空」，資、磧、普、南、徑、清作「虛空」。

一 三三五頁中一六行第二字「乏」，資、磧、普、南、徑、清作「之」。同行「不難」，麗作「不離」。

一 三三五頁中一七行「彩色」，資、磧、普、南、徑、清作「綵色」。

一 三三五頁中末行首字「計」，麗作「見」。

一 三三五頁下三行第八字「震」，資、磧、普、南、徑、清作「戰」。

一 三三五頁下九行首字「發」，諸本作「發意」。

一 三三五頁下一〇行第八字「起」，諸本作「超」。

一 三三五頁下二〇行「菩薩」，諸本作「如空」。

一 三三五頁下二一行首字「處」，諸本作「虛」。

一 三三六頁上七行第八字「花」，諸本作「空」。

一 三三六頁上九行「氣照」，資、磧、普、南、徑、清作「普照」。

一 三三六頁上一五行第六字「還」，諸本作「逮」。

一 三三六頁上二二行「雨甘露」後，資、磧、普、南、徑、清有如下附文：「罽賓文士竺侯征若性純厚樂道歸尊好學不倦真爲上儒也賫此經本來至燉煌是時月支菩薩沙門法護德素智博所覽若淵志化末進誨人以真究天竺語又暢晉言於此相值共演之其筆受者菩薩弟子沙門法乘月氏法寶賢者李應榮承索烏子剡遲時通武支晉支晉寶等三十餘人咸共勸助以太康五年二月二十三日始訖正書寫者榮攜業侯無英也其經上下二十七品分爲六卷向六萬言於是衆賢各各布置」。

一 三三六頁上末行「卷第七」下，麗有夾註「丹藏促爲六卷」。

僧伽羅刹所集經卷上　并序　　樓

符秦罽賓三藏僧伽跋澄等譯

僧伽羅刹者須賴國人也佛去世後七百年生此國出家學道遊教諸邦至揵陁越土甄陁罽膩王師焉高明絕世多所述作此土修行大道地經其所集也又著此經憲章世尊自始成道迄于淪虛行無巨細必因事而演遊化夏坐莫不曲備雖普曜本行度世諸經載佛起居至謂為審今覽斯經所悟復多矣傳其將終我若立根得力大士誠不虛者立斯樹下手援其葉而棄此身使鄒羅延力大象之勢無能移余如毛氂也正使就耶維者當不燋此葉言然之後便即立終罽膩王自臨而不能動遂以巨絙象挽未始能搖即就耶維奕葉不傷尋昇兜術與彌勒大士高談彼宮將補佛處賢劫第八以建元二十年罽賓沙門僧伽跋澄齎此經本來詣長安武威太守趙文業請令出焉佛念為譯慧嵩筆受正値慕容作難於近郊然譯出不襄余與法和對撿定之十一月三十日乃了也此年出中阿含六十卷增一阿含四十六卷伐鼓擊折之中而出斯一百餘卷窮通不改其恬詎非先師之故迹乎

僧伽羅刹比丘所集佛行首

尒時菩薩始行時愍世間故發趣於道彼出家故行忍不相應故心三昧斷無知故行金剛智慧除捨調戲行真諦故除棄意垢為直行故為苦行慈孝父母故心堅牢固不捨誓願離欲故為聞饒已念報恩求解脫故著袈裟欲應息住林間故不觀行者求知親故知已身縛口行無欺故一切昔本意无所念不捨有故

若復菩薩行智慧之時以所知故名曰智慧數數於彼行中及諸衆生不解深義長夜勸勵分別決了智慧此深此淺清淨其剎此惡此醜親近善知識彼法不亂無量无限亦無增損猶如剱戟所截皆斷彼智慧者亦復如是現第一義故有共慧明己意闇閉故開彼見明與共相應以諸行故

根門具足無怯弱故現其威力欲斷不善財業現其有財業以珎寶不可得故如是現珎寶也以斷命現其壽命斷諸結使故是力觀察遠事與彼分別皆使決了救彼脆命以彼愁憂故起歡喜之心息意不起故去離惡法而成就善法去邪就正以是之故成其智慧力於生死故欲斷望見至出要處猶步世間故遊一切境界究竟一切智原使至無為

善住不移動　無有生死畏　即逮不還處
消滅三界趣　百劫所造行　欲淨衆生類
无有三世想　尒能無悕望

是菩薩行諦之時彼名諦者心无有虛妄言無有二常娛樂其中亦无彼此數數樂彼寤寐之中未曾調戲亦不妄語又聞昔有王名須陁摩於王宮生統領四域法鼓遠振群臣人民無不聞者生如此有德人往詣池水浴洗乘羽寶之車欲出城門時有婆羅門顏色端政聰明智慧欲來乞寶婆羅門即白王自稱姓名舉手乞言是時王聞乞句言聲便懷歡喜即報言

止止尊者須我還國當相救濟夫王之法言無有二即詣彼池浴洗洗已竟便欲還國是時有翅飛鬼名羯摩涉波羅現其恐怖手執王身是時彼王即自涕零是時彼鬼觀彼王意云何大王何為啼哭有此愁憂之心時菩薩報言我无有此身想唯我許婆羅門財寶以是之故便懷愁憂是時彼鬼即報王言我未曾聞此甚奇甚特之事世所希聞為彼人民故來相試若今設放王去當復還不時王甚懷喜悅是時彼鬼身有兩翅飛在虛空觀其所說即放使去是時菩薩還國歡喜以財與彼婆羅門實無有虛施不有悔有是審諦之言是時國王即詣彼鬼所自稱姓名今已到此是時彼鬼見王形貌即便驚怖有是實言王顏色不變除去瞋怒無煞害意便作是語甚奇甚特未曾所聞說此偈言

我堪飲毒　洋銅灌口中　利刀割其體
誰敢害法王　宿福生王族　觀德無有比
勇猛實不虛　應相為國主　我今當尊敬

從王不復煞　改往修善行　衆生隨所樂

是時菩薩行柔和之時彼心柔和有此名聲言不暴欲求法故常護彼意未曾起愁惡不生悕望口不吐惡言為愚癡故現其智慧除心垢故皆悉稱名无有若干吾我想不隨幻諸佛所擁護於此獲如是德亦無斷絕如是之穢皆悉避之於中得柔和之心善根本具足人所愛念不惜身命神仙所歎譽如是柔和觀彼善惡之報彼智功德具足如所說善本不斷貧窮之者施以金銀珍寶除去諸穢壽十歲時遭遇厄難所欲自在亦不煞生善身造業心所生即口所傳教行所造業除去穢惡所覆蓋者爾時諸比丘世間有身已得休息非已所有悉盡無餘如是已盡以是之故當去離染著前世所造者彼已盡更不復造已斷根本皆休壞敗如是說已作是法住於此深妙法中如手執輪六月不解諸佛世尊皆悉覺知皆悉成就於是便說偈言

不造誤諂意　覺知邪法業　本亦不造此

當作如是觀　勇猛意如海　柔和不廣積
頭面稽首礼　無著世希有

是時菩薩慈孝於父母時性有報恩恭敬承事遠惡就善隨時供給夙起夜寐瞻父母意無事不辦所約教訓未曾違失有如是柔和之心以是之故有如是事心所修行常自觀察當辦何事所聞教誡尋即知之常懷歡喜一切愛敬念盡知父母之心常念欲報恩无厭積言此無處所又聞昔者未成菩薩時為大象王端正無雙頭眼肌毛皆悉端正觀无猒足耳滿充裕衆象中長牙爪方政有娛樂之心唇齒純赤頭耳滿具形體方圓極大高廣猶高山峻行步庠序七處滿足猶青蓮花行步庠序無所罣礙龍女所生遊山澤中色如白雪便為獵者所獲將彼去時是時山野樹木皆悉屈申水自涌沸將至所止與種種甘饌飲食亦不肯食是時象師在前長跪叉手白彼象言便說此偈

我本造善本　降此神象來　何為不肯食
如有怨恨心

是時彼神象便荅偈言
我母無有目　羸痩懷愁惱　憶彼不能食
是故願見恕
於彼深山中不食飢渴必當命終其
猜甚苦毒各當共別離以是愁憂亦
不能食亦不飲水無有果蓏與我母
者二人俱當死作如是辛酸語已時
獵師便懷歡喜放使去於彼拘薩羅
國有一止住處隱學士名曰睒施行
十善功德備具持瓶行取水是時拘
薩羅國王出行遊獵追逐麋鹿於山
中射著喚呼便憂父母猶如飛鳥無有
兩翅父母年老目盲无所見今被毒
箭俱亦當死父母修四等心便說
此偈
惟我父母老　目冥無所覩　父母生子時
欲得蒙其力　自覺而覺人　一切同自相
如彼色聲聞　智者自息意　最勝慜萌類
皆至彼道場　起者盡滅度　是世最妙義
最初發意名菩薩者有如是衆行消
滅無明諸覆蓋者一切无明皆使至有
明无有能除無明者欲現有明智慧
所修行除其所覺者如是菩薩觀察

是時於衆生類而行大慈慜世間故
發趣於道皆是愛著亦不自任力勢
除其所覺者如是菩薩觀察是時於
衆生類而起大慈衆生為色所縛為
欲愛縛者無能有解色者除其智者
如是菩薩觀察是時於衆生類而
發大慈衆生為陰怨憎二念相繫
縛無有能覺此除其智者如是菩薩
觀察是時於衆生類而起大慈衆生
為苦重擔為苦所害無有能度此苦
擔者除其智者如是菩薩觀察是時
於衆生類而發大慈衆生類常懷恐
懼百苦并至無有能除其恐畏者除
其智者如是菩薩觀察是時於衆生
類而起大慈衆生之類遭遇飢饉渴
愛無猒无有能脫此飢饉者除其智
者如是菩薩觀察是時於衆生類而
起大慈衆生之類為因病所逼一病
動百病增無有能脫此病者除其智
者如是菩薩觀察是時於衆生類而
起大慈衆生之類生老病死常自追
身而猒患之無有能脫此生老病死
使至无為者除其智者如是菩薩觀

察是時於衆生類而起大慈衆生之
類衆事揔猥著有常想无有能除其
揔猥者除其智者如是菩薩觀察是
時於衆生類而起大慈若衆生之類
所為事不辦志性荒乱無有能究竟
其事者除其智者如是菩薩觀察是
時於衆生類而起大慈衆生之類貪
著少味經歷衆苦无有能脫此苦惱
者除其智者如是菩薩觀察是時於
衆生類而起大慈衆生之類常懷猶
豫悕望遠正就邪無有能斷其狐疑
者除其智者如是菩薩觀察是時於
衆生類而起大慈衆生之類有若干
見趣無有能拔此見趣者除其智者
如是菩薩觀察是時於衆生類而起
大慈衆生之類塵垢著不度彼岸无
能得度彼岸者除其智者如是菩薩
觀察是時於衆生類而起大慈衆生
之類三種火盛而為焚燒無有能脫
此法者亦不能以法雨滅者除其智
者如是菩薩觀察是時於衆生類而
起大慈衆生之類輪轉生死无有休
息亦無有能得度彼岸者除其智者

如是菩薩觀察是時於衆生類而起大慈衆生之類行垢所染著增益生本無有能脱此生死者除其智者如是菩薩觀察是時於衆生類而起大慈衆生之類身處大嶮手攀脆繩无能脱此脆繩者除其智者如是菩薩觀察是時於衆生類而起大慈衆生之類猶如桑虫子為行所駈逼亦無有能脱此使流者除其智者如是菩薩觀察是時於衆生類而起大慈衆生之類發趣六生死常悕悕望亦無能使還止者除其智者如是菩薩觀察是時於衆生類而起大慈衆生之類發趣悪道常懷欲行想无有能安處正道者除其智者如是菩薩觀察是時於衆生類而起大慈衆生之類長夜自處幽冥無智之所由无有能脱此邪道使處正智者除其智者如是菩薩觀察是時於衆生類而發大慈衆生之類不照見究竟見賢聖諦無有能使見賢聖諦者除其智者如是菩薩觀察是時於衆生類而起大慈衆生之類長夜處流滞无有能

脱此流滞者除其智者如是菩薩觀察是時於衆生類而起大慈衆生之類無有閑静與種種趣相應无有能脱此閑静處者除其智者如是菩薩觀察是時於衆生類而起大慈衆生之類貪著結使長夜染著無有能滅此結使者除其智者如是菩薩觀察是時於衆生類而起大慈衆生之類遭遇苦難志性荒乱無有能使至解脱處者除其智者如是菩薩觀察是時於衆生類而起大慈衆生之類謂欲為淨内盛臭處無有能脱此愛欲者除其智者如是菩薩觀察是時於衆生類而起大慈衆生之類謂欲為樂諸陰苦患无有能曉第一之義至涅槃者除其智者如是菩薩觀察是時於衆生類而起大慈衆生之類著有常想謂不移動无有能示涅槃之路者除其智者如是菩薩觀察是時於衆生類而起大慈衆生之類計吾我想不解法數无有能分別法者除其智者如是菩薩觀察是時於衆生類而起大慈衆生之類不得救護猒

患於涅槃猶如大狗常守死屍馳走東西無有休息愚癡所為今亦如是與彼狗无異自無性行馳走東西不解涅槃義陰盖所覆不悉觀察菩薩起勇猛意使至彼道便有是偈

多有衆生類　流轉生死渕　觀此艱難苦
安處至涅槃　陰雲所覆盖　無光處幽冥
智者皆現世　除雲使光出

尒時菩薩而行此檀永初始時與起法想甘饌香美饒益衆生隨時相應與第一義相應心無悕愛味成就充滿除去衆結亦无所遠離不遊乞者施已無變悔之心皆是曩昔施行功德使彼无結著為衆人荷負重擔皆棄結使如今日之施成其所願欲使衆生所欲皆獲從小已来無種種害意忍諸種種穢患施功德漸漸厚導引人民而作船師數數不廢於施常好惠施内自清淨外現穢相不違一切者謂一切衆生除去憍慢無懈惓心施心遂增顏色和悦无有怨恨不自稱譽亦不自下愛樂衆生一切所有皆悉惠施義所成辦合集人民數

數惠施無變悔心心意喜悅嘆譽布施果報速徹以金銀琦寶車𤦲馬瑙車乘男女城郭皆悉惠施內无慳嫉愛彼信施欲充滿彼悕望具足欲使彼施果皆悉牢固欲使彼乘船得度以彼施故具足此義觀察施果捐棄諸結衆生貪著除去使無邪見除去慳貪隨時生依法雨而雨是故歸命

金銀琦寶施　車𤦲馬瑙珠　瞻彼無猒足
今礼釋師子　象馬及天金　色最為第一
能施和顏色　歸命解脫者　車寶為第一
琦寶所瓔珞　顏色皆和悅　妻子及男女
金鉢盛滿銀　或盛滿碎金　彼以歡喜施
誰勝毗沙門　和悅以自施　如果茂盛好
歡喜而惠施　彼滿三世界　男女極端政
婦身及頭目　為世而惠施　誰與此施等
檀施無過此　天人所不及　猶如彼上人
意大海无底

彼菩薩修行戒時於彼戒非為無戒及身口所行心所起甘露之法如彼花果擁護其根必生果實於彼而得皆是人所行猶如彼士煞生不與取婬逸及諸放恣菩薩不飲酒於諸戒

智慧皆悉具足除去非戒於道場而常三昧遠離犯戒亦不有煞意物性皆清淨受彼信施數數厚味亦无所犯內無所缺去不就有亦不穀花依見不腐敗无識不造新識果所種有新善眠悟无愁彼衆生色最第一由彼功德故善香遠布受信施故意常牢固諸根具足故無所壞敗智慧住不移故无所不壞緣彼人故有所增益為彼人故擔負苦惱困善法故有其屢所無愁惱亦无所染以形貌故有服餝為彼人故有其財寶無限无量無有窮盡從初發意未曾變悔況復菩薩禁戒成就於是便說此偈

上下及四方　諸有聞戒香　皆悉等具足
遠欲為最要　親近善知識　善者作功德
善色無有比　戒香第一福　諸織悉休息
覺我無有我　最勝後第七　我今當自禮

若復菩薩行精進時然彼心有所緣心亦无懈惓出家不可障斷為衆生故而出家不移動故有其力緣種種衆生有其精進不可勝故有其忍有所長益故示現於世有其功德故示

現衆生攝其心意故彼意不移動為船師故得到彼岸以定故不亂發意踏步則有所度以彼衆生故成其所願欲成道故施象馬寶車是時菩薩於彼衆生有是精進其有聞精進名者發趣於道一身之中所作功德不可限量況復如來無數阿僧祇劫所作功德端坐道場時降伏外道經歷生死以精進意除去愁憂

精進最第一　歸命法王主　於佛善自覺
今歸命无等　彼尊為第一　法鼓聲遠布
於覺覺自覺　是故歸無著

若復菩薩行忍時无畏無所懼无所染不觀彼果報有其力勢擁護衆生常遠離惡數志性對強自省已過一切衆生皆懷恐怖使無恐怖示彼戒律亦為一切衆生降伏麁獷去不善語慈愍衆生彼无量無限依衆生語設有所聞及諸至道迹微妙第一猶如華果未常不敷華為風所吹動山巖處穴採取諸花香味種種色處所福德音響衆生之類皆悉喜聞猶如蜂王採諸花味以用作蜜及諸小蜂

而作蜜者及諸泉源處處流溢及諸郁陁園快樂無比有罵詈所為成辦諸求呪術為彼示慚愧衆生修行道者為厄難者而作救護名曰忍辱仙人是時迦藍浮王往入深山欲獦麋鹿適入山中見此忍辱仙人便前跪問在此深山為求何道忍荅曰求忍是時大王不自觀察亦不觀察行欲有所試即時便作是說我今當截汝手脚即截彼仙人手脚復作是問汝今為求何道是時忍荅言我求忍辱道即時嘆譽忍辱之德是時大王倍懷瞋恚欲傷害其命是時仙人已截手脚便作誓願言使我世世勿懷瞋恚亦不有瞋恚於彼大王解知諸法皆悉虛空復有異仙人往至彼仙人所而作是問云何神仙不起瞋恚於彼王耶若行此忍辱之時有此大忍辱之力當於尒時不起瞋恚之意觀此血色亦不變易是時護世四天王往詣彼仙人住處是時提頭賴吒頭面作礼便作是問我今欲煞迦藍浮王為可尒不作是語已是時仙人黙

然不對時第二天王復作是問我今當煞彼男女大小及城郭人民皆悉蕩盡作是語已是時仙人黙然不對是時毗樓菠叉王復作是問我取彼境界國土所有人民盡取煞之願見聽許是時仙人黙然不對是時毗沙門王復作是問我欲取彼境界國土移著他方願見聽許是時仙人歡喜歎譽忍辱之德便說此偈

截頭自手足　不起怨惡意　所有盡施彼
況當於世間

是時護世天王復作是問云何仙人欲求何等道是時仙人荅曰

欲使彼王身　無有惡行報　彼王雖兇暴
憂彼不自憂

若菩薩修行三昧時設入彼三昧有所緣心未曾忘失亦不放逸專其一心若復不慇懃求方便亦不受諸行解諸法味不著於法於彼地中亦無結使彼三昧之中清淨无瑕穢伏外敵無怯弱一心解其氣味心无所著降伏志性未曾懈惓成其所行得三昧歡喜根精進不移念不錯乱一劫

所修覺知道品念猗歡喜勇猛所獲皆依猗智漸漸得歡樂處然菩薩行於彼三昧行時起三昧善行已辦三昧善行若行若住未曾失之彼以有此行善法具足起諸善行諸所求皆悉現在前設心有愁憂漸降伏其意使不忘失思惟增益增益善若心放逸復思惟善法若心懷愁憂緣縛所繫即能思惟彼解脫善於已境界威儀悉善為人演說乱想穢病及餘種三昧諸功德具足三昧彼處彼處三昧行報之果實宜為善行猶如青青樹木現淨解脫及餘青黃白黑皆隨彼三昧來往無所罣㝵欲以三昧力火聚日光无所不照彼得天眼亦復如是晝夜徹照亦復得天耳徹聽有如是之力彼菩薩得是三昧无限無量不可稱計盡由三昧之力亦由思惟由不懈怠由智慧明知卷知舒亦由悕望三昧由去離惡相由逆順三昧力如是衆想是彼三昧所生彼彼捴持門成三昧所適之處亦无疲惓求其方便不堅固三昧故而行三昧為一

切欲故降伏心意善擁護思惟亦不錯亂隨意自在不說人過無量无限無有窮盡於今三昧斷諸狐疑放種種光明依一切善法諸結使淨數數習三昧依一切善法於是便說此偈

獲此解脫心　三昧無罣㝵　新頭趣大海
駛流難可制　若意有所欲　心亦不移轉
欲斷境界水　皆是根門行　我於百年中
擔負父母行　不充我所願　能報父母恩
已得將護彼　指授父母處　能覺知如是
世之所悕有

是時菩薩行堅固心時取攝解脫有如是方便彼有勇猛意所為无罣㝵不為人所制持是故當方便求昔聞阿蘭迦蘭起諸禪定捨彼禪已更求三耶三佛無上道使往行南半由旬中詣彼空閑處作種種苦行噉果飲水著純黑皮衣在樹下結加趺坐或時飲水或時食果蓏或時服氣作如是苦行於草上卧或以灰自擁樂者於彼三宿之中顏色不變易九日之中礼跪祠火諸放逸者隨彼言教或時祠天頭目漸羸兩脅露現或翹一

足身體傴曲亦不盜竊以法自樂於彼苦行求道亦不飲食皮骨相連身日日極身黑面色萎黃猶如莖茷內無有實肋脊悉現形有百變不可觀省少壯之貌永無復有猶如老象无所任施坐卧行步而无有力亦不能語雖復貪命不久在世當於尒時天使已至彼所住之處為設方便有如是若干變化彼為法故痞痳不失其節如是求解脫不顧其身於是便說偈言

設我當融爛　人身分為百　又無瞋恚想
衆生至无異　彼意何可貪　苦惱无數變
有計吾我想　眠與死何異

是時菩薩多聞之時所謂聞名者自稱揚其德最為第一息心衆人所敬待志性不亂所聞能持聞持具足亦不忘失觀察其義除去憍慢有如是之業與智相應今悉聞知以智無懈惓恭敬於師長所願自在若飢虛者起大慈悲降伏六外道无所罣㝵亦無塵垢於異剎土現其道行不為愛欲所染著起方便意為世人民欲使

解脫尒時菩薩有如是慈心一切智所因皆是方便所起於是便說此偈

彼聞若干響　其色無有變　牢固不久存
況我今日身　最初受此法　有信於世尊
便生大智慧　除去諸結使

尒時菩薩行恩之時識其恩德亦不忘失便有是智慧欲報其恩造少功德永以不忘失亦不永盡猶如種少穀子終身不忘失昔者菩薩欲求无上道時在一閑靜之處有鸚鵡菩薩常處彼樹尒時有風吹彼樹木相切磨磨便有火出火漸熾盛遂及山巖諸生青青樹木火悉焚燒有欝烟起色極自熾亦不時滅猶如日光塵烟俱起大小樹木皆悉被燒無有遺餘猶如天地融爛時須臾之間聞見者皆為恐怖所焚燒物隨時便盡諸樹木皆悉盡尒時菩薩為鸚鵡身一夜之中便作是思惟猶如飛鳥止此樹木當有反復之心與彼相應便起恩意況當我等長夜處其中亦不能得滅此火我今政是時現其威力往詣大海中以兩翅而取其水在彼火上

而灑其火或以翅灑或以口灑東西
馳奔是時有神便說此偈
此火甚熾盛 煙雲不可近 雖有此善心
亦不能得滅
是時菩薩鸚䳇語彼天言
我處此山中 未曾失其恩 云何當捨去
使火燒此林 今我有此力 意欲滅此火
不空居此山 欲得報其恩
尒時樹神復作是說
此鳥有恩慈 其色甚端正 此是應人法
世之所希有
尒時天神作是思惟便語彼鸚䳇菩
薩言
知汝有恩慈 為汝當滅火 相愍有此心
我當速滅火 尒時有大雲 愍彼鸚䳇故
今當滅此火 使彼願獲果
況當成等正覺於是便說此偈
如來在彼時 有此恩慈心 諸有發歡喜
天人所供養 以能到彼岸 遠離生老病
篤信已牢固 統攝一方國
尒時菩薩著袈裟時為世人軌則為
衆生等變俗就道此是大幢蓋如是
捨國王妻子出家學道以度諸狐疑

是時菩薩著袈裟時有如是增益功
德曾聞過去三耶三佛遊在園觀花
果茂盛欲得出家於彼園中人民遊
行有佛出世觀無猒足人民熾盛於
彼園中无有衆音著袈裟三色清明
耳嚮解脫聲音柔和壽有限齊一切
自歸為一切苦故降伏瞋恚色如赤
銅盡力喘息煙風起見色已便作是
說然與我心相應起此心是我解脫
是時護袈裟有衆功德捨彼瑕穢緣
是之故便說此偈
亦不自識名 與彼而相應 亦不善浴洗
降伏故來此 速降伏彼果 剗已無所惜
口作善言教 必當自壞敗 雖復作此觀
與我說是義 我當恵施彼 忍此苦惱業
已自剗已降伏其心便作是語而說
此偈
莫作苦惱患 有如是慳嫉 此果雖復小
惡報无有限
尒時菩薩樂閑居靜處於彼園觀清
淨無衆亂亦无衆事行到彼者皆懷
恐怖心所愛樂曾聞有仙人所居處
極妙無比廣說如上仙人所住處彼

所有衆事皆盡无餘遠此園觀去當
於尒時未定阿惟三佛菩薩為兎身
是時兎依仙人住時兎見仙人下山
便以偈語仙人言
人身處世間 極妙無有比 已得生人間
應處山林園 善哉此仙人 善色面親近
无有衆瑕惡 心自能降伏 煞害之所起
自知齊限量 能自降伏心 無有境界想
已捨境界可 食我為出家 故求解脫
道心意吏了 莫捨甘露去 彼悕望意
功德同處山林有如是三昧意无衆
乱已處此山林當樂此山林如夜月
照明日照於晝能仁有恩慈應住此
山林然仙人少壯時於彼山林中而居
住今年已老何緣捨此去時是仙人
便作是語自伏其心倍復歡喜而作
是語若仙人去者誰當樂此住菩薩
兎便說此偈
我今無此豆 粳米及餘穀 心能自降伏
願住此山林
尒時成阿惟三佛遂住於彼照明於
世閑樂彼閑居以是之故當住彼山
林便說此偈

境界甚庠序　山林行苦業　常樂居閑靜
當自思惟行　解脫身功德　心意常和悅
智慧極微妙　當親近山林
尒時菩薩有此親友之心常懷慈心自省所生如實所生如所聞有山林中廣說如契經便作是念此山林無有衆果諸法解脫以忍法解脫是時菩薩長夜之中有此慈心諸法解脫於彼人民無所觸嬈於彼端坐思惟不移動鳥巢頂上覺知鳥在頂上乳恒恐懷怖懼卵墜落身不移動是時便觀察便捨身而行彼處不動善懃懃力生樂攝彼是時鳥巳生翅巳生翅未能飛終不捨去今行此慈竟有何奇亦不恐怖衆生亦未曾為如是自知便說此偈
彼能辦此事　故于人中大　亦不觸嬈彼
此德無有上　是故彼世尊　宣為第一神
故在道場處　功德自備具
是時菩薩行悲時自有力勢堪負重擔未一處所一切衆生我當度脫之增益功德於諸苦脫無力者除世愁憂無救護者為作救護無怖望者為

作怖望无力勢者為作力勢諸疾病者為作醫王為老者示現少壯意為少者示現有力曾聞世尊行道之時無數比丘前後圍繞火焚燒園觀時比丘見大火煙起各馳走向世尊或有嘆譽世尊者於如來前住彼諸比丘住如來前觀者於是便說此偈
如我無疇匹　三世功德具　以此至誠語
使惡速休息
說是偈巳是火聚火即休息是時諸比丘嘆未曾有皆是世尊之恩力歡喜於如來各各嘆說此偈言未曾有世尊告曰諸比丘在一閑靜處種種境界若干種色當於尒時我未成於等正覺尒時我為粧㨗羅瞿也從彼生巳來年少自在好施於人求微妙行當於尒時褰荼國界人民熾盛土地豐熟多竹林葦樹木高峻時火所燒極熾盛漸及山澤有如是之變廣說如契經尒時有群鳥衆各各產乳翅羽未生或有翅始生者或有墮地者或有破頭尾者亦不堪任飛或有飢餓者見彼火熾盛各欲飛去我尒時

見此火巳亦不護身無數百千劫功德有如是護心我尒時於彼清淨便發此心使此衆生脫此大患尒時我便滅此火火即時滅我尒時於彼園滅此火行此悲心況我今日成大悲今日火當滅於是世尊便說此偈
由少之所生　本觀一切變　一切皆毀壞
慈哀於衆生
彼火即得滅　火滅未久　以智慧明滅
世人火尒時菩薩為生死故菩薩欲生時救濟衆生觀生苦本曾聞空靜山林之中有烏鹿鴿鴟在彼止於彼有仙人菩薩常處其中食果飲水尒時烏往詣彼仙人所在一面立便作是說世有何苦尒時烏便作是言飢為寂苦由何因緣而生此苦我等各各自當陳說身體疲極煩熾諸根不定口不能言耳無所聞常懷思想是故飢寂為苦此苦患身火所燒由此飢饉此病難療共相牽連皆有如是之苦是時鹿便作是語驚怖為苦所謂驚怖者身在獨處見獵師常懷驚怖身心之穢常恐无此身復畏獵

師欲煞害已此身有何牢要住無常處馳走東西此驚怖者由何而生常有此念彼一切有是行捨離一切身我等有此身常懷驚怖須臾不寧皆是本所造壞敗之苦有如是驚怖以是之故驚怖為苦是時鴿便作是語欲家為苦更樂其中心境界淨思惟所處無脫此欲患此欲猶如火亦如脂酥著器然則熾狂有所説染者其心欲火亦復如是染著其心消盡其形增益諸縛无數劫為欲惑會合熾然燒人形體以是之故欲家為苦時虵便作是語瞋恚家為苦所謂瞋恚者便傷害人命無有尊卑增諸罪根身體顏色常變易動有煞意嚬蹙眼赤牙齒長利人所惡見搖頭動身長息吐毒身體肌皮純有瞋恚之火一切世人皆不喜見常伏空處飢亦瞋飽亦瞋眼視不善有如是之變彼猶如火焚燒山澤此瞋恚火亦復如是以是故瞋恚為苦尒時菩薩甚深之智思惟此已便說此偈

一切皆悉苦　親近其顏色　生者必有苦

僧伽羅剎所集經卷上　第二十八張　捿

聽我今所說　猶如此大患　苦惱無有限
一切是生根　是故生非真

若有必成菩薩道者流轉生死以慈悲喜護愍一切衆生以捷疾之智無所畏身有勇猛意修一切智无懈惓之心教化無有狐疑常懷等見志性牢固不可沮壞得彼氣味不失其志有力堪任分別諸法亦不毀滿彼成大智慧施意解脫无變悔心一切惠施如濕鞞國王常修淨行未曾懈惓如摩訶提拔王忍力具足如忍神仙戒不缺漏如布頼多學士常樂出家顏色和悅吾復於愛敬之中意无染着如大須達施鄰王遊化世俗瞿頻陁王愛樂於法如欝多羅摩納樂閑靜之處為伎樂聲響清徹如善覺善薩在大衆中為師子吼皆得解脫至泥洹界諸功德具足必成於道倍益諸德成菩薩行於是便說此偈曰

倍無傷害意　菩薩功德淨　已志性牢固
如日放光明　愛樂如是法　福田无有穢
愍彼世人民　故說如是業

是時菩薩不懷恐怖從兜術天降神

僧伽羅剎所集經卷上　第二十九張　捿

觀有為行无常心無乱想常自觀察知所從生處亦復自知更不受胎有是真諦究竟其原心无染著降母胎中住彼處所亦無乱想於彼觀犯戒為惡行持戒為清淨亦无染著於胎之中無不淨行猶如蓮花不染著水於彼多起道意已有此智慧諸天子常衛護兜術諸天迎来宿衛現娙不淨行樂修梵行自從菩薩降母胎中夫人之身未曾有穢菩薩戒行極為清淨心无傷害之意施行立誓審諦至誠欲出於家大尊妙神天子皆悉扶持胎淨無惱若舉足行七步時懷出家意即觀四方今當向何方便无衆苦香汁浴洗自然有香池皆是前世功德所致天雨優鉢拘文羅花而供如来於是便說偈言

無數世勞勤　救彼衆生故　轉輪无有量
天人得安隱　諸有天伎樂　皆得歡喜心
香輪在前轉　降伏衆魔怨

彼時菩薩從兜術天降神時梵天衆皆悉侍從若世尊人民天衆圍繞時此是第一相若菩薩從兜術天

僧伽羅剎所集經卷上　第三十張　捿

降神地為大動若世尊覺悟衆生塵勞無有雜識此初瑞應地為大動彼衆生之類塵勞永不生最第一樂是初瑞應若菩薩從兜術天降神時有大光明照世間界是智慧光明拒初瑞應諸幽冥之處皆悉見明亦是智慧之相若菩薩初生時舉足行七步此七覺意之瑞應是時菩薩觀察四方時此是四賢聖諦之瑞應是時菩薩大笑時現度人之瑞應是時菩薩夢見以此世界為牀須弥山為机手脚垂四海之外此是世有常之想此是甘露法味之瑞應復夢縱𧍒迦樹生齊上覆三千世界此是道場之瑞應天人所尊敬夢見衆多飛鳥周匝圍繞皆同一色現衆成就之瑞應夢見虫頭黒身白現優婆塞衆成就之瑞應復夢見山頂上行現得利不慳之瑞應於是便說偈曰

瑞應未曾有　彼有大功德　起者必當滅
苦樂之所更　見彼皆歡喜　必當有佛出
如日除雲霧　無復有衆塵

是時菩薩志性不可迴轉如所說如月

僧伽羅刹所集經卷上　第三十一張　摟

初出於幽冥處衆人所敬即從座起欲得出家是時便起此心此最後有斯三更樂是時菩薩從高牀下尒時亦起是意此最是高廣之牀如菩薩出城門時是時便作是念我不得道終不歸還猶如菩薩解瓔珞以授車匿尒時復作是念計此寶衣最是我後所有若復菩薩以馬授車匿是時亦作是念此是我後所乘馬是時菩薩右手執刀自剃頭髮是時菩薩復作是念最是我遺餘鬚髮是時菩薩以寶衣貿鹿皮用作袈裟是時菩薩復作是念最是我應所著衣若復菩薩在道場坐是時復作是念我不解加趺坐不逮一切智不起于座於是便說此偈

積德從小起　當獲無量福　猶水滴漸涱
必成大江河　觀此若干類　有為行所造
應食甘露味　消滅諸惡毒

一切智成等正覺時觀世無常苦空彼已成等正覺无有衆惱所可因緣成等正覺起者皆悉歸滅知一切死者與彼生相應皆悉覺知是時分別

僧伽羅刹所集經卷上　第三十二張　摟

眼識作如是覺知高下隨衆生所為境界所有智已辦無有狐疑於彼覺知本因緣等正覺無有邊幅尒時有衆智生覺知有道流布世間覺知道不可移動是時盡越一切苦二分別境界若於一劫若百劫若百千劫意流轉不可移動無染著意亦不亂智慧无量亦不捨智慧意善分別遊境界裏求其方便果報無量智慧悉具足一切无有罣㝵於是便說此偈

覺一切物　亦無有量　来往周旋
无所罣㝵　悉覺一切　最勝所觀
除三界苦　當照世間　誰能分別
唯佛能解　欲求微妙　當求如来
如来隨時　與彼相應　所當成就
無有退轉

尒時世尊獨遊无侶亦無有師功德无量欲訓誨衆生於佛法衆皆悉成一智成就成等正覺最尊微妙無等者覺知一切塵勞所趣根本一切皆悉成念不移動以智分別一切法度以一切結使微妙最為第一暢說一切行故曰一切智已有一切智専其

僧伽羅刹所集經卷上　第三十三張　摟

一心解一切法斷一切結使故曰一切
滅除去有無有愛亦无有伴侶一切
功德智成就等擁護一切衆生如父
母愛子展轉功德力成就無貪憍慢
故曰家勝布現八賢聖道而轉法輪
彼喻如影不在日前在闇前此亦如
是一切結使不與道共相應是故而
轉法輪於是便說此偈
一一功德具　彼不可限量　无色不思議
一切相具足　猶如月光明　而照幽冥中
衆寶集于海　釋種德亦尒
觀諸緣起已智度十二因緣塵垢牢
固起愛著之智意馳其心中或起有
漏智造諸苦行而得出要道知欲滅
諸結使故無有苦樂之想休息之想
智以无我故得增益智與共相應識
身心空智欲降伏少壯之意深著其
心起依猗智自省史了滅諸結使起
明慧智欲降伏結使起伏息智欲度
彼岸故起輕舉智自稱其身覺衆生
以諦授起滅盡智緣彼諦思惟有
諸微妙禪以彼思惟故起度彼岸智
彼心得悕望餘者亦得悕望悉同其

僧伽羅刹所集經卷上　第三十四張　𢮦

迹意有所猗而逮智慧四大伏止
處思惟與相類趣到彼岸得天下智
等度彼境界同其一行已得等度彼
岸得天鼻智依彼識欲有分別智知
他人心智所念悉清淨有所修行欲
化衆生故便得自識宿命智為彼善
色故數示四大便得天眼智心有所
覺觀察戒清淨得誓願智大神仙功
德彼三昧種子所生度諸三時界欲
長益彼故衆生歡喜便得究竟智於
是便說此偈
種種人思念　親近現在前　分別種種法
以示大神仙　當覺知彼業　以捨諸塵盡
悉達觀察心　善我人中上
彼如實而無有愛欲不與彼愛欲相
應亦无瞋恚及煞害之意亦無愚癡
覺知彼病亦无諛諂常懷柔和亦不
自嘆譽語出善教亦無有想除去悕
望之想亦無彼此之心不傷害彼人
自得解脫無所適莫有慈哀心所為
皆悉辦非為无慈心有悲心無雜揉
想亦有護心欲等度護衆生故有空
心禁戒具足有無願心智慧潤澤有

僧伽羅刹所集經卷上　第三十五張　樓

無想心亦无所染亦無調戲為世人
民不離調戲避諸惡業而說法教禁
戒成就無所缺漏三昧成就定不移
動智慧成就皆悉至彼岸十力具足
無能勝者得四无所畏無怯弱心獨
步三界於大衆中而師子吼於是便
說此偈言
猶如此大海　廣博極微妙　十力一切德
智者之所觀　猶如此大海　瀾波搖動時
有人立彼岸　不究其功德

僧伽羅刹所集經卷上

乙巳歲高麗國大藏都監奉
勑雕造

僧伽羅刹所集經卷上　第三十六張

僧伽羅剎所集經卷上并序

校勘記

一　底本，麗藏本。

一　三四一頁上一行經名及小字，資、磧、普作「僧伽羅剎序」；南、徑、清作「僧伽羅剎所集佛行經序」。

一　三四一頁上二行譯者，諸本（不含石，下同）無。

一　三四一頁上六行至次行首字「修行大道地經」，資作「修行經大道地經」；磧、普、南、徑、清作「修行道地經」。

一　三四一頁中四行「一百餘卷」，諸本作「一百五卷」。

一　三四一頁中六行「僧伽羅剎比丘所集佛行首」，諸本作「僧伽羅剎所集佛行經卷第一」。

一　三四一頁中六行與七行之間，資、磧、普、南有「符秦世沙門僧伽跋澄譯」，徑、清有「符秦沙門僧伽跋澄譯」各一行。

一　三四一頁中八行第七字「忍」，諸本作「於忍」。

一　三四一頁中一一行「牢固」，諸本作「牢故」。

一　三四一頁中一二行第五字「饒」，諸本作「自饒」。

一　三四一頁中一六行首字至三四三頁上一七行第五字「若……力」，與一七行第六字至三四七頁上八行第一〇字「自……行」，諸本經文互置。

一　三四一頁中一九行「其利」，諸本作「甚利」。

一　三四一頁中二二行第九字「共」，諸本作「其」。

一　三四一頁下六行第八字「意」，普作「竟」。

一　三四一頁下八行「望見」，諸本作「妄見」。

一　三四一頁下九行第四字「猶」，諸本作「遊」。

一　三四一頁下一八行「四域」，諸本作「四城」。

一　三四二頁上二二行第五字「王」，資、磧、作「主」。

一　三四二頁上末行「國主」，諸本作「國王」。

一　三四二頁中六行「幻諸」，諸本作「諸幻」。

一　三四二頁中一六行末字至次行首字「所有」，徑作「有所」。

一　三四二頁中一九行第七字「苦」，資作「若」。

一　三四二頁下一行「龐獷」，諸本作「龐獷」。下同。

一　三四二頁下一三行「牙爪方政」，諸本作「牙根方正」。

一　三四二頁下一九行「水自涌沸」，資作「水自踊沸」；徑作「水自沸永沸」。

一　三四三頁上五行首字「捕」，諸本作「痛」。

一　三四三頁上七行第三字「人」，諸本無。

一 三四三頁上一二行「射著」，諸本作「便射箭誤中眹眹」。

一 三四三頁上一六行第一一字「父」，普作「受」。

一 三四三頁上一七行第一〇字「人」，諸本作「彼」。

一 三四三頁中七行第七字「陰」，諸本作「除」。

一 三四三頁中一八行第九字「因」，資、磧、普、南、清作「困」；徑作「國」。

一 三四三頁下一六行第九字「著」，諸本作「所著」。

一 三四四頁上八行「桑虫子」，磧、普、南、徑、清作「桑蠶子」。

一 三四四頁上九行「使流」，諸本作「駛流」。

一 三四四頁上一一行第五字「趣」，諸本作「起」。又第六字「大」，資作「大悲」。

一 三四四頁上一七行「由无有」，諸本作「無由」。

一 三四四頁中四行首字「脱」，諸本作「至」。

一 三四四頁中一五行第九字「曉」，磧、南作「現」。

一 三四四頁下一行「大狗」，諸本作「犬狗」。

一 三四四頁下五行第一〇字「有」，南、徑、清作「説」。

一 三四四頁下一一行第九字「怖」，徑作「悋」。

一 三四四頁下一九行第一三字「達」，諸本作「違」。

一 三四五頁上一行「喜悦」，資作「善悦」。

一 三四五頁上六行「具足」，資、磧、南作「具是」。

一 三四五頁上二二行「彼士」，資作「信士」；磧、普、南、徑、清作「俗士」。

一 三四五頁中四行「不就有」，諸本作「有不就有」。

一 三四五頁中一八行末字「禮」，諸本作「歸」。

一 三四五頁下六行「發趣」，諸本作「皆發起」。

一 三四五頁下一〇行「法王主」，諸本作「法王王」。

一 三四五頁下一五行第五字「數」，諸本作「數數」。

一 三四六頁上二〇行「血色」，諸本作「面色」。

一 三四六頁上二一行「提頭賴吒」，資、磧、普、南作「地提賴吒」。

一 三四六頁中一〇行「手足」，諸本作「手脚」。

一 三四六頁下一九行第七字「明」，諸本作「眼」。

一 三四六頁下二〇行第八字「相」，諸本作「想」。

一 三四七頁上一行第二字「欲」，徑作「次」。

一 三四七頁上二行「不説」，諸本作「不責」。

一 三四七頁上七行「駃流」，諸本作「駛流」。

一 三四七頁上八行末字「中」，徑作

「終」。

一 三四七頁上末行「兩辟」，諸本作「臂骨」。

一 三四七頁中三行首字「日」，南、徑、清作「向」。

一 三四七頁中七行「在世」，諸本作「存世」。

一 三四七頁中一二行「又無瞋恚」，諸本作「人無眠夢」。

一 三四七頁中一三行第三字「至」，諸本作「生」。

一 三四七頁中二〇行第一一字「若」，徑作「苦」。

一 三四七頁中二一行第七字「大」，諸本無。

一 三四七頁下一一行第一二字「相」，諸本作「互相」。

一 三四七頁下一二行首字「磨」，諸本無。

一 三四七頁下二二行「政是」，諸本作「正是」。

一 三四七頁下末行末字「上」，徑作「土」。

一 三四八頁上一二行第一〇字「語」，徑作「與」。

一 三四八頁上一四行第二字「汝」，諸本作「法」。

一 三四八頁上二〇行「一方國」，諸本作「十方國」。

一 三四八頁中一五行末字「業」，諸本作「患」。

一 三四八頁下八行首字「自」，磧作「目」。

一 三四八頁下一五行「時是」，諸本作「是時」。

一 三四九頁上一一行「恐懷」，諸本作「懷恐」。

一 三四九頁上一七行「故于人」，諸本作「於千人」。

一 三四九頁上二二行「苦脱」，諸本作「苦惱」。

一 三四九頁中五行第四字「大」，諸本無。

一 三四九頁中六行第一二字「彼」，諸本作「彼彼」。

一 三四九頁中一五行「羅瞿」，磧、普、南、徑、清作「羅翟」。

一 三四九頁中一七行「褰茶」，南作「婆茶」。

一 三四九頁下四行末字「圍」，諸本作「國」。

一 三五〇頁上一一行「惑會合」，諸本作「所惑合會」。

一 三五〇頁上一八行「空處」，諸本作「穴處」。

一 三五〇頁中二一行「无有穢」，諸本作「無所穢」。

一 三五〇頁中二二行「如是」，徑作「如來」。

一 三五〇頁下八行第八字「迊」，資作「遠」；磧、普、南、徑、清作「迭」。

一 三五〇頁下一四行第一三字「便」，諸本作「使」。

一 三五〇頁下一八行「轉輪」，諸本作「輪轉」。

一 三五〇頁下二二行首字「衆」，諸

本作「衆天衆」。

一　三五一頁上一一行第一三字「机」，諸本作「枕」。

一　三五一頁中三行第四字「樂」，諸本作「樂盡」。

一　三五一頁中一七行末字「涱」，諸本作「長」。

一　三五一頁下一四行「如來」，徑作「如求」。

一　三五一頁下一九行首字「一」，諸本作「一切」。

一　三五二頁上一九行第一〇字「伏」，諸本作「休」。本頁中一行第一二字同。

一　三五二頁上二一行「挍授」，諸本作「教授」。

一　三五二頁中二行第一三字「下」，諸本作「耳」。

一　三五二頁中一八行「有想」，諸本作「有相」。

一　三五二頁下一行「無想」，磧、普、南、徑、清作「無相」。

一　三五二頁下七行第二字「此」，諸本無。

一　三五二頁下八行「此大海」，諸本作「彼大海」。

一　三五二頁下卷末經名，諸本作「僧伽羅刹所集佛行經卷第一」。

趙城縣廣勝寺

僧伽羅刹所集經卷中　樓

苻秦罽賓三藏僧伽跋澄等譯

尒時世尊云何分別生城所謂盡生無生斷漸度血岸及諸木柵愛欲所由牢固染著愚癡愚癡為城無慚无愧圍繞迹無歘漏五蓋為門覆蔽衆生種種愛欲充滿瞋恚車無數種種衆圍繞竪憍慢幢吹闇冥蠡遊行東西種種邪見纏絡其身自受持相作如是諦思惟衆生種種園觀極微妙心娛樂其中樂到彼處或到飢饉處是所求樂商人所行已度境界行到彼處利養解脫後世有果感熱寒暑風雨遭此苦厄生老病死有是苦惱當屬死生向一切趣猶如彼船隨水東西於彼中而作是意狐疑難可入不與共合亦不可與鬬尒時世尊以三昧觀如是力難可沮壞到彼境界彼死處悉滅盡一切吉利無有為行於是便說此偈

生國有衆想　已度拔濟河　彼漸血滿中
猶海深無底　三世聞聲響　愚城所圍繞

世尊觀彼時　以權智性壞

尒時世尊云何降伏魔衆所謂於八解浴池洗善行無染著漸至解脫門善无上言教等與住止宿名稱遠聞著慚愧衣空無願无相以為實冠忍力具足顏常和悅面滿充盈布現賢聖八道種種香熏著若干種衣本已覺結使為織乘禁戒車等見導引前功德圍繞以智慧力御彼車專念不移以善覺悟彼衆生三界聞其敎皆本行所追逮以意止為鎧手執法幢禪智慧刀以善想為拂以十力無畏吹彼法蠡以神足之力於三千世而得自在善分別七財四辯才不可窮盡若結使起即能使滅恵施財業百千萬倍不可稱計猶如大象莊嚴其身攝取衆生安處善業師子奮迅意無怯弱而開法門或現驚怖或現剛强內無瞋恚獲大財實猶羅刹鬼露現牙爪有如是形狀不別眷屬或現猶狐或現魔衆或師子頭而身或七步虵或時立欲相傷害瞋火熾然或擔山吐若干種變其中或有狗犬者

懷惱慢或一身兩頭或上下舌張目或身長頭短或金翅鳥形手執刀杖或執輪杵或師子吼欲傷害人作如是變化或犂牛形狀者鵄䳌萘形手執大火炎皆著鎧眼赤光出擎大火炎求其方便欲相傷害彼羅刹者皆有兩翅種種鳴鼓聲若干種滿虛空中有如此鈴嬰頸猶如獸鬼或童子形手執鐵輪種種惡行若干種狀猶如海神手執日月以智慧刀降伏彼怨於是便說此偈

結盡無恐畏　長夜樂其中　種種色形變
種種色无窮　起如是之變　亦本所造業
手執智慧刀　即能降伏之

是時世尊云何度灰河所謂度灰河時除去怖望及瞋恚思惟彼灰河皆悉不淨種種之想皆悉除捨緣彼若干種永盡無餘所觀察微妙時不可過度生死海合會難度皆是古昔所造行意所愛樂伽㨖救捨二種事順水而流斷其怖望除去愁樹岸邊饒草如是身所造行樹木茂盛種種啼哭百千種不善行所造手執石亦是不善

行所為猶彼海中有蟲復往求樂處為欲所迴轉傷害傷害場界瞋恚熾盛眼如赤銅心循清淨欲想盈滿而成灰河及諸坑渠峻難色聲香味細滑皆是有漏劍戟悉布彼地有大幽冥亦無光澤依彼隨流上下如是之河尒時世尊菩薩无量生死中皆欲遠離便起是心此灰河甚為嶮難剌布其地極幽冥無有光明如此人衆順流於彼我今當斷其流作如是誓願已而求方便以法忍為世作軌倍復作方便等度禁戒地以此安處以四賢聖諦觀察四方分別決了以無漏等見山踞生死岸已踞彼生死岸至善業等業等方便娛樂三昧八賢聖道皆悉分別已欲至彼岸以神足之力五根亦無所畏以涅槃之處於彼止住解脫禪三昧衆華茂盛不出無為者覺知分別是時世尊為帮經者錠光佛之印一切華無上佛名毗婆施佛隨葉生彼種姓家堪任說法於是便說此偈

有力無有限　當懷恐懼心　灰河深无底
愚者樂遊彼　尒時世尊力　度彼没溺者
已到安隱處　為人說其要

大商人本誓願成就志性柔和依種種功德而自嚴身隨時適化為衆生類觀結使根本智慧降伏彼惡使就善隨時智成就善勸請根法常微妙善依彼智善問智成就恭敬忍善訧第一法彼義說法義辯善成就賢聖究竟智成就法辯成就所謂義辯者名身句身味身皆悉分別若干種聲彼辯才義善猶如此名身句身味身皆使趣善音響辯才善於此三辯才與共相應解脫三昧於道迴轉善知他心智成就彼有所授决亦不移動先問其義說無㝵法使趣一智慧道彼皆成就授决成就無處智成就善趣一切諸法於是便說此偈

有現智慧實　亦說諸善辯　淡泊無佛等
功德亦无雙　本去心無来　安使作淨慧
以救世俗業　為世開甘露

尒時世尊云何說法所謂隨前所求皆悉充足為說解脫德義如實不虛味盡具足隨其時節漸漸與相應義

中間皆悉分別前後與共相應種種若干界隨如意說應前人器諸法義有勇猛意有諸智變化有果實分別法界無有限量一切智所為起如是法亦無所猗除去悕望覺法行業亦不自稱譽與衆生說法解諸病本末三意止成就不懷悕望攝取彼衆嘆未曾有天人所供恭敬善住彼處於是便說此偈

如彼永滅法　審勝口所宣　善說牢固行
智慧等无量　彼是甘露味　外不受塵垢
已練諸瑕穢　亦無雜惡意

彼無有穢惡除去愚癡意性清淨以捨外事當成佛眼意無所著亦无瘡痍以愚心意不造過去彼以休息皆悉平正心不移動得第一義一身若行彼行造若干身亦無衆想於聲聞中或以天耳聞聲彼無所持於世俗中起知他人心智種種有為行不以為勞以衆生故自識無數宿命之事如今娛樂一切色行或以天眼觀色衆想亦不移動諸結已滅已現非義以皆善願故亦不造悕望休息清淨彼

智不堅住識處欲已盡彼以般涅槃義流布世間內自依猗於是便說此偈

意無有愚癡　寂然无衆行　佛所覺意業
是故我歸命　為彼人說法　清淨無瑕穢
遊彼園觀間　及諸隱學處

尒時世尊謂是福田依彼福田有所悕望猶如依麦謂麦田稲田彼佛世尊亦復如是依福田故曰福田以是故号曰福若干百千行成就此福田智慧根所生思惟等業已度到彼岸依彼而說法無起滅之想亦无彼此心除去斷滅等見等志無彼等見想等志㕦妙言身等善無惡嚮亦无有涂汙等成就身亦无疾患等見生等語成就命成就以歡喜果故彼一切時盡微妙無有上於衆會上審為第一於是便說此偈

福為第一田　無數劫清淨　愚者不觀察
彼則墮盲冥　諸有好信者　受施能消滅
今以安處住　必還安隱處

說世審希有出現猶如優曇鉢甚奇甚特荷負衆勞嘆未曾有出現於世

中間有如此勤勞有此未曾有出現於世甚奇無與等有大道生亦不依辟支佛等不等處有如是生猶如日出不擇坑渠悉照有如是大智慧而照極淨福田生如是增益天衆善行所致如是出世益衆生類布現教誡無明闇蔽永盡無餘欲布現道解脫生死各各相依倚猶彼衆生有形之類皆悉莊嚴是時衆生極被潤澤第一衆得成與解脫相應因道迹諸惡已息愚衆生類與說法味作諸橋梁度彼人民於是便說此偈

其有衆生類　觀察如來者　皆發歡喜心
即得離世患　第一微妙福　娛樂親屬衆
發趣涅槃道　寂然得解脫

尒時世尊有此解脫於彼愛欲諸蓋心不與相應故曰解脫也彼精進亦不懈怠所生根本數數修習清淨无瑕功德不可限量不斷解脫境分別因緣亦不起法想所願充滿亦無有嫉妬心諸垢永盡度諸塵結以智不處生死亦不捨之智慧解脫分别猶秋月照明幽冥處皆使有光猶如流

水樹木皆悉潤澤隨時敷華猶彼水駛流沫隨水迴轉所生至到處皆悉充滿世尊亦復如是無餘涅槃解脫駛流於是便說此偈

佛能滅衆惡　解脫寂為妙　除闇現照曜
如月星中明　晝與夜无異　常住不移動
既得解脫法　智慧照現彼

尒時世尊有是盡智分別盡智我已知苦習已除以盡為證而修行道作如難說本所造行療治彼疾婬怒癡愕究盡其原以等智滅婬欲此是涅槃之智如實不虛辭如有人受衆苦惱無能度彼人亦不可療治現病原本便作是念境界微妙如是所生皆悉修行除去陰蓋斷諸結使辭如有力之士種諸病根無能當者未起方便意彼亦不可療治有如是患婬怒癡以盡智使得歡喜猶如有人常畏嶮難之處彼有種種苦惱疥疾彼若見一浴池清淨無有塵垢俠池兩邊有清涼風起魚龍遊戲覗水見底盡空清淨亦無雲曀優鉢拘文陁華悉渊其中枝葉華實皆悉在水中生有

是種種微妙樹生其中若有見者皆懷歡喜心然此人於彼浴池除去苦惱亦無飢渴得是歡樂所為已辦於彼浴池底有微妙起觀察是時若於彼若坐若卧彼世尊亦復如是本所造婬怒癡皆悉除盡於生死原現如是浴池何者於三界所生衆生拔濟苦惱皆悉成就以為橋梁復以等見猶彼清涼浴池等三昧清淨未曾有移動等志猶彼魚龍等解脫顏色無比等方便猶彼優鉢拘文陁華觀無有猒等念智慧猶彼重雲世俗三昧不以遝心大衆圍繞若得彼浴池甚愛歡喜彼於法浴池中洗浴若飲所有婬怒癡永無有餘亦无衆患亦無飢渴成就如此法復以斯法惠施衆生至涅槃所所作已辦亦無恐畏到安隱解脫處念樂至無餘涅槃界復以善法使衆生共是時佛世尊坐不移動於是便說此偈

日夜所造行　欲使衆生安　究竟懷歡喜
無有若干苦　况當長在世　衆惡常通已
不以苦盡智　離俗至彼道

尒時世尊有无生智所謂彼無生智者我以知苦更不復盡苦以盡習更不復除習以盡為證更不復作證以行修道更不復修道以是之故名曰無生智也是故无生智彼智大功德大事興以本末猶如種穀子隨時溉灌與共相應稍稍長大隨時茂盛或時不生世尊亦復如是識子為智火所燒各各與相應除生死原識處无欲亦不常住諸行已盡於其中間所起心垢不可思議心所造更亦不造於是便說此偈

諸起無生智　諸佛所擁護　覺知苦原本
起諸苦惱患　彼智无怯弱　清淨而無瑕
於彼坐道場　無起无滅意

尒時世尊布現於戒起諸村落城郭人民皆使奉持禁戒具足其有犯者不與彼相應消滅惡心與彼相應與十善行相應使淨衆生盡同功德如是衆德成就在衆有是功德无衆乱想於中力勤行所前誓願皆使獲果不歡喜者皆使歡喜前於諸佛所造功德得歡喜者重令修行未曾有出

世降伏外道解脫功德為慚愧者皆安隱之巳威儀礼節故於法中而盡有漏斷其根本更盡餘漏而不復生與道相應作如是說使梵行久住天人得安隱彼教戒語皆悉受誦諸比丘隨其所犯皆悉避之作如是語巳盡擁護猶如孔雀擁毛犛牛護尾於是便說此偈

如来結禁戒　為法而布現　第一樂奉行
猶好戴天冠　設有住彼者　得此三昧意
無有犯此者　如海不過際

是時世尊有如是微妙之首牢堅无歃漏視之無猒不可俎壞猶如圍蓋觀肉髻相無比无有能見其頂者無有能攝其相彼有微妙眉髮善生善分別者髮細青色極微妙於是便說此偈

釋梵及世人　盡集觀生時　皆悉在其上
無能見其頂　本不起輕慢　得為釋師子
由此行報故　得是頂上相

尒時世尊有是微妙之髮善生在頂上各各軟細而生無有衆老亦不乱錯各各齊等螺文右旋諸相具足善

住如是色相極軟細煒燿光生其光微照无與彼等者猶如藕莖絲極軟細無能度其上者亦不可俎壞其有眼見者皆獲安隱福寂為第一善香種種熏皆是衆行具足有如是相滿行所成無上等正覺於是便說此偈

軟細無長短　髮如紺青色　如来顏清淨
如夜清月現　種種香遠布　聞香悉分別
細軟風吹香　猶彼羅栴檀

尒時世尊有如是額牢固如金對極平正亦無有皺方正其有觀者皆懐歡喜而無猒足亦不黕汙亦无白黑處所充滿所行業不缺漏見者歡喜无害意眼淨無瑕衆人見者一切吉祥無數百千行所成辦然後得如来額尒時即說此偈

微妙極清淨　盡脫諸惡行　佛額不思議
如象牙在水　彼所說言教　如来額无比
如虛空清淨　人見皆歡喜

是時如来有眉間相寂明曜處面門中猶牛乳色極軟細猶如白　練白雪色如日初出如拘文陁花色極白無比如秋時月極清明淨右旋亦不

太高亦不太下一切無塁㝵其有覩相無有衆病長與肘等極微妙色不可議放光巳還復其處皆是本行所造猶如此面微妙於大衆中而說法教於是便說此偈

種種百行造　如来眉間相　此是福良田
亦是本行報　不麁亦不細　右旋色微妙
出相與肘等　三世無不見　如来眉間相
清淨无衆瑕　猶如安明山　於衆山第一
於諸法自在　能淨衆生類　如是面滿相
無過眉間相　彼色行所造　解脫无有比
巳滅意垢火　衆生同其淨

尒時世尊有如是微妙清淨之眼猶如彼百葉華色華葉各離無幽不照猶如虛空優鉢青文陁羅花色眼瞳極白猶如鴈王而無有異極白无比寂為第一觀四方刹皆悉見之於其中間皆悉見彼刹有形之類皆悉分別彼無有欲亦不卒暴无有瞋恚亦不與瞋恚相應觀彼刹土善惡之行所有微妙之事亦能觀察亦无恐懼驚怖之心修行慈得悲不邪視於一切衆生亦修喜無有猒足以守護諸

善法一一分別遍滿一切剎彼作如是知觀無有惡无懈怠於是便說此偈

眼淨極微妙　一切不可沮　百福之所造
然後成如來　善法極清淨　亦無有衆惱
面色如天王　是甘露出現　法相亦具足
亦无衆惱患　亦如彼明鏡　面像於中現
觀彼衆生處　視之無猒足　然後成正覺
演說甘露法

是時世尊有如是微妙鼻本无數百千劫生中起是種種智慧皆悉分別於生死處拔情愛刺欲度到彼岸欲拔一切愛刺為世人民勤行如是皆行以惠施人或以戒而度脫人皆是本所造一切義具足無雜穢療治瘡痍猶如金聚色最第一明欲得到彼處者心所愛樂亦无欺詐於彼布現一切取要行所造於是便說此偈

微妙无雜穢　如來鼻第一　猶如鸚鵡嘴
是故歸命足　當在面門中　衆生所宗仰
彼鼻如是妙　如頻頻陁花似鸚鵡

是時世尊有如是齒無缺漏平正无高下猶如白雪螺色亦如彼拘文陁羅花色有此微妙色極清淨行具足有光明悉脫諸惡行猶如金剛不可沮壞牢固如來齒四十上下各四牙齒上有千輻輪相於是便說此偈

如來齒平正　說法極微妙　無缺无落墮
猶彼提勒華　眼淨極微妙　善色无變易
粹種種此德　方齒四十具

是時世尊有如是廣長舌未曾有虛善色不可壞如何舒伽樹華無憂猶蓮華葉極軟細滑亦無麁言穢語除去婬怒癡患生安詳處歡喜愛樂禁戒成就有所宣說無不得度者以法智濟拔貧窮於想味婬怒癡得解脫皆是本行所造如來舌相皆悉覆面甚奇甚特於是便說此偈

百福所造行　如來舌第一　齒肯悉平正
常吐甘露法　若得若干味　好色及不好
悉能分別味　次第不失序

如來是時有如是言教說有漏行善音響無麁穢言辭功德等具足功德无量有常無常行志性无怯弱甚深无底色最第一所說言教終無有煩義義相應現本緣起善分別法方便隨時教化衆生無有瞋恚自莊嚴身息意為樂供養智者嘆譽名稱各與相類猶如鴻鳥樂彼淵池諸有遭百千苦惱者皆救濟之使衆生類悉得歡喜於生老病死度到彼岸无悕望想得最勝行心無衆結現諸善行得未曾有行以舩渡水无有恐怖度一切生死嘆譽禪德功德微妙壽命滅心意至涅槃界得甘露法滅一切生死原拍捘善惡聞者不懷怖如光不可蔽於是便說此偈

以法御示現　供養佛所行　以忍之力勢
如彼華開敷　飽食甘露味　盲冥不度彼
餘食此甘露　得度生死地

介時世尊有如是響所說功德亦無麁穢猶鷄鶚鳥音極微妙聲徹四方展轉聞教於衆生類有是力勢亦不出衆外皆悉聞淨聲悉是本行所作如梵音如哀鸞介時聞有五種聲甚深無底所有言教降伏外衆猶如彼龍改本所習往古有如是色極妙无怯弱若以眼觀察而知之無所染著息心與味相應此數息心無猒足亦不相違不與瞋恚相應此皆行報功

德所致故曰樂沙門有如是心依彼心有如是五種曾聞水流聲聞已歡喜況當今聞如來言教長益善根聞音響歡喜長益解說於是便說此偈

聲響柔和好　佛意息心樂　善勝來聽教
功德無有量　諸有聞音響　本行之所生
已能覺知彼　降五百孔雀

尒時世尊有如是面甚清淨无瑕穢極端正無比善眼觀无猒耳堶脣如朱火色如天真金齒極白微妙無極平滿無黕汙亦无瘡瘢亦無愁憂无有衆惱覩者皆歡喜其功德不可稱量有第一香本所造行猶如月滿極淨無瑕穢寂莫第一若結加趺坐與大衆說法前後坐者皆見其面若從禪起先與衆說法於是便說此偈

一切歡喜樂　欲觀如來色　以得見如來
猶彼月盛滿　得利第一樂　無過如來衆
三五月盛滿　等說如來樂

是時世尊有如是頭善生牢固極端政無比无有高下與自身相相稱色寂第一猶彼那羅延天八辟力不可盡滅彼處所與金色相類彼相寂微妙善色極妙一切無量身於是便說此偈

滿足寂微妙　漸漸緣彼行　如來有此頭
粹種幢无比　一切無能害　發意於如來
三界衆生類　歎彼如來德

尒時世尊有如是髀善生無比如彼須弥山肩亦微妙無與等者无高無下極軟細猶彼娑羅樹王軟細不可害如瞻匐華軟細不麤所生軟毛色極青各各右旋極軟細一切觀者皆獲歡喜極微妙申手降伏魔地證知我於是便說此偈

猶世伽鳩樹　降伏諸魔衆　辟如金剛杵
是故歸命佛　為三界唱導　為法所光照
彼意无有量　歸命寂勝前

是時世尊有如是手極自柔軟善生無比亦不壞敗无缺漏舌具足滿猶高山峻手有千輪相相指間連膜爪極白淨如日放光如優鉢華皆悉敷華葉軟細若說法時衆生聞者无不得度言常隨時於本所造生處光明徹照手掌解脫若得慈悲尋光明來皆悉得度善分別衆生遠惡就善與衆生說法於本生處得慈悲喜護欲除不善行修諸善行告衆生曰一切皆苦莫受彼塵垢厭患生死衆生清淨使得悕望欲除彼幻惑若彼坐禪時一切魔衆皆趣彼所種種車乘騾驢駱駝象馬犛牛禽獸師子狗猪羊或作馬頭種種形狀帶刀張弓執箭或撞鍾鳴鼓盡作魔衆形欲來害三佛是時世尊以指案地此地太好山林城郭泉源浴池種種泉源皆有珍寶滿彼浴池或盛金鉢中有力人扣彼鉢便有聲出手撫法輪極妙無比於是拜手佛便說此偈

第一清淨葉　轉無上法輪　如來手微妙
極妙无有上　彼手應撫轉　法輪處在一
不見彼住處　不見有識者　若轉法輪時
隨彼衆生義　以轉此法輪　衆生得安隱

尒時世尊有如是身極方正無缺漏禁戒成就如師子膍功德纒絡上下相稱如優鉢華色亦不壞敗甚深行時右旋不高不下極軟微妙皮毛皆右旋倍微妙無比猶瞻匐迦極香亦不少亦不老無有不與彼相應不與

瞋恚相應諸根具足世未曾有漸牢固極微妙不緩不急金剛之體善分別衆生其有見者皆發歡喜心觀无厭足圓光七尺猶安明山在大衆中猶若象王於象衆中最為第一猶那羅延王一切無能害者於是便說此偈

於百劫造行　得為人中上　今得此色身
今亦無與等　以滅婬怒癡　諸惡永以息
是故今稽首　使我後亦尒　設起婬怒癡
尋時能使滅　今觀佛顏色　身無衆惱患

尒時世尊有是膞腨上下俱等善生微妙無比无不平處使人歡喜與身相應於是便說此偈

膞腨清淨妙　第一無有比　其有覩見者
无有諸瑕穢　微妙生軟色　善住如金色
更不受餘趣　觀此最妙色

尒時世尊有此蹲膓如是生圓漸漸膞細色與身相稱如鹿蹲膓善光清淨無與等者於是便說此偈

如來蹲微妙　色亦無有比　當觀一切相
一一難稱量　當覺彼如是　一切世所稱
設當滅度後　是故歸命蹲

尒時世尊有如是足行步安詳若住

不移亦不搖動極微妙細足指長百福相具作如是苦行然後得之徃詣道場為世人故欲度脫之其有聞音者猶彼龍王善眼不移動於彼三耶三佛所行功德功德百千倍纓絡微妙光影無比從此已來有如是功德故拜手說偈

愛念不可害　今礼世尊足　亦礼如來頂
如來解脫衆　其有得此信　於彼最勝前
自爪極細滑　是故歸命尊

尒時世尊有如是輪極圓亦無雜穢亦无廣狹甚深有千輻輪其網柔和身具足滿諸根不缺造大行業以四方事轉輪相境界具足二无怯弱心三猶如須輪以手鄣月而無有光四設放輪便有大光猶如春時无有塵埃虛空之中亦無雲塵尒時於夜半无有結使月病月放大光此亦如是轉輪聖王本無如來之相於是便說此偈

人生壽百年　當滅其時節　有是聖輪相
猶彼蓮花數　亦如安明山　第一無有比
種福之所致　如來所修行　於彼釋宮殿

來告今已至　諸天所嗟嘆　如來應轉輪
若能覺知此　觀彼少處所　各各有一心
無有能過佛　志性甚牢固　放光悉微照
日輪所照處　普度衆生類

尒時世尊作如是遊步先舉右足蹈地不遲不疾行步平正亦不卒暴猶彼象王而無有異行步堅固世尊身不搖動猶那羅延天是時世尊諸有高者為下下者為高諸有小戶自然廣大如來身體未曾屈申皆是前世無憍慢心諸有樂器不鼓自鳴諸有蠕動之類皆獲安隱皆是前世修行慈心於是便說此偈

彼有大神妙　無畏有此德　住處受善色
破壞對強者　彼已捨憍慢　最覺自所覺
無愛欲微妙　住處受行報

尒時世尊有如是迹千輻相輪現極微妙諸根具足色甚奇無比於人中最第一生諸歡喜百千劫所作行福所致无穢細除去婬怒癡本所作行無有為諂无有衆惡不與癡相應不造癡行有如是名稱志性質直所作無悕望不恐狐疑意有所滅除去悕

望行无缺漏心無彼此功德遍具足
十力成就除一切患於是便說此偈
最勝有此德 種種行所作 分別行地業
如日出照明 彼輪隱地現 心意所觀察
當自歸命佛 如是以印地
尒時世尊如是笑作如是因緣本行
所造愍彼衆生故便現如是笑是時
世尊笑時有是第一柔軟極淨微妙
所聞逕耳見佛笑無塵垢清淨无瑕
本所修行亦無虛言猶如優鉢瞻伏
華有種種香布現甘露語種種光第
一微妙心能分別尒時世尊身作黄
金色猶高山峻繞彼三匝生阿迦膩
吒所於彼天宮諸得信者承受如來
教誡無所違失展轉相告便歡喜於
如來尒時世尊本所造行於是便說
此偈
青黄種種色 口演禁戒光 出要如來身
天人所供養 如來眉間相 三因緣無比
至阿迦膩吒 來至如來所
尒時世尊有如是光皆是本行所造
身後有是光極妙 善解脫光最第一
身體有光見者歡喜種種光明瓔珞

其身諸有塵煙羅睺阿須倫所不能
障五結解脫除去愚癡尒時世尊現
甘露使彼衆生得遇此味自然神足
不可思議於是便說此偈
身體善解脫 無有能沮壞 十力有此光
愚者所不見 如來有神足 示現衆生等
大光蔽日明 是故歸命光
尒時世尊著如是衣不高不下隨時
著衣滅生死原草織不著衣服境和
悅所至到處皆悉歡喜有如是果實
是故尊者難陁衣裳鮮明及諸比丘
在世尊側者僧伽梨無有能汙如來
衣者是時尊者難陁嘆未曾有往白
世尊欲知著衣之法世尊告曰云何
難陁本無如來長夜出世云何除衆
生婬怒癡垢永盡无餘便隨彼教設
當作是成就者隨藍風不能動此衣
塵垢不染於是便說此偈
如來所著衣 自覆身形體 蓮華不著垢
此衣亦如是 若隨藍風起 力勢難可制
欲動如來衣 誰勝十力者
尒時世尊如是乞求諸豪尊家不擇
卑賤皆悉周遍无有邪命不俯食不

瞻星宿卜問仰食不受信使往彼食
不觀四方食不呪術幻惑食不田業
依倚食所以乞者救濟彼故無悕望
意不染著食尒時世尊食无有更樂
所有染著觀如是業而受彼食亦不
貪著無婬怒癡亦無迷惑除迷惑心
皆捨離染著心不與共俱以捨彼欲
愛不可沮常愛樂彼以禪為食亦无
我想並皆悉捨離現非義此身必盡
以知捨離三事清淨無婬怒癡令去
何食欲現此身无牢固故長養其病
使火不起皆悉除棄不生乱想布現
甘露脩梵行故痛壞敗不造新痛以
是故世尊受彼信施食彼果身所
造報欲使安隱擁護世人於是便說
此偈
處處豪家乞 欲使得正法 於彼園觀處
如六足蜂食味 不擇食好醜 不生善惡意
彼不可沮壞 心欲味解脫
尒時世尊有如是臥牀山巖穴處露
坐園觀水側泉源種種華果茂盛處
快樂无比無人之處欲求解脫於彼
止住解脫諸惡亦無陰蓋人所不到

處無恐畏去離色著常樂寂靜與衆生說法廣說如契經於是便說此偈

樹木生花果　滂沛花園觀　分別樂閑靜
青青花皆敷　於彼求解脫　是以依彼處
君詣閑居時　無聲无亂想

是時世尊以草布地無有塵垢不著蔾餝極細軟滑善生微妙若見彼影觀無厭足皆悉觀察不高不下作是思惟展轉相依名色六入現彼無有盡或以草布地有數降伏彼故布草而坐無有欲想以草為蓐亦无結使皆悉清淨古昔諸佛所造功德亦無所攝无貪著得證通多所迴轉亦無衆惱生諸結使草蓐整亦不錯亂依彼衆生亦无陰蓋得三昧證通以右脅著地不久睡眠尋起經行而修行道以無覺三昧故右脅著地欲降然歎故昇師子座著五細絲現色非真沙門色形无所染著而修梵行依彼衆生求解脫心於是便說此偈

無根善衆生　糅種之功德　心所造善行
心皆自覺知　善哉大法義　无能得勝者
今於如來衆　以草除欲愛

尒時世尊云何覺知諸根所謂曩昔作如是根氣味與相應以道故生此根降伏顛倒欲使諸根順流與生死相應此諸根起不淨行而依餘緣此諸根貪著世間亦染著於樂此諸根起諸力勢一切結使熾盛此諸根驅逐身流轉不息此諸根不成就大義此諸根迷惑遷歷諸境界此諸根猶彼劍刺傷害此諸根苦惱此諸根猶彼瘡瘶漏諸結使此諸根猶如疾病無有力勢此无有猒足恒求不止此諸根不休息數數起結使此諸根猶如毒藥不斷苦本此諸根不被訓誨與諸惡相應此諸根不藏匿境界劍刺所縛此諸根無所護氣味不具足此諸根無有心流馳境界斯諸根不修行欲火所然境界長益此諸根有諸苦惱遊他境界一切身心有苦於是便說此偈

根滿境界中　為惡所將御　彼心常熾然
猶如熱鐵丸　如來教善哉　將至安隱處
無有諸根患　況當有境界

尒時世尊云何覺知心所謂依境界

生便長益此心亂想不定此心猶如疾風此心不疲猒緣惡招致殃此心迷馳猶如夢想此心貪著境界猶彼獼猴此心自然行種種貪著猶彼孔雀翅常自顧影此心馳走速思惟財業此心起諸陰蓋亦如野馬疲猒不得此心難制御於境界不住此心猶如王常得自在於是便說此偈

第一甚深妙　心知無有根　夜叉須揵沓
三世不能覺　彼得是自在　自然有是念
世間無有眼　我為作流光

尒時世尊云何希現覺悟世間所謂世間無所恃怙貪著己身此世心无所依貪著境界此世惡業依種種邪見如是此世自然所造此世墮邪道流轉趣惡此世處惡趣猶如獼猴此世無有照明為五陰蓋所覆此世盲冥不起智慧眼此世飢渴渴愛无猒此世熾然種種結所縛此世少味猶犁探華此世無所依便當壞敗此世速遊乘輪而行此世繫縛而處生死此世衆惱生老病死至此世非妙必當壞敗此世無救護為痛所逼此世

非己所作必捨之去此世機關展轉相依此世種種行將引惡處此世如幻化而現色像此世無益生彼壞敗器此世輕舉所依不成此世難覺悟無有境界於是便說此偈

衆生遭苦惱　觀世無有世以智慧求道
當親近彼處　漸漸從小益　欲得愛其命
此必當壞敗　是故滅為樂

云何於此生度泥塗猶彼池水蓮華子於其中間萌牙生漸漸長益此亦如是五味皆死以識處往生有為行所造圍繞為風火所成為惱憹水所溉受死於其中間生萌牙猶如彼萌牙生此亦如是萌牙生是故非斷滅常住猶如彼先觀萌牙此亦如是彼衆生縛著是故非斷滅有常猶如彼地為風所吹此亦如是四大牢固受諸苦惱此亦如是是故一切自然猶如自然不壞蓮華生萌牙是故一切非自然一義所習猶如彼外四大為風所吹更不復造此四大亦如是是故一切當捨猶如於彼有生衆行此亦如是故彼法猶如彼萌牙與子

相似此亦如是大人之相不可毀壞如是性所造猶如蓮華子生萌牙是故此無數亦不有生者猶如彼萌牙生時無有來處此亦如是是故无来無去猶如彼去時无有住止處此亦如是是故无住處猶如彼萌牙俱長益漸漸敷花此亦如是無高无下猶如彼蓮華萌牙必當長益此亦如是本所造萌牙於胞胎中漸漸長益猶如彼蓮花茂花甚可愛欲此亦如是所造衆行甚可愛敬猶彼當熟時此亦如是子欲熟時髮毛爪齒及五根皆當捨離六情衰耗意根解散捨此身猶如彼華必當大熟猶如日光色香甚微妙蜂王所遊行甚可愛敬此亦如是初生之時四大日光所照勇猛胎所覺與彼德相類是故惱憹皆共相依甚可愛敬飢渴生死謂欲為樂彼愚癡者有如是顛倒之想此亦如是一切時節不脫老死猶彼時節無有力勢為熱風所炙盡捨離之華實各離亦无所緣亦復無蜂亦无鮮色無樂彼者此亦如是漸漸耗滅於

此生中無有力勢誰有命在內外皆損減无少壯力皆當衰逝無有並節無齒髮无見無聞无味無香无細滑亦无更樂身體壞敗所有惱憹皆除盡亦無味著无熾盛意已越色皮緩面皺無少壯力已有是老不受種種色壞敗男女衆所害而愛著彼猶彼枯朽亦無有香各當散離此如是命根已盡當截向冢間猶如彼蓮華子熟後復生萌牙此相亦如是數數受有猶彼壞敗花並想衆生類於是便說此偈

是故當棄有　亦當觀此華　猶彼生胞胎
愍懃當求滅　欲求生萌牙　如樂空无有
欲得到彼處　當從自意求

世尊海者其義云何所謂第一度衆生到彼岸思惟无量增益功德清淨无瑕有大智慧解脫無怨恨心第一得解脫以善覺觀不離善根名聞遠布智慧普至種種香遠布猶樹茂盛七覺意寶分別無常苦空无我已度智慧百福具足常入三昧无有乱志勸助衆生使發善心能成辦一切種

種三昧於學無學中最為第一悕現
於法未曾懈惓等度平正語言柔和
清淨无瑕無婬怒癡於大衆中功德
第一普慈一切安樂休息教授境界
常念恭敬功德無窮極當於尒時世
尊九十一劫中漸成此德覺知一切
甚深之業欲使一切群生同其一味
說法不失時節常與彼相應十力亦
寶具足一切衆寶係四無所畏上宿
四大為彼衆生故不選擇尊卑已度
世八法無增損之心於是便說此偈

是故當來度　慇懃於道船　如來海无量
是故拜手佛　已度到彼岸　功德福无量
已有此苦樂　當求安隱處

如来船者何者是所謂善造牢固果
報習衆无所違失亦不缺漏衆行具
足諸惡永盡第一甘露禁戒用經絡
身無斷滅有常想已住休息得住彼
道常愛樂忍不起瞋恚分別五根等
見无異想種種清淨解脫空无願無
相三三昧具足常懷慚愧度彼猶豫
禪四等無色三昧種種行悉分別无
有限量觀汙露不淨第一忍智常現

在前婬有覺想皆悉不淨常念遠離
金剛三昧而布現之無量方便欲度
衆生覺意亦寶與智相應修行出要
道無生老病死患更受胎欲度衆生
於三世行具足不可沮壞不樂一切
世俗觀一切相欲得捨離如是无增
減心能度一切衆生以十力之船長
夜度衆生使度彼岸常有此觀不為
已身第一聲聞入遍觀三昧作種種
觀承事供養繒幡花蓋以三三昧為
佛印以冷栴檀塗身五通徹視種種
香遠布以四無所畏為螺鍾鼓具足
无缺漏無常苦空无我欲得離生死
海降伏魔衆皆使碎壞盡无為處分
別法想一切不受不度者度得滅識
處無苦樂至涅槃乘福車為四部衆
皆使歡喜踊躍不自勝以善身口意
十力船載衆生皆得至一切甘露涅
槃處於是便說此偈

無數劫苦行　而造福德船　善趣安隱處
為三世救護　彼歡喜之心　疾度生死岸
一切悉當終　盡當有是樂

尒時如來有如是日所謂禪四等具

足之行無缺漏无穢行善將護為一
切戒名稱遠布種種衆生類皆悉敬
仰使得樂止處心得歡樂无數百千
劫修行苦習盡道現第一義以智慧
照明除愚癡冥消滅諸苦進彼衆中
皆悉成就十力無畏勇猛意於三千
世皆悉破壞慈護不度者智不破壞
尒時世尊於彼現日明無漏行具足
乘大乘車等御无畏如風吹驅以念
車皆與彼相應而現在前以等志於
彼所有皆悉具足等三昧思惟一切
衆生類彼於三世具足翼從悉承受
其教意無欲怒癡惱惕捨諸結使天
人衆以花供養无有五蓋以信財布
現一切衆皆使覺知無有塵埃諸結
使无辱如是世尊為日光明於是便
說此偈

百智已具足　於彼衆無缺　已現三世光
是故拜手光　无數百劫行　滅愚盲冥癡
已能度此岸　當拜手慧日

如來蓮花者為何像貌所謂第一功
德所成於三有得度有信於衆生清
淨等智普悉周遍以精進力得度彼

僧伽羅刹所集經卷中 第三十六張 挂

岸消滅雲霧禅悦皆悉得度念解脱無衆想以觀息彼種種穢患亦无異意等見滿足悉成辦之皆悉覺知以戒之香香聞四遠以清淨光壞衆生類猶彼降衆嚮若干種悉分別了於三有等得解脱衆生皆得悕望種種方便欲安隱之甚妙觀无猒足一切根無欶漏於息心衆中婬怒癡憍慢之患更不熾盛極清淨柔軟而得度脱於是便說此偈

清淨之所生　供養華無比　无數功德具
微妙家第一　欲得休息樂　衆生得清淨
已能覺知彼　謂呼常有聲　已之所嘆譽
與世而相應　微妙第一色　善香家爲妙
人中爲家上　世人所嘆譽　我今拜手礼
無著大神仙

尒時一切智有如是雲所謂九十一劫所造行思惟不淨神力所制所說無有異盡諸欲愛无有愁憂於諸三昧得到彼岸以大慈悲爲一切衆生使得功德百福具足使彼得休息心觀而觀彼於人民須輪鬼神之衆於三世而行慈皆使得清淨蔭涼得解

僧伽羅刹所集經卷中 第三十七張 林

脱門至要之處復以智慧光洗彼清淨人民之衆下至男女皆使得善於彼進行得諸忍業得甚深法善衆生法而種善根衆生飢虛甘露之味憂彼不得度脱者以修行之法使彼覺一切有爲行皆悉無常苦空一切法無我涅槃爲第一樂等度此苦樂善悉分別言語具足於種種衆中稱揚善法種解脱根婬怒癡憍慢之法盡捨離之以無畏金剛之志度彼勤苦之患於他衆中使受正法有恐怖者一切智皆使慜一切一切惠施無所著是故拜手礼雨甘露 於是說此偈

功德出照明　十力雲無比　當發歡喜心
說甘露除渴　已得无所畏　是一切智雲
已有降伏外　是故食甘露

尒時世尊有如是火所謂彼求行人民之類皆求喜樂解脱得四等心所求已度第一義具足與智相應一切遍三昧有是神力種種名聞諸根力具足等至甚深已有此力無數百千種此根戒一切法得自在三世家尊以十力威神得無所畏是第一解脱得

僧伽羅刹所集經卷中 第三十八張 挂

第一光明第一空寂有如是之得布現深法於彼衆生類訓誨使行忍度諸瞋恚言語柔和無所傷損滅一切結使於學无學於四部衆善已修行指授告報如是彼功德極無量智成就發趣於涅槃門而得供養第一尊重閏及衆生是故拜手礼佛火於是便說此偈

能焚燒草木　火家無有崖　佛火第一妙
是故當拜手　佛火以滅盡　苦樂不復起
猶有遺功德　流布於世間

尒時世尊有是園觀柔軟禁戒成就於彼處所無有五善亦无石沙穢惡亦無吡山一切諸法根本皆悉得自在大慈悲清淨无有垢穢極自娛樂等度到彼有如是思惟功德諸行淳淑力勢所爲成善根本亦不移種於法忍無狐疑等見八賢聖道悉具足得諸供養无數百行不可稱計戒三昧具足十力悉無有疑諸陰蓋解脱清淨誓願已果枝葉繁茂於彼生花實生若干百三昧林悉皆茂盛等見无邪見禅無色而自樂身慈悲喜護常

加衆生於其中間分別七覺意息心第一果慚愧圍繞常念惠施求出要故有是清涼雲以力拔諸結使有此勇猛欲得解脱功德不可壞善覺集在彼除彼衆生婬怒癡得無所畏猶彼阿若拘隣舍利弗大目揵連迦葉迦栴延子阿那律難提金䍐羅難陁離越於彼聲聞園中為聲聞王功德無比浴池清淨一切布善三世所嘆是故拜手礼頂於是便說此偈

善與三世護　為彼前類故　覺意花飾身
解脱果成就　聲聞衆中王　生功德無獄
當求彼樂處　必獲安樂處

介時世尊有如是空意同一色廣布無邊故曰為空斷諸欲愛一切无所住以智果報一切潤澤無有諸結亦无諸蓋以三昧愛度諸塵垢善出要以解脱清淨有善光以功德無量意專一生常修一生梵常懷歡喜智慧眼清淨而境界淨斷諸結使故无所著已得大慈故一切無處所分別意故種種得成就得供養故不染於結使依彼心故不以淨不淨染汙其心

依彼聲聞衆種種爲圍繞止觀具足故極微妙不盡三昧林故星宿衆圍繞以正法降伏外敵故難以為儔疋當作是觀猶如有人得歡喜究竟其輩必不有疑退轉本處於是便說此偈

歡喜念愛樂　無有結塵埃　此有若干色
復能悉分別　一切得等意　欲作是稱譽
已到越彼岸　無有喜樂心

是時世尊有如是輪意止具足根力覺意力有歡漏皆自莊嚴四神足寂第一四意斷善莊嚴身善口說教速布七覺意等見而得解脱以止觀无有癡愛已度彼三昧得無所畏為師子吼无有恐畏辯才無㝵得信歡喜精進无懈怠念境界得度彼智慧解脱遊彼魔境界无有欲愛功德具足消滅諸惡趣三業乘微妙第一善成就滅彼魔衆三欲永盡諸有愁憂苦惱永盡無餘亦无有愛亦無五蓋亦無瑕穢依彼身盡捨離除去狐疑无有愚癡有覺有觀亦無憍慢隨時興起亦無顛倒永除邪見有威力歡喜

滅結使降伏魔衆於是便說此偈

一切人供養　救度衆生類　无護為作護
魔前轉法輪　彼輪無有等　天人所嘆譽
已有此名稱　彼寂為第一

是時世尊因何金剛降伏彼魔所謂介時世尊乘禁戒車被弘誓鎧有諸忍力以大雲為清淨幢蓋以无結使執無欲權執持等見緣四禪愛慯得解脱清淨等志等語皆悉清淨以辯才智神足莊嚴自專其意解脱牢固無婬怒癡以覺意解脱明識然一切具足无有三愛度一切結力勢不可壞至涅槃海無世俗患以智慧金剛復以智業滅諸惡趣十力解脱四无所畏降伏本所修習行無敗壞一切種種色像皆悉成就滅諸魔衆亦无所著於是便說此偈

種種求恐畏　金剛精進意　降伏彼魔衆
及餘諸塵結　諸有生有想　結使皆永盡
由是三昧行　故歸牟尼士

介時世尊云何以法雨而雨之所謂轉不死法輪於八部衆中而嘆譽此法百劫所求善行修行於慈轉牢固

清淨法如是賢聖牢固住有出家之觀大威神无著復以忍智之力皆悉牢固解脫門若干種珎寶瓔珞本願所追逮有其方便住其東方微妙之處於彼貝多樹下極端政諸天塞虛空向東方坐觀察是時佛為妙亦有中間作如是歡喜之散花而嘆觀察是時若須倫之衆聞如是之德及諸神仙昔佛所造寂勝幢蓮花稱佛鋎光佛隨葉佛於彼大衆心得第一自在尒時世尊釋迦文一切智諸天衆歡喜皆是本佛所造彼猶如轉輪聖王於境界而得自在世尊亦復如是於已無漏法中而得自在世尊轉輪聖王自在境界衆生之類共鬪諍者悉能斷絕佛世尊亦復如是於聲聞中其有衆生之類有狐疑於法者皆悉能斷猶如彼轉輪聖王無財寶者皆悉能施佛亦如是諸々賢聖寶者便以七寶而惠施之猶如轉輪聖王外道衆生以示正法佛世尊亦復如是指授衆生至涅槃道猶如轉輪聖王出現於世諸閉在牢獄者皆悉脫

之佛世尊亦復如是出現於世時於生死牢獄便悉脫之於是便說此偈

法王為第一　衆尊无過佛　愍彼衆生類
三界佛覆護　可事可恭敬　欲度不度者
如是功德著　佛覺不覺者

尒時世尊有何城所謂四賢聖智慧正觀於彼戒定地善相無為行以智慧為城郭以三三昧為却敵以解脫門為闉以等見為街巷以念為墻以慚愧自障屏指授彼道以神足遊行不可障蔽以覺意華自嚴飾以諦果為行以賢聖第一而自娛樂極安隱教授彼衆皆悉濟度舍利弗目揵連有無數衆善想常遊教化善滿具足所覺皆成就於彼浴池洗以戒為塗香辯才黠慧以為法服嚴莊其身以三三昧為食以法味為漿七寶具足時世尊為大衆學无學皆悉圍繞欲使彼衆到涅槃至無畏處亦不退轉無欲於衆生得无所畏法力具足諸陰入成就不著於塵垢於是便說此偈

諸惡已休息　大神仙所御　使彼得清淨
十力之所說　於彼釋城郭　常畏生老病
又至涅槃處　皆由衆生苦

僧伽羅刹所集經卷中

洪洞庠生韓介閲

僧伽羅刹所集經卷中

校勘記

一　底本，金藏廣勝寺本。

一　三五七頁中一行經名，資、磧、普、南、徑、清作「僧伽羅刹所集佛行經卷第二」。

一　三五七頁中二行譯者，資、磧、普、南作「符秦世沙門僧伽跋澄譯」；徑、清作「符秦沙門僧伽跋澄譯」。以下各卷同。

一　三五七頁中四行第四字「漸」，諸本(不含石，下同)作「塹」。

一　三五七頁中八行第七字「憧」，諸本作「幢」。

一　三五七頁中一八行第九字「沮」，諸本作「沮」。下同。

一　三五七頁中二一行「拔濟河」，資、磧、普作「拔濟難」；南、徑、清作「救濟難」。

一　三五七頁中末行第八字「間」，麗作「聞」。

一　三五七頁下一一行「追逮」，資、磧、普、南、徑、清作「追逐」。

一　三五七頁下二一行首字「猶」，資、磧、普、南、徑、清作「狸」。

一　三五七頁下末行第三字「吐」，諸本作「吐火」。

一　三五八頁上二行第三字「頸」，資、磧、普、南、徑、清作「項」。

一　三五八頁上八行「此鈴嬰頸」，資、磧、普、南、徑、清作「以鈴纓項」。又「猷鬼」，諸本作「厭鬼」。

一　三五八頁上九行「惡行」，徑作「惡形」。

一　三五八頁上一〇行「慧刀」，資、磧、普、南、徑、清作「慧力」。

一　三五八頁中二行「傷害傷害場界」，資、磧、普、南、徑、清作「傷害境界」；麗作「傷害場界」。

一　三五八頁中一七行首字「之」，資、磧、普、南、徑、清無。

一　三五八頁中一九行第四字「覺」，磧作「學」。

一　三五八頁下五行「智慧」，諸本作「獲知慧」。

一　三五八頁下六行「勸請」，諸本作「觀諸」。

一　三五八頁下一七行首字「起」，麗作「趣」。

一　三五八頁下一八行第九字「善」，諸本作「義」。

一　三五八頁下二〇行第八字「開」，資、磧、普、南、徑、清作「間」。

一　三五九頁上一二行第二字「練」，資、磧、普、南、徑、清作「鍊」。

一　三五九頁上一五行第三字「愚」，資、磧、普、麗作「過」。

一　三五九頁上一七行「行造」，資、磧、普、南作「彼」。又「衆想」，南、徑、清作「衆相」。

一　三五九頁上二二行首字「想」，徑、清作「相」。

一　三五九頁中一〇行第五字「福」，資、磧、普、南、徑、清作「福田」。

一　三五九頁中二一行第七字「還」，

資、磧、普、南、徑、清作「逮」。

一　三五九頁下末行「照明」，資、磧、普、南、徑、清作「明照」。

一　三六〇頁上七行第五字「法」，徑作「門」。

一　三六〇頁上一〇行第二字「難」，諸本作「歎」。

一　三六〇頁上二〇行「俠池」，資、磧、普、徑、清作「夾池」；南作「來池」；麗作「挾池」。

一　三六〇頁中四行「微妙」，諸本作「微風」。

一　三六〇頁中一三行第三字「逕」，諸本作「經」。

一　三六〇頁下四行「行修」，資、磧、普、南、徑、清作「修行」。又第七字「修」，資、磧、普、南、徑、清作「修行」。

一　三六〇頁下六行第四字「以」，資、磧、普、南、徑、清作「以滅」；麗作「滅」。

一　三六〇頁下一四行首字「起」，資、磧、普、南、徑、清作「超」。

一　三六〇頁下二一行「所前」，諸本作「前所」。

一　三六一頁上二行第一一字「法」，諸本作「現法」。

一　三六一頁上七行「擁毛」，資、磧、普、南、徑、清作「護毛」。

一　三六一頁上一〇行「猶好」，資、磧、普、南、徑、清作「猶如」。

一　三六一頁中一行「韡耀」，資、磧、普、南、徑、清作「暐曄」。

一　三六一頁中二行首字「微」，諸本作「徵」。

一　三六一頁中三行「組壞」，諸本作「沮壞」。

一　三六一頁中六行第二字「所」，諸本作「所行」。

一　三六一頁中九行「彼羅」，資作「摩羅」；磧、普、南、徑、清作「彼摩羅山」。

一　三六一頁中二一行「白練」，諸本作「白縞練」。

一　三六一頁下二行末字至次行第二字「不可議」，資、磧、普、南、徑、清作「不可思議」；麗作「不思議」。

一　三六一頁下一四行「韋色華葉」，資、磧、普、南作「華色葉華」；徑、清作「華色葉葉」；麗作「華色華葉」。

一　三六一頁下二二行「得悲」，資、磧、普、南、徑、清作「悲得」。

一　三六二頁上一行「分別」，麗作「分別法」。

一　三六二頁上二行「此偈」，資、磧作「其偈」。

一　三六二頁上三行第一〇字「組」，諸本作「沮」。

一　三六二頁上一九行第五字「足」，諸本作「之」。

一　三六二頁中四行「落墮」，資、磧、普、南、徑、清作「墮落」。

一　三六二頁中八行「何舒伽」，資、磧、普、麗作「阿舒伽」。

一　三六二頁中九行第一一字「穢」，諸本作「獚」。

一 三六二頁中一〇行「愛樂」，資、磧、普、南、徑、清作「受樂」。

一 三六二頁中一五行「齒肩」，諸本作「齒唇」。

一 三六二頁中一六行「好色及不好」，麗作「妙色及不妙」。

一 三六二頁中一七行末字「脣」，諸本作「序」。

一 三六二頁中一九行「麁穢」，諸本作「麁獷」。

一 三六二頁下一五行「麁穬」，諸本作「粗獷」。下同。

一 三六二頁下二二行「此數」，麗作「數數」。

一 三六三頁上四行「解說」，諸本作「解脱」。

一 三六三頁上五行「佛意」，麗作「佛音」。

一 三六三頁上九行「耳埵」，諸本作「耳垂睡」。

一 三六三頁上二〇行第八字「頭」，資作「項」。

一 三六三頁中四行第三字「幢」，磧、普、南、徑、清作「種」。

一 三六三頁中六行第八字「譬」，諸本作「臂」。

一 三六三頁中一七行第一〇字「舌」，徑作「手」；麗作「泄」。

一 三六三頁下八行首字「撞」，資作「捶」。

一 三六三頁下九行「太好山林」，資、磧、普、南、徑、清作「大山林」。

一 三六三頁下一三行「拜手」，資、磧、普、南、徑、清作「拜首」。下同。

一 三六三頁下一五行第一〇字「轉」，資作「輪」。

一 三六三頁下一六行第九字「誡」，麗作「試」。

一 三六四頁上一五行第一〇字「色」，諸本作「毛」。

一 三六四頁上一八行第三字「色」，麗無。

一 三六四頁上末行第一三字「若」，諸本作「善」。

一 三六四頁中四行第七字「眼」，資、普、徑、清作「眠」。

一 三六四頁中一〇行「自爪」，資、磧、普、麗作「白分」；南、徑、清作「白爪」。

一 三六四頁中一一行第八字「輪」，資、磧、普、南、徑、清作「輻輪」。

一 三六四頁中一四行「轉輪相」，麗作「聖轉輪相」。又「境界具足」，資、磧、普、南、徑、清冠以夾註「一」。

一 三六四頁中一五行「須輪」，資、磧、普、南、徑、清作「阿須倫」。

一 三六四頁中一六行「塵埃」，資、磧、普、南、徑、清作「塵垢」。

一 三六四頁下一六行末字「報」，至此，資、磧、普、南、徑、清卷第二終，卷第三始。

一 三六四頁下一八行「諸根」，資、磧、普、南、徑、清作「諸相」。

一 三六四頁下二〇行「横細」，資、磧、普、南、徑、清作「麁細」；麗作「麁獷」。

一　三六四頁下末行「不恐」，諸本作「不懷」。
一　三六五頁上二行「十力」，徑作「十方」。
一　三六五頁上九行第三字「逕」，諸本作「經」。次頁中八行第六字同。
一　三六五頁中八行第五字「着」，麗作「有」。
一　三六五頁中九行第一二字「服」，磧、南作「眼」。
一　三六五頁中一七行「藍風」，資、磧、普、南、徑、清作「嵐風」。二〇行同。
一　三六五頁中末行「皆悉」，資、磧、普、南、徑、清作「普悉」。
一　三六五頁下一行第一二字「住」，諸本作「往」。
一　三六五頁下三行「悦望」，諸本作「希望」。
一　三六五頁下八行第四字「組」，諸本作「沮」。
一　三六五頁下一八行夾註「蜂也」，徑、清無。
一　三六五頁下一九行末字「脱」下，徑、清有夾註「六足蜂也」。
一　三六六頁中五行「染著」，麗作「深著」。
一　三六六頁下七行首字「得」，資、磧、普、南、徑、清作「停」。
一　三六六頁下九行「心知無有根」，資、磧、普、南、徑、清作「心智無有限」。
一　三六六頁下一一行第五字「眼」，諸本作「明」。
一　三六六頁下一二行第七字「希」，資、磧、普、南、徑、清作「布」。
一　三六七頁上二一行「亦如是」，諸本作「此亦如是」。
一　三六七頁中一〇行「茂花」，諸本作「茂葉」。
一　三六七頁中一七行第七字「德」，資、磧、普、南、徑、清作「得」。
一　三六七頁中二一行第九字「炙」，資、磧、普、南、徑、清作「吹」。
一　三六七頁下一行「命在」，諸本作「命存」。
一　三六七頁下六行第一二字「受」，麗作「愛」。
一　三六七頁下八行第一一字「此」，諸本作「此亦」。
一　三六八頁上一行「怖現」，資、磧、普、南、徑、清作「布現」。
一　三六八頁上四行「墳界」，諸本作「境界」。
一　三六八頁上一三行「无量」，資、磧、普、南、徑、清作「无盡」。
一　三六八頁下九行第一二字「颿」，諸本作「帆」。
一　三六九頁上四行第二字「之」，資、磧、普、南、徑、清作「定」。
一　三六九頁上五行第四字「降」，諸本作「蜂」。
一　三六九頁上一五行「爲㝡上」，徑作「最爲上」。
一　三六九頁上二一行末字「心」，資、磧、普、南、徑、清作「已」。
一　三六九頁上二二行「須輪」，資、磧、

一　普、南、徑、清作「阿須倫」。
一　三六九頁中一三行「説此偈」，資、磧、普、南、徑、清作「便説此偈」。
一　三六九頁下一行第一三字「得」，諸本作「德」。
一　三六九頁下七行第二字「閏」，諸本作「潤」。
一　三六九頁下一二行「柔軟」，諸本作「極柔軟」。
一　三六九頁下一三行「五善」，諸本作「五蓋」。
一　三六九頁下一七行「移穜」，諸本作「移動」。
一　三六九頁下二二行「若干」，普、徑作「若千」。
一　三七〇頁上一一行第八字「前」，諸本作「萌」。
一　三七〇頁上一三行首字「當」，資、磧、普、南、徑、清作「常」。
一　三七〇頁上一七行第七字「愛」，磧、普、南、徑、清作「受」。
一　三七〇頁上一八行第六字「有」，諸本作「月」。
一　三七〇頁上一九行第四字「常」，麗作「業」。又第九字「常」，資、磧、南作「堂」。
一　三七〇頁中七行「塵埃」，麗作「塵垢」。
一　三七〇頁中一一行第三字「力」，諸本作「無」。
一　三七〇頁中一七行第一〇字「受」，諸本作「愛」。
一　三七〇頁中一八行「三華乘」，諸本作「三乘果」。又第一三字「善」，資、磧、普、南、徑、清作「若」。
一　三七〇頁下八行第四字「權」，麗作「摊」。
一　三七〇頁下一八行第三字「求」，諸本作「來」。
一　三七一頁上一四行「世尊」，諸本作「猶」。
一　三七一頁上一五行「自在」，資、磧、普、南、徑、清作「自於」。
一　三七一頁上一九行「亦如是」，資、磧、普、南、徑、清作「亦復如是」。
一　三七一頁上二〇行「七寶」，諸本作「七財」。
一　三七一頁上二一行「外道」，資、磧、普、南、徑、清作「導引」。
一　三七一頁中五行第五字「著」，南、麗作「者」。
一　三七一頁中七行首字「正」，資、磧、普、南、徑、清作「止」。
一　三七一頁中八行第一二字「以」，資、磧、普、南、徑、清作「以佛」。
一　三七一頁中一七行「嚴莊」，資、磧、普、南、徑、清作「莊嚴」。
一　三七一頁中一九行「大衆」，資、磧、普、南、徑、清作「大王」。
一　三七一頁下三行首字「又」，諸本作「不」。
一　三七一頁下末行卷末經名，資、磧、普、南、徑、清作「僧伽羅剎所集佛行經卷第三」。

僧伽羅刹所集經卷下　捿

苻秦罽賓三藏僧伽跋澄等譯

尒時世尊云何說道迹於彼說道迹時猶如王大路謂之王路星宿謂星宿路此迹亦如是至涅槃者謂至涅槃路彼是等見處所等志等語等命無有老違等方便不歃漏等念无量等三昧色不變易緣彼若干色无有婬欲亦無塵垢結使永使不起无有色愛著亦無衆刼欲滅愛故亦无有泥欲除邪見故等見具足等滅結使故永不復起彼微妙果故現種種義欲除悕望故無有衆想欲求出要樂故若干果成就無著要故等度彼名色於彼遊行故謂是道一無有二皆得至彼第一義處所為緣一徃者自心普頌謂一入尒時世尊以第一辯而知道以能自覺知則不壞敗所為業勝無有乱想果報已獲得諸善根能覺寤彼衆生便說是道使至无為於是便說此偈

所興衆生類有道甘露法佛有是功德

於世最第一我於今日得清淨梵戒具

為人須倫說是故我拜手

尒時世尊知鴦崛髫今應受化當於尒時無悪知識言論覺已便往彼道唯有一人存在血流盈路人皆證知飛鳥鷲鳥處處敢食時鴦崛髫行如疾風若舉足時群鹿飛鳥皆悲驚怖馳走是時鴦崛髫在閻梨園中左右顧視無所覩見唯見世尊端政无比紫磨金色方便所為腰不傾侹身體極軟細行步庠序盡其力勢走逐如来後是時世尊不改舊行亦不能及尒時世尊便化地此使作坑渠荆棘以是之故不能得及或有作是說以脚蹈地以是之故不能及世尊或有作是說化無色四大眼識不可持或作是說佛功德不可思議然後鴦崛髫力如暴象无能當者然佛威力不可思議猶彼神龍槃羅延億百千數亦不能得近如來是時鴦崛髫便作是嘆曰見此未曾有便白世尊此意甚奇甚特便無瞋恚害意作是思惟此是誰恩德此名是神人猶如此悪

世我還此美猶如飢饉有利亦如生
愛念然我不能得及此必是善知識
今我疲極住還語世尊言
當為身我故世所希見聞今亦自見德
願當小留住
世尊告曰汝自不住方言我住於是
鴦崛鬘白世尊言
沙門自不住我住言不住云何我不住
願世尊具說
是時世尊告曰
無惡則是住　持戒護人長　如迦葉弟子
是故汝不住
彼本行少諸惡承盡流血汙體便解
劒捨者一面白世尊言
師今是我護　遭遇此聖師　求為作弟子
不違師禁戒
尒時世尊作是故告曰善來比丘便說
此偈
猶彼大海水　亦生烟火炎　未受降伏者
今應受我化　亦有善降伏　清淨而得度
亦為我弟子　如是不受有　覩者皆怖畏
及諸妖魅神　是諸鬼神處　冣勝便入彼
是時阿羅婆鬼聞彼偈隨披鬼　語瞋

恚熾盛顏色變異瞋恚火起眼如赤
銅聲響雷振无數瞋恚熾盛搖頭齧
脣振動身體便作是語我於世間亦
不見人民之類能來至我住處者懷
如是狐疑何故彼人來至我所諸彼
鬼神名婆多者梨醯摩披陁為首
使諸彼大鬼神言莫作是語佛世尊
未降伏者能降伏之能安處衆生獲
無上道皆使擁護有形之類如是不
相應福田汝今麁言惡語不與相應
時瞋恚大盛倍於前是時阿羅披鬼
喘息氣猶如火炎視瞻極惡便捨彼
鬼界瞋恚所纏絡身體極黑顏色變
易不與常同口出四牙皴黃如金上
下相叉人血汙其形皆濕不乾者師
子皮者象皮者犛牛皮大華鬘如大
火炎手執刀劒撞地而行皆破山岳
移山林拔樹或起大雲曀覆大明以
水灑虛空聲如雷震便自到住處欲
得傷害世尊種種樹木皆悉焚燒色
變易手執輪雷電霹靂如是瞋恚觀
察如來作若干變化求如來便時佛
說此偈

衆生有畏想　我志不移動　今得解脫法
無有恐怖心　處火不畏火　亦復不畏水
諸懷惡念者　何能傷害我
尒時阿羅披鬼聞世尊言便自息心
不能得壞彼處恐畏人所不至便降
雹雨於如來上盡不墮地各散在餘
處或復有墮如來身者皆作化鬘隨
羅華是時鬼神王見此力勢嘆未曾
有便發歡喜意於如來所便作是言
速出沙門世尊便出彼鬼尒時欲試
世尊便作是語還入沙門然世尊無
怨恨心即入彼處如是至三廣說如
羿經於是世尊便說此偈
擇及諸梵天　無能動一毛　況復汝今力
堪任傷害吾　汝今捨瞋恚　有疑便時問
汝所有猶豫　我當事事解
尒時彼鬼便作是問人何者為上廣
說如羿經尒時於現法中便於如來
所發歡喜心而說此偈
未曾見有是　如此沙門者　誰能捨大海
而就牛跡水　當為我身故　便作如是說
誰不飲此味　當捨甘露去　如彼有力士
為水所漂溺　已拔厄難處　安處無為岸

善色無有比　智者之所觀　所有彼義者
能皆說此法　自今歸命佛　三寶最是尊
所以求願者　一切得濟度

如是閻摩竭國界五地大神於羅閱城而止大勢羅他擁護人民車乘熾盛土地豐熟賢聖人皆處其中無與等者食如甘露三事微妙亦无衆惱猶如彼雜陁洹園諸天中第一尒時佛世尊最為無比時調達於世尊所常懷瞋恚未曾休息所行非法以是瞋恚故上耆闍崛山園觀熾盛樹木繁茂泉源清清手執石欲擲如來即便放石是時彼石無有情念猶自能持漸漸墮地彼調達有是非義種種鬼神輩持石欲使不墮金毗羅鬼在耆闍崛山住以己之力彼石欲墮時便生是心此雖惡葉然我等夜乂以此之身當辦是事亦使世尊受百千樂若我能為此事者便說此偈

心清淨無瑕　起於若干義　我今沒此身
無得害最勝

尒時調達便以石放如来上時於山上彼鬼即以手接石有一碎石墮如

来上受此報對脚指血出調達受無量罪緣是果報當入地獄是時石墮地時三十三天散華供養以空解脫尒時散華側塞虛空於彼受化講堂三十三天晝度樹佛光明遠照無惰慯慈愍衆生時披羅墮時梵志以五百事呵罵世尊舍利弗明肌耆等比丘嘆如来是時如来若被毀辱不以為慼若復讃嘆不以為喜尒時便說此偈

受苦心不移　猶安明不動　息意甚牢固
故拜手神仙　為他衆生故　功德無有量
如父愛其子　誰不拜手者

曾聞如是世尊在魔竭國界是時世尊無量功德具足到時著衣持鉢大衆圍繞諸根具足觀察己身亦无衆亂行步庠序亦不卒暴持諸無數比丘衆欲往詣彼當於尒時摩竭國王有象名檀耶波羅形貌極端政頭生三埵聲響清徹意欲所至難可制持若聞異聲便懷瞋恚若自顧見影亦懷瞋恚無能當前者隨意所欲若彼戰鬪亦不毀其力亦不減少尒時世尊便入彼城却敵樓櫓睥睨皆悉具足人民熾盛或有愁者或有歡喜者恐害如来欲得親近如来是時栴婆達兜飲象子使醉而放彼象是時調達放象已便說此偈

自稱有大力　及身十種力　今日已集會
盡當於此滅

尒時世尊無所畏懼便說此偈

伊羅鉢有千　無能勝我者　況當此小虫
欲害人中上

我於尒時無是思想便說此偈

無欲之力勢　衆生有欲心　以除此欲報
亦不懷乱想

復次說此偈

我今雖破壞　大象甚牢固　我今降伏彼
一切世無上

尒時檀陁波羅熟視如来形顏色極黑見彼象翅尾身體方正覩者皆懷恐怖奔走向如来尒時諸比丘蒙如来恩力順如来教戒當避此惡象各自馳走遠如来所唯尊者阿難在如来後無數生常與如来共并既自不惜身命亦不捨如来是時檀耶波羅

象瞋恚熾盛火纒絡其身欲害如來是時瞋恚之火漸漸休息廣說契經是時以手輪相甚微妙無有比尒時如來舉手者象頭上以慈悲心無瞋恚之心聞如來語即便涕零頭面著如來足上以舌舐足亦不可移動是時彼象便懷此恐懼形體無有力勢不覺便利然後世尊以此賢聖便說此偈

無有欲憍慢　世尊无此塵　時發慈悲心
必當生天處

尒時世尊以此音嚮倍懷歡喜和顏悅色於如來所以額鼻著如來足還入本國人民衆多見此未曾有象以降伏歡喜無恐懼之心皆有信樂於如來尒時便說此偈

如山不可動　况當勝瞋恚　以勝彼怨敵
猶伊羅末龍　有如是之德　力勢無所等
人中雄師子　盡當來拜手　如是衆生類
無有愚癡心　三界伏其名　覺意无與等
如是衆生類　亦有瞋恚患　志性皆休息
牢固羅速布　智慧而瓔珞　心淨無所著
十力悉具足　是故當拜手

是時王猶如月虛空无有衆塵息心事皆辦七神仙皆為瓔珞亦無有塵垢星自瓔珞猶如伊羅鉢所至處雲隨其後種種瓔珞莊嚴其身於彼閒已猶彼神象遊行弥寶亦無狐疑四部之兵人民自圍繞於彼象上舉火象鼻擁持尒時世尊在羅閱祇城欲得見如來便往至世尊所是時世尊見王斯須出無數衆圍繞王便作是念從遠來我宜當自護便生是念已便告耆婆見見已便作是語汝不活我耶是時王須臾間顏色端政无比出人之上花果茂盛亦無衆亦无衆塵三部具足猶彝王音嚮不善生於彼園觀比丘僧前前後圍繞速來欲見已數數顧視耆婆告耆婆曰處其中者為是何物時耆婆奏彼王言此名內鬚時王復問此自然耶為非自然耆婆白王言行果所種非今所造王報言復以何果成於菩薩於本受胎本所造行本所造身廣說如契經時王便說是頌

猶彼日明光　或有若干種　項鬘無有上
況復及餘相　顏貌巳和悅　能仁無怯弱
已出此光明　照徹十方刹

時王便至佛所佛告耆婆曰云何當作是說耆婆白王言於是天王能降伏憍慢者便得豪貴處憍慢者便生界處是時王便自息思惟是言便作是語此是福田我當行此業耶如我豪尊云何當向彼礼拜彼無服餝我今著王服天冠彼人雖端政心以休息衆相具足無有醜陋彼相甚微妙猶如山不可移動便往至門生歡喜心衣毛皆竪以出要心故无欲之相頭面礼世尊足便作是說猶如世尊有如是色心意得正皆悉成就佛及比丘僧使我優陁耶拔陁羅太子亦復如是便問是義歡喜如是語亦說此偈

如海無有邊　風吹水則動　聖尊不可移
今觀人中上　帝釋來拜手　及諸梵天衆
我今當尊敬　自歸命世尊

是時闍提蘇尼梵志猶如純白華乘馬車弟子衆圍繞出舍衛國欲得試如來乃至車行處便乘車往即下車

步入園中共如來漸漸論義在一面坐是時世尊所居之處不見有所有見如來顏色甚微妙無與等者亦无怯弱有轉輪聖王相見此身體眼觀知如是法如世尊法甚深微妙梵行亦無處所有如是大功德智者所嘆譽而說愛欲无有牢要亦無虛妄是時梵志便作是問云何尊自知行梵行耶為非行梵行為堅立諸根自尒知難可量是時世尊告曰若作是等

說者亦不歃漏非不有力亦無衆行極清淨无瑕穢修梵行若有人語我等說作是說此義云何廣說如契經是時闍提舒尼梵志復問世尊云何為歃云何為漏云何為行云何非不有力云何衆行極清淨無比有是梵行是時世尊告曰於是婆羅門當行是求愛欲更樂若有梵行者而自覺知苦樂觀眼色如是梵行如是初當求梵行設起想著彼名曰歃計彼衆數者名曰陋意所覺知者是謂非不有力無有塵垢意流馳於中起下淨意是梵行垢故故曰梵行廣說

如契經婆羅門於我所觀皮所覆中不淨聚選擇見其身我色愛已盡復當於眼而觀眼色耶然婆羅門我觀更無亦无有行豈當有更樂耶欲染著於更樂受此細滑然婆羅門我觀一切無常豈欲不盡有染著之意耶若婆羅門於此諸法我亦不觀此若男若女皆悉分別云何當起女欲想流馳者彼若復婆羅門彼無男欲想復不與女相應直而起欲想耶猶如婆羅門彼有限齊得出要樂何當憶本所造行耶然後婆羅門諸非義生欲拔濟苦惱出家學道以此誓願而修梵行有七事故不與梵行相應无歃漏亦無衆行廣說如契經若復婆羅門衆生有乱想著不離愛欲於彼衆生類云何當作是觀諸有淨想著於此身內盛臭處欲皆盡猶如婆羅門以水和乳猶如有此乳此合會愛欲亦復如是當作是察筋骨相連內盛臭穢有何可貪猶如婆羅門嬰孩小兒先與甘味著口後飲以苦此亦如是合會起欲想能忍欲苦相種種

若干百類猶如新死犢子觀其皮乳得多新生犢死取皮釀草如生犢形置其母前母謂子活故乳不竭此亦如是諸死境界等越度彼觀其相根便起染著之意猶如婆羅門飢渴之人夢食甘饌飲食便歡喜踊躍然彼人亦無所食此亦如是諸愚癡人貪著於欲猶彼夢无異合會生其念然彼人實無趣善行若男女若有衆變易於是便說此偈

此是非真法　欲怒何可貪　梵志當善觀
苦本難可拔　親近道家要　當斷愛欲意
賢聖八道品　尒乃至善處

是時五人逢見如來見已便相告言彼人向此來本所為事今亦不辦廣所見聞隨意所食無有忌難種種勤苦行迷惑未成道術廣說如契經尒時世尊便作是念愍此愚惑人自作制限彼制限者無有恭恪心於如來所尒時世尊以至彼人所即於淨地坐縛由何生欲療治病尒時佛語五人云何汝等而作是語更乎乞食與說深法是時五人不受教戒此法甚甚覺知是時語世尊言汝本六年勤

僧伽羅刹所集經卷下　第十五張　推字号

苦學道日食一麻一米猶不得道況食隨心口自恣言得道耶食甘饌飲食被珎寶衣隨意所欲自養其身是時世尊告日云何汝等比丘觀如來顔色有變易耶諸根心寂顔貌端正如今顔象與本容色豈不異乎彼境界過去彼答曰如今端政而無有比世尊告曰若本不得是甘露者誰當於此三千世而得甘露亦聞天阿須輪於大海中須弥山底而得甘露此亦如是於此三千世以勇猛意得智甘露味此甚奇甚特世未曾有百千刧所造行息心寂為妙遠離名色解脱自在甘露味甚深為彼衆生故而説其法忍其勤勞未曾辞憚為一切結使故不起塵勞欲開心智故處母胎以此生死故而究竟其原无滅故不可盡有常故法無宗无憂慼故樂也欲滅結故更不造新大神仙衆所嘆譽巳衆成就然我所行勤苦為一切萌類故今當説法時世尊圓光七尺顔色如安明山三世所宗重一切智所説無所罣㝵如是比丘是謂

僧伽羅刹所集經卷下　第十六張　推字

為苦本成就阿維三佛廣説如契經天人所嘆光明無有盡是時日曀不現復以此人或以身着微妙衣裳至如來所或着天衣至如來所皆垂天衣種種色不同或瓔珞而墮地者飢虚於世尊甘露是時便説此偈

世尊亦無生　饒益天人衆　如食甘露味
終無飢渇患　今日十種力　生時世稱嘆
當飲深法味　巳至解脱界

尒時如是衆行觀察苦賢聖諦寂初受胎之苦為從何生永處幽冥不見錯明以是之故生為寂苦觀此苦相生為長苦無所堪任長為業苦當筋力成辦有術悕望苦意無猒足欲有所求不獲為苦不充悕望所護為苦起若干方便欲使不失以護漸漸磨滅為苦若干衆惱恚至巳得度彼岸難有内外人共諍苦親族錢財皆散憶彼難忘苦不離愛欲諸結使苦欲寂為苦以未滅故瞋恚為苦罪行不滅故凝寂為苦无照明故慉惕為苦由意熾盛自大為苦無尊卑意朋友為苦心不分離故愛寂為苦味着無猒貪嫉為苦心不開解无戒為苦由變悔故所見為苦不見真諦故然有一切結自色為苦無所恃怙為苦求果報苦諸樹草木及四大所成共相繫著起諸因緣内四大苦若干變恠諸陰持苦由自然故諸入為苦所依不離境界為苦招致外色苦痛為苦燒形體故樂痛為苦由苦而生無苦无樂為苦由境界生想寂為苦由衆生有行識寂為苦緣彼而生老則為諸根羸劣病寂為苦四大不隨死寂為苦更受異形怨憎會為苦共親近心所欲不得此寂為苦亦甚苦取要言之五盛陰苦常負重擔於彼所趣處地獄為苦燒炙身形畜生為苦各相食噉餓鬼為苦飢渇逼形人身為苦種種非行天為苦福盡必終隨彼界墮三悪趣欲界為苦愛欲纒絡色界無色界亦无有智皆悉為苦如是為三苦逼皆悉攝持尒時以身意行故或以一行而造苦所造行皆悉為苦如是衆苦無有休息因縁不盡當覺知色如是愚者之所為然須陁洹

究盡其原斯陁含少有不盡毛髮之
餘阿那含當除至阿羅漢永盡无餘
為世現照明尒時世尊三耶三佛為
衆生類作大覆護便說此偈

無數百衆行　常造苦惱業　以懐此色難
現在有此證　彼實是无常　解本皆悉空
自然法所立　常當自覺知

是時云何復生此苦所謂自相境界
五根具足若彼自相境界相應智廻
轉是故極清淨愚者所不學不與智
慧相應復有利根愚者謂之盲冥世
尊與諸聲聞本所造行智慧善根自
相合會相如所修苦賢聖諦皆悉觀
察云何當觀此生死苦知有苦賢聖
諦悉無常牢持而不捨皆悉同一起
如是心於苦而觀苦彼寂為妙於苦
觀空寂初微妙等度彼處苦觀空時
彼皆是分散之法自然觀察如是於
苦觀無我彼智信所成寂初有是頂
法善長益數數求方便等智功德無
所悕望三昧林不缺漏外塵永盡亦
无所著以想思惟故除去塵埃一切
境界苦無所敗壞除去有愛亦无所
畏亦無恭乱顏色和悦自觀境界於
彼現光於三世起火燈明欲害彼結
拔濟惡趣為彼衆故无彼此心亦不
懈怠得甘露味分別彼章等度生死
故流轉四境界欲照明彼衆生故勤
行苦行周窮一切亦無處所亦无顛
倒除去顛倒者甚深難可惻於是便
說此偈

若明有苦時　清淨无量念　無味極鮮明
人之所嘆譽　彼如是之智　音響相娛樂
觀佛十種力　護世衆生類　如有見禁戒
如来所長益　執志如金剛　分別一切空
若拔愛根本　亦無衆苦惱　當拜手息心
寂勝无有比

當云何觀察世尊所謂有如是無漏
智慧彼觀道場處所亦見力勢為世
故觀世光明於其中間所修苦行皆
悉觀察彼彼衆生觀慈悲心欲使安
隱彼無量勤苦觀如是苦行於異境
界而自觀察於大衆中觀如来說微
妙法令分布義觀其擾法若法眼清
淨亦觀彼法身无有衆生想若復作
是觀亦不言禁戒曽聞尊者名優波

斯有弟子名鉢摩迦往詣摩鍮羅境
界於彼止宿彼到時著衣持鉢廣說
如羿經人未曾見不解彼威儀便入
婬女村中彼婬女見此比丘年少端
政身無塵埃見懐歡喜欲意熾盛時
彼比丘便入婬舍觀如是結使不欲
造結如是識解脫法速得此法畀是
時比丘便作是語而說此偈

欲如彼毒藥　欲為不淨行　欲為壞婬色
隨人入惡趣

作是說已便退而去彼人婬意熾盛
為彼比丘故便結旃陁梨呪術語彼
旃陁梨如是之義是時旃陁梨莊嚴
此女人化作村落之處致比丘来汝
觀察此處猶彼釋提桓因宮殿無異
夏堂高廣亦无有比莊嚴臥具無數
衆色在彼夏堂上所臥之處文繡綩
綖（坐褥）觀此地處種種華香而散其上
一一周匝種種青蓮芳蘭而生其邊
作如是觀便作是結呪語比丘言此
極微妙可共娛樂時鉢默比丘報言
我盡觀此亦當觀餘旃陁梨言餘何
者是鉢默報言

我今觀果實　欲冢第一苦　終當入地獄
受彼鑊湯惱

是時旃陁梨報言止止比丘莫語我作是言鉢默比丘報言此語是愚癡欲幻惑我我不與汝同彼旃陁梨見已便作大火坑無有塵曀時鉢默比丘報言我已見此大坑旃陁梨報言若不欲親近女者不如入此火坑死是時彼比丘便作是思惟此火雖恐懼避火親近欲者然欲熾於大火設犯欲者後受罪無量寧今日入此火坑不犯此欲然我師神通無比云何當違師教以是之故當入火坑而死不犯欲而生今俱捨二事云何於三世如来立禁戒今我當犯以是之故入火坑而死如是思惟已欲持僧迦梨鉢以施彼人時旃陁梨報言用是衣鉢為鉢默比丘報言

今此諸梵行　持我衣鉢施　諸有集聚者
持我語告彼　比丘名鉢默　遭此厄難處
今投火坑死　不受彼欲愛

乃至彼二人俱出家學道廣說如契經是時復說此偈

世修善雖少　思惟憶不忘　亦不愛彼欲
欲度衆生故　況復開甘露　世尊一切妙
云何造功德　彼智隨時與

尒時世尊云何周旋来往覺知生本所謂於此等語有二種風形體功德心意所覺是謂二風彼形體風者生諸愛念意所覺者猶如華敷鮮明淨潔猶如彼風觀見解脫所為事勝猶雪成水此心雲亦復如是攝持内外境界有清涼風起覺知彼意彼持無量不破壞有六境機關外為四大所使四大根力所繫彼有軟風起漸漸有智生亦如彼舉足時皆是本行之德不失本所為之相蹲骨所行来往皆有火起於一切骨屈申卷舒筋脉漸緩有所悕望若復視瞻開目閉目内身根更樂漸漸熾然隨彼来往若復食噉屈申卷舒皆由形所造及餘心所造行依煖風除去顛倒風亦吹落脣齒聲響本意所造一切種子法然彼風處所有勝皆有此語有如是聲響彼作是說不為福云何不為繫縛我作是説有此機關外有壞敗内

有衆行不作是時便有盡便有長養猶如智車於此見截緣如是豪貴法緣依彼時想顛倒於是便説此偈

此甚奇甚特　覺知空無智　展轉相依倚
機關寂為要　亦不觸彼意　身意所依倚
有如是衆事　幻惑為微細

是時世尊為梵行云何梵不乱不從彼學獨遊無侶於人中功德威儀寂為微妙無著於一切衆生所為之業无能及者衆生無有量依倚一切微妙之法法自然故一切智不可壞成大要道所欲成就必果無疑諸功德具聲聞圍繞生一切德一切微妙尒時世尊於彼衆妙形體寂第一衆德成就除幽冥世無所著三世无著棄諸結使得大慈悲心無乱想已度彼憂畏之處至安隱處長夜降伏其心自得授彼於是便説此偈

梵行寂為妙　慈功德成就　若彼聞此教
天人皆拜手　於正法無二　彼樂亦无二
必當成賢聖　是故拜手聖

尒時佛世尊三耶三佛忍地寂為微妙除諸結使亦無所著火所不燒所

悟事勝風亦復勝功德無長大衆成就為衆重擔甚深相應不可思議猶如師子無怯弱心顔色和悦為彼外學故已修无著猶如蓮華無所染汙自依衆故自破壞意所悕望亦復能辦拔諸結使故衆最為妙倍種種相生受取為妙若自求於一切生為妙當拜手最福田所擁護人民王最第一不作是觀彼義甚深捨衆織法月最為勝分別諸法晄沙門為第一聲響清徹師子吼最第一欲種良福田有增上學捨一切田業釋提桓因為第一一切世間功德為第一示現涅槃道亦為勝愍護一切衆生解一切縛為妙於是便說此偈

如来之功德　一切普悉備　止住釋種家
猶海集衆寶　及餘佛法衆　充滿三世界
欲求往彼岸　當從如来取

是時世尊為人中師子雄悕望於一切智色和悦咽喉功德無比佛法功德有四神足甚安詳去離麁穬之言直身正意衆智具足眼為清淨根萌牙分別衆法稱揚其德未知智猶雨

甘露難可沮壞十力具足勇猛趣彼覺知一切所趣而往救濟大慈悲禪解脱四等未曾歎亦无愛欲味觀食而食得無所畏降伏彼衆彼猶如師子麁王鳴吼之時其聞聲者皆馳走四趣止谷趣谷止穴趣穴鳥飛虚空此亦如是若聞無常聲此凡夫人及長壽皆懷恐怖於身見皆馳走而去猶如彼龍象聞師子聲不覺便利或絶韁靽走諸有長壽色界諸天亦復如是聞无常之教味著所樂各有此癡愛心尒時世尊為師子麁王意悉無恐懼成其道果亦不退轉觀者皆歡喜止觀微妙知彼功德无有愚惑於是便說此偈

猶彼師子吼　聞者皆驚愕　以智分別法
種種有別名　於生死恐懼　佛德不可議
是故拜師子　師子王中王

是時世尊為人中雄象一切智慧皆悉具足所有支節與首相稱所謂是智慧首因智慧有念念為頭依彼止觀為腹以休息解脱亦無師學自然靽具以信根為妙法以信力而縛有

如是之力護清淨以為牙除惡趣慚愧為眥從身妙以為耳佛法身滿亦無究竟而修梵行究竟其原求其方便勇猛不退一切世微妙无有能過此功德者猶如安明山習修於禪如彼利刀覺意自在七覺安詳無常苦空行一切法皆悉无我涅槃為滅淨所持如甘露十力有力勢觀者皆歡喜以破壞憍慢行解脱果報所緣依彼甘露不挍計所著本意所造食解脱甘露果如甘露者得利養除諸織濁以為食亦不藏貯於九十一劫善自降伏尒時便有是定心無有衆乱於是便說此偈

和悦無衆乱　極清淨意定　拜手无量德
人中雄象王　彼衆生有德　壞敗諸色想
眼淨無瑕穢　拜手覺最勝

彼三耶三佛有如是功德如是自覺知如是甚深極微妙无比於中自覺諸法設復有人誹謗我言彼或有聲性與相應有如是有餘如有作是說有餘沙門出家若婆羅門聰明黠慧若天住止若欲界魔天若梵天色界

妙者作如是而說法我亦不見彼相亦無因緣如彼所說若復不見其相云何不等正覺亦作是說見彼而說法逮安隱處而自娛樂為等正覺亦到無畏處及餘无著廣說如契經彼寂為妙無著不摇動處无若干彼名當轉梵法輪彼梵世尊轉此法所謂賢聖八品道當於何處而轉或作是語於此衆轉為妙於此衆而師子吼亦不於空處而轉於此師子吼亦無恐畏復作是說欲降伏彼衆故此寂初無所畏第二諸漏未盡此義云何所謂有漏障中有諸恐畏若復斷智具足此第二第三我所說道法此有何義所謂有如是實為彼故求彼作是說此造諸內入此第三第四有所縛彼有十事人所修行在衆无恐畏或無恭恪心彼如是无有威儀以是之故於大衆而懷恐怖雖復有恭恪心明黠如實有此威儀彼亦復有恐畏於衆雖復有恭恪之心於彼雖無畏彼義有愚癡雖復承事供養恭恪之心然不數數修行雖復修行亦不

經歷久於中亦有恐懼之心於彼雖久修行意不揵疾於中故有恐懼雖有揵疾之意亦不親近於中故有恐懼之心彼雖親近亦不實依於中亦有恐懼之心意雖依善自无此善於彼衆中故有恐懼之心若復遍有此意然不有巧便彼於衆中故有恐懼之心彼世尊為菩薩時承事師衆三界牢要寶幢從錠光佛以來三耶三佛若干刼極淨无瑕穢一切無幽不照緣彼覺意有如是形類所為成就為彼道故九十一刼而造行尒時世尊得受名号起如是黠慧而成佛與智慧相應意悉覺悟依彼善意一切皆悉辦一切意無著彼第一無染汙亦不懷恐懼心是故世尊如是常住恒入三昧於彼智有勝无數世有勝作是觀察其有難問者終不猶豫文字無缺於是便說此偈

身如師子王　欲度彼園觀　群獸皆驚怖
各奔走東西　如是無所著　大衆現勇猛
不樂生死原　以法度天人

尒時世尊觀一切世間猶如草木所

謂云何當試寂初種有五行猶外草木於此有何五種復作是說云何彼樹展轉相猗耶生種種結苦諦所斷外亦有生有五種行觀彼苦地之所生皆依外而生於內云何生有作是說於內識處等有是觀如是外住隨種便生於中作是說如日月現無光此各各相依有所說依外亦生此美云何荅曰於今而不相依食為水所潰為火所煑安處形體或為風所吹如地生樹隨風來往於中皆悉知之身風所觸耳有所聞時亦能識知彼日細滑也堅依外彼非有智耶如是乱想若外果所生皆悉觀察外緣內於中作是說一切非思惟色想耶不作是觀如觀察四大如是境界皆悉觀之或觀一果眼識生若干果以識為首是故壞敗於中作是說外亦有作若干果猶彼色半青半黃猶如樹同一根生若干種果實秋則无有果或隨時生此生死樹亦復如是身寂為本根為枝葉猶如三昧境界是故識施果為上如是而覺知以眼喻彼

樹若彼眼識有所攝色其根今色云何得成所謂如所謂觀觀便為妙彼如是現於是復現諸所生種子漸漸長益於彼生而成果如隨時萎彼果無所因等有是果所謂心垢所染於中作是說眼識皆悉知於中作是說不於中間猶如彼色緣彼果生如是緣意識有此生死樹彼眼識為首於識如是有眼識於中作是說不於眼中作是說猶如胎漸漸長於彼生眼識中間而死無有身相然眼根无所造此由何故或外不依根果本或同影果於此云何言等一切身根以過去不依無根草果根有壞敗復是所知外无有情然內有情於中作是說云何情想有果實耶猶如外花實此種果亦復如是以是故或有情或復共同情於中實有無身云何當有念於中作是說此義云何或有作是說彼處所无有住處答曰猶如彼無處所便有是清淨外無壞敗便有是因緣於中作是說彼四大有增上如所依有果者是事不然此復是所知所

作行葉外不現猶如內所有不住名曰樹住者非樹於中作是說云何此地持無所壞敗耶此地亦有軟氣若依彼有有是堅相為風所吹便可知之此亦如是然外有藥草樹木無常斷絕與壞敗相應當作是觀因緣无常苦空無我亦如是然外空无所有衆生亦如是猶如無我觀內亦如是況當內有所造懷內思想彼皆是外猶如濕木種時便生此亦如是根意所教猶如身心依法往来周旋此皆無所依猶如壽燸命識此亦如是無有終始

觀彼志性趣　外及樹木草　實空无果實
於法當分別　彼已有壞敗　身等即思惟
壞彼塵勞結　五根永以滅

是時尊者大迦葉勤修苦行身體疲猒於彼園觀處而自娛樂事火无懈息已衆圍遶僧迦梨壞敗爪皆長諸根純滅內降伏婬經行往来所觀察皆悉知之樂閑處名稱遠聞故得大慈悲無與彼尊德等者天人所供養是大福田加敬恭拜諸遭困厄者皆

度脫之度彼生死布現法相布現歡樂擁護如事父無異所供養業如山不可動歡喜踊躍欲觀察如来欲獨一閑靜處往至世尊所歡樂異法故頭面礼世尊足在一面坐尒時世尊欲嘆譽少欲之德便告尊者大迦葉曰汝今迦葉年老形熟无復有少壯意長老身無所堪任漸漸羸耗盛意已盡更不與所著補納之衣極重計汝今身不堪勝此重衣汝年已邁諸有長者持衣施者使可納受是時尊者大迦葉諸法想其恭敬心於如来即從坐起長跪白世尊言生死長遠義皆不真受此樂痛心常愁憂諸有豪尊長者亦不樂至彼家已自阿練復嘆阿練之德自少欲復嘆少欲之德然世尊諸天證知我於今世果若有力無力皆能頂戴況我今日之身无婬怒癡憍慢皆悉盡清淨無瑕穢世不與世相應皆悉得之今當云何捨此麁服是時世尊告曰此云何齊說如契經是時尊者大迦葉報言以二義故住閑居處或復有嘆閑居之

德自於現法中欲得歡樂為後世人故作照明布現如是德以是修勤苦行是世尊告曰善哉善哉大迦葉當樂閑居廣說如契經於是便說此偈

彼得何自在　弟子修苦行　清淨無衆惱
如月星中明　如今无狐疑　彼有是大德
當牢持正法　淨除一切穢

是時尊者舍利弗自依甚深无有邊際所知如大海無有邊崖堪任與外學論議皆悉降伏攝揚善法不失彼意於愛欲得解脫意所覺知生死所起皆盡原本便往至世尊所頭面礼足白世尊曰我起如是義皆悉牢固彼彼止住外道異學處今到此處欲服甘露除一切結縛意亦無所著於我覆所世尊為我故說如是義當除悃患說如是義已諸凡夫人皆悉懷愁憂學者亦懷愁憂諸无狐疑者皆悉欲聞是時世尊須臾思惟告尊者舍利弗言此行皆是有為是時尊者舍利弗常樂空閑處好喜於法拜手於法繞三匝便直身觀如來形往詣郁羅陀村中以草布地入師子奮迅

僧伽羅刹所集經卷下　第二十四張　楨字号

三昧已入彼三昧如来所止之方便於彼而般涅槃是時均頭（州解反）沙弥常與尊者舍利弗供給所當與轉尊法輪修行佛事宣大聲聞一切世人莫不供養供養如來身所彼舍利及鉢三法衣與尊者阿難到已便作是語我所事師今已滅度尊者阿難問均頭沙弥汝師是誰為名何等我所事師名優鉢伍舍今尊者已般涅槃此尊者舍利弗是時尊者阿難聞如是語便懷愁憂納愚癡城裏彼舍利心意迷惑無所覺知須臾愁煩而立便將均頭沙弥往至世尊所以是語具白世尊我今日身不如本故聞彼尊者舍利弗取般涅槃廣說如契經世尊告曰彼持戒身而去耶及我所覺法亦持去耶所謂四意止廣說如契經然復阿難行不可久保皆當壞敗阿難無常行无有常存者亦无不觀善行阿難行无所依怙阿難興起苦更樂懷顛倒之想阿難行無我不得自在阿難行難可捨常受有教阿難行有所害皆悉空寂阿難當速離

僧伽羅刹所集經卷下　第二十五張　楨字号

彼行起苦樂想是時世尊告均頭沙弥言汝授此舍利者我手中是時均頭沙弥即授與如来是時世尊中黃金觧極軟細而受之尒時世尊當受舍利時彼極清淨無瑕穢心意歡喜觀者皆歡喜着閑寘處是時世尊告諸比丘汝等比丘可礼此舍利弗舍利自嘆譽彼名聞遠布於聲聞中尊寂妙雅有一存彼一切皆悉過去諸有萌類欲得是樂現神足去垢濁彼復有是明皆悉周遍設當有是色當拜手彼智慧彼有名稱一切世間悉能充滿此是彼舍利於三界身得自在善香所勳是故當拜手礼如是切德為世現明類衆多功德當學解脫至彼處所尒時世尊亦捨壽命是時地為大動四面雷電霹靂諸天側塞雲霧覆蔽大無有光有如是語流布虛空作倡伎樂有大光明靡不照明一切智當取滅度是時尊者阿難清旦從坐起往詣世尊所頭面礼世尊足在一面住便問世尊言此是何因緣使地大動世尊意不移動便作是

語阿難以八因緣故地為大動復語尊者阿難若第一聲聞取般涅槃如來取涅槃有如是之瑞應阿難白佛言今日世尊亦捨壽命耶世尊報曰如是阿難我亦捨壽命是時尊者阿難自投于地廣說如契經曰世尊我面從如來聞受持諷誦諸有比丘所修四禪神足住劫若至無數劫廣說如契經是時世尊意不移動此如此言教便作是說云何阿難我不再三告汝耶是時尊者阿難尊無二語便默然住猶如大海中船破壞无由得至彼岸自世尊言從隨葉世尊已來彼三耶三佛所有境界人民皆悉長壽成就今日如来境界所修行甚勤若精進恵施無有限量如今日衆生壽命甚短教化未盡原本是時世尊告曰汝今云何世平豈熟无有恐畏若難有法王出世轉輪聖王以法治化樹木藥草不可稱計諸有牢獄閉繫者皆使解脫或復有佛之世如轉輪聖王諸有牢獄閉繫者皆使解脫不遣若厄有恩慈於彼衆生彼云

何有恩慈於衆生是時尊者阿難白世尊言第一法王出人之表者遭厄苦惱者能脫苦惱故為要猶如阿難太平之世有轉輪聖王隨葉佛處世時亦復如是猶如牢獄繫閉皆悉度脫之阿難如我今日壽命極短出現於世彼衆生猶刀劒劫生彼悪劫諸結使厚未能離結使依種種邪見有邪見結使以非法欲故有欲結使於彼衆生中間所生如是悪趣時世悪故所教化少若於彼人勤修此行阿難我本未得道為獼猴時不惜身命使餘同類皆使得度无有不得度者本復為師子時度脫尒所商人趣彼悪道久修彼梵行尒時阿難所趣之處无不有潤澤衆生我是時阿難還復人身於摩竭界潤澤諸人復於青雀時度脫無數商人復為大仙人度脫无數梵天我年八歲時於此誓願意不退轉身被草衣勤修苦行往彼閑靜處所修行皆悉護持云何阿難我於此迷惑之世天下降雨時擇提桓因即使降雨是時阿難我未生時

人民之類愛念一子若復阿難我為一衆生故一劫之中代受泥黎苦為彼身父母所生無有怨敵能害我者然无此義此金剛三昧分別種種三昧若我取滅度後彼若供養舍利如芥子等此功德無有限是時便說此偈

從初發意來　所作為第一　得為人中上
誰能與等者　若父母妻子　於世得自在
雖有餘命存　今盡當捨之

汝今往阿難為如来故往詣彼雙樹間廣說如契經是時尊者阿難從佛受教便作是思惟今日世尊審涅槃耶便懷愁憂不違尊教即懷驚怖便往至彼間皆是宿命相追逐故勤苦所致欲有所陳復懷狐疑當云何陳此言便白世尊所為已辦是時世尊便往至彼所舉足蹈地時欲至彼處是時尊者阿難心意迷惑然復生是心此為幻夢耶為是審然如是猶豫思惟是已復還正其意此名曰無常衆生流轉不脫此患是時世尊漸至彼雙樹間於其中間有諸天側塞虛

空或有作倡伎樂顏色變易或有啼哭涕零不可稱計諸須輪衆怖望於法恭敬於法是時便說此偈

此尊第一妙　為彼衆生類　此法亦無上
今當取滅度

是時世尊便至雙樹間而坐是時雙樹間諸天展轉相告語言於彼乱世一切智當取滅度云何當捨人民類而取滅度於是便說此偈

諸為深義故　疾逮甘露味　彼尊有是力
今悉當過去　如彼金剛輪　人民所嘆譽
彼輪或有敗　此尊難可壞

於彼中間盡修無常精進力不可沮壞諸有少壯皆悉无常諸佛世尊亦復滅度此患甚苦惱便說此偈

於彼諦思惟　色像有迴轉　彼更樂所縛
受諸苦惱患

其中或有說此偈

寂始生為苦　有此陰持名　無生不有壞
誰有脫此患

其中或有作是說偈无常為所從生

寂初覺此時　一切念悉成　彼有如是色
諸佛無常住

我等今日當修何業今世尊寂後說此法是故當慇懃聞心是福田亦不可持而發歡喜心是時娑羅園中諸天皆拜手於世尊雨若干種曼陀羅花皆啼泣涕零便說此偈

其有覩如來　晝夜无懈息　時欲取滅度
捨此四大形　勸告成其德　未曾違正法
以度生死患　今當捐陰入

是時世尊臨欲般涅槃時告諸比丘汝等比丘有所狐疑便可時問乃至一切行無淨常云何尊者阿那律世尊般涅槃耶是密迹金剛力士立如來後觀如來顏色支節筋骨皆悉牢固堪任重任亦堪任說微妙之法即啼泣而作是說

今當捨衆去　猶如此世間　年熟時已過
無垢无衆瑕　失間失覆盖　猶彼紫磨金
釋種釋迦文　无想永寂滅

其中或有說者止止莫作是語是時彼懷此懊惱便作是說自念世尊從兜術天降神來生世間憶彼有數千万天以己功德皆著青衣有威神之力力不可沮壞五百不退轉復有十

二大鬼神見者皆懷恐怖欲來擁護如來斯須思惟復作是說攝如來支節皆放光明便告勅我等勑諸天有是語護世神遣使至此於彼處便作是語我等歡喜承事供養如處胎時夢寤之中常不遠離我等染著此世衆生牢固於此有苦樂想有父母想兄弟想受微信施故有福田想心不傾邪有執御之想欲度流故有舩師想不可得故懷珍寶想得大慈故有護世想如我今日金剛之身不碎為百分或有說者此身必當獲果所以然者供養如來故是時密迹金剛力士便作是說此事云何是時太子乘馬車出城時彼馬還來七日不食生三十三天况當我等承事受如來教誡入耳者諷誦者一切皆悉學度衆生無有限量若復珍寶之海當廣求之是時密迹金剛力士有二賢聖論說此偈

於彼神龍處　金剛出於海　云何當擁護
如是師子吼

是時思惟復作是說

猶如彼深海　力無能過者　於世行精進
大德无有邊

如是世尊於波羅奈國而轉法輪初轉此法時多饒益衆生即於此夏坐有益於摩竭國王第二三於靈鷲頂山第五脾舒離第六摩拘羅山白善為母故第七於三十三天第八鬼神界第九拘苫毗國第十枝提山中第十一復鬼神界第十二摩伽陁閑居處第十三復還鬼神界第十四本佛所遊處於舍衛祇樹給孤獨園第十五迦維羅衛國釋種村中第十六還迦維羅衛國第十七羅閱城第十八復羅閱城第十九拓梨山中第二十夏坐在羅閱城第二十一還拓梨山中於鬼神界不經歷餘處連四夏坐十九年不經歷餘處於舍衛國夏坐如來如是审後夏坐時於跋祇境界毗將村中夏坐世尊已度受渕如是曩昔諸佛所作恵施利根皆悉成就諸行普至志性柔和皆悉度已次度中根次度軟根漸漸使至須陁洹與外

學演說世尊皆周遍介時便取涅槃於是便說此偈

欲度外學故　大尊無與等　自覺復度彼
无有溺此渕　遝度種種類　漸漸有長益
於是生歡喜　皆悉度彼處

如今清淨無瑕穢所生之處常值善處已行成就亦無衆惕緣諸功德皆悉成就為彼境界故相應成就以慇懃故生皆成就救濟拔厄至無為處如是得成就若生豪尊家居家成就色微妙故親屬成就所為已足无為處成就有限量故所為皆成斷種種結使故降成就所興行業誓願成就種諸功德未曾有所犯所為成就威儀成就諸功德戒律成就演四意止威儀成就分別言教故衆成就興起智慧集衆成就已捨諸有諸戒具足戒律成就以智專心亦不傺禪三昧成就如實分別彼界智慧成就斷諸結使故解脫成就斷諸愚癡故解脫見慧成就集諸功德一切成就已得滅寂止觀成就是故拜手十力是時便說此偈

色不可思議　佛之所覺悟　三世稱揚名
神仙至彼岸　於世已休息　永盡無起滅
大智通第一　一切得自在

聞如来般涅槃百歲後一切智見布現於世間摩竭國界斯羅梨城有王名阿儵其德甚巍巍猶彼天帝无異有大威德聰明黠慧堪任與彼論議視民如子彼夜欲眠之時便作是思惟我今所願已畢更無悕望當擁護人民今當設何方便為何業當興起何事使世人民皆叢其德作是思惟已即夜睡眠於夢中便聞此偈

審諦甚微妙　三世所敬事　當廣布舍利
寂勝取滅度

聞此語已彼王即驚覺時王已覺便作是嘆

善哉彼衆生　取滅度之後　舍利天所傳
我等當承事

口傳耳所聞是時大王即召群臣集大衆以此義問彼言我當以何義恤化人民彼群臣人民各自陳言或言供養如来舍利或言祭祀神天是時王便作是說當以至誠語擁護其法我昨夜夢中便作是聞思惟此舍利甚善哉為此世故我等宜擁護世間

人民自既獲福衆生得度已功德無
有量當行威儀恩慈皆使見照明我
於夢中聞如是語又説此偈
若聞彼音響　道場自覺知　彼是釋師子
應供養舍利
是時王集諸比丘復以此義問彼曰
諸比丘以法之教時王復語彼比丘
言諸賢所説我於夢中所見則是我
宿植德本是時王於八日受八關齋
著純白衣撞鍾鳴鼓作倡伎樂彈琴
鼓瑟吹螺燒種種香於羅閱城欲得
舍利聞彼城裏有金券書已見金券
有其形像前世以土惠施見彼相自聞
以下諸比丘言王須臾思惟便作是語此必當
獲微妙果實我欲發開銅函見此中
文即發開函見有金券亦見文字此券
讀此文字於摩竭國界有羅閱城有
阿闍世王記佛言有阿惟王也見此證驗即於衆生便
長者名波羅蜜多羅彼有子名髀闍
耶蜜多羅第三家名波修波陁羅有
子名波修達多彼二長者子在四激
道頭卡土戲當上土戲時毗闍耶蜜
多羅長者子便懷歡喜便掬土惠施

復有助歡喜者如來百歲涅槃後毗
闍耶蜜多羅當出現於世緣彼土功
德有王名阿惟出沒邪種時王讀此
文字便懷歡喜嘆未曾有復告群臣
更讀此金券如上無異彼於此世界
人民之類皆當統領然不嘆譽披修
達多當為彼人臣時王便作是嘆善
哉大福田作是少施獲大功德心得
歡喜或有作是説我取七塔舍利分
布廣度世界是時王善哉嘆未曾有
之智歡喜取彼舍利虛空之中聞神
聖聲而説此偈
當發歡喜心　善德不可稱　當廣布功德
遺舍利教化
天王於彼舍利而雨若干種華是時
王起八万四千塔一日皆悉成是時
王告彼群臣言彼有如是真諦言教
世所稱譽為佛今已滅度分布舍利
於世界亦無衆結身淨如金亦如白
雪觀此地未曾起惡彼亦如是見此
地已擁護之所教授智不可動在巖
空中極峻高空无有量况當統領一
切一切地是福田十力觀衆生類所

起塔寺無有增減是時世尊舍利為
一種類各各作若干種論時王説曰
猶此力无數金剛三昧碎骨而自得
捨休息云何當度此
僧伽羅刹所集經卷下

僧伽羅刹所集經卷下

校勘記

一 底本，金藏廣勝寺本。三七七頁中一行至七行原版漫漶，以麗藏本換。

一 三七七頁中一行經名，資、磧、普、南、徑、清作「僧伽羅刹所集佛行經卷第四」。

一 三七七頁下一行第九字「日」，諸本(不含石，下同)作「自」。

一 三七七頁下二行「倫説」，資、磧、普、南、徑、清作「論説」。又「拜手」，資、磧、普、南、徑、清作「拜首」，下同。

一 三七七頁下六行第二字「烏」，諸本作「鳥」。

一 三七七頁下一〇行「傾俓」，麗作「傾曲」。

一 三七七頁下一三行「地此」，諸本作「此地」。

一 三七七頁下一七行第一二字「後」，麗作「彼」。

一 三七七頁下末行第七字「名」，諸本作「必」。

一 三七八頁上四行「身我」，諸本作「我身」。

一 三七八頁上二二行「妖魅」，麗作「妖鬼」。

一 三七八頁中五行第一三字「諸」，資、普、徑、清作「説」。

一 三七八頁中六行「娑多」，諸本作「婆多」。

一 三七八頁中七行第二字「諸」，諸本作「語」。

一 三七八頁中一一行「阿羅拔」，資、磧、普、南、徑、清作「阿羅婆」。本頁下四行同。

一 三七八頁中一六行「輸牛」，諸本作「犎牛」。

一 三七八頁中一八行「大明」，諸本作「大光明」。

一 三七八頁下七行「作化」，資、磧、普、南、徑、清作「化作」。

一 三七八頁下一四行第一二字「復」，徑作「得」。

一 三七八頁下二二行第三字「飲」，麗作「服」。

一 三七九頁上四行「闇摩竭」，資、磧、普、南、徑、清作「聞摩竭」。

一 三七九頁上六行第八字「人」，諸本作「人民」。

一 三七九頁上一二行「清清」，資、磧、普、南、徑、清作「清涼」；麗作「清淨」。

一 三七九頁中四行第五字「側」，磧、南、徑、清作「畀」。

一 三七九頁中五行第五字「盡」，諸本作「晝」。

一 三七九頁中六行「拔羅」，麗作「波羅」。

一 三七九頁中七行「明肌奢」，諸本作「朋肌奢」。

一 三七九頁中一七行第一〇字「持」，資、磧、普、南、徑、清作「將」。

一 三七九頁中二〇行第二字「埵」，

資、普作「瘄」；磧、南作「㾐」；徑作「㞔」；清作「厜」。

一　三七九頁中末行第一〇字「滅」，徑、清作「滅」。

一　三七九頁下六行第一二字「日」，南作「自」。

一　三七九頁下一一行第六字「是」，麗作「所」。

一　三八〇頁上二行「契經」，諸本作「如契經」。

一　三八〇頁上一八行「無所等」，諸本作「無有等」。

一　三八〇頁中四行「莊嚴」，資、磧、普、南、徑、清作「莊飾」。

一　三八〇頁中九行「無數衆」，資、磧、普、南、徑、清作「領無數衆」；麗作「頃無數衆」。

一　三八〇頁中一一行「見見已」，諸本作「見已」。

一　三八〇頁中一二行第八字「聞」，諸本作「間」。

一　三八〇頁中一三行第二字「人」，徑、清作「入」。又第九至一一字「亦無衆」，諸本無。

一　三八〇頁中一五行第七字「前」，諸本無。又末字「欲」，諸本作「欲見如來」。

一　三八〇頁中二〇行末三字至次行首字「於本受胎」，諸本作「於本所生於本受胎」。

一　三八〇頁中末行「明光」，資、磧、普、南、徑、清作「光明」。

一　三八〇頁下六行第八字「息」，資、磧、普、南、徑、清作「息意」。

一　三八〇頁下一二行末字「相」，資、磧、普、南、徑、清作「想」。

一　三八〇頁下一五行「披陁羅」，麗作「波陁羅」。

一　三八一頁上一〇行首字「知」，資、磧、普、南、徑、清作「智」。

一　三八一頁上一一行「説者」，資、磧、普、南、徑、清作「説者説者」。

一　三八一頁上一八行第二字「行」，資、磧、普、南、徑、清作「作」。

一　三八一頁上二〇行首字「初」，南作「福」。

一　三八一頁上二一行第七字「陋」，諸本作「漏」。

一　三八一頁上末行首字「下」，諸本作「不」。

一　三八一頁中四行第二字「無」，諸本作「樂」。

一　三八一頁中一〇行第四字「女」，磧、普、南、徑、清、麗作「女想」。又第七字「直」，磧、普、南、徑、清無。

一　三八一頁中一九行第七字「如」，資、磧、普、南、徑、清作「知」。

一　三八一頁下二行夾註右第三字「憒」，資、磧、普、南、徑、清作「憒子」。

一　三八一頁下三行「相根」，諸本作「相貌」。

一　三八一頁下一二行「八道品」，諸本作「八品道」。

一　三八一頁下一三行「逢見」，資、磧、普、南、徑、清作「遥見」。

一　三八一頁下一五行「所食」，麗作「所念」。

一　三八二頁上二行首字「食」，諸本作「今」。

一　三八二頁上一二行「甚奇甚特」，資、磧、普、南、徑、清作「甚奇特」。

一　三八二頁上一五行第五字「其」，麗作「甚」。

一　三八二頁上二一行第一〇字「時」，資、磧、普、南、徑、清作「是時」。

一　三八二頁中一〇行「寂初」，磧、普、南、徑、清作「本初」。

一　三八二頁中一二行首字「錯」，諸本作「燈」。

一　三八二頁中一四行第五字「術」，諸本作「所」。

一　三八二頁中一五行第一二字「護」，資、磧、普、南、徑、清作「獲」。

一　三八二頁下一四行第七字「常」，徑作「當」。

一　三八二頁下一七行第七字「爲」，磧、南作「如」，又第一二字「終」，麗作「落」。

一　三八三頁上一〇行第一一字「學」，麗作「覺」。

一　三八三頁中二行第八字「火」，諸本作「大」。

一　三八三頁中七行「可惻」，諸本作「可測」。

一　三八三頁中九行第二字「明」，資、磧、普、南、徑、清作「眼」。

一　三八三頁下七行第二字「結」，資、磧、普、南、徑、清作「結使」。

一　三八三頁下一〇行首字「隨」，麗作「墮」。

一　三八三頁下一六行「夏堂」，資、磧、普、南、徑、清作「厦堂」。

一　三八三頁下一七行「夏堂上」，資、磧、普、南、清作「厦堂上」；徑作「厦堂土」。

一　三八三頁下一八行首字「蠕」，磧、南、徑、清作「緛」。

一　三八三頁下二〇行第九字「呪」，資、磧、普、南、徑、清作「呪祝」。

一　三八四頁中一行第一三字「愛」，諸本作「受」。

一　三八四頁中三行末字「與」，諸本作「興」。

一　三八四頁中九行「心雲」，麗作「心雪」。

一　三八四頁中一九行第五字「依」，資、磧、普、南、徑、清作「依彼」。

一　三八四頁下二行第八字「截」，麗作「載」。

一　三八四頁下八行第四字「逝」，諸本作「遊」。

一　三八四頁下一四行第七字「妙」，資、磧、普、南、徑、清作「少」。

一　三八四頁下二一行「賢聖」，資、磧、普、南、徑、清作「聖賢」。

一　三八五頁上二一行「麁穬」，諸本作「麁獷」。

一　三八五頁中三行第五字「未」，磧作「味」。

一　三八五頁中一八行末字「王」，至此，資、磧、普、南、徑、清卷第四終，卷第五始。

一　三八五頁中二二行第九字「亦」，資、磧、普、南、徑、清作「示」。

一　三八五頁下三行「無究竟」，諸本作「無害意」。

一　三八五頁下一六行末字「想」，資、磧、普、南、徑、清作「相」。

一　三八六頁中一〇行「一切」，資、磧、普、南、徑、清作「彼一切」。

一　三八六頁中一九行「無缺」，資、磧、普、南、徑、清作「不缺」。

一　三八六頁下八行末字「美」，諸本作「義」。

一　三八六頁下一五行「色想」，麗作「色相」。

一　三八七頁上二行「所謂觀」，諸本作「所說觀」。

一　三八七頁上三行「諸所生」，麗作「謂所生」。

一　三八七頁上四行第九字「如」，資、磧、普、南、徑、清作「知」。

一　三八七頁上一一行「身相」，諸本作「身根」。

一　三八七頁中一行第一三字「住」，資、磧、普、南、徑、清作「往」。二行第三字同。

一　三八七頁中三行「軟氣」，資、磧、普、南、徑、清作「暖氣」。

一　三八七頁中四行第四字「有」，麗無。

一　三八七頁中二〇行「純滅」，諸本作「純熟」。

一　三八七頁下三行末字「獨」，資、磧、普、南、徑、清作「遊」。

一　三八七頁下四行「歡樂」，資、磧、普、南、徑、清作「觀樂」。

一　三八七頁下一一行第八字「使」，諸本作「便」。

一　三八七頁下一二行第八字「其」，資、磧、普、南、徑、清作「具」。

一　三八八頁上三行第一三字「當」，諸本作「常當」。

一　三八八頁上一二行首字「起」，諸本作「趣」。

一　三八八頁中二行「均頭」，資、磧、普、南、徑、清作「均乘八頭」。

一　三八八頁中一一行第七字「納」，資、磧、普、南、徑、清作「網」。又「彼舍利」，資、磧、普、南、徑、清作「念彼舍利弗」。

一　三八八頁下一四行第五字「動」，諸本作「熏」。

一　三八八頁下一五行第五字「明」，資、磧、南、徑、清作「萌」。

一　三八八頁下二一行首字「且」，諸本作「旦」。

一　三八九頁上六行「曰世尊」，資、磧、普、南、徑、清作「白世尊言」；麗作「白世尊」。

一　三八九頁上末行第一三字「彼」，資、磧、普、南、徑、清作「而彼」。

一　三八九頁中一〇行「中閒」，諸本作「中間」。又「惡趣」，麗作「惡起」。

一　三八九頁中一四行第一三字「趣」，資、磧、普、南、徑、清作「越」。

一　三八九頁中一五行第五字「彼」，

資、磧、普、南、徑、清作「行」。
一　三八九頁中二〇行第一三字「往」，諸本作「住」。
一　三八九頁中二二行第九字「下」，資、磧、普、南、徑、清作「不」。
一　三八九頁下一行「我爲」，徑作「爲我」。
一　三八九頁下二行第一三字「苦」，資、磧、南、作「若」。
一　三八九頁下一〇行第六字「今」，麗作「命」。
一　三八九頁下一五行第一一字「還」，麗作「逮」。
一　三八九頁下末行「惻塞」，諸本作「側塞」。
一　三九〇頁上一一行「過去」，磧、普、南、徑、清作「還去」。
一　三九〇頁上一五行第六字「甚」，磧作「其」。
一　三九〇頁中二行第八字「聞」，資、磧、普、南、徑、清作「修」。
一　三九〇頁中三行「娑羅」，資、磧、普、南、徑、清作「婆羅」。
一　三九〇頁中七行「違正法」，資、磧、普、南、徑、清作「建正法」。
一　三九〇頁中八行第五字「患」，麗作「海」。
一　三九〇頁中一六行第六字「失」，諸本作「世」。又第八字「失」，清作「先」。
一　三九〇頁中一七行「年熱」，資、磧、普、南、徑、清作「田熱」。
一　三九〇頁下六行「染著」，資、磧、普、南、徑、清作「深著」。
一　三九〇頁下九行第五字「微」，資、磧、普、南、徑、清作「彼」。
一　三九〇頁下一九行第一三字「廣」，資、磧、普、南、徑、清作「度」。
一　三九一頁上二行第一二字「世」，資作「出」。
一　三九一頁上六行「二三」，資、磧、普、南、徑、清作「二三四」。
一　三九一頁上九行「拘苦毗」，磧、徑、清作「拘苦毗」。又「枝提山」，清作「技提山」。
一　三九一頁中三行第九字「與」，普、徑作「語」。
一　三九一頁中四行「逕度」，資、磧、普、南、徑、清作「經歷」；麗作「經度」。
一　三九一頁中九行「拔厄」，麗作「拔苦」。
一　三九一頁中一二行第一八字「降」，諸本作「降伏」。
一　三九一頁中二〇行「滅寂」，磧、普、南、徑、清作「寂滅」。又末字「止」，資、磧、普、南作「大」。
一　三九一頁下三行第四字「間」，資、磧、普、南、徑、清作「聞」。
一　三九一頁下六行第八字「眠」，資、磧、普、南、徑、清作「冥」。
一　三九二頁上一七行「衆生」，資、磧、普、南、徑、清作「衆中」。
一　三九二頁上二〇行「第三」，諸本作「第二」。又「波修波陁羅」，資、磧、普、南、徑、清作「拔修拔陀羅」。

一　三九二頁上二一行「波修達多」，資、磧、普、南、徑、清作「披修達多」。又「四激」，資、磧、普、南、徑、清作「四衢」；麗作「四徼」。

一　三九二頁上二二行第二字「頭」，資、磧、普、南作「顧」。

一　三九二頁中一行首字「復」，資作「彼」。

一　三九二頁中一一行末字「神」，南作「被」。

一　三九二頁中一三行「歡喜心」，資、磧、普、南、徑、清作「歡悦心」。

一　三九二頁中一九行第一一字「金」，徑作「今」。

一　三九二頁中二二行首字「空」，諸本作「穴」。

一　三九二頁下二行首字「一」，磧、普、南、徑、清作「一切」。

一　三九二頁下末行卷末經名，資、磧、普、南、徑、清作「僧伽羅刹所集佛行經卷第五」。

道地經一卷　樓

天竺須賴拏國三藏僧伽羅刹漢言衆護造

後漢安息國三藏安世高譯

散種章第一

從明勝日出像亦顏色行德多中多貴姓尊行德守本從是種有世間亦天上皆叉手礼佛是故持頭面為礼佛為無上天下无有等精進者鬼龍天人亦在三界中隨近持微妙不度者便度死者不復死老者不復老皆從行得佛法亦行者是三無有行亦德守聽說諦法自意作行者得味辟如笮甘蔗常怖觀見積百餘若不得馃樂窮老死故在世間没辟如无有力象墮陷不能自出世間人亦尒從若干種經取要辟如若干種華積在欲所作者行道地聽從若欲度世說行者便聽當說行道地生老病死憂戚若不可意愁惱行者若家中行若業家行欲壞苦本者欲往得道無有餘近無有餘歸无有餘能解但當一切捨如是行者但當一切捨使行道地從後来說生老病死者意憂便身生苦巳欲度世者便行道地莫猒在身巳有老病死從是苦者意腦生欲隨受佛誡者便行從致無為何等為不可行何等為可行何等為行者何等為地　者不可行者名為念欲念瞋恚念侵念國不念死隨惡知識不持戒不受慧不攝意不受教行不問自斯身念色想命常樂想淨自計身不慧郡縣居羸人並居念色瞢瞢不離貪多欲多恚多癡多因緣多食捨行貪身欲睡眠忘意疑過精進失精進畏怖不攝根多事多說多業多作事久倒教倒意計是亦如是今世法從道或離道是名為不可行是何以不可行離無為故從後縛束說瞋恚欲惡佛說是不可行何等為可行念出不念瞋恚不念煞近明知識持戒淨不多食事問自身不斯念非念不好念苦念不淨不念身好不郡縣居不羸人共居不瞢瞢自守少腦少事少食不捨方便伏身捨睡眠意在行正

守意无有疑精進在行離驚怖攝根門少說在諦行受諦教修諦意喜在空澤中行如有觀未得好法便致法已致便護多喜欲聞經所身故用足但不足法行知當死不樂世間德猒食可無為亦如是華行法從應故无為是名為可行何以為是可行從是故無為從後度東說戒淨墮信不念身斂受法事德者諦見不侵若干是應无為得道者佛說法念若干種意定无有苦無有疲已說功德聚攝根伏身應可行行者為何等意近事如應行行者為習行者近習是為行習是行者三輩未得道者學者不學者何等為道地行者所行是為行者地未得得道者為何等本起次行居前說是行如是說竟學者不學者亦已說道行地名為止觀何用是止觀但未得四德故欲致是四德何用欲致是四德從是欲致無為故何因緣致无為不欲有餘為故何以不欲有餘為但欲除一切苦故是故行者欲除一切苦當常莫離莫犯莫穿立止觀若

行者穿便不得止亦不得觀空亡苦行辟如人求火便鑚木上鑚者下木便鑚時時中止時時鑚止如是曾得火但自勞倦道辟如是從後現說設觀法行者中得疲意猒行者除行莫穿莫疲倦者從行便失行辟如夜極冥人冥中閉目行何時當見明若行者行不冥慧者如是日出開目行便稍稍慧人得無為種通經者若干更經通者觀經教便說止觀　餘　經散說是為道地散種章品

道地經知陰慧章第二

從若干經得明堅不老不死甘露聲名聞以行如明月事者淨者慧明者若守度者更明并家中行亦尒惡意不可獲不可牽如意是故施得道者礼得道者稽首從得甘露故貪為種欲為生莯愛歡喜為憂支佛說五陰辟如筌筷聽說從多經拏比行道者當知身體本為五種所成色種痛痒種思想種識種如若干戶東方郡字如若干戶南方郡字如若干戶西方郡字如若干戶北方郡字亦非一舍名為

郡是辟色亦非一色為色種若干色為色種痛痒思想行識亦如是色在十入丈亦從法受入是為色種百八痛是痛種百八思想為思想種百八行為行種百八識為識種如是當知五種從後現辟說不相連著但本癡故不聞佛言或習癡故辟如樹葉著枝癡惡行者五種成聚五種意計是身道地行知五陰慧章品

道地經隨應相具章第三

性河開流滿度器滿破六足經塞突如蓮花開慧日出服勝蓮花奉事佛清淨淡泊具足然至尊世絶福祐人視其精因將道者敷演如經已開化行道者亦當知五種各應相種相色視相亦色手筷把亦色更痛為痛相樂苦亦不樂亦不苦更痛是為痛相識相為思想若女人若男子亦餘是為思想所作是為行若好行若惡行若不好行若不惡行是為行相識相為識好不好亦非不好亦非好識是為識相如是五種各自有相從後說說是色不樂亦多惡佛說在經中如應出說如應五

陰種相若干相份道地隨應相具章

道地經五陰分別現止章第四

所然持甘露種澆五盛陰為五陰薪從慧明却壞惡火從三界礼我施礼為持甘露滅三毒者從五陰鏁所生隨應持智慧意滅惡火意三界中尊敬者我亦尊敬意又我自從慧智力慧者自得如自得知佛便教弟子所說應行聽說從是意定五陰分別見為從慧力所守者知清淨自佛從所意知便現事者是佛所說應行現行可知聽說意從是定分別五陰行道者當知分別五陰行者當鄉分別知五陰辟如四衢中墮一貫真珠褁一人當見巳見便喜愛意喜欲得珠人見意在珠是為色陰種所喜可意是為痛痒種若上頭如是名為貫珠是為思想種若意生欲取貫珠是為行種從是知為識種如是五種意在一貫珠俱行便若干作行亦自行如是在一貫珠一時俱行五陰更如是眼所見色并俱行五行更耳聞聲鼻聞香口更味身更麁細身中四陰无

道地經一卷　第六張　樓字号

有色種生如是五陰種各自分別知後有說道德者分別說如是巳得是經說来得道者受著心心如是得說我亦現是說道行五陰分別現止章

道地經五種成敗章第五

巳知要得佛要中竟要作要并得要巳章并要巳更當要當礼應无所著名聞無有量所語言說辟如明月明為弟子得明知畏腦罪從生能壞巳知五種陰得明成敗如有當稽首聽佛言行道者當知五陰出入成敗辟如人命欲盡在呼吸欲死便四百四病中前後次第稍發便見想生恐畏怖夢中見蜂啄木鳥鵄啄頂腦一柱樓上自樂見著衣青黃赤白自身著見騎馬衣駝有聲持筭作杭聚土中卧死人亦擔死人亦除溷人共一器中食亦是人共載車行麻油汙泥汙足亦塗身亦見是時時飲亦見墮綱中猶家牽去或見自身嘻喜歡喜咷或見道積墓子自過上或見鍛鹵鹽錢或見被髮祖膘女人自相牽或有灰傳身亦食或見狗亦獼猴相逐悉或

道地經一卷　第七張　樓字号

見自身滅欲娶嫁或時見人家中神壞或時見馬来括頂髮或時見齒墮地或時見擔死人衣自著身或時自身膽膘為塗膩或見聚土自身轉或時見草及榜者衣行或時自見家中門弊壞車来到多載油花香亦見艮弟近自身嚴先祖人現麁恐顏色欲来取是取共行或時豜閒行遍捨花嬰頸或時見自身倒墮何脉中或時見墮五湖九江不得底或時見入菅茅中膘身相剖自敷轉或時上樹無有蕍無有華无有華戲或時在壇上儛或時樹閒行獨樂大笲笄持若干幹樹破聚薪或時入舍闇冥不得門出或時上山嶄巖悲大哭或時烏梲吞足亦蹈或時塵塵坌頭或時虎遮撾亦狗猴亦驢南方行入豜閒見聚炭髮毛分骨擣碎幹華自身見入鹽王見鹽王使問從後現說世閒巳得多樂根墮或身墮畏命欲去不得自在病追促病巳從意便動命盡憂近便見夢令入大怖人便意中計我命欲盡如是夢身所見便意怖便身殘

道地經一卷　第八張　樓字号

辟如鳥蹌㭊已身近極苦相著便欲
自歸醫已親屬昆弟見病劇便遣使
到醫合呼使者行便有是相不潔惡
衣長爪乱鬚髮載壞弊車著穿幣
履顔色黑眼青車中駕白牛馬自手
摩抆鬚髮呼醫已𢘛駕車使上從後
縛束但坐惡樂意不計好樂不念醫
病已壞身便墮罪器即遣嘐醫便念
病痛不得復活何以故趣使得相如
是像跓被服語言車蓋鬚髮衣亦如
是諱日来呼若四若六若九若十二
若十四来至到復髑忌諱日人所不
喜醫復何血忌上相四激反友来嘆
是亦不必日時漏剋星宿須臾疑人
取相何以故或時是惡日時漏剋有
是人行方便能治病痛病痛有時不
能不得治是故不必在時日漏剋故
慧人不亦喜用歷日仙人常勸當為
求方便治至死若病痛横有病可能
得活若命盡但說去計如是可至病
痛舍從後束結說俱入海水或到或
中壞病亦比海或愈或死醫便行至
病痛家聞聲不可意亡燒斷破剌撥

刮刷出煞去發滅蝕燒斷破剌撥刮
刷出煞去發滅蝕不可治已死視南
方復見烏鵄巢有聲復見小兒俱相
坌土復沮膘相勉頭髮破瓶盆凡甌
亦見空器舍不著意行至病者舍入
見病著人病更腦從後舍来說醫便
視病相遽驚怖驚坐起著病死有力
不得自在見如是便念如是經中說
死相見顔色不如皮皺行身如土色
舌㢟出或語言忘見身重骨節不隨
鼻頭曲戾皮黑宅幹喉舌如骨色不
復知味口燥毛孔赤筋脉不了了被
鬚髮竪牽鬚不復覺直視偕卧驚怖
顔色轉面皺鬚竪熟視或語若干說
如經說餘命不足道辟如樹間失火
亦如六相無說所聞見若有沐身未
浴身時辟㮼檀香或時如蜜香或時
多核香或時椰替香或時根香或時
皮香或時華香或時菰香或時霍香
或時宿　命從行相筋香鬚香骨香
肌肉盟血香大便香或時鷄香或時
烏香或時甋香或時猪香或時狗香
或時狖香或時鼠香或時鼬香或時

辟如有人或時啄木聲或時凡聲或
時澀聲或時惡聲或時鷹聲或時孔
雀聲或時皷聲或時馬聲或時虎聲
亦有說熟死相中辟如人死時有死
相為口不知味耳中不聞聲一切卷
縮脉投血肉腸頬車張上頭棹景无
有明腐内竪眼黑色黑大小便不通
節根解口中上矐青雙歎計如是病
痛相不可活設鵴鸛亦一切良醫并
祠祀盡會亦不能愈是便醫意念是
病痛命未絶應當避已便告家中人
言是病所求所思欲當隨意與莫制
禁我家中有小事事竟當遠屏語病
者家人言不可復活告已便去病痛
家已聞醫語便棄藥所事方便便止
親屬知識比鄰共會還遶病困者悲
哀哭視辟如屠牛家所煞餘牛見死
牛恐自及跳場驚山走樹間叫嘆復
辟如猪為屠家所煞餘猪見驚怖畏
郊死便聳耳直視復如魚捕魚墮網
者餘魚見驚怖沉走入沙石間䉒藻
中藏復辟如飛鳥聚行一鳥為鷹鷂
所得餘鳥驚分散分走如是昆弟親

屬知識隣里見衰離別視命欲斷地獄使者已到將入獄在斯便轉死箭已射已生死索行罪便牽往過世親屬已還牧髮草縛若忛擒聲滿口不止出悲語見愛念若干種胞顛渼渼出呼當奈何病者不復久內見風起名刀風令病者散節復一風起名遽風令病者斷結復一風起名鍼風令病者筋緩復一風起名破骨風令病者骨腦髓復一風起名藏風令病者眼耳鼻孔皆青髮毛出入一切是孔令壞斷拔捨復一風起名腹止風令病者內身脿腸肩背胃腹臍小腹大腹小腸肝肺心脾腎亦餘藏令斷截復一風起名成風令病者青血肪膏大小便生熟熱寒澁令幹從處却復一風起名節間居風令病者骨骼直掣振或時舉手足或把空或起或坐或呻啼或哭或瞋已散節已斷結已筋緩已骨髓腦已精明等去裁身有餘在心已冷如木已棄五行并心中羸羸裁有餘微辟如燈滅有餘明裁心有餘但有微意識是人本所行好

醜罪福心便見今世若有好行意便喜若惡即時慚辱好處者意喜墮惡者意即愁慚辟如人焰淨鏡盡見面像髮白皮皺生體垢塵或齒墮或塵齒見身從老屬如是即自慚閉目放鏡不欲見以放鏡憂愁我已壯去老到顏色醜樂已去如是素行惡在意從惡行便憂愁悔受苦惱不可意自責今我墮惡處為無有疑若如行者行三好若干守行願審好行者多好即時喜多喜意可自喜我今上天亦好處辟如賈客從溜道得脫出得多利歸家到門喜亦辟如田家願獲五穀者舍中亦如病痛得愈安隱亦如負債已償素行好亦如是合好行辟如蜜蜂便意生我已到好處即時身精識滅中便有陰辟如稱一上一下如是捨死受生種辟如種禾根生雙如是中時滅識即時中生五陰具足不少死陰亦不中得五陰往亦不離死五陰為有中五陰有但死五陰故中五陰生辟如人持印印好泥泥中便有印像印亦不往至泥泥亦不離

印像辟如種生根種亦非根根亦不離種人神亦如是小大如往從生往至中從是本會有好行者中得好五陰惡行者得惡中得陰者為天眼行中止者為三食樂念識中止者或住一日或住七日止到父母會亦所墮處從中止當到所墮即死時已生中陰便生千思或見念便癡生審惡行者便自然大火邊亦若干百烏鵰鷹鵄共會亦見人惡爪面齒被服然頭為手中行若干種毒身自見遠蒹樹便意生入中便中陰滅生所墮處即時不久便見刀葉樹墮中是名為地獄五陰生入罪咸所惡行便見瘟煙塵火風雨來者身復見象師子虎蚖自恐身亦見丘井亦合後亦止絕崖岸生意入中便捨中陰身已意生便滅中陰墮處生即時不久到畜生後現行極癡無有礼持惡意向父母常喜可塵言瞋恚縛播行惡是人不與取便墮畜生罪輕滅便生熱風命飢腦身刀矛鑽繞還人亦見大坑意生當入是即意生便滅中陰受所墮處陰

便即時墮餓鬼如是墮名為餓鬼從有說行兩賊賊人共語亦讒失誠詎妄論議一切食不避惡不淨從善還不行法語便墮盟血唾涌泥是名為墮餓鬼處行寂好者得寂善樂亦得香風吹若干種華見自散身若干種伎樂聲相隨若干種樹在園中意生即入時意已生便中陰滅所應墮陰受生便即時受上天身如是墮天上有福行者墮應上天已有不離法是為墮天種若墮人中從本行受殃福父母亦聚會夙行應男從生福亦止等同時父母汲精胞門不堅從風熱寒亦不涤亦不邪曲亦不屢亦不澀亦不汁思飯不起不愓不煞胞門亦不像粟不像輪亦不像狸亦不像麦中央亦不像自剛鐵中央亦不像錫中央一切門無有惡精亦不薄亦不厚亦不腐亦不黑亦不赤亦不黄乘色不亦散亦不風血寒熱雜亦不小便合精神已止精神念往意生欲却男自身代共樂羸人羸人便德父喜毋已喜不喜增意生當却是男欲獨

與羸人共樂已即跓胞門意生已却男我已羸行札父母即時墮精神便到意生為是我精即可意喜生已喜生中跡滅便在精血生識在精中復生愛中愛識不墮精但從本復生受識精是兒身所愛在精生是為痛痒種已知為精為精者為思想種所本行念為生死種已知精為識種是為五種要即時得兩根身心根精已七日不減二七日精生薄如酪上蘇肥三七日精凝如久酪在器中四七日精稍堅如酪成五七日精變化如酪蘇六七日如酪蘇變化聚堅七七日變化耿堅藏辟如熟鳥䟐八七日變化滅鳥䟐辟如摩石子九七日在摩石子上生五皰兩肩相兩髖相一頭相十七日亦在摩石子上生四肘兩手相兩足相十一七日亦在摩石子上生二十四肘十在手栺相十一在足栺相四在耳目鼻口止處相十二七日是肘為正十三七日為起腹相十四七日心脾腎肝心生十五七日大腸生十六七日小腸生十七七日胃

生十八七日生處肺處熟處十九七日髀脥足辟掌節手足趺約二十七日陰臍乳頸項形二十一七日為骨髓應分生九骨者頭兩骨者頰三十二骨者口七骨者咽兩骨者肩兩骨者辟四十骨者腕十二骨者脥十六骨者脇十八骨者脊二骨者喉二骨者髖四骨者脛十四骨者足百八微骨生肌中如是三百節從微者身辟如瓠二十二七日骨稍堅辟如龜甲二十三七日精復堅辟如厚皮胡桃是為三百節連相者足骨連膝膓連髖骨髖骨連背二腰骨連肩肩連頸頭頸頭連頭頗頭頗連齒如是是骨聚魄礌骨城筋纏血澆肉塗草覆福從是受靡不知痛痒隨意隨風作俳掣二十四七日為七千筋纏身二十五七日生七千脉未具成二十六七日諸脉悉徹具足成就如蓮花根孔二十七七日三百六十節具二十八七日肉栽生二十九七日肉稍堅滿三十七日皮膜成羸三十一七日皮膜稍堅三十二七日腜腥肌生三十五七日耳鼻腹脾脂節約誃見三十四七日身中皮外生九十九万孔三十

五七日九十九万孔稍稍成現三十六七日爪甲生三十七七日母腹中若干風起或風起令目鼻口開已開入或復風塵起令鬚毛分生端正亦不端正或復風起盛肌色或白或黑或黃或赤好不好是七日中脳血肪膏髓熱寒涕大小便道開三十八七日母腹中風起令得如宿命行好悪若好行者便香風起可身意令端正可人悪行者令臭風起使身意不安不可人骨節不端正或臁睽或僂或跪或甝人見可是三十八七日為九月不滿四日骨節皆具足兒生宿行有二分一分從父一分從母或時毛鬚舌咽臍心肝脾眼𡱝血從母或爪甲骨大小便脉精若餘骨節從父宿行從母受生熟在下生在上兒在右脇背向前腹向後女在右脇腹向前背向後止處鼻德露一切骨節卷縮在革囊在内血着身在裹處大便肥長九月餘有四日一日二日中若宿行好便意生我在園中意計若在天上若悪行者意生我在獄止二日意在三日中即腹樂中三日

意在四日中一日一夜母腹中上下風起兒從是風倒頭向下足在上頭母胞門中風行好於母胞門中意生墮池水池水中戲復意生在高牀上若香華中風命行悪者意生從山墮樹上墮岸上墮坑中墮溷中墮蒺蔾中芳墮肉中墮肉中墮刀㦸蘭中從行憂脳忩忩亦從喜從樂名聞好悪行自縛身在所到自更得便出既為胞門所經裹產戶急笮墮地中風復為人温湯所洗手麼身遍痛如瘡從是便忘宿行腹中所更已生從血䐟故便聚為邪鬼魍飛屍各魖魃蠱魅魁行父亦如是譬如四街有一臠肉為鳩鵄鳶鵲梟烏所爭各自欲得耶魍嬈嬈人如是有宿行好耶不能得者宿行悪耶能得者生未久母便養乳稍稍大便飲已能飲食八十種虫生身中二種髮根生三種者頭一種者脳二種者中脳三種在額二種者眼根二種者耳二種者耳根二種者鼻根二種者口門二種在齒二種在齒根一種在舌一種者舌根一種者口

中上咢一種在咽二種在脥下二種者辟根二種在手　一種者肘二種者脾一種者心一種者乳根一種者臍根二種者脇二種者背一種者脊根一種者皮二種者肉四種者骨五種者髓二種者大腸二種者小腸一種在熱處一種在寒處一種在大便道三種在大腸根二種者臏根五種者陰根一種者脂節約一種在脛一種在脥頭一種在足蹠如是八十種虫者身中日夜食身便生寒熱風病各百一雜餘病復有百一如是并四百四病在身中譬如木中出火還燒木病亦從身生如是但壞身无有異如是從內懷病亦中勿復問從外惱常壞惱今世現在身常著衰世間人不聞者意計身樂但不至誠見故髮毛爪齒心肉肌骨清血熱惱生熟涕唾屎尿從身流非常亦不淨癡人計為淨都盧兒擬肌合栽如一酸棗為裹者身從是如酸棗肌凝不聞者世間人得調身自壞墮惱譬如魚但見餌不見鉤不見網復譬如小兒舐利

刀蜜但嗜甜不見刀刃復辟如金錯
塗銅賣欺人癡人不覺以為純金故
買為自侵如是世間人或見如酸棗
肌裹身從受若干惱不覺如是酸棗
肌發去但有肉骨血在人足踐蹈常
惡不敢誰敢抱持者素行殃福已盡
或時攢命盡如窯家作器或時在拘
或從轉或從行輪或已行或在幹流
時入竈火燒時或已熟出時或給用
時要會當壞人身亦如是或從墮腹
中或不成根去或不具根去或臨生
時去或適生去在學業時去或時從
十六至三十八十百歲或不啻久久
要會當死陰如是定不久有生輒滅
舉足滅下足滅世間人不聞者自計
小時身壯時身老時身為是我身與
行道者意異行道者從是有是從无
有是無有是何等為從是有是從罪
行有死中從中識墮業傳從傳凝從
凝稍堅六根從六根便生從生兒身
從兒身壯長從壯長得老病死身如
是常隨如是世間輪不斷無所屬空
如幻逐不止辟如火起城中火風吹

舍舍相然第一舍火非第二舍火亦
不啻但為上舍已然次舍復然如是
轉延生死亦如是是因緣無有是亦
无有是是滅是亦滅何等為无有是
亦無有是素行殃福无有死中亦無
有已无有中當郁得往已不得往當
郁得生已不得生當郁得老病死生
死如流水不行生死業便正道行者
當知是五陰本從生滅道地五種名
為成壞章

道地經神足行章第六

慧清入心如水破惡從樹離種花度
世樂功德聚凉風可樂无有過自歸
一心向在在不中止觀意如稱攝鈎
牽聞經中止觀世間朋叉手持頭面
從三界皆作礼彼或時行者居前止
便得觀或時行者當得止觀居前得
止若行者止意已得應從觀得解若
行者觀已足當應從止得解止觀相
云何若意在使一因緣止止不動不
或念餘是應止相若在止處偏分別
偏去如相觀思惟如有受是應觀相
辟如買金家見金不觀試如是應止

若持金試知是金某國某處雜銅不
真知石色好醜長短圓方濡亦餘病
觀辟如是辟如人刈芻左手把芻右
手持鎌便斷芻彼辟如把芻是應止
如斷芻是應觀辟如行者見顯顯熟
諦視若如開目見閉目亦見亦尒無
有異是應止若分別觀頭骨異頷骨
異齒骨異頸骨異辟手胻胭脥足骨
如是觀如是見骨連從四日緣致有
何等為四食礼行合骨見非常苦空
非身從不淨生無所有是應觀要聽
止觀相不分別是為止分別是為觀
止意行者持何等行得止意報若干
因行止意聽說要止意二因緣方便
行得止意一者念惡露二者念安般
守意惡露行云何是間行者等意念
一切人令安隱便行至父樹便行至
觀死屍一日者至七日者膖脹者青
色者如盟者半壞者肉盡者血洿者
骨骨連者筋纏者白若解散四面无
有數手破　辟如鴿色彼行者自在
取一數意令知不久意者止令意在
數處熟諦觀若自知令是數處是間

在又處自見遠在所見亦如是是空處
一處便正坐便見如數因緣在地所
見隨亦如是便行無有聲處无有說
處人空處一處便正坐便見如上久
處令意見念無有異若行者從數因
緣失不受念意不失便復往至父樹
令意受數因緣相令意坐亦引不離
念常在前若行者意數因緣出入遠
行常在意止不遠離已晝夜在心令
半月一月一歲復不啻令行不失行
令行時止時坐獨坐時多衆中共坐
時病疲時有力時連隨常念數意因
緣在前住令數因緣念如是非常若
空非身不淨无所有令如本因緣數
意行念無有異若已意在數處得自
在便持嚮自身觀若見死屍亦自身
等无有異便若見男子若見羸人若
見老若壯若少年若不端正若胆膠
若者衣若莊嚴若彼亦尒如數念處
若意念所在所在一切無有異便已
應從念惡露得止意是時意隨行念
不離行增滿譬如河入海

道地經五十五觀章第七

行道者當為五十五因緣自觀身是身
為譬如沫不能捉是身為譬如大海
不厭不足五樂是身譬如大河日
願至死海是身譬如大便慧人不欲
故是身為譬如沙城疾壞散去是身
為譬如會壞城多怨家是身為譬如
化城不自有亦不可取是身為譬如
骨開肉血塗是身為譬如弊壞車筋
纏故是身為譬如家猫貪恚癡聚是
身為譬如荒澤中常癡失亡是身為
譬如忘善意常忘失是身為譬如揄
百八愛行是身為譬如破瓶常漏是
身為譬如畫瓶內雜䆿惡滿是身為
譬如清溷九門故是身為譬如軒血
人所惡故是身為譬如幻癡計諦是
身為譬如疥是身為譬如意者苦故
是身為譬如腐罄舍飲壞故是身為
譬如大蠶多虫多虫止是身為譬如
骨嚾罪如滿狐猴不失是身為譬如不
熟器疾壞故是身為譬如一囊兩口
淨入不淨出是身為譬如幹垢裳衣
幹是身為譬如車常行至葬地是身
為譬如蠱霧不久止是身為譬如瘡

上漏是身為譬如盲不知諦是身為
譬如處四百四病是身為譬如坑一
切不淨聚是身為譬如地孔䖟止會
是身為譬如空把為癡人所欺是身
為譬如豺閒常可畏可怖是身為譬
如虎師子共居瞋恚怨然是身為譬
如巔疾感八十八結行故是身為譬𥁕
常塗畏死是身為譬如銅塗金肌覆
故是身為譬如空聚常中細六衰是
身為譬如餓鬼常求食飲是身為譬
如畏處常老病死是身為譬如腐顛
顛為常衣洫是身為譬如怨家常戍
事逢惡因緣是身為譬如迦陁樹皮
皮中央無所有癡人意是為宷重是
身為譬如度載多胎小是身為譬如
腐囊腥臭是身為譬如深冥六十二
疑不自守是身為譬如喜妬可不可不
得不受是身為譬如腐垣壁從惡念
因緣是身為譬如結垢內有惡是身
為譬如不意常著外衰是身為譬如
所如所無无係係舍愛不愛殄切是
身為譬如不可近近常破碎是身為
譬如無有能護時時為病殄一切是

身為辟如无有自歸死来時不得離故

道地經一卷

道地經一卷

校勘記

一　底本，金藏廣勝寺本。

一　三九九頁中一行及卷末「一卷」，資、磧、普、南、徑、清無。

一　三九九頁中二行造者，資、磧、普、南、徑、清作「天竺三藏僧伽羅刹造」。

一　三九九頁中三行「安息國」，資、磧、普、南、徑、清作「安息」。

一　三九九頁中四行首字「散」，資、磧、普、南、徑、清作「覩」。

一　三九九頁中一三行「甘蔗」，資、磧、普、南、徑、清作「甘露」。

一　三九九頁中一六行第五字「要」，麗作「安」。

一　三九九頁中二一行第一一字「但」，麗作「住」。

一　三九九頁下一行第九字「者」，諸本作「著」。

一　三九九頁下三行第八字「苦」，磧、麗作「若」。同行第一一字及二二行第一一字「腦」，磧、南、清、麗作「惱」。二二行第一一字，資、徑同。

一　三九九頁下九行首字及二〇行第九字「斯」，資、磧、普、南、徑、清作「期」。同行第六字「命」，諸本作「念」。

一　三九九頁下一〇行第七字「並」，資、磧、普、南、徑、清作「共」。

一　三九九頁下一七行第一一字「墮」，諸本作「隨」。同行第一二字「教」，麗作「從」。

一　三九九頁下二〇行第六字「自」，資、磧、普、南、徑、清作「曰」。

一　四〇〇頁上三行第一二字「便」，資、磧、普、南、徑、清作「使」。

一　四〇〇頁上五行第一三字「德」，資、磧、普、南、徑、清作「惡」。

一　四〇〇頁上六行第一三字「故」，資、磧、普、南、徑、清作「欲」；麗作「致」。

一　四〇〇頁上八行首字「故」，麗作「致」。同行第六字「度」，諸本作「縛」。

一　四〇〇頁上九行第六字「德」，麗作「聽」。

一　四〇〇頁上一六行第二字及次頁中三行第一三字「得」，諸本作「行」。

一　四〇〇頁中一行「亡苦」，資、磧、普、南、徑、清作「苦亡」。

一　四〇〇頁中三行第一三字「曾」，諸本作「未曾」。

一　四〇〇頁中八行第四字「寞」，麗作「穿」。

一　四〇〇頁中一一行第六字「散」，徑、清作「觀」。

一　四〇〇頁中一二行「知陰」，諸本

作「知五陰」。

一　四〇〇頁中一六行第三字「蒦」，資、磧、普、南、徑、清作「捉」。同行第六字「牵」，資、磧、普、南、徑、清作「牽」；麗作「牽」。

一　四〇〇頁中一八行首字「欲」，資、磧、普、南、徑、清作「多欲」；麗作「多故」。同行第四字「菥」，資、磧、普、南、徑、清作「慈」；麗作「菾」。同行第六字「歡」，資、磧、普、南、徑、清作「觀」。

一　四〇〇頁中二一行第二字「種」，諸本作「種行種」。

一　四〇〇頁下三行第三字「支」，諸本作「文」。

一　四〇〇頁下七行第一三字「葉」，資、磧、普、南、徑、清作「多葉」。

一　四〇〇頁下一〇行、次頁上二行及次頁中五行「道地經」，徑、清無。

一　四〇〇頁下一三行「具足」，諸本作「其相」。

一　四〇〇頁下一四行「因將道者」，資、磧、普、南、徑、清作「固將導者」；麗作「固將道者」。

一　四〇〇頁下一六行第三字「僕」，資、磧、普、南、徑、清作「擭」。

一　四〇〇頁下二〇行第七字「相」，資、磧、普、南、徑、清作「想」。

一　四〇〇頁下二二行第一二字「不」，麗作「于」。

一　四〇一頁上七行「又我」，麗作「叉手」。

一　四〇一頁上一四行「四衢」，資、磧、普、南、徑、清作「四街」。

一　四〇一頁上一六行第五字「是」，資、磧、普、南、徑、清作「見」。

一　四〇一頁上一七行第三字「痛」，諸本無。同行第九字「如」，資、磧、普、南、徑、清作「知」。

一　四〇一頁中二行第九字「說」，資、磧、普、南、徑、清無。

一　四〇一頁中三行第三字「來」，諸本作「未」。

一　四〇一頁中七行第二字「章」，諸本作「竟」。同行「當要」，資、磧、普、南、徑、清作「無」；麗作「無當要」。

一　四〇一頁中八行首字「名」，磧、普、南、徑作「多」；清作「聞」。

一　四〇一頁中九行第八字「腦」，資、磧、普、南、徑作「惱」。次頁中六行第七字諸本同。同行末字「壞」，諸本作「壞幹」。

一　四〇一頁中一四行第一〇字「鵄」，資、磧、普、南、徑、清作「鵄」。

一　四〇一頁中一六行「技毦」，資、磧、普、南、徑、清作「牧髦」；麗作「牧毦」。同行第一三字「杭」，諸本作「枕」。

一　四〇一頁中一九行第一〇字「飲」，資、磧、普、南、徑、清作「欲」。

一　四〇一頁中二〇行「喜歡」，資、磧、普、南、徑、清作「喜觀」。

一　四〇一頁中二二行「胆膘」，資、磧、普、南、徑、清作「袒裸」；麗作「胆膘」。下至四〇七頁上一八行同。同行第一〇字「自」，諸本作「自身」。

一 四〇一頁中末行第一三字「怨」，諸本作「恐」。

一 四〇一頁下二行第八字「頂」，諸本作「鬚」。

一 四〇一頁下四行第七字「或」，資作「或時」；磧、普、南、徑、清作「時」。

一 四〇一頁下九行「何脉中」，資、磧、普、南、徑、清作「河氷中」；麗作「河水中」。

一 四〇一頁下一一行第三字「膘」，資、磧、普、南、徑、清作「裸」；麗作「腂」。

一 四〇一頁下一三行「芬莢」，麗作「美」。

一 四〇一頁下一六行第八字「塵」，麗無。

一 四〇一頁下一七行首字「揵」，諸本作「斷」。

一 四〇一頁下一八行末字及一九行第三字「鹽」，資、磧、普、南、徑、清作「檻」。

一 四〇一頁下二一行第七字「從」，麗作「促」。

一 四〇一頁下二二行第五字「入」，資、磧、普、南、徑、清作「人」。

一 四〇二頁上三行第三字「合」，諸本作「舍」。

一 四〇二頁上四行第一一字「著」，資、磧、普、南、徑、清作「者」。同行末字「幣」，諸本作「弊」。

一 四〇二頁上六行第二字「拔」，資、磧、普、南、徑、清作「拔」。

一 四〇二頁上八行第一一字「嗳」，諸本作「呼」。

一 四〇二頁上九行「得復」，資、磧、普、南、徑、清作「復得」。同行末字「如」，諸本作「有如」。

一 四〇二頁上一三行「友來喚」，資、磧、普、南、徑、清作「支來呼」；麗作「支來唤」。

一 四〇二頁上一七行第二字「不」，諸本無。

一 四〇二頁上二一行第五字「東」，資、磧、普、南、徑、清作「来」。

一 四〇二頁中三行第五字「鵄」，資、磧、普、南、徑、清作「鴟」。

一 四〇二頁中四行第七字「勉」，諸本作「挽」。同行末字「瓯」，資、磧、普、南、徑、清作「甌」。

一 四〇二頁中六行第九字「後」，諸本作「彼」。

一 四〇二頁中七行第一二字「死」，諸本作「無」。

一 四〇二頁中一〇行第二字「延」，資、磧、普、南、徑、清作「誕」。

一 四〇二頁中一一行第四字「戾」，資、磧、普、南、徑、清作「脣」。同行第九字「喉」，資、磧、普、南、徑、清作「唯」。

一 四〇二頁中一三行第一一字「偕」，麗作「俏」。

一 四〇二頁中一六行第五字「無」，資、磧、普、南、徑、清作「死」。

一 四〇二頁中二一行首字「肌」，資、磧、普、南、徑、清作「肥」。同行第一一字「鵄」，麗作「鴟」。

一　四〇二頁下六行第六字「賜」，資、磧、普、南、徑、清作「腸」；麗作「湯」。同行第一三字「景」，諸本作「影」。

一　四〇二頁下七行「腎内堅」，資、磧、普、南、徑、清作「醫肉堅」；麗作「瞖肉堅」。

一　四〇二頁下八行第一〇字「融」，資、磧、普、南、徑、清作「曦」。同行第一一字「計」，資作「討」。

一　四〇二頁下九行第五字「活」，麗作「治」。

一　四〇二頁下一一行第四字「未」，麗作「求」。

一　四〇二頁下一二行第五字「求」，麗作「未」。

一　四〇二頁下一三行第一一字「遠」，資、磧、普、南、徑、清作「還」。

一　四〇二頁下一四行第八字「活」，諸本作「治」。

一　四〇二頁下一六行第一〇字「遶」，資、磧、徑、麗作「繞」。

一　四〇二頁下一七行「屠牛家」，諸本作「牛爲屠家」。

一　四〇二頁下一八行「驚山走樹間叫喚」，資、磧、普、南、徑、清作「驚怖走入山樹閒叫呼」；麗作「驚怖走入山樹間叫喚」。

一　四〇二頁下二〇行「郊死」，諸本作「劾死」。同行第一一字「捕」，麗作「爲捕」。

一　四〇三頁上一行第一〇字「視」，南、徑、清作「親」。

一　四〇三頁上四行第四字「牧」，麗作「收」。同行「忼㧌」，諸本作「忼愾」。

一　四〇三頁上五行第一二字「頣」，資、磧、徑作「頤」。同行「漾洟」，資、磧、普、南、徑、清作「涎涕」。

一　四〇三頁上七行末字「遂」，諸本作「遽」。

一　四〇三頁上一〇行「腦髓」，資、磧、普、南、徑、清作「髓腸」；麗作「髓傷」。

一　四〇三頁上一二行「腹止」，麗作「復上」。

一　四〇三頁上一四行首字「腹」，諸本作「腸」。

一　四〇三頁上一六行第八字「溢」，資、磧、普、南、徑、清作「侊」。

一　四〇三頁上一九行「呻號或哭」，資、磧、普、南、徑、清作「呻啼或笑」。

一　四〇三頁上二〇行第六字「腦」，資、磧、普、南、徑、清作「膓」；麗作「傷」。

一　四〇三頁中二行第七字「尋」，麗作「得」。同行末字「惡」，諸本作「惡處」。

一　四〇三頁中四行第七字「體」，資、磧、普、南、徑、清作「腫」。同行末字「歷」，資、磧、普、南、徑、清作「𪗋」；麗作「壢」。

一　四〇三頁中八行第四字「便」，資、磧、普、南、徑、清作「彼」。

一　四〇三頁中二一行「有但」，資、磧、普、南、徑、清作「但有」。

一　四〇三頁下二行第一一字「徃」，

諸本作「法」。
一 四〇三頁下五行末字及六行第四字「住」，資、磧、普、南、徑、清作「跓」。
一 四〇三頁下九行至一〇行「烏鷗鷹鷂」，資、磧、普、南、徑、清作「鵄鷹鷂」；麗作「烏鵄鷹鷂」。
一 四〇三頁下一二行第三字「生」，資、磧、普、南、徑、清作「生生」。
一 四〇三頁下一三行第六字「刀」，磧、普、南、徑、清作「力」。
一 四〇三頁下一五行末字「蚖」，資、磧、普、南、徑、清作「虺」。
一 四〇三頁下一九行第七字「礼」，資、磧、普、南、徑、清作「祀」。
一 四〇三頁下二〇行第三字「麈」，諸本作「麁」。
一 四〇三頁下二二行首字「腦」，諸本作「惱」。四〇五頁第三字同。
一 四〇四頁上九行「上天」，資、磧、普、南、徑、清作「天上」。
一 四〇四頁上一七行第六字「自」，資、磧、普、南、徑、清作「百」。
一 四〇四頁上二〇行「不亦」，諸本作「亦不」。
一 四〇四頁上二二行第一二字「德」，諸本作「惡」。
一 四〇四頁中四行第三字「跡」，資、磧、普、南、徑、清作「跓」。
一 四〇四頁中五行末字「受」，諸本作「愛」。
一 四〇四頁中七行第一三字「所」，資、磧、普、南、徑、清作「所成」。
一 四〇四頁中九行第八字「身」，諸本作「身根」。
一 四〇四頁中一〇行第一三字「肥」，資、磧、普、南、徑、清作「胞」。
一 四〇四頁中一四行第二字「黙」，諸本作「聚」，同行及一五行「烏鈇」，資、麗作「烏鈇」。
一 四〇四頁中一五行「摩石子」，麗作「磨石子」。下至一八行同。
一 四〇四頁中一六行第五字「睡」，諸本作「腄」。同行第一〇字「臏」，諸本作「臏」。
一 四〇四頁中一九行「十一」，諸本作「十」。
一 四〇四頁下四行「三十」，磧、普、南、徑、清作「二十」。
一 四〇四頁下一三行第八字「二」，諸本作「脊」。
一 四〇四頁下一四行「頸頭頸頭」，麗作「頸脰頸脰」。同行「頭頃頭頃」，資、磧、普、南、徑、清作「頭項頭項」；麗作「頭頤頭頤」。同行末字「是」，資、磧、普、南、徑、清無。
一 四〇四頁下一六行第五字「靡」，資、磧、普、南、徑、清作「乖」。
一 四〇四頁下一八行至一九行「生七千……七七日」共三十字，資、磧、普、南、徑、清無。
一 四〇四頁下一八行第九字「未」，麗作「尚未」。
一 四〇四頁下二〇行第四字「栽」，資、磧、普、南、徑、清作「哉」。
一 四〇四頁下二一行首字「羸」，資、

磧、普、南、徑、清作「臘」；麗作「臈」。同行「膖腥肌」，麗作「脽腥肒」。同行末字「五」，諸本作「三」。

一 四〇四頁下二二行第五字「腹」，資、磧、普、南、徑、清無。

一 四〇五頁上四行「毛分」，麗作「毛爪」。

一 四〇五頁上一〇行第一〇字「使」，資、磧、普、南、徑、清作「便」。

一 四〇五頁上一一行第三字「人」，資、磧、普、南、徑、清作「令」。

一 四〇五頁上一七行第九字「生」，資、磧、普、南、徑、清作「熱」。同行末字「右」，麗作「左」。

一 四〇五頁上一八行「女在……向後」十字，資、磧、普、南、徑、清無。

一 四〇五頁上一九行「鼻德露」，資作「臭惡露」；磧、普、南、徑、清、麗作「臭惡露」。同行第一四字「內」，諸本作「腹內」。同行末字「畏」，資、磧、普、南、徑、清作「裹」；麗作「外」。

一 四〇五頁上末行「腹樂中」，諸本作「腹中樂」。

一 四〇五頁中二行末字「隨」，資、磧、徑、清作「墮」。

一 四〇五頁中七行「芳墮肉中墮肉中墮刀旁」，資、磧、普、南、徑、清作「墮茅中墮網中墮刀矛」；麗作「墮網中墮茅中墮刀矛」。同行第一二字「蘭」，麗作「欄」。

一 四〇五頁中一一行第六字「洗」，徑、清作「澆」。同行第一〇字「遍」，資、磧、普、南、徑、清作「逼」。

一 四〇五頁中一二行「血魄」，諸本作「血皃」。

一 四〇五頁中一三行第六字「䰟」，資、磧、普、南、徑、清作「魂」。同行「魃蠱魁魅」，資、磧、普、南、徑、清作「魃蠱魁魑」；麗作「魃蠱魁魑」。

一 四〇五頁中一五行「鵂鵄鷂」，資、南作「鵄鷂鳥」；磧作「鵄鷂鳥」；徑、清、麗作「鵄鷂鳥」。同行末字「還」，諸本作「環」。

一 四〇五頁中一六行第六字及本頁下一二行第九字「有」，資、磧、普、南、徑、清無。

一 四〇五頁中一七行第九字「未」，資作「末」；磧、普、南、徑、清作「不」。

一 四〇五頁中一八行第二字「稍」，資、磧、普、南、徑、清無。同行第五字「飲」，諸本作「飲食」。

一 四〇五頁中二二行第一一字「二」，資、磧、普、南、徑、清作「三」。

一 四〇五頁中末行第一三字「著」，資、磧、普、南、徑、清無。

一 四〇五頁下二行第七字「手」，資、磧、普、南、徑、清作「羊夫」。

一 四〇五頁下四行首字「臍」，麗作「脊」。同行末字「脊」，麗作「臍」。

一 四〇五頁下九行第七字「詣」，諸本作「指」。

一 四〇五頁下一五行第五字「懷」，諸本作「壞」。

一 四〇五頁下一七行第七字「傑」，資、磧、普、南、徑、清作「樂」。

一 四〇五頁下一八行「清血」，資、磧、

普、南、徑、清作「精血」。

一　四〇五頁下二一行「裹者」，資、磧、普、南、徑、清作「裹者」；麗作「裹著」。同行「是如」，諸本作「如是」。

一　四〇六頁上六行第三字「敢」，諸本作「敢視」。

一　四〇六頁上七行「窯家」，諸本作「陶家」。

一　四〇六頁上八行第一二字「在」，資、磧、普、南、徑、清作「作」。

一　四〇六頁上九行第五字「燒」，資、磧、普、南、徑、清作「燒燒」。

一　四〇六頁上一二行第四字「逼」，麗作「適」。同行第七字「在」，資、磧、普、南、徑、清作「或在」。

一　四〇六頁上一九行「薄從慱」，諸本作「薄從薄」。

一　四〇六頁上末行「火風」，資、磧、普、南、徑、清作「大風」。

一　四〇六頁中三行第二字「延」，資、磧、普、南、徑、清作「旋」。

一　四〇六頁中八行「正道行」，麗作「止行道」。

一　四〇六頁中一〇行末字「章」，麗作「章也」。

一　四〇六頁中一一行「道地經」，徑、清無。

一　四〇六頁中一二行第二字「清」，資、磧、普、南、徑、清作「情」。

一　四〇六頁中一四行第三字「向」，麗作「何」。

一　四〇六頁中一九行第二字「者」，資、磧、普、南、徑、清作「若」。

一　四〇六頁中二一行第六字「止」，磧、普、南、徑、清作「正」。

一　四〇六頁中末行第三字「買」，資、磧、普、南作「貫」。

一　四〇六頁下一行第三字「金」，資、徑、清作「舍」。

一　四〇六頁下八行第八字「譬」，諸本作「辟」。

一　四〇六頁下九行「日緣」，諸本作「因緣」。

一　四〇六頁下一九行第四字「盟」，資、磧、普、南、徑、清作「盟」。同行「血澆」，麗作「血洗」。

一　四〇六頁下二〇行第八字「白」，資、磧、普、南、徑、清作「若澆」；麗作「白若」。

一　四〇六頁下二一行第四字「破」，資、磧、普、南、徑、清作「破破」。

一　四〇六頁下末行第六字「若」，資、磧、普、南、徑、清作「著」。同行第九字「令」，資、磧、普、南、徑、清作「今」；麗作「如今」。

一　四〇七頁上一行第二字「又」，資、磧、普、南、徑、清作「父」。

一　四〇七頁上四行末字「久」，資、磧、普、南、徑、清作「父」。

一　四〇七頁上六行第八字「失」，諸本作「生」。

一　四〇七頁上九行第五字「止」，資、磧、普、南、徑、清作「心」。

一　四〇七頁上一二行第九字「隨」，資、磧、普、南、徑、清作「墮」。

一　四〇七頁上一三行第四字「住」。

資、磧、普、南、徑、清作「跓」。同行第九字「念」，資、磧、普、南、徑、清作「令」。同行末字「若」，磧、普、南、徑、清作「苦」。

一　四〇七頁上一四行「令如」，資、磧、普、南、徑、清作「知」。

一　四〇七頁上末行「道地經」，徑、清無。

一　四〇七頁中四行第六字「身」，諸本作「身爲」。

一　四〇七頁中八行第二字「閞」，資、磧、普、南、徑、清作「閼」；麗作「開」。

一　四〇七頁中九行第九字「猫」，資、磧、普、南、徑、清作「猶」；麗作「猫」。

一　四〇七頁中一四行「軒血」，資、磧、普、南、徑、清作「軒盂」。

一　四〇七頁中一七行第九字「飲」，諸本作「飲食」。

一　四〇七頁中二一行「裳衣」，資、磧、普、南、徑、清作「常衣」。

一　四〇七頁下六行第九字「怱」，資、磧、普、南、徑、清作「惡」；麗作「忽」。

一　四〇七頁下七行末字「恒」，資、磧、普、南、徑、清作「垣」。

一　四〇七頁下一一行第三字「處」，資、磧、普、南、徑、清作「遽」。

一　四〇七頁下一二行「爲常衣洫」，資、磧、普、南、徑、清作「常爲衣洒」。

一　四〇七頁下一四行第一〇字「是」，資、磧、普、南、徑、清作「是身」。

一　四〇七頁下一五行第八字「胎」，資、磧、普、南、徑、清作「船」。

一　四〇七頁下一六行第四字「臭」，諸本作「臭」。

一　四〇七頁下一七行第一〇字「喜」，資、磧、普、南、徑、清作「嬉」。同行第一二字「可」，麗無。

一　四〇七頁下一八行第一一字「壁」，資、磧、普、南、徑、清作「譬如」。

一　四〇七頁下二一行「所如所無无依依」，諸本作「無所依如無所依」。

百喻經卷第一　觀

尊者僧伽斯那撰
蕭齊天竺三藏求那毗地譯

愚人食塩喻

昔有愚人至於他家主人與食嫌淡无味主人聞已更為益塩既得塩美便自念言所以美者緣有塩故少有尚尒況復多也愚人无智便空食塩食已口爽返為其患譬彼外道聞節飲食可以得道即便斷食或經七日

或十五日徒自困餓无益於道如彼愚人以塩美故而空食之致令口爽此亦復尒

愚人集牛乳喻

昔有愚人將會賓客欲集牛乳以擬供設而作是念我今若豫於日日中㲉取牛乳牛乳漸多卒无安處或復酢敗不如即就牛腹盛之待臨會時當頓㲉取作是念已便捉牸牛母子各繫異處却後一月尒乃設會迎置賓客方牽牛來欲㲉取乳而此牛乳即乾無有時為衆賓或瞋或笑愚人亦尒欲修布施方言待我大有之時然後頓施未及聚頃或為縣官水火盜賊之所侵奪或卒命終不及時施彼亦如是

以梨打頭破喻

昔有愚人頭上无毛時有一人以梨打頭乃至二三悉皆傷破時此愚人嘿然忍受不知避去傍人見已而語之言何不避去乃住受打致使頭破愚人答言如彼人者憍慢恃力癡無智慧見我頭上无有毛謂為是石

以梨打我頭破乃尒傍人語言汝自愚癡云何名彼以為癡也汝若不癡為他所打乃至頭破不知逃避比丘亦尒不能具修信戒聞慧但整威儀以招利養如彼愚人被他打頭不知避去乃至傷破反謂他癡此比丘者亦復如是

婦詐稱死喻

昔有愚人其婦端正情甚愛重婦无直信後於中間共他交往邪婬心盛欲逐傍夫捨離己聓於是密語一老母言我去之後汝可賫一死婦女屍安著屋中語我夫言云我已死老母於後伺其夫主不在之時以一死屍置其家中及其夫還老母語言汝婦已死夫即往視信是已婦哀哭懊惱大積薪油燒取其骨以囊盛之晝夜懷挾婦於後時心猒傍夫便還歸家語其夫言我是汝妻夫答之言我婦久死汝是阿誰妄言我婦乃至二三猶故不信如彼外道聞他邪說心生惑著謂為真實永不可改雖聞正教不信受持

渴見水喻

過去有人癡无智慧極渴須水見熱時炎謂為是水即便逐走至辛頭河既至河所對視不飲傍人語言汝患渴逐水今至水所何故不飲愚人答言君可飲盡我當飲之此水極多俱不可盡是故不飲尒時衆人聞其此語皆大嗤笑譬如外道僻取其理以己不能具持佛戒遂便不受致使將来无得道分流轉生死若彼愚人見水不飲為時所笑亦復如是

子死欲停置家中喻

昔有愚人養育七子一子先死時此愚人見子既死便欲停置於其家中自欲棄去傍人見已而語之言生死道異當速莊嚴致於遠處而殯葬之云何得留自欲棄去尒時愚人聞此語已即自思念若不得留要當葬者須更煞一子停擔兩頭乃可勝致於是便更煞其一子而檐負之遠葬林野時人見之深生嗤笑怪未曾有譬如比丘私犯一戒情憚改悔嘿然覆藏自說清淨或有知者即語之言出

家之人守持禁戒如護明珠不使缺落汝今云何違犯所受欲不懺悔犯戒者言苟須懺者更就犯之然後當出遂便破戒多作不善尒乃頓出如彼愚人一子既死又煞一子今此比丘亦復如是

認人為兄喻

昔有一人形容端正智慧具足復多錢財舉世人聞无不稱歎時有愚人見其如此便言我兄所以尒者彼有錢財須者則用之是故為兄見其還債言非我兄傍人語言汝是愚人云何須財名他為兄及其債時復言非兄愚人答言我以欲得彼之錢財認之為兄實非是兄若其債時則稱非兄人聞此語無不笑之猶彼外道聞佛善語貪竊而用以為己有乃至傍人教使修行不肯修行而作是言為利養故取彼佛語化道衆生而无實事云何修行猶向愚人為得財故言是我兄及其債時復言非兄此亦如是

山羌偷官庫喻

過去之世有一山羌偷王庫物而遠

逃走尒時國王遣人四出推尋捕得將至王邊王即責其所得衣處山羌答言我衣乃是祖父之物王遣著衣實非山羌本所有故不知著之應在手者著於脚上應在腰者返著頭上王見賊已集諸臣等共詳此事而語之言若是汝之祖父已来所有衣者應當解著云何顛倒用上為下以不解故定知汝衣必是偷得非汝舊物借以為譬王者如佛寶藏如法愚癡羌者猶如外道竊聽佛法著己法中以為自有然不解故布置佛法迷乱上下不知法相如彼山羌得王寶衣不識次第顛倒而著亦復如是

歎父德行喻

昔時有人於衆人中歎己父德而作是言我父慈仁不害不盜直作實語兼行布施時有愚人聞其此語便作是念言我父德行復過汝父諸人問言有何德行請道其事愚人答曰我父小来斷絶婬欲初無染汙衆人語言若斷婬欲云何生汝深為時人之所怪笑猶如世間无智之流欲讚人

德不識其實返致毀呰如彼愚者意好歎父言成過失此亦如是

三重樓喻

往昔之世有富愚人癡无所知到餘富家見三重樓高廣嚴麗軒敞踈朗心生渴仰即作是念我有財錢不減於彼云何頃来而不造作如是之樓即喚木匠而問言曰解作彼家端正舍不木匠荅言是我所作即便語言今可為我造樓如彼是時木匠即便經地壘墼作樓愚人見其壘墼作舍猶懷疑惑不能了知而問之言欲作何等木匠荅言作三重屋愚人復言我不欲下二重之屋先可為我作最上屋木匠荅言无有是事何有不作最下重屋而得造彼第二之屋不造第二云何得造第三重屋愚人固言我今不用下二重屋必可為我作最上者時人聞已便生怪笑咸作此言何有不造下第一屋而得上者辟如世尊四輩弟子不能精勤脩敬三寶懶惰懈怠欲求道果而作是言我今不用餘下三果唯求得彼阿羅漢果

亦為時人之所蚩笑如彼愚者等无有異

婆羅門煞子喻

昔有婆羅門自謂多知於諸星術種種技藝無不明達恃已如此欲顯其德遂至他國抱兒而哭有人問婆羅門言汝何故哭婆羅門言今此小兒七日當死愍其夭傷以是哭耳時人語言人命難知計算喜錯設七日頭或能不死何為豫哭婆羅門言日月可闇星宿可落我之所記終無違失為名利故至七日頭自煞其子以證已說時諸世人却後七日聞其兒死咸皆歎言真是智者所言不錯心生信服悉来致敬猶如佛之四輩弟子為利養故自稱得道有愚人法煞善男子詐現慈德故使將来受苦无窮如婆羅門為驗已言煞子惑世

煑黑石蜜漿喻

昔有愚人煑黑石蜜有一富人来至其家時此愚人便作是念我今當取黑石蜜漿與此富人即著少水用置火中即於火上以扇扇之望得使冷

傍人語言下不止火扇之不已云何得冷尒時人衆悉皆蚩笑其猶外道不滅煩惱熾然之火少作苦行卧蕀剌上五熱炙身而望清涼寂靜之道終无是處徒為智者之所怪笑受苦現在殃流来劫

說人喜瞋喻

過去有人共多人衆坐於屋中歎一外人德行極好唯有二過一者喜瞋二者作事倉卒尒時此人過在門外聞作是語便生瞋恚即入其屋擒彼道已愚惡之人以手打撲傍人問言何故打也其人荅言我曾何時喜瞋倉卒而此人者道我順喜瞋恚作事倉卒是故打之傍人語言汝今喜瞋倉卒之相即時現驗云何諱之人說過惡而起怨責深為衆人怪其愚惑辟如世間飲酒之夫躭荒沉酒作諸放逸見人呵責返生尤疾苦引證作用自明白若此愚人諱聞已過見他道說返欲打撲之

煞商主祀天喻

昔有賈客欲入大海入大海之法要

須導師然後可去即共求覓得一導師既得之已相將發引至曠野中有一天祠當須人祀然後得過於是衆賈共思量言我等伴黨盡是親親如何可煞唯此導師中用祀天即煞導師以用祭祀祀天已竟迷失道路不知所趣窮困死盡一切世人亦復如是欲入法海取其珍寶當修善法行以為導師毀破善行生死曠路永無出期經歷三塗受苦長遠如彼商賈將入大海煞其導者迷失津濟終致困死

醫與王女藥令卒長大喻

昔有國王產生一女喚醫語言為我與藥立使長大醫師答言我與良藥能使即大但今卒无方須求索比得藥頃王要莫看待與藥已然後示王於是即便遠方取藥經十二年得藥來還與女令服將示於王王見歡喜即自念言實是良醫與我女藥能令卒長便勑左右賜以珍寶時諸人等笑王無智不曉籌量生來年月見其長大謂是藥力世人亦尒詣善知識

而啓之言我欲求道願見教授使我立得善知識師以方便故教令坐禪觀十二緣起漸積衆德獲阿羅漢倍踊躍歡喜而作是言快哉大師速能令我證寂妙法

灌甘蔗喻

昔有二人共種甘蔗而作誓言種好者賞其不好者當重罰之時二人中一者念言甘蔗極甜若壓取汁還灌甘蔗樹甘美必甚得勝於彼即壓甘蔗取汁用溉冀望滋味返敗種子所有甘蔗一切都失世人亦尒欲求善福恃已豪貴專形俠勢迫脅下民陵奪財物用作福本期善果不知將來反獲其患殃如壓甘蔗彼此都失

債半錢喻

往有商人貸他半錢久不得償即便往債前有大河雇他兩錢然後得渡到彼往債竟不得見來還渡河復雇兩錢為半錢債而失四錢兼有道路疲勞之困所債甚少所失極多果被衆人之所怪笑世人亦尒要少名利致毀大行苟容已身不顧礼義現受

惡名後得苦報

就樓磨刀喻

昔有一人貧窮困苦為王作事日月經久身體羸瘦王見憐愍賜一死駝貧人得已即便剝皮嫌刀鈍故求石欲磨乃於樓上得一磨石磨刀令利來下而剝如是數數往來磨刀後轉勞苦憚不能數上懸駝上樓就石磨刀深為衆人之所嗤笑猶如愚人毀破禁戒多取錢財以用修福望得生天如懸駝上樓磨刀用功甚多所得甚少

乘船失釪喻

昔有人乘船渡海失一銀釪墮於水中即便思念我今畫水作記捨之而去後當取之行經二月到師子諸國見一河水便入其中覓本失釪諸人問言欲何所作答言我先失釪今欲覓取問言於何處失答言初入海失又復問言失經幾時言失來二月問言失來二月云何此覓答言我失釪時畫水作記本所畫水與此无異是故覓之又復問言水雖不別汝昔失

百喻經卷第一　第十三張　斂

時乃在於彼今在此覓何由可得尒
時衆人無不大笑亦如外道不修正
行相似善中橫計苦困以求解脫猶
如愚人失釪於彼而於此覓

人說王縱暴喻

昔有一人說王過罪而作是言王甚
暴虐治政无理王聞是語即大瞋恚
竟不究悉誰作此語信傍佞人捉一
賢臣仰使剝脊取百兩肉有人證明
此無是語王心便悔索千兩肉用為
補脊夜中呻喚甚大苦惱王聞其聲
問言何以苦惱取汝百兩十倍與汝
意不足耶何故苦惱傍人荅言大王
如截子頭雖得千頭不免子死雖十
倍得肉不免苦痛愚人亦尒不畏後
世貪得現樂苦切衆生調發百姓多
得財物望得滅罪而得福報辟如彼
王割人之脊取人之肉以餘肉補望
使不痛无有是處

婦女欲更求子喻

往昔世時有婦女人始有一子更欲
求子問餘婦女誰有能使我重有子
有一老母語此婦言我能使尒求子

百喻經卷第一　第十四張　觀

可得當須祀天問老母言祀須何物
老母語言煞汝之子取血祀天必得
多子時此婦女便隨彼語欲煞其子
傍有智人嗤笑罵詈愚癡无智乃至
如此未生子者竟可得不而煞現子
愚人亦尒為未生樂自投火坑種種
害身為得生天

百喻經卷第一

甲辰歲高麗國大藏都監奉
勑彫造

百喻經卷上

龍

蕭齊天竺三藏求那毗地譯

聞如是一時佛住王舍城在鵲封竹園與諸
大比丘菩薩摩訶薩及諸八部三万六千人
俱是時會中有異學梵志五百人俱從座而
起白佛言吾聞佛道洪深無能及者故來歸
問唯願說之佛言甚善問曰天下為有為無
荅曰亦有亦無梵志曰如今有者云何言無
如今無者云何言有荅曰生者言有死者言
無故說或有或無問曰人從何生荅曰人從
穀而生問曰五穀從何而生荅曰五穀從四
大火風而生問曰四大火風從何而生荅曰
四大火風從空而生問曰空從何生荅曰從
無所有生問曰無所有從何而生荅曰從自
然生問曰自然從何而生荅曰從泥洹而生
問曰泥洹從何而生佛言汝今問事何以尒
深泥洹者是不生不死法問曰佛泥洹未荅
曰我未泥洹若未泥洹云何得知泥洹常樂
佛言我今問汝天下衆生為苦為樂荅曰衆
生甚苦佛言云何名苦荅曰我見衆生死時
苦痛難忍故知死苦佛言汝今不死亦知死
苦我見十方諸佛不生不死故知泥洹常樂
五百梵志心開意解求受五戒悟須陀洹果
復坐如故佛言汝等善聽今為汝廣說衆喻

百喻經卷第一

校勘記

一　底本，麗藏本。此經卷一至卷四麗藏本與金藏廣勝寺本卷首所列目録相一致；校本資、磧、普、南、徑、清因分爲上下兩卷，故卷首所列目録有所差異，即卷一至卷三目録之「醫治脊僂喻」等共五十喻，校本列於卷上，卷三目録之「五人買婢共伎喻」至卷四目録之「小兒得大龜喻」共四十八喻，校本列於卷下。以下不再出校。

一　四一六頁上一行「卷第一」，諸本作「卷上」。

一　四一六頁上二行撰者，諸本無。

一　四一六頁上三行與四行之間，諸本有「聞如是……廣説衆喻」經文共三百七十四字。兹據資福藏本附後。

一　四一六頁上一四行「失釪」，資、磧、普、南、徑作「失杅」；清作「失盂」。

一　四一六頁上一五行第三字「王」，諸本作「王所」。

一　四一六頁上一六行第五字「喻」下，南、清有記數「一」。此經名爲百喻經，卷一至卷四實則收録九十八喻。每喻下之記數除南、徑、清時有不順序之記數外，其餘校本少有記數或無記數，故不出校。

一　四一六頁上一八行「既得盐」，徑無。

一　四一六頁中二行第七字「而」，徑作「而美故而」。

一　四一六頁中五行末字「擬」，諸本作「俟」。

一　四一六頁中六行「供設」，資、磧作「供説」。

一　四一六頁中七行「卆无」，諸本作「都無」。

一　四一六頁中九行「犊牛」，資、磧作「特牛」。

一　四一六頁中一〇行「迎置」，諸本作「延置」。

一　四一六頁中一一行「取乳」，諸本作「乳取」。

一　四一六頁中一七行「打頭破」，資、磧、普、南、徑、清作「打破頭」。

一　四一六頁下八行「婦詐」，徑、清作「婦詐語」。

一　四一六頁下一〇行「直信」，資、磧作「真信」；普、南、徑、清作「貞信」。

一　四一六頁下一一行第三字「逐」，諸本作「就」。

一　四一七頁上三行「辛頭河」，諸本作「新頭河」。

一　四一七頁上六行第二字「君」，諸本作「若」。

一　四一七頁上八行「其理」，諸本作「於理」。

一　四一七頁上一一行第七字「所」，諸本作「人」。

一　四一七頁中九行「人聞无不稱歎」，諸本作「人間無不稱美」。

一　四一七頁中一三行及二一行「其債」，諸本作「負債」。

一　四一七頁中一五行「債時」，諸本作「負債」。

一　四一七頁中一七行第四字「貪」，諸本作「盜」。

一　四一七頁中一九行「化道」，諸本作「化導」。

一　四一七頁中二二行「官庫」，諸本作「官庫衣」。

一　四一七頁下一九行第二字「念」，諸本無。

一　四一八頁上二行首字「好」，諸本作「存」。

一　四一八頁上五行「軒敞」，資、磧作「軒廠」；南作「軒廠」。

一　四一八頁上八行末字「正」，諸本作「嚴」。

一　四一八頁上一六行「第二」，資、磧、作「第一」。

一　四一八頁上末行第八字「求」，諸本作「欲」。同行末字「果」，諸本作「道」。

一　四一八頁中八行「夭傷」，諸本作「夭殤」。

一　四一八頁中一五行「信服」，諸本作「信伏」。

一　四一八頁中一七行「男子」，諸本作「法子」。

一　四一八頁下二行「人衆」，諸本作「衆人」。

一　四一八頁下五行末字「笑」，諸本作「哂」。

一　四一八頁下一〇行「過在」，諸本作「過在」。

一　四一八頁下一二行第三字「愚」，諸本作「過」。

一　四一八頁下一四行第九字「順」，諸本作「恒」。

一　四一八頁下一八行「沉酒」，普、南、徑、清作「酗酒」。

一　四一八頁下一九行末字「作」，諸本作「佐」。

一　四一八頁下二一行末字「之」，諸本無。

一　四一九頁上四行「黨盡是親覩」，資、磧作「當盡是親屬」；南、徑、清作「黨盡是親屬」。

一　四一九頁上八行「修善法」，諸本作「須善」。

一　四一九頁上一一行末字「致」，徑、清作「至」。

一　四一九頁中三行末字「倍」，諸本作「位」。

一　四一九頁中四行末字至次行首二字「能令我」，諸本作「令我等」。

一　四一九頁中一四行第四字「用」，諸本作「以用」。

一　四一九頁中一五行第四字「恚」，諸本無。

一　四一九頁中一九行末字「雇」，南、徑、清作「度」。

一　四一九頁中二一行「極多」，諸本作「甚多」。

一　四一九頁下一〇行「多取」，諸本作「多聚」。

一　四一九頁下一一行第四字「駞」，諸本作「駱駝」。

一　四一九頁下一三行「失釪」，諸本作「失盂」。下同。

一　四二〇頁上三行「苦困」，諸本作「苦因」。

一　四二〇頁上五行第三字「王」，徑、清作「王所」。

一　四二〇頁上八行「倭人」，資作「伖人」；磧、普、南、徑、清作「倭人」。

一　四二〇頁上一六行第三字「渴」，磧、普、南、徑、清作「得」。

一　四二〇頁上一八行第二字「割」，磧、南、徑、清作「剥」。同行「餘內」，資、磧、普、南作「餘支」。

一　四二〇頁中六行「爲未生樂」，諸本作「爲生天故」。

一　四二〇頁中卷末經名，諸本無(未換卷)。

佛說百喻經卷第二

僧伽斯那撰
蕭齊天竺三藏求那毗地譯

入海取沉水喻

昔有長者子入海取沉水積有年載方得一車持来歸家詣市賣之以其貴故卒无買者經歷多日不能得售心生疲厭以為苦惱見人賣炭時得速售便生念言不如燒之作炭可得速售即燒為炭詣市賣之不得半車炭之價直世間愚人亦復如是無量方便勤行精進仰求佛果以其難得便生退心不如發心求聲聞果速斷生死作阿羅漢

賊偷錦繡用裹氀褐喻

昔有賊人入富家舍偷得錦繡即持用裹故弊氀褐種種財物為智人所笑世間愚人亦復如是既有信心入佛法中修行善法及諸功德以貪利故破於清淨戒及諸功德為世所笑亦復如是

種熬胡麻子喻

昔有愚人生食胡麻子以為不美熬而食之為美便生念言不如熬而種之後得美者便熬而種永无生理世人亦尒以菩薩曠刼修行因難行若行以為不樂便作念言不如作阿羅漢速斷生死其功甚易後欲求佛果終不可得如彼燋種无復生理世間愚人亦復如是

水火喻

昔有一人事須火用及以冷水即便宿火以澡灌盛水置於火上後欲取火而火都滅欲取冷水而水復熱火

及冷水二事俱失世間之人亦復如是入佛法中出家求道既得出家還復念其妻子眷屬世間之事五欲之樂由是之故失其功德之火持戒之水念欲之人亦復如是

人効王眼瞤喻

昔有一人欲得王意問餘人言云何得之有人語言若欲得王意者王之形相汝當効之此人即便後至王所見王眼瞤便効王瞤王問之言汝為病耶為著風耶何以眼瞤其人答王我不病眼亦不著風欲得王意見王眼瞤故効王也王聞是語即大瞋恚即便使人種種加害擯令出國世人亦介於佛法王欲得親近求其善法以自增長既得親近不解如來法王為衆生故種種方便現其闕短或聞其法見有字句不正便生譏毀効其不是由是之故於佛法中永失其善墮於三惡如彼効王亦復如是

治鞭瘡喻

昔有一人為王所鞭既被鞭已以馬屎拊之欲令速差有愚人見之心生歡喜便作是言我決得是治瘡方法即便歸家語其兒言汝鞭我背我得好法今欲試之兒為鞭背以馬屎拊之以為善巧世人亦介聞有人言修不淨觀即得除去五陰身瘡便作是言我欲觀於女色及以五欲未見不淨返為女色之所惑亂流轉生死墮於地獄世間愚人亦復如是

為婦貿鼻喻

昔有一人其婦端正唯有鼻醜其人出外見他婦女面貌端正其鼻甚好便作念言我今寧可截取其鼻著我婦面上不亦好乎即截他婦鼻持来歸家急喚其婦汝速出来與汝好鼻其婦出来即割其鼻尋以他鼻著婦面上既不相著復失其鼻虚使其婦受大苦痛世間愚人亦復如是聞他宿舊沙門婆羅門有大名徳而為世人之所恭敬得大利養便作是念言我今與彼便為不異虚自假稱妄言有徳既失其利後傷其行如截他鼻徒自傷損世間愚人亦復如是

貧人燒麁褐衣喻

昔有一人貧窮困乏與他客作得麁褐衣而被著之有人見之而語之言汝種姓端正貴人之子云何著此麁弊衣褐我今教汝當使汝得上妙衣服當隨我語終不欺汝貧人歡喜敬從其言其人即便在前然火語貧人言今可脫此麁褐衣著於火中於此燒處當使汝得上妙欽服貧人即便脫著火中脫燒之後於此火處求覓欽服都无所得世間之人亦復如是從過去身修諸善法得此人身應當保護進修徳業乃為外道邪惡妖女之所欺誑汝今當信我語修諸苦行投巖赴火捨是身已當生梵天長受快樂便用其語即捨身命身死之後墮於地獄備受諸苦既失人身空無所獲如彼貧人亦復如是

牧羊人喻

昔有一人巧於牧羊其羊滋多乃有千万極大慳貪不肯外用時有一人善於巧詐便作方便往共親友而語之言我今共汝極成親愛便為一體更无有異我知彼家有一好女當為

汝求可用為婦牧羊之人聞之歡喜便大與羊及諸財物其人復言汝婦今日已生一子牧羊之人未見於婦聞其已生心大歡喜重與彼物其人後復而語之言汝兒生已今已死矣牧羊之人聞此人語便大啼泣歔欷不已世間之人亦復如是既修多聞為其名利秘惜其法不肯為人教化演說為此漏身之所誑惑妄期世樂如已妻息為其所欺喪失善法後失身命并及財物便大悲泣生其憂苦如彼牧羊之人亦復如是

雇借瓦師喻

昔有婆羅門師欲作大會語弟子言我須瓦器以供會用汝可為我雇借瓦師詣市覓之時彼弟子往瓦師家時有一人驢負瓦器至市欲賣須臾之間驢盡破之還來家中啼哭懊惱弟子見已而問之言何以悲歎懊惱如是其人答言我為方便勤苦積年始得成器詣市欲賣此弊惡驢須臾之頃盡破我器是故懊惱尒時弟子見聞是已歡喜而言此驢乃是佳物久時所作須臾能破我今當買此驢瓦師歡喜即便賣與乘來歸家師問之言汝何以不得瓦師將来用是驢為弟子答言此驢勝於瓦師瓦師久時所作瓦器少時能破時師語言汝大愚癡无有智慧此驢今者適可能破假使百年不能成一世間之人亦復如是雖千百年受人供養都无報償常為損害終不為益背恩之人亦復如是

估客偷金喻

昔有二估客共行商賈一賣真金其第二者賣兜羅綿有他買真金者燒而試之第二估客即便偷他被燒之金用兜羅綿裹時金熱故燒綿都盡情事既露二事俱失如彼外道偷取佛法著已法中妄稱已有非是佛法由是之故燒滅外典不行於世如彼偷金事情都現亦復如是

斫樹取果喻

昔有國王有一好樹高廣極大當生勝果香而甜美時有一人来至王所王語之言此之樹上將生美果汝能食不即答王言此樹高廣雖欲食之何由能得即便斷樹望得其果既无所獲徒自勞苦後還欲竪樹已枯死都无生理世間之人亦復如是如来法王有持戒樹能生勝果心生願樂欲得果食應當持戒修諸功德不解方便返毀其禁如彼伐樹復欲還活都不可得破戒之人亦復如是

送美水喻

昔有一聚落去王城五由旬村中有好美水王勑村人常使日日送其美水村人疲苦悉欲移避遠此村去時彼村主語諸人言汝等莫去我當為汝白王改五由旬作三由旬使汝得近往来不疲即往白王王為改之作三由旬衆人聞已便大歡喜有人語言此故是本五由旬更无有異雖聞此言信王語故終不肯捨世間之人亦復如是修行正法度於五道向涅槃城心生猒倦便欲捨離頓駕生死不能復進如来法王有大方便於一乘法分別說三小乘之人聞之歡喜以為易行修善進德求度生死後聞

人說无有三乘故是一道以信佛語終不肯捨如彼村人亦復如是

寶篋鏡喻

昔有一人貧窮困乏多負人債无以可償即便逃避至空曠處值篋滿中珎寶有一明鏡著珎寶上以蓋覆之貧人見已心大歡喜即便發之見鏡中人便生驚怖叉手語言我謂空篋都无所有不知有君在此篋中莫見瞋也凡夫之人亦復如是為无量煩惱之所窮困而為生死魔王債主之所纏著欲避生死入佛法中修行善法作諸功德如值寶篋為身見鏡之所惑乱妄見有我即便封著謂是真實於是墮落失諸功德禪定道品無漏諸善三乘道果一切都失如彼愚人棄於寶篋著我見者亦復如是

破五通仙眼喻

昔有一人入山學道得五通仙天眼徹視能見地中一切伏藏種種珎寶國王聞之心大歡喜便語臣言云何得使此人常在我國不餘處去使我藏中得多珎寶有一愚臣輙便往至挑仙人雙眼持来白王臣以挑眼更不得去常住是國王語臣言所以貪得仙人住者能見地中一切伏藏汝今毀眼何所復住世間之人亦復如是見他頭陀苦行山林曠野塜間樹下修四意止及不淨觀便强將来於其家中種種供養毀他善法使道果不成喪其道眼已失其利空無所獲如彼愚臣唐毀他目也

煞群牛喻

昔有一人有二百五十頭牛常驅逐水草隨時餧食時有一虎噉食一牛尒時牛主即作念言已失一牛俱不令足用是牛為即便駈至深坑高岸排著坑底盡皆煞之凡夫愚人亦復如是受持如来具足之戒若犯一戒不生慙愧清淨懺悔便作念言我以破一戒歸不具足何用持為一切都破无一在者如彼愚人盡煞群牛无一在者

飲木筩水喻

昔有一人行来渴乏見木筩中有清淨流水就而飲之飲水已足即便舉手語木筩言我已飲竟水莫復来雖作是語水流如故便瞋恚言我已飲竟語汝莫来何以故来有人見之言汝大愚癡无有智慧汝何以不去語言莫来即為挽却牽餘處去世間之人亦復如是為生死渴愛飲五欲醎水既為五欲之所疲猒如彼飲足便作是言汝色聲香味莫復更来使我見也然此五欲相續不斷既見之已便復瞋恚語汝速滅莫復更生何以故来使我見之時有智人而語之言汝欲得離者當攝汝六情閇其心意妄想不生便得解脫何必不見欲使不生如彼飲水愚人等无有異

見他人塗舍喻

昔有一人往至他舍見他屋舍墻壁塗治其地平正清淨甚好便問之言用何和塗得如是好主人答言用稻穀麧水浸令熟和塗泥壁故得如是愚人即便而作念言若純以稻麧不如合稻而用作之壁可白淨泥治平好便用稻穀和泥用塗其壁望得平正返更高下壁都碎烈虛棄稻穀都

无利益不如惠施可得功德九夫之人亦復如是聞聖人說法脩行諸善捨此身已可得生天及以解脫便自煞身望得生天及以解脫徒自虛喪空无所獲如彼愚人亦復如是

治秃喻

昔有一人頭上無毛冬則大寒夏則患熱兼為蚊虻之所唼食晝夜受惱甚以為苦有一醫師多諸方術彼秃人往至其所語其醫言唯願大師為我治之時彼醫師亦復頭秃即便脫帽示之而語之言我亦患之以為痛苦若令我治能得差者應先自治以除其患世間之人亦復如是為生老病死之所侵惱欲求長生不死之處聞有沙門婆羅門等世之良醫善療衆患便往其所而語之言唯願為我除此无常生死之患常處安樂長存不變時婆羅門等即便報言我亦患此無常生老病死種種求覓長存之處終不能得今我若能使汝得者我亦應先自得令汝亦得如彼患秃之人徒自疲勞不能得差

毗舍闍鬼喻

昔有二毗舍闍鬼共有一篋一杖一跂二鬼共諍各欲得二鬼紛紜竟日不能使平時有一人來見之已而問之言此篋杖跂有何奇異汝等共諍瞋忿乃尒二鬼答言我此篋者能出一切衣服飲食牀褥卧具資生之物盡從中出執此杖者怨敵歸服无敢與諍著此跂者能令人飛行無罣𥑮此人聞已即語鬼言汝等小遠我當為尒平等分之鬼聞其語尋即遠避此人即時抱篋捉杖躡跂而飛二鬼愕然竟無所得人語鬼言尒等所諍我已得去今使尒等更无所諍毗舍闍者喻於衆魔及以外道布施如篋人天五道資用之具皆從中出禪定如杖消伏魔怨煩惱之賊持戒如跂必昇人天諸魔外道諍篋者喻於有漏中强求果報空无所得若能脩行善行及以布施持戒禪定便得離苦獲得道果

佛說百喻經卷第二

佛說百喻經卷第二

校勘記

一 底本，金藏廣勝寺本。

一 四二四頁中一行經名，資、磧、普、南、徑、清無(未換卷)。同行及卷末經名「佛說」，麗無。

一 四二四頁中二行撰者，麗作「尊者僧伽斯那撰」。

一 四二四頁中七行第五字「瞤」，麗作「瞤」。下至次頁上一三行第二字同

一 四二四頁下四行及六行「毾㲪」，資作「縷褐」。

一 四二四頁下一四行「而種」，資、磧、普、南、徑、清作「而種之」。

一 四二四頁下一五行末字「若」，諸本作「苦」。

一 四二五頁上九行「後至」，資、磧、普、南、徑、清作「往至」。

一 四二五頁上一四行「加害」，資、磧、普、南、徑、清作「加苦」。

一　四二五頁上二〇行「効王」，資、磧、普、南、徑、清作「愚人」。

一　四二五頁上末行第二字及本頁中三行末字「拊」，資、磧、普、南、徑、清作「傅」。

一　四二五頁中一行第八字「决」，資、磧、普、南、徑、清作「快」。

一　四二五頁中一〇行「唯有」，資、磧、徑作「唯其」。

一　四二五頁中一六行「虛使」，諸本作「唐使」。

一　四二五頁中二一行第七字「後」，資、磧、普、南、徑、清作「有」。

一　四二五頁下六行「其人」，資、磧、普、南、徑、清作「主人」。

一　四二五頁下七行第五字「此」，資、磧、普、南、徑、清作「汝」。

一　四二五頁下九行第五字「脫」，諸本作「既」。

一　四二五頁下一二行「修德」，諸本作「德修」。

一　四二五頁下一四行「長受」，資、磧、普、南、徑、清作「長壽」。

一　四二六頁上五行「今已死」，麗作「今死」。

一　四二六頁上一三行及一五行「雇借」，資、磧、普、南、徑、清作「雇倩」。

一　四二六頁上末行「而言」，資、磧、普、南、徑、清作「念言」。同行「佳物」，資、磧、普、南、徑、清作「狂物」。

一　四二六頁中八行第五字「千」，資、磧、普、南、徑、清無。

一　四二六頁中二一行至次行「當生勝果」，資、磧、普、南、徑、清作「常有好果」。

一　四二七頁上一一行第七字「爲」，徑無。

一　四二七頁中四行「復住」，資、磧、麗作「復任」。

一　四二七頁中八行第三字「望」，諸本作「喪」。

一　四二七頁中一四行首字「令」，南、徑、清、麗作「全」。

一　四二七頁中一八行「歸不」，磧、麗作「既不」。

一　四二七頁下一五行「見他人」，資、磧、普、南、徑、清作「見他」。

一　四二七頁下一八行「和塗」，資、磧、普、南、徑、清作「和泥」。同行「如是」，徑作「如見」。

一　四二七頁下一九行「塗泥」，麗作「泥塗」。

一　四二七頁下末行第八字「礕」，資、磧、普、南、徑、清作「坼」；麗作「劈」。

一　四二八頁上四行「靈喪」，諸本作「虛喪」。

一　四二八頁上五行第三字「所」，資、磧、普、南、徑、清作「可」。同行「亦復如是」，諸本無。

一　四二八頁上九行第一三字「彼」，諸本作「時彼」。

一　四二八頁上一八行第二字「此」，資、磧、普、南、徑、清作「去」。

一　四二八頁上二〇行「求覓」，徑、清

作「求見」。

一　四二八頁中三行首字「跂」，諸本作「展」。下同。同行第六字「各」，麗作「各各」。

一　四二八頁中八行「歸服」，資、磧、普、南、徑、清作「歸伏」。

一　四二八頁中一一行「爲尒」，資、磧、普、南、徑、清作「爲汝」。

一　四二八頁中卷末經名，資、磧、普、南、徑、清無（未換卷）。

佛說百喻經卷第三

僧伽斯那撰
蕭齊天竺三藏求那毗地譯

估客駝死喻　磨大石喻
飲食半餅喻　奴守門喻
偷猫牛喻
貧人能作鴛鴦鳴喻
野干為折樹枝所打喻
小兒爭分別毛喻
醫治脊僂喻　五人買婢共使喻
伎兒作樂喻
師患脚付二弟子喻
蛇頭尾共爭在前喻
願為王剃鬚喻　索无物喻
蹹長者口喻　二弟子分財喻
觀作瓶喻　見水底金影喻
梵天弟子造物因喻
病人食雉肉喻
伎兒著戲羅刹服共相驚怖喻
人謂故屋中有惡鬼喻
五百歡喜丸喻
估客駝死喻

精

譬如估客遊行商賈會於路中而駝
卒死駝上所載多有珍寶細軟上氎
種種雜物駝既死已即剝其皮商主
捨行坐二子弟而語之言好看駝皮
莫使濕爛其後天雨二人頑嚚盡以
好氎覆此皮上氎盡爛壞皮氎之價
理自懸殊以愚癡故以氎覆皮世間
之人亦復如是其不煞者喻於白氎
其駝皮者即喻財貨天雨濕爛喻於
放逸敗壞善行不煞戒者即佛法身
冣上妙因然不能修但以財貨造諸
塔廟供養衆僧捨根取末不求其本
漂浪五道莫能自出是故行者應當
精心持不煞戒

磨大石喻

譬如有人磨一大石勤加功力經歷
日月作小戲牛用功既重所期甚輕
世間之人亦復如是磨大石者喻於
學問精勤勞苦作小牛者喻於名聞
互相是非夫為學者研思精微博通
多識宜應履行遠求勝果方求名譽
憍慢貢高增長過患

食半餅喻

辟如有人因其飢故食七枚煎餅食六枚半已便得飽滿其人恚悔以手自打而作是言我今飽足由此半餅然前六餅唐自捐棄設知半餅能充足者應先食之世間之人亦復如是從本以来常无有樂然其癡倒横生樂想如彼癡人於半幡餅生於飽想世人無知以富貴為樂夫富貴者求時甚苦既獲得已守護亦苦後還失之憂念復苦於三時中都无有樂猶如衣服遮故名樂於辛苦中横生樂想諸佛說言三界无安皆是大苦凡夫倒惑横生樂想

奴守門喻

辟如有人將欲遠行勑其奴言尒好守門并看驢索其主行後時隣里家有作樂者此奴欲聽不能自安尋以索繫門置於驢上負至戲處聽其作樂奴去之後舍中財物賊盡持去大家行還問其奴言財寶所在奴便荅言大家先付門驢及索自是以外非奴所知大家復言留尒守門正為財物財物既失用於門為生死愚人為

愛奴僕亦復如是如来教誡常護根門莫著六塵守無明驢看於愛索而諸比丘不奉佛教貪求利養詐現清白静處而坐心意流馳貪著五欲為色聲香味之所惑乱無明覆心愛索纏縛正念覺意道品財寶悉皆散失

偷犛牛喻

辟如一村共偷犛牛而共食之其失牛者逐跡至村喚此村人問其由狀而語之言尒在此村不偷者對曰我實无村又問尒村中有池在此池邊共食牛不荅言無池又問池傍有樹不對言無樹又問偷牛之時在尒村東不對曰无東又問當尒偷牛非日中時耶對曰无中又問從可無村及以无樹何有天下無東無時知尒妄語都不可信尒偷牛食不對言實食破戒之人亦復如是覆藏罪過不肯發露死入地獄諸天善神以天眼觀不得覆蔵如彼食牛不得欺拒

貧人作鴛鴦鳴喻

昔外國節法慶之日一切婦女盡持優鉢羅華以為鬘飾有一貧人其婦

語言尒若能得優鉢羅華来用與我為尒作妻若不能得我捨尒去其夫先来常善能作鴛鴦之鳴即入王池作鴛鴦鳴偷優鉢羅華時守池者而作是問池中者誰而此貧人失口荅言我是鴛鴦守者捉得將詣王所而於中道復更和聲作鴛鴦鳴守池者言尒先不作今作何益世間愚人亦復如是終身殘害作衆惡業不習心行使令調善臨命終時方言今我欲得修善獄卒將去付閻羅王雖欲修善亦无所及已如彼愚人欲到王所作鴛鴦鳴

野干為折樹枝所打喻

辟如野干在於樹下風吹枝折墮其脊上即便閉目不欲看樹捨棄而走到于露地乃至日暮亦不肯来遥見風吹大樹枝柯動揺上下便言喚我尋来樹下愚癡弟子亦復如是已得出家得近師長以小呵責即便逃走復於後時遇惡知識惱乱不已方還所去如是走来是為愚惑

小兒爭分別毛喻

辟如昔日有二小兒入河遨戲於此水底得一把毛一小兒言此是仙鬚一小兒言此羆毛尒時河邊有一仙人此二小兒諍之不已詣彼仙所决其所疑而彼仙人尋即取米及胡麻子口中含嚼吐著掌中語小兒言我掌中者似孔雀屎而此仙人不荅他問人皆笑之世間愚人亦復如是說法之時戲論諸法不荅正理如彼仙人不荅所問為一切人之所嗤笑浮湯虛說亦復如是

醫治脊僂喻

辟如有人卒患脊僂請醫療之醫以酥塗上下著板用力痛押不覺雙目一時併出世間愚人亦復如是為修福故治生估販作諸非法其事雖成利不補害將來之世入於地獄喻雙目出

五人買婢使作喻

辟如五人共買一婢其中一人語此婢言與我浣衣次有一人復語浣衣婢語次者先與某浣後者恚曰我共前人同買於汝云何獨尒即鞭十下如是五人各打十下五陰亦尒煩惱因緣合成此身而此五陰恒以生老病死無量苦惱榜搭衆生

伎兒作樂喻

辟如伎兒王前作樂王許千錢後從王索王不與之王語之言汝向作樂空樂我耳我與汝錢亦樂汝耳世間果報亦復如是人中天上雖受少樂亦无有實無常敗滅不得久住如彼空樂

師患脚付二弟子喻

辟如一師有二弟子其師患脚遣二弟子人當一脚隨時按摩其二弟子常相憎嫉一弟子行其一弟子捉其所當按摩之脚以石打折彼既來已忿其如是復捉其人所按之脚尋復打折佛法學徒亦復如是方等學者非于小乘小乘學者復非方等故使大聖法典二途兼亡

虵頭尾爭在前喻

辟如有虵尾語頭言我應在前頭語尾言我恒在前何以卒尒頭果在前其尾纏樹不能得去放尾在前即墮火坑燒爛而死師徒弟子亦復如是言師者老每恒在前我諸年少應為導首如是年少不閑戒律多有所犯因即相牽入於地獄

願為王剃鬚喻

昔者有王有一親信於軍陣中沒命救王使得安全王大歡喜與其所願即便問言汝何所求恣汝所欲臣便荅言王剃鬚時願聽我剃王言此事若適汝意聽汝所願如此愚人世人所笑半國之治大臣輔相悉皆可得乃求賤業愚人亦尒諸佛於无量刼難行苦行自致成佛若得遇佛及值遺法人身難得辟如盲龜值浮木孔此二難值今已遭遇然其意劣奉持少戒便以為足不求涅槃勝妙法也無心進求自行邪事便以為足

索無物喻

昔有二人道中共行見有一人將胡麻車在嶮路中不能得前時將車者語彼二人佐我推車出此嶮路二人荅言與我何物將車者言无物與汝時此二人即佐推車至於平地語將

車人言與我物来荅言無物又復語
言與我無物二人之中其一人者含
笑而言彼不肯與何足為愁其人荅
言與我无物必應有無物其一人言
無物者二字共合是為假名世俗凡
夫着無物者便生无所有處第二人
言無物者即是無相無願無作

蹹長者口喻

昔有大冨長者左右之人欲取其意
皆盡恭敬長者唾時左右侍人以脚
蹹却有一人愚者不及得蹹而作是
言若唾地者諸人蹹却欲唾之時我
當先蹹於是長者正欲咳唾時此愚
人即便舉脚蹹長者口破脣折齒長
者語愚人言汝何以故蹹我脣口愚
人荅言若長者唾出口落地左右諂
者已得蹹去我雖欲蹹每常不及以
是之故唾欲出口舉脚先蹹望得汝
意凡物須時時未及到彊設功力返
得苦惱以是之故世人當知時與非時

二子分財喻

昔摩羅國有一剎利得病極重必知
定死誡勅二子我死之後善分財物

二子隨教於其死後分作二分兄言
弟分不平尒時有一愚老人言教汝
分物使得平等現所有物破作二分
云何破之所謂衣裳中割作二分槃
瓶亦復中破作二分所有瓫瓨亦破
作二分錢亦破作二分如是一切所
有財物盡皆破之而作二分如是分
物人所嗤笑如諸外道偏修分別論
門有四種有決定荅論門譬如人一
切有皆死此是决定荅死者必有生
是應分別荅愛盡者无生有愛必有
生是名分別荅論門有問人為冣勝
不應反問言汝問三悪道為問諸天
若問三悪道人實為冣勝若問於諸
天人必為不如如是等義名反問荅
論門若問十四難若問世界及衆生
有邊无邊有終始无終始如是等義
名置荅論門諸外道愚癡自以為智
慧破於四種論作一分別論喻如愚
人分錢物破錢為兩段

觀作瓶喻

辟如二人至陶師所觀其蹋輪而作
瓦瓶看无猒足一人捨去往至大會

極得美膳又獲珍寶一人觀瓶而作
是言待我看訖如是漸冉乃至日没
觀瓶不已失於衣食愚人亦尒修理
家務不覺非常

今日營此事　明日造彼業　諸佛大龍出
雷音遍世間　法雨無障㝵　緣事故不聞
不知死卒至　失此諸佛會　不得法珍寶
常處悪道窮　背棄放正法　彼觀緣事瓶
終常无竟已　是故失法利　求無解脫時

見水底金影喻

昔有癡人往大池所見水底影有真
金像謂呼有金即入水中撓泥求覓
疲極不得還出復坐須臾水清又現
金色復更入裏撓泥更求覓亦復不
得其父覓子得来見子而問子
言汝何所作疲困如是子白父言水
底有真金我時投水欲撓泥取疲極
不得父看水底真金之影而知此金
在於樹上所以知之影現水底其父
言曰必飛鳥銜金著於樹上即隨父
語上樹求得

凡夫愚癡人　無智亦如是　於无我陰中
横生有我想　如彼見金影　勤苦而求覓

徒勞無所得

梵天弟子造物因喻

婆羅門衆皆言大梵天王是世間父能造万物造万物主者有弟子言我亦能造万物實是愚癡自謂有智語梵天言我欲造万物梵天王語言莫作此意汝不能造不用天語便欲造物梵天見其弟子所造之物即語之言汝作頭太大作項極小作手太大作髀極小作脚極小作踵極大如似毗舍闍鬼以此義當知各各自業所造非梵天能造諸佛說法不著二邊亦不著斷亦不著常如似八正道說法諸外道見斷見常事已便生執著欺誑世間作法形像所說實是非法

病人食雉肉喻

昔有一人病患委篤良醫占之云須恒食一種雉肉可得愈病而此病者市得一雉食之已盡更不復食醫於後時見便問之汝病愈未病者答言醫先教我恒食雉肉是故今者食一雉已盡更不敢食醫復語言若前雉已盡何不更食汝今云何止食一雉

望得愈病一切外道亦復如是聞佛菩薩無上良醫說言當解心識外道等執於常見便謂過去未來現在唯是一識无有遷謝猶食一雉是故不能療其愚惑煩惱之病大智諸佛教諸外道除其常見一切諸法念念生滅何有一識常恒不變如彼世醫教更食雉而得病愈佛亦如是教諸衆生令得解諸法壞故不常續故不斷即得剗除常見之病

伎兒著戲羅刹服共相驚怖喻

昔乾陁衛國有諸伎兒因時飢儉逐食他土經婆羅新山而此山中素饒惡鬼食人羅刹時諸伎兒會宿山中山中風寒然火而卧伎人之中有患寒者著彼戲本羅刹之服向火而坐行時伴中從睡寤者卒見火邊有一羅刹竟不諦觀捨之而走遂相驚動一切伴侶悉皆逃奔時彼伴中著羅刹衣者亦復尋逐奔馳絶走諸同行者見其在後謂欲加害倍增惶怖越度山河投赴溝壑身體傷破疲極委頓乃至天明方知非鬼一切凡夫亦

復如是處於煩惱飢儉善法而欲遠求常樂我淨無上法食便於五陰之中横計於我以我見故流馳生死煩惱所逐不得自在墜墮三塗惡趣溝壑至天明者喻生死夜盡智慧明曉方知五陰無有真我

人謂故屋中有惡鬼喻

昔有故屋人謂此室常有惡鬼皆悉怖畏不敢寢息時有一人自謂大膽而作是言我欲入此室中寄卧一宿即入宿止後有一人自謂膽勇勝於前人復聞傍人言此室中恒有惡鬼即欲入中排門將前時先入者謂其是鬼即復推門遮不聽前在後来者復謂有鬼二人鬪諍遂至天明既相覩已方知非鬼一切世人亦復如是因緣暫會無有宰主一一推排誰是我者然諸衆生横計是非强生諍訟如彼二人等無差別

五百歡喜丸喻

昔有一婦荒婬无度欲情既盛嫉惡其夫每思方策規欲殘害種種設計不得其便會值其夫歀使鄰國婦密

為計造毒藥丸欲用害夫詐語夫言尒今遠使慮有乏短今我造作五百歡喜丸用為資粮以送於尒尒若出國至他境界飢困之時乃可取食夫用其言至他界已未及食之於夜闇中止宿林間畏懼惡獸上樹避之其歡喜丸忘置樹下即以其夜值五百偷賊盜彼國王五百疋馬并及寶物来止樹下由其逃突盡皆飢渴於其樹下見歡喜丸諸賊取已各食一丸藥毒氣盛五百群賊一時俱死時樹上人至天明已見此群賊死在樹下詐以刀箭斫射死尸収其鞍馬并及財寶驅向彼國時彼國王多將人衆鞍乘来逐會於中路值於彼王彼王問言尒是何人何處得馬其人荅言我是某國人而於道路值此群賊共相斫射五百群賊今皆一處死在樹下由是之故我得此馬及以珎寶来投王國若不見信可遣往看賊之瘡痍煞害處所王時即遣親信往看果如其言王時欣然歎未曾有既還國已厚加爵賞大賜珎寶封以聚落彼

王舊臣咸生嫉妬而白王言彼是遠人未可服信如何卒尒寵遇過厚至於爵賞踰越舊臣遠人聞已而作是言誰有勇健能共我試請於平原挍其伎能舊人愕然无敢敵者後時彼國大曠野中有惡師子截道煞人斷絶王路時彼舊臣詳共議之彼遠人者自謂勇健无能敵者今復若能煞彼師子為國除害真為奇特作是議已便白於王王聞是已給賜刀杖尋即遣之尒時遠人既受勅已堅彊其意向師子所師子見之奮激鳴吼騰躍而前遠人驚怖即便上樹師子張口仰頭向樹其人怖急失所捉刀值師子口師子尋死尒時遠人歡喜勇躍来白於王王倍寵遇時彼國人率尒敬服咸皆讚歎其婦人歡喜丸者喻不淨施王遣使者喻善知識至他國者喻於諸天煞群賊者喻得須陁洹强斷五欲并諸煩惱遇彼國王者喻遭值賢聖國舊人等生嫉妬者喻諸外道見有智者能斷煩惱及以五欲便生誹謗言無此事遠人激厲而

言舊臣無能與我共為敵者喻於外道無敢抗衡煞師子者喻破魔既斷煩惱又伏惡魔便得無著道果封賞每常怖怯者喻能以弱而制於彊其於初時雖無淨心然彼其施遇善知識便獲勝報不淨之施猶尚如此況復善心歡喜布施是故應當於福田所勤心修施

佛說百喻經卷第三　卍

佛說百喻經卷第三

校勘記

一　底本，金藏廣勝寺本。

一　四三一頁中一行經名，資、磧、普、南、徑、清無（未換卷）。同行及卷末經名「佛說」，麗無。

一　四三一頁中二行撰者，麗作「尊者僧伽斯那撰」。

一　四三一頁中一〇行「共使」，麗作「共使作」。

一　四三一頁中一五行「二弟子」，麗作「二子」。
一　四三一頁中一九行「伎兒」，資、磧、普、南、徑、清作「伎人」。下同。
一　四三一頁下五行及九行「澀瀾」，諸本作「澀爛」。同行「殨器」，資、磧、普、南、徑作「殨瘷」。
一　四三一頁下六行「瀾壞」，資、磧、徑作「澀爛」；麗作「爛壞」。
一　四三一頁下末行首字「食」，麗作「欲食」。
一　四三二頁上一行「譬如」，徑作「譬於」。
一　四三二頁上二行「六放」，諸本作「六枚」。
一　四三二頁上四行「設知」，資、磧、普、南、徑、清作「設如」。
一　四三二頁上七行「半幡」，諸本作「半番」。
一　四三二頁上一一行「衣服」，諸本作「衣食」。
一　四三二頁中一五行「從可」，資、磧、普、南、徑、清作「從何」；麗作「縱可」。
一　四三二頁中二〇行末字「拒」，資、磧、普、南、徑、清作「抵」。
一　四三二頁中二一行第三字「作」，徑作「能作」。
一　四三二頁中二二行「節法」，資、磧、普、南、徑、清作「法節」。
一　四三二頁下七行「中道」，資、磧、普、南、徑、清作「道中」。
一　四三二頁下九行「衆惡」，資、磧、普、南、徑、清作「諸惡」。
一　四三二頁下二二行「所去如是走來」，資、磧、普、南、徑、清作「師所如是去來」；麗作「所去如是去來」。
一　四三三頁上一行「譬如」，徑無。
一　四三三頁上三行「言此」，麗作「言此是」。
一　四三三頁上八行「笑之」，諸本作「知之」。
一　四三三頁上一三行「療之」，資、磧、普、南、徑、清作「療治」。
一　四三三頁上一八行「目出」，至此，資、磧、普、南、徑、清卷上終，卷下始。
一　四三三頁上一九行「使作」，諸本作「共使作」。
一　四三三頁上二二行「與某」，諸本作「與其」。
一　四三三頁中六行「王語」，徑作「王與」。
一　四三三頁中七行「我身」，諸本作「我耳」。
一　四三三頁中一八行「非于」，諸本作「非斥」。
一　四三三頁中二〇行「爭在前」，徑、清、麗作「共爭在前」。
一　四三三頁中二一行末字「語」，徑作「與」。
一　四三三頁下一九行末字「胡」，資、磧、普、南、徑、清作「故」。
一　四三四頁上六行第二字「若」，資、磧、普、南、徑、清作「著」。同行「第二」，資、磧、普、南、徑、清作「其二」。

一　四三四頁上一〇行「侍人」，資、磧、普、南、徑、清作「之人」。

一　四三四頁上一一行第五字「人」，資、磧、普、南、徑、清無。

一　四三四頁中二行「愚老人」，資、磧作「里老人」；南、徑、清作「野老人」。

一　四三四頁中八行末字「論」，麗作「論論」。

一　四三四頁中九行「次定」，諸本作「決定」。

一　四三四頁中一〇行第九字「答」，麗作「答論門」。

一　四三四頁下二行「漸舟」，資、磧、普、南、徑、清作「漸冉」。

一　四三四頁下八行第八字「放」，資、磧、普、南、徑、清作「於」。

一　四三四頁下九行第二字「常」，資、磧、普、南、徑、清作「當」。同行「求無」，諸本作「永無」。

一　四三四頁下一三行「又現」，資、磧、普、南、徑、清作「復現」。

一　四三四頁下一五行「如是」，資、磧、普、南、徑、清無。

一　四三五頁上二行第七字「因」，徑、清無。

一　四三五頁上一〇行「如似」，麗作「作如似」。

一　四三五頁上一四行「斷見」，資、磧、普、南、徑、清作「是斷」。

一　四三五頁上末行「止食」，麗作「正食」。

一　四三五頁中三行「便謂」，資、磧、普、南、徑、清作「便爲」。

一　四三五頁中一〇行「剗除」，資、磧、普、南、徑、清作「滅除」。

一　四三五頁中一二行末字「逐」，資、磧、普、南、徑、清作「遂」。二〇行第七字，資、磧、普同。

一　四三五頁中一六行第六字「本」，資、磧、普、南、徑、清作「衣」。

一　四三五頁中一七行「行時」，諸本作「時行」。

一　四三五頁下二二行「規欲」，資、磧、普、南、徑、清作「頻欲」。

一　四三六頁上一五行「鞍乘」，麗作「案迹」。

一　四三六頁中一五行末字「勇」，諸本作「踊」。

一　四三六頁中一七行「敬服」，資、磧、普、南、徑、清作「敬伏」。

一　四三六頁下二行第一二字「魔」，資、磧、普、南、徑、清作「惡魔」。

一　四三六頁下五行首字「於」，資、磧、普、南、徑、清作「施」。

一　四三六頁下卷末經名，資、磧、普、南、徑、清無（未換卷）。

百喻經卷第四　觀字

尊者僧伽斯那撰
蕭齊天竺三藏求那毗地譯

口誦乘船法而不解用喻
夫婦食餅共為要喻
共相怨害喻
効其祖先急速食喻
嘗菴婆羅果喻
為二婦故喪其兩目喻　詐言馬死喻
嘗米決口喻
出家凡夫貪利養喻
駝瓮俱失喻　田夫思王女喻
搆驢乳喻　與兒期早行喻
為王負机喻　倒灌喻
為熊所齧喻　比種田喻
獼猴喻　月蝕打狗喻
婦女患眼痛喻　父取兒耳璫喻
劫盜分財喻　獼猴把豆喻
得金鼠狼喻　地得金錢喻
貧兒欲與富等財物喻
小兒得歡喜丸喻
老母捉熊喻　摩尼水竇喻

百喻經卷第四　第二張　觀字

二鴿喻　詐稱眼盲喻
為惡賊所劫失㲲喻
小兒得大龜喻

口誦乘船法而不解用喻

昔有大長者子共諸商人入海採寶此長者子善誦入海捉船方法若入海水漩洑迴流磯激之處當如是捉如是正如是住語眾人言入海方法我悉知之眾人聞已深信其語既至海中未經幾時船師遇病忽然便死時長者子即便代處至洄澓駛流之中唱言當如是捉如是正船盤迴旋轉不能前進至於寶所舉船商人沒水而死凡夫之人亦復如是少習禪法安般數息及不淨觀雖誦其文不解其義種種方法實無所曉自言善解妄授禪法使前人迷乱失心倒錯法相終年累歲空无所獲如彼愚人使他沒海

夫婦食餅共為要喻

昔有夫婦有三番餅夫婦共分各食一餅餘一番在共作要言若有語者要不與餅既作要已為一餅故各不

百喻經卷第四　第三張　觀字

敢語須臾有賊入家偷盜取其財物一切所有盡畢賊手夫婦二人以先要故眼看不語賊見不語即其夫前侵略其婦其夫眼見亦復不語婦便喚賊語其夫言云何癡人為一餅故見賊不喚其夫拍手笑言咄婢我定得餅不復與尒世人聞之無不嗤笑凡夫之人亦復如是為小名利故詐現靜嘿為虛假煩惱種種惡賊之所侵略喪其善法墜墮三塗都不怖畏求出世道方於五欲耽著嬉戲雖遭大苦不以為患如彼愚人等无有異

共相怨害喻

昔有一人共他相瞋愁憂不樂有人問言汝今何故愁悴如是即答之言有人毀我力不能報不知何方可得報之是以愁耳有人語言唯有毗陁羅呪可以害彼但有一患未及害彼返自害已其人聞已便大歡喜願但教我雖當自害要望傷彼世間之人亦復如是為瞋恚故欲求毗陁羅呪用惱於彼竟未害他先為瞋恚反自惱害墮於地獄畜生餓鬼如彼愚人

等无老别

効其祖先急速食喻

昔有一人從北天竺至南天竺住止既久即娉其女共為夫婦時婦為夫造設飲食夫得急吞不避其熱婦時恠之語其夫言此中无賊劫奪人者有何急事怱怱乃尒不安徐食夫荅婦言有好畨事不得語汝婦聞其言謂有異法慇懃問之良久乃荅我祖父已來法常速食我今効之是故疾耳世間凡夫亦復如是不達正理不知善惡作諸邪行不以為耻而云我祖父已來作如是法至死受行終不捨離如彼愚人習其速食以為好法

嘗菴婆羅果喻

昔有一長者遣人持錢至他園中買菴婆羅果而欲食之而勑之言好甜美者汝當買來即便持錢往買其果果主言我此樹果悉皆美好無一惡者汝嘗一果足以知之買果者言我今當一一嘗之然後當取若但嘗一何以可知尋即取果一一皆嘗持來歸家長者見已惡而不食便一切都棄世間之人亦復如是聞持戒施得大冨樂身常安隱无有諸患不肯信之便作是言布施得福我自得時然後可信目覩現世貴賤貧窮皆是先業所徵果報不知推一以求因果方懷不信須已自經一旦命終財物喪失如彼嘗果一切都棄

為二婦故喪其兩目喻

昔有一人娉取二婦若近其一為一所瞋不能裁斷便在二婦中間正身仰卧值天大雨屋舍霖漏水土俱下墮其眼中以先有要不敢起避遂令二目俱失其明世間凡夫亦復如是親近邪友習行非法造作結業墮三惡道長處生死喪智慧眼如彼愚夫為其二婦故二眼俱失

唵米決口喻

昔有一人至婦家舍見其擣米便往其所偷米唵之婦來見夫欲共其語滿口中米都不應和羞其婦故不肯棄之是以不語婦恠不語以手摸看謂其口腫語其父言我夫始來卒得口腫都不能語其父即便喚醫治之時醫言曰此病取重以刀決之可得差耳即便以刀決破其口米從中出其事彰露世間之人亦復如是作諸惡行犯於淨戒覆藏其過不肯發露墮於地獄畜生餓鬼如彼愚人以小羞故不肯吐米以刀決口乃顯其過

詐言馬死喻

昔有一人騎一黑馬入陣擊賊以其怖故不能戰鬪便以血汙塗其面目詐現死相卧死人中其所乘馬為他所奪軍衆既去便欲還家即截他人白馬尾來既到舍已有人問言汝所乘馬今為所在何以不乘荅言我馬已死遂持尾來傍人語言汝馬本黑尾何以白嘿然无對為人所笑世間之人亦復如是自言善好脩行慈心不食酒肉然殺害衆生加諸楚毒妄自稱善无惡不造如彼愚人詐言馬死

出家凡夫貪利養喻

昔有國王設於教法諸有婆羅門等在我國內制抑洗淨不洗淨者駈令策使種種苦役有婆羅門空捉澡灌詐言洗淨人為其者水即便瀉棄便

作是言我不洗淨王自洗之為王意故用避王役妄言洗淨實不洗之出家凡夫亦復如是剃頭染衣內實毀禁詐現持戒望求利養復避王役外似沙門內實虛欺如捉空瓶但有外相

駝甕俱失喻

昔有一人先甕中盛穀駱駝入頭甕中食穀又不得出既不得出以為憂惱有一老人來語之言汝莫愁也我教汝出汝用我語必得速出汝當斬頭自得出之即用其語以刀斬頭既復殺駝而復破甕如此癡人世間所笑凡夫愚人亦復如是悕心菩提志求三乘宜持禁戒防護諸惡然為五欲毀破淨戒既犯禁已捨離三乘縱心極意無惡不造乘及淨戒二俱捐捨如彼愚人駝甕俱失

田夫思王女喻

昔有田夫遊行城邑見國王女顏貌端正世所希有晝夜想念情不能已思與交通無由可遂顏色痿黃即成重病諸所親見便問其人何故如是荅親里言我昨見王女顏貌端正思與交通不能得故是以病耳我若不得必死無疑諸親語言我當為汝作好方便使汝得之勿得愁也後日見之便語之言我等為汝便為是得唯王女不欲田夫聞之欣然而笑謂呼必得世間愚人亦復如是不別時節春秋冬夏便於冬時擲種土中望得果實徒喪其功空無所獲芽莖枝葉一切都失世間愚人修習少福謂為具足便謂菩提已可證得如彼田夫悕望王女

搆驢乳喻

昔邊國人不識於驢聞他說言驢乳甚美都無識者尒時諸人得一父驢欲搆其乳諍共捉之其中有捉頭者有捉耳者有捉尾者有捉脚者復有捉器者各欲先得於前飲之中捉驢根謂呼是乳即便搆之望得其乳衆人疲厭都無所得徒自勞苦空無所獲為一切世人之所嗤笑外道凡夫亦復如是聞說於道不應求處妄生想念起種種邪見裸形自餓投巖赴火以是邪見墮於惡道如彼愚人妄求於乳

與兒期早行喻

昔有一人夜語兒言明當共汝至彼聚落有所取索兒聞語已至明旦竟不問父獨往詣彼既至彼已身體疲極空無所獲又不得食飢渴欲死尋復迴來來見其父父見子來深責之言汝大愚癡無有智慧何不待我空自往來徒受其苦為一切世人之所嗤笑凡夫之人亦復如是設得出家即剃鬚髮服三法衣不求明師諮受道法失諸禪定道品功德沙門妙果一切都失如彼愚人虛作往返徒自疲勞形似沙門實無所得

為王負机喻

昔有一王欲入無憂園中歡娛受樂勅一臣言汝捉一机持至彼園我用坐息時彼使人羞不肯捉而白王言我不能捉我願擔之時王便以三十六机置其背上駈使擔之至於園中如是愚人為世所笑凡夫之人亦復如是若見女人一髮在地自言持戒不肯捉之後為煩惱所惑三十六物

髮毛爪齒屎尿不淨不以為醜三十六物一時都捉不生慙愧至死不捨如彼愚人擔負於机

倒灌喻

昔有一人患下部病醫言當須倒灌乃可差耳便集灌具欲以灌之醫未至頃便取服之腹脹欲死不能自勝醫既來至怪其所以即便問之何故如是即答醫言向時灌藥我取服之是故欲死醫聞是語深責之言汝大愚人不解方便即便以餘藥服之方吐下尒乃得差如此愚人為世所笑凡夫之人亦復如是欲修學禪觀種種方法應效不淨反效數息應數息者效觀六界顛倒上下無有根本徒喪身命為其所困不諮良師顛倒禪法如彼愚人飲服不淨

為熊所嚙喻

昔有父子與伴共行其子入林為熊所嚙爪壞身體困急出林還至伴邊父見其子身體傷壞怪問之言汝今何故被此瘡害子報父言有一種物身毛毿毿來毀害我父執弓箭往到林間見一仙人毛髮深長便欲射之傍人語言何故射之此人無害當治有過世間愚人亦復如是為彼雖着法服無道行者之所罵辱而濫害良善有德之人喻如彼父熊傷其子而枉加神仙

比種田喻

昔有野人來至田里見好麥苗生長欝茂問麥主言云何能令是麥茂好其主答言平治其地兼加糞水故得如是彼人即便依法用之即以水糞調和其田下種於地畏其自脚蹋地令堅其麥不生我當坐一牀上使人舉之於上散種尒乃好耳即使四人人擎一脚至田散種地堅逾甚為人嗤笑恐已二足更增八足凡夫之人亦復如是既修戒田善芽將生應當師諮受行教誡令法芽生而返違犯多作諸惡使戒芽不生喻如彼人畏其二足倒加其八

獼猴喻

昔有一獼猴為大人所打不能奈何反怨小兒凡夫愚人亦復如是先所瞋人代謝不停滅在過去乃於相續後生之法謂是前者妄生瞋忿毒恚彌深如彼癡猴為大所打反嗔小兒

月蝕打狗喻

昔阿修羅王見日月明淨以手障之無智常人狗無罪咎横加於惡凡夫亦尒貪瞋愚癡横苦其身卧蕀剌上五熱炙身如彼月蝕枉横打狗

婦女患眼痛喻

昔有一女人極患眼痛有知識女人問言汝眼痛耶答言眼痛彼女復言有眼必痛我雖未痛並欲挑眼恐其後痛傍人語言眼若在者或痛不痛眼若無者終身長痛凡愚之人亦復如是聞富貴者衰患之本畏不布施恐後得報財物殷溢重受苦惱有人語言汝若施者或苦或樂若不施者貧窮大苦如彼女人不忍近痛便欲去眼乃為長痛

父取兒耳璫喻

昔有父子二人緣事共行路賊卒起欲來剝之其兒耳中有真金璫其父見賊卒發畏失耳璫即便以手挽之

耳不時決為耳璫故便斬兒頭須臾之間賊便棄去還以兒頭著於肩上不可平復如是愚人為世間所笑凡夫之人亦復如是為名利故造作戲論言二世有二世無中陰有中陰無心數法有心數法无種種妄想不得法實他人以如法論破其所論便言我論中都无是說如是愚人為小名利便故妄語要沙門道果身壞命終墮三惡道如彼愚人為少利故斬其兒頭

劫盜分財喻

昔有群賊共行劫盜多取財物即共分之等以為分唯有鹿野欽婆羅色不純好以為下分與取劣者下劣者得之恚恨謂呼大失至城賣之諸貴長者多與其價一人所得倍於衆伴方乃歡喜踊悅无量猶如世人不知布施有報无報而行少施得生天上受無量樂方更悔恨悔不廣施如欽婆羅後得大價乃生歡喜施亦如是少作多得尒乃自慶恨不益為

獼猴把豆喻

昔有一獼猴持一把豆誤落一豆在地便捨手中豆欲覓其一未得一豆先所捨者鷄鴨食盡凡夫出家亦復如是初毀一戒而不能悔以不悔故放逸滋蔓一切都捨如彼獼猴失其一豆一切都棄

得金鼠狼喻

昔有一人在路而行道中得一金鼠狼心生喜踊持置懷中涉道而進至水欲渡脫衣置地尋時金鼠變為毒虵此人深思寧為毒虵螫煞要當懷去心至冥感還化為金傍邊愚人見其毒虵變成真寶謂為恒尒復取毒虵內著懷裏即為毒虵之所蜇螫喪身殞命世間愚人亦復如是見善獲利內無真心但為利養來附於法命終之後墮於惡處如捉毒虵被螫而死

地得金錢喻

昔有貧人在路而行道中偶得一囊金錢心大喜躍即便數之數未能周金主忽至盡還奪錢其人當時悔不疾去懊惱之情甚為極苦遇佛法者亦復如是雖得值遇三寶福田不勤方便修行善業忽尒命終墮三惡道如彼愚人還為其主奪錢而去如偈所說

今日營此事　明日造彼事　樂著不觀苦
不覺死賊至　忩忩營衆務　凡人無不尒
如彼數錢者　其事亦如是

貧兒欲與富等財物喻

昔有一貧人少有財物見大富者意欲共等不能等故雖有少財欲棄水中傍人語言此物雖尠可得延君性命數日何故捨棄擲著水中世間愚人亦復如是雖得出家少得利養心有悕望常懷不足不能得與高德者等獲其利養見他宿舊有德之人素有多聞多衆供養意欲等之不能等故心懷憂苦便欲罷道如彼愚人欲等富者自棄己財

小兒得歡喜丸喻

昔有一乳母抱兒涉路行道疲極眠睡不覺時有一人持歡喜丸授與小兒小兒得已貪其美味不顧身物此人即時解其鉗鏁瓔珞衣物都盡持去比丘亦尒樂在衆務憒鬧之處貪少利養為煩惱賊奪其功德戒寶瓔

珞如彼小兒貪少味故一切所有賊盡持去

老母捉熊喻

昔有一老母在樹下卧熊欲來搏尒時老母遶樹走避熊尋後逐一手抱樹欲捉老母老母得急即時合樹捺熊兩手熊不得動更有異人來至其所老母語言汝共我捉煞分其肉時彼人者信老母語即時共捉既捉之已老母即便捨熊而走其人後為熊所困如是愚人為世所笑凡夫之人亦復如是作諸異論既不善好文辞繁重多有諸病竟不成訖便捨終亡後人捉之欲為解釋不達其意反為其困如彼愚人代他捉熊反自被害

摩尼水竇喻

昔有一人與他婦通交通未竟夫從外來即便覺之住於門外伺其出時便欲煞害婦語人言我夫已覺更無出處唯有摩尼可以得出（摩尼者齊云水竇孔也）欲令其人從水竇出其人錯解謂摩尼珠所在求覓而不知處即作是言不見摩尼珠我終不去須臾之間為其所煞凡夫之人亦復如是有人語言生死之中无常苦空無我離斷常二邊處於中道於此中過可得解脫凡夫錯解便求世界有邊無邊及以衆生有我無我竟不能觀中道之理忽然命終為於無常之所煞害墮三惡道如彼愚人推求摩尼為他所害

二鴿喻

昔有雄雌二鴿共同一巢秋果熟時取果滿巢於其後時果乾減少唯半巢在雄瞋雌言取果勤苦汝獨食之唯有半在雌鴿荅言我不獨食果自減少雄鴿不信瞋恚而言非汝獨食何由減少即便以嘴啄雌鴿煞未經幾日天降大雨果得濕潤還復如故雄鴿見已方生悔恨彼實不食我妄煞他即悲鳴命喚雌鴿汝何處去凡夫之人亦復如是顛倒在懷妄取欲樂不觀无常犯於重禁悔之於後竟何所及後唯悲歎如彼愚鴿

詐稱眼盲喻

昔有工匠師為王作務不堪其苦詐言眼盲便得脫苦有餘作師聞之便欲自壞其目用避苦役有人語言汝何以自毀徒受其苦如是愚人為世人所笑凡夫之人亦復如是為少名譽及以利養便故妄語毀壞淨戒身死命終墮三惡道如彼愚人為少利故自壞其目

為惡賊所劫失氎喻

昔有二人為伴共行曠野一人被一領氎中路為賊所剥一人逃避走入草中其失氎者先於氎頭裹一金錢便語賊言此衣適可直一枚金錢我今求以一枚金錢而用贖之賊言金錢今在何處即便氎頭解取示之而語賊言此是真金若不信我語今此草中有好金師可往問之賊既見之復取其衣如是愚人氎與金錢一切都失自失其利復使彼失凡夫之人亦復如是修行道品作諸功德為煩惱賊之所劫掠失其善法喪諸功德不但自失其利復使餘人失其道業身壞命終墮三惡道如彼愚人彼此俱失

小兒得大龜喻

昔有一小兒陸地遊戲得一大龜，意欲殺之，不知方便，而問人言：「云何得殺？」有人語言：「汝但擲置水中，即時可殺。」爾時小兒信其語故，即擲水中。龜得水已，即便走去。凡夫之人亦復如是，欲守護六根，修諸功德，不解方便，而問人言：「作何因緣而得解脫？」邪見外道、天魔波旬及惡知識而語之言：「汝但極意六塵，恣情五欲，如我語者，必得解脫。」如是愚人不諦思惟，便用其語，身壞命終，墮三惡道，如彼小兒擲龜水中。

此論我所造　合和喜笑語　多損正實說　觀義應不應
如似苦毒藥　和合於石蜜　藥為破壞病　此論亦如是
正法中戲笑　譬如彼狂藥　佛正法寂定　明照於世間
如服吐下藥　以酥潤體中　我今以此義　顯發於寂定
如阿伽陀藥　樹葉而裹之　取藥塗毒竟　樹葉還棄之
戲笑如葉裹　實義在其中　智者取正義　戲笑便應棄

尊者僧伽斯那造作癡花鬘竟

百喻經卷第四

佛說百喻經卷第四

校勘記

一　底本，麗藏本。

一　四三九頁上一行經名、二行撰者、三行譯者，諸本無（未換卷）。

一　四三九頁上四行及本頁中四行「口誦……喻」，諸本作「長者共商人入海採寶喻」。

一　四三九頁中二一行「昔有」，諸本作「昔者」。

一　四三九頁下二行「賊手」，普、徑作「賊首」。

一　四三九頁下七行「與尒」，諸本作「與你」。

一　四四〇頁中三行「得福」，諸本作「得富」。

一　四四〇頁下末行第七字「其」，諸本無。

一　四四一頁上一行「爲王」，普、南、徑、清作「爲正」。

一　四四一頁上四行「望求」，諸本作「望人」。

一　四四一頁上八行「又不」，諸本作「後不」。

一　四四一頁上一二行「世間」，諸本作「世人」。

一　四四一頁上一八行「思王女」，徑、清作「思願王女」。

一　四四一頁中一行「交通」，諸本作「交遊」。

一　四四一頁中一〇行「菩提」，普、南、徑、清作「善根」。

一　四四一頁中一二行首字「搆」，諸本作「捋」。下至一八行第八字同。

一　四四一頁中一四行第一三字「父」，諸本作「馭」。

一　四四一頁下四行第一三字「旦」，諸本作「清旦」。

一　四四一頁下七行「來來」，資、磧作「還來」；普、南、徑、清作「還求」。

一　四四二頁上二行「慙愧」，諸本作「慚羞」。

一　四四二頁上一一行「即便」，諸本

作「即更」。同行末字「方」，諸本作「方得」。

一　四四二頁上一四行「應劾不淨反劾」，諸本作「應觀不淨反觀」。

一　四四二頁上一五行第二字「劾」，諸本作「反」。

一　四四二頁上一八行第二字「熊」，諸本作「羆」。下同。

一　四四二頁中七行首字「比」，諸本作「以」。

一　四四二頁中一二行「蹋地」，諸本作「蹈地」。

一　四四二頁下一行「乃於」，諸本作「及於」。

一　四四二頁下三行「爲大」，諸本作「爲大人」。

一　四四二頁下一二行「雖未」，資、磧、普、南作「雖曼未」；徑、清作「雖眼未」。

一　四四三頁上五行首字「言」，諸本作「言無」。

一　四四三頁上七行「所論」，諸本作「所說」。

一　四四三頁上一七行「踊悅」，諸本作「勇悅」。

一　四四三頁上一九行「方更」，徑作「方便」。

一　四四三頁上二一行第九字「恨」，徑作「恨悔」。

一　四四三頁中一六行第五字「於」，諸本作「在」。

一　四四三頁中一九行第六字「躍」，諸本作「踊」。

一　四四三頁中二一行第四字「惱」，諸本作「恨」。

一　四四三頁下三行「此事」，諸本作「此業」。

一　四四三頁下五行「錢者」，普、南、徑、清作「金錢」。

一　四四三頁下六行「貧兒」，徑、清作「貧人」。同行「富等」，諸本作「富者等」。

一　四四三頁下一一行「雖得」，諸本作「雖復」。

一　四四四頁上七行「不得動更有」，磧、清作「不得動便有」；普、南、徑作「不能動便有」。

一　四四四頁上一〇行第一二字「後」，諸本作「於後」。

一　四四四頁中二〇行「竟何」，諸本作「將何」。

一　四四四頁中二一行第四字「唯」，諸本作「雖」。

一　四四四頁下一六行末字「之」，普、南、徑、清作「己」。

一　四四五頁上一四行「合和」，諸本作「和合」。

一　四四五頁上一五行第一三字「於」，普、南、徑、清作「爲」。

一　四四五頁上二〇行「如棻」，諸本作「如藥」。

一　四四五頁上末行「卷第四」，諸本作「卷下」。

菩薩本緣經卷上　觀

僧伽斯那撰
吳月支優婆塞支謙字恭明譯

毗羅摩品第一

若心狹劣者　雖多行布施　受者不清淨
故令果報少　若行惠施時　福田雖不淨
能生廣大心　果報無有量

我昔曾聞過去有王名地自在受性暴惡好行征伐時有小國八万諸王首戴寶冠常来朝侍其王口惡身行無善常為非法侵陵他境王有輔相大婆羅門修清淨行智人所讃口言柔軟不宣麁惡有所造作能速成辦面目端嚴為世所敬四毗陁典靡不綜練諸婆羅門所有經論通達解了無有遺餘是時輔相年已衰邁遇病未久奄尒即亡王及人民聞其終歿悉生懊惱思慕難忍時王思念不去須臾即為臣民而說偈言

如何此大地　一旦無人治　如海無主船
隨風而東西　我所尊敬者　出家已成就
口善言柔軟　常能利益世　如何便終歿

令我心惱悶　猶如無燈明　而入於闇室

尒時諸臣即白王言唯願大王寬意莫愁勿謂國中更無有任為輔相者是法婆羅門雖復命終其子年幼聡明黠慧顏貌端正世无及者發言柔軟悅可眾心修行忍辱心常寂靜無有憍慢貢高自大博學多聞无書不綜利益眾生猶如梵王名毗羅摩唯願大王即命此人以為輔相時王答言彼若有子如汝說者我從昔来所未曾聞臣復言大王是婆羅門子常求正法離於邪法愛護已法未能為人王即答言子若是才人何得違毀先人家法若離先業則不得名来正法者是人先父常以正法佐吾治國能令吾等遠離眾惡雖作如是治國治務終不破失婆羅門法如其彼人如汝說者便可召来諸臣奉命即遣使者召毗羅摩將詣王所到已就坐斂容而語說如是言大王今日以何因緣而見顧命王即答言汝不知耶我之薄祐汝父輔相不幸喪殞大地傾喪人民擾動我為之憂其心迷悶

時毗羅摩即白王言夫愛別離非王獨有如此皆是有為法相也大王昔来不曾聞耶若天龍鬼神阿修羅乾闥婆迦樓羅緊那羅摩睺羅伽沙門婆羅門若老若少悉無得離是終歿者大王一切眾生決定有之大王譬如火性悉能燒然一切之物無常之法亦復如是悉能壞滅一切眾生王不知耶是老病死能喪眾生如四衢道頭華果之樹常為多人之所抖擻大王譬如駛河常流不停眾生壽命亦復如是大王如金翅鳥投龍宮中搏撮諸龍而食噉之亦如師子在麞鹿群威猛一切眾生在三界中流迴死法亦復如是大王如是死法非以親近財貨求贖軟言誘恤而可得脫亦不可以四兵威力逼迫禦之令其退散如是死法決定而有是眾生常法以是義故大王於此不應生憂時王聞已心生歡喜復向諸臣說如是言未曾有也如是童子年雖幼稚乃說先宿耆舊之言時王即語毗羅摩言汝不知耶汝之先父愛護於吾猶

如赤子是故我今感其恩重憂愁迷悶吾今輕弱頑嚚无智如汝所說吾永無分汝今若見垂顧矜哀顯先承嗣纂繼家業我當誠心盡壽歸依時眦羅摩即作是念我今如何一旦對至今聞此言莫知所作猶如羸人步涉高山復作是念今者承嗣眦輔國政於諸人民雖多利益然我所修純善之法則為虧損君治國土稱万姓心當有無量諸過患事所謂刑罰刼奪他財威陵天下或損或驅要當隨王行如是法若行正法我善則損今我若故修行善法則不上稱大王聖懷若稱王法善法日衰作是念時王復白言大師今日何所思慮時眦羅摩即荅王言我今所念當以何術令王身及國人民悉得利益无諸衰耗亦復思惟王與國人福德過患若先行善後行於惡則不名人大王寧為實語而作怨憎不為諂言而作親厚寧說正法墮於地獄不說邪諂生於天上大王我今思惟籌量是事大王若有人能思惟是義當知是人則能

利益一切衆生王聞是語心生歡喜復作是言大師我等若能如是行法所修善法則為不損時眦羅摩即奉王命纂承先父輔相之業然後漸漸勸化是王及八万四千小王修持正法亦令其國所有人民皆捨遠惡不貪五欲時王修行無量善法如眦羅摩等無差別也時眦羅摩見王如是心生歡喜而作是言我今已為修治國土然我善法无所衰損復作是念我今當以何等因緣勸諸衆生悉令安住阿耨多羅三藐三菩提道然諸衆生受性不同或欲聞法或貪財貨或嗜五欲或樂愛語或好憒閙多人親附或好隨逐善人之行或樂多受心無猒足我今幸有大智方便悉能攝取一切衆生安止住於阿耨多羅三藐三菩提我亦復有餘方便辟如日出雖能照了一切天下然不能為盲者作明我亦如是雖復能為一切衆生說无上道然不能為无慧目者而作利益我今復當以衣服飲食而給足之令其飽滿心歡喜已然後復

當為之說法令其信受時眦羅摩思是義已即至王所作如是言我今已為無量衆生作法事已聚集三法所謂修行正法聚集錢財所願成就則令一切國土安樂无有怨讎正法增長猶如初月好名流布八方上下唯願大王聽我修行无上正法尒時大王聞是語已心生驚喜衣毛為竪白言大師諸欲所作願具告勑眦羅摩言我今欲作一切大施施中所須願為我辦尒時大王即於城外安瀆之處莊嚴施場唯願大王善言誘喻諸作使者无令於我而生瞋恨尒時大王及給使者皆悉歡喜敬意供辦飲食所須尋於諸方擊鼓宣令若諸衆生凡有所須衣服飲食卧具醫藥象馬車乘香華瓔珞末香塗香舍宅燈明悉来集此當相奉給復說偈言

我為利益諸世間故　隨諸衆生所須之物
乃至身體手足肉血　捨離之時猶如草芥
汝等若受是供養時　則當一心思惟善法
受供養已不應貪著　當以善法利益一切
若以我力能速涅槃　以為衆生流轉生死

是故久住不取涅槃 無量衆生隨老死獄
我欲拔之永離遠離
時毗羅摩菩薩摩訶薩所設供具令無量百千万億衆生隨意所須悉得充足善言說法諸大德我今忘身以憂汝身汝等今已受我供養好自利益當觀正法若死至時雖有父母妻子親族無量財寶不能令命住一念頃及其命盡獨至他世父母妻子親族財寶无隨去者唯有業行不能捨離復為大衆而說偈言

為父母親族 修行於悪法 命終墮三趣
无有隨逐者 於今現在世 若受苦惱時
雖有父母兄 不能受少分 況於未来世
而當有代者 是故當一心 莫為他行悪

諸大德汝等今身安隱无患所謂衰老眊病欬逆頭痛已無是病當勤脩行一切善法是毗羅摩菩薩摩訶薩以二攝法攝取衆生所謂財法滿九十日過夏已訖奉施親願所謂金盤具足八万或以銀粟八万銀盤盛以金粟八万小牛八万乳牛悉從一犢是一一牛乳日一斛紲以白疊纏覆

其身金角銀蹄莊嚴脥飾八万童女形體端正金寶瓔珞以自莊嚴一一女人有一侍女供給使令令皆淨潔是諸女人各有一牀或金或銀瑠璃頗梨象牙香木種種茵褥以敷其上牛車八万象馬八万及諸倉庫錢財珎寶不可稱計如是等物悉莊嚴已而作是念今是施物將无少耶尒時菩薩為諸婆羅門說如是言汝等當知我今集聚如是種種金銀女人車乘象馬倉穀珎寶正為汝等幸可少時寂然无言聽我所願然後隨意共分而去尒時一切諸婆羅門寂然无聲是時菩薩為諸衆生自諫其心汝心所作常求果報猶如獼猴入於稠林而說偈言

我今所布施 普為諸衆生 如是之布施
實不望其報 願悉施衆生 等受於快樂
以汝貪善故 久在於天上 亦以貪惡故
久住於地獄 復以貪著故 作此大施主
或作貧窮人 或行於大施 或時以自在
守財而慳貪 或以自在故 自墜於貧苦
或復以縱逸 久在於生死 輪轉无窮已

猶如輪轉地 我在久遠来 隨順敬事汝
雖作如是事 不能令汝喜 汝今當安住
不動寂靜中 我今所布施 悉為諸衆生

尒時毗羅摩菩薩即以右手執持澡灌以大慈悲熏脩其心憐愍一切諸衆生故涕泣流淚而作是念我今所施不為梵王魔醯首羅釋提桓因假使更有勝是三者亦不悕求唯求佛道欲利衆生斷諸煩惱我今當捨已身妻子奴婢僕使珎寶舍宅唯求解脫不求生死我今所施柔軟女人願諸衆生於未来世悉得斷除所有貪欲今我所施五種牛味願諸衆生於未来世常能惠施他人法味令我所施如是敷具願諸衆生於未来世悉得如来金剛坐處我今所施種種珎寶願諸衆生於未来世悉得如来七菩提寶作是語已從上坐所脩行澡水而水不下猶如慳人不肯布施尒時菩薩即作是念今此澡水何緣不下復作是念將非我願未来之世不得成耶誰之遮制令水不下將非此中无有大德其餘不應受我供耶或

我所施不同普耶或是我僕使不歡
喜耶將非此中有煞生耶我今定知
不因衆生我今所施亦是時施亦不
觀採是受非受而此灌水何緣不下
介時菩薩見婆羅門為此諸女生貪
嫉心而起瞋恨各各說言彼女端正
我應取之汝不應取彼牛肥壯我應
取之汝不應取金銀盤槃乃至珎寶
亦復如是介時菩薩見諸婆羅門貪
心諍物牙相瞋恚即作是言是諸受
者貪欲瞋恚愚癡乱心不能堪受如
是供養如車軸折輻輞破壞不任運
載我亦如是種子良善而田薄悪以
此受者心不善故令是澡水不肯流
下我今雖作如是布施亦无有人教
我令發阿耨多羅三藐三菩提心而
我自為一切衆生故發是心今當自
試若我審能愍衆生者灌水當下即
以左手執鑵瀉之水即流下菩薩右
手諸婆羅門見是事已各生慙愧離
所施物修行梵行諸婆羅門尋共稽
首求請菩薩以為和尚菩薩憐愍即
便受之教令修學四無量心以是因

緣命終即得生梵天上令无量衆生
發阿耨多羅三藐三菩提心菩薩摩
訶薩行檀波羅蜜時不見此是福田
此非福田亦不分別多親少疏是故
菩薩若布施時或多或少或好或悪
應以一心清淨奉上莫於受者生下
劣心

菩薩本緣經一切施品第二

一切諸菩薩　為利衆生故　捨棄己身命
猶如草糞穢

如我曾聞過去有王名一切施是王
初生即向父母說如是言我於一切
无量衆生尚能棄捨所重身命况復
其餘外物珎寶是故父母教而重之
為立名字字一切施從其初生身與
行施漸漸增長辟如初月至十五日
其後不久父王崩背即承洪業霸治
國土如法化民不枉萬姓擁護自身
不豫他事終不侵陵他餘隣國隣國
若故來討罰之希能擒獲投擲貧民
給施以財恭敬沙門婆羅門等常以
淨手施衆生食口常宣唱與是人衣
與是人食及與財寶愛護是人瞻視

是人介時菩薩常行如是善布施時
隣國人民聞王功德悉來歸化其土
充滿聞無空處猶如山頂暴漲之水
流注溝坑谿澗深處亦如半月海水
潮出其國外來歸化之民充滿側塞
亦復如是其餘隣國漸失人民各生
瞋恨即共集議當共往討作是議已
尋嚴四兵來向其國介時邊方守禦
之人遠來白王隣國怨賊今已相逼
猶如暴風黑雲悪雨王即告言卿等
不應惱乱我心即說偈言

隣國所以來討我國　正為人民庫藏珎寶
快哉甚善當相施與　我當捨之出家學道
多有國土為五欲故　侵奪人民貯聚无猒
當知是王命終之後　即墮地獄畜生餓鬼
是故我今不能為身　假害衆生奪他

財物以自免者介時大臣及諸人民
各作是言唯願大王莫便捨去臣等
自能當御此敵王且觀之臣等今日
當以五兵戟矛劍矟奮擊此賊足如
暴風吹破雨雲王即荅言咄哉卿等
吾已久知卿等於吾生大愛護尊重
恭敬亦知卿等勇健難勝雄猛武略

菩薩本緣經卷上　第十三張　觀

策謀第一但彼敵王今作此舉都不
為卿正為吾耳假使彼來不損卿等
何得乃生如是惡心吾久知此五盛
陰身為衆箭鏑卿不知耶吾久為卿
說諸菩薩應於衆生生一子想汝不
應於他衆生所生瞋害心畢定當知
墮于地獄是故應當一心修善當說
是時賊已來至高聲大叫王聞聲已
即問群臣此是何聲諸群臣寮各懷
悲感舉聲哀號咸作是言惡賊无辜
多害人民辟如惡雹傷害五穀亦如
猛火焚燒乾草又如暴風吹拔大樹
又如師子煞害諸禽獸怨賊煞害亦
復如是尒時諸臣不受王教即各散
出莊嚴四兵便逆共戰軍無主將尋
即退散兵衆喪命不可稱計時王登
樓說如是言因惡欲故令人行惡如
是諸欲猶如死尸行廁糞穢如何為此
而行惡耶愚人貪國興諍競心猶如
衆鳥競諍段肉是諸衆生常有怨憎
謂老病死云何不自觀察是怨反更
於他而生諍競一切施王思是義時
敵國怨王即入宮中王於尒時便從

菩薩本緣經卷上　第十四張　觀

水竇逃入深山至稠林中得免怨賊
其地清淨林木種種華果无量不可
稱計水清柔軟八味具足衆鳥鳧鴈
禽獸難計王見是已心生歡喜復作
是言吾今真實得離家過患无量衆
生常為老病死怖逼惱今得此處清
淨安樂快不可言此林乃是修悲菩
薩之所住處亦是破壞四魔之人堅
固牢城我今已得清潔洗浴離衆垢
故我今與此衆獸為伴身心安隱極
受上樂尒特怨王得其國已即便唱
令求覓本王若有能得一切施王若
煞若縛將來至此吾當重賞隨其所
須一切給與以其先時常自稱讚能
行正法毀辱吾等暴虐行惡是故吾
今欲得見之示其修善所得果報尒
時他方有一婆羅門貧窮孤悴推仰
乞活兼遇官事无所恃賴聞王名字
好行惠施即從其國來欲造詣乞求
所須即於中路飢渴疲乏止息林中
即便譜言是處寂靜聖人住處亦是
神仙離欲之人求解脫者斷絶飲食
不畜奴婢不乘車馬少欲知足食敢

菩薩本緣經卷上　第十五張　觀

稗子諸根藥草大悲心者之所住處
亦是一切飛鳥走獸无怖畏處自在
天王為令衆生見家過患故化是處
尒時一切施王聞是語已心生歡喜
便往見之共相問訊便命令坐時婆
羅門即便前坐坐已一切施王便以
所有衆味甘果而奉上之既飽滿已
王即問言大婆羅門是處可畏无有
人民是中唯是閑靜修道之人獨住
之處仁何緣來婆羅門言汝不應問
我是事汝是福德清淨之人遠離家
居牢獄繫縛何緣問我如是之事汝
不應聞濁惡之聲若他犯我我則犯
他若他奪我我則奪他妻失財賄親
族凋零以在家故受如是事大德汝
今已斷一切繫縛安住山林如大龍
象自在无㝵一切施菩薩即作是言
汝今發言清淨柔軟何故不共於此
住止婆羅門言若欲聞者我當為汝
具陳說之我本生處去此懸遠薄祐
所致遇王暴虐猶如師子在鹿群中
終无一念慈善之心我王暴虐亦復
如是於諸人民無有慈愍有罪无罪

唯貨是從我從生来小心畏慎曾无
毫釐犯王惡制橫取我家繫之囹圄
從我責索金錢五十若能辦者我當
赦汝居家罪戾若不肯輸吾終不捨
要當繫縛幽執鞭撻尅日下期當輸
金錢家窮貧苦无由能辦曾聞此國
一切施王好行恵施擁護貧人所行
恵施無有斷絶如春夏樹華果相續
亦如曠野清冷之水渴人過遇自恣
飲之猶如大會无人遮止我今略說
假使有人人有千頭頭有千口口有
千舌舌解千義欲歎是王所有功德
不能得盡彼王成就如是名德我今
居家遇王暴虐橫羅罪戾更无恃賴
故欲造詣陳乞所須然我心中常作
此念我今何時當到其所隨意乞求
若彼大王必見憐愍能給少多我家
可得全其生命若不得者我亦不久
當復殞没尒時菩薩聞是事已心悶
躃地猶如惡風崩倒大樹時婆羅門
即以冷水灑其王身還得穌息時婆
羅門復問大仙汝聞我家受是苦惱
心迷悶耶是中清淨汝所愛樂能生

悲心我今遇之尚無愁苦汝今何緣
生是苦惱王即荅言汝本發意欲造
彼王是汝薄相正值不在汝今若往
必不得見故令我愁尒時婆羅門言
為何處去施王荅言有敵國王来奪
其國位今者逃命在空山林唯與禽
獸而為等侶時婆羅門聞是語已尋
復悶絶一切施王復以冷水灑之令
悟即慰喻言汝今可坐且莫愁苦婆
羅門言我於今日命必不全所以者
何本所願求今悉滅壞我何能起定
當捨命一切施王尒時即起慈悲之
心作如是念可愍道士所願不果辟
如餓鬼遠望清水到已不獲心悶躃
地是婆羅門亦復如是復更嘆言咄
婆羅門汝可起坐汝可起坐一切施
王即我身是汝本欲見今得遇之何
故愁苦婆羅門問王今善言慰喻於
我有錢財耶王即荅言我無錢財但有
方便可能令汝大得珎寶婆羅門言
云何方便王復荅言我先聞彼怨家
之言居我國已於大衆中唱如是言
若有能得一切施王若斷其命撿繫

將来吾當重賞隨意所須我從昔来
未曾教人行於惡法是故不令汝斬
我頭但以繩縛送詣彼王所以者何
除身之外更无錢財然我此身今得
自在幸可易財以相稅濟善哉善哉
婆羅門吾今得利以不堅身易堅牢
身道士且觀設使我身在此命終尸
棄曠野草木无異雖有禽獸而来食
敢為何所利今以如此灰土之身貿
易乃得真金寶物我復何情而當惜
之時婆羅門聞是語已悲涕而言何
有此理所以者何汝今乃是无上調
御衆生父母善為愛護大歸依處能
滅一切無量衆生所有怖畏所作廣
大不望相報於諸衆生常生憐愍能
於闇世作大錠燎我當云何破滅正
法繫縛汝身送怨王耶假使將王至
彼怨所得獲金寶我復何心舒手受
之假使受者手當落地辟如男子為
長養身敬父母肉是人雖得存濟生
命與怨何異我亦如是設縛王身將
送彼怨雖多得財以贖家居我所不
貴時王荅言如此之言復何足計汝

菩薩本緣經卷上　第十九張　義字号

若於我必生憐愍我自束縛隨汝後
行詣彼怨家汝無罪咎我可得福婆
羅門言敬如王命當隨意作說是語
已王即自縛共婆羅門相隨至城其
王舊臣及諸人民當見王時悉生驚
怪咄婆羅門汝是羅剎非婆羅門汝
是羅剎非婆羅門汝本實是暴惡鬼
神矯為詐現婆羅門像无有悲心真
是死魔常求煞人汝今令此王身滅
没猶如月蝕七日竝照大海乾竭無
上法燈今日盡滅旃陁羅種汝今云
何手不落地汝身何故不陷入地如
師子王已死之後誰不能害是一切
施王久已遠離國城妻子倉庫珎寶
一切諍競退入深山修寂滅行於汝
何怨而將來此舉城人民同聲願言
諸大仙聖護世四王願加威神擁護
是王令全生命時婆羅門聞是語已
心生怖畏將一切施疾至王所作如
是言大王當知我今已得一切施王
怨王見已心即生念是王年壯身體
姝好容貌端正其力難制是婆羅門
年在衰弊形容枯悴顔貌醜惡其力

菩薩本緣經卷上　第二十張

无幾云何能得是王將来稱復生念
將非梵王自在天王都羅延天釋提
桓因四天王耶怨王即問誰為汝縛
婆羅門言我自縛之怨王語言遠去
癡人復更問言汝將非以呪術之力
而繫縛耶汝身羸劣彼身端嚴猶如
帝釋云何能繫假使有人自言能吹
須弥山王令如碎末是可信不尒時
怨王即告大臣汝等當知今此難事
為是夢中是幻化耶將非我心悶絶
失志錯謬見乎是老獼猴云何能縛
帝釋身耶諸臣當知豈可以藕根中
絲懸須弥山耶可以兎身渡大海耶
可以蚊嘴盡海底耶時婆羅門聞是
語已即向怨王而說偈言

大王今當知　我實不能縛　是王慈悲故
為我而自来　如以網盛風　是事為甚難
正使天帝釋　亦復不能為

尒時怨王即向一切施王說如是言
汝以哀我故入深山谿谷林木空曠
之處唯與禽獸共相娯樂少欲知足
飲水食果以草為敷不與我諍然我
怨心猶未得滅我今自在能相誅戮

菩薩本緣經卷上　第二十一張

以何因緣来至此耶尒時一切施王
嬉怡微笑无有畏懼身心容豫如師
子王而作是言汝不知耶我身即名
一切施王我欲成就本誓願故今来
在此有三因緣一者為婆羅門而求
錢財二者以汝先募若得我身將来
此者當重賞之三者我先誓願當一
切施是故我来欲捨身命汝今當觀
若我此身命終入地為何所益我本
所以逃入山林非以畏故但為愛護
諸衆生耳汝今自在怨心未滅我今
来此隨意屠割而得除怨心則安隱
是故汝今應早為之即說偈言

於怨生瞋恨　則自燋其心　辟如灰下火
猶能燒万物　因心者瞋恚　命終墮地獄
猶如惡毒箭　中則身命滅　若瞋於怨憎
心不得寂靜　辟如痛目者　不能見正色
此身肉血成　骨髓肪膏腦　屎尿涕唾等
薄皮裹其上　是身如行廁　無主無有我
於王有何怨　而常生瞋恚　生老病死賊
常来侵王身　何故於是中　逐生親友想
我身四大成　王身亦復然　今若見瞋者
是則為自瞋

是故大王不應生瞋若故瞋者令得自在幸可隨意早見屠戮先所開募可賞是人我今必定捨命不悔以是因緣願諸衆生能一切施及得捨名

尒時怨王聞是語已從御座起合掌敬礼一切施王作如是言唯願大王還坐本座汝是法王正化之主我是羅剎暴惡之人汝是世燈為世父母我是世間弊惡大賊專行惡法刼奪他財汝是法稱正法明鏡我非法稱常欺誑他猶如盲人不自見過如我等輩罪過深重是身久應陷入此地所以遷延得至今日實賴仁者執持故耳今捨此地及以己身奉施仁者一切施王即為怨王廣說法要令其安住於正法中大以財寶與婆羅門遣還本土菩薩摩訶薩如是修行檀波羅蜜時尚捨如是所重之身況復外物所有財寶

菩薩本緣經一切持王子品第三之一

菩薩摩訶薩為諸衆生故一切所重物
无不以惠施

如我昔曾聞過去有王其王有子名一切持年在幼少形容端正猶如滿月衆星中明衆生覩之無有猒足威儀安諦如須弥山智慧甚深猶如大海忍辱成就猶如大地心无變易如閻浮檀金常為一切人天所愛猶如八味清淨之水於諸世間其心平等猶如日月等照於物滿衆生願如如意寶見諸乞者心生歡喜猶如慈母見所愛子是時王子當說偈言

我今得自在　所有無量財　悉與衆生共
如日普等照　見有乞求者　終不言无有
无所求索者　亦復施與之

王子菩薩諸根寂靜猶如梵天財賄具足如毗沙門王為諸衆生供給走使猶如弟子事師和尚心常愛念一切衆生猶如父母念所生子教化衆生法則礼儀如大傅士王子菩薩悉得成就如是功德心常樂施一切衆生如是之物施與是人如是之物施與其甲是人恐怖我當安慰修行正法無有廢捨所施之物謂金銀琉璃頗梨真珠車𤦲馬瑙珊瑚璧玉種種器物及諸衣服牀卧敷具車乘舍宅田地穀米奴婢僕使象馬牛羊隨有所須悉能與足譬如天雨百穀滋長恒以五指施人財物猶如五龍降注大雨王子菩薩常行布施日日不絶設使一日無人来乞顏色憔悴心為愁慼猶如初月烟霧所覆无有光明

尒時諸臣於此王子悉生嫌恨

咄哉我王愚癡无智　有財不食後世安在
是不能用亦不呵子　分散庫藏施无切者
庫藏盡已民當迸散　民既散已怨至誰護
假設无護命當不全　命既不全國復誰居

尒時大臣及諸人民各思是事尒時父王有一白象行蓮華上力能降伏敵國怨讎以有此象故令他國不能侵陵時有邊方怨敵之王常作是念我當云何而設方便得彼白象即遣諸人詐為昔行婆羅門像往詣王子求索白象尒時王子見諸大臣生瞋恚心故乘白象出城遊觀欲向一林即於其路見婆羅門既見王子心大歡喜呪願且言願使王子紹繼大王无上之位壽命無量隣國歸德天下太平王子我等悉是婆羅門也居在

遠方常承王子好喜布施故從遠來道路飢渴備受衆苦王子當知我等受持清淨禁戒多所讀誦無有不綜王子功德流布十方聞風稱讚无不愛樂能令衆生所願滿足有來乞者無一空還汝所乘象願見施與尒時王子即作是念今若不與則違本要設當與者非我所有復是父王所愛重者即便語言君等若須金銀琉璃種種車乘奴婢之屬我悉能與此白象者既非我有不得自在復是父王所乘之象云何輒當以相惠施計是白象價直幾許我當與直不令汝等有貧乏也何必正欲得此白象汝婆羅門憐愍衆生出家受戒已遠離一切之物何用是象汝若得者或更有患諸婆羅門復作是言我等不用錢財珎寶唯須是象乘之入山求覓好華供養諸天已當令衆生若生天上或入涅槃王子本願欲利益他我亦如是欲利益他尒時王子聞是語已即生悲心便下白象覆作是念此象雖是父王所有今以布施大臣人民必當見嫌欲利益他何得計是然我所施不求名聲生天人中以是因緣令諸衆生斷諸煩惱作是願已便持白象施婆羅門自乘一馬還欲入城諸婆羅門既得象已便共累騎迴還而去忽尒之間已到本國時諸大臣即共集聚疾至王所白言大王今日快善所重白象王子已持施婆羅門諸婆羅門得已乘去今到敵國以王先時見其布施金銀珎寶不呵責故致令今日復以白象施與怨家大王世間惡子多諸過患飲酒摴蒱貪色費用臣等敢奏不咎責王子若能從今已往更不以財惠施於人則可聽住若不止者便當擯之遠著深山尒時父王即召其子作是念言怪哉我今云何一旦為諸大臣不令我子隨意行施我今慚愧猶如婦人怖畏姑妐即向其子而說是言卿從今始莫復貪著一切功德可離捨心行正法者應著草衣服敢水果遠處深山卿今不應挫其右目以治左眼卿於今日如何一旦惱乱我心及諸大臣夫為人法先安其親然後乃當及餘他人卿今云何以我白象施與怨家

菩薩本緣經卷上

右經第三幅十四行鹿群威猛下之丹本有如我曾聞菩薩往昔以恚因緣墮於龍中至乃五穀臨熟遇天惡雹等凡二十六行四百四十二字國本宋本所無者今撿彼文則是此經下卷龍品第八之文丹藏錯亂妄安于茲耳故今不取

甲辰歲高麗國大藏都監奉
勑彫造

如我曾聞菩薩往昔已來因緣墮於龍中受三毒身所謂氣毒見毒觸毒其身雜色如七寶聚光明自照不假日月身貌長大氣如排風其目照朗如雙日出常為無量諸龍所遶自化其身而爲人像與諸龍女共相娛樂住毗陀山幽邃多諸林木華果茂盛甚可愛樂有諸池水八味具足常在其中遊止受樂經歷無量百千万歲時金翅鳥爲飲食故乘空東身飛來欲取當其來時諸山碎壞泉池枯涸尒時諸龍及諸龍女見聞是事心大恐怖所服瓔珞華香服飾尋悉解落裂在其地諸龍夫人恐怖墮淚而作是言今此大怨已來逼身其紫金剛多所破壞當如之何龍便荅曰卿依我後時諸婦女尋即相與來依龍復念言今此婦女各生恐怖我若不能作擁護者何用如是妹大之身我今此身爲諸龍王若不能護何用生爲行正法者要捨身命以擁護他是金翅鳥之王有大威德其力難堪除我一身餘無能禦我今要當捨其身命以救諸龍尒時龍王語金翅鳥汝金翅鳥小復留神聽我所說汝於我所常生怨害然我於汝都無惡心我以宿業受是大身稟得三毒顧有是力未曾於他而生惡心我今自忖審其氣力足能與汝共相抗禦亦能遠焰大火投乾草木五穀臨熟遇天惡雹

菩薩本緣經卷上

校勘記

一　底本，麗藏本。

一　四四七頁上一行經名，二行撰者，諸本(不含石，下同)作「僧伽斯那所撰菩薩本緣經卷第一」。

一　四四七頁上三行譯者，徑、清作「吴月支優婆塞支謙譯」。

一　四四七頁上一七行第六字「亡」，諸本作「世」。

一　四四七頁上一八行首字「悉」，諸本作「心」。

一　四四七頁中四行第二字「法」，諸本無。

一　四四七頁中一一行第四字「臣」，諸本作「諸臣」。

一　四四七頁中一七行「治務」，諸本作「理務」。

一　四四七頁下一四行「威猛」與「一切」之間，諸本有大段經文，兹據宋資福藏本補録於卷末(即「如我曾聞……天惡雹」)。

一　四四七頁下一八行「如是死法」，諸本作「是故當知如是死法」。

一　四四八頁上三行末三字至次行首字「願先承嗣」，諸本作「願紹先嗣」。

一　四四八頁上一三行「若故」，諸本作「若欲」。

一　四四八頁上一五行「今日」，諸本作「今者」。

一　四四八頁上一九行「寧爲」，諸本作「若爲」。

一　四四八頁上二一行首字「寧」，諸本作「寧爲」。

一　四四八頁中一五行末字「愛」，普、南、徑、清作「受」。

一　四四九頁上一〇行「不能」，諸本作「不相」。

一　四四九頁上一七行「欵逆」，諸本作「疾逆」。

一　四四九頁中一四行第三字「時」，清作「隨」。

一　四四九頁下二行第八字「今」，諸本作「令」。又第一二字「令」，諸本作「今」。

一　四五〇頁上三行第二字「困」，諸本作「因」。

一　四五〇頁中八行「菩薩本緣經」，徑、清無。

一　四五〇頁中一八行第八字「枉」，資、磧作「枉」；普、徑作「柱」。

一　四五〇頁中二〇行第六字「之」，諸本無。

一　四五〇頁下一二行「珎寶」，諸本作「金寶」。

一　四五〇頁下一四行「國土」，諸本作「國王」。

一　四五一頁上四行「箭鏑」，諸本作「箭的」。

一　四五一頁上五行第一三字「汝」，諸本作「汝今」。

一　四五一頁上六行第六字「所」，諸本無。

一　四五一頁上九行「巨察」，諸本作「臣察」。

一　四五一頁中九行「洗浴」，清作「浣浴」。

一　四五一頁中一七行「孤悴」，諸本作「憔悴」。

一　四五一頁中一八行「無遇」，諸本作「遭遇」。

一　四五一頁中二〇行第三字「即」，諸本作「既」。

一　四五一頁中二一行「譜言」，諸本作「讚言」。

一　四五一頁下一三行第二字「應」，資、磧、南作「一一」。

一　四五二頁中二二行第二字「言」，諸本作「王」。

一　四五二頁下六行「堅牢」，諸本作「得堅」。

一　四五二頁下一六行「錠燎」，普、南、徑、清作「庭燎」。

一　四五二頁下一八行「得獲」，諸本作「獲得」。

一　四五二頁下二一行第三字「恣」，諸本作「死」。

一　四五三頁中四行「詛言」，諸本作「咄言」。

一　四五三頁中七行第六字「繫」，諸本作「繫縛」。

一　四五三頁中一一行第六字「乎」，諸本作「于」。

一　四五三頁中二〇行「哀我」，諸本作「畏我」。

一　四五三頁下一七行「痛目」，諸本作「病目」。

一　四五三頁下一八行「骨髓」，徑作「骨體」。

一　四五四頁上一九行末字「寶」，至此，諸本卷第一終，卷第二始。

一　四五四頁上二〇行品名，諸本作「一切持王子品第三」。

一　四五四頁中三行「安諦」，普、南、徑、清作「安詳」。

一　四五四頁中末行第九字「鼓」，諸本作「數」。

一　四五四頁下二行「與足」，諸本作

「與之」。又「天雨」，㊟普、㊟南、㊟徑、㊟清作「大雨」。

一 四五四頁下五行第一〇字「色」，㊟南作「已」。

一 四五五頁上三行「無有」，㊟資、㊟磧、㊟普、㊟徑作「無書」。

一 四五五頁上一五行第一一字「已」，諸本作「久已」。

一 四五五頁上二二行「覆作」，㊟資作「欠作」；㊟普、㊟南、㊟徑、㊟清作「復作」。

一 四五五頁中一三行第七字「不」，㊟資、㊟磧、㊟普、㊟徑作「願不」。

一 四五五頁下三行經名，諸本無（未換卷）。

一 四五五頁下四行至一〇行附記，諸本無。

菩薩本緣經卷中　觀

僧伽斯那撰

吳月支優婆塞支謙字恭明譯

一切持王子品第三之餘

尒時王子合掌長跪敬礼父王臣所布施不為貪欲瞋恚愚癡不為名聲不求生天人中豪貴非是顛狂錯乱心作為求正法作是施耳大王當知臣今雖復擁護父母兄弟妻子及其死時雖有親族誰能隨去唯見正法逐之不捨臣若無心行善法者猶望大王苦言教勅如何一旦信用邪言斷臣行善王先勅臣施捨捨心捨心是臣本性根原云何可捨猶如地性不可捨堅乃至火性不可捨熱如魚投陸命何能存如王僮僕六情具足身體完具與天无異是人云何與王給使王家所有車乘采女金銀珎寶從何處得當知皆是過去施業今得是報大王當知一切餓鬼飢火所逼身心燋惱如此皆是貪惜因緣若諸天中七寶宮殿壽命長遠當知皆是

布施因緣大王臣今所施火不能燒水不能漂王家盜賊怨家債主不能侵奪所施之物於諸趣中能作親厚是天乘載是所施物在生死中隨逐臣身如犢隨母如王所勅欲令臣止布施之心若不能捨當從深山雖至深山苟施心不息貧窮之人亦復當来臣本誓願實樂山林所以未啓應父不放大王今已聽真得本願正尒奉辞涉路進發所以者何山林之中是閑靜處仙聖所樂能離貪欲瞋恚愚癡臣若至彼必能自利尒時王子即礼王足右遶三匝奉辞而出次至母所跪礼如常右遶三匝礼足而出復至妻所而作是言卿好住此供養父母守護其子此即是汝修行正法今我欲去遠至山林何以故我先常願欲入深山修行其志父王今聽是故我當速往至彼以副我心與諸禽獸共為等侶飲食水果足自存活汝是王女身體柔軟端正詳雅何能堪忍如是苦事故應住此不須隨我其妻聞已心悶懊惱身體掉動如芭蕉

業悲號啼泣椎胷拔髮舉聲大哭唱言奈何君有何罪乃令父王擯之深山大王寬慈正法治化愛民如子云何一旦驅擯乃介君之愛形身色柔軟如瞻婆華云何一旦當卧棘刺土石之上如今在宮五樂自娛設當入山唯聞虎狼師子毒獸諸惡音聲怪哉大王慈愛之心今日安在如何父親變成離薄以小因緣一旦成怨介時王子即荅妻言善哉王女汝有深智精進勇猛是我善伴設我不是應當呵責去何乃出如是麁言諸王為國共相戰諍皆為貪欲瞋癡所惱是我福緣乃令父王聽我入山修行正法汝今不應生不歡喜耶世中常法王若衰老則立太子令知國事國事殺湊多諸過咎既鍾身无逃避處王今未衰便能放捨聽我入山修學其志世間過咎永不見及汝今何故不歡喜耶汝便好住我今欲去荅言妾之父母處與君時日月大地及四天王悉皆證知初婚之日君自發言捨不相捨如何今日便欲獨往當知

日月及以猛火明與貧俱不相捨離君今云何而欲見捨介時王子悲以家財布施貧乏即以兩肩荷負二子攜將其妻往雪山中王子到已食果飲水以存性命晝夜修習慈悲之心復作是念我本在家雖受五欲未若今日處山歡娛如是之樂釋提桓因所受欲樂所不及也是諸衆生不知正法微妙之味如爲不知蓮華之味是時王子常為衆生思惟是義妻常入山採於果蓏以自供給是時有一老婆羅門其形醜惡人所惡見從遠方來王子見已即命令坐行水施果然後問訊汝何緣至此耶將非猒家之過患乎壯應在家極情五欲今已衰老死時將至捨来修道甚是快事是中閑靜无有家過汝若樂此我之所有甘果冷水常相供給不令有乏婆羅門言无欲想者應住於此我今欲想猶未能滅是故不能於此住也大仙汝且觀之我身雖老頭白齒落行步戰掉目視矇矇舌乾口燥不能語言頭重難勝猶如太山耳聽不了

身體衰變而有欲想猶如壯時大仙當知我年朽邁身力羸損家貧空乏困於僕使若欲滿我本所願者幸可惠施二奴僕使菩薩聞之即作是言怪哉今日若言无有則非本誓若言有者今實空貧婆羅門言君今遲疑何所思慮將慮我非婆羅門受持禁戒博學人耶若有此慮我實是也菩薩荅言我本在家多有僕使金銀珎寶庫藏盈溢當于介時見有乞者終不言無今在此止悉不持来何處當得以相副稱所以遲疑思是事耳婆羅門言我今衰老氣力空竭從遠方来乞求所須汝從本来凡見乞者曾不發言我无所有今日何故發如是言大仙若能憐愍給使二奴我當還國若不能者我必此死介時王子即作是念我今當作何等方便發遣此人介時二子近在不遠山中遨戲復作是念我今當為一切衆生作不空因緣即喚其子子既至已菩薩抱之復作是念我今二子生長深宮身體柔軟未經寒苦如何一旦遠離父母

為他僮僕復作是念我今何緣計如是事若不修行難行苦行何緣得成阿耨多羅三藐三菩提以是因緣我當行之願以此行速得成就阿耨多羅三藐三菩提我今捨此所愛二子不求生天人中果報轉輪聖王帝釋梵四天王願此功德悉與衆生成無上道尒時菩薩手執二子授婆羅門作如是言汝婆羅門我此二子猶如我命幼稚无智未解人語雖復似人未有所識今持相與以為僕使恐母來至可速將去尒時二子迴捉父衣而白父言父今何緣持我兄弟與此惡婆羅門我等從今永離父母年既幼小未有所識无覆无護云何能活我等何故受此苦惱今墮他手命必不全如犯王法則受刑罰我等愚小未有所犯何緣今日乃見是苦假使實犯猶望恕放況無所犯而横見拄設父於我愛心已斷但為人法復不應尒老小可愍愚智有之父今何為特見苦毒假使為法而見捨者喪失慈愍豈是法耶我雖幼稚亦曾聞說

菩薩本緣經卷中　第六張　觀字号

婆羅門法若有擁護妻子因緣得生梵天尒時菩薩聞是語已身心戰動即自呵責何緣乃尒心汝不知耶從昔已來流轉生死一切衆生何者非怨何者非子汝今闇鈍盲无見耶何不繫念思惟分別汝今直為彼將二子便如是動耶若死生時當云何乎尒時菩薩呵責心已即得定住語婆羅門汝速將去是時二子即白父言且聽小住須我母至跪拜問訊辭去不晚菩薩荅言汝等但去吾與汝母當隨汝後時婆羅門將其二子速疾發引是時二子隨路還顧迴視父面悲號啼哭菩薩尒時更復呵心汝今不應復更戰動當觀受形老死熾然子去未遠復立誓願我今捨子寶是難行願此因緣得成阿耨多羅三藐三菩提除諸衆生一切繫縛時婆羅門發腳未遠即作是言甚奇王子世間希有如言則行施我二子所修善法具足成就今此二子當於何賣唯有還至本祖王國時婆羅門即將二子往詣王宮是時祖王見其二孫悲

菩薩本緣經卷中　第七張　觀字号

喜交集問婆羅門汝於何處得此二兒婆羅門言且聽彼雪山中大王之子名一切持以此二子施我為奴王聞是語扼腕而言怪哉我子愛法太過乃至不惜所愛兒息汝今還我當與汝直婆羅門言敬如王命即受珎寶還歸其家時菩薩妻在空林中左目瞤動心驚不樂所採雜華尋即萎枯器中二果迸出墮地二乳驚動汁自流出有鳥在前連聲鳴叫即作是念今此瑞應必定不祥將非我夫命根斷耶或是虎狼師子惡獸食噉我子復非遨戲墮山死乎念是事已便還所止尋見菩薩近一石岸在草敷上傾身而坐即作是念我夫在此定无他慮便前白言二子者為安隱不菩薩荅言二子安隱妻復言曰我今耳中實聞安隱但未見之猶懷憂感菩薩荅言汝但小坐自當見之妻便却坐復重告言汝不知我本誓願耶一切所有要當施人汝朝出後有婆羅門來從我乞尋以二子而布施之妻聞是語其心迷沒舉身自撲悶絕

菩薩本緣經卷中　第八張　觀字号

踯地尒時菩薩以水灑之水灑之後
還得醒悟身體戰動坐說偈言
悕哉為正法　而行於苦行　以子布施時
云何心不亂　君心非剛鐵　亦未永離愛
云何能以子　而用施於人　我子既稚小
端正无及者　面色如蓮華　目如優鉢羅
自食於水果　亦不相煩累　如何无人情
一旦以施他　此路多石沙　荆棘惡刺等
彼人无慈慧　當將至何處　君今不見耶
彼諸禽獸等　猶來求推覓　況君為其父
不見此山中　一切諸樹木　以失我子故
悉皆而啼哭　一切諸樹木　悉无有心識
猶尚能如是　況復有心者
尒時其地有芭蕉樹舉身戰動妻尋
語言汝夫亦以子息施人无慈愍耶
何故如是舉身戰動尒時其妻念子
悲號東西馳走不安其所菩薩復言
甚善甚善已得入山修行善法云何
令心受如是苦空曠閑居修善妙理
悕哉王子雖有深智精勤勇猛而不
能解生死過患父母妻子兄弟怨憎
誰能於中識其根原見兒過去或為
汝怨彼若遣苦汝則歡喜今為汝子

別便憂惱設使死亡强將去者復可
於我起瞋恚耶汝本不聞諸仙聖言
若少壯老　皆歸於死　猶如果熟　自然落地
汝本不觀　一切生死　猶如夢中　邪見事耶
无常生死　將諸衆生　雖有父母　誰能救之
譬如師子　搏撮諸鹿　彼雖有母　亦不能救
是老病死　常害衆生　猶如果樹　多人所擲
譬如坏器　值天降雨　悉皆爛壞　无有遺餘
三界衆生　亦復如是　遇无常雨　无得免者
今營此業　明造彼事　樂者不觀　不覺死至
如是二子必定當捨我今為法而以
施人汝當歡喜不應愁苦我雖捨子
子必安樂是故不應生大苦惱王子
菩薩說是語已其妻寂默更無所陳
尒時釋提桓因即作是念悕哉菩薩
無所愛惜即下化身為婆羅門至菩
薩所而說偈言
大仙今當知　名聞徹梵天　能行於大施
愛樂於正法　今我所求索　蓋亦不足言
唯願大正法　滿我之所願
菩薩荅言我今身命悉為一切无所
愛惜況餘外物錢財珎寶假使有者
實不愛也我本在家多有庫藏象馬

車乘奴婢僕使悉以給施諸婆羅門
無所遺惜但今現在空无所有唯身
與婦若必須者實復不愛婆羅門言
汝能尒者便可以妻而見惠施菩薩
荅言嫉妬惜心久以遠離汝小聽我
為其說法菩薩報妻是婆羅門從我
乞汝汝意云何妻便荅言隨意自在
我今屬君何得自從即捉妻手授婆
羅門時婆羅門語菩薩言今此婦人
顏貌端正身體姝妙色像第一道路
嶮難多有寇賊我今單獨去必不達
且還相寄莫復餘施菩薩復言我今
賴君破壞牢獄斷絕繫縛汝今復欲
還我牢獄繫縛我耶婆羅門言善見
憐愍必令得者願還受之經須臾時
菩薩憐愍故少時還受竟復何苦婆
羅門言我若失期不得還者慎莫更
以施與餘人已是我有不得任意說
是語已即便還去去此不遠復更化
作餘婆羅門還菩薩所而作是言汝
勝利益一切衆生譬如果樹常出甘
果我於遠方久承風味是故褰裳而
来相造曾滿所願菩薩荅言唯有一

妻先已施人今唯有身猶得自在若須相給婆羅門言不須汝身唯須二目能相給者深抱至念尒時菩薩即作是念是婆羅門從我乞目為作何等復作是念我何所計是身猶如塚間死屍以不堅牢貿易堅牢應當歡喜何所思慮尒時菩薩捉佉陁羅木而作誓言我今悉為一切衆生棄捨二目无所貪惜我先捨婦持用施人願此功德鍾及衆生永斷貪欲施子因緣令離愛習今施二目悉令衆生得清淨法眼菩薩摩訶薩作是願已便以木錐向目欲挑時婆羅門尋前捉手且莫挑出目今屬我更莫餘施菩薩荅言我今一身云何一日連受二寄先婆羅門已寄我婦汝今寄眼我當云何而得守護時婆羅門即復帝釋身語菩薩言婦目二物悉是我有今相付屬莫復餘施尒時帝釋即飛而去於虛空中雨四種華空中聲出宣告諸天汝等當知此人增長菩提道樹不久當得阿耨多羅三藐三菩提菩薩摩訶薩行檀波羅蜜其事如是无所不捨一切衆生若聞是事應於菩薩悉生歡喜

菩薩本緣經善吉王品第四

菩薩行施時　定心究竟作　乃至魔波旬
不能得斷絶

我昔曾聞過去有王名曰善吉為欲成於菩提之道常行利益修集正法於諸衆生无刀杖想面目端正世中少雙言常含笑无有麁獷供養父母尊重師長恭敬沙門出家道士自行十善亦勸人行常行布施无有斷絶若有貧窮困悴之人身體羸瘦衣裳不障菩薩見已即生憐愍舉身戰動猶被毒箭心竊念言是諸衆生慳惜因緣癡人不識雖受人形形相具足以無福故常從他乞皆由先世不肯布施以慳嫉妬而自覆蔽現世報熟而受是苦猶如田夫愚癡無智遠至妻家道路飢渴既入其舍復值无人即盜粳米滿口而掩未咽之項家人即至是人慚愧復不得咽惜不吐棄家人見已即問之言君患何等乃如是乎是人聞已嘿然无言尒時妻家眷屬大小即將良醫而為診之見其口頰堅如木石更无餘計即以刀割是人二頰既破之後亦无膿汁但見生米滿其口中是人以是覆藏盜事得見現報猶如女人覆藏懷妊臨產之日受大苦惱發聲大喚乃令一切悉共知之人亦如是覆藏諸罪報熟之時苦惱所逼現露於世或坐慳惜嫉妬居心而受此苦我今杜塞一切諸路不令慳妬而來入心我今當集一切所施安止衆生於布施中時善吉王思是事已常行布施無有休息當其施時心喜無量當是時也魔王波旬愁憂不樂而作是言怯哉善吉云何一旦為我怨對而欲摧虛我之境界我有大力能伏諸仙飲水食果行諸苦行善能成辦諸呪術者我射華箭乃至一發令持戒者悉皆破壞譬如風吹驅折大樹我今波旬雖射三發恐不能令善吉菩薩身心傾動何以故外道諸仙无有智慧慈悲之心不求利他正為自樂是故被箭尋即退散善吉菩薩有大智慧慈悲心

厚不求自樂常為一切我今雖射乃至三發猶恐不能令其退散何以故是人必定為諸衆生求无上道不久當得阿耨多羅三藐三菩提故及其未成我於中間或可留難令悉破壞辟如有人始遇患苦或有醫師少給湯藥則可令差亦如小樹初生之時以爪能斷及其長大雖有百斧伐之猶難易此菩薩未成无上正真之道當速壞之時善吉王多行布施疲極獨處靜坐而息尒時波旬在上空中身出光明遏絕日月而說是語善吉大王善哉善哉汝今真能推求正法愛念衆生猶如慈母愛念其子善男子汝欲增長一切善法而反熾然一切惡法猶如有人欲食甘露而食毒藥欲求安樂而反入賊欲安隱身反服非藥欲除斷渴愛反飲醎水欲斷婬欲反樂衆女善男子汝不知耶有諸檀越以施因緣皆墮地獄是故我今憐愍汝故種種分別汝當受持從今以往當斷施想生慳惜心尒時波旬即化作地獄滿中罪人以示善吉

復作是言如是人等皆由先世好行布施貪求正法是故今日悉墮是中受大苦惱大王當知是中罪人唯以刀斧共相斫截支節段段悉墮在地而命猶存不肯死也以熱銅鍱周匝纏身舉身烟出命亦不盡雖以千釘釘霍其身猶張牛皮亦復不死東西馳走常遇熾火冷熱諸風逼切其身或有惡風吹散其體或被搥打令如壓末飢吞鐵丸渴飲洋銅或入刀林攀緣劒樹或在大鑊隨湯上下糜爛猶如熟豆是諸衆生雖受如是種種苦惱然其命根亦不肯盡大王當知我今從王无所求欲亦復不求供養之具以王修行邪僻之道是故我今為說正道時善吉王見地獄中如是衆生即生悲心而作是念如是衆生流轉生死无有出期已受无量種種苦惱今復於此地獄受苦可愍可傷何時當得斷諸苦惱令无有餘如是衆生先行惡法今受苦報自作自受實非我苦我今定知是諸无量受苦衆生皆由先世身口意業多作不善

故令今日墮是罪中定不緣施而受苦耶時善吉王以慈悲心向波旬而作是言善哉大士汝真慈悲有憐愍心善說道非道相若使施者受如是苦諸受施者復在何處波旬荅言善哉菩薩汝有深智能問是義諦聽諦聽當為汝說時魔波旬以巳神力即時化諸天色像以天瓔珞寶鬘華香莊嚴其身无量伎樂以為娛樂諸天婇女侍使左右種種諸樹常出甘果華樹瓔珞衣服飲食等樹列羅在前无量衆鳥相和而鳴其聲和雅甚可愛樂處處多有流泉浴池金色蓮華弥布水上無老病死苦痛音聲身處七寶微妙宮殿魔化是巳即示菩薩善男子諸受施者悉皆如是受無量上樂是故汝今應捨施心從是以後可得受是微妙果報尒時善吉即作是念如是之言顛倒虛妄无有義理所以者何我未曾見呵梨勒樹能生甘蔗廁糞之中出淨蓮華純真妙金變為銅鐵信心檀越受地獄苦如是之言多所虧損此言顛倒定是魔語

即作是言善哉善哉善能分別如是功德汝則已為攝取於我復語魔言汝今當知如蝱蚉翅所有風力不能吹動須弥山王以汝風力欲令我動亦復如是如先所說言諸施主以施因緣墮於地獄諸受施人生天上者正令我願願我從今獨為施主常墮地獄令諸衆生悉為受者生於天上常與我戰我從昔来常集施心汝今一身受苦令多受樂豈非菩薩本誓願耶我今定知汝是波旬汝亦不能云何乎令我捨菩薩摩訶薩修行如是檀波羅蜜乃至天魔不能留難

菩薩本緣經月光王品第五

菩薩摩訶薩　行無上道時　為諸衆生故
乃至捨頭目

我昔曾聞是迦尸國過去有王名曰月光修菩提道為求法利常呵諸欲其王形體端嚴姝好才智過人天下少雙質直不諂所言柔軟至誠无欺遠離瞋恚同心歡樂恭敬沙門諸婆羅門慈仁孝順供養父母隣國諸王承服德敬而重伏之遥揖為友名德

流布遍於諸方常能利益无量衆生擁護國土所有人民猶如慈母愛其赤子復於後時竊生此念我當云何令諸衆生心歡喜耶即命大臣而作是言卿等今可莊嚴此城懸諸華蓋豎寶幢幡掃灑燒香以華散地无令人民而有憂苦悉以寶瓔珞瓔珞其身衣服被飾極令鮮明諸臣跪諸敬奉王命即出宣告舉城人民卿等各各莊嚴城郭所有里巷極使清淨令如三十三天宫殿時月光王乘一大象出於宫殿即命一臣卿持我聲告諸人民我今莊嚴如此城郭非為貪欲貢高憍慢畏怖他怨以禦寇敵亦不求作轉輪聖王我今所以莊嚴此城唯欲令諸一切衆生受无量樂不墮地獄畜生餓鬼卿等今日宜應於我起父母兄弟想善知識想若入我宫當如已舍所須之物隨意自取我今大施莫自疑難取物之後當行善法供養之餘復當轉施諸人若須我身命亦不愛也唯願一切皆受安樂時月光王說是言已宫中所有微妙寶

物使人負出隨意布施規諸人民猶如父母兄弟赤子顔色和悦猶如秋月一切人民檐戴是王如父如母如兄如弟善心視王目如初蓮當于介時國中人民无有持刀杖者悉皆隨王奉行十善猶如牛王諸牛隨從亦如衆星隨逐於月辟如衆商隨商主後亦如衆兵隨逐主將辟如蒲桃其子甘故生果亦甘如旃檀樹根華俱香是月光王令諸人民等行十善亦復如是當是時也其國乃至無有一人瞋嫉憍慢貢高剛强盜人財物婬犯他妻兩舌惡口貪恚邪見是月光王雖非聖帝而其人民悉行十善是時人民雖无草衣果蓏之食而其體貌與仙無異皆貪深山空閑之處以愛王故不能捨離時王如是行善法已有諸沙門婆羅門等稱傳其德遍滿諸方介時有一老婆羅門捨家愛欲居在雪山長髮鬚爪為梵行相結草障身水果御飢聞有人言有月光王者好施无慳聞是語已因往本習即生惡念猶如猛火投之膏油膏油

既至倍復熾然亦如毒藥投生血中其力則盛辟如渴人飲於鹹水如秋增熱春多沸唾是婆羅門住深山中聞王功德增益瞋恚亦復如是猶師子瞋聞聲庶聲是婆羅門增長瞋恚亦復如是復作是念一切世間皆悉愚癡无有智慧而為是王之所誑惑我今當往求索一物審如是王能捨離不復作是念但不有人從乞身命若有索者必當退轉作是念已即出深山棄捨淨法瞋恚增長口如赤銅銜脣切齒嚬蹙角張辟如惡龍放雹糅穀如金剛杵摧破大山如阿修羅王遮捉日月猶如暴雨漂沒村落猛颰大火焚燒乾草是婆羅門亦復如是持是惡心往迦尸城月光王所示現如是本習惡相身體戰動口言謇吃行不直路手捲捺拔眉鬚迅厲頭鬆剃豎覆手五指如五龍頭心中毒盛猶如惡虵瞋氣拂欝烟炎俱起詣言大王我在雪山遥聞王名歡喜踊躍无量我觀諸王无如汝比而此土地功德難量復得值遇如是法王大

王今日為利益他應當自捨所有身命修正法者則悟常安我今欲請大王一事王即荅言大婆羅門不須多語請勑所作隨其所須悉當奉施若象馬車牛金銀琉璃衣服珎寶奴婢使人悉當給與婆羅門汝今當知是諸衆生三毒所惱流轉生死无有脫期老病死法常害衆生唯我一人能獨出離但為衆生故久住世耳隨汝所愛悉當與之婆羅門言王若能尒先當定心莫令傾動王即荅言我從昔来常立誓願心難得動我為衆生發菩提心常捨身命况餘外物汝今當知家有錢財不能施者當知是人則為守奴猶如毒樹雖生華實无人受用井深繩短水無由得有財不施亦復如是若見乞者面目嚬蹙當知是人開餓鬼門婆羅門言善哉大王構之虛言復何所益若能尒者以頭見施時諸大臣聞是語已語婆羅門言怪哉大賊從何處来以此人口宣無義言即以土石競共打坌復共罵言如此人者非婆羅門何處當有衣

草麁皮長鬚節食宜説如是蕀剌之言身體被服猶如仙聖口所發言剛旃陁羅身行口言不相副稱當知必定非婆羅門乃是羅刹弊惡鬼神咄哉惡人汝今来此欲乾我等正法河耶如金翅鳥欲食法龍斷法雨乎汝如惡風吹滅法炬是大惡象欲拔法樹成死惡人无有道理口發言時舌何不縮如何大地能載汝形日光赫炎不燋汝身云何彼河不漂汝去時婆羅門語諸大臣汝等癡人何故見呵辟如惡狗吠彼乞者汝今疑我非婆羅門從遠求耶非是博學出家人乎汝等愚惡亦不能知諸婆羅門所有威力汝不知耶日月戲盈大海鹹苦闍菟神仙吞飲恒河十二年中斷絶不流自在天王面上三目瞿曇仙人於釋身上化千女根婆私吒仙變帝釋身為羝羊形毗仇大仙食須弥山如食乳糜如此之事盡是我等婆羅門力我今来此亦不為卿空言綺飾誰當不能君王自言能一切施我今從乞有何可責時月光王即語諸

臣卿等今者不應見遮我今當令此婆羅門所願滿足汝當觀察我今治國无有貪婬瞋恚愚癡所得果報今已成就捨身時到如蛇脫皮汝等當知我今以此不堅之身易彼堅身不堅之財貿易堅財不堅之命貿易堅命如我先時常為汝說大人之法今正是時亦常勸汝向於正法閇塞諸惡開諸善門於菩提中種諸善根薄諸煩惱漸解家繫如我所得如是功德汝亦當得是故我今放捨身命汝當歡喜不應憂苦若我貪身不能為者猶當苦言慰喻令作況我今日能自開割而汝反更遮固不聽辟如有人以草易毳服毒愈病我亦如是捨不堅牢身得堅牢身時諸大臣復作是言王今不應計是事得堅牢身時諸大臣復作是言王今不應計是事也所以者何大王乃是臣等所依王今此身一切共有共有之法何得獨為一婆羅門而欲放捨捨此身已財施之事云何能辦若不能辦受苦者衆王身雖一天下共之云何今日獨

欲自在辟如多人共一妙寶有人獨用豈得自在王身今者亦復如是尒時大王和顏悅色向諸大臣復作是言汝等先當起慈愍心觀婆羅門然後我當捨頭施之尒時大王告婆羅門汝小遠去聽我慰喻諸臣民已當相發遣時婆羅門即便小却尒時大王告諸臣言汝不知我本日所願常欲利益諸衆生耶我已為汝所作成辦復當滿此婆羅門願此婆羅門曽於往昔與我有怨餘報未畢常以繫心更無餘緣可以償之要當捨頭而令永畢自我受身常行正法今為此人亦行正法卿等速去喚婆羅門令還本處作如是言汝无巧智不知時宜於大衆中求索我頭何故不於辟靜之處而求索耶我今為汝諫喻諸臣令汝安隐得全性命設不諫者汝之身命何得全濟汝小遠去至彼靜處須我發遣諸大臣已我當就汝斷頭相施時婆羅門聞王語已即便遠去尒時大王遣諸臣已即便至彼語婆羅門言汝今若為我怨所遣取我

頭者我亦於汝无讎嫌心若自來索有何因緣汝婆羅門應起慈心設起慈心即當生天怨心如火汝當速滅瞋恚在心不見法義修忍之人除去瞋恚瞋恚汙心形不端正猶如雲霧障蔽淨月出家之人所應不生生瞋恚者不得端正猶如飲酒益氣臭穢婆羅門言汝今所說雖為妙善而我麁獷何能信受但施我頭无更餘言我今聞汝所說雖善聞已倍更增益瞋恚猶如膏油投之猛火時王荅言我從生来未曾勸人而為惡事今此身者隨汝自斫是身可惡猶如糞坑實不愛之但憐愍汝墮地獄耳婆羅門言言地獄者為在何處尒時大王即起悲心而作是言怪哉衆生出哉世間乃至一人修行善法為已利者我雖種種勸諫是人而其本心猶樂行惡辟如倉鼠在窖器中有人拔出心猶樂者以樂者故乃至喪命是婆羅門亦復如是時婆羅門持一利刀以鹿皮覆即便出之捉王頭髮繫之樹上以瞋恚心欲斬王頭刀誤不及

斫斷樹枝時婆羅門謂已斫竟即生歡喜以是菩薩及諸天神威德力故乃至不見其王身首尒時樹神語婆羅門言何處當有婆羅門人受畜利刀煞害人命汝手云何不墮於地地何不裂隔汝身耶去何於此清淨人邊生是惡心汝身所以不陷地者賴是菩薩擁護汝故時婆羅門謂得真實斷菩薩頭然心得解即便還去王亦還宮身安無損菩薩摩訶薩行檀波羅蜜時能作如是无所不捨

菩薩本緣經卷中

菩薩本緣經卷中

校勘記

一　底本，金藏廣勝寺本。

一　四五九頁中一行經名、二行撰者、三行譯者、四行品名，資、磧、普、南、徑、清無(未換卷)。

一　四五九頁中一三行「施捨」，普、南、徑、清作「放捨」。

一　四五九頁下三行「親厚」，麗作「親友」。

一　四五九頁下九行「父不放」，資、磧、普、南、徑、清作「不賜放」。

一　四五九頁下一三行第一二字「出」，資、磧、普、南、徑、清作「去」。

一　四五九頁下一七行「今我」，資、磧、普、南、徑、清作「我今」。

一　四五九頁下二〇行「水果」，資、磧、普、南、徑、清作「水草」。

一　四六〇頁上一行「椎胷」，資、磧、普作「推胸」。

一　四六〇頁上三行「正法」，普、南、徑、清作「王法」。

一　四六〇頁上一五行第一〇字「耶」，麗無。

一　四六〇頁上二〇行「答言」，資、磧、普、南、徑、清作「妻便答言」。

一　四六〇頁上末行末字「知」，資、磧、普、南、徑、清作「如」。

一　四六〇頁下四行末字「言」，麗作「念」。

一　四六〇頁下一一行第七字「止」，資、磧、普、南、徑、清作「山」。

一　四六〇頁下一三行末三字至次行首字「從遠方來」，資、磧、普、南、徑、清作「故從遠來」。

一　四六〇頁下一六行第九字「使」，諸本(不含石，下同)作「施」。

一　四六〇頁下末行第四字「逕」，諸本作「經」。

一　四六一頁中三行第九字「心」，徑無。

一　四六一頁中七行第二字「便」，南作「使」。又第九字「生」，諸本作

「至」。

一　四六一頁下七行「菩薩」，徑作「菩菩」。

一　四六一頁下八行「瞤動」，資、磧作「瞤動」。

一　四六一頁下一〇行第五字「烏」，資、磧、普、南、徑、清作「鳥」。

一　四六一頁下一四行「石岸」，資、磧、普、南、徑、清作「石崖」。

一　四六一頁下一六行「二子者」，麗作「二子今者」。

一　四六二頁上四行第一一字「亦」，資、磧、普、南、徑、清作「而」。

一　四六二頁上二〇行第四字「子」，麗作「女」。又「精勤」，麗作「精進」。

一　四六二頁中四行「一切生死」，徑無。

一　四六二頁中五行「生死」，資、磧、普、南、徑、清作「死王」。

一　四六二頁中六行「諸鹿」，資、磧、普、南、徑、清作「諸麋」。

一　四六二頁中七行末字「擲」，麗作「摘」。

一　四六二頁下二行第三字「匱」，資、磧、普、南、徑、清作「遺」。

一　四六二頁下八行第一三字「授」，資、磧作「受」。

一　四六二頁下一四行第一三字「善」，諸本作「若」。

一　四六二頁下二一行首字「勝」，資、磧、普、南、徑、清作「能」。

一　四六二頁下末行第四字「曾」，資、磧、普、南、徑、清作「當」；麗作「希」。

一　四六三頁上一一行第七字「今」，徑作「令」。

一　四六三頁中三行「菩薩本緣經」，徑、清無。

一　四六三頁中二〇行第八字「掩」，資、磧、普、南、徑、清作「齚」；麗作「噉」。又第一二字「頃」，資、磧、普、徑作「間」。

一　四六三頁下五行第二字「見」，資、磧、普、南、徑、清作「是」。

一　四六三頁下一五行「拼虛」，普、南、徑、清作「空虛」。

一　四六四頁上五行第一二字「悉」，資、磧、普、南、徑、清作「其」。

一　四六四頁上一三行「大王」，資、磧、普、南、徑、清作「大士」。

一　四六四頁上一八行第八字「愛」，麗無。

一　四六四頁中三行第一三字「唯」，資、磧、普、南、徑、清作「雖」。

一　四六四頁中七行「釘霍」，普、南、徑、清作「釘挓」。

一　四六四頁中八行「冷熱」，清作「冷熱」。

一　四六四頁中九行「椎打」，普、南、徑、清作「鎚打」。

一　四六四頁中一四行「不求」，資、磧、普、南、徑、清作「不須」。

一　四六四頁中二二行第四字「苦」，資、磧、普、南、徑、清作「咎」。

一　四六四頁下二行「苦耶」，資、磧、普、南、徑、清作「此苦也」；麗作

「苦也」。

一　四六四頁下八行第二字「化」，麗作「化作」。

一　四六四頁下一一行「列羅」，資、磧、普、南、徑、清作「羅列」。

一　四六四頁下一四行「弥布」，資、磧、普、南、徑、清作「布於」。又「苦痛」，資、磧、普、南、徑、清作「苦惡」。

一　四六四頁下二一行第七字「出」，資、磧、普、南、徑、清作「而出」。

一　四六四頁下末行「魔語」，資、磧、普、南、徑、清作「魔説」。

一　四六五頁上三行「蝗虫」，普、南、徑、清作「蠅蟲」。

一　四六五頁上一一行首字「常」，麗作「當」。

一　四六五頁上一三行末字「難」，至此，資、磧、普、南、徑、清卷第二終，卷第三始。

一　四六五頁上一四行「菩薩本緣經」，資、磧、普、徑、清無。

一　四六五頁上二一行「同心」，資、磧、南、徑、清作「同止」；普作「同上」。

一　四六五頁上末行第四字「敬」，普、南、徑、清作「故」。

一　四六五頁中三行第三字「復」，資、磧、普、南、徑、清作「又」。

一　四六五頁中一八行第六字「弟」，資、磧、普、南、徑、清無。

一　四六五頁中二一行「供養」，諸本作「供身」。又第一一字「若」，麗作「若欲」。

一　四六五頁下三行「檐戴」，普、南、徑、清、麗作「瞻戴」。

一　四六五頁下四行「初蓮」，麗作「青蓮」。

一　四六五頁下二一行第一二字「有」，資、磧、普、南、徑、清無。

一　四六六頁上五行第二字「瞋」，麗作「睡」。

一　四六六頁上八行第一〇字「如」，麗作「知」。

一　四六六頁上一二行「暉霍」，資、磧、普、南、徑、清作「暉曤」；麗作「揮擢」。

一　四六六頁上一八行「手捲撩撅」，資、磧、普、南、徑、清作「手拳繚戾」。又「眉鬚」，南、清作「眉髮」。

一　四六六頁上一九行首字「髮」，普、南、徑、清作「鬚」。

一　四六六頁上二〇行第八字「拂」，資、磧、普、南、徑、清作「佛」；麗作「[火孛]」。

一　四六六頁中四行第三字「勑」，資、磧、普、南、徑、清作「列」。

一　四六六頁中一三行第五字「常」，諸本作「尚」。

一　四六六頁下一九行「[羊互]羊」，資、磧、普、南、徑、清作「羯羊」。

一　四六七頁上一七行第八字「是」，資、磧、普、南、徑、清作「如是」。

一　四六七頁中二二行末字「語」，資、磧、普、南、徑、清無。

一　四六七頁中末行第四字「言」，資、磧、普、南、徑、清作「所言」。又第一三字「取」，諸本作「索」。

一　四六七頁下六行「應不」，資、磧、普、南、徑、清作「不應」。

一　四六七頁下七行第一一字「嗌」，普、南、徑、清作「噫」。

一　四六七頁下八行第九字「雖」，資、磧、普、南、徑、清作「唯」。

一　四六七頁下一七行「乃至」，諸本作「乃無」。

一　四六八頁上卷末經名，資、磧、普、南、徑、清無（未换卷）。

菩薩本緣經卷下　觀

僧伽斯那撰

吳月支優婆塞支謙字恭明譯

菩薩摩訶薩　若墮於畜生　所行諸善法
外道不能及

兔品第六

如我曾聞菩薩往昔曾為兔身以其先世餘業因緣雖受兔身善於人語言常至誠無有虛誑智慧成就遠離瞋恚於人天中最為第一慈悲熏心調和軟善悉能消滅諸魔因緣言行相副真實无諂煞害之心永无復有安住不動如須弥山與无量兔而為上首常為諸兔而說是言汝等不知墮惡道耶是身可患夫惡道者地獄畜生餓鬼阿修羅如是等名為惡道汝等今當至心諦聽墮惡道因緣所謂十惡我於往昔曾聞諸仙分別開示心亦思惟今當為汝略解說之四法根本多諸過患所謂貪欲瞋恚愚癡憍慢因貪欲心行十惡者墮於餓鬼因瞋

恚心行十惡者墮於畜生因愚癡心行十惡者墮於地獄因憍慢心行十惡者墮阿修羅因此四法所往之處常受苦惱汝等當觀地獄中有猛火熾然利刀劍剝常為狗犬之所敢食鐵𪁺諸鳥挑啄其目灰河壞身猶如微塵復為諸推之所打碎利斧刀劒截其手足寒冷惡風吹𨄔其身二山相拍身處其中汝等當知設我盡壽至百千世解說如是地獄眾生不能得盡如是地獄有種種苦汝今復當聽餓鬼中種種諸苦所謂飢渴所逼身體乾枯於无量歲初不曾聞漿水之名乃至穢糞求不能得頭髮長利纏繞其身故令身中支節火然遥望見水至則火焼飢渴所逼往趣糞穢復有惡鬼神持刀杖固遮令說此事倍令我心驚畏怖懼阿修羅者雖受五欲與天无別憍慢自高無謙下心遠善知識不信三寶亦復不為善友所護於世間中起顛倒想雖見諸佛心無敬信於上諸天常生惡心繫念伺求諸天過失汝等當知憍慢

之結多諸過咎無所利益所以衆生不成道果無不由此憍慢熾盛自是非彼識刺呵責世間衆生以憍慢故增長邪見邪見因緣誹謗三寶謗三寶故受阿修羅阿修羅中所受衆苦若為故欲盡說不可得盡以愚癡因緣墮畜生中多受衆苦受種種形食種種食種種語言行住不同無足二足四足多足水陸空行牛羊駝驢猪豚鷄猫飛鳥走獸如是等輩常為愚癡之所覆蔽常處盲冥无有智慧各各相於起煞害想乎相怖畏猶如怨賊常為獵師屠膾所煞復為師子虎狼豺犬無量惡獸之所噉食常墮坑坎羂索羅網生則負重死則刻剝駕犂挽車鐵鉤斲鞘靽拘執常苦飢渴口乾舌燥雖有所須口不能宣稚小孤迸遠離父母水草无量常不充足畜生惡報世間現見是故我今略為汝等而解說之如我先業惡因緣故受是兔身唯食水草恒多怖畏是故汝等應修善法善法因緣生天人中雖人道中有諸苦惱劇於諸天猶

當發願願生人中辟如官法為犯罪者造作土窖凡有三重重罪之人置在㝡下中罪之人置之中間罪極輕者置于上重行惡業者亦復如是極重惡者墮于地獄中品惡者受畜生身㝡下品者生餓鬼中遠離如是三品惡已得生人中生人中已行善不善行上善者入於涅槃如已舍宅是時兎王常為諸兎宣說如是善妙之言尒時有一婆羅門種猒世出家修學仙法不惱眾生離欲去愛和顏而言身无麁穬飲水食果及諸根藥少欲知足修寂靜行長養鬚爪為梵行相是時仙人忽於一時遥聞兎王為兎說法聞已心悔而作是言我今雖得生於人中愚癡无智不如是兎生在兎中曉了善法辟如日光障蔽月光我亦如是雖生人中為彼畜生之所障蔽彼雖畜生或是正法之將或是梵王大自在天我今聞彼所說之法心調柔和辟如人熱入清冷水恠哉師子多行惡業受是獸身云何復當煞如是兎如是兎者乃是純善

形雖如是乃能修行仙聖之法雖生畜生而能宣說善惡之相我從本来无可諮稟尊敬之處今得遇之甚善无量是時仙人即起合掌往至兎所至兎所已却坐一面合掌向兎而作是言汝是正法之身將不受兎身所有必定純善之法唯願為我具足說之我所修學長養鬚髮草衣食果今實猒之辟如攢氷求酥是實難得我亦如是終身長髮草衣食果雖修苦行正法難得我今雖得生於人中受人形體遠善知識修行惡法如七葉華正可遠瞻不中親近我亦如是修行惡法有智之人視之遠去終不親近汝真梵王假受兎身兎時荅言大婆羅門若我所言悅可汝心甚不愛也所以者何我久已離慳恡之結往昔發心便當涅槃但為衆生故久住生死時婆羅門聞是語已心生歡喜汝是大士能為衆生久處是中即便隨逐經歷多年飲水噉果與兎无別是時世人多行惡法以是因緣令天炎旱草木華果枯乾不出海池井泉

諸水燋涸其地所有林木蓬茹萬草土地人民収拾去盡時婆羅門飢窮困苦和顏向兎而作是言我今欲去願不見責兎聞是已即生念言今此大仙不樂此處故欲相捨即前問言此處何過有何相犯大仙當觀身服如是萬草之衣令心愁惱非所宜也如婆羅門入婬女舍甚非家法也婆羅門言汝之所說實入我心是處清淨實无過患諸兎自修亦不相犯但我薄祐困乏飲食是故俛仰欲相捨去汝今當觀一切衆生无不因食以活此身汝之所說善妙法要令雖遠離要當終身佩之心府不令忘失汝復當知我心无慈為穢食故而相捨離時兎荅言汝所為者蓋是小事云何乃欲相捨離去婆羅門言我空飲水已經多日恐命不全是故置宜欲相捨離兎聞是已念言善哉是婆羅門乃能為法飲水多日即便說言汝若去者我則更無如是福田唯願仁者明受我請雖知菩薩於福田中心无分別然施極苦飢渴衆生其福㝡

菩薩本緣經卷下　第七張　興

文難知二目是常所護然當先殺苦痛之處汝今是我親善知識是我所尊有大功德是故我今欲設微供汝今當知人有四種施亦有四所謂下者下中下者智者智中智者云何下者施時發心求於諸有下中下者以畏怖故行於布施智者有恭敬心而行布施智中智者有大悲心而行布施我今於是四施之中越行一施唯願明旦必受我請時婆羅門即作是念此兎今日為何所見見死鹿耶或死兎乎心即歡喜然火誦呪是兎其夜多集乾薪告諸兎言汝等當知是婆羅門今欲捨我遠去他家我甚愁惱身體戰慄世法如是无常別離虛誑下實猶如幻化合會有離猶如秋雨有為之法有如是等无量過患諸行如夢熱時之炎衆生命盡无可還者汝等今者知世法如是而不能離是故汝等要當精勤壞三有乎尒時兎王竟夜不眠為諸兎衆說法如是夜既終已清旦地了於薪聚邊即便吹火火然之後語婆羅門言我昨請汝欲設

菩薩本緣經卷下　第八張　觀

微供今已具辦願必食之何以故智人集財欲以布施受者憐愍要必受用若有凡人多畜財寶以施於人此不為難我今貧窮施乃為難唯願哀矜必定受之我今深心清淨啓請唯願仁者必受不疑說是語已復自慰喻我今為他受安樂故自捨己身无所貪惜大如毫釐如是福報願諸衆生證无上智自慰喻已投身火坑時婆羅門見是事已心驚毛竪即於火上而挽出之无常之命即便斷滅諦觀心悶抱置膝上對之鳴嗟並作是言愛法之士慈愍大仙調御船師為利衆生捨身壽命今何所至我今敬礼為歸依主我處此山長髮垂搭雖經多年无所利益我願從今常相頂戴願汝功德具足成就令我來世常為弟子說是語已還持兎身置之於地頭面作礼復還抱捉猶如赤子即共死兎俱投火坑尒時釋天知是事已大設供養収骨起塔菩薩摩訶薩修行如是尸波羅蜜不誑於世

菩薩本緣經鹿品第七

菩薩本緣經卷下　第九張　[illegible]

菩薩摩訶薩行大波羅蜜乃至上恣中終不生惡心

我昔曾聞菩薩往世墮在畜生而為鹿身兩角金色脊似琉璃餘身雜俞種別難名蹄如車渠角如金精其身莊嚴如七寶藏常行利益一切衆生所有善法具足成就身色光炎如日初出諸天敬重為立名字号金色鹿為无量鹿而作將導而是鹿王多行慈悲精進智慧具足無有大勇猛善知人語為調衆生示受鹿身尒時鹿王遊於雪山其山多有叢林華果流泉浴池若諸禽獸共相憎惡生賊害心以是菩薩威德力故悉滅无餘在空寂處常教諸鹿遠離諸惡修行善法告諸鹿言汝等當聽諸行之中當觀小惡猶如毒食如是小惡不當受之當觀小善為親友想常應親近精勤受持汝等諸鹿以身口意行諸惡故墮畜生中不能修行所有善法愚癡覆故受是畜身經無量世難得解脫生死之中欲受樂者要因正法而為根本夫正法者能護衆生不墮惡趣

為度煩惱苦海之人而作橋梁如人
處嶮要因杖亦如執炬覩見諸器
行正法者亦復如是夫正法者寂可
親近不可破壞能示衆生无上大道
是能為受樂者聞是法已能令喜心
心不斷行是法者心無所畏是法能除
一切諸惡辟如良藥療治衆病以是因
緣常應憶念不令忘失若忘失者此
生空過一切世間皆悉虛誑唯有布
施忍辱慚愧智慧之法乃是真實若
能修行如是等法是則名為具足正
法為諸鳥獸常説是法令諸聽者心
離婬欲當是時也猶如賢聖遠離諸
惡不加侵害復於後時與諸群鹿遊
止一河其水廣大深無崖底暴漲急
疾多所漂沒壞諸山岸吹拔大樹一
切鳥獸无敢近者時有一人為水所
漂恐怖惶懅莫知所至身力轉微餘
命无幾舉聲大喚天神地祇誰有慈
悲能見救濟苦哉我今與室家別
今日困悴誰可歸依我昔曾聞世有
一鹿修學仙法有大慈悲唯是當能
深見濟拔是時鹿王在群鹿前聞如

是聲即便驚視誰受苦厄發如是言
我聞是已其心苦惱如彼受苦等无
差別尋告諸鹿汝當隨意各自散去
吾欲觀覓平整之處自恣飲水以充
渴乏諸鹿聞已尋即四散鹿王即便
尋聲求之見有一人為水所漂復為
木石之所揬觸多受苦惱鹿王見已
即作是念水急駃疾假使大魚亦不
能度我今身小力亦微末竟知當
能度是人不寧令我身與彼俱死實
不忍見彼獨受苦復作是念若使是
人在於陸地為象所困可得為作方
便救護今在此水漂疾急速我當云
何而得救拔我設入水不能濟者一
切聞知當見嗤笑自知不能何故入
水我今雖有慈悲之心身力微末恐
不能辦我今要當倍加精進以不休
息而往救之即作是言汝今不應生
怖畏心我今入水猶如草木假使身
滅要當相救是時鹿王踊身投河至
彼人所即命溺人令坐其背溺人即
坐安隱无慮猶如有人安坐橋席其
河多有木石之屬㸦相揬觸身痛無

賴是時鹿王擔負溺人至死不放劣
乃得出至于彼岸溺人介時即得穌
拔安隱出已即語鹿王我之父母所
長養身為已滅沒今之身命實是汝
有汝雖鹿王身命相屬所可勑使唯
垂告語介時鹿王告其人言汝今且
聽我於汝所不求功果亦无有心生
貢高想我今不惜如是身命但欲為
他而作利益汝今當知我受獸身常
處林野自在隨意求覓水草雖不
侵犯居民邑落然是我罪多諸怨憎
兼復怖畏師子虎狼諸惡走獸射獵
之徒无所歸依無守護者我雖鹿身
雜色微妙一切世間悉无見者以相
救濟唯汝見之昔我立誓若見苦厄
要令度脫人雖有力見苦不救當知
是人為無果報如不種子不収果實
若念我者當善攝口知恩念恩賢聖
所讃不知恩者現世惡名流布於外
復為智者之所呵責將来之世多受
惡報知恩之人二世安隱非施因緣
而得自在不修多聞具大智慧雖無
水浴清淨無垢離諸香熏得无上香

離諸瓔珞得莫莊嚴遠離所依而得自護離无刀杖人無假者汝當知之知恩之人所得功德說不可盡不知恩者所得過患亦復无量是故汝今應善護口尒時溺人聞是語已悲喜交集涕淚橫流即礼鹿足而作是言汝常說法示諸衆生涅槃正道汝如良醫除斷衆生心熱病苦汝是世間第一慈父是尊是導實會隨侍朝夕稟受不欲遠離經一念頃必當為惡无所堪任我今設去雖有形體當相遠離而心未敢生捨離想也說是語已尋便即路鹿王望之遠不見已即還本處衆鹿之中是時溺人既還家已忘恩背義破滅法炬自然其心破伐法樹乃殖毒林心為惡器感衆悉毒為現世利即至王所而白王言大王當知臣近入山見有一鹿身色微妙如七寶貫在衆鹿中而為上首猶如滿月處衆星中其皮雜色任覆御乘臣知此鹿遊住之處時王聞已心驚喜曰卿示吾處吾自往取溺人白王敬奉所勅王即嚴駕令在前導千

乘万騎隨後而往是時鹿王在衆鹿中疲極而眠尒時虛空多有衆鳥見王軍馬各相謂言是王必為金色鹿来時有一烏即至鹿所啄鹿王耳鹿王驚悟心即念言此烏何緣来見覺之從昔已来衆烏等類顧復圍遶无敢近者今日何故觸犯我身鹿即起立遥望王軍四方雲集已来近至復作是念如是衆烏實无過咎辟如有人所尊陷墜以手牽挽豈是過耶復作是念是諸衆生无慈悲心世間所有師子虎狼常是我怨聞我說法怨心即息是人無理得生人中忘恩背義反於我所而生毒害如妙香華置之死屍即時可惡人不喜見是人亦尒為得現世少許樂分捨離將来无量樂報尒時鹿王即向諸鹿而作是言汝等莫愁王今所以来至此者正為我身不為汝也我今雖能逃避遠去亦能壞碎彼之軍衆要當畢命自往王所若我如是汝等便當東西波迸乃至喪命是故我今為汝等故當往王所但隨我後莫生恐怖當令汝等安隱无

患汝等當知我若發心欲入涅槃即能得之所以不取正為汝等我至王所設使喪命但令汝等安隱全濟吾无所恨作是語已即至王所溺人見已尋示王言所言鹿王此即是也作是言已兩手落地時王見已即便下馬心驚毛竪而作是言汝手云何斷落如是即捨刀杖獨往鹿所鹿見王時心中愁惱王作是念彼雖獸身非實鹿也即是正法勇出之王尒時鹿王即白王言大王何緣放捨刀杖身體流汗狀似恐怖若使於我生恐怖者我是修慈終不相害如月生火无有是處時王聞已心得安隱即向鹿王而作是言是人何緣兩手落地然如向言能施我等无所怖畏云何是人直示汝身得如是報汝向自言能施衆生無所畏怖云何乃令是人如是若言不施一切世間即當火然是時鹿王復白王言辟如有人犯官重罪觸惱無諍清淨比丘如是之人得大重罪不知恩者亦復如是得大重罪王令當知是人自作自受其報非我因緣

王即問言唯願廣説我樂聞之鹿王荅曰願王問彼不須我説王即問人卿今何故二手落地是時溺人即為其王廣説本緣王既聞已卿作是事已云何當得不受報也若有困厄依怙他人乃至一念尚應報恩況復多時受斯重恩而不能報反生賊害豈當不受如是報也如人熱時止息凉樹是人乃至不應損是樹一葉受恩不忘亦復如是尒時國王復向鹿王長跪叉手而作是言我從今日常相歸依鹿王荅曰當能尒者敬受來意王復言曰汝今受我願求何等鹿王荅曰若能於我生尊相者今當諦聽我是獸身唯賴水草以自存活餘无所求大王當知是人昔為水所漂困无救護者餘命无幾我於尒時猶能救之王今若有慈悲之心當視是人如赤子想若視是人即視於我是人愚癡无知可愍命終之後必墮地獄經无量歲倫受衆苦是故應當於是人所生慈愍心大王辟如有人多諸子息愛無偏黨然於病者心則偏重菩薩

亦尒於悪衆生偏生悲愛以是衆生懐悪法故是故菩薩為諸衆生發菩提心尒時大王復更斂容而作是言汝今真是調御大師護持正法救濟危厄歸依之處能除衆生一切畏者是諸衆生多行悪法身應陥地所以不没諒由大士護持故也從今以往施諸鹿群无所畏樂我今終身願為弟子若汝来世成无上道願先濟度於是國土説是語已即告群臣舉國人民自今為始不得遊獵殺害為業菩薩摩訶薩行尸波羅蜜時雖受獸身於諸怨憎乃至不生一念悪心

菩薩本緣經龍品第八

菩薩摩訶薩　處瞋猶持戒　况生於人中
而當不堅持

如我曽聞菩薩往昔以恚因緣墮於龍中受三毒身所謂氣毒見毒觸毒其身雜色如七寶聚光明自照不假日月才貌長大氣如韛風其目照朗如雙日出常為无量諸龍所遶自化其身而為人像與諸龍女共相娯樂住毗陁山幽邃之處多諸林木華果茂

盛甚可愛樂有諸池水八味具足常在其中遊止受樂經歴无量百千万歳時金翅鳥為飲食故乗空東身飛来欲取當其来時諸山碎壞泉池枯涸尒時諸龍及諸龍女見聞是事心大恐怖所服瓔珞華香服飾尋悉解落裂在其地諸龍夫人恐怖墮淚而作是言今此大怨已来逼身其業金剛多所破壞當如之何龍便荅曰卿依我後時諸婦女尋即相與来依附龍龍復念言今此婦女各生恐怖我若不能作擁護者何用如是殊大之身我今此身為諸龍王若不能護何用王為行正法者悉捨身命以擁護他是金翅鳥之王有大威德其力難堪除我一身餘无能禦我今要當捨其身命以救諸龍尒時龍王語金翅鳥汝金翅鳥小復留神聽我所説汝於我所常生怨害然我於汝都无悪心我以宿業受是大身稟得三毒雖有是力未曽於他而生悪心我今自忖審其氣力足能與汝共相抗禦亦能遠炎大火投乾草木五穀臨熟遇天悪雹

或變大身遮蔽日月或變小身入藕絲孔亦壞大地作於江海亦震山嶽能令動搖亦能避走遠去令汝不見我今所以不委去者多有諸龍來依附我所以不與汝戰諍者由我於汝不生惡故金翅鳥言我與汝怨何故於我不生惡心龍王荅言我雖獸身善解業報審知少惡報逐不置猶如形影不相捨離我今與汝所以俱生如是惡家悉由先世集惡業故我今常於汝所生慈愍心汝應深思如來所說

非以怨心　能息怨憎　唯以忍辱
然後乃滅

辟如大火投之乾薪其炎轉更倍常增多以瞋報瞋亦復如是時金翅鳥聞是語已怨心即息復向龍王說如是言我今於汝常生怨心然汝於我乃生慈心龍王荅言我先與汝俱受佛語我常憶持抱在心懷而汝忘失了不憶念金翅鳥言唯願仁者為我和上善為我說无上之法我從今始惠施一切諸龍无畏說是語已即捨

龍宮還本住處尒時龍王遣金翅鳥還本處已慰喻諸龍及諸婦女汝見金翅生怖畏不其餘衆生覩見汝時亦復如是生大怖畏如汝諸龍愛惜身命一切衆生亦復如是當觀自身以喻彼身是故應生大慈之心以我修集慈心因緣故令怨憎還其本處流轉生死所可恃怙无過慈心夫慈心者除重煩惱之妙藥也慈是无量生死飢餓之妙食也我等往昔以失慈心故今来墮此畜生之中若以修慈為門户者一切煩惱不能得入生天人中及正解脫慈為良乘更无過者諸龍婦女聞是語已遠離恚毒修集慈心尒時龍王自見同輩悉修慈心歡喜自慶善哉我今所作已辦我雖業因生畜生中而得修行大士之業尒時龍王復向諸龍而作是言已為汝等作善事竟為已示汝正真之道復為汝等然正法炬閉諸惡道開人天路汝已除棄無量惡毒以上甘露補置其處欲請一事汝等當知於十二月前十五日閻浮提人以八戒

水洗浴其身心作清淨為人天道而作資糧遠離憍慢貢高貪欲瞋恚愚癡我亦如是欲効彼人受八戒齋法汝當知之若能受持如是八戒雖无妙服而能得洗浴雖无墻壁能遮怨賊雖無父母而有貴姓離諸瓔珞身自莊嚴雖无珎寶巨富无量雖无車馬亦名大乘不依橋津而度惡道受八戒者功德如是汝今當知吾於處處常受持之諸龍各言云何名為八戒齋法龍王荅言八戒齋者一者不煞二者不盜三者不婬四者不妄語五者不飲酒六者不坐臥高廣牀上七者不著香華瓔珞以香塗身八者不作倡伎樂不往觀聽如是八事莊嚴不過中食是則名為八戒齋法諸龍問言我等若當離王少時命不得存今欲增長無上正法熾然法燈請奉所勅佛法之益無處不可何故不於此中受持亦曾聞有在家之人得修善法若在家中行善法者亦得增長何必要當求於靜處龍王荅言欲處諸欲心無暫停見諸妙色則發過

去愛欲之心辟如濕地雨易成泥見諸妙色發過去欲心亦復如是若住深山則不見色若不見色則欲心不發諸龍問言若處深山則得增長是正法者當隨意行尒時龍王即將諸龍至寂靜處遠離婬欲瞋恚之心於諸衆生增修大慈具足忍辱以自莊嚴開菩提道自受八戒清淨持齋經歷多日斷食身羸甚大飢渴疲極眠睡龍王修行如是八戒具足忍辱於諸衆生心无害想時有惡人至龍住處龍眠睡中聞有行聲即便驚寤時諸惡人見已心驚喜相謂曰是何寶聚從地湧出龍見諸人心即生念我為修德來至此間而此山間復有惡逆破修德者若令彼人見我真形則當怖死怖死之後我則毀壞修行正法我於往昔以瞋因緣受是龍身三毒具足氣見觸毒如是諸人今來至此必貪我身斷絕壽命時諸惡人復相謂曰我等入山經歷多年求覓財利未曾得見如是龍身文彩莊嚴悅可人目剝取其皮以獻我王者可得重賞時

諸惡人尋以利刀剝取其皮龍王尒時心常剎樂一切世間即於是人生慈愍想以行慈故三毒即滅復自勸喻慰沃其心汝今不應念惜此身汝雖復欲多年擁護而對至時不可得免如是諸人今為我身貪其賞貨當墮地獄我寧自死終不令彼現身受苦諸人尋前執刀剝剝龍復思惟若人无罪有人支解嘿受不報不生怨結當知是人為大正士若於父母兄弟妻子生嘿忍者此不足貴若於怨中生嘿受心此乃為貴是故我今為衆生故應當嘿然而忍受之若我於彼生忍受者乃為真伴我之知識是故我今應於是人生父母想我於往昔雖无量世故捨身命初未曾得為一衆生彼人若念剝此皮已當得无量珎寶重貨願我來世常與是人无量法財尒時龍王既被剝已遍體血出苦痛難忍舉身戰動不能自持尒時多有无量小虫聞其血香悉來集聚唼食其肉龍王復念今此小虫食我身者願於來世當與法食菩薩摩訶

薩行尸波羅蜜時乃至剝皮食肉都不生怨況復餘處也

菩薩本緣經卷下

甲辰歲高麗國大藏都監奉
勑彫造

菩薩本緣經卷下

校勘記

一　底本，麗藏本。

一　四七二頁上一行經名、二行撰者、三行譯者，諸本（不含石，下同）無（未換卷）。

一　四七二頁上四行「兔品第六」，資、磧、普、南作「菩薩本緣經兔品第六」。

一　四七二頁上一六行「如是等名」，資、磧、普、南、清作「如是等名畜生餓鬼阿修羅如是等名」。

一　四七二頁中八行第一〇字「襲」，

諸本作「劈」。
一 四七二頁中一九行第一〇字「高」，諸本作「我」。
一 四七二頁中二〇行「知識」，諸本作「知識不識」。
一 四七二頁中末行第三字「伺」，資、磧作「向」。
一 四七二頁下一五行首字「坎」，南作「陷」。
一 四七二頁下一六行「鈎斲」，諸本作「鈎斵」。
一 四七二頁下一七行「不能」，諸本作「不得」。
一 四七二頁下二二行「天人」，諸本作「人天」。
一 四七三頁上一二行「麁穬」，諸本作「麁獷」。
一 四七三頁上一六行末四字至次行第四字「不如是兎生在兎中」，諸本作「不如是兔王生畜生中」。
一 四七三頁上一九行「畜生」，諸本作「畜身」。

一 四七三頁中九行「攢氷」，諸本作「鑽水」。
一 四七三頁下八行首字「如」，磧作「知」。
一 四七三頁下一三行首字「活」，資、磧作「住」。
一 四七四頁上二行第七字「我」，諸本無。
一 四七四頁上三行第一〇字「設」，諸本作「施」。
一 四七四頁上六行第一三字「以」，諸本無。
一 四七四頁上一四行第一三字「惱」，諸本作「懊惱」。
一 四七四頁上一七行第四字「有」，諸本無。
一 四七四頁中二二行末字「世」，至此，諸本卷第三終，卷第四始。
一 四七四頁中末行「菩薩本緣經」，諸本無。
一 四七四頁下一行第七字「大」，諸本作「六」。

一 四七四頁下三行「墮在畜生」，諸本作「墮畜生中」。
一 四七四頁下一二行「其山」，諸本作「其中」。
一 四七五頁上五行第一〇字「已」，諸本無。又「心心」，諸本無。
一 四七五頁上二〇行第九字「今」，諸本作「今日」。
一 四七五頁上末行「羣鹿」，諸本作「衆鹿」。
一 四七五頁下二行第一二字「即」，磧、普、南、徑、清作「既」。
一 四七五頁下一〇行首字「處」，諸本作「處於」。
一 四七五頁下二一行第一一字「非」，資、磧、普、徑作「悲」。
一 四七六頁上一〇行「不欲」，諸本作「我若」。
一 四七六頁上一五行「自然」，諸本作「自燋」。又末字「破」，諸本作「斫」。
一 四七六頁上一七行首字「毒」，諸

本作「結」。

一　四七六頁上一九行第五字「貫」，資作「實」。

一　四七六頁上二二行末字「白」，諸本作「咎」。

一　四七六頁中三行「軍馬」，諸本作「軍衆」。

一　四七六頁中一〇行「豈是過耶」，諸本作「豈是過耶爾時鹿王即知是彼溺人白王說我身色及以住處」。

一　四七六頁中一五行「可惡」，諸本作「可得」。

一　四七六頁下二〇行「重罪」，諸本作「重事惱觸」。又「觸惱」，諸本作「惱觸」。

一　四七七頁上一行第一四字「王」，資無。

一　四七七頁上四行第一〇字「卿」，諸本作「即作是念」。

一　四七七頁上五行「依怙」，諸本作「依恃」。

一　四七七頁上六行第七字「尚」，諸本作「常」。

一　四七七頁上一三行第七字「受」，諸本作「愛」。

一　四七七頁上一四行第九字「相」，諸本作「想」。

一　四七七頁上一九行「即視於我」，諸本作「即亦視我」。

一　四七七頁中五行「畏者」，諸本作「怖畏」。

一　四七七頁中一〇行「國上」，諸本作「國王」。

一　四七七頁中一四行「菩薩本緣經」，徑、清無。

一　四七七頁下一〇行「附龍」，資無。

一　四七七頁下一三行第一三字「王」，資、磧、南、清作「生」。

一　四七七頁下一四行第五字「悉」，諸本作「要」。

一　四七七頁下二〇行第一一字「雖」，諸本作「顧」。

一　四七八頁上八行第一二字「置」，磧、普、南、徑、清作「遠」。

一　四七八頁上九行第八字「今」，諸本作「本」。

一　四七八頁中三行「怖畏」，諸本作「怖畏者」。

一　四七八頁中一三行「良乘」，徑、清作「良藥」。

一　四七八頁下九行第一二字「吾」，徑作「我」。

一　四七九頁上七行「增修大慈」，諸本作「修大慈心」。

一　四七九頁上一〇行「八戒」，諸本作「以戒」。

一　四七九頁上一二行「驚寤」，諸本作「驚覺」。

一　四七九頁中五行第一〇字「時」，資作「等」。

一　四七九頁中二一行「集聚」，諸本作「聚集」。

一　四七九頁下卷末經名，資、磧、普、南、徑作「菩薩本緣經卷第四」；清作「僧伽斯那所撰菩薩本緣經卷第四」。

大乘修行菩薩行門諸經要集卷上　觀

大唐至相寺沙門釋　智嚴　譯之

諸經要集四十二部

凡菩薩行門揔六十六條具列如後

第一出象腋經　題說三條行

解六波羅蜜行　修行菩薩為衆生故生於六趣受諸快樂　菩薩行空喻

第二出說妙法決定業障經　題說三條行

救菩薩行衰善知識退菩提因緣　謗法法入耳故當成佛道　解二十四種大乘名號

第三出維摩結所問經　題說二條行

解佛種性因發起修行菩薩行　解出家因緣功德

第四出方廣如來智經　題說二條行

解非善知識不應同居校量聲聞道行與修行菩薩行深淺

第五出勝義諦品經　題說二條行

修行菩薩起十種行頓速成佛道　解修行菩薩十種行成就六波羅蜜

第六出大般若波羅蜜多經　題說四條行

修行菩薩初修種波羅蜜因无散亂發起菩提　解修行菩薩恐散亂菩提心故攝念六波羅蜜　解釋煩惱因緣　解修行菩薩初發起菩提心專持六波羅蜜

第七出花嚴經善財童子經　題說一條行

初修行菩薩發起菩提校量聲聞道行譬喻

第八出寶髻所問經　題說一條行

解修行菩薩清淨持戒行修六波羅蜜

第九出演法師品經　題說二條行

菩薩行門諸經要集卷上　第二張　歡　弁

第十出決定毗尼經　題說二條行

修行菩薩校量聲聞法家又解於□制七法行菩薩行門　解修行菩薩及聲聞行人如何住持戒行　解三毒輕重因

第十一出遍清淨毗尼經　題說二條行

校量修行菩薩戒行校授聲聞戒行調伏菩心

已上一十一部入上卷

第十二出海慧菩薩所問經　題說八條行

修行菩薩從初六波羅蜜善巧方便而能成就不犯佛戒般若波羅蜜深義引導衆生聲聞與菩薩輕重修行菩薩初發菩提心實能忍辱不令邪魔退失菩提　解忍身口意三業不動成就六波羅蜜　解說行成就六波羅蜜念門　解八種功德與煩惱和雜喻　解口救善行　解修行菩薩所修道行有十二種邪見障道失與諭的

第十三出戲樂嚴經　題說一條行

解修行菩薩善巧方便五欲因緣然則勸令發起菩提因而度說無量衆生

第十四出善巧方便經　題說一條行

修行菩薩習學聲聞行犯重障因

第十五出勝積品經　題說一條行

喻修行菩薩退入聲聞行

第十六出如來藏經　題說一條行

念如來忍辱因果

第十七出金光上勝毗尼經　題說一條行

金光勝童女發十種行願放出家心開驚解

第十八出降伏魔經　題說一條行

覺為菩薩說二十種魔障隨當日說不取

菩薩行門諸經要集卷上　第三張　歡　弁

第十九出富妻郁所問經　題說一條行

修行菩薩為惡知識故四種因緣退捨菩提入聲聞解脫

第二十出寶童子天人所問經　題說一條行

修行菩薩與聲聞校量道行四種實語不妄諸行无獻

第二十一出寶積經　題說一條行

修行菩薩與聲聞校量法行

右已上一十部入中卷

第二十二出虛空藏菩薩所問經　題說一條行

說修行菩薩有四十五種魔障若能覺悟無能超度四魔

第二十三出如來境界經　題說一條行

有諸比丘於迦葉如來問法故於今不忘當生弥勒三會

第二十四出阿闍世品經　題說一條行

解三乘菩薩因又解上座因

第二十五出離垢善薩所問經　題說一條行

空中有菩薩衆下佛所是等現身是女人為證菩提心故轉為男子

第二十六出文殊師利菩薩所問經　題說一條行

修行菩薩修習二種行獲十種善根利益

第二十七出光明遍照品經　題說一條行

諸有比丘隨佛在於逝多林中不見如來威神盡德喻諸菩薩福力殊勝於聲聞

第二十八出出生菩提經　題說二條行

說三種佛地又說三乘高下因緣

第二十九出寶聚經　題說一條行

初發菩提心人功德多於恒河沙數羅漢無能及可及

第三十出鄉羅延品經 顯說一條行 說修行菩薩生於四種住地

第三十一出集一切功德品經 顯說一條行 修行菩薩投刀請煞願易生死救度衆生不離三界

第三十二出密嚴經 顯說一條行 校量聲聞與修行菩薩行業深淺

第三十三出梵刹經 顯說一條行 修行菩薩每數發忍辱大行願速進菩提

第三十四出一切諸佛所念經 顯說一條行 修行菩薩忍辱身口意業恥三業不復更犯

第三十五出法集經 顯說二條行 修行菩薩修持十種戒行復有十種戒行

第三十六出阿差耶末菩薩經 顯說一條行 一切諸色行人戒力皆有盡時唯修行菩薩戒力無盡

第三十七出集會品經 顯說一條行 顯示三乘法教

第三十八出郁伽長者所問經 顯說一條行 說在家菩薩應修四種行切速不出家因緣

第三十九出殊勝具戒品經 顯說二條行 切修行菩薩初發起菩提心應共魔鬪堪受無叔食味外无障又釋阿耨達龍王以四大河成

第四十出解深密經 顯說一條行

第四十一出勝鬘經 顯說一條行 修行菩薩修六波羅蜜住施行

第四十二出出生無邊門經 顯說三條行 勝鬘夫人以偈讃歎如來如來則現夫人受十大受行願 說持是經陁羅尼者臨命終時八十億諸佛現來迎接　又表如來三身又說修行菩薩修四事四事九相行門速成佛道

右二十一部入下卷

若欲徧尋當條請依此次第

披撿經文

第一

出象腋經 顯說三條行 解修行菩薩行六波羅蜜空行　菩薩土入六道投度衆生救身受快樂菩薩修行喻若虛空靜滄

介時文殊師利童子白佛言世尊我有所疑唯願如來為衆解說佛告文殊師利童子言恣汝所問我當為汝解說其義令汝及衆歡喜奉行

介時文殊師利童子白佛言世尊修行菩薩如何住於勝上妙法顯現一切菩薩行門而能成熟无量衆生喻如滿月現於一切佛刹介時世尊歎文殊師利童子言善哉善哉文殊師利汝以少問我今為汝廣解所疑汝當諦聽善思念之時文殊師利童子言唯然世尊授教而聽佛言修行菩薩

有六種相應法善住於一切甚深法趣何者為六所謂一者若修行菩薩樂施無恡不見慳心與身有異身與慳心俱无所得二者堅持戒行不見身與非戒有異身與非戒俱无所得三者善住忍辱守護自心不見自身與瞋恚異身與瞋恚俱無所得四者精勤善行不見自身與懈有異身與怠慢俱无所得五者方便淨住禪定三昧不見自身離於諸行亦不和合三昧定心一切法故俱无所得六者正智於一切諸法無所得故乃至不求涅槃不見自身與衆生身而為有異於六趣中見身无異故文殊師利當知修行菩薩以此六種法故成就一切甚深法行復次文殊師利修行菩薩復有六種相應法行善入一切甚深法行何者為六所謂一者修行菩薩若生地獄受天快樂二者若生畜生則受人間上妙快樂三者若生貧家則受轉輪聖王快樂四者若生六趣各現本身端嚴殊勝无能過者五者善巧方便遊歷十方諸佛刹土無去無來安然

不動於一切佛刹示現其身六者以隨類音演説諸法而不雜乱文殊師利當知修行菩薩以是六種法故善得一切甚深法行

尒時文殊師利童子白佛言世尊如何修行菩薩生於地獄而得受天快樂佛告文殊師利童子言修行菩薩有三昧名摩訶鉢頭摩得此三昧已為諸衆生入於地獄受天快樂是諸獄人見其菩薩受地獄苦菩薩以福力故與諸罪人普為説法度脱無量百千衆生文殊師利當知修行菩薩生於地獄而受諸天快樂

復次文殊師利童子白佛言如何修行菩薩生於畜生而受人間上妙快樂佛告文殊師利童子言修行菩薩有三昧名遍寂靜得此三昧已則生畜生不失其念仍受人間上妙快樂以畜生身故與諸畜生解説佛法度脱无量百千衆生文殊師利當知修行菩薩為衆生故生於畜生而受上妙人間快樂

文殊師利童子復白佛言世尊如何

修行菩薩生於貧里而受輪王快樂佛告文殊師利童子言修行菩薩有三昧名離緣寂靜得此三昧已而生貧家與諸貧里衆生説法毀呰慳貪无戒讚揚布施持戒善因度脱无量百千衆生身受轉輪聖王快樂

文殊師利童子復白佛言如何修行菩薩於六趣中為衆生故各隨其類現種種形受諸快樂皆得殊勝佛告文殊師利童子言修行菩薩有三昧名一切遍光明得此三昧力故遍生六趣方便示現雜類身形受諸快樂相貌殊勝

文殊師利童子復白佛言世尊如何修行菩薩善巧方便遊於一切佛刹无去无来安然不動如水中月現於一切佛刹尒時佛告文殊師利童子言修行菩薩有三昧名攝一切語言得此三昧力故分身現於十方諸佛刹土而无去无来安然不動現於佛刹見諸如来皆聞法要如是修行菩薩善巧方便遍歷一切諸佛刹土無去無来安然不動如水中月現諸

佛刹

文殊師利童子復白佛言世尊如何修行菩薩於一切異類衆生隨其類音而為説法是諸言音而無雜乱佛告文殊師利童子言修行菩薩有陁羅尼名阿難哆伐多得此陁羅尼已修行菩薩則能了知無量无邊衆生心各解其言語而無雜乱尒時文殊師利童子白佛言世尊修行菩薩善巧方便甚難了知世尊修行菩薩求於甚深法者親近何等法行可知可識佛告文殊師利童子言若有修行菩薩樂知是法義者喻若虚空為對文殊師利童子言如何虚空為對佛言辟如虚空无貪瞋癡文殊師利當知色等諸法亦復如是無貪瞋癡不異涅槃相故復次辟如虚空布施持戒忍辱精進禪定智慧皆无和合為无相故一切色等諸法亦復如是无所相應施戒忍進定慧不異涅槃相故涅槃亦无和合復次辟如虚空无弃无别文殊師利當知色等諸法亦復如是無弃無别涅槃亦尒无弃无

別復次辟如虛空無知無習文殊師利當知一切色等亦復如是無知無習涅槃亦介無知無習復次辟如虛空無明无闇色等諸法亦復如是無明無闇涅槃亦介无明无闇復次辟如虛空於一切處无所執得當知色等諸法亦復如是不可執得涅槃亦介無所執故復次辟如虛空无道所得无非道所得色等諸法亦復如是無道所得无非道所得涅槃亦介无道無非道故復次辟如虛空不學聲聞解脫緣覺解脫大乘解脫色等諸法亦復如是一切乘處無所學故涅槃亦介無所學故復次辟如虛空无攀無受色等諸法亦復如是无攀无受涅槃亦介無攀無受復次辟如虛空不取不捨色等諸法亦復如是不取不捨涅槃亦介不取不捨復次辟如虛空无有體性無有濁乱是以一切衆生於涅槃體性皆無濁乱涅槃亦介无濁无乱復次辟如虛空於一切處无著无動文殊師利當知修行菩薩亦復如是當知一切衆生於一

切法无所著故涅槃亦介无有所著若能如是悟達正智當知執想諸法則是涅槃知無常故文殊師利一切諸法既无實相若願見佛身者不應如是若非所見則達正位達正位者於中執相如是行施非大福田亦非利他如是施者不獲多福无所利益若有所施不求獲多福利者是名世間乞士於中所施福利無價既獲無價福利則得自無所得福智成就既獲自无所得福智成就已則能速得無生法忍

第二

出說妙法決定業障經　顯說三種行　解善知識不退菩提　離邪魔故聞法故　聞法雖謗已聞法故後當成佛　經二十四種　大乘名字

如是我聞一時佛在法界藏殿諸佛所會无邊道場與大比丘衆菩薩摩訶薩俱時此道場有一夫人名曰功德莊嚴開敷花合掌向佛退坐一面介時夫人白佛言若有初修行菩薩何等之人非善知識不應共住佛告夫人若三界中梵釋四王沙門婆羅

門皆與修行菩薩為善知識唯除聲聞非善知識恐聲聞退修行菩薩大乘道行何以故聲聞緣覺為已利故勸引初修行菩薩迴入小乘是以聲聞乘人非善知識夫人當知初修行菩薩不應與聲聞比丘同居房舍不同坐牀不同行路若初修行菩薩智慧弥廣无二分別悟大乘法而為方便勸引聲聞令入大乘方許同住若聲聞比丘福智狹劣則修行菩薩不應為說甚深大乘恐其誹謗復次修行菩薩不應數覽小乘經論何以故為障佛道故夫人當知修行菩薩寧捨身命不弃菩提而入聲聞求羅漢道菩薩勸請一切衆生已介時若捨菩提之心別起異道入於聲聞羅漢道果因惱乱故菩薩而退菩提二人俱墮無間地獄佛告夫人修行菩薩寧犯煞等五種大罪不學須陁洹果不退菩提修行菩薩寧於一劫百劫乃至千劫受地獄苦不學斯陁含果不退菩提修行菩薩寧墮畜生不學阿那含果不退菩提修行菩薩寧煞

害衆生墮於地獄不修阿羅漢果不退菩提羅漢獨證私入涅槃辟如小賊竊入池舍修行菩薩菩提心故攝諸衆生寧同火坑不住聲聞寂滅涅槃不退菩提以是義故為攝衆生令入佛道故如是修行菩薩一切世間天人阿脩羅之所尊重堪任供養超越聲聞則邪魔眷屬无能娆惱

尒時夫人白佛言何者邪魔眷屬佛告夫人數演大乘經典之處若有衆生聞說大乘心不樂聞調弄誹謗當知則是邪魔眷屬誹謗大乘經典心故死墮阿鼻受苦无量復生餓鬼食火噉屎無量劫中受苦畢已後生人中盲聾瘖瘂病癩不具此等衆生命終之後經無量生方得值遇如來親承供養於諸佛所還復得聞大乘經典純一無雜尒時如來於諸毛孔普出言音一一毛孔出无量億百千法光復生无量法音偈讚時此會中若有聲聞則聞聲聞乘法若有緣覺乘人則聞緣覺乘法若有大乘行人則聞大乘妙法鳥獸之類各隨其音而

聞佛法於此會中所有衆生過去未曾耳聞佛法皆見如来默然不語其餘衆生過去曾謗大乘經故雖於多劫墮在地獄餓鬼受苦由謗法時大乘入耳是故佛所親聞大乘心生歡喜而發无上菩提之心究竟成就阿耨多羅三藐三菩提

尒時夫人白佛言所說大乘何故名為大乘何故說為大乘佛告夫人善哉善哉夫人深樂大乘以是義故善思念之當為汝說大乘名号所謂一者令人深樂是名大乘二者不動是名大乘三者無過是名大乘四者无量是名大乘五者如四大海是名大乘六者金翅及緊那羅摩睺羅伽雜類所敬是名大乘七者乾闥所讚是名大乘八者諸天恭敬是名大乘九者梵天歸依是名大乘十者天帝所敬是名大乘十一者四王所攝是名大乘十二者龍王供養是名大乘十三者菩薩奉持是名大乘十四者成就佛性是名大乘十五者賢聖歸依是名大乘十六者一切普堪所受是

名大乘十七者如藥樹王是名大乘十八者断諸煩惱是名大乘十九者能轉法輪是名大乘二十者無言無說是名大乘二十一者如虛空相是名大乘二十二者三寶種性无断是名大乘二十三者鈍根衆生不信是名大乘二十四者超過一切是名大乘

尒時佛說大乘威力名号之時此三千大千世界六種震動百千樂器不鼓自鳴則於空中諸天雨花无量百千天子皆發無上菩提之心无量百千聲聞皆發阿耨多羅三藐三菩提心復有初戒菩薩未悟法者皆已悟解尒時阿難白佛言世尊此法何名如何奉持佛言是經名為大乘巨堅勝斯受持又名說妙法决定業障受持如来說此經已阿難及切德莊嚴開敷花夫人及諸天龍八部皆大歡喜持受奉行

第三

出維摩詰所問經　凡説二修行
解佛種性因緣發起善德
解出家因緣功德

尒時維摩詰長者白文殊師利菩薩

言汝善明解如来種性於意云何何
等為種文殊荅言善男子是諸佛性
五陰種性无明生死種性貪瞋癡種
性四倒妄想種性五蓋種性六入種
性七識煩惱種性九惱滅壞身心種
性十恶不善種性善男子略要言之
六十二見及一切煩惱皆是如来種
性時維摩詰問言汝何義故云一切
煩惱是佛種性文殊師利荅言善男
子若執見无為已住定滅是人不應
發得阿耨多羅三藐三菩提若菩薩
住於煩惱住地見正位實相是人堪
任發得菩提辟如陸地不生蓮花青
淤泥中而生蓮種善男子亦復如是
若聲聞緣覺住於无為滅定佛種花
芽无復更生煩惱淤泥池中能發菩
提因煩惱故佛種芽生善男子辟如
空中種子不生糞壤之地乃能茂盛
善男子亦復如是不應无為滅定而
生菩提若起我所非我所心等於須
弥乃堪發生菩提而生佛種无量智
慧善男子辟如不入四大海水無由
取得无價寶珠善男子亦復如是若

不入煩惱大海无由取得佛性寶珠
當知菩提種性本從煩惱中来
尒時長老摩訶迦葉歎文殊師利菩
薩言誠如所說真實不虛如是佛種
皆是煩惱種性何以故我等聲聞无
復堪任發生菩提我等為燒滅三界
煩惱種子我等寧以无間五逆不應斷
解世間煩惱何以故若人已造五逆
恶罪受畢究竟還復發生菩提之心
親聞佛法顯現佛事若阿羅漢煩惱
已盡无復後有无能發得阿耨多羅
三藐三菩提辟如有人五根拔壞是
人識心不堪更起羅漢亦尒煩惱拔
壞諸結已除既无力故不堪扶持无
上菩提以是義故凢夫親近於佛聲
聞辟支遠離菩提何以故凢夫數聞
二寶威力无量種性則發菩提不斷
阿耨多羅三藐三菩提心若聲聞緣
覺雖曽聞說如来聖德十力无畏十
八不共亦不堪任發得菩提
佛告羅睺羅汝詣維摩詰問疾羅睺
羅白佛言世尊我不堪任詣彼問疾
所以者何我念昔時輭舍離城有諸

族姓子来詣我所稽首作礼而問我
言唯羅睺羅汝佛之子捨轉輪王位
出家為道其出家者有何等利時我
與諸族姓如法為說出家功德因緣
說此法時維摩詰而来我所稽首我
足而謂我言唯羅睺羅汝今所說出
家功德不應如是所以者何夫出家
者无利无功德是為出家有為法者
可說有利有功德夫出家者无為法
故無為法者無利無功德遠離一切
諸行處於涅槃智趣所受聖所行處
降伏衆魔度五道淨五眼定五根施
無畏不惱於他不染雜恶摧諸外道
超越假名出離犯戒淤泥池中我所
無著無我所無所受亦无擾乱調伏
身心攝護他衆隨禪定離外過一切
處而无所取若能如是出家名為善
出汝等於正法中宜共出家善學律
儀諸佛法教所以者何人身難得佛
世難逢无上菩提甚難發起尒時此
等諸子白維摩詰言我等聞佛所說
若父母不聽不得出家尒時維摩詰長
者告諸童子言汝等但發阿耨多羅

三藐三菩提心常修梵行是則出家功德

尒時此三十二族姓子皆發阿耨多羅三藐三菩提心故我无言可荅以是義故我不堪任詣彼問疾

第四

出方廣如來智經　類說二條行

解善惡知識菩薩不應學聲聞同名
解修行菩薩與聲聞校量進行深淺

尒時佛告摩訶目揵連善男子當知善知識故教道諸法菩薩而成阿耨多羅三藐三菩提是以初修行菩薩不應學聲聞緣覺小乘教道何以故一切破戒邪行之人是菩薩善知識若聲聞緣覺障佛道故則非善知識何以故犯戒之人不堪破於菩薩正行是犯戒邪行之人法無力故不能障於菩薩佛道若聲聞緣覺以世諦無我復無煩惱以是智故能令初學菩薩入於聲聞教道當知聲聞非是菩薩善知識也修行菩薩寧與破戒邪行交通不與聲聞緣覺乘人受法何以故犯戒邪行雖共交通身相遠離若聲聞人行坐不離譬如家賊不

離其側以是義故菩薩不應與聲聞人習學交往譬如野干不堪師子同居當知聲聞與其菩薩亦復如是何以故聲聞修學唯利己故若修行菩薩專求佛道度脱衆生聲聞唯見一身趣路若菩薩善行正路導引衆生聲聞唯淨已心若菩薩能淨已心亦淨衆生聲聞唯自除煩惱若菩薩自除煩惱亦能除滅衆生煩惱聲聞入邪疾路獨避世間菩薩自入正路導引衆生聲聞唯除習氣煩惱菩薩成等正覺習氣都滅煩惱悉除聲聞異道入於涅槃菩薩自證正道無餘涅槃聲聞入於寂滅涅槃其法亦滅若菩薩成等正覺已入無餘涅槃法仍不滅十力无畏十八不共四聖諦三十二相八十種好无量佛事神通不滅當知聲聞及辟支佛皆无是德

第五

出勝義諦品經　類說二條行

修行菩薩起十種行願速成佛道解修
行菩薩十種戒行成就六波羅蜜

尒時普賢菩薩語普智菩薩言佛子修行菩薩為求阿耨多羅三藐三菩

提故應起十種行願何者為十所謂一者願度一切衆生二者令其遠離一切煩惱三者除滅相續習氣四者於一切佛法无所疑惑五者除拔衆生一切苦聚六者願拔衆生三塗八難七者歸依親侍一切諸佛八者願學菩薩一切戒行九者昇於空中示現毛端無量佛事十者以大法鼓擊動一切佛刹衆生聞者隨機速入無餘涅槃當知初學菩薩如是修行若住此地不久而起如來行願

復次佛子修行菩薩復有十種戒行何者為十所謂一者究竟不退菩提是其戒行二者遠離聲聞辟支佛地三者常為一切衆生身心利故四者令一切衆生住於佛行五者受持菩薩戒行无令缺犯六者開悟一切諸法七者所修功德迴施十方願成佛道八者不應分別如來法體九者一切世法无所貪著十者防護六根无令染著佛子是修行菩薩十種戒行若菩薩能住此地不久圓滿戒行六波羅蜜成就无上菩提

復次修行菩薩復有十種退道迷路應當遠離每自察心何者為十所謂一者不敬師僧和尚及善知識是其迷路二者怖畏世苦是其迷路三者所修戒行忽生悔心是其迷路四者不樂住於諸佛剎土是其迷路五者不樂三摩鉢底是其迷路六者修少分功德便以為足是其迷路七者誹謗大乘是其迷路八者遠離菩薩戒行是其迷路九者樂阿羅漢辟支佛道是其迷路十者若見修行菩薩心生憎嫉是其迷路佛子如是十種菩薩迷路能遠離不久當入解脫法門

復次修行菩薩應有十種行願何者為十所謂一者願我為諸衆生盡未來刼住於世間如是願者是普善願二者願我㝡後親侍供養一切諸佛如是願者是普善願三者願我令一切衆生住於普賢菩薩行願如是願者是普善願四者願我積集一切戒行功德如是願者是普善願五者願我普修六波羅蜜如是願者是普善願六者願我滿足菩提戒行如是願

者是普善願七者願我莊嚴淨一切佛剎如是願者是普善願八者願我生於十方佛剎如是願者是普善願九者願我深求一切佛法善自開解如是願者是普善願十者於諸佛剎成等正覺如是願者是普善願佛子當知是修行菩薩十種大願以願力故速獲菩薩具足行願

復次修行菩薩復有十種魔障何者為十所謂一者忽生退心我不成佛是其魔障二者正起勤修忽然弃捨是其魔障三者少分功德而生猒足是其魔障四者樂住隱僻善行俱捨是其魔障五者弃捨一切善願是其魔障六者捨斷煩惱樂修滅定是其魔障七者斷割世法是其魔障八者退捨菩薩道行是其魔障九者不樂勸化衆生是其魔障十者誹謗佛法是其魔障佛子當知是修行菩薩十種魔障若菩薩遠離是等不久速得如來十種記別地位

第六

出摩訶般若波羅蜜經中　頂說四修行

初發行菩薩　初學般波羅蜜修起淨捨心　无散乱已發發心散乱故攝念六波羅蜜行　解煩惱因緣菩薩初發　等從心持六波羅蜜行

尒時聖者舍利弗語聖者富婁那言復次富婁那修行菩薩應當初學檀波羅蜜何以故貪惜世業无始習氣若修行菩薩捨施之時慳心則捨因則能發菩提心若發菩提則能漸漸增長成就若漸增長成就則漸遠離二乘若漸遠離二乘則復昇進阿耨多羅三藐三菩提譬如雨中安置瓦瓶是瓶所入第一雨滴及㝡後滴非緣前後二滴水瓶得滿要其中間雨滴漸入而得盈滿富婁那當知亦復如是若修行菩薩不應以初發菩提心故而成佛道亦不以㝡後菩提樹下而成佛道以是義故初發菩提心故乃至㝡後於其中間菩薩漸證佛道發起種種善行三阿僧祇修行利益資助佛道是以仁者富婁那修行菩薩不應散乱心无所染

尒時聖者富婁那語聖者舍利弗言修行菩薩如何攝心而无散乱舍利弗言菩薩助佛道故若發邪行惡見

將為善利當知我今所發惡行應是菩提利故何以故為我是邪見不斷世間生死是以我身變易世間方便利益无量衆生以是義故修行菩薩如是智慧心无散乱

尒時富婁那語舍利弗言若菩薩菩提心乱如何相貌而得知耶舍利弗言此心散乱是聲聞緣覺乘人障其道故吾求二乘道果當知則是散乱心也何以故二乘道行不應菩提吾修行菩薩貪瞋癡見尚不散乱何以故為此三毒見助佛道故轉易生死利益菩提以是見故生於世間善巧方便圓滿六波羅蜜修行菩薩以資助煩惱故得阿耨多羅三藐三菩提富婁那當知若修行菩薩攝念心故而生障善當知則是散乱復有相應聲聞辟支佛攝念菩薩亦是散乱若非此等攝念不斷生死資助道故不應乱心何以故為攝念故修行菩薩在於世間以善巧方便攝念相續不斷生於世間生已則受檀波羅蜜持戒波羅蜜忍辱波羅蜜精進波羅蜜

禪波羅蜜智慧波羅蜜修學如是攝念資助世間生死道故修行菩薩應當如是授學乃至成佛而无有捨富婁那當知修行菩薩不應猒離煩惱何以故以智識別煩惱作是思念是等煩惱饒益我身助我成佛若此煩惱有相可以上妙供養何以故為此煩惱故修行菩薩常所護惜煩惱以是義故應當以智識煩惱因何以故為我善巧方便不攝三界繫縛令我增長圓滿六波羅蜜故速得菩提若六波羅蜜漸漸增長我則解脫世間生死繫縛而得寬慢富婁那當知辟如車載重物以車重故車軸漸漸研磨載物纔入到城其軸事畢則斷當知因煩惱故三界而有生死修行菩薩若煩惱故續續生於世間六波羅蜜則得增長圓滿若六波羅蜜漸得圓滿則生死煩惱漸得微薄若生死煩惱漸薄則能決定漸近佛位若修行菩薩坐菩提樹已則起薩婆若智前後煩惱當則斷滅无復更生是諸煩惱所作已辦菩薩成正覺已煩惱无

復有緣辟如車軸載重入城事畢然乃始斷修行菩薩若成阿耨多羅三藐三菩提已亦復如是煩惱事辦無復有緣是以當知為是利故中間不斷煩惱修行菩薩縱被瞋罵返從乞求所須皆是助道善緣發起菩提心故若攝羅漢心智亦是修行菩薩助佛道故若无羅漢行門如來從何制修羅漢道果以制修故而助佛道

尒時世尊於摩訶般若伽他所說辟如世間若樹木无芽則无樹身若無樹身枝葉花果無由盛茂當知衆生若無菩提芽種諸佛不現世間若佛不出於世聲聞從何而起辟如明燈要賴炷心而是炷心不因第一火焰而能燒盡亦非不因初焰而盡復非後焰燒滅而盡亦非因後焰而盡以是義故前後中間焰焰相續故炷心燒盡菩提亦尒非緣初心成佛亦非後心前後中間相續心故而能成佛何以故剎那剎那菩提心故而成佛道若修行菩薩布施不著我相人相受者相心无所求无慳悋心如是布

施縱施少分等施无量則是修行菩薩具足檀波羅蜜行

復次修行菩薩若恒念如來圓滿威神顯揚聖德則是菩薩甚深戒行若菩薩漸滅佛說戒相則戲若修行菩薩順世法故雖受五欲心念三歸是故願我成等正覺投度衆生此則已住持戒波羅蜜行修行菩薩如是智慧念心不犯不名犯戒若修行菩薩於億劫中雖持十善戒行若樂聲聞阿羅漢果當知則是增上纒犯戲於大乘是為修行菩薩持戒波羅蜜行

復次若修行菩薩發廣大心見諸衆生禁閉牢獄枷鏁杻械誇楚鞭撻斬其頭項割截手足耳鼻身分尒時菩薩念言願我代彼普受諸苦令一切衆生皆得安樂若有惱我難忍能忍心无惡對當知如是修行菩薩則是悉忍波羅蜜行

復次修行菩薩願為衆生樂住世間成熟衆生清淨佛土苦行逼惱而无疲倦當知則是菩薩精進波羅蜜行

復次修行菩薩若色聲香味觸五欲

所纏不樂聲聞羅漢道果專念菩提當知是人恒在禪波羅蜜行

復次辟如商人欲入大海舩舶不修商人及財陷没當盡若預修舩寬廣牢固商人及財皆達彼岸修行菩薩雖有道心若无堅牢智慧不久退失菩提是以智慧波羅蜜成就菩提无所缺陷速成阿耨多羅三藐三菩提刹那一念無上菩提則是修行菩薩過於无量二乘功德智慧波羅蜜行

第七

出花嚴經入法界品（顯說一修行初修菩薩發起菩提心故於類聲聞无所能及）

善男子辟如師子獸王為諸獸故哮乳大聲以其聲故師子初生子而得肥壯勇健跳梁諸獸聞其大聲悉皆迸竄初修行菩薩喻若師子初生子息菩提發乳菩薩亦復如是以如来薩婆若智為初修行菩薩故乳讚佛性皆以如来善教引故菩薩而得智慧勇健菩提增長若諸衆生貪著煩惱而自損減辟如師子身筋造作箏絃其音若奏餘絃悉斷如来以波

羅蜜成熟菩提起發心故若有讚歎五情俱斷二乘道行皆悉俱斷辟如以象牛雜乳盛滿大池若以師子真乳一滴入池是諸雜乳悉皆流出不住同池菩提心乳亦復如是百千劫中積悪罪業以師子菩提心故罪障悉皆壞滅无餘二乘解脫與菩提種性不堪同居善男子辟如迦陵頻伽猶在卵中若發聲音雪山大鳥聲不能及修行菩薩亦復如是生死卵中發大菩提心故所修功德大悲勢力若聲聞緣覺无能及者善男子辟如金翅鳥王其子初生目則明利飛則勁捷一切諸鳥雖久成長无能及者修行菩薩亦復如是發菩提心為法王子智慧清淨大悲勇猛一切二乘雖已歷劫久修道行皆不能及

第八

出寶髻所問經（顯說修行解修行菩薩一種持戒清淨行波羅蜜）

尒時佛告寶髻菩薩言善男子何者是修行菩薩持戒波羅蜜清淨行善男子修行菩薩有一種持戒清淨行

何者為一所謂於無上菩提而捨心復有是心若不相應事者而能相應是心於三界中勝上為冣是心超越聲聞緣覺是心能殺一切度達三界衆生至於彼岸是心能類无價寳珠而為等量是心深重護念无捨使無暫忘善男子當知修行菩薩為十種尸波羅蜜清淨行何者為十所謂三種身淨行四種口淨行三種意淨行是為十无盡清淨戒

第九

出演法師品經　顯說二條行

修行菩薩被聲聞法教
修行菩薩於諸剎土修學菩薩行門

尒時佛告舍利弗言舍利弗辟如有人自言我能入大海至海底坐是人既見海已則於牛跡渦中動摇手脚自云我學拍浮他人告言汝自昔云我入大海取海底坐何故今日不入海中其人荅言我先於此牛跡水中習學然後方入大海舍利弗於意云何是人所修邪正以不所擬作者善巧方便以不所執我入海底先於牛跡渦中習學舍利弗言不也世尊若

人願入大海必須入海習浮佛告舍利弗亦復如是佛入涅槃後世有法主比丘比丘尼優婆塞優婆夷於是大乘經典信心供養顯揚如來智慧聖德恭敬尊重既緣大乘深義智慧狭劣不達其底不解其義後時依止聲聞修習雜學阿含經論以名聞利養故與諸權越交通若有比丘不習大乘經者隨順迹相諂曲心故攝引伴侶樂學聲聞牛跡水渦習學拍浮舍利弗以是義故若修行菩薩所將大乘經典而求佛智者是修行菩薩應學如來威儀集行若如來在於无智衆中不共交通亦不所受除施法外默然不語修行菩薩亦復如是如聞諸佛剎土諸大菩薩摩訶薩見在住持百千善巧方便於諸百千剎土習學教授億百千衆生令得神通大力而得善行功德舍利弗修行菩薩應當於諸剎土隨諸菩薩習學法行復應學彼威儀行業禪定解脫三昧三摩鉢帝善巧方便威神五通解脫故隨其修學然於空閑靜處心念

十方剎土諸大菩薩隨機方便不應樂入聲聞智慧受持習學

第十

出決定毗尼經　顯說二條行

解聲聞及菩薩如何授教戒行律儀
相貌又解三乘類定輕重

尒時聖者優波離從禪定起詣於佛所稽首頂礼退坐一面而白佛言世尊我今向來宴坐入定而有所思世尊先為聲聞緣覺乘人及初修大乘行菩薩為其制戒清淨律儀如來所說寧捨身命不得犯戒我於毗尼律藏名為上首今如來在世若復涅槃我當云何教授戒律若聲聞緣覺乘人修持禁戒不令缺犯復當云何教授初修大乘行菩薩修持護戒世尊是以為我廣說教迹我今客於佛所聽聞授記我則以佛威神力故敢當自制我若攝授禁斷律儀願佛慈悲為我宣說云何犯戒云何无犯世尊今此會中聲聞菩薩无量衆集堪可表示

尒時優波離說此語已佛告優波離言汝為聲聞應機别說清淨戒行復

為初修大乘行菩薩故善巧方便應機別說清淨戒行何以故優波離若聲聞持戒當知戒行差別與初修大乘菩薩戒相違背則非菩薩淨戒若初修大乘菩薩持戒清淨則與聲聞戒行違背不同非是淨戒所以者何若聲聞志願力故乃至剎那不求世間生死亦无所樂亦无所願是其聲聞清淨戒行若初修大乘行菩薩志願力故願我无量劫時於此苦海救度衆生心无疲倦是其初修大乘行菩薩清淨戒行以是義故優波離當知各為隨機當說禁戒若為初修大乘行菩薩說戒順於他心无惱衆生若為聲聞說戒利己不順他心若為初修大乘菩薩說戒寬容方便若為聲聞說戒无所寬容禁戒嚴切若為初修大乘菩薩說戒可以長遠无相所說若為聲聞說戒可以嚴切執見有相為其所說優波離何故初修大乘行菩薩兼順他意而令修學何以故聲聞不順他意而令修學優波離當知初修大乘行菩薩各各隨機引

化衆生順他心故无所惱故修持戒行若聲聞則非他心故修持戒行何故初修大乘行菩薩戒行寬容无犯何故聲聞禁戒窄狹嚴切優波離當知若初修大乘行菩薩晨朝有犯應當結罪至午若菩提心無間斷戒聚成就則非所犯若當午時有犯至於黃昏菩提心无間斷戒積成就則非所犯若黃昏有犯至於初夜菩提心无間斷戒積成就則非所犯若初夜有犯至於中夜菩提心無間斷戒積成就則非所犯若中夜有犯至於後夜菩提心无間斷戒積成就則非所犯優波離當知初修大乘行菩薩戒行寬緩若有菩薩結罪有犯不應悔懼復次若聲聞犯戒戒相則滅无復更全何以故若聲聞持戒除煩惱故如救頭然燒衣心速為求寂滅涅槃堅持戒行云何初修大乘行菩薩長遠修行无相无著不離世間云何聲聞執相一生斷滅現前修學優波離若初修大乘行菩薩喻若恒河沙劫雖受五欲快樂菩提心无暫捨當知

是菩薩戒行无缺何以故為初修大乘行菩薩後時成熟菩提心故若在睡眠五欲尚无所染況在覺悟所以者何若初修大乘行菩薩不應一生捴斷煩惱若菩提成熟煩惱自滅若聲聞修習道行猶未成熟是等其心剎那不願更生世間是以一生迅速修行喻若救頭優波離當知初修大乘行菩薩長遠心無猒倦隨入修行應知聲聞一生暫時修學以是義故優波離汝若為初修大乘行菩薩教授說戒寬遮順他意故長遠深邃教其修學若為聲聞教授說戒不應順他亦无寬緩何以故初修大乘行菩薩為大因緣修法器故而成阿耨多羅三藐三菩提菩薩不應猒懼世間願我无量長遠劫時為衆生故受生死苦是以如來不為修行菩薩而說出離三界生死苦海悔過因緣所以者何如來為修行菩薩故喜悅歡心為說甚深清淨因緣无過无纒無障空相如是與其言說若菩薩聞是說已樂住世間无有猒倦乃至成就阿

耨多羅三藐三菩提

尒時聖者優波離白佛言世尊說有三種三毒重罪或緣貪欲相應或緣瞋恚牽纏或為愚癡何者最重何者最輕願為初修大乘行菩薩說其輕重方便戒行

尒時佛告聖者優波離言若初修大乘行菩薩以恒河沙劫常犯貪欲種類罪故若信受大乘而生一念瞋心結罪重於貪欲何以故優波離若瞋心發動則能捨弃衆生若捨瞋貪欲心發則攝衆生菩薩而无尼難何以故優波離佛說若犯貪欲捨離稍慢犯罪稍輕若犯瞋恚解離稍速獲罪甚重若犯愚癡解離則速得罪稍深優波離當知三毒輕重如是修行菩薩應當守護善巧方便智慧心故无令缺犯

第十一

出遍清淨毗尼經　顯說二條行　解釋菩薩行聲聞行各各如何調伏其心類於二乘輕重

尒時寂淨天子白文殊師利童子言初修行菩薩云何調伏其心若聲聞

比丘云何調伏其心文殊荅言猒離三界心驚動故則是聲聞調伏其心若攝授世間无量法故不斷生死一切衆生而施无畏利衆生故樂住世間則是修行菩薩調伏其心若猒離切德資粮則是聲聞調伏其心若集智資粮功德无猒則是修行菩薩調伏其心若猒見一切煩惱則是聲聞調伏其心若攝一切衆生煩惱則是修行菩薩調伏其心若不為衆生故不念諸佛聖德則是聲聞調伏其心若為一切衆生故顯現諸佛聖德則是修行菩薩調伏其心若所修行業諸天不證則是聲聞調伏其心若復所修業行三千大千世界諸天普證知聞則是修行菩薩調伏其心若捨一切魔軍則是聲聞調伏其心若三千大千世界所有魔軍令其發動菩薩而能摧伏則是修行菩薩調伏其心若不明自身心量則是聲聞調伏其心若明一切剎土諸佛如來聖德則是修行菩薩調伏其心若唯為自身則是聲聞調伏其心若為衆生故修

習攝念一切諸佛聖德則是修行菩薩調伏其心若為小乘解脫執速則是聲聞調伏其心若以剎那智慧成熟菩提則是修行菩薩調伏其心若斷滅三寶種性是聲聞調伏其心若修學三寶種性則是修行菩薩調伏其心若喻瓦瓶壞破无復更全則是聲聞調伏其心若喻金器破壞修持如舊則是修行菩薩調伏其心若以善巧方便不具則是聲聞調伏其心若善巧方便相應則是修行菩薩調伏其心若十力四无所畏不具則是聲聞調伏其心若以十力四無畏心相應則是修行菩薩調伏其心若避世間如避火坑則是聲聞調伏其心若樂住世間如遊園苑居住殿堂則是修行菩薩調伏其心若不具六波羅蜜并四攝事則是聲聞調伏其心若修六波羅蜜并四攝事堅持攝念則是修行菩薩調伏其心若不斷一切宿緣習氣則是聲聞調伏其心若除相續一切習氣則是修行菩薩調伏其心略要言之若心者數量親近

量法習學有量戒行三昧智慧解脫解脫知見則是聲聞調伏其心若非量數以无量繫親近无量善巧方便所學戒行三昧智慧解脫復緣解脫所見則是修行菩薩調伏其心

尒時如來告文殊師利菩薩言善哉善哉如汝所說此是修行菩薩初入調心法行以何義故文殊師利聽我所說乃至解脫此調伏義多應成就圓滿故文殊師利辟如二人同居一處一人讚歎四大海水一人讚歎牛跡渦水文殊師利於意云何牛跡渦水堪讚多不文殊師利言是坑微淺況堪類於四大海水讚歎輕重佛言若聲聞調伏現相亦復如是辟如牛跡渦水自少不濟无所讚益當知小乘輕重若是其有一人所讚大海者文殊師利於意云何是人堪任讚大海不文殊師利言大海功德无量讚歎無量佛言修行菩薩亦復如是應現修行無量辟如大海不知滴量大乘功德亦復如是

尒時說此法已一万二千天子皆發

阿耨多羅三藐三菩提心各發是言世尊我等從今修行菩薩行處而能修學願引一切衆生令入此道

大乘修行菩薩行門諸經要集卷上

甲辰歲高麗國大藏都監奉
勑彫造

大乘修行菩薩行門諸經要集卷上

校勘記

一　底本，麗藏本。

一　四八二頁上二行譯者，資、磧、普、南作「終南山至相寺將軍師智嚴於石鼈(「鼈」，普作「龜」)谷譯」；徑、清作「唐終南山至相寺沙門釋智嚴譯」。

一　四八二頁上三行「諸經要集」，諸本(不含石，下同)作「諸經集」。

一　四八二頁上五行至次頁中七行「第一出……披檢經文」目錄全部，徑、清無。

一　四八二頁上一〇行夾註左「功德」，資、磧、普、南作「功德經」。

一　四八二頁上一六行夾註左「恐散乱」，資、磧、普、南作「恐畏散亂」。

一　四八二頁上一七行夾註左「波羅蜜」，資、磧、普、南作「波羅蜜行」。

一　四八二頁中九行夾註右「實能」，普、南作「寶能」。

一 四八二頁中一〇行夾註左「解八種功德與煩惱和雜喻」，資、磧、普、南無。

一 四八二頁中一一行夾註左「餘鈎」，資、磧、普、南作「賒鈎解八種功德與煩惱和親喻」。

一 四八二頁中一九行夾註右「念如來」，資、磧、普、南作「觀念如來」。

一 四八二頁下三行「天人」，資、磧、普、南無。

一 四八二頁下一一行夾註右「問法」，資、磧、普、南作「聞法」。

一 四八二頁下一二行夾註末字「行」，資、磧無。

一 四八二頁下一五行夾註右「衆下」，資、磧作「衆中」。

一 四八二頁下一六行「所問經」，資、磧、普、南作「解義經」。

一 四八二頁下末行夾註右「羅漢」，資、磧、普、南作「罪」。

一 四八三頁上三行「一切功德品經」，資、磧、南作「一切德品經」。

一 四八三頁上一四行夾註右「修行」，資、磧、普、南作「除」。

一 四八三頁上二〇行夾註右末字「無」，資、磧、普、南作「無量」。

一 四八三頁中一行夾註右「如來如來」，資、磧、普、南作「如來」。

一 四八三頁中四行夾註右首字「修」，資、磧、南無。

一 四八三頁中末行「授教」，諸本作「受教」。

一 四八三頁下四行「慳心」，諸本作「悋心」。

一 四八三頁下七行「與瞋恚異身與」，諸本無。

一 四八四頁上一〇行首字「獄」，諸本作「地獄」。

一 四八五頁中一五行夾註右第二字「善」，諸本作「善惡」。又「故聞法故」，徑、清作「雖」。

一 四八七頁上二行第三字「種」，諸本作「種性」。又末字「性」，諸本作「種性」。

一 四八七頁上五行「七識煩惱種性」，普、南、徑、清作「七識煩惱種性八邪法種性」。

一 四八七頁上一四行「蓮種」，諸本作「蓮花」。

一 四八七頁中一七行「二寶」，諸本作「三寶」。

一 四八七頁下二行第一〇字「尒」，諸本無。

一 四八八頁上末行「家賊」，清作「家賤」。

一 四八九頁中二一行「記別」，諸本作「記莂」。

一 四八九頁下一行夾註左「无散乱己菩提心散乱」，徑、清作「解修行菩薩恐散亂菩提心」。

一 四八九頁下二行夾註右「菩薩」，徑、清作「解修行菩薩」。

一 四九一頁上五行「菩薩」，諸本作「菩提」。

一 四九一頁中三行「欲入」，普、南、徑、清作「復入」。又「不修」，諸本作「不預修」。

一　四九一頁中一三行夾註右第六字「起」，諸本無。

一　四九一頁下三行「盛滿」，諸本作「成滿」。

一　四九一頁下一九行夾註「條行」，諸本作「一條行」。

一　四九二頁上一二行夾註「二條行」，諸本作「一條行」。

一　四九二頁上一三行夾註「修行……菩薩行門」，諸本作「菩薩於諸剎土修學菩薩行門喻類聲聞法教」。

一　四九二頁中五行「收敬」，諸本作「恭敬」。

一　四九二頁中九行末字「搆」，普、徑、清作「勾」；南作「拘」。

一　四九二頁中末行「静處」，諸本作「淨處」。

一　四九二頁下五行夾註右「聲聞及」，徑、清作「聲聞行及修行」。

一　四九三頁上一九行「嚴切」，諸本作「嚴促」。

一　四九三頁下一七行第一三字「受」，諸本作「易」。

一　四九四頁上二〇行夾註「二條行」，資、磧作「一條行」。

一　四九四頁上二一行夾註右「聲聞行」，徑、清作「及聲聞行」。

一　四九四頁下五行第七字「是」，徑、清作「則是」。

一　四九五頁上一行「二昧」，諸本作「三昧」。

一　四九五頁上一九行「功德」，諸本作「功德海」。

大乘修行菩薩行門諸經要集卷中　觀　戒之

大唐至相寺沙門釋　智嚴　譯

第十二

出海慧菩薩所説經　顯説八條行

解菩薩犯戒而能成就六波羅蜜

解般若波羅蜜深義校量解開經重

解初發菩提心實忍辱邪魔不退菩提

解身口意三業成就六波羅蜜

解成就觀行六波羅蜜念門

解八種功德與煩惱和雜喻

解四種善行門

解菩薩行門有十二種魔障鉤

尒時有一天子白文殊師利童子言文殊師利頗有初修行菩薩心懷慳悋而能成就檀波羅蜜不文殊師利言有是行人天子白言以何義故而有是人文殊師利言若修行菩薩成熟衆生不捨菩提故以不捨故則是慳悋以施成熟衆生心故則能成就檀波羅蜜

復次天子白文殊師利言頗有修行菩薩若當犯戒而得成就尸羅波羅

菩薩行門諸經要集卷中　第二張　觀　戒之

蜜不文殊師利言有是行人天子白言以何義故而有是人文殊師利言修行菩薩攝護成熟諸衆生故若不具戒而得成就尸羅波羅蜜

復次天子白文殊師利言頗有修行菩薩捨於忍辱而得成就羼提波羅蜜不文殊師利荅言有是行人天子白言以何義故而有是人文殊師利言若修行菩薩捨外道行專習無上菩提法忍而得成就羼提波羅蜜

復次天子白文殊師利言頗有修行菩薩貢高我慢而得成就精進波羅蜜不文殊師利言有是行人天子白言以何義故而有是人文殊師利言若修行菩薩不樂辟支阿羅漢果故然為顯揚薩婆若智故樂於大乘而无息心積集善念無上菩提而得成就毗梨耶波羅蜜

復次天子白文殊師利言頗有修行菩薩以散乱心而得成就禪波羅蜜不文殊師利言有是行人天子白言以何義故而有是人文殊師利言若修行菩薩乃至睡眠不樂辟支阿羅

漢界專求無上菩提而得成就禪波
羅蜜
復次天子白文殊師利言頗有修行
菩薩愚癡無智而得成就般若波羅
蜜不文殊師利言有是行人天子白
言以何義故而有是人文殊師利言
若修行菩薩智慧狹劣見於世俗厭
魅呪咀起屍撥動驚乱他心而菩薩
無有方便救護之智然為菩提心故
攝念佛地而得成就般若波羅蜜
尒時如来歎文殊師利菩薩言善哉
善哉文殊師利誠如所說汝能分別
初修行菩薩應作不作修習行業真
實不虛所以者何汝今聽我略說般
若波羅蜜圓滿解脫文殊師利辟如
有人一日之中忍受飢餓不嘗毒食
修行菩薩亦復如是寧守慳悋無持
戒心瞋恚怠慢不攝念心不樂聲聞
緣覺道行若心愛樂修六波羅蜜行
則不應尒何以故是中菩薩應當有
厄天子言世尊修行菩薩不應怖畏
煩惱佛言修行菩薩實怖煩惱恐入
聲聞地位天子於意云何辟如有人

志存身命忽被加害寧當截首寧截
身耶天子言世尊若欲存命寧割身
肉不截其頭何以故若存其首尚得
修集功德善蹤以善蹤故生於天上
若截其首善蹤俱滅佛告天子言修
行菩薩亦復如是寧捨威儀戒行不
退菩提寧與煩惱相應不入聲聞斷
煩惱門天子言世尊修行菩薩如是
修行行業世間稀有甚為難信聲聞
緣覺精進行業乃如修行菩薩犯戒
佛言誠如所說辟如貧人家常飯食
若轉輪王暫少嘗之如服毒藥若聲
聞除滅煩惱堅固精進類於修行菩
薩戒行亦復如是復次辟如有人勤
求生業莊飾一身其人不堪富饒一
國況餘世間聲聞亦尒除已煩惱心
故雖行精進不堪饒益閻浮衆生況
餘世間復次辟如大富商主多諸眷
屬親侍部從勤心好施而能饒益無
量衆生天子當知修行菩薩亦復如
是修習慈悲心精進是以饒益一切
衆生勝義諦世俗諦廣施衆生快樂
尒時長老摩訶迦葉白佛言世尊若

聲聞修道證无為果修行菩薩乃在
有為以何義故修行菩薩能過无為
證果之人佛言迦葉當知為汝說諭
智者以喻而速開解辟如於四大海
滿中成酥而有人取一牛毛分為百
分以一分毛端取其一滴酥迦葉於
意云何彼一分毛端一滴酥量多彼
四大海中酥不迦葉言不也世尊佛
言迦葉於意云何此二處酥何者最
上最尊最多最貴迦葉言若以一毛
端酥類大海酥過億百千是酥實為
最上最尊最多最貴其一滴酥不可
為比佛言迦葉辟如百分毛端所取
得酥若聲聞於无為智慧類於佛智
亦復如是修行菩薩修習有為功德
無為行願普入佛智迦葉當知辟如
蚊蟻之屬唯能取得一粒食味若復
有人三月廣種田苗迦葉於意云何
何者數多迦葉言三月所種若至秋
取其數无量饒益衆生其一粒食未
能利已況利衆生佛言迦葉當知辟
如蚊蟻執一粒食聲聞亦尒若三月
廣種取獲甚多修行菩薩於六波羅

蜜并四攝事功德亦復如是若成熟

已安立利益无量衆生勝義諦世俗
諦普施快樂乃得成就无上涅槃佛
告迦葉譬如有瑠璃珠百千馱乘般
入城邑復有一顆无價寶珠置於大
海舟船之内若無障导到閻浮提是
珠普富閻浮衆生饒益貧苦迦葉於
意云何彼百千馱瑠璃珠所有價直
頗能過此一寶珠不迦葉言不也世
尊佛言彼諸瑠璃珠無所直故聲聞
修入无為解脫亦復如是迦葉當知
譬如无價寶珠猶在海船若無障导
得到閻浮則能普富一切衆生若修
行菩薩三寶種性相續无斷而能發
起無上菩提猶得寶珠利益无量尒
時佛告海慧菩薩言云何初發菩提
心寶而能忍辱不退菩提云何菩提
心寶而有障导海慧當知若修行菩
薩已發菩提心故逢惡知識或魔波
旬或魔眷屬或事邪魔或住魔行被
其嬈惱劫奪善心修行菩薩心有疑
或是等邪魔来惱菩薩菩薩尒時心
無退散復不離隔无上菩提亦不斷

絶衆生解脫以大悲故精進修集亦

不斷絶三寶種性亦不斷絶一切佛
行亦不斷絶如来三十二相八十種
好次第修行顯集功德資粮顯現清
淨諸佛刹土護持善法修習學故乃
捨身命成熟衆生不樂涤著世間快
樂若修行菩薩為衆生故大悲忍辱
其心堅固被他輕賤罵辱不可言說
苦楚打棒皆能忍受衆生重擔而能
荷負不潜不縮精勤不退其心勇猛
至於彼岸亦不疲倦修持精進起方
便心專心堅固他若惱者自不惱他
有人打罵自不瞋他大乘義故世間
殊別是心正念籌量善路為衆生故
順三界行我念勤求逆行三界衆生
違順我故我應與其相應和合是等
衆生瞋心勇猛我求忍辱心懷隨順
世間衆生迷相誑惑我今唯念智慧
圓滿若有十方衆生来集各持兵器
刀劒搶矟隨我而行各懷是心此修
行菩薩若行若立若坐若卧若發菩
提心時若發施心若發持戒心若發
忍辱心若發精進心若發禪定心若

發智慧心若發習學經典心若發修

持功德心修行菩薩念此心時我等
則當斬斷其首細截身分大如棗葉
是等衆生專懷忿怒志在煞人尒時
修行菩薩專心自念我今於他無嫌
怨心我以忍辱而無讎惡以何義故
我今是身從无始三界已来无邊數
量轉易生死无不經歷經於地獄餓
鬼畜生受苦無量或生人中五欲貪
故而无暫捨或聞非法隨順他心以
是因緣枉失身命被解支節百段分
張如是苦時彼此惣无所益今既截
我身分斷我命根若能盡未来劫不
休我常不捨无上菩提以何義故我
今所受割截支體苦楚難忍比於地
獄苦過此百陪願我入於地獄不捨
菩提以大慈悲度衆生故何以故如
来所説少分心量能成大事今世間
衆生惡友甚多善友甚少當知不應
惡友為侶所以者何我與衆生而无
怨惡不生恨心他有與人我有與他
他唯與人瞋嫉我唯慈忍與他我今
應現不煞忍力不生瞋力若能捨身

命則速得菩提无㝵於身五欲貪愛
所染命斷悉巳自除瞋心若起當捨
覺除若能入是法門當知如是修行
菩薩則能忍受一切衆生惱乱不共
衆生斷絕常能忍辱三種苦惱何者
為三所謂一者身惱忍二者口惱忍
三者意惱忍

復次何者惱乱身忍若被割身而能
忍受唯心世法觀念衆生被割身者
若修行菩薩智慧方便正割體時觀
念六波羅蜜如是觀心捨身命財施
身命故不恡身故則能成就檀波羅
蜜行若當被害悲心普遍雖有楚痛
心無散乱則能成就持戒波羅蜜行
若被割身分之時願度此人忍受无
恨則能成就忍辱波羅蜜行若以堅
固精進不捨菩提心故不猒世間修
諸功德則成就精進波羅蜜行若割
身分之時應當攝念是身猶如草木
瓦石影壁如幻無常無我須史壞滅
如是觀巳則能成就智慧波羅蜜行
海慧當知若修行菩薩如是善巧方
便則能圓滿六波羅蜜行不退菩提
則是菩薩成就身忍辱行

復次何者是修行菩薩口惱忍辱若
修行菩薩被罵不可言說一切鬪諍
瞋忿嫉賤打捧邪直不可所言聞他
惡口不起瞋恚皆能忍受則是菩薩
成就口忍辱行

復次云何修行菩薩惱乱意若修行
菩薩善巧方便智恵相應被人毀呰
罵辱瞋責不可言說菩薩聞巳意能
忍辱則是修行菩薩成就意忍辱行

復次海慧如何修行菩薩善巧方便
智慧圓滿而能成就六波羅蜜觀行
念門若修行菩薩聞他被罵難聞難
忍惡口瞋責不可言說菩薩應當觀
念是人今罵我之人應是過去慳恡
嫉妬不遇良縁不授習學不曽供養
三寶今者罵我我今應當除其煩惱
瞋恚怒心我今可捨怨惡嫉心无所
貪惜求善知識修學善路親侍善人
禁慎口過則成就檀波羅蜜

復次修行菩薩應作是念是人或不
識罪咎我巳受戒不應瞋動一心念
佛觀受罪報則能成就持戒波羅蜜

復次修行菩薩應作是念是人習性
多瞋惡故是以罵我我今無怨慈心
相向則能成就忍辱波羅蜜

復次修行菩薩應作是念是人不具
善行是以罵我我今自當策勵身心
一心正念不忘菩提此等惡人利益
我故結大因縁未調伏者當令調伏
未念善者令其念善未息惡者令其
息惡如是心念則能成就禪波羅蜜

復次修行菩薩應作是念是人自在
无智執見有相我相衆生相貪受財
相是以罵我我今如法自念是中有
誰罵者是誰與受俱无既无自他則
能除滅一切法相邪行无怨能忍則
得成就般若波羅蜜

佛告海慧菩薩若修行菩薩具智慧
故聞他惡口罵詈毀辱不堪聞說菩
薩乃能安忍受故行願圓滿成就波
羅蜜定不離大乘則能成就口惱
忍辱

尒時海慧菩薩言何者是修行菩薩
被惱意忍一切魔障令其菩薩遠離
菩提勸生退心一切外道貪利養故

修習邪行令其菩薩遠離菩提菩薩已悟正行心无散乱不離菩提縱為化現佛身其心無所退動復有大力邪魔訶責菩薩令生邪念語菩薩言汝非有力能集大乘終不成佛速弃重擔捨此精進菩提難得如来聖德亦復難求世間無量難忍苦惱已入涅槃者現受快樂汝大丈夫宜亦速入涅槃海慧當知修行菩薩正被勸退菩提之時菩薩不遂他心不捨正念菩薩作是念言我定當坐菩提樹下定當摧伏邪魔軍衆定當成菩提正覺轉大法輪於三千大千世界敷演佛法我已勸請一切衆生令成正覺普願於我受淨法施若一切諸佛他心賢聖知我誠心菩提行願我今以此善提心故於身忍辱不敢誑惑諸佛賢聖及一切衆生乃至自身如是修行菩薩攝心忍受不退大乘不斷菩提心寶海慧當知如是發起善提心寶既能發起忍辱波羅蜜復能不退精進波羅蜜圓滿二行則是菩薩忍辱意惱

尒時海慧菩薩白佛言世尊何者是世間相續功德與煩惱和雜而能成熟我等衆生以何義故名為相續世間功德與煩惱和雜佛言有八種世間相續功德與煩惱和雜何者為八所謂一者修行菩薩功德資粮无猒二者樂受世間生死三者願值諸佛如来四者願成就衆生无倦五者守護佛法修行習學六者勤心攝授衆生善行七者深樂佛法不捨菩提八者繫著波羅蜜行而無捨心海慧當知世間相續功德和雜煩惱修行如是而此修行菩薩惡見煩惱無所染著尒時海慧菩薩白佛言是諸功德云何煩惱和雜佛言當知所立三界皆因煩惱成就其修行菩薩以善巧方便功德力故願住世間救度衆生恒在三界攝受煩惱菩薩不為自身動乱深故以是義故功德和雜煩惱尒時舍利弗白佛言世尊如是無量菩薩行願依佛如来不可思議智慧方便甚希難有世尊又見初修行菩薩如来智故隨諸衆生修行无量種

種行業甚難甚難不可聞說若修行菩薩如是難行難忍不驚不懼其事更難時舍利弗說是語已佛告舍利弗言舍利弗於意云何如師子兒聞父哮吼有驚怖耶舍利弗言不也世尊佛言舍利弗當知修行菩薩若聞菩提師子吼聲不驚不懼若聞衆生種種異類無量行業亦不驚不動舍利弗如微小火不懼一切草木叢林亦不作是念我无力燒世間草木修行菩薩亦復如是以少慧火燒諸衆生不懼一切煩惱亦不作念我不堪任除滅衆生世間煩惱何以故若明識一切衆生煩惱而此煩惱則助慧炬佛告舍利弗辟如世間一切草木枝葉根莖各相謂言却後七日一切草木宜共火戰各取為勝尒時此諸草木積聚柴草高如須弥有告火言柴草積集高若須弥汝何不集力必被柴草所勝火云我不集衆何以故草木是我朋友若草木多我則有力若草木少我當則滅舍利弗修行菩薩亦復如是以衆生無量煩惱故而能

熾然智慧火炬修行菩薩漸漸力強若明識煩惱義已然持煩惱為智慧炬若修行菩薩不樂煩惱而有捨弃便墮聲聞緣覺之地舍利弗當知若修行菩薩正念觀察一切煩惱修行菩薩漸則力強聞是語已不驚不動當知菩薩善巧方便智慧成就

復次修行菩薩有四種相應善行何者為四所謂一者精進修習六波羅蜜二者以大悲心成熟衆生三者堅持功德成就圓滿四者無量刼時守護三界亦無疲倦積集一切功德資粮若修行菩薩能成如是四種功德則為決定菩薩行業

尒時佛告海慧菩薩言善男子汝識邪魔波旬央俱睒鉤不海慧菩薩言世尊我識如是邪魔障鉤佛言汝今願聞邪魔障鉤解脫義不海慧菩薩言願樂欲聞佛言若有菩薩聞是義已則得解脫邪魔障鉤而能摧伏一切魔軍速成阿耨多羅三藐三菩提

尒時海慧菩薩白佛言我等今者以佛威神欲說十二種邪魔央俱睒鉤

初修行菩薩道故何者十二所謂一者若修行菩薩修檀波羅蜜所愛之物而生恡心不愛之物方能捨施若有親識意樂施與若非親識心無捨施施者受者俱生分別世尊此是修行菩薩第一障布施魔鉤

復次世尊若修行菩薩善行精進堅持戒行威儀具足少分所犯則見聞其罪身心清淨平等習戒若見精進比丘及婆羅門而生供養共其習學若見犯戒則生瞋心嫌恨惡賤所修行業自讃毀他世尊此是修行菩薩第二障持戒魔鉤

復次世尊若修行菩薩身忍口忍意心不忍返生瞋恚若見倚世豪族則為顯揚其德為其忍受若見卑下族類則生瞋恨而无忍心雖暫忍定心懐高慢瞋恚无捨世尊此是修行菩薩第三障忍辱魔鉤

復次世尊若修行菩薩勤心習學而化衆生令入聲聞緣覺乘中不教大乘而讃聲聞辟支佛地專習俗諦捨弃勝義諦決門掩覆大乘專修世俗

名利幢幡音樂花香供養尊容以求聲譽不覧大乘不求佛法世尊此是修行菩薩第四障精進魔鉤

復次世尊若修行菩薩起四禪定三摩鉢伍宴坐寂然成就禪定而被毀呰成熟衆生處毀呰說佛法處毀呰衆生同居處毀呰善行有為功德處不動无為法少分修習不求禪定返見欲界及无色界樂无色天以鈍心故願長壽遠若生無想天上百千般佛成等正覺是人無由值遇諸佛不聞佛法不值僧徒不能成就衆生亦不值受如来妙法不值積集功德資粮而无智慧愚癡怠慢若無想天壽生畢已下生之處少智尪弱世尊此是修行菩薩第五障禪定魔鉤

復次世尊若修行菩薩智慧弥廣別識習性知因緣起所有不立不行不住而乃毀呰有為功德遂失善巧方便智慧若布施持戒忍辱精進禪定俱不修習唯讃般若波羅蜜自言般若審勝於五波羅蜜心生分別以四攝事不攝衆生心常无相无為將為

取妙是人未熟智故却墮邪路世尊此是修行菩薩第六障般若魔鈎

復次世尊若修行菩薩修阿蘭若行樂住寂靜獨處山林無所樂者過無儲積不居道俗少用功智不動安然亦不習學深義亦不成熟衆生亦不聽聞佛法亦不挍量趣路若有講深義處亦不往就聽聞亦不求問深教亦不尋善知識以其樂住阿蘭志存煩惱不動若不開剥煩惱種子乃至八聖道路是修行菩薩雖在獨住不利他已世尊此是修行菩薩第七障阿蘭若魔鈎

復次世尊若修行菩薩說法深邃美言悦豫威德攝衆若有衆生堪與授法不為授說若見鈍根愚癡不堪教授則為顯示佛法世尊此是修行菩薩第八障歸依法悔魔鈎

復次世尊若修行菩薩習學世間外道跡論捨弃大乘深義讃揚外道所說若見有人明閑外論樂說聽聞稱美為德是時會中有諸天衆心樂聽聞大乘法故来赴道場既聞所說外道跡論心生懊惱而還本宮發如是言此善男子令已滅法如来善教如是修行菩薩於法揀擇何故翻教世間外論樂戲論故弃捨大乘何以故諸佛如来為甚深法故成等正覺不因世俗外道戲論成就菩提世尊是等修行菩薩學說外道種種言論而乃覆蔵如来佛法如是之人於佛法化成等正覺專行断滅世尊此是修行菩薩第九障覆盖甚深佛法讃揚外道戲論魔鈎

復次世尊若修行菩薩遂惡伴侶為善知識共結朋友而是惡友專令菩薩弃捨衆生不令成熟亦復不令扶護佛法教住空寂少功力處數為教授聲聞法行若有大乘相應深義不為宣傳若修行菩薩習大乘故住寂靜處欲進菩提惡友為障令其菩薩攀緣世間而謂之言修行菩薩合攀緣世間俗法若應教習世法他則令住寂靜為現令悟入於他位不為顯示菩薩決定无上行門世尊何者是菩薩決定无上行門有其十種何者為十所謂一者依住信根受善知識教故二者精求妙法如救頭然三者於善法教樂住正念常勤修學四者正勤精進已作法者其心不捨五者不樂自樂唯願成熟衆生六者為求法故不惜身命七者三十二相八十種好佛剎土修諸功德資根無猒八者捴持威德圓滿成就九者一切凡俗世位心無深故修習摩訶般若波羅蜜行十者過一切聲聞緣覺位地善巧方便智慧超進世尊是為十種決定无上菩薩行業修行菩薩應當習學是諸惡友不為顯示善事翻令障道謂菩薩言汝若勤苦修行然可成佛不可急慢心故得成佛道汝若八刼乃至十刼不成菩提更无可求阿耨多羅三藐三菩提世尊修行菩薩若行精進被他障道令退入聲聞果位此是修行菩薩第十障非善知識魔鈎

復次世尊若修行菩薩貢高我慢以貢高故心不下故於諸師僧和尚威儀羯磨門徒揰越乃至父母心无摧

伏若見修行菩薩已超菩薩行門悟逮善行已得摠持威儀圓滿不願親近不共習學善教亦不尋求請問若見曾修大乘行人已被魔鉤鉤者其心以是義故是人御修邪行愛樂邪伴専行邪路退失菩提如癡毋羊无步前進辟如有人於炕旱時高原陸地種蒔部樹復不溉灌縱有流渠堰塞令斷是人雖種不溉不生世尊修行菩薩亦復如是先發菩提後生貢高我慢心故退失善知識教不聞佛法已聞受者更不修治辟如海水波浪不動地勢窪下水能深厚所有江河泉源湊流就下世尊修行菩薩亦復如是於師僧父母心為卑下用少功力獲大深法隨所記念法入心耳若貢高我慢不伏師僧父母當知是人已被魔鉤之所鉤者世尊此是修行菩薩第十一障貢高魔鉤

復次世尊若修行菩薩形貌端嚴衆所欽仰富饒高族部從眷屬倉庫珎寶其數无量以其端嚴衆所觀美富饒高族部從衆多功德資粮貴敬遵

崇是菩薩不求集智資粮以自威嚴富豪力故醉心憍慢不見正路若見出家初修菩薩戒人已出塵勞精勤修習集智資粮智慧力故為法精誠宴坐風日血肉乾燋露骨羸瘦晨昏修習如救頭然是貢高修行菩薩若見如是行人而生嫌賤不共為伴不隨受教其心愚昧闇鈍无智世尊此是修行菩薩第十二障我心所醉魔鉤

尒特菩薩言世尊是為修行菩薩十二種魔障央俱縣鉤令其修行菩薩障道若修行菩薩不覺不知不離不遠如是无明尚不堪習隨逐菩薩幼童行業況能得成阿耨多羅三藐三菩提是以初修行菩薩應當精勤攝心自覺超過邪魔十二障鉤

第十三

出戲樂嚴經 顯說修行菩薩巧方便施五欲樂故勸化一切衆生令發无上菩提

尒時長老須菩提告夫人言善女人汝之夫智今在何處夫人答言須菩提當知我今非唯一夫何以故世間衆生五欲所纏戲樂習故皆是我夫

須善提言何者是善巧方便隨意戲樂夫人答言須菩提當知若有衆生貪求五欲我當則以資助奉施然則勸化令發菩提若有衆生欲心熾盛我當迴施悋情戲樂是以名為善巧方便隨意戲樂須菩提言如來不許衆生躭欲夫人答言如聞如來經中所說若有比丘受持袈裟錫杖卧具病緣雜藥什物之屬不應多畜是其供具供養師僧和尚同居僧徒隨所童子及諸檀越就於聚落所得上妙樂受若因此一物悉行滅除而得長道以是義故如來許其比丘受畜是物須菩提言誠如所說真實不虛夫人言一切五欲躭者戲樂如來以是方便若有利故亦許不遮須菩提言善女人幾何衆生因是善巧方便受諸戲樂成熟无上菩提夫人答言若三千大千世界虛空所有星辰數量至於邊際尚知其數若與我善巧方便受世戲樂調伏勸化皆發无上菩提是等衆生其數多於虛空星數須菩提言善女人汝何能得令諸衆生

而獲安樂夫人答言須菩提當知有諸衆生樂事梵天我以四禪喜樂隨意奉施然後勸令發菩提心復有衆生樂事帝釋我當奉以帝釋快樂然後勸令發菩提心復有衆生樂於諸天龍王夜叉脩羅乹闥及金翅鳥諸雜大𧰼皆以戲樂我當各隨所樂施奉无闕然後勸令發菩提心復有衆生意樂轉輪聖王遊戲乃至大臣國邑聚落族姓之子及婆羅門中部下庶如是衆生各隨意樂悉皆施與不令闕乏然後勸令發菩提心復有衆生樂於色聲香味觸法復有衆生意所貪著花鬘瓔珞塗香末香衣服繒綵以為嚴飾復有衆生貪著錢財金銀珠玉頗梨馬瑙鼓樂絃歌如是衆生意所樂者五欲戲樂皆當施與然後勸令發菩提心須菩提言善女人當知是諸五欲障八聖道涅槃趣路善无所得是等五欲正受之時亦有衆生以是緣故於善調伏勸入菩提此義次第甚為難思善女人以大菩薩脩行其難之事令是脩行菩薩成

就善事當知甚難何以故如是等事皆是衆生障道一種之事亦有諸類衆生還復因調伏而得入善

尒時精舍演法會中有二長者子曽與夫人交遊善巧方便隨意戲樂故勸入無上菩提是時此二長者子白須菩提言須菩提勿以自智簡擇他智須菩提於意云何若有少分油燈堪以口吹手扇而能滅不須菩提言甚堪吹滅長者子言若聲聞行善男子善女人以少智慧明故以一遊戲智故而能則滅亦復如是須菩提當知辟如刼末之時有七日現以衆日光世間起大火焰是火堪以恒河中水滅得以不須菩提言百千海水尚不能滅況恒河水能使滅耶長者子言須菩提當知菩薩如是无量无邊智慧光明无量無邊功德光明若脩行菩薩於恒河沙數刼中以五欲遊戲娛樂受世快樂是脩行菩薩智慧光明功德光明无能堪任而能得滅辟如有一貧病之人求醫療病以其貧故醫處單方於時貧人病願除愈藥價賤者服之病除何以故是貧病人以無力故聲聞亦尒十二頭陁脩攝心故獨住阿蘭若樂弊惡衣然後解脫世間煩惱須菩提當知如貧病人良醫為其隨櫟處藥願求病差聲聞解脫亦復如是復次辟如剎利國王已授灌頂王若有病良醫為王和合貴藥光澤香美脣口甘甜四支安泰堪為王服王服藥已奉獻音樂花香娛樂將為歡樂以是方便國王病差須菩提當知亦復如是亦有脩行菩薩以善巧方便隨意戲樂受諸五欲以歡樂乘故而成阿耨多羅三藐三菩提須菩提當知如王病服上妙藥者脩行菩薩亦復如是以善巧方便智慧力故而得解脫

第十四

出善巧方便經 顯說一條行為脩行菩薩聲聞行故犯重障因

尒時佛告無上慧菩薩言善男子若有比丘脩菩薩行而犯衆重以善巧方便而能滅除以是義故我今為說不犯因緣尒時无上慧菩薩白佛言

世尊修行菩薩如何所犯佛言善男子若修行菩薩修習聲聞法行縱使百千劫中服諸藥草根莖花果及能忍諸衆生善惡言氣以於聲聞緣覺行中修習定故此是修行菩薩重大所犯善男子辟如聲聞犯四重已是五陰現身无復堪任入得涅槃善男子亦復如是若修行菩薩不捨聲聞不懺其罪於時修行菩薩无復堪任成等正覺无能入於佛地無餘涅槃

第十五
出勝積經 顯說一條行 說修行菩薩退入聲聞行中

復次善男子辟如有人患眼經過一月以藥醫療眼漸開見然有雠人以畢鉢末而撲眼中是人眼光盲闇如舊若修行菩薩修大乘時退入聲聞其根闇鈍辟如無智之人以白栴檀末和青淤泥塗於身體是其白檀和惡氣故其檀本香无復更聞修行菩薩亦復如是以習聲聞行故污漆功德資粮難遺佛行无復更堪集諸菩薩會中清淨位地

第十六
出如來藏經 顯說一條行 觀念如來因果

尒時佛告摩訶迦葉言辟如有人倒地若還拓地而得起立迦葉當知亦復如是若於佛法中傾倒直墮无間地獄若拓如來聖德從地獄中還復得起何者倚拓如來若能一心念佛聖德依教修行尒時摩訶迦葉白佛言縱無淨心觀察如來尚能獲大利益況以淨心觀察如來其福無量佛言誠如所說但種種意行觀察如來皆當為說趣涅槃路尒時摩訶迦葉言我今解如來所教寧於佛法罪不事外道惡行修學以何義故若於如來法中行非法罪所起惡行皆因涅槃能滅若事外道所起惡行皆入地獄餓鬼畜生受諸惡報佛言誠如所說迦葉當知辟如有人罵詈紫檀香木捶打而擲於地毀呰不堪受用迦葉於意云何此紫檀香氣更能熏是罵人以不迦葉言其紫檀香氣熏彼罵人如本无異佛言迦葉當知若有

衆生專念如來若見如來若聞佛名是等衆生皆得資熏解脫法門亦復如是

第十七
出金光上勝毗尼經 顯說一條行 為金光勝童女十種行願請出家因緣

尒時文殊師利童子語金光勝童女言汝如何應聽佛法童女言樂聞法故聽法如來所諸修行尒時此童女以文殊師利菩薩威神兼自善根智慧功德力故於其會中相續說法因其一万二千衆生而發阿耨多羅三藐三菩提心復有五百天人先於菩薩藏中修集善根於時是等菩薩發悟无生法門又有三万二千天人遠離煩惱弃除塵垢於法眼淨是時童女說法之際以其喜悅心故入隨順深悟解脫法門既悟法已則於文殊師利菩薩前五體投地願請出家伏願文殊師利以大慈悲聽聞法故我願是生得預緇服文殊師利菩薩言童女當知若修行菩薩自樂出家割截身鬚不應如是出家何以故先為

一切衆生割截煩惱令其精進此則名為菩薩出家若修行菩薩自樂出家以湯染色條造衣服袈裟卧具不應如是出家何以故先除一切衆生貪瞋癡色湯令其精進此則名為菩薩出家若修行菩薩自樂出家受具足戒不應如是出家何以故若見犯戒衆生令其攝行斷惡修善此則名為菩薩出家若修行菩薩自樂出家獨住寂靜不應如是出家何以故菩薩先除五趣衆生愚癡令住智慧此則名為菩薩出家若修行菩薩自樂出家住威儀相不應如是出家何以故先為衆生發大慈大悲喜捨之心此則名為菩薩出家若修行菩薩自樂出家剛修精進善根功德不應如是出家何以故勸化衆生發起善根令修功德此則名為菩薩出家若修行菩薩自樂出家意求涅槃不應如是出家何以故先為一切衆生堅心為求涅槃趣路此則名為菩薩出家若修行菩薩自樂出家除已煩惱不應如是出家何以故先為一切衆生勤求精進除他煩惱此則名為菩薩出家若修行菩薩自樂出家願悟身心不應如是出家何以故先用成熟諸衆生故令悟身心此則名為菩薩出家若修行菩薩自樂出家解脫巳尼不應如是出家何以故先授衆生尼難令得解脫此則名為菩薩出家若修行菩薩自樂出家猒離煩惱不應如是出家何以故先為成熟一切衆生樂住世間此則名為菩薩出家若修行菩薩自樂出家願入涅槃不應如是出家何以故先為圓滿如來一切善根功德此則名為菩薩出家復願一切衆生速得出家是名出家復能不見衆生過失是名出家復捨一切過患除衆罪是名出家夫出家者繫心屬他若修行菩薩則非所屬童女言何故出家名為屬他文殊師利菩薩言凡出家者當屬禁戒家守護无犯是名屬他凡出家者屬禪定故不應散乱是名屬他凡出家者屬智慧不應愚癡是名屬他復屬解脫是名屬他不應繫縛是名屬他童女言文殊師利如何修行菩薩則非屬他文殊師利菩薩言若修行菩薩不受他行則非屬他亦不隨他顔色亦不他智他語菩薩自有薩婆若智是以不應屬他時文殊師利菩薩說是出家法巳有五百菩薩各脫自身上妙袈裟持奉文殊師利菩薩挂其身上而作是言文殊師利所說出家因緣誠實不虛我等從今應當修學尒時金光勝童女得法本源渡達彼岸得智慧光滅愚癡闇見生死過煩惱緣起則頂礼文殊師利童子右遶三匝昇車而還本宮

第十八

出降伏魔經 顯說一條行 魔為修菩薩說二十種魔障菩薩應學不耶

尒時善堅天子在於會中見魔波旬化現佛形坐在道場天子問波旬言向來文殊師利菩薩所說魔波旬能障修行菩薩行業當願為說何者是修行菩薩魔障說是語巳是魔波旬蘇失迷却化本形而白天子言修行菩薩凡有二十種魔障所謂一者求

於解脫怖畏世間習瑜伽諸論供養修學當知則是魔障二者捜求空相遠離衆生當知則是魔障三者脩無為法不樂有為善根功德當知則是魔障四者所修禪定不樂世間定門當知則是魔障五者所顯法教不令發大慈心當知則是魔障六者尋求精進有德之徒於破戒人而生瞋嫌當知則是魔障七者顯揚聲聞道行覆蓋大乘當知則是魔障八者顯揚世諦所說若聞大乘空義无者无相而能覆蓋當知則是魔障九者已識趣菩薩道更不求六波羅蜜當知則是魔障十者自讃精進不勸怠慢衆生當知則是魔障十一者修集功德不念无上菩提當知則是魔障十二者修治鞞鉢舍那正見不見衆生正見當知則是魔障十三者志求斷煩惱不願處於三界當知則是魔障十四者雖以智慧觀察慈悲而无習行當知則是魔障十五者所修善行若非善巧方便當知則是魔障十六者不修大乘菩薩藏經習學外道世論當知則是魔障十七者愽達慧學護惜經法恐他習解當知則是魔障十八者若緣俗事皆當盡心若習妙法无無學意當知則是魔障十九者若修行菩薩見說大乘而不敬習亦不供養若見聲聞緣覺乗人隨其習行相應和合當知則是魔障二十者若修行菩薩得大名聞无所乏少若當親見釋梵四王帝主大臣長者若不顯說如來無量聖德亦不供養亦不敬承當知則是魔障天子當知修行菩薩有如是二十種冣大魔障應當攝心覺悟如教修行菩薩則入大乘次位已發菩提心修禪波羅蜜定若在睡眠尚不樂入聲聞位地

第十九

出富婁那所問經（顯說一條行修行菩薩為悪知識故四種因緣退菩提入聲聞解脫）

尒時佛告聖者富婁那言富婁那當知修行菩薩有四種相應法退失菩提迴入聲聞位地何者為四所謂一者若修行菩薩伴悪知識共習悪行是等悪友令其遠離佛行捨弃衆生而謂菩薩言汝可猒足如是行業三衆長遠苦惱无窮世間受生煩惱結集暫无停息成佛甚難在家弃俗更復甚難勞心長遠更勿修習汝亦未曾授記得成阿耨多羅三藐三菩提汝今力微尪弱不堪度五趣路中途不應斷絕修行菩薩聞是語已心生退縮潛隱萎悴則於菩薩行中心無所樂富婁那當知是第一法故修行菩薩而退菩提翻入聲聞解脫二者若修行菩薩不聞菩薩道行不聞菩薩藏經菩薩積集功德菩薩所說禁戒趣六波羅蜜路相應法證皆不曽聞既不曽聞不能如法習學不知以何行門修行以何行門遠離如何法習業次如何法不應習何者聲聞法行何者菩薩法門既未明閑不知如何法則修學應修而不修行不應修而更修如是修行菩薩菩提漸漸損滅道心漸慢心意迴惶捨昔行願退失菩提富婁那當知修行菩薩如是退捨菩提而入聲聞解脫三者若修行菩薩起異見行猒見已身執邪正

二邊不離此行若聞无上甚深法要
應得開悟反生誹謗輕嬈不信以謗
法故死墮无間地獄无復見聞佛法
不復更修大乘不遇善知識以不値
故退失善行入於悪行隔断善友和
合悪人忘失本念弃菩薩乘位不断
三界衆生不習大乘行業富婁那當
知此第三法相應故退失菩提而入
聲聞解脫四者若修行菩薩聽聞甚
深法要不為衆生解説怠惕潜縮心
无樂説少用力處而生修學慳惜佛
法不攝衆生以是罪故所念漸滅念
行滅已不應籌量法義亦不堪任更
受法分捨是身命退失菩提富婁那
當知此第四法相應故退失菩提而
入聲聞解脫

第二十

出寶童子所問經 願説一偈行 修行菩薩四種實語不妄想越聲聞諸行无厭

尒時佛告寶童夫人言修行菩薩有
三種實語不妄何者為三所謂一者
不誑諸佛如來不誑一切衆生亦不
誑自身夫人當知如何修行菩薩不
誑如來一切衆生及以自身若修行
菩薩發菩提心已然後發願樂證聲
聞阿羅漢果夫人當知是菩薩則誑
如來及誑衆生并誑自身何者名為
不誑若修行菩薩發菩提心已縱値
種種苦惱逼切乃至邪魔外道尼乹
調弄駡辱以口言氣伏若刀劒槍矟
刾心損其所受毀呰苦楚若修行菩
薩不驚不動不潜不縮不憂不悔皆
能忍受堅固不弃前言菩提心寶不
移不動於其三界殺度衆生歸依无
等无上菩提乃至刹那不念餘乘常
念諸佛願轉法輪攝受衆生生大威
力現大勢力善行堅固修治精進不
隨他語無能摧伏夫人當知如是修
行菩薩不誑衆生不誑自身若有如
是菩薩則是審大无上實語復有四
種因緣修行菩薩不誑如來何者為
四所謂一者堅固心二者威力心三
者勢力无怠四者持戒精進復有四
種因不誑一切衆生何者為四所謂
一者堅牢修學二者慈心與樂三者
悲心愍苦四者攝受衆生復有四種
因不誑自身何者為四所謂一者堅
固心二者重復堅固心三者无諂惑
心四者无誑心夫人當知修行菩薩
則入第一實語位不捨菩提過去行
願不移不動尒時寶童夫人白舍利
佛言汝能以女身為諸衆生演説法
不舍利弗言我今尚猒男子之身況
受女人身耶夫人荅言舍利弗汝豈
猒離是身耶舍利弗言實猒是身夫
人言以是義故修行菩薩超越一切
衆生何以故若聲聞猒者菩薩殊无
猒心若聲聞所嬈菩薩无猒聲聞猒
離五陰六入菩薩則无猒離聲聞猒
攝身分菩薩无猒聲聞猒攝三界菩
薩無猒聲聞猒世間生死菩薩無猒
聲聞猒離有為功德菩薩集功德資
粮無猒聲聞猒與衆生結緣菩薩成
熟衆生心故無猒結緣聲聞猒離聚
落菩薩无猒入於國邑聚落王宮聲
聞猒自煩惱菩薩能攝衆生不猒煩
惱舍利弗當知聲聞所嬈猒離諸行
菩薩皆能攝受无猒舍利弗言如是
修行菩薩以何威力以何氣勢而无

猒心夫人荅言修行菩薩八種威力相應而無猒心何者為八所謂一者於諸衆生慈力无惱二者悲力成熟衆生三者善修行願无作者四者智慧力故為除煩惱五者善巧方便力故無倦六者功德力故无退七者智慧力故愚癡已除八者精進力故具足已入不弃往願舍利弗當知修行菩薩有此八種行力相應皆无猒心

第二十一

出寶積經 顯說一條 修行菩薩挍量聲聞道行

尒時佛告摩訶迦葉言如月與星不可弃月先念諸星智者亦尒修行菩薩亦復如是以習學故不應弃捨先念聲聞復次辟如諸天世人共力磨治琉璃珠擬令光絜无由變為頗梨寶珠縱數揩磨還復如故迦葉當知聲聞亦復如是縱使持戒清淨十二頭陁一切禪定相應仍不堪任坐於菩提樹下成等正覺迦葉辟如磨持頗梨寶珠價直无量百千利益无數迦葉當知亦復如是若修行菩薩道行清淨已尒時令无量百千聲聞緣覺而入解脫法門

大乘修行菩薩行門諸經要集卷中

大乘修行菩薩行門諸經要集卷中

校勘記

一　底本，金藏廣勝寺本。四九八頁中至五〇〇頁上四行，原版或殘或缺，以麗藏本補換。

一　四九八頁中二行譯者，資、磧、普作「唐終南山至相寺將軍師智嚴於石龜谷集」；南作「唐至相寺沙門釋智嚴譯」；徑、清作「唐終南山至相寺沙門釋智嚴譯」。卷下同。

一　四九八頁中一二行「魔障鈎」，資、磧、普、南、徑、清作「魔障行門鈎」。

一　四九九頁下四行「聞解」，徑、清作「開解」。

一　四九九頁下五行「成酥」，資、磧、普、南、徑、清作「盛酥」。

一　四九九頁下二二行「三月」，資、磧作「三日」。

一　五〇〇頁中一五行「我念」，普、南、徑、清、麗作「我今」。

一　五〇〇頁下一二行第八字「惣」，

資、磧、普、南、徑、清作「想」。

一　五〇一頁上一六行首字「恨」，麗作「報」。

一　五〇一頁上一八行「則成就」，諸本（不含石，下同）作「則能成就」。本頁中二〇行同。

一　五〇一頁中七行第一一字「意」，諸本作「意忍」。

一　五〇一頁中二一行第一三字「或」，諸本作「犯戒」。

一　五〇二頁上一二行「菩提」，諸本作「等」。

一　五〇二頁中八行「成就」，資、磧、普、南、徑、清作「成熟」。

一　五〇二頁中一九行第二字「深」，資、磧、普、南、徑、清作「染」。

一　五〇二頁下四行「於意」，資、磧、普、南、徑、清作「於汝意」。

一　五〇二頁下五行第七字「耶」，資、磧、普、南、徑、清作「不」。

一　五〇二頁下一九行第八字「汝」，諸本作「汝火」。

一　五〇三頁上一七行「如是」，諸本作「知是」。

一　五〇三頁中二一行「令入」，徑作「今入」。

一　五〇三頁下一〇行「願長壽遠」，諸本作「願壽長遠」。

一　五〇四頁上九行「阿蘭」，諸本作「阿蘭若」。

一　五〇四頁上一五行第八字「若」，普、南、徑、清作「苦」。

一　五〇四頁上一八行「法悔」，諸本作「法海」。

一　五〇四頁上二二行「樂聽」，普作「樂得」；南作「樂德」。

一　五〇四頁下七行第三字「佛」，諸本作「淨佛」。

一　五〇四頁下一八行「若行」，資、磧、麗作「苦行」。

一　五〇五頁中一九行夾註右「善解」，諸本作「解善」。

一　五〇五頁下七行「如聞」，南、徑、清作「汝聞」。

一　五〇五頁下一四行末字「夫」，普作「大」。

一　五〇五頁下二一行「勸化」，諸本作「勸化故」。

一　五〇六頁中二一行第七字「元」，諸本作「無」。

一　五〇六頁下五行首字「人」，資、磧、普、南、徑、清作「人之」。

一　五〇六頁下九行第四字「王」，普、南、徑、清作「三」。

一　五〇六頁下一九行夾註右「菩薩」，徑、清作「菩薩習學」。

一　五〇七頁中三行夾註「因果」，徑、清作「忍辱因果」。

一　五〇七頁中一〇行「尚能」，資、磧、普、南、徑、清作「尚自」。

一　五〇七頁中一四行第一三字「罪」，諸本作「犯罪」。

一　五〇七頁下九行第七字「諸」，諸本作「說」。

一　五〇八頁上一六行第四字「剛」，資、磧、普、南、徑、清作「則」。

— 五〇八頁中一六行第五字「除」，諸本作「除滅」。

— 五〇八頁中一九行第一三字「家」，徑、清、麗無。

— 五〇八頁下一〇行「金光勝」，普作「金光童」。

— 五〇八頁下一六行夾註右第三字「修」，諸本作「修行」。又「應學」，資、磧、普、南、麗作「應覺」；徑、清作「應當自覺」。

— 五〇九頁中一八行夾註右末字「退」，徑、清作「退捨」。

— 五〇九頁下二行首字「衆」，諸本作「界」。

— 五〇九頁下二〇行首字「滅」，諸本作「滅」。

— 五一〇頁上六行「不斷」，諸本作「不救」。

— 五一〇頁上一三行「堪任」，磧作「堪住」。

— 五一〇頁上一八行「寶童子」，麗作「寶童夫人」。

— 五一〇頁中七行「伏若」，諸本作「狀若」。

— 五一〇頁下五行末二字至次行首字「舍利佛」，諸本作「舍利弗」。

— 五一〇頁下一六行「集功德」，資、磧、普、南、徑、清作「樂集功德」。

— 五一一頁上四行第一一字「者」，資、磧、普、南、徑、清無。

— 五一一頁上一二行末字「行」，徑無。

— 五一一頁上二一行末字「持」，麗作「治」。

大乘修行菩薩行門諸經要集卷下　觀

大唐至相寺沙門釋　智嚴　譯

第二十二

出虛空藏菩薩所問經 顯說一條行修行菩薩以四十五種魔障覺故超度四魔

尒時佛告虛空藏菩薩言善男子如何修行菩薩能伏一切邪魔而得超度四魔若修行菩薩以智慧故見一切諸法喻如幻化則能超度陰魔若聞甚深佛法依句披尋則能超度蘊魔若悟常樂我淨則能超度死魔若不離菩提心故則能超度天魔然此修行菩薩能伏一切魔障何者魔障菩薩而能摧伏不令邪魔嬈乱善男子當知九有魔障四十五種障其正行所謂一者若修行菩薩心樂聲聞是為魔障二者不念菩提是為魔障三者所施而有分別是為魔障四者求生高貴是為魔障五者願生端正是為魔障六者勤求世事是為魔障七者饕餮禪定少分欣悅是為魔障八者以智輕嫌少分功德是為魔障

九者不樂世間生死是為魔障十者所修功德而不迴向無上菩提是為魔障十一者猒見煩惱是為魔障十二者覆藏所犯不能懺悔是為魔障十三者於修行菩薩起憎嫉心是為魔障十四者誹謗佛法是為魔障十五者誑惑衆生是為魔障十六者不修六波羅蜜是為魔障十七者於諸佛法不樂聽聞是為魔障十八者慳恡佛法是為魔障十九者為利養故宣說佛法是為魔障二十者不以方便說化衆生是為魔障二十一者不攝受衆生是為魔障二十二者於犯戒人憎嫌輕賤是為魔障二十三者於持戒精進敬重心是為魔障二十四者修聲聞行是為魔障二十五者順獨覺行是為魔障二十六者非時意修道業是為魔障二十七者捨大慈悲而求涅槃是為魔障二十八者樂修无為是為魔障二十九者嫌賤修有為是為魔障三十者不助衆生善行是為魔障三十一者我慢貢高是為魔障三十二者兩舌鬬乱是為

魔障三十三者誑惑衆生妄說是非是為魔障三十四者諂曲妄語所愛非真是為魔障三十五者於諸衆生无真直心是為魔障三十六者心變剛獷是為魔障三十七者心變麁猛是為魔障三十八者見造罪人不勸懺悔是為魔障三十九者謗法不信是為魔障四十者隨自欲樂是為魔障四十一者樂行非理是為魔障四十二者愛樂非法是為魔障四十三者所有業障報障煩惱障纏繞積聚不令散滅是為魔障四十四者心垢不除是為魔障四十五者與諸俗緣是為魔障

第二十三

出如來境界經　顯說一條行

諸比丘於迦葉佛所聞法故值遇釋迦如來法化當來若有衆生於佛法中聞說大乘者當生弥勒三會

尒時如來告須菩提言是等比丘所說誠不虛言須菩提當知迦葉如來出現世時是諸比丘於佛聞法皆悉隨逐文殊師利以隨逐故所聞深法无有忘失善根智慧成就圓滿當來

若有於我法中聞是深法聞已憶念如是衆生皆於未來弥勒三會大數之中次第皆入何况修習大乘菩薩若能修習大乘行已是等通達甚深法忍

第二十四

出阿闍世品經　顯說一條行

解菩薩藏及聲聞緣覺藏定上座

尒時寶曰菩薩言善男子如來行業不可思議若大乘法不可率尒調習悟入若修行菩薩乃至睡眠不樂聲聞緣覺行業將是如來寶相示現衆生不應悋惜能作是念願一切衆生習學大乘此無等心而無損減以是不悋法故應當覺悟如來大乘義趣善男子辟如栽樹根莖著地枝葉花果必當茂盛修行菩薩亦復如是已能堅持菩薩藏故亦當解了一切諸乘是名无量善根菩薩藏法器善男子何者是菩薩藏何因名菩薩藏辟如大海中水滴无量雜寶无數諸龍夜叉乾闥婆阿修羅金翅鳥王緊那羅摩睺羅伽摩竭魚等无量雜類悉

居其中修行菩薩亦復如是无量法寶印記布施持戒禪定智慧解脫解脫知見悉住其中是以名為菩薩法藏辟如大海所生雜類一切衆生是等不堪飲餘河水若修行菩薩修習菩薩藏已亦不應飡餘乘法味是以名為菩薩法藏善男子當知凢有三藏聲聞藏緣覺藏大乘菩薩藏何者是聲聞藏依他所說依他所聞而得道行何者辟支佛藏依自悟入常樂我淨滅定門故何者是菩薩法藏悟達无量諸佛法故發起无上菩提心故善男子當知聲聞緣覺乘人不應得有三藏名位然但可得為三乘教若聞師說三乘教者各隨所聞而般涅槃由於三乘各稟承故以此三乘号為三藏然非明於大乘義趣若修行菩薩說法之時以三乘教化衆生令入涅槃是以菩薩名為三藏善男子有三種學何者為三所謂一聲聞學二辟支佛學三者菩薩行學何者是聲聞學分令悟自心故何者辟支佛戒學隨中品行无悲心故何者是修

行菩薩學隨順大悲自悟智故精進善行聲聞緣覺不習菩薩行門亦不知義若菩薩則知二乘義理行門然不染著菩薩習學深心樂住而能示現聲聞辟支解脫趣路不入其位善男子若修行菩薩如是學故是以名為菩薩衆藏尒時文殊師利童子著衣持鉢呼長老迦葉言仁當先行我等隨從何以故長老須菩提如來先度出家已久年夏俱尊汝自往昔當發是願我今所度出家依世間諸阿羅漢道迦葉仁但先行我等隨從時須菩提白文殊師利言於佛法中不應以老為上生年為上何以故文殊當知於佛法中智慧為上智慧上故所學亦上威德亦上此等甚深法教中為上文殊師利仁者智慧為上法教為上威德无㝵普觀一切衆生善惡根性明了知見是故當知文殊師利最尊最上仁但先行我等隨從

第二十五

出離垢菩薩所問經　顯說一條行

諸菩薩從空中下往昔為女人以發善提願故現身轉為男子

尒時佛告淨光夫人言夫人當知若有女人以一行故速得捨離女人之身受丈夫身何者一行以堅固願發起无上菩提之心何以故夫人當知菩提心者是大丈夫是大男子非容易心故能遠離阿羅漢行摧伏一切諸魔外道於三界中最為无上斷除一切煩惱習氣若有女人正念歸佛起菩提心无復更受女人之身清淨心故迴此女身轉成男子如是善根迴施一切女人以此迴施功德故亦皆迴向无上菩提夫人當知以一行願故遠離女人轉成男子時於此會虛空之中有諸菩薩来至佛所頂礼佛足退坐一面是諸菩薩往昔皆是女人現身轉為男子於時會中是諸菩薩見諸往昔夫聟眷放出家者各相慰言汝等是我善知識故速發无上菩提之心諸佛出世難可值遇修功德因會緣甚難若於衆生起大慈悲發起無上菩提心者則得成就圓滿供養過去現在未来一切諸佛時諸菩薩說是語已是等比丘告諸菩

薩言善大丈夫汝與我等為善知識救度一切衆生故今勸我等發無上心我等以汝勸故善念歸依一切諸佛願我等未来成等正覺皆如世尊釋迦牟尼是時此大菩薩及諸修行菩薩白佛言願佛慈悲度我等出家尒時佛告弥勒菩薩言弥勒為度此等諸善男子出家弥勒言如佛所教則以度訖

第二十六

出文殊師利菩薩解義經　顯說一條行

修行菩薩作二種行獲十種等利益

尒時佛告舍利弗言修行菩薩以二種行相應不退善願隨願往生諸佛剎土无所障㝵何者為二若修行菩薩不樂聲聞行業亦不習學交通不說聲聞和雜教跡亦不勸化衆生令入聲聞緣覺法中專為无上菩提勸化衆生修學成就如来聖德若修行菩薩勸諸衆生令入佛乘獲十種利何等為十所謂一者遠離聲聞緣覺乃至成佛遊諸剎土二者值遇清淨菩薩法集三者成佛已来諸佛攝護

四者名聞十方諸佛會中稱其名号五者發起无等寂妙上心六者唯受帝釋梵天之身七者若生人中受轉輪王位八者常得值遇諸佛如來九者天人所敬十者積集无量善根功德舍利弗若三千大千世界衆生悉令勸入阿羅漢辟支佛位若復有人能勸一善男子善女人令住佛位是人功德甚多於彼何以故舍利弗當知佛種不應聲聞緣覺起故而能斷絶若如来不出於世則聲聞緣覺不有若佛種不斷佛出世故聲聞緣覺方得出現修行菩薩於佛地中安立他故得此十種善利以是二種功德相應故不離行願於諸剎土隨願往生

第二十七

出光明遍照品經　顯說一條行　校量菩薩聲聞福力

尒時佛告毗盧遮那願光明菩薩言辟如恒河兩岸有无量百千餓鬼飢渴所逼倮形露體火焰為衣身肉燋然形枯風日鵰鵄烏鷲飛遠爭飡惡獸犲狼競来摶撮餓鬼罪故不見恒

河設有所見其水枯涸或見為灰何以故為罪障故受諸苦惱說不可盡聲聞弟子雖復同住逝多林中不見如來廣大神力不聞佛說菩薩集會校量法義何以故无明瞖瞙覆其眼故不曾種植薩婆若地諸善根故善男子辟如有人於大會中昏睡安寢忽然夢見須弥山頂帝釋所居善見大城宮殿園林種種嚴好天子天女百千万億普散天花遍滿其地種種衣樹出妙衣服種種花樹開敷妙花諸音樂樹奏天音樂天諸婇女美音歌詠无量諸天於中戲樂其人自見著天衣服普於其處住止周旋時大會中一切諸人雖同一處不知不見何以故此人夢見非彼大衆所能見故一切菩薩世間諸王亦復如是以久積集善根力故發一切智廣大願故習學一切佛功德故修行菩薩莊嚴道故圓滿一切智智法故滿足普賢諸行願故趣入一切菩薩智地故遊戲菩薩諸三昧故已能觀察一切菩薩智慧境界无导故是故悉見

如来不可思議自在聖德神變一切聲聞諸大弟子不能知見以无菩薩清淨眼故辟如比丘得心自在入滅盡定六根作業皆悉不行一切語言不知不覺定力持故不般涅槃以在定故不覺世間諸法一切聲聞亦復如是此等諸大比丘同在逝多林中六根具足不見如来聖德神變不見菩薩集會校量法義何以故為諸佛如來及大菩薩甚深自在力故希逢難遇過去善根功德清淨无雜若聲聞緣覺无有分故是以比丘雖在逝多林中如来足下不見如来聖德神變亦不見菩薩集會校量法義以不相應住於无上菩提位故

第二十八

出出生菩提經　顯說二條行　說三種佛地　解釋三乘高下

尒時迦葉敎恒婆羅門白佛言世尊若有已發菩提心者而有退失不佛告婆羅門言若發菩提心已則無退失何以故婆羅門當知有三種菩提一者聲聞菩提二者緣覺菩提三者

諸佛无上菩提其中何者是聲聞菩提若有善男子善女人於聲聞行中雖發菩提心者亦不勸化安立衆生令發菩提亦不顯示大乘深義不敬大乘行人不共習學亦不供養若見来者不迎不喜以是行故當獨解脱是名聲聞菩提復次婆羅門何者是緣覺菩提若有善男子善女人在於緣覺行中雖已自發菩提之心不勸衆生令發菩提不習甚深大乘法教亦不教授他人不敬大乘行人不共習學亦不供養若見来者不迎不喜以是行故當獨解脱是名緣覺菩提復次婆羅門何者是无上菩提若有善男子善女人自發菩提心已勸諸衆生發菩提心調伏安立習學大乘法義為他演説若見大乘行人歡喜迎送婆羅門當知是人解脱他已安立人天利益世間是為大乘无上菩提何故名為无上菩提為於三界一切已辦更无勝上所求是以名為无上菩提

尒時迦葉救怛婆羅門白佛言世尊解脱解脱有二義不佛言解脱解脱无有異義復云道與道亦无二義若三乘者而有分別婆羅門當知辟如衢路有三乘車第一象駕第二馬駕第三驢駕此三次第駕馭同入城門婆羅門於意云何是三乘車有高下不婆羅門言有高下也佛言若聲聞乘緣覺乘无上佛乘亦復如是而有高下者道與解脱而無高下婆羅門辟如三人同渡恒河至於彼岸一人浮草得渡一人浮囊得渡一人造大舩而渡并與百千衆生同乘達彼岸彼屬長子監此渡舩語言来者皆應運渡令至彼岸其第三人自達彼岸復能濟渡一國衆生婆羅門於意云何三人所渡同益不耶婆羅門言不也世尊佛言婆羅門於意云何三乘利益有高下耶婆羅門言有高下也佛言婆羅門當知聲聞乘緣覺乘无上佛乘有高下所益不同

第二十九

出寶乘經　顯説一條行

初發菩提心挍量聲聞羅漢與修行菩薩數量輕重不同

尒時佛告長老舍利弗言若此三千大千世界衆生皆得阿羅漢果復有三千大千世界衆生皆得成佛是諸佛前各置一羅漢各各供養是諸如来或經一劫百劫千劫乃至經於恒河沙劫舍利弗於意云何況復供養无量无邊諸佛如来其福甚多説不可盡佛言若有如是无量阿羅漢供養如是无量諸佛復有初發菩提心者是人功德多於是數羅漢況以菩提無斷故供養諸佛及諸弟子師僧和尚善知識等乃至畜生施其一團之食此之功德比阿羅漢供養功德百分千分不如供養初修菩提心者

第三十

出那羅延品經　顯説一條行

修行菩薩住四種住地從四種行

尒時佛告那羅延菩薩言那羅延當知辟如吠琉璃寶若置諸雜器中其實不失本光那羅延當知修行菩薩亦復如是所在三昧縱為俗服名為出家不離法界道行説是語已那羅延菩薩白文殊師利菩薩言菩薩住

於何地而无損減集諸三昧功德而得无盡智慧資粮文殊師利菩薩告鄣羅延菩薩言菩薩有四種住地何者為四所謂一者若於身分无所悋惜二者不樂名聞利養三者不樂己所快樂四者不願受生諸天快樂是為四種住地

第三十一

出集一切功德經　顯說一條行

菩薩為諸衆生不離三界行

尒時復有菩薩白佛言世尊辟如多人各犯刑名臨刀欲煞而有一人解散得脫是人却来就執刀者謂是執刀煞我煞我世尊是三界地不異法人之處凡夫愚鈍亦如犯死之人菩薩解脫世間却来成熟諸衆生故如人臨刑得免却就死刑菩薩亦復如是不離三界是以諸佛如来大慈大悲相應菩提心故修行菩薩超度一切聲聞緣覺何以故為聲聞緣覺无是大悲心故亦无善巧方便

第三十二

出密嚴經　顯說一條行

顯示聲聞菩薩校量行門

若有菩薩於法深解善巧方便法義當得阿耨多羅三藐三菩提若成等正覺已顯揚法教若見五陰離於自身觀无人我諸法體性亦無所動此則聲聞解脫若修行菩薩一切法行觀於二邊遠離邊際此等速得阿耨多羅三藐三菩提若有直見邊際快樂已於諸衆生无慈悲心捨離世緣如是之人成佛甚難快哉如来智慧令諸衆生至於安樂辟如蓮花離淤泥垢生甚清淨雖生淤泥所為諸佛賢聖供養故生菩薩亦復如是生於三界淤泥若成佛已則得諸天歎美若修行菩薩轉生人間當得王四天下轉輪王位若生天上自為天主乾闥婆王為不斷相應大乘法故所生之處恒受勝上高位是故修行菩薩應當攝護大乘常受勝位究竟成就阿耨多羅三藐三菩提

第三十三

出梵剎經　顯說一條行

修行菩薩乘大忍辱行願

尒時佛言初修行菩薩亘當數發无上菩提相應行願為諸衆生苦惱枯涸令為發大捨願忍辱心故成就衆生願三千大千世界地為金剛於其地上我身分散辟如蘆葦甘蔗或如稻苗如是多身各受世法苦樂依恒一切衆生變為鄣羅延力以其力故願於我身生大瞋嫌各執金剛鎚杵晝夜三時杵碎我身如安善那眼藥碎已復生依前无捨我於此等衆生无嫌恚心願我代於一切衆生受此苦尼无有間斷普令遠離諸煩惱苦不退无上菩提不入聲聞緣覺道果願成等正覺度脫一切衆生

第三十四

出一切諸佛所念經　顯說一條行

忍辱慎三業行門

尒時善等觀菩薩白佛言世尊修行菩薩如何住於忍辱羞耻行門佛言若修行菩薩以身惡行自慎羞耻以口惡行自慎羞耻以意惡行自慎羞耻以聲聞緣覺談論惡行自慎為耻善男子是修行菩薩羞耻之處若能

慎覺則得至於无上菩提道位

第三十五

出法集經　顯說一條行

修行菩薩修十種戒行
復別有十種戒行

尒時佛告无所發菩薩摩訶薩言善
男子於意云何者是修行菩薩實
語菩薩若發菩提心已寧捨身命不
捨菩提於諸衆生不行非法是為不
妄語若修行菩薩發无上菩提心已
後違前志違言欺誑則是修行菩薩
退失菩提

復次修行菩薩云何持戒念行所謂
一者若樂聽聞佛法是其為戒成就
圓滿而得四无量心二者若志求佛
法是其為戒成就圓滿得畢下心三
者若供養善知識故是其為戒成就
圓滿伎藝无缺四者若修波羅蜜行
是其為戒成就圓滿而得佛智五者
若聞經典轉為他說是其為戒成就
圓滿而能廣說大乘經典六者若常
念佛法是其為戒成就圓滿明開揔
持威力七者若専修菩提是其為戒
成就圓滿滅諸罪障八者不嫉衆生

是其為戒是以不失菩提九者不退
菩薩是不失戒三寶現前十者如如
念戒觀一切為鈌善男子修行菩薩
應當恒以心念如是善戒

復次修行菩薩復有十種菩提心戒
所謂一者為求一切衆生利故非獨
利已二者所修道業迴施衆生願遠
成佛非專為已三者以堅牢行利他
世業亦非為已四者戒行清淨增長
菩提歷刧忍辱无有疲倦五者布施
為戒乃至能捨頭目髓腦利衆生故
六者持戒為戒菩薩不捨无戒衆生
七者忍辱為戒菩薩不懼一切魔軍
八者精進為戒為衆生故積集佛道
無有疲倦九者禪定為戒菩薩為聲
聞乱定心不動十者智慧為戒菩薩
見諸世法想同菩提空相為戒菩薩
不滌世間慈悲為戒不入涅槃是為
法集

第三十六

出阿差耶末所問經　顯說一條行

修行菩薩戒行无盡諸行人戒力皆有盡時

尒時阿差耶末菩薩白舍利弗言修

行菩薩持戒无盡舍利弗當知相續
无斷見故何故凡夫持戒上生善處
戒力銷盡人間持戒十善受畢戒力
銷盡若六欲天戒功德報畢戒力銷
盡若色界天戒四禪滅故戒力銷盡
若无色界天戒四三摩鉢帝滅故戒
力銷盡若五通仙人戒失於五通戒
力銷盡若一切聲聞戒入涅槃故戒
力銷盡若辟支佛戒无大悲故戒力
銷盡舍利弗當知若菩薩摩訶薩戒
行无盡何以故一切淨戒皆因菩薩
戒攝現前故辟如種子漸多利益無
盡舍利弗當知菩提心者猶如種子
諸佛如来戒行无盡是大丈夫名為
無盡戒行舍利弗是修行菩薩持戒
故戒行无盡

第三十七

出集會品經　顯說一條行

修行菩薩於三乘中普明善巧方便

何者是修行菩薩於一切乘中善巧
方便凡有三乘法而得解脫何者為
三一者聲聞乘二者緣覺乘三者大
乘復有二乘何者為二天乘人乘其

菩薩行門諸經要集卷下　第三十一張

中何者修行菩薩於聲聞乘中而有善巧方便若佛不出於世聲聞乘亦无成就何以故為依他聞法故而現聲聞何者是聞法持戒忍辱積集圓滿故若積集戒圓滿則得積集禪定圓滿若積集定圓滿則得積集智慧圓滿若積集慧圓滿則得積集解脫圓滿若得積集解脫圓滿則得積集解脫知見圓滿如是方便是為聲聞善巧方便聲聞復有善巧方便福德不動諸法嬈故於是三界而生猒離一切諸行無常猒離煩惱一切諸法无我故專求寂滅涅槃乃至剎那不求世間生死恒懼無常五陰諸行无相故五根喻若𧏙虵相故十二因緣如空聚落一切生死無心樂故顯是法已修行菩薩則知聲聞乘中善巧方便

何者修行菩薩於緣覺乘中而有善巧方便是何因緣緣覺而得出世修行菩薩應知緣起何者加行樂修精進禪定不住積集功德資粮不住積集持戒資粮少分聽法修習故亦不

菩薩行門諸經要集卷下　第三十二張

親近供養諸佛故中分智故常為出家下心故而修少用功力不樂籌量法集樂住空寂獨居別處速求難入大灌頂位樂行乞食數思常樂我淨法出離三界披尋涅槃故自智悟入定故樂修三昧非他自悟以智明悟起一切諸行因緣邊際顯是法已修行菩薩則知緣覺乘中善巧方便

何者修行菩薩於大乘中善巧方便若大乘行故方便无量无邊我今略說此乘功力為一行衆生令入此乘功德資粮積集善根為諸衆生清淨攝受諸波羅蜜令入一切法故以無間斷常行佛道此乘以无碍故光明所照若此大乘一切衆生皆是乞仕超越一切無畏耶路此乘如来聖德恒在目前一切邪魔外道離行皆能摧伏復為如来資助善行如摠寶幢无有間斷此乘能除三界住滅二邊妄想執持空相无常結使所持疑惑皆能除斷如来佛乘无障碍得故此乘能於二法集親近三寶利益世人皆當恃怙行不誑路一切衆生皆

菩薩行門諸經要集卷下　第三十三張

有分故為過去大悲堅持力故示現此處以十力四无所畏十八不共法三十二相八十種好身口意莊嚴具光明嚴飾為一切處无嬈无過是為修行菩薩大乘中善巧方便

第三十八

出郁伽長者所問經　顯說一修行　説在家菩薩應修四種行不出家因緣修行

尒時佛告郁伽長者言在家修行菩薩以四種行相應而得歸依如来何者為四所謂一者菩提心無捨故二者不破三摩禪業三者大慈大悲无斷故四者不涂雜乘是為四種相應成就歸依如来復有四種行業相應而得歸依法何者為四所謂一者供養法師故二者尊重聽法三者聽聞法已正直披尋四者若聞法要而為衆生顯說流傳迴施衆生成等正覺復有四種行相應而得歸依僧何者為四所謂一者不樂聲聞專求无上菩提二者若有衆生修餘行業勸令修學正直佛法三者以菩提心無退四者供養僧徒推尋聲聞行業而不

取聲聞解脫若修行菩薩捨一切財物已智而生施心作是念言若有飢餓來乞飲食皆當施與縱施酒者復作是念一切所求而成檀波羅蜜如是在家修行菩薩攝護戒行

尒時佛告阿難汝見郁伽長者供養如來修習於法所樂之物而能布施阿難白佛言世尊我見是事佛言阿難當知郁伽長者此賢劫中所有一千佛出世皆以无量供具當遍供養攝護佛法雖在俗服而修僧行廣修佛道

尒時阿難問郁伽長者言長者以何義故俗中猶如怨賊所居俗服而能樂住今值出家因緣何无樂心長者答言我不樂俗何以故修行菩薩相應大悲故不求快樂忍辱苦惱不捨衆生故佛言阿難當知此郁伽長者雖在俗服已曾成就无量衆生諸餘百千菩薩无能如是成熟衆生何以故彼百千菩薩皆无如是善巧威力如郁伽長者一人

弟三十九

出殊勝具戒經 顯說二修行

初致起修行菩薩堪受无量衣食牀座供養其福无盡又數阿耨達多龍王神力

尒時佛告諸善男子言汝善男子應共魔鬪尋求聖位若修行菩薩成熟衆生之時先共邪魔鬪戰令其變化相應善行不求餘師是為法行諸善男子當知若有人譏嫌聲聞行者汝等勿有譏嫌若有樂修聲聞行者汝等勿樂尒時諸菩薩白佛言世尊何者行聲聞譏嫌而菩薩无譏嫌然聲聞求者而菩薩不求佛言若聲聞譏嫌生死汝不應嫌若聲聞所願樂涅槃汝等不應願樂是為法行

尒時佛告舍利弗言舍利弗若修行大菩薩滿於世間於諸衆生每日授與袈裟衣服於意云何如是施者是善清淨施不但為初修行菩薩初心發起无上菩提心故從此之後則成寂上修行菩薩而堪淨受如是衣施若初修行菩薩每日於他受淨齋食積如須弥而堪淨受不為修行菩薩初心發起无上菩提心故從此之後則成寂上修行菩薩而堪受如是淨食若初修行菩薩受用高座廣如四天下高若須弥七寶所成金銀頗梨真珠瑪瑙金剛雜寶而為廁鈿諸天上衣弥覆其上其座每日於諸衆生清淨受用而成淨受不為初修行菩薩初心發起無上菩提心故從此之後為一切衆生當成施主而堪受如此高座舍利弗當知辟如阿耨達多龍王宮四面出生四大河水何者為四所謂一者恒河二者斯塗三者薄叉四者新都此四大河流入大海令海盈滿此四大河各有眷屬若恒大河與五百小河而為眷屬東方流入大海若斯塗大河與五百小河而為眷屬南方流入大海若薄叉大河與五百小河而為眷屬西方流入大海若新都大河與五百小河而為眷屬北方流入大海舍利弗於意云何是等四河隨方流出滿四大海曠野遍流而能利益世間衆生舍利弗言世尊此四大河利益无量衆生人非人等如是大小諸河流注天下潤澤五穀粳粮菉豆雜麦油麻床甑雜田皆

以諸河溉灌田野舍利弗於意云何
是四大海如何得滿舍利弗言以是
四大河故而得盈滿佛言舍利弗於
意云何此四大河於大海中而能利
益幾何衆生舍利弗言世尊利益無
量衆生第一利益水陸衆生魚鼈黿
鼉鮫龍摩竭蜯蚰雜類万像海人蜯
蛤珂垂諸龍母子修羅羅刹人與非
人皆能利益種種雜寶遍滿海中蜯
蛤真珠放光動地頗梨瑪瑙鞢鞨車
渠虎魄玫瑰珊瑚雜寶遍滿海中利
益衆生舍利弗於意云何是四大海
從何而有舍利弗言以阿耨達多龍
王故而有佛言舍利弗是阿耨達多
龍王不遭三難何者三難一者不懼
金翅吞食其身二者熱沙不墮身上
三者若行欲時不變為虵諸餘龍王
皆有三難唯阿耨達多龍王而无此
難阿耨達多龍王宮殿恒止神通禪
定之人所有衆生入其宮者熱沙不
墮其身尒時舍利弗白世尊言世尊
阿耨達多龍王宮殿如何得如是奇
妙功德威力何故諸餘龍王晝夜六

時皆有厄難唯此阿耨達龍及彼宮
中无如是難而有无量善根功德流
出四河利益无量衆生產業佛告舍
利弗誠如所言阿耨達多龍王是大
菩薩是大修行菩薩舍利弗辟如阿
耨達多龍王於三種難而得解脫修
行菩薩亦復如是亦得解脫三種厄
難何者為三地獄難餓鬼難畜生難
辟如阿耨達多龍王池中四河潛潤
廣遍田野修行菩薩亦復如是以四
攝事攝諸衆生何者為四一者布施
攝二者愛語攝三者利行攝四者同
事攝舍利弗辟如四大海水以阿耨
達多龍王四大河故成就初修菩薩
亦復如是以發生菩提心故而成阿
耨多羅三藐三菩提辟如四大海中
无量无邊億百千衆生快樂相應舍
利弗當知三界衆生於佛法中安立
亦復如是應見欲界色界无色界衆
生若三千大千世界衆生受樂皆因
菩薩應現功德

第四十

出解深密經　顯說一條行

修行菩薩修六波羅蜜住地行

尒時觀世音菩薩白佛言世尊是諸
修行菩薩凡有幾種修學住地菩薩
應學能成无上菩提佛告觀世音菩
薩言善男子當知修行菩薩學住地
略有六種何者為六所謂布施持戒
忍辱精進禪定智慧
觀世音菩薩白佛言世尊如是六種
修學住地幾是戒學所攝幾是定學
所攝幾是慧學所攝佛告觀世音菩
薩言善男子當知初三種學第一布
施持戒忍辱此三者當知為戒學所
攝若禪定一種但是增上心學所攝
若惠則是增上慧學所攝若精進我
說遍行一切觀世音菩薩復白佛言
世尊如是六學住地幾是功德資粮
幾是智慧資粮所攝佛告觀世音菩
薩言善男子若因戒學所攝者是名
功德資粮所攝若智慧修學所攝者
是名智慧資粮所攝我說精進禪定
遍行一切亦入功德資粮亦入智慧
資粮所攝觀世音菩薩復白佛言世
尊於此六種所學一者㝡初於菩薩

藏波羅蜜相應微妙正法堅牢行願
二者次於十種法行精進修行以聞
思修妙智所成三者護持菩提心故
四者親近供養真善知識无間勤修
善品
觀世音菩薩言世尊何故是六種學
住地六數各顯知所因
佛告觀世音菩薩言善男子二因緣
故一者饒益諸衆生故二者對治諸
煩惱故觀世音當知是六學中前三
種饒益衆生布施持戒忍辱後三種
對治一切煩惱因精進禪定智慧是
中修行菩薩以前三種布施故種種
資具攝養衆生以持戒故不行損害
逼迫惱乱令離怨家以忍辱故他來
欲害逼迫苦惱堪能忍受攝護衆生
觀世音當知此三所說為衆生攝施
因後復三種對治煩惱者修行菩薩
由修學精進故令煩惱傾動修學而
能對治勇猛修諸善品由禪定學故
而能剥削心家煩惱由智慧故永除
煩惱此後三種為對治煩惱因
第四十一
大乘修行菩薩行門諸經要集卷下

出勝鬘師子吼一乘大方便方廣經 顯說一條行
發十大受願讚歎如來如來則現
尒時波斯匿王及末利夫人信法未
久共相謂言勝鬘夫人是我之女聦
慧利根通愍易悟若見佛者必速解
法心得無疑宜時遣使發其道意夫
人白言今正是時王及夫人與勝鬘
書略讚如來无量功德即遣內人名
旃提羅使人奉書至阿踰闍國入其
宮內敬授勝鬘勝鬘得書歡喜頂受
讀誦受持生希有心向旃提羅而說
偈言
我聞佛音聲　世所未曾有　所言真實者
應當修供養　仰惟佛世尊　普為世間出
亦應垂哀愍　願必令我見　即生此念時
佛於空中現　普放淨光明　顯視无比身
勝鬘及眷屬　頭面接足礼　咸以清淨心
歎佛實功德　如來妙色身　世間无與等
无比不思議　是故今敬礼　如來色无盡
智慧亦復然　一切法常住　是故我歸依
降伏心過惡　及與身四種　已到難伏地
是故礼法王　知一切尒炎　智慧身自在
攝持一切法　是故今敬礼　敬礼過稱量

敬礼无辟類　敬礼无邊法　敬礼難思議
哀愍覆護我　令法種增長　此世及後世
願佛常攝受　我久安立汝　前世已開覺
今復攝受汝　未來生亦然　我已作功德
現在及餘世　如是衆善本　唯願見攝受
尒時勝鬘夫人聞授記已恭敬而立
受十大受世尊我從今日乃至菩提
於所受戒不起犯心世尊我從今日
乃至菩提於諸尊長不起慢心世尊
我從今日乃至菩提於諸衆生不起
恚心世尊我從今日乃至菩提於他
身色及外衆具不起嫉心世尊我從
今日乃至菩提於內外法不起慳心
世尊我從今日乃至菩提不自為已
受畜財物凡有所受悉為成熟貧苦
衆生世尊我從今日乃至菩提不自
為已行四攝法為一切衆生故以不
愛染心无猒足心无㝵心攝受衆生
世尊我從今日乃至菩提若見孤獨
幽繫疾病種種厄難困苦衆生終不
暫捨必欲安隱以義饒益令脫衆苦
然後乃捨世尊我從今日乃至菩提
若見捕養衆惡律儀及諸犯戒終不

弃捨我得力時於彼彼處見此衆生應折伏者而折伏之應攝受者而攝受之何以故以折伏攝受故令法久住法久住者天人充滿惡道减少於如來所轉法輪而得隨轉見是利故救攝不捨世尊我從今日乃至菩提攝受正法終不忘失何以故忘失法者則忘大乘忘大乘者則忘波羅蜜忘波羅蜜者則不欲大乘菩薩不決定大乘者則不能攝正法欲隨所樂入永不堪任越凡夫地我見如是无量大過又見未來攝受生正法菩薩摩訶薩无量福利故受此大受法主世尊現為我證唯佛世尊現前證知而諸衆生善根微薄或起疑網以十大受極難度故彼或長夜非義饒益不得安樂為安彼故今於佛前說誠實誓我受此十大受如說行者以此誓故於大衆中當雨天花出天妙音說是語時於虛空中雨衆天花出妙聲言如是如是如汝所說真實无異彼見花及聞音聲一切衆會疑惑悉除憙踊无量而發願言恒與勝鬘常

共俱會同其所行世尊悉記一切大衆如其所願尒時勝鬘夫人復於佛前發三大願而作是言以此實願安慰无量无邊衆生以此善根於一切生得正法智是名第一大願我得正法智已以无猒心為衆生說是名第二大願我於攝受正法捨身命財護持正法是名第三大願

尒時世尊即記勝鬘三大誓願如一切色悉入空界如是菩薩恒沙諸願皆悉入此三大願中此願者真實廣大

第四十二

出生无邊門陁羅尼經　願說三條行

說持是經陁羅尼者臨命終時八十億諸佛親迎接又表如來三身又說修行菩薩修四事四事无相行門速成佛道

尒時佛告舍利弗言若諸修行菩薩為求阿耨多羅三藐三菩提者應當發廣大心無所染著无取无捨受持誦念此陁羅尼

尒時世尊說陁羅尼曰

寫陁反 提耶 體曇一 阿弩麼弩二 阿谿麼谿三 娑蔓多目谿四 娑侄反 侄耶 邏去 咩五 掃咩六 欲訖侄二合 七 泥噜訖侄二合 八 泥噜

訖多鉢鞞九 翳梨咩梨醯梨十 舸立箄二合 十一 舸立謗二合 泥十二 舸立跛合 栖十三 娑去 隸娑 竹去 囉喲侄十四 醯羅醯犁十五 醯礼犁十六 醯邏醯礼犁十七 戰提十八 遮喲侄十九 者喙遮囉弩二十 遮邏遮囉弩二十一 阿者梨二十二 按侄二十三 按多侄二十四 舸囉弩二十五 阿囉弩二十六 阿散侄二十七 涅湯泥二十八 涅鞢怛泥二十九 涅目訖侄二合 三十 涅殿侄三十一 涅陁反 提耶 喲梨三十二 涅訶喲梨三十三 涅訶囉伏麼梨三十四 涅訶囉燒馱泥三十五 燒跌泥三十六 尸羅燒馱泥三十七 鉢吉侄二合 鞢泥三十八 鉢吉侄二合 泥跛泥三十九 婆去 喲伏婆去 喲泥四十 阿僧倪四十一 孅咩四十二 縒咩四十三 徹哺羅鉢鞞四十四 柰葛屣弩四十五 姪梨四十六 姪姪喲梨四十七 摩訶姪姪喲梨四十八 泥鄁泥四十九 婆去 喲伏婆去 喲泥五十 婆喲泥五十一 摩訶婆喲泥五十二 訖吒泥五十三 摩訶訖吒泥五十四 耶賒喲侄五十五 者梨五十六 阿者梨五十七 摩者梨五十八 婆摩者梨五十九 姪荼散泥六十 速思體二合 侄六十一 阿僧伽鞞訶喲梨六十二 阿僧伽泥訶梨六十三 娑蔓多目谿六十四 涅訶喲梨六十五 涅訶囉欲訖侄六十六 泥訶囉伏麼喲梨六十七 泥訶囉燒馱泥六十八 姪荼散泥六十九 速思體二合 亥七十 掃咩宋摩喲侄七十一 思蕩二合 咩七十二

思湯一合摩咊侄七十三思貪二合娑咊侄七十四婬荼思價二合咩七十五思湯二合摩鉢去皁侄二合七十六摩訶鉢鞞七十七娑募多鉢鞞七十八鞞摩羅鉢鞞七十九鞞摩羅濕咩二合八十娑募多目谿八十一薩婆怛邏二合女楬侄八十二闍烏丁鄁去檐陁提耶反鉢囉二合侄婆去泥八十三馱囉尼泥馱泥八十四馱囉尼目抳奴散泥八十五薩婆勃陁婆去瑟侄八十六薩婆勃馱婬瑟耻二合侄八十七泥馱鄁遨侄梨二合八十八莎訶八十九

佛告舍利弗：若菩薩修此陁羅尼者，不應分別有為无為，亦不取不著，不增不減，不成不壞，不合不散，不生不滅，亦不念於過去未來現在諸法，亦不積集攝取諸法，但當思惟諸佛非色非無色，非相非無相。菩薩不應同於二乘取佛色身莊嚴之相光明照曜，父母生育飲食長養血肉筋骨四大合成，无常變壞苦惱不淨為佛色身。菩薩不介，何以故？如來之身无生相故，普為衆生於一切法以非明照集智資粮，顯現法身虛空相无生相，如來法身以无生相而為色蘊，復以无生相甚深之義是一切法體故。然諸菩薩不應非色取如來相，若以非色取如來相，便同聲聞謂佛入於寂滅涅槃，色身斷滅无復更生。菩薩不介，何以故？如來之身无盡相故，普為衆生於一切法以非明照顯現色身，以法作相，集福資粮，以如來色身无盡相，是為无盡色蘊，是故諸法亦無盡相。若衆生界度脫未盡，如來常現无盡色身。舍利弗，於此經中陁羅尼故，出生无量面門，修行菩薩若聞是經，於無上菩提皆不退轉。何以故？是中顯示如來一切聖德神通，復因此經增益衆生戒行分段，守護无所得法。

介時世尊而說頌言：

汝等勿樂著　一切諸法空　於諸佛菩提
亦莫起分別　於菩提涅槃　心不生疑惑
若能修此行　速得陁羅尼　聽此修多羅
習智空无相　无生亦无滅　當速證菩提
菩薩持是經　深解无量法　得生諸佛剎
親近冣勝尊　若得陁羅尼　決定深義趣
不生退懼心　受持无盡法　十方一切佛
說法皆盡聞　聞已悉受持　頂戴而奉行
若受持此經　於文字名句　及所說妙義
終无有疑忘　如日月光明　所照无不遍
了知此法門　通達无量義　誦持此經故
即自能開解　一切冣勝法　陁羅尼妙門
假使一劫中　一切諸衆生　所有深疑惑
皆問持經者　時持經菩薩　咸皆為開演
疑網悉已除　菩薩智无盡　愛樂此經故
能速近菩提　如是真佛子　護持秘密藏
持此陁羅尼　衆生咸敬念　諸佛共稱揚
名聞十方界　由持此經故　臨欲命終時
見八十億佛　伸手俱接引　咸作如是言
汝當往我剎　由誦持此經　現受如斯福
若百千億劫　造罪當應受　誦此陁羅尼
一月皆清淨　菩薩億劫中　勤習諸功德
一月誦此經　其福超於彼　善念惠精進
三昧陁羅尼　經故常現前　乃至如來地
三界諸衆生　一時盡為魔　誦持此經故
悉无能障㝵　此經中解釋　一切諸法門
而說一切智　因是成正覺　我因聞是經
然燈授我記　記言汝成佛　解脫諸衆生
彼時見諸佛　其數如恒沙　聞諸佛說法
皆悉能解了　若欲得受持　諸佛所說法
勤修學此經　速成如是力　殊勝莊嚴剎

大會諸聖衆　光相及妙族　皆從此經得
若人經七日　諦思惟是經　八十億諸佛
為說如斯法　邪思慎莫思　不應思忽思
以智當正思　速得此經典　勤修此法門
勿懼菩提遠　如人至寶洲　隨意採衆寶
若持陁羅尼　莫言无善報　具足人天樂
近佛道非難　若願速成佛　應持是經典
畢竟定當得　无上大菩提

佛告舍利弗若菩薩成就四法必定當得此陁羅尼何等為四一者不樂愛欲二者不生嫉妬三者於諸衆生能捨一切无有恚惱四者晝夜歡悅深樂求法舍利弗菩薩成就如是四法得此陁羅尼

復次舍利弗若菩薩成就四法得此陁羅尼何等為四一者住寂阿蘭若行二者悟入甚深法忍三者不樂名聞利養四者能捨所愛之物乃至身命菩薩成就如是四法得此陁羅尼

復次舍利弗若菩薩成就四法得此陁羅尼何等為四所謂入於八字之義云何八字一者跛字是第一義一切諸法无我入義二者攞字入於如

來无生法身以非明照集智資糧无所入相以无生相而為色身以无盡相而為色蘊入義三者麼字智慧愚癡法作同類入義四者舸字分別業報亦无業報入義五者闍字悟生老病死不生不滅入義六者馱字悟陁羅尼法體空无相无願寂如涅槃開解入義七者賒（賒可反）字奢摩他住寂定相鞞鉢舍那正見諸法相如何而得住於寂定宜當精勤晝夜无間觀佛禪像不應取相當念鞞鉢舍那以慧正見若行者見佛而現將為真佛應作是念此所見佛從何方來東西南北四維上下方所來耶若將此佛是人所造應作是念此佛為是泥木作耶為復金銀銅鐵所作如是觀已知所見佛但由我於精舍之中觀佛形像晝夜憶念是故佛形常現目前由是當知我常見聞一切諸法將為實者皆從自心憶念而起即是修行菩薩第一溫習不住定乃至歡喜地位云何觀佛形像亦住勝義諦門當作是念我今所見佛之形像非佛所有

種類之相此但是我現在觀察像因緣故見佛形像得入定中類知一切諸法亦復如是以是義故見佛形像不應捴无當知賒字與一切法無有差別皆同法門入義八者叉字諸法皆空不生不滅何以故悟解諸法本來空寂自性涅槃入義是八字義如是受持隨何方所有是經卷者應當尊重恭敬供養半月半月讀誦演說若見習誦此經典者稱揚勸進舍利弗若有修行菩薩修此四法得是陁羅尼

大乘修行菩薩行門諸經要集卷下

大乘修行菩薩行門諸經要集卷下

校勘記

一　底本，金藏廣勝寺本。五一四頁中至本頁下六行、五一五頁下至次頁下，原版或殘或缺，以麗藏本補換。

一　五一四頁中四行夾註「一條行」，南作「條行」。

一　五一四頁中五行夾註右「修行」，徑、清作「説修行」。又「以四十五種魔障覺故」，資、磧作「以四十五種魔故障」；徑、清作「有四十五種魔障若能覺悟兼能」。

一　五一四頁下一五行「敬重心」，諸本(不含石，下同)作「無敬重心」。

一　五一四頁下二一行首字「修」，麗無。

一　五一五頁上一七行夾註右「諸比丘」，徑、清作「有諸比丘」。

一　五一五頁中八行夾註左「定上座」，徑、清作「又解上座因」。

一　五一五頁中一二行「寶相」，諸本作「實相」。

一　五一五頁下末行首字「戒」，資、磧、普、南、徑、清無。

一　五一六頁下一四行「相應」，資、磧作「如應」。

一　五一七頁上一一行第二字「若」，南作「非」。

一　五一七頁中一行「其水」，資、磧、普、南、徑、清作「見其」。

一　五一七頁下一八行夾註左「解釋三乘高下」，徑、清作「又解釋三乘高下因緣」。

一　五一八頁中一三行首字「彼」，資、磧、普、南、徑、清作「後」；麗作「復」。

一　五一八頁下八行「如是」，普、南、徑、清作「知是」。

一　五一八頁下一三行第七字「比」，普、南、徑、清作「此」。

一　五一八頁下一七行夾註右「修行」，徑、清作「説修行」。

一　五一九頁上四行「身分」，諸本作「身命」。

一　五一九頁上一〇行夾註「菩薩爲諸衆生不離三界喻」，徑、清作「修行菩薩投刀請殺願易生死救度衆生不離三界」。

一　五一九頁中一行夾註「顯示聲聞菩薩校量行門」，徑、清作「校量顯示聲聞與修行菩薩行業深淺」。

一　五一九頁中一一行第一三字「離」，麗作「雖」。

一　五一九頁中末行夾註「發大忍辱行願」，徑、清作「每發大忍辱行願速進菩提」。

一　五一九頁下三行「成就」，資、磧、普、南、徑、清作「成熟」。

一　五一九頁下一七行夾註「忍辱慎三業行門」，徑、清作「修行菩薩忍辱身口意業不復更犯」。

一　五二〇頁上三行夾註「一條行」，麗作「二條行」。

一　五二〇頁上四行夾註右「條行」，

諸本作「修行」。又第五字「修」，徑、清作「修持」。

一　五二〇頁上一七行「伎藝」，普、徑作「技藝」。

一　五二〇頁中二行「菩薩」，諸本作「菩提」。

一　五二〇頁中三行「一切爲缺」，諸本作「一切無缺」。

一　五二〇頁中七行末字「遠」，諸本作「速」。

一　五二〇頁下七行第八字「人」，資、磧、普、南作「入」。

一　五二〇頁下八行第一〇字「入」，資、磧、普作「人」。

一　五二一頁上一三行「无我」，資、磧作「無常」。

一　五二一頁中三行「樂住」，資、磧、普、南、徑、清作「樂行」。

一　五二一頁中五行第一〇字「故」，資、磧、普、南、徑、清無。

一　五二一頁中一一行「一行」，諸本作「一切」。

一　五二一頁中一五行「若此」，磧作「告此」。又「乞仕」，普、南、徑、清、麗作「乞士」。

一　五二一頁中一七行「離行」，諸本作「雜行」。

一　五二一頁中二二行「一一」，諸本作「一切」。

一　五二一頁下八行夾註左「修行」，諸本無。

一　五二一頁下一三行「四種」，資、磧作「四者」。

一　五二一頁下二二行「正直」，諸本作「正真」。

一　五二二頁上三行「酒者」，資、磧、普、南、徑、清作「須者」。

一　五二二頁上一九行「成就」，資、磧、普、南、徑、清作「成熟」。

一　五二二頁中二行夾註右「初致」，諸本作「初發」。又「菩薩」，徑作「菩薩發菩提心應與魔鬪」。又左「又表」，普、徑、清作「又釋」。

一　五二二頁中五行「先共」，資、磧作「光共」。

一　五二二頁中七行「譏嫌」，資、磧、普、南、清作「謾嫌」。

一　五二二頁下七行「施主」，普作「施王」。

一　五二二頁下一二行第一三字「恒」，資、磧、普、南、徑、清作「恒河」。

一　五二二頁下末行「粳粮」，資、磧、普、南、徑、清作「粳梁」。又「床氈」，磧作「床夢」；資、普、南、徑、清作「床氊」。

一　五二三頁中一行「阿耨達龍」，麗作「阿耨達多龍王」。

一　五二三頁中一四行「初修」，諸本作「初修行」。

一　五二三頁中二一行「應現」，南、徑、清作「出現」。

一　五二四頁上末行經名，諸本無。

一　五二四頁中二行小字「發十大受願」，資作「發十大受順」；徑、清作「勝鬘夫人發十大受願」。

一　五二四頁中一一行「讃誦」，諸本

作「讀誦」。

一　五二四頁中一六行「顯視」，徑作「顯現」。

一　五二四頁中一七行「咸以」，資作「感以」。

一　五二四頁中二二行第六字「知」，麗作「如」。

一　五二四頁中末行「今敬礼」，普、南、徑、清作「恭敬禮」。

一　五二四頁下二行「此世」，資、磧、普作「此出」。又「後世」，諸本作「後生」。

一　五二四頁下七行「大受」，普、南、徑、清作「大戒」。

一　五二四頁下二一行「令脫」，資、磧作「今脫」。

一　五二五頁上一一行第二字「永」，清作「求」。

一　五二五頁上一三行末字「主」，徑、清作「生」。

一　五二五頁中一四行小字左「親迎接」，徑、清作「親來迎接」。

一　五二五頁中一五行夾註右「四事四事」，資、磧、普、南、徑、清作「四事」。

一　五二六頁中一七行第一一字「心」，麗作「亦」。

一　五二七頁上三行「忽思」，諸本作「勿忍」。

一　五二七頁中八行第六字「賒」，資、磧、普、南、徑、清作「賖」。

一　五二七頁中一一行「禪像」，資、磧、普、南、徑、清作「形像」。

一　五二七頁中一二行「而現」，資、磧、普、南、徑、清作「而觀」。

一　五二七頁中一八行「目前」，南作「相前」。

一　五二七頁下一〇行「習誦」，諸本作「誦習」。

付法藏因緣傳卷第一　　飛

元魏西域三藏吉迦夜共曇曜譯

敬禮無邊際　去來現在佛　等空不動智
救世大悲尊

昔婆伽婆於無量劫為衆生故求寂勝道成就種種難行苦行捨所愛身頭目髓腦國城妻子宮殿臣妾投巖赴火斬截身體或時有為一四句偈剥皮為紙折骨為筆以血為墨書寫供養諮學明師稟受諸佛悲傷群生劳謙累德修万善行發洪誓願如五百本生緣中廣說本學具足垂成正覺菩提樹下跏趺而坐第六天魔深生愁毒念其道成必當勝我即率官屬十八万億詣樹王下謂菩薩曰汝今宜可速起還宮若不尒者當持汝足擲大海外尒時菩薩如師子王心無驚畏告言波旬汝曾供養一辟支佛受八戒齋由斯福故得為天王然我已於阿僧祇劫具足成就難行苦行大地未有如針鋒許非吾昔日修苦行處假使魔衆如恒河沙不能傾動我之一毛云何汝今欲以吾身擲大海外魔復言曰我於往昔施辟支佛得為天主斯事可明今汝所說以何為證於是菩薩申手指地曰此神知我尒時地神從金剛際踊身而出合掌白言誠如尊教有此地來我為其神此地无有如針鋒許非是菩薩本行之處魔聞斯言顛倒而墮破魔軍已成寂正覺三達獨照六通无閡具足大悲辯才无盡所可宣說人皆信受暢微妙法拯濟群生辟如金剛所擬摧壞如來教門亦復如是能滅衆生煩惱諸結遍遊國土聚落城邑以清淨法拔衆毒刺降伏外學立寂勝幢閉惡趣門開涅槃道化緣將畢垂當滅度告大弟子摩訶迦葉汝今當知我於無量阿僧祇劫為衆生故勤修苦行一心專求无上勝法如我昔願今已滿足迦葉當知辟如密雲充遍世界降注甘雨生長萌芽无上法雨亦復如是能令衆生增善根子所以諸佛常加守護恭敬讚歎礼拜供養如我今者將般涅槃以此深法用囑累汝汝當於後敬順我意廣宣流布无令斷絶迦葉白言善哉受教我

當如是奉持正法使未來世等蒙饒益唯願世尊不以為慮是故如來滅度之後摩訶迦葉次宣正教集佛法藏化諸衆生其所度脫永不退轉彼大迦葉智慧淵廣名稱普聞功德具足今當隨順說其行願過去久遠毗婆尸佛化衆生已入般涅槃四部弟子咸生悲戀収取舍利起七寶塔表剎在嚴殊特妙好時彼塔中有如來像面上金色少處缺壞時有貧女遊行乞匂得一金珠內懷歡喜意欲為薄補像面上迦葉尒時為鍛金師女即持往倩令修造是時金師聞其為福歡喜治之瑩飾既訖用補像面因共願曰願我二人常為夫妻身真金色恒受勝樂以是因緣九十一劫身真金色生人天中快樂无極寂後託生第七梵天時摩竭國有婆羅門名尼倶律陁於過去世久修勝業高才博達智慧深遠多饒財寶巨富无量金銀琉璃珂貝辟玉牛羊田宅奴婢車乘比摩竭王千倍為勝時缾沙王金犂千具彼婆羅門恐與王齊招諸

罪咎乃少其一唯有九百九十九具其家有氎㲲下之者直百千兩金以釘釘之入地七尺氎不穿破如本不異以福徳力財富如是雖饒財寶无有子息自念老朽死時將至庫藏諸物无所委付於其舍側有樹林神彼婆羅門為求子故即往祈請經歷年歲了无微應時俱律陁大生瞋忿語樹神曰我事汝來已經年歲都不見為垂一福應今當七日至心事汝若復无驗必相燒剪樹神聞已甚懷愁怖向四天王具陳斯事於是四王往白帝釋帝釋觀察閻浮提内无福徳人堪為彼子即詣梵王廣宣上事尒時梵王以天眼觀見有梵天臨當命終即告之曰汝若降神宜當生彼閻浮提界婆羅門家梵天對曰婆羅門法多惡邪見我今不能為其子也梵王復言彼婆羅門有大威徳閻浮提人莫堪往生汝必生彼吾相擁護終不令汝入邪見也梵天曰諾敬承聖教於是帝釋即向樹神說如斯事樹神歡喜尋詣其家語婆羅門汝今勿

付法藏因緣傳卷第一　第四張　飛

復起恨於我卻後七日當滿卿願至七日已婦覺有娠足滿十月生一男兒顔貌端正身真金色光明赫奕照一由旬相師占曰此兒宿福有大威徳志力清遠不貪世務必當出家得無著果年雖童稚志念清淨行慈愽施少欲知足恒觀世樂无常危脆未曾暫生愛樂之想尒時父母見其如是甚懷愁惱而相謂言是兒生時相師占曰必當出家今設何方斷絶其意覆自思惟世可躭著唯有美色當為選擇端正良疋用斷其意至年十五欲為娉妻迦葉聞之深生愁惱白父母言我志清淨不須妻也如是至三父母不聽於是迦葉知事難免便設權謀白父母言能為我得金色女人姿容超世然後乃當開意納之若不得者終不娶也尒時父母敬念彼故不違其語即時迎召諸婆羅門遣行國界若有女人身真金色端嚴殊妙為我娉之諸婆羅門便共為謀鑄金為人顔貌奇特衆共舉之遊諸聚落高聲唱言若有女人見此金神礼

付法藏因緣傳卷第一　第五張　飛

拜供養未來必得微妙智慧身真金色諸女聞已皆出礼敬時有一女顔容瓌瑋體紫金色禀性柔和智慧深遠即是往日金珠女也以昔勝緣有此妙身立志堅固獨不出外諸女咸問不出之意荅言諸姊我意閑寂不悕餘願故不出耳時諸女人強將此女往觀金神此女光明形貌姿麗暎蔽金神悉不復現諸婆羅門即為娉之遂相然可計期成婚彼女聞之亦甚愁惱志不自從即便行嫁二人相對志各疑潔雖為夫妻了无欲意共立要曰我等今者宜各異房不相嬈近尒時父母知是事已即便勅人去除一室令共同處空其室内唯置一床於是迦葉更共妻要今此室中唯有一床我等二人理无同寢我若眠息汝當經行汝若睡卧我當經行後於中夜迦葉次行妻時眠睡手垂床前外有毒虵從户而入欲螫其妻迦葉慈愍即便徐前以衣裹手舉置床上妻便驚寤而責之曰今汝丈夫无志乃尒共我立誓要不相近今復

付法藏因緣傳卷第一　第六張　飛

何緣竊舉吾手迦葉荅言我无欲情而近汝也虵從外入覘欲相螫恐為傷害舉汝手耳毒虵猶在即便示之妻意乃悟於是夫妻深厭諸有不生甘樂如人淨洗不憙塵垢詣父母所求欲出家既蒙聽許便作沙門清淨守素无為無欲在於空閑懃修苦行於是迦葉作是擔言世界所有成羅漢者我悉歸依作是語已出家威儀所有諸戒皆悉具足逮至如來成一切智於王舍城碩宣妙法尒時迦葉披糞掃衣来詣佛所稽首礼敬合掌而立白佛言世尊我今歸依无上清凉願哀納受聽在末次世尊歎曰善来迦葉即分半座命令就坐迦葉白佛我是如來末行弟子顧命分座不敢順旨是時衆會咸生疑曰此老沙門有何異德乃令天尊分座命之此人殊勝唯佛知耳於是如來知衆心念欲决所疑即宣迦葉大行測廣世尊又曰我今所有大慈大悲四禪三昧無量功德以自莊嚴迦葉比丘亦復如是又於往昔過去久遠時有聖王

号文陁竭高才超世智慧无倫時天帝釋欽歎其德遣七寶車造闕迎王時乘天車飛空而往天帝出迎與共同坐相娛樂已送王還宮佛告比丘尒時天帝今迦葉是文陁竭王則吾身是迦葉往昔以生死座命吾同坐故吾今日成无上道以正法座報其本勳尒時世尊即為迦葉如應說法示教利喜辟如鮮淨白氎易受染色即於座上得阿羅漢三明六通具八解脫高才勇猛儀相安詳常與如来對坐說法時諸天人謂世尊師於是迦葉即辭如來往耆闍崛山賓鉢羅窟其山多有流泉浴池樹林蓊欝花果茂盛百獸遊集吉鳥翔鳴金銀琉璃羅布其地迦葉在斯經行禪思宣暢妙法度諸衆生至後世尊垂入涅槃放勝光明大地震動便作是念將非如來欲入涅槃現斯相耶即入三昧以天眼觀見於世尊熙連河側全身捨壽作是觀已慘然不悅如來涅槃何期駛哉世間眼滅不善增長即與眷屬前後圍遶向拘尸那城礼覲世

尊於其前路見一梵志右手執持曼陁羅花迦葉問言汝從何来識吾師不荅曰識之入般涅槃已經七日一切人天大設供養吾從彼間得斯花来時諸比丘聞是語已皆大悲惱舉身投地號哭哽咽涙下如雨咸作是言咄哉无常有大勢力能壞如是功德寶聚枯竭法海摧倒法幢世間闇冥永失大明一切衆生無所宗仰增長惡道减損天人奇哉无常深可猒患辟如電光理无久停無常迁駛亦難可保能壞盛年色力壽命殄滅一切世間歡愛愚人保之智者不也於是迦葉與諸比丘即便前行至雙樹間繞棺三匝稽首作礼而說偈言

超哉三界乘　永度生死流　寂然无相願
微妙難思議　佛日甚明淨　能除愚癡闇
積劫修苦行　擔度諸苦人　去何於今者
棄捨大慈悲　全身處金棺　寂然安不動
唯願天人尊　顯現金色身　普令一切衆
興起无量願

尒時世尊於金棺內千張氎中出金色足光明照曜猶如盛日棺氎无虧

而足顯現一切大衆見是事已倍更悲惱號哭哽塞尒時迦葉偏袒右肩接足作礼重說偈言

如來足蹀滿　千輻相輪現　指纖長柔軟
合縵網成就　大悲濟群生　斷世衆疑結
是故我今日　頂礼最勝足　我證四真諦
說佛功德聚　已讚歎恭敬　宜還斂足入

尒時迦葉令諸力士更以天㲲用纏佛身香油灌上而閉棺蓋積栴檀薪闍維如來阿難見火悲泣哽咽號哭懊惱而說偈言

怯哉無常　甚可憂畏　能滅如是
功德寶聚　世尊此身　清淨无垢
今在金棺　以千㲲纏　香油流灌
然栴檀薪　微妙勝身　為何所在

尒時迦葉以乳滅火說偈讚曰

千㲲纏身　火耶旬之　佛神力故
内一衣在　外亦不燒　唯中都盡
此勝神力　不可思議

摩訶迦葉說是偈已告諸比丘佛已耶旬世尊舍利非我等事何以故國王長者大臣居士求最勝福自當供養我等宜當結集法眼无令法炬速

疾磨滅為未來世當作照明紹隆三寶使不斷絶尒時迦葉與諸比丘至王舍城賔鉢羅窟阿闍世王得无根信及至如來滅度之後群臣相與咸共議曰大王信心猶如巨海趣諸人天世界之上若聞世尊入涅槃者沸血必當從面流出身體分散命不云遠當設何方令免斯難時有一臣名日雨舍智慧淵廣善於方便造一銅池縱廣數仞以淨香油盈注其内令阿闍世王坐斯池中而復更以鮮淨白㲲圖畫如來本行之像所謂菩薩從兜率天化乘白象降神母胎父名白淨母曰摩耶處胎滿足十月而生生未至地帝釋奉接難陁龍王及跋難陁吐水而浴摩尼跋陁大鬼神王執持寶蓋隨後侍立地神化華以承其足四方各行滿足七步至於天廟令諸天像悉起奉迎阿私陁仙抱持占相既占相已生大悲苦自傷當歿不覩佛興詣師學書技藝啚識處在深宮六万婇女娛樂受樂出城遊觀至迦毗羅園道見老人及以沙門

還詣宮中見諸婇女形體狀貌猶如枯骨所有宮殿塜墓无異厭惡出家夜半踰城至欝陁伽阿羅邏等大仙人所聞說識處及非有想非无想定既聞是已深諦觀察知非常苦不淨无我捨至樹下六年苦行便知是苦不能得道尒時復到阿利跋提河中洗浴

尒時有二牧牛女人欲祀神故以千頭牛搆取其乳飲五百頭如是展轉乃至一牛即取其乳煑用作糜涌高九尺不棄一渧有婆羅門問言姊妹汝煑此糜欲上何人女即荅曰持祀樹神婆羅門言何有神祇能受斯食唯有食者成一切智乃能受汝若斯之供於是女人便奉菩薩即為納受而用食之然後方詣菩提樹下破魔波旬成最正覺於波羅㮈為五比丘初轉法輪乃至詣於拘尸那城力士生地入般涅槃如是等像皆悉圖畫王問群臣汝作何等荅言大王我畫如來功德之像次至世尊滅度形變王便驚愕舉身毛竪深生悲戀思慕

如来此池中油五分之一忽然流注入王身中辟如爃墼投之大池水自滲入彼亦如是由斯因緣命得全濟阿闍世王信敬隆篤感戀如來其事若此聞迦葉往甚大歡喜嚴治道路燒香散華自乘白象出迎迦葉王昔見佛自投象下恭敬礼拜見迦葉時亦復如是摩訶迦葉神力接之令无傷害即告王曰佛力殊勝不同聲聞聲聞入定乃有神足自後見我勿投象也王言敬諾即白迦葉世尊涅槃我竟不見尊若滅度願必垂告迦葉曰善因告王言如來世尊智慧深遠能滅衆生三毒熾火能枯十二因緣大樹諸天世人皆蒙饒益今入涅槃世間眼滅生老病死憂悲衰惱如是等苦轉更熾盛我欲為彼而作慧明共諸比丘集佛法藏王於今者宜辦供具王言善哉願諸聖士恒受我供於是迦葉告阿那律諸羅漢中誰不來者阿那律言憍梵波提在尸利沙宮猶未來此尒時迦葉告梨婆提汝可往彼尸利沙宮語憍梵波提大迦葉

等今有僧事要須相見時梨婆提飛空而往具陳上事尒時尊者問梨婆提世尊何在而去迦葉梨婆提言佛入涅槃法橋已壞法山已崩法燈已滅黑闇時至憍梵波提歎曰苦哉世間空虛魔王波旬今當喜矣凡愚衆生无明所蔽流轉生死沒在魔網十力世尊拯而出之今入涅槃永无救護哀哉衆生深可悲愍告梨婆提汝可為我頂礼迦葉及餘聖衆如我辞曰憍梵波提白大迦葉世尊若在我當往彼礼拜供養今入涅槃世間空虛觀閻浮提无一可樂如大龍王既捨身已龍子必隨我亦如是今欲涅槃作是語已即便滅度如是諸人聞佛滅度悉入涅槃迦葉唱言未集法藏勿涅槃也時諸比丘問大迦葉先集何法迦葉荅言先修多羅又問使誰集修多羅大迦葉言阿難比丘多聞摠持有大智慧常隨如來梵行清淨審後法中利安衆僧知見具足佛所讚歎宜可使彼集修多羅尒時迦葉即告阿難汝於今者可演法眼阿

難曰諾觀察衆心而說偈言

比丘諸眷屬　離佛不莊嚴　猶如虛空中
衆星之无月

說是偈已礼衆僧足即昇法座而說是言如是我聞一時佛住波羅㮈鹿野苑中古仙住處為五比丘初轉法輪謂苦聖諦如是廣說說是語已五百羅漢飛昇虛空高聲唱言奇哉無常甚大迅速如河駛流逝而不返我等昔者目覩世尊今乃言聞皆各悲泣而說偈言

咄哉諸有苦　迴動如水月　不堅如芭蕉
亦如幻影響　如來大雄猛　功德超三界
猶為无常風　滯流而不住

五百羅漢說是偈已還復本座尒時迦葉問諸比丘阿難所言不錯謬耶皆曰不異世尊所說於是迦葉命優波離集比尼藏迦葉自集阿毗曇藏集法藏已摩訶迦葉即說偈言

以此尊法輪　濟諸群生類　十力尊所說
皆當懃修行　此法是明燈　能破諸黑闇
諸賢宜受持　慎勿生放逸

尒時迦葉入願智三昧觀所集法无

闕少耶思惟已訖知皆具足便作是念如來大師我善知識利安饒益如毋愛子我今以法益同梵行示未來世作大悲想欲使大法流布不絶始於今者報如來恩我年朽邁身為差壞臭爛之體甚可猒惡无常危敗不可依恃恒為諸苦之所惱害誰有智者當樂此身我今宜可入般涅槃復更思惟我今當往大慈大悲佛婆伽婆真善知識无量淨善功德所熏徹妙舍利所在之處皆往礼拜恭敬供養即飛虚空至四塔前礼拜供養復詣八塔至心恭敬辟如鴈王飛到大海娑伽羅宫礼敬佛牙如大壯士屈申辟頃至忉利天釋提桓因與諸天衆出迎迦葉礼敬供養摩訶迦葉告帝釋曰我欲涅槃礼如來髮故來至此釋提桓因聞是語已心懷惆悵悲泣懊惱自取佛髮敬授迦葉迦葉受已至心礼敬牛頭栴檀以用供養供養已訖語諸天子五欲无常不可久保如花上露見陽則晞唯有善法深可願樂當觀苦空慎莫放逸作是語

已從彼天沒還王舍城阿難隨逐未曾捨離恐入涅槃或不覩見後於少時摩訶迦葉告阿難曰汝獨入城我亦當往尒時迦葉著衣持鉢入王舍城作是念言阿闍世王本與我要若涅槃時必來見我我今當往告之可乎到王門下語守門人為我白王摩訶迦葉今在門外欲得相見守門人言王今睡眠若覺之者恐貽罪累迦葉語言王若覺者好為我語摩訶迦葉欲入涅槃來與王別不見而去於是迦葉至雞足山於草敷上跏趺而坐作是願言今我此身著佛所與糞掃之衣自持己鉢乃至弥勒令不朽壞使彼弟子皆見我身而生猒惡復作是念阿闍世王若不見我沸血必當從面而出命不全濟若使彼王與阿難來山當為開令其得入若還去者復當還合便捨命行唯留少壽應時大地六種震動釋提桓因與諸天子以曼陁羅花天諸末香供養舍利生大悲惱而作是言如來滅度感戀未息迦葉涅槃增我悲惱賔鉢羅窟

即便空曠巷里窮酸苦厄羸劣貧露孤寒彼恒矜愍今捨之去誰當覆護如十五日天无雲翳月及衆星處空顯現如來聖衆亦復如是住在世間猶如星月死无常雲如何卒起一旦隱蔽賔勝福田諸天如是極生悲感哀摧號哭啼泣懊惱共相裁抑歸還天上阿闍世王於睡卧中夢屋梁折尋便驚覺心生惶怖門人白王摩訶迦葉欲入涅槃來與王別正值眠息令我致意即便迴還王聞是事悶絶躃地冷水灑面方得醒悟舉聲大哭涕泣盈目我何薄祐垢障深厚諸聖涅槃不一覩見即詣竹園礼阿難足問言迦葉滅度未耶阿難荅言已涅槃矣今在何處我欲供養於是阿難共阿闍世王向雞足山王既到已山自開闢迦葉在中全身不散曼陁羅花以覆其上王見是已發聲號哭舉身投地積諸香木欲闍毗之阿難問言欲作何等荅欲耶旬阿難言曰摩訶迦葉以定住身待於弥勒不可得燒弥勒出時當將徒衆九十六億至

此山上見於迦葉時弥勒衆皆作是念釋迦如来弟子身形卑陋若此彼佛亦當與斯无異於是迦葉踊身虛空作十八變變為大形充滿世界時弥勒佛即就迦葉取僧伽梨是時大衆見其神力除憍慢心成阿羅漢王供養已還歸本國時雞足山還合如初

付法藏因緣傳卷第一

丙午歲高麗國大藏都監奉
勅雕造

付法藏因緣傳卷第一　第十九張　兆

付法藏因緣傳卷第一

校勘記

一　底本，麗藏本。

一　五三一頁上一行經名，諸本（不含石，下同）作「付法藏因緣經卷第一」。以下各卷卷首經名例同。

一　五三一頁上二行譯者，資、磧、普、南作「後魏世沙門吉迦夜共曇曜譯」；徑、清作「後魏沙門吉迦夜共曇曜譯」。卷二、卷四同。

一　五三一頁上九行「折骨」，磧、南作「析骨」；清作「析骨」。

一　五三一頁上一二行「本生緣」，諸本作「本生經」。

一　五三一頁中二行「天主」，諸本作「天王」。

一　五三一頁中三行第一四字「神」，諸本無。

一　五三一頁中二一行第四字「常」，磧、南、徑、清作「當」。

一　五三二頁中一二行「其意」，諸本作「其情」。

一　五三二頁中一九行「迎呂」，諸本作「延召」。

一　五三二頁中二二行第一〇字「譽」，諸本作「舉」。

一　五三二頁下三行「瓌瑋」，諸本作「瑰偉」。

一　五三二頁下八行「姿麗」，磧、普、南、徑、清作「姿容」。

一　五三二頁下一六行第七字「更」，資作「便」。

一　五三二頁下一八行「睡卧」，諸本作「睡眠」。

一　五三二頁下一九行「眠睡」，普、南、徑、清作「睡眠」。

一　五三二頁下二二行第六字「寤」，磧、普、南、徑、清作「寢」。

一　五三三頁上二行第九字「覘」，資作「視」。

一　五三三頁上四行末字「甘」，南作「喜」。

一　五三三頁上六行「清淨」，諸本作

「清真」。

一　五三三頁上一八行第六字「令」，磧、南、徑、清作「今」。

一　五三三頁中八行第二字「黙」，諸本作「恩」。

一　五三三頁中二二行第三字「期」，諸本作「斯」。

一　五三三頁中末行「拘尸那城」，諸本作「拘尸城」。

一　五三三頁下九行第四字「大」，資作「夫」。

一　五三四頁上五行第二字「縵」，資作「鞔」。

一　五三四頁上八行「天氎」，資作「天」；普作「大氎」；南、徑、清作「千氎」。

一　五三四頁中末行「迦毗羅園」，南、清作「毗迦羅園」。

一　五三四頁下九行「牧牛」，諸本作「放牛」。

一　五三四頁下一四行末字「食」，資作「之」。

一　五三四頁下二二行「滅度」，諸本作「滅後」。

一　五三五頁中八行第四字「挽」，諸本作「勉」。

一　五三五頁中二二行首字「所」，諸本作「常」。

一　五三五頁下一〇行「目覩」，磧、普、南、徑、清作「自覩」。

一　五三六頁上九行首字「更」，磧、普、南、徑、清作「便」。又第七字「住」，諸本作「往」。

一　五三六頁上二二行第九字「睎」，資作「稀」。

一　五三六頁下二一行第六字「答」，諸本作「答曰」。

一　五三七頁上末行卷末經名，資作「付法藏因緣卷第一」，磧、普、南、徑、清作「付法藏因緣經卷第一」。

付法藏因緣傳卷第二　飛

元魏西域三藏吉迦夜共曇曜譯

摩訶迦葉垂涅槃時以寂勝法付囑阿難而作是言長老當知昔婆伽婆以法付我我年老朽將欲涅槃世間勝眼今欲相付汝可精懃守護斯法阿難曰諾唯然受教於是阿難演暢妙法化諸衆生然其宿世有大功德智慧淵廣多聞愽達佛所咨嗟揔持第一悉能聽受諸佛法藏如大巨海百川斯納名稱高遠衆所知識如是功德不可窮盡我當隨順說其因緣乃往古世阿僧祇劫定光如來時為沙門畜一沙弥常令讀誦日夜誡勅无有休廢若經少闕即便呵責時此沙弥為師乞食若少稽留經不充限極為其師之所罵辱於是沙弥甚為愁惱為師乞食且誦且行時有長者恠而問之沙弥荅曰吾師嚴峻令我誦習乞食稽留則不充限以是事故每行讀誦長者荅言勿生憂惱從今以後常相供給冝當精勤誦習經典時此沙弥不復行乞專心讀誦從此以後經常充足尒時沙弥即世尊是施食長者阿難是也以斯福緣阿難比丘智慧深妙揔持强識多聞弘廣不可稱記至婆伽婆成无上道宣暢妙法化諸衆生於是阿難即自思惟世間牢獄不可愛樂五欲如幻无有堅實甚可畏惡過於毒虵盛年勇壯顏容姿美悉為老病之所殘害无常迅駃如暴河流吞滅一切恩愛集會古昔諸王威德自在為无常風之所吹壞憂悲衰惱衆苦相續愛羅剎女常欺衆生我當云何得免斯難復作是念如來世尊神智超世本從釋氏出家學道我今應當往為弟子即至佛所求哀出家佛言善來便成沙門尒時如來即為說法所謂施論戒論生天之論欲為不淨出要寂善意即開解成須陁洹佛於後時心念侍者時憍陳如即往佛所求為給侍佛言憍陳如汝年老邁須人瞻視云何為我而作給侍如是五百大弟子咸至佛所求為侍者皆不聽許礼佛而退

時目揵連以他心智觀如來心在阿難所如日初出光照西壁與諸比丘告阿難曰佛須仁者以為給侍冝可速往礼覲勝覺阿難白言如來威德猶如大龍今我羸弱不敢奉命諸比丘言阿難當知世尊專心唯在仁者當速奉覲不冝久停阿難敬諾即求三願如來故衣願勿與我所有遺食願賜餘人進現時節隨我裁量三願若遂乃當受教時諸比丘往世尊所稽首作礼具陳上事如來歎曰善哉阿難有大智慧善知時冝不但今日久遠亦然汝等善聽吾當宣說乃往過去阿僧祇劫有王治世住婆翅城於此城中有婆羅門名俱樓陁聰明愽達天才超世國人居士皆悉宗敬多饒財寶百千万億无子紹繼每懷憂惱請祈諸天經十二年𡨥大夫人便覺有娠日月巳滿生一男兒身紫金色顏貌端正相師占曰福德此子即為立字号曰大施年漸長大求父出遊父即勅令嚴治道路燒香散花作衆伎樂大施於是出外遊觀即於前

路見有乞人著敝壞衣甲言求哀大施問曰何故若此乞人荅言我本孤貧病苦所逼身命既切是故行乞大施聞之慘然歎曰群生之類一何可愍愚癡蔽心沉浸五欲為老病死之所惱害方於其中坦然快樂不修善業受斯惡果怪哉大嶮甚可怖畏小復前行見有屠獵羅罻飛鳥耕墾漁捕多所傷害大施問言何故若此諸人荅曰我祖父來素為斯業仰此濟命兼供王役一旦捨之便當貧乏大施聞之益增傷感便自思惟興大悲意哀哉衆生愚无慧目久積罪業貧窮羸劣處大黑闇甚可怖畏令復更造如斯惡業煞害衆生斷他愛命惡業增長不善滋息輪迴五道何由得出我今宜當方便救護生死惱熱為作清凉作是念已即入大海詣龍王宮求如意珠見一金城光明赫奕毒虵圍繞不可得近即入慈定履上而過龍王出迎礼拜恭敬相慰問已俱共入宮問言仁者何故至此大施荅曰閻浮提人為貧窮故極多傷害命

付法藏因緣傳卷第二　第四張　飛

終必當生三惡道我愍彼故歷嶮來此求如意珠欲免其苦願見遺給利益衆生龍王曰善不違來教願少留停為我說法大施許之住經四月演暢諸法名字本末次第隨順解其句味龍王至心聽受思惟問訊起居甚得時宜進現時節而自裁量過四月已大施辭退龍解髻珠而用與之因發誓曰大士慈悲甚極弘廣必當得成自然正覺願我得為多聞弟子於是大施以如意珠雨衆七寶閻浮提人皆悉安樂修行十善命終生天比丘當知尒時大施即吾身是彼時龍王阿難是也在龍王中尚知時宜況於今者而不通達於是阿難給侍如來善能隨順聞持法藏初无漏失逮及世尊於雙樹林垂般涅槃問憍陳如阿難所在荅言今在娑羅林外為諸魔衆之所嬈乱深入邪網甚大苦惱除佛如來无能救護文殊師利白佛言世尊此大衆中有諸菩薩於无量劫發菩提心久修願行得不退轉如是等比善能受持諸佛法藏何緣

付法藏因緣傳卷第二　第五張　飛

顧問阿難所在佛告文殊阿難比丘事我來久初無過咎具足成就不可思議所聞之法善能受持辟如瀉水置之異器為諸衆生所共瞻仰是故我問阿難所在今去此會十二由旬為諸魔衆之所惱乱汝持我呪往彼解之文殊師利即至魔所說陁羅尼魔聞是已即放阿難與文殊俱來至佛所稽首礼敬却坐一面尒時世尊於中後夜入般涅槃一切天人大設供養斢經闍毗其事都訖摩訶迦葉與諸羅漢於王舍城欲集世眼阿難尒時猶在學地以漏未盡不豫聖衆時有比丘名婆闍弗即以偈頌而覺悟之

勝哉多聞士　安靜林樹間　當觀一切法
虛偽不堅牢　生死多過患　涅槃寂清凉
瞿曇子宜應　勤修无漏行　如是當不久
必受第一樂

阿難聞已竟夜經行雖加勤苦不得羅漢身心疲懈便欲眠息頭未至枕得无著果三明无导六通清徹即便飛往賓鉢羅窟在門外立而說偈言

付法藏因緣傳卷第二　第六張　飛

多聞辯才　給侍正覺　瞿曇阿難
今在門外
尒時迦葉說偈荅曰
汝若盡衆苦　棄捨煩惱擔　宜應現神力
令衆咸證知
於是阿難即以神通從石壁入礼衆僧足隨次而坐受迦葉命演集勝眼乃至迦葉入涅槃時共阿闍世王至雞足山燒香散華讚歎供養王言仁者如來迦葉入般涅槃自我多殃悉不覩見尊若滅度唯願垂告阿難曰善敬承來教於是遊行宣暢妙法化諸衆生皆令度脫最後至一竹林之中聞有比丘誦法句偈
若人生百歲　不見水老鶴　不如生一日
而得覩見之
阿難聞已愴然而歎世間眼滅何其速哉煩惱諸惡如何便起違返聖教自生妄想无有慧明常處癡闇永當流轉生死大海為老病死之所惱逼便語比丘此非佛語不可修行汝今當知二人謗佛一雖多聞而生邪見二不解深義顛倒妄說有此二法為

自毀傷不能令人離　三惡道汝今當聽我演佛偈
若人生百歲　不解生滅法　不如生一日
而得解了之
尒時比丘即向其師說阿難語師告之曰阿難老朽智慧衰劣言多錯謬不可信矣汝今但當如前而誦阿難後時聞彼比丘在竹林下猶誦前偈即問其意荅言尊者吾師告我阿難老朽言多虛妄汝今但當依前誦習阿難思惟彼輕我言或受餘教即入三昧推求勝德不見有人能迴彼意便作是言異哉无常甚大雄猛散壞如是無量賢聖令諸世間皆悉空曠常處黑闇怖畏中行邪見熾盛不善增長誹謗如來斷絕正教永當沉沒生死大河開惡趣門閉人天路於无量劫受諸苦惱哀哉世間深可矜愍今此比丘我躬為說返納邪言不受吾教我當向誰說如斯事世間衆苦不可願樂此身不堅腐敗危脆猶如聚沫須臾變滅端政容貌甚可愛著衰老既至將安所在覆以薄皮謂為

嚴飾膿血內流惡露不淨有為无常甚大迅速一視息頃四百生滅辟如虛空震雷起雲暴風卒起尋便散滅五欲不堅亦復如是共相恩愛安隱快樂无常既至誰有存者世間衆苦甚難久居我於今日宜入涅槃又吾大師及同梵行如是之等皆悉滅度我於今者豈宜久停復作是念阿闍世王與吾有要我宜應當至彼語之即詣王宮告守門者為我白王阿難在外將欲涅槃故來相見門人荅曰王今眠睡若設覺悟罪我不少阿難語言王若覺者宜可為我具宣斯意阿闍世王夢蓋莖折即便驚悟門人向王具宣上事王聞是已悶絕躃地冷水灑面良久乃穌發聲號哭哀動天地推胷叫喚生大憂苦而作是言嗚呼怪哉世間眼滅三界苦惱誰當免濟昔日世尊慈悲深厚為諸衆生作大依止自入涅槃世間孤露摩訶迦葉有大名稱次補如來演法教化而復滅度法轉衰損瞻仰阿難猶如日月今入涅槃更何恃怙法水清淨洗

滌塵勞誰復領宣饒益一切是諸衆生常有渴愛誰澍法雨充足之者三界群生永當流轉受諸苦惱何有窮竟魔王歡喜大得眷屬善法漸盡諸惡熾盛即問門人阿難所在園神白王向毗舍離即嚴四兵往恒河側阿難乘船在河中流王即直進稽首白言三界明燈已棄我去今相憑仰願勿涅槃阿難默然而不許可於時大地六種震動時雪山中有五百仙人見斯相已咸作是念以何因緣有此異相觀見阿難將欲滅度即便飛空往詣其所稽首作礼求哀出家即化恒河變成金地為諸仙人如應說法鬚髮自落成阿羅漢咸悉俱時入般涅槃阿難念曰佛記罽賓當有比丘名摩田提於彼國土流布法眼即便以法付摩田提踊身虛空作十八變入風奮迅三昧分身為四一分向忉利天與釋提桓因一分與大海娑伽龍王一分與彼毗舍離子一分授與阿闍世王如是四處各起寶塔燒香散華供養舍利摩訶迦葉垂涅槃時告

阿難曰今以法寶用相委累長老於後若入涅槃王舍大城有一長者名商那和修高才勇猛有大智慧已於過去深種善根發意入海採取珍寶迴還願作般遮于瑟為佛如來造經行處復當建立高門樓屋所為既訖可度出家如來法藏悉付囑之是故阿難臨當滅度而告之曰佛以法眼付大迦葉迦葉以法囑累於我如我今者涅槃時至以法寶藏用付於汝汝可精勤守護斯法令諸衆生服甘露味商那和修荅曰奉教我當擁護如斯妙法普為一切作大明炬於是次宣无上法藥療煩惱病濟度群生其德高遠久修願行多聞摠持辯才无盡今當敷演彼功德聚乃往過去阿僧祇劫商那和修時為商主共諸賈客五百人俱欲入大海採取珍寶於其前路見辟支佛身嬰重病氣命羸惙與諸商人即便停住推求醫藥而療治之盡心承給无所乏少病遂除差體力充足是辟支佛著商那衣尒時商主以諸香湯浴辟支佛上妙氎衣而

用奉獻白言大聖此商那衣極為弊惡唯願受我所奉衣服辟支佛言施主宜知我以此衣出家成道復當著此而入涅槃商主聞之甚懷悲惱白言大聖願勿滅度宜可與我共入大海吾當終身供給所須衣服卧具病瘦湯藥辟支佛言不能入海我於今者欲般涅槃汝於福田宜生深心未来必當獲大果報即飛虛空作十八變還就本座而入涅槃商主悲哀啼哭哽咽積諸香木而用闍毗収集舍利起塔供養因發誓曰願我来世值遇聖師復過於是使我所有諸功德聚威儀法式及以衣服如今此聖等无有異由斯願力甚大雄猛處於母胎著商那衣乃至與身俱共增長出家受戒得道涅槃是商那衣未嘗離體因即号曰商那和修如来昔遊摩突羅國見青樹林欝茂盛告阿難曰見此林不阿難言曰唯然已見佛言此是優留茶山吾滅度後當有比丘名商那和修於此山中起僧伽藍說法教化多所利益商那和修既

從海還大獲珍寶往詣竹林礼阿難足白言大聖我本入海願安隱還為佛及僧設大施會令佛世尊為在何處阿難荅曰已入涅槃聞是語已悶絶躃地以水灑面方得醒悟發聲號咷悲泣斷絶自拔頭髮塵土坌身椎胷大叫淚下如雨便作是言无常大惡壞斯寶聚世間孤露永无恃怙我何薄祐罪障深厚佛日明淨而不覩見永當沉没三有苦海復問阿難摩訶迦葉大目揵連舍利弗等悉為在不阿難荅曰皆已滅度既聞是語倍增憂感白言大聖我本入海願安隱還為佛及僧設大施會我於今者欲為聖衆辦少微供唯願哀愍而見聽許阿難荅言善哉長者能知世間不安危脆於勝福田起堅固業長者當知諸法无常無我我所譬如假借不可久保若汝欲得无上利者宜於福田起殷重業此之果報不可沮壞商那和脩即便嚴辦為般遮于瑟種種充足造經行處及門樓屋其事訖已阿難告曰汝為財施寂大希有今復

宜當作於法施此施微妙甚為弘廣勝於財施百千万倍商那問言何名法施阿難荅曰於佛法中出家學道說法教化利益衆生是名法施商那和脩荅言善哉甚適我願於是阿難度令出家與受具戒白言大師我本生時著商那衣今當盡形受持此服作是語已得揔持力所聞之法未曾忘失成阿羅漢有大功德逮及阿難入涅槃後傾宣妙法饒益衆生阿難所持八万四千諸法藏門商那和脩悉能憶念譬如瀉水置之異器彼能受持亦復如是以真淨法遊行教化寂後次至摩突羅國於曼陀山欲起住處時彼山中有二龍子毒害熾盛不可擾近商那和脩即以神力震動此山龍大瞋怒起惡風雨商那和脩入慈三昧以定力故龍毒消滅即大驚怖生信敬心問言尊者有何教誨商那荅曰佛記此山有僧住處是故我欲於中建立龍子白言若實佛記善哉相聽商那和脩即於彼山營建住處禪室經行皆悉具足內外空閑无

諸憒閙造住處已便作是念佛記罽賓安隱豊樂國土閑靜離諸妨難清凉少病甚可經行我今應當至彼處耶即便飛空往罽賓國入定歡喜而說偈言

常著商那衣　成就五支禪　山巖空谷閒
坐禪而念定　風寒諸勤苦　悉能忍受之
心善得解脫　智慧自莊嚴　猶如空野象
坦然无憂患

時憂波毱多有五百弟子猶處生死不得解脫心生憍慢甚大貢高憂波毱多即入三昧觀此諸人與已无緣唯有吾師乃能化度便至心念商那和脩商那和脩即以神力如大鵝王從空飛來至其所止憂波毱多行至餘處唯諸弟子而獨見之商那和脩衣裳麁弊鬚爪長利至毱多房坐其座上毱多弟子咸生瞋忿是何弊人處我師座即欲駈逐使令出外如須弥山不可傾動欲出惡言口自噤閉即共相將至毱多所白言大師有老比丘形容憔悴到師坐處跏趺而坐毱多念言自非吾師无能坐者至房便

見商那和修頭面著地稽首作礼弟子念言師雖為礼威德勝之商那和修知其弟子憍慢未息手指虛空便下香乳如高山頂懸泉流注問言毱多是何定相憂波毱多即入三昧深心觀察不能曉了即問其師是何三昧和修荅言此即名為龍奮迅定如是次第五百三昧問其名字都不了知商那和修一一為說毱多白言我之所得盡從師受唯是三昧我非其器毱多當知如来三昧諸辟支佛不識其名緣覺三昧一切聲聞莫能解了大目揵連舍利弗等所入三昧其餘羅漢不能測度吾師阿難三昧定此三昧我涅槃後皆隨吾滅七万七千本生諸經滿足一万阿毗曇藏有八万數清淨毗尼如斯之法亦隨我滅是故毱多如来滅後賢聖隱没如是法藏漸當衰損乃至末後一切都盡汝今應當勤加守護時諸弟子方自悔責我无智慧輕慢大聖始知吾師定不及彼於是商那即為說法五百弟

付法藏因緣傳卷第二　第十六張　飛

子得羅漢道尒時尊者商那和修於諸衆生所應作已飛騰虛空作十八變還就本座而入涅槃憂波毱多與諸眷屬積諸香木以火耶旬収取舍利起塔供養

付法藏因緣傳卷第二

甲辰歲高麗國大藏都監奉
勅雕造

付法藏因緣傳卷第二　第十七張　飛

付法藏因緣傳卷第二

校勘記

一　底本，麗藏本。

一　五三九頁上二一行「憂惱」，諸本(不含石，下同)作「憂苦」。

一　五三九頁中五行第四字「記」，南作「計」。

一　五三九頁中一〇行「暴河流」，諸本作「瀑河流」。

一　五三九頁中二〇行「佛所」，諸本作「佛前」。

一、五三九頁下四行「白言」，諸本作「言曰」。

一　五四〇頁上一三行「慧目」，諸本作「慧日」。

一　五四〇頁中一九行「嬈乱」，諸本作「擾乱」。

一　五四〇頁下一七行「清涼」，諸本作「清淨」。

一　五四〇頁下二一行「身心」，諸本作「身體」。

一　五四一頁上四行「神力」，徑作「神身」。

一　五四一頁上一五行「差鶴」，磧、南、徑、清作「潦涸」。

一　五四一頁上一八行「違返」，諸本作「違反」。

一　五四一頁下一二行「若設覺悟」，諸本作「若覺寤者」。

一　五四一頁下一八行末字「免」，諸本作「勉」。

一　五四一頁下二二行「法轉」，諸本作「法輪」。

一　五四二頁上一〇行第一四字「人」，諸本無。

一　五四二頁上一九行第九字「四」，諸本作「四分」。

一　五四二頁中四行「發意」，諸本作「故發意」。

一　五四二頁中六行「復當」，諸本作「後當」。

一　五四二頁中一八行「採取」，諸本作「採求」。

一　五四三頁上一三行「憂感」，磧、普、南、徑、清作「憂慼」。

一　五四三頁中二行「商那」，諸本作「商那和修」。次頁上末行同。

一　五四三頁下一七行「毱多」，諸本作「優波毱多」。下同。

一　五四三頁下二二行「踋趺」，徑作「趺坐」。

一　五四四頁上二行「威德」，諸本作「盛德」。

一　五四四頁上七行「和修」，諸本作「商那和修」。

一　五四四頁上一七行末三字至次行首字「有八万數」，諸本作「凡有八萬」。

一　五四四頁中卷末經名，諸本作「付法藏因緣經卷第二」。以下各卷卷末經名例同。

付法藏因緣傳卷第三　飛

元魏西域三藏吉迦夜共曇曜譯

尊者阿難以法付囑商那和修而告
之曰世尊昔遊摩突羅國頋命我言
於此國中當有長者名為毱多其子
号曰憂波毱多於禪法中最為第一
雖无相好化度如我我滅度後興大
饒益其所教化无量衆生皆悉解脱
得阿羅漢汝當於後度令出家若涅
槃者付其法藏商那和修臨涅槃時
告毱多曰佛以正法付大迦葉迦葉
次付吾師阿難阿難以法囑累於我
我當滅度以付於汝汝可精懃擁護
世眼憂波毱言唯然受教於是演暢
无上妙法光宣正化濟諸群生其德
淵廣難可限量過去久修無上勝行
法幢以慈悲雲普覆一切如是功德
雖為禽獸常化衆生摧伏外道建大
今當略說昔婆伽婆在舍衛國給孤
獨園憂波毱多時為𡰪軋名曰薩遮
智慧淵妙論議絶倫深生貢高擅步
天下銅鍱纏腹首戴盛火而作是言
吾智盈滿恐出於外由是事故以鍱
自纏世間昏闇无所覩見欲以光明
照其盲冥聞佛世尊住舍衛國便欲
造詣諍捔言辯有人語曰汝若見佛
智當虧減光明自滅便至佛所白言
瞿曇我欲出家智慧若與舍利弗等
心則甘樂設不及者吾當還家世尊
告曰假使汝積百千万身欲望得及
舍利弗者終无是處梵志聞已辭佛
而退其去未久佛告衆會我滅度後
滿一百年此人介時得羅漢道三明
六通具八解脱慧燭獨照廣化衆生
其所度脱不可稱數衆會聞已生希
有心又復尊者於過去世那由他刧
憂置荼山有辟支佛與其同類五百
人俱諸仙人衆亦住山側五百獼猴
處在一面時獼猴主發生大信深修
善本常採花果施辟支佛復於一時
緣覺之衆端坐思惟入于三昧獼猴
學之結加趺坐後辟支佛俱入涅槃
獼猴過花都無取相挽衣推排亦不
動搖便知滅度深生悲惱向山一面
見諸仙人脩大苦行眠卧蕀上翹足

付法藏因緣傳卷第三　第二張　飛

倒懸五熱炙身投巖赴火獼猴即時
扠其灰蕀除棄糞土牽足令舒便於
其前加趺而坐仙人見之怪其若此
尋學獼猴端坐繫念无師自覺成辟
支佛便作是念今我得道由此獼猴
即以香花而用供養時獼猴主憂波
毱多是為畜生時尚能覺悟志甚點慧
利智辯才遠至商那欲付其法觀察
毱多為生子耶入定思惟知未出世
與諸比丘詣毱多舍乃至漸少單已
獨往毱多問曰何獨无侶荅言長者
我无侍䘵有信出家乃見隨耳毱多
復言吾樂世俗不能出家若後生子
當相奉給商那和修荅曰善哉後生
一子名阿失波毱多年漸長大往從
索之毱多荅言唯有一子理无相與
若更生者必相奉給後復生子名難
陁毱多便往從索荅言尊者我今二
子仰理生業小者守護大子聚斂家
業如是可得大富以斯因緣不得相
與若生第三然後奉給商那和修知
其二子與道无緣亦不懃懃而往求
索後生一子容貌端政即字名曰憂

付法藏因緣傳卷第三　第三張　飛

波毱多柔和善順性好慈愍聰慧辯才其心弘廣厥年十二巧於市易有来買者常多與之商那和修觀其生末知憂波毱出世已久即往其所而問之言汝今入市為當淨心不淨心耶憂波毱言何名淨心不淨心乎荅言若心與貪癡合名為不淨若不與俱是則名淨漸以方便教令繫念若起惡心當下黑石設生善念下白石子即便如教攝念不散善惡之起輙便投石初黑偏多白者尠少漸漸修習白黑正等至滿七日心轉純淨黑石都盡唯有白者商那和修作是念言今此善心皆已滿足觀道時至可為說法即為宣說四聖真諦應時逮得須陁洹道時摩突羅城有一婬女名婆須達多諸邪媚妖幻姧諂遣使詣市求買妙花使人尋往憂波毱所大得好花奉婆須達女怪花多問使人日汝將不盜得是花耶使人荅言我不盜得從市買之有人名曰憂波毱多仁慈寬惠性好平均以斯因緣得多花耳又復此人形姿容麗大家若見

死殄無恨時婆須達遣人迎呂憂波毱多都不許可慇懃求請終不移操有長者子共婬女宿值有估客從遠方来大賫珎寶求女交通時彼女人貪其寶故煞長者子埋置舍内其家眷屬遍行推求至婬女舍掘地得之向其國王具陳斯事即取婬女斬截手足劓其耳鼻棄於塚間憂波毱多作是念曰彼以榮色本来呂我以是因緣止而不去今為解脫宜往化之即將侍者至婬女所婆須達言我本端妙顏容姿瑋尒時相呂不能臨顧今既殘毀何用来為荅言姊妹我為觀汝實相故来不為欲也汝本以色誑惑衆生凡夫无智横起倒想今自應當諦觀此色無常危脆猶如聚沫覆以薄皮外現嚴飾筋骨相連滞唾不淨辟如畫缾盛滿臭穢愚不覺知深生染愛智者了之終不樂著假以香花澡浴衣服外現莊嚴内實不淨大海渕廣可知渧數此身過患甚難窮盡是故諸佛恒常呵責未曾一念生願樂想婬女於時心漸開悟於佛

法中深生敬信白言仁者所說誠諦唯願為我廣敷演之憂波毱多即為宣暢一切有為衆皆積聚如癰如瘡如箭入心生老病死輪轉無際无常敗壞不堅速朽如臨死囚命不久遠辟如牢獄人无愛樂猶路上果衆所共擲此身可惡會歸磨滅烏鵲狐狼競共噉食風吹日曝青爛臭處髮毛牙齒狼藉在地如此之身豈可愛樂宜懃方便而求解脫婬女開解得法眼淨命終即生三十三天憂波毱多因觀諸法皆空无常應時逮成阿那含果商那和修復詣毱多而告之言汝本有要期與我子今已成長與我可乎憂波毱多性能市肆貪其若此復不肯與尊者語言佛記此人於百年後大作佛事饒益衆生汝可開心與我此子毱多聞已便聽出家商那和修將至僧坊度令出家與受具戒羯磨已訖得羅漢道三明六通具八解脫巧於言辭所演無盡心自念曰我於今者已覩法身未見如来相好之體思惟是已深生哀戀尒時有一老

比丘尼年百二十曾見如來憂波毱多知彼見佛欲至其所尋遣使者告比丘尼尊者毱多欲來相見時比丘尼即以一鉢盛滿中油置戶扇後憂波毱多到其所止當入房時棄油數渧共相慰問然後就坐問言大姊世尊在時諸比丘輩威儀進止其事云何比丘尼言昔佛在世六群比丘最為麁暴雖入此房未曾遺我一渧之水大德今者智慧高勝世人號為无相好佛然入吾房棄油數渧以是觀之佛在時人定為奇妙憂波毱多聞是語已甚自悔責極懷慚愧比丘尼言大德不應自生恥根如佛言曰我滅度後初日衆生勝二日者三日之人益復卑劣如是展轉福德衰耗愚癡闇鈍善法羸損況今大德去佛百年雖復為作非威儀事正得其宜何足為恠尒時毱多而問之言姊見如來其事云何比丘尼曰昔佛在世我年二十始欲行嫁失一金釵墮深草中求之不得後以燈燭遍照推覓求之至疲了无髣髴正值如來遊行而

過金光晃耀如百千日幽闇之處普皆大明微細諸物而悉顯現尋見我釵因即取之以斯緣故吾得見佛憂波毱多聞是事已倍生悲戀歎未曾有商那和修即告之曰佛記於汝在百年後坐禪第一大化衆生今正是時宜作饒益令諸群生服甘露味憂波毱言唯然受教於摩突國雲集衆會如半月出而為說法所謂施論戒論生天之論欲為不淨出要最善魔王波旬便生愁怖而作是念憂波毱多大集衆會必當教令出吾境界我今當往壞其衆意於說法時雨真金寶或雨華瓔光色明淨化作白象七寶莊嚴現為女人端政奇特舉會觀視无聽法心於三日中演深法味乃至無有一人得道魔王歡喜深自慶幸憂波毱多即入三昧觀察思惟是誰所作魔王復以真珠花瓔著其頸上尊者即觀知魔所為便作是念惡魔嫉弊壞乱正法如來何故而不調伏即觀佛心使已化之便以三屍謂虵狗人化作華鬘慰喻令至而謂之

曰汝與我鬘深識厚施今還以此用相酬遺魔大歡喜舒頸受之至其頸已還見死屍虫疽欲出臭爛難近魔見是事深生厭惡語憂波毱多汝今云何以斯死屍繫吾頸耶尊者答言比丘不應華鬘莊嚴汝以邪惡為我著之今還為汝著臭死屍正得其宜不應瞋恨魔以神力欲去此屍如須弥山不可移動生大瞋恚踊身虛空向諸天衆求解死屍諸天皆言此是大聖之所為作吾等庸劣豈能除去復詣梵王求脫屍縛梵王答言十力弟子所作神力吾今凡陋豈能解之假使劫燒旋藍猛風不能得脫此死屍縛寧以藕絲懸須弥山欲脫此屍无有是處如因地倒還扶而起汝若歸依憂波毱多此死屍縛容可得解尒時波旬受梵王教除憍慢心深生款信往尊者所五體投地白言大德佛初成道坐樹王下我率官屬而往逼繞從是惱乱不可稱數未一惡言而見輕辱大悲淵廣如須弥山汝阿羅漢少慈忍力於天人前而見毀辱憂

波毱多荅言波旬汝大愚癡无有智慧以聲聞人用比如来欲以芥子等須弥山螢燭之光齊暉日月牛跡之水同大海量如来大悲二乗所無以是縁故不相加報令我狭劣少悲忍心由斯因縁故相毀辱又復如来欲使我後降伏於汝汝因斯故敬信於佛由此善心不墮三悪洗滌塵勞破諸罪業魔聞是已生大歡喜舉身毛竪生希有心白言仁者我由汝故起敬信心汝便於我作大饒益今可見教尊者又言我不得見如来色身汝莫擾害然後乃當為汝解之魔言受為解是三屍尊者荅言汝於正法更昔曾覩宜為我現魔言仁者我現佛身勿為吾礼憂波毱言當如所説即佛三十二相八十種好形貌奇特如便為解三種死屍魔入林中變形如融金聚光明照耀儀相安詳化為比丘前後圍繞若鵝王趍從林而出憂波毱多見便歡喜一心觀察而説偈言

咄哉无常　無悲愍心　能壞如是
上妙色身

憂波毱多一心瞻仰目不暫捨内懐踴躍説偈讚曰

快哉清淨業　能成是妙果　非自在天生
亦非无因作　面如紫金色　目淨如青蓮
端政超日月　奇妙勝花林　湛然若大海
不動如須弥　安步猶師子　顧視同牛王
無量百千劫　淨修身口意　以是故獲得
如此殊妙身　怨見尚歡喜　况我不欣慶

憂波毱多説是偈已觀佛心至不覺為礼魔言仁者何故如此荅言波旬我知世尊久已滅度見此容貌若似覩佛歡喜内發是故礼耳魔復本形歸還天上於第四日魔更来下以大音聲普告一切諸仁者欲得富樂生人天中欲求涅槃第一安隱不見如来大悲説法悉當往詣憂波毱所聽受妙法至心修行時摩突羅城男女大小聞於尊者摧伏悪魔百千万人皆共雲集憂波毱多上師子座隨其所應説種種法百千衆生得須陁洹道万八千人成阿羅漢從是已後所化無量爲阿恕伽王與大饒益彼王功徳深遠超勝於三寶所得不壞信以

善縁故故得斯果昔佛住在迦蘭陁林日時已到将諸比丘入城乞食於其路次見二童子一名徳勝二名无勝以土造作城舍倉庫因復名為稲穀麻麥即共聚穀置於倉内如来光明皆悉照耀同作金色无不清徹徳勝歡喜採名麸者奉獻如来其身卑小不能得及无勝伍跪令上奉之於是世尊即便微笑尒時阿難尋白佛言如来何縁現斯笑耶佛告阿難汝今見是二童子不唯然已見此童子者我百年後為轉輪王四分之一於華氏城正法治世分我舍利處處流布造作八万四千寶塔即以此土授與阿難塗房南壁足得周遍於百年後果得為王暴虐无道多所煞害造作獄城名外可愛樂令一悪人名曰耆梨立大鑊湯鐵丸刀劒如是等事種種倫足外来入者皆悉治罪有長者子出家為道遊行乞食入愛樂獄尋欲還出耆梨止之即便舉聲而大啼哭獄卒問曰何故若此比丘荅言我不畏死為善利耳吾始出家未證

道味人身難得佛法難遇今我值之而空受死思惟是事故大悲泣耆梨荅言王先有教入此獄者終不聽出比丘復言我今定死願赦七日當就刑戮尒時獄卒尋聽許之阿恕伽王宮中婇女與他男子共相調戲王大瞋怒付獄治罪尋以鐵杵碎之如塵骨肉分散猶如聚沫比丘觀已深生厭惡即便歎曰信哉大悲所言誠諦說色無常譬如泡焰不堅速朽甚難久保先此女人顏容敷悅今更求之將安所在人命虛偽無可守護尊貴貧賤愚智不同生雖差別等有斯死譬如百川泉源各異未有一流不入大海人亦如是同趣死處為業長短受生脩促未幾時間會亦歸滅此身臭穢不淨可惡薄皮覆蔽妄生愛想不觀其內種種過惡怪哉生死嬰愚所樂非是賢聖遊心味著如是觀察從夜至旦便斷衆結得須陁洹轉復精懃獲羅漢道滿七日已耆梨語言汝期今至可就刑戮比丘荅曰我夜已過我日已出所作已辦隨汝治罰

耆梨瞋恚置鑊煮之焰熱猛盛轉更清涼怪其若此至鑊而觀見鑊中生千葉蓮花時彼比丘加趺坐上尒時耆梨尋往白王王將眷屬而来觀之於是比丘踊身虛空作十八變王見斯事歎未曾有而作是言我等今者同稟人形威德奇妙差別乃尒吾今未達唯願宣說尒時比丘欲化彼王即作是言我斷衆結解脫三有離諸動乱寂然安樂大王當知佛記於汝百年之後王華氏城分布舍利廣達寶塔汝今云何反造斯惡殘害衆生無悲愍心王今應當滿足佛意施與衆生無畏之樂王聞是已極自悔責歸依三寶生敬信心汲集如来功德舍利造作八万四千寶塔作塔已訖至鷄頭末寺合掌而問上座耶舍此閻浮提頗有如我受記者不耶舍荅曰佛記尊者憂波毱多於百年後興大饒益王復問言彼清淨人出世未也荅言大王久已生世得羅漢道於憂陁山圍繞說法王即嚴駕欲往礼覲尋遣使者白言大聖阿恕伽王欲

来問訊尊者念言此處隘陋不容多人我今宜應躬自往彼即便嚴偹向華氏城王聞歡喜掃治巷路燒香散華作衆伎樂尋與群臣出迎尊者當見之時五體投地至心瞻仰目不暫捨白言大聖我得為王自在快樂不如今日一相覩見心大歡喜而說偈言

佛雖入寂定　尊今補處生　今應見教勅
我當隨順學

於是尊者手摩王頂以偈荅曰

謹慎恐怖莫放逸　王位富貴難可保
一切皆當歸遷滅　世間無有常住者
三寶難遭汝今遇　恒當供養莫休廢

尒時阿恕伽王即請尊者入於宮內安置寶座自扶而上白言大聖佛所遊方行住之處悉欲起塔增長衆信尊者讚言善哉善哉我今當往盡示王處即嚴四兵便共發引向林微尼園示佛生處乃至復詣拘尸那城化緣訖已入涅槃處王聞是語悶絕躃地冷水灑面方乃惺悟於是諸處悉皆起塔施百千兩金然後乃去復更示王舍利弗等五百羅漢功德之塔

王皆礼拜施金供養竟後往至薄拘羅塔王言此塔有何功德荅曰大王佛記此人无諸衰病乃往過去九十一劫毗婆尸佛滅度之後時薄拘羅依一寺住見諸豪貴来供衆僧尊者尒時醉酒而卧心自念言我既貧乏當何以施吾今正有一呵梨勒衆僧若有病患之者可以施之用療其疾即便嗚椎自言施藥時有比丘甚患頭痛向知藥人索呵梨勒知藥者言有人施藥汝可取服尒時比丘往彼取藥服之以訖病尋除愈由是緣故九十一劫生人天中未曾有病竟後生一婆羅門家其母早終父更娉妻時薄拘羅年在童幼見母作餅而從索之後母妒弊素懷憎惡即便擲置餅爐之中其火焰熾以鐵覆上父從外来遍求推覓即於爐中而得其子後於一時母復煑肉而是小兒更從往索母益瞋恚擲置釜中湯甚沸熱而不燒爛父復求覓了不能得而作是言我子今者為何所在時薄拘羅釜中而應父即出之平全如故母於

後時至一河上彼薄拘羅牽衣隨後母大瞋忿而作是言此何鬼魅妖祥之物雖復燒煑不能令死即便舉之擲著河中值一大魚尋便吞食以福緣故猶復不死有捕魚師釣得此魚持来詣市而衒賣之索價既多人无買者從旦至暮將欲臭爛薄拘羅父於市遊行見此大魚便作是念今斯魚者其肉甚多將欲臭壞索價无幾我今宜可買而持歸便與其錢取魚還家即以利刀開破其腹時薄拘羅在魚腹内高聲唱言願父安詳勿令傷我遂開魚腹抱而出之年漸長大就佛出家得羅漢道具諸功德年百六十未曾有病乃至无有身熱頭痛少欲知足常樂閑静未曾教人一四句偈王聞是已還持一錢而施此塔輔相白王同是羅漢云何獨以一錢用施王語臣曰以其自度不能化人塔神不受還投與王輔相言曰真是少欲乃至一錢尚不欲受况其多乎如是五百大阿羅漢皆有本緣略而不說阿恕伽王供養如来聲聞塔竟

歡喜合掌而說偈言

設百千祀　方得為人　我今便為
不空受生　遇良福田　具造勝業
以危脆財　而修堅法　我所起塔
嚴閻浮提　猶如白雲　莊校虚空

說此偈已頂礼而去詣菩提樹而作是言我今欲為二種之福一以千瓶盛滿香湯灌菩提樹二當建立般遮于瑟即自洗浴著新淨衣上高樓上四方頂礼而作是言願諸聖士皆受吾請適語已訖十万羅漢飛空而来三道聖人凡二十万亦悉雲集留上座處无敢坐者王問衆僧何故留此空坐處耶耶舍荅曰有大羅漢名賔頭盧如来所記能師子吼威德高勝今當来此王聞是已身毛皆竪如優鉢羅花初始開敷即便合掌瞻仰而待時賔頭盧與諸羅漢如鴈王飛從空而下一切衆會皆起恭敬王見尊者眉髮秀白身體相好如辟支佛即為作礼五體投地問言大聖見如来不荅曰曾見色若金聚面如滿月三十二相莊嚴其身梵音深妙大悲慈

宅王又問言於何處見尊者荅曰在王舍城夏安居時我在其中見勝福田乃至汝昔以土施佛佛記汝時我亦得見尒時彼王以國所有妻子眷屬金銀琉璃牛羊田宅及自已身宮人婇女盡施衆僧請稱已名造般遮于瑟灌菩提樹後自斟酌為僧行食時賓頭盧用酥澆飯王言大聖酥性難消能不為疾尊者荅曰不為患也何以故佛在時水與今酥等是故食之終不成病尒時尊者欲驗斯事申手入地下至四万二千餘里即取地肥而示於王王今當知衆生薄福肥膩之味皆流入地是故世間福轉衰減王供養已歡喜而退王有一弟名宿䭾吒邪見熾盛憎惡沙門王以方便令跂邪心應時出家得羅漢道後為一羌之所煞害時衆疑問憂波毱多以何緣故彼宿䭾吒生處豪貴為羌所煞尊者荅言善聽當說過去久遠迦葉佛時曾供衆僧由斯福故生於常處尊榮富貴又過去世作一獵師張布羅網不得禽鳥見辟支佛心

付法藏因緣傳卷第三　第十六張

生瞋恨即以利劍用斬其首由此業故墮大地獄生常為人之所煞害雖得道果猶被苦毒

付法藏因緣傳卷第三

乙巳歲高麗國大藏都監奉
勅雕造

付法藏因緣傳卷第三　第十七張

付法藏因緣傳卷第三

校勘記

一　底本，麗藏本。

一　五四六頁上二行譯者，資、普作「後魏世沙門吉迦夜共曇曜譯」；磧、南作「後魏世沙門吉迦夜共曇曜譯」；徑、清作「後魏沙門吉迦夜共曇曜譯」。

一　五四六頁中一七行「猕猴主」，諸本(不含石，下同)作「猕猴王」。本頁下六行同。

一　五四六頁中一九行「思微」，諸本作「思惟」。

一　五四六頁中末行「棘上」，資作「棘土」；磧、普、南作「棘土」。

一　五四六頁下一行第九字「起」，諸本作「赴」。

一　五四六頁下七行第二字「多」，諸本無。

一　五四六頁下八行「商那」，諸本作「商那和修」。

一　五四七頁上六行「憂波毱」，諸本作「憂波毱多」。

一　五四七頁上一〇行「之起」，諸本作「心起」。

一　五四七頁上一四行「觀道」，諸本作「遊觀」。

一　五四七頁上一六行「摩突羅」，諸本作「突羅」。

一　五四七頁上一八行「憂波毱」，磧、普、南、徑、清作「憂波毱多」。

一　五四七頁上二二行「寬惠」，諸本作「寬慧」。

一　五四七頁上末行「形姿容麗」，諸本作「形容姿麗」。

一　五四七頁中一行「迎召」，諸本作「延召」。

一　五四七頁中一二行第六字「瑋」，磧、南、徑、清作「偉」。

一　五四七頁下九行「牙齒」，諸本作「爪齒」。

一　五四七頁下一二行末二字至次行首字「阿那含」，徑作「阿那舍」。

一　五四八頁中九行第五字「出」，諸本作「坐」。

一　五四八頁中一九行末字「頸」，資作「項」。

一　五四八頁下一行第七字「識」，諸本作「感」。

一　五四八頁下二行第三字「遺」，諸本作「⿰貝遂」。

一　五四八頁下三行第六字「疽」，諸本作「蛆」。

一　五四八頁下四行「憂波毱多」，諸本作「憂波毱」。

一　五四八頁下一〇行第六字「死」，普、徑作「脫」。

一　五四八頁下一五行第四字「藕」，資、普作「耦」。

一　五四八頁下二一行首字「繞」，磧、普、南、徑、清作「遶」。

一　五四九頁上一三行「擾害」，諸本作「嬈害」。

一　五四九頁中一二行第一二字「復」、諸本作「服」。

一　五四九頁中一七行「摩突羅」，諸本作「突摩羅」。

一　五四九頁下一行「故故得斯果」，諸本作「故得斯勝果」。

一　五四九頁下三行「二名」，徑作「一名」。

一　五四九頁下七行「探名鈔者」，資作「掬名鈔者」；磧、普、南、徑、清作「掬少沙土」。

一　五四九頁下八行第一一字「上」，磧、南、徑、清作「土」。

一　五四九頁下一五行「南壁」，磧、南、徑、清作「四壁」。

一　五四九頁下一七行第四字「名」，諸本無。

一　五四九頁下一八行「濩湯」，諸本作「鑊湯」。

一　五五〇頁上末行末字「罸」，諸本作「罪」。

一　五五〇頁中一三行第四字「心」，徑作「生」。

一　五五〇頁中一四行第一二字「自」，

一　磧作「即」。

一　五五一頁上三行第一〇字「往」，諸本作「於」。

一　五五一頁上九行「自言」，諸本作「白言」。

一　五五一頁上一〇行第五字「藥」，資作「樂」。

一　五五一頁上一九行第一三字「更」，徑、清作「便」。

一　五五一頁下二行第四字「祀」，諸本作「祠」。

一　五五一頁下一一行「適語」，諸本作「立語」。又「十万」，磧、普、徑作「十方」。

一　五五二頁上六行第一〇字「已」，諸本作「其」。

一　五五二頁上八行「王言」，諸本作「阿恕伽王白言」。

付法藏因緣傳卷第四　飛

元魏西域三藏吉迦夜共曇曜譯

阿恕伽王復有一子名曰法增顔色端政眼甚奇妙時有一鳥名拘那羅其目明淨狀似彼兒因号此子為拘那羅長為娉妻字真金鬘王將子至雞頭末寺上座耶舍知當失眼而告之曰眼者无常會當磨滅不可恃怙宜懃精進求勝解脫時駒那羅受教還宮觀察斯眼苦空敗壞王大夫人名帝失羅叉於駒那羅極生愛著欲火熾盛逼共交通王子為性素自貞潔立志堅固而不從命帝失羅叉甚懷瞋恚時拘那羅治在得叉尸羅城内彼大夫人常伺其便會遇王病甚大困篤夫人療治尋即除差求願七日代居王位既蒙聽許便欲報怨密為封書令挑其眼王子奉教求一惡人令出右眼置掌而觀便念耶舍本所勸誡而作是言實哉尊教誠諦不虚説眼無常猶如幻化昔謂斯眼奇特微妙今日深觀何可愛著我當捨此危朽之法專求㝡勝清淨慧眼作是觀時得須陁洹更出一眼重深思察厭惡情至逮斯陁含其妻金鬘聞夫挑眼號哭雨淚驚泣而未見已悶絶良久乃穌時拘那羅説偈曉之曰

昔吾為惡業　今日自還受　一切世間苦
恩愛會離別　汝當諦思惟　何應大啼哭

城中人民駈其夫妻令出遠外展轉周遊向華氏城彈琴求哀乞匃自活遂至王宮在象廐内鼓琴清歌自宣苦事王聞樂音髣髴欲識遣人往看是拘那羅即召令入王見子已悶絶躃地舉聲號吼身體戰慄問拘那羅誰毀汝眼急可語我當治其罪拘那羅言父不聞耶昔日如来猶受業報如斯報者甚大勢力一切賢聖尊貴貧賤无有方便能得免脱我自宿業招斯禍酷王莫愁惱令心憔悴阿恕伽王雖聞此語猶為憂火焚燒其心復語子言誰壞汝眼我當屠割磨滅其身轉相推問知是帝失羅叉王即召来而語之曰何地載汝不自淪陷實自我怨外詐親近有何因緣壞吾

子目我今當以刀輪劒樹斬截汝身令如塵末棄汝屍骸臭穢之處糞汁惡毒灌注汝口時拘那羅聞王此語於帝失羅叉起大悲心而白父言彼以愚癡造斯過患由此緣故今被毀辱王是智者豈應同之今若復欲加報於彼必當累刧共為怨害如是展轉何有窮竟大王當知辟如因聲即便響應此身如是由之有苦又此身者衆惡根本所以諸佛常令棄捨若令此法決定安樂何故智者恒生厭患由是觀之身為苦本无量衆惡之所積聚大王且聽如世嬰兒未識義理罵辱父母无讓敬心而此父母豈於其兒起瞋恨耶一切衆生亦復如是常為煩惱之所覆蔽愚癡无智猶如小兒云何於彼而生瞋恚王心毒盛不受其語大積薪油而焚煞之時衆疑問憂波毱多以何緣故今此王子生尊貴家而被挑目尊者告曰善聽當説昔波羅㮏有一獦師向於雪山值天雹雨有五百鹿共入一窟時彼獦人欲盡煞之便作是念若都煞

者則皆臭爛且挑其眼漸漸食之即時便挑五百鹿眼由斯緣故至今受報又復久遠迦羅鳩孫佛滅度已後時彼國王名曰端嚴収佛舍利起七寶塔後更有王心无敬信壞塔取寶唯留土木舉國人民皆悉悲泣有長者子來問其意衆人荅曰迦羅鳩佛寶塔毀壞由斯因緣是故啼哭長者子聞尋更修治如前嚴飾造彼佛像相好殊妙因發願曰使我來世如彼世尊得勝解脫由斯業故生尊貴家得淨妙果阿恕伽王眷屬如是皆捨重擔咸離生死王之信心深遠難量見諸沙門若長若幼皆迎問訊恭敬為礼時有一臣名曰夜奢无信敬心邪見熾盛而作是言阿恕伽王甚无智慧自屈貴德礼拜童幼王聞是已便勑群臣各令推覓百獸之頭唯使夜奢獨求人首即受王命咸皆推覓既得之已悉來奉王王令持往詣市衒賣未幾時間諸頭並集夜奢人頭都無買者經數日中將欲臭爛白言大王此頭難集尚无欲見況有買者王

付法藏因緣傳卷第四　第十四張　飛

問夜奢何物㝡貴荅言大王人為殊勝人若勝者何故不集夜奢荅曰人生雖貴死則卑賤王言我頭同此不也夜奢惶怖俛仰而對荅言王頭亦同此賤王言吾頭設卑賤者汝何恠我礼敬童稚卿若是吾真善知識宜當勸我以危脆頭易堅固首如何今者止吾為善時臣夜奢方自悔責迴改邪心敬信三寶王後一時問憂波毱多昔佛在日誰施㝡多尊者荅言須達長者施甚弘廣金滿百億用奉如來王自念曰彼尚能施尒所珍寶況我今者豈不及之便計先來所施之物凡得九十六億兩金會遇重病知命將終便自涕泣生大苦惱有臣名曰羅提毱即是本日隨喜童子以斯福故得為輔臣智慧淵博善能言辭見王愁惱合掌白言辟如盛日衆共瞻仰王之盛德亦復如是咸為一切所共恭敬今王遇病如日將沒國土人民无不悲懼大王今當聽臣所說三界無常遷流不住雖少壯老會歸磨滅辟如石山四方俱至何有智者

付法藏因緣傳卷第四　第十五張　飛

而能免脫世間衆生亦復如是受五陰身死山來逼假使造作百千方便種種呪術藏隱逃避未見有能免斯患者是故當知世皆無常會必有離應當深觀若斯之理宜自裁抑何應愁惱王告臣曰我不畏死恡愛財寶正以遠離諸賢聖衆施百億金四億未滿以是因緣我故悲耳羅提毱言庫藏甚多可施令足阿恕伽王即以七寶施雞頭末寺立拘那羅子式摩提以為太子邪見惡臣語太子曰阿恕伽王命臨欲終散諸庫藏汝若紹位无所資用今應遮斷勿從其意時式摩提信受邪說以一金盤為王送食王即迴施雞頭末寺後以瓦器半菴摩勒持與王食王召群臣而問之曰此閻浮提誰為其主諸臣荅言唯王統御荅曰非也我唯於此半菴摩勒而得自在便作是言咄哉富貴甚可惡賤榮位如幻不久散滅雖居尊顯終歸墜落我為人帝威德无倫臨終貧乏唯有半果故知世間皆為虚誑愚人甘樂賢聖所呵即向群臣而

付法藏因緣傳卷第四　第十六張　飛

說偈言
諦哉如来教　所演誠不虛　廣宣生死過
无可愛樂者　我本處尊貴　威德少倫疋
小王及人民　無一不瞻仰　今日福將盡
飢困自纒逼　猶如暴河流　觸山無復勢
我昔濟貧乏　拯救諸苦惱　如何於今日
自處斯卑賤　始知尊貴位　易滅不堅牢
解脫寂靜樂　唯是寂為快

說是偈已即命一臣汝持此果向雞頭末寺如我辭曰阿恕伽王礼衆僧足我唯於此半菴摩勒而得自在一切所有皆悉亡失此果雖尠是最後施唯願衆僧愍我貧苦而為納受上座耶奢告衆僧曰汝等當觀阿恕伽王受福快樂愁御天下今為群臣所共制奪唯於半果得自在分當知生死甚可厭患富貴五欲不久敗壞威勢自在須臾殄滅出哉三有難可久居即勑典事令磨此果用置羹中使一切僧普得其供阿恕伽王命垂欲絕問羅提毱此閻浮提誰得自在羅提毱言唯有王耳既聞是語即起合掌遍觀四方而作是言唯除庫藏今

以四海一切大地悉施佛僧及自昔来所作功德不求生死轉輪帝釋願未生處速證道果函印題封付羅提毱於是氣絕遂便命終依轉輪王莊嚴殯葬如是尊者憂波毱多開發王心增長其信有善方便教化衆生後復一時宿羅城中有一商主名為天護甚大敬信欲入大海採求珎寶若海迴還為僧造作般遮于瑟至海採寶安隱還歸起意便欲設大施會有比丘尼得阿羅漢觀察衆中誰為福田又復思惟何者僧首見諸羅漢及與學人斷煩惱穢堪受供養觀一比丘名阿沙羅未得解脫寂居僧首時比丘尼即往語言大德今者應自莊嚴時此比丘不違其意便著淨衣剃髮澡浴復於後時此比丘尼更語沙羅教令嚴飾時阿沙羅極大瞋忿我隨汝語甚自嚴潔有何醜惡屢出斯言比丘尼曰大德當知此俗莊嚴非佛法也佛法莊嚴謂獲四果奇哉大德甚為輕劣長者天護欲設大會其受供者多諸賢聖汝為僧首未免生死

以有漏心寧可受供是故我今欲相覺悟阿沙羅聞惓然悲泣自惟耄朽何能盡漏比丘尼言佛法无時豈少壯老宜可往覲憂波毱多彼必相令得免諸苦比丘即詣憂波毱多正值僧浴同現神變阿沙羅歡喜即說偈言

和合共一處　跏趺若龍盤　咸皆入寂定
寂然不傾動　普放淨光明　猶如百千日
雖同人形類　功德甚高遠

憂波毱多見其調順即為說法成阿羅漢尒時復有一優婆塞向婆羅門說言无我婆羅門言誰為此說答言毱多常宣无我但假和合而言我耳時婆羅門至尊者所憂波毱多知其心念即為宣說一切无我辟如空山起呼聲響諦觀思惟了不可得但因五陰和合而成誰有智者計為真實時婆羅門即便開悟成須陁洹度令出家得羅漢道有族姓子詣憂波毱多出家學道常好睡眠懈怠懶惰雖為說法都无所獲尊者教令樹下坐禪即於樹下尋復睡卧毱多化作深坑千仞比丘見已極生惶怖一心専

念憂波毱多尊者尒時化作小徑令此比丘從中而過自念其師免吾斯難憂波毱多即語之曰此之恐怖少不足言三界受生老病死苦常隨行人不曾捨離地獄苦痛百千万種如此之畏甚過斯坑時此比丘不復眠睡精進思惟得阿羅漢於東方國有族姓子信樂佛法出家學道善能營事无不成辦經歷多時便生疲厭即往尊者憂波毱所尊者觀察知此比丘為福未具故不得道即令為僧遊行教化受教入城處處求索有一長者見而問之荅言長者尊者毱多使我教化令此城中誰是篤信長者復言慎勿餘去一切所須當相奉給即為辦具比丘得已於上座前持食長跪一切衆僧皆為呪願呪願已竟成阿羅漢有一比丘性嗜飲食由此貪故不能得道憂波毱多請令就房以香乳糜而用與之語令待冷然後可食比丘口吹糜即尋冷語尊者言糜已冷矣尊者告曰此糜雖冷汝欲火熱應以觀水滅汝心火復以空器令

吐食出既吐食已還使食之比丘荅言涎唾以合云何可食尊者語言一切飲食與此无異汝不觀察妄生貪著汝今當觀食不淨想即為說法得羅漢道有一比丘深愛樂身愛樂身故還欲歸家辭憂波毱路宿天廟尊者即化作一夜叉擔負死人至此天寺復有一鬼從後而来於是二鬼共諍死屍紛紜鬪訟不能自決其前鬼言我有證人即共問之誰死屍耶其人惶怖便自念言我於今者定死无疑寧以實語而取屠滅語前鬼言此是汝屍後鬼瞋恚拔其手足前鬼即取死人補之其體平復如本不異於是二鬼共食餘肉食肉已竟即便出去此人即便自愛心息還詣尊者出家精懃於後不久得阿羅漢於南天竺有族姓子出家學道愛著自身洗浴香塗好美飲食身體肥壯不能得道往尊者所求受勝法憂波毱多觀察此人以著身故不得漏盡語言比丘能受我教當授汝法化作大樹使令上之四邊變為深坑千仞令放右

手乃至都放此人尒時分捨身命盡放手足即便到地不見深坑及與大樹為說法要得羅漢道有一比丘心甚慳貪以斯因緣不得道迹憂波毱多教令布施荅言我貧用何等施憂波毱多遣二弟子坐其左右身出光明比丘歡喜減少食施後得好食便生喜悅念言少施尚得多報若多施者報不可量即破慳心為說深法應時逮得阿羅漢果有族姓子出家學道憂波毱多為說法要尋便見諦得須陁洹作是念言我斷三結更何求進遊縱自在極至七生尊者告曰生死之法甚可惡賤猶如糞穢多少皆臭即便將至旃陁羅村見一小兒體生惡瘡互血雜出甚大苦惱問言比丘見此不此小兒者是須陁洹佛昔在世有一羅漢身小患瘍搔之有聲維那瞋曰今汝身有疽互瘡耶宜可出向旃陁羅村羅漢語言今汝得罪莫出斯言時此維那即便懺悔精進修習得須陁洹後自懈怠不求上進故生此家受斯苦惱小復前行見

有一人為火所燒身體燋爛苦痛難忍轉更前進復見有人犯王憲法以身貫著大木標上發聲哀噑極生苦惱尒時尊者問比丘言汝豈見此二人不耶比丘白言唯然已見尊者告曰此前人者是斯陁含後所見者阿那含也咸皆懶墮不求上進故生人中受斯楚毒是故汝今宜自精懃早求解脱比丘聞已日夜修學不久便得阿羅漢道尊者即為真陁羅子説諸法要成阿那含命終往生淨居天上摩突羅國有一長者生育一子年始一歲即便命終如是次第至六長者生始一歲而復命終審後復生一長者家厥始七歲為賊將去憂波毱多觀此小兒應現得道化作四兵欲捕彼賊賊見惶怖求哀礼拜為説法要得須陁洹持此小兒施憂波毱於是尊者度此童子及與群賊皆令出家為説妙法得羅漢道語此小兒令可觀察汝之親族而化度之即便觀見七世父母憂愁涕哭憶念其子便到其家語言長者我是汝子莫大愁

惱為宣法要得初道果次第六家皆亦如是有族姓子信佛出家坐禪獲得世俗四禪自謂究竟得羅漢果憂波毱多有善方便使彼比丘往他聚落即於中道化作估客復現群賊凡五百人共為黨類来刼估客煞害斫剌遍布在地時此比丘生大恐怖即便自知非阿羅漢復作是念我非羅漢是阿那含時彼估客亡破之後有長者女語是比丘唯願大德與我共去比丘荅言佛不聽我共女人行長者女言我望大德而隨其後比丘憐愍相望而行尊者即復化作大河女言大徳可共我渡比丘在下女處上流此女於後没溺墮河白言大徳濟我此難尒時比丘挽而出之生細滑想起愛欲心即便自知非阿那含於此女人極生愛著欲共交通將至屏處方乃見是憂波毱多生大慚愧低頭而立尊者語言汝昔自謂是阿羅漢云何欲為如此惡事將至僧坊教其懺悔為説法要得羅漢道有比丘作不淨觀結蹔不起謂得聖道憂

波毱多告言比丘汝可往彼軋陁越國受教遊行至彼國土於此國中有一長者名迦羅和生育一女端政殊特時此比丘即往其舍而從乞食女擎食出露齒而笑比丘見已生貪欲想由其本習不淨觀故取女齒相觀皆白骨由斯觀故得羅漢道自責本心而説偈言

外現於賢善　內實多染著　見其實相故

心即得解脫

摩突羅國有長者子新娶婦已心生念言我於佛法欲求出家便辭父母父母荅言我唯一子死猶不放何況生存子即白言若不放我終不食也於是斷食從初一日至滿七日父母恐死即語之言當從汝願但出家後與我相見子大歡喜便辭而去詣憂波毱求哀出家尊者即時度令入道而自念言昔與父母本有期要即辭尊者往至其家見其父母及與本妻妻語之言若不還者當棄汝死比丘心悔便欲捨戒詣其師所云欲還家毱多告曰且待明日即受師教停在

寺宿尊者於夜為之現夢使此比丘見到本家其妻是日尋便命終父母親族嚴辦莝具送其屍骸置於塚間須臾臭爛虫疽並出骨宍分散狐狼諍食即便驚覺往白其師師即告曰汝可往觀實如夢不乘師神力忽至其家妻時已死如夢所見思惟觀察深生厭惡即便逮得阿羅漢道憂留陁山有一老虎生於二子飢窮困極遂便命終二子失母唯至窘急憂波毱多往至其所以食與之為說偈言

諸行無常　是生滅法　生滅滅已
寂滅為樂

日日與食為說此偈是二虎子尋後命終生突羅國婆羅門家憂波毱多往詣其舍單己无侶婆羅門言何為獨行荅言檀越我出家人㝠於僕從婆羅門言我婦懷妊若生男者當相奉給後生二子顏容端正憂波毱多往從索之婆羅門言兒皆幼稚若長大者當必相給至年八歲復往從索即以大子而與尊者小者復言可使我去諍竟紛紜各欲出家憂波毱言

此二子者皆應得道時婆羅門俱以二子付於尊者度令出家皆得羅漢即便使之採薝蔔花荅言大師此樹高峻我不能及尊者語言汝等是天豈無神足時二沙弥即昇虛空採花奉獻尊者與諸弟子同立見其神德歎未曾有毱多語言此二沙弥前餓虎子汝本嫌我與此虎食今日宜可觀其神變弟子聞已生奇特想南天竺國有一男子與他婦女交通婬逸其母即便苦切呵責汝今當知婬欲之法多諸過患復因斯故无惡不造未来必生苦劇難處兒即瞋恚便煞其母往至他家求彼女人竟不獲得心生厭悔於佛法中出家為道不久誦習三藏通利善於言辭多諸眷屬與其徒衆往尊者所憂波毱多觀察彼人躬造逆罪無道果分即便默然而不與語三藏比丘知罪深厚復見不對還歸所止有一比丘坐禪思惟得世俗定即便自謂得四道證復於少時一樹下坐憂波毱多化作比丘而往其所共相問訊在一面坐化人

問言從誰出家荅曰我師名憂波毱歎言大德善哉汝師无相好佛復言比丘汝誦何經荅言我誦三藏經典化人復問汝證何道荅言我得阿羅漢果以何證果荅言俗定化比丘言若以俗定以證道者即是虛妄比丘聞已深生悔恨一心精進得阿羅漢於罽賓國有一比丘名曰善見得世俗定具五神通若无雨時能令降注起增上慢謂證聖道憂波毱多即便化作十二年旱人民惶怖求哀尊者尊者告曰我不能也罽賓國有善見比丘神通㝡勝極能請雨衆人咸往而求請之時此比丘即以神力飛空而至為請甘雨應時降注人民歡喜大設供養得供養已便生憍慢復作是念阿羅漢者无貢高心便詣尊者求哀懺悔為說法要得羅漢道於南天竺有一比丘少欲知足好麤獘衣身體羸劣不能得道憂波毱多觀察此人應現得道由身尫弱為辦衣服香油塗足應時遠得阿羅漢道如是化度无量衆生皆悉獲得阿羅漢

果其得道者一人一籌籌長四寸滿一石室室高六丈縱廣亦尒於是名稱滿閻浮提世皆号為无相好佛化緣已訖便自思惟我今以法供養佛竟利安快樂同梵行者使諸四輩獲大饒益紹隆正法令不斷絶涅槃時至宜應滅度告諸大衆却後七日我當涅槃尒時即集十万羅漢及諸學人淨持戒者不可稱數諸優婆塞无量百千尊者於是飛身虛空現十八變使諸四衆生大信心於无餘涅槃而取滅度以室中籌而用耶旬十万羅漢亦入涅槃人天悲泣號哭傷感皆収舍利起塔供養

付法藏因緣傳卷第四

乙巳歲高麗國大藏都監奉

勅雕造

付法藏因緣傳卷第四　第十九張　飛

付法藏因緣傳卷第四

校勘記

一　底本，麗藏本。

一　五五五頁上三行「法增」，磧、普、南、徑、清作「法益」。

一　五五五頁上一〇行第九字「敗」，資作「販」。

一　五五五頁上一六行「除差」，諸本(不含石，下同)作「治差」。

一　五五五頁中五行第一〇字「說」，諸本無。

一　五五五頁中六行「世間」，諸本作「世界」。

一　五五五頁中一三行「拘那羅」，諸本作「拘那羅言」。

一　五五五頁中二一行第八字「是」，諸本無。

一　五五五頁中末行「實自我怨」，諸本作「實我怨家」。

一　五五五頁下一〇行「常令」，諸本作「常念」。

一　五五五頁下二二行第三字「天」，諸本作「大」。

一　五五六頁上二行第二字「便」，諸本作「尋」。

一　五五六頁上三行「迦羅鳩孫」，諸本作「迦羅鳩」。

一　五五六頁上一〇行「殊妙」，諸本作「姝妙」。

一　五五六頁上二一行第八字「並」，諸本作「普」。

一　五五六頁中二行「人若勝者」，普、南、徑、清作「王言人若勝者」。

一　五五六頁中一八行「白言」，諸本作「白王言」。

一　五五六頁下三行末三字至次行首二字「能免斯患者」，諸本作「能得免離者」。

一　五五六頁下四行「當知世皆無常會必有離」，諸本作「諸佛恒說無常甚大雄猛」。

一　五五六頁下五行首字「應」，諸本作「王」。

一 五五六頁下二一行首字「顯」，諸本作「貴」。

一 五五七頁上七行首字「自」，資、磧、普作「曰」；南、徑、清作「由」。

一 五五七頁中六行末字至次行第三字「後復一時」，磧、普、南、徑、清作「無不解脱是時」。

一 五五七頁中一七行「沙羅」，諸本作「阿沙羅」。

一 五五七頁中二一行「莊嚴」，諸本作「莊飾」。

一 五五七頁下七行「龍盤」，諸本作「龍蟠」。

一 五五七頁下一三行「䫛多」，諸本作「優婆䫛多」。

一 五五七頁下一七行「真實」，磧、南、徑、清作「其實」。

一 五五八頁上九行「便生」，磧作「復生」。

一 五五八頁上一〇行「憂波䫛」，諸本作「憂波䫛多」。下同。

一 五五八頁上一五行「慎勿餘去」，諸本作「比丘勿餘處去」。

一 五五八頁上一九行第一〇字「請」，諸本作「語」。

一 五五八頁中一九行「飲食」，資作「飯食」。

一 五五八頁下一九行「疽虫」，諸本作「蛆虫」。

一 五五八頁下二〇行「令汝」，諸本作「今汝」。

一 五五九頁上三行「哀嘷」，諸本作「哀號」。

一 五五九頁下一行「徃彼」，諸本作「彼往」。

一 五五九頁下末行「䫛多」，諸本作「優波䫛多」。

一 五六〇頁上四行「虫疽」，諸本作「虫蛆」。

一 五六〇頁中三行「此樹」，磧作「此相」。

一 五六〇頁下二行第一二字「佛」，諸本作「佛化人」。

一 五六一頁上八行「十万」，磧、南、徑、清作「十方」。上一二行諸本同。

一 五六一頁上一三行第九字「泣」，徑無。

一 五六一頁上一四行「供養」，徑作「供養泣」。

付法藏因緣傳卷第五

元魏西域三藏吉迦夜共曇曜譯　飛

商那和修臨涅槃時以法付囑憂波
毱多而作是言昔婆伽婆以无上法
嘱累尊者摩訶迦葉欲令衆生執大
明炬永離諸苦得涅槃樂迦葉次付
吾師阿難阿難轉復嘱累於我我欲
滅度委付於汝汝若於後欲涅槃者
摩突羅國有善男子當出于世名提
多迦久修願行辯才无盡汝當於後
度令出家可以法眼悉嘱累之憂波
毱言唯然受教逮至尊者憂波毱多
化緣將訖意欲涅槃觀提多迦出世
未也思惟便知猶未出世尒時尊者
憂波毱多將比丘衆往詣其舍漸漸
轉少乃至單已其父長者問言大聖
豈无眷屬何以獨行憂波毱多荅曰
長者我出家人无有給侍若有人者
當見垂惠長者復言我樂居家不能
為道若後生子必相奉給憂波毱言
善哉斯意當守此心勿令變悔而此
長者數生諸子年皆童稚輙便命終

最後生子名提多迦顏貌瓌瑋聰明
黠慧善能受學諸論經記過去修行
深種善本憂波毱多往從索之長者
歡喜手自付與將至僧坊度令出家
年滿二十為受具戒初白之時斷見
諦結得須陁洹第一羯磨薄婬怒癡
獲斯陁含第二羯磨欲界結盡得阿
那舍第三羯磨尋時斷除三界煩惱
建立梵行成阿羅漢三明遠照六通
具足遊步隱顯自在无閡憂波毱多
而告之曰慧日世尊慈悲普覆欲濟
衆生生死大苦以无量劫所集之法
嘱累尊者摩訶迦葉作大明燈照諸
癡闇普令一切皆得修學斷絕愛網
出欲淤泥迦葉次付阿難比丘阿難
滅後嘱累吾師商那和修商那和修
以付於我如是相續常轉法輪灑甘
露味療煩惱渴然我今者所作已辦
涅槃時至滅度不遠以此法寶持用
付汝汝可於後受持頂戴勤加守護
無令漏失演法光明照愚癡闇又提
多迦如来涅槃賢聖隱没所有一切
深經寶藏漸當衰損墜没於地世間昏

付法藏因緣傳卷第五　第二張　飛

冥流轉生死所以者何在昔吾師商
那和修既滅度後七万七千本生諸
經滿足一万阿毗曇藏凡有八万清
淨比丘如斯等法皆悉隨滅一人涅
槃衆法衰滅況多賢聖俱皆滅度
淨妙勝法永无遺餘是故我今慇懃
付汝汝當至心敬順我意於諸衆生
起大悲想受持流布无令斷絕提多
迦言敬受尊教我當擁護如斯正法
為未来世作不請友於是次宣无上
法味其所化度甚大弘廣緣訖涅槃
人天悲感即収舍利起七寶塔燒香
散華種種供養昔提多迦臨滅度時
以法付嘱家大弟子名弥遮迦多聞
博達有大辯才而告之曰佛以正法
付大迦葉如是展轉乃至於我我將
涅槃用付於汝汝當於後流布世眼
弥遮迦言善哉受教於是宣流正法
寶藏令諸衆生開涅槃道化緣已竟
臨當滅度復以正法次付尊者佛陁
難提令其流布勝甘露味難提於後
廣宣分別轉大法輪摧伏魔怨然後
付嘱佛陁蜜多其人德力甚深无量

付法藏因緣傳卷第五　第三張　飛

善巧方便化諸衆生令離惡見趣寂勝道以大智慧而自莊嚴演清淨味摧滅異學如是功德不可窮盡我今隨順說其少分有大國王摠領天下高才勇猛多聞博達宗事異學信受邪見於佛法僧恒懷輕毀佛陀蜜多作是念言吾師難提以法付我我當云何敷演勝眼令諸衆生普得饒益復作是念今此國王甚大邪見我宜先往而調伏之辟如伐樹若傾其本枝葉花莖豈得久立作是念已於十二年躬持赤幡在王前行經歷多時王都不問過是已後忽便問之斯是何人在吾前行尋便命召而問其意荅言大王我是智人善能談論欲於王前求一試驗尒時大王即便宣令國內所有諸婆羅門長者居士聰明博達善於言辭悉可集吾正勝殿上與一沙門共對議論於是一切邪見外道辯才深遠智慧博達天文地理靡不綜練含忿毒心競來雲集時彼大王於正殿上嚴辦供具羅布茵褥燒香散花莊麗明淨佛陀蜜多即昇

付法藏因緣傳卷第五　第四張　飛

法座共諸外道建无方論淺智之者一言即屈其多聰辯再便辭盡王見諸人理皆窮匱躬與蜜多自共議論始起言端亦尋摧屈佛陀蜜多即作是念我與王論不應顯勝而語之言此義深淺王自解了尒時彼王即知其屈迴改邪心敬信正法受三自歸為佛弟子於自國土弘宣道化時此國中有一尼乾邪見熾盛毀謗正法辯慧聰達善能數筭佛陀蜜多欲化彼故往為弟子就受斯術不久習學皆悉通了彼尼乾子出大惡聲罵辱於佛佛陀蜜多語尼乾子莫出斯言令汝獲罪此報必當墮大地獄尼乾子言汝豈能知如此之事蜜多荅曰若不見信汝可筭之既筭已後自當證知時彼尼乾便自推筭尋見其身必墮地獄即大恐怖深生憂悔向於蜜多五體投地白言仁者我當云何得免斯咎佛陀蜜多告曰尼乾如因地倒還扶而起汝若歸佛此罪可滅尒時尼乾起大信心以五百偈讚歎如來改悔先罪甚自呵責佛陀蜜多

付法藏因緣傳卷第五　第五張　飛

即告之曰汝以此心善業緣故命終必得生于天上尼乾復言汝云何知我得生天蜜多告曰若不見信自筭求實時尼乾子即便下筭自見己身罪滅生天便大歡喜求哀出家蜜多羅言今日宜可告汝眷屬然後乃當相度出家尼乾弟子凡五百人即往其所而告之曰我見勝理情甚愛樂欲於佛法出家為道汝等今可隨意所欲更稟明師諮受勝法時諸弟子咸白師言本相宗仰如大雲蓋師入勝道意樂相隨時彼尼乾與五百人至尊者所俱共出家於是尊者佛陀蜜多美聲流布遍閻浮提其所教化無量衆生緣盡捨命弟子悲感收取舍利起塔供養在昔尊者佛陀蜜多化緣既訖將欲捨壽告一弟子名脇比丘汝當於後廣敷聖教化諸衆生令得解脫白言大師敬承尊教我當至心守護正法彼脇比丘由昔業故在母胎中六十餘年既生之後鬚髮皓白猒惡五欲不樂居家往就尊者佛陀蜜多稽首禮足求在道次即度

付法藏因緣傳卷第五　第六張　飛

出家為說法要譬如鮮淨白氎易受深色便於座上得羅漢道三明照徹六通无㝵懃修苦行精進勇猛未曾以脇至地而卧時人即号為脇比丘善說法要化諸衆生所作已訖便入涅槃収集舍利起塔供養彼脇比丘垂當滅度告一比丘名富那奢長老當知佛法微妙有大功德是故諸聖頂戴奉持我受付囑守護斯法今欲涅槃用累於汝汝宜至心擁護受持時富那奢荅曰唯然於是演暢微妙勝法其所化度无量衆生後於一時在閑林下結跏趺坐寂然思惟有一大士名曰馬鳴智慧淵鑒超識絶倫有所難問靡不摧伏譬如猛風吹拔朽木起大憍慢草芥群生計實有我甚自貢高聞有尊者名富那奢智慧深邃多聞愽達言諸法空无我無人懷輕慢心往詣其所而作是言一切世間所有言論我能毀壞如雹摧草此言若虛而不誠實要當斬舌以謝其屈富那奢言佛法之中凡有二諦若就世諦假名為我第一義諦皆悉

付法藏因緣傳卷第五　第七張　飛

空寂如是推求我何可得尒時馬鳴心未調伏自恃機慧猶謂已勝富那語曰汝諦思惟无出虛語我今與汝定為誰勝於是馬鳴即作是念世諦假名定為非實第一義諦性復空寂如斯二諦皆不可得既无所有云何可壞我於今者定不及彼便欲斬舌以謝其屈富那語言我法仁慈不斬汝舌宜當剃髮為吾弟子尒時尊者度令出家心猶愧恨欲捨身命時富那奢得羅漢道入定觀察知其心念尊者有經先在闇室尋令馬鳴往彼取之白言大師此室闇冥云何可往告曰但去當令汝見尒時尊者即以神力遥申右手徹入室內五指放光其明朣耀室中所有皆悉顯現尒時馬鳴心疑是幻凡幻之法知之則滅而此光明轉更熾盛盡其技術欲滅此光為之既疲了无異相知師所為即便摧伏懃修苦行更不退轉如是尊者以善方便度諸衆生所應作已入於涅槃四衆感戀起塔供養昔富那奢臨涅槃時以法付囑弟子馬鳴

付法藏因緣傳卷第五　第八張

而告之曰譬如闇室燃大明燈所有諸物皆悉照了法之明燈亦復如是流布世間能滅癡闇是故如來演斯正法普令一切皆悉修行諸賢聖人常加守護共相委囑乃至於我我以勝眼持用付汝汝當於後至心受持令未來世普得饒益馬鳴敬諾當受尊教於是頒宣深奧法藏建大法幢摧滅邪見於華氏城遊行教化欲度彼城諸衆生故作妙伎樂名賴吒啝羅其音清雅哀婉調暢宣說苦空无我之法所謂有為如幻如化三界獄縛无一可樂王位高顯勢力自在无常既至誰得存者如空中雲須臾散滅是身虛偽猶如芭蕉為怨為賊不可親近如毒蚰篋誰當愛樂是故諸佛常呵此身如是廣說空无我義令作樂者演暢斯音時諸伎人不能解了曲調音節皆悉乖錯尒時馬鳴著白氎衣入衆伎中自擊鍾鼓調和琴瑟音節哀雅曲調成就演宣諸法苦空无我時此城中五百王子同時開悟猒惡五欲出家為道時花氏王

付法藏因緣傳卷第五　第九張　飛

恐其人民聞此樂音捨離家法國土空曠王業廢壞即便宣令其土人民自今勿復更作此樂彼華氏城凡九億人月支國主威德熾盛名曰栴檀罽昵吒王志氣雄猛勇健超世所可討罰无不摧靡即嚴四兵向此國土共相攻戰然後歸伏即便從索九億金錢時彼國王即以馬鳴及與佛鉢一慈心鷄各當三億持用奉獻罽昵吒王馬鳴菩薩智慧殊勝佛鉢功德如来所持鷄有慈心不飲虫水悉能消滅一切怨敵以斯緣故當九億錢王大歡喜為納受之即迴兵衆還歸本國彼罽昵吒王有大功德被弘誓鎧志願堅固曾以塔圖置於塔上因立誓曰若吾来世千佛數中得成正覺令此浧圖變為佛像作是願已應時尋成儀相奇特狀若圖畫心大歡喜踊躍无量王於後時在路遊行見外道塔七寶莊嚴便大歡喜謂如来塔前礼稽首至心恭敬燒香散花右繞讚歎說偈讚曰

具足一切智　斷除欲惱障　衆仙最勝尊

名稱遍三界　解脫離諸有　哀愍群萠類
所說誠真諦　能傾邪論幢　是故我今者
頂礼應供尊

說是偈已應時寶塔分散崩落王見驚怖而作是言我於今者福將欲盡失王位乎何故我適礼此寶塔而便頹毀有人語言王所礼者是外道塔以其威德微末尠少不堪受王福德人礼是故尒耳即發塔下得尼乾屍衆人歎曰奇哉大王德力深厚礼此邪塔令其毀壞王之功德比於梵天又罽昵吒曾於一時命剃鬚師教剃已鬚時剃鬚師在王前立而作是言我子端政智慧希有唯願大王垂哀矜愍以女妻之王大瞋恚而語之曰汝是賤人種姓卑劣云何我女妻汝子乎即便驅逐令至餘處而自默然不復敢語後更召来言還如前如是至三王思惟曰今此地下必有伏藏故令斯人敢為此語即便使人當下發掘尋便大獲種種寶藏王之智慧其事如是又罽昵吒在於一時訪問群臣諸國土中頗有智人可諮敬不

當於尒時有一比丘名達磨蜜多智慧深遠功德具足善能通達三昧定相南天竺國有二比丘心意柔和深樂善法素聞尊者坐禪第一即共相將往詣其所於其住處有三重窟尒時二人至下窟中見一比丘著弊壞衣形貌醜陋端坐窟前為僧燃火時二比丘問言長老達磨蜜多為在何處荅言今在最上窟中汝等宜可急往見之尒時二人進至上窟見向比丘已於中坐時一比丘語其伴曰此老比丘云何乃似向所見者時伴比丘聰慧機悟即語之曰今此尊者尚能如是流布名聞豈不能至此處而坐即前為礼稽首問曰大德威名世聞希有何故自屈為僧燃火達磨蜜多告比丘曰子今當聽我念生死受苦長遠若使頭手可得燃者吾當為僧而盡燃之況餘身分及以燃火何足為難吾念往昔五百世中常受狗身飢窮羸乏唯曾再飽乃於昔時值有一人飲酒既醉嘔吐委地我於尒時食而得足又昔曾有夫妻二人以

器煑麋熟已出外我見无人至其家内入頭器中食麋得足後欲出頭了不能得於是夫妻從外還入見食其麋深生瞋恚即以利刀用剪吾首於五百世受斯狗身雖二飽滿而失身命以是思惟生死長久周遍五道受苦无量故吾今者不憚懃勞躬為衆僧而自燃火時二比丘聞是語已深觀生死无量過患應時逮得須陁洹道如是尊者達磨蜜多知見高遠名稱流布王諸群臣素聞其名咸共白言大王當知罽賓山中有一比丘名達磨蜜多才慧超倫福德深厚王宜往彼問訊供養時罽昵吒即便嚴駕前後圍遶往罽賓山離彼住處五百餘里王自念言若彼比丘福德淵廣乃能受吾恭敬礼拜設薄福人終不堪也達摩蜜多性好純素著弊壞衣顏容憔悴尊者弟子咸作是言罽膩吒王威名高遠屈駕来此礼覲大師宜自莊嚴著新淨服无令為彼之所輕賤達摩蜜多告弟子曰如来昔日无有教勑若見豪貴便自莊嚴且出

家人麁弊是常既得其宜何所改易尒時彼王即便前進稽首恭敬問訊起居達摩蜜多知其心念即便咳唾使王承之尒時膩吒長跪合掌受唾而棄問言我今堪王供不王即摧伏倍生敬信尊者告王王昔曾於勝道而来今可還從本路而去既聞是語受教歸國尒時群臣咸生嫌忿云何大王本訪勝人既得見之都不諮啓王告臣曰汝豈能知若斯事耶我於往昔積修福行今得為王才慧超世尊者令我還修本業已受訓誨更何問乎王於後時至膩吒塔前路見有五百乞人同聲求哀稱施如我王聞是已大施乞人金銀琉璃象馬田宅迴還造作種種施會極恤貧乏存慰孤老正法治世仁育天下時有一臣名曰天法便作是念云何大王見斯乞人建立如是功德勝業即問王言今王何緣見此乞人廣為斯福尒時大王告天法曰乞人於我有深利益以其身形及與語言欲見曉悟我昔為王不修福因是故今者飢寒窮困

身體憔悴受諸苦惱王若不能乞匃貧乏未来之生必當如我飢寒羸劣彼乞人者其事若此吾悟斯事是以為福天法白言王今不但位勝天下智慧亦能撫御万國時安息王性甚頑暴將統四兵伐罽昵吒罽昵吒王亦即嚴誡兩陣交戰刀劒継起罽昵吒王尋便獲勝煞安息人凡有九億問群臣曰今我此罪可得滅不諸臣荅言大王煞戮凡九億人罪既深重云何可滅時罽昵吒尋置大鑊於七日中煑湯令沸洄湧騰波熾熱焰盛以一金環置斯湯内顧問群臣誰巧方便能得此環時有一臣来應王命便投冷水隨而取之手无傷爛尋獲金環王告臣曰我所為罪如彼沸湯悔必可滅猶冷水處吾所煞人雖有九億其罪重者唯二人半我當煞時有兩賢信臨被刑戮稱南无佛而我煞之斯罪深重其一人者口言南無未知是佛為富蘭那我復煞之故名半人尒時有一羅漢比丘見罽昵吒造斯悪業欲令彼王恐怖悔過即以

神力示其地獄所謂斫刺劒輪解形悲叫哀號苦痛難忍王見是已極大惶怖心自念曰我甚愚癡造此罪業未來必受若斯之苦若吾先知如是惡報正使我身支節分解終不起心加害怨賊況於善人生一念惡尒時馬鳴即語王言王能至心聽我說法隨順吾教頂戴受持令王此罪不入地獄罽昵吒言善哉受教於是馬鳴廣為彼王說清淨法令其重罪漸得微薄復有一醫名曰遮勒善解方藥聰敏多聞利智辯才慈和仁愛罽昵吒王素聞其名每常推覓會遇遮勒自詣王宮王聞醫至即作是言我今善能調和身體右脇而卧節量飲食若斯之者何用醫為遮勒語言王能如此宜應出家夫為王者縱情極欲任放身口令王尚能斂攝防護何貪斯位久居世間王聞是已自知理屈即召令入共相慰問醫即語言大王若能信受吾教隨順不逆當令王身色力充足飲食消化終無病患王曰善哉敬承來教其後不久所愛夫人

自覺有娠滿足十月生一男兒先巳命終從胎倒出其母苦痛性命危惙從後展轉生輭如是尒時遮勒入手胎中解其兒衣然後乃出於是母人安隱全濟醫言大王自今勿復幸此婦人若近之者必當如本罽昵吒王婬欲火盛不自裁量更幸斯婦後續生子如前苦毒時遮勒醫始覺五欲過患根本便作是念罽昵吒王我躬教誨不受吾言致斯衆苦當知愛欲甚不可樂敗德喪身莫不由之壞好名聞汙辱梵行凡夫迷惑不能捨離智者了之觀如怨賊我今宜應捨斯惡法隱居林藪坐閑念定於是辭王出家學道高才邈世淵明博達演宣記論遊化世間復有一臣名摩吒羅智慧超倫才藝希世白罽昵吒大王若能隨順臣教必當令王威伏四海一切宗仰八表歸德冝容臣言无令彰露王曰甚善當如卿言尒時大臣廣集勇將嚴四種兵所向皆伏如雹摧草三海人民咸來臣屬罽昵吒王所乘之馬於路遊行足自摧屈王語

之言我征三海悉巳歸化唯有北海未來降伏若得之者不復相乘吾事未辦如何便尒尒時群臣聞王此語咸共議曰罽昵吒王貪虐无道數出征伐勞役人民不知猒足欲王四海戍備邊遠親戚分離若斯之苦何時寧息宜可同心共屏除之然後我等乃當快樂因王病瘧以被鎮之人坐其上須臾氣絶由聽馬鳴說法緣故生大海中作千頭魚劒輪迴注斬截其首續復尋生次第更斬如是展轉乃至无量須臾之間頭滿大海時有羅漢為僧維那王即白言今此劒輪聞揵椎音即便停止於其中閒苦痛小息唯願大德垂哀矜愍若鳴揵椎延令長久羅漢愍念為長打之過七日巳受苦便畢而此寺上因彼王故次第相傳長打揵椎至於今日猶故如本如是馬鳴以大行願演甘露味為罽昵吒王興大饒益其所度脫无量億人所應作巳便捨命行集其舍利起塔供養馬鳴菩薩臨欲捨命告一比丘名曰

比羅長老當知佛法純淨能除煩惱汝宜於後流布供養比羅荅言善哉受教從是以後廣宣正法微妙功德而自莊嚴巧説言辞智慧淵遠外道邪論无不摧伏於南天竺興大饒益造无我論足一百偈此論至處莫不摧靡辟如金剛所擬斯壞臨當滅時便以法藏付一大士名曰

龍樹然後捨命龍樹於後廣為衆生流布勝眼以妙功德用自莊嚴天聰奇悟事不再問建立法幢降伏異道如是功德不可稱説今當隨順顯其因緣託生初在南天竺國出梵志種大豪貴家始生之時在於樹下由龍成道因号龍樹少小聰哲才學超世本童子時處在襁抱聞諸梵志誦四韋陁其典淵博有四万偈偈各滿足三十二字皆即照了達其句味弱冠馳名擅步諸國天文地理星緯圖讖及餘道術无不綜練有友三人天姿奇秀相與議曰天下理義開悟神明開發幽旨增長智慧若斯之事吾等悉達更以何方而自娛樂復作是言

世間唯有追求好色縱情極欲最是一生上妙快樂然梵志道勢非自在不為奇榮斯樂難辦宜可共求隱身之藥事若得果此願必就咸曰善哉斯言為快即至術家求隱身法術師念曰此四梵志才智高遠生大憍慢草芥群生今以術故屈辱就我然此人輩研窮博達所不知者唯此賤法若授其方則永見棄且與彼藥使不知之藥盡必來師諮可久即便各授青藥一丸而告之曰汝持此藥以水磨之用塗眼瞼形當自隱尋受師教各磨此藥龍樹聞香即便識之分數多少錙銖无失還向其師具陳斯事此藥滿足有七十種名字兩數皆如其方師聞驚愕問其所由龍樹荅言大師當知一切諸藥自有氣分因此知之何足為怪師聞其言歎未曾有即作是念若此人者聞之猶難況我親遇而惜斯術即以其法具授四人四人依方和合此藥自翳其身遊行自在即共相將入王後宮宮中美人皆被侵掠百餘日後懐妊者衆尋往

白王庶免罪咎王聞是已心甚不悦此何不祥為怪乃尒召諸智臣共謀斯事時有一臣即白王言凡此之事應有二種一是鬼魅一是方術可以細土置諸門中令人守衛斷往来者若是方術其跡自現設是鬼魅入必无跡人可兵除鬼當呪滅王用其計俻法為之見四人跡從門而入時防衛者驟以聞王王將勇士凡數百人揮刀空中斬三人首近王七尺刀所不至龍樹斂身依王而立於是始悟欲為苦本敗德危身汙辱梵行即自誓曰我若得脱免斯厄難當詣沙門受出家法既出入山至一佛塔捨離欲愛出家為道於九十日誦閻浮提所有經論皆悉通達更求異典都无得處遂向雪山見一比丘以摩訶衍而授與之讀誦愛樂恭敬供養雖達實義未獲道證辯才无盡善能言論外道異學沙門義士咸皆摧伏請為師範即便自謂一切智人心生憍慢甚大貢高便欲往從瞿曇門入尒時門神告龍樹曰今汝智慧猶如蚊虻

比於如来非言能辯无異螢火齊輝日月以須弥山等葶藶子我觀仁者非一切智云何欲從此門而入聞是語已赧然有愧時有弟子白龍樹言師恒自謂一切智人今来屈辱為佛弟子弟子之法諮承於師諮承不足非一切智於時龍樹辞窮情屈心自念言世界法中津塗无量佛經雖妙句義未盡我今宜可更敷演之開悟後學饒益衆生作是念已便欲為之立師教誡更造衣服令附佛法而少不同欲除衆情示不受學選擇良日便欲成建獨處靜室水精房中大龍菩薩愍其若此即以神力接入大海至其宮殿開七寶函以諸方等深奧經典无量妙法授與龍樹九十日中通解甚多其心深入體得實利龍知心念而問之曰汝今看經為遍未耶龍樹荅言汝經无量不可得盡我所讀者足滿十倍過閻浮提龍王語言忉利天上釋提桓因所有經典倍過此宮百千万倍諸處此比不可稱數尒時龍樹既得諸經豁然通達善解

一相深入無生二忍具足龍知悟道還送出宮時南天竺王甚邪見承事外道毀謗正法龍樹菩薩為化彼故躬持赤幡在王前行經歷七年王始怪問汝是何人在吾前行荅曰我是一切智人王聞是已甚大驚愕而問之言一切智人甚為希有汝自言是何以取驗龍樹荅曰王欲知者宜當見問既說之後乃可證知王聞是語便作是念我為智主大論議師問之能屈未足為奇脫不如彼所損甚多默然无言亦復非理如是思惟良久不決事既窮迫俛仰問之諸天今者為何所作荅言大王天今正與阿脩羅戰王既聞已辭如人噎既不得吐又不得出設非其言无以為證欲納彼說事又難明龍樹復言此非虛論王且待之須臾當驗語訖空中刀劒飛下長戟短兵相繼而落王復語言干戈矛矟雖為戰器何必是天阿脩羅也龍樹荅曰雖若虛言當驗以實作是語已脩羅耳鼻從空而下王始驚悟稽首為礼恭敬尊重受其道化

尒時殿上万婆羅門見其神德歎未曾有剃除鬚髮而就出家時諸外道聞是事已悉来雲集含怒懷嫉求竟言辯於是龍樹以大智慧方便言辞與諸外道廣共論議其愚短者一言便屈小有聰慧極至二日辞理俱盡皆悉摧伏剃除鬚髮就其出家如是所度无量邪道王家常送十車衣鉢終竟一日皆悉都盡如是展轉乃至无數廣開分別摩訶衍義造優波提舍十有万偈莊嚴佛道大慈方便如是等論各五千偈令摩訶衍光宣於世造无畏論滿十万偈中論出於无畏部中凡五百偈其所敷演義味深邃摧伏一切外道勝幢時天竺國有婆羅門邪見熾盛善知呪術欲以己能竟名龍樹白彼王言唯願大王垂哀聽我與此沙門諍捔道力若彼勝我我當屬之我若勝彼當見屬我王言大德汝甚愚癡此菩薩者明同日月智齊衆聖汝今庸劣豈可為比欲以藕絲懸須弥山牛跡之水等量大海我今觀仁亦復如是幸自思惟无

齬高德婆羅門言王為智人一切瞻仰猶如日月莫不觀察吾言虛實宜以理驗大王亡何逆見陵蔑尒時彼王見其至意嚴駕往請龍樹菩薩清旦俱集正德殿上時婆羅門即以呪力化作大池廣長清淨池中出生千葉蓮華自坐其上語龍樹曰汝處於地類同畜生我居花上智慧清淨寧敢與吾抗言議論尒時龍樹復以呪力化為白象象有六牙金銀校絡徐行詣池趣其花座以鼻絞拔高舉擲地時婆羅門傷背委困即便摧伏歸命龍樹我甚頑嚚犯逆大師唯願慈哀聽吾悔過龍樹慈矜度令出家是時有一小乘法師見其高明常懷忿嫉龍樹菩薩所作已辦將去此土問法師言汝今樂我久住世不荅曰仁者實不願也即入閑室經日不現弟子成恠破户看之遂見其師蟬蛻而去天竺諸國並為立廟種種供養敬事如佛

付法藏因緣傳卷第五

乙巳歲高麗國大藏都監奉
勑雕造

付法藏因緣傳卷第五 第十五張 罷

付法藏因緣傳卷第五
校勘記

一 底本，麗藏本。
一 五六三頁上二行譯者，資、磧、普、南作「後魏世沙門吉叉夜共曇曜譯」；徑、清作「後魏沙門吉叉夜共曇曜譯」。
一 五六三頁上六行第七字「得」，諸本(不含石，下同)作「受」。
一 五六三頁上一一行末二字至次行首字「憂波毱」，諸本作「憂波毱多」。二〇行同。
一 五六三頁中一行「璝瑋」，磧、普、南、徑、清作「瓌偉」。
一 五六三頁中二行「諸論經記」，諸本作「諸經論記」。
一 五六三頁中五行第一〇字「白」，磧、普、南、徑、清作「白僧」。
一 五六三頁中一六行「滅後」，諸本作「滅度」。
一 五六三頁下四行「隨滅」，諸本作「隨滅」。
一 五六三頁下一三行第七字「昔」，磧、普、南、徑、清作「爾時」。
一 五六三頁下二〇行「復以」，磧、普、南、徑、清作「爾時彌遮迦復以」。
一 五六三頁下二二行「然後」，磧、普、南、徑、清作「爾時佛陀難提」。
一 五六四頁上一四行「命召」，諸本作「召命」。
一 五六四頁下五行末二字至次行首二字「蜜多羅言」，諸本作「蜜多荅言」。
一 五六四頁下一五行「收取」，諸本作「收聚」。
一 五六四頁下一六行「在昔」，磧、普、南、徑、清作「爾時」。
一 五六四頁下二一行「鬚髮」，諸本作「鬢髮」。
一 五六五頁上六行第一一字「彼」，磧、普、南、徑、清作「時彼」。
一 五六五頁中一五行「室內」，諸本作「屋內」。

一　五六五頁下一行「明燈」，諸本作「明炬」。
一　五六六頁上一行「人民」，諸本作「民人」。
一　五六六頁上三行第一三字「城」，諸本作「城中」。
一　五六六頁上四行「國主」，諸本作「國王」。
一　五六六頁上六行「討罰」，諸本作「討伐」。
一　五六六頁上一四行第八字「王」，諸本無。
一　五六六頁上二一行末字至次行第三字「右繞讚歎」，諸本無。
一　五六六頁中二行第三字「誠」，資、磧、普、徑作「成」。
一　五六六頁中一八行「不復敢語」，諸本作「不敢復語」。
一　五六六頁下二二行末字「尒」，諸本作「是」。
一　五六七頁上二行「入頭」，諸本作「頭入」。
一　五六七頁上四行「瞋恚」，諸本作「瞋忿」。
一　五六七頁上末行「便自」，諸本作「則便」。
一　五六七頁中六行「告王」，諸本作「告曰」。
一　五六七頁中一二行「本業」，磧、南、徑、清作「大業」。
一　五六七頁中一六行「極恤」，諸本作「賑恤」。
一　五六八頁上一四行首字「自」，資作「白」。
一　五六八頁上一五行「節量」，普、徑作「節重」。
一　五六八頁中一五行末字「宣」，諸本作「諸」。
一　五六八頁中一九行第一〇字「密」，諸本作「察」。
一　五六八頁下一九行「大行」，磧、普、南、徑、清作「本行」。
一　五六九頁上一行末字「惱」，諸本無。
一　五六九頁上七行「臨當」，諸本作「比羅臨當」。
一　五六九頁中三行第四字「策」，資作「榮」。
一　五六九頁中二一行「自翳」，資作「自醫」。
一　五六九頁下四行「一是方術」，諸本作「二是方術」。
一　五六九頁下一四行「入山」，資作「入深山」。
一　五七〇頁上一三行第四字「建」，資作「達」；磧、普、南、徑、清作「之」。
一　五七〇頁中一行「三忍」，諸本作「法忍」。
一　五七〇頁中一一行第七字「脱」，諸本作「既」。
一　五七〇頁中一六行第四字「出」，諸本作「咽」。
一　五七〇頁下七行「摧伏」，諸本作「降伏」。
一　五七〇頁下八行「邪道」，磧、普、

南、徑、清作「邪見」。

一　五七〇頁下九行「一日」，諸本作「一月」。

一　五七〇頁下一五行首字「遚」，諸本作「遠」。

付法藏因緣傳卷第六　飛

元魏西域三藏吉迦夜共曇曜譯

龍樹菩薩臨去此世告大弟子迦那提婆善男子聽佛以大悲愍傷衆生演甘露味利益來世次第相付乃至於我我欲去世囑累於汝汝當流布至心受持提婆敬諾當承尊教於是宣說真法寶藏以智慧力摧伏異學博識淵覽才辯超絶擅名天下獨步諸國其初託生南天竺土婆羅門種尊貴豪勝由與神眼遂无一目因是号曰迦那提婆智慧深遠機明內發願自觀察无愧於心唯以其言人未信受道化不行夙夜憂念於彼國中有一天神鍛金為形立高六丈咸皆号曰大自在天有求願者令現獲報提婆詣廟求入拜見主廟者言天像至神人有見者不敢正視又令退後失魂百日汝今但當詣門乞願更復何求而欲見耶提婆荅言神審若斯吾乃願見設不如是非我所欲時人聞之咸奇其意追入廟者數千万人

提婆既至稽首為礼天動其眼怒目視之提婆語曰天實神矣然令相觀甚大卑劣夫為神者當以精靈偃伏群類而假黃金頗梨為飾熒惑民物何期小也即登高梯鑿出其目時諸觀者咸有疑意大自在天威德高遠云何為此小婆羅門之所毀辱將無彼神名過其實尒時提婆曉衆人曰神明遠大近事試我我深達彼心所念故登金山聚出頗梨珠咸令一切皆悉了知精靈純粹不假形質吾既非慢神豈辱也作是語已從廟而出即於其夜求諸供備明日清旦敬祀天神迦那提婆名德素著智與神會其所發言无不響應一夜之中供具斯備大自在天作一肉形高數四丈左眼枯涸徐步安詳而來就坐遍觀餚饍歎未曾有嘉其德力能有所致而告之曰善哉大士深得吾心以智見供汝今真是敬信我者世人愚癡唯得吾形以食奉獻畏而誣我今汝供饌美味具足我之左眼宜當垂給若能見與真上施也提婆荅言善哉

付法藏因緣傳卷第六　第二張　飛

受教即以左手出眼與之天神力故出而隨生索之不已出眼數万天神讚曰善哉摩納真上施也欲求何願必滿汝意是時提婆白天神曰我索明識不假於外唯恨吾教人莫信受正願我言後必流布神曰甚善即便起退於是提婆詣龍樹所剃除鬚髮受出家法周遊揚化廣濟群生南天竺王捴御諸國懷貢高心信用邪道沙門釋子一不得見國人遠近咸受其化提婆念曰樹不伐本枝條難傾人主不化道豈流布其國政法王家出錢雇人宿衛尒時提婆應募為將荷戟前馳整勒部曲威德恩仁物樂其政王嘉其意問曰何人侍者荅言此人應募既不食廩又不取賈在事恭謹性好閑習未達其心何求何欲王即召之具問其意荅言大王我是智人善於言論欲於王前而求試驗即便許之為建論座尒時提婆即立三義一切聖中佛最殊勝若於諸法佛法无比救世福田衆僧第一八方論士能壞斯語我當斬首以謝其屈

付法藏因緣傳卷第六　第三張　飛

所以者何立理不明是為愚癡若斯之頭非吾所惜八方論士咸来雲集亦各言曰我若有屈斬首相謝愚癡之頭非吾甘樂提婆語言我所修法仁活万物要不如者當剃汝髮以為弟子不斬頭也立此要已便共論義諸外道中情智淺者適至一言尋便屈滯智慧勝者遠至二日辞理俱匱悉剃其髮度令出家尒時有一外道弟子兇頑无智恥其師屈形雖隨衆心結怨忿含毒熾盛嚙刀自誓彼口勝我我刀伏汝作是語已持挟利刀常於日夜伺求其便尒時提婆出在閑林造百論經以破邪見弟子分散樹下思惟提婆菩薩起定經行外道弟子往至其所執刀窮之汝昔曽以智伏吾師我於今者刀破汝腹即便决之五蔵出外命猶未絶愍其狂愚而告之曰我有衣鉢在吾坐所汝可取之急上山去我諸弟子未得道者若脱遇汝必當相執或送於王困汝不少夫身名者衆患根本汝今迷惑愛惜情重是故宜當好自防護時諸

弟子有先来者覩見其師發聲悲哭合諸門徒競各雲集驚怖啤吼宛轉于地其中或有狂突奔走共相分衛追截要路尒時提婆語衆人曰諸法本空無我我所无有能害亦无受者誰親誰怨孰為惱害汝等今者愚癡所覆横生妄見種不善根彼人所害害吾往報非煞我也於是放身鐔銳而去迦那提婆未捨身時告於尊者羅睺羅曰佛婆伽婆為度衆生演暢妙法利益来世次第委囑乃至於我我若滅後當付於汝汝宜護持深經寳蔵令諸衆生普皆蒙益羅睺羅言善哉受教於後敷演深經妙法以智慧力摧滅邪道三聞説法盡能受持龍樹提婆及斯大士名徳並著美聲俱聞當是時也有婆羅門聰慧奇悟善於言論造鬼名書甚難解了章句廣博十有万偈為三大士而讃誦之龍樹一聞尋便開悟善能憶持如舊誦習提婆未解重為宣説既經再聞復即明了提婆菩薩為羅睺羅更廣分別演其章句羅睺羅聞豁然意解

時婆羅門便大驚怪此諸沙門才慧乃尒讀吾此書不久通利善能分別似若舊習即便信伏改其邪心彼羅睺羅聰慧如是有善方便教化衆生然後以法付囑尊者僧伽難提令其流布饒益衆生僧伽難提有大功徳智慧深遠修菩薩行以堅誓願而自莊嚴超過聲聞緣覺境界曽於一時有阿羅漢棄捨重擔具諸功徳僧伽難提欲試彼故即宣一偈而問之言

轉輪種中生　非佛非羅漢　不受後世有
亦非辟支佛

大徳應當好諦觀察如上所言是何等物尒時羅漢即入三昧深諦思惟不能解了便以神力分身飛往兜率陁天至弥勒所具宣上事請决所疑尒時弥勒告彼羅漢世以涅團置於輪上埏埴成瓦如是瓦者豈同諸聖至後世乎時彼羅漢即便開解還閻浮提宣説斯事僧伽難提語言大徳此必當是弥勒菩薩為汝宣説然後解耳如是智慧神力變化濟諸群生不可限量所應作已將欲捨身至一

樹下指攀樹枝尋便捨壽猶依此樹諸羅漢等欲移其尸置平坦處積薪耶旬如須弥山不可傾動盡其神力亦無異相即便復以諸大白象併力挽之不能移動如芥子處尋積香木就下闍毗其火熾盛焚燒身盡樹更蓊欝都无凋毀時衆咸見嘆未曾有収取舍利起塔供養僧伽難提捨身已後有羅漢名僧伽耶舍次受付囑流布法眼廣化衆生極諸苦惱有大智慧言辞清辯昔雖出家未證道迹遊大海邊見一宮殿七寶莊嚴光明殊勝僧伽耶舍見時已到即往彼宮說偈乞食

飢為第一病　行為第一苦　如是知法者
可得涅槃道

是時舍主即出奉迎敷置茵褥請入就坐僧伽耶舍見其家内有二餓鬼裸形黑瘦飢虛羸乏鏁其身首各著一床復有一鉢滿中香飯以瓶盛水安置其側尒時舍主即取此食奉施比丘語言大德慎勿以食與此餓鬼尒時比丘見其飢困即以少飯而施

與之鬼得食已即吐膿血遍流在地汙其宮殿尒時比丘恠而問之此鬼何緣受斯罪報舍主荅曰斯鬼前世一是吾息一是兒婦我昔布施作諸功德而彼夫妻恒懷恚惜我數教誨都不納受因立誓曰如此罪業必獲惡報若受罪時我當看汝由是因緣得斯苦惱小復前行至一住處堂閣嚴飾種種奇妙滿中衆僧經行禪思日時已到鳴搥集食食將欲訖尒時餚饍變成膿血便以鉢器共相打擲頭面破壞血流汙身而作是言何為惜食令受此苦僧伽耶舍前問其意荅言長老我等先世迦葉佛時同止一處客比丘來咸共瞋恚藏惜飲食而不共分以此緣故令受斯苦如是尊者僧伽耶舍周遊大海遍行觀察見于地獄凡有五百即生猒惡深患三有呵責五欲甚生怖畏便作是念世間造業終不敗亡如影隨形誰能捨離我今應當方便求免觀察情至得羅漢道六通无㝵三明清徹於一山林有五百仙勤修苦行欲望梵福

僧伽耶舍往至其所為宣三偈讚佛法僧五百仙人俱得道迹如是尊者廣為佛事教化已訖便入涅槃収集舍利起塔供養僧伽耶舍未滅度時以法付囑鳩摩羅馱而告之曰佛以正法付大迦葉如是展轉乃至於我我欲涅槃持用相付汝宜至心勤加守護鳩摩羅馱荅言受教於是次宣深法寶藏彼之功德甚深淵遠發大弘誓行菩薩道智慧辯才猶如大海少有名稱國人宗仰鳩摩羅馱秦言童子少有美名以何緣故号美名耶有一長者緣事餘行以二瓮金寄其親友一瓮金大二者金小語親友言吾欲他行持此相寄我子意若有欲得者必當與之後長者子往從索金親友尒時還其小者彼即瞋恚不肯取金遂共相將詣斷事所具陳上意以求理決衆斷事官莫能分了鳩摩羅馱時為童子於路遊戲聞其訟音即作是言兒得金矣何勞苦諍其父本言隨子所欲今樂大者理自屬之尒時斷事便用其語於是名聞馳布

四遠因即号為美名童子出家學道才慧超世至一國土人多頑嚚雖聞法教都不信受鳩摩羅䭾即語之言汝今可集鐵馬万騎遣人乗之在吾前過便如其言即為嚴辦鳩摩羅䭾蹔一見已盡皆分別人名馬色衣服相貌具足宣說無一錯謬彼國人民方皆信伏造諸經論遊化世間所為已訖即便捨壽鳩摩羅䭾臨捨命時告一比丘名闍夜多長老當知如人渡海必由船栰衆生如是欲離三界修行善法然後得出故我今者欲付汝法宜好習學利益人天闍夜多言善哉受教遂演深法廣化世間彼闍夜多有大功德精進勇猛勤修苦行善持禁戒无有漏失世尊所記寂後律師曽於衆中有一比丘其嫂至寺持食餉之婬火熾盛便共交通犯重禁已尋自悔責極生慙恥我大愚癡造斯悪業吾今定非沙門釋子衣鉢盡置三奇杖上處處遊行高聲唱言我是罪人不應復著佛法染衣為疊既重必入地獄當於何處而得救

護時闍夜多語比丘言汝今若能隨順我語當令汝罪尋得消滅比丘歡喜白言受教時闍夜多即以神力化作火坑其焰猛盛令此比丘自投其中尒時比丘為滅罪故舉身投入大火坑內於時猛焰轉成清流纔齊其膝都不傷害時闍夜多告比丘曰汝以善心至誠悔過所有諸罪今悉摧滅即為說法得羅漢道由是緣故世皆号為清淨持律復於一時將諸弟子圍遶往詣徳叉尸羅城至其城已時闍夜多慘然嚬蹙弟子疑怪問其師意荅言且止後當宣說小復前行路見一烏尒時尊者欣然微笑諸弟子衆重白師言唯願哀愍說其因緣時闍夜多告衆人曰我初至城於其門下見餓鬼子飢急羸困前白我言母生吾已入城求食自與別來滿五百年飢虛窮乏命不去遠尊若入城見我母者為吾具宣辛苦之事我始入城便見彼母即為具說其子飢乏尒時鬼母前白我言吾入城來經五百年未曽能得一人唾何以故我

既新産氣力羸惙設得少唾為諸鬼神之所欺奪始於今日值一人唾邊無餘鬼會遇得之欲出城外共子分食門下多有大力鬼神畏其侵奪復不敢出唯願尊者垂哀矜愍將我出城與子相見我於尒時將此鬼母出於城外令共子食即問彼言汝生已來為幾時耶鬼荅我曰吾見此城七返成壞國土豊樂人民熾盛又見毀敗殄滅无遺我聞彼言深歎生死受苦長遠無有邊際以是緣故慘然嚬蹙彼烏因緣善聽當說乃往過去九十一劫毗婆尸佛在世教化我於尒時為長者子志猒五欲常念出家我若尒時作沙門者必斷衆結得羅漢道吾之父母不見從志强為娉妻欲遮斷我我不違命便即娶妻娶妻已訖復欲出家父母語言為汝娉妻正求繼嗣若生一子乃當相放我尋受教與共交會生一男兒年始六歲尒時父母即教此兒汝父若出欲作沙門當抱其足而語之曰父若捨我誰見養活先當見煞然後可去尒時此

兒如父母教啼泣抱我甚生悲戀我
於尒時以愛染心即語子言吾當為
汝不復出家由彼見故不得道證九
十一劫流轉生死於五道中未曾得
見今以道眼觀察彼烏乃我前世所
生之子愍其嬰愚久處生死以斯因
緣是故微笑如是尊者善說法要以
辯才力遊化世間所為已訖入般涅
槃尊者闍夜多臨當滅度告一比丘
名婆修槃陀汝今善聽昔天人師於
無量劫勤修苦行為上妙法今已滿
足利安衆生我受囑累至心護持今
欲委汝當深憶念婆修槃陀白言受
教從是以後宣通經藏以多聞力智
慧辯才如是功德而自莊嚴善解一
切修多羅義分別宣說廣化衆生所
應作已便捨命行次付比丘名摩奴
羅令其流布无上勝法彼摩奴羅智
慧超勝少欲知足勤修苦行言辞要
妙悅可衆心善能通達三藏之義於
南天竺興大饒益時有尊者号曰夜
奢辯慧聡敏甚深淵博與摩奴羅功
德同等亦能解了三藏之義流布名聞

咸為宗仰曾於一時彼摩奴羅至北
天竺尊者夜奢而語之言恒河以南
二天竺國人多邪見聡辯利智長老
善解音聲之論可於彼土遊行教化
我當於此利安衆生時摩奴羅即如
其語至二天竺廣宣毗羅无我之論
摧伏一切異道邪見所為既辦捨身
命終於是已後次有尊者名鶴勒那
夜奢出興於世受付囑法廣宣流布
福德深遠才明淵博化世迷惑令就
正路所作已訖然後捨身復有比丘
名曰師子於罽賓國大作佛事時彼
國王名弥羅掘邪見熾盛心无敬信
於罽賓國毀壞塔寺煞害衆僧即以
利劒用斬師子項中无血唯乳流出
相付法人於是便絶如此之法為大
明燈能照世間愚癡黒闇是故如上
諸賢聖人皆共頂戴受持守護更相
付囑常轉法輪為諸衆生起大饒益
斷塞惡道開人天路遠至寂後斯法
衰殄賢聖隱沒无能建立世間闇冥
永失大明造作惡業行十不善命終
多墮三惡八難是故智者宜當觀察

無上勝法有大功德微妙淵遠不可
思議譬如賈人欲過大海必乘船舫
然後得度一切衆生亦復如是欲出
三界生死大海必假法船方得度脫
法為清涼除煩惱熱法是妙藥能愈
結病即是衆生真善知識為大利益
濟諸苦惱何以故一切衆生性无定
相隨所染習起善惡業若有習近外
道邪見受其教誠永即流轉无有邊
際是則不名善知識也若有人能起
信敬心親近賢聖聽受妙法由聽斯
法功德因緣出欲淤泥受寂勝樂是
故此人名善知識宜應勤心習近供
養必能令人離三惡苦如昔往日華
氏國王有一白象氣力勇壯能滅怨
敵若有罪人令象踏煞後時象廐為
火所燒移在異處近一精舍聞有比
丘誦法句曰為善生天為惡入淵心
便柔和起慈悲意後付罪人都不煞
害但以鼻齅舐之而去王見斯已心
大惶怖吕諸智臣共謀此事時有一
臣即白王言此象繫處近在精舍必
聞妙法是故尒耳今可移繫令近屠

肆彼覩煞害惡心當盛王用其計繫象屠所象見煞戮剥皮斬截惡心猛熾殘害增甚以是當知衆生之類其性不定所以者何畜生猶尚聞法生慈見有屠煞便為殘害况復於人而不染習起善惡業是故智者宜應覺知邪見惡法多所損害棄而離之勤作方便習近聖法受持流布起大師想由是微妙功德因緣永當超越三惡道苦度生死海受涅槃樂又此法者為得道利全分因緣是故復名真善知識如昔阿難白佛言世尊善知識者於得道利作半因緣佛言不也善知識者即是得道全分因緣阿難當知此閻浮提除大迦葉舍利弗等其餘衆生若不遇我恒當流轉無解脫期是故我言善知識者能大利益以此緣故當知佛法寂尊寂妙為无有上無量功德之所成就是故世尊初成正覺於樹王下端坐思惟一切世間若使无有父母師長單獨孤露永无恃怙我今應當依誰而立復作是念過去未來現在諸佛悉以勝法

用為師範我亦應當如三世佛深妙勝法用以為師由是緣故佛常恭敬如斯妙法至心礼拜懃加守護當知此法甚為希有是故智者宜應受持又於往昔有婆羅門持人髑髏其數甚多詣華氏城遍行衒賣經歷多時都无買者便極瞋恚高聲唱言此城中人若不就我買髑髏者吾當相為作惡名聞言汝諸人愚癡闇鈍尒時城中諸優婆塞聞是語已畏其毀謗便持錢物至彼買之即以銅筯貫穿其耳若徹之者便與多價其半徹者與價漸少都不通者全不與直時婆羅門問優婆塞我此髑髏皆悉无異何故與價而有差別優婆塞言如前髑髏有通徹者斯人生時聽受妙法智慧高勝貴其若此相與多價其半徹者雖聽妙法未善分別以是因緣與汝少直全不通者此人往昔都不聽法吾以是故不相與直時優婆塞持此髑髏往至城外起塔供養命終皆得生于天中以是因緣當知妙法有大功德能建立人何以故此優婆

塞以聽法人髑髏起塔尚生天上況能至心聽受斯法供養恭敬持經人者此之福報甚難窮盡未來必當成无上道是故諸有欲得无上安隱快樂為化衆生作大饒益皆應受持如是勝法

付法藏因緣傳卷第六

乙巳歲高麗國大藏都監奉
勑雕造

付法藏因緣傳卷第六

校勘記

一　底本，麗藏本。

一　五七四頁上二行譯者，資、磧、普、南作「後魏世沙門吉叉迦夜共曇曜譯」；徑、清作「後魏沙門吉叉迦夜共曇曜譯」。

一　五七四頁上九行「渕覽」，諸本（不含石，下同）作「淵玄」。

一　五七四頁上一一行第六字「與」，諸本作「毀」。又末字「是」，諸本作「即」。

一　五七四頁上一二行「深遠」，諸本作「深邃」。

一　五七四頁上一三行第二字「自」，諸本作「目」。

一　五七四頁上一七行「拜見」，諸本作「拜覲」。

一　五七四頁中四行「熒惑」，諸本作「勞貴」。

一　五七四頁中五行第三字「期」，諸本作「斯」。

一　五七四頁中一六行「天作」，資、磧、南作「天貴」。

一　五七四頁中二二行第七字「我」，諸本作「汝」。

一　五七四頁下四行末字「索」，諸本作「素」。

一　五七四頁下一四行「前馳」，諸本作「前驅」。

一　五七五頁中七行「善根」，諸本作「善業」。

一　五七五頁中一九行「讃誦」，諸本作「讀誦」。

一　五七五頁中二一行「宣説」，諸本作「宣釋」。

一　五七六頁上五行首字「俛」，諸本作「挽」。

一　五七六頁上一三行第八字「見」，資、磧、南、徑、清作「齊」。

一　五七六頁上一五行末字「者」，諸本作「實」。

一　五七六頁中一二行「頭面」，諸本作「頭首」。

一　五七六頁下一一行「鳩摩羅馱」，普作「鳩摩羅駃」。

一　五七六頁下一六行第四字「當」，諸本作「可」。

一　五七七頁上一四行「廣化」，諸本作「度化」。

一　五七七頁上二一行「奇杖」，磧、南、徑、清作「歧杖」。

一　五七七頁上二二行第八字「復」，諸本作「須」。

一　五七七頁中二行第九字「得」，諸本作「自」。

一　五七七頁中六行第一二字「纔」，資作「水」。

一　五七七頁中一一行「往詣」，磧、南作「往諸」。

一　五七七頁下五行第一二字「將」，諸本作「持」。

一　五七七頁下七行第四字「令」，徑作「今」。

一　五七七頁下一八行首字「訖」，諸

本作「後」。

一　五七八頁中一五行第七字「項」，諸本作「頭頭」。

一　五七八頁下一三行「此人」，諸本作「此法」。

一　五七八頁下一六行「踏煞」，諸本作「蹈殺」。

一　五七九頁上二行「剝皮」，諸本作「剠剝」。

一　五七九頁中三行「至心」，諸本作「心敬」。

一　五七九頁中一一行「銅筋」，諸本作「銅銍」。

一　五七九頁中一五行「與價」，諸本作「價直」。

一　五七九頁中二〇行第一〇字「直」，諸本作「價」。

一　五七九頁中末行「能建立人」，諸本作「能所建立」。

坐禪三昧經卷上 飛

姚秦三藏鳩摩羅什譯

導師說難遇　聞者喜亦難　大人所樂聽
小人所惡聞　衆生可愍傷　墜老死嶮路
野人恩愛奴　處畏癡不懼　世界若大小
法無有常者　一切不久留　暫現如電光
是身屬老死　衆病之所歸　薄皮覆不淨
愚惑為所欺　汝常為老賊　吞滅盛壯色
如華鬚枯朽　毀敗无所直　頂生王功德
共釋天王坐　報利福弘多　今日悉安在
此王天人中　欲樂具為最　死時極苦痛
以此可悟意　諸欲初軟樂　後皆成大苦
亦如怨初善　滅族禍在後　是身為穢器
九孔常流惡　亦如那利瘡　絕治於醫藥
骨車力甚少　筋脉纏識轉　汝以為妙乘
忍著无羞恥　死人所聚處　委棄滿塚間
生時所保惜　死則皆棄捐　常當念如是
一心觀莫亂　破癡倒黑瞑　執炬以明觀
若捨四念止　心无惡不造　如象逸无鉤
終不順調道　今日營此業　明日造彼事
樂著不觀苦　不覺死賊至　怱怱為已務
他事亦不閑　死賊不待時　至則无脫緣
如鹿渴赴泉　已飲方向水　獦師無慈惠
不聽飲竟然　癡人亦如是　懃修諸事務
死至不待時　誰當為汝護　人心期富貴
五欲情未滿　諸大國王輩　无得免此患
仙人持呪術　亦不免死生　無常大象蹈
蟻蛭與地同　且置一切人　諸佛正真覺
越度生死流　亦復不常在　以是故當知
汝所可愛樂　悉應早捨離　一心求涅槃
後捨身死時　誰當證知我　復得遇法寶
及以不遇者　久久佛日出　破大无明瞑
以放諸光明　示人道非道　我從何所來
從何處而生　何處得解脫　此疑誰當明
佛聖一切智　久遠乃出世　一心莫放逸
能破汝疑結　彼不樂實利　好著弊惡心
汝為衆生長　當求實法相　誰能知死時
所趣從何道　譬如風中燈　不知滅時節
至道法不難　大聖指事說　說智及智處
此二不假外　汝若不放逸　一心常行道
不久得涅槃　第一常樂處　利智親善人
盡心敬佛法　猒穢不淨身　離苦得解脫
閑靜修寂志　結跏坐林間　撿心不放逸
悟意覺諸緣　若不猒有中　安睡不自悟
不念世非常　可畏而不懼　煩惱深无底

生死海无邊　度苦舡未辦　安得樂睡眠
是以當覺悟　莫以睡覆心　於四供養中
知量知止足　大怖俱未免　當宜懃精進
一切苦至時　悔恨无所及　納衣樹下坐
如所應得食　勿為貪味故　而自致毀敗
食過知味處　美惡都无異　愛好生憂苦
是以莫造愛　行業世界中　美惡无不更
一切已具受　當以是自抑　若在畜獸中
噉草為具味　地獄吞鐵丸　燃熱劇迸鐵
若在薜荔中　膿吐火糞屎　涕唾諸不淨
以此為上味　若在天宮殿　七寶宮觀中
天食蘇陁味　天女以娛心　人中務貴處
七饌備衆味　一切曾所更　今復何以愛
往返世界中　猒更苦樂事　雖未得涅槃
當懃求此利

學禪之人初至師所師應問言汝持戒淨不非重罪惡邪不若言五衆戒淨無重罪惡邪次教道法若言破戒應重問言汝破何戒若言重戒師言如人被截耳鼻不須照鏡汝且還去精懃誦經勸化作福可種後世道法因緣此生永棄譬如枯樹雖加溉灌不生華葉及其果實若破餘戒是時

應教如法懺悔若已清淨師若得天眼他心智即為隨病說趣道之法若未得通應當觀相或復問之三毒之中何者偏重婬欲多耶瞋恚多耶愚癡多耶云何觀相若多婬相為人輕便多畜妻妾多語多信顏色和悅言語便易少於瞋恨亦少愁憂多能技術好聞多識愛著文頌善能談論能察人情多諸畏怖心在房室好著薄衣渴欲女色愛著臥具服飾香華心多柔軟能有憐愍美於言語好修福業意樂生天處眾无難別人好醜信任婦女欲火熾盛心多悔變意自莊飾好觀綵畫慳惜已物僥倖他財好結親友不喜獨處樂著所止隨逐流俗乍驚乍懼志如獼猴所見淺近作事无慮輕忘所為趣得適意喜啼喜哭身體細軟不堪寒苦易阻易悅不能忍事少得大喜少失大憂自發伏匿身溫汗臭薄脣細髮多皺多白剪爪治鬚白齒趣行意潔淨衣學不尊一好遊林苑多情多求意著常見附近有德先意問訊喜用他語強顏耐

辱聞事速解所為事業分別好醜慈傷苦厄自大好勝不受侵陵喜行施惠接引善人得美飲食與人共之不存近細志在遠大眼著色欲事不究竟无有遠慮知世方俗觀察顏色逆探人心美言辯慧結友不固頭髮稀踈少於睡眠坐臥行立不失容儀所有財物能速救急尋後悔惜受義疾得尋復喜忘惜於舉動難自改變難得離欲作罪輕微如是種種是婬欲相瞋恚人相多於憂惱卒暴懷忿身口麁獷能忍眾苦觸事不可多愁少歡能作大惡无憐愍心喜為鬪訟顏貌毀悴皺眉眄睞難語難悅難事難可其心如癰面宣人闕義論強梁不可折伏難可傾動難親難沮含毒難吐受誦不失多能多巧心不嬾憧造事疾速持望不語意深難知受恩能報有能聚眾自伏事人不可沮敗能究竟事難可干亂少所畏難辟如師子不可屈伏一向不迴直造直進憶念不忘多慮思惟誦習憶持能多施與小利不迴為師利根離欲獨處少

於婬欲心常懷勝愛著斷見眼常惡視真實言語說事分了少於親友為事堅著堅憶不忘多於筋力肩胷姝大廣額齊髮心堅難伏疾得難忘能自離欲喜作重罪如是種種是瞋恚相愚癡人相多疑多悔嬾憧无見自滿難屈憍慢難受可信不信非信而信不知恭敬處處信向多師輕躁无羞搪突作事无慮反教渾戾不擇親友不自修飾好師異道不別善惡難受易忘鈍根懈怠呵謗行施心无憐愍破壞法橋觸事不了瞋目不視無有智巧多求怖望多疑少信憎惡好人破罪福報不別善言不能解過不受誨喻親離憎怨不知礼節意作惡口鬚髮爪長齒衣多垢為人驅使畏處不畏樂處而憂憂處而喜悲處反笑笑處反悲牽而後隨能忍苦事不別諸味難得離欲為罪深重如是種種是愚癡相

若多婬欲人不淨法門治若多瞋恚人慈心法門治若多愚癡人思惟觀因緣法門治若多思覺人念息法門

治若多等分人念佛法門治諸如是等種種病種種法門治

第一治貪欲法門

婬欲多人習不淨觀從足至髮不淨充滿髮毛爪齒薄皮厚皮血肉筋脉骨髓肝肺心脾腎胃大腸小腸屎尿洟唾汗淚垢坋膿腦胞膽水微膚脂肪腦膜身中如是種種不淨復次不淨觀者觀青瘀膖脹破爛血流塗漫臭膿噉食不盡骨散燒焦是謂不淨觀復次多婬人有七種愛或著好色或著端正或著儀容或著音聲或著細滑或著衆生或都愛著若著好色當習青瘀觀法黃赤不淨色等亦復如是若著端正當習膖脹身散觀法若著儀容當觀新死血流塗骨觀法若著音聲當習咽塞命斷觀法若著細滑當習骨見及乾枯病觀法若愛衆生當習六種觀若都愛著一切遍觀或時作種種更作異觀是名不淨觀問曰若身不淨如臭腐尸者何從生著若著淨身臭腐爛身亦當應著若不著臭身淨身亦應不著二身

等故若求二實淨俱不可得人心狂惑為顛倒所覆非淨計淨若倒心破便得實相法觀便知不淨虛誑不真復次死尸无火無命无識無有諸根人諦知之心不生著以身有暖有命有識諸根完具心倒惑著復次心著色時謂以為淨愛著心息即知不淨若是實淨應當常淨而今不然如狗食糞謂之為淨以人觀之甚為不淨是身内外無一淨處若著身外身外薄皮舉身取之纔得如棕是亦不淨何況身内三十六物復次推身因緣種種不淨父母精血不淨合成既得為身常出不淨衣服牀褥亦臭不淨何況死處以是當知生死内外都是不淨（此下經本至二門初）

復次觀亦有三品或初習行或已習行或久習行若初習行當教言作破皮想除却不淨當觀赤骨人繫意觀行不令外念外念諸緣攝念令還若已習行當教言想却皮肉盡觀頭骨不令外念外念諸緣攝念令還若久習行當教言身中一寸心却皮肉繫

意五處頂額眉間鼻端心處如是五處住意觀骨不令外念外念諸緣攝念令還常念觀心心出制持若心疲極住念所緣捨外守住辟如獼猴被繫在柱極乃住息所緣如柱念如繩鎖心喻獼猴亦如乳母常觀嬰兒不令墮落行者觀心亦復如是漸漸制心令住緣處若心久住是應禪法若得禪定即有三相身體和悅柔軟輕便白骨流光猶如白珂心得靜住是為觀淨是時便得色界中心是名初學禪法得色界心心應禪法即是色界法心得此法身在欲界四大極大柔軟快樂色澤淨潔光潤和悅謂悅樂二者向者骨觀白骨相中光明遍照淨白色三者心住一處是名淨觀除肉觀骨故名淨觀如上三相皆自知之他所不見上三品者初習行先未發意已習行三四身修久習行百年身學

第二治瞋恚法門

若瞋恚偏多當學三種慈心法門或初習行或已習行或久習行若初習

行者當教言慈及親愛云何親及願與親樂行者若得種種身心快樂寒時得衣熱時得涼飢渴得飲食貧賤得富貴行極時得止息如是種種樂願親愛得繫心在慈不令異念異念諸緣攝之令還若已習行當教言慈及中人云何及中人而與樂行者若得種種身心快樂願中人得繫心在慈不令異念異念諸緣攝之令還若久習行當教言慈及怨憎云何及彼而與其樂行者若得種種身心快樂願怨憎得得與親同同得一心心大清淨親中怨等廣及世界无量衆生皆令得樂周遍十方靡不同等大心清淨見十方衆生皆如自見在心目前了了見之受得快樂是時即得慈心三昧問曰親愛中人願令得樂怨憎惡人云何憐愍復願與樂荅曰應與彼樂所以者何其人更有種種好清淨法因我今云何豈可以一怨故而沒其善復次思惟是人過去世時或是我親善豈以今瞋更生怨惡我當忍彼是我善利又念行法仁徳含

弘慈力无量此不可失復思惟言若無怨憎何因生忍生忍由怨怨則我之親善復次瞋報冣重衆惡中上无有過是以瞋加物其毒難制雖欲燒他實是自害復自念言外被法服內習忍行是謂沙門豈可惡聲縱此變色憋心復次五受陰者衆苦林藪受惡之的苦惱惡來何由可免如剌剌身苦剌无量衆怨甚多不可得除當自守護著忍革屣如佛言曰

以瞋報瞋　瞋還著之　瞋恚不報
能破大軍　能不瞋恚　是大人法
小人瞋恚　難動如山　瞋為重毒
多所殘害　不得害彼　自害乃滅
瞋為大瞑　有目无覩　瞋為塵垢
染汙淨心　如是瞋恚　當急除滅
毒虵在室　不除害人　如是種種
瞋毒无量　當習慈心　除滅瞋恚

是為慈三昧門

第三治愚癡法門

若愚癡偏多當學三種思惟法門或初習行或已習行或久習行若初習行當教言生緣老死无明緣行如是

思惟不令外念外念諸緣攝之令還若已習行當教言行緣識識緣名色名色緣六入六入緣觸觸緣受受緣愛愛緣取取緣有如是思惟不令外念外念諸緣攝之令還若久習行當教言无明緣行行緣識識緣名色名色緣六入六入緣觸觸緣受受緣愛愛緣取取緣有有緣生生緣老死如是思惟不令外念外念諸緣攝之令還問曰一切智人是有明一切餘人是無明是中云何无明荅曰无明名一切不知此中無明能造後世有有者無无者有棄諸善取諸惡破實相著虛妄如無明相品中說

不明白益法　不知道德業　而作結使因
如火鑚燧生　惡法而心著　遠棄於善法
奪衆生明賊　去來明亦劫　常樂我淨想
計於五陰中　昔習盡道法　亦復不能知
種種惱險道　盲人入中行　煩惱故業集
業故苦流迴　不應取而取　應取而反棄
馳闇逐非道　蹴株而躃地　有目而无慧
其喻亦如是　是因緣滅故　智明如日出

如是略說無明乃至老死亦如是問

曰佛法中因緣甚深云何癡多人能觀因緣荅曰二種癡人一如牛羊二種種邪見癡惑闇蔽邪見癡人佛為此說當觀因緣以習三昧

第四治思覺法門

若思覺偏多當習阿那般那三昧法門有三種學人或初習行或已習行或久習行若初習行當教言一心念數入息出息若長若短數一至十若已習行當教言數一至十隨息入出念與息俱止心一處若久習行當教言數隨止觀轉觀清淨阿那般那三昧六種門十六分云何為數一心念入息入息至竟數一出息至竟數二若未竟而數為非數若數二至九而誤更從一數起辟如竿人一一為二二二為四三三為九問曰何以故數荅曰无常觀易得故亦斷諸思覺故得一心故身心生滅无常相似相續難見入息出息生滅無常易知易見故復次心繫在數斷諸思諸覺思覺者欲思覺恚思覺惱思覺親里思覺國土思覺不死思覺欲求淨心入正

道者先當除却三種麁思覺次除三種細思覺除六覺已當得一切清淨法辟如採金人先除麁石砂然後除細石砂次第得細金沙問曰云何為麁病云何為細病荅曰欲瞋惱覺是三名麁病親里國土及不死覺是三名細病除此覺已得一切清淨法問曰未得道者結使未斷六思覺强從心生乱云何能除荅曰心猒世間正觀能遮而未能拔後得无漏道能拔結使根本何謂正觀

見多欲人求欲苦　得之守護是亦苦
失之憂惱亦大苦　心得欲時无滿苦
欲無常空憂惱因　衆共有此當覺棄
辟如毒虵入人室　不急除之害必至
不定不實不貴重　種種欲求顛倒樂
如六神通阿羅漢　教誨欲覺弟子言
汝不破戒戒清淨　不共女人同室宿
欲結毒虵滿心室　纏綿愛喜不相離
既知身戒不可毀　汝心常共欲火宿
汝是出家求道人　何緣縱心乃如是
父母生養長育汝　宗親恩愛共成就
咸皆涕泣戀惜汝　汝能捨離不顧念

而心常在欲覺中　共欲嬉戲无猒心
常樂欲火共一處　歡喜愛樂不暫離

如是種種呵欲覺如是種種正觀除欲覺問曰云何滅瞋恚覺荅曰

從胎中來生常苦　是中衆生莫瞋惱
若念瞋惱慈悲滅　慈悲瞋惱不相比
汝念慈悲瞋惱滅　辟如明闇不同處
若持淨戒念瞋恚　是人自毀破法利
辟如諸象入水浴　復以泥土塗坌身
一切常有老病死　種種鞭笞百千苦
云何善人念衆生　而復加益以瞋惱
若起瞋恚欲害彼　未及前人先自燒
是故常念行慈悲　瞋惱惡念内不生
若人常念行善法　是心常習佛所念
是故不應念不善　常念善法歡樂心
今世得樂後亦然　得道常樂是涅槃
若心積聚不善覺　自失已利并害他
是謂不善彼我失　他有淨心亦復沒
辟如阿蘭若道人　舉手哭言賊劫我
有人問言誰劫汝　荅言財賊我不畏
我不聚財求世利　誰有財賊能侵我
我集善根諸法寶　覺觀賊來破我利
財賊可避多藏處　劫善賊來无處避

如是種種呵瞋恚如是種種正觀除
瞋恚覺
問曰云何除惱覺
荅曰衆生百千種 諸病更互恒来惱
死賊捕伺常欲煞 無量衆苦自沉没
云何善人復加惱 譏謗謀害无慈仁
未及傷彼被殃身 俗人起惱是可恕
此事世法恶業因 亦不自言我修善
求清淨道出家人 而生瞋恚懷嫉心
清冷雲中放毒火 當知此恶罪極深
阿蘭若人興嫉妬 有阿羅漢他心智
教誡呰責汝何愚 嫉妬自破功德本
若求供養當自集 諸功德本莊嚴身
若不持戒禪多聞 虛假染衣壞法身
實是乞兒弊恶人 云何求供養利身
飢渴寒熱百千苦 衆生常困此諸惱
身心呰厄无窮盡 云何善人加諸惱
辟如病瘡以針刺 亦如獄囚考未决
呰厄纒身衆惱集 云何慈悲更令劇
如是種種呵惱覺如是種種正觀除
惱覺
問曰云何除親里覺
荅曰應如是念世界生死中自業縁

坐禪三昧經卷上 第十六張 飛

牽何者是親何者非親但以愚癡故
横生著心計為我親過去世非親為
親未来世非親為親今世是親過去
非親辟如鳥栖暮集一樹晨飛各隨
縁去家屬親里亦復如是生世界中
各各自異心縁會故親縁散故疎无
有定實因縁果報共相親近辟如乾
沙縁手團握縁捉故合縁放故散父
母養子老當得報子蒙懐抱養育故應
報若順其意則親若逆其意是賊有
親不能益而反害有非親无損而大
益人以因縁故而生愛愛因縁故而
更斷辟如畫師作婦女像還自愛著
此亦如是自生染著染著於外過去
世中汝有親里今世於汝復何所作
汝亦不能益過去親過去親不益汝
兩不相益空念之為是親非親世界
中不定无邊如阿羅漢教新出家戀
親弟子言如恶人吐食更欲還噉汝
亦如是汝已得出家何以還欲愛著
是剃鬚染衣是解脫相汝著親里不
得解脫還為愛所繫三界无常流轉
不定若親非親雖今親里久久則滅

坐禪三昧經卷上 第十七張 飛

如是十方衆生迴轉親里无定是非
我親人欲死時无心無識直視不轉
閉氣命絶如墮闇坑是時親里家屬
安在若初生時先世非親今强和合
作親若當死時復非親如是思惟不
當著親如人兒死一時三處父母俱
時啼哭諸天上父母妻子人中亦為
誑龍中父母亦為誑 如是種種正觀
除親里覺
問曰云何除國土覺荅曰行者若念
是國土豊樂安隱多諸好人恒為國
土覺縄所牽將去罪處覺心如是若
有智人不應念著何以故國土種種
過罪所燒時節轉故亦有飢餓身疲
極故一切國土无常安者復次老病
死苦无國不有從是間身苦去得彼
處身苦一切國土去無不苦假有國
土安隱豊樂而有結惱心生苦患是
非好國土能除雜恶國土能薄結使
令心不惱是謂好國土一切衆生有
二種苦身苦心苦常有苦惱无有國
土無此二惱復次有國土大寒有國
土大熱有國土飢餓有國土多病有

坐禪三昧經卷上 第十八張 飛

國土多賊有國土王法不理如是種種國土之悪心不應著如是正觀除國土覺

問曰云何除不死覺荅曰應教行者若好家生若種族子才技力勢勝人一切莫念何以故一切死時不觀老少貴賤才技力勢是身是一切憂惱諸因緣因自見少多壽若得安隱是為癡人何以故是謂憂惱因依是四大四大造色如四毒虵共不相應誰得安隱者出息期入是不可信復次人睡時欲期必覺是事難信受胎至老死事恒来求死時節言常不死亡何可信譬如煞賊拔刀注箭常求煞人无憐愍心人生世間死力最大一切無勝死力强者若過去世第一妙人无能脫此死者現在亦无大智人能勝死者亦非軟語求非巧言誑可得避脫亦非持戒精進能却此死以是故當知人常危脆不可怙恃莫信計常我壽久活是諸死賊常將人去不付老竟然後當煞如阿羅漢教諸覺所惱弟子言汝何以不知猒世入道

何以作此覺有人未生便死有生時死者有乳餔時有斷乳時有小兒時有盛壯時有老時一切時中間死法界譬如樹華華時便墮有果時墮有未熟時墮是故當知勤力精進求安隱道大力賊共住不可信此賊如虎巧覆藏身如是死賊常求煞人世界所有空如水泡云何當言待時入道何誰能證言汝必老可得行道譬如嶮岸大樹上有大風下有大水崩其根土誰當信此樹得久住者人命亦如是少時不可信父如穀子母如好田先世因緣罪福如雨澤衆生如穀生死如収刈種種諸天子人王智徳如天王佐天鬪破諸阿須倫軍種種受樂極髙大明還没在黒闇以是故莫信命活言我今日當作此明後當作是如是正觀種種除不死覺如是先除麁思覺却後除細思覺心清淨生得正道一切結使盡從是得安隱處是謂出家果心得自在三業第一清淨不復受胎讀種種經多聞是時得報果如是得時不空破魔王軍便得第一勇猛名稱世界中煩惱將去是不名健

能破煩惱賊滅三毒火涼樂清淨涅槃林中安隱高枕種種禪定根力七覺清風四起顧念衆生没三毒海徳妙力如是乃名為健如是等散心當念阿那般那學六種法斷諸思覺以是故念數息

問曰若餘不淨念佛四等觀中亦得斷思覺何以故獨數息荅曰餘觀法寬難失故數息法急易轉故譬如放牛以牛難失故守之少事如放獼猴易失故守之多事此亦如是數息心數不得少時他念少時他念則失數以是故初斷思覺應數息已得數法當行隨法斷諸思覺入息至竟當隨莫數一出息至竟當隨莫數二譬如負債人債主隨逐初不捨離如是思惟是入息是還出更有異出息是還入更有異是時知入息異出息異何以故出息暖入息冷問曰入出息是一息何以故出息還更入故譬如含水水暖吐水水冷冷者還暖暖者還冷故荅曰不尒内心動故有息出出已即滅鼻口引外則有息入入故息

滅亦无將出亦无將入復次少壯老人少者入息長壯者入出息等老者出息長是故非一息復次齊邊風發相似相續息出至口鼻邊出巳便滅辟如橐囊中風開時即滅若以口鼻因緣引之則風入是從新因緣邊生辟如扇衆緣合故則有風是時知入出息因緣而有虛誑不真生滅无常如是思惟出息從口鼻因緣引之而有入息因緣心動令生而惑者不知以為我息息者是風與外風无異地水火空亦復如是是五大因緣合故生識識亦如是非我有也五陰十二入十八持亦復如是如是知之逐息入息出是以名隨已得隨法當行止法止法者穀隨心極住意風門念入出息問日何以故止荅日斷諸思覺故心不散故數隨息時心不定心多亂故止則心閑少事故心住一處故念息出入辟如守門人門邊住觀人入出止心亦尒知息出時從齊心胷咽至口鼻息入時從口鼻咽胷心至齊如是繫心一處是名為止復次心

止法中住觀入息時五陰生滅異出息時五陰生滅異如是心乱便除却一心思惟令觀增長是名為觀法捨風門住離麁觀法離麁觀法知息无常此名轉觀觀五陰无常亦念入息出息生滅無常見初頭息无所從来次觀後息亦无跡處因緣合故有因緣散故无是名轉觀法除滅五蓋及諸煩惱雖先得止觀煩惱不淨心雜今此淨法心獨得清淨復次前觀異學相似行道念息入出今無漏道相似行善有漏道是謂清淨復次初觀身念止分漸漸一切身念止次行痛心念止是中非清淨無漏道遠故今法念止中觀十六行念入出息得煗法頂法忍法世間第一法苦法忍乃至无學盡智是名清淨是十六分中初入息分六種安那般那行出息分亦如是一心念息入出若長若短辟如人怖走上山若擔負重若上氣如是比是息短若人極時得安息歡喜又如得利從獄中出如是為息長一切息隨二處若長若短處是故言息

長息短是中亦行安那般那六事念諸息遍身亦念息出入悉觀身中諸出息入息覺知遍至身中乃至足指遍諸毛孔如水入沙息出覺知從足至髮遍諸毛孔亦如水入沙辟如囊囊入出皆滿口鼻風入出亦尒觀身周遍見風行處如藕根孔亦如魚網復次非獨口鼻觀息入出一切毛孔及九孔中亦見息入息出是故知息遍諸身除諸身行亦念入出息初學息時若身懈怠睡眠體重悉除棄之身輕柔軟隨禪定心受喜亦念息入出除懈怠睡眠心重得心輕柔軟隨禪定心受喜復次入息念止中竟次行痛念止巳得身念止實今更得痛念止實受喜復次巳知身實相今欲知心心數法實相是故受喜亦念息入出受樂亦念息入出是喜增長名為樂復次初心中生悅是名喜後遍身喜是名樂復次初禪二禪中樂痛名喜三禪中樂痛名受樂受諸心行亦念息入出諸心生滅法心染法心不染法心散法心攝法心正法心邪

法如是等諸心相名為心行心作喜時亦念息入出先受喜自生不故作念心故作喜問曰何以故作喜答曰欲治二種心或散心或攝心如是作心得出煩惱是故念法心作喜復次若心不悅勸勉令喜心作攝時亦念息入出設心不定强伏令定如經中說心定是道心散非道心作解脫時亦念息入出若意不解强伏令解辟如羊入蒼耳蒼耳著身人為漸漸出之心作解脫諸煩惱結亦復如是是名心念止作解脫觀无常亦念息入出觀諸法无常生滅空无吾我生時諸法空生滅時諸法空滅是中無男无女無人无作無受是名隨无常觀觀有為法出散亦念息入出無常是名出散諸有為法現世中出徙過去因緣和合故集因緣壞故散如是隨觀是名出散觀觀離欲結亦念息入出心離諸結是法第一是名隨離欲觀觀盡亦念息入出諸結使苦在在處盡是處安隱是名隨盡觀觀棄捨亦念息入出諸染愛煩惱身心五

陰諸有為法棄捨是第一安隱如是觀是名隨法意止觀是名十六分

第五治等分法門

第五法門治等分行及重罪人求索佛如是人等當教一心念佛三昧念佛三昧有三種人或初習行或已習行或久習行若初習行人將至佛像所或教令自往諦觀佛像相好相相明了一心取持還至靜處心眼觀佛像令意不轉繫念在像不令他念他念攝之令常在像若心不住師當教言汝當責心由汝受罪不可稱計无際生死種種苦惱无不更受若在地獄吞飲洋銅食燒鐵丸若在畜生食糞噉草若在餓鬼受飢餓苦若在人中貧窮困厄若在天上失欲憂惱常隨汝故令我受此種種身惱心惱无量苦惱今當制汝汝當隨我我今繫汝一處我終不復為汝所困更受苦毒也汝常困我我今要當以事困汝如是不已心不散亂是時便得心眼見佛像相光明如眼所見无有異也如是心住是名初習行者思惟是時

當更念言是誰像相則是過去釋迦牟尼佛像相如我今見佛形像像亦不來我亦不往如是心想見過去佛初降神時震動天地有三十二相大人相一者足下安平立二者足下千輻輪三者指長好四者足跟廣五者手足指合縵網六者足趺高平好七者伊尼延鹿蹲八者平住手過膝九者陰馬藏相十者尼俱盧陁身十一者一一孔一一毛生十二者毛生上向而右旋十三者身色勝上金十四者身光面一丈十五者皮薄好十六者七處滿十七者兩腋下平好十八者上身如師子十九者身大好端直二十者肩圓好二十一者四十齒二十二者齒白齊密等而根深二十三者四牙白而大二十四者頰方如師子二十五者味中得上味二十六者舌大廣長而薄二十七者梵音深遠二十八者迦蘭頻伽聲二十九者眼紺青色三十者眼睫如牛王三十一者頂髻肉骨成三十二者眉間白毛長好右旋復次八十種小相一者无

見頂二者鼻直高好孔不現三者眉如初生月紺琉璃色四者耳好五者身如那羅延六者骨際如鉤鏁七者身一時迴如象王八者行時足去地四寸而印文現九者爪如赤銅色薄而潤澤十者膝圓好十一者身淨潔十二者身柔軟十三者身不曲十四者指長圓纖十五者指文如畫雜色莊嚴十六者脉深不現十七者踝深不現十八者身潤光澤十九者身自持不委陁二十者身滿足三月受胎二月生二十一者容儀備足二十二者住處安如牛王立不動二十三者威振一切二十四者一切樂觀二十五者面不長二十六者正容貌不撓色二十七者脣如頻婆果色二十八者面圓滿二十九者響聲深三十者齊圓深不出三十一者毛處處右旋三十二者手足滿三十三者手足如意舊言內外握者是三十四者手足文明直三十五者手文長三十六者手文不斷三十七者一切惡心衆生見者皆得和悅色三十八者面廣姝三十九者面如月四十者衆生見者不

怖不懼四十一者毛孔出香風四十二者口出香氣衆生遇者樂法七日四十三者儀容如師子四十四者進止如象王四十五者行法如鵝王四十六者頭如磨陁羅果此果不圓不長四十七者聲分滿足聲有六十種分佛皆具足四十八者牙利四十九者毛漢名故不得出也五十者舌大而赤五十一者舌薄五十二者毛紅色色淨潔五十三者廣長眼五十四者孔門滿九孔門相具足滿五十五者手足赤白如蓮華色五十六者腹不見不出五十七者不凸腹五十八者不動身五十九者身重六十者大身六十一者身長六十二者手足滿淨六十三者四邊遍大光光明自照而行六十四者等視衆生六十五者不著教化不貪弟子六十六者隨衆聲滿不減不過六十七者隨衆音聲而為說法六十八者語言无礙六十九者次第相續說法七十者一切衆生目不能諦視相知盡七十一者視无猒足七十二者髮長好七十三者髮好七十四者髮不乱七十五者髮不破七十六者髮柔

軟七十七者髮青毗琉璃色七十八者髮絞上七十九者髮不稀八十者胷有德字手足有吉字光明徹照无量世界初生行七步發口演要言出家勤苦行菩提樹下降伏魔軍後夜初明成等正覺光相分明遠照十方靡不周遍諸天空中絃歌供養散華雨香一切衆生咸歡无量獨步三界還顧轉身如象王迴觀視道樹初轉法輪天人得悟以道自證得至涅槃佛身如是感發无量專心念佛不令外念外念諸緣攝之令還如是不乱是時便得見一佛二佛乃至十方无量世界諸佛色身以心想故皆得見之既得見佛又聞說法言或自請問佛為說法解諸疑網既得佛念當復念佛功德法身无量大慧無崖底智不可計德多陁阿伽度多陁秦言如阿伽度言解亦言實語又言諸餘聖人安隱道來佛如是來復次更不來後有中也阿梨菩逑反呵阿梨秦言賊呵言殺佛以忍辱為鎧精進為堅牢禪定為弓智慧為箭煞憍慢等賊故名煞賊三藐无灼反三佛陁三藐秦言真實三佛陁言一切覺覺苦因習涅槃因道正解見四實不可轉了盡无餘故言真實覺一切鞞伽口除夜反遮羅那鞞伽秦言明遮羅那言善行明三明也行清淨之行以之獨成无師大覺故言明善行也三般那秦言滿成宿伽陁秦言

（善解亦名善自得，又言善說无患）路加僭（皮拜反。路加秦言智，智者知世間，知盡道，故名世智，世智知世也）阿耨多羅（秦言无上，善法聖智示導一切，大德無量，梵魔衆聖莫有及者，何況能過佛，尊德大故，言无上）富樓沙曇藐（富樓沙秦言大丈夫，曇藐言可言可化，丈夫調御師，佛以大慈大悲大智故，有時軟美語，有時苦切語，或以親教，以此調御，令不失道，故名佛為可化丈夫調御師法也）舍（音賒）多（都餓反）提婆魔㝹舍喃（奴甘反。秦言天人師，盡能解脫一切入煩惱，常住不退上法）佛婆伽婆（過去未來現在，行不行，知行盡不盡，一切諸法，菩提樹下一切了了知，故名佛。婆伽婆言有大名聲，復次婆名女，伽名吐，永棄女根，故女根吐也）

尒時復念二佛神德，三四五佛乃至無量盡虛空界，皆悉如是。復還見一佛，能見一佛作十方佛，能見十方佛作一佛，能令一色作金銀水精毗琉璃色，隨人意樂，悉令見之。尒時惟觀二事：虛空佛身及佛功德，更无異念。心得自在，意不馳散，是時得成念佛三昧。若心馳散念在五塵，若在六覺者，當自勗勉剋厲其心，强制伏之。如是思惟：人身難得，佛法難遇，故曰衆明日為冥，諸智佛為冥，所以者何？佛與大悲常為一切，故頭目髓腦救濟衆生，何可放心不專念佛，而孤負重恩？若佛不出世，則无人道天道涅槃之道。若人香華供養，以骨肉血髓起

塔供養，未若行人以法供養得至涅槃。雖然，猶負佛恩，設當念佛，空無所獲，猶應勤心專念不忘，以報佛恩。何況念佛得諸三昧，智慧成佛，而不專念？是故行者常當專心，令意不散。既得見佛，請質所疑，是名念佛三昧，除滅等分及餘重罪。

坐禪三昧經卷上

乙巳歲高麗國大藏都監奉
勑彫造

坐禪三昧經卷上

校勘記

一　底本，麗藏本。

一　五八二頁上一行經名，資、普、南、徑、清作「坐禪三昧法門經卷上」。卷末經名同。

一　五八二頁上二行譯者，諸本（不含石，下同）作「僧伽羅剎造　姚秦法師羅什譯」。卷下同。

一　五八二頁上五行「野人」，諸本作「常爲」。又「大小」，諸本作「小大」。

一　五八二頁上一九行「象逸」，諸本作「逸象」。

一　五八二頁上末行「不閑」，資、磧、南作「不閑」。

一　五八二頁中五行「死生」，諸本作「死王」。

一　五八二頁中六行「蟻蛭」，磧、南、清作「蟻垤」。

一　五八二頁中一二行「而生」，磧、普、南、徑、清作「而去」。

一　五八二頁下四行「樹下坐」，諸本作「坐樹下」。
一　五八二頁下九行「唌草」，資、磧、普、南作「呵草」；徑、清作「飼草」。
一　五八二頁下一〇行「若在」，諸本作「若生」。又「糞屎」，諸本作「糞尿」。
一　五八二頁下一二行「蕤陁」，徑、清作「蕤酡」。又「務貴處」，諸本作「豪貴處」。
一　五八二頁下一三行末字「愛」，南、徑、清作「受」。
一　五八三頁上一七行第五字「忘」，諸本作「志」。
一　五八三頁上一八行「易阻」，諸本作「易沮」。
一　五八三頁上二〇行「汗臭」，清作「汙臭」。
一　五八三頁中四行首字「存」，磧、普、南、徑、清作「在」。
一　五八三頁中八行第一二字「受」，諸本作「愛」。
一　五八三頁中一二行「麁鑛」，諸本作「麁獷」。
一　五八三頁中一八行「疾速」，諸本作「疾成」。
一　五八三頁中一九行第二字「有」，諸本作「又」。
一　五八三頁下二行「親友」，諸本作「親厚」。
一　五八三頁下九行「渾戾」，資、磧、普、清作「很侯」；南作「狠侯」；徑作「狠戾」。
一　五八三頁下一六行第四字「爪」，徑作「瓜」。
一　五八四頁上三行「貪欲」，諸本作「婬欲」。
一　五八四頁上七行「垢坋」，諸本作「垢圿」。又「水微膚」，資、磧、普、南作「痰水微實」；徑、清作「痰水微膚」。
一　五八四頁上一八行「骨見」，諸本作「骨觀」。
一　五八四頁中一行第三字「若」，諸本作「答」。
一　五八四頁中二行「倒心破」，諸本作「顛倒心破」。
一　五八四頁中五行第四字「之」，諸本無。
一　五八四頁中一一行「繞得」，磧、普、南、徑、清作「栽得」。
一　五八四頁中一七行第三字「觀」，諸本作「淨觀」。
一　五八四頁下一行「頂額」，諸本作「頂上額上」。
一　五八四頁下一一行「觀淨」，諸本作「淨觀」。
一　五八四頁下一四行「柔軟」，諸本作「柔和」。又第一三字「謂」，諸本作「是謂」。
一　五八五頁上一行「云何親及」，諸本作「云何及親」。
一　五八五頁上七行「與樂行」，諸本作「願與樂行」。
一　五八五頁上一九行末字「好」，諸本作「好事」。

一　五八五頁上二二行「更生」，諸本作「便生」。

一　五八五頁中六行第一二字至次行第三字「縱此變色憋心」，諸本作「變色縱此蔽心」。

一　五八五頁中九行「苦刺」，諸本作「刺有」。又「得除」，諸本作「悉除」。

一　五八五頁中一六行「瞋恚」，諸本作「瞋毒」。

一　五八五頁中一八行「瞋毒」，諸本作「瞋恚」。

一　五八五頁下一〇行「餘人」，徑、清作「愚人」。

一　五八五頁下一五行「不明白益法」，諸本作「不明自蓋法」。

一　五八六頁上二行第九字「一」，徑作「亦」。

一　五八六頁上三行「癡惑」，諸本作「疑惑」。

一　五八六頁上六行「二昧」，諸本作「三昧」。

一　五八六頁上一一行「止心」，磧、普作「上心」。

一　五八六頁上一六行末字「二」，磧作「一」。

一　五八六頁上二一行「諸思諸覺」，諸本作「諸思覺」。

一　五八六頁中一行「思覺」，諸本作「病」。二行同。

一　五八六頁中三行「採金人」，諸本作「採金沙」。

一　五八六頁中一一行「何謂」，徑作「何爲」。

一　五八六頁中二〇行「汝心」，諸本作「而心」。

一　五八六頁下六行末字「比」，磧、普、南作「離」。

一　五八六頁下一五行「歡樂心」，諸本作「勸樂心」。

一　五八六頁下一八行「是謂不善彼我失」，諸本作「既自心中善法失」。

一　五八六頁下二〇行首字至末行末字「有……避」，諸本作八句七言偈。

一　五八七頁上三行末字「覺」下，諸本有「答曰」二字。

一　五八七頁上四行「答曰」，諸本作「世間」。

一　五八七頁上八行「惡業因」，諸本作「惡業困」。

一　五八七頁上一五行「云何求供養利身」，諸本作「云何而求供養利」。

一　五八七頁上一六行第一一字「困」，諸本作「因」。

一　五八七頁中四行末四字至次行首二字「晨飛各隨緣去」，諸本作「晨則隨緣各自飛去」。

一　五八七頁下三行「閑氣」，諸本作「行氣」。

一　五八七頁下五行第九字「親」，諸本作「親里」。

一　五八七頁下七行第四字「誑」，諸本無。

一　五八七頁下七行末四字至次行第八字「人中亦爲誑龍中父母亦爲誑」，諸本作「謂人中爲虛誑龍中父母亦以人中爲虛誑」。

一　五八八頁上五行第八字「子」，諸本無。

一　五八八頁上八行第三字「因」，諸本作「本」。九行第一〇字同。

一　五八八頁上一七行第三字「脱」，諸本作「勝」。

一　五八八頁上一九行「持戒」，徑作「特戒」。

一　五八八頁上二〇行「人常危脆」，諸本作「人命危脆」。

一　五八八頁上二一行「我壽久活」，諸本作「我當久活」。

一　五八八頁上二二行首字「付」，諸本作「待」。

一　五八八頁中四行「華華」，諸本作「有華」。

一　五八八頁中五行「當知」，諸本作「應當」。

一　五八八頁中九行首字「何」，諸本作「阿」。

一　五八八頁中一八行「正觀種種」，諸本作「種種正觀」。

一　五八八頁中一九行第一一字「生」，徑、清作「先」。

一　五八八頁中二二行「報果」，諸本作「果報」。

一　五八八頁下三行末字「德」，諸本無。

一　五八八頁下七行「四等」，諸本作「等四」。

一　五八九頁上三行第一一字「齊」，諸本作「齋」。下同。

一　五八九頁上一四行「十八持」，諸本作「十八界」。

一　五八九頁中末行「息隨」，諸本作「息墮」。

一　五八九頁下一三行「睡眠」，諸本作「却睡眠」。

一　五八九頁下一四行「入息」，諸本作「入身」。

一　五九〇頁中二行「隨法意止觀是名十六分」，諸本作「隨棄捨觀息入出是名數息十六分也」。

一　五九〇頁中三行「第五治等分法門」，諸本無。

一　五九〇頁中九行第五字「取」，諸本作「憶」。

一　五九〇頁中一六行「困厄」，諸本作「困厄苦」。

一　五九〇頁中二二行第四字「相」，資無。

一　五九〇頁下四行第一三字「相」，諸本無。

一　五九〇頁下五行第九字「立」，諸本無。

一　五九〇頁下一〇行「一一毛」，諸本作「一毛」。

一　五九〇頁下二〇行「迦蘭頻伽」，諸本作「迦陵頻伽」。

一　五九〇頁下二一行「眼⿰目妾」，諸本作「眼睫」

一　五九〇頁下二二行「頂髮」，諸本作「頂髻」。又「白毛」，諸本作「白毫」。

一　五九一頁上一〇行「身潤光澤」，

諸本作「身光潤澤」。

一　五九一頁上二一行夾註右「三月」，諸本作「五月」。

一　五九一頁中七行第四字「者」，諸本無。

一　五九一頁中一一行「不見」，諸本作「不現」。

一　五九一頁中一二行「不凸腹」，諸本作「不失腹」。

一　五九一頁中一三行「大身」，諸本作「大身身」。

一　五九一頁中一五行「大光」，諸本作「丈光」。

一　五九一頁中二二行「髮好」，諸本作「髮旋好」。

一　五九一頁下二行「髮絞上」，諸本作「髮絞柔上」。

一　五九一頁下一七行「大慧」，諸本作「深慧」。

一　五九一頁下一九行夾註左第七字「中」，徑、清無。

一　五九一頁下二〇行夾註左「故名煞賊」，資、磧、普、南作「故殺賊也」；徑、清作「故云殺賊也」。

一　五九一頁下二二行「遮羅那」下夾註右「粹伽」，諸本作「粹多」。

一　五九一頁下末行夾註右「以之」，諸本無。

一　五九二頁上一行夾註「善自得又言善說」，諸本作「善因得又善言說」。又「路加億」下夾註右末字「智」，諸本無。

一　五九二頁上二行夾註右「世智」，諸本無。

一　五九二頁上三行夾註左「无上」，諸本作「無上者也」。

一　五九二頁上四行夾註右第二字「可」，諸本作「可化」。又「大智」，諸本作「大福」。又左首字「時」，諸本無。

一　五九二頁上五行夾註左第六字「法」，諸本無。

一　五九二頁上六行夾註右「師畫」，諸本作「師佛」。又左「上法」，資、磧、普、南作「上」；徑、清作「也」。

一　五九二頁上七行夾註左「婆名」，諸本作「婆伽名」。

一　五九二頁上八行夾註左「吐也」，諸本作「吐者也」。

一　五九二頁上一四行「二事」，諸本作「三事」。

一　五九二頁上一六行第三字「若」，諸本作「若行者」。又「若在六覺」，諸本作「及六思覺」。

一　五九二頁上二一行「孤負」，諸本作「辜負」。

一　五九二頁中六行「請質所疑是名念佛三昧」，諸本作「請決所疑是名曰念佛三昧」。

坐禪三昧經卷下

姚秦三藏鳩摩羅什譯　飛

尒時行者雖得一心定力未成猶為欲界煩惱所乱當作方便進學初禪呵棄愛欲云何呵棄觀欲界過欲為不淨種種不善當念初禪安隱快樂觀欲云何知欲无常功德怨家如幻如化空无所得念之未得癡心已乱何況已得婬欲纏覆天上樂處猶不常安何況人中人心著欲无有猒足如火得薪如海呑流如頂生王雖雨七寶王四天下帝釋分座猶不知足如那睺沙姓也轉金輪王為欲所逼墮蟒虵中又如仙人食果衣草隱居深山被髮求道猶復不免欲賊所壞欲樂甚少怨毒甚多著欲之人惡友相近善人踈遠欲為毒酒愚惑醉死欲為欺誑走使愚人疲苦万端不得自在唯有離欲身心安隱快樂无極欲无所得如狗齩枯骨求欲勤勞極苦乃得得之甚難失之甚易如假借須臾勢不得久如夢所見恍惚即滅欲之為患求之既苦得之亦苦多得多苦如火得薪多益多熾欲如摶肉衆鳥競逐以要言之如蛾赴火如魚吞鈎如鹿逐聲如渴飲醎水一切衆生為欲致患无苦不至是故當知欲為毒害當求初禪滅斷欲火行者一心精懃信樂令心增進意不散乱觀欲心猒除結惱盡得初禪定離欲盛火得清凉定如熱得陰如貧得富是時便得初禪喜覺思惟禪中種種功德觀分別好醜便得一心

問曰修行禪人得一心相云何可知荅曰面色悅澤徐行諦正不失一心目不著色神德定力不貪名利聲破憍慢其性柔軟不懷毒害无復慳嫉直信心淨論議不諍身无欺誑易可與語柔軟慚愧心常在法懃修精進持戒完具誦經正憶念隨法行意常喜悅瞋處不瞋四供養中不淨不受淨施則受知量止足寤起輕利能行二施忍辱除邪論議不自滿言語尠少謙恪恭敬上中下座善師善知識常親近隨順飲食知節不著欲味樂獨靜

處若苦若樂心忍不動无怨無竟不喜鬪訟如是等種種相得知一心相此覺觀二事乱禪定心如水澄靜波蕩則濁行者如是內已一心覺觀所惱如極得息如睡得安是時次第无覺無觀生清淨定內淨喜樂得入二禪心靜默然本所不得今得此喜是時心觀以喜為患如上覺觀行无喜法乃離喜地得賢聖所說樂一心諦知念護得入三禪已棄喜故諦知憶念樂護聖人言樂護餘人難捨樂中第一過此以往無復樂也是故一切聖人於一切淨地中說慈為第一樂樂則是患所以者何第一禪中心不動轉以无事故有動則有轉有轉則有苦是故三禪以樂為患復以善妙捨此苦樂先棄憂喜除苦樂意護念清淨得入第四禪不苦不樂護清淨念一心是故佛言護衰清淨第一名第四禪以第三禪樂動故名之為苦是故四禪除滅苦樂名不動處漸觀空處破內外色想滅有對想不念種種色想觀无量空處常觀色過念空處定上妙功德習念是法遠得

空處念无量識處觀空處過念无量識處功德習念是法逮得識處念無所有處觀識處過念无所有處功德習念是法便得无所有處念非有想非无想處若一切想其患甚多若病若瘡若无想是愚癡處是故非有想非无想是第一安隱善處觀無所有處過念非有想非无想功德習念是法便得非有想非無想處或有行者先從初地乃至上地復於上地習行慈心先自得樂破瞋恚毒次及十方无量衆生是時便得慈心三昧悲心憐愍衆生之苦能破衆惱廣及无量衆生是時便得悲心三昧能破不悅令无量衆生皆得喜悅是時便得喜心三昧能破苦樂直觀十方无量衆生是時便得護心三昧二禪亦復如是三禪四禪除喜次學五通身能飛行變化自在行者一心欲定精進定一心定慧定一心觀身常作輕想欲成飛行若大若小以欲定過為大以欲定滅為小此二俱患精進翹懃常能一心思惟輕觀如能浮人心力强故而不沉没亦如猨猴從高上

墮心力强故身无痛患此亦如是欲力精進力一心力慧力令其廣大而身更小便能運身復次觀身空界常習此觀欲力精進力一心力慧力極為廣大便能舉身如大風力致重達遠此亦如是初當自試離地一尺二尺漸至一丈還來本處如鳥子學飛小兒學行思惟自審知心力大必能至遠學觀四大除却地大但觀三大心念不散便得自在身无罣导如鳥飛行當復學習遠作近想是故近滅遠出復能變化諸物如觀木地種除却餘種此木便變為地所以者何木有地種分故水火風空金銀寶物悉皆如是何以故木有諸種分故是初神通根本四禪有十四變化心初禪二果一者初禪二者欲界二禪三果一者二禪二者初禪三者欲界三禪四果一者三禪二者二禪三者初禪四者欲界四禪五果一者四禪二者三禪三者二禪四者初禪五者欲界餘通如摩訶衍論中說世尊弟子習學五法門志求涅槃有二種人或好定多以快樂故或好智多畏苦患故定多者先學禪法

後學涅槃智多者直趣涅槃直趣涅槃者未斷煩惱亦未得禪專心不散直求涅槃越愛等諸煩惱是名涅槃身實无常苦不淨无我以心顛倒故常樂我淨以是故事事愛著其身是則底下衆生行者欲破顛倒故當習四念止觀觀身種種多諸苦患從因緣生故无常種種惱故苦身有三十六物故不淨以不得自在故無我習如是觀觀内身觀外身觀内外身習如是觀是謂身念止身實相如是何故於此而起顛倒愛著此身諦思惟念身邊樂痛以愛樂痛故著此身當觀樂痛實不可得云何不得因衣食故致樂樂過則苦生非實樂故如患瘡苦以藥塗治痛止為樂以大苦故謂小苦為樂非實樂也復次以故苦為苦新苦為樂如擔重易肩而以新重為樂非實常樂也如火性熱无暫冷時若是實樂不應有不樂或曰外事是樂因緣不必是樂或時樂因或時苦因若使心法與受相應介時是樂與恚相應介時是苦與癡相應不苦不樂以

此推之可知有樂无樂荅曰無也婬欲不應是樂何以故若婬欲在內不應外求女色外求女色當知婬苦若婬是樂不應時時棄若棄不應是樂於大苦中以小苦為樂也如人應死全命受鞭以是為樂欲心熾盛以欲為樂差時猒欲知欲非樂若實樂相不應生猒如是種種因緣欲樂相實不可得樂失則苦佛言樂痛應觀苦苦痛應觀樂如箭在體不苦不樂應觀生滅无常是謂痛念止當知心受苦樂受不苦不樂去何心是心无常從因緣生故生滅不住相似生故但顛倒故謂是為一本无今有已有還无是故無常觀知心空去何為空從因緣生有眼有色可見憶念欲見如是等和合眼識生如日愛珠有日有珠有乾草牛屎衆緣和合於是火生一一推求火不可得緣合有火眼識亦尒不住眼中亦非色中住不兩中閒住无有住處亦復不无是故佛言如幻如化現在心觀過去心或苦或樂或不苦不樂心各各異各各滅有欲心无欲心亦

如是各各異各各滅觀內心觀外心觀內外心亦如是是名心念止復次觀心為屬誰觀想思惟念欲等諸心相應法不相應法諦觀其主主不可得何以故從因緣生故无常無常故苦苦故不自在不自在故無主无主故空前別觀身痛心法不可得今更摠觀四念止中主不可得離此處求亦不可得若常不可得无常亦不可得若常應當常苦常樂亦不應忘若常有神者无煞惱罪亦无涅槃若身是神無常身滅神亦應滅亦无後世亦無罪福如是遍觀无主諸法皆空不自在因緣合故生因緣壞故滅如是緣合法是名法念止若行者得法念止猒世間空老病死法都无少許常樂我淨我於此空法復何所求應當入涅槃寂善法中住建精進力得深含摩陁故（深含摩陁者住心一處名也此土无是名）是時得深含摩陁住第四法念止中觀諸法相皆苦无樂無樂是實餘者妄語苦因愛等諸煩惱及業是非天非時非塵等種種妄語中生是煩惱及業出生此苦是

苦入涅槃時一切滅盡非色無色界及世界始世界始（外道謂一切有法之初色為世界始外道謂涅槃也以此有始能化作万物即名造化也）等種種妄語能滅此苦正見等八直是涅槃道非餘外道苦行種種空持戒空禪定空智慧何以故佛法中戒定慧三法合行能入涅槃辟如人立平地持好弓箭能射煞怨賊三法合行亦如是戒為平地禪定為快弓智慧為利箭三事備足能煞煩惱賊以是故外道輩不得涅槃行者是時作四法緣觀緣如射博觀苦四種因緣生故无常身心惱故苦无一可得故空无作无受故無我觀習四種煩惱有漏業和合故集相似果生故因是中得一切行故生非相似果相續故緣觀盡四種一切煩惱覆故閉除煩惱火故滅一切法中第一故妙世間過去故出觀道四種能到涅槃故道不顛倒故正一切聖人去處故跡得脫世愁惱故離如是觀者得无漏相似法名為煖法去何名煖常懃精進故名煖法諸煩惱薪无漏智火燒火欲出初相名為煖法辟如鑽火初鑽

烟出是名煗是為涅槃道初相佛弟子中有二種人一者多好一心求禪定是人有漏道二者多除愛著好實智慧是人直趣涅槃入煗法中有煗相者深得一心實法鏡到无漏界邊（鏡中像似面界邊非中故以為首）行者是時大得安隱自念我定當得涅槃見此道故如人穿井得至濕泥知當得水不久如人擊賊賊已退散自知得勝意中安隱如人怖死人欲知活不當先試之以杖打身若隱脉起者知是有煗必可得活亦如聽法人思惟喜悅心著是時心熱行者如是有煗法故名為有煗亦名能得涅槃分善根是善根法有十六行四諦緣六地中一智慧一切无漏法基野人能行安隱（於无漏難故名為野人實梵本今先言凡夫人非）是名有煗法增進轉上更名頂法如乳變為酪是人觀法實相我當得苦脫心愛是法是為真法能除種種苦患及老病死是時思惟此法誰說是佛世尊從是得佛寶中信心清淨大歡喜悅若无此法一切煩惱誰當能遮我當去何得實智慧少許明從是得法寶中信心清淨大

歡喜悅若我不得佛弟子輩好伴去何當得實智慧少許明從是得僧實中信心清淨大歡喜悅是三寶中得一心清淨合實智慧是頂善根亦名頂法亦名能得涅槃分善根如波羅延經中說

佛寶法僧寶　誰有少信淨　是名頂善根
汝曹一心持

去何為少信於佛菩薩辟支佛阿羅漢邊為少於野人邊為多復次此可破可失是故名少如法句說

芭蕉生實死　竹生實亦然　騾有子則死
小人得養死　破失非利故　小人得名譽
白淨分失盡　乃至頂法墮

復次未斷諸結使未得无漏無量慧心以是故名少復次懃精進一心入涅槃道中更了了觀五陰四諦十六行是時心不縮不悔不退愛樂入忍是名忍善根忍何等隨四諦觀行是名為忍是善根三種上中下三時去何名忍觀五陰无常苦空无我心忍不退是名忍復次觀諸世間盡苦空无有樂是苦因習愛等諸煩惱是習智緣

盡是名上法更无有上八直道能令行人得至涅槃更无有上如是信心不悔不疑忍是名忍是中更有忍種種結使種種煩惱疑悔來入心中不能令破辟如石山種種風水不能漂動是故名忍是事得名真好野人如佛說法句中

世界正見上　誰有得多者　乃至千万歲
終不墮惡道

是世間正見是名為忍善根是人多增進一心極猒世界行欲了了四諦相作證趣涅槃如是一心中是名世間第一法一時住四行无常苦空无我觀一諦苦法忍共緣故何以故觀欲界五受陰无常苦空无我是中心忍入慧亦是相應心心數法是名苦法忍身業口業及心不相應諸行現在未來世一切无漏法初門是名苦法忍（法无漏法忍信受也）次第生苦法智苦法忍斷結使苦法智作證辟如一人刈一人束亦如利刀斫竹得風即偃忍智功夫故是事得辦欲界繫見苦斷十結得得尒時異等智得无漏智未得无漏

慧得是時成就一智等智未来成就第二心中成就法智苦智等智過第三心第四心成就四智苦智法智比智等智習盡道法智中一一智增離欲人知他心智成就增苦比忍苦比智斷十八結是四心苦諦能得習法忍習法智斷欲界繫七結習比忍習比智斷色无色界繫七結盡比忍盡比智斷色无色界繫十三結盡法忍盡法智斷欲界繫十二結道法忍道法智斷欲界繫八結道比忍道比智斷色无色界繫十四結道比智是名須陁般那下子上子實知諸法相是十六心能十五心中利根名隨法行鈍根名隨信行是二入未離欲名初果向先未斷結得十六心名須陁般那若先斷六品結得十六心名息忌陁伽迷秦言一來若先斷九品結得十六心名阿那伽迷秦言不來先未離欲斷八十八結故名須陁般那復次无漏果善根得得故名須陁般那利根名見得鈍根名信愛思惟結未斷餘殘七世生若思惟結三種斷名家家三世生聖道八分三十七品名

流流向涅槃隨是流行故名須陁般那是為佛初功德子惡道得脫三結斷三毒薄名息忌陁伽迷復次欲界結九種上上上中上下中上中中中下下上下中下下若凡夫人先以有漏道斷欲界繫六種結入見諦道十六心中得名息忌陁伽迷若八種斷入見諦道第十六心中一種名息忌陁伽迷果向阿那伽迷若佛弟子得須陁般那單斷三結欲得息忌陁伽迷是思惟斷欲界繫九種結六種斷是名息忌陁伽迷八種斷是名一種息忌陁伽迷果向阿那伽迷若凡夫人先斷欲界繫九種結入見諦道第十六心中名阿那伽迷若得息忌陁伽迷進斷三種思惟結第九解脫道名阿那伽迷阿那伽迷有九種今世必入涅槃阿那伽迷中陰入涅槃阿那伽迷生已入涅槃阿那伽迷懃求入涅槃阿那伽迷不懃求入涅槃阿那伽迷上行入涅槃阿那伽迷至阿迦尼吒入涅槃阿那伽迷到无色定入涅槃阿那伽迷身證阿那伽迷行向阿羅漢阿那伽迷色

无色界九種結以第九无㝵道金剛三昧破一切結第九解脫道盡智修一切善根是名阿羅漢果是阿羅漢有九種退法不退法死法守法住法必知法不壞法慧脫共脫漏智濡進行五種法退是名退法利智利進行五種法不退是名不退法濡智濡進利猒思惟自煞身是名死法濡智大進自護身是名守法中智中進不增不減處中而住是名住法少利智懃精進能得不壞心解脫是名必知法利智大進初得不壞心解脫是名不壞法不能入諸禪未到地中諸漏盡是名慧解脫得諸禪亦得滅禪諸漏盡是名共解脫有阿羅漢一切有為法常猒滿足更不求功德待時入涅槃有阿羅漢求四禪四无色定四等心八解脫八勝處十一切入九次第六神通願智阿蘭若那三昧秦言无諍阿蘭若言无事或言空寂舊言須菩提常行空寂行非也自是无諍行耳无諍者將護衆生不令起諍於我耳起諍如舍利弗目連夜入陶屋中宿致抱述雜起謗者是也超越三昧熏禪三解脫門及放捨放捨者三脫門空无願无相空无願無相即十二門念反着者也更作利智懃精進入如是諸禪功德是名得不退法不壞法若佛不出世无佛

法无弟子時是時離欲人辟支佛出辟支佛有三種上中下下者本得須陁般那若息忌陁伽迷是須陁般那於第七世生人中是時无佛法不得作弟子復不應八世生是時作辟支佛若息忌陁伽迷二世生是時無佛法不得作弟子復不應三世生是時作辟支佛有人願作辟支佛種辟支佛善根時无佛法善根熟尒時猒世出家得道名辟支佛是名中辟支佛有人求佛道智力進力少以因緣退（如舍利弗是也）是時佛不出世无佛法亦无弟子而善根行熟作辟支佛有相好若少若多猒世出家得道是名上辟支佛於諸法中智慧淺入名阿羅漢中入名辟支佛深入名佛如還見樹不能分別枝小近能分別枝不能分別華葉到樹下盡能分別知樹枝葉華實聲聞能知一切諸行无常一切諸法无主唯涅槃善安隱聲聞能如是觀不能分別深入深知辟支佛少能分別亦不能深入深知佛知諸法分別究暢深入深知也如波羅奈國王夏暑熱時處高樓上

坐禪三昧經卷下　第十六張　泥

坐七寶床令青衣磨牛頭栴檀香塗身青衣辟多著釧摩王身時釧聲滿耳王甚惡之教次第令脫釧少聲微唯獨一釧寂然无聲王時悟日國家臣民宮人婇女多事多惱亦復如是即時離欲獨處思惟得辟支佛鬚髮自落著自然衣從樓閣去以巳神足力出家入山如是因緣中品辟支佛也

若行者求佛道入禪先當繫心專念十方三世諸佛生身莫念地水火風山樹草木天地之中有形之類及諸餘法一切莫念但念諸佛生身處在虛空辟如大海清水中央金山王須弥如夜闇中然大火如大施祠中七寶幢佛身如是有三十二相八十種好常出无量清淨光明於虛空相青色中常念佛身相如是行者便得十方三世諸佛悉在心目前一切悉見三昧若心餘處緣還攝令住念在佛身是時便見東方三百千万千万億種无量諸佛如是南方西方北方四維上下隨所念方見一切佛如人夜觀星宿百千无量種星宿悉見菩薩

坐禪三昧經卷下　第十七張　泥

得是三昧除无量劫厚罪令薄薄者令滅得是三昧巳當念佛種種无量功德一切智一切解一切見一切德得大慈大悲自在自初出无明㲉四無畏五眼十力十八不共法能除无量苦救老死畏與常樂涅槃佛有如是等種種无量功德作是念巳自發願言我何時當得佛身佛功德巍巍如是復作大誓過去一切福現在一切福盡持求佛道不用餘報復作是念一切衆生甚可憐愍諸佛身功德巍巍如是衆生云何更求餘業而不求佛辟如貴家盲子墮大深坑飢窮困苦食糞食泥父甚愍之為求方便拯之於深坑食之以上饌行者念言佛二種身功德甘露如是而諸衆生墮生死深坑食諸不淨以大悲心我當拯濟一切衆生令得佛道度生死岸以佛種種功德法味悉令飽滿一切佛法願悉得之聞誦持問觀行得果為作階梯立大要誓被三願鎧外破魔衆內擊結賊直入不迴如是三願比无量諸願願皆住之為度衆生得

坐禪三昧經卷下　第十八張　泥

佛道故如是念如是願是為菩薩念佛三昧

行菩薩道者於三毒中若婬欲偏多先自觀身骨肉皮膚筋脉流血肝肺腸胃屎尿涕唾三十六物九想不淨專心內觀不令外念外念諸緣攝之令還如人執燭入雜糓倉種種分別豆麦黍粟无不識知復次觀身六分堅為地分濕為水分熱為火分動為風分孔為空分知為識分亦如屠牛分為六分身首四支各自異處身有九孔常流不淨革囊盛屎常作是觀不令外念外念諸緣攝之令還若得一心意生猒患求離此身欲令速滅功德拔濟衆生興前三願以諸衆生早入涅槃是時當發大慈大悲以大不知不淨起諸罪垢我當拔置於甘露地復次欲界衆生樂著不淨如狗食糞我當度脫至清淨道復次我當學求諸法實相不有常不无常非淨非不淨我當去何著此不淨觀不淨智從因緣生如我法者當求實相去何猒患身中不淨而取涅槃當如六

象度駛流水窮盡源底得實法相滅入涅槃豈可如獼猴諸鬼畏怖駛流趣自度身我今當學如菩薩法行不淨觀除却婬欲廣化衆生令離欲患不為不淨觀所猒沒復次既觀不淨則猒生死當觀淨門繫心三處鼻端眉間額上當於是中開一寸皮淨除血肉繫心白骨不令外念外念諸緣攝之令還著三緣中恒與心闘如二人相撲行者若勝心則不如制之令住是名一心若以猒患起大悲心愍念衆生為此空骨速離涅槃入三悪道我當懃力作諸功德教化衆生令解身相空骨以皮覆實聚不淨為衆生故徐當分別此諸法相有少淨想心生愛著不淨想多心生猒患有出法相故生實法諸法實相中无淨无不淨亦无閇亦無出觀諸法等不可壞不可動是名諸法實相（出過羅漢法也）

行菩薩道者若瞋恚偏多當行慈心念東方衆生慈心清淨無怨无恚廣大无量見諸衆生悉在目前南西北方四維上下亦復如是制心行慈不

令外念外念異緣攝之令還持心目觀一切衆生悉見了了皆在目前若得一心當發願言我以涅槃實清淨法度脫衆生使得實樂行慈三昧心如此者是菩薩道住慈三昧以觀諸法實相清淨不壞不動願令衆生得此法利以此三昧慈念東方一切衆生使得佛樂十方亦介心不轉乱是謂菩薩慈三昧門

問曰何不一時捴念十方衆生荅曰先念一方一心易得然後次第周遍諸方問曰人有怨家恒欲相害去何行慈欲令彼樂荅曰慈是心法出生於心先從所親所親轉增乃及怨家如火燒薪盛能然濕問曰或時衆生遭種種苦或在人中或地獄中菩薩雖慈彼那得樂荅曰先從樂人取其樂相令彼苦人得如彼樂如敗軍將怖懼失膽視彼敵人皆謂勇士問曰行慈三昧有何善利荅曰行者自念出家離俗應行慈心又思惟言食人信施宜行利益如佛所言須臾行慈是隨佛教則為入道不空受施復次

身著染服心應不染慈三昧力能令不染復次我心行慈於破法世我有法人非法衆中我有法人如法无惱慈定力故菩薩行道趣甘露門種種熱惱慈涼冷樂如佛所言人熱極時入清涼池樂復次被大慈鎧遮煩惱箭慈為法藥消怨結毒煩惱燒心慈能除滅慈為法梯登解脱臺慈為法船渡生死海貧善法財慈為上寶行趣涅槃慈為道粮慈為駿足度入涅槃慈為猛將越三惡道能行慈者消伏衆惡諸天善神常隨擁護問曰若當行人得慈三昧云何不失而復增益荅曰學戒清淨善信倚樂學諸禪定一心智慧樂處閑靜常不放逸少欲知足行順慈敎節身少食減損睡眠初夜後夜思惟不廢省煩言語默然守靜坐臥行住知時消息不令失度致疲苦極調和寒温不令惱乱是謂益慈復次以佛道樂涅槃之樂與一切人是名大慈行者思惟現在未来大人行慈利益一切我亦被蒙是我良祐我當行慈畢報施恩復更念言

大德慈心愍念一切以此為樂我亦當尒念彼衆生令得佛樂涅槃之樂是為報恩復次慈力能令一切心得快樂身離熱惱得清涼樂持行慈福念安一切以報其恩復次慈有善利斷瞋恚法開名稱門施主良田生梵天因住離欲處除却怨對及鬪諍根諸佛稱揚智人愛敬能持淨戒生智慧明能聞法利功德醍醐决定好人出家猛力消滅諸惡罵辱不善慈報能伏結集悅樂生精進法冨貴根因辦智慧府誠信庫藏諸善法門致稱譽法敬畏根本佛正真道若人持惡向還自受其殃五種惡語非時語非實語非利語非慈語非軟語是五惡語不能傾動一切毒害亦不能傷辟如小火不能熱大海（此下應出優填王持五百發箭如毗羅）經中優填王阿婆陁那說有二夫人一名无比二名舍迷婆帝无比誹謗舍迷婆帝舍迷婆帝有五百直人王以五百箭欲一一射煞之舍迷婆帝語諸直人在我後立是時舍迷婆帝入慈三昧王挽弓射之箭墮足下第

二箭還向王脚下王大驚怖復欲放箭舍迷婆帝語王言止止夫婦之義是故相語若放此箭當直破汝心王時恐畏投弓捨射問言汝有何術荅言我无異術我是佛弟子入慈三昧故也是慈三昧略說有三種縁生縁法縁无縁諸未得道是名生縁阿羅漢辟支佛是名法縁諸佛世尊是名无縁是故略說慈三昧門

行菩薩道者於三毒中若愚癡偏多當觀十二分破二種癡內破身癡外破衆生癡思惟念言我及衆生俱在厄難常生常老常病常死常滅常出衆生可憐不知出道從何得脫一心思惟生老病死從因縁生當復思惟何因縁生一心思惟生因縁有有因縁取取因縁愛愛因縁受受因縁觸觸因縁六入六入因縁名色名色因縁識識因縁行行因縁无明如是復思惟當何因縁滅生老死一心思惟生滅故老死滅有滅故生滅取滅故有滅愛滅故取滅受滅故愛滅觸滅故受滅六入滅故觸滅名色滅故六入

滅識滅故名色滅行滅故識滅癡滅故行滅此中十二分云何无明分不知前不知後不知前後不知內不知外不知內外不知佛不知法不知僧不知苦不知習不知盡不知道不知業不知果不知業果不知因不知緣不知因緣不知罪不知福不知罪福不知善不知不善不知善不善不知有罪法不知无罪法不知應近法不知應遠法不知有漏法不知无漏法不知世間法不知出世間法不知過去法不知未來法不知現在法不知黑法不知白法不知分別因緣法不知六觸法不知實證法如是種種不知不慧不見闇黑无明是名无明無明緣行云何名行行有三種身行口行意行云何身行入息出息是身行法所以者何是法屬身故名身行云何口行有覺有觀是作覺觀已然後口語若无覺觀則無言說是謂口行云何意行（痛名世界人所著三種痛痛應為受受則隨界受苦樂上界所无故宜言受遇出家所患也）痛想是意法繫屬意故是名意行復次欲界繫行色界繫行无色界

繫行復次善行不善行不動行云何善行欲界一切善行亦色界三地云何不善行諸不善法云何不動行第四禪有漏善行及无色定善有漏行是名行行因緣識云何名識六種識界眼識乃至意識是名六識識因緣名色云何為名无色四分痛想行識是謂名云何為色一切色四大及造色是謂色云何四大地水火風云何地堅重相者地濕濕相者水熱相者火輕動相者風餘色可見有對无對是名造色名色和合是謂名色名色因緣六入云何六入內六入眼內入乃至意內入是名六入六入因緣觸云何觸六種觸眼觸乃至意觸云何眼觸眼緣色生眼識三法和合是名眼觸乃至意觸亦如是觸因緣受云何受三種受樂受苦受不苦不樂受云何樂受愛使云何苦受恚使云何不苦不樂受癡使復次樂受生樂住樂滅苦苦受生苦住苦滅樂不苦不樂受不知苦不知樂受因緣愛云何愛眼觸色生愛乃至意觸法生愛

愛因緣取云何取欲取見取戒取我語取取因緣有云何有三種有欲有色有无色有下從阿鼻大泥梨上至他化自在天是名欲有及其餘生業云何色有從下梵世上至阿迦尼吒天是名色有云何无色有從虛空乃至非有想非無想處是名無色有有因緣生云何生種種衆生處處生出有受陰得持得入得命是名生生因緣老死云何老齒落髮白多皺根熟根破氣噎身僂拄杖行步陰身朽故是名老云何死一切衆生處處退落墮滅斷死失壽命盡是名死先老後死故名老死是中十二因緣一切世間非无因緣邊非天邊非人邊非種種等邪緣邊出菩薩觀十二因緣繫心不動不令外念外念諸緣攝之令還觀十二分生三世中前生今生後生菩薩若得心住當觀十二分空无有主癡不知我作行行不知我從癡有但无明緣故行生如草木種從子芽出子亦不知我生芽芽亦不知從子出乃至老死亦復如是是十二分

中一一觀知无主無我如外草木无主但從倒見計有吾我問曰若无吾我无主無作去何去来言說死此生彼荅曰雖无吾我六情作因六塵作緣中生六識三事和合故觸法生念知諸業由是去来言說從是有生死辟如日愛珠因日乾牛屎和合方便故火出五陰亦尒因此五陰生後世五陰出非此五陰至後世亦不離此五陰得後世五陰五陰但從因緣出辟如穀子中芽出是子非芽亦非餘芽邊生非異非一得後世身亦尒辟如樹未有莖節枝葉華實得時節因緣華葉具足善惡行報亦復如是種子壞故非常非一芽莖葉等生故不斷不異死生相續亦復如是行者謂法无常苦空无我自生自滅知因愛等有知因滅是盡知盡是道以四種智知十二分是正見道衆生為縛著所誑如人有无價寶珠不別其真為他欺誑是時菩薩發大悲心我當作佛以正真法化彼衆生令見正道問曰如摩訶衍般若波羅蜜中言諸

法不生不滅空无所有一相无相是名正見去何言無常等觀名為正見荅曰若摩訶衍中說諸法空无相去何言無常苦空等不實若言不生不滅空是實相者不應言无相汝言前後不相應復次佛說四顛倒无常中常顛倒亦有道理一切有為无常何以故因緣生故無常因无常緣所生果去何常先无而今有已有便无一切衆生皆見無常内有老病死外見万物凋落去何言无常不實問曰我不言有常為實无常為不實我言有常无常俱是不實何以故佛言空中有常無常二事不可得若著此二事是俱顛倒荅曰汝言不與法相應何以故言無法去何復言二俱顛倒一切空無所有是為實不顛倒若我破有常著无常我法應破而不實我有常顛倒破故觀无常何以故无常力能破有常如毒能破餘毒如藥除病藥亦俱去當知藥妙能除病故若藥不去後藥為病此亦如是若无常法著應當破不實故我不受無常法去何

破佛言苦是四真諦中言實苦誰能使樂苦因是實因誰能令非因苦盡是實盡誰能令不盡盡道是實道誰能令非道如日或可令冷月或可令熱風可令不動是四真諦終不可動轉汝於摩訶衍中不能了但著言聲摩訶衍中諸法實相實相不可破无有作者若可破可作此非摩訶衍如月初生一日二日其生時甚微細有明眼人能見指示不見者此不見人但視其指而迷於月明者語言癡人何以但視我指指為月緣指非彼月汝亦如是言音非實相但假言表實理汝更著言聲闇於實相行若得如是正知見觀十二分和合為因果二分果時十二分為苦諦因時十二分為習諦因滅是盡諦見因果盡是道諦四種觀果无常苦空无我四種觀因集因緣生問曰果有四種但名苦諦餘者无諦名也荅曰若言无常諦復疑苦諦亦疑无我諦亦疑一種難處復次若言无常諦无咎空非我諦亦無咎若無常苦空無我諦於說為重故

是故於四諦一問曰苦有何異相於三中獨得名荅曰苦是一切衆生所猒患衆生所怖畏无常不尒或有人爲苦所逼思得无常無有欲得苦者問曰有人欲得捉刀自煞針灸苦藥入賊如是種種非求苦也荅曰非爲欲得苦欲存大樂畏苦故取死苦爲第一患樂爲第一利以是故離實苦得快樂是故佛以果分獨名苦諦非无常空无我諦是於四諦中了了實智慧不疑不悔是名正見思惟是事種種增益故是名正覺除邪命攝四種邪語離餘四種邪語攝四種正語除邪命攝身三種業除餘三種邪業名正業離餘種種邪命是名正命如是觀時精進是正方便是事念不散是名正念是事思惟不動是名正定正覺如王七事隨從是名道諦是事一心實信不動是名信根一心精懃求道是名精進根一心念不忘失是名念根心住一處亦不馳散是名定根思惟分別无常等覺是名慧根是名增長得力是名五力問曰八正道

中皆說慧念定等根力中何以重說荅曰隨入行時初得小利是時名爲根是五事增長得力是時得名爲力初入無漏見諦道中是功德名八正道入思惟道時名七覺意初入道中觀念身痛心法常一心念是名四念止如是得善法味四種精懃是名四正懃如是欲精進定慧初門懃精進求如意自在是名四神足雖名四念止四正懃四神足五根等皆攝隨行時初後少多行地緣各各得名辟如四大各各有四大但多得名若地種多水火風少處名爲地大水火風亦如是如是三十七品中各各有諸品如四念止中有四正懃四神足五根五力七覺八道等如是觀十二分四諦行四念止四正懃四神足五根五力七覺意八正道其心安樂復以此法度脫衆生一心指願精進求佛是時心中思惟觀念我了了觀知此道者大悲不捨衆生二者深知諸法實不應取證有二事力故未入涅槃一相諸心心數法從因緣生我今云何

隨此不實當自思惟欲入深觀十二因緣知因緣是何法復更思惟是四種緣因緣次第緣緣緣增上緣五因爲因緣除過去現在阿羅漢㝡後心餘過去現在心心數法是次第緣緣緣增上緣緣一切法復自思惟言若法先因緣中有則不應言是法因緣生若無亦不應言因緣中生生有半无亦不應因緣生云何有因緣若法未生若過去心心數法失云何能作次第緣若佛法中妙法无緣涅槃云何爲緣緣若諸法實无性有法不可得若因緣果生因此有彼是說則不然若因緣中各各別若和合一處是果不可得云何因緣邊出果因緣中無果故若因緣中先无果而出者何以不非因緣邊出果二俱無故果屬因緣因緣邊出是因緣不自在屬餘因緣是果屬餘因緣云何不自在因緣能生果是故果不從因緣有亦不從非因緣有則爲非果果無故緣與非緣亦无也

問曰佛言十二因緣无明緣諸行汝

云何言無因果荅曰先以被荅不應更難若難者更當荅佛言眼因色緣癡邊生邪憶念癡是无明是中无明何所依住若依眼邪若色中若識邪不應依眼住若依眼住不應待色常應癡若依色住不應待眼是則外癡何豫我事若依識住識无色無對无觸無分无處無明亦尒云何可住是故无明非內非外非兩中間不從前世来亦不住後世非東西南北四維上下来无有實法无明性尒了无明性則變為明一一推之癡不可得云何无明緣行如虛空不生不滅不有不盡本性清淨无明亦如是不生不滅不有不盡本性清淨乃至生緣老死亦尒菩薩如是觀十二因緣知衆生虛誑繫在苦患易度耳諸法若有實相難可得度思惟如是則破愚癡若菩薩心多思覺常念阿那波那入時出時數一乃至十一一心不令馳散菩薩從此門得一心除五蓋欲行菩薩見道應行三種忍法生忍柔順法忍無生忍云何生忍一切衆生或

罵或打或殺種種惡事心不動轉不瞋不恚不唯忍之而更慈悲此諸衆生求諸好事願一切得心不捨放是時漸得解諸法實相如氣熏著辟如慈母愛其赤子乳哺養育種種不淨不以為惡倍加憐念欲令得樂行者如是一切衆生作種種惡淨不淨行心不增惡不退不轉復次十方無量衆生我一人應當悉度使得佛道心忍不退不悔不却不懈不猒不畏不難是生忍中一心繫念三種思惟不令外念外念諸緣攝之令還是名生忍云何柔順法忍菩薩既得生忍功德无量知是功德福報无常是時猒无常自求常福亦為衆生求常住法一切諸法色無色法可見不可見法有對无對法有漏无漏有為無為上中下法求其實相實相云何非有常非无常非樂非不樂非空非不空非有神非無神何以故非有常因緣生故先无今有故已有還无故是故非有常云何非無常業報不失故受外塵故因緣增長故非无常云何非樂新苦中

生樂想故一切無常性故緣欲生故是故非樂云何非不樂樂有受故欲涂生故求樂不惜身故是非不樂云何非空內外入各各受了了故有罪福報故一切衆生信故是故非空云何非不空和合等實故分別求不可得故心力轉故是故非不空云何非有神不自在故第七識界不可得故神相不可得故是故非有神云何非無神有後世故得解脫故各各我心生不計餘處故是故非無神如是不生不滅不不生不不滅非有非无不受不著言說悉滅心行處斷如涅槃性是法實相於此法中信心清淨无滯无㝵軟知軟信軟進是謂柔順法忍云何無生法忍如上實相法中智慧信進增長根利是名无生法忍辟如聲聞法中煗法頂法智慧信精進增長得忍法忍者忍涅槃忍无漏法故名為忍新得新見故名為忍法忍亦如是時解脫阿羅漢不得无生智增進廣利轉成不時解脫得無生智无生法忍亦如是未得菩薩果得无

生法忍得菩薩眞行果是名菩薩道果是時得般舟三昧於衆生中得大悲入般若波羅蜜門尒時諸佛便受其号墮生佛界中為諸佛所念一切重罪薄薄者滅三惡道斷常生天上人中名不退轉到不動處末後肉身盡入法身中能作種種變化度脫一切衆生具足六度供養諸佛淨佛國土教化衆生立十地中功德成滿次第得阿耨多羅三藐三菩提為菩薩禪法中初門

行者定心求道時　常當觀察時方便
若不得時无方便　是應為失不為利
如犢未生犖牛乳　乳不可得非時故
若犢生已犖牛角　乳不可得无智故
如鑽濕木求出火　火不可得非時故
若折乾木以求火　火不可得无智故
得處知時量已行　觀心方便力多少
宜應精進及不宜　道相宜時及不宜
若心調動不應勇　如是勇過不得定
辟如多薪熾大火　大風来吹不肯滅
若能以定自調心　如是動息心得定
辟如大火大風吹　大水来澆无不滅

坐禪三昧經卷下　第三十七張　飛

若人心軟復懸怠　如是猒没不應行
辟如少薪无焰火　不得風吹便自滅
若有精進勇猛心　如是轉健得道疾
辟如小火多益薪　風吹轉熾无滅時
若行放捨上調縮　設復發捨失護法
辟如病人宜將養　若復放捨无得活
若有捨想疋等心　宜時懃行得道疾
辟如有人乗調象　如意至湊无躓㝵
若多婬欲愛乱心　是時不應行慈等
婬人行慈益癡悶　如人冷病服冷藥
婬人心乱觀不淨　諦觀不淨心得定
行法如是相應故　如人冷病服熱藥
若多瞋恚忿乱心　是時不應觀不淨
瞋人觀惡增恚心　如人熱病服熱藥
若人瞋怒行慈心　行慈不捨瞋心滅
行法如是相應故　如人熱病服冷藥
若多愚癡心闇淺　不淨行慈悲行法
二行增癡无益故　如人風病服澁藥
人心癡闇觀因緣　分別諦觀癡心滅
法行如是相應故　如人病風服膩藥
辟如金師排肩炭　用功非時失棄法
忩忩急棄不知時　或時水澆或放捨
金融急棄則消過　未融便止則不消

坐禪三昧經卷下　第三十八張　飛

非時水澆金則生　非時放置則不熟
精進攝心及放捨　應當觀察行道法
非時方便失法利　若非法利為非利
辟如藥師三種病　冷熱風病除滅故
應病與藥佛如是　婬怒癡病隨藥滅

坐禪三昧經卷下

乙巳歲高麗國大藏都監奉
勑雕造

坐禪三昧經卷下　第三十九張　飛

坐禪三昧經卷下

校勘記

一　底本，麗藏本。

一　五九七頁上一行經名，諸本(不含㊆，下同)作「坐禪三昧法門經卷下」。卷末經名同。

一　五九七頁中一行「求之」，諸本作「求時」。

一 五九七頁中二行「搏肉」，諸本作「段肉」。
一 五九七頁中二一行第八字「不」，諸本作「而不」。
一 五九七頁中二二行第一四字「常」，諸本無。
一 五九七頁中末行「欲味」，諸本作「好味」。
一 五九七頁下二行第六字「等」，諸本無。又「得知一心相」，諸本作「得知一心相如是得入初禪觀分別好醜知」。
一 五九七頁下五行「次第」，諸本作「次學」。
一 五九七頁下八行「乃離」，諸本作「離捨」。
一 五九七頁下九行「所説」，諸本無。
一 五九七頁下一六行「復以」，諸本作「欲以」。
一 五九七頁下一七行第八字「得」，諸本無。
一 五九七頁下一九行「第一」，諸本無。
一 五九八頁上一行第二字「處」，諸本作「定」。次行第一二字同。
一 五九八頁上二一行夾註左「定滅」，諸本作「定滅」。
一 五九八頁上末行首字「力」，諸本作「欲」。
一 五九八頁中二一行第一四字「如」，諸本無。
一 五九八頁中二二行第一〇字「習」，諸本無。
一 五九八頁中二三行「快樂」，諸本作「著樂」。
一 五九八頁下三行首字「直」，資作「真」。又第八字「諸」，諸本無。
一 五九八頁下四行第九字「以」，諸本無。
一 五九八頁下五行「我淨」，諸本作「淨我」。
一 五九八頁下六行第一一字「當」，諸本無。
一 五九八頁下一一行第五字「身」，諸本無。
一 五九八頁下一四行「不得」，諸本作「不可得」。
一 五九八頁下一八行「易肩」，磧、普、南作「易肩輕爲樂」；徑、清作「易肩肩輕爲樂」。又「而以斬重」，資作「輕重」。
一 五九八頁下一八行末字至次行第四字「非實常樂也」，諸本作「實非樂也」。
一 五九八頁下二〇行第五字「有」，資無。又「或曰」，磧、普、南、徑、清作「時或曰」。
一 五九九頁上一行「推之」，諸本無。又「无樂」，諸本作「無樂耶」。
一 五九九頁上四行「不應是樂」，諸本作「非樂也」。
一 五九九頁上五行第二字「以」，諸本無。
一 五九九頁上七行末字至次行首字「如是」，諸本無。
一 五九九頁上八行「樂失」，諸本作

「失樂」。

一 五九九頁上一六行首字「色」，諸本作「色有色」。同行末字至次行首二字「眼識生」，諸本作「生眼識」。

一 五九九頁上一七行第一一字「有」，諸本無。

一 五九九頁上一八行「火生」，諸本作「生火」。

一 五九九頁中三行第三字「爲」，諸本無。第九字「惟」，諸本作「憶」。

一 五九九頁中一七行「我於」，諸本作「於我」。

一 五九九頁中一九行正文第五字「時」，諸本無。

一 五九九頁中二一行至次行「苦因愛等諸煩惱及業」，諸本作「是苦因愛等煩惱及業」。

一 五九九頁下二行第四、五、六字「世界始」，諸本無。又夾註右第一〇字「色」，諸本作「名」。又左「外道謂涅槃也以此有始」，諸本作「外道謂涅槃以有始」。

一 五九九頁下四行「入直」，諸本作「入直道」。又「非餘外道苦行種種」，諸本作「非餘斷食等種種苦行亦非種種」。

一 五九九頁下一〇行第二字「以」，諸本無。

一 六〇〇頁上一行「是名」，諸本作「是名爲」。

一 六〇〇頁上三行末字至次行首字「是人」，諸本無。

一 六〇〇頁上七行「見此道」，諸本作「以見此道」。

一 六〇〇頁上九行「如人」，諸本作「譬如病人」。

一 六〇〇頁上一〇行至次行「若隱脉脉起者」，資作「若隱胴脉起」；磧、南、徑、清作「若癮胗脈起」；普作「若癮胴起」。

一 六〇〇頁上一二行「時心」，資無。

一 六〇〇頁上一六行夾註左末字至次行夾註左末字「案梵本尒先言凡夫人非」，諸本無。

一 六〇〇頁上一八行末字「法」，諸本作「諸法」。

一 六〇〇頁上一九行「我當得苦脫」，諸本作「我當離苦得解脫門」。

一 六〇〇頁中三行第一三字「得」，諸本無。本頁下末行首字同。

一 六〇〇頁中五行第九字「如」，諸本作「亦如」。

一 六〇〇頁中九行第七字「佛」，諸本無。

一 六〇〇頁中一二行「騾有子」，諸本作「騾妊子」。

一 六〇〇頁中二二行第一三字「苦」，諸本無。

一 六〇〇頁中末行第一二字「是」，諸本無。

一 六〇〇頁下二行「如是信心」，諸本作「信心如是」。

一 六〇〇頁下一〇行「善根」，磧、普、南、徑、清作「善相」。

一 六〇〇頁下一四行「共緣」，諸本

作「苦緣」。

一六〇〇頁下一六行「相應」，諸本作「心相應」。

一六〇〇頁下一七行第一二字「諸」，諸本無。

一六〇〇頁下二〇行至次行「一人刈一人東亦如利刀斫竹」，諸本作「一人能割一人能東如刀斫竹」。

一六〇〇頁下末行「无漏智」，諸本作「以無漏智」。

一六〇一頁上一行「一智」，諸本作「一等智」。

一六〇一頁上四行第四字「智」，諸本無。

一六〇一頁上八行「十三」，磧、南、徑、清作「十二」；普作「十一」。

一六〇一頁上一二行夾註「下子上子」，資、磧、普、南作「秦言流入涅槃」；徑、清作「此言流入涅槃」。

一六〇一頁中一行首字「流」，諸本無。

一六〇一頁中二行第二字「爲」，諸本無。

一六〇一頁中二行至次行「惡道得脫三結斷三毒薄」，諸本作「得脫惡道斷三結薄三毒」。

一六〇一頁中一四行第一〇字「中」，諸本無。

一六〇一頁中二二行「无色定」，諸本作「色無色定」。

一六〇一頁下二〇行夾註右第一六字「耳」，諸本無。又左第一一字同。

一六〇一頁下二一行夾註右首字「夜」，諸本無。

一六〇一頁下二二行夾註右首字至左末字「放捨者……者也」，諸本作「三昧門空無願無相」。

一六〇一頁下二三行第二字「作」，諸本作「住」。

一六〇二頁上四行首字「第」，諸本無。

一六〇二頁上六行第九字「生」，諸本作「生時」。

一六〇二頁上一一行「進力」，徑作「盡力」。又夾註左「是也」，諸本作「退也」。

一六〇二頁上一七行第二字及第八字「枝」，諸本作「枝葉」。

一六〇二頁上一八行「分別知樹枝葉華實」，諸本作「別知樹枝花葉實」。

一六〇二頁上二一行第一二字「亦」，諸本無。

一六〇二頁上末行第九字「暑」，諸本無。

一六〇二頁中三行第四字「教」，諸本無。

一六〇二頁中九行第四字「求」，資、磧、普、南、清作「欲求」；徑作「入求」。

一六〇二頁中二〇行「千万千万」，諸本作「千万」。

一六〇二頁下一五行「食之」，諸本作「飼之」。

一六〇三頁上二一行第一二字「觀」，

諸本作「觀此」。

一　六〇三頁中一行末字「滅」，諸本作「而」。

一　六〇三頁中一四行「以皮」，諸本作「以薄皮」。

一　六〇三頁中一五行及一六行「淨想」，諸本作「淨相」。

一　六〇三頁中一七行「諸法實相」，諸本作「諸法相」。

一　六〇三頁下一九行第四字「膽」，諸本作「瞻」。

一　六〇四頁上三行「如法」，磧、南、徑、清作「知法」。

一　六〇四頁上九行第六字「貧」，諸本作「求」。

一　六〇四頁上一四行「善信」，諸本作「喜信」。

一　六〇四頁上一九行第五字「調」，資作「謂」。

一　六〇四頁上二二行「被蒙」，諸本作「蒙濟」。

一　六〇四頁中七行第二字「住」，諸本作「生」。又第一三字「根」，諸本作「恨」。

一　六〇四頁中一三行末字「向」，諸本作「向之」。

一　六〇四頁下九行第四字「故」，諸本無。

一　六〇四頁下一九行「无明」，諸本作「癡」。

一　六〇五頁上二一行「意行」，諸本作「意行痛想」。

一　六〇五頁上二二行「痛想」，諸本無。

一　六〇五頁中一七行「亦如是」，諸本作「亦復如是」。

一　六〇五頁下一二行末字「落」，諸本無。

一　六〇五頁下一五行第六字「邊」，諸本無。

一　六〇六頁上六行「由是」，諸本作「出是」。

一　六〇六頁上七行第六字「因」，諸本無。又「和合」，徑作「緣合」。

一　六〇六頁上一七行「謂法」，諸本作「知諸法」。

一　六〇六頁上二〇行末字「真」，資作「直」。

一　六〇六頁下一行「苦是」，諸本無。

一　六〇六頁下二行首字「樂」，諸本作「藥」。

一　六〇六頁下一〇行「指示」，諸本作「指視」。

一　六〇六頁下一四行第九字「行」，諸本作「行者」。

一　六〇六頁下一五行首字「知」，諸本無。

一　六〇七頁上七行「畏苦」，諸本作「畏大苦」。

一　六〇七頁上八行「實苦」，諸本作「苦實」。

一　六〇七頁上一八行「正覺」，諸本作「正見」。

一　六〇七頁上末行首字「名」，諸本作「根」。

一　六〇七頁中一行「慧念」，諸本作

「是名」。
一 六〇七頁下五行首字「餘」，諸本作「除」。
一 六〇七頁下七行第二字「先」，資、磧、普、南作「失」。
一 六〇七頁下八行「生有」，諸本作「半有」。
一 六〇七頁下九行「不應」，諸本作「不應言」。
一 六〇八頁上一行「先以被答」，諸本作「先已答」。
一 六〇八頁上四行「若依眼邪若色中若識邪」，諸本作「若依眼耶若色中耶若識中耶」。
一 六〇八頁上一〇行「不住」，諸本作「不往」。
一 六〇八頁上一七行「易度耳」，諸本作「易可度耳」。
一 六〇八頁上二〇行「十一」，諸本作「十五」。
一 六〇八頁中二行「不唯」，諸本無。
一 六〇八頁中三行末字「漸」，諸本作「漸漸」。
一 六〇八頁中八行「增惡」，諸本作「增減」。
一 六〇八頁中二一行第一〇字「故」，徑作「無」。
一 六〇八頁中末行第四字「故」，諸本作「故是故」。
一 六〇八頁下二行「樂有」，諸本作「有樂」。又末字「欲」，諸本作「彼」。
一 六〇八頁下三行「是非不樂」，諸本作「是故非不樂」。
一 六〇八頁下四行末字「罪」，磧、普、南、徑、清作「非」。
一 六〇八頁下六行第八字「實」，諸本作「生」。
一 六〇九頁上一行「真行果」，諸本作「具行果」。
一 六〇九頁上二行「般舟三昧」，諸本作「般舟般三昧」。
一 六〇九頁上四行首字「受」，諸本作「授」。又第四字「墮」，諸本作「隨」。
一 六〇九頁上五行第一一字「斷」，諸本無。
一 六〇九頁上一一行第四字「中」，諸本無。
一 六〇九頁上二二行「自調心」，資作「言語心」。
一 六〇九頁中五行「發捨」，諸本作「癈捨」。
一 六〇九頁中一七行第六字「閙」，諸本作「悶」。又第一二字「悲」，諸本作「非」。
一 六〇九頁中二一行第五字「排」，諸本作「鞴」。又第九字「切」，諸本作「巧」。

四品學法經　飛

宋天竺三藏求那跋陀羅譯

其有三德學號真學為上品
其持具戒學號承法為中品
其受卑戒學號依福學為下品
其行三事號散侍為外品
又真學三德者一曰戒行備具二曰多知經法三曰能化度人是為三德號真學者也又承法具戒者純五戒信審罪福奉承法教也又依福卑戒者但持上四戒不持酒戒隨世習俗不變欲事是為依福學也
又散侍三事非戒也何謂三一者身歸法二者供養法三名於同學法持自有弓分別无師無所承自然心好無所拘礙名散侍法也真學功德勝於承法學百倍也承法功德勝依福百倍也依福功德百倍勝散侍也散侍功德勝凡俗百倍也凡俗之人或不如畜生畜生或勝於人所以者何人作罪不止入地獄罪竟為餓鬼餓鬼罪竟轉為畜生畜生罪竟乃還為人畜生中皆畢罪便得為人是故人當作善奉行三尊之教學上四品之法長離三惡道展轉天上下生人中豪尊世世受福德長解脫

四品學法經

甲辰歲高麗國大藏都監奉
勅雕造

若失威儀一事者當自學如法應時自赴誡誨即解若懈怠不勤者應退著下座後有功德乃更復之若受語不用及犯戒者應便彈棄莫著衆中恐敗餘人若新受法未滿三月者其有所犯先不應問也未習故也若諸學者承用此律上下相檢乃可至竟疾成大願

散侍法

問曰若有善男子欲入正道欲依大道而不耐戒當作何行以求福祥師曰亦有三事名散侍法好可奉何謂三一者身所護法二者供養法三者於同學法行此三事即勝作凡俗時百倍也
又散侍身所能法者云何雖不持戒當與凡俗小異遊居之處數就有經道之處若見世俗所行善者法之惡者莫用好言識也醜語勿名是為散侍第一法又散侍供養法者云何當侍三寶朝夕莫懈心常歸向並修經書若居貧窮無用供養者當加勤仂見人福躬親佐助心代其歡是為散侍第二法又散侍於同學法者云何當敬愛其輩無相憍慢坐起念之出入參之如己觀也若行路者近則相問遠當侍望慎莫背忽是為散侍第三法師曰行是三事雖未即度猶如地多石多草種雖不好故得少少以續其時猶勝不種也種業不廢會得好地所種乃成收歛有盈斯亦然矣行之不休福德扶持會受真戒号

四品學法經

校勘記

一　底本，麗藏本。

一　六一五頁上一行經名，資、磧、普、南、徑、清作「四品學法一卷」；南、徑、清作「四品學法」。卷末經名同。

一　六一五頁上二行譯者，資、磧、普、南作「宋文帝代求那跋陁羅於楊都譯」；徑、清作「宋求那跋陁羅譯」。

一　六一五頁上九行第一二字「純」，諸本（不含石，下同）作「純行」。

一　六一五頁上一二行第三字「欲」，諸本作「俗」。

一　六一五頁上一三行首字「又」，諸本作「又有」。

一　六一五頁上一四行首字「歸」，諸本作「所護」。又「三名」，諸本作「三者」。

一　六一五頁上一五行第三字「弓」，諸本作「卷」。

一　六一五頁上二一行「地獄罪」，諸本作「地獄地獄罪」。

一　六一五頁中四行第七字「德」，諸本作「後」。又末字「脱」下，諸本有大段經文，今據宋磧砂藏本附録於卷末，並校以資、普、南、徑、清。

佛治身經　　飛

失譯人名今附西晉錄

佛言當學工語　不沙門法行　獨一處坐
但當正意　一處一卧　一行不中正
一為曉身　受經亦獨居　還使千人
一人勝千　軍中能得勝　一人能勝身
是為勝軍中勝勝勝者　不如勝餘
勝已勝身　常為勝　无力亦不勝
摩沉藍亦不能已勝　不能作不勝
比丘勝乃不勝　先為自身　定正教
後教餘　為諸輩如我　自身上頭
隨法行　便教餘人　如是易教
已身如是　如教他人　已得身教意
不復難教餘　欲教餘　先自教
還使自教　從身教得黠　為自身他故
多人亦莫犯　無有極自身　為自念无有極
自歸无有過身自歸不如自歸　諦教身
已黠得歸　已黠便得法　已黠便得戒
已黠具弟中　不復憂　已黠便得樂
已黠不復憂自身自歸　身亦得歸他人
已身无有極教　一切從苦得脫
問曰何等為工語師曰說三十七品經為工語謂所說不亂人意亦為工語何等為法行謂不離二百五十戒是為法行何等為一為曉身謂知分別身中事何等為軍中人能得勝謂人不能勝惡何等為一人能勝身謂意念惡能自制斷是為勝身何等為身意教謂身受七戒意受三戒何等為多人亦不犯謂等心使人不墮結

佛治身經

甲辰歲高麗國大藏都監奉勅雕造

佛治身經　第二張　飛

佛治身經

校勘記

一　底本，麗藏本。
一　六一七頁上一行經名，資、磧、普、南作「佛説佛治身經」。
一　六一七頁上二行譯者，資、磧、普作「失譯今附西晉録」。
一　六一七頁上六行「能得勝」，諸本（不含石，下同）作「人能得勝」。
一　六一七頁上六行至次行「一人能勝身是爲勝軍中勝勝勝者不如勝」，諸本無。
一　六一七頁上一〇行「定正教」，諸本作「定政教」。
一　六一七頁上一五行末字「故」，諸本作「故教」。
一　六一七頁上二〇行「歸他人」，資、磧、南作「歸化人」。

佛說治意經

失譯人名今附西晉錄　飛

佛言安般守意　具行如法
已欲次第學如　如佛說
為在天下得明　如陰解月出
立身立意　立坐卧亦尒
已比丘立意如是　前後會有所益
已前後有所益　使不復見往
意已止意　亦守六衰　常守莫中止
便知无為身若一切有意　常守身止
不願亦不願有　亦不疑有　亦不疑无有
次第行在所疑　便蚤得度生死
若驚意知　定喜淨　時時法觀
能得度老病　如是可病驚
精進道人自意　生老結能得斷
今世能得苦盡　已警為聽
所睡為覺　警勝卧　已警无有畏
已精進曉睡　日夜為學　已求甘露
便得滅苦人有是有利從歸佛為中夜
常意在佛　已覺得覺　佛弟子常尒
若中夜常念法　僧聚亦尒　行戒亦尒
布施亦尒　身護亦尒　行禪亦尒
不侵人亦尒　定意亦尒　尒空亦尒
已覺能覺佛弟子常尒　若中不墮思想

問曰何等為便知无為身師日涅為無為身何等為次第行謂今所到便當除次除是為次第行何等為時時法觀謂六入來時當即時挍計是為時時法觀何等為道人自意謂教人精進當先自意行身自守意自守自為福中天上福未滿故自守福已滿便得禪

佛說治意經

甲辰歲高麗國大藏都監奉
勑雕造

佛說治意經　第二張　飛

佛說治意經
校勘記

一　底本，麗藏本。
一　六一八頁上一行經名，徑、清作「治意經」。
一　六一八頁上二行譯者，資、磧、普作「失譯今附西晉錄」。
一　六一八頁上四行第六字「如」，諸本（不含石，下同）無。
一　六一八頁上一二行第七字「便」，普、徑作「使」。
一　六一八頁上一三行第二字「驚」，諸本作「警」。次行末字同。
一　六一八頁上一八行第九字「學」，諸本作「覺」。
一　六一八頁上一九行第四字「苦」，磧、普、南、徑、清作「若」。
一　六一八頁中一行「尒空」，諸本作「念空」。
一　六一八頁中二行第一一字「中」，諸本作「中夜」。

一　六一八頁中三行第一三字「泥」，諸本作「泥洹」。

一　六一八頁中四行第一一字「今」，諸本作「爾」。

一　六一八頁中末行經名，資、磧、普作「佛説佛治意經」；徑、清作「治意經」。

惟日雜難經一卷

吳月支優婆塞支謙譯　飛

初受道遮利菩薩遮利者為受行轉上至阿惟越致阿惟越致者為不復轉心次為菩夷菩薩一為飛行菩薩次為作佛菩薩一名度士亦為道人

菩薩行亦出十二門斷三惡道故在十方佛前生不在第十天上須陁洹亦出十二門斷三惡道生第十天上俱出十二門所以不同處生者須陁洹十六意菩薩行三十四意用是故不同處生

菩薩行三十四意謂四諦十六意十八行不共合為三十四意

菩薩行三十四意一切能制阿羅漢行十六意菩薩力多悉以制說須陁洹至阿羅漢見對乃面斷坐行三十四意已足便佛十六意從第一上至十六各自所部四禪亦尒

菩薩精進行二十劫可得佛用有三意故不得佛何等為三有佛意有辟支佛意有阿羅漢意用是三意故不得佛要為隨多得之意在佛多得佛在辟支佛多得辟支佛在阿羅漢多得阿羅漢如秤隨重者得之

人有居家得阿羅漢阿那舍斯陁舍須陁洹者亦有得阿惟越致菩薩者所以棄家行入山有四因緣一者恐人言菩薩婬妷何故得道二者金輪王亦皆棄國三者魔當来嬈菩薩四者求佛道不居家得

巳受莂菩薩斷新受故精進行要百劫得佛其不精進者久能得不得期无有限

受莂菩薩償故不起造新謂從受莂以来償前世亦現世未受戒時所罪无數劫罪亦皆償之

從受莂菩薩下至須陁洹皆有宿罪有時與故罪相逢因隨徃生道意便薄若有人說深經意即解罪福如示意如不復生謂人不復作罪故即畢

菩薩受莂百劫便得佛釋迦文佛所已九十一劫者用精進故得九十劫辟喻如人明日當發行千里今日先行九百里計其道里同等當百劫人從九十一劫數阿惟越致菩

薩作相乃成百劫因具不過百劫未得阿惟越致菩薩行相不成

人起一道意其德勝十萬劫悪何等為道意念在四諦是為道意悪辟如𡨋道意辟如明如日出天下𡨋消滅諸菩薩聞是語皆歡喜大言南无佛

起一善意得百劫福菩薩持身饑飢虎不百劫九十一劫便作佛者用不覺痛癢滅九劫菩薩巳起意欲為自身咄亦咄他人身是為兩咄佛為菩薩時不為他人咄當為何因緣說為咄他名為念時即自亂是皆不可意自愛是自咄行殃亡福地為是故他人復誦說久殃盡善本是為自咄不知不見當那見他人道巳咄他人為意即當身從是因緣為兩咄今現世不安他人亦自身從是因緣咄道人知如是毒起可制人在生死為久殃毒起為盖善本

菩薩有五法行一者早起二者待時三者不犯入四者常念五者反覆何等為早起謂精進念道何等為待時謂須有所與者到若善意来便當與

之即行何等為不犯人謂一切能饒人何等為常念謂欲使人得利有縣官欲使解有病者欲使愈貪欲與布施何等為反覆從人受一錢物欲償百倍千倍是為反覆菩薩與生死會無生死事有生死意阿羅漢斷世間亦斷意菩薩斷世間不斷意所以不斷意當得佛道度世間人故菩薩畏世間事論不犯故斷世間事

菩薩斷生死意不斷生死事謂在世間所作但不作惡耳

菩薩但斷五情不斷意何以故菩薩意與生死合故不斷意欲度十方人故

菩薩所以布施持戒出家智慧精進忍辱至誠勇念善願望持是十事得佛智慧菩薩生貧家當持戒在富家當布施在豪家當忍辱在山中當禪

菩薩所以四意止七覺意已得四意止便得七覺意

菩薩出行道見四證一者見老二者見病三者見死四者見呰見促急故行道人日趣死何故不畏臨死時何以故畏期到故

菩薩已得佛道便說四諦何以故說四諦有四因緣一者用未曾聞故二者用禪故三者用得眼故四者用得慧故用老病死憂不得出大獄故說四諦

菩薩說經有四因緣一者國王喜二者人所樂三者意受四者時何等為時謂人喜向時菩薩自校計何因緣得苦思念從生得何緣得生從行得何因緣得行從癡得何因緣得癡從愛得何因緣得愛從受行不受亦不得

菩薩視百劫如一宿何以故世間人不能忍病一日菩薩耐痛百劫辟如人一日病有時行道一日其福百劫未盡故言視百劫如一宿有時菩薩轉行說經意不在生死視百劫如一宿

菩薩未得佛道用三事一者不與善人相逢二者欲所作无有因緣亦物三者不校計是非坐是事故未得道

菩薩坐三事不得佛道一者在世間久不覺故二者不得善知識故三者乱意不滅盡故菩薩坐三事不得道一者不聞二者不自意生三者无善知識

菩薩亦入罪亦出罪意隨世間為入罪意在世間為癡出世間為慧

菩薩有二願一者願令我卧安隱謂不念婬妷二者願令我行安隱謂不念嫉瞋恚愚癡是為二願

菩薩在福憎福在罪守罪俱有罪福要不可離但當識菩薩不識宿命不得佛何以故不識罪犯惡故

菩薩不作三惡道行俱償三惡道罪畢乃得阿惟越致菩薩能計三惡罪道多少滿百劫乃得佛

菩薩已受前九十八結恚有但薄耳何以故恚在菩薩行中四等心憂念十方五道欲令解脫投餧餓虎肉與鷹自殞活人當滿功成相結未恚除得佛乃斷

菩薩能持妻子斷頭與人乃為得何等意有是二因緣一者自念我不欲令人瞋恚二者與之令其人得定意不與者令其人乱意貪婬有罪瞋恚罪重恐其人瞋恚故持頭妻子與之

菩薩持身餧餓虎斷頭與人有三因

緣一者計身會當棄捐持用布施為行福二者辟如報怨怨家死歡喜菩薩知一切惡從身生若干㽵咄皆從身得巳計如是便不欲見身如怨家以是故不愛三者欲精進滿功徳疾道故

菩薩持頭眼妻子與人一者眼不著色為脫眼頭與人者謂惡起便止是為斷頭妻與者為除貪婬瞋恚愚癡道行有二事一為校二為計校為輕重計為多少

菩薩受莂百劫當一劫作沙門九十九劫作白衣菩薩持妻子與人時見攝之但計骨肉不計是我故與之

菩薩求佛當如佛法行之當從三十二物得所行如法不可敗相不得佛道菩薩有一悲意勝禪百倍

菩薩在世間有三道分但不墮三道何故人中天上牽多三道不而得故不復墮三道身口意三事盡三道亦盡菩薩離五道常有黠福人死時要有五道分菩薩復黠分即知念遠近菩薩知分在須陁洹斯陁含分不在

阿那含何以故不復還故一佛界有三千大千天地人生死遍其天地間無有如毛髮不在其中無所不作獨未作阿惟越致斯陁含耳餘悉更无數佛為菩薩時有是意生為何等行因緣現在得福極如是更得宿命意為從是三行布施從制從合聚布施有二輩一為法施二為物施守身口識為御守意為合聚亦從布施因緣得解斷貪從制為斷瞋恚乱意從合聚自守為斷癡從布施亦得正意從制得正語從合聚得意行安隱從布施見布施福從制說念福從合聚說意福

菩薩所以布施者所在五道常饒樂與凡人有異輒得作王智慧常有慈心但畢罪不復更作雖在罪无作罪人間亦尒菩薩與妻子共居年二十五一日生三十一月年三十日百日年五十一歲菩薩但禁惡不禁家名乱意者為罪不安隱遠避去无乱意為福雖在家辟如在獄中但當覺罪不復便所生在樂處故為菩薩人求道不忍辱不能耐便得須陁洹佛前世

菩薩言佛道難得一語减四十劫以身餧餓虎出衆菩薩前九劫為須大拏受莂一切精進行道一切得佛有婦不得佛道菩薩在家時有妻何以故得佛用棄妻子六年故乃得佛道

菩薩計妻子是怨家何以故與人苦益人惱乱人意增人罪以隨貪愛便不見道以是故為怨家見妻子當如見怨家意莫隨貪愛意起即覺是為覺意所有財物自身亦尒天上天下十方一切有火何以故有火巳

菩薩娶婦有四因緣一者宿命同福二者畢罪三者應當共生男女四者黠人娶婦疾得道无是四事亦不娶婦

為菩薩道念欲斷十方天下人三毒是故得佛道或有行道但欲自斷三毒故得阿羅漢菩薩自壞癡亦復壞十方人癡阿羅漢自壞癡不壞餘人癡菩薩多覺多教人令得行道是為壞人癡憂念十方天下人是為行菩薩道但自憂身不念十方人是為阿羅漢道菩薩壞惡阿羅漢不壞惡善

薩教人經戒令隨道法是為壞惡羅漢自守故言不壞惡菩薩自斷苦亦復斷十方人苦是為得佛道羅漢自斷苦而不斷人苦故得羅漢

行菩薩道所以轉得羅漢者意念佛道生死不可數所作悉當得之意計是難轉阿羅漢復計阿羅漢不復償罪不復生死直取度世去用是故轉向阿羅漢无是意無死轉不避苦要當得佛道

菩薩阿羅漢皆從三十七品經行所以得佛者持有四意菩薩所常行何等為四一者幸得佛業值佛識我身要當如佛治二者常持悲意向十方從悲意盡力未曾離當脫十方人非人三者本上頭願佛意不轉四者願在世間求道護戒教人增慧待期有是四意故得佛无是四意故得阿羅漢佛等意故无有兩道隨意行得耳隨愛便為在五道不得脫便有老病死憂為苦共合意不隨貪愛為持水滅火已隨貪愛為持薪增火當諦計隨諦得道

菩薩娶婦有四因緣一者恐人言不能得婦故學道二者恐人言孤獨无妻子故學道三者宿命本根未盡四者惡知識勸令娶婦故菩薩亦斷五陰亦不斷何等為斷謂斷五盛陰十二因緣不斷者菩薩在經行因緣隨道是為不斷菩薩畢罪畢得道

菩薩有四无所畏一者不取人錢二者不犯他人婦女三者不兩舌四者不嫉妬

菩薩斷三惡道尚在但不墮中耳菩薩未起三毒佛時无有三毒得因緣乃有三毒菩薩坐禪六年臨當得道三毒俱起婬怒癡使意念謂達得我婦耶為勝我耶當復得我財產意適生即時息念我從無數劫以來斷是三惡何以故復念使滅即得道

菩薩坐禪六年日食一米一麻有四因緣一者斷貪二者畢罪三者見不餓四者止飢意了不食謂人餓得道恐人自餓死

菩薩坐行道六年日食一米一麻入水浴躃地而不起天因按樹枝令住

即攀之而起菩薩坐樹下六年蚤蝨蚉蝱不嬈者有四因緣一者本從無數世不煞生二者行等心三者諸天鬼神護四者道力强亦為處淨

菩薩有四不戢一者布施不戢二者聞經不戢三者清淨不戢四者作功德不戢

菩薩始出家行學道諸大人謂菩薩今太子居家何故去太子報言我用三苦故去耳何等為三苦謂老病死大人復言老病死事常耳何為去大子言得一病常不喜當那何常

菩薩生墮地行七步止住舉右手言我為天上天下師止不復行

菩薩為太子時行學書到師舍師問言欲學何等太子言我欲學六十種書師問言六十種書皆何等太子便為師次第說師言我但知一種書不能悉知餘書太子言如師所知教我已受師教便言是少兩字師更從受兩字師言太子所知乃尒何為從我學太子言雖尒當有師法

菩薩始出家行百里解身上衣被珎

寶付車匿持歸白馬健陟㵘出𣅗足
車匿言莫使有如是人願者太子報言
天下癡無有如汝輩者何以故世間
但有老病死憂苦當願何等如四在
獄中誰有樂者當尚未離是而復更
願當何時脫辟如獵客網中㲋得脫
寧復念還入網中不念得脫如㲋脫
網終不還歸我在家時念是日久亦
從無數劫以来有是意非獨今日所
致也
菩薩生已七日其母終者有四因緣
一者用懷菩薩故天来占視與飯食
二者如生死法當檀母以菩薩尊故
母七日終三者其母宿命自應尒四
者辟如人有功當封便上天生菩薩
未得佛道時有五夢一者以須弥山
作枕二者以地為牀三者以手蓋海
水四者天下皆有來行其上不汙足
五者心前生一樹上至二十七天夢枕
須弥者天上天下尊无過佛者以地
為牀者佛身長能上至二十八天以
手蓋海水者諸欲說經道无有勝佛
者行來上不汙足者天下愛欲无能

汙佛心者心前生樹者佛語上聞第
二十七天上
菩薩隨女人有四因緣一者勸女人
精進二者亦欲使女人隨行三者從
過去无數世餘罪相逢故四者宿命
願欲教女人
諸天試菩薩有三因緣一者當得佛
不得有所貪惜二者試菩薩起意便
謂言卿當得佛道何故反尒菩薩從
是增精進三者得佛當相度故往試之
菩薩行六波羅蜜阿羅漢亦行是六
事所以相不成者阿羅漢但有檀无
有波羅蜜檀者謂與布施波羅為度
生死蜜為無有極阿羅漢但一切布
施不願度十方故但有檀菩薩欲度
十方人非人故為有波羅蜜六事皆
尒佛為菩薩時願欲飯佛以小豆五
枚著佛應器中其一枚墮地後得作
金輪王八十世所主四天下地者得四
豆檔故其豆不入器中復得上天生
八月以是故有檀波羅蜜
菩薩布施法物與人佛意隨物行念
令受者安隱若意生念欲得福便念

飢寒貧窮者當用與皆令安隱是為
道法布施與一錢物勝十千萬復不
施與少勝多者用有道意令安隱故
若人命欲絕時意在非常苦空非身
便得阿惟越致為受莂若本求阿羅
漢得阿那含四非常意難致所以
得者有本世精進行故菩薩在樹下
坐禪有一烏一鴿一虵自相問何等
為苦烏言飢最為苦何以知為苦飢
不能行亦不能有所作人坐飢餓死
以是知飢為苦鴿言獨色為苦何以
故知色為苦人意念色無有終極人
皆坐色死以是知色為苦虵言獨瞋
恚為苦何以故知瞋恚為苦人瞋恚
無所避欲自煞亦欲煞人故知瞋恚
為苦菩薩言我曹各說一事當復為
汝說一事因言獨不生无有苦耳有
身无有不苦者是辟在菩薩百八
愛行中
菩薩未得佛道時有五師一為屋健
二為莫軋三為阿夷四為羅軋五為
羅和軋
說經法不得受礼菩薩買一偈五百

萬者買有三輩一為第買二為反覆
買三為償賜買菩薩念恩故償賜受
者亦無罪
菩薩所行法當呪願十方人民復言
當定意一心者自意不定亦不而呪
願何以故用意在生死故自意不定
亦不能意定人意
曇摩為法阿曷為當来薩為常波輪
為淚出阿蕪陁為命不可數
薩波輪菩薩常悲淚出有四因緣一
者不能解經意二者從因緣得道人
亦不知三者念十方人四者自念欲
過度十方當何時得佛菩薩語言當
持黠慧持意知起滅
道行無為但當守意行三十七品經
所以復布施持戒者菩薩哀人故疾
斷生死亦福未滿所以布施後世不
欲墮貧家墮貧家无所有便墮惡因
緣墮富家者意安隱不隨𣦸惡以是
故布施所以持戒者長壽乃得行道
不長不得行道何以故或壽十歲未
有所知便壽盡以是故持戒不煞便
得長壽所以不盜者時念其主覺知

當檛打有是惡意當復得其殃以是
故不盜所以不兩舌者何佛道至誠
兩舌為不隨道後為衆人所不信於
今可見是為惡以是故不兩舌所以
不婬者何辟如東向視不見西意在
婬不隨道以是故不婬所以不飲酒
者何醉便惡口兩舌妄作非法設人
善能尚自乱意以是故不飲酒
菩薩辭親行作沙門父母言汝所為
顛倒菩薩道當為十方人求願令解
脫令反近令父母得憂是為何等菩
薩報言我有憂故父母有憂我得道
便无憂父母亦无憂辟如親屬有憂
身亦憂之復辟如兩人俱行一人有
憂身亦復憂子憂不解故令父母憂
子以得道父母便晄於憂
便維摩羅達達女子告文殊尸利菩薩
若文殊尸利第一深隨行為菩薩已
荊是為從因緣深深絶无有人隨因
緣行如是因緣亦不来亦不去亦不
眼中可觀亦不可意觀亦不可識亦
不可行因緣若深深絶當為无所有
無所屬文殊斯利菩薩便報本要為

深是為深維摩羅達達復報言以无
有本為无有要如是為文殊斯利為
黠不黠文殊斯利復報言是事去邪
當説何等維摩羅達達復報言有説
已過去文殊斯利復報言如來覺行
不可生死見文殊斯利便止不復語
女菩薩維摩羅達達一名為出垢問
舍利曰為悲哀我故舍利曰黠第一
黠卿所黠為有若有者當為空為妄
為妄諸若无有已無有不生已不生
為不共會若有是舍利曰无有黠有
菩薩字惒須蜜難一阿羅漢經阿羅
漢不而解便一心生意上問弥勒已
問便報惒須蜜言卿所問事次第為
解之惒須蜜覺知便詰阿羅漢卿適
一心上問弥勒耶阿羅漢實然一心
上問有三因緣一者意意相知二者
化身問三者先世所行聞即便解
惒須蜜菩薩事師三諷經四阿含當
持花散師上語師言我已諷四阿含
經師忘不能復識惒須蜜復自思惟
我欲合會是四阿含中要語作一卷
經可於四輩弟子説之諸道人聞經

皆歡喜大来聽問不而得坐禪諸道
人言我所聽經者但用坐行故令我悉
以行道不應復聞經但當舍去悉須
蜜知其心所念因以手著火中不燒
言是不精進耶便於大石上坐有行
道當於濡坐悉須蜜言我取石跳一
石未墮地便得阿羅漢已跳石便不
肯起天因於上牽其石不得令墮言
卿求菩薩道我曹悉當從卿得脫却
後二十劫卿當得佛道莫壞善意中
有未得道沙門言是惡人不當令在
國中轉書相告悉須蜜遣人求書書
反言此好人而教化開人意不欲自
貢高但畏惡人墮罪復欲過度十方人
道意如恒邊沙辟喻佛國如來无有
著正覺我所說當為一切十方菩薩
亦不中意為妄到得无有過諦佛得
亦所菩薩行四種從得淨當為疾得
何等為四種第一為人淨第二為法
淨第三為可淨第四為意淨在佛國
故淨如是為四淨為疾淨得亦所菩
薩四多可法當為疾得何等為四愛
身愛口愛意愛止是為四多愛法為

惟日雜難經　第十九張　飛

疾得亦為四持向人為疾得深忍辱
持向人為疾得所人知善相持向人
行福知持向人為疾得是為四持向
人疾得使善弟子舍利日如佛意中
念為問所欲所念為菩薩淨行无有
異慧
南方有諸菩薩城周匝萬六千里中
有寂尊菩薩字文殊斯利教授諸巳
得佛不可勝數其徳十倍曇摩阿偈
菩薩城皆七寶
曇摩阿偈菩薩所居城周匝萬六千
里地皆七寶在北方諸菩薩中有一菩
薩字薩惒擾其徳次曇摩阿偈菩薩
佛有十八不共者從初得无上等覺
至得度世无有餘泥洹聞至竟
第一如来行無有失
第二如来行無有漏
第三如来行意不忘意
第四如来行不離定意
第五如来行不轉
第六如来行無盡癡觀
第七如来行欲意悉成
第八如来行精進无有減

惟日雜難經　第二十張

第九如来行念不中止
第十如来行定无有捐
第十一如来行慧无有等
第十二如来行度世解脱觀无有餘
第十三如来行知過去法无有量
第十四如来行知當来无有極
第十五如来行知現在無有過
第十六如来行有遍慧身所轉悉知
第十七如来行有利慧所說不離識
第十八如来行有散慧意離覺
是為十八不共

惟日雜難經一卷

甲辰歲高麗國大藏都監奉
勑彫造

惟日雜難經　第二十一張　飛

惟日雜難經一卷
校勘記

一　底本，麗藏本。
一　六二〇頁上一行經名，諸本（不含石，下同）作「惟日雜難經」。卷末經名同。
一　六二〇頁上二行譯者，諸本作「吳優婆塞支謙譯」。
一　六二〇頁上九行「第十」，資、磧作「第十三」。
一　六二〇頁上一七行第九字「面」，普、南、徑、清作「而」。
一　六二〇頁上一八行第五字「便」，諸本作「便得」。又第九字「意」諸本作「意意」。
一　六二〇頁中八行第一一字「嬈」，諸本作「嬈害」。
一　六二〇頁中一一行末字「期」，諸本作「斯」。
一　六二〇頁中二三行「九百里」，諸本作「九十里」。又第一〇字「同」，磧作「因」。
一　六二〇頁下五行「消滅」，諸本作「稍滅」。
一　六二〇頁下九行「痛苦滅」，普、南、徑、清作「痛苦減」。
一　六二〇頁下一二行末字「意」，諸本作「竟」。
一　六二〇頁下一四行第五字「久」，徑作「九」。又第七字「盡」，諸本作「蓋」。
一　六二〇頁下一六行「即當」，資作「却棠」；磧作「却當」；普、南、徑、清作「却撐」。
一　六二一頁上一五行「至誠」，資、磧、普作「至誡」。
一　六二一頁上一七行末字「禪」，諸本作「禪定」。
一　六二一頁中一一行第九字「行」，諸本作「得」。
一　六二一頁中一八行第一三字「亦」，普、南、徑、清作「示」。
一　六二一頁中末行第八字「自」，諸本作「息」。
一　六二一頁下一六行第三字「殞」，諸本作「衒」。
一　六二一頁下末行第五字「餧」，諸本作「飼」。
一　六二二頁上三行「若干」，資作「若十」。又「苦咄」，諸本作「苦溢」。
一　六二二頁上六行首字「道」，普、南、徑、清作「得道」。
一　六二二頁上一二行第七字「嘗」，諸本作「常」。
一　六二二頁中一九行「五十一」，南、徑、清作「五十二」。
一　六二三頁上一二行第五字「持」，諸本作「特」。
一　六二三頁中七行第八字「畢」，資、磧作「異」；普、南、徑、清作「冀」。
一　六二三頁下一行「攀之而起」，諸本作「牽之始起」。又「虫螽」，諸本作「虫蚤」。
一　六二四頁上六行第一二字「冤」，諸本作「兔」。七行第一三字同。

一　六二四頁上一三行第七字「當」，磧、普、南、徑、清作「常」。
一　六二四頁下六行第二字「得」，諸本作「便得」。
一　六二四頁下一一行第九字「獨」，諸本作「觸」。
一　六二四頁下一八行「不苦者」，諸本作「不苦行者」。
一　六二五頁上一行首字「萬」，磧作「方」。
一　六二五頁上二行第四字及第一二字「償」，普、南、徑、清作「賞」。
一　六二五頁上八行「阿曷」，諸本作「阿昌」。
一　六二五頁中一七行首字「便」，諸本作「使」。
一　六二五頁中一九行「深深」，諸本作「深」。
一　六二五頁下五行第一二字「來」，諸本作「未」。
一　六二五頁下七行首字「女」，諸本作「汝」。
一　六二五頁下九行第七字「若」，普、南、徑、清作「共」。
一　六二五頁下一〇行第三字「諸」，諸本作「言」。
一　六二五頁下一三行第三字「而」，諸本作「爲」。
一　六二六頁上二行第一三字「令」，普、南、徑、清作「今」。
一　六二六頁上三行第七字「聞」，諸本作「問」。又第一一字「舍」，諸本作「捨」。
一　六二六頁上八行第三字「天」，南作「大」。
一　六二六頁中三行「人爲」，諸本作「爲人」。
一　六二六頁下一〇行第一〇字「意」，諸本作「竟」。
一　六二六頁下一一行「不共」，諸本作「不共法」。

菩薩呵色欲法經　飛

後秦三藏鳩摩羅什譯

女色者世間之枷鎖凡夫戀著不能自拔女色者世間之重患凡夫困之至死不免女色者世間之衰禍凡夫遭之無厄不至行者既得捨之若復顧念是為從獄得出還復思入從狂得正而復樂之從病得差復思得病智者怒之知其狂而顛蹶死无日矣凡夫重色甘為之僕終身馳驟為之辛苦雖復鈇質寸斬鋒鏑交至甘心受之不以為患狂人樂狂不是過也行者若能棄之不顧是則破枷脫鎖惡狂猒病離於衰禍既安且吉得出牢獄永无患難女人之相其言如蜜而其心如毒譬如停淵澄鏡而蛟龍居之金山寶窟而師子處之當知此害不可近室家不和婦人之由毀宗敗族婦人之罪實是陰賊滅人慧明亦是獵圍尠得出者譬如高羅群鳥落之不能奮飛又如密網衆魚投之刳腸俎肌亦如暗坑无目投之如蛾赴火是以智者知而遠之不受其害惡而賤之不為此物之所惑也

菩薩呵色欲法經　第二張　飛

甲辰歲高麗國大藏都監奉勅彫造

菩薩呵色欲法經

校勘記

一　底本，麗藏本。

一　六二九頁上一行經名，諸本（不含石，下同）作「菩薩呵色欲法」。卷末經名同。

一　六二九頁上四行「困之」，諸本作「因之」。

一　六二九頁上六行「不至」，諸本作「不生」。

一　六二九頁上九行「怒之」，諸本作「愍之」。

一　六二九頁上一一行「鈇質」，資、磧、南、徑、清作「鈇鑕」。

一　六二九頁上一八行第四字「近」，諸本作「近也」。

一　六二九頁上末行第三字「俎」，磧、南、徑、清作「葅」。又第一〇字「目」，磧作「自」。

佛說佛醫經

吴天竺沙門竺律炎共支越譯　飛

人身中本有四病一者地二者水三者火四者風風增氣起火增熱起水增寒起土增力盛本從是四病起四百四病土屬身水屬口火屬眼風屬耳火少寒多目冥春正月二月三月寒多夏四月五月六月風多秋七月八月九月熱多冬十月十一月十二月有風有寒何以故春寒多以万物皆生為寒出故寒多何以故夏風多以万物榮華陰陽合聚故風多何以故秋熱多以万物成熟故熱多何以故冬有風有寒以万物終亡熱去故有風寒三月四月五月六月七月得卧何以故風多故身放八月九月十月十一月十二月正月二月不得卧何以故寒多故身縮春三月有寒不得食麦豆宜食粳米醍醐諸熱物夏三月有風不得食芋豆麦宜食粳米乳酪秋三月有熱不得食粳米醍醐宜食細米麨蜜稻黍冬三月有風寒陽興陰合宜食粳米胡豆羹醍醐有時卧風起有時滅有時卧火起有時滅有寒起有時滅人得病有十因緣一者久坐不飯二者食无貸三者憂愁四者疲極五者淫泆六者瞋恚七者忍大便八者忍小便九者制上風十者制下風從是十因緣生病佛言有九因緣命未當盡為横盡一不應飯為飯二為不量飯三為不習飯四為不出生五為止熟六為不持戒七為近惡知識八為入里不時不如法行九為可避不避如是九因緣人命為横盡不應飯為飯謂不可意飯亦謂不隨四時食亦為以飯復飯是為不應飯為飯不量飯者謂不知節度多食過足是為不量飯不習飯者謂不時食若至他郡國不知俗宜飯食未習不稍稍飯是為不習飯不出生者謂飯物未消復上飯若服藥吐下不盡便食來是為不出生止熟者謂大便小便來時不即時行噫吐下風来時制是為止熟不持戒者謂犯五戒現世閒盗犯他人婦女者便入縣官或刻或死或得梏榜壓死若餓死或得脱外從怨家得首死或驚怖憂愁死是為不持戒近惡知識者謂他人作惡便來及人何以故不離惡知識故惡人不計當坐之是為近惡知識入里不知時不如法行者謂晨暮行亦有魍魎諍闘者若有長吏追捕而不避若入他家舍妄視不可視妄聽不可聽妄犯不可犯妄念不可念是為入不知時不如法行可避不避者謂弊牛馬猘狗蚖虵虫水火坑穽奔車馳馬拔刀醉人惡人亦若干是為可避不避如是九因緣人命未盡為盡黠人當識是當避是巳避得兩福一者得長壽及得聞道好語亦得久行道佛言有四飯一為子飯二為三百矛斫飯三為皮革虫生出飯四為灾飯子飯者謂人貪味食肉時便自校計念是肉皆我前世時父母兄弟妻子親屬亦從是不得脱生死巳得是意便止貪是為子飯三百矛斫飯者謂飯隨味念復念其殃无有數能不念味便得脱又矛斫人為亡身巳生念復念有若干

受苦為三百矛斫飯皮革虫生出飯者謂人念味亦一切万物憂家中事便穿人意意作万端為出去是為皮革虫生飯灾飯者謂一生死行皆為灾飯如火燒万物人所行皆當来惱身劇火焚万物故言灾所以言飯者謂人所可意念人故言飯也人食肉辟如食其子諸畜生皆為我作父母兄弟妻子不可數亦有六因緣不得食肉一者莫自煞二者莫敎煞三者莫與煞同心四者見煞五者聞煞六者疑為我故煞无是六意得食肉不食者有六疑人能不食肉者得不驚怖福佛言食多有五罪一者多睡眠二者多病三者多婬四者不能諷誦經五者多著世間何以故人貪婬人知色味瞋恚知攛至味癡人知飯食味律經說人貪味味復味得生不得美味佛言一食者為欲斷生死亦隨貪不能行道為得天眼自知所從来生去至何所人不念死多食常念婦人皆墮百四十悪中天皆用飯故犯十悪後生便失人形墮畜生中既得

佛說佛醫經　第四張　飛

作人飢渴血出瞋恚傍生於愛内生於貪佛說有大福自飢以飯與人令人得命是為大福後生饒飲食乏瞋恚亦无所施施亦不得但意恣貪婬亦無所施但得意恣非我所有一錢以上不得取故作貪欲空自苦作罪道人不有憂愁憂隨怒愁隨貪我輩有死歲有死月有死日有死時亦不知亦不畏亦不行道亦不持戒東走西走憂銅憂鐵憂田宅奴婢但益人惱增人苦為種畜生習佛言人治生辟如蜂作蜜採取衆華勤苦積日已成人便攻取去唐自苦不得自給人求是念是憂有憂无飢渴勤苦合聚財物未死憂五家分或水火盜賊縣官病痛多不如意已死他人得之身當得其罪毒痛不可言五分者一者火分二者水分三者盜賊分四者縣官分五者負皃弟分何為无憂所有人不計是五分憂苦劇不棄是憂苦有万端結在腹中離道遠法入法生貫作得利不當喜不得利亦不當憂是皆前世宿命所致人有貪貪便不得

佛說佛醫經　第五張　飛

利正使得一天下財物亦不能猛自用之亦不隨人去但益人結但有苦惱但種後世緣因緣因如火如火無所不燒我輩不覺是黠不敢妄搖知為增苦種罪

佛說佛醫經

甲辰歲高麗國大藏都監奉
勅雕造

佛說佛醫經　第六張　飛

佛說佛醫經
校勘記

一　底本，麗藏本。

一　六三〇頁上一行經名，資、普作「佛說佛醫經鈔」。

一　六三〇頁上二行譯者，資、磧、普作「吴沙門竺律炎共支越譯出」；南、徑、清作「吴沙門竺律炎共支越譯」。

一　六三〇頁上一九行第一三字「有」，諸本(不含石，下同)無。

一　六三〇頁上末行第一二字「與」，諸本作「與」。

一　六三〇頁中一六行「不量飯」，諸本作「不量飯者」。

一　六三〇頁下九行「妄念」，諸本無。又第一一字「入」，諸本作「入里」。

一　六三〇頁下一〇行「可避」，諸本作「爲可避」。又第一三字「狾」，諸本作「狡」。

一　六三〇頁下一二行第三字「亦」，諸本作「亦餘」。

一　六三〇頁下一四行「及得」，諸本作「乃得」。

一　六三一頁上五行末字「惱」，諸本作「腦」。

一　六三一頁上六行「火焚」，諸本作「火燒」。

一　六三一頁上一八行第一一字「得」，諸本作「復」。

一　六三一頁上一九行末字「隨」，諸本作「墮」。

一　六三一頁上二二行「中天」，徑、清作「中夭」。

一　六三一頁中四行「施施」，諸本作「施」。

一　六三一頁下四行第一三字「搖」，普、南、徑、清作「採」。

一　六三一頁下末行卷末經名，資、普作「佛醫經鈔」；磧作「佛醫經」。

佛入涅槃密迹金剛力士哀戀經　飛

失譯人名今附秦錄

爾時世尊在拘尸那城娑羅林間北首而卧初入涅槃時密迹金剛力士見佛滅度悲哀懊惱作如是言世尊成就寂勝无上十力去何於今乃為羸弊无常氣勢微劣之所摧敗如來捨我入于寂滅我從今日无歸無依無覆无護衰惱災患一旦頓集憂愁毒箭深入我心密迹金剛作是語已戀慕世尊愁火轉熾五内抽割心膂磨碎躃踊悶絶譬如巖崩顛墮于地久乃醒悟即起而坐涕哭哽噎歔欷而言怪哉怪哉死魔大惡无量功德波羅蜜聚為彼死魔之所滅壞復作是言唯願真濟請為我起我今薄祐无依憑處去何世尊捨棄於我獨入寂滅自今已後永離哀顏世尊寂靜身口意業更不可覩更不得見佛婆伽婆入于佛住如來昔日入于佛住三昧之時威德光顯倍常殊妙佛面鮮澤過於蓮華新開敷時如日初出照於朝陽如是勝面更不可見如來處於大衆出大雷音微妙之聲更不可聞誠言无二離過患說无諂偽說易解了說衆所愛說世界之中滅除諸惡至甘露城無過佛法咄哉真濟永入涅槃使諸衆生无有救護處於生死大曠野中又无眼目離於導師誰示其道如來密雲能雨甘露為无常風之所吹滅一切衆生愛火所燒而於今者佛入涅槃誰雨法雨滅其愛火如來於今滅於有為得无上道為於衆生作大醫王一切世界為煩惱病之所患苦今入涅槃誰當矜愍化以正道療諸衆生結使之疾如來世尊名為知恩念於恩者我從處胎以來隨逐如來如影隨形調和奉順不曾違闕去何不感我之至心便見孤棄如背恩者嗚呼怪哉咄哉大苦此金剛杵當用護誰即便擲棄自今以往當奉侍誰誰當慈愍訓誨於我更於何時得覩尊顏護世之王為顯甘露故遣我來擁護於佛如何今日卒捨我等入于涅槃我所有命依佛

而存一旦捨我當依於誰得存此命咄哉真濟矜愍一切常說妙法救照愚冥何故今者而卒不言如來所知一切種智過一切上恒於衆生有緣之者思欲利益即於今日何處去耶而於今日便自閑默更不救濟受化之徒諸魔惡人見佛涅槃皆大歡喜如來世尊生死海中作大船師而於今日永捨濟度是諸衆生无量刼來順生死流唯有如來能以正道令諸衆生皆得返流如來世尊永斷煩惱為於愚冥衆生作大照明今日涅槃世間衆生增長黑暗永為无明之所覆蔽金剛密迹哀呼悲惱復作是言世尊諸相三十二百福大人相悉皆具足如何滅壞永不可覩哀哉破壞魔者哀哉轉法輪者哀哉滅一切外道螢火光者哀哉能壞有身者哀哉諸智慧城者哀哉法燈為无常風之所吹滅哀哉法月為死羅睺之所呑滅復作是言大寂真濟願為我說即於今者為何處去至何方所為適何國為至舍衛及王舍城迦毗羅衛波

羅柰耶於此諸國為何處住耶今為在何林為在迦蘭陁竹林菴婆羅林柭陁林於此諸林為在何處為在何山為在自善山毗堤醯山耆闍崛山於此諸山為在何山願語於我實在何處諸八部衆天龍夜叉乾闥婆阿修羅緊那羅摩睺羅伽如是等以見於我常隨從佛設當問我佛何處去我當何辭以對於彼世尊昔日教化衆生若小疲倦覺寢息時繫心在明為益衆生云何今者捨於一切永入涅槃更不利益真濟願為我起我憂悲火熾然胷中命將不全願賜一言猶如冷水滅我熾火我今為憂苦毒虵之所蛆螫願賜我法阿伽陁藥以除我毒憂愁毒箭深入我心願賜語鉗為我拔出一切衆生愛别離苦如來常為說種種法除其苦惱云何獨不愍我為我滅此衆苦如我今者哀逆閻塞不能推理而自釋割憂心內病種種調語云何世尊不見慰喻我之恭順心不疲怠樂見慈顏无有猒足投身于地願一瞻覩如何世尊不

見哀矜滅結牛王常挾持我何不將我入於涅槃獨見孤棄我失如來諸苦所切无量無邊又不見諦何故獨見放捨入于涅槃怯哉怯哉如來一睡更不起耶如來已去不復還耶猶如燈滅更不復明如寶樓崩更不建立如寶藏沒不可還出舉手大叫發聲悲哭如帝釋幢所持繩絶倒地不起宛轉啼哭心肝咽喉脣舌悉皆乾燥荒迷躃地良久乃穌愛戀如來功德之身捉相輪足急抱不放而作是言如來之足如優鉢羅華如日初出清淨柔耎安立之足千輻輪足極妙工巧不能畫作轉輪聖王雖有是相相不明了如來相輪輻轂具足炳然顯著其指纖長附順相著不稀不踈其爪紅潤猶如赤銅手足網縵猶如鵝王肌體豐滿無筋脉皮皺天王人王諸鬼神王及以龍王咸以天冠頂礼佛足為化一切諸有緣者以相輪足遍行世界而今此足更无有用我於昔日心常喜樂一旦涅槃更不令我生於喜樂而此无常極為大惡能

壞无量功德不思議色如來威勢能令見者身心歡喜无量福力持如來身無常之力實為㝡大能使如來至於死處如來以父母乳哺之力禪定力智慧力神通力以此諸力不能於無常力中而自拔濟阿難昔日勸請世尊住壽一劫如來何故不受其請真濟往昔不於三阿僧祇劫中作百千苦行難捨之事一切能捨無數劫中歷侍諸佛奉事供養求一切智欲濟衆生於少許時所度未幾便入涅槃如來往日為菩薩時化於衆生猶不疲極而於今者可疲倦耶濁法衆生如新生犢滿十二由旬云何斷乳而棄之去請為我起與濁法犢飽足甜乳于時帝釋數億諸天來欲問難云何而不為其解說千世界主梵天王合掌請法今日何不為說法要滿其所願毗沙門王數千万夜叉而自圍遶提頭頼吒乾闥婆衆而自圍遶毗留勒叉究槃茶衆而自圍遶毗留愽叉諸龍之衆而自圍遶如是等衆皆為飲法甘露而來至此如來何不

以良藥救諸疾者外道諸衆毀呰於
法何不速起壞彼邪論欲界之主處
處壞亂何不降伏如來諸聲聞少於
智慧不動習誦獸於廣博何不速起
為說略要令知正道然今阿難是佛
所親奉侍世尊未斷結使盡於根本
何不教授令盡諸結使鳴呼怪哉如
此堅實大福德人一旦滅壞而此无
常如護財象發害无數此護財象身
大如山如來往昔猶能調伏如是大
象云何今者反為无常之所調伏乃
至滅盡如阿婆羅龍能壞摩竭提興
大雲雷電光熾然降注大雹摧折樹
木如來能伏彼大力龍而於今者反
為無常之所乗服如鴦掘魔暴虐殘
害猶能調彼剛强惡人調彼不調今
足世尊今為无常之所摧壞如曠野
惡鬼殘然一切令國空虛猶能調彼
使受持戒而於今者入无常罥摧滅
無餘如優樓頻螺迦葉等者於我滅沒
於邪見稠林之中難可拔出如來猶
慈能現十八種神足變化能令調伏
今為无常之所傾倒一切衆生瀴於　金剛力士哀戀經 第張

福祐大智之海為无常日之所乾竭
正智須彌為无常金剛杵之所摧碎
佛功德樹覺意妙花道果充滿為无
常斧之所斫壞廣大智光名稱周聞
遍于世間能燒一切有生之薪為无
常水之所澆滅也盛力无常無有法
教不為智者之所禁制非是精進膽
勇猛健勢力名稱柔心調根寂定之
所能免咄哉无常酷暴乃令不別好
惡有德无德等能摧壞作是語時大
地震動山頂崩壞大星殞落四方火
起日月諸宿无有光色一切天人皆
無歡樂我今形體不自勝舉欲沒入
地腳肢黃黑心意錯亂忘失所念屬
乾舌燥語言錯謬聲音嘶碎去死不
遠命終今必絕逮佛捨而去如是等
多衆種種哀嗚百千種言戀慕於佛
帝釋語言止已足汝今可不憶念
大仙少語佛告比丘諸行無常无得
住者不可體信是變易法一切衆集
歸散會滅高者必墮合會必離有生
必死一切諸行猶如河岸臨峻之樹
亦如畫水尋畫尋滅亦如泡沫如條

上露不得久停如乾闥婆城暫為眼
對人命逝速疾於射箭速行天下疾
於日月人命速疾過於是天無常敗
壞應當解知若於佛事有不足者不
入涅槃佛事周訖乃入涅槃以此佛
法付囑人天以此重事與聲聞弟子
句无畏寂滅處去諸有苦盡更不受
生汝等不應生大憂惱

佛入涅槃密迹金剛力士哀戀經

甲辰歲高麗國大藏都監奉
勅雕造

金剛力士哀戀經 第九張 琚

佛入涅槃密迹金剛力士哀戀經

校勘記

一　底本，麗藏本。

一　六三三頁上二行譯者，資、磧、普作「失譯」；南、徑、清作「失譯人名」。

一　六三三頁上一二行「顛墮」，諸本(不含石，下同)作「巔墜」。

一　六三三頁中一四行第一二字「疾」，諸本作「病」。

一　六三三頁中一六行「隨遂」，諸本作「隨逐」。

一　六三三頁下二行末字「照」，諸本作「詔」。

一　六三三頁下一二行「今日」，磧、南、徑、清作「今自」。

一　六三三頁下一五行「諸相」，諸本無。

一　六三四頁上四行「自善山」，資作「白善山」；磧、普、南、徑、清作「白墡山」。

一　六三四頁上六行末字至次行第二字「阿修羅」，諸本作「阿修羅迦樓羅」。

一　六三四頁上二一行「種種調語」，諸本作「說種種語」。

一　六三四頁上末行「瞻覩」，諸本作「瞻視」。

一　六三四頁中九行「啼哭」，諸本作「涕哭」。又「咽喉」，諸本作「胭喉」。

一　六三四頁中一四行第五字「盡」，磧作「晝」。

一　六三四頁下八行第五字「不」，諸本無。

一　六三四頁下一四行「十二由旬」，諸本作「十二旬」。

一　六三四頁下一六行第一一字「來」，諸本作「求」。

一　六三四頁下二〇行「賴吒」，資、磧、普、南作「頻吒」。

一　六三五頁上五行第一〇字「今」，資、磧、普、南、徑作「令」。

一　六三五頁上一八行第七字「令」，磧作「今」。

一　六三五頁上二〇行「染著」，諸本作「深著」。

一　六三五頁中一四行「晒眩」，諸本作「瞑眩」。

一　六三五頁中一五行「錯誤」，諸本作「錯謬」。又「嘶碎」，諸本作「嘶破」。

一　六三五頁中一六行「命終今必絶逮」，諸本作「命今必絶」。

一　六三五頁中一七行首字「多」，諸本無。

一　六三五頁中二二行「臨峻」，徑作「臨寂」。

一　六三五頁中末行第三字「盡」，諸本作「晝」。

一　六三五頁下末行卷末經名，資、磧、普、南作「佛入涅槃金剛力士哀戀經」。

佛使比丘迦旃延說法沒盡偈百二十章　飛

失譯人名今附西晋録

尊者迦旃子　體道修律護　見諸來暴者
以偈開法路　心常懷愴恨　思惟悲感事
常勤務精進　顧後大恐懼　正法垂欲滅
人年幾壽百　正法之光明　在世不久沒
正法已滅盡　比丘衆迷惑　當捨諸經法
聖覺之所講　反受雜文章　廢損佛所說
見訓諸淺經　心意為欣悅　常當共諍訟
違教背典經　展轉興誹謗　各各相慢輕
愚癡諜難化　無智如株杌　御无所別知
不學佛正法　釋置經義理　更乎相求短
吾身所聞傳　獨步无儔伴　持中以着下
舉下著於中　不復識次第　所說貴不窮
證處設乖謬　反說无本末　聞受皆浮漫
講論无清話　斯徒衆悪意　謗訕於和上
見尊覩師父　傲慢不崇敬　是等共辯諍
心念甚愁毒　著世慕豪貴　墮縛不自覺
我覺其真諦　御誡无所知　御講殊倒錯
我言順典義　各各共諍訟　用生毒害心
貪得利供養　隨俗共浮沉　習樂於居屋
不能自拔度　從貪共談語　但說世間務
時諸比丘捨　樹閒及閑眼　行上於聚落
兩中立精舍　喜樂於憒擾　不慕處靜默
展轉相侵欺　以自養妻息　或有時比丘
客從遠方來　寺主先自安　閑居乃聽之
妬其所止居　嫉其有德名　亦嫉於族姓
又復希法經　見遠方比丘　顏色不悅和
得其捨之去　於心乃為快　貪著於供養
用興毒悪嫉　矜莊相貢高　由是成忿失
常念瞋恚悪　憍慢為自大　所求无厭足
恣意隨塵穢　毒事不應行　不欲誦受經
終日笑歌舞　冥暮寢不醒　斯等共聚會
言不及經理　但說縣官賊　流俗行来事
假使有學者　衆人所供養　羨者求出家
言學比丘法　假使有學者　白衣所崇敬
務於雜碎事　因是得名聞　所行不如教
自從利養起　其年既幼少　多畜衆弟子
其心懷諍乱　不能究所學　沙門二三年
廣畜諸眷屬　莫能謹慎戒　墮落於邪見
或有說断滅　或有講有人　巳住如是學
墮悪人鬚鬘　門徒多鄙根　少年相圍繞
或時甚枯旱　或時復大水　雀鼠及螅虫
灾害並輻至　五穀普罄匱　民庶咸飢饉
窮逼於餬口　出家求安隱　便行作沙門

迦旃延說法沒盡偈　第二張　飛

不調越軌度　不解於禁戒　衆會无救護
苟且无羞恥　不能修慎行　亦不樂法會
汲汲著財養　以非法為法　所說違道義
舉罪反輕重　乱經背賢規　集會至夜半
鬪諍事弥滋　然後乃說經　粗略不周偹
希簡說禁戒　具足鬪諍事　處處失義理
故正法滅盡　適共鬪諍巳　遂乃結仇怨
諸魔及官屬　用斯得人便　諸天龍鬼神
来欲聽經教　傾佘逸聞戒　但更聞諍訟
諸天人懷恨　不可比丘行　行来共講言
佛法欲滅盡　吾等捨天樂　故来欲受法
不得聞正法　不如棄之去　其有尊鬼神
心樂佛法者　不念諸比丘　不復行擁護
於時弊鬼神　凶暴行毒害　取比丘精氣
令命无有餘　比丘多疾病　羸劣无氣力
疾病不相瞻　或有至死亡　無護横夭殁
失神顏色變　勤苦遣衆厄　展轉相憎嫉
貪著利財寶　衣食无限節　曉知習俗法
邪業以自活　販賣規貫利　出入求生息
志尚在忩務　孜孜无解極　樂於雜碎事
求利欲救命　棄捐度世業　細務自嬰累
衣服不整齊　儀節不閑脩　不能將順行
如野馬獼猴　遥見賢比丘　分衞知止足

迦旃延說法沒盡偈　第三張　飛

遠遠罵詈之　言不順禁戒　如今日比丘
澹然无過失　彼時諸比丘　默聲犯衆惡
偷苟無羞慙　懈怠懷毒意　斯等將來世
及當見敬事　有仁賢比丘　具足知廉恥
於彼失法時　乃更不見待　辟如師子王
處在林樹間　豺狼及犬狐　不敢食其肉
命過身出虫　還自噉其肉　晝夜共噉食
毀滅其形體　能仁大聖人　泥洹滅度後
諸地水火風　不能毀佛法　世間珎奇寶
不妄忽自亡　善金出於世　紫金乃不彰
正法在於世　終不自沒盡　因有象法故
正法則滅盡　辟如海中船　貪重故沉沒
佛法斯亦然　利養故滅盡　皆經及聖典
以此為正法　以法違於律　以非作法義
諸邪見異學　五通諸學士　不能毀法義
及所興布施　其從釋迦文　因佛作沙門
當毀於正法　令法至滅盡　計劣諸男子
除鬚被袈裟　皆當敗正法　令典沒不現
不肯順禁教　勤力存法務　恣心從所樂
猶如塵蔽驢　于時諸學人　受取妄保任
攷定其券別　令錯所寄信　畏於縣官吏
怨賊及債主　戰戰相惡難　恐怖衣毛竪
耕種及治生　遭值諸吏卒　朝夕習織欲

迦旃延說法沒盡偈　第四張　飛

衆患所見惱　將有三惡王　大秦在於前
撥羅在於後　安息在中央　由於是之故
正法有棄亡　夷王大凶惡　處在於北方
興師伐惡國　傷害諸万民　輕毀諸沙門
多犯於衆惡　毀壞佛塔寺　破敗學精廬
當於介時世　郡國皆坵墟　是等皆恐懼
愁憂而懊惱　捨其北方土　奔趣于中國
病瘦目不明　尩瘵无氣力　不能捨北方
當為其所賊　時少年比丘　不務沙門者
便當脫衣服　恐怖欲自全　於是中國君
當来伐夷王　既已誅夷王　来還居監㕓
彼有尊比丘　名号曰尸師　博聞靡不達
能悅諸國王　王聞尸師言　心意懷欣躍
願欲請衆僧　興設大布施　遣使詣十方
宣命於諸國　諸人来詣此　今當大布施
諸僧皆集至　其數有百千　遭難皆憔悴
願樂見大施　諸比丘已會　百千設倫足
展轉相推求　各各相問訊　仁和上所在
阿闍梨所至　常所從沙弥　惡師今所師
或傷或死亡　或亦見駈逐　比丘既相見
啼哭不自勝　彼時諸會者　其數百千衆
懷惱失顏色　樂見大布施　四面並雲集
同會十五日　講說佛典戒　尋復相忿懟

迦旃延說法沒盡偈　第五張　飛

斯等既忿懟　展轉不共和　尊比丘教告
諸比丘默然　吾當說卿等　示有佛法律
聽我之所說　无得乱語言　計此閻浮地
沙門佛門徒　會同當共和　不宜長嫌故
有大比丘衆　其數有百千　欲得學道義
往會十五日　有大比丘衆　雖有百千數
我學設明達　卿等不能知　設有一比丘
學能達悟者　便可說本末　我學知其經
時有一比丘　所學普通達　有德名須賴
如是師子吼　即時從坐起　叉手而住立
稽首耆年足　便當師子吼　吾不懷狐疑
其心无猶豫　身所學經戒　今設為通利
吾亦無衆難　心亦不進退　吾所前學者
法律无所疑　通暢於經典　明達於道義
吾所學如此　諸賢宜奉持　卿不達衆經
亦不解法律　云何尊者前　而多自稱歎
尊師惡弟子　性凶懷毒害　其名曰阿斯
即便害須賴　時有大鬼神　信樂於佛法
手自執金剛　遂打煞阿斯　當于介時世
地六反震動　四方自然響　非人擊靈鼓
至介時四方　當有四大烟　又復四大火
上方四面墮　於介之世時　世間為幽冥
從是往不反　生民沒愚癡　黎庶无央數

迦旃延說法沒盡偈　第六張　飛

悲哀懷懊惱　今日寂末世　佛正法末盡
曾見佛鬼神　信樂於道義　縱身自投地
躃踊不自堪　諸比丘遭悉　如人喪二親
今日寂末世　佛正法滅盡　從今日以往
無復說經典　法律及禁戒　當何從聞聽
諸天樹大鬼　曠野居神明　悲感心憂惱
究轉不自寧　法燈為已沒　正典已毀滅
今世寂崩頹　法鼓不復鳴　諸魔設歡喜
聚會相慶賀　舉手而讃言　今是佛末世
却後將來世　當有是患難　益當加精進
勉力求度脫　辟如有賈客　失時心懷惱
故宜加慕屬　无得復後悔　聞時道法興
經典普流布　說法者常存　勤心修佛教
今日四輩人　展轉相恭敬　聞佛法尚在
夙宵加精進　身體自康强　未遭老病死
以故當懃懃　念後大危懼　及時諸國安
無有衆患難　豊熟乞易得　奉修佛教禁
沙門解羅刹　聞是法教戒　前稽首作礼
耆年迦旃子　惟吾身戰慄　毛竪心為寒
失志不知法　不復識方面　今我聞此言
心生大恐懼　將來世見此　安能心不碎
尊者迦旃子　興此悲哀已　則為諸弟子
說正法末盡

迦旃延說法沒盡偈　第七張　飛

三百歲多解脫　三百歲聞戒定
三百歲修佛寺　入千年青苑說
說比丘樂无樂　習獨處林席居
在於彼行無方　當降伏諸愛欲

佛使比丘迦旃延說法沒盡偈百二十章

甲辰歲高麗國大藏都監奉
勅雕造

迦旃延說法沒盡偈　第八張　飛

佛使比丘迦旃延說法沒盡偈百二十章

校勘記

一　底本，麗藏本。
一　六三七頁上一行經名，資、磧、普、南作「佛使比丘迦旃延說法沒盡偈」；徑、清作「佛使比丘迦旃延說法沒盡偈經」。
一　六三七頁上二行譯者，資、磧、普作「失譯」；南、徑、清作「失譯人名」。
一　六三七頁上二行與三行之間，諸本（不含石，下同）有「一百二十章」一行。
一　六三七頁上四行第七字「常」，諸本作「當」。又第一四字「感」，資作「慼」。
一　六三七頁上八行第一二字「捐」，諸本作「損」。
一　六三七頁上一五行「證處」，諸本作「證據」。
一　六三七頁上一八行「豪貴」，諸本

作「豪富」。

一 六三七頁上二一行末字「屋」，諸本作「崖」。

一 六三七頁上末行「談語」，諸本作「談話」。

一 六三七頁中二行首字「兩」，諸本作「鬧」。

一 六三七頁中三行「有時」，諸本作「時有」。

一 六三七頁中六行第三字「希」，徑、清作「悕」。

一 六三七頁中八行第六字「矜」，諸本作「務」。

一 六三七頁中一一行「冥暮」，諸本作「旦暮」。

一 六三七頁中二〇行「鬚髮」，諸本作「鬢髮」。

一 六三七頁下四行第三字「反」，諸本作「及」。

一 六三七頁下九行首字「來」，諸本作「求」。又「傾㕣遲聞戒」，資、磧、普、徑、清作「傾企遲聞法」；南作「便企遲聞法」。又第一三字「聞」，諸本作「闘」。

一 六三七頁下二〇行第三字「在」，諸本作「存」。又第九字「解」，諸本作「懈」。

一 六三八頁上一行「遠遠」，諸本作「遠近」。

一 六三八頁中二行第一四字「之」，徑作「知」。

一 六三八頁中一二行末字「達」，資、磧作「違」。

一 六三八頁中一三行「欣躍」，諸本作「欣踊」。

一 六三八頁中末行「忩懟」，資作「忩對」。頁下一行同。

一 六三八頁下八行第四字「悟」，諸本作「設」。

一 六三八頁下二〇行第一四字「靈」，諸本作「霹」。

一 六三八頁下末行第八字「沒」，諸本作「設」。

一 六三九頁上三行第一〇字「惡」，諸本作「患」。

一 六三九頁上六行第四字「大」，資、磧、普、南、清作「木」；徑作「水」。

一 六三九頁上九行首字「聚」，磧、南、徑、清作「衆」。

一 六三九頁上一二行第五字「属」，諸本作「勵」。

一 六三九頁中二行第七字「入」，南作「八」。又「青苑說」，諸本作「責怨害」。

一 六三九頁中三行首字「說」，諸本作「諸」。

一 六三九頁中末行經名，資、磧、普作「佛使迦旃延說法沒盡偈一百二十章」；南作「佛使迦旃延說法沒盡偈」；徑、清作「佛使迦旃延說法沒盡偈經」。

迦葉赴佛般涅槃經

東晉西域沙門竺曇無蘭譯　飛

昔佛在世時摩訶迦葉於諸比丘中宿長年高才明智慧其身亦有金色相好佛每說法常與其對坐人民見之或呼為佛師於是迦葉乃辭佛到伊飾梨山中一山名普能周旋數千里去舍衛國二万六千里多出七寶甘果不訾名香好藥栴檀三種其一種芳香一種治人百病一種可用涂五色衆香雜藥不可稱數亦有走翔鳥獸師子虎狼白象騏驎朱雀鳳凰或有清淨異學道士時有方石平正其色如琉璃縱廣百二十里奇樹蔭凉華菓五色冬夏茂盛列生石上迦葉前後教授二千弟子皆清淨高行得羅漢者常坐此石上誦經行道又有清淨甘香泉水周旋四十里其水中則有優曇華紺色華紅色華紫色華迦葉弟子七人同夕得夢其一比丘夢見其所坐方石中央分破樹皆根拔復一比丘夢見四十里泉水皆乾竭華悉零落一比丘夢見拘羅邊坐皆傾毀一比丘夢見閻浮利地皆傾陷一比丘夢見須弥山崩一比丘夢見金輪王薨一比丘夢見日月墮地天下失明晨起各以所夢啓迦葉迦葉告言我昔前見光明地時大動卿等復得是夢佛將般泥洹即勑諸弟子往赴俱夷那竭國道見一婆羅門持文陁羅華迦葉即問言卿從何來欲何所至耶得是天華答言我從俱夷那竭國來時佛般泥洹已經七日諸天往赴悉持天華天香供養佛身此華即是迦葉聞是語便自投於地啼泣而言佛今般泥洹三界失明將復何依恃便帥將諸弟子進道未到數百里便見四天王及梵釋諸天皆持七寶蓋名香好華悉往供養佛諸天作十二部音樂亦有阿須輪王諸大鬼神側塞空中又見俱夷那竭國王及諸隣國王各從其群僚數百万人見迦葉將諸弟子到是時國貴末羅弗王則勑國人民皆令避道使迦葉及諸弟子得進阿那律出迎相見言佛般泥洹已七日耶維火不然但

待賢者到耳阿難見迦葉便自投地啼哭不自勝有一老比丘名波或即止阿難言止止佛在時常禁制我等不得自由佛今般泥洹吾等得自在莫復啼哭時有天聞波或語即舉手搏之迦葉便前接持天上之謂波或言佛今般泥洹一切失所恃汝獨愚癡而反喜快波或聞是語意解即得阿羅漢道迦葉便與諸弟子頭面著地作礼繞棺三匝悲哀而言我等今日不知佛頭足所在佛威神則為出足諸天人民莫不感傷於是摩訶迦葉乃說偈讃佛言

佛為三界乘　度於生死淵　潜怕昇泥洹
微妙越世間　佛為无量明　照於愚癡冥
願為一切人　顯耀現威靈　佛為大慈哀
所度无央數　尊體處金棺　清淨寂然安
願用優和德　見身色相光　普令天及人
興起无量福　佛為開現法　衆生受潤澤
得止生死輪　或者入正諦　已蒙如来恩
頭面礼佛足　今但覩金棺　心為悲感傷
佛雖就无為　聖達靡不實　見後有疑諦

出足於金棺　起分是生死　佛以不復愁
法身慧常存　莫呼永泥洹

迦葉赴佛般涅槃經

乙巳歲高麗國大藏都監奉
勑雕造

迦葉赴佛般涅槃經　第四張　飛

迦葉赴佛般涅槃經
校勘記

一　底本，麗藏本。
一　六四一頁上一行經名，資、普作「佛說迦葉赴佛涅槃經」；磧、南作「佛說迦葉赴佛般涅槃經」。
一　六四一頁上二行譯者，諸本（不含石，下同）作「東晉竺曇無蘭譯」。
一　六四一頁上七行「伊篩梨」，諸本作「伊蒢梨」。
一　六四一頁上一二行「虎狼」，諸本作「犲狼」。又「朱雀」，諸本作「朱鳥」。
一　六四一頁上一六行「二千」，諸本作「一千」。
一　六四一頁上一七行第九字「上」，諸本無。
一　六四一頁上一八行「甘香」，諸本作「甘果」。又「四十里」，諸本作「三十里」。
一　六四一頁上一八行至次行「其水中則有優曇華」，諸本作「其側生優曇華青蓮華」。
一　六四一頁上二一行第三字「其」，諸本無。
一　六四一頁中二行第七字「見」，諸本無。
一　六四一頁中八行第九字「一」，諸本無。
一　六四一頁中一〇行「俱夷」，諸本無。
一　六四一頁中一一行「般泥洹」，諸本作「泥洹」。本頁下四行同。
一　六四一頁中一四行「便帥」，諸本作「彼師」。
一　六四一頁中一七行「往供養佛諸天」，諸本無。
一　六四一頁中一八行末字「見」，諸本作「具」。
一　六四一頁中二一行「末羅弗」，諸本作「末羅」。
一　六四一頁中二二行「諸弟子」，諸本作「弟子」。本頁下九行同。

一　六四一頁中末行第八字「七」，資作「士」。

一　六四一頁下一行第五字「耳」，諸本無。又末字「地」，諸本作「此地」。

一　六四一頁下七行「所恃」，資作「所持」，磧作「所侍」。

一　六四一頁下八行「意解」，諸本作「竟」。

一　六四一頁下九行第二字「道」，諸本無。又「諸弟子」，諸本作「弟子俱」。

一　六四一頁下一〇行「悲哀」，諸本無。

一　六四一頁下一一行第五字至一三行末字「佛……言」，諸本作「即便悲哀而說偈言」。

一　六四一頁下一六行第八字「現」，諸本作「見」。

一　六四一頁下二〇行「或者」，諸本作「惑者」。

一　六四一頁下二一行「金棺」，諸本作「棺槨」。

一　六四一頁下末行「疑諦」，諸本作「疑諍」。

一　六四二頁上卷末經名，資、普作「迦葉赴佛涅槃經」。

雜寶藏經卷第一 有九緣 鶩

元魏西域三藏吉迦夜共曇曜譯

十奢王緣
王子以肉濟父母緣
鸚鵡子供養盲父母緣
棄老國緣
佛於忉利天上為摩耶說法緣
佛說往昔母迦旦遮羅緣
慈童女緣
蓮華夫人緣
鹿女夫人緣

十奢王緣

昔人壽万歲時有一王号曰十奢王閻浮提王大夫人生育一子名曰羅摩第二夫人有一子名曰羅漫羅摩太子有大勇武那羅延力兼有扇羅聞聲見形皆能加害無能當者時第三夫人生一子名婆羅陁第四夫人生一子字滅怨惡第三夫人王甚愛敬而語之言我今於汝所有財寶都無恡惜若有所須隨汝所願夫人對言我無所求後有情願當更啓白時王遇患命在危惙即立太子羅摩代已

為王以帛結髮頭著天冠儀容軌則如王者法時小夫人瞻視王病小得痊差自恃如此見於羅摩紹其父位心生嫉妬尋啓於王求索先願願以我子為王廢於羅摩王聞是語辭如人噎既不得咽又不得吐正欲廢長已立為王正欲不廢先許其願然十奢王從少已來未曾違信又王者之法法無二語不負前言思惟是已即廢羅摩奪其衣冠時弟羅漫語其兄言兄有勇力兼有扇羅何以不用受斯恥辱兄荅弟言違父之願不名孝子然今此母雖不生我我父敬待亦如我母弟婆羅陁極為和順實無異意如我今者雖有大力扇羅寧可於父母及弟所不應作而欲加害弟聞其言即便默然時十奢王即徙二子遠置深山經十二年乃聽還國羅摩兄弟即奉父勑心無結恨拜辭父母遠入深山時婆羅陁先在他國尋召還國以用為王然婆羅陁素與二兄和睦恭順深存敬讓既還國已父王已崩方知已母妄興廢立遠擯二兄

嫌所生母所為非理不向拜跪語已母言母之所為何期勃逆便為燒滅我之門户向大母拜恭敬孝順倍勝於常時婆羅陁即將軍衆至彼山際留衆在後身自獨往當弟來時羅漫語兄言先恒稱弟婆羅陁義讓恭順今日將兵来欲誅伐我之兄弟兄語婆羅陁言弟今何為將此軍衆弟白兄言恐涉道路逢於賊難故將兵衆用自防衛更無餘意願兄還國統理國政兄荅弟言先受父命遠徙來此我今云何輙得還返若專輙者不名仁子孝親之義如是慇懃苦求不已兄意確然執志弥固弟知兄意終不可迴尋即從兄索得革屣惆悵懊惱賫還歸國統攝國政常置革屣於御坐上日夕朝拜問訊之義如兄無異亦常遣人到彼山中數數請兄然其二兄以父先勅十二年還年限未滿至孝盡忠不敢違命其後漸漸年歲已滿知弟慇懃屢遣信召又知敬屣如已無異感弟情至遂便還國既至國已弟還讓位而與於兄兄復讓

言父先與弟我不宜取弟復讓言兄
為嫡長負荷父業正應是兄如是展
轉手相推讓兄不獲已遂還為王兄
弟敦穆風化大行道之所被黎元蒙
賴忠孝所加人思自勸奉事孝敬娑
羅陁母雖造大惡都無恐心以此忠
孝因緣故風雨以時五穀豐熟人無
疾疫閻浮提內一切人民熾盛豐滿
十倍於常

王子以肉濟父母緣

如是我聞一時佛在舍衛國尒時阿
難著衣持鉢入城乞食見一小兒有
盲父母乞索得食好者供養父母麁
者便自食之阿難白佛言世尊此小
兒者甚為希有乞得好食用奉父母
擇麁惡者而自食之佛言此未為難
我過去世中供養父母乃極為難阿
難白佛言世尊過去之世供養父母
其事云何佛言乃往過去有大國王
統領國土王有六子各領一國時有
一大臣名羅睺求計謀興軍煞彼大
王及其五子其第六小子先有鬼神
来語之言汝父大王及諸五兄悉為

大臣羅睺求之所煞害次欲到汝王
子聞已即還家中婦見王子顏色憂
悴不與常同而問夫言汝何以尒夫
荅婦言男子之事不得語汝婦言王
子我今與汝生死共同有何急緩而
不見語夫荅婦言適有鬼神来語我
言汝父大王及與五兄悉為他煞次
来到汝以是憂懼莫知所適夫婦作
計即共將兒逃奔他國持七日糧計
應達到惶怖所致錯從曲道行經十
日猶不達到糧食乏盡困餓垂死王
子思惟三人併命苦痛特劇寧煞一
人存二人命即便拔劒欲得煞婦兒
顧見父合掌白言願父今者莫煞我
母寧煞我身以代母命父用兒語欲
煞其子子復白言莫斷我命若斷我
命肉則臭爛不得久停或恐其母不
得前達不斷我命須更削割日日稍
食未到人村餘在身肉唯有三臠子
白父母此肉二臠父母食之餘有一
臠還用與我擲兒放地父母前進時
釋提桓因宮殿震動便即觀之是何
因緣見此小兒作希有事即化作餓

狼来從索肉小兒思惟我食此肉亦
當命盡不食亦死便捨此肉而與餓
狼釋提桓因即化作人語小兒言汝
今割肉與汝父母生悔心不荅言不
悔天言汝今苦惱誰當信汝不生悔
心小兒於是即出實言我若不生悔心
身肉還生平復如故若有悔者於是即
死作此言已身體平復與本無異釋
提桓因即將其子并其父母使得一
處見彼國王心大悲喜慇其至孝嘆
未曾有即給軍衆還復本國釋提桓
因即漸擁讓作閻浮提王尒時小兒
我身是也尒時父母今日父母是也
佛言非但今日讚嘆慈孝於無量劫
常亦讚嘆諸比丘白佛言世尊過去
世中供養父母其事云何佛言昔迦
尸國王土界之中有一大山中有仙
人名睒摩迦父母年老而眼俱盲常
取好菓鮮花美水以養父母安置閑
靜無怖畏處凡有所作舉動行止先
白父母白父母已便取水去時梵摩
達王遊獵而行見麁飲水挽弓射之
藥箭誤中睒摩迦身被毒箭已高聲

雜寶藏經卷第一　第七張　驚

唱言一箭煞三人斯痛何酷其王聞其聲尋以弓箭投之於地便即往看誰作此言我聞此山中有仙人名睒摩迦慈仁孝順養盲父母舉世稱嘆汝今非睒摩迦也荅言我即是也而白王言今我此身不計苦痛但憂父母年老目冥從今飢困無人供養耳王復問言汝盲父母今在何許睒摩迦指示王言在彼草屋中王即至盲父母所睒摩迦父時語婦言我眼瞤動將非我孝子睒摩迦有衰患不婦復語夫我乳而惕惕而動將非我子有不祥事不時盲父母聞王行聲索索心生恐怖非我子行為是誰也王到其前唱言作礼盲父母言我眼無所見為是誰礼荅言我是迦尸國王時盲父母命王言坐我子若在當以好華菓奉上於王我子朝往取水遅晚久待不来王便悲泣而說偈言

我為斯國王　遊獵於此山　但欲射禽獸
不覺中害人　我今捨王位　来事盲父母
與汝子無異　慎莫生憂苦

盲父母以偈荅王曰

雜寶藏經卷第一　第八張　驚

我子慈孝順　天上人中無　王雖見憐愍
何得如我子　王當見憐愍　願將示子處
得在兒左右　并命意分足

於是王將盲父母往至睒摩迦邊既至兒所抱膂懊惱號咷而言我子慈仁孝順無比天神地神山神樹神河神池神諸神說偈而言

釋梵天世王　云何不佐助　我之孝順子
使見如此苦　深感我孝子　而速救濟命

時釋提桓因宮殿震動以天耳聞盲父母悲惻語聲即從天下往到其所而語睒摩迦言汝於王所生惡心也荅言實無惡心釋提桓因言誰當信汝無惡心也睒摩迦荅言我於王所有惡心者毒遍身中即尒命終若我於王無惡心者毒箭當出身瘡便愈即如其言毒箭自出平復如故王大歡喜踊躍無量便出教令普告國內當脩慈仁孝事父母睒摩迦從昔已来慈仁孝順供養父母欲知尒時盲父者今淨飯王是尒時盲母者摩耶夫人是睒摩迦者今我身是迦尸國王舍利弗是時釋提桓因摩訶迦葉是

雜寶藏經卷第一　第九張　驚

鸚鵡子供養盲父母緣

佛在王舍城告諸比丘言有二邪行如似拍毱速墮地獄云何為二一者不供養父母二者於父母所作諸不善有二正行如似拍毱速生天上云何為二一者供養父母二者於父母所作衆善行諸比丘言希有世尊如来極能讚嘆父母佛言非但今日於過去世雪山之中有一鸚鵡父母都盲常取好花菓先奉父母尒時有一田主初種穀時而作願言所種之穀要與衆生而共噉食時鸚鵡子以彼田主先有施心即常於田採取稻穀以供父母是時田主按行苗行見諸虫鳥揃穀穗處瞋恚懊惱便設羅網捕得鸚鵡鸚鵡子言田主先有好心施物無恡由是之故故我敢来採取稻穀如何今者而見網捕且田者如母種子如父實語如子田主如王擁護由已作是語已田主歡喜問鸚鵡言汝取此穀竟復為誰鸚鵡荅言有盲父母願以奉之田主荅言自今已後常於此取勿復疑難佛言鸚鵡樂

多菓種田者亦然尒時鸚鵡我身是也尒時田主舍利弗是尒時盲父淨飯王是尒時盲母摩耶是也

棄老國緣

佛在舍衛國尒時世尊而作是言恭敬宿老有大利益未曾聞事而得聞解名稱遠達智者所敬諸比丘言如来世尊而常讚嘆恭敬父母耆長宿老佛言不但今日我於過去無量刧中恒恭敬父母耆長宿老諸比丘白佛言過去恭敬其事云何佛言過去久遠有國名棄老彼國土中有老人者皆遠駈棄有一大臣其父年老依如國法應在駈遣大臣孝順心所不忍乃深掘地作一密屋置父著中隨時孝養尒時天神捉持二虵著王殿上而作是言若別雄雌汝國得安若不別者汝身及國七日之後悉當覆滅王聞是已心懐懊惱即與群臣參議斯事各自陳謝稱不能別即募國界誰能別者厚加爵賞大臣歸家往問其父父荅子言此事易別以細軟物停虵著上其躁擾者當知是雄住

不動者當知是雌即如其言果別雄雌天神復問言誰於睡者名之為覺誰於覺者名之為睡王與群臣復不能辯復募國界無能解者大臣問父此是何言父言此名學人於諸凡夫名為覺者於諸羅漢名之為睡即如其言以荅天神又復問言此大白象有幾斤兩羣臣共議無能知者亦募國內復不能知大臣問父父言置象舡上著大池中畫水齊舡深淺幾許即以此舡量石著中水沒齊畫則知斤兩即以此智以荅天神又復問言以一掬水多於大海誰能知之羣臣共議又不能解又遍募問都无知者大臣問父此是何語父言此語易解若有人能信心清淨以一掬水施於佛僧及以父母困厄病人以此功德數千万刧受福無窮海水極多不過一刧推此言之一掬之水百千万倍多於大海即以此言用荅天神天神復化作餓人連骸拄骨而来問言世頗有人飢窮瘦苦劇於我不羣臣思量復不能荅臣復以狀往問於父父

即荅言世間有人慳貪嫉妬不信三寶不能供養父母師長将来之世墮餓鬼中百千万歲不聞水漿之名身如太山腹如大谷咽如細鍼髮如錐刀纒身至脚舉動之時支節火然如此之人劇汝飢苦百千万倍即以斯言用荅天神天神又復化作一人手脚杻械項復著鏁身中火出舉體燋爛而又問言世頗有人苦劇我不君臣率尒無知荅者大臣復問其父父即荅言世間有人不孝父母逆害師長叛於夫主誹謗三尊将来之世墮於地獄刀山劒樹火車爐炭陷河沸屎刀道火道如是衆苦無量無邊不可計數以此方之劇汝困苦百千万倍即如其言以荅天神天神又化作一女人端政瓌瑋踰於世人而又問言世間頗有端政之人如我者不君臣黙然無能荅者臣復問父父時荅言世間有人信敬三寶孝順父母好施忍辱精進持戒得生天上端政殊特過於汝身百千万倍以此方之如瞎獼猴又以此言以荅天神天神又

以一真檀木方直正等又復問言何者是頭君臣智力無能荅者臣又問父父荅言易知擲著水中根者必沉尾者必舉即以其言用荅天神天神又以二白騲馬形色無異而復問言誰母誰子君臣亦復無能荅者復問其父父荅言與草令食若是母者必推草與子如是所問悉皆荅之天神歡喜大遺國王珎琦財寶而語王言汝今國土我當擁護令諸外敵不能侵害王聞是已極大踊悅而問臣言為是自知有人教汝賴汝才智國土獲安既得珎寶又許擁護是汝之力臣荅王言非臣之智願施無畏乃敢具陳王言設汝今有万死之罪猶尚不問況小罪過臣白王言國有制令不聽養老臣有老父不忍遣棄冒犯王法藏著地中臣来應荅盡是父智非臣之力唯願大王一切國土還聽養老王即嘆美心生喜悅奉養臣父尊以為師濟我國家一切人命如此利益非我所知即便宣令普告天下不聽棄老仰令孝養其有不孝

父母不敬師長當加大罪尒時父者我身是也尒時臣者舍利弗是尒時王者阿闍世是尒時天神阿難是也

佛於忉利天上為母摩耶說法緣

佛在舍衛國告諸比丘言我今欲往忉利天上夏坐安居為母說法汝諸比丘誰樂去者當隨我去作是語已即往忉利天上在一樹下夏坐安居為母摩耶及無量諸天說法皆獲見諦還閻浮提諸比丘言希有世尊能為其母九十日中住忉利天佛言非但今日我過去時亦曾為母拔苦惱事時諸比丘而白佛言過去所為其事云何佛言往昔久遠雪山之邊有獼猴王領五百獼猴時一獵師張網圍捕獼猴王言汝等今日慎勿恐怖我當為汝破壞彼網汝諸獼猴悉隨我出即時破網皆得解脫有一老獼猴擔兒脚跌墮於深坑獼猴王覓母不知所在見一深坑往到邊看見母在下語諸獼猴各自勵力共我出母時諸獼猴手相捉尾乃至坑下挽母得出離於苦難況我今日拔母苦難尒

時拔免深坑之難今復拔母三惡道難佛告諸比丘拔濟父母有大功德我由拔母世世無難自致成佛以是義故諸比丘等各應孝順供養父母

佛說往昔母迦旦遮羅緣

佛時遊行到居荷羅國便於中路一樹下坐有一老母名迦旦遮羅繫屬於人井上汲水佛語阿難往索水来阿難承佛勑即往索水尒時老母聞佛索水自擔罌往既到佛所放罌著地直往抱佛阿難欲遮佛言莫遮此老母者五百生中曾為我母愛心未盡是以抱我若當遮者沸血從面門出而即命終既得抱佛嗚其手足在一面立佛語阿難往喚其主其主来至頭面礼佛却住而立佛語主言放此老母使得出家若出家者當得羅漢主便即放佛告阿難付波闍波提比丘尼使度出家不久即得阿羅漢道比丘尼中善解契經最為第一諸比丘疑恠白佛言世尊以何因緣繫屬於他復以何緣得阿羅漢佛言迦葉佛時出家學道以是因故得阿羅

漢當於尒時為徒衆主罵諸賢聖勝尼為婢以此因緣今屬於他五百生中恒為我母慳貪嫉妬遮我布施以是因緣常生貧賤非但今日拔其貧賤諸比丘言不審於過去世拔濟貧賤其事云何佛言過去世時波羅㮈國有一貧家母子共活兒恒傭作以供養母得少錢財且支旦夕尒時其子即白母言我今欲與諸賈客等遠行商估其母然可於是發去兒發去後賊來破家劫掠錢財并駈老母異處出賣兒既來還推覓其母即知處所多賫錢財勉贖其母即於本國而為生活資財滿足倍勝於前尒時母者今迦旦遮羅是尒時兒者我身是也我當尒時已拔母苦

慈童女緣

昔佛在王舍城告諸比丘於父母所少作供養獲福無量少作不順獲罪無量諸比丘白佛言世尊罪福之報其事云何佛言我於過去久遠世時波羅㮈國有長者子名慈童女其父早喪錢財用盡役力賣薪日得兩錢

奉養老母方計轉勝日得四錢以供於母遂復漸差日得八錢供養於母轉為衆人之所體信遠近投趣獲利轉多日十六錢奉給於母衆人見其聰明福德而勸之言汝父在時常入海採寶汝今何為不入海也聞是語已而白母言我父在時恒作何業母言汝父在時入海取寶便白母言我父若當入海採寶我今何故不復入海母見其子慈仁孝順謂不能去戲語之言汝亦可去得母此語謂呼已定便計伴侶欲入海去莊嚴既竟辭母欲去母即語言我唯一子當待我死何由放汝兒答母言先若不許不敢正意母已許我那得復遮望以此身立信而死許他已定不復得住母見子意正前抱脚哭而作是言不待我死何由得去兒便决意自掣手出脚絕母數十根鬚母畏兒得罪即放使去共諸商賈遂入於海達到寶渚多取珎寶與諸同伴便還發引時有二道一是水道一是陸道衆人皆言從陸道去即從陸道時彼國法賊來

劫奪者得商主諸商人物皆入於賊不得商主雖復財物商主來還盡歸財物以是之故是慈童女恒出營別宿商人早起來迎取之一夜大風商人卒起忘不迎取商主於後即不得伴不識途徑見有一山便往至上遙見有城紺琉璃色飢渴困乏疾走向之尒時城中有四玉女擎如意寶珠作倡伎樂而共來迎四萬歲中受大快樂於是自然厭離心生便欲捨去諸玉女言閻浮提人甚無反復共我生活經四萬歲云何一旦捨我而去不顧其言便復前行見頗梨城有八玉女擎八如意珠亦作伎樂而來迎之八萬歲中極大歡樂生厭惡心復捨遠去至白銀城有十六玉女擎十六如意珠如前來迎十六萬歲受大快樂亦復捨去至黃金城有三十二玉女擎三十二如意珠如前來迎又三十二萬歲受大快樂亦欲捨去諸玉女言汝前後所住常得好處自此已去更無好處不如即住聞是語已而自念言諸玉女等戀慕我故作是

語耳若當前進必有好處即便捨去遥見鐵城心生疑怪而作是念言外雖是鐵内爲極好漸漸前進並近於城亦無玉女來迎之者復作念言城中甚必極大快樂是故不及來迎於我轉轉前進遂入鐵城門閉已下中有一人頭戴火輪捨此火輪著於童女頭上即便出去慈童女問獄卒言我戴此輪何時可脱答言世間有人作其罪福如汝所作入海採寶經歷諸城久近如然後當來代汝受罪此鐵輪者終不墮地慈童女問言我作何福復作何罪答言汝昔於閻浮提日以二錢供養於母故得琉璃城四如意珠及四玉女四萬歲中受其快樂四錢供養母故得頗梨城八如意珠八玉女等八萬歲中受諸快樂八錢供養母故得白銀城十六如意珠十六玉女十六萬歲受於快樂十六錢供養母故得黄金城三十二如意珠三十二玉女三十二萬歲受大快樂以絶母髮故今得戴鐵火輪不曾墮地有人代汝乃可得脱又問言

今此獄中頗有受罪如我比不答言百千無量不可稱計聞是語已即自思惟我終不免願使一切應受苦者盡集我身作是念已鐵輪即墮地慈童女語獄卒言汝道此輪不曾有墮今何以墮獄卒瞋忿即以鐵叉打童女頭尋便命終生兜術陀天欲知爾時慈童女者即我身是諸比丘當知於父母所少作不善獲大苦報少作供養得福無量當作是學應勤盡心奉養父母

蓮華夫人緣

佛在舍衛國告諸比丘若於父母若復於佛及弟子所起瞋恚心此人爲墮黑繩地獄受苦無量無有邊際諸比丘問佛言世尊敬重父母若於父母不生敬重作少不善其事云何佛言過去久遠無量世時雪山邊有一仙人名提婆延是婆羅門種婆羅門法不生男女不得生天此婆羅門常石上行小便有精氣流墮石宕有一雌鹿來舐小便處即便有娠日月滿足來詣仙人窟下生一女子華裹其

身從母胎出端正殊妙仙人知是己女便取畜養漸漸長大既能行來脚蹈地處皆蓮華出婆羅門法夜恒宿火偶值一夜火滅無有走至他家欲從乞火他人見其跡跡有蓮華而便語言遶我舍七帀我與汝火即遶七帀得火還歸值烏提延王遊獵見彼人舍有七重蓮華怪而問之尒舍所以有此蓮華即答王言山中梵志女來乞火彼女足下生此蓮華尋其脚跡到仙人所王見是女端正殊妙語仙人言與我此女便即與之而語王言當生五百王子遂立爲夫人五百婇女中最爲上首王大夫人甚妬鹿女而作是言王今愛重若生五百子倍當敬之其後不久生五百卵盛著篋中時大夫人捉五百麪段以代卵處即以此篋封蓋記識擲恒河中王問夫人言爲生何物答言純生麪段王言仙人妄語即下夫人職更不見王時薩耽菩王在於下流與諸婇女遊戲河邊見此篋來而作是言此篋屬我諸婇女言王今取篋我等當取

篋中所有遺人取篋五百夫人各與一卵卵自開敷中有童子面目端正養育長大各皆有大力士之力豎五百力士幢烏提延王從薩耽菩王常索貢獻薩耽菩王聞索貢獻愁憂不樂諸子白言何以愁惱王言今我處世為他所㥜諸子問言為誰所㥜王言烏提延王而常隨我責索貢獻諸子白言一切閻浮提王欲索貢獻我等能使貢獻於王王以何故與他貢獻五百力士遂將軍衆伐烏提延王烏提延王恐怖而言一力士尚不可當何況五百力士便募國中能却此敵又復思憶彼仙人者或能解知作諸方便往到仙人所語仙人言國有大難何由攘却答言有怨敵也王言薩耽菩王有五百力士皆將軍衆欲來伐我我今乃至無是力士與彼作對知何方計得却彼敵仙人答言汝可還求蓮華夫人彼能却敵王言彼云何能却仙人答言此五百力士皆是汝子蓮華夫人之所生也汝大夫人心懷憎嫉擲彼蓮華所生之子

著河水中薩耽菩王於河水下頭接得養育使令長大王今以蓮華夫人乘大象上著軍陣前彼自然當服即如仙人言還來懺謝蓮華夫人共懺謝已莊嚴夫人著好衣服乘大白象著軍陣前五百力士舉弓欲射手自然直不得屈申生大驚愕仙人飛來於虛空中語諸力士慎勿舉手莫生惡心若生惡心皆墮地獄此王及夫人汝之父母母即按乳一乳作二百五十歧皆入諸子口中即向父母懺悔自生慚愧皆得辟支佛二王亦自然開悟亦得辟支佛爾時仙人即我身是我於爾時遣彼諸子使於父母不生惡心得辟支佛我今亦復讚歎供養老父母之德也

鹿女夫人緣

佛在王舍城耆闍崛山中告諸比丘有二種法能使於人疾得人天至涅盤樂有二種法能使於人速墮三惡受大苦惱何等二法能使於人疾得人天至涅盤樂佛言一者供養父母二者供養賢聖云何二法速墮三惡

受大苦惱佛言一者於父母所作諸不善二者於賢聖所亦作不善諸比丘白佛言世尊速成善惡其事云何佛告諸比丘過去久遠無量世時有國名波羅㮈國中有山名曰仙山時有梵志在彼山住大小便利恒於石上後有精氣墮小行處雌鹿來舐即便有娠日月滿足來至仙人所生一女子端正殊妙唯腳似鹿梵志取之養育長成梵志之法恒奉事火使火不絕此女宿火小不用意使令火滅此女恐怖畏梵志瞋有餘梵志離此住處一拘屢者（秦言五里）此女速疾往彼梵志而求乞火梵志見其跡跡有蓮華要此女言遶我舍七帀當與汝火若出去時亦遶七帀莫行本跡異道而還即如其言取火而去時梵豫國王出行遊獵見彼梵志遶舍周帀十四重蓮華復見二道有兩行蓮華怪其所以問梵志言都無水池云何有此妙好蓮華答言彼仙住處有一女來從我乞火此女足跡皆生蓮華我便要之若欲得火遶舍七帀將去之

時亦復七帀是以有此周帀蓮華王尋華跡至梵志所從索女看見其端正甚適悅意即從梵志求索此女梵志即與王王即立為第二夫人此女少小仙人養育受性端直不解婦女嫉妬之事後時有娠相師占言當生千子王大夫人聞此語已心生妬忌漸作計挍思厚招猗鹿女夫人左右侍從饒與錢財珍寶尒時鹿女日月滿足便生千葉蓮華欲生之時大夫人以物瞞眼不聽自看捉臭爛馬肺承著其下取千葉蓮華盛著檻裹擲於河中還為解眼而語之言看汝所生唯見一段臭爛馬肺王遣人問為生何物而荅王言唯生臭爛馬肺之物時大夫人而語王言王喜到惑此畜生所生仙人所養生此不祥臭穢之物王大夫人即便退其夫人之職不復聽見時烏耆延王將諸徒從夫人婇女下流遊戲見黃雲蓋從河上流隨水而來王作是念此雲蓋下必有神物遣人往看於黃雲下見有一檻即便接取開而看之見千葉蓮華

一葉有一小兒取之養育以漸長大各皆有大力士之力烏耆延王歲常貢獻梵豫王集諸獻物遣使欲去諸子問言欲作何等時王荅言欲貢獻彼梵豫國王諸子各言若有一子猶望能伏天下使來貢獻況有我等千子而當獻他千子即時將諸軍衆降伏諸國次第來到梵豫王國王聞軍至募其國中誰能攘却如此之敵都無有人能攘却者第二夫人來受募言我能却之問言云何得攘却之夫人荅言但為我作百丈之臺我坐其上必能攘却作臺已竟第二夫人在上而坐尒時千子欲舉弓射自然手不能舉夫人語言汝慎莫舉手向於父母我是汝母千子問言何以為驗得知我母荅言我若按乳一乳有五百岐各入汝口是汝之母若當不尒非是汝母即時兩手按乳一乳之中有五百岐入千子口中其餘軍衆無有得者千子降伏向父母懺悔諸子於是和合二國無復怨讎自相勸率以五百子與親父母以五百子與養父

母時二國王分閻浮提各畜五百子佛言欲知彼時千子者賢劫千佛是也尒時嫉妬夫人瞞他目者交鱗瞽目龍是尒時父者白淨王是尒時母者摩耶夫人是諸比丘白佛言此女有何因緣生鹿腹中足下生蓮華復有何因緣為王夫人佛言此女過去世時生貧賤家母子二人田中鋤穀見一辟支佛持鉢乞食母語女言我欲家中取我食分與是快士女言亦取我分幷與母即歸家取母子二人食分來與辟支佛女取草採華為之敷草坐散華著上請辟支佛坐女慳母邊上一高處遥望其母已見其母而語母言何不急疾鹿驟而來母既至已嫌母遲故尋作恨言我生在母邊不如鹿邊生也母即以二分食與辟支佛餘殘母子共食辟支佛食訖擲鉢著虛空中尋逐飛去到虛空中作十八變時母歡喜即發誓願使我將來恒生聖子如今聖人以是業緣後生五百子皆得辟支佛一作養母一作所生母以語母鹿驟對言因緣

雜寶藏經卷第一　第二十八張　鶯

生鹿腹中脚似鹿甲以採華散辟支佛故跡中一百華生以敷草故常得爲王夫人其母後身作梵豫王其女後身作蓮華夫人由是業緣後生賢劫千聖以誓願力常生賢聖諸比丘聞是語已歡喜奉行

雜寶藏經卷第一

甲辰歲高麗國大藏都監奉勅彫造

雜寶藏經卷第一

校勘記

一　底本，麗藏本。

一　六四四頁上一行小字「有九緣」，諸本無。

一　六四四頁上二行譯者，「西域三藏……譯」，諸本作「沙門……譯」。以下各卷同。

一　六四四頁上三行至一一行「十奢王緣……鹿女夫人緣」，諸本無。

一　六四四頁上一二行「十奢王緣」下，諸本有記數，「第一」。此經自此行至卷十即本册七五〇頁上七行「婬共羊鬪緣」共一百二十一緣，諸校本每緣之下皆有記數，爲第一至第一百二十一，不另出校。

一　六四四頁上二〇行第六字「今」，徑作「令」。

一　六四四頁中一行第四字「帛」，諸本作「自」。

一　六四四頁中二行「小得」，諸本作「得小」。

一　六四四頁中二二行第二字「睦」，磧、徑作「穆」。

一　六四四頁下二行第九字「勃」，磧、普、南、徑、清作「悖」。

一　六四四頁下七行第二字「順」，諸本作「敬」。

一　六四五頁上三行第四字「推」，諸本作「揖」。

一　六四五頁上六行第五字「造」，諸本作「經」。

一　六四五頁上一〇行「王子……緣」上，資、磧、普、南冠以經名「雜寶藏經」。下至六五一頁中一七行「鹿女夫人緣」，每緣例同。

一　六四五頁上一三行「食好」，諸本作「好食」。

一　六四五頁中九行第一〇字「持」，諸本作「將」。

一　六四五頁中一八行第一〇字「削」，磧、普、南、徑、清作「則」。

一　六四五頁下五行第二字「天」，諸

本作「又」。

一　六四五頁下六行「不生悔心」，諸本作「不悔」。

一　六四五頁下一八行「兩眼」，諸本作「兩眼」。

一　六四六頁上一行「其王」，諸本作「甚王」。

一　六四六頁上三行第六字「聞」，諸本無。

一　六四六頁上七行第五字「從」，諸本作「父」。

一　六四六頁上一二行第二字「夫」，諸本作「夫言」。

一　六四六頁中六行至七行「河神池神」，諸本作「河池」。

一　六四六頁下一四行「苗行」，諸本作「苗稼」。

一　六四七頁上三行「盲母」，諸本作「母者」。

一　六四七頁上末行第八字「擾」，諸本作「娩」。

一　六四七頁中八行「羣臣」，諸本作「君臣」。下至二二行同。

一　六四七頁中一七行第七字「困」，諸本作「急」。

一　六四七頁下一行首字「即」，諸本無。

一　六四七頁下九行末字「君」，諸本作「羣」。

一　六四七頁下一〇行第二字「率」，磧、普、南、徑、清作「言」。

一　六四七頁下一一行第六字「有」，諸本作「之」。

一　六四七頁下一八行「如我」，諸本作「似我」。

一　六四七頁下二一行「精進」，諸本作「精勤」。

一　六四七頁下末行第四字「又」，諸本作「復」。

一　六四八頁上一行第三字「真」，諸本作「梼」。同行第七字「直」，諸本作「之」。

一　六四八頁上二行第四字「君」，資、南、徑、清作「若」。

一　六四八頁上三行及七行「父父」，諸本作「父其父」。同行第七字「擲」，諸本作「放」。

一　六四八頁上五行「復問」，諸本作「又問」。

一　六四八頁上一二行「才智」，諸本作「大智」。

一　六四八頁上一七行「遣棄」，磧、南、徑、清作「遺棄」。

一　六四八頁中五行首字「佛」，資、南作「雜寶藏經佛」。

一　六四八頁中二〇行「看見」，諸本作「覔見」。

一　六四八頁下九行第五字「勑」，諸本作「勑已」。

一　六四八頁下一〇行第六字及第一三字「盥」，資、磧、南作「罐」；普、徑、清作「鑵」。

一　六四九頁中一行末字「供」，諸本作「供養」。

一　六四九頁中二行第六字「差」，諸本作「著」。

一　六四九頁中一二行第三字「計」，諸本作「許」。
一　六四九頁下八行「如意」，諸本作「四如意」。
一　六四九頁下一一行第一三字「共」，磧、南、徑、清作「若」。
一　六五〇頁上二行第一一字「是」，諸本無。
一　六五〇頁上六行第五字「進」，諸本作「行」。同行第九字「城」，諸本作「城城」。同行第一三字「下」，諸本無。
一　六五〇頁上一一行第五字「如」，諸本作「如汝」。
一　六五〇頁中二一行「行小便」，諸本作「小行便」。
一　六五〇頁下八行第一一字「之」，諸本作「言」。
一　六五〇頁下九行「蓮華」，諸本作「華也」。
一　六五〇頁下一三行「王子」，諸本作「子王」。
一　六五一頁上二行「面目」，諸本作「面首」。
一　六五一頁上六行第四字「白」，諸本作「白王」。同行第九字「惱」，諸本作「慘」。
一　六五一頁上一〇行「以何」，諸本作「何以」。
一　六五一頁上一二行「力士」，諸本作「力士力」。
一　六五一頁上一四行第二字「敵」，諸本作「敵者」。同行第六字「憶」，諸本作「惟」。
一　六五一頁上一六行第八字「答」，諸本作「仙人答」。
一　六五一頁中一行「河水下頭」，諸本作「河下流」。
一　六五一頁中三行「當服」，諸本作「當伏」。
一　六五一頁中一〇行「按乳」，資作「搆乳」。磧、普、南、徑、清作「㲉乳」。下同。
一　六五一頁中一三行第一三字「即」，諸本無。
一　六五一頁中一六行第二字「老」，諸本無。同行末字「也」，諸本無。
一　六五一頁下一三行第六字「者」，資作「奢屢奢」；磧、普、南、徑、清作「奢」。
一　六五一頁下一四行第二字「志」，諸本作「志所」。同行第六字「大」，資、磧作「火」。同行第一三字「有」，諸本作「有大」。
一　六五二頁上三行首字「正」，諸本作「正已」。
一　六五二頁上六行第二字「蔞」，磧、普、南、徑、清作「嬖」。
一　六五二頁上八行「招喻」，資、普作「怡踰」；磧、南、徑、清作「怡愉」。
一　六五二頁上一一行第四字及本頁下三行第八字「瞞」，諸本作「縵」。
一　六五二頁上一一行「馬肺」，磧、普、南、徑、清作「馬脯」；一四行及一五行諸本同。
一　六五二頁上一二行第一二字及末

行首字「檻」，諸本作「函」。

一　六五二頁中一行「一葉有一」，資、磧、普、南、徑、清作「葉有一」；麗作「葉有千」。

一　六五二頁中末行「父母」，諸本作「父母養」。

一　六五二頁下三行第一二字「交」，諸本作「文」。

一　六五二頁下一一行第二字「我」，諸本作「我食」。

一　六五二頁下一七行第三字「如」，徑作「知」。

一　六五二頁下一八行末字「訖」，諸本作「竟」。

一　六五二頁下一九行第三字「著」，諸本無。

一　六五三頁上二行第一一字「草」，諸本作「華草」。

雜寶藏經卷第二　　鷩

元魏西域三藏吉迦夜共曇曜　譯

六牙白象緣
兔自燒身供養大仙緣
善惡獼猴緣
佛以智水滅三火緣
波羅㮈國有一長者子共天神感王行孝緣
迦尸國王白香象養盲父母并和二國緣
波羅㮈國弟微諫兄遂徹承相勸王孝化天下緣
梵摩達夫人妒忌傷子法護緣
駞驃比丘被謗緣
離越被謗緣
波斯匿王醜女賴提緣
波斯匿王女善光緣
昔王子兄弟二人被駈出國緣
須達長者婦供養佛獲報緣
娑羅那比丘為惡生王所苦惱緣
內官贖所犍牛得男根緣
兩內官共諍道理緣

六牙白象緣

昔舍衛國有一大長者生一女子自

識宿命初生能語而作是言不善所作不孝所作無慚所作惡害所作背恩所作作此語已嘿然而止此女生時有大福德即為立字名之為賢漸漸長大極敬袈裟以恭敬袈裟因緣出家作比丘尼不到佛邊精勤修習即得羅漢悔不至佛邊便往佛所向佛懺悔佛言我於彼時已受懺悔諸比丘疑怪問佛此賢比丘尼何以故從出家以来不見佛今日得見佛懺悔有何因緣佛即為說因緣昔日有六牙白象多諸羣眾此白象有二婦一名賢二名善賢林中遊行偶值蓮花意欲與賢善賢奪去賢見奪華生嫉妬心彼象愛於善賢而不愛我時彼山中有佛塔賢常採花供養即發願言我生人中自識宿命并按此白象牙取即上山頭自撲而死尋生毗提醯王家作女自知宿命年既長大與梵摩達王為婦念其宿怨語梵摩達言與我為牙作牀者我能活耳若不尒者我不能活梵摩達王即募獵者若有能得象牙来者當與百兩金即時獵師詐

被袈裟挾弓毒箭往至象所時象婦善賢見獵師已即語象王彼有人来象王問言著何衣服答言身著袈裟象王言袈裟中必當有善無有惡也獵師於是遂便得近以毒箭射善賢語其夫汝言袈裟中有善無惡云何如此答言非袈裟過乃是心中煩惱過也善賢即欲害彼獵師象王種種慰喻說法不聽令害又復畏五百群象必煞此獵師藏著岐間五百群象皆遣遠去問獵師言汝須何物而射於我答言我無所須梵摩達王募索汝牙故来欲取象言疾取答言不敢自取如是慈悲覆育於我我若自手取手當爛墮白象即時向大樹所自拔牙出以鼻絞捉發願而與以牙布施願我將来拔一切眾生三毒之牙獵師取牙便與梵摩達王尒時夫人得此牙已便生悔心而作是言我今云何取此賢勝淨戒之牙大修功德而發誓言願使彼將来得成佛時於彼法中出家學道得阿羅漢汝等當知尒時白象者我身是也尒時獵師者

提婆達多是也尒時賢者今比丘尼是也尒時善賢者耶輸陀羅比丘尼是也

兔自燒身供養大仙緣

舍衛國有一長者子於佛法中出家常樂親里眷屬不樂欲與道人共事亦不樂於讀經行道佛勅此比丘使向阿練若處精懃修習得阿羅漢六通具足諸比丘疑怪而白佛言世尊出世甚奇甚特如是長者子能安立使得阿練若處得阿羅漢道具六神通佛告諸比丘非但今日能得安立乃於往昔已曾安立諸比丘白佛言不審世尊過去安立其事云何佛告諸比丘過去之時有一仙人在山林間時世大旱山中菓蓏根莖枝葉悉皆枯乾尒時仙人共兔親善而語兔言我今欲入聚落乞食兔言莫去當與汝食於是兔便自拾薪聚又語仙人必受我食天當降雨汝三日住華菓還出便可採食莫趣人間作是語已即大然火投身著中仙人見已作是思惟此兔慈仁我之善伴為我食

故能捨身命實是難事時彼仙人生大苦惱即取食之菩薩為此難行苦行釋提桓因宮殿震動而自念言今以何因緣宮殿震動觀察知是兔能為難事感其所為即便降雨仙人遂住還食菓蓏尒時修習得五神通欲知尒時五通仙者今比丘是尒時兔者今我身是也我捨身故使彼仙人住阿練若處獲五神通況我今日不能令此比丘遠離眷屬住阿練若處得阿羅漢獲六神通

善惡獼猴緣

佛在王舍城諸比丘白佛言世尊依止提婆達多常得苦惱依止如來世尊者現得安樂後生善處得解脫道佛告比丘言非但今日乃往過去時有二獼猴各有五百眷屬值迦尸王子遊獵圍將欲至一善獼猴語一惡獼猴言我等今渡此河可得免難惡獼猴言我不能渡善獼猴語諸獼猴言毗多羅樹枝捍極長即挽樹枝渡五百眷屬惡獼猴眷屬以不渡故即為王子之所獲得尒時善獼猴者我身

是也尒時惡獼猴者提婆達多是所將眷屬尒時苦惱今依止者亦復如是尒時依止我者長夜受樂現得名稱供養將來得人天解脫尒時依止提婆達多者長夜受苦現身得惡名稱人不供養將來墮三惡道是故諸比丘應當遠離惡知識親近善知識善知識者長夜與人安隱快樂以是之故應當親近善知識惡知識應當遠離所以者何惡知識者能燒燃今世後世眾苦集聚

佛以智水滅三火緣

有國名南方山佛欲往彼國於中路至一聚落宿值彼聚落造作吉會飲酒醉亂不覺火起燒此聚落諸人驚怕靡知所趣各相謂言我等唯依憑佛可免火難便白佛言世尊願見救濟佛言一切眾生皆有三火貪欲瞋恚愚癡之火我以智水滅此三火此言若實此火當滅作是語已火即時滅諸人歡喜信重於佛佛為說法得須陀洹道諸比丘疑怪世尊出世甚奇甚特為此村落作大利益聚落火

滅心垢亦滅佛言非但今日為作利益於過去世亦曾為彼諸人作大利益諸比丘問言不審世尊過去利益其事云何佛言過去之世雪山一面有大竹林多諸鳥獸依彼林住有一鸚鵡名歡喜首彼時林中風吹兩竹共相揩磨其間火出燒彼竹林鳥獸恐怖無歸依處尒時鸚鵡深生悲心憐彼鳥獸捉翅到水以灑火上悲心精懃故感帝釋宮令大震動釋提桓因以天眼觀有何因緣我宮殿動乃見世間有一鸚鵡心懷大悲欲救濟火盡其身力不能滅火釋提桓因即向鸚鵡所而語之言此林廣大數千万里汝之翅羽所取之水不過數滴何以能滅如此大火鸚鵡荅言我心弘曠精懃不懈必當滅火若盡此身不能滅者更受來身誓必滅之釋提桓因感其志意為降大雨火即得滅尒時鸚鵡今我身是也尒時林中諸鳥獸者今大聚落人民是也我於尒時為滅彼火使其得安今亦滅火令彼得安又問復以何緣得見諦道佛言此

諸人民迦葉佛時受持五戒由是因緣今得見諦獲須陁洹道

波羅㮈國有一長者子共天神感王行孝緣

如是我聞一時佛在舍衛國告諸比丘言若有人欲得梵天王在家中者能孝養父母梵天即在家中欲使帝釋在家中者能孝養父母即是帝釋在家中欲得一切天神在家中者但供養父母當知一切天神已在家中但能供養父母便為和上已在家中欲得阿闍梨在家中者但供養父母即是阿闍梨在其家中若欲供養諸賢聖及佛若供養父母諸賢聖及佛即在家中諸比丘言如來世尊極為希有恭敬父母佛言非但今日極為希有恭敬父母於過去世亦曾希有恭敬父母比丘問言過去恭敬其事云何佛言往昔波羅㮈國有一貧人唯生一子然此一子多有兒息其家貧窮時世飢儉以其父母生埋地中養活兒子隣比問言汝父母為何所在荅言我父母年老會當至死我便埋

之以父母食分欲養兒子使得長大第二家聞謂此是理如此展轉遍波羅㮈國即以為法復有一長者亦生一子此子聞之以為非是即作是念當作何方便却此非法遂白父言父今可應遠行學讀使知經論其父便去少得學讀而便還家年轉老大子為掘地作好屋舍以父著中與好飲食作是思惟誰當共我除此非法天神現身而語之言我今與汝以為伴侶天神踈紙問王四事若能解此疏上事者為汝擁護若不解者却後七日當破王頭令作七分四種問者一者何物是第一財二者何物最為樂三者何物味中勝四者何物壽最長勝著王門上國王得已促問國中誰解此者若有解者欲求何事皆滿所願長者子取此文書解其義言信為第一財正法最為樂實語第一味智慧命第一解此義已還著王門頭天神見已心大歡喜王亦大歡喜王問長者子言誰教汝此語荅言我父教我王言汝父安在長者子言願王施無

畏我父實老建國法故藏著地中願聽目所說大王父母恩重猶如天地懷抱十月推乾去濕乳哺養大教授人事此身成立皆由父母得見日月生活所作父母之力假使左肩擔父右肩擔母行至百年復種種供養猶不能報父母之恩時王問言汝欲求何等荅言更無所求唯願大王去此惡法王可其言宣下國內若有不孝於父母者當重治其罪欲知尒時長者子今我身是也我於尒時爲彼一國除去惡法成就孝順之法以此因緣自致成佛是以今日亦復讚嘆孝順之法也

迦尸國王白香象養盲父母并和二國緣

昔佛在舍衛國告諸比丘言有八種人應決定施不復生疑父母以佛及弟子遠來之人遠去之人病人看病者諸比丘白佛言如來世尊甚奇甚特於父母所常讚嘆恭敬佛言我非但今日過去已來恒尊重恭敬諸比丘問言尊重讚嘆其事云何佛言過

去久遠有二國王一是迦尸國王二是比提醯國王比提醯王有大香象以香象力摧伏迦尸王軍迦尸王作是念言我今云何當得香象摧伏比提醯王軍時有人言我見山中有一白香象王聞此已即便募言誰能得彼香象者我當重賞有人應募多集軍衆往取彼象象思惟言若我遠去父母盲老不如調順往至王所尒時衆人便將香象向於王邊王大歡喜爲作好屋氍毹毾㲪著其下與諸伎女彈琴鼓瑟以娛樂之與象飲食不肯食之時守象人來白王言象不肯食王自向象所上古畜生皆能人語王問象言汝何故不食象荅言我有父母年老眼盲無與水草者父母不食我云何食象白王言我欲去者王諸軍衆無能遮我但以父母盲老順王來耳王今見聽還去供養終其年壽自當還來王聞此語極大歡喜我等便是人頭之象此象乃是象頭之人先迦尸國人惡賤父母無恭敬心因此象故王即宣令一切國內若不孝

養恭敬父母者當與大罪尋即放象還父母所供養父母隨壽長短父母喪亡還來王所王得白象甚大歡喜即時莊嚴欲伐彼國象語王言莫與鬬諍凡鬬諍法多所傷害王言彼欺陵我象言聽我使往令彼怨敵不敢欺侮王言汝若去者或能不還荅言無能遮我使不還者象即於是往彼國中比提醯王聞象來至極大歡喜自出往迎既見象已而語之言即住我國象白王言不得即住我立身以來不違言誓先許彼王當還其國汝二國王應除怨惡自安其國豈不快乎即說偈言

得勝增長怨　負則益憂苦　不諍勝負者　其樂寂第一

尒時此象說此偈已即還迦尸國從是以後二國和好尒時迦尸國王今波斯匿王是比提醯王阿闍世王是尒時白象今我身是也由我尒時孝養父母故令多衆生亦孝養父母尒時能使二國和好今日亦尒

波羅㮈國弟微諫兄遂徹承相勸王

教化天下緣

昔者世尊語諸比丘當知往昔波羅㮈國有不善法流行於世父年六十與著㲲屢使守門戶尒時有兄弟二人兄語弟言汝與父㲲屢使令守門屋中唯一㲲屢小弟便截半與父而白父言大兄與父非我所與大兄教父使守門兄語弟言何不盡與㲲屢截半與之弟荅言適有一㲲屢不截半與後更何處得兄問言更欲與誰弟言豈可得不留與兄耶兄言何以與我弟言汝當年老汝子亦當安汝置於門中兄聞此語驚愕曰我亦當如是耶弟言誰當代兄便語兄言如此惡法宜共除捨兄弟相將共至輔相所以此言論向輔相說輔相荅言實尒我等亦共有老輔相啓王王可此語宣令國界孝養父母斷先非法不聽更尒

梵摩達夫人妬忌傷子法護緣

佛在王舍城語提婆達多言我恒深心慈念於汝及身口意於汝無惡今可共懺提婆達多罵詈而去諸比丘

言云何如來慈心若此提婆達多反更惡罵佛言非但今日於過去時波羅㮈國有王名梵摩達夫人名不善意有子法護聰明慈仁就師教學時梵摩王將諸婇女於園苑中而行遊戲安樂以飲殘酒送與夫人夫人瞋恚而作是言我寧刺法護咽中取血而飲不飲此酒王聞是語瞋恚而言學中喚法護來法護來已欲割其咽子白父言我無過罪王唯有一子何為煞我王言我不煞汝汝母意耳能白汝母懺悔令彼歡喜終不煞汝兒即向母懺悔而作是言唯有我一子亦無過罪何為煞我母不受悔便刺兒咽與血使飲佛言尒時父王拘迦離是也彼時母者提婆達多是彼時子者我身是也我於尒時都無惡心不受我悔今日亦尒不受我悔我於尒時雖為所煞都無一念瞋恨之心況於今日而當忿恚有惡心也

馳驪比丘被謗緣

昔有比丘名曰馳驪有大力士力出家精勤得阿羅漢威德具足恒營僧事

五指出光而賦眾僧種種㲲具由是佛說營事第一弥多比丘自薄福德當次會處飲食麁惡乃反恚言若此馳驪料理僧事我終不得好食自活當設方便弥多有姊作比丘尼往共相教謗於馳驪乃至滿三馳驪厭惡即昇虛空作十八變入火光三昧於虛空中如火焰滅無有屍骸誹謗貪嫉能使賢聖猶尚滅身況復凡夫是以智者當慎誹謗莫輕言說時諸比丘即便問佛馳驪比丘有何因緣而被誹謗復以何因緣得是大力復以何因緣逮得羅漢佛言過去世時人壽二万歲時有佛名曰迦葉尒時迦葉佛法中有年少比丘面目端正顏色美妙彼年少比丘乞食未還有一少婦惑著是色看此比丘眼不捨離馳驪比丘時為食監會見此婦隨逐比丘目不暫捨即便謗言此女必與彼比丘通由是因緣墮三惡道受苦無量乃至今日餘殃不盡猶被誹謗又以過去迦葉佛時出家學道今得羅漢以其過去經營僧事驢馱米麪

溺於深泥即能挽出緣是之故得力

士力

離越被謗緣

昔罽賓國有離越阿羅漢山中坐禪有一人失牛追逐蹤跡徑至其所尒時離越煑草染衣衣自然變作牛皮染汁變成爲血所煑染草變成牛肉所持鉢盂變成牛頭牛主見已即捉收縛將詣於王王即付獄中經十二年恒爲獄監飼馬除糞離越弟子得羅漢者有五百人覩覓其師不知所在業緣欲盡有一弟子見師乃在罽賓獄中即来告王我師離越在王獄中願爲斷理王即遣人就獄撿校王人至獄唯見有人威色憔悴鬚髮極長而爲獄監飼馬除糞還白王言獄中都無沙門道士唯有獄卒比丘弟子復白王言願但設教諸有比丘悉聽出獄王即宣令諸有道人悉皆出獄尊者離越於其獄中鬚髮自落袈裟著身踊在虛空作十八變王見是事歎未曾有五體投地白尊者言願受我懺悔即時来下受三懺悔王即問言以何業緣在於獄中受苦經

年尊者荅言我於往昔亦曾失牛隨逐蹤跡經一山中見辟支佛獨處坐禪即便誣謗至一日一夜以是因緣墮落三塗苦毒無量餘殃不盡至得羅漢猶被誹謗

波斯匿王醜女賴提緣

昔波斯匿王有女名曰賴提有十八醜都不似人見皆恐怕時波斯匿王募於國中其有族姓長者之子窮寒孤獨者仰使將来尒時市邊有長者子孤獨單已乞索自活募人見之將来詣王王將此人入於後園而約勅言吾生一女形貌醜惡不中示人今欲妻卿可得尒不時長者子白王言王所約勅假使是狗猶尚不辭何況王女而不可也王尋妻之爲立宮室約勅長者子言此女形醜愼莫示人出則鏁門入則閉戶以爲常則有諸長者子共爲親友飲醼遊戲每於會日諸長者子婦皆來集會唯此王女獨自不來於是諸人共作要言後日更會仰將婦来有不来者重謫財物遂復

作會貧長者子猶故如前不將婦来諸人便共重加謫罰貧長者子敬受其罰諸人已復共作要言明日更會不將婦来復當重罰如是被罰乃至二三亦不將来詣於會所貧長者子後到家中語其婦言我數坐汝爲人所罰婦言何故夫言諸人有要飲會之日盡仰將婦詣於會所我被王勅不聽將汝以示外人故數被罰婦聞此語甚大慙愧深自悼慨晝夜念佛於是後日更設醼會夫復獨去婦於室内倍加懇惻而發願言如来出世多所利益我今罪惡獨不蒙潤佛感其心至從地踊出始見佛髮敬重歡喜已髮即異變成好髮次見佛額漸覩眉目耳鼻身口隨所見已歡喜轉深其身即變醜惡都盡貌同諸天諸長者子密共議言王女所以不来會者必當端正異於常人或當絶醜是故不来我等今當勸其夫酒令無覺知解取鑰匙開門往看即飲使醉解取鑰匙相將共往開門看之見此王女端正無雙便還閉門詣於本處

尒時其夫猶故未𢙣還以鑰匙繫著腰下其夫覺已尋還向家開門見婦端正殊異怪而問之汝何天神女處我屋宅婦言我是君婦賴提夫怪而問之所以卒尒婦時荅言我聞君數坐我被罰心生慚愧懇惻念佛尋見如來從地踊出見已歡喜身體變好貧長者子趣大歡喜尋入白王王女身體自然變好今求見王王聞歡喜詣佛所而白佛言世尊此女何緣生於深宮身體醜惡人見驚怪復以何因今卒變好佛告王言乃往過去有辟支佛日日乞食到一長者門前時長者女持食施辟支佛見辟支佛身體麁惡而作是言此人醜惡形如魚皮鬘如馬尾尒時長者女者今王女是施食因緣生於深宮毀呰辟支佛故身體醜惡生慚愧懇惻心故而得見我歡喜心故身體變好尒時衆會聞佛所說恭敬作礼歡喜奉行

波斯匿王女善光緣

昔波斯匿王有一女名曰善光聰明端

正父母憐愍舉宮愛敬父語女言汝因我力舉宮愛敬女荅父言我有業力不因父王如是三問荅亦如前王時瞋忿今當試汝有自業力無自業力約勑左右於此城中覔一最下貧窮乞人時奉王教尋便推覔得一窮下將來詣王王即以女善光付與窮人王語女言若汝自有業力不假我者從今以往事驗可知女猶荅言我有業力即共窮人相將出去問其夫言汝先有父母不窮人荅言我父先舍衛城中第一長者父母居家都以死盡無所依怙是以窮乏善光問言汝今頗知故宅處不荅言知處垣室毀壞遂有空地善光便即與夫相將往故舍所周歷按行隨其行處其地自陷地中伏藏自然發出即以珎寶雇人作舍未盈一月宫室屋宅都悉成就宫人妓女充滿其中奴婢僕使不可稱計王卒憶念我女善光云何生活有人荅言宫室錢財不減於王王言佛語真實自作善惡自受其報王女即日遣其夫主往請於王王即受請見其家内氍毹

毾㲪莊嚴舍宅踰於王宫王見此已歎未曾有此女自知語皆真實而作是言我自作此業自受其報王往問佛此女先世作何福業得生王家身有光明佛荅王言過去九十一劫有佛名毗婆尸彼時有王名曰槃頭王有第一夫人毗婆尸佛入涅槃後槃頭王以佛舍利起七寶塔王第一夫人以天冠拂飾著毗婆尸佛像頂上以天冠中如意珠著於棖頭光明照世因發願言使我將来身有光明紫磨金色尊榮豪貴莫墮三惡八難之處尒時王第一夫人者今善光是迦葉佛時復以餚饍供養迦葉如來及四大聲聞夫主遮斷婦勸請言莫斷絶我我今以請使得充足夫還聽婦供養得訖尒時夫者今日夫是尒時婦者今日婦是夫以尒時遮婦之故恒常貧窮以還聽故要因其婦得大富貴無其婦時後還貧賤善惡業追未曾違錯王聞佛所說深達行業不自矜大深生信悟歡喜而去

昔王子兄弟二人被驅出國緣

昔有王子兄弟二人被驅出國到曠路中糧食都盡弟即殺婦分肉與其兄嫂使食兄得此肉藏弃不噉自割脚肉夫婦共食弟婦肉盡欲得殺嫂兄言莫殺以先藏肉還與弟食既過曠野到神仙住處採取華菓以自供食弟後病亡唯兄獨在是時王子見一被刖無手足人生慈悲心採取菓實活彼刖人王子爲人少於欲事採華菓去其婦在後與刖人通已有私情深嫉其夫於一日中逐夫採華至河岸邊而語夫言取樹頭華菓夫語婦言下有深河或當墮落婦言以索繫腰我當挽索小近岸邊婦排其夫墮著河中以慈善力隨水漂去而不没死於河下流有國王崩彼國相師推求國中誰應爲王遥見水上有黄雲蓋相師占已黄雲蓋下必有神人遣人水中而往迎接立以爲王王之舊婦擔彼刖人展轉乞索到王子國國人皆稱有一好婦擔一刖壻恭承孝順乃聞於王王聞是已即遣人喚來到殿前王問婦言此刖人者實是尒夫不荅言

實是王時語言識我不也荅言不識王言汝識某甲不識向王看然後慙愧王故慈心遣人養活佛言欲知王者即我身是尒時婦者旃遮婆羅門女帶木杅謗我者是也尒時刖手足者提婆達多是

須達長者婦供養佛獲報緣

昔佛在世須達長者㝡後貧苦財物都盡客作傭力得三㪷米炊作飲食時炊已訖値阿那律來從乞食須達之婦即取其鉢盛滿飯與後須菩提摩訶迦葉大目揵連舍利弗等次第來乞其婦悉亦各取其鉢盛飯施與末後世尊自來乞食亦與滿鉢於是須達在外行還從婦索食婦荅夫言其若尊者阿那律來汝當自食施於尊者荅言寧自不食當施尊者若復迦葉大目揵連須菩提舍利弗等乃至佛来汝當云何荅言寧自不食盡以施與婦語夫言朝来諸聖盡來索食所有之食盡用施之夫語婦言我等罪盡福德應生即發庫中穀帛飲食悉皆充滿用盡復生

娑羅那比丘爲惡生王所苦惱緣

昔優塡王子名曰娑羅那心樂佛法出家學道頭陁苦行山林樹下坐禪繫念時惡生王將諸婇女巡行遊觀至於此林頓駕憩息即便睡眠諸婇女等以王眠故即共遊戲於一樹下見有比丘坐禪念定往至其所礼敬問訊尒時比丘爲其説法王後尋覓求覔婇女遥見樹下有一比丘顔貌端正其年壯美諸婇女等在前聽法即往問言汝得阿羅漢不荅言不得得阿那含不荅言不得得斯陁含不荅言不得得須陁洹不荅言不得得不淨觀不荅言不得王便大瞋作是言曰汝都無所得云何以此生死凡夫與諸婇女共一處坐即捉撾打遍身傷壞諸婇女言此比丘無過王轉增瞋恚又見被打皆啼哭懊惱王倍瞋劇是時比丘心自念言過去諸佛能忍辱故獲無上道又復過去忍辱仙人被他刖耳鼻手足猶尚能忍況我今日身形固完而當不忍如此思惟嘿然忍受受打已竟舉體疼痛轉

轉增劇不堪其苦復作是念我昔在俗是國王子當紹王位兵衆勢力不減彼王今日以我出家單獨便見欺打深生懊惱即欲罷道還歸於家即向和上迦旃延所辭欲還俗和上答言汝今身體新打疼痛且待明日小住止息然後乃去時娑羅那受敎即宿於其夜半尊者迦旃延便爲現夢使娑羅那自見已身罷道歸家父王已崩即紹王位大集四兵伐惡生王既至彼國列陣共戰爲彼所敗兵衆破喪身被囚執時惡生王得娑羅那已遣人持刀將欲殺去時娑羅那極大怖畏即生心念願見和上雖爲他殺不以爲恨其時和上應念知心執錫持鉢欲行乞食於其前現而語之言子我常種種爲汝說法鬪諍求勝終不可得不用我敎知可如何答和上言今若救濟弟子之命更不敢尒時迦旃延爲娑羅那語王人言願小停住聽我啓王救其生命作是語已便向王所其後王人不肯待住遂將殺去臨欲下刀心中驚怖失聲而覺

覺即具以所夢見事往白和上和上答言生死鬪戰都無有勝所以者何夫鬪戰法以殘他爲勝殘害之道現在愚情用快其意將來之世墮於三塗受苦無量若其不如爲他所害喪失已身殃延衆庶增他重罪令陷地獄更相殘殺冤家不息輪轉五道無有終竟反覆尋之何補身瘡拷楚之痛汝今欲離生死怖懼鞭打痛者當自觀身以息怨謗所以者何是身者衆苦之本飢渴寒熱生老病死蚊䖟毒獸之所侵害如是諸怨衆多無量汝不能報何獨欲報惡生王也欲滅怨者當滅煩惱煩惱之怨害無量身世怨雖重正害一身煩惱之怨害善法身世怨雖酷正害有漏臭穢之身由是觀之怨害之起煩惱爲根汝今不伐煩惱之賊去何乃欲伐惡生王也如是種種爲其說法時娑羅那聞此語已心開意解獲須陀洹深樂大法倍加精進未久行道得阿羅漢

內官贖所犍牛得男根緣

昔乾陁衛國有一屠兒將五百頭小牛

盡欲刑犍時有內官以金錢贖牛作羣放去以是因緣現身即得男根具足還到王家遣人通白某甲在外王言是我家人自恣而行未曾通白今何故尒王時即喚問其所以答王言曰向見屠兒將五百頭小牛而欲刑治臣即贖放以是因緣身體得具故不敢入王聞喜愕深於佛法生信敬心夫以華報所感如此況其果報豈可量也

二內官諍道理緣

昔波斯匿王於卧眠中聞二內官共諍道理一作是言我依王活一人答言我無所依自業力活王聞此已情可於彼依王活者而欲賞之即遣直人語夫人言我今當使一人往者重與錢財衣服瓔珞於是尋遣依王活者持已所飲餘殘之酒以與夫人尒時此人持酒出戶鼻中血出不得前進會復值彼自業活者即倩持酒往與夫人夫人見已憶王之言賜其錢財衣服瓔珞還於王前王見此人深生恠惑即便喚彼依王活者而問之言我使汝去何不去答言我出戶外卒得衂鼻竟

不堪任即便倩彼持王殘酒以與天人王時歎言我今乃知佛語爲實自作其業自受其報不可奪也由是觀之善惡報應行業所致非天非王之所能與

雜寶藏經卷第二 第二十八張 繁

雜寶藏經卷第二

甲辰歲高麗國大藏都監奉勅彫造

雜寶藏經卷第二

校勘記

一　底本，麗藏本。

一　六五七頁上三行至二一行「六牙……道理緣」目録，諸本無。

一　六五七頁上二二行末字「緣」，諸本作「因緣」。

一　六五七頁中二行第三字「孝」，諸本作「好」。

一　六五七頁中一〇行第二字「以」，諸本無。

一　六五七頁中一三行第八字「偶」，諸本作「遇」。

一　六五七頁中一六行「採花」，諸本作「將果」。

一　六五七頁中一七行第一二字「取」，諸本作「故」。

一　六五七頁下一〇行第九字「歧」，諸本作「奇」。

一　六五七頁下一三行第九字「疾」，諸本作「苦」。

一　六五七頁下一四行第一四字「手」，諸本無。

一　六五七頁下末行第五字「者」，諸本無。

一　六五八頁上三行末字及次頁上二〇行第九字「也」，諸本無。

一　六五八頁上四行「兎自……緣」上，資冠以「雜寶藏經」。以下各卷每緣例同。

一　六五八頁上一三行第六字「曾」，諸本作「善」。

一　六五八頁上一八行末字「當」，諸本作「我當」。

一　六五八頁中六行首字「住」，諸本作「往」。

一　六五八頁中七行第一一字「是」，諸本作「是也」。

一　六五八頁中一〇行末字「處」，諸本作「住處」。

一　六五八頁中二一行「枝桿」，諸本作「枝榦」。

一　六五八頁下七行第四字「當」，諸

本作「常」。

一　六五八頁下一六行第二字「靡」，諸本作「莫」。

一　六五八頁下一七行首字「佛」，諸本作「佛所」。

一　六五九頁上七行第三字「指」，諸本作「錯」。

一　六五九頁上九行第五字「捉」，諸本作「投」。

一　六五九頁上二二行「彼得」，諸本作「使得」。

一　六五九頁中三行第六字「一」，諸本無。同行第一〇字「共」，資作「共行」；磧、普、南、徑、清作「共孝行」。

一　六五九頁中末行第八字「會」，諸本作「歸」。

一　六五九頁下一五行第八字「者」，諸本作「問」。

一　六五九頁下一六行第九字「促」，諸本作「捜」。

一　六五九頁下一八行「解其義言」，諸本作「盡解其義」。

一　六六〇頁上四行第八字「由」，諸本作「由是」。

一　六六〇頁上六行第六字「至」，諸本作「到」。

一　六六〇頁上一一行第七字「也」，諸本無。一四行末字、本頁下二〇行第九字及次頁中一六行第二字同。

一　六六〇頁上一二行第三字「去」，諸本作「却」。

一　六六〇頁上一七行第一一字「言」，資、磧、普、南作「尼」。

一　六六〇頁中七行「應募」，諸本作「募言」。

一　六六〇頁中一四行「皆能」，資作「皆解」。

一　六六〇頁中二〇行末字「等」，諸本作「當」。

一　六六〇頁中二二行「恭敬」，諸本作「供養」。

一　六六〇頁下一行「養恭敬」，諸本作「供養」。

一　六六〇頁下四行第二字「時」，諸本無。

一　六六〇頁下一一行「以來」，諸本作「來」。

一　六六一頁上四行「數屢」，諸本作「數數」。下同。

一　六六一頁上八行第七字「語」，諸本作「向」。

一　六六一頁上一〇行「更欲」，諸本作「欲更」。

一　六六一頁上一二行第六字「汝」，諸本作「兄」。同行第一〇字及一三行首字同。

一　六六一頁一七行第六字「共」，資無。

一　六六一頁中五行第一三字「行」，諸本無。

一　六六一頁中九行第一一字「割」，諸本作「刺」。

一　六六一頁中一二行第六字「彼」，諸本作「使」。

一　六六一頁中一五行「父王」，諸本作「父王者」。
一　六六一頁下一二行第五字「因」，諸本無。
一　六六一頁下一三行首字「緣」，諸本無。
一　六六一頁下一八行第七字「食」，諸本作「倉」。
一　六六二頁上八行第六字「成」，諸本作「爲」。
一　六六二頁上一〇行及一六行「飼馬」，諸本作「食馬」。
一　六六二頁上一三行至次行「願爲斷理」，諸本作「見爲料理」。
一　六六二頁上一五行第五字「人」，諸本作「一人」。
一　六六二頁上一九行第六字「令」，諸本作「命」。
一　六六二頁中三行第四字「經」，諸本作「至」。
一　六六二頁中四行第二字「即」，諸本無。同行第六字「至」，諸本作「經」。
一　六六二頁下二行第七字「讁」，資作「賞」。
一　六六二頁下一四行第三字「至」，諸本作「志」。
一　六六三頁上三行第一三字「女」，諸本無。
一　六六三頁上一〇行第六字「已」，諸本作「雖」。
一　六六三頁下三行第六字「業」，諸本作「善」。
一　六六三頁下末行首字「昔」，諸本作「昔者」。
一　六六四頁上三行第九字「弃」，諸本作「舉」。
一　六六四頁上一五行第七字「墮」，諸本作「隨」。
一　六六四頁上一六行第二字「下」，諸本無。
一　六六四頁上二二行第七字「即」，資無。
一　六六四頁上末行第一〇字「是」，諸本無。
一　六六四頁中二行第八字「識」，諸本作「諦」。
一　六六四頁中九行第一〇字「𠮟」，磧、普、南、徑、清作「升」。
一　六六四頁中一八行第一二字「等」，諸本無。
一　六六四頁下四行「巡行」，諸本作「巡歷」。
一　六六四頁下一一行第四字「汝」，諸本作「汝等」。
一　六六四頁下一一行第九字「不」，諸本作「耶」。一二行第四字、第一三字、一三行第八字、一四行第三字同。
一　六六四頁下一八行第八字「啼」，諸本無。
一　六六四頁下二二行「固完」，磧、普、南、徑、清作「完固」。
一　六六五頁上一五行「其時」，諸本作「時其」。
一　六六五頁上末行「而覺」，資無。

一　六六五頁中一行首字「覺」，磧、普、南、徑、清無。

一　六六五頁中七行第五字「寃」，諸本作「怨」。

一　六六五頁中一五行第五字及一六行第七字「正」，諸本作「止」。

一　六六五頁中二二行「內官……男根緣」與本頁下一〇行「二內……道理緣」，兩緣經文諸本載於卷第三之第三十六與第三十七。

一　六六五頁下三行第九字「白」，南、徑、清作「曰」。

一　六六五頁下九行「況其」，諸本作「其後」。

一　六六五頁下一〇行第三字「官」，諸本作「官共」。

一　六六五頁下二一行第五字「前」，諸本作「所」。

一　六六五頁下二二行「使汝」，諸本作「遣汝」。

一　六六六頁上六行卷末經名，諸本無(未換卷)。

雜寶藏經卷第三　驚

元魏西域三藏吉迦夜共曇曜　譯

兄弟二人俱出家緣

往昔之世有兄弟二人心樂佛法出家學道其兄精懃集衆善法修阿練行未久之頃得羅漢道其弟聰明學問博識誦三藏經後為輔相請作門師多與財錢委使營造僧房塔寺時三藏法師受其財物將人經地為造塔寺基剎端嚴堂宇瑩飾制作之意妙絶工匠輔相見已倍生信敬供養供給闕事無乏三藏比丘見其心好即作是念寺廟訖成俱須衆僧安置寺上當語輔相使請我兄作是念已語輔相言我有一兄在於彼處捨家入道懃心精進修阿練行檀越今可請着寺上輔相荅言師所約勑但是比丘不敢違逆況復師兄是阿練也即便遣人慇懃往請既來到已輔相見其精懃用行倍加供養其後輔相以一妙疊價直千万以與於彼阿練比丘阿練比丘不肯受之慇懃强與然後乃受而作是念我弟營事當須財物即以與之輔相後時以一麁疊用與三藏三藏得已深生瞋恚又於後日輔相更以一張妙疊直千万錢與兄阿練其兄既得復以與弟其弟見已倍懷嫉妬即持此疊往至輔相愛敬女所而語之言汝父輔相先看我厚今彼比丘至止已来不知以何幻惑汝父今於我薄與汝此疊汝可持向輔相之前縫以為衣若其問者汝可荅言父所愛重阿練若者捉以與我輔相必定瞋不共語女語三藏言我父今厚敬彼比丘如愛眼精亦如明珠云何卒當而到謗毀三藏復言汝若不尒與汝永斷女人又荅何故太卒當更方宜情不能已便受此疊於其父前裁以為衣尒時輔相見疊即識而作念言彼比丘者甚大惡人得我之疊不自供給反以誑惑小兒婦女於是後日阿練若來不復出迎顔色變異時此比丘見輔相尒心自思惟必有異人毀謗於我使彼尒耳即昇空中作十八變輔相見已深

懷敬服即與其婦礼足懺悔恭敬情濃倍於常日即驅三蔵及其已女悉令出國佛言尒時三蔵我身是以謗他故於無量劫受大苦惱乃至今日為孫他利之所毀謗尒時此女由謗聖故現被駈出窮困乞活是以世人於一切事應當明察莫輕誹謗用招各罰

仇伽離謗舍利弗等緣

昔有尊者舍利弗目連遊諸聚落到瓦師所值天大雨即於中宿會值窑中先時有一牧牛之女在後深處而聲聞人不入定時无異凡夫故不知見彼牧牛女見舍利弗目連其容端政心中惑著便失不淨尊者舍利弗目連從瓦窑出仇伽離善於形相觀人顏色知作欲相不作欲相見牧牛女在後而出其女顏色有成欲相不知彼女自生惑著而失不淨即便謗言尊者舍利弗目連婬牧牛女向諸比丘廣說是事時諸比丘即便三諫莫謗尊者舍利弗目連時仇伽離心生瞋嫉倍更忿盛有一長者名曰婆

伽尊者舍利弗目連為說法要得阿那含命終生梵天上即稱名為婆伽梵時婆伽梵遥於天上知仇伽離謗尊者舍利弗目連即便来下至仇伽離房中仇伽離問言汝是阿誰荅言我是婆伽梵為何事来梵言我以天耳聞汝謗尊者舍利弗目連汝莫說尊者等有如此事如是三諫諫之不止返作是言汝婆伽梵言得阿那含阿那含者名為不還何以来至我邊若如是者佛語亦虛梵言不還者謂不還欲界受生時仇伽離於其身上即生惡瘡從頭至足大小如豆往至佛所而白佛言云何舍利弗目連婬牧牛女佛復諫言汝莫謗是舍利弗目連是事聞佛此語倍生瞋恚時惡疱瘡轉大如捺第二又以此事而白於佛佛復諫言莫說此事疱瘡轉大如拳第三不止其疱轉大如瓠身體壯熱入冷池中能令冰池甚大沸熱疱瘡盡潰即時命終墮摩訶優波地獄尒時比丘白佛言世尊以何因緣尊者舍利弗目連等為他重謗佛言過去劫時舍利弗目連等曾為凡夫見辟支

佛出瓦師窑中亦有牧牛女從後而出即便謗言彼比丘者必與此女共為交通由是業緣三惡道中受无量苦今雖得聖先緣不盡猶被誹謗當知聲聞人不能為衆生作大善知識所以者何若舍利弗目連為仇伽離現少神足仇伽離必勉地獄不為現故使仇伽離墮於地獄如此之事佛作是說是菩薩人如鳩留孫佛時有一仙人名曰定光共五百仙人在於山林中草窟裏住時有婦人偶行在此值天降雨風寒理極無避雨處即向定光仙所寄宿一夜明日出去諸仙人見之即便謗言此定光仙必共彼女行不淨行尒時定光知彼心念恐其誹謗墮於地獄即昇虛空高七多羅樹作十八變諸仙人見已而作是言身能離地四指無有婬欲何況定光昇虛空中有大神變而有欲事我等云何於清淨人而起誹謗時五百仙即五體投地曲躬懺悔緣是之故得勉重罪當知菩薩有大方便真是衆生善知識佛言尒時定光仙人

者今弥勒是也介時五百仙人者今長老等五百比丘是也

龍王偈緣

佛在王舍城提婆達多往至佛所惡口罵詈阿難聞已極生瞋恚駈提婆達多令出去而語之曰汝若更來我能使汝得大苦惱諸比丘見已白佛言希有世尊如來常於提婆達多生慈愍心而提婆達多於如來所恒懷惡心阿難瞋恚即駈使去佛言非但今日於過去世亦曾如此昔於迦尸國時有龍王兄弟二人一名大達二名優婆大達恒雨甘雨使其國內草木滋長五穀成熟畜生飲水皆得肥壯牛羊蕃息時彼國王多煞牛羊至於龍所而祠於龍龍即現身而語王言我既不食何用煞生而祠我為數語不改兄弟相將遂避此處更到一小龍住處名乜度脾乜度脾龍晝夜瞋恚惡口罵詈大達語言汝莫瞋恚比介還去優婆大達極大忿怒而語之言唯汝小龍常食蝦蟇我若吐氣吹汝眷屬皆使消滅大達語弟莫作瞋恚

我等今當還向本處　迦尸王國渴仰
隨其所須以乳酪祀　更不煞生龍王
聞已即還本處於是大達而作是偈言

盡共合和至心聽　極善清淨心數法
菩薩本緣所說事　今佛顯現故昔偈
天中之天三佛陁　如來在世諸比丘
更出惡言相譏毀　大悲見聞如此言
集比丘僧作是說　諸比丘依我出家
非法之事不應作　汝等各各作麁語
更相誹謗自毀害　汝不聞知求菩提
修集慈忍難苦行　汝等若欲依佛法
應當奉行六和敬　智者善聽學佛道
為欲利益安衆生　普於一切不惱害
修行若聞應遠惡　出家之人起忿諍
猶如冰水出於火　我於過去作龍王
兄弟有二同處住　若欲隨順出家法
應斷瞋諍合道行　第一兄名為大達
第二者名優婆達　俱不煞生持淨戒
有大威德獸龍形　恒向善趣求作人
若見沙門婆羅門　修持淨戒又多聞
變形供養常親近　八日十四十五日
受持八戒撿心意　捨已住處詣他方
有龍名曰乜度脾　見我二龍大威德
知已不如生嫉恚　恒以惡口而罵詈
挻頷腫口氣麁出　瞋怒心盛身脹大
出是惡聲而謗言　幻惑諂偽見侵逼
聞此下賤惡龍罵　優波大達極瞋恚
請求其兄大達言　以此惡語而見毀
恒食蝦蟇水際住　如此賤物敢見罵
若在水中惱水性　若在陸地惱害人
聞惡欲忍難可堪　今當除滅身眷屬
一切皆毀還本處　大力龍王聞弟言
所說妙偈智者讚　若於一宿住止處
少得供給而安眠　不應於彼生惡念
知恩報恩聖所讚　若息樹下少蔭涼
不毀枝葉及花菓　若於親厚少作惡
是人終始不見樂　一飡之恵以惡報
是不知恩行惡人　善葉不生復消滅
如林被燒而燋元　後還生長復如故
背恩之人善不生　若養惡人百種供
終不念恩必報怨　辟如仙人爲依住
生子即死仙養活　長大狂逸煞仙人
樹木屋宇盡蹹壞　惡人背恩亦如是
心意輕躁不暫停　辟如洄澓中有樹
不修親友無返復　如似白疊甄紂涂

若欲報怨應加善　不應以惡而毀害
智者報怨皆以慈　擔負天地及山海
此擔乃輕背恩重　一切衆生平等慈
是為第一寂勝樂　如度河津安隱過
慈等二樂亦如是　不害親友是快樂
滅除憍慢亦是樂　內無德行外憍逸
實無有知生憍慢　好與强諍親惡友
名稱損減得惡聲　孤小老者及病人
新失富貴羸劣者　貧窮無財失國主
單已苦厄無所依　於上種種困厄者
不生憐愍不名仁　若至他國無眷屬
得衆惡罵忍為快　能遮衆惡鬪諍息
寄在他國人不識　不在己邦衆所輕
若於異國得供敬　皆來親附不瞋諍
即是己國親眷屬　世間富貴樂甚少
衰滅苦惱甚衆多　若見衆生皆退失
制不由己默然樂　怨敵力勝自羸弱
親友既少無所怙　自察如是默然樂
於彼惡所默然樂　瞋恚甚多殘害惡
非法人所貪且慳　不信無慚不受言
好加苦毒於衆生　如此人邊默然樂
不信强梁喜自高　得逆諂偽詐幻惑
於如此人默然樂　破戒凶惡無慮忍

恒作非法無信行　於此人所默然樂
妄語無愧好兩舌　邪見惡口或綺語
傲慢自高深計我　極大慳貪懷嫉妬
於此人所默然樂　若於他處不知己
亦無識別種性行　不應自高生憍慢
至餘國界而停住　衣食仰人不自在
若得毀罵皆應忍　他界寄住仰衣食
若為基業欲快樂　亦應如上生忍辱
若住他界仰衣食　乃至下賤來輕己
諸是智者宜忍受　在他界住惡知友
愚小同處下賤人　智者自隱如覆火
猶如熾火猛風吹　炎著林野皆焚燒
瞋恚如火燒自他　此名極惡之毀害
瞋恚欲心智者除　若修慈等瞋漸滅
未曾共住輙親善　恒近惡者是癡人
不察其過輙棄捨　作如上事非智者
若無愚小智不顯　如鳥折翅不能飛
智者無愚亦如是　以多愚小及無智
不能覺了智有力　以是義故諸賢掐
博識多聞得樂住　智者得利心不高
失利不下無愚癡　所解義理稱實說
諸有所言為遮惡　安樂利益故宜辯
為令必解說是語　智者聞事不卒行

思惟籌量於其實　明了其理而後行
是名自利亦利他　智者終不為身命
造作惡業無理事　不以苦樂違正法
終不為己捨正行　智者不慳無嫉恚
亦不嚴惡無愚癡　危害垂至不恐怖
終不為利諂嫌人　亦不威猛不怯弱
又不下劣正處中　如此諸事智者相
威猛生嫌懦他輕　去其兩邊處中行
或時默然如瘂者　或時言教如王者
或時作寒猶如雪　或時現熱如熾火
或現高大如須弥　或時現卑如卧草
或時顯現猛如王　或時寂滅如解脱
或時能忍飢渴苦　或時堪忍苦樂事
於諸財寶如糞穢　自在能調諸瞋恚
或時威猛如虎狼　觀時非時力無力
或時安樂縱伎樂　或時恐怖猶如鹿
能觀富貴及衰滅　忍不可忍是真忍
忍者應忍是常忍　於羸弱者亦應忍
富貴强盛常謙忍　不可忍忍是名忍
嫌恨者所不嫌恨　於瞋人中常心淨
見人為惡自不作　忍勝己者名怖忍
忍等己者畏鬪諍　忍下劣者名盛忍
惡罵誹謗愚不忍　如似兩石著眼中

能受惡罵重誹謗　智者能忍花雨為
若於惡罵重誹謗　明知能忍於慧眼
猶如降雨於大石　石無損壞不消滅
惡言善語苦樂事　智者能忍亦如石
若以實事見罵辱　此人實語不足瞋
若以虛事而罵辱　彼自欺誑如狂言
智者解了俱不瞋　若為財寶及諸利
忍受苦樂惡罵謗　若能不為財寶利
說得百千諸珎寶　猶應速疾離惡人
樹枝被斫不應拔　人心已離不可親
便從異道遠避去　可親友者滿世間
先敬後慢而輕毀　亦無恭敬不讚歎
如似白鵠輕飛去　智者遠愚速應離
好樂闘諍懷諂曲　喜見他過作兩舌
忘言惡口亦綺語　輕賤毀辱諸衆生
更出痛言入心髓　不護身業口與意
智者遠離至他方　嫉妬惡人無善心
見他利樂及名稱　心生熱惱大苦毒
言語善濡意極惡　唯智能遠至他方
人樂惡欲貪利養　諂曲要取無慚愧
內不清淨外亦然　智者速遠至他方
若人無有恭恪心　憍慢所懷無教法
自謂智者實愚癡　慧者遠離至他方

此處飲食得卧具　并諸衣被憑活路
應當擁護念其恩　猶如慈母救一子
愛能生長一切苦　先當斷愛而離瞋
恚能將人至惡趣　自高憍慢亦應捨
富貴親友貧賤離　如此之友當速遠
若為一家捨一人　若為一村捨一家
若為一國捨一村　若為己身捨天下
若為正法捨己身　若為一指捨現財
若為身命捨四支　若為正法捨一切
正法如蓋能遮雨　修行法者法擁護
行法力故斷惡趣　如春盛熱得蔭涼
修行法者亦復然　與諸賢智趣向俱
多得財利不為喜　若失重寶不為憂
不常懃苦求乞索　是名堅實大丈夫
施他財寶甚歡喜　世間過惡速捨離
安立己身深於海　是名雄健勝丈夫
若解義理衆事巧　為人柔軟共行樂
諸人歎說善丈夫　優波大達作是言
我今於兄倍信敬　假使遭苦極困厄
終不復作諸惡事　若死若活得財産
及失財産不造惡　兄今當知我奉事
願以持戒而取死　不以犯戒而取生
何故應當為一生　而可放逸作惡行

生死之中莫放逸　我於生死作不善
遭值惡友造非法　得遇善友以斷除
佛入宿命知了說　告諸比丘是本偈
爾時大達是我身　優波大達是阿難
當知爾時七度脾　即是提婆達多身
比丘當知作是學　是名集法攝說
宜廣慎行應恭敬　諸比丘僧修是法

提婆達多毀傷佛因緣

佛在王舍城告提婆達多言汝莫於如來生過患心自取減損得不安事自受其苦諸比丘言希有世尊提婆達多於如來所常生惡心世尊長夜慈心憐愍柔軟共語佛言不但今日乃往過去迦尸之國波羅㮈城有大龍王名為瞻蔔常降時雨使穀成熟十四日十五日時化作人形受持五戒布施聽法時南天竺國有呪師來堅箭結呪取瞻蔔龍王時天神語迦尸王言有呪師將瞻蔔龍王去迦尸國王即出軍衆而往逐之彼婆羅門便復結呪使王軍衆都不能動王大出錢財贖取龍王婆羅門第二更來呪取龍王諸龍眷屬興雲降雨雷電

砰礚欲煞婆羅門龍王慈心語諸龍衆莫害彼命善好慰喻令彼還去第三復來時諸龍等即欲煞之龍王遮護不聽令煞即放使去尒時龍王今我身是也尒時呪師者提婆達多是也我為龍時尚能慈心數數救濟況於今日而當不慈

共命鳥緣

佛在王舍城諸比丘白佛言世尊提婆達多是如来弟子云何常欲怨害於佛佛言不但今日昔雪山中有鳥名為共命一身二頭一頭常食美菓欲使身得安隱一頭便生嫉妬之心而作是言彼常云何食好美菓我不曽得即取毒菓食之使二頭俱死欲知尒時食甘菓者我身是也尒時食毒菓者提婆達是昔時與我共有一身猶生惡心今作我弟子亦復如是

白鵝王緣

佛在王舍城提婆達多推山壓佛放護財為欲蹹於佛惡名流布提婆達多於衆人前向佛懺悔嗚如來足無衆人時於比丘中惡口罵佛諸人皆

言提婆達多向佛懺悔心極調順無故得此惡名流布諸比丘言希有世尊提婆達多甚能諂偽於衆人前調順向佛於屏處時惡心罵佛佛言不但今日乃往過去時有蓮花池多有水鳥在中而住時有鸛雀在於池中徐步舉脚諸鳥皆言此鳥善行威儀庠序不惱水性時有白鵝而說偈言

舉脚而徐步　音聲極柔軟　欺誑於世間　誰不知諂詐

鸛雀語言何為作此語來共作親善白鵝荅言我知汝諂詐終不親善汝欲知尒時鵝王即我身是也尒時鸛雀提婆達是

大龜因緣

佛在王舍城提婆達多心常懷惡欲害世尊乃雇五百善射婆羅門使持弓箭詣世尊所挽弓射佛所射之箭變成拘物頭華分陁利華波頭摩華優鉢羅華五百婆羅門見是神變皆大怖畏即放弓箭礼佛懺悔在一面坐佛為說法皆得須陁洹道復白佛言願聽我等出家學道佛言善来比丘

鬚髮自落法服著體重為說法得阿羅漢道諸比丘白佛言世尊神力甚為希有提婆達多常欲害佛然佛恒生大慈佛言非但今日於過去時波羅㮈國有一商主名不識恩共五百賈客入海採寶得寶還返到迴澓處遇水羅剎而捉其舩不能得前衆商人等極大驚怖皆共唱言天神地神日月諸神誰能慈愍濟我厄也有一大龜背廣一里心生悲愍来向舩所負載衆人即得渡海時龜小睡不識恩者欲以大石打龜頭煞諸商人言我等蒙龜濟難活命煞之不詳不識恩也不識恩曰我停飢急誰問尒恩輙便煞龜而食其肉即日夜中有大群象蹹煞衆人尒時大龜我身是也尒時不識恩者提婆達多是五百商人者五百婆羅門出家學得道者是我於往昔濟彼厄難今復拔其生死之患

二輔相讒緣

佛在王舍城提婆達多作種種因緣欲得煞佛然不能得時南天竺國有

婆羅門來善知呪術和合毒藥擲提婆達多於婆羅門所即合毒藥以散佛上風吹藥反墮已頭上即便悶絶躃地欲死醫不能治阿難白佛言世尊提婆達多被毒欲死佛憐愍故為說實語我從菩薩成佛已來於提婆達多常生慈悲無惡心者提婆達多毒自當滅作是語已毒即消滅諸比丘言希有世尊提婆達多恒起惡心於如來所如來云何猶故活之佛言非但今日惡心向我過去亦尒時問佛言惡心於佛其事云何佛言過去之世迦尸國中有波羅㮈城有二輔相一名斯那二名惡意斯那常順法行惡意恒作惡事好為讒搆而語王言斯那欲作逆事王即収閇諸天善神於虛空中出聲而言如此賢人實無過罪云何拘繫諸龍尒時亦作是語群臣人民亦作是語王便放之第二惡意刧王庫藏著斯那舍王亦不信而語之言汝憎疾於彼攅作此事王言捉此惡意付與斯那仰使斷之斯那即教惡意向王懺悔惡意自知有罪

便走向毗提醯王所作一寶篋盛二惡虵見毒具足令毗提醯王遣使送與彼國國王并及斯那二人共看莫示餘人王見寶篋極以嚴餝心大歡喜即喚斯那欲共發看斯那荅言遠來之物不得自看遠來菓食不得即食何以故彼有惡人或能以惡來見中傷王言我必欲看慇懃三諫王不用語復白王言不用已語王自看之已不能看王即發看兩眼盲冥不見於物斯那憂苦愁悴欲死遣人四出遍歷諸國遠覓良藥既得好藥以治王眼平復如故尒時王者舍利弗是也尒時斯那我身是也尒時惡意提婆達多是

山鷄王緣

佛在王舍城提婆達多往至佛所而作是言如來今者可閑靜住以此大衆付囑於我佛言食唾癡人我尚不以諸大衆等付囑舍利弗目揵連去何乃當付囑於汝提婆達多瞋罵而去諸比丘言世尊提婆達多欲作種種苦惱於佛又多方便欺誑如來佛

言不但今日於過去世雪山之側有山鷄王多將鷄衆而隨從之鷄冠極赤身體甚白語諸鷄言汝等遠離城邑聚落莫為人民之所噉食我等多諸怨疾好自慎護時聚落中有一猫子聞彼有鷄便往趣之在於樹下徐行低視而語鷄言我為汝婦汝為我夫而汝身形端正可愛頭上冠赤身體俱白我相承事安隱快樂鷄說偈言

猫子黄眼愚小物　觸事懷害欲噉食
不見有畜如此婦　而得壽命安隱者

尒時鷄者我身是也尒時猫者提婆達是昔於過去欲誘誑我今日亦復欲誘誑我

吉利鳥緣

佛在王舍城尒時提婆達多作是念言佛有五百青衣鬼神恒常侍衛佛有十力百千那羅延所不能及我今不能得害當還奉事觀其要脉而傷害之乃可得煞便於比丘比丘尼優婆塞優婆夷大衆之中向佛懺悔而作是念受我懺悔得作方便不受我悔足使如來惡名流布便白佛言世尊

受我懺悔我欲於彼閑靜之處自修其志佛言法無諂誑諂誑者無有法也外道六師皆言提婆達多好向佛懺悔佛不受懺悔諸比丘言提婆達多諂曲向佛佛言非但今日過去久遠波羅㮈國有王名梵摩達作制斷煞時有獵師著仙人衣服煞諸鹿鳥人無知者有吉利鳥語諸人言此大惡人雖著仙人衣實是獵師常行煞害而人不知衆人皆信吉利鳥實如其言尒時吉利鳥者我身是也尒時獵師者提婆達是尒時王者舍利弗是也

老仙緣

佛在王舍城尒時阿闍世王為提婆達多日送五百釜飰多得利養諸比丘皆白世尊言阿闍世王日為提婆達多送五百釜飰佛言比丘莫羡提婆達多得利養事即說偈言

芭蕉生實枯　蘆竹箪亦然　駏驉懷妊死
騾驢亦復然　愚貪利養害　智者所嗤笑

說是偈已告諸比丘言提婆達多非但今日為利養所害誹謗於我過去亦尒比丘問佛言過去之事其義云何佛言往昔波羅㮈國仙山之中有二仙人其一老者獲五神通其一壯者竟無所得時老仙人即以神力往欝單越取成熟粳米而來共食之復至閻浮樹取閻浮提果亦來共食到忉利天取天須陁味來共食之少仙人見是已心生悕仰白老者言願教授我修五神通老仙人言若有好心得五神通必有利益若無好心反為惡害猶懃啓請唯願教我時老仙人便教五通尋即獲得既得五神通於衆人前現種種神足於是已後大得名稱利養乃於老者生疾妬心處處誹謗即退失神足諸人聞已作是言曰老仙人者宿舊有德是壯仙人横生誹謗便皆瞋之城門下遮不聽使入便失利養欲知尒時老仙人者我身是也尒時壯仙人者提婆達多是也

二估客因緣

佛在王舍城尒時諸比丘等用佛語者皆得涅槃天人之道用提婆達語者悉墮地獄受大苦惱佛言非但今日奉我教者得大利益用提婆達語獲於大苦往昔亦尒過去之世有二賈客俱將五百商人到曠野中有夜叉鬼化作年少着好衣服頭戴花鬘彈琴而行語賈客言不疲極也載是水草竟何用為近在前頭有好水草從我去來當示汝道一賈客主尋用其言我等今棄所載水草便輕行在前而去一賈客言我等今者不見水草慎莫擲棄前棄水草者渴旱死盡不棄之者達到所在尒時不棄水草者我身是棄水草者提婆達多是也

八天次第問法緣

昔佛在世於夜分中忽有八天次第而來至世尊所其初來者容貌端政光照一里有十天女以為眷屬來詣佛所至心頂礼却在一面佛告天曰汝以修福得受天身五欲自娛快獲安樂於時此天即白佛言世尊我雖生處天上心常憂苦所以者何以我先身修行之時於父母師長沙門婆羅門雖為中孝心生恭敬然於其所

不能懃懃恭敬礼拜迎来送去以是業緣果報實少不如餘天以不如故自責修行不能滿足復有一天容貌身光及其眷屬十倍勝前来至佛所頭面礼足却在一面佛告天曰汝生天上快得安樂天白佛言世尊我雖生處天上亦常憂苦所以者何以我前世修行之時雖於父母師長所沙門婆羅門生中孝心恭敬礼拜然而不能為施牀坐塩煖敷具以是業緣今獲果報不如餘天以不如故自責修因不能滿足復有一天形貌光明及以眷屬十倍勝前来至佛所頭面礼足却在一面佛告天曰汝受天身快得安樂天白佛言我雖生處天宮常懷憂惱所以者何以我前身雖復善於父母師長沙門婆羅門忠孝恭敬礼拜為施牀敷然於其所不能廣設餚饍飲食以用供養以是業緣今得果報不如餘天以不如故心自悔責修因不具是故憂惱復有一天容貌光明及其眷屬十倍勝前来至佛所頭面礼足却在一面佛告天曰汝

受天身快得安樂天白佛言我雖生天心常憂惱所以者何以我過去雖於父母師長沙門婆羅門忠孝恭敬礼拜為施敷具及以飲食然不聽法以是因緣今獲果報不如餘天以不如故常自剋責修因不滿是故憂惱次復一天身色光明及其眷屬十倍勝前来至佛所頭面礼足却在一面佛告天曰汝受天身快得安樂天白佛言我雖生天心常憂惱所以者何以我前世雖復於君父母師長沙門婆羅門能忠孝恭敬礼拜敷具飲食而聽於法而不解義以不解故今獲果報不如餘天以不如故心常悔責修因不滿是故憂惱次有一天身色光明及其眷屬十倍勝前来至佛所頭面礼足却在一面佛告天曰汝受天身快得安樂天白佛言我雖生處天堂心常憂惱所以者何以我前世修行之時雖能於君父母師長沙門波羅門忠孝恭敬礼拜敷具飲食聽法解義然復不能如說修行以是業緣今獲果報不如餘天以不如故深

自悔責修因不滿是故憂惱次有一天容貌光明及其眷屬十倍勝前来至佛所頭面礼足却在一面佛告天曰汝受天身快得安樂天白佛言我於今日得生天宮五欲自娛所須之物應念輙至真實快樂无諸憂惱所以者何以我前世修因之時於父母師長沙門婆羅門忠孝恭敬礼拜敷具飲食聽法能解其義如說修行以是因緣受天果報身形端正光明殊妙眷屬衆多勝餘諸天以修此行故得果滿足以滿足故得寂勝果報勝果報故一切諸天無有及者以無及者心得快樂也

雜寶藏經卷第三

雜寶藏經卷第三

校勘記

一　底本，金藏廣勝寺本。

一　六七〇頁中一行經名及二行譯者，資、磧、普、南、徑、清無(未換卷)。

一　六七〇頁中二行與三行之間，麗有與本卷緣目名稱相同之目錄，不另出校。

一　六七〇頁中三行「兄弟……緣」，此緣經文，資、磧、普、南、徑、清載於卷三之第三十八。

一　六七〇頁中一〇行第一〇字「麗」，資、磧、普作「灑」。

一　六七〇頁中一二行第六字「乏」，資作「愛」；磧、普、南、徑、清作「憂」。

一　六七〇頁中一三行第九字「俱」，資、磧、普、南、徑、清作「但」。

一　六七〇頁中一八行末字「也」，資、磧、普、南、徑、清作「若」。

一　六七〇頁下一三行第五字「厚」，資、磧、普、南、徑、清作「享」。同行「眼精」，諸本作「眼睛」。

一　六七〇頁下一四行第九字「到」，資、磧、普、南、徑、清作「致」。

一　六七〇頁下一五行「又答」，資、磧、普、南、徑、清作「答言」。

一　六七一頁上三行第一二字「是」，資、磧、普、南、徑、清作「是也」。

一　六七一頁上八行「各罰」，資、磧、普、南、徑、清作「罪咎」。

一　六七一頁上九行「仇伽……緣」，資、磧、普、南、徑、清作「昔仇伽離謗舍利弗緣」。此緣經文，資、磧、普、南、徑、清載於卷二之第二十五。

一　六七一頁上一一行末字「窟」，資、磧、普、南、徑、清作「陶」。一六行第五字及本頁下一行第五字同。

一　六七一頁上一二行第三字「時」，資、磧、普、南、徑、清無。

一　六七一頁上末行末字「婆」，資、磧、普、南、徑作「娑」。

一　六七一頁中三行第六字「遙」，資、磧、普、南、徑、清作「逕」。

一　六七一頁中一八行第一二字「壯」，諸本作「牡」。

一　六七一頁下一行「牧牛」，資、磧、普、南、徑、清作「放牛」。

一　六七一頁下三行第八字「三」，諸本作「墮三」。

一　六七一頁下九行第四字「是」，資、磧、普、南、徑、清作「若是」。

一　六七一頁下一三行第四字「仙」，資、磧、普、南、徑、清作「仙人」。

一　六七一頁下一五行第三字「行」，資、磧、普、南、徑、清作「作」。

一　六七一頁下二一行第二字「仙」，麗作「仙人」。

一　六七一頁下末行第六字「識」，資、磧、普、南、徑、清作「識也」。

一　六七二頁上二行「比丘是也」，至此，資、磧、普、南、徑、清卷第二終，卷第三始。

一　六七二頁上六行第三字「出」，資、

磧、普、南、徑、清無。

一　六七二頁上七行第二字「汝」，資、磧、普、南、徑、清作「汝等」。

一　六七二頁中一行「王國」，麗作「國王」。

一　六七二頁中五行「合和」，資、磧、普、南、徑、清作「和合」。

一　六七二頁中六行「故昔」，資、普、南、徑、清作「古昔」；磧作「古皆」。

一　六七二頁下一七行第七字「兀」，磧、普、南、徑、清作「杌」。

一　六七二頁下一九行第七字「怨」，資、磧、普、南、徑、清作「惡」。

一　六七二頁下二一行第四字「宇」，資、磧、普、南、徑、清作「室」。

一　六七三頁上一〇行第二字「已」，資、磧、普、南、徑、清作「子」。

一　六七三頁上一三行第二字「在」，資、磧、普、南、徑、清作「住」。

一　六七三頁上一四行「供敬」，諸本作「恭敬」。

一　六七三頁上一六行「甚衆」，資、磧、普、南、徑、清作「衆甚」。

一　六七三頁中三行「傲慢」，資、磧、普、南、徑、清作「傲兀」。

一　六七三頁中一〇行「諸是」，資、磧、普、南、徑、清作「是諸」。

一　六七三頁中一七行第一〇字「折」，資、磧、普、南、徑、清作「斷」。

一　六七三頁下一行第五字「於」，資、磧、普、南、徑、清作「驗」；麗作「論」。

一　六七三頁下六行第六字「媾」，諸本作「搆」。

一　六七三頁下九行第一一字「教」，資、磧、普、南、徑、清作「殺」。

一　六七三頁下一一行第二字「現」，資、磧、普、南、徑、清作「時」。

一　六七三頁下一二行第五字「猛」，資、磧、普、南、徑、清作「猶」。

一　六七三頁下一五行第三字「安」，資、磧、普、南、徑、清作「妄」。

一　六七四頁上一〇行第七字「拔」，資、磧、普、南、徑、清作「攀」。

一　六七四頁上一三行第四字「鵠」，資、磧、普、南、徑、清作「鶴」。

一　六七四頁上一五行首字「忘」，諸本作「妄」。

一　六七四頁中一四行第九字「名」，徑作「爲」。

一　六七四頁中一七行「共行」，資、磧、普、南、徑、清作「共住」。

一　六七四頁下七行第三字「慎」，資、磧、普、南、徑、清作「順」。

一　六七四頁下八行第五字「毀」，諸本作「欲毀」。

一　六七五頁上五行第二字「也」，資、磧、普、南、徑、清無。同行第一三字及次頁中一四行首字同。

一　六七五頁上五行第七字「者」，資、磧、普、南、徑、清無。

一　六七五頁上一七行「提婆達」，麗作「提婆達多」。下同。

一　六七五頁上一八行第九字「子」，諸本無。

一　六七五頁中一八行第七字「挽」，

資、磧、普、南、徑、清作「援」。

一 六七五頁中一九行首字「變」，資、磧、普、南、徑、清作「化」。

一 六七五頁中二一行第四字「放」，諸本作「捨」。

一 六七五頁下一行第八字「體」，資、磧、普、南、徑、清作「身」。

一 六七五頁下六行第八字「寶」，資、磧、普、南、徑、清作「已」。同行第一三字「淵」，諸本作「淵」。

一 六七五頁下九行第八字「愍」，資、磧、普、南、徑、清作「救」。

一 六七五頁下一〇行第九字「悲」，資、磧、普、南、徑、清作「慈」。

一 六七五頁下一四行「停飢急誰」，資、磧、普、南、徑、清作「復飢急不」。

一 六七五頁下一五行第二字「輙」，資、磧、普、南、徑、清無。

一 六七五頁下一八行第一一字「學」，資、磧、普、南、徑、清無。

一 六七五頁下二一行及次頁上一五行「詭媾」，資、磧、普、南、徑、清作「謙媾」。

一 六七六頁上二行第三字「於」，資、磧、普、南、徑、清作「於彼」。

一 六七六頁上一一行「時問」，資、磧、普、南、徑、清作「即問」。

一 六七六頁上一三行第六字「有」，資、磧、普、南、徑、清無。

一 六七六頁中二〇行第一三字「連」，資、磧、普、南、徑、清作「連等」。

一 六七六頁下九行第一三字「説」，資、磧、普、南、徑、清作「即説」。

一 六七七頁上一二行第四字「者」，資、磧、普、南、徑、清無。

一 六七七頁中六行第八字「提」，資、磧、普、南、徑、清無。

一 六七七頁中七行第一二字「少」，資、磧、普、南、徑、清作「年少」。

一 六七七頁中八行第二字「是」，資、磧、普、南、徑、清作「是事」。

一 六七七頁中一二行第一一字「神」，資、磧、普、南、徑、清無。

一 六七七頁中一五行「作是言曰」，資、磧、普、南、徑、清作「各作是言」。

一 六七七頁中一九行「多是也」，資、磧、普、南、徑、清作「是」。

一 六七七頁中二二行「天人」，資、磧、普、南、徑、清作「人天」。同行「提婆達」，諸本作「提婆達多」。

一 六七七頁下八行第一一字「便」，麗作「便即」。

一 六七七頁下一〇行末字「早」，磧、普、南、徑、清作「尋」。

一 六七七頁下一二行第六字「是」，資、磧、普、南、徑、清作「是也」。同行末字「多」，資、磧、普、南、徑、清無。

一 六七七頁下一三行與一四行之間，資、磧、普、南、徑、清有「內官贖所犍牛得男根緣」，「二內官共諍道理緣」、「兄弟二人俱出家緣」三緣經文。

一 六七七頁下一五行「夜分」，資、磧、普、南、徑、清作「夜半」。

一 六七七頁下二二行「於父母」，資、磧、普、南、徑、清作「於君父母」。

一 六七八頁上一四行第四字「在」，下至次頁下七行同。資、磧、普、南、徑、清作「坐」。

一 六七八頁上一七行首字「善」，資、磧、普、南、徑、清作「修善」。

一 六七八頁中三行末字「敬」，資、磧、普、南、徑、清作「恪」。

一 六七八頁中四行「施數」，資、磧、普、南、徑、清作「數坐」。

一 六七八頁中六行第六字「責」，資、磧、普作「責」。

一 六七八頁下一行第七字「满」，資、磧、普、南、徑、清作「满足」。

一 六七八頁下一二行至次行「報勝果報」，資、磧、普、南、徑、清作「得勝果」。

一 六七八頁下一四行末字「也」，資、磧、普、南、徑、清無。

一 六七八頁下末行經名，資、磧、普、南、徑、清無(未換卷)。

雜寶藏經卷第四　　驚

元魏西域三藏吉迦夜共曇曜　譯

貧人以麨團施現獲報緣
貧女以兩錢布施即獲報緣
乾陁衛國畫師罽那設食獲報緣
罽夷羅夫婦自賣設會現獲報緣
沙弥救蟻子水灾得長命報緣
乾陁衛國王治故塔寺得延命緣
比丘補寺壁孔獲延命報緣
長者子見佛求長命緣
長者子客作設會獲現報緣
弗那施佛鉢食獲現報緣
大愛道施佛金織成衣并穿珠師緣

貧人以麨團施現獲報緣

昔有一人居家貧窮為人肆力得麨六升賫持歸家養育妻息會於中路見一道人執鉢捉錫行求乞食即生心念彼沙門者形貌端政威儀庠序甚可供敬得施一食不亦快乎念時道人知其心念隨逐貧人至一水邊貧人即便語道人言我今有麨意欲相施頗能食不道人荅言唯得而已而於水邊為其敷衣令道人坐和一升麨用為一團而以與之作是念言若此道人是淨持戒道人者使我現作一小國王道人得麨語貧人言何以極少何以極小此人謂此道人大食復和一升用作一團與而願言若此道人是淨持戒得道之人使我得作二國小王道人復言何以極少何以極小貧人念言雖是道人極似多食與若許麨猶嫌少小然我已請事須供給復和二升麨用為一團而以

與之又作念言若此道人是淨持戒得道人者使我現得領四小國王道人復言何以極少何以極小唯有二升盡和作團以與道人又作願言念此道人若是清淨持戒人者使我得作波羅㮈國王領四小國獲見諦道道人得麨故嫌少小貧人白言唯願且食若不足者當脫衣裳貿取飲食共相供給道人即食唯盡一升餘還歸主貧人問言尊者先嫌麨極少小如今云何食不令盡道人荅言汝初與我一團麨時正求作一小國王故是以我言汝心願少第二團麨正願得作二小國王是以我言汝願少小第三團麨正求得作四小國王是以我言汝心願小第四團麨正求作波羅㮈國王領四小國使我後得見諦道果是以我言汝願少小不以不足而慊少小尒時貧人自生疑念使我現得王五國者此事不小恐無實耳又復思惟能知我心必是聖人是大福田不應誑我道人知已即擲其鉢著虛空中隨後飛去化作大身滿於

虛空又化作小猶如微塵以一身作無量身以無量身合為一身身上出水身下出火履水如地履地如水作十八變語貧人言好發大願莫有疑慮即隱身去時此貧人向波羅㮈城而於道中見一輔相輔相見已諦視形相而語之言汝非某甲子耶荅言我是問言何以藍縷乃至尒也荅言少失恃怙居家窮盡無人見看是以困苦藍縷如此輔相即啓波羅㮈王王之所親某甲之子今在門外極為窮悴王尋有勅令使將前問其委曲知是所親王即告言好親近我慎莫遠離却後七日王病命終諸臣謀言王無繼嗣唯此窮子是王所親宜共推舉作波羅㮈王統領四國然後曾暴先彼道人於虛空中當王殿前結加趺坐而語之言汝昔發願求得見諦今日云何乃造衆惡與本乖違又復為王說種種法王聞法已悔先作惡改過慚愧精專行道得須陁洹

貧女以兩錢布施即獲報緣

昔耆闍山中多諸賢聖隱居衆僧諸

方國土聞彼山名供養者衆有一長者將諸眷屬往送供養有一貧窮乞索女人作是念言今諸長者送供詣山必欲作會我當往乞便向山中既到山已見向長者設種種餚供養衆僧私自思惟彼人先世修福今日富貴今復重作功德將勝我先世不作今世貧苦今若不作未來轉劇思惟此已啼哭不樂又自念言我曾糞中拾得兩錢恒常寶惜以俟乞索不如意時當貿飲食用自存活今當持以布施衆僧分二日不得飲食終不能死伺僧食訖捉此兩錢即便布施彼山僧法人有施者維那僧前立為呪願當於尒時上座不聽維那呪願自為呪願諸下坐等深生慊心而作此念得彼乞女兩枚小錢上座自輕為其呪願如常見錢何以不尒上座畧時留半分食與此女人諸人見上座多與人人多與此女時得重擔飲食極大歡喜我適布施今以得報即擔飲食還出山去到一樹下眠臥止息會值王大夫人亡來七日王遣使者

叅行國界誰有福德應為夫人相師占言此黃雲蓋下必有賢人即共相將至彼樹下見彼女人顏色潤澤有福德相樹為曲蔭光影不移相師言此女人福德堪為夫人即以香湯沐浴與夫人衣服不大不小與身相稱千乘万騎左右導從將来至宮王見歡喜心生敬重如是數時私自念言我所以得是富祿緣以施錢故今彼衆僧便為於我有大重恩即白王言我先斯賤王見拔擢得為人次聽我報彼衆僧之恩王言隨意夫人即時車載飲食及以珎寶往到彼山施僧食訖以寶布施上座不起遣維那呪願不自呪願王夫人言我昔兩錢為我呪願今車載珎寶不為我呪願諸年少比丘皆懊上坐先貧女人以兩錢布施為其呪願今王夫人車載珎寶不為呪願為老耄耶尒時上座即為王夫人演說正法語言夫人心念懊我先以兩錢施時為我呪願今車載珎寶不為呪願我佛法中不貴珎寶唯貴善心夫人先施兩錢之時善

心極勝後施珎寶吾我貢高是以我今不與呪願年少道人亦莫懊我汝當深解出家之心諸年少道人各自慙愧皆得須陁洹道王夫人聽法慙愧歡喜亦得須陁洹道聽法已訖作礼而去

乾陁衛國畫師罽那設食獲報緣

昔乾陁衛國有一畫師名曰罽那三年客作得三十兩金欲還歸家而見他作般遮于瑟問維那言一日作會可用幾許維那荅言用三十兩金得一日會即自念言由我先身不種福業故受此報庸力自活今遭福田云何不作即語維那請為弟子鳴搥集僧我欲設會設會已訖踊躍歡喜即便歸家既到家已其婦問言三年客作錢財所在其夫荅言我所得財今已舉著堅牢藏中婦時問言堅牢之藏今在何許夫言乃在僧中婦時懊責即集親里縛其夫主與斷事人而作是言我之母子貧窮辛苦無衣無食而我夫主得財餘用不揞来歸請詰所以時斷事人問其夫言何以尒

也荅言我身如電光不久照曜亦如朝露須臾則滅由是恐懼深自念言緣我前身不作福業今遭窮苦衣食困乏故因見彼弗迦羅城中作般遮會衆僧清淨心生歡喜敬信內發即問維那得幾許物供一日食維那荅言得三十兩金可得供一日我三年中作所得物即與維那使為衆僧作一日食時斷事人聞是語已心生歡喜憐愍其人脫已衣服瓔珞及以鞍馬并諸乘具悉施罽那即分一村落而賞封之華報如此其果在後

罽夷羅夫婦自賣設會現獲報緣

昔有一人名罽夷羅夫婦二人貧窮理極庸賃自活見他長者悉往寺中作大施會来歸家中共婦止宿頭枕婦臂自思惟言由我前身不作福故今日貧窮如彼長者先身作福今亦作福我今無福將来之世唯轉苦劇作是念已涕泣不樂淚墮婦臂婦問夫言何以落淚荅言見他修福常得快樂自鄙貧賤無以修福是以落淚婦言落淚何益可以我身賣與他人

取財作福夫言若當相賣我身如何得自存活婦言若恐不活不見出者我今與君俱共自賣而修功德於是夫婦便共相將至一富家而語之言我今夫婦以此賤身請貸金錢主人問言欲得幾錢荅言欲得十金錢主人言今與汝錢却後七日不得償我以汝夫婦即為奴婢言契以定賣錢往詣至彼塔寺施設作會夫婦二人自共擣米相勸厲言今日我等得自出力而造福業後屬他家豈復從意也於是晝夜懃辦會具到六日頭垂欲作會值彼國主亦欲作會來共諍日衆僧皆言以受窮者終不得移國主聞已作是言曰彼何小人敢能與我共諍會日即遣人語劒羅汝避我日劒羅荅言實不相避如是三反執辭如初王怪所以自至僧坊語彼人言汝今何以不後日作共我諍日荅言唯一日自在後屬他家不復得作王即問言何以不得自在賣者言自惟先身不作福業今日窮苦今若不作恐後轉苦感念此事唯自賣身以貸金

錢用作功德欲斷此苦至七日後無財償他即作奴婢今以六日明日便滿以是之故分死諍日王聞是語深生憐愍歎未曾有汝真解悟貧窮之苦能以不堅之身易於堅身不堅之財易於堅財不堅之命易於堅命即聽設會王以己身并及夫人衣服瓔珞脱與劒羅夫婦割十聚落與作福封夫能至心修福德者現得華報猶尚如是况其將來獲果報也由此觀之一切世人欲得免苦當懃修福何足縱情懈怠放逸

沙弥救蟻子水災得長命報緣

昔者有一羅漢道人畜一沙弥知此沙弥却後七日必當命終與假歸家至七日頭勅使還來沙弥辭師即便歸去於其道中見衆蟻子為水飃流命將欲絶生慈悲心自脱袈裟盛土堰水而取蟻子置高燥處遂悉得活至七日頭還歸師所師甚怪之尋即入定以天眼觀知其更無餘福得尒以救蟻子因緣之故七日不死得延命長

乾陁衛國王治故塔寺得延命緣

昔乾陁衛國有一國主有一明相師占王却後七日必當命終出遊獵行見一故塔毁敗崩壞即合群臣共修治之修治已訖歡喜還宫七日安隱相師見過七日怪其所以問王言作何功德荅言更無所作唯有一破塔以埿補治由治塔故功德如是

比丘補寺壁孔獲延命報緣

昔有比丘死時將至會有外道婆羅門見相是比丘知七日後必當命終時此比丘因入僧坊見壁有孔即便團泥而補塞之緣此福故增其壽命得過七日婆羅門見怪其所以而問之言汝修何福比丘荅言我無所修唯於昨日入僧坊中見壁有孔補治而已婆羅門歎言是僧福田最為深重能使應死比丘續命延壽

長者子見佛求長命緣

昔佛在世有一長者子年五六歲相師占之福德具足唯有短壽命將至外道六師所望求長壽瞋彼六師都無有能與長壽法將至佛所白佛言

雜寶藏經卷第四　第十二張　薰字号

此子短壽唯願世尊與其長壽佛言無有是法能與長壽重白佛言願示方便佛時教言汝到城門下見人出者為之作礼入者亦礼時有一鬼神化作婆羅門身欲來入城小兒向礼鬼呪願言使汝長壽此鬼乃是煞小兒鬼但鬼神之法不得二語以許長壽更不得煞以其如是謙忍恭敬得延壽命

長者子客作設會獲現報緣

昔佛在世有長者子早喪父母孤窮伶俜客作自活聞有人說忉利天上極為快樂又聞他說供養佛僧必得往生即問他言用幾許物可得供佛及以衆僧時人語言用三十兩金可得作會便來向市求客作處市邊有一大冨長者雇其客作長者問言汝今能作何事答言是作皆能三年客作索幾許物答言索三十兩金長者聞其事事皆能即雇使作為人端直金銀銅鐵種種肆上得利倍常日月以滿從彼長者索作價金長者問言汝今得金用作何事答言我欲供養

雜寶藏經卷第四　第十三張

佛僧長者語言我今佐汝乃以種種瓮器米麪與汝作食汝但請佛及以衆僧即詣僧坊請佛及僧佛使衆僧皆受其請佛住自房衆僧皆受彼長者子請正值節日衆人皆送種種飲食往與衆僧衆僧食飽到長者舍時長者子自手行食上座言少著次第皆言少著至訖下行時長者子啼哭懊惱辛苦三年設此飲食望衆僧食僧不為食我求生天必不得生往至佛邊白佛言衆僧不食我供而我所願必當不得佛言少食以不答言皆悉少食佛言假使不食汝願必成況復少食而不成也童子歡喜還來歛食彼時衆僧訖即還時有五百賈客入海來還入城募索飲食時世飢饉無有與者有人語言彼長者子今日設會必有飲食時長者子聞有賈客歡喜與食五百賈客皆得充足一切將從悉亦飽滿冣下賈客解一珠與直万兩金冣上頭者解一珠與直十万兩金五百賈客人與一珠一銅盔與此長者子而不敢取往走問佛佛

雜寶藏經卷第四　第十四張　薰字号

言此是華報但取無苦後必生天不足恐懼主人長者更無男兒唯有一女即與童子如是家業遂大熾盛舍衛城中冣為第一長者子命終波斯匿王聞其聰明智見以其家業悉乞與之華報如是其果在後

弗那施佛鉢食獲現報緣

昔佛在世有梵志兄弟五人一名耶奢二名無垢三名憍梵波提四名蘇馱夷四兄入山學道得五神通其冣小弟名曰弗那見佛乞食威好白淨飰滿鉢施佛尒時弗那恒以耕種為業時耕種訖還歸于家後於一日出到田中見其田中所生苗稼變成金禾皆長數尺刈刈已盡還生如初國王聞之亦來刈刈不能得盡如是一切諸來取者皆不能盡兄等念言我弟弗那為得生活為貧苦耶尋共來看見弟福業踰於國王便語弟言汝先貧窮云何卒冨答言我見瞿曇施一鉢飰得如是報四兄聞已歡喜踊躍又語弟言尒今為我作歡喜團我等四人各持一團供養瞿曇願求生

天不聽其法不用解脱於是各擔歡喜團往至佛所大兄捉一團著佛鉢中佛言諸行無常第二復以歡喜團著佛鉢中佛作是語是生滅法第三復以歡喜之團著佛鉢裏佛作是語生滅滅已第四復以歡喜之團著佛鉢中佛作是語寂滅為樂即還歸家至寂靜處共相問言汝聞何語第一兄言我聞諸行無常次者復聞是生滅法又次者聞生滅滅已第四者聞寂滅為樂兄弟四人各思此偈得阿那含皆来佛所求為出家得阿羅漢道

大愛道施佛金織成衣并穿珠師緣

昔佛在世大愛道為佛作金縷織成衣賫来上佛佛即語言用施衆僧大愛道言我以乳餔長養世尊自作此衣故来奉佛必望如来為我受之云何方言與衆僧也佛言欲使姨母得大功德所以者何衆僧福田廣大無邊是故勸介若隨我語已供養佛時大愛道即持此衣往到僧中從上座行無敢取者次到弥勒弥勒受衣即著

入城乞食弥勒身有三十二相紫磨金色既到城裏衆人競看無與食者有一穿珠師見諸人等無與食者即前跪請將至家中與弥勒食弥勒食訖時穿珠師以小座敷弥勒前求欲聽法弥勒有四辯才力即便為説種種妙法時穿珠師願樂聽聞無有猒足先有長者將欲嫁女雇穿珠師穿一寶珠與錢十万當此之時彼嫁女家遣人索珠時穿珠師聽法情濃不暇為穿即荅之言且可小待須史之傾已復来索乃至三返猶故不得彼長者瞋合其珠錢還来奪去穿珠師婦瞋其夫言更無業也須史穿珠得十万利云何聽此道人美説其夫聞已意中悢悢介時弥勒知其悢悢即問之言汝能隨我至寺以不荅言我能即隨弥勒往僧坊中問上座言有人得金滿十万介何如歡喜聽人説法憍陳如言假使有人得金十万不如有人以一鉢食施持戒者况能信心須史聽法復勝於彼百千万倍於是又問第二上座上座荅言設復有人

得十万車金亦不如以一鉢食施持戒者况復聽法歡喜經於時節又復問於第三上座上座荅言若有人得十万舍金亦復不如施持戒人一鉢之食况復聽法又問第四上座上座荅言若其有得十万國金亦復不如施持戒人一鉢之食况復聽法百千万倍如是次問乃至阿那律阿那律言有人得滿四天下金猶故不如施持戒人一飡之食况復聽法弥勒荅言尊者説言有施比丘一鉢之食乃勝得滿四天下金云何如是尊者荅言以自身為證憶念往昔九十億劫有一長者有其二子一名利吒二名阿利吒恒告之言高者亦堕常者亦盡夫生有死合會有離長者得病臨命終時約勅兒子慎莫分居辟如一絲不能係象多集諸絲為不能絶兄弟並立亦如多絲時彼長者囑誡子竟氣絶命終以父教故兄弟共活拯相敬念後為弟娶婦生活未幾而此弟婦語其夫言汝如彼奴所以者何錢財用度應當人客皆由汝兄汝今唯

得衣食而已非奴如何數作此語尒時夫婦心生變異求兄分居兄語弟言汝不憶父臨終之言猶不自改數求分居兄見弟意正便與分居一切所有皆中半分弟之夫婦年少遊逸用度奢侈未經幾時貧窮困匱來從兄乞其兄尒時與錢十万得去未久以復用盡而更来索如是六返皆與十万至第七返兄便責趣汝不念父臨終之言求於分異不能乃心生活數来索物今更與汝十万之錢從今巳往不好生活重復来索更不與汝得是苦語夫婦二人用心生活以漸得冨兄錢財亘失以漸貧窮来從弟乞其弟乃至不讓兄食而作是言謂兄常冨亦復貧耶我昔從汝有所乞索苦切見責今日何故来從我索兄聞此巳極生憂惱自作念言同生兄弟猶尚如此况於外人猒惡生死遂不還家入山學道精懃苦行得辟支佛其弟後亦以漸貧窮遭世飢饉賣薪自活時辟支佛入城乞食竟無所得空鉢還出時賣薪人見辟支佛空

鉢出城即以賣薪所得𥻗䴵而欲與之語辟支佛言尊者能食麁惡食不答言不問好惡趣得支身時賣薪人即便授與辟支佛受而食之食訖之後飛騰虛空作十八變即還所止時賣薪人後更取薪道見一兎以杖擽之變成死人卒起而来抱取薪人頸彼取薪人種種方便欲推令去不能得離脫衣雇人使挽却之亦不得離展轉至闇負来歸来既到家中死人自解墮在於地作真金人時賣薪人即便截却金人之頭頭尋還生却其手脚手脚還生須臾之間金頭金手滿其屋裏積為大積隣比告官此貧窮人屋裏自然有此金積王聞遣使往覆撿之既到屋裏純見爛臭死人手足頭其人自捉金頭以來上王便是其金王大歡喜此是福人即封聚落從是命終生第二天為天帝釋来生人中為轉輪聖王天王人王九十一劫不曾斷絕今審後身生於釋種初生之日四十里中伏藏珎寶自然踊出後漸長大兄釋摩男父母偏愛阿那律

母欲試諸兒時遣語無食阿那律言但擔無食来即與空器時空器中百味飲食自然盈滿設以四天下金用為乳餔不足一劫况九十一劫常受快樂所以我今得此自然飲食適由先身施此一鉢之食今得此報上至諸佛下至梵天淨持戒者皆名持戒時穿珠師聞是語巳心大歡喜

雜寶藏經卷第四

雜寶藏經卷第四

校勘記

一 底本，金藏廣勝寺本。

一 六八三頁中一行經名、二行譯者，資、磧、普、南、徑、清無（未換卷）。

一 六八三頁中三行至末行目録，資、磧、普、南、徑、清無。

一 六八三頁下六行第三字「供」，諸本作「恭」。

一 六八三頁下一〇行首字「而」，諸本作「即」。

一 六八三頁下一二行「道人者」，資、磧、普、南、徑、清作「得道人者」；麗作「得道人」。

一 六八三頁下一七行「國小」，諸本作「小國」。

一 六八三頁下一八行第八字「雖」，麗作「唯」。

一 六八四頁上三行第一二字「唯」，諸本作「餘」。

一 六八四頁上四行末字「念」，諸本作「今」。

一 六八四頁上一六行第一二字「求」，資、磧、普、南、徑、清無。

一 六八四頁中一行第六字「小」，資、磧、普、南、徑、清作「小身」。

一 六八四頁中末行「晝闇」，資、磧、普、南、徑、清作「耆闍」。

一 六八四頁下二〇行第三字「人」，資、磧、普、南、徑、清作「女」。

一 六八五頁上九行「今彼」，麗作「令彼」。

一 六八五頁上一一行第三字「斯」，磧、普、南、徑、清作「廝」。同行第七字「拔」，南作「披」。

一 六八五頁中一〇行首字「他」，資、磧、普、南、徑、清作「他方」。

一 六八五頁中二〇行第一〇字「與」，諸本作「詣」。同行第一三字「人」，資、磧、普、南、徑、清作「人所」。

一 六八五頁中二二行「不擔來歸」，資、磧、普、南、徑、清作「不持來家」。

一 六八六頁上五行「我今」，諸本作「今我」。

一 六八六頁上六行「欲得十」，資作「得十」；磧、普、南、徑、清作「得千」。

一 六八六頁上九行第三字「至」，資、磧、普、南、徑、清作「到」。

一 六八六頁上一〇行「得自」，資、磧、普、南、徑、清作「須自」。

一 六八六頁上二一行第九字「在」，麗無。

一 六八六頁中二行「日便」，資、磧、普、南、徑、清作「便以」。

一 六八六頁中一二行首字「足」，資、磧、普、南、徑、清作「可」。

一 六八六頁中一三行「長命報緣」，資、磧、普、南、徑、清作「長命緣」。

一 六八六頁下一行「故塔寺」，資、磧、普、南、徑、清作「塔寺」。

一 六八六頁下四行「即合」，麗作「即令」。

一 六八六頁下九行「延命」，資、磧、

普、南、徑、清作「命延」。

一　六八六頁下一〇行第二字「有」，資、磧、普、南、徑、清作「有一」。

一　六八六頁下一一行「七日後」，資、磧、普、南、徑、清作「後七日」。

一　六八六頁下一七行首字「而」，資、磧、普、南、徑、清作「治」。

一　六八六頁下二一行第一二字「命」，資、磧、普、南、徑、清無。

一　六八六頁下二二行第六字「望」，磧、普、南、徑、清作「處」。

一　六八六頁下末行第七字「法」，資、磧、普、南、徑、清作「法者」。

一　六八七頁上九行第三字「命」，資、磧、普、南、徑、清作「命長」。

一　六八七頁上一一行「世有」，諸本作「世時有」。

一　六八七頁中一行「乃以」，麗作「及以」。

一　六八七頁中六行「長者」，資、磧、普、南、徑、清作「長者子」。

一　六八七頁中七行「自手」，諸本作「手自」。

一　六八七頁中一二行末字至一三行首字「皆悉」，資、磧、普、南、徑、清作「悉皆」。

一　六八七頁中一五行第六字「訖」，諸本作「食訖」。

一　六八七頁中二二行第一二字「一」，諸本作「與一」。同行末字「盎」，資、磧、普、南、徑、清作「盆」。

一　六八七頁下四行第一〇字「子」，麗無。

一　六八七頁下六行「其果在後」，至此，資、磧、普、南、徑、清卷第四終，卷第五始。

一　六八七頁下八行末字「耶」，資、磧、普、南、徑、清作「虵」。

一　六八八頁上七行「還歸」，資、磧、普、南、徑、清作「歸還」。

一　六八八頁上一四行首字「大」，磧、普、南作「雜寶藏經大」。同行「金織」，麗作「金縷織」。

一　六八八頁中五行第七字「小」，麗作「一小」。

一　六八八頁中七行「樂聽」，資、磧、普、南、徑、清作「聽樂」。

一　六八八頁中二一行第一〇字「者」，資、磧、普、南、徑、清作「人」。

一　六八八頁下一行第一二字「食」，諸本作「之食」。

一　六八八頁下一〇行第五字「飡」，麗作「鉢」。同行末字「答」，資、磧、普、南、徑、清作「問」。

一　六八八頁下一一行末字「乃」，諸本作「乃至」。

一　六八八頁下一九行「多絲」，資、磧、普、南、徑、清作「絲多」。

一　六八八頁下二〇行第八字「教」，諸本作「勑」。

一　六八八頁下二一行第八字「婦」，資、磧、普、南、徑、清無。

一　六八九頁上七行「其兄」，資、磧、普、南、徑、清作「兄於」。

一　六八九頁上九行第一〇字「赵」，諸本作「數」。

一　六八九頁上一〇行第一一字「乃」，南、徑、清作「用」。

一　六八九頁上一四行第四字「錢」，資、磧、普、南、徑、清無。

一　六八九頁上一六行第一一字「汝」，資、磧、普、南、徑、清作「兄」。

一　六八九頁中六行末字「僚」，諸本作「撩」。

一　六八九頁中一〇行「歸來」，諸本作「向家」。

一　六八九頁中一六行第三字「既」，麗作「即」。同行「手足」，麗作「手」。

一　六八九頁中一七行「以來」，諸本作「來以」。同行「其金」，諸本作「真金」。

一　六八九頁中一九行「來生」，諸本作「下生」。

一　六八九頁中二二行第二字「四」，資、磧、普、南、徑、清作「三」。

一　六八九頁下三行第二字「飰」，資、磧、普、南、徑、清作「飲」。

一　六八九頁下末行經名，資、磧、普、南、徑、清無(未換卷)。

雜寶藏經卷第五

元魏西域三藏吉迦夜共曇曜譯

天女本以華鬘供養迦葉佛塔緣

尒時釋提桓因從佛聞法得須陁洹
即還天上集諸天衆讚佛法僧時有
天女頭戴華鬘華鬘光明甚大晃曜
共諸天衆來集善法堂上諸天之衆
見是天女生希有心釋提桓因即便
說偈問天女言

汝作何福業　身如融真金　光色如蓮花
而有大威德　身出妙光明　面若開敷華
金色晃然照　以何業行得　願為我說之

尒時天女說偈荅言

我昔以華鬘　奉迦葉佛塔　今生於天上
獲是勝功德　生在於天中　報得金色身

釋提桓因重復說偈而讚嘆言

甚奇功德田　耘除諸穢惡　如是少種子
得於勝果報　誰當不供養　恭敬真金聚
誰不供養佛　上妙功德田　其目甚脩廣
猶如青蓮花　汝能興供養　無上第一尊
作少功德業　而獲如此容

尒時天女即從天下執持華蓋來至

佛所佛為說法得須陁洹而還天上
諸比丘等怪其所以即問佛言世尊
今此天女作何功德獲此天身端政
殊特佛言往古之時以種種華鬘供
養迦葉佛塔以是因緣今獲此果

天女本以蓮華供養迦葉佛塔緣

尒時復有一天女頭上華鬘光明晃
曜共諸天衆來集善法堂上時諸天
衆見是天女生希有心時天帝釋以
偈問曰

汝昔作何福　身如真金聚　光色如蓮花
而有大威德　身出微妙光　面如開敷花
光明甚煒燁　以何業行得　唯願為我說

天女即便說偈荅言

我昔以蓮華　供養迦葉塔　今日值世尊
得是勝功德　生處於天上　得是金色報

釋提桓因重以偈讚

甚奇功德田　滅除諸穢惡　種因雖甚少
獲得勝果報　誰不樂供養　恭敬真金聚
誰不供養佛　上妙勝福田　目廣脩而長
其喻青蓮花　汝昔能興供　第一最勝尊
作妙福德業　獲得如此報

尒時天女即從天下執持華蓋來到

佛所聽佛說法得法眼淨還於天上時諸比丘即問佛言此女往昔作何行業得報如是佛言過去之時以妙蓮華供養迦葉佛塔故獲勝果今見道跡也

天女受持八戒齋生天緣

尒時復有一天女受持八齋生於天上得端政報光顏威相與衆超異時共諸天集善法堂上諸天見已生希有心釋提桓因以偈而問

汝昔作何業　身如真金山　光顏甚煒煒
色如淨蓮花　得是勝威德　身出大妙光
以何業行獲　願為我說之

天女尒時說偈答言

昔於迦葉佛　受持八戒齋　今得生天中
獲是端政報

釋提桓因重以偈讚

奇哉功德田　能生勝妙報　昔少修微因
而得生天上　如此勝福聚　誰當不供養
如是寂勝尊　誰當不恭敬　諸有聞是者
宜應大歡喜　欲求生天者　應當持淨戒

尒時此天持好華蓋來至佛所佛為說法得見諦道時諸比丘即問佛言

此天往昔作何福業得生天中而獲聖果佛言昔為人時於迦葉佛所受持八齋由是善行生於天上而見道迹

天女本以然燈供養生天緣

尒時王舍城頻婆娑羅王於佛法中得道獲不壞信常以燈明供養於佛後提婆達多與阿闍世王作惡知識欲害佛法是以國土怖畏不復然燈供養有一女人以習常故於僧自恣日佛經行道頭然燈供養阿闍世王聞極大瞋恚即以劍輪斬腰而煞命終得生三十三天摩尼焰宮殿中乘此宮殿至善法堂帝釋以偈問曰

汝昔作何業　身如聚真金　而有大威德
容貌甚光明

天女即時以偈答言

三界之真濟　三有之大燈　至心眼觀佛
相好莊嚴身　法中之寂勝　為之然明燈
燈然以滅闇　佛燈滅衆惡　見燈如日光
真實生信心　覩燈朗熾盛　歡喜而礼佛

說此偈已來至佛所佛為說法得須陁洹即還天上比丘問佛以何因緣生於天宮佛言昔在人間於僧自恣

日佛經行道頭然燈供養阿闍世王斬其腰煞以是善因命終之後得生天中重於我邊聞法信解得須陁洹道

天女本以乘車見佛歡喜避道緣

尒時佛在舍衛國入城乞食有一童女乘車遊戲欲向園中道逢如來迴車避道生歡喜心其後命終生三十三天往集善法堂釋提桓因以偈問言

汝昔作何行　身色如真金　光顏甚煒煒
猶若優鉢羅　得是勝威德　而生於天中
願今為我說　何由而得之

天女即時以偈答曰

我見佛入城　迴車而避道　歡喜生敬信
命終得生天

說此偈已來向佛所佛為說法得須陁洹即還天宮比丘問言以何業緣生此天中佛言昔於人間迴車避我今得生天重於我所聞法信受證須陁洹果

天女本以華散佛化成華蓋緣

尒時舍衛國有一女子於節日中採阿恕伽華還入城來遇值佛出即以

此華散於佛上化成華蓋歡喜踊躍生敬信心於是命終生於三十三天即乘宮殿至善法堂帝釋以偈問言

汝昔作何業　得來生天中　身如真金色
威德甚光明　以何業行獲　願為我說之

天女即以偈答言

昔於閻浮提　取阿恕伽花　還值於如來
即以供養佛　歡喜生敬重　命終得生天

說是偈已來向佛所佛為說法得須陁洹便還天上比丘問言此天女者以何因緣得受天身佛言昔在人中出城取阿恕伽花還來值我即以華供養發歡喜心乘此善業命終生天重於我所聞法得悟證須陁洹

舍利弗摩提供養佛塔緣

頻婆娑羅王已得見諦數至佛所礼拜問訊時宮中婦女不得日日來到佛邊王以佛髮宮中起塔宮中之人經常供養頻婆娑羅王崩提婆達多共阿闍世王同情相厚生誹謗心不聽宮中供養此塔有一宮人名舍利弗摩提以僧自恣日憶本所習即以香花供養此塔時阿闍世王嫌其供

養佛塔用鑽鑽煞命終得生三十三天乘天宮殿集善法堂帝釋以偈而問

汝昔作何福　而得生天中　威德甚光明
猶如真金色　作何業行獲　願為我說之

天女以偈而答之曰

我昔在人中　歡喜恭敬心　以諸好香花
供養於佛塔　而為阿闍世　以鑽鑽煞我
命終得生天　受此極快樂

說是偈已來向佛所佛為說法得須陁洹即還天宮比丘問言以何因緣生此天中佛言本於人間曾以華香供養佛塔由是善業今得天身重從我所聞法而悟證須陁洹

長者夫婦造作浮圖生天緣

舍衛國有一長者作浮圖僧坊長者得病命終生三十三天婦追憶夫愁憂苦惱以追憶故修治浮圖及與僧坊如夫在時夫在天上自觀察言我以何緣生此天上知以造作塔寺功德是故得來自見定是天身心生歡喜常念塔寺以天眼觀所作塔寺今誰料理即見其婦晝夜憶夫憂愁苦惱以其夫故修治塔寺夫作念言我

婦於我大有功德我今應當往至其所問訊安慰從天上沒即到婦邊而語之言汝大憂愁念於我也婦言汝為是誰勸諫於我答言我是汝夫以作僧坊塔寺因緣得生天上三十三天見汝精懃修治塔寺故來汝所婦言來前與我交會夫言人身臭穢不復可近欲為我妻者但懃供養佛及比丘僧命終之後生我天宮以汝為妻婦用夫語供養佛僧作衆功德發願生天其後命終即生彼天宮夫婦相將共至佛邊佛為說法得須陁洹諸比丘等驚恠所以便問何業緣故得生此天佛言昔在人中作浮圖僧坊供養佛僧由是功德今得生天

長者夫婦信敬礼佛生天緣

王舍城中有一長者日日往至佛所其婦生疑而作念言將不與他私通日日恒去便問夫言日日恒向何處來還夫答婦言佛邊去來問言佛為好醜龍勝汝也而恒至邊夫即為婦嘆說佛之種種功德尒時其婦聞佛功德心生歡喜即乘車往既至佛所

尒時佛邊有諸王大臣逼塞左右不能得前遥為佛作礼即還入城其後捨壽生三十三天便自念言得佛恩重一礼功德使我生天即從天下往至佛邊佛為説法得須陁洹比丘問言以何因緣得生此天佛言昔在人中為我作礼以一礼功德命終生天

外道婆羅門女學佛弟子作齋生天緣

尒時舍衛國有佛諸弟子女人作邑會數數往至佛邊徒伴之中有一婆羅門女邪見不信不曽受齋持戒見諸女人共聚齋食問言汝等今作何等吉會與汝親厚而不命我諸女荅言我等作齋婆羅門女言今非月六日又非十二日為誰法作齋諸女言我作佛齋婆羅門女言汝作佛齋得何功德荅言得生天解脱婆羅門女貪飲食故受水作齋食後與好美漿婆羅門齋法不飲不食佛齋之法食好食飲美漿此齋甚易生信樂歡喜却後壽盡得生天上来向佛邊佛為説法得須陁洹比丘問言以何因緣生於天中佛言昔在人間見諸女等聚集作齋隨喜作齋由是善業得来生天

貧女人以氎施須達生天緣

尒時須達長者作是思惟生我家者命終之後無墮惡道何以故我盡教以淨法故貧窮困苦信與不信我今亦當教以善法使供養佛僧於是見以上事啓波斯匿王王便擊皷鳴鈴却後七日須達長者欲勸化乞索供養三寶一切人民各各隨喜多少布施至七日頭須達長者從諸人等勸化乞索有一貧女辛苦求價唯得一氎以覆身體見須達乞即便施與須達得已竒其所能便以錢財穀帛衣食恣意所欲供給貧女其後壽盡命終生於天上来至佛邊佛為説法得須陁洹比丘問言今此天女以何因緣生於天上佛言昔在人中值須達長者教化乞索心生歡喜即以所着白氎布施須達由是善業得生天上重於我邊聞法信解獲須陁洹

長者女不信三寶父以金錢雇令受持五戒生天緣

尒時舍衛國中有一長者名曰弗奢生二女子一者出家精進用行得阿羅漢一者邪見誹謗不信父時語此不信之女汝今歸依於佛我當雇汝千枚金錢乃至歸依法僧受持五戒當與八千金錢於是便受五戒不久之頃命終生天来向佛所佛為説法得須陁洹比丘問言此天女者以何業行得生於天佛言本於人間貪父金錢歸於三寶受持五戒由是因緣今得生天重於我所聞法得道

女因掃地見佛生歡喜生天緣

南天竺法家有童女必使早起淨掃庭中門戶左右有長者女早起掃地會值如来於門前過見生歡喜注意看佛壽命短促即終生天夫生天者法有三念自思惟言本是何身自知人身今生何處定知是天昔作何業来生於此知由見佛歡喜善業得此果報感佛重恩来供養佛佛為説法得須陁洹諸比丘言以何因緣令此女人生天得道佛言昔在人中早起掃地值佛過門見生喜心由是善業

生於天上又於我所聞法證道

長者造舍請佛供養以舍布施生天緣

王舍城有大長者新造屋舍請佛供養即以布施而白佛言世尊自今已後入城之時洗手洗鉢恒常來此其後壽盡生於天上乘天宮殿來詣佛所佛為說法得須陁洹比丘白言以何因緣得生於天佛言昔在人中造新屋舍請佛布施由是善業上生天宮遂於我邊聞法得道

婦以甘蔗施羅漢生天緣

昔舍衛國有羅漢比丘入城乞食次到壓甘蔗家其家兒婦以一大甘蔗著比丘鉢中姑見瞋之便捉杖打遇著腰脉即時命終得生忉利天而作女身所處宮殿純是甘蔗諸天之衆集善法堂時彼天女亦集此堂帝釋以偈而問言

汝昔作何業　而得妙色身　光明色無比
猶如鎔金聚

天女以偈荅言

我昔在人中　以少甘蔗施　今得大果報
於諸天衆中　光明甚暉赫

女人以香塗佛足生天緣

昔舍衛城中有一女人坐地磨香值佛入城女見佛身生歡喜心以所磨香塗佛脚上其後命終得生天中身香遠聞徹四千里便往集於善法堂上帝釋以偈而問言

汝昔作何福　身出微妙香　生在於天中
光色如鎔金

天女即以偈荅言

我以上妙香　供養最勝尊　得無等威德
生三十三天　而受大快樂　身出衆妙香
聞於百由旬　諸得聞香者　悉得大利益

即時天女向世尊所佛為說法得須陁洹道而還天上諸比丘問言昔作何福得生天中身若此香佛言由此天女昔在人間以香塗我足以是因緣命終生天受此果報

須達長者婢歸依三寶生天緣

尒時舍衛國須達長者以十万兩金雇人使歸依佛時有一婢聞長者語即歸依佛命終之後生三十三天於是往集善法堂上帝釋以偈而問言

汝宿有何福　得生於天中　光明色微妙
今為我說之

天女以偈荅言

三界之堅勝　能拔生死苦　三界之真濟
斷除三垢結　我昔歸依佛　并及於法僧
以是因緣故　而獲此果報

說是偈已來至佛所佛為說法得須陁洹道比丘問言以何業緣受是果報佛言昔於人中歸依佛故今得生天值我說法得須陁洹

貧女從佛乞食生天緣

昔舍衛國城中有一女人貧窮困苦常於道頭乞索自活轉轉經久一切人民無看視者佛遇行見往到其所從佛乞食憐愍貧女困餓欲死即勑阿難使與其食時此貧女得食歡喜後便命終生於天上感佛往恩來供養佛佛為說法得須陁洹諸比丘問佛言今此天女以何因緣得生天上佛言此天女者昔在人間困餓垂死佛使阿難與食既得食已心生歡喜乘是善根命終生此天宮重於我所聞法得道

長者婢為主送食值佛即施獲報生

天緣

舍衛國中有長者子共諸長者子遊戲園中欲去之時語其家內為我送食其家於後遣婢送食婢到門外遇見於佛即以其食供養如來還復歸家取食更送亦於路中見舍利弗目揵連等即復與之第三取食與長者子長者子食竟自來還歸語其婦言今日送食何為極晚婦荅之言今日汝朝三過取食與誰婢時荅言第一三過為君送食何故遲晚便喚婢問送食值佛即施第二送食見舍利弗目連等復以與之第三取食始與大家大家聞已極大瞋恚以杖而打即時命終生於天上初生天時具作三念一者自念我今生在何處自知生天二者自念從何處終而來生天知從人道中生於天上三者自念乘何等業緣而得生天知由施食獲此果報便來佛所供養恭敬佛為說法得須陀洹比丘問佛今此天女以何因緣生於天上佛言本於人中作長者婢為長者子送食值佛如來即以施佛大家瞋恚以杖打煞乘是業緣命終生天又於我所聞法證道

長者為佛造講堂獲報生天緣

尒時王舍城頻婆娑羅王為佛造作浮圖僧房有一長者亦欲為佛作好房屋不能得地便於如來經行之處造一講堂堂開四門後時命終生於天上乘天宮殿來供養佛佛為說法得須陁洹比丘問言今此天子以何業緣得生天宮佛言本在人中造佛講堂由是善因命終生天來至我所感恩供養重聞說法獲須陁洹

長者見王造塔亦復造塔獲報生天緣

尒時耆闍崛山南天竺有一長者見頻婆娑羅王為佛作好浮圖僧坊亦請如來為造浮圖僧房住處其後命終生於天上來至佛所報恩供養佛為說法得須陁洹比丘問言此天子往日以何因緣得生天宮佛言昔在人中見王起塔心生隨喜便請如來造立浮圖由此善業得生天上又於我所聞法信悟證須陁洹

賈客造舍供養佛獲報生天緣

尒時舍衛國有一賈客遠行商賈身死不還母養其子其子長大復欲遠去祖母語言汝父遠去身死不還汝莫遠去當於近處在市坐肆即奉其勑便於市中作於估肆而作念言此城人民悉皆請佛我今新造舍已亦當請於如來便往請佛佛來至已而白佛言我以此舍供養如來自今已後入城之時洗手洗鉢恒向我舍其後命終便生天上來至佛所佛為說法得須陁洹比丘問言此天昔日以何業因緣得生天上佛言本為人時新作肆舍請佛著中乘此善業今生於天又於我所聞法獲報

雜寶藏經卷第五

甲辰歲高麗國大藏都監奉
勑彫造

雜寶藏經卷第五

校勘記

一　底本，麗藏本。

一　六九三頁上一行經名、二行譯者，諸本無（未換卷）。

一　六九三頁上三行至頁中三行目録諸本無。

一　六九三頁中四行「天女……緣」，此緣經文諸本載於卷第三之第四十。同行第三字「本」，諸本無。

一　六九三頁中一七行「而讚嘆言」，諸本作「讚歎言曰」。

一　六九三頁中一九行「恭敬」，諸本作「供養」。

一　六九三頁中二二行「作少」，諸本作「少作」。

一　六九三頁下六行「天女……緣」，此緣經文諸本載於卷第三之第四十一。

一　六九三頁下一三行「煒煒」，諸本作「煒曄」。下至次頁下一〇行同。

一　六九三頁下二〇行「勝福」，諸本作「福勝」。

一　六九四頁上五行末字「也」，諸本無。

一　六九四頁上六行「天女……緣」，此緣經文諸本載於卷第三之第四十二。同行及中四行「生天」，諸本無。

一　六九四頁上七行第一〇字「八」，諸本作「八戒」。

一　六九四頁中一行「天中」，諸本作「天上」。

一　六九四頁中三行「而見道迹」，至此，諸本卷第三終，卷第四始。

一　六九四頁中四行第三字「本」，資作「奉」。

一　六九四頁中八行「不復」，諸本作「不敢」。

一　六九四頁中一一行末字「命」，諸本作「之命」。

一　六九四頁中一四行第一一字「而」，諸本作「如」。

一　六九四頁下五行首字「天」，磧、南作「雜寶藏經天」。

一　六九四頁下八行第三字「道」，諸本作「路」。

一　六九四頁下一四行「敬信」，諸本作「信敬」。

一　六九四頁下二一行首字「天」，磧、南作「雜寶藏經天」。

一　六九五頁上二行第三字「信」，諸本作「重」。

一　六九五頁上一四行第四字「所」，諸本作「邊」。

一　六九五頁上二一行第三字「中」，諸本作「人」。

一　六九五頁中一一行「曾以華香」，諸本作「昔以香華」。

一　六九五頁中一六行第五字「生」，諸本作「生於」。

一　六九五頁中一九行第三字「緣」，諸本作「因」。

一　六九五頁下一〇行「作衆」，諸本作「作諸」。

一　六九五頁下一三行「何業緣故」，諸本作「以何業緣」。

一　六九五頁下一六行「生天」，諸本無。

一　六九六頁上一行第一〇字「逼」，磧作「富」，普、南、徑、清作「畐」。

一　六九六頁上一八行首字「貪」，諸本作「貪欲」。

一　六九六頁上二〇行「甚易生信樂」，諸本作「易樂心生」。

一　六九六頁中三行第三字「人」，諸本無。

一　六九六頁中末行「持五戒生天緣」，諸本作「受戒緣」。

一　六九六頁下一〇行「歸於」，諸本作「皈依」。

一　六九六頁下一二行第七字「生」，諸本無。

一　六九七頁上二行「以舍布施生天」，諸本無。

一　六九七頁上五行第一一字「常」，諸本作「當」。

一　六九七頁上一五行第三字「腰」，諸本作「要」。

一　六九七頁上一八行第四字「而」，諸本無。

一　六九七頁上一九行「妙色」，諸本作「勝妙」。

一　六九七頁上二〇行及頁中八行「鎔金」，諸本作「融金」。

一　六九七頁中一行「女人」，諸本作「天女」。

一　六九七頁中三行第七字「身」，諸本作「時」。

一　六九七頁中四行「天中」，諸本作「天上」。

一　六九七頁中六行末字「言」，諸本無。

一　六九七頁中九行第三字「即」，諸本無。

一　六九七頁中一二行末字「益」，諸本作「樂」。

一　六九七頁中一五行「由此」，資、磧、南、徑、清作「唯此」；普作「唯比」。

一　六九七頁中二二行第七字「上」，諸本無。

一　六九七頁下九行末字「洹」，諸本作「洹道」。

一　六九七頁下一一行第四字「國」，諸本無。

一　六九七頁下一二行「於道」，諸本作「在路」。

一　六九七頁下一三行「遇行」，諸本作「行過」。

一　六九七頁下一四行「憐愍」，諸本作「佛憐」。

一　六九八頁上四行末字「遇」，諸本作「會」。

一　六九八頁上八行第一〇字「歸」，諸本作「家」。

一　六九八頁上一〇行末字「問」，諸本作「來問」。

一　六九八頁上一二行第六字「施」，諸本作「與」。

一　六九八頁上一三行「目連」，諸本作「目揵連」。

一　六九八頁上一四行末字「即」，諸本作「尋」。

一　六九八頁上一八行末字「等」，諸本無。

一　六九八頁中七行第五字「堂」，諸本作「而」。

一　六九八頁中二〇行第二字「中」，諸本作「間」。

一　六九八頁下三行首字「去」，諸本作「行」。

一　六九八頁下一二行第三字「因」，諸本無。

一　六九八頁下末行「卷第五」，諸本無（未換卷）。

雜寶藏經卷第六

元魏西域三藏吉迦夜共曇曜　譯

帝釋問事緣
度阿若憍陳如等說往日緣
差摩釋子患目歸依三寶得眼淨緣
七種施因緣
迦步王國天旱浴佛得雨緣
長者請舍利弗摩訶羅緣

帝釋問事緣

如是我聞一時佛在摩竭提國王舍城南有婆羅門聚落名菴婆羅林此聚落北毗提醯山石窟之中尒時帝釋聞佛在彼即告般闍識企揵闥婆王子言摩竭提國婆羅門聚落名菴婆羅林此聚落北有毗提醯山世尊在中今與汝等可共詣彼般闍識企揵闥婆王子荅言唯然此事甚善歡喜樂聞即挾琉璃琴從於帝釋往於佛所尒時諸天聞帝釋共揵闥婆王子等欲往佛所各自莊嚴隨從帝釋於天上沒即至毗提醯山尒時山中光明照曜近彼仙人皆謂火光帝釋即告揵闥婆王子言此處清淨遠離諸惡阿練若處安隱坐禪當令佛邊多饒尊勝諸天測塞滿其左右我等今者云何而得奉見世尊帝釋即告揵闥婆王子汝可為我往向佛所通我等意欲得覲問揵闥婆王子受教即往不遠不近瞻仰尊顏援琴而彈使佛得聞作偈頌曰

欲心生戀著　如為沒淤泥　亦如為醉狂
非鉤之所制　譬如阿羅漢　戀慕於妙法
亦如我貪色　恭敬礼其父　由生貴勝處
情倍生愛樂
極能生長我之愛　如似熱汗遇涼風
亦如極渴得冷飲　汝之容體甚可嬉
猶如羅漢愛樂法　亦如病者得好藥
如彼飢者得美食　疾以清涼滅我熱
今我貪尚欲馳奔　如捉我心不得去

佛言善哉般闍識企今作此聲弦管相諧汝於近遠而造歌頌即白佛言我於往時遇一賢女名修利婆折斯是揵闥婆王珎浮樓女摩多羅天子名識𩀱稚光求彼女我時悅愛即於其所而說斯偈我今佛前重說本偈帝釋念言佛以從定覺令與般闍識企言說帝釋復語企言汝今稱我名頂礼佛足問訊世尊少病少惱起居輕利飲食調適氣力安樂無諸惡不安樂住不即報言語受帝釋教重詣佛所稱帝釋名即礼佛足以帝釋語問訊世尊佛言帝釋及諸天皆安樂不重白佛言世尊帝釋及三十三天欲得見佛聽来見不佛言今正是時帝釋及三十三天聞佛教已即至佛所頂礼佛足在一面立白佛言世尊當何處坐佛言坐此座上白佛言此窟極小天衆極多作是語已見石窟廣博佛威神力多所容受帝釋即礼佛足在前而坐白佛言我於長夜常欲見佛欲得聞法我於往時佛在舍衛國入火光三昧當於尒時有毗沙門侍女名步闍拔提步闍拔提合掌向佛我時語彼毗沙門侍女言佛今在定我不敢乱為我頂礼世尊之足稱我問訊彼女以帝釋語礼拜問訊佛語帝釋言我於尒時聞汝輩聲不久從定而起帝釋白佛言我昔從宿舊

所聞如來阿羅訶三藐三佛陁出現世間諸天衆增長阿須倫衆減少今日我親自生天諸天衆增長阿須倫減少我今見佛弟子得生天上者三事勝於諸天壽命勝光色勝名勝時具毗耶寶女生忉利天先是佛弟子為帝釋作子名渠或天子復有三比丘於佛前修行梵行心未離欲身壞命終生乾闥婆家日日三時為諸天作使渠或天子見是三人而作給使即言我心不憘不忍我昔先在於人中時而彼三人恒至我家受我供養今日為諸天給使我不忍見此三天者本是佛之聲聞弟子我本為人時受我恭敬供養飲食衣服今日下賤汝等從佛口聞法為佛所開解云何生此鄙陋之處我先奉事供養於汝而我從佛聞法修施我信因緣故今為帝釋子有大威德勢力自在諸天皆名我為渠或汝得佛勝法云何不能懃心修行生此賤處我今不忍見此惡事如是之事我不喜見云何同一法中生此下賤是佛弟子所不應

生處渠或天子作是譏論此三人等深自慚愧生猒惡心合掌語渠或言如天子所說實是我過今當除斷如此欲惡即懃精進修於定慧三人念瞿曇之法見欲過患即斷欲結辟如大鳥絶於羈靽斷其貪欲亦復如是帝釋并一啇那天及餘諸天衆讃世四天王皆来就此座此三斷欲者即於諸天前飛騰虛空中帝釋白佛言此三人為得何法能作此種種神變来見世尊欲問彼所得佛言此三人既捨彼處得生於梵世唯願世尊為我說彼生梵天法善哉賢帝釋分別問所疑時佛作是念帝釋無謟偽真實問所疑不為惱乱我若汝之所問我當分別說帝釋問佛是何結使能繫縛人天龍夜叉乾闥婆阿修羅迦樓羅摩睺羅伽佛時荅曰貪嫉二結使繫縛人天阿修羅乾闥婆等并與一切類皆為貪嫉自縛此事實尒天中天貪嫉因緣能縛一切我今從佛聞解此義疑網即除深生歡喜更問餘義貪嫉因何而生何因何緣得生貪嫉

何因緣生何因緣滅憍尸迦貪嫉因憎愛生憎愛為緣有憎愛必有貪嫉無憎愛貪嫉則滅實尒天中天我今從佛聞解此義疑網即除深生歡喜更問餘義愛憎何因緣生何因緣滅荅言愛憎從欲而生無欲則滅實尒天中天我從佛聞信解此義疑網即除深生歡喜更問餘義欲從何因生何緣增長云何得滅佛言欲因覺生緣覺觀增長有覺觀則有欲無覺觀欲則滅實尒天中天我今從佛聞解此義疑網即除深生歡喜更問餘義覺觀因何而生何緣增長云何而滅覺觀從調戲生緣調戲增長無調戲覺觀則滅實尒天中天我今從佛聞解此義疑網即除深生歡喜更問餘義調戲因何生長云何而滅調戲佛告憍尸迦欲滅調戲當修八正道正見正業正語正命正方便正思惟正念正定帝釋聞已白佛言實尒天中天調戲實由八正道而滅我今從佛得聞此義疑網即除帝釋歡喜復問餘義欲滅調戲能修八正道此八王

雜寶藏經卷第六　第七張　驚

道比丘復因何法而得增長佛言復有三法一者欲二者正懃三者多習攝心帝釋言實尒天中天我等聞此義疑網即除比丘能修行正道分實自因此三事增長聞已歡喜帝釋復問比丘欲滅調戲當學幾法佛言當學三法當學增感戒心當學增感定心當學增感智慧心帝釋聞已實尒天中天我聞此義疑網得除踊躍歡喜復問餘義欲滅調戲當解幾義我聞佛言當解六義一眼識色二耳識聲三鼻識香四舌識味五身識細滑六意識諸法帝釋聞已實尒天中天我聞此義疑網得除歡喜踊躍復問餘義一切衆生皆同一貪一欲一向一趣佛言帝釋一切衆生亦不一貪一欲一向一趣衆生無量世界無量意欲趣向殊別不同各執所見帝釋聞已實尒天中天我聞此義疑網得除歡喜踊躍更問餘義一切沙門婆羅門盡得一究竟不得一無垢不得一究竟梵行不佛言一切沙門婆羅門不能盡得一究竟一無垢亦不得

雜寶藏經卷第六　第八張　驚

一究竟梵行若有沙門婆羅門得無上斷滅愛結解脱得政解脱者此乃盡得一究竟一無垢一究竟梵行如佛所說無上斷滅愛結解脱得正解脱者此乃盡得一究竟一無垢一究竟梵行今從佛聞便解此義得了此法得度疑彼岸得拔諸見毒箭已除我見心不退轉說是經時帝釋及八万四千諸天遠塵離垢得法眼淨佛言憍尸迦汝頗曾以此問問沙門婆羅門不世尊我憶昔時曾共諸天集善法堂問於諸天有佛出世未諸天各言未有佛出諸天聞佛未出於世各自罷散諸大威德天福盡命終我時恐怖見有沙門婆羅門在閑靜處便到其所彼沙門婆羅門問我是誰我言是帝釋我不礼彼彼逆礼我我亦未問彼彼問於我知其无智是故我不歸依於彼我今從此歸依於佛為佛弟子即說偈言

我先常懷疑　意想不滿足　長夜求智者
分別如是疑　推覓於如來　見諸閑靜處
沙門婆羅門　意謂是世尊　即往到其所

雜寶藏經卷第六　第九張　驚

礼敬而問訊　我作是問言　去何修正道
彼諸沙門等　不解道非道　我今覩世尊
疑網悉皆斷　今日便有佛　世間大論師
破壞降魔怨　盡煩惱最勝　世尊出於世
希有無與等　於諸天梵衆　無有如佛者

世尊我得須陁洹婆伽婆我得須陁洹世尊告言善哉善哉憍尸迦若汝不放逸當得斯陁含佛語帝釋汝於何處得是不壞信帝釋白言我於是處世尊邊得我即於此更得天壽命唯願覺了憶持此事帝釋言世尊我今作是念得生人中豪貴之處衆事備足即於其中捨俗出家趣向聖道若得涅槃甚為大好若不得者生淨居天尒時帝釋集諸天衆尋即告言我於三時供養梵天自今已後止不為此當於三時供養世尊尒時帝釋告般闍識企乾闥婆子言汝今於我其恩甚重汝能覺悟佛世尊故使我得見聞於深法我還天上當以珎浮樓女賢修利婆折斯為汝作妻復當使卿代其父處作乾闥婆王尒時帝釋將諸天衆遶佛三匝却行而去至

於靜處皆三稱言南無佛陀便還天上帝釋去不久梵天王作是念言帝釋已去我今當往至佛所如似壯士屈申臂頃即至佛所礼佛足已在一面坐梵天光明遍照毗提醯山尒時梵天即說偈言

多所利益　顯現此義　舍胎彼地
磨伽婆　周匝皆賢　能作問難
娑婆婆

重說帝釋所問即還天上佛於晨朝告諸比丘言梵天王昨日來至我所說上偈已即還天上佛說是語已諸比丘歡喜敬礼佛足而去

度阿若憍陳如等說往日緣

佛在王舍城說法度阿若憍陳如釋提桓因頻婆娑羅王各將八万四千衆而悉得道諸比丘疑怪各有尒許人拔三惡道佛言非但今日於往昔時亦曾濟拔諸比丘言過去濟拔其事云何佛言過去世時有諸商賈人入海採寶還來中路於大曠野值一蟒虵其身舉高六拘樓舍遶諸商賈四邊周匝無出入處時諸商人極懷

驚怖各皆唱言天神地神有慈悲者拔濟我等時有白象共師子為伴師子跳往壞蟒虵腦令諸商人得脫大難尒時蟒虵便以口中毒氣害於師子及以白象命猶未斷賈客語言汝濟拔我欲求何願荅言唯求作佛度一切人諸商人言汝若得佛願我等輩最在初會聞法得道師子白象即便命終商人燒之以骨起塔佛言欲知尒時師子者我身是也尒時白象者舍利弗是也尒時商主憍陳如帝釋頻婆娑羅王是尒時諸商衆者今得道諸天人是也

老摩釋子患目歸依三寶得眼淨緣

如是我聞一時佛在釋氏園尒時車頭城中有釋種名曰老摩淨信於佛淨信於法淨信於僧歸依於佛歸依於法歸依於僧一向於佛一向於法一向於僧於佛無疑於法無疑於僧無疑於苦諦無疑於集諦無疑於滅諦無疑於道諦無疑以得見諦獲得道果如須陁洹所知見事悉得知見於三菩提不過期限必定得之老摩

釋子以患眼故有種種色不得見之老摩釋子即念世尊南無與眼者南無與明者南無除闇者南無執炬者南無婆伽婆南無善逝佛以淨天耳過於人耳聞其音聲語阿難言汝去今以章句擁護老摩釋為作救作守作拔滅除灾患為四衆作利作益作安樂住尒時世尊為老摩釋說淨眼修多羅多折他施利弥利棄利醯醯多以此淨眼呪使老摩釋眼得清淨眼瞙得除若是風瞖若是熱瞖若是冷瞖若是等分瞖莫燒莫煑莫腫莫痛莫痒莫流淚戒實苦行實仙實天實藥實呪句實因緣實苦實習實滅實道實阿羅漢實辟支佛實菩薩實如是稱老摩釋名餘人亦如是稱名便得眼淨得眼淨已使闇除使瞙除若是風瞖若熱瞖若是冷瞖若等分瞖莫燒莫煑莫腫莫痛莫痒莫流淚阿難如是章句如是六佛世尊我今第七亦作是說四天王亦說是呪帝釋亦說梵王并諸梵衆亦隨歡喜阿難我不見若天若人若魔若梵若沙

雜寶藏經卷第六　第十三張

門衆若婆羅門衆若人若天三説是章句若騎若闇若瞙若腫若眼青若眼中瑕出若是天作若是龍作若夜叉作若阿修羅作若究槃茶作或餓鬼作或毗舍作或毒所作或惡呪作或蠱道作或毗陁羅呪作或是惡星作或諸宿作阿難即到為老摩釋三説是呪眼淨如本得見諸色以此呪隨稱人名字如老摩釋皆得除闇除瞋風熱冷及等分莫燒莫煑莫腫莫痛莫痒莫流淚南無婆伽婆南無多陁阿伽陁阿羅呵三藐三佛陁善薩以此神呪章句一切皆得吉成諸梵隨喜婆呵

七種施因緣

佛説有七種施不損財物獲大果報一名眼施常以好眼視父母師長沙門婆羅門不以惡眼名為眼施捨身受身得清淨眼未來成佛得天眼佛眼是名第一果報二和顔悅色施於父母師長沙門婆羅門不顰蹙惡色捨身受身得端正色未來成佛得真金色是名第二果報三名言辭施於父

雜寶藏經卷第六　第十四張

母師長沙門婆羅門出柔軟語非麁惡言捨身受身得言語辯了所可言説為人信受未來成佛得四辯才是名第三果報四名身施於父母師長沙門婆羅門起迎礼拜是名身施捨身受身得端政身長大之身人所敬身未來成佛身如尼拘陁樹無見頂者是名第四果報五名心施雖以上事供養心不和善不名為施善心和善深生供養是名心施捨身受身得明了心不癡狂心未來成佛得一切種智心是名心施第五果報六名牀座施若見父母師長沙門婆羅門為敷牀座令坐乃至自以已所自坐請使令坐捨身受身常得尊貴七寳牀座未來成佛得師子法座是名第六果報七名房舍施前父母師長沙門婆羅門使屋舍之中得行來坐卧即名房舍施捨身受身得自然宮殿舍宅未來成佛得諸禪屋宅是名第七果報是名七施雖不損財物獲大果報

迦步王國天旱浴佛得雨緣

若種少善於良福田後必獲報如往

雜寶藏經卷第六　第十五張

古昔無量無邊阿僧祇劫尒時有王名曰迦步統領閻浮提内八万四千國土王有二万夫人然無子息禱祀神祇經歷多年冣大夫人而生太子字曰栴檀為轉輪王領四天下猒惡出家得成正覺時彼國中諸相師等咸言大旱應十二年作何方計攘却此灾尋共議言我等今者應造金瓮置于市上盛滿香水以用浴佛分布香水而起塔廟可得除灾即請如來香水澡浴分取世尊洗浴之餘作八万四千寳瓶分與八万四千諸國仰造塔廟供養作福以造塔廟作福因緣天即大雨五穀豐熟人民安樂時有一人見是塔廟心生歡喜即以一把華散于塔上獲大善報佛言我以佛眼觀彼久遠栴檀如來香水塔廟受彼化者皆久成佛入於涅槃一把華施者我身是也以我往日有是因緣今於末後自致成佛是故行者應當懃心作諸功德莫於小善生下劣想

長者請舍利弗摩訶羅緣

昔舍衛城中有大長者其家巨富財

寶無量常於僧次而請沙門就家供
養尒時僧次次舍利弗及摩訶羅至
長者家長者見已甚大歡喜當于時
日入海估客大獲珍寶安隱歸家時
彼國王分賜聚落封與長者其妻懷
妊復生男兒諸歡慶事同時集會舍
利弗等既入其家受長者供飯食已
訖長者行水在尊者前敷小牀座舍
利弗呪願而言今日良時得好報財
利樂事一切集踊躍歡喜心悅樂信
心踊發念十力如似今日後常然尒
者尒時聞呪願已心大歡喜即以上
妙好㲲二張施舍利弗然摩訶羅獨
不施與時摩訶羅還寺惆悵作是念
言今舍利弗所以得者正由呪願適
長者意故獲是施我今應當求是呪
願即語舍利弗言向者呪願願授與
我即答之言此呪願者不可常用有
可用時有不可用時摩訶羅慇懃求
請願必授我舍利弗不免其意即授
呪願既蒙教授尋即讀誦極令通利
作是思惟我當何時次第及我得為
上座用此呪願時因僧次到長者家

得作上座時彼長者估客入海亡失
珍寶長者之婦遭羅官事兒復死亡
而摩訶羅說本呪願言後常然尒時
長者既聞是語心懷忿恚尋即駈打
推令出門被瞋打已情甚懊惱即入
王田胡麻地中蹹踐胡麻苗稼摧折
守胡麻者瞋其如是復加鞭打極令
勞辱時摩訶羅重被打已過問打者
言我有何愆見打乃尒時守麻者具
說踐蹹胡麻之狀示其道處涉路前
進未經幾里值他刈麦積而為積時
彼俗法遶積右旋施設飲食以求豊
壤若左旋者以為不吉時摩訶羅遶
積左旋麦主忿之復加打棒時摩訶
羅復問之言我有何罪横加打棒麦
主答言汝遶麦積何不右旋呪言多
入違我法故是以打汝即示其道小
復前行逢有葬埋遶他塚墻如向麦
積呪願之言多入多入喜主忿之復
捉搵打而語之言汝見死者應當慇之
言自今已後更莫如是云何返言多
入多入摩訶羅言自今已後當如汝
語又復前行見他嫁娶如送葬者之

所教言自今已後莫復如是時嫁娶
者瞋其如是復加笞打乃至頭破遂
復前進被打狂走值他捕鴈驚怖憧
惶觸他羅網由是之故驚散他鴈獵
師瞋恚復捉撈打時摩訶羅被打困
熟語獵師言我從直道行數被蹪頓
精神失錯行步躁疾觸君羅網願見
寬放令我前進獵師答言汝極無踈
佯傝乃尒何不安徐匍匐而行即前
著道如獵師語匍匐而行復於道中
遇浣衣者見其肘行謂欲偷衣即時
徽捉復加打棒時摩訶羅既遭困急
具陳上事得蒙放捨至於祇桓語諸
比丘我於先日誦舍利弗呪願得大
苦惱自說被打膚體毀破幾失身命
諸比丘將摩訶羅詣於佛邊具說其
人被打因由佛言此摩訶羅不但今
日有是因緣乃至昔時有國王女遭
遇疾患太史占之須詣塚間為其解
除時國王女即將導從往詣塚間于
時道行有二估客見國王女侍從嚴
餝心懷懼畏走至塚間其一人者即
為王女侍從之人割截耳鼻其一人

者得急驚怖死尸中伏詐現死相尒時王女將欲解除選新死人膚未爛者坐上澡浴以療所患時遣人看正值估客以手觸之其體尚暖謂為新死即以芥末塗身在上洗浴芥末辛氣入估客鼻雖欲自持不能禁制即便大嚏欻然而起時侍從者謂起屍鬼或能為我作諸灾疫門門排逆王女得急捉不放于時估客以實告言我實非鬼王女即時與彼估客俱往詣城喚開城門具陳情實時女父國王雖聞其言猶懷不信莊嚴兵仗啓門就看方知非鬼時父王言女人之體形不再現即以其女而用妻之估客歡喜慶遇無量佛言尒時估客得王女者舍利弗是割截耳鼻者摩訶羅是宿緣如此非但今日自今已後諸比丘等若欲說法呪願當解時宜應修習布施持戒忍辱精進禪定智慧憂悲喜樂宜知是時及以非時不得妄說

雜寶藏經卷第六

甲辰歲高麗國大藏都監奉

勅彫造

雜寶藏經卷第六

校勘記

一　底本，麗藏本。

一　七〇二頁上一行經名、二行譯者，諸本無（未換卷）。

一　七〇二頁上三行至八行目録，諸本無。

一　七〇二頁中三行第七字「測」，諸本作「側」。

一　七〇二頁中七行「援琴」，資作「授琴」。

一　七〇二頁中九行「醉狂」，諸本作「狂走」。

一　七〇二頁中一二行第四字「愛」，資作「受」。

一　七〇二頁中一四行末字「嬉」，諸本作「怖」。

一　七〇二頁下五行第八字「語」，諸本作「諾」。

一　七〇三頁上二行及三行「阿須倫」，諸本作「阿須羅」。

一　七〇三頁上一八行第九字「我」，諸本作「戒」。同行末字「今」，諸本作「得」。

一　七〇三頁中九行第一四字「言」，諸本無。

一　七〇三頁中一五行第九字「若」，諸本作「荅」。

一　七〇三頁下九行「因覺」，諸本作「因覺觀」。

一　七〇三頁下一九行至二〇行「正思惟正念」，諸本作「正念正志」。

一　七〇三頁下末行末字「王」，諸本作「正」。

一　七〇四頁中二二行末字「者」，諸本作「慧」。

一　七〇四頁下三行「世間」，諸本作「世尊」。

一　七〇四頁下五行第九字「梵」。諸本作「魔」。

一　七〇四頁下一三行「趣向」，諸本作「歸向」。

一　七〇五頁上七行「彼地」，諸本作

「波地」。
一　七〇五頁上九行「娑娑婆」，諸本作「婆莎婆」。
一　七〇五頁上一二行首字「說」，諸本作「說言」。
一　七〇五頁中六行「濟拔」，諸本作「拔濟」。同行第一〇字「唯」，諸本作「唯願」。
一　七〇五頁中一一行第六字「也」，諸本無。同行末字「帝」，諸本作「是帝」。
一　七〇五頁中一四行首字「差」，磧、南作「雜寶藏經差」。
一　七〇五頁下七行第二字「技」，諸本作「牧」。
一　七〇五頁下一一行第二字「瞙」，諸本作「膜」。下同。
一　七〇五頁下一二行首字「冷」，諸本作「陰」。
一　七〇五頁下一七行首字「便」，資、磧、普、南作「使」。
一　七〇六頁上三行第三字「瑕」，諸本作「淚」。同行第一三字「若」，諸本作「若是」。
一　七〇六頁上二〇行第八字「二」，諸本作「二名」。
一　七〇六頁中一行第一〇字「柔」，諸本無。
一　七〇六頁下三行末字「祀」，諸本作「祠」。
一　七〇六頁下七行「攘却」，諸本作「禳却」。
一　七〇六頁下八行末字「尭」，磧、普、南、徑、清作「瓶」。
一　七〇七頁中二行末字「[illegible]」，磧作「摩」。
一　七〇七頁中八行第七字「重」，諸本作「連」。
一　七〇七頁中一三行首字「壊」，諸本作「壞」。
一　七〇七頁中二〇行第六及末字「之」，諸本無。
一　七〇七頁中二二行第一一字「後」，諸本作「往」。
一　七〇七頁下一行第一二字「時」，諸本無。
一　七〇七頁下六行第八字「直」，諸本無。
一　七〇七頁下一八行第九字「時」，諸本作「日」。
一　七〇八頁上四行第一一字「嚅」，諸本作「軟」。
一　七〇八頁上八行第九字「疲」，諸本作「庚」。同行第一二字「拒」，資、磧、南作「距」。
一　七〇八頁上末行「卷第六」，諸本作「卷第五」。

雜寶藏經卷第七　鶩

元魏西域三藏吉迦夜共曇曜　譯

婆羅門以如意珠施佛出家得道緣
十力迦葉以實言止佛足血緣
佛在菩提樹下魔王波旬欲來惱佛緣
佛為諸比丘說利養災患緣
賊臨被煞遥見佛歡喜而生天緣
刖手足人感念佛恩得生天緣
長者以好蜜漿供養行人得生天緣
波斯匿王遣人請佛由為王使生天緣
波斯匿王勸化乞索時有貧人以疊施王得生天緣
兄常勸弟奉修三寶弟不敬信兄得生天緣
父聞子得道歡喜即得生天緣
子為其父所逼出家生天緣
羅漢祇夜多敺惡龍遠入海緣
二比丘見祇夜多得生天緣
月氏國王見祇夜多緣
月氏國王與三智臣作善親友緣

婆羅門以如意珠施佛出家得道緣

佛在舍衛國尒時南天竺有一婆羅門善別如意珠持一如意珠從南天竺至東天竺遍諸國土無能別者如是次第至舍衛國到波斯匿王所而作是言誰能分別識此珠者波斯匿王集諸群臣一切智人無有識者波斯匿王共至佛邊佛語婆羅門言汝識珠名字不知珠生出處不知珠力耐不荅言不知佛言此珠磨竭大魚腦中出魚身長二十八万里此珠名曰金剛堅也有第一力耐使一切被毒之人見悉消滅又見光觸身亦復消毒第二力者熱病之人見則除愈光觸其身亦復得差第三力者人有無量百千怨家捉此珠者悉得親善時婆羅門聞此語已甚用歡喜如來真實一切智人即以此珠奉上於佛而求出家佛言善來比丘鬚髮自落法服着身為說法要即得羅漢諸比丘言如來善能分別此珠復能說法使得道證佛言非但今日過去亦尒昔迦尸國仙人山中有五通仙時有婆羅門持一樹葉問仙人言此何樹葉仙人荅言此樹名金頂若人被毒垂

命欲死此樹下坐即得消滅熱病之人依此樹者亦復得除以此樹葉韞人身者所有毒氣及與熱病悉皆得除婆羅門歡喜求與仙人而作弟子修習其法亦得五通尒時五通仙人者我身是也尒時持樹葉婆羅門者今此婆羅門是也我於尒時教其使得具五神通今亦勉是生死之難獲阿羅漢

十力迦葉以實言止佛足血緣

尒時如來被迦陁羅刺刺其脚足血出不止以種種藥塗不能得差諸阿羅漢於香山中取藥塗治亦復不降十力迦葉至世尊所作是言曰若佛如來於一切衆生有平等心於羅睺羅提婆達多等無有異者脚血應止即時血止創亦平復比丘歎言種種妙藥塗治不止迦葉實言血則尋止佛言非但今日過去世時亦復如是昔有一婆羅門生一子名曰無害而白父言田中行時莫害衆生父告子言汝欲作仙人也生活之法云何避虫子言我今望得父現世安樂後世安

樂不用我語用是活為即向毒龍泉邊而坐欲求取死世有毒龍見之害人時婆羅門子即見毒龍毒遍身體命即欲斷父時憂惱不知兒處尋即求覓見兒欲死父到兒所而作是言我子從來無害心者此毒應消作是語已毒氣即消平復如故尒時父者十力迦葉是也尒時子者我身是也於過去世中能作實語消除我病於今現世亦以實言而愈我病

佛在菩提樹下魔王波旬欲來惱佛緣

昔如來在菩提樹下惡魔波旬將八十億衆欲來壞佛至如來所而作是言瞿曇汝獨一身何能坐此急可起去若不去者我捉汝脚擲著海外佛言我觀世間不能擲我著海外者汝於前身但曾作一寺　受一日八戒施辟支佛一鉢之食故生六天為大魔王而我乃於三阿僧祇劫廣修功德一阿僧祇劫我曾供養無量諸佛第二第三阿僧祇劫亦復如是供養聲聞緣覺之人不可計數一切大地無有針許非我身骨魔言瞿曇汝道我

昔一日持戒施辟支佛食信有真實我亦自知汝亦知我汝自導者誰為證知佛以手指地言此地證我作是語時一切大地六種震動地神即從金剛際出合掌白佛言我為作證有此地來我恒在中世尊所說真實不虛佛語波旬汝今先能動此澡瓶然後可能擲我海外尒時波旬及八十億衆不能令動魔王軍衆顛倒自墮破壞星散諸比丘言波旬長夜惱亂如來而不得勝佛言非但今日過去亦尒昔迦尸國仙人山中有五通仙教化波羅㮈城中諸年少輩皆度出家使修仙道尒時城神極大瞋忿語仙人言汝若入城更度人者我捉汝脚擲於海外彼仙人捉一澡瓶語城神言先動此瓶然後擲我盡其神力不能得動慚愧歸伏尒時仙人我身是也尒時城神波旬是也

佛為諸比丘說利養灾患緣

尒時如來在舍衛國猒患利養有一深林名貪莊嚴逃避利養徃至林中林中有寺時一羅漢名那弋迦作此

寺主佛至彼林到後日中有諸人等持衣供養滿於林中作是言曰我不用利養而此利養常逐我後有万二千比丘亦至彼處佛語諸比丘利養者是大灾害能作障難乃至羅漢亦為利養之所障難比丘問言能作何障佛言利養之害破皮破骨破髓云何為破破持戒之皮禪定之肉智慧之骨微妙善心之髓万二千比丘齊畜三衣六物作阿練若不受餘物佛即讚歎善哉善哉能作阿練若法我之此法是少欲法非是多欲是知足法非不知足是樂靜法非樂憒閙是精進法非懈怠法是正念法非邪念法是定心法非亂心法是智慧法非愚癡法時諸比丘聞說此語皆得阿羅漢諸比丘白佛言希有世尊佛言非適今日過去亦尒昔迦尸國有輔相名曰夜叉夜叉之子名夜叉達多深覺非常出家學仙諸仙多欲皆諍菓草夜叉達多為欲令彼少欲之故捨其濡草取彼鞕草捨此甘菓取彼酢菓捨已新菓取他陳菓捨取菓

已即得五通万二千仙人見其如此便學少欲不復多求亦皆得五通夜叉達多漸作方便教化諸仙命終之後生不用處尒時達多我身是也尒時万二千仙人今万二千比丘是也

賊臨被煞遥見佛歡喜而生天緣

尒時舍衛國波斯匿王擊鼓唱令而作是言若作賊者捉得當煞時有一人捉賊將来王便遣人將出煞去在於城外會於道中遥見如来心生歡喜至於煞處即伏王法尋得生天具修三念知已由是垂煞之時見佛歡喜命終生天感佛恩德来下供養佛為說法得須陁洹比丘問言以何業緣生於天宫佛言昔在人中為王所煞臨死之時見佛歡喜乘此善因生彼天宫重於我所聞法解悟證須陁洹

刖手足人感佛恩而得生天緣

昔舍衛國有人犯於王法截其手足擲着道頭佛行見之即往到邊而問言曰汝於今日以何為苦刖人荅言我寂苦餓即勑阿難使與彼食其刖

人命終生天感佛厚恩来下供養佛為說法得須陁洹比丘問言以何業行生於天上佛言昔在人中被刖手足擲於道頭佛到其所勑與其食心生歡喜命終生天重於我所聞法得道

長者以好蜜漿供養行人得生天緣

昔舍衛國有一長者於祇洹林求空閑地欲造房舍須達長者遍已作竟無復空處便於祇洹大門之中以好淨水用種種蜜種種一𦀨作漿供給一切行人九十日後佛亦受之於是命終生於天上有大威德乘天宫殿来供養佛佛為說法得須陁洹比丘問言以何業行得生天上威德如此佛言本為人時於祇洹門作種種漿施與一切佛亦自受以是因緣生於天上又於我所聞法得道

波斯匿王遣人請佛由為王使生天緣

昔舍衛國波斯匿王須達長者久不見佛心生渴仰於夏坐後遣使請佛使至佛所恭敬白佛言王與長者欲見如来唯願世尊乘此車上往到舍衛佛言我不用車自有神足雖作是

語為其得福當於車上空中而行使便在前而告於王及以長者王與長者躬自出迎使亦與王還來見佛命終生於天上即乘寶輪來至佛所佛為說法得須陀洹比丘問言以何因緣生於天宮乘此寶車佛言昔在人中為王所使到於佛所奉車使乘由是業緣今得生天恒駕寶車重於我邊聞法得悟證須陀洹

波斯匿王勸化乞索時有貧人以疊施王得生天緣

昔舍衛國波斯匿王作是言曰須達長者尚能勸化一切人民作諸福業我今亦當為衆生故教道乞索令其得福於是行化處處乞索時有一人貧窮多乏唯有一疊即便持施波斯匿王王得疊已轉以奉佛其後貧人命終生天感佛大恩而來供養佛為說法獲須陀洹比丘問言昔作何業生於彼天佛言在人中時值王勸化即以白疊而布施之乘此善因今得生天遂於我所聞法證果

兄常勸弟奉修三寶弟不敬信兄得

生天緣

昔舍衛國有兄弟二人而第一者奉修佛法第二之者事富蘭那兄常勸弟使事三寶弟不隨順恒共鬪諍情不和合各便分活第一者供養於佛後遂命終生於天上即來佛所報恩供養佛為說法得須陀洹比丘問言昔為何業生此天宮佛言往在人中心樂正法奉修三寶以是福因今得生天又於我所聞法信解而證道果

父聞子得道歡喜即得生天緣

昔舍衛國有兄弟二人恒喜鬪諍更相忿恶便共詣王欲求斷決道中值佛佛為說法得阿羅漢道父聞其子遇佛得道心生歡喜遂即命終生於天上來至佛所佛為說法得須陀洹比丘問言往作何業今得生天佛言昔在人中聞我為其子等說法得道踊躍歡喜命終生天重於我所聞法信解而證道果

子為其父所逼出家生天緣

昔舍衛國有人使子出家事佛佛即度之恒使掃地不堪辛苦罷道還俗

其父語言汝但出家從今已後代汝掃地父即共子往彼祇洹精舍兒見精舍其中清淨心生歡喜便作是言我寧煞身出家掃地不復還俗其後命終生於天上即來佛所佛為說法得須陀洹比丘問言以何業緣生於天上佛言往在人中不堪辛苦欲還於家其父不聽代其使役强駈出家遂便歡喜命終生天又於我所聞法得道

羅漢祇夜多駈恶龍入海緣

昔有尊者阿羅漢字祇夜多佛時去世七百年後出罽賓國時罽賓國有一恶龍王名阿利那數作災害惱諸賢聖國土人民悉皆患之時有二千阿羅漢各盡神力駈遣此龍令出國界其中有百羅漢以神通動地又有五百人放大光明復有五百人入禪定經行諸人各各盡其神力不能使動時尊者祇夜多最後往至到龍池所三彈指言龍汝今出去不得此住龍即出去不敢停住尒時二千羅漢語尊者言我與尊者俱得漏盡解脫

法身悉皆平等而我等各各盡其神力不能令動尊者云何以三彈指令阿利那龍遠入大海耶時尊者答言我凡夫已來受持禁戒至突吉羅等心護持如四重無異今諸人等所以不能動此龍者神力不同故不能動時尊者祇夜多與諸弟子向北天竺道中見一烏仰而微笑弟子白言不審尊者何緣微笑願說其意尊者答言時至當說於是前行到石室城既到城門慘然變色食時已至入城乞食既得食已還出城門復慘然變色諸弟子等長跪白言不審向者何緣微笑復慘然變色時尊者祇夜多答諸弟子言我於往昔九十一劫毗婆尸佛入涅槃後作長者子尒時求欲出家父母不聽而語子言我家業事重汝若出家誰繼後嗣吾當為汝取婦産一子彘聽汝出家即便為娶既取婦已復求出家父母復言若生一息聽汝出家其後不久生一男兒兒已能語復白父母言願尊先許聽我出家尒時父母恐違前言密教乳母語

孫兒言（汝父若欲出家去時汝當在門而捉父言與生育我今欲捨我）出家去耶若欲去者願父今殺我然後當去其父即時慘然情變而語子言我今當住不復更去由是之故流浪生死我以道眼觀察宿命天上人中及三惡道相值甚難相值甚難今乃一見向一烏者即是彼時孫兒也我向所以慘然變色者我於城邊見餓鬼子而語我言我在此城邊已七十年我母為我入城求食未曾一得來我今飢渴甚大困厄願尊者入城見我母者願為我語速看我來時我入城見餓鬼母而語之言汝兒在外飢渴甚厄思欲相見時餓鬼母而報之言我來入城七十餘年我自薄福加我新産飢羸無力雖有膿血涕唾糞穢不淨之食諸大力者於先持去我不能得宷後得一口不淨欲持出門與子分食門中復有諸大力鬼復不聽出惟願尊者慈愍將我使母子相見食此不淨時尊者即將餓鬼母得出城門母子相見分食不淨尒時尊者問此鬼言汝於此住為以幾時時鬼答言

我見此城七返成壞時尊者歎言餓鬼壽長甚為大苦時諸弟子聞說此語皆猒患生死即得道迹

二比丘見祇夜多得生天緣

時南天竺有二比丘聞祇夜多有大威德來向罽賓到其住處道由樹下見一比丘形體甚悴竈前然火彼二比丘而問之言汝識尊者祇夜多不答言我識彼比丘言今在何處語言在上第三窟中彼二比丘即便上山往到窟所見向然火比丘時二比丘嫌怪所以比丘言尚有如此名德何憂不能於先來此時一比丘即求決疑問之言尊者有如此威德自然火為尊者答言我念往昔生死之苦若我頭手脚可然之者猶為衆僧而用然火況復然薪時二比丘即便問言不審往昔生死之苦其事云何願欲聞之尊者答言我念往昔五百世中生於狗中常困飢渴唯於二時得自飽滿一值醉人酒吐在地得安樂飽二值夫婦二人共為生活夫便向田婦住後作食時彼婦人事緣小出我

時即入盜彼飯食值彼食器口小初難得入頭後難得出雖得一飽然受辛苦夫從由還即便搠頭在於器中時二比丘聞其說法猒惡生死得須陁洹

月氏國王見阿羅漢祇夜多緣

月氏國有王名栴檀罽尼吒聞罽賓國尊者阿羅漢字祇夜多有大名稱思欲相見即自躬駕與諸臣從往造彼國於其中路心竊生念我今為王王於天下一切人民靡不敬伏自非有大德者何能堪任受我供養作是念已遂便前進逕詣彼國有人告尊者祇夜多言月氏國王名栴檀罽尼吒與諸臣從遠来相見唯願尊者整其衣服共相待接時尊者荅言我聞佛語出家之人道尊俗表唯德是務豈以服飾出迎接乎遂便靜默端坐不出於是月氏國王往其住處見尊者祇夜多覩其威德倍生敬信即前稽首却住一面時尊者欲唾月氏國王不覺前進授唾器時尊者祇夜多即語王言貧道今者未堪為王作福

田也胡為躬自枉屈神駕時月氏王深生慚愧我向者竊生微念以知我心自非神德何能尒也於尊者所重生恭敬時尊者祇夜多即便為王略說教法王来時道好去好来時王聞教已便即還國至其中路群臣怨言我等遠從大王往至彼國竟無所聞然空還國時月氏王報群臣言卿今責我無所得也向時尊者為我說法来時道好去好来時卿等不解此耶以我往昔持戒布施修造僧坊造立塔寺種種功德以殖王種今享斯位今復修福廣積衆善當来之世必重受福故誡我言王来時道好去好来時群臣聞已稽首謝言臣等斯下智慧愚淺竊生妄解謂所行来道大王神德妙契言旨積德所種故享斯國位群臣歡喜言已而退

月氏國王與三智臣作善親友緣

時月氏國有王名栴檀罽尼吒與三智人以為親友第一名馬鳴菩薩第二大臣字摩吒羅第三良醫字遮羅迦如此三人王所親善待遇隆厚進止左右馬鳴菩薩而白王言當用我

語者使王来生之世常與善俱永離諸難長辭惡趣第二大臣復白王言王若用臣密語不漏泄者四海之中都可剋獲第三良醫復白王言大王若能用臣語者使王一身之中終不横死百味隨心調適無患王如其言未曾微病於是王用大臣之言軍威所擬靡不摧伏四海之内三方已定唯有東方未来歸伏即便嚴軍欲往討罸先遣諸胡及諸白鳥於先導道王從後引欲至葱嶺越度關嶮先所乘象馬不肯前進王甚驚怪而語馬言我前後乘汝征伐三方已定汝今云何不肯進路時大臣白言臣先所啓莫泄密語今王漏泄命將不遠如大臣言王即自知定死不久是王前後征伐殺三億餘人自知將来罪重必受無疑心生怖懼便即懺悔修檀持戒造立僧房供養衆僧四事不乏修諸功德精懃不惓時有諸臣自相謂言王廣作諸罪煞戮無道今雖作福何益往咎時王聞之將欲解其疑意即作方便勑語臣下汝當然一大

鑊七日七夜使令極沸莫得斷絶王便以一指鐶擲於鑊中命向諸臣仰汝鑊中得此鐶來白王言願更以餘罪而就於死此鐶叵得王語臣言頗有方便可得取不時臣答言下止其火上投冷水以此方便不傷人手可取之耳王答言我先作惡喻彼熱鑊令修諸善慚愧懺悔更不為惡胡為不滅三塗可止人天可得即時解悟諸臣聞已靡不歡喜智人之言不可不用

雜寶藏經卷第七　第十八張　鷟字号

雜寶藏經卷第七

雜寶藏經卷第七

校勘記

一　底本，金藏廣勝寺本。

一　七一〇頁中一行「卷第七」，資、磧、普、南、徑、清作「卷第六」。

一　七一〇頁中三至二〇行目録，資、磧、普、南、徑、清無。

一　七一〇頁中二一行第九字「佛」，資、磧、普、南、徑、清無。

一　七一〇頁下五行「無有」，資、磧、普、南、徑、清作「無能」。

一　七一〇頁下八行「不知」，資、磧、普、南、徑、清作「悉知」。

一　七一一頁上八行「勉是」，資作「勉其」；磧、普、南、徑、清、麗作「免其」。

一　七一一頁上二〇行第七字「生」，資、磧、普、南、徑、清作「生産」。

一　七一一頁上末行第八字「父」，麗無。

一　七一一頁中四行「尋即」，資、磧、普、南、徑、清作「即尋」。

一　七一一頁中一一行「佛緣」，資、磧、普、南、徑、清作「緣」。

一　七一一頁中一六行「不能」，諸本作「無能」。

一　七一一頁中一七行「前身」，資、磧、普、南、徑、清作「前世」。同行第八字「寺」，資、磧、普、南、徑、清作「寺主」。

一　七一一頁中一八行首字「施」，資、磧、普、南、徑、清作「布施」。

一　七一一頁中二〇行第二字「一」，資、磧、普、南、徑、清無。

一　七一一頁下一四行「瞋忿」，資、磧、普、南、徑、清作「瞋恚」。

一　七一一頁下一六行第六字「彼」，資、磧、普、南、徑、清作「時彼」。

一　七一二頁上一九行第一三字「叉」，諸本無。

一　七一二頁中一〇行「逄見」，資、磧、普、南、徑、清作「遙見」。

一　七一二頁中一九行第五字「感」，

麗作「感念」。

一　七一二頁中二二行第六字「日」，資、磧、普、南、徑、清作「者」。

一　七一二頁下六行「長者」，資、磧、普、南、徑、清作「長者子」。

一　七一二頁下一〇行第九字「一」，諸本作「之」。

一　七一三頁上二行首字「便」，資、磧、普、南作「使」。

一　七一三頁上四行第九字「輪」，徑、清、麗作「車」。

一　七一三頁上二一行至二二行「今得生天」，資、磧、普、南、徑、清作「得生於天」。

一　七一三頁上二二行第六字「所」，資、磧、普、南、徑、清作「前」。同行末字「果」，資、磧、普、南、徑、清作「道」。

一　七一三頁上末行第二字「常」，資、磧、普、南、徑、清無。同行「信兄」，資、磧、普、南、徑、清作「從兄」。

一　七一三頁中一一行第九字「得」，資、磧、普、南、徑、清無。

一　七一三頁中一三行「斷決」，資、磧、普、南、徑、清作「決斷」。

一　七一三頁中一四行「其子」，資、磧、普、南、徑、清作「子」。

一　七一三頁中一五行第一〇字「即」，資、磧、普、南、徑、清作「便」。

一　七一三頁下一行「從今」，資、磧、普、南、徑、清作「自今」。

一　七一三頁下三行「清淨」，資、磧、普、南、徑、清作「清涼」。

一　七一三頁下一七行第五字「百」，資、磧、普、南、徑、清作「五百」。

一　七一三頁下二〇行第一一字「至」，資、磧、普、南、徑、清無。

一　七一四頁上三行第九字「時」，資、磧、普、南、徑、清作「于時」。

一　七一四頁上五行「人等」，資、磧、普、南、徑、清作「仁者」。

一　七一四頁上一〇行末字「到」，資、磧、普、南、徑、清作「至」。

一　七一四頁中一行小字左「而捉」，資、磧、普、南、徑、清作「捉告」。同行小字左「生育」，資作「生有」。

一　七一四頁中二行第三字「欲」，資、磧、普、南、徑、清無。同行「父今」，資、磧、普、南、徑、清作「令」。

一　七一四頁中七行「我向」，資、磧、普、南、徑、清作「今向」。

一　七一四頁中一〇行「未曾」，資、磧、普、南、徑、清作「未嘗」。

一　七一四頁中一三行末字「厄」，麗作「危」。

一　七一四頁中一五行至一六行「産飢」，資、磧、普、南、徑、清作「生餓」。

一　七一四頁下一七行末字「言」，資、磧、普、南、徑、清作「之」。

一　七一四頁下二二行「二人」，磧、普、南作「一人」。

一　七一五頁上二行末字「受」，資、磧、普、南、徑、清作「後」。

一　七一五頁上三行第五字「由」，諸本作「田」。

一七一五頁上一九行第九字「往」，資、磧、普、南、徑、清作「至」。

一七一五頁中五行及九行小字左、一三行「好來」，諸本作「如來」。

一七一五頁中六行「便即」，資、磧、普、南、徑、清作「即便」。

一七一五頁中九行小字右「法來」，麗作「法王來」。

一七一五頁中一四行第九字「斯」，資、磧、普、南、徑、清作「廝」。

一七一五頁中一六行第七字「種」，資、磧、普、南、徑、清作「鐘」。同行第一一字「國」，資、磧、普、南、徑、清無。

一七一五頁中二二行第二字「如」，資、磧、普、南、徑、清無。

一七一五頁下三行末字「中」，諸本作「內」。

一七一五頁下八行及次頁上九行「靡不」，資、磧、普、南、徑、清作「莫不」。

一七一五頁下一〇行「討罸」，磧、普、南、徑、清作「討伐」。同行末字「道」，麗作「首」。

一七一五頁下一六行第七字「知」，資、磧、普、南、徑、清作「知之」。

一七一六頁上二行第一二字「諸」，資、磧、普、南、徑、清作「語」，同行末字「汝」，諸本作「婳」。

一七一六頁上末行經名，資、磧、普、南、徑、清無(未換卷)。

趙城縣廣勝寺

雜寶藏經卷第八　　驚

元魏西域三藏吉迦夜共曇曜　譯

拘尸弥國輔相夫婦惡心於佛佛即化導得須陁洹緣

佛弟難陁為佛所逼出家得道緣

大力士化曠野群賊緣

輔相聞法離欲緣

尼乾子投火聚為佛所度緣

五百白鴈聽法生天緣

提婆達多放護財醉鳥欲害佛緣

拘尸弥國輔相夫婦惡心於佛佛即化導得須陁洹緣

佛在拘尸弥國有輔相婆羅門為人狂暴動不以道其婦邪謟亦復無異夫勅婦言瞿曇沙門在此國界若其来者閇門莫開於一日中如来忽然在其屋中婆羅門婦見已默然都不與語佛便說言汝婆羅門愚癡邪見不信三寶婦聞此語極大瞋恚自絶瓔珞著垢膩衣在地而坐夫從外来問言何以尒耶荅言瞿曇沙門罵辱於我作如是言汝婆羅門邪見不信

夫言且待明日明日開門以待佛来於後日中佛現出其家婆羅門即捉利劒而斫於佛不能得著見佛在虛空中便自慚愧五體投地而白佛言唯願世尊来下受我懺悔佛即来下受其懺悔為說法要夫婦俱得須陁洹道時諸比丘聞佛降化如是惡人各作此言世尊出世甚奇甚特佛告比丘言非但今日過去之時亦曾調伏比丘白言不審過去調伏云何佛言昔迦尸國有王名為惡受極作非法苦惱百姓殘賊無道四遠賈客珎琦勝物皆稅奪取不酬其直由是之故國中寶物遂至大貴諸人稱傳惡名流布尒時有鸚䳇王在於林中聞行路人說王之惡即自思念我雖是鳥尚知其非今當詣彼為說善道彼王若聞我語必作是言彼鳥之王猶有善言奈何人王為彼譏責儻能改修尋即高飛至王園中廻翔下降在一樹上值王夫人入園遊觀于時鸚䳇皷翼嚶鳴而語之言王今暴虐無道之甚殘害万民毒及鳥獸含氣嗷

嗷人畜憒結呼嗟之音周聞天下夫人荷剋與王無異民之父母豈應如是夫人聞已瞋毒熾盛此何小鳥罵我溢口遣人伺捕尒時鸚䳇不驚不畏入捕者手夫人得之即用與王王語鸚䳇何以罵我鸚䳇荅言說王非法乃欲相益不敢罵也時王問言有何非法荅言有七事非法能危王身問言何等為七荅言一者躭荒女色不務貞正二者嗜酒醉乱不恤國事三者貪著棊博不修礼敬四者遊獵煞生都無慈心五者好出惡言初無善語六者賦役謫罰倍加常則七者不以義理刼奪民財有此七事能危王身又有三事傾敗王國王復問言何謂三事荅言一者親近邪佞諂惡之人二者不附賢聖不受忠言三者好伐他國不養人民此三不除傾敗之期非旦則夕夫為王者率土歸仰王當如橋渡濟万民王當如秤親踈皆平王當如道不違聖蹤王者如日普照世間王者如月與物清涼王如父母恩育慈矜王者如天覆蓋一切

王者如地載養万物王者如火為諸万民燒除惡患王者如水潤澤四方應如過去轉輪聖王以十善道教化衆生王聞其言深自慙愧鸚䳇之言至誠至欵我為人王所行無道請遵其教奉以為師受修正行尒時國内風教既行惡名消滅夫人臣佐皆生忠敬一切人民無不歡喜辟如牛王度水導者既正從者亦正尒時鸚䳇我身是也尒時迦尸國王惡受今輔相是也尒時夫人輔相夫人是也

佛弟難陁為佛所逼出家得道緣

佛在迦比羅衛國入城乞食到難陁舍會值難陁與婦作莊香塗眉間聞佛門中欲出外看婦共要言出看如來使我額上莊未乾須便還入來難陁即出見佛作礼取鉢向舍盛食奉佛佛不為取過與阿難阿難亦不為取阿難語言汝從誰得鉢還與本處於是持鉢逐佛至尼拘屢精舍佛即勑剃師與難陁剃髮難陁不肯怒拳而語剃髮人言迦毗羅衛一切人民汝今盡可剃其髮也佛問剃髮者何

以不剃荅言畏故不敢為剃佛共阿難自至其邊難陁畏故不敢不剃雖得剃髮恒欲還家佛常將行不能得去後於一日次守房舍而自歡喜今真得便可還家去待佛衆僧都去之後我當還家佛入城後作是念言當為汲水令滿澡瓶然後還歸尋時汲水一瓶適滿一瓶復翻如是經時不能滿瓶便作是言俱不可滿使諸比丘來還自汲我今但著瓶屋中而棄之去即閉房門適閉一扇一扇復開適閉一户一户復開更作是念俱不可閉且置而去縱使失諸比丘衣物我饒財寶足有可償即出僧房而自思惟佛必從此來我則從彼異道而去佛知其意亦異道來遥見佛來大樹後藏樹神舉樹在虛空中露地而立佛見難陁將還精舍而問之言汝念婦耶荅言實念即將難陁向阿那波那山上又問難陁汝婦端政不荅言端政山中有一老瞎獼猴又復問言汝婦孫陁利面首端政何如此獼猴也難陁懊惱便作念言我婦端政

入中少雙佛今何故以我之婦比此
獼猴佛復將至忉利天上遍諸天宮
而共觀看見諸天子與諸天女共相
娛樂見一宮中有五百天女無有天
子来還問佛佛言汝自往問難陁往
問言諸宮殿中盡有天子此中何以
獨無天子天女荅言閻浮提內佛弟難陁
佛逼使出家以出家因緣命終當生
於此天宮為我天子難陁荅言即我
身是便欲即住天女語言我等是天
汝今是人還捨人壽更生此間便可
得住便還佛所以如上事具白世尊
佛語難陁汝婦端政何如天女難陁
荅言比彼天女如瞎獼猴比於我婦
佛將難陁還閻浮提難陁為生天故
懃加持戒阿難尒時為說偈言
譬如羝羊鬬　將前而更却　汝為欲持戒
其事亦如是
佛將難陁復至地獄見諸鑊湯悉皆
煑人唯見一鑊吹沸空停怗其所以
而来問佛佛告之言汝自往問難陁
即往問獄卒言諸鑊盡皆煑治罪人
此鑊何故空無所煑荅言閻浮提內

有如来弟名為難陁以出家功德當
得生天以欲罷道因緣之故天壽命
終墮此地獄是故我今吹鑊而待難
陁恐怖畏獄卒留即作是言南無佛
陁唯願擁護將我還至閻浮提內佛
語難陁汝懃持戒修汝天福難陁荅
言不用生天唯願我不墮此地獄佛
為說法一七日中成阿羅漢諸比丘
歎言世尊出世甚奇甚特佛言非但
今日乃往過去亦復如是諸比丘言
過去亦尒其事云何請為我說佛言
昔迦尸國王名曰滿面比提希國有
一婬女端政殊妙尒時二國常相怨
嫉傍有佞臣向迦尸王歎說彼國有
婬女端政世所希少王聞是語心生
惑著遣使從索彼國不與重遣使語
求暫相見四五日間還當發遣時彼
國王約勅婬女汝之姿態所有伎能
好悉具備使迦尸王惑著於汝須臾
之間不能遠離即遣令去經至四五日
尋復喚言欲設大祀須得此女暫還
放来後當更遣迦尸王即遣歸還大
祀已訖遣使還索荅言明日當遣既

至明日亦復不遣如是妄語經歷多
日王心惑著單將數人欲往彼國諸
臣勸諫不肯受用時仙人山中有獼
猴王聰明博達多有所知其婦適死
取一雌獼猴諸獼猴衆皆共瞋嘖此
婬獼猴衆所共有何緣獨當時獼猴
王將雌獼猴走入迦尸國投於王所
諸獼猴衆皆悉共追逐既到城內發
屋壞牆不可斷理迦尸國王語獼猴
王言汝今何不以雌獼猴還諸獼猴
獼猴王言我婦死去更復無婦王今
云何欲使我歸王語之言今汝獼猴
破亂我國那得不歸獼猴王言此事
不好耶王荅言不好如是再三王故
言不好獼猴王言汝宮中有八万四
千夫人汝不愛樂欲至敵國追逐婬
女我今無婦唯取此一汝言不好一
切万姓視汝而活為一婬女去何捐
棄大王當知婬欲之事樂少苦多猶
如逆風而執爠炬愚者不放必見燒
害欲為不淨如彼屎聚欲現外形薄
皮所覆欲無返復如屎塗毒蛇欲如
怨賊詐親附人欲如假借必當還歸

欲為可惡如厠生華欲如疥瘡而向於火把之轉劇欲如狗齧枯骨涎唾共合謂為有味脣齒破盡不知猒足欲如渴人飲於醎水逾增其渴欲如段肉衆鳥競逐欲如魚獸貪味至寘其患甚大尒時獼猴王者我身是也尒時王者難陀是也尒時婬女者孫陀利是也我於尒時欲淤泥中拔出難陀今亦拔其生死之苦

大力士化曠野群賊緣

尒時佛在王舍城於王舍城比舍離二國中間有五百群賊頻婆娑羅國王慈仁寬善以恩法治世不害物命即出募言誰能往化五百群盜使不作賊當重爵賞時有一力士来應王募往彼曠野綏化群賊即能令其不復作賊既能調伏作大城池而安置之漸漸聚集多人依附遂成大國其國人民各作是言我等今者蒙大力士養育之恩便共聚集作是言要從今已後新取婦者先奉力士即到力士所語力士言我等作要新取婦者奉上力士為二事故一者欲得好子使似

力士二者以報力士之恩力士荅言何用是為衆人慇懃即從其意唯行此法漸經多時有一女人不樂此事於衆人前裸形立小便衆皆呵言汝無慚愧云何婦女在衆人前而立小便女人荅言女人還在女前而裸小便有何羞耻一國都是女人唯大力士是男子耳若於彼前應當慚愧於汝等前有何羞耻從是衆人轉相語言此女所說正是道理時舍利弗目連共將五百弟子經曠野中過力士知之請二尊者并五百弟子安置止宿供給衣食過三日後國中人民聚集作會飲酒過醉詳共圍遶大力士舍以火焚燒力士問言何故如是衆人荅曰婦女初嫁都經由汝我等是人不忍此事故来燒汝力士荅言我先不肯汝等强尒諸人不聽便燒使死垂欲命終發惡願言持我供養舍利弗目連功德因緣生此曠野中作大力鬼神滅諸人等作是語已其命即斷便於曠野作化生鬼放大毒氣多煞人衆往至中間有智之人共求鬼

言汝今自煞無量人民食肉不盡唐使臭爛願聽我等煞諸牛馬日以一人供給於汝於是國中皆共拔籌人當一日如是次第到一長者拔須陁羅須陁羅生一男兒福德端政次應鬼食長者念言如来出世拔濟一切苦惱衆生唯願世尊擁護我子今日之厄佛在王舍城知長者心即便来向曠野鬼神宮殿中坐曠野鬼神来見世尊極大瞋恚而語佛言沙門出去佛便出去鬼適入宮佛復還入如是三返至第四過佛不為出鬼作此言若不出者使汝心顛倒當捉汝脚擲恒河裏佛語之言我不見世間若天魔梵有能捉我作如是者曠野鬼言如是如是如来聽我使問四事當為我說一者誰能度駛流二者誰能度大海三者誰能捨諸苦四者誰能得清淨佛即荅言信能度駛流不放逸者能度大海精進能捨苦智慧能得清淨聞是語已即歸依佛為佛弟子手捉小兒著佛鉢中遂名小兒為曠野手漸漸長大佛為說法得阿那

舍道諸比丘言世尊出世甚為希有如此大惡曠野鬼神佛能降伏作優婆塞佛言非但今日過去世時亦復曾於迦尸國比提醯國二國中間有大曠野有惡鬼名沙吒盧斷絕道路一切人民無得過者有一商主名曰師子將五百商人欲過此路諸人恐怖畏不可過商主語言慎莫怖畏但從我後於是前行到於鬼所而語鬼言汝不聞我名耶荅言我聞汝名故来欲戰問言汝何所能即捉弓箭而射是鬼五百放箭皆没鬼腹弓刀器仗亦入鬼腹直前拳打拳復入去以右手託右手亦著以右腳蹹右腳亦著以左腳蹹左腳亦著又以頭打頭亦復著鬼作偈言

汝以手脚及與頭　一切諸物悉以著
餘人何物而不著　商主說偈而荅言
我今手足及以頭　一切財錢及刀仗
唯有精進不著汝　精進若當不休息
與汝鬪諍終不廢　我今精進不休息
終不於汝生怖畏

時鬼荅言今為汝等故五百賈客盡

皆放去尒時師子我身是也尒時沙吒盧曠野鬼是也

輔相聞法離欲緣

佛在王舍城頻婆娑羅有大輔相數共其王往至佛所而聽如来說離欲法後於婦所不大往返婦生惡心惟求毒藥著飲食中請佛欲與夫覺其婦有懷惡意從索飲食婦不肯與更與異食佛已来至夫白佛言此食不可食佛言何以不可食荅言有毒佛言世間有毒不過三毒我尚消除有何小毒能中傷我佛即食其食都無有異時輔相婦便生信心佛為說法夫婦二人得須陁洹道諸比丘等歎未曾有佛言非但今日於過去世亦曾化彼昔迦尸國王有一智臣名比富醯常以道法輔相國王及諸群臣悉使修善時有龍王名曰明相數數往来比富醯所聽受法言亦於其婦往返希簡龍婦瞋恚而作是言得比富醯心祀火得血而飲然後可活時有夜叉鬼與此龍王并及其婦往返親善聞龍婦語便即荅言我能得之

於龍婦邊搯如意珠現作賈客往詣迦尸國至於王邊共王摴蒱賭如意珠王以國土庫藏比富醯等復作一分以對其珠夜叉得勝求不用其國土庫藏單取比富醯以珠與王王問比富醯為欲去不荅言欲去夜叉將去比富醯問夜叉言索我来者有何意故夜叉不荅如是慇懃更問不已便語之言龍王夫人欲得汝心以祀於火欲得汝血而用飲之比富醯言若其煞我搯心血去一切之人心血一種知是誰許汝今莫煞我為將我去須我心者欲得我智須我血者欲得我法聞此語已夜叉心念實是智人即將至龍所龍見歡喜即為說法龍王夫婦及諸眷屬生敬信心盡受五戒并夜叉衆亦受五戒尒時閻浮提龍與夜叉大賷珎寶送比富醯比富醯得是珎寶用上於王并與人民於是閻浮提人及龍鬼受持五戒修行十善尒時比富醯者我身是也尒時明相龍王者善見輔相是也尒時龍婦者輔相婦是也尒時王者舍利

弗是也尒時夜叉者目連是也

尼乾子投火聚為佛所度緣

佛在舍衛國尒時如来降化外道邪見六師及其眷屬悉使破盡五百尼乾作是念言我等徒衆都破散盡不如燒身早就後世即集薪草便欲燒身如来大悲欲拔彼苦使火不然佛在其邊入火光三昧諸尼乾子見大火聚心生歡喜而作是言我等不須然火皆共投中既到火裹身體清涼極大快樂見佛在中倍復慶悅求欲出家佛言善来比丘鬚髮巳落法服在身佛為說法得阿羅漢諸比丘言希有世尊乃能拔此尼乾子等自燒之苦使得羅漢佛言非但今日往昔之時舍衛國中有五百賈客入海採寶時有商主名比舍佉將諸商衆順風而往即到寶所集著船上諸賈客輩貪取珎寶船上極重時比舍佉語諸商賈言莫重著寶意没身命時諸賈客不用其言寧共寶死不能減却商主即以船寶投著水中上諸賈客著巳船上是諸寶船都没於海海神見是商主能捨珎寶投諸商賈心生歡喜取是商主所棄珎寶擔飛在前既得出海以還商主諸商人言我等何為不於寶所即自幷命見是苦惱時比舍佉深生悲愍所得珎寶悉亦分與便修外道出家之法得五神通諸商人言如此大士不貪財寶自修其志得大利益我等應學各捨珎寶向仙人所修習其法皆獲五通尒時比舍佉者我身是也尒時五百賈客五百尼乾子是

五百白鴈聽法生天緣

佛在舍衛國尒時般遮羅國以五百白鴈獻波斯匿王波斯匿王送著祇桓精舍衆僧食時人人乞食鴈見僧聚来在前立佛以一音說法衆生各得隨類受解當時群鴈亦解佛語聞法歡喜鳴聲相和還於池水後毛羽轉長飛至餘處獵師以網都覆煞之當網著時一鴈作聲諸鴈皆和謂聽法時聲乘是善心生忉利天生天之法法有三念一者念本所從来二者念定生何處三者念先作何業得来生天便自思惟自見宿因更無餘善唯佛僧邊聽法作是念巳五百天子即時来下在如来邊佛為說法悉得須陁洹波斯匿王遇到佛所常見五百鴈羅列佛前是日不見便問佛言此中諸鴈向何處去佛言欲見諸鴈耶王言欲見佛言先鴈飛去他處為獵師所煞命終生天今此五百諸天子等著好天冠端政殊特者是今日聽法皆得須陁洹王問佛言此諸群鴈以何業緣墮於畜生命終生天今日得道佛言昔迦葉佛時五百女人盡共受戒用心不堅毀所受戒犯戒因緣墮畜生中作此鴈身以受戒故得值如来聞法獲道以鴈身中聽法因緣生於天上

提婆達多放護財醉象欲害佛緣

佛在王舍城尒時提婆達多放護財醉象欲得害佛五百羅漢皆飛虛空唯有阿難獨在佛後佛時舉右手護財白象見五百師子象時恐怖即便調順五百比丘盡棄佛去唯有阿難在於佛後佛言非但今日過去亦尒

昔迦尸國有五百鴈共為群侶尒時鴈王名曰賴吒鴈王有臣名曰素摩時此鴈王為獵者捕得五百群鴈皆棄飛去唯有素摩隨逐不捨語獵師言請放我王我於今日以身代之獵師不聽遂以鴈王獻梵摩睺王王問鴈王為安隱不鴈王荅言蒙王大恩得王清水又得好草以活性命得常平安在國土住唯願大王放一切鴈使無所畏五百群鴈在王殿上空中作聲時王問言此是何鴈鴈王荅言是我眷屬王即施無畏内外宣令不聽煞鴈鴈王白王言今當以正法治國世間無常如四方山辟如東方大山上無邊際一時来至南西北方亦復如是磨碎世間一切衆生及與人鬼悉皆儆滅無可逃避無可恃怙不可救濟當於尒時何所恃賴惟念如是宜應慈心普育一切修行正法作諸功德大王當知一切富貴為衰滅之所摧碎四方而至為歸留失一切强壯又有諸病從四方来破滅强健一切壯年有病亂山從四方来破壞

壯年一切有命有大死山四方而来壞滅生命如是四山一切共有天龍人鬼有生之類無得勉者以此義故常修慈心懃行正法若能尒者死時不悔心不悔故得生善處必遇賢聖得遇賢聖得脫生死王問素摩何以默然素摩荅言今鴈王人王二王共語若當讒言非是儀礼便無上下恭恪之心王言實是希有汝為鴈身能行如是忠臣之節人所不及能以身命代於鴈王又復謙順不讒言說如汝鴈王君臣之義世所希有悉與金鋜瑕約其頭際以好白綃着鴈王首而發遣之言曰往時為我說善法即便放去尒時鴈王我身是也尒時素摩阿難是也尒時人王我父王淨飯是也尒時獵師提婆達是

雜寶藏經卷第八

雜寶藏經卷第八

校勘記

一　底本，金藏廣勝寺本。

一　七一九頁中一行經名、二行譯者，資、磧、普、南、徑、清無（未換卷）。

一　七一九頁中三至八行目録，資、磧、普、南、徑、清無。

一　七一九頁中一三行第四字「尸」，資、磧、普、南、徑、清無。

一　七一九頁下一〇行「白言」，資、磧、普、南、徑、清作「白佛言」。

一　七二〇頁上二行第二字「荷」，資、磧、普、南、徑、清作「苛」。

一　七二〇頁上一一行「礼敬」，麗作「禮教」。

一　七二〇頁上一六行第一二字及次頁中一四行第四字「倭」，磧、普、南、徑、清作「倭」。

一　七二〇頁上一七行第八字「聖」，資、磧、普、南、徑、清作「勝」。

一　七二〇頁上二〇行「渡濟」，諸本

作「濟渡」。同行末字「踈」，資、磧、普、南、徑、清作「緣」。

一　七二〇頁中三行第九字「以」，資、磧、普、南、徑、清作「乃以」。

一　七二〇頁中六行「正行」，資、磧、普、南、徑、清作「正法」。

一　七二〇頁中一四行第九字及一六行第六字「莊」，麗作「粧」。

一　七二〇頁中一五行第七字「看」，資、磧、普、南、徑、清作「者」。

一　七二〇頁中二一行第二字「剃」，資、磧、普、南、徑、清作「剃髮」。

一　七二〇頁下八行第九字「翻」，資作「番」。

一　七二〇頁下一一行「適閑一扇」，資、磧、普、南、徑、清作「適一扇閑」。

一　七二〇頁下一三行第三字「且」，資、磧、普、南、徑、清作「就」。

一　七二〇頁下二〇行第二字「那」，資、磧、普、南、徑、清無。

一　七二〇頁下二二行「面首」，磧、普、南、徑、清作「面目」。

一　七二一頁上五行「來還」，資、磧、普、南、徑、清作「難陀還來」。

一　七二一頁上七行「天女」，資、磧、普、南、徑、清無。

一　七二一頁中三行第九字「今」，資、磧、普、南、徑、清作「今欲」。

一　七二一頁中七行第九字「不」，資、磧、普、南、徑、清作「莫」。

一　七二一頁中九行第九字「甚」，資、磧、普、南、徑、清無。

一　七二一頁中一三行第六字「殊」，磧、南、徑、清作「姝」。

一　七二一頁中一五行第八字「少」，麗作「有」。

一　七二一頁中一六行末字「語」，資、磧、普、南、徑、清作「言」。

一　七二一頁中一八行末字「能」，資、磧、普、南、徑、清作「耐」。

一　七二一頁中二〇行第一二字「至」，諸本無。

一　七二一頁中二二行首字「放」，資、磧、普、南、徑、清作「旋」。

一　七二一頁下五行「呵責」，麗作「呵」。

一　七二一頁下八行第六字「悉」，諸本無。

一　七二一頁下九行第六字「斷」，諸本作「料」。

一　七二二頁上五行末字「宗」，麗作「死」。

一　七二二頁上九行「生死之苦」，資、磧、普、南、徑、清作「生死之苦也」。至此，資、磧、普、南、徑、清卷第六終，卷第七始。

一　七二二頁上一二行末二字「國王」，諸本作「王」。

一　七二二頁上一三行第二字「仁」，資、磧、普、南、徑、清作「心」。

一　七二二頁中一行首二字「力士」，資、磧、普、南、徑、清作「力士之力」。同行第九字「之」，資、磧、普、南、徑、清無。

一　七二二頁中四行「形立」，資、磧、普、南、徑、清作「形」；麗作「立」。

一　七二二頁中六行第九字「女」，資、磧、普、南、徑、清作「汝」。

一　七二二頁中一四行第五字「過」，資、磧、普、南、徑、清作「適」。

一　七二二頁中一九行「發誓願言」，資、磧、普、南、徑、清作「即發誓言」。

一　七二二頁中二二行「作化」，資、磧、普、南、徑、清作「化作」。同行「毒氣」，資、磧、普、南、徑、清作「疫氣」。

一　七二二頁中末行第五字「至」，資、磧、普、南、徑、清作「往」。

一　七二二頁下四行至五行「拔須陁羅須陁羅」，資、磧、普、南、徑、清作「須拔陁羅須拔陁羅」。

一　七二二頁下二〇行末字「能」，資、磧、普、南、徑、清無。

一　七二三頁上一二行「放箭」，資、磧、普、南、徑、清作「發箭」。

一　七二三頁上一四行第三字「託」，資、磧、普、南、徑、清作「托」。

一　七二三頁上一八行第二字「人」，資、磧、普、南、徑、清作「又」。

一　七二三頁上一九行第六字「以」，資、磧、普、南、徑、清作「與」。

一　七二三頁中六行末字「惟」，諸本作「推」。

一　七二三頁下一行第四字「邊」，資、磧、普、南、徑、清作「道」。

一　七二三頁下五行「與王」，資、磧、普、南、徑、清作「送與王」。

一　七二三頁下一〇行「而用」，資、磧、普、南、徑、清作「用而」。

一　七二三頁下一一行第六字「心」，資、磧、普、南、徑、清作「我心」。

一　七二四頁上二行「所度緣」，資、磧、普、南、徑、清作「度緣」。

一　七二四頁上五行首字「軋」，資、磧、普、南、徑、清作「軋子」。

一　七二四頁上六行第四字「早」，資、磧、普、南、徑、清作「畢」。

一　七二四頁上一〇行第六字「中」，資、磧、普、南、徑、清作「身」。同行第一〇字「裹」，資、磧、普、南、徑、清作「聚」。

一　七二四頁中六行「得五神通」，資、磧、普、南、徑、清作「即得五通」。

一　七二四頁下七行第一一字「去」，資、磧、普、南、徑、清作「至」。

一　七二五頁上三行第七字「者」，資、磧、普、南、徑、清作「師」。

一　七二五頁上一七行第五字「滅」，資、磧、普、南、徑、清作「減」。

一　七二五頁上二〇行第一二字「爲」，麗作「皆爲」。

一　七二五頁中一行「四方而來」，資、磧、普、南、徑、清作「從四方來」。

一　七二五頁中三行第九字「勉」，磧、普、南、徑、清、麗作「免」。

一　七二五頁中八行及一一行「譏言」，麗作「参言」。

一　七二五頁中一三行「鉦瑕」，資、磧、普、南、徑、清作「鉦鍜」。

一　七二五頁中一六行「淨飰」，麗作「淨飯王」。

一 七二五頁中一七行「提婆達」，諸本作「提婆達多」。

一 七二五頁中末行經名，資、磧、普、南、徑、清無（未換卷）。

雜寶藏經卷第九 鷲

元魏西域三藏吉迦夜共曇曜 譯

迦栴延為惡生王解八夢緣

金猫因緣

惡生王得五百鉢緣 卷內下文更有八緣三緣

迦栴延為惡生王解八夢緣

昔惡生王為行殘暴無悲愍心邪見熾盛如來大悲遣諸弟子遍化諸國迦栴延者即是惡生王國婆羅門種佛尋遣迦栴延還化其國王并及人民時尊者迦栴延受佛教已尋還本國時惡生王不覩正真奉事邪道常於晨朝不欲見人先拜天祠時迦栴延將欲開化惡生王故於清朝早起化作異人狀如遠使形貌端政到王門中當王見時還服本形作沙門像王於道士剃髮之人特復憎惡王大恚言汝今定死尋便遣人將迦栴延垂欲加害迦栴延白王言我有何過乃欲見害王復語言汝剃髮人見者不吉是以今者欲煞於汝尊者迦栴延即荅之言今不吉者乃在於我不

在於王所以者何王雖見我都無損減我見於王王欲見煞以此推之言不吉者正在於我王素聰明聞其語已即領其意放迦栴延不興惡心密遣二人尋逐其後觀其住止食何飲食見迦栴延坐於樹下乞食而食若得食時分與二人有小餘殘瀉著河中二人既還王即問尊者住處及以飲食二人如上所見具白於王王於後日而請尊者迦栴延與麁澁飲食遣人問言而今此食稱適意不尊者荅言食之勢力便以充足後與上味細食復遣人問言可適以不荅言食之勢力便為充足後王問尊者言我所施食不問麁細皆言充足此事何謂也尊者迦栴延即荅王言夫身口者辟如於竈栴檀亦燒糞穢亦燒身口亦尒食無麁細飽足為限即說偈言

此身猶如車　好惡無所擇　香油及臭脂

等同於調利

王聞其語深知大德便以麁細之食與婆羅門諸婆羅門初得麁食咸皆忿恚作色罵詈後與細食歡喜讚嘆

王見婆羅門等於飲食中心生喜怒於迦栴延倍生信敬尒時尊者有外生女先在城外住婆羅門聚落甚有好髮以安居時至心懷供養剪已髮賣得五百金錢請迦栴延夏坐供養尊者迦栴延夏安居訖還至城中時惡生王宮門之中卒有死雉如轉輪王所食之雉而惡生王即欲食之時一智臣白於王言然此雉者不冝便食應先試之王用其言時即遣人割小臠以用與狗狗得肉已貪著肉味合舌俱食遂至于死又復割少肉用試一人人食肉已亦著滋味遂至自噉其手而死王見是已深生怖畏聞有人言而此肉者唯轉輪聖王有無漏智得道之人乃可食之即便遣人調和美食送與尊者迦栴延時迦栴延食是食已身體便安王於後日遣人伺看見迦栴延顏色和悅倍勝於常時王聞已深生奇特益加尊重輕賤外道諸婆羅門等王問迦栴延言尊者此夏何處安居今方來耶尊者具說以外生女賣髮貿錢供養衆僧王

聞是語而作是言我宮中人極美駿者然直銅錢不過數枚今言彼女之駿直五百金錢者彼之女人美駿非常容儀必妙即問其女父母姓名尋遣使人往至於彼親見女身姿貌超絕果如所量王即遣使娉爲婦而彼女家大索寶物城邑聚落王復思惟若與彼者女來之時還當屬我即便與之納爲夫人初迎之日舉國欣慶咸稱大吉於其後日復放大赦即号爲尸婆具沙夫人王甚悅敬後生太子字喬婆羅時王於寢夢見八事一頭上火然二兩虵絞腰三細鐵網纏身四見二赤魚吞其雙足五有四白鵠飛來向王六血泥中行泥沒其脛七登大白山八鸛雀㕓頭於夢寤已以爲不祥愁憂憔悴尋即往問諸婆羅門婆羅門聞王此夢素嫉於王兼嫉尊者因王此夢言大王不吉若不禳厭禍及王身王聞其語信以爲然益增憂惱即問之言若禳厭時當須何物諸婆羅門言所須用者王所珎愛我若說者王必不能時王荅言此夢

甚惡但恐大禍殃及我身除我以外餘無所惜請爲我說所須之物諸婆羅門等見其慇懃知其心至即語王言所可用者此夢有八要須八種可得禳灾一煞王所敬夫人尸婆具沙二煞王所愛太子喬婆羅三煞輔相大臣四煞王所有烏臣五煞王一日能行三千里烏六煞王一日能行三千里駝七煞王良馬八煞禿頭迦栴延却後七日若煞此八聚集其血入中而行可得消灾王聞其言以巳命重即便許可還至宮中愁憂懊惱夫人問王何故如是王荅夫人具陳說上不祥之夢并道婆羅門禳夢所須夫人聞已而作是言但使王身平安無患妾之賤身豈足道耶即白王言却後七日我歸當死聽我往彼尊者迦栴延所六日之中受齋聽法王言不得汝若至彼或語其實彼若知者捨我飛去夫人慇懃王不能免即便聽往夫人到彼尊者所巳礼拜問訊遂經三日尊者怪問王之夫人未曾至此經停信宿何故今者不同於常

夫人具說王之惡夢却後七日當煞我等用禳灾患餘命未幾故来聽法因向尊者說王所夢尊者迦栴延言此夢甚吉當有歡慶不足爲憂頭上火然者寶主之國當有天冠直十万兩金来貢於王正爲斯夢夫人必急七日向滿爲王所言懼其来晚問尊者言何時来到尊者荅言今日晡時必當来至兩虵絞腰者月支國王當獻雙劒價直十万兩金日入當至細鐵網纏身者大秦國王當獻珠瓔珞價直十万兩金後明晨當至赤魚吞足者師子王國當獻毗琉璃寶屐價直十万兩金後日食時當至四白鵠来者跋耆國王當獻金寶車後日日中當至血泥中者安息國王當獻㲲毛欽婆價直十万兩金後日日昳當至登太白山者曠野國王當獻大烏後日晡時當至鸛雀㕓頭者王與夫人當有私密之事事至後日自當知之果如尊者所言期限既至諸國所獻一切皆到王大歡喜尸婆具沙夫人先有天冠重著寶主國所獻天冠王因交戲脫尸

雜寶藏經卷第九　第七張　鷲

婆具沙夫人所著一重天冠著金鬘
夫人頭上時尸婆具沙夫人瞋恚而
言若有惡事我先當之今得天冠與
彼而著尋以酪器擲王頭上王頭盡
汙王大瞋忿拔劍欲斫夫人夫人畏
王走入房中即閉房戶王不得前王
尋自悟尊者占夢云有私密正此是
耳王與夫人尋至尊者迦栴延所具
論上来信於非法惡邪之言幾於尊
者妻子大目所愛之物行六惡事今
蒙尊者演說真實開示旨冥得覩正
道離於惡事即請尊者敬奉供養駈
諸婆羅門等遠其國界即問尊者有
何因緣如此諸國各以所珎奉獻於
我尊者荅言乃往過去九十一劫尒
時有佛名毗婆尸彼佛出時有一國
名曰賉頭王之太子信樂精進至彼
佛所供養礼拜即以所著天冠寶劍
瓔珞大象寶車欽婆羅衣用上彼佛
緣是福慶生生尊貴所欲珎寶不求
自至王聞是已於三寶所深生敬信
作礼還宫

金猫因緣

雜寶藏經卷第九　第八張　鷲

昔惡生王遊觀林苑園中堂上見一
金猫從東北角入西南角王即遣人
尋復發掘得一銅瓮瓮受三斛滿中
金錢漸漸深掘復獲一瓮如是次第
得三重瓮各受三斛漸復傍掘亦得
銅瓮輾轉不已滿五里中盡得銅瓮
感滿金錢時惡生王深生奇怪即詣
尊者迦栴延所即向尊者具論得錢
所由因緣我適輙欲用將無灾患於
我及國人耶尊者荅言此王宿因所
獲福報但用無苦王即問言不審往因
其事云何尊者荅言諦聽諦聽乃往
過去九十一劫毗婆尸佛遺法之中
尒時有諸比丘於四衢道頭施大高
座置鉢在上而作是言誰有世人能
於堅牢藏中舉錢財者若入此藏水
不能漂火不能燒王不能奪賊不能
劫時有貧人先因賣薪適得三錢聞
此語已生歡喜心即以此錢重著鉢
中誠心發願去舍五里當還家時步
步歡喜既到其門向勸化處至心發願
然後入舍尊者言尒時貧人今王是
也以因往昔三錢施緣世世尊貴常

雜寶藏經卷第九　第九張　鷲

得如是三重錢瓮緣五里中步步歡喜
恒於五里有此金錢王聞宿緣歡喜
而去

惡生王得五百鉢緣

昔惡生王住欝禪延城時守門者晨
朝開門門外忽然有五百乘車各載
寶鉢感滿金粟皆有印封題言此鉢
與惡生王時守門者告白王言外有寶
鉢題鉢言與王不審今者為當取不王
自思惟此寶忽至或是不祥我若取者
將不為我家國灾害作是念已即往
詣尊者迦栴延所而問之言今晨開
門忽見寶鉢其上印題云與惡生王
未知吉凶為可取不尊者荅言是王
宿福果報但取勿疑王白尊者我於
往因脩何功德而致此報尊者荅言
汝於昔日九十一劫仙人山中有一
辟支佛值雨脚跌即破瓦鉢時辟支
佛詣瓦師家從乞瓦鉢瓦師尋以五器
皆感滿水歡喜施與辟支佛得已擲
鉢空中踊身騰虛作十八變瓦師妻
子并買瓦者見此神變咸皆踊悅歡
喜無量尒時瓦師者王身是也尒時

婦者尸婆具沙夫人是也尒時兒者喬波羅太子是尒時買瓦者輔相富盧闍是也買瓦婦者輔相婦是王復問言不審此鉢為自然出為有從来尊者荅言而此鉢者非自然有從恒河水龍宫中来何以知之乃往過去羅摩王舅婆羅門修清淨行在恒河側時羅摩王日以寶鉢送食與舅婆羅門法器不重用食竟棄鉢於彼恒河中言龍収取寶鉢感滿金粟着巳宫中如是所棄日日漸多由是獲得五百車鉢言龍命終又無兒子嘗領此鉢天帝知王往昔施鉢因緣故用遺王王聞是語尋取寶鉢以用作福廣修布施供養三寶從此因緣後生善處

求毗摩天望得大富緣
鬼子母失子緣
天祀主緣
祠樹神緣
婦女猒欲出家緣
不孝子受苦報緣
難陁王與那伽斯那共論緣

不孝婦意欲害姑反煞夫緣

求毗摩天望得大富緣

昔有兄弟二人家計貧困兄常日夕精懃礼拜求毗摩天望得大富而遣其弟耕田種殖如是求請經歷多時時毗摩天化作其弟至其兄邊兄瞋弟言何不墾殖来此何為時弟荅言兄在天寺晝夜祈請望得大富弟於今日亦欲効兄齋戒求願望獲大富兄語弟言卿不耕田下於種子財䅳豈有何由可獲弟荅兄言實以種故而収獲耶兄不能報於是毗摩天還復天像而語之言今我之力正可助汝及於今日修行布施然後可富而汝往因不修布施故使貧窮今雖日夜精懃求我富饒財寶將何可獲如眷婆羅樹若於冬時雖復奉事百千天神欲求於菓菓不可得汝亦如是先不修因而於我所欲求大富亦不可得菓若熟時不求自得而說偈言

福業如菓熟　不以祠祀得　人乘持戒車
後得至天上　定智如燈滅　得至於無為
一切由行得　求天何所為

鬼子母失子緣

鬼子母者是老鬼神王般闍迦妻有子一万皆有大力士之力其冣小子字嬪伽羅此鬼子母凶妖暴虐煞人兒子以自噉食人民患之仰告世尊世尊尒時即取其子嬪伽羅盛著鉢底時鬼子母周遍天下七日之中推求不得愁憂懊惱傳聞他言云佛世尊有一切智即至佛所問兒所在時佛荅言汝有万子唯失一子何故苦惱愁憂而推覔耶世間人民或有一子或五三子而汝煞害鬼子母白佛言我今若得嬪伽羅者終更不煞世人之子佛即使鬼子母見嬪伽羅在於鉢下盡其神力不能得取還来於佛佛言汝今若能受三歸五戒盡壽不煞當還汝子鬼子母即如佛勑受於三歸及以五戒受持已訖即還其子佛言汝好持戒汝是迦葉佛時羯膩王第七小女大作功德以不持戒故受是鬼形

天祀主緣

昔日有一婆羅門事摩室天晝夜奉

事天即問言汝求何等婆羅門言我今求作此天祀主天言彼有群牛汝問取在前行者即如天語往問彼牛汝今何以為苦為樂牛即答言極為大苦剃剃兩肋柴炭脊破駕挽車載重無休息時復問言汝以何緣受是牛形牛荅之言我是彼天祀主自恣極意用天祀物命終作牛受是苦惱聞是語已即還天所天即問言汝今欲得作天主不婆羅門言我覩此事實不敢作天主言人行善惡自得其報婆羅門悔過即修諸善

祀樹神緣

昔有老公其家巨富而此老公思得肉食詭作方便指田頭樹語諸子言今我家業所以諧富由此樹神恩福故尒今日汝等宜可群中取羊以用祭祠時諸子等承父教勅尋即煞羊禱賽此樹即於樹下立天祠舍其父後時壽盡命終行業所追還生己家羊群之中時值諸子欲祀樹神便取一羊遇得其父將欲煞之羊便嚜嚜笑而言曰而此樹者有何神靈我於往

時為思肉故妄使汝祀皆共汝等同食此肉今償殃罪獨先當之時有羅漢遇到乞食見其亡父受於羊身即借主人道眼令自觀察乃知是父心懷懊惱即壞樹神悔過修福不復煞生

婦女厭欲出家緣

昔有一婦女端政殊妙於外道法中出家修道時人問言顏貌如是應當在俗何故出家女人荅言如我今日非不端政但以小來厭惡淫欲今故出家我在家時以端政故早蒙分處早生男兒兒遂長大端政無比轉覺羸損如似病者我即問兒病之由狀兒不肯道為問不止兒不獲已而語母言我正不道恐命不全正欲具道無頼之甚即語母言我欲得母以私情欲以不得故是以病耳母即語言自古以来何有此事復自念言我若不從兒或能死今寧違理以存兒命即便喚兒欲從兒意兒將上牀地即劈裂我子即時生身陷入我即驚怖以手挽兒捉得兒髮而我兒髮今日猶故在我懷中感切是事是故出家

不孝子受苦報緣

昔迦嘿國鳩陁扇村中有一老母唯有一子其子勃逆不修仁孝以瞋母故舉手向母適打一下即日出行遇逢於賊斬其一臂不孝之罪尋即現報苦痛如是後地獄苦不可稱計

難陁王與那伽斯那共論緣

昔難陁王聦明博通事無不練以己所知謂無訓敵因問羣臣頗有智慧聦辯之人詣論疑事能對我不時有一臣家先供養一老比丘履行清淨然不廣學即談於王王問之言夫得道者為在家得為出家得乎時老比丘即荅之曰二俱得道王復問言若二俱得何用出家彼老比丘即便嘿然不知何對時難陁王轉復憍慢時諸臣等即白王言那伽斯那聦慧絕倫今在山中王於尒時欲試之故即遣使人賫一瓶酥湛然盈滿王意以為我智滿足誰復有能加益於我那伽斯那獲其酥已即解其意於弟子中撿針五百用刺酥中酥亦不溢尋遣歸王王既獲已即知其意尋遣使

請那伽斯那即赴王命那伽斯那身體長大將諸徒衆在中特出王心驕豪詭因遊獵路次相逢見其姝長即自摇指異道而去竟不共語嘿欲非之一切長者都無所知時那伽斯那尋以己指而自指胷言而我獨知難陁王將延入宮即鑿小屋户極令卑下望使斯那由躬向伏然此斯那知欲陷己即自却入不受其屈時難陁王即設飲食與麁食數種食食五三匙便言已足後與細美方乃復食王復問言向云已足何故今者猶故復食斯那荅言我向足麁未足於細即語王言今者王殿上可盡集人令滿其上尋即唤人充塞遍滿更無容處王在後來將欲上殿諸人畏故盡皆攝伏其中轉寬乃容多人斯那介時即語王言麁飰如民細者如王民見於王誰不避路王復問言出家在家何者得道斯那荅言二俱得道王復問言若俱得道何必出家斯那荅言譬如去此三千餘里若遣少健乘馬賫粮捉於器仗得速達不王荅言得斯

那復言若遣老人乘於瘦馬復無粮食為可達不王言縱令賫粮由恐不達況無粮也斯那言出家得道喻如少壯在家得道如彼老人王復問言今我欲問身中之事我為常無常隨我意荅斯那返問如王宮中有菴婆羅樹上菓為甜為醋王言如我宮中都無此樹云何問我菓之甜醋斯那言我今亦介一切五陰既自無我云何問我常以無常時王復問一切地獄刀劒解形分散處處其命猶存實有此不斯那荅言譬如女人噉食餅肉瓜菜飲食悉皆消化至於懐妊歌羅羅時猶如微塵云何轉大而不消化王言此是業力斯那荅言彼地獄中亦是業力命根得存王復問言日之在上其體是一何以夏時極熱冬時極寒夏則日長冬則日短斯那荅言須弥山有上下道日於夏時行於上道路遠行遲照于金山是故長而暑熱日於冬時行於下道路近行速照大海水是故短而極寒

不孝婦欲害其姑反煞其夫緣

昔有一婦稟性佷戾不順礼度每所云為常與姑反得姑瞋責恒懷不分瞋心轉盛規欲煞姑後作方計教其夫主自煞其母其夫愚癡即用婦語便將其母至曠野中縛結手足將欲加害罪逆之甚感徹上天雲霧四合為下霹靂霹煞其兒母即還家其婦開門謂是夫主問言煞未姑荅已煞至於明日方知夫死不孝之罪現報如是後入地獄受苦无量

波羅㮈王聞冢間唤緣

老比丘得四果緣

女人至誠得道果緣

波羅奈王聞冢間唤緣

凡一切法於可求處若以方便可得若不可求雖欲强得都不可獲譬如壓沙責油攢氷求酥既不可得徒自勞苦如昔波羅奈國有王名梵譽常於夜半聞冢間唤聲唤言咄王咄王如是一夜三聞其聲王聞異聲情甚驚怕音聲不絶經歷多時王集諸婆羅門太史相師而與議言我常於夜耳聞冢間唤我之聲我常恐懼怖不

敢應諸人荅言彼冢墓間必有妖物作此音聲今宜遣使有膽勇者詣冢往看王即募人若有夜能至冢間者吾當賞賜五百金錢時有一人㷀獨無父家甚貧寒有大膽力即便應募身著鉀冑手捉刀杖夜至冢間聞喚王聲即便喊言叱汝是誰荅言我是貝耳伏藏語募人言汝健丈夫我於夜常喚彼王彼王若當應和於我我欲往至其庫藏中然彼王怯未曾應我而我今者將從有七明日清晨當至汝家募人問言明日來時我當以何事共相承迎貝耳荅言汝但灑掃舍內除去糞穢香花嚴飾極令清淨蒲桃麨漿酥乳之糜各盛八器有八道人當以杖打上座頭語言入角如是次第盡驅入角募人知已即便還家從王請取五百金錢用俟供設王問之言彼音聲者為是何物募人詭荅言是鬼魅受募之人聞貝耳言私懷歡喜請剃髮師以自莊嚴至明日已供設俻具有八道人來就其食飲食既訖打上座頭驅令入角即變作

金錢一瓮以次驅入作金八瓮時剃髮師在門孔中見其得寶嘿自念言我解此法試効為之便於後時俻具如前請八道人設食已訖閉門遮户打上座頭望同前者獲珎寶聚然此道人頭破血灑沾汙牀座驅令入角得急失糞次第七人皆被打棒宛轉于地中有一人氣力盛壯即時擗手突出至外揚聲大叫云某主人欲害我等時彼國王遣人往視即捉主人具問事狀時剃髮師具以上事而白於王王尋遣人到募人舍看其金寶正欲稅奪化為毒虵變為火聚王即語言此是汝福世間凡愚亦復如是具有精進受持八戒獲善果報漸行八正得無漏果便欲効他受持八戒內無誠信悕求利樂既無善果反獲殃咎如彼愚人等無差別

老比丘得四果緣

佛法寛廣濟度無涯至心求道無不獲果乃至戲笑福不唐捐如往昔時有老比丘年已朽邁神情昏塞見諸年少比丘種種說法聞說四果心生

羨尚語少比丘言汝等聰慧願以四果以用與我諸年少比丘嗤而語言我有四果須得好食然後相與時老比丘聞其此語歡喜發中即解欽婆用買所須尋即施設種種餚饍請少比丘求乞四果諸少比丘食其食已更相指麾挊老比丘語言大德汝在此舍一角頭坐當與汝果時老比丘聞已歡喜如語而坐諸少比丘即以皮毱打其頭上而語之言此是須陁洹果老比丘聞已繫念不散即獲初果諸少比丘復挊之言向汝雖得須陁洹果然其故有七生七死更移一角次當與汝斯陁含果時老比丘獲初果故心轉增進即復移坐諸少比丘復以毱打頭而語之言與汝二果時老比丘益加專念即證二果諸少比丘復挊之言汝今已得斯陁含果猶有往來生死之難汝更移坐我當與汝阿那含果時老比丘如言移坐諸少比丘復以毱打而語之言我今與汝第三之果時老比丘聞已歡喜倍加至心即時復證阿那含果諸少

比丘復捨之言汝今已得不還之果然故於色無色界受有漏身無常遷壞念念是苦汝更移坐次當與汝阿羅漢果時老比丘如語移坐諸少比丘復以皮毱撩打其頭而語之言我今與汝彼第四果時老比丘一心思惟即證羅漢得四果已甚大歡喜設諸餚饍種種香花請少比丘報其恩德與少比丘共論道品無漏功德諸少比丘發言滯塞時老比丘方語之言我已證得羅漢果已諸少比丘聞其此言咸皆謝悔先戲捨罪是故行人宜應念善乃至戲捨猶獲實報況至心也

女人至誠得道果緣

若人求道要在精誠精誠相感能獲道果如往昔時有一女人聰明智慧深信三寶常於僧次請一比丘就舍供養時有一老比丘次到其舍年老根鈍素無知曉時彼女人齋食已訖求老比丘為我說法獨敷一座閉目靜默時老比丘自知愚闇不知說法伺其泯眼棄走還寺然此女人至心思

惟有為之法無常苦空不得自在深心觀察即獲初果既得果已求老比丘欲報其恩此老比丘審已無知棄他走避倍更慚恥復棄藏避而此女人苦求不已方自出現女人於時具論上來蒙得道果故賚供養用報大恩時老比丘以慚愧故深自剋責即復獲果是故行者應當至心若至心者所求必獲

雜寶藏經卷第九

甲辰歲高麗國大藏都監奉
勅彫造

雜寶藏經卷第九

校勘記

一　底本，麗藏本。
一　七二九頁上一行經名、二行譯者，諸本無(未換卷)。
一　七二九頁上三行至五行、七三二頁上一七行至七三二頁中一行及七三四頁下一一行至一三行目錄，諸本無。
一　七二九頁上一三行第一一字「祠」，諸本作「祀」。
一　七二九頁中一〇行第一一字「溢」，諸本無。
一　七二九頁下四行第一二字「剪」，諸本作「極剪」。
一　七二九頁下一〇行末字「割」，諸本作「割取」。
一　七三〇頁上一六行及本頁下一九行「屧頭」，諸本作「屐頭」。
一　七三〇頁中一行末字「外」，諸本作「往」。

一　七三〇頁中一七行「歸當」，諸本作「當歸」。

一　七三〇頁下一三行「王國」，諸本作「國王」。

一　七三〇頁下一六行第七字「當」，諸本無。同行第一二字「婆」，諸本作「婆羅衣」。

一　七三〇頁下末行第一一字「交」，諸本作「校」。

一　七三一頁上八行第三字「與」，諸本作「及」。

一　七三一頁上一一行「盲冥」，諸本作「盲瞑」。

一　七三一頁上二一行「敬信」，[徑]作「信敬」。

一　七三一頁中四行「如是」，諸本作「如」。

一　七三一頁中九行第七字「輙」，諸本作「輙取」。

一　七三一頁下五行第五字「住」，諸本作「往」。

一　七三一頁下六行第一一字「乘」，諸本作「量」。

一　七三一頁下九行「當取」，諸本作「可取」。

一　七三一頁下一〇行「忽至」，諸本作「忽然而至」。

一　七三一頁下一五行「王白」，[磧]、[南]、[徑]、[清]作「王曰」。

一　七三二頁上一二行「賞領」，諸本作「掌領」。

一　七三二頁上一三行「往昔」，諸本作「往日」。

一　七三二頁中九行第一一字「望」，諸本作「望得」。

一　七三二頁中一〇行末字「槃」，諸本作「富」。

一　七三二頁中一四行第七字「行」，諸本作「作」。

一　七三二頁中二一行「祠祀」，[資]作「神禮」；[磧]、[普]、[南]、[徑]、[清]作「神祀」。

一　七三二頁中二二行第七字「智」，諸本作「知」。

一　七三二頁下二行第六字「老」，諸本無。

一　七三二頁下一三行「更不」，諸本作「不更」。

一　七三二頁下二〇行「羯膩王第七」，諸本作「羯肌王第九」。

一　七三三頁上三行第三字「在」，諸本無。

一　七三三頁上四行第三字「以」，諸本作「似」。

一　七三三頁上五行第五字「肋」，諸本作「勒」。同行第七字「庋」，[磧]、[普]、[南]、[徑]、[清]作「捩」。

一　七三三頁上一〇行第四字「主」，諸本作「祀主」。

一　七三三頁上一五行第一〇字「樹」，諸本作「樹神」。

一　七三三頁上一六行第八字「富」，[徑]作「當」。

一　七三三頁上一八行第二字及一九行第一一字「祠」，諸本作「祀」。

一　七三三頁上末行末字「住」，諸本

作「往」。

一　七三三頁中一行第八字「汝」，諸本作「汝等」。

一　七三三頁中六行「出家緣」，諸本作「出家因緣」。

一　七三三頁中一〇行第一三字「今」，徑作「令」。

一　七三三頁中一七行第九字「病」，磧作「瞋」。

一　七三三頁中二〇行第七字「兒」，諸本作「其」。

一　七三三頁中末行末字「家」，諸本作「家也」。

一　七三三頁下六行第八字「獄」，諸本作「獄中」。

一　七三三頁下六行「不可稱計」，至此，諸本卷第七終，卷第八始。

一　七三三頁下一四行第四字「之」，諸本作「言」。

一　七三三頁下二二行第二字「撿」，諸本作「歛」。

一　七三四頁上一行第六字「即」，諸本作「尋」。

一　七三四頁上四行第二字「摇」，諸本作「遥」。

一　七三四頁上一二行「云已」，諸本作「已云」。

一　七三四頁上一四行第五字「王」，諸本無。

一　七三四頁上一六行末至一七行首「懾伏」，諸本作「攝腹」。

一　七三四頁中一行「瘦馬」，諸本作「疲馬」。

一　七三四頁下二行「不分」，諸本作「不忿」。

一　七三四頁下五行「縛結」，磧、南、徑、清作「結縛」。

一　七三四頁下一七行第三字「責」，資作「笮」；南、徑、清作「覓」。同行「攢冰」，諸本作「鑽水」。

一　七三五頁上三行「若有夜能」，諸本作「若能有夜」。

一　七三五頁上一五行第二字「鈔」，諸本作「甜」。

一　七三五頁上一六行首字「人」下，諸本有「當食汝供飲食訖竟汝」九字。

一　七三五頁中六行第六字「瀝」，諸本作「歷」。

一　七三五頁下二行第七字「年」，諸本無。同行「而語」，磧、普、南、徑、清作「語而」。

一　七三五頁下一二行「向尒雖得」，諸本作「向雖與爾」。

一　七三六頁上一九行末字「老」，諸本作「耆」。

一　七三六頁中末行經名，諸本無（未換卷）。

雜寶藏經卷第十　驚

元魏西域三藏吉迦夜共曇曜　譯

優陁羡王緣
羅睺羅因緣
婆羅門諂偽緣
婆羅門婦欲害姑緣
烏梟報怨緣
羺羊鬪緣

優陁羡王緣

昔優陁羡王住盧留城聰明解達有大智慧其一夫人名曰有相姿容奇特兼有德行王甚愛敬情寵厚時彼國法諸為王者不自彈琴尒時夫人恃已愛寵而白王言願為彈琴我為王儛王不免意取琴而彈夫人即舉手而儛王素善相見夫人儛覩其死相尋即捨琴慘然長歎夫人即白王言如我今者受王恩寵敢於曲室求王彈琴我自起儛用共為樂有何不適放琴而歎願王莫隱而見告語時王荅言我之長歎非尒婦人之所可聞夫人白言我今奉王王誠無二若有不理亘應告勅懃懃不已王以實

荅我之於尒豈容有異尒向起儛死相外現計其餘命不過七日由是之故捨琴而歎夫人聞已甚懷憂懼即白王言如王所說命不云遠我聞石室比丘尼說若能信心出家一日必得生天由是之故我欲出家願王聽許得及道次時王情重恩愛不息語夫人言至六日頭乃當聽尒出家入道不相免意遂至六日王語夫人尒有善心求欲出家若得生天必來見我我乃聽尒得使出家作是誓已夫人許可便得出家受八戒齋即於其日多飲石蜜漿腹中絞結至七日晨即便命終乘是善緣得生天上即生三念一念憶本為是何身二念本緣修何功德三念現今定是天身作是念已具知本緣并與王誓以先誓故來詣王所尒時光明遍滿王宮時王問言今此光瑞為是誰耶願見告示時天荅言我是王婦有相夫人王聞是語願來就坐天荅之言如我今者觀王臭穢不可親近我以先誓故來見王王聞是已心即開悟而作是言今彼天

者本是我婦由有善心求索入道出家一日尋即命終由是功德而得生天神志高遠而見鄙賤我今何故而不出家我曾聞說天一爪甲直閻浮提況我一國何足貪惜作是語已立子王軍用嗣王位出家學道得阿羅漢尒時王軍王統臨國已信用讒佞不恤國事優陁羡王愍念其子并及國人欲來教化勸令修善時王軍王聞父將至踊悅無量欲勅一切於路往迎時諸佞臣畏懼被遣即白王言如王今者首戴天冠坐師子座師子之座法無再坐若迎父王還復王位必煞於王王若立者須害父王時王軍王心懷憂懼疑惑轉生勸諫不已遂作惡意募旃陁羅往煞其父時旃陁羅既受募已到父王所頭面頂礼而白之言我之昔來亦受恩遇於父王所實無逆心而今被遣來煞父王若不加害必受誅罸父王荅言我今來者欲化尒王豈可愛身使尒被誅便引項令長十餘丈語旃陁羅隨尒斫截時旃陁羅極力斫之刀不能傷

父王煞故而借神力語栴陁羅尒令為我往語尒王尒令煞父復害羅漢作二逆罪好加懺悔可得輕罪時栴陁羅既受勅已舉刀復斫斬父王首賫向其國時王軍王見父頭已顏色不變知父得道不貪王位悔情既生心懷懊惱啼哭悶絕良久乃蘇問栴陁羅父王所説時栴陁羅以父王勅而白於王尒既煞父復害羅漢作是二逆須好懺悔聞是語已倍增斷絕而作是言令我父王得羅漢道有何貪國而使我煞父時彼佞臣懼王加害空語用自苦惱時王荅言令我父頭死来多日顏色不變自非得道何由而白王言世界之中何有羅漢王信有是又我父時大臣婆咥師優波咥師普皆出家得羅漢道種種神變我等所見於此涅槃収骨造塔如今現在云何導無佞臣荅言世幻呪述及以藥力亦能神變彼二臣者非是羅漢比更數日示王證驗作是語已便於塔所造作二孔各置一猫於塔養食唤言咥師出猫出食肉語令還去還

入於孔如是教之猫便調伏而白王言令王欲見咥師等耶願往共看王即命駕往至塔所時彼佞人便唤咥師出来猫即出孔語令還去猫便入孔王既見已迷心遂感任意所作不信罪福時王出軍遊戲迴還於其路次而見尊者迦栴延端坐靜處坐禪入定時王見之便生悪心手自把土用坌尊者語左右言尒等為我各各以土坌迦栴延于時土聚遂没尊者有一大臣信心三寶於後而至聞見斯事極大懊惱即為尊者除去其土復語諸人有念我者而除此土尒時尊者坐琉璃寶窟神儀鮮澤無汙坌色大臣歡喜頭面礼足白尊者言令王無道作是悪逆善悪必報何得無患尊者荅言却後七日天當雨土滿其城内積為土山王及人民盡皆覆滅大臣聞已心懷憂惱即以白王又自設計造作地道出向城外七日既滿天雨香華珎寶衣服於其城内無不歡喜佞臣白王而令此瑞皆由王德無智之人反生誹謗云當雨土而獲珎

寶如此誑惑前後非一悪縁之後聞有善瑞皆来雲集時城四門寘縁力故盡下鐵關逃隱無地天便雨土滿城山積而彼大臣共有心者地道而出向尊者所而白之言感惟此城一旦覆没雨土成山君民并命先有何縁同受此害尒時尊者語大臣言諦聽諦聽當為尒説乃往過去若干刧時於其國内有長者女住於樓上清朝洒掃除棄掃糞置比丘頭不知懺悔會得好夫尒時諸女而問女言尒作何縁得此良匹時女荅言更無異事由我掃樓坌比丘頭由是之故值遇好聟諸女聞已謂如其言竟共聚土用坌比丘由是業縁普受斯報作是語已共切德天向花氏城自昔以来盧留城而與彼城迭互盛衰此國既滅彼城復盛由是之故而尊者等向花氏城好音聲長者於其界首供養尊者尒時長者素自殷富尊者到家財寶豐溢殊勝於前既至城已尊者迦栴延而白佛言好音聲長者有何因縁有好音聲巨富無量財寶盈

溢佛言乃往過去有一長者日日遣人請五百辟支佛就家設食而彼使人常將狗往會有事緣不得往請狗依時節獨詣僧坊向僧而吠時辟支佛等而作是言俗内多事脱能忘向狗来吠似喚我等即便相將詣長者家尒時長者甚大歡喜如法供養尒時長者我身是也尒時使人阿那律是尒時狗者好音長者是由是之故世世好聲而多財寶是故智者應於福田所懃力供養

羅睺羅因緣

我昔曾聞佛初出家夜佛子羅睺羅始入于胎悉達菩薩六年苦行於菩提樹下降伏四魔除諸陰蓋豁然大悟成無上道具足十力四無所畏成就十八不共之法具四辯才悉於諸度得到彼岸解了一切諸佛之法過諸聲聞緣覺之上於初成道夜生羅睺羅舉宫婇女咸皆慙耻生大憂惱而作是言怪我大悪耶輸陁羅不慮是非輕有所作不自愛慎令我舉宫都被涂汙悉達菩薩久已出家而

於今者乍生此子甚為耻辱時有釋女名曰電光是耶輸陁羅姨母之女椎胷拍髀瞋恚呵罵耶輸陁羅汝於尊長所親何以自損悉達太子出家學道已經六年生此小兒甚為非時從誰而得尒無慙愧辱我種族不數種族不護悪名悉達菩薩有大功徳名稱遠聞汝今云何不護惜彼而方耻辱淨飯王當于尒時在樓閣上見此大地六種震動奇異相現白淨王見是相已謂菩薩死憂箭入心生大苦惱而作是言我子戒香充塞四遠相好莊嚴如蓮花鬘今為死日之所乾枯戒深固根慙愧枝葉名譽之香大悲厚蔭我子如樹為死象所蹋大如金山衆寶莊嚴我子金山王相好莊嚴身為無常金剛杵之所碎壊猶如大海滿中衆寶如摩竭魚擾乱海水我子大海亦復如是為死摩竭魚之所擾惱猶如滿月衆星圍繞我子如是無量功徳相好莊嚴今為無常羅睺羅所呑我種從大丈夫丈夫盧越真淨如是等王相續至此今日將不斷

絶我種耶特望我子為轉輪聖王或成佛道而於今者寧可死耶設失我子憂愁憔悴命必不全莫其出家法服持鉢敷演甘露如此種種諸事必不得見以憶子故種種愁思思惟是時聞子宫中舉聲大哭王倍驚怖謂太子死問前走使女言是何哭聲將非我子死耶女白王言太子不死耶輸陁羅今産一子舉宫慙愧是以哭耳王聞是語倍增憂惱發聲大哭揚聲大喚唱言怪哉極為醜辱我子出家以經六年云何今日而方生子時彼國法擊鼓一下一切軍集九万九千諸釋悉會即喚耶輸陁羅時耶輸陁羅著白淨衣抱兒在懷都不驚怕面小有垢於親黨中抱兒而立時執杖釋作色瞋忿罵耶輸陁羅叱尒凡鄙可愧之甚辱我種族有何面目我等前立有釋名毗紐天是耶輸陁羅舅語耶輸陁羅几鄙嬰愚無過於尒舅於種族宜好實語竟為何處而得此子耶輸陁羅都無慙耻正直而言從彼出家釋種名曰悉達我從彼邊而得此子恱頭檀王

聞是語已瞋恚而言不護所生便作異語若實若虛諸釋所知我子悉達本在家時聞有五欲耳尚不聽況當有欲而生於子如斯之言深為鄙媟從誰得子毀辱我等實是諂曲非正直法我子悉達昔在家時及衆珎寶飾饍都無染著況今苦行日食麻米以此謗毀淨飯王搵大瞋恚問諸釋言今當云何苦毒煞害復有釋言如我意者當作火坑擲置火中使其母子都無遺餘諸人皆言此事最良即掘火坑以佉陁羅木積於坑中以火焚之即將耶輸陁羅至火坑邊時耶輸陁羅見火坑已方大驚怖辟如野鹿獨在圍中四向顧望無可恃怙耶輸陁羅便自呵責既自無罪受斯禍患遍觀諸釋無救已者抱兒長嘆念菩薩言汝有慈悲憐愍一切天龍鬼神咸敬於汝今我母子薄於祐助無過受苦云何菩薩不見留意何故不救我之母子今日危厄諸天善神無憶我者菩薩昔日處衆釋中猶如滿月在於衆星而於今者更不一見即時向佛方所一心敬礼　復拜諸釋合掌向火而說實語我此兒者實不從他而有斯子若實不虛猶六年在我胎中者火當消滅終不燒害我之母子作是語已即入火中而此火坑變為水池自見己身處蓮花上都無恐怖顏色和悅合掌向諸釋言若我虛妄應即燋死以今此兒實菩薩子以我實語得勉火患復有釋言視其形相不驚不畏以此推之必知是實復有釋言而此火坑變為清池以是驗之知其無過時諸釋等將耶輸陁羅還歸宮中倍加恭敬讚嘆為索乳母供事其子猶如生時等無有異祖白淨王愛重深厚不見羅睺羅終不能食若憶菩薩抱羅睺羅用解愁念略而言之滿六年巳白淨王渇仰於佛遣往請佛佛憐愍故還歸本國来到釋宮佛變千二百五十比丘皆如佛身光相無異耶輸陁羅語羅睺羅誰是汝父往到其邊時羅睺羅礼佛巳訖正在如来左足邊立如来即以無量劫中所修功德相輪之手摩羅睺羅頂時諸釋等咸作是念佛今猶有愛私之心佛知諸釋心之所念即說偈言

我於生眷屬　及以所生子　無有偏愛心
但以手摩頂　我盡諸結使　愛憎永除盡
汝等勿懷疑　於子生猶預　此亦當出家

重為我法子　略言其功德　出家學真道
當成阿羅漢
老婆羅門諂偽緣
一切狡猾諂偽詐惑外狀似直內懷姧欺是故智者應察真偽如往昔時有婆羅門其年既老娉娶少婦婦嫌夫老傍婬不已欲心既著勸夫設會請諸少壯婆羅門等夫疑有妄不肯延致時彼少婦設種種計用惑其夫老婆羅門前婦之子墮於火中尒時少婦眼看使墮而不捉取婆羅門言兒今墮火何故不捉婦即荅言我自少来唯近已夫不曾捉他其餘男子云何乎欲令我捉此男子小兒老婆羅門聞是語已謂如其言信明婦故便於其家而設大會集婆羅門尒時少婦便共交通老婆羅門聞是事已心懷忿恨即取寶物盛褁衣裓棄婦而去離舍既遠於其路中見一婆羅門便共為伴於其日暮一處共宿至明清旦復共前行離主人舍漸漸欲遠彼婆羅門語老婆羅門言於昨宿處有一草葉著我衣褁我自少来無侵世物葉著衣褁我甚為愧欲還草葉歸彼主人尒並停住待我往還老婆羅門聞是語已深信其言倍生愛敬語當住待彼婆羅門詐捉草葉欲還主人未遠之間入一灌谿偃腹而卧良久乃還云以草葉還主人竟老婆羅門信以為然倍增愛重老婆羅門時因便利洗大小便即以寶物而用寄之此人尋後賷其珎寶便棄走去老婆羅門見偷己物嘆惋彼人尋自感傷憂愁懊惱悵怅進路小復前行憩一樹下見鸛雀口中銜草語諸鳥言我等應當共相憐愍集會一處而共住止尒時諸鳥皆信其言而来聚集時此鸛雀伺衆鳥等一切行後就他巢窠啄卵飲汁煞他子食諸鳥將至更復銜草衆鳥既還見有此事咸皆瞋責而此鸛雀飾言我不時諸鳥輩知其諂欺悉捨而去於此樹下更經少時見一外道出家之人身服納衣安行徐步去去衆生老婆羅門而問之言何以並行口唱去去外道荅言我出家人憐愍一切畏傷虫蟻是故尒耳時婆羅門見其出家口吐此言深生篤信即時尋逐往至其家於其暮宿語婆羅門我須閑靜以自修心尒止別屋於彼而卧時婆羅門憙聞行道心懷慶悅至夜後分但聞作樂歌儛之聲便出看之乃見出家外道儛儛有一地孔中出婦女與共交通若女人儛外道彈琴若外道儛女人彈琴見此事已而自念言天下万物不問人歎無一可信者說偈言曰

不捉他男子　以草還主人　鸛雀詐銜草
外道畏傷虫　如是諂偽語　都無可信者

尒時國內有一長者居家巨富多諸珎寶於其一夜多失財物時王聞已問長者言有誰来去致令亡失長者白王初無姧雜而與往返唯一婆羅門長共出入清身潔己不犯世物草葉著衣猶還其主自此已外更無異人王聞是已攝婆羅門而詰問之尒時長者往白王言彼人淨行世之無比如何一旦而被拘執寧失財物願王放捨時王荅言我昔曾聞有如是比外詐清淨內懷姧惡尒勿憂惱聽

我敷實作是語已即便撿究辞窮理屈依實伏首是故智者處世如鏡善別真偽為世導師

婆羅門婦欲害姑緣

昔有婆羅門其婦少壯姿容艷美欲情深重志存婬蕩以有姑在不得遂意密作姧謀欲傷害姑詐為孝養以惑夫意朝夕恪懃供給無乏其夫歡喜謂其婦言尒今供給得為孝婦我母投老得尒之力婦答夫言今我世供資養無幾若得天供是為願足煩有妙法可生天不夫答婦言婆羅門法投淵赴火五熱炙身行如是事便得生天婦答夫言若有是法姑可生天受自然供何必孜孜世供養作是語已夫信其言便於野田作大火坑多積薪柴極令然熾乃於坑上而設大會伎將老母招集親黨婆羅門衆盡詣會所鼓樂弦歌盡歡竟日賓客既散獨共母住夫婦將母詣火坑所推母投坑不顧而走時火坑中有一小隥母墮隥上竟不墜火母尋出坑日巳逼闇柰來時跡欲還向家路經藂林所在蔭黑畏懼虎狼羅刹鬼等攀上里樹以避所畏會值賊人多偷財寶群黨相隨在樹下息老母畏懼怖不敢動不能自制於樹上咳賊聞咳聲謂是惡鬼捨棄財物各皆散走既至天明老母泰然無所畏懼便即下樹選取財寶香瓔珠璣金釧耳鐺真奇雜物滿負向家夫婦見母得然驚懼謂起尸鬼不敢來近母即語言我死生天多獲財寶而語婦言香瓔珠璣金釧耳鐺是汝父母姑姨姊妹用來與汝由吾老弱不能多負語汝使來恣意當與婦聞姑語欣樂歡喜求姑法投身火坑而白夫言老姑今者緣投火坑得此財寶由其力弱不能多負若我去者必定多得夫如其言為作火坑投身焦爛於即永没尒時諸天而說偈言

夫人於尊所　不應生惡意　如婦欲害姑
返自焚滅身

烏梟報怨緣

昔有烏梟共相怨憎烏待晝日知梟無見踏煞群梟噉食其肉梟便於夜知烏眼闇復啄群烏開穿其腸亦復噉食畏晝畏夜無有竟巳時群烏中有一智烏語衆烏言巳為怨憎不可救解終相誅滅勢不兩全宜作方便殄覆諸梟然後我等可得歡樂若其不尒終為所敗衆烏答言如汝所說當作何方得滅讎賊智烏答言尒等衆烏但共啄我拔我毛羽啄破我頭我當設計要令殄覆即如其言憔悴形容向梟穴外而自悲鳴梟聞聲巳便出語言今尒何故破傷頭腦毛羽毀落来至我所悲聲極苦欲何所說烏語梟言衆烏讎我不得生活故来相投以避怨惡時梟憐愍欲存養畜衆梟皆言此怨家不可親近何緣養畜以長怨敵時梟答言今以困苦来見投適一身孤單竟何能為遂便畜養給與殘肉日月轉久毛羽平復烏詐歡喜微作方計銜乾樹枝并諸草木著梟穴中似如報恩梟語烏言何用是為烏即答言孔穴之中純是冷石用此草木以御風寒梟以為尒默然不答而烏於是即求孔穴詐給使

令用報恩養時會累雪寒氣猛盛衆
梟率介来集孔中烏得其便尋生歡
喜銜牧牛火用燒梟孔衆梟一時於
孔焚滅介時諸天說偈言曰
諸有宿嫌處　不應生體信　如烏詐託善
焚滅衆梟身

婢共羊鬪緣

昔有一婢稟性廉謹常為主人典敎麦豆時主人家有一羯羝伺空逐便噉食麦豆斗量折損為主所瞋信已不取皆由羊噉緣是之故婢常因嫌每以杖捶用打羯羝羝亦含怒来觝觸婢如此相犯前後非一婢因一日空手取火羊見無杖直来觸婢婢緣急故用所取火著羊脊上羊得火熱所在觸突焚燒村人延及山野于時山中五百獼猴火来熾盛不及避走即皆一時被火燒死諸天見已而說偈言
瞋恚鬪諍閒　不應於中止　羝羊共婢鬪
村人獼猴死

雜寶藏經卷第十

雜寶藏經卷第十
校勘記

一　底本，麗藏本。金藏廣勝寺本原版多所殘缺，今採用其中可用者共九版，即七四二頁中六行至七四五頁上。

一　七三九頁上一行經名、二行譯者，諸本無(未换卷)。

一　七三九頁上三行至八行目録，諸本無。

一　七三九頁上九行「優陁羡王緣」，諸本作「優陁羡王夫人一日夜持戒得生天緣」。

一　七三九頁上一〇行「明解」，諸本作「解明」。

一　七三九頁上一五行末字「即」，諸本作「即時」。

一　七三九頁上一九行「共爲」，諸本作「爲歡」。

一　七三九頁中五行末字「必」，諸本作「畢」。

一　七三九頁下六行「王軍」，諸本作「軍王」。

一　七三九頁下七行第二字「佽」，諸本無。同行末字「倿」，諸本作「佞」。下至次頁中二二行第二字同。

一　七三九頁下一〇行第五字「踊」，諸本作「勇」。

一　七三九頁下末行第八字「力」，諸本作「手」。

一　七四〇頁上三行第一一字「輕」，諸本作「轉」。

一　七四〇頁上七行「乃蘓」，資作「乃醒」。

一　七四〇頁上一六行第九字「婆」，諸本無。

一　七四〇頁上一七行首字「普」，諸本作「並」。

一　七四〇頁中二行「今王」，諸本作「王今」。

一　七四〇頁中五行「既見」，諸本作「見是」。

一　七四〇頁中一七行「其城」，諸本

作「此城」。

一 七四〇頁下一行「之後」，諸本作「之徒」。

一 七四〇頁下一二行首字「作」，諸本作「因」。

一 七四〇頁下二一行第一二字「城」，諸本作「城邑」。

一 七四〇頁下二二行第九字「好」，諸本無。

一 七四一頁上二行第二字「請」，磧、南作「諳」。

一 七四一頁上三行「事緣」，諸本作「緣事」。

一 七四一頁上八行第八字「也」，諸本無。

一 七四一頁上一一行第六字「力」，諸本作「心」。

一 七四一頁上一三行第一一字「子」，磧、南、徑作「于」，本頁下六行第二字，諸本同。

一 七四一頁中二〇行「猶如滿月」，諸本作「猊常如月」。

一 七四一頁中二二行第一二、一三字「丈夫」，諸本無。

一 七四一頁下二行第三字「而」，諸本作「我」。

一 七四一頁下八行「不死」，諸本作「不死也」。

一 七四一頁下一九行首字「紐」，資、磧、南、徑、清作「細」。同行第七字「羅」，諸本無。

一 七四二頁上二一行「危厄」，諸本作「危急」。

一 七四二頁中三行第五字「斯」，資、磧、普、南、徑、清作「此」。

一 七四二頁下三行第六字「勉」，磧、南、徑、清、麗作「免」。

一 七四二頁下八行第八字「生」，磧、普、南、徑、清作「常」。

一 七四二頁下一二行第三字「往」，資、磧、普、南、徑、清作「使」。

一 七四二頁下一六行「左足」，資、磧、普、南、徑、清作「右足」。

一 七四二頁下一九行「愛私」，資、磧、普、南、徑、清作「私愛」。

一 七四二頁下二一行第三字「生」，資、磧、南、徑、清作「王」。

一 七四三頁上二行「阿羅漢」，資、磧、普、南、徑、清作「羅漢果」。

一 七四三頁上四行「詐惑」，資、磧、普、南、徑、清作「惑詐」。

一 七四三頁上八行第一二字「妄」，諸本作「妄」。

一 七四三頁上一一行第五字「墮」，資、磧、普、南、徑、清作「墜」。

一 七四三頁上二二行第七字「羅」，徑作「羅羅」。

一 七四三頁上末行第一一字「來」，諸本作「以來」。

一 七四三頁中一行「衣裳」，資、磧、普、南、徑、清作「我來」；麗作「衣來」。

一 七四三頁中五行「入一溝谿」，資作「入一溝壑」；磧、普、南、徑、清作「入溝壑中」。

一 七四三頁中六行第一〇字「竟」，

資、磧、普、南、徑、清作「已竟」。

一　七四三頁中一〇行「尋自」，諸本作「又自」。

一　七四三頁中一二行第三字「見」，麗作「見一」。

一　七四三頁中一五行第四字「伺」，資、磧、普、南、徑、清作「趣」。

一　七四三頁中二一行第六字「生」，資、磧、普、南、徑、清作「虫」。

一　七四三頁下三行第四字「門」，資、磧、普、南、徑、清作「門言」。

一　七四三頁下五行第六字「後」，諸本無。

一　七四三頁下六行「外道徃外道」，麗作「外道」。

一　七四三頁下七行「交通」，資、磧、普、南、徑、清作「交歡」。

一　七四三頁下九行末字「問」，磧、普、南、徑、清作「聞」。

一　七四三頁下一〇行第七字「者」，資、磧、普、南、徑、清無。

一　七四三頁下一二行「諂僞語」，資、磧、普、南、徑、清作「諸諂僞」。

一　七四三頁下一三行第四字「内」，資、磧、普、南、徑、清作「中」。

一　七四三頁下一五行「致令」，資、磧、普、南、徑、清作「令致」。

一　七四四頁上九行「供給」，資、磧、普、南、徑、清作「供養」。

一　七四四頁上一一行第三字「養」，資、磧、普、南、徑、清作「益」。

一　七四四頁上一七行「然熾」，資、磧、普、南、徑、清作「熾然」。

一　七四四頁上二二行首字及第四字「隥」，資、磧、普、南、徑、清作「際」。

一　七四四頁中三行第三字「黨」，資、磧、普、南、徑、清作「侶」。同行第六字「在」，資、磧、普、南、徑、清作「止」。

一　七四四頁中七行及一一行「耳鐺」，資、磧、普、南、徑、清作「珥璫」。

一　七四四頁中九行第二字「謂」，諸本作「謂是」。

一　七四四頁中一三行「欣樂」，諸本作「欣然」。同行末字「求」，諸本作「求如」。

一　七四四頁中一九行第一〇字「意」，資、磧、普、南、徑、清作「逆」。

一　七四四頁下一行第一二字「膓」，資、磧、普、南、徑、清作「腹」。

一　七四四頁下三行第六字「衆」，資、磧、普、南、徑、清作「羣」。

一　七四四頁下四行首字「救」，資、磧、普、南、徑、清作「求」。

一　七四四頁下五行及九行「弥覆」，麗作「珍滅」。

一　七四四頁下八行第四字「共」，磧、普、南、徑、清作「龕」。

一　七四四頁下一一行「語言今介」，資、磧、普、南、徑、清作「問言爾今」。

一　七四四頁下一五行第五字「此」，諸本作「此是」。

一　七四四頁下一七行第三字「適」，諸本作「造」。

一　七四四頁下一八行第二字「給」，

資、磧、普、南、徑、清作「恒」。

一　七四四頁下末行第一一字「孔」，資、磧、普、南、徑、清無。

一　七四五頁上三行「牧牛」，資、磧、普、南、徑、清作「牧牛人」。

一　七四五頁上四行「孔焚」，麗作「是殄」。同行第一〇字「言」，資、磧、普、南、徑、清無。

一　七四五頁上六行末字「身」，資、磧、普、南、徑、清作「死」。

一　七四五頁上八行末字「赦」，資、磧、普、南、徑、清作「鈔」。

一　七四五頁上九行「羯羖」，資、磧、普、南、徑、清作「羝羊」。同行第一三字「逐」，南、徑、清作「遂」。

一　七四五頁上一二行第二字「以」，資、磧、普、南、徑、清作「自」。同行「羯羖羖」，資、磧、普、南、徑、清作「羝羊羊」。同行末字「觝」，資作「砥」。

一　七四五頁上一四行第一一字「觸」，資、磧、普、南、徑、清作「觝」。

一　七四五頁上一九行「中止」，磧作「中山」。

一　七四五頁上末行「雜寶藏經卷第十」，資、磧、普作「寶藏經卷第八」，南、徑、清作「雜寶藏經卷第八」。

那先比丘經卷上　鷩

失譯人名附東晉録

佛在舍衛國祇樹給孤獨園時諸比丘僧比丘尼優婆塞優婆夷諸天大臣長者人民及事九十六種道者凡万餘人日於佛前聽經佛自念人衆日多身不得安佛意欲捨人衆去至閑避處坐思念道佛即捨人衆去入山至蔡樹閒其樹大有神佛坐其下思念道去樹不遠有群象五六百頭中有象王賢善知善惡之事辟如人狀象華衆多周匝象王邊諸小象走居前水中走戲抳撈水令濁惡諸小象復走居前食噉美草走戲蹈踐其上我衆大多患是諸象及小象子抳撈水令濁惡令草不淨而反常飢飲濁惡水食足踐之草象王自念我欲棄是諸象去至一避處快耶象王即棄諸象而去轉行入山到頭羅蔡樹閒象王見佛坐樹下心大歡喜即前到佛所伛頭屈膝為佛作礼却在一面住佛自念我棄衆人来在是樹閒象王亦棄衆象来到是樹閒其義這同佛為象王說經言佛於人中最尊象王於象中最尊佛言我心與象王心這相中今我與象王俱樂是樹閒象王聽經心意即開解知佛意象王即視佛所仿徉經行處以鼻取水灑地以鼻撈草掃地以足蹈地令平好象王日朝暮承事佛如是佛久後般泥洹去象王不知佛所在為周旋行求索佛不得便啼垂淚愁憂不樂不能食飲時國中有佛寺舍在山上名加羅洹寺中有五百沙門常止其中皆以得阿羅漢道常以月八日十四日十五日二十三日二十九日三十日常以是日誦經至明時象王亦在山上止於寺中象王知有六日誦經至其日當行入寺中聽經諸沙門知象王意聽經欲誦經時須象王来乃誦經象王聽經至明不睡不卧不動不搖象王數聞經承事佛故後象王以壽命盡死死後便化為人作子生婆羅門家以後年長大不聞佛經亦不見沙門便棄家去入深山學異道

在山上止近比亦有一婆羅門道人俱在山上相與往来共為知識其一人自念言我不能於世間懸憂苦老病死後當入地獄畜生餓鬼貧窮中用是故我欲剃頭鬚披袈裟欲求羅漢泥洹道其有一人自念言我願欲求作國王得自在令天下人民隨我教令如是久後二人各命盡俱生世間作人其一人前求作國王者生於海邊為國王太子字弥蘭其一人前世欲剃頭作沙門求羅漢泥洹者生於天竺字陁獵與肉袈裟俱生其家有一大象同日生天竺名象為那父母便字為那先年十五六那先有舅父字樓漢學道作沙門大高才世間無比巳得阿羅漢道能出無間入無孔自在變化無所不作天上天下人民及蠕動之類心所念皆豫知之生所從来死趣何道那先至舅父所自說言我喜佛道欲作沙門為舅父作弟子寧可持我作沙門樓漢哀之即聽作沙弥受十戒日誦經思惟經戒便得四禪悉知諸經要時國中有佛

寺舍名和戰寺中有五百沙門皆得羅漢道其中有第一羅漢名頞波日能知天上天下去来現在之事那先年至二十便受大沙門經戒便到和戰寺中至頞波日所時五百羅漢适以十五日說大沙門戒經在講堂上坐大沙門皆入那先亦在其中諸沙門悉坐頞波日悉視坐中諸沙門心皆是羅漢獨那先未得羅漢頞波日言辟若錫米米正白中有黑米即別為不好今我坐中皆白清淨獨那先黑未得羅漢耳那先聞頞波日說如是大憂愁起為五百沙門作礼出去自念我不宜在是座中坐辟若衆師子中有狐狗我從今以後不得道不入中坐頞波日知那先意以手摩那先頭言汝得羅漢道不久莫愁憂便止留那先那先復有一師年八九十字加維日其中有一優婆塞大賢善日飰加維那先主為師持鉢行取飰食具師令那先口含水行到優婆塞家取飰食具優婆塞見那先年少端正與人絶異有名字智慧廣遠有志

能說經道優婆塞見那先前為作礼叉手言飰諸沙門日久未曾為我說經者今我從那先求哀願與我說經解我心意那先自念我受師教戒令我口含水不得語我今吐水者為犯師要如是當去何那先知優婆塞亦高才有志我為其說經想即當得道那先便吐水却坐為說經言人當布施作福善奉行佛經戒死後生世間得富貴人不犯經戒者後不復入地獄餓鬼畜生中貧窮中得生天上優婆塞聞那先說經心大歡喜那先知優婆塞心歡喜便復為說經世間万物皆當過去無有常諸所作皆懃苦万物皆不得自在泥洹道者不生不老不病不死不愁不惱諸惡懃苦皆消滅那先說經竟優婆塞得第一須陁洹道那先亦得須陁洹道優婆塞大歡喜便極與那先作美飰具那先語優婆塞先取飰具置師鉢中那先飰竟澡漱訖畢持飰具還與師師見言汝今日持好飰具来以犯衆人要當逐出汝那先大愁憂不樂師數

言會比丘僧悉會皆坐師言那先犯我曹衆人要來當逐出無令在衆中止頻波日說經言辟若人持一箭射中兩准那先自得道亦復令優婆塞得道不應逐出師迦維日政使一箭射中百准會為犯衆人要不得止餘人持戒不能如那先得道如效那先當用絕後衆坐中皆默然師教即逐出那先那先便以頭面礼師足起遍為比丘僧作礼訖竟便出去入深山坐樹下晝夜精進思惟道不懈自成得羅漢道能飛行徹視徹聽知他人心所念善惡自知前世所更從來生得羅漢道巳便來還入和戰寺中詣諸比丘所前頭面悔過求和解諸比丘僧即聽之那先作礼訖竟便出去轉行入諸郡縣街曲里巷為人說經戒教人為善中有受五戒者得須陁洹道者中有得斯陁含道者中有得阿那含道者中有作沙門得羅漢道者第二忉利天帝釋第七天王梵第四天王皆來到那先所作礼以頭面著足却坐那先便為諸天說經名字

聞四遠那先所行處諸天人民鬼神龍見那先無不歡喜者皆得其福那先便轉到天竺舍竭國止泄坘迦寺中有前世故知識一人在海邊作國王子名弥蘭弥蘭少小好讀經學異道悉知異道經法異道人無能脫者弥蘭父王壽盡弥蘭立為王王問左右邊臣言國中道人及人民誰能與我共難經道者邊臣白言有學佛道者人呼為沙門其人智慧妙達能與王共難經道比方大臣國名沙竭古王之宮其國中外安隱人民皆善其城四方皆復道行諸城門皆刻鏤及餘小國皆多高明人民被服五色焜煌國土高燥珎寶衆多四方賈客賣買皆以金錢五穀豐賤家有餘畜樂不可言其王弥蘭以正法治國高才有智謀明於官事戰鬪之術無不通達能知九十六種道所問不窮人適發言便豫知其所趣王語傍臣言是閒寧有明經沙門能與我共難經說道者不王傍臣名沾弥利望群白王言然有沙門字野惒羅明經道能與

王難經道王便勅沾弥利望群即行往請野惒羅言大王欲見大師野惒羅言王欲相見者大善王當自來耳我不往沾弥利望群即還白王如是王即乘車與五百伎共行到寺中與野惒羅相見前相問訊就坐五百騎從皆坐王問野惒羅卿用何等故棄家捐妻子剃頭鬚披袈裟作沙門卿所求何等道野惒羅言我曹學佛道行中正於今世得其福於後世亦得其福用是故我剃頭鬚被袈裟作沙門王問野惒羅若有白衣居家有妻子行中正於今世得其福於後世亦得其福不野惒羅言白衣居家有妻子行中正於今世得其福於後世亦得其福王言卿空棄家捐妻子剃頭鬚被袈裟作沙門為野惒羅默然無以報王王傍臣白言是沙門大明達有智者迫促不及言耳王傍臣皆舉手言王得勝野惒羅默然受負王左右顧視優婆塞面亦不慙王自念是諸優婆塞面不慙者復有明健沙門能與我共相難者耳王語傍臣沾弥

那先比丘經卷上　第十張　福字号

利寧復有明智沙門能與我共難經
道者無那先者諸沙門師知諸經要
難巧說十二品經種種别異章斷句
解知泥洹之道無有能窮者無能勝
者智如江海能伏九十六種道為佛
弟子所敬愛以經道教授那先来到
舍竭國其所相隨弟子皆復高明那
先如猛師子沾弥利白王有沙門字
那先智慧微妙諸經道要能解人所
疑無所不通能與王難經說道王問
沾弥利審能與我共難經道不沾弥
利言唯然常與第七梵天共難經說
道何況於人王即勑沾弥利便行請
那先来沾弥利即到那先所白言大
王欲相見那先言大善即與弟子相
隨行到王所王雖未甞見那先在衆
人中披服行步與人有絶異王遥見
隱知那先王自說言我前後所更見
衆大多入大坐中大多未甞自覺恐
怖如今日見那先今日那先定勝我
我心惶惶不安沾弥利居前白王言
那先以發旦到王即問沾弥利何所
是那先者沾弥利白因指示王王即

那先比丘經卷上　第十張　福字号

大歡喜正我所隱意是那先即到王
因前相問訊語言王便大歡喜因共
對坐那先語王言佛經說言人安隱
寂大利人知足寂為大富人有所信
寂為大厚泥洹道寂為大快王便問
那先卿字何等那先言父母字我為
那先人呼我為那先有時父母呼我
為首羅先有時父母呼我為維迦先
用是故人皆識知我世間人皆有是
耳王問那先誰為那先者王復問言
頭為那先耶不為那先王復言耳鼻
口為那先耶不為那先王復言頤項
肩臂手足為那先耶不為那先王復
言髀脚為那先耶不為那先王復言
顔色為那先耶不為那先王復言苦
樂為那先耶不為那先王復言善悪
為那先耶不為那先王復言身為那
先耶不為那先王復言肝肺心脾腸
胃為那先耶不為那先王復言顔色
為那先耶不為那先苦樂善悪身心
合是事寧為那先耶言不為那先王
復言無有苦樂無有顔色無有善悪
無有身心無是五事寧為那先耶那

那先比丘經卷上　第十一張　福字号

先言不為那先王復言聲響喘息寧
為那先耶言不為那先何等為那先
者那先問王何所為車者軸為車耶
不為車那先言轝為車耶王言轝不
為車那先言輻為車耶不為車那先
言輞為車耶不為車那先言轅為車
耶不為車軛為車耶不為車那先言
轝為車耶不為車那先言蓋為車耶
不為車那先言合聚是材木著一面
寧為車耶不為車那先言音聲為車
耶不為車那先言何等為車耶王默
然不語那先言佛經說合聚是諸材
本用作車因得車人亦如是合聚頭
面目耳鼻口頸項肩臂骨肉手足肺
肝心脾腎腸胃顔色聲響喘息苦樂
善悪合為一人王言善哉善哉
王復問言那先能與我難經說道不
那先言如使王作智者問能相荅王
作王者問愚者問不能相荅王言智
者問王者問愚者問何等類那先言
智者語對相詰相上語相下語語有
勝負則自知是為智者語王者語自
放恣敢有違戾不如王言者王即强

誅罸之是為王者語愚者語語長不能自知語短不能自知憴㥿自用得勝而已是為愚者語王言願用智者言不用王者愚者言莫持王者意與我語當如與諸沙門語當如與諸弟子語如與優婆塞語當如與給使者語當以相開悟那先言大善王言我欲有所問那先言王便問王言我已問那先言我已荅王言荅我何等語那先言王問我何等語王言我无所問那先言我亦無所荅王即知那先大明慧王言我甫始當多所問日夊欲冥當去何明日當請那先於宮中善相難問沾弥利望群即白那先言日暮王當還宮明日王當請那先那先言大善王即為那先作礼騎還歸宮於馬上續念那先至明日沾弥利望群及傍臣白王言當請那先不王言當請沾弥利望群言請者當使與幾沙門俱来王言自在那先與幾沙門俱来主藏者名慳慳白王言令那先與十沙門共来可如是至三王瞋恚言何故齊令那先與十沙門共来

王言汝字慳不妄強惜王物自汝物當云何汝逆我意當有誅罸之罪可言可衆赦汝過令我作國王不堪飫沙門耶慳大恐怖不敢復語沾弥利望群到那先所為作礼白言大王請那先言王當令我與幾沙門共行沾弥利望群言自在那先與幾沙門共行那先便與野惒羅八十沙門共行沾弥利望群旦欲入城時於道中並問那先往日對王言無有那先何以那先問沾弥利望群卿意何所為那先者沾弥利望群言我以為喘息出入命氣為那先那先問言人氣一出不復還入其人寧復生不沾弥利望群言氣出不復還入者定為死那先言如人吹笳氣出不復還入如人持鍜金筩吹火氣一出時寧得復還入不沾弥利望群言不復還那先言同氣出不復入人何故猶不死沾弥利望群言喘息之間我不知願那先為我曹解之那先言喘息之氣皆身中事如人心有所念者舌為之言是為舌事意有所疑心念之是為心事各

有所主視之虛空無有那先沾弥利望群心即開解便作優婆塞受五戒那先便前入宮到王所上殿王即前為那先作礼而却那先即坐八十沙門皆共坐王手自持美飫食著那先前飫食已竟澡手水畢訖王即賜諸沙門人一張疊袈裟革屣各一量賜那先野惒羅各三領袈裟各一量革屣王語那先野惒羅言留十人共止遣餘人皆令去那先即遣餘沙門去與十人共止留王勑後宮諸貴人伎女悉出於殿上帳中聽我與那先共難經道時貴人伎女悉出於殿上帳中聽那先說經時王持座坐於那先前王問那先言當道說何等那先言王欲聽要言者當說要言王言卿曹道何等最為善者用何故作沙門那先言我曹輩欲棄世間苦惱不復更後世苦惱故作沙門王言沙門者悉介不那先言不悉用是故作沙門中有負債作沙門者中有畏縣官作沙門者中有貧窮作沙門者那先言我但說欲脫愛欲苦惱滅令世懃苦至

心未道作沙門者耳王言今卿用是故作沙門耶那先言少少作沙門有佛經道是故欲棄今世後世苦惱作沙門王言善哉善哉

王問言寧有人死後復生不那先言人有恩愛貪欲者後世便復生為人無恩愛貪欲者後世便不復生王言人以一心念正法後世不復生耶那先言人一心念正法智慧及餘善事後世不復生王言人以善心念正法與黠慧者是二事其義寧同不那先言其義各異不同王言牛馬六畜各自有智謀其心不同那先言王曾見穫麦者不左手持麦右手刈之那先言黠慧之人斷絕愛欲譬如穫麦者王言善哉善哉

王復問那先何等為餘善事者那先言誠信孝順精進念善一心智慧是為善事王言何等為誠信者那先言誠信解人疑信有佛信經法信有比丘僧信有羅漢道信有今世信有後世信孝父母信作善得善信作惡得惡信有是以後心便清淨去離五惡

何等五一者婬泆二者瞋怒三者睡卧四者歌樂五者疑人不去是五惡心意不定去是五惡心便清淨那先言譬如遮迦越王車馬人從濿度令水濁惡過度以去王渴欲得水飲王有清水珠置水中水即為清王便得清水飲之那先言人心有五惡如濁水佛諸弟子度脫生死之道人心清淨如珠清水人却諸惡誠信清淨如明月珠王言善哉善哉

王復問那先精進誠信者云何那先言佛諸弟子自相見輩中說諸清淨中有得須陁洹道者中有得斯陁含道者中有得阿那含道者中有得阿羅漢道者因欲相效行誠信便得度世道那先言譬如山上大雨其水下流廣大兩邊人俱不知水淺深畏不敢前若有遠方人來視水隱知水廣狹深淺自知力勢能入水便得過度去兩邊人衆便隨後度去佛諸弟子如是人心清淨便為須陁洹道得斯陁含道得阿那含道得阿羅漢道善心精進得道如是佛經說言人有誠

信之心可自得度世人能自制止却五所欲人自知身苦惱能自度脫人皆以智慧成其道德王言善哉善哉

王復問那先何等為孝順者那先言諸善者皆為孝順那先言有四善事心意所止言何等四心意所止者那先言一者自觀其身中外內二者知意苦樂三者知心善惡四者知正法是為四那先言復有四事何等四一者制其意二者諸有惡事不聽入心中三者心中有惡事即出之索諸善四者其心中有善制持不放是為四那先言復有四事自在欲所作何等為四一者却欲二者精進三者制心四者思惟是為四那先言復有五效事何等為五一者誠信二者孝順三者精進四者盡心念善五者智慧是為五那先言復有七事棄除諸惡名為七善亦名七覺意復有八種道行亦名為阿始者是凡三十七品經皆是孝順為本那先言凡人負金致遠有所成立皆由地成世間五穀樹木仰天之中皆由地生那先言譬若師

匠畫作大城先度量作基趾已乃起城那先言辟若倡伎欲作先淨掃地乃作佛弟子求道先行經戒作善因知懃苦棄諸愛欲便思念八種道行

王言善哉善哉

王復問那先何等為精進者那先言助善是為精進那先言辟若垣牆欲倒從傍拄之舍欲傾壞亦復拄之那先言辟若國王遣兵有所攻擊兵少弱欲不如王復遣兵往助之便得勝人有諸惡如兵弱人持善心消惡心辟如國王增兵得勝人持五戒辟如戰鬬得勝是為精進助善如是那先說經言精進所助致人善道所致善者無有遠斯王言善哉善哉

王復問那先何等為意當念諸善事那先言辟若取香華以縷合連繫風不能吹散那先復言辟王守藏者知中金銀珠玉瑠琉寶有幾所那先言道人欲得道時念三十七品經佛道意念當如是正所謂脫人道人有意因知善惡知當所行別知白黒思惟以後便棄惡就善那先言辟如王有守門者知王有所敬者有所不敬者知有不利王者所敬利王者便內之王所不敬者不利王者即不內人持意若是諸善者當內之諸不善者不內意制人善惡如是那先說經言人當自堅守其意及身六愛欲持意甚堅自當有度世時王言善哉善哉

王復問那先何等為一其心者那先言諸善獨有一心最第一一其心者諸善皆隨之那先言辟若樓陛當有所倚諸善道者皆著一心那先言辟若王持四種兵行戰鬬象兵馬兵車兵步兵王行出諸兵皆隨引前後佛經善事皆隨一心如是那先說經言諸善一心為主學道人衆多皆當歸一心人身死生過去如流水前後相從王言善哉善哉

王復問那先何等為智那先言前已對王說是人智斷諸疑明諸善那先言辟如持燈火入冥中室便亡其冥自明人智如是那先言辟若人持利刀截木人以智截諸惡如是那先言人於世間智最為第一度脫人生死之道王言善哉善哉前後所說經種種智善也

王復問那先佛經但為趣欲却諸惡事耶那先言然是所說種種諸善者但欲却一切惡那先言辟若王發四種兵象馬車步兵行戰鬬初發行時意但欲攻敵耳佛經說種種諸善如是但欲共攻去諸惡耳王言善哉善哉說經甚快也

王復問那先言人心趣善惡道續持身故神行生乎更貿他神行生耶那先言亦非故身神亦不離故身神那先問王王小時哺乳時身至長大時續故身非王言小時身異那先言人在母腹中始為精時至濁時故精耶異堅為肌骨時故精耶異初生時至年數歲時故精耶異如人學書傍人寧代其工不王言不能代其工那先言如人法有罪語王王不能解知王言如人問那先解之去何那先言我故小時從小兒至大續故身耳大與小時合為一身是命所養那先問王如人然燈火至天曉時不王言人然

燈火油至曉時那先言燈中炷一夜時續故炷火光不至夜半至明時故火光不王言非故火光那先言然燈火從一夜至半夜須更然燈火耶向晨時復更然燈火耶王言不中夜更然火續故一炷火至明那先言人精神展轉相續如是一者去二者來從精神至老死後精神趣所生展轉相續是非故精神亦不離故精神人死以後精神乃有所趣向生那先言辟如乳湩作酪取上肥作醍醐與酪蘊上肥還復名作乳湩其人寧可用不王言其人語不可用那先言人神如乳湩從乳湩成酪從酪成肥從肥成醍醐人如是從精沫至生至中年從中年至老至死死後精神更受身生人身死當復更生受一身辟若兩炷更相然王言善哉善哉

王復問那先人不復生後世其人寧能自知不復生不那先言然有能自知不復於後世生王言何用知之那先言其人自知無有恩愛無有貪欲無有諸惡用是自知不復生後世那先問王辟若田家種穀大得収斂簞簞中至於後年不復耕種寧復望得穀不王言不復望得穀那先言道人亦如是棄捐苦樂恩愛无所復貪是故自知後世不復生王言善哉善哉

王復問其人於後世不復生者於今寧有智異於人不那先言然異於人王言明與智為同不那先言明與智等耳王言人有明智寧能悉知衆事作一事成五事耶那先言作衆事所成非一辟若一地種穀當其生時各各自生種類人身五事皆用衆事各有所成王言善哉善哉

王復問那先世間人頭面目身體四支皆完具何故有長命者有短命者有多病少病者有貧者富者有長者有卑者有端正者有醜惡者有為人所信者為人所疑者有明者有闇者何以故不同那先言辟若衆樹木生菓有酢者有苦者有辛者有甜者那先問王此等樹木何故不同王言不同者本栽各異那先言人所作各各

異不同故有長命有短命有多病有少病有富有貧有貴有賤有端正有醜惡有語用者有語不用者有明者有闇者那先言佛經說豪貴貧窮好醜皆自宿命所作善惡自隨行得之王言善哉善哉

那先比丘經卷上

那先比丘經卷上
校勘記

一　底本，金藏廣勝寺本。此經與資、磧、普、南、徑、清殊異。茲以清藏本爲別本，附於本經卷下後，並校以資、磧、普、南、徑。

一　七四九頁下一行末字「這」，麗作「適」。下同。

一　七五〇頁中一〇行第四字「錫」，麗作「揚」。又末字「剔」，麗作「揚」。

一　七五〇頁中二〇行第七字「主」，麗作「且」。

一　七五〇頁中二一行第四字「今」，麗作「令」。

一　七五〇頁下一七行第一一字「得」，麗作「便得」。

一　七五一頁中六行「脱者」，麗作「勝者」。

一　七五二頁中八行「首羅先」，麗作「首那先」。

一　七五三頁下七行「一量」，麗作「一緉」。八行同。

一　七五四頁中一行末字「墮」，麗作「嗜」。

一　七五五頁上一行「基趾」，麗作「基址」。

一　七五五頁上一七行第一三字「繫」，麗作「擊」。

一　七五六頁上四行第八字「須」，麗作「復」。

那先比丘經卷下　驚

失譯人名附東晉録

王復問那先言人欲作善當前作之須後作之那先言當居前作之在後作者不益人那先言王渴時乃掘地作井能趣渴不王言不能趣渴當居前作井耳那先言以是故所作當居前那先問王飢時乃使人耕種須穀熟乃食耶王言不當先儲偫那先言人如是當先作善有急乃作善者無益於身那先問王辟若王有怨當臨時出戰鬬具王言不當宿有儲偫那先言佛說經言人當先自念作善於後作善無益莫棄大道就邪道勿効愚人棄善作惡後坐啼哭無益人棄揃中正就於不正臨死時乃悔耳王言善我善我

王復問那先卿曹諸沙門說言世間火不如泥犂中火熱復言持小石著世間火中至暮不消取大石著泥犂火中即消是故我不信復言人作惡死在泥犂中數千万歳其人不消死是故我重不信是語那先問王寧聞見水中大蟒蛟龍魚鼈以沙石為食不王言然實以此為食那先問王沙石寧消不王言皆消那先言其腹中懐子寧復消不王言不消那先問王何故不消王言相禄獨當然故使不消那先言泥犂中人數千万歳不消死者何所作過惡未盡故不消死那先問王言師子虎狼皆肉食噉骨入腹中時寧消盡不王言消那先問王其腹中懐子寧復消不王言不消那先言用何故不消王言獨相禄故不消死那先問王言牛馬麋鹿皆以草草為食不王言然那先言其草寧於腹中消不王言皆消那先言其腹中懐子寧消不王言不消那先言何以故不消王言獨以相禄當然故使不消那先言泥犂中人亦如是過惡未盡故不消死那先問王言世間女人飲食皆美恣意食食於腹中寧消不王言皆消那先言腹中懐子寧消不王言子不消那先言何以故不消王言獨相禄當然故使不消那先言

泥犂中人亦如是所以數千万歲不消死者用先作惡未解故不消死那先言人在泥犂中生在泥犂中長在泥犂中老過盡乃當死王言善哉善哉

王復問那先卿曹諸沙門言天下地皆在水上水在風上風在空上我不信是那先前取王書水適以指撮之問王言風持水若此王言善哉王復問那先言泥洹道皆過去无所復有耶那先言泥洹道無所復有那先言愚癡之人貪身愛惜坐是故不能得度脫生老病死者那先言智者學道内外身不愛惜便無有恩愛无有恩愛者無貪欲無貪欲者无胞胎無胞胎者不生不生者不老不老者不病不病者不死不死者不憂不憂者不哭不哭者不痛便得泥洹道王復問那先諸學道者悉能得泥洹道不那先言不能悉得泥洹道正嚮善道者學知正事當所奉行者奉行之不當奉行者棄遠之當所念者念不當所念棄之如是能得泥洹道王復問那先言其不得泥洹道者寧知泥洹道為快不那先言然雖未得泥洹道由知泥洹道為快王言人未得泥洹道何以故知快　耶那先問王言人生未嘗截手足　寧知截手足為痛劇不王言雖未曾更截手足猶知為痛那先言何用知為痛王言見其人截手足呻呼用是故知為痛那先言人前有得泥洹道者轉相語泥洹道快用是故信之王言善哉善哉

王復問那先寧曾見佛不那先言未曾見王言那先諸師寧見佛不那先言諸師亦未曾見佛王言如使那先及諸師不見佛者定為無有佛那先言王寧見五百溪水所合聚處不王言我不見王父及太父皆見水不王言皆不見那先言王父及太父皆不見此水天下定為無此五百溪水所聚處不王言雖我不見父及太父皆不見此水者實有此水那先言雖我及諸師不見佛者其實有佛王復問言無有復勝佛者耶那先言然无有勝佛者王復問何以為無能勝佛者那先問王言如人未曾入大海中寧知海水為大不有五河河有五百小河流入大河河一者名恒二名信他三名私他四名博叉五名施披夷亦五河水晝夜流入海海水亦不增減那先言王寧能聞知不王言實知那先諸以得道人共道說無有能勝佛者是故我信之王言善哉善哉

王復問那先言當何用知无有勝佛者那先問王造書師者為誰王言造書師者名質那先言王寧曾見質不王言質已死久遠未曾見那先言王未見質何用知質為造書師王言持古時書字轉相教告用是故我知名為質那先言用是故我曹見佛經戒如見佛無異佛所說經道甚深快人知佛經戒以後便相效用是效我知為有不能勝佛者王復問那先自見佛經道可久行之那先言佛所施教禁戒經甚快當奉行之至老王言善哉善哉

王復問那先人死已後身不隨後世生耶那先言人死已後更受新身故

身不隨那先言辟若燈中炷更相然故炷續在新炷更然人身如是故身不行更受新身那先問王王小時從師學書讀經不王言然我續念之那先問王王所從師受經書師寧知本經書耶王悉龕得其本經書王言不也師續自知本經書耳那先言人身若此置故身更受新身王言善哉善哉

王復問那先審為有智無那先言无有智辟若人盜他人菓荻盜者寧有過無王言有過那先言初種樹栽時上无有菓何緣盜者當有過王言設不種栽何緣有菓是故盜者無狀那先言人亦如是用今世身作善惡生於後世更受新身王言人用是故身行作善惡所在那先言人諸所作善惡隨人如影隨身人死但亡其身不亡其行辟如然火夜書火滅其字續在火至復更成之今世所作行後世成如受之如是王言善哉善哉王言那先寧能分別指視善惡所在不耶那先言不可得知善惡所在那先問

王樹木未有菓時王寧能分別指視言某枝間有某菓某枝間無有菓寧可豫知之不耶王言不可知那先言人未得道不能豫知善惡所在王言善哉善哉

王復問人當於後世生者寧能自知不那先言其當生者自知王言何用知之那先言辟如田家耕種天雨時節其人寧豫知當得穀不王言然知知田當得穀多那先言人如是人當於後世生豫自知王言善哉善哉

王復問那先審有泥洹無那先言審有王言那先寧能指示我佛在某處不那先言不能指示佛處佛已泥曰却不可得指示見處那先言辟若人然大火已即滅其火炎寧可復指示知光所在不王言不可知處那先言佛已泥曰去不可復知處王言善哉善哉

王又問那先沙門寧能自愛其身不那先言沙門不自愛其身王言如令沙門不自愛其身者何以故自消息卧欲得安温濡飲食欲得美善自護

視何以故那先言王寧曾入戰鬪中不王言然曾入戰鬪中那先言在戰鬪中時曾為刀刃矛箭瘡所中不王言我頗為刀刃所中那先問王奈刀刃矛箭瘡何王言我以膏藥綿裹耳那先問王言為愛瘡故以膏藥綿絮裹耶王言我不愛瘡那先言殊不愛瘡者何以持膏藥綿絮裹而護之王言我欲使瘡早愈那先言沙門亦如是不愛其身雖飲食心不樂用作美不用作好不用作肌色趣欲支身體奉行佛經戒耳佛經說言人有九孔為九弓瘡諸孔皆臭處不淨王言善哉善哉

王復問那先佛為有三十二相八十種好身皆金色有光影耶那先言佛審有三十二相八十種好身皆有金色光影王言佛父母寧有三十二相八十種好身皆有金色有光影耶那先言佛父母無是相王言如是相好是父母無是相佛亦無是相王復言人生子像其種類父母無是相者佛定無是相那先言佛父母雖無是三

十二相八十種好身金光色者佛審有是相那先言王曾見蓮花不王言我見之那先言此蓮花生於地長於泥水其色甚好寧復類泥水色不王言不類地泥水色那先言雖佛父母無是相者佛審有是相佛生於世間長於世間而不像世間之事王言善哉善哉

王復問那先佛審如第七天王梵所行不與婦女交會不那先言然審離於女人淨潔無瑕穢王言假令佛如第七天王所行者佛為第七天王梵弟子那先問王第七天王者有念無念王言第七天王梵有念那先言是故第七天王梵及上諸天皆為佛弟子那先問王言烏鳴聲何等類王言烏鳴聲如鴈聲那先言如是為為是鴈弟子各自異類佛亦如是非第七天王梵弟子王言善哉善哉

王復問那先佛寧悉學知經戒不那先言佛悉學知奉行經戒王言佛從誰師受經戒那先言佛無師佛得道時便悉自知諸經道佛不如諸弟子學知佛所教諸弟子皆當奉行至老

王又問那先人父母死時悲啼哭淚出人有聞佛經亦復悲啼淚出俱介寧別異不那先言人為父母啼泣皆感恩愛恩念愁憂苦痛此曹憂者愚癡憂其有聞佛經道淚出者皆有慈哀之心念世間懃苦是故淚出其得福甚大王言善哉

王又問那先以得度脫者有何等別異那先言人未得脫者有貪欲心人得脫者無有貪欲之心但欲趣得飯食支命耳王言我見世間人皆欲快身欲得美食無有猒足那先言人未得度脫飲食者用作榮樂好美得度脫者雖飲食不以為樂不以為甘趣欲支命王言善哉善哉

王復問那先人家有所作能念久遠之事不那先言人愁憂時皆念久遠之事王用何等念之用志念耶用念念耶那先問王言寧曾有所學知以後念之不王言然我曾有所學知以後忽忘之那先言王是時無志耶而忘之乎王言我時忘念那先言可老王為有爲

王復問那先人有作皆念耶若甫如有所作念見在所作皆用念知耶那先言已去之事皆用念知之念見在之事亦用念知之王言如是人但念去事不能復念新事那先言假新者有所作不可念者亦如是王言人新學書伎巧為唐捐耶那先言人新學書畫者有念故令弟子學者有知是故有念耳王言善哉善哉

王復問那先人用幾事生念念耶那先言人凡有十六事生念一者久遠所作生念二者新有所學生念三者若有大事生念四者思善生念五者曾所更苦生念六者自思惟生念七者曾雜所作生念八者教人生念九者為生念十者曾有所忘生念十一者因識生念十二者教計生念十三者負債生念十四者一心生念十五者讀書生念十六者曾有所寄更見生念是為十六事生念

王復問那先何等為念久者那先言佛弟子阿難女弟子優婆夷鳩讎筆羅念千億世宿命之事及餘道人皆能念去世之

事如阿難女弟子輩甚衆多念此已便生念王又問何等新所學生念者那先言如人曾學知挍計後復忘之見人挍計便更生念王又問那先何等為大事生念那先言譬若太子立為王自念為豪貴是大事生念王復問那先何等為思善生念者那先言譬若人為人所請呼極善意賓延遇待之其人自念言昔日為某所請呼善意待人是為思善生念王又問那先何等為更苦生念者那先言譬若人曾為人所撾捶閉繫牢獄是為更苦生念王復問那先言何等為自惟生念者那先言譬若人曾有所見家室宗親及畜生是為自惟生念王又問那先言何等為曾雜所作生念者那先言譬若人万物字顏色香臭酢苦念此諸事是為曾雜生念王復問那先言何等為教人生念者那先言人自喜忘邊人或有念者或有忘者是教人生念王又問那先言何等為象生念者那先言人牛馬各自有象類是為象生念王又問那先言何等

為曾所忘生念者那先言譬若人卒有所忘數數獨念得之是為曾所忘生念王復問那先何等為因識生念者那先言學書者能次其字是為因識生念王復問那先何等為挍計生念者那先言如入共挍計成就悉知筭術分明是為挍計生念王又問那先何者為負債生念者那先言如人所當債所當歸是為負債生念王又問那先何等為一心生念者那先言沙門一其心自念所從来生千億世時事是我為一其心生念王又問那先何等為讀書生念者那先言帝有久古之書念言某帝某吏時書也是為讀書生念何等為曾有所寄更見生念者那先言若人有所寄更眼見之便生念是為所寄生念王言善哉善哉

王復問那先言佛寧悉知去事甫始當来事耶那先言然佛悉知之王言假令佛悉知諸事者何故不一時教弟子何故稍稍教之那先問王國中寧有醫師無王言有醫師那先言其

醫師寧能悉知天下諸藥不王言能悉知諸藥那先問王其藥師治人病為一時與藥為稍稍與之王言未病不可豫與藥應病乃與藥耳那先言佛雖悉知去来現在之事亦不可一時教天下人當稍稍授經戒令奉行之耳王言善哉善哉

王又問那先卿曹沙門言人在世間作惡至百歲臨欲死時念佛死後者皆生天上我不信是語復言煞一生死即入泥犁中我不信是也那先問王如人持小石置水上石浮耶没耶王言其石没那先言如令持百枚大石置船上其船寧没不王言不没那先言船中百枚大石因船故不得没人雖有本惡一時念佛用是不入泥犁中便生天上其小石没者如人作惡不知佛經死後便入泥犁王言善哉善哉

王復問那先卿曹用何等故行學道作沙門那先言我今以過去苦現在苦當来苦欲棄是諸苦不欲復受更故行學道作沙門王復問那先苦乃

在後世可為豫學道作沙門那先問
王王寧有敵國怨家常欲相攻擊不王
言然有敵國怨家常欲相攻擊也那
先問王敵主臨来時王乃作鬪具備
守掘壍耶當豫作之乎王言當豫有
儲偫那先問王何等故先作儲偫王
言備敵来無時故那先問王敵尚未
来何故豫備之那先又問王飢乃田
種渴何故豫作備度王言善哉善哉
王又問那先第七梵天去是幾所那
先言甚遠令大如王殿石從第七梵
天上墮之六日乃墮此閒地耳王言
卿曹諸沙門言得羅漢道如人屈申
臂頃以飛上第七梵天上王言我不
信是行數千万億里何以疾乃尒那
先問王王本生何國王言我本生大
秦國國名阿荔散那先問王阿荔散
去是閒幾里王言去是二千由旬合
八万里那先問王曾頗於此遥念本
國中事不王言然恒念本國中事耳
那先言王試復更念本國中事曾有
所作為者王言我即念已那先言王
行八万里反覆何以疾王言善哉善哉

王復問那先若有兩人於此俱死一人
上生第七梵天一人生罽賓罽賓
去七百二十里誰為先到者那先言
試念阿荔國王言我已念之那先
復言王試念罽賓王言我已念之那
先問王念是兩國何所疾者王言俱
等耳那先言兩人俱死一人生第七梵
天上一人生罽賓亦等耳那先問王
若有一雙飛鳥一於一高樹上止一鳥
於卑樹上止兩鳥俱飛誰影先在
地者王言其影俱倒地耳那先言兩
人俱死一人生第七天上一人生罽
賓亦俱時至耳王言善哉善哉
王復問那先人用幾事學知道那
先言用七事學知道何等為七一者
念善惡之事二者精進三者樂道四
者伏意為善五者念道六者一心七
者適无所憎愛王又問那先人用此
七事學知道耶那先言不悉用七事
學知道知者持知善惡用是一事別
知耳王又問那先假令用一事知者何
為說七言那先問王如人持刀着鞘
中倚壁刀寧能自有所割截不王言

不能有所割截那先言人心雖明會
當得是六事共成智耳王言善哉善哉
王復問那先人家作善得福大耶作
惡得殃大耶那先言人作善得福大
作惡得殃小人家作惡日日自悔過
是故其過日小人家作善日夜自念
歡喜是故得福大那先言昔者佛在
時其國中有人掘無手足而取蓮花
持上佛佛即告諸比丘言此掘足手
兒却後九十一劫不復入泥犁中畜
生劈荔道中得生天上天上壽終復
還作人是故我知人作小善得福大
作其惡人自悔過日消滅而盡是故
我知人作過其殃小王言善哉善哉
王復問那先智者作惡愚人作惡此
兩人殃各誰得多者那先言愚人作
惡得殃大智人作惡得殃小王言不
知那先言王言我國治法大臣有過
則罪之重小民有過罪之輕是故我
知智者作過惡得殃大愚者作惡得
殃小那先問王辟如燒鐵在地一人
知為燒鐵一人不知兩人俱前取燒
鐵誰爛手大者耶王言不知者手爛

大那先言愚者作惡不能自悔故其殃大智者作惡知不當所為日自悔過故其殃少王言善哉善哉

王復問那先人有能持此身飛行上至第七梵天上及至欝單曰地及所欲至處者不耶那先言能王言奈何持此身上第七梵天及欝單曰地及所欲至處乎那先問王王寧自念少小時跳戲一丈地不王言我年少時意念欲跳便跳一丈餘地那先言得道之人意欲跳至第七天上及至欝單曰地者亦尒王言善哉善哉

王復問那先卿曹諸沙門言有骨長四千里何等身骨長四千里那先問王曾聞大海中有大魚名質身長二万八千里者不王言然有是我曹聞之那先言如是二万八千里魚其脇骨長四千里王怯之為王復問那先卿曹諸沙門說言我能斷喘息之事王言奈何可斷喘息氣耶那先問王寧曾聞志不王言我聞之那先言王以為志在人身中耶王言我以為志在人身中那先言王以為愚人不能制其身口者不能持經戒如此曹人亦不樂其身那先言其學道人者能制其身能制口能持經戒能一其心得四禪便能不復喘息耳王言善哉善哉

王復問那先為呼言海海為是水名為海耶用他事故言海那先言人所以呼為海者水與鹽参各半是故為海耳王復問那先何以故海悉鹹如鹽味那先言所以海水鹹者啖畜以來久遠及魚鼈虫多共清水中是故令鹹耳王言善哉善哉

王復問那先人得道已寧能悉思惟深奧衆事不那先言然人得道已能悉思惟深奧之事佛經寂深奧知衆事不可稱量衆事皆以智評之王言善哉善哉

王復問那先人神智自然此三事寧同不各異那先言人神者生覺智者曉道自然者虛空無有人也王又問那先人言得人何等為得人者今眼視色耳聽聲鼻聞香臭口知味身知軟麁志知善惡之事何所為得人者那先問王如今合解用目視脫瞳子去之視寧廣遠不裂大其耳聽聲寧廣遠不决鼻令大其聞香寧多不刎口令大知味寧多不剝割肌膚寧令信知麁軟不拔去其意感念寧多不王言不也那先言佛所作甚難佛所知甚妙王復問那先所作何等甚難何等甚妙那先言佛能知人腹中目所不見事悉能解之能解目事能解耳事能解鼻事能解口事能解身事能解敗事能解所念事能解神事那先言人取海水含之寧能別知口中水是某泉水是某流水是某河水不王言衆水皆合為一難各別知那先言佛所作為甚難皆能別知今人神不見人身中有六事不可見那先言是故佛解之從心念至目所見從心念至耳所聽從心念至鼻所齅從心念至口知味從心念至身知苦樂寒溫麁堅從心念有所向佛悉知分別解之王言善哉善哉

那先言夜已半我欲去王即勑傍臣取四端疊布搵置油麻中持以為炬

當送那先歸恭事那先如事我身傍日皆言受教王言得師如那先作弟子如我可得道疾王諸所問那先輙事事荅之王大歡喜王即出中藏好衣直十万以上那先王語那先從今以去願那先日與八百沙門共於宮中飲食及所欲皆從王取之那先報王我為道人略無所欲王言那先當自護亦當護我身那先言何等當自護護王身王報言恐人論議呼王為慳那先為解諸狐疑而不能賜與或恐人言那先不能解王疑故王不賞賜王言那先受者令我得其福那先亦當護其名王言辟若師子在金檻中由為拘閉常有欲望去心今我雖為國宮省中其意不樂欲棄國去而行學道王語竟那先便歸佛寺那先這去王竊自念我問那先為何等事那先為我解何等事王自念我所問那先莫不解我意者那先歸佛寺亦自念王問我何等事我亦報王何等事那先自念王所問者我亦悉解之念此事至天明明日那先被袈裟持

鉢直入宮上殿坐王前為那先作礼巳乃却坐王白那先那先這去我自念問那先何等語那先報我何等語我又自念所問那先那先莫不解我意者念是語歡喜安卧至明那先言我行歸舍亦自念王為問我何等事我亦為王解何等事我復自念王所問我輙為解之用是故歡喜至明語竟那先欲去王便起為那先作礼

那先比丘經卷下

那先比丘經卷下

校勘記

一　底本，金藏廣勝寺本。七五八頁中至次頁上原版殘缺，以麗藏本換。

一　七六〇頁上二二行「指視」，麗作「指示」。本頁中一行同。

一　七六〇頁中一五行首字「却」，麗作「去」。

一　七六一頁下二行第四字「如」，麗作「始」。

一　七六一頁下四行「念見在之事」，麗作「今現在之事」。

一　七六一頁下六行第二字「假」，麗作「假令」。

一　七六二頁下一三行第一三字「牧」，麗作「枚」。

一　七六三頁上九行第二字「渴」，麗作「渴乃鑿井」。

一　七六四頁中一一行「清水」，麗作「漬水」。

一　七六四頁下三行末字「刎」，麗作「吻」。

一　七六五頁上七行「飲食」，麗作「飯食」。

一　七六五頁上一八行首字「這」，麗作「適」。下同。

那先比丘經卷上　衆五

失譯人名附東晉録

佛在舍衛國祇樹給孤獨園時諸比丘僧比丘尼優婆塞優婆夷諸天王大臣長者人民及事九十六種道者凡萬餘人日於佛前聽經佛自念人衆日多身不得安佛意欲捨人衆去到閑屏處坐思惟念道佛即捨人衆去入山至校羅叢樹間其樹有神佛坐其下思念清淨之道去叢樹不遠有羣象五百餘頭中有象王賢善知善惡之事譬如人狀象羣衆多周帀象王邊中有雌雄長齒中齒少齒者象王渴欲行飲水時諸小象走居前入水飲飲已於水中走戲撓撈水令濁惡象王不能得清水飲象王飢欲行食草諸小象復走居前食噉美草走戲蹈踐其上象王不能得淨草食象王自念我羣衆多患是諸象及小象子撓水令濁令草不淨而返常飲濁水食足踐之草象王自念我欲棄是諸象去至一屏處快耶象王即棄羣而去轉行入山到校羅叢樹間象王見佛佛坐樹下心大歡喜則前至佛所低頭屈膝爲佛作禮却在一面住佛自念我棄衆人來在是間象王亦復棄衆象來到是樹間其義適同佛爲象王説經言佛於人中最尊象王於諸象中亦尊佛言我心與象王心適相中合我與象王倶樂是樹間象王聽經竟心即開解曉知佛意便視佛所彷徉經行處以鼻取水灑地以鼻撈草掃地以足蹈地令平好象王日朝暮承事如是久後佛便取無爲泥洹道去象王不知佛處爲周旋行求索佛不得啼泣愁憂不樂不敢食飲時國中有佛寺舍在山上名迦羅洹中有五百沙門共止其中皆已得阿羅漢道常以月六齋日誦經至明時象王亦在山上近於寺邊象王知有六齋日誦經至其日象王常行入寺聽經諸沙門知象王喜聽經欲誦經時須象王來到乃誦經象王聽經徹明不睡不卧不動不搖象王數聞經承事佛故久後象王亦以壽終死便得爲人作子生婆羅門家不復聞佛經亦不見沙門便棄家入深山學婆羅門道在山上止近比亦有一婆羅門道人倶在山上相與往來共爲知識其一人自念我猒世間縣官憂苦老病死後當入地獄餓鬼畜生貧窮中用是故我除頭鬚被袈裟作沙門求度世無爲道其一人自念我願欲求作國王得自在令天下人民皆共屬我隨我教令兩人共願如是久後二人各復壽終得於世間作人其一人前世宿命欲求作國王者生於海邊爲國王太子父母便字子爲彌蘭其一人前世宿命欲求度世無爲泥洹道者生於天竺罽賓縣父母便字爲陀獵生便被袈裟倶生所以與袈裟倶生者本宿命所願其家有一象王亦同日生天竺名象爲那父母便因象字其子名爲那先那先長大年十五六有舅父字樓漢樓漢作沙門有絶妙之才世間無比眼能徹視耳能徹聽自知所從來生行即能飛出能無間入無孔自在變化無所不作天上天下人民及蜎飛蠕動之類心所念樓漢皆預知之那先便自往到舅父計自説言我意佛道欲除頭鬚被袈裟作沙門令我當爲舅父作弟子寧可持

我作沙門耶樓漢知那先宿命作善有慧甚重哀之因聽令作沙彌那先始作小沙彌受十戒日誦經學問思惟經戒即得四禪悉知諸經獨未受大沙門戒於時國山中有佛寺舍名曰惒禪惒禪寺中有五百沙門皆得阿羅漢道中有第一阿羅漢名頞陂曰能知天上天下去來見在之事那先年滿二十因作大沙門受大沙門戒便到惒禪寺中至頞陂曰所時五百阿羅漢適以十五日說大沙門戒經在講堂上坐大沙門皆入那先亦在其中衆沙門悉坐頞陂曰悉視坐中諸沙門心皆是阿羅漢獨那先未得羅漢道頞陂曰便說譬喻經言若入折米米正白中有黑米即剔不好令我坐中皆清白獨那先爲黑未得阿羅漢道那先聞頞陂曰說經如是大愁便起爲五百沙門作禮已即出去那先自念我不宜在是座中坐我亦未得度脱其餘沙門皆已度脱譬若衆師子中有狐狗令我亦如是我從今不得道者不復入衆中坐也頞陂曰知那先意便呼那先著前以手摩那先頭

汝今得阿羅漢不久勿愁憂也頞陂曰便欲坐止那先那先復有一師年八十餘字迦惟曰其縣中有一優婆塞大賢善常日飯迦惟曰弟子那先至爲師持應器行取飯具師令那先口含水行到優婆塞家取飯具優婆塞見那先年少端正行與人絕異宿知有慧預聞有明志之名能說經道優婆塞見那先入其舍中便即起立前爲作禮却叉手言我飯諸沙門日久來嘗有爲我說經者今從我那先求哀願爲我說經解我愚癡那先即自念我受師教令我口含水不得語我今吐水者爲犯師戒如是當云何那先念優婆塞亦高才有志我爲其說經想即得道那先便吐水而坐即爲說經人布施作善奉行經戒今世安隱後世便生天上下生人中即富明慧富貴後不復入地獄餓鬼畜生中人不奉行經戒者於今世苦後世復墮三惡道中無有出時優婆塞聞經心即歡喜那先知優婆塞心歡喜便復說深經言世間萬物皆當過去無有常在者萬物過去皆苦世間人身亦如是

世間人皆言是我身過我許是皆不得自在泥洹道者最樂泥洹者不生不老不病不死不愁不憂諸惡勤苦皆悉消滅那先說經已優婆塞即得第一須陀洹道那先亦自得須陀洹道優婆塞大歡喜便爲那先好美飯那先語優婆塞先取具著師鉢中那先飯竟澡漱訖畢持飯具還與師師見飯具言若今日持飯具來大好已犯衆人約當逐出汝那先愁不樂師言會衆比丘僧衆比丘僧悉會坐師言那先犯我曹衆人約來當共逐出不得止衆中也頞陂曰說譬喻言如人持一箭射兩準如是曹人不應逐出也那先自說得道亦令優婆塞得道不應逐出那先師迦維曰言正使一箭中百準會爲衆人約不得留止餘人悉不能如那先得道當已絕後不逐出那先者餘人復效無以却後衆坐中皆默然隨師教即逐出那先那先便以頭面著師足起遍爲衆比丘僧作禮禮竟便去入深山中坐樹下晝夜精進念道不懈便自成得阿羅漢道能飛行亦能眼徹視耳徹聽亦能知他

人心所念自知前世所從來生得阿羅漢已便即來還入和禪寺中諸衆比丘僧中叩頭求哀悔過和禪諸比丘僧諸比丘僧即聽之那先作禮竟便出去那先轉行入諸郡縣街曲里巷爲人說經戒教人爲善中有受五戒者中有得須陀洹道中有得斯陀含道者中得阿那含道者中有作沙門得阿羅漢道者第一四天王第二忉利天帝釋第七梵天王皆來到那先前作禮以頭面著足却坐那先皆爲諸人說經名守徹聞四天那先所行處諸天人民鬼神龍見那先無不歡喜者皆得其福那先便轉到天竺舍竭國止泄坻迦寺中有前世故知識一人在海邊作國王太子名彌蘭彌蘭少小好喜讀經學異道悉知異道經法難異道人無有能勝者彌蘭父王壽終彌蘭即立爲國王王問左右邊臣言國中道人及人民誰能與我共難經道者邊臣白王言有學佛道者人呼爲沙門其人智慧博達能與大王共難經道今在北方大秦國國名舍竭古王之宮其國中外安隱人民皆善其城四方皆復道行諸城門皆雕文刻鏤宮中婦女各有處所諸街市里羅列成行官道廣大列肆成行象馬車步男女熾盛乘門道人親戚工師細民及諸小國皆多高明人民被服五色焜煌婦女傅白皆著珠環國土高燥珍寶衆多四方賈客賣買皆以金錢五穀豐賤家有儲畜市邊羅賣諸美羹飯飢即得食渴飲蒲萄雜酒樂不可言其國王字彌蘭以正法治國彌蘭者高才有智明世經道能難去來見在之事明於官事戰鬬之術智謀無不通達時王出城遊戲諸兵衆屯繞外其王心自貢高我爲王能答九十六種經道人所問不窮人心適發便豫知所言王語諸傍臣曰尚早入城亦無所作是間寧有明經道人沙門能與我共難經說道者無王傍臣名沾彌利望羣沾彌利望羣白王言然有沙門字野和羅大明經道能與王共難經說道王便勑沾彌利望羣行往請來沾彌利望羣即行請野和羅言大王欲見大師野和羅言大善王欲相見者當自來耳我不往也沾彌利還白王如是王即乘車與五百騎共往到寺中王與野和羅相見前問訊已便就坐五百騎從悉皆亦坐王即問野和羅言卿用何故棄家捐妻子剃頭鬚被袈裟作沙門乎卿所求何等道野和羅報王我曹學佛道行忠政於今世得其福後世亦得其福用是故我除頭鬚被袈裟作沙門王問野和羅言有人白衣有妻子於家有妻子行忠政於今世得其福不後世亦得其福不野和羅言白衣於家有妻子有行忠政於今世得福於後世亦得其福王言白衣於家有妻子有行忠政於今世後世同得其福卿無故而棄妻子除頭鬚被袈裟作沙門爲野和羅便默然無以報王傍臣白言是沙門大明健有智迫促未及說耳王傍臣舉手言王得勝王得勝野和羅便默然受負王即左右顧視諸優婆塞諸優婆塞面亦不慙王念是諸優婆塞面亦不慙者獨復有明經健沙門能與我相難者耳王語沾彌利寧復有明慧沙門能與共難經說道者無時那先者諸沙門師常與諸沙門俱

出入諸沙門皆使說經那先時皆知諸經要難能說十二部經說經四種種別異章斷句解已知泥洹之道無有能窮者無有能得勝者能解諸疑能明忠者所言智如江海能伏九十六種道爲佛四輩弟子所敬爲諸智者所歸仰常以經道教授人那先來到舍竭國其所相隨弟子皆復高明那先如猛師子沾彌利白王有異沙門字那先智慧深妙明諸經要能解諸疑無所不通能與王共難經道王問沾彌利審能與我共難經道不沾彌利應唯然能與王共難經道尚能與第七梵天共難經道何況於人王即勑沾彌利便行請那先來沾彌利即往到那先所白言大王欲相見那先即與諸弟子相隨到王所王雖未嘗與那先相見那先在衆人中被服行步與人絶異王遥見隱知是那先王自說言我前後所見人衆大多入大座中大多未嘗自覺恐怖如今日見那先那先今日定勝我我定不如矣我心惶惶不安也沾彌利白王言那先已來在外那先既至王問沾彌利何所是那先者沾彌利因指示王王即大歡喜正我所隱者竟是那先王即見那先衣被行步與衆人絶異那先即到前相問訊語言王便大歡喜因共對坐那先語王言佛經說言人安隱最爲大利人知猒足最爲大富人有所信最爲大厚泥洹道者最爲大快王便問那先御字何等那先言父母字我爲那先便呼我爲那先有時父母呼我爲維先有時父母呼我爲首羅先有時父母呼我維迦先用是故人皆識知我世間人皆有是字耳王問那先誰爲那先者王復問言頭爲那先耶那先言頭不爲那先也王復問眼耳鼻口爲那先耶那先言眼耳鼻口不爲那先王復問頸項肩臂足手爲那先耶那先言不爲那先王復問髀脚爲那先耶那先言不爲那先王復問顔色爲那先耶那先言不爲那先王復問苦樂爲那先耶那先言不爲那先王復問善惡爲那先耶那先言不爲那先王復問身爲那先耶那先言不爲那先王復問肝肺心脾脉腸胃爲那先耶那先言不爲那先王復問顔色苦樂善惡身心合是五事寧爲那先耶那先言不爲那先王復問假使無顔色苦樂善惡身心無是五事寧爲那先耶那先言不爲那先王復問聲響喘息爲那先耶那先言不爲那先王復問何所爲那先者那先問王言名車何所爲車者軸爲車耶王言軸不爲車那先言輞爲車耶王言輞不爲車那先言輻爲車耶王言輻不爲車那先言轂爲車耶王言轂不爲車那先言轅爲車耶王言轅不爲車那先言軛爲車耶王言軛不爲車那先言輿爲車耶王言輿不爲車那先言扛爲車耶王言扛不爲車那先言蓋爲車耶王言蓋不爲車那先言合聚是諸材木著一面寧爲車耶王言合聚是諸材木著一面不爲車也那先言假令不合聚是諸材木寧爲車耶王言不合聚是諸材木不爲車那先言音聲爲車耶王言音聲不爲車那先言何所爲車者王便默然不語那先言佛經說之如合聚是諸材木用作車因得車人亦如是合聚頭面耳鼻口頸項肩臂骨肉手足肝肺心脾腎腸胃顔

色聲響喘息苦樂善惡合聚名爲人王言善哉善哉王復問那先能與我共難經說道不那先言如使王持智慧與我相問者能相難王持驕貴者意不能相難王問那先言智者諸何等類那先言智者談極相詰語相解語相上語相下語有勝有負正語不正語自知是非是爲最智智者不用作瞋怒智者如是王復問那先言王者語何等類那先言王者語自放恣敢有違戾不如王語者王即强誅罰之王者語如是王言願用智者語不用王者語莫復持對王者意與我語與我語當如與諸沙門語當如與諸弟子語當如與諸優婆塞語當以與衆沙門給使者語無得懷恐怖極正心當相開悟那先言大善王言我欲有所問那先言王便問王言我已問那先言我已答王言答我何等語那先言王亦問我何等語王言我無所問那先亦無所答王內自思惟念是沙門大高明慧我甫始當多有所問王意自念日欲冥當云何明日當請那先歸於宮中善相難問王告沾彌利語那先今日迫冥明日相請歸於宮中善相難問沾彌利望羣即白那先言日欲冥王當還宮明日王欲請那先那先言大善王即騎馬還宮於馬上王續念那先字意念欲言那先那先念至明日明日沾彌利望羣及傍臣白言王審當請那先不王言當請之沾彌利望羣言請者當使與幾沙門俱來王言在那先欲與幾沙門俱來耳王主藏者名慳慳白王言令那先與十沙門俱來可耳王復言聽那先欲與幾沙門俱來耳慳復白王言令那先與十沙門俱來可王復言聽那先自在欲與幾沙門俱來慳復白王令那先與十沙門俱來可耳王聞慳語大數王便瞋怒慳所汝負慳無輩汝字爲慳不望汝强惜王物自汝物當云何汝不知逆我意當有誅罰之罪王言可去哀赦汝罪今我作王爲不能堪飯沙門耶慳便慙愧不敢復語沾彌利望羣即往到那先所便前作禮白言大王請那先那先言王當令我與幾沙門俱行沾彌利望羣言自在那先欲與幾沙門俱行那先便與野惒羅等八十沙門俱行沾彌利望羣悉俱行且欲入城沾彌利望羣道中並問那先昨日對王言無有何用爲那先那先問沾彌利望羣卿意何所爲那先者沾彌利望羣言我以喘息出入命氣爲那先那先問沾彌利望羣言人氣一出不復還入其人寧復生不沾彌利望羣言氣出不還定爲死也那先言如人吹笳氣一出不復還入如人持鍛金筩吹火氣一出時寧得復還入不沾彌利望羣言不復還入如人以角吹地氣一出時寧復還入不沾彌利望羣言不復還入那先言同氣出不復還入人何以故猶不死沾彌利望羣言喘息之間我不能知願爲我曹解說之那先言喘息之氣皆身中事如人心有所念者舌爲之言是爲舌事意有所疑心念之是爲心事各有所主分别視之皆空無有那先也沾彌利望羣心即開解便受五戒爲優婆塞那先便前入宮到王所上殿王即爲那先作禮而却那先即坐八十沙門皆共坐王極作美飯食王手自著那先前飯衆沙門飯食已竟澡手畢訖

王即賜諸沙門人一張㲲袈裟各一量賜那先野惒羅各三領袈裟各一量革屣王語那先野惒羅言留十人共止遣餘人令去那先即遣餘沙門令去留十人共止王勑後宮諸貴人妓女悉於殿上帷中聽我與那先共難經道時貴人妓女悉出殿上帷中聽那先說經時王持座坐於那先前王言當說何等那先言王欲聽要言者當說要言王言卿曹道何等最要者用何等故作沙門那先言我曹欲棄世間勤苦不欲更後世勤苦用是故我曹作沙門我曹用是爲最要善王言諸沙門皆不欲更今世後世勤苦故作沙門耶那先言不悉用是故作沙門沙門有四輩王言何等四那先言中有負債作沙門中有畏縣官作沙門者中有貧窮作沙門者中有眞欲棄滅今世後世勤苦故作沙門那先言我本至心求道故作沙門耳王言今卿用道故作沙門耶那先言我少小作沙門有佛經道及弟子諸沙門皆多高明我從學經戒入我心中以是故棄今世後世勤苦故作沙門王

言善哉王問言寧有人死後不復生者不那先言中有於後世生者中有不復生者王言誰於後世生者誰不復生者那先言人有恩愛貪欲者後世便復生人無恩愛貪欲者後世不復生也王言人以一心念正法善故後世不復生耶那先言人以一心念正法念善智慧及餘善事故後世不復生王言人以一心念正法善與智慧是二事其義寧同不那先言其義各異不同王問那先牛馬六畜頗有智無有智那先言牛馬六畜各自有智其心不同那先言王曾見穫麥者不左手持麥右手刈之那先言智慧之人斷絶愛欲譬如穫麥王言善哉王復問那先何等爲餘善事者那先言誠信孝順精進念善一心智慧是爲善事王言何等爲誠信者那先言誠信者無所復疑信有佛有佛經法信有比丘僧信有阿羅漢信有今世信有後世信有孝順父母信有作善得善信有作惡得惡信是以後心便清淨即去離五惡何等五惡一者貪婬二者瞋恚三者睡眠四者戲樂五者所疑

人不去是五惡心意不定去是五惡意便清淨那先言譬如遮迦越王車馬人從濿渡水令水濁惡過渡以去王渴欲得水飲王有清水珠置水中水即爲清王便得清水飲之那先言人心有惡譬如濁水佛諸弟子得度死生之道心以清淨如珠清水人却諸惡誠信清淨譬如明月珠王言善哉善哉王問言人精進誠信者云何那先言佛諸弟子自相見輩中脫諸惡心中有得須陀洹者中有得斯陀含者中有得阿那含者中有得阿羅漢者中有因相效奉行誠信者皆亦得度世道那先言譬如山上大雨其水下流廣大兩邊人俱不知水深淺畏不敢渡如有遠方人來視水隱知水廣狹深淺自知力勢能入水便得渡過兩邊人衆便效隨後亦得渡去佛諸弟子亦如是見前人淨心得須陀洹斯陀含阿那含阿羅漢道皆從善心精進所致也佛經言人有誠信之心可自得度世道人能制止却五所欲自知身苦者乃能得度世人皆從智慧成其道德王言善哉善哉王言何等爲

孝順者那先言諸善者皆爲孝順凡三十七品經皆由於孝順爲本王言何等爲三十七品經那先言有四意止有四意斷有四神足有五根有五力有七覺意有八種道行王復問那先言何等爲四意止者那先報王言佛說一爲身身觀止二爲觀痛痒痛痒止三爲觀意意止四爲觀法法止是爲四意止王復言何等爲四意斷那先言佛說已分別止四事不復念是爲四意斷以得四意斷便自得四神足念王復問何等爲四神足念那先言一者眼能徹視二者耳能徹聽三者能知他人心中所念四者身能飛行是爲四神足念王復問何等爲五根者那先言一者眼見好色惡色意不貪著是爲根二者耳聞好聲惡罵聲意不貪著是爲根三者鼻聞香臭意不貪著是爲根四者口得美味苦辛意不貪著是爲根五者身得細滑意亦不喜身得麤堅意亦不惡是爲五根王復問何等爲五力者那先言一能制眼二能制耳三能制鼻四能制口五能制身令意不墮是爲五力王復問何等爲七覺意者那先言一意覺意二分別覺意三精進覺意四可覺意五猗覺意六定覺意七護意是爲七覺意王復問何等爲八種道行那先言一直見二直念三直語四直治五直業六直方便七直意八直定是爲八種道行凡是三十七品經皆由孝順爲本那先言凡人負重致遠有所成立皆由地成世間五穀樹木仰天之草皆由地生那先言譬如師匠圖作大城當先度量作基址已乃可起城那先言譬如伎人欲作當先淨除地平乃作佛弟子求道當先行經戒念善因知勤苦便棄諸愛欲便思念八種道行王言當用何等棄諸愛欲那先言一心念道愛欲自滅王言善哉善哉王復問言何等爲精進者那先言持善助善是爲精進那先言譬如垣牆欲倒從邊拄之舍欲傾壞亦復拄之是爲精進那先言譬如國王遣兵有所攻擊兵弱欲不如王復遣兵往助之兵便得勝人有諸惡如兵少弱時人持善心消滅惡心譬如王增兵得勝持五善心消五惡心譬如戰鬭得勝是爲精進助善如是那先言精進所助致人善道已得度世道無有還期王言善哉王復問何等爲意當念諸善事者那先言譬如人取異種華以縷合連繫之風吹不能散那先復言譬如王守藏者知王帑藏中金銀珠玉瑠璃珍寶有其多少道人欲得道時意念三十七品經譬如是正所謂念度世之道者也人有道意因知善惡知當可行知當不可行分別白黑自思惟以後便棄惡就善那先言譬如王有守門者知王有所敬者知王有所不敬者知有利王者知有不利王者守門者知王所敬者知利王者便內之知王不敬者知不利王者守門者即不內那先言人持意亦如是諸善者當內之諸不善者不當內守意制心譬亦如是那先說經言人當自堅守護其意及身中六愛欲持意堅守自當有度世時王言善哉善哉王問那先言何等爲一其心者那先言諸善中獨有一心最第一人能一其心諸善皆隨之那先言譬如樓陛當有所倚諸爲善者皆著一心那先言譬如王

將四種兵出行戰鬬象兵馬兵車兵步兵皆導引王前後佛諸經戒及餘善事皆隨一心亦譬如兵那先説經言諸善中一心爲本學道人衆多皆當先歸一心人身生死過去如水下流前後相從無有住時王言善哉王復問何等爲智慧者那先言我前説巳人有智慧能斷諸疑明諸善事是爲智慧那先言譬如持燈火入冥室火適入室便亡其冥自明明人有智慧譬如火光那先言譬如人持利刀截木人有智慧能截斷諸惡譬如利刀那先言人於世間智慧最爲第一人有智慧能得度脱生死之苦王言善哉王言那先前後所説經種種別異但欲趣却一切惡耶那先言然佛經所説種種諸善者但欲却一切惡也那先言譬如王發四種兵雖行戰鬬初發行時意但欲攻敵耳佛所説經種種諸善但欲共攻去一切惡耳王言善哉善哉那先説經甚快也王復問那先言人死所趣善惡之道續持故身神行生耶更貿他神行生耶那先言亦非故身神亦不離故身神那先因問

王身小時哺乳時身至長大時續故身非王言小時身異那先言人在母腹中始隨精時至精濁時故精耶異也堅爲肌骨時故精耶異也初生時至年數歲時故精耶異也如人學書時傍人寧能代其工不王言不能代其工那先言如人犯法有罪寧可取無罪之人代不王言不可那先以精神罪法語王王意不解王因言如人問那先那先解之云何那先言我故小時身耳從小至大續故身爾大與小時合爲一身養是命所養那先問王言譬如人然燈火寧至天明不王言然燈油至明那先言燈中炷火至一夜時續故火光不至夜半時故火光不至明時故火光不王言非故火光那先言然燈從一夜至夜半復更然燈火耶向晨時復更然燈耶王言不中夜起更然火續故一炷火至明耳那先言人精神展轉相續亦譬如是一者去一者來人從精神生至老死後精神更趣所向生展轉相續是非故精神亦不離故精神人死以後精神乃有所趣向生那先言譬如乳湩化作酪

取酪上肥煎成醍醐寧可取醍醐與酪上肥還復名作乳湩其人語寧可用不王言其人語不可用那先言人神乳湩從乳湩成酪從酪成肥從肥成醍醐人神亦如是從精神生從生至長從長至老從老至死死後神更復受生一身死當復更受一身譬如兩主更相然王言善哉善哉王復問那先人有不復於後世生者其人寧能自知不那先言然有能自知者王言用何知之那先言其人自知無恩愛無貪欲無諸惡用是故自知後世不復生那先問王譬如田家耕犂種穀多收斂著笮中至後歲不復耕不復種但仰笮中穀食其田家寧復望得新穀不王言其田無所復望那先言其田家何用知不復得穀王言其田家不復耕不復種故無所望那先言得道亦如是自知巳棄捐恩愛苦樂無有貪心是故自知後世不復生王復言其人於後世不復生者於今寧有智異於人不那先言然有智異於人王言寧能有明不那先言然有明王言智與明有異同乎那先言智與明等耳

王言有智明者寧悉知萬事不寧有所不及知不那先言人智有所及有所不及王言何等爲智有所及有所不及那先言人前所不學前所不及知人前所學前所及知智者所見人及萬物皆當過去歸空不得自在人心所貪樂皆種苦本從是致苦慧者知非常成敗之事是智爲異於人王問言人有智慧癡愚所在那先言人有智慧諸愚癡皆自消滅那先言譬如人持燈火入冥室室中皆明冥即消滅智如是人有智慧諸癡愚皆悉消滅王言人智令爲所在那先言人行智以後智便消滅智所作者故作那先言譬如人夜於火下書火滅字續在智者如是有所成已智便消滅其所作續在王言智有所成已便自滅是何等語那先言譬如人備火豫作戒火五瓶水如有失火者其人持五瓶水水滴滅火火滅以後其救火人寧復望得完瓶歸家用不王言其人不復望瓶破火滅豈復望瓶耶那先言道人持五善心消滅諸惡亦譬如瓶水滅火王言何等爲五善那先言一者信善有惡二者不毀經戒三者精進四者有慧念善五者一心念道爲是五善人能奉行是五善者便得智慧便知身及萬物非常便知苦不得自在便知空無所有那先言譬如醫師持五種藥詣病者家以藥飲病人病者飲藥得愈醫寧復望得故藥復行治人不王言不復望得故藥那先言五種藥者如五善智其醫者如求道人其病者如諸惡愚癡者如病人得道度世者如病得愈人智所成致人度世道人已得道智亦自滅那先言譬如健鬬人把弓持箭前行向敵以五箭射敵得勝其人寧復望箭歸不王言不復望箭那先言五箭者人五智也智人從智得道如健鬬得勝敵家諸惡者如諸惡道人持五善心滅却諸惡諸惡皆滅善智即生人從善智得成度世道者常在不滅王言善哉王言如人得道後世不復生者後寧復更苦不那先言或有更苦者或有不更苦者王言更苦不更苦云何那先言身更苦耳心意不更苦王言身更苦心意不更苦云何那先言身所以更苦者其身見在故更苦心意棄捐諸惡無有諸欲是故不復更苦王言假令得道人不能得離身苦者是爲未得泥洹道耶王言人得道已亦無恩愛身苦意安何用爲得道王言假令人得道已成當復何留那先言譬如果物未熟不强熟也已熟亦無所復待那先言王屬所道者舍牵曰所説舍牵曰在時言我亦不求死我亦不求生我但須時可時至便去

王言善哉善哉

那先比丘經卷上

那先比丘經卷上

校勘記

一　底本，清藏本。

一　七六六頁上二行譯者，資作「失譯」；磧、普作「失譯附東晉録」。

一　七六六頁上一三行「撓撈」，資作「撓勞」。

一　七六六頁中五行第九字「合」，資、磧、普作「令」。

一　七六六頁中八行第一一字「日」，資、磧、普作「曰」。

一　七六六頁中一三行第四字「齋」，資作「齋齋」。

一　七六六頁中一四行第九字「齋」，資無。

一　七六六頁中末行第一二字「比」，磧作「生」。

一　七六七頁上一行末字「甚」，資作「其」。

一　七六七頁中四行第六字「至」，資作「主」。

一　七六七頁中一五行第一四字「富」，資、磧、普、南、徑作「當」。

一　七六七頁下末行「眼微視」，資、磧、普、南作「以眼視」。

一　七六八頁上八行「帝釋」，資、磧、普作「王釋」。

一　七六八頁上一六行首字「紟」，資、磧、普、南、徑作「終」。

一　七六八頁中三行第一一字「步」，資、磧、普、南作「沙」。

一　七六八頁下四行第六字「子」，資作「子息」。又「剃頭鬚」，資、磧、普作「剔頭鬚」。

一　七六八頁下一七行第一六字「難」，資、磧、普、南作「不」。

一　七七〇頁上一七行第一二字「亦」，磧、徑作「言」。

一　七七二頁中九行「基址」，資、磧、普、南作「基趾」。

一　七七三頁中二行「毋腹」，資、磧、普、南、徑作「母腹」。

一　七七四頁上一六行「水滴」，資作「水摘」。

一　七七四頁下四行「亦無」，徑作「無所」。

一　七七四頁下末行卷末經名，資、磧、普作「那先經卷上」。

那先比丘經卷中　聚六

失譯人名附東晉錄

王問人更樂者爲善耶不善也人更苦爲善
耶爲不善也佛得無不說有樂或有苦王言
如使有爲無有苦那先問王言如人燒鐵著
手中寧燒人手不復取冰著手中其冰寧復
燒人手不王言然兩手皆威也那先問王言
如是兩手中物皆熱耶王言不兩熱那先言
兩冷耶王言不兩冷也那先言兩手中皆燒
那先言我重問王王前後兩熱當言兩熱兩
冷當言兩冷何緣一冷一熱能同言燒人手
乎王言智慮甚淺近不能及是難也願那先
爲我解之那先言佛經說之凡有六事令人
內喜有六事令人內愁復有六事令人不喜
亦不愁外復有六事令人愁王問何等爲六
事令人內喜那先言一者目有所視復有所
望是故令人內喜二者耳聞好聲復有所望
是故令人內喜三者鼻聞好香復有所望是
故令人內喜四者舌得美味復有所望是故
令人內喜五者身得細滑復有所望是故令
人內喜六者心得樂愛復有所望是故令人
內喜如是六事令人內喜王復問何等爲外
六事令人喜那先言一者眼見好色念之不
可常得皆當棄捐便自思惟審然無常是故
令人外喜二者耳聞好聲念之不可常得皆
當棄捐是故令人外喜三者鼻聞好香念之
不可常得皆當棄捐是故令人外喜四者口
得美味念之不可常得皆當棄捐是故令人
外喜五者身得細滑念之不可常得皆當棄
捐是故令人外喜六者心念愛欲思惟念之
是皆無常皆當棄捐念之是以後更喜是爲
六事令人外喜王復問何等爲內六事令人
內愁那先言一者令人內愁者目所不喜而
見之令人內愁二者耳不所欲聞而聞之令
人內愁三者鼻不欲所臭而嗅之令人內愁
四者口不欲所得而得之令人內愁五者身
不欲所著而著之令人內愁六者心不可所
喜而有之令人內愁是爲六事令人內愁王
復問何等爲外六事令人不喜那先言一者
目見惡色令人不喜二者耳聞惡聲令人不
喜三者鼻聞臭腥令人不喜四者舌得苦辛
令人不喜五者身著麤堅令人不喜六者心
有所憎令人不喜是爲外六事令人不喜王
復問何等爲六事令人不愁亦不喜那先言
一者目有所見亦不喜不愁二者耳有所聞
音亦不喜亦不愁三者鼻有所嗅亦不喜亦
不愁四者口有所得亦不喜亦不愁五者身
有所觸亦不喜亦不愁六者心有所念亦不
喜亦不愁是爲內六事令人不喜不愁王復
問何等爲外六事令人愁者那先言一者目
所見死者因自念身及萬物無常其人自念
言我有是念何以不得道因外愁二者耳不
樂好音其人自念言我有是念何以不得道
因外愁三者鼻不喜臭香其人自念言我有
是念何以不得道因外愁四者口不味苦甜
其人自念我有是念何以不得道因外愁五
者身不好細滑亦不得麤堅其人自念言我
有是念何以不得道因外愁六者心不喜愛
欲其人自念言我有是念何以不得道因外
愁是爲六事令人外愁王言善哉善哉王復

問那先人以死後誰於後世生者那先言名與身於後世生王問那先故人名身行生耶那先言不也非故名亦非故身持是名身於今世作善惡乃於後世生耳王言如使今世用是名身作善惡於後世身不復生者極可作善惡徑可得脫不復更諸苦耶那先言於今世作善後世不復生者便可得脫無耶人作善惡不止當後生耳是故不得脫那先言譬如人盜他人果蓏其主得盜果者將至王前白言是人盜我果其盜者言我不盜是人果是人所種小栽耳本不種果也我自取果我何用爲盜我不盜是人果我不應有罪過那先問王言如是兩人共爭誰爲直者誰不直者王言種栽家爲直本造所種盜者無狀應爲有罪那先言盜何用爲有罪王言所以盜者有罪本種栽家所種從栽根生故上有果耳那先言人生亦譬如是人今世用是名身作善惡乃生於後世今世作善惡者是本也那先言譬如人盜他人禾䅶其主得盜便牽問之汝盜我禾䅶爲盜者言我不盜卿禾

䅶卿自種禾我自取䅶我何用爲犯盜兩人相牽至王前白如是誰爲直者誰爲不直王言種禾穀爲直盜者爲不直那先言何以知盜禾䅶者爲不直王言是種禾者爲本有不種禾者爲無緣何有䅶那先言人生亦譬如是人今世用是名身作善惡乃生於後世今世作善惡者是其本也那先言譬如人冬寒於一舍中然火欲自溫炙其人棄火而去稍稍然及壁土燒屋連及樓舍舍主因言起火者牽至王前白言是人起火延及燒我樓舍然火者言我然小火自溫炙耳我不燒樓舍那先問王誰爲直者王言本然火者爲不直本所生也那先言人生亦爾譬如人今世用是名身作善惡乃生於後世今世作善惡者是本也那先言譬如人夜然燭火著壁欲用自照飯食燭稍却及壁上及竹木林材便燒一舍火大熾延及燒一城中舉城中人民共呰言汝何爲燒一城中乃如是然火者言我但然小燭火以自照飯食耳是自大火非我火也如是便共爭訟相牽至王前那先問王

言如是誰爲直者誰爲不直者王言然火者爲不直那先言何以知王言本是火所生也汝飯食已不當滅火也而令火燒一城中那先言人生亦譬如是人今世用是名身作善惡乃生於後世今世作善惡者是其本也人用不知作善惡故不能得度脫那先言譬如人以錢娉求人家小女以後女長大他人復更求娉求女得女以爲婦前所娉家來自說言汝反取婦爲後家言汝自小時娉汝我自大時娉婦我何用爲娶汝婦耶便相牽詣王前那先言王如是誰爲直者誰爲不直者王言前娉家爲直那先言王何以知王言是女本小今稍長大是故知爲直也是前娉家婦也那先言人生亦譬如是人今世用是名身作善惡乃生於後世今世作善惡者是其本也那先言譬如人持瓶從牧牛家買乳湩得湩已復還寄其主言我今還不久其人須臾來還取瓶湩湩以轉作酪買湩家言我持湩寄卿令反持酪還我牧牛者言是汝故乳今自轉爲酪兩人因共爭訟相牽詣王前那先

問王言如是誰爲直者王言牧牛家爲直那先言王何以知王言汝自買湩停置地自轉成酪牧牛家當有何過那先言人生亦譬如是人今世用是名身作善惡乃生於後世今世作善惡者是其本也王復問令那先當復於後世生耶那先報王言用是爲問我前說已如使我有恩愛者後世當復生如使我無恩愛者不復生那先言譬如人竭力事王王當知其善使賜其財物其人得物極自施用衣被飲食歡樂自樂其人論議言我有功於王王未曾有賞賜我也那先問王如彼人得賞賜反言未曾得其人語寧可用不王言其人語不可用那先言是故我語王言如使我有恩愛者當復於後世生如使我無恩愛者不復於後世生王言善哉善哉王問那先言御前所說人名與身何等爲名何等爲身者那先言今見在爲身心所念者爲名王復問人何故有名行於後世生而身不行生那先言人身以名前後相連譬如鷄子中汁及與上皮乃成鷄子人名與身相連如是不分也

王言善哉王復問那先何等爲久者那先言以過去事爲久當來事亦爲久見在事爲無有久王言善哉王復問那先言審爲有久不那先言或有久或無有久王復言何等爲有久何等爲無有久那先言其得道泥洹者爲無久未得道當復更死生者爲有久人於今世好布施孝於父母於當來世當得其福王言善哉善哉王復問那先言諸以過去事當來事今見在事是三事何所爲本者那先言已過去事當來事今見在事愚癡者是其本也愚癡生即生神神生身身生名名生色色生六知一爲眼知二爲耳知三爲鼻知四爲口知五爲身知六爲心知是爲六知是六事皆外向何等爲外向眼向色耳向聲鼻向香口向味身向滑心向貪欲是爲六外向名爲沛沛者合沛者知苦知樂從苦樂生恩愛恩愛生貪欲從貪欲生有致便生因老從老因病從病因死從死因哭從哭因憂從憂因內心痛凡合是諸勤苦合名爲人人以是故生死無有絶時人故本身不可得也那先言

譬如人種五穀生根從根生莖葉實至後得穀巳後年復種得穀甚多那先問王如人種穀歲歲種穀寧有絶不生時不王言歲歲種穀無有絶不生時也那先言人生亦如是展轉相生無有絶時那先言譬如鷄生卵卵生鷄從卵生卵從鷄生鷄人生死亦如是無有絶時那先便畫地作車輪問王言今是輪寧有角無王言正圓無有角那先言佛經說人生死如車輪展轉相生無有絶時那先言人從眼萬物色識即覺知是三事合從合生苦樂從苦樂生恩愛從恩愛生貪欲從貪欲生因有致從有致因生從生因作善惡從善惡便生耳聞聲識即覺知三事合從合生苦樂從苦樂生恩愛從恩愛生貪欲從貪欲生因有致從有致因生從因生作善惡從善惡便生鼻聞香識即覺知三事合從合生苦樂從苦樂生恩愛從恩愛生貪欲從貪欲生因有致從有致因生從生因作善惡從善惡便生口得味識即覺知三事合從合生苦樂從苦樂生恩愛從恩愛生貪欲從貪欲生因有致

從有致因生從因生作善惡從善惡便生身得細滑識即覺知三事合從合生苦樂從苦樂生恩愛從恩愛生貪欲從貪欲生因有致從有致因生從生因作善惡從善惡便生意有所念識即覺知三事合從合生苦樂從苦樂生恩愛從恩愛生貪欲從貪欲生因有致從有致因生從因生作善惡從善惡便生那先言人展轉相生無有絕王言善哉王復問那先卿言人生死不可得本不可得本意云何那先言有本者當不復生有本者當復過去用是爲本王言無本者當不復生見有本者當過去如是本爲未絕耶那先言然皆當過去王復問那先人生死寧有從旁增益者不那先問王言世間人及蚑行蠕動之類寧有從旁增益者不王言我不問那先世間人及蚑行蠕動之類我但欲問卿人生死本耳那先言樹木生以栽爲本五穀生以穀爲本天下萬物皆各以其類本生人從六情恩愛爲本那先言人有眼有色有識有耳有聲有識有鼻有香有識有舌有味有識有身有細

滑有識有念有法有識從是生苦樂從苦樂生恩愛從恩愛生貪欲從貪欲生合是諸苦乃成爲人耳眼耳鼻口身神識念使有致并合爲沛從沛生苦樂從苦樂生恩愛從恩愛生貪欲從貪欲因生有致從有致因生從生因老因病從病因死因憂從憂因哭從哭因內心痛人生如是那先言無眼不見色不覺不知從不覺不知無有合無有合無有苦樂無有苦樂便不生恩愛無恩愛不生貪欲無貪欲無有致無有致不生不老不生不老不病不死不病不死不愁不哭不愁不哭不內心痛無是諸苦便度脫得泥洹道無耳無所聞無鼻無所齅無口無所味無身無細滑無識無所念無所念無沛無沛無苦樂無苦樂無恩愛無恩愛無貪欲無貪欲無胞胎無所胞胎無所生不生不老不老不病不病不死不死不愁不愁不哭不哭不內心痛捐棄諸苦便得泥洹道王言善哉王復問那先言世間寧有自然生物無那先言無有自然生物皆當有所因那先因問王今王所坐殿有人

功夫作之耶自然生乎王言人功作之材椽出於樹木垣牆泥土出於地那先言人生亦如是界如和合乃成爲人是故無自然生物也皆有所因那先言譬如窯家作器取土水和以爲泥燒作雜器物其泥不能自成爲器會當須人工有薪火乃成爲器耳世間無有自然生者也那先語王言譬如箜篌無絃無柱無人鼓者寧能作聲不王言不能自作聲那先言如使箜篌有絃有柱有人工鼓者其聲寧出不王言有聲那先言如是天下無自然生物皆當有所因那先問王如鑽火燧無兩木無人鑽者寧能得火不王言不能得火那先言設有兩木有人鑽之寧能生火不王言然即生火那先言天下無有自然生物皆當有所因那先問王言譬如陽燧鈎無人持之亦無日無天寧能得火那先言如陽燧有人持之有天有日寧能得火不王言得火那先言天下無有自然生物皆當有因那先問王言若人無鏡無明人欲自照寧能自見其形不王言不能自見那先言如有有鏡有明

有人自照寧能自見形不王言然即能自見那先言天下無有自然生物皆有所因王言善哉王復問那先世間人寧爲有人無那先言世間不能審有人也適當呼誰爲人王言身中命即爲人不那先問王人身中命能用眼視色不能用耳聽音聲不能用鼻聞香不能用舌知味不能用身知細滑不能用意有所知不王言能那先言今我與王其於殿上四面有窻自在欲從何窻者寧能見不王言得見那先言設令人命在身中自在欲從何孔視耳能以眼視色不能用耳視色不能用鼻視色不能用口視色不能用身視色不能用意視色不王言不能那先言設令命在耳能以耳有所聞不能以耳有所見不能以耳知香臭不能以耳知味不能以耳知細滑不能以耳有所念不那先言設令命在鼻能以鼻知香臭不能以鼻聞音聲不能以鼻知味不能以鼻知細滑不能以鼻有所念不那先言設令命在口能以口知味不能以口有所見不能以口聽音聲不能以口聞臭香不能

以口知細滑不能以口有所念不那先言設令命在身中能以身知細滑不能以身有所見不能以身聽音聲不能以身知臭香不能以身知味不能以身有所念不那先言設令命在識能以識有所念不能以識聽音聲不能以識知臭香不能以識知味不能以識知細滑不王言不能知也那先言王所語前後不相副那先言如我與王共在殿上坐徹壞四窻者視寧廣遠不王言然廣遠那先言設令命在身中抉眼去之其視寧廣遠不決耳令大其聽寧能遠不決鼻令大聞香寧能遠不決口令大知味寧能多不副剥皮膚知細滑寧多不決判去意其念寧大不王言不也那先言王亦語前後不相副那先問王言王持藏人來入在王前住王寧覺知在前住不王言知在前那先言持藏者即入王室寧知入室不王言知入室也那先言設令人命在身中人持味著口中能知甜醋酸鹹辛苦王言知之那先言王所語前後不相副也那先言如人沽美酒著大器中急塞一人口倒置

酒中令嘗酒其人寧知酒味不王言其人不知那先言何以故不知味王言未入口到舌上故不知味那先言王所語前後不相副王言我愚癡智未及是難願相解之那先言人從眼見色神動神動即生苦樂意念合耳鼻口身意皆同合爲意有所念神動神動即生苦樂從苦樂生意從生念展轉相成適無常主王言善哉王復問那先人生眼時眼與神俱生耶那先言然同時俱生王復問眼居前生耶神居前生耶那先言眼居前生神居後生王言眼語神言我所行生處汝當隨我後生相語言兩耶神語眼言汝所生處我當隨汝後生兩相語不那先言兩不相與語王言御不言同時俱生何以故不相語那先言有四事俱不相語那先自言何等四一爲下行二爲向門三爲行轍四者爲數是四事俱不相語王復問何等爲下行者那先報王言高山上天雨其水隨流當如何行王言下行那先言後復天雨其水流當復如何行王言當、隨前流水處行那先問王言前水寧語後水言汝當隨我後來後水寧語前水言我當隨汝處流行前水後水相語言爾不王言水流各自行前後不相語也那先言眼亦如水眼不語神言汝當隨我後生神亦不語眼言我當隨汝後行生也眼與神俱不相語也是名爲下行耳目鼻口身意亦爾王復問何等爲向門者那先言譬如大城都有一門其中有一人欲出當從何向王言當從門出耳那先言後復有一人欲出當復從何向出王言故當從前一人門出耳那先言王前出人寧語後人言汝當隨我後出後人寧語前人言我當隨卿所從門出兩人寧相語言爾不王言前人後人俱不相語也那先言眼亦如門眼不語神言汝當隨我後生神亦不語眼言我今當隨汝後生眼與神俱不相語也是爲向門耳鼻口身意亦爾王復問那先言何等爲轍行者那先問王言前車行有轍後車行當從何所行王言後車當從前車轍中行那先言前車輪寧語後輪言汝當隨我處從後來後車輪寧語前輪我當隨汝處行寧相語言

爾不王言俱不相語也那先言人亦如是眼不語神我所生處汝當隨我生神亦不語眼我當隨卿後生那先言耳鼻口身神俱不相語王復問那先何等爲數那先言數者校計也書疏學問是爲數耳目鼻口身神稍稍習知共合是六事乃爲有所知不從一事有所知也王言善哉王復問那先言人目生時與苦樂俱生不那先言目與苦樂俱生皆根從合生王復言何等爲合者那先言兩相觸爲合合者譬如兩羊相抵是爲合一羊如目羊如色合爲名沛譬如一手爲目一手爲色兩手合爲沛譬如兩石一石爲目一石爲色兩石合爲沛耳目鼻身神皆同合爲沛譬如兩石一石如神一石如志兩石合爲沛神志合如是是名爲沛王言善哉王復問那先樂何等類那先言自覺知爲樂那先言譬若人事國王其人賢善王賜與財物其人得之用自快樂在所欲爲其人自念我事王得賞賜今得樂樂如是那先言譬如人心念善口言善身行善行善如是死後得生天上其人於

天上極意自娛樂自念言我在世間時心念善口言善身行善是故我自致生此間得樂甚樂是爲覺王言善哉王復問那先何等爲覺者那先言從知爲覺譬如王有持藏者入藏室中自視室中自知有若干錢金銀珠玉繒帛雜香色皆知雜處是爲覺知王言善哉王復問那先言人有所念何等類那先言人有所念因有所作譬如人和毒藥自飲亦復行飲人身自苦亦復苦他人身那先言譬如人作惡死後當入泥犁中諸所教者皆入泥犁中惡人有所念所作言如是王言善哉王復問那先言何等爲内動者那先言志念内便動王言動行時云何那先言譬如銅銷銅釜有人往燒之其器有聲舉乎有餘音而行人如是志動念因行那先言燒時爲動有餘音爲行王言善哉王復問那先言能合取分別之不是爲合是爲智是爲念是爲意是爲動那先言假令以合不可復分別也那先言王使宰人作美羹中有水有肉有葱蒜有薑有醯豉有糯王勑廚下人言所作美羹如前

取羹中水味來次取肉味來次取葱味來次
取薑味來次取鹽豉味來次取糯味來羹以
成人寧能一一取羹味與王不王言羹一合
以後不能一一別味也那先言諸事亦如是
一合不可別也是爲苦樂是爲智是爲動是
爲念王言善哉善哉王復問那先言人持目
視鹽味寧可別知不那先言王知乃如是耶
能持目視知鹽味王言目不知鹽味耶那先
言人持舌能知鹽味取不能以目知鹽味也
王復言人用舌知味云那先言人皆用舌別
知味王言諸鹽味皆當用舌別知耶那先言
然諸鹽味皆當用舌別知耳王復問那先言
車載鹽牛輓鹽車牛寧能別知鹽味不那先
言車牛不能別知鹽味也王問那先言鹽
味寧可稱不那先言王智乃爾能稱鹽味王
問那先言鹽味不可稱也其輕重可稱耳王
言善哉王復問那先凡人身中五知作衆事
所成耶作一事成五知耶那先言作衆事所
成非一事所成也譬如一地五穀當生時各
各自生動類人身中五事皆用衆事各所生

王言善哉善哉王復問那先世間人頭髮鬚
膚面目耳鼻口身體四支手足皆完具何故
中有壽命長者中有短命者有多病者中有
少病者中有貧者中有富者中有貴者中有
賤者中有大士者中有小士者中有端正者
中有醜者中有爲人所信者中有爲人所疑
者中有明孝者中有愚者何故不同那先言
譬如諸樹木果衆中有醋不甜者中有苦者
中有辛者中有甜者中有正醋者那先問王
言是皆樹木何故不同王言所以不同者其
栽各自異那先言人亦如是心所念者各各
異是故令世間人不同耳中有短命者中有
長命者中有多病者中有少病者中有富者
中有貧者中有貴者中有賤者中有大士者
中有小士者中有端正者中有醜者中有語
用者中有語不用者中有明者中有愚者那
先言是故佛所言隨其人作善惡自當得之
中有豪貴者中有貧窮者皆是前世宿命世
作善惡各自隨其德得之王言善哉善哉王
復問那先言人有欲作善者當前作之耶當

後作之乎那先言當居前作之在後作之不
能益人也居前作者有益於人那先問王言
王渴欲飲時使人掘地作井能赴王渴不王
言不赴渴也當居前作井耳那先言人亦如
是人所居皆當居前在後作者無益也那先
問王王飢時乃使人耕地糞地種穀飢寧用
飯耶當豫有儲王言不也當先有儲貯那先
言人亦如是當先作善有急乃作善者無益
身也那先問王譬如王有怨當臨時出戰鬬
王能使人教馬教象教人作戰鬬具乎王言
不也當宿有儲貯臨時便可戰鬬臨時教馬
教象教人無益也那先言佛經說言人當先
自念身作善在後作善無益也那先言王莫
棄大道就邪道無效愚人棄善作惡後坐啼
哭無所益也人家棄捐忠正就於不正臨死
時悔在後王言善哉善哉王復問那先卿曹
諸沙門言世間火不如泥犂中火熱也卿曹
復言持小石著世間火中至暮不消也卿曹
復言極取大石著泥犂火中即消盡是故我
不信也卿曹復言人作惡死在泥犂中數千

萬歲其人不消死是故我重不信是語也那先問王王寧聞見水中有雌蟒雌蛟雌鼈雌蟹懷子以沙石爲食不王言然皆以是爲食那先問王沙石在腹中寧消不王言然皆消那先言其腹中懷子寧復消不王言不消也那先言何以故不消王言相禄獨當然故不消那先言泥犂中人亦如是數千萬歲不消死者其人所作罪過未盡故不消死那先問王言雌師子雌虎雌狗雌猫懷子皆肉食噉骨入腹中時寧消不王言皆消盡那先問王言其腹懷子寧復消不王言不消也那先言用何故不消王言獨用禄相故不消也那先言泥犂中人亦如是數千萬歲不消死者泥犂中人所作過惡未解故不消死那先問王言雌牛雌馬雌驢雌麋雌鹿懷子皆食草芻聚六 十六爲飡不王言然皆以是爲食那先言其芻草寧於腹中消盡不王言皆消盡那先言其腹中子寧消盡不王言不消盡也那先言何故不消盡王言獨以相禄當然故使不消盡那先言泥犂中人亦如是罪過未盡故不消死那先問王言夫人及長者富家女飲食皆美恣意食食於腹中寧消不王言皆消那先問王言腹中懷子寧消不王言不消也那先言何以故不消王言獨相禄故使不消也那先言泥犂中人亦如是所以數千歲不消死者用先世作惡故未解故不消死那先言人在泥犂中長在泥犂中老過盡乃當死王言善哉王復問那先卿曹諸沙門言天下地皆在水上水在風上風在空上我不信是也那先便前取王書水適以三指撮舉之問王言是中水爲風所持不王言然爲風所持那先言風持水亦如是王言善哉王復問那先言泥洹道皆過去無所復有耶那先言泥洹道無所復有也那先言愚癡之人徑來索内外身愛坐是故不能得度脱於老病死那先言聚六 十九智者學道人内外身不著也人無有恩愛無有恩愛者無貪欲無貪欲者無有胞胎無有胞胎者不生不老不生不老不病不死不病不憂不哭不憂不哭不内心痛便得泥洹道王言善哉王復問那先言諸學道者悉能得泥洹道不那先言不能悉得泥洹道也正向善道者學知正事當所奉行者奉行之不當奉行者遠棄之當所念者念不當所念者棄之人如是者得泥洹道王言善哉王復問那先人不得泥洹道者寧知泥洹道爲快不那先言然雖未得泥洹道由知泥洹道爲快也王言人未得泥洹道者何以知爲快耶那先問王言人生未嘗截手足爲痛處王言人雖未嘗更截手足由知爲痛也那先言何用知爲痛也王言其人截手足時嗥呼用是知爲痛那先言人亦如是前得泥洹道者轉相語泥洹道快用是故信之王言善哉王復問那先那先寧曾見佛不那先言未曾見也王言那先諸師寧曾見佛不那先言諸師亦不見佛也如使那先及諸師不見佛者定爲無有佛也那先問王言王見五百水所合聚處不王言我不見也那先言王父及太父皆見是水不王言皆不見也那先言王父及太父皆不見此五百水合聚處天下定爲無此五百水所聚處耶王言雖我父及太父皆不見此

水者實有此水那先言雖我諸師不見佛者
其實有佛王言善哉

那先比丘經卷中

那先比丘經卷中
校勘記

一　底本，清藏本。

一　七七六頁上一行經名，資、磧作「那先經卷中」。卷末經名同。

一　七七六頁上二行譯者，資、磧、普作「失譯」。

一　七七六頁中一一行「棄捐」，資、磧、普、南作「捐棄」。

一　七七六頁中一七行「不可」，資、普作「不欲」。

一　七七七頁中一八行首字「呫」，資、磧、普作「嚾」；南作「嚾」。

一　七七八頁中三行第一三字「審」，磧作「番」。

一　七七九頁上二行「覺知」，資、磧、普、南作「識知」。

一　七七九頁下一五行「陽燧」，資作「陽遂」。一六行同。

一　七八〇頁上末行「臭香」，資作「鼻香」。

一　七八〇頁中一六行「即入」，資、磧、普作「却入」。

一　七八一頁上末行「車輪」，資、磧、普、南作「輪車」。

一　七八一頁中一一行首字「羊」，資、磧、普、南、徑作「一羊」。

一　七八一頁下五行末字「玉」，資作「王」。

一　七八一頁下一四行第一二字「乎」，資、普、南作「手」。

一　七八二頁上一行「次取肉味來」，徑無。

一　七八二頁中一行第一六字「鬚」，資、普、南作「額」。

一　七八三頁上一六行第二字「飡」，資、普作「食」。

一　七八三頁下八行「未嘗」，資、磧、普、南作「未當」。

那先比丘經卷下　聚七

失譯人名附東晉録

王復問言無有復勝佛者耶那先言然無有勝佛者王復問何以知爲無有勝佛者那先問王言如人未曾入大海中寧知海水爲大不有五河有五百小河流入大河一者名恒二者名信他三者名私他四者名譯叉五者名施披夷爾五河水晝夜流入海海水亦不增不減那先言王寧能聞知不王言實知那先言以得道人共道説無有能勝佛者是故我信之王言善哉王復問那先何用知無有能勝佛者那先問王造作書師者爲誰王言造書師者名質那先言王寧曾見質不王言質以死久遠未曾見那先言王未曾見質何用知質爲造書師王言持古時書字轉相教告用是故我知名爲質那先言用是故我曹見佛經戒如見佛無異佛所説經道甚深快人知佛經戒已後便轉相教用是故我知爲無有能勝佛者王復問那先自見佛經道可久行之那先言佛所施教禁經戒甚快當奉行之至老王言善哉王復問那先人死已後身不隨後世生耶那先言人死已後更受新身故身不隨那先言譬如燈中炷更相然故炷續在新炷更然人身如是故身不行更受新身那先問王王小時從師學書讀經不王言然我續念之那先問王王所從師受經書師寧復知本經書耶悉舊得其本經書王言不也師續自知本經書耳那先言人身如此置故更受新身王言善哉王復問那先審爲有智無那先言無有智那先言譬如人盜他人果蓏盜者寧有過無王言有過那先言初種栽時上無果蓏何緣盜者當有過王言設不種栽何縁有果是故盜者無狀那先言人亦如是用今世作善惡生於後世更受新身王言人用是故身行作善惡更新善惡所在那先言人諸所作善惡隨人如影隨身人死但亡其身不亡其行譬如然火夜書火滅其字續在火至復成之今世所作行後世成如受之如是王言善哉王言那先寧能分别指視善惡所在不耶那先言不可得知善惡所在那先問王樹木未有果時言寧能分别指視言其枝間無有果寧可豫知之不耶王言不可知那先言人未得道不能豫知善惡所在王言善哉王復問人當於後世生者寧能自知不耶那先言其當生者自知王言何用知之那先言譬如田家耕種天雨時節其人寧豫知當得穀不王言然猶知當得穀多那先言人亦如是人當於後世生豫自知王言善哉王復問那先審有泥洹無那先言審有王言那先寧能指示我佛在其處不那先言不能指示佛在其處佛以般泥洹去不可得指示指示見處那先言譬如人然大火以即滅其火火寧可復指示知光所在不王言不可知處那先言佛以般泥洹去不可復知處王言善哉王復問那先沙門寧自愛其身不那先言沙門不自愛其身王言如令沙門不自愛其身者何以故自消息卧欲得安温輭飲食欲得美善自護視何以故那先問王言寧曾入戰鬭中不王言然我曾入戰鬭中那先言在戰鬭中曾爲刀刃箭所中不王言我

曾頗爲刀刃所中那先問王刀刃矛箭瘡柰
何王言我以膏藥綿絮裹耳那先問王言王
爲愛瘡故以膏藥綿絮裹耶王言我不愛瘡
那先言殊不愛瘡者何以持膏藥綿絮裹以
護之王言我欲使疾愈耳不愛其瘡那先言
沙門亦如是不愛其身雖飲食心不樂不用
作美不用作好不用作肌色趣欲支身體奉
行佛經戒耳佛經說言人有九孔爲九矛瘡
諸孔皆臭處不淨王言善哉王復問那先佛
爲審有三十二相八十種好身皆金色有光
影耶那先言佛審有三十二相八十種好皆
有金色有光影王言佛父母寧復有三十二
相八十種好身皆金色有光影耶那先言佛
父母無是相王言如使父母無是相者佛亦
無是相王復言人生子像其種類父母無有
是相者佛定無是相那先言佛父母雖無是
三十二相八十種好身金色者佛審有是相
那先問王王曾見蓮華不王言我見之那先
言此蓮華生於地長於泥水之中色甚香好
寧復像類泥水色不王言不像類地泥水色
那先言雖佛父母無是諸相者佛審有是諸
相佛生於世間長於世間而不像世間之事
王言善哉王復問那先佛審如第七天王梵
所行不與婦女交會不那先言然審離於婦
女淨潔無瑕穢王言假令佛如第七天王所
行者佛爲第七天王梵弟子那先問王第七
天王者有念無念王言第七天王梵有念那
先言是故第七天王梵及上諸天皆爲佛弟
子那先問王言鳥鳴聲何等類王言鳥鳴聲
如鴈聲那先言如是鳥爲是鴈弟子各自異
類佛亦如是非第七天王梵弟子王言善哉
王復問那先佛寧悉學知奉行經戒不那先
言佛悉學知奉行經戒王言佛從誰師受經
戒那先言佛無師佛得道時便悉自知諸經
道佛不如諸弟子學知佛所教諸弟子皆當
奉行至老王言善哉王復問那先人父母死
時悲啼哭淚出人有聞佛經亦復悲啼淚出
俱淚出寧有別異不那先言人有父母啼泣
皆感恩愛思念愁憂苦痛此曹憂者愚癡憂
耳其有聞佛經道淚出者皆有慈哀之心念
世間勤苦是故淚出其得福甚大王言善哉
王復問那先以得度脫者未得度脫者有何
等別異那先言人未得度脫者有貪欲之心
人得度脫者無有貪欲之心但欲趣得飯食
支命耳王言我見世間人皆欲快身欲得美
食無有猒足那先言人未得度脫者飯食用
作榮樂好人得度脫者雖飯食不以爲樂不
以爲甘趣欲支命王言善哉王復問那先人
家有所作念久遠之事不那先言人愁憂時
皆念久遠之事王言用何等念之用志念耶
用念念耶那先問王言寧曾有所學知以後
念之不王言然我曾有所學知以後復忽忘
之那先言王是時無志耶而忘之乎王言我
時妄念那先言可差王爲有象王復問那先
人有所作皆念如甫始有所作今見在所作
皆用念知耶那先言巳去之事皆用念知之
今見在之事亦用念知之王言如是人但念
去事不能復念新事那先言假令新者有所
作不可念者亦如是王言人新學書技巧爲
唐捐耶那先言人新學書畫者有念故令弟

子學者有知是故有念耳王言善哉王復問那先人用幾事生念耶那先言人凡有十六事生念一者久遠所作生念二者新有所學生念三者若有大事生念四者思善生念五者曾所更苦生念六者自思惟生念七者曾雜所作生念八者教人生念九者像生念十者曾有所忘生念十一者因識生念十二者校計生念十三者負債生念十四者一心生念十五者讀書生念十六者曾有所寄更見生念爲十六事生一王復問那先何等爲念久者那先言佛弟子阿難女弟子優婆夷鳩讎單羅念億世宿念時事及餘道人皆能念去世之事如阿難女弟輩甚衆多念此以便生念二王復問何等爲新所學生念者那先言如人曾學知校計後復忘之見人校計便更生念三王復問那先何等爲大事生念者那先言譬如太子立爲王自念爲王豪貴是爲大事生念四王復問那先何等爲思善生念者那先言譬如爲人所請呼極善意賓遇待之其人自念言昔日爲其所請呼善意待人是爲思善生念五王復問那先何等爲更苦生念那先言譬如人曾爲人所撾捶閉繫牢獄是爲更苦生念六王復問那先言何等爲自思惟生念者那先言譬如曾有所見若家室宗親及畜生是爲自思惟生念七王復問那先言何等爲曾雜所作生念者那先言譬如人名萬物字顔色香臭甜苦念此語事是爲雜生念八王復問那先言何等爲教人生念者那先言人自喜忘邊人或有者或忘者忘爲教人生念九王復問那先言何等爲像生念者那先言人牛馬各自有像類是爲像生念十王復問那先何等爲曾所忘生念者那先言譬如人卒有所忘數數獨念得之是爲曾所忘生念十一王復問那先何等爲因識生念者那先言學書者能求其字是爲因識生念十二王復問那先何等爲校計生念者那先言如人共校計成就悉知策術分明是爲校計生念十三王復問那先何等爲負債生念者那先言譬如顧鼓所當債歸是爲債局生念十四王復問那先何等爲一心生念者那先言沙門一其心自念所從來生千億世時事是我爲一其心生念十五王復問那先何等爲讀書生念者那先言帝王有久古之書念言某帝某年時書也是爲讀書生念十六王復問那先何等爲曾有所寄更見生念者那先言若人有所寄更眼見之便生念是爲所寄生念王言善哉王復問那先佛寧悉知去事甫始當來事耶那先言然佛悉知之王言假令佛悉知諸事者何故不一時教諸弟子何故稍稍教之那先問王國中寧有醫師無王言有醫師寧能悉知天下諸藥不王言能悉識知諸藥那先問王其醫師治病爲一時與藥稍稍與之王言人未病不可豫與藥應病乃與藥耳那先言佛雖悉知去來見在之事亦不可一時悉教天下人當稍稍授經戒令奉行之耳王言善哉王復問那先卿曹沙門言人在世間作惡至百歲臨欲死時念佛死後者皆得生天上我不信是語復言殺一生死即當入泥犂中我不信是語那先問王如人持小石置水上石浮耶沒

耶王言其石沒那先言如令持百枚大石置船上其船寧沒不王言不沒那先言船中百枚大石因船故不得沒人雖有本惡一時念佛用是故不入泥犁中便得生天上其小石沒者如人作惡不知佛經死後便入泥犁中王言善哉王復問那先卿曹用何等故行學道作沙門那先言我以過去苦現在苦當來苦欲棄是諸苦不欲復受更故行學道作沙門王復問那先苦乃在後世何爲豫學道作沙門那先問王王寧有敵國怨家欲相攻擊不王言然有敵國怨家常欲相攻擊也那先問王敵主臨來時王乃作鬬具備守掘壍耶當豫作之乎王言當豫有儲待那先問王用何等故豫作儲待王言備敵來無時故那先問王敵尚未來何故豫備之那先復問王飢乃田種渴乃掘井耶王言皆當豫作之那先言尚未飢渴何故豫作調度王言善哉王復問那先第七梵天去是幾所那先言甚遠令石大如王殿從第七梵天上墮之六月日乃墮此閒地耳王言卿曹諸沙門言得羅漢道

如人屈伸臂頃以飛上第七梵天上王言我不信是行數千萬億里何以疾乃爾耶那先問王王本生何國王言我本生大秦國國名阿荔散那先問王阿荔散去是閒幾里王言去二千由旬合八萬里那先問王頗曾於此遥念本國中事不王言然恒念本國中事耳那先言王試復更念本國中事曾有所作爲者王言我即念已那先言王行八萬里反復何以疾王言善哉王復問那先若有兩人於此俱時死一人上生第七梵天一人生罽賓去是七百二十里誰爲先到者那先言兩人俱時到耳王言相去遠近大多何以俱至耶先問王試念阿荔國王言我已念之那先復言王試復念罽賓王言我已念之那先問王念是兩國何所疾者王言俱等耳那先言兩人俱死一人生第七梵天上一人生罽賓亦等耳那先問王若有一雙飛鳥一鳥於大樹上止一鳥於小卑樹上止兩鳥俱止誰影先在地者王言其影俱到地耳那先言兩人俱死一人生第七梵天上一人生罽賓亦俱時

至耳王言善哉王復問那先人用幾事學知道那先言用七事學知道何等爲七一者念善惡之事二者精進三者樂道四者伏意爲善五者念道六者一心七者適遇無所憎愛王復問那先人用此七事學知道耶那先言不悉用七事學知道智者持智別知善惡用是一事別知耳王復問那先假令用一事知者何爲說七事那先問王如人持刀著鞘中倚壁刀寧能自有所割截不王言不能有所割截那先言人心雖明會當得是六事共成智耳王言善哉王復問那先人家作善得福大耶作惡得殃大耶那先言人作善得福大作惡得殃小人家作惡日自悔過是故其過日小人家作善日夜自念歡喜是故得福大那先言昔者佛在時其國中有人杌無手足而取蓮華持上佛佛即告諸比丘言此杌手足兒却後九十一劫不復墮入泥犁中畜生薜荔道中得生天上天上壽終復還作人是故我知人作小善得福大作惡其人自悔過日消滅而盡是故我知人作過其殃小王言

善哉王復問那先智者作惡愚人作惡此兩人殃𥚃誰得多者那先言愚人作惡得殃大智人作惡得殃小王言不如那先言王言我國治法大臣有過則罪之重愚民有過則罪之輕是故智者作惡得殃大愚者作惡得殃小那先問王譬如燒鐵在地一人知爲燒鐵一人不知兩人俱前取燒鐵誰爛手大者那王言不知者爛手大那先言愚者作惡不能自悔故其殃大智者作惡知不當所爲日自悔過故其殃少王言善哉王復問那先人有能持此身飛行上至第七梵天上及至鬱單越地及所欲至處者不那先言能王言奈何持此身上第七梵天及鬱單越地及所欲至處乎那先問王王寧自念少小時跳戲一丈地不王言我年少時意念欲跳便跳一丈餘地那先言得道之人意欲跳至第七梵天上及至鬱單越地者亦爾王言善哉王復問那先卿曹諸沙門言有骨長四千里何等身骨乃長四千里那先問王曾聞大海中有大魚名質身長二萬八千里者不王言然有是我曹聞之那先言如是二萬八千里魚其脇骨長四千里王怪之爲王復問那先卿曹諸沙門説言我能斷喘息之事王言奈何斷喘息氣耶那先問王寧曾聞志不王言我聞之那先言王以爲志在人身中耶王言我以爲志在人身中那先言王以爲愚人不能制其身口者不能持經戒者如此曹人亦不樂其身那先言其學道人能制身口能持經戒能一其心得四禪便能不復喘息耳王言善哉王問那先爲呼言海海爲是水名爲海耶用他事故言海那先言人所以呼爲海者水與鹽參各半是故爲海耳王復問那先何以故海悉鹹如鹽味那先言所以海水鹹者淡畜以來久遠及魚鼈蟲多共清便水中是故令鹹耳王言善哉王復問那先人得道以寧能悉思惟深奥衆事不那先言然人得道以能悉思惟深奥之事那先言佛經最深奥知衆事不可稱量衆事皆智平斷之王言善哉王復問那先人神智自然此三事寧同各異那先言人神者主覺智者曉道自然者虛空無有人王復問那先言得人何等爲得人者眼視色耳聽聲鼻聞香口知味身知麁軟志知善惡之事何所爲得人者那先問王如令人能目自視脱瞳子去之視寧廣遠不裂大其耳聽聲寧廣遠不決鼻令大其聞香寧多不開口令大知味寧多不剥割肌膚寧令信知麁軟不拔去其志感念寧多不王言不也那先言佛在所作甚難佛所知甚妙王復問那先所作何等甚難何等甚妙那先言佛言能知人腹中目所見事悉能解之能解目事能解耳事能解鼻事能解口事能解身事能解敗事能解疑事能解所念事能解神事那先言人取海水舍之寧能別知口中水是泉水是其流水是其河水王言衆水皆合爲一難各別知那先言佛所作爲難皆能別知是諸水味令海水見目前之事王尚不能別知令人神不見人身中有六事不可見那先言是故佛解之從心念至目所見從心念至耳所聽從心念至鼻所𪖙從心念至口知味從心念至身知苦樂寒温麁堅從心念有所向佛悉

知分別解之王言善哉那先言夜已半我欲去王即勑傍臣取四端氎布搵置麻油中持以爲炬當送那先歸恭事那先如事我身傍臣皆言受教王言得師如那先作弟子如我可得道疾王諸所問那先輒事事荅之王大歡喜王即出中藏好衣直十萬已上那先王謂那先從今已去願那先日與八百沙門共於宮中飯食及欲所得皆從王取之那先報王我爲道人略無所欲王言那先當自護亦當護我身那先言何等當自護及護王身王報言恐人論議呼王爲慳那先爲王解諸狐疑而不能賜與恐或人言那先不能解王狐疑故王不賞賜王言那先受者當令我得其福那先亦當護其名王言譬如師子在金檻中猶爲拘閉常有欲望去心今我雖爲國王在宮省中其意不樂欲棄國去而行學道王語竟那先便起歸佛寺那先適去王竊自念我問那先爲何等事那先爲解我何等事王自念我所問那先莫不解我意者那先歸佛寺亦自念王問我何等事我亦報王何等事

那先自念王所問者我亦悉爲解之念此事至天明明日那先被袈裟持鉢直入宮上殿坐王前爲那先作禮已乃却坐王白那先那先適去我自念問那先何等語那先報我何等語我復自念所問那先那先莫不解我意者我念是語歡喜安卧至明那先言我行歸舍亦自念王爲問我何等事我亦爲王說何等事我復自念王所問我輒爲解之用是故歡喜至明語竟那先欲去王便起爲那先作禮

那先比丘經卷下

那先比丘經卷下

校勘記

一　底本，清藏本。
一　七八五頁上一行經名，資、磧作「那先經卷下」。卷末經名同。
一　七八五頁上二行譯者，資作「失譯」；磧、普作「失譯附東晉録」。
一　七八五頁上九行末字「知」，資、磧、普、南作「如」。
一　七八六頁中八行「第七」，磧、普作「第十」。
一　七八六頁中一九行「恩愛思念」，徑作「思愛恩念」。
一　七八七頁上一〇行第八字「一」，資、磧、普、南作「念」。
一　七八八頁下一五行第一四字「机」，資作「掘」。一六行第一六字同。
一　七八九頁上三行「不如」，資作「不知」。
一　七八九頁上一二行第二字「地」，普作「他」。
一　七九〇頁上二行第一二字「搵」，資作「焜」。

達摩多羅禪經卷上

圖

東晉天竺三藏佛陀跋陀羅譯

夫三業之興以禪智為宗雖精麤異分而階藉有方是故發軫分逵塗無亂轍革俗成務功不待積靜復所由則幽詣造微淵博難究然理不云昧庶旨統可尋試略而言禪非智無以窮其寂智非禪無以深其照然則禪智之要照寂之謂其相濟也照不離寂寂不離照感則俱遊應必同趣功玄於在用交養於万法其妙物也運群動以至一而不有廓大像於未形而不無無思無為而無不為是故洗心靜乱者以之研慮悟徹入微者以之窮神也若乃將入其門機在攝會理玄數廣道隱於文則是阿難曲承音詔遇非其人必藏之靈府何者心無常規其變多方數無定像待感而應是故化行天竺緘之有匠幽關莫闢罕闚其庭從此而觀理有行藏道不虛授良有以矣如來泥曰未久阿難傳其共行弟子末田地末田地傳舍那婆斯此三應真咸乘至願冥契于昔功在言外經所不辯必闇軌元匠孱焉無差其後有優波崛弱而超悟智紹世表才高應寡觸理從簡八萬法藏所存唯要五部之分始自於此因斯而推固知形運以廢興自此神用則幽步無跡妙動難尋涉麤生異可不慎乎可不察乎自茲已來感於事變懷其舊典者五部之學並有其人咸懼大法將頹理深其慨遂各述讚禪經以隆盛業其為教也無數方便以求寂然寂乎唯寂其揆一耳而尋條求根者衆統本運末者寡或將暨而不至或守方而未變是故經稱滿願之德高普事之風原夫聖旨非徒全其長亦所以救其短若然五部殊業存乎其人人不經世道或隆替廢興有時則互相昇降小大之目其可定乎又達節善變出處無際晦名寄跡無聞無示若斯人者復不可以名部分既非名部之所分亦不出乎其外別有宗明矣每慨大教東流禪數尤寡三業無統斯道殆廢頃鳩

達摩多羅禪經卷上　第二張　圖

摩耆婆宣馬鳴所述乃有此業雖其道未融蓋是為山於一簣欣時來之有遇感奇趣於若人捨夫制勝之論而順不言之辯遂誓被僧那至寂為己任懷德未忘故遺訓在茲其為要也咨大成於未象開微言而崇體悟感色之悖德杜六門以寢患達忿覺之傷性齊彼我以宅心於是異族同氣幻形造跡入深緣起見生死際介乃闢九關於龍津超三忍以登位垢習凝於無生形累畢於神化故曰無所從生靡所不生於諸所生而無所生今之所譯出自達摩多羅與佛大先其人西域之雋禪訓之宗搜集經要勸發大乘弘教不同故有詳略之異達摩多羅闔衆篇於同道開一色為恒沙其為觀也明起不以生滅不以盡雖往復無際而未始出於如故曰色不離如如不離色色則是如如則是色佛大先以為澄源引流固宜有漸是以始自二道開甘露門釋四義以反迷啓歸塗以領會分別陰界導以正觀暢散緣起使優劣自辯然後令原始反終

達摩多羅禪經卷上　第三張　圖

妙尋其極其極非盡亦非所盡乃曰
無盡入于如來無盡法門非夫道冠
三乘智通十地孰能洞玄根於法身
歸宗一於無相靜無遺照動不離寂
者哉庾伽遮羅浮迷譯言修行道地

修行方便道安般念退分第一

前礼卒尽尊　熾然煩惱滅　流轉退住者
度以升進道　修行微妙法　能離退住過
亦滅一切惡　成就諸功德

佛世尊善知法相得如實智慧滅煩
惱熾火出熾然之宅乘諸波羅蜜船
度無量苦海以本願大悲力故不捨
衆生為諸修行說未曾有法度諸未
度令得安隱謂二甘露門各有二道
一方便道二曰勝道清淨具足甚深
微妙能令一切諸修行者出三退法
遠離住縛增益升進成就決定盡生
死苦究竟解脫兼除衆生久遠癡冥
佛滅度後尊者大迦葉尊者阿難尊
者末田地尊者舍那婆斯尊者優波
崛尊者婆須蜜尊者僧加羅叉尊者
達摩多羅乃至尊者不若蜜多羅諸
持法者以此慧燈次第傳授我今如其

所聞而說是義

我今如所聞　演說修行地　方便勝究竟
如其修所生　修行於善法　先當知四種
退減住升進　決定諸功德　修行退減時
令住法不生　亦不能升進　是令當略說
先當起等意　習行慈心觀　須臾止瞋恚
令暫息不行　煩惱暫止息　次當淨尸羅
尸羅既清淨　三昧於中起　三昧已修起
觀察應不應　善知應不應　修向所應作
既向所應作　專念繫心處　已能樂彼處
正觀依風相　正觀依風時　其心猶馳乱
止心在入息　安般者二種一見二觸鈍根不見　如繫調御馬
心既止入息　思惟正憶念　冷暖與輕重
柔軟麁澀滑　修行諦覺知　隨順善調適
於觸復不了　是說修行退　數一以為二
數二以為一　至九猶錯亂　是說修行退
若於修行退　更數從初起　十數滿足者
遠離諸過行　不修與過修　或有異修起
有此諸過生　是說修行退　修行若俱數
心擾生惑亂　惑乱若增長　是說修行退
氣息不通流　衝擊於鼻面　頭頂悉苦痛
內或紋風起　息乱失其道　而彼不知治
身體極燒熱　其心生憒乱　四種既錯乱

依風極違諍　修行欲令息　而不善方便
不知對治法　是必疾退減　修行緣入息
而反緣出息　修行緣出息　而反緣入息
於二心俱淨　是應修行果　寂止定意生
而復更求數　有此諸過謬　是皆修行退
急喘而安般　則令念錯乱　由是錯乱念
修行心發狂　其心發狂故　不知應不應
於二無分別　是說修行退　修行數已成
息去亦隨去　去已處處住　於彼善觀察
既觀令息還　還已起清淨　不善知六種
是說修行退　長短悉分別　遍身盡覺知
身行漸休息　一切應決了　於此不善知
是令修行退　身念處四勝竟　知喜亦知樂
勤方便意行　當復制心行　令不至掉乱
受念處四勝竟　次分別知心　修行正觀察
又生欣悅心　還復攝令定　非是不定心
定已心解脫　心念處四勝竟　善修解脫者
不令心退沒　若入退減分　則無有解脫
觀察無常斷　離欲與滅盡　出息入息滅
是名修行勝　此四相似法念處　如是十六行
自在心迴轉　覺觸之所獲　見得亦復然
若於見與觸　不善識分際　是過應當知
無智令修退　修行上增進　不應緣於下

緣下亦如是　不應上增進　若見二增進
心住而等觀　任之則自成　還到修行處
方便道安般念退分第一竟

修行勝道退分第二

勝念已成就　懈怠竟沉沒　是則爲退像
無堪於所求　不染汙無記　起諸惱惱退
垢濁熱炎生　由是失正見　振掉或閡鑰以灼反
浮飄麁澀滑　是五退減相　修行應分別
望遠絕所悕　有見已墜落　還顧覩深嶮
是皆退減相　長病誦上諍　多業遠遊行
彼時解脫種　是五退減因　信戒聞捨慧
於是漸衰退
身重與惛鈍　躭睡及沉沒　是五應當知
修行退轉相　恐怯多猶豫　驚畏不欣樂
懈怠離所欲　不迴向修行　不習過修習
是二俱爲失　彼時解脫種　於是修行退
三昧離相樂　介炎皆消盡　麁澀四大種
還從身內起　掉動失正念　由是意憒亂
其心不恬靜　斯從行者生　一切諸瑞相
不顯現分明　修行如是觀　欲見爲甚難
諸根悉馳縱　隨欲向所緣　邪意普流散
樂著諸境界　形消意愁慘　其身皆燒燃
如是燒然者　是說爲憂退　方便不精勤

後則生悔恨　闕所應成就　欲進劣無能
不趣喜勝處　或見勝不取　皆由無智故
是說修行退　自念有越戒　疑悔及諸覺
意淡無滋味　是說修行退　諸過定意羸
三昧漸消減　心亂蓋所覆　是說修行退
心舉調順捨　不觀時非時　不了住起緣
無智故修退　不知六時行　六界亦不善
亦愚六巧便　是說修行退　貪欲瞋恚覺
十想巧方便　得向諸禪地　及法心妄解
一切次第度　無知故修退
不觀處非處　業報及正受　禪定諸解脫
淨味愚不了　諸根到處道　性欲不分別
心隨衆雜相　是悉無知退　於苦樂速道
其心不趣向　如是意迷惑　必向退轉處
起住與起緣　入出及方便　六法不成就
是令修行退　知法亦知義　知時亦知量
自知與知衆　及知福伽羅　於七愚不了
是令修行退
興起諸惡法　習行卑賤業　親近不善友
令是修行退　錯說違所應　受者心樂向
當知是不久　必於修行退　所止處及人
牀卧等衆具　斯皆非所樂　近令修行退
喜隨諸雜相　損減所修慧　棄捨所緣處

心不得真實　修行捨本相　散心隨外緣
雖欲還彼處　意衆不復樂　遂失長養分
其心不一定　身無復滋潤　悅樂亦不生
所依不可樂　身意俱錯亂　三昧不復起
其心永不住　如是不住心　必於修行退
愛見慢增禪　於緣心味著　有此累念生
是說修行退　身如利刺害　或復極振掉
舉體皆煩壯　如虵毒充滿　有此三過惡
必於修行退
得未得服行　他務意不閑　習近三退法
是說修行退　業與煩惱報　說是三障閡
亦有解脫障　是令修行退　方便想惡行
三摩提行地　於彼不觀察　是令修行退
方便想諸地　三昧行及餘　所聞隨悕望
則於發趣退　生時作滅想　滅時作生想
二想俱當失　是則修行退　若於住法中
而作生滅想　興此諸顛倒　是說修行退
入時作出想　出時作入想　二俱作住想
是說爲顛倒　欲斷煩惱得　修行正方便
由彼得力故　相似諸相生　相似相既生
修行心隨轉　煩惱即時起　是說修行退
退過諸駛水　漂浪修行者　隨我力所能
少量退法海　無量餘退過　是深非所惻

諸深明智者　自當廣稱說
勝道中退分竟
修行方便道安般念住分第三
如我力所能　演說退過已　今當說住過
修行者善聽　若於入出息　無見亦無覺
不解方便求　是則初門住　闇慧既已生
應起思慧念　不善解次第　愚癡住所縛
若數已成就　息去應隨去　不知隨順法
是說修行住　如佛問比丘　誰習安般念
有一比丘荅　是念我修習　汝有安般念
不言汝無有　復更有勝妙　牟尼說當修
方便道安般念住分第三竟
修行勝道住分第四
勝道修正觀　相行念已成　不善升進法
是則住所縛　愛著所緣境　進業心懈怠
由是縛所縛　不能至勝處　或有不可動
非軟亦非堅　或強極牢密　亦如金剛像
有此五障閡　不進亦不退　是則住縛相
遠離升進道　乱光及黑闇　忍自身不現
辟燃濁油光　亦如翳目視　光明不顯發
背捨諸喜樂　寂止息樂分　彼終不復生
猶如堅實物　而有漏相現　或時修行者
住相亦復然　相非隨所欲　而起隨欲想

雖欲令隨意　終不從所樂　謂相非所留
而欲強制持　如是違反念　則為住所縛
是想已成就　當知非所制　住彼去留相
能到寂勝處　欲令涌作沒　或欲高為下
於去欲使來　於住不欲住　滅時欲不滅
終不如所欲　修行住生滅　所行常轉進
諸法相已成　終不捨自相　若不捨自相
自相則顯現　薄皮覆不淨　令不見身穢
威儀及衆具　利樂翳身苦　相似次第生
前後續無間　隱蔽非常相　令不見身變
施作服用受　攝持吾我相　能憶念本事
隱身非我觀　是諸相似相　修行不分別
於彼起愛樂　而生功德相　染著妄想生
不復樂升進　不能取勝法　住過日增長
非我相似相　此等不迴轉　如是不迴轉
行者癡惑生　無智住所縛　繫著於彼處
樂著生諸過　是相今當說　火炎漸損壞
分離及交乱　破散亘和合　是則住相縛
於身不巧便　自生分離想　交乱或塵碎
是為住所縛　守常無異想　衆色不次生
種種衆妙想　亦不次第起　流出而不住
其身漸消滅　相或來復去　修行不增長
寂止既不生　於身無長養　心不起悅樂

是說不淨捨　彼不清淨捨　所見不鮮白
亦不能升進　亦復不退轉　如戲沙門像
少時生悅樂　辟如借衣服　亦如夢所見
為命不清淨　諂曲及餘惡　聚落知識所
自顯其功德　覆蔽諸過惡　犯罪不發露
及餘一切縛　垢汙修行者　髣髴有事相
而便起實想　未熟謂為熟　未滅想已滅
方便不等滿　而欲求升進　如部舍穟苗
是則住所縛　業始無方便　相現堅守持
過進心矜舉　如是住所縛　或有修行者
而起斷常見　是見令心乱　則為縛所縛
或有修行者　身身細微觀　彼為住所縛
厭心不增長　厭心不增進　不能離貪欲
若不離貪欲　何從有解脫　解脫不成就
終不得漏盡　不斷諸漏者　則無實智慧
於彼身念處　住相已分別　受心法念處
如是應廣說　修行心不悅　彼喜亦不生
身無寂止樂　當知是住相　修行所受獲
信戒聞捨慧　常守其少分　是則為住相
有住縛比丘　往到阿難所　迷於所住相
是今當略說　得無相三昧　六年住所縛
樂欲聞所說　常隨逐阿難　不能進所業
亦復不退轉　住於住境界　不得解脫道

不来亦不去　解脫已而住　住已復解脫
解脫已還縛　或有修行者　住在不退地
微細煩惱起　而不能覺知　不覺煩惱故
不能到勝處　於地無分別　亦無有退過
地諸過不起　如是止於住
或於住分中　而失衆妙相　衆妙相雖滅
意猶順彼地　意順彼地時　餘分樂相生
已有少樂故　心依寂止住　因其寂止心
自謂作已作　安止不具足　不得具足果
無智翳心目　而自謂為智　修行無智障
不覺所應用　覺所應用者　於地能究竟
彼住共地中　種種垢所汙　若使修行者
成就不共地　如是知過患　彼終不為縛
不識煩惱過　愚癡無實智　於禪覺吉安
猶如為繫樹　修行觀尒炎　莫知所起處
從其所依出　而自不能知　不涌亦不沒
不見相所起　亦不知滅處　過亦無過是
所說諸障㝵　皆是堅住相　謂不由彼住
斯非明智說　興造諸過患　若干因緣縛
能用諸對治　衆妙復顯說　所尊不恭敬
亦不捨憍慢　自隱覆其過　不向明者說
我年既衰老　已為衆所弃　或能失利養
令我生苦惱　心常懷憂畏　深慼長歎息

我後當死時　將欲作何計　隱過心憂惱
愚惑作所縛　攢自生罪累　失大功德海
味著現法樂　貪餮黠無慧　棄捨後世果
興此諸過惡　如是諸住縛　所起各各異
修行無怯劣　能治所應治　怯劣無方便
自謂無由進　是則甚難拔　如為溺深泥
如是甚難拔　懈怠心所欺　長夜沒住泥
熱迫而趣死　業行煩惱報　為此三障覆
無智無勢起　永為住所沒　久遠積癡冥
業行諸煩惱　繫縛斯等類　迷亂不自在
習近諸過惡　遠離善功德　令其意忿擾
如前旋虛空　虵毒威充滿　蝮蠍惡龍處
巨海深無底　无澤大火聚　盲人近彼遊
闇往而不見　修行住所縛　其過亦如是
住過多无量　升進德亦然　如海無涯底
是深不可量　世間無知障　真實慧為燈
持燈無放逸　彼明終不滅　善說住分過
縛諸無黠者　決定知境界　究竟非我分
種種過所縛　是縛非一相　當知業衆緣
唯佛能覺了

修行方便道升進分第五

比丘安般念　功德住升進　能令智慧增
我今次第說　功德住已進　進復功德住

是故說修行　功德住升進　修行於鼻端
繫心令堅住　專念諦思惟　正觀依風相
入息與出息　繫心隨憶念　憶念若不忘
是初功德住　彼功德住已　復起方便求
更求功德時　住則生升進　升進等起時
亦生功德住　是名住已進　進已功德住
善解安般相　功德及諸過　息輕重冷暖
軟麁與澀滑　阿那攝般那　是攝持諸根
於彼所緣境　攝之令寂止　外散心數法
攝還義亦然　持風來入內　是故說阿那
心轉於所緣　止令不復轉　心於所緣起
亦復制令滅　修行觀若增　制之令從止
修行若止增　起之令從觀　見增則以觸
觸增則以見　得證與智證　二增俱相攝
修行緣不寂　意寂止攝來　身中清涼起
滅除諸熱惱　掉踊不靜心　攝之令寂止
勤方便迴轉　其身悉充滿　長養四大種
當知從息起　是種復增益　行者幸四大
阿那力能起　寂止善法分　我所大惡剌
亦能拔令出　息短而漸滅　修行心安靜
是故佛世尊　說名為阿那　復次般那相
是今當略說　毛孔諸竅處　先淨治息道
前出名般那　始由入風起

修行出息時　諸根隨所緣　心心法俱順
是亦説般那　出息歸於滅　乃入根本地
正受及命終　斯由捨出息　修行出息滅
次第阿那生　滅盡三摩提　第四禪亦然
般那既已滅　次第阿那生　阿那時悕望
説阿世婆娑　我觀彼死者　定無有是相
彼息更生者　觀有如是相　毒於湼火蚫
此相似境界　出息能攝意　不令隨所緣
猶如制為鉤　名波世婆娑（出息有攝心義）　離自在及常
捨除顛倒想　成就真實想
唯為空行聚　本无所從來　去亦無所至
去来不可得　亦不須吏住　慧智明見此
離諸知作者　出息無作者　見則隨顛倒
出息已過去　彼則不可見　命斷諸息滅
過去亦復然　安般諸功德　出息與入息
衆物及字義　我已略説竟　是種增故説
未曾相離用
若為覺想亂　當習安般念　已能應於數
則除內貪著　於數若隨順　是則離不順
志在無乱境　能攝諸乱相　先數從一起
如是乃至十　修行順此數　便得功德住
已得功德住　則能求升進　滅一切乱覺
佛説增上故（數門竟）　數能滅一切　覺佛但言滅

一切不死者　以增上故也
內外出入息　去則心影隨　決定善觀察
順是趣湼槃　修行出入息　隨到所起處
安止極風處（風際　極上下）　如是知升進　能離外貪著（隨門竟）
（出入息所起處同在齊）　三摩提等起
三昧既已起　便得功德住（升進竟）　修行正住已
種種觀察風　先觀於本處　謂風所從起
此處為去那　為一為二耶　冷暖悉觀察
八種如前説　為捴觀諸大　唯在一種耶
觀時悉俱有　以一增上説　修行觀風大
造色從彼生　唯心與心法　依彼造色起
非彼造色已　而復有種大　報風及長養
諸有入出息　是風名依種　出者在於後
是為三種風　或説入在前　皆有因緣故
或説出在前　入者在於後　慧者乃決定
彼作如是説　如其真實義（此報風開毛孔故名出非出外）
於齊處所起　淨治毛孔道　毛孔已開淨
由此風義故　彼説出在前　如人初生時
入者則在前　如人初生時　阿那入故起
息風寂先出　是故説波那（此是真實義）
息風諸種大　剖截不生苦　當知彼非受
謂受則不然　以彼修行者　不患諸斷逼
是故出入息　於身復非受　識命若斷時

息則不迴轉　是則衆生數　必由命根起
息則是身行　世尊之所説　亦名根本依
衆生所由轉　是息既已滅　命則無所依
以能持命根　故説衆生數　阿那般那念
緣風為境界　雖曰正思惟　而非真實行
一切所修觀　彼悉緣風起　於觀有差別
次第今當説　阿那般那念　分別有三種
所謂從聞起　思慧與修慧　於是安般念
比丘聞慧生　一切時悉受　名字為境界
境界出入息　正念思慧生　當知彼緣名
時或復緣義　阿那般那念　所起修禪慧
悉已捨名觀　唯緣諸法義　當知近境界
無有種種異　亦非相續緣　説是等智行
謂是安般念　無礙智慧性　亦名為捨性
是則佛所説　當知是慧性　捨根共俱生
若使是捨性　則與餘共起　欲色二有繫
無色無身依　非彼寂後禪　身寂無息故
或謂根本地　亦復是眷屬　説言唯眷屬
非是根本地　欲使彼捨性　在於根本地
阿那般那念　應當在八地　所言唯眷屬
如是説捨根　知彼安般念　唯在於五地、
此定在五地　依是處迴轉　欲中間未至
及後二眷屬　寂上頂四禪　彼雖有捨根

無有於彼身 淨治毛孔道 第四及眷屬
彼中說二種 報生與長養 唯無有依風
出息與入息 是風名為依 以身極厚密
無依說二種 佛說出入息 四禪正受剌
亦言咽喉處 明知有所說 是彼方便故
亦以禪義攝 出息與入息 彼處定無有
修行觀出息 上際第四禪 已極風境界
於彼正憶念 云何我是心 於緣究竟未
或復更於上 少進重觀察 或即於彼住
不作餘方便 修行如是觀 則能除疑惑
修行極風際 是處善觀察 當知如是心
則名除疑觀（疑門竟） 於上觀察已 依風還止住
觀察所應已 復起餘所修 若彼觀風心
於還善決定 是說修行者 迴轉巧方便
如人遊聚落 所作說已歸 修行如是觀
喜樂遂增長 已捨入息念 安處出息緣
亦捨出息念 安處入息緣 於毀已究竟
息去亦隨去 如是一切種 亦名為迴轉
觀察所應相 相相而迴轉 種種衆事觀
次第轉亦然 善於迴轉者 說此迴轉義
當知是迴轉 修行智慧處 從彼方便起
勝道現在前 聞慧念已度 次第思慧生
已捨欲界行 然後入修慧 是悉名迴轉

世尊之所說 從彼未至地 次第入初禪
乃至第三禪 其轉亦如是 第四禪眷屬
若彼有風者 是亦應迴轉 入於根本地
從彼起巧便 次第住起緣 入出與優波
此六悉迴轉 捨共方便地 共地現在前
捨共方便地 不共現在前 捨不共方便
不共現在前 緣相方便地 展轉究竟地
是名上迴轉 明智所稱說（聖人凡夫共有法名為共地從緣至緣名為轉諸相諸方便諸地次第轉亦如是也）
如我智方便 已說迴轉義 無垢清淨念
今當次第說 如令彼修行 須臾抑止蓋
是則為清淨 不淨非所應 若已成就毀
能捨內食著 此義應當知 慧者觀清淨
隨順已成就 能捨外食著 如是正思惟
智者念清淨 比丘心已住 不為亂所亂
如是不動念 修行智清淨 若已於風際
觀察離疑惑 不復更求息 是則為清淨
念地悉已竟 所依諸過惡 不為則清淨
是說須臾頃 阿那般那念 方便道所攝
功德住升進 是義我已說
方便升進第五竟
修行勝道升進分第六
功德住升進 及餘方便攝 修行一切地

共地不共地 功德住升進 彼依勝道起
種種相行義 今當說善聽 掃㨭既已起（心住處名）
修行心愛樂 如是愛樂心 巧便功德住
慧者善方便 起意勤修行 如其功德住
是則巧方便 將入微妙境 勿隨流注想
慧者攝心住 如應善受持 所住妙功德
澄淨無垢濁 具足無減少 清淨安隱住
淳一普鮮明 凝定而不動 是緣由感有
時過復歸無 色相次第起 種種衆相生
修行正思惟 身心生喜樂 於是功德住
具足攝止觀 既能起身樂 心亦正安隱
自地亦他地 功德住升進 是今當略說
修行應分別 修行三摩提 巧便隨順念
智者開慧眼 說名為功德 心足處安立
說名功德住 聖道修對治 說名功德進
對治諸聖行 功德住升進 隨地過惡心
所起悉能除 修行勤精進 功德利增廣
信戒聞捨慧 無貪恚癡根 欲精進慚愧
除喜不放逸 悅樂念定捨 正智餘善法
如是一切種 自地離諸垢 其功德住立
即隨地對治 是由精進力 助善長養心
何於彼地中 種類不攝受 功德住升進
自地以廣說 自地善根力 他地功德生

修行寂勝義　此相今略說　自地既增上
餘勝淨法生　當知是功德　他地而升進
無量行方便　一切諸度法　種種對治相
他地功德起　謂於初念處　三念𠀤已修
煖來及頂忍　世間第一法　見道思惟道
無學道亦修　諸禪與神通　無量無色定
正法道品分　究竟漏盡智　背捨一切入
妙願智清淨　身念善根力　乃起是諸法
微妙功德相　一切隨順生　若住繫心處
是則自地相　其相起在身　亦現亦復觸
有時說近果　有時說非近　或復有與果
或空無所與　所謂近果者　是相近邊住
若彼果不近　當知是相遠　若使現而觸
是即與果相　雖現而不觸　空相無功德
辟猶無果樹　華繁而無實　如人冷渴逼
遠見有水火　彼終不起觸　但見相亦然
空無功德故　於身無快樂　喜悅極增長
息樂及寂止　身心受斯樂　是說與果相
功德及餘法　自地與他地　升進相迴轉
四種俱亦然　一切升進相　殊妙種種印
蓮花衆寶樹　靡麗諸器服　光炎極顯焰
無量莊嚴具　慧說為勝道　功德住升進
所起諸妙相　我今當具說　修行者諦聽

達摩多羅禪經卷上　第二十二張　図

於上昇荼邏　淳一起衆相　流光參然下
清淨如頗梨　其光充四體　令身極柔軟
又復從身出　漸漸稍流下　隨其善根力
遠近無定相　彼成昇荼邏　勢極還本處
根本種性中　其相三階起　功德住五相
功德進五相　不壞功德二　半壞功德二
盡壞功德一　復還繫心處　住本種性已
流散遍十方（十相生）　功德十相上
（十相各生十相）　各復一相現　又於流散邊
生諸深妙相　於彼深妙際　復生深妙相
上下輪諸相　亦復如是現　於彼三階處
種種雜相生　自相各已滅　唯彼總相住
諸雜既已無　寂靜行迴轉　此三昇荼邏
境分猶不移　順本功德住　自體如前說
入息三摩提　遍充滿下方　出息三摩提
遍充滿上方　二俱滿十方　正受妙甚深
如是隨意者　是謂法自在　清淨繫心處
無法而不求　既生有長養　成就諸功德
如天曇陁樹　曇陁池生長　功德住升進
種種衆妙相　是義我已說　修行善守持

勝道升進第六竟

修行方便道安般念決定分第七

已說升進法　所攝諸功德　修行決定分

達摩多羅禪經卷上　第二十三張　図

是今次第說　善於出息念　入息俱亦然
出入諦思惟　分別具明了　此則決定分
世尊之所說　一切諸善根　各各盡自相
寂勝無上智　說名為決定
彼諸修行者　安住決定分　出息入息時
正觀無常相　息法次第生　展轉更相因
乃至衆緣合　起時不暫停　當知和合法
是性速朽滅　法從因緣起　性羸故無常
一切衆緣力　是法乃得生　虛妄無堅固
速起而速滅　非常毒所毒　其性不久住
修行如是觀　此則決定念　辟如運行天
息變疾於彼　決定無常想　修行趣涅槃
非出息未滅　而有入息生　非入息未滅
而有出息生　如是諦觀察　修行決定分
麁澀利剌生　種種苦逼相　謂息出與入
一切時迫切　於息能覺了　具足衆苦相
如是諦思惟　說名為決定　自相無堅固
寂滅空無我　因緣力所起　從緣起故滅
捨利有我相　常住不變易　如是顛倒行
一切悉遠離　唯作真實觀　是名為決定
非我無牢固　亦無有自在　非彼出入息
曾有覺知相　諦知無我故　是說為決定
當知是智相　相似聖行名　此則為方便

達摩多羅禪經卷上　第二十四張　圖

非彼真實行　比丘安般念　雜想覺所乱
既乱心不悅　應當從數起　或從入息數
或從出息數　思乱覺觀想　由是究竟離
慧者於入息　繫心行數時　一入數為一
不雜數出息　專念不亂數　如是乃至十
捨彼十出息　從此得決定　此則說具足
成就根本數　更有餘數法　修行方便起
若於根本數　不能起決定　促息使易覺
方便令心生　當捨二出息　然後數入一
定意心不乱　第二數成就　若於二方便
猶不起決定　乃至越十出　然後數入一
正念心不乱　次第至具足　是說修行者
十種數成就　如上十種法　是則數究竟
於上更復捨　增數非修行　修行如是數
是則數法成　成已應當捨　復進餘方便
修行於數法　若復不成就　應更如前說
還從初數起　方便成數法　便得決定分
數法已成就　慧者心隨順　六種如前說
修行正方便　修行於六種　疾生猒離想
不樂著生死　勤憂斷煩惱　修行心遠離
一切有為法　當知是離欲　清淨決定分
或說長在前　或說短在前　如其決定義
今當次第說　謂出息始起　說言短在前

是說非所應　勢漸增進故　息去漸久遠
乃至未還間　當知盡是長　謂短則不然
出息漸增長　未到究竟處　是中所觀察
說名長中短　一心勤方便　專念正思惟
增長至究竟　說名長中長　觀已風迴轉
捨離餘求想　然後得決定　此則短中長
入息極短時　還到所起處　於是所觀察
說名短中短　如是正思惟　修行善明了
已得決定分　復進餘方便　滿身遍覺知
出入身行息　修行如是覺　則為決定分
譬如火熾然　光炎則長遠　薪盡火將滅
光炎還漸短　若更增益薪　光炎普周遍
勢盡乃歸滅　四種風亦然　或說於長短
內外示立名　或二俱長短　如是種種說
如彼汲深井　瓶下轉就遠　既攝令還上
說至復之短　譬如仰射空　矢發疾無閡
其去漸高遠　勢極還自下　修行正思惟
觀察依風相　初遠然後近　長短義亦然
猶如牽旋輪　屈伸互往來　往遠名為長
來近則為短　息風迭出入　長短亦復然
譬彼真諦觀　先苦而後集　觀息亦如是
先長然後短　若初禪息短　第二禪息長
以違正受義　是說則不然　於彼初禪中

息風勢極遠　第二禪息短　正受漸差別
滿身遍覺知　則依第三禪　寂後身行息
以離毛孔故　此說諸三昧　隨順功德相
修行安住彼　不為覺想乱　何故初禪中
唯說長無短　不捨諸所依　由是故息長
彼以覺想力　能令息去長　第二捨諸依
勢羸故息短　甚深修多羅　佛說山頂泉
循流勢不遠　餘處無來故　如彼山頂喻
第二依亦然　唯從其處起　是終不能遠
息風急迴轉　既到安隱處　其息乃調適
彼說健士夫　負重而上山　竭力令氣奔
是喻說彼息　前短而後長　所說健士夫
負重而上山　以身力方便　是乃令息長
如彼劣方便　不自力負重　以無力方便
息微故不遠　譬如壯夫射　能令箭極遠
劣力無方便　勢猶去則近　此喻應當知
是說長短義
修行細微覺　一切諦明了　如是十六分
悉名為決定　如方便升進　分別功德住
決定安般念　亦應如是說　如彼所未說
諸餘功德住　是故我當說　如其決定分
觀察風所起　根本極清淨　修行微妙相
則於是處現　於彼究竟處　摩尼寶三昧

當知此功德　方便根本生　已說妙方便
根本決定分　餘深正受相　一切如前說
方便決定分竟

修行方便勝道決定分第八

已說方便道　所攝決定分　勝道決定相
是今我當說　修行善決定　繫心處堅固（謂[illegible]）
身受與心法　於是正觀察　說有六種因
是能成就果　成壞各三種（成熟熟亦壞也）
修行決定相　於是六種因　方便善觀察
是則能次第　疾得諸漏盡　復更有餘因
種種成壞事　如是多无量　我今當略說
何等為修行　水種所壞相　謂七日死屍
毀變相已現　彼彼諸死屍　青黑瘀爛壞
已壞膿血流　悉汁相澆湧　潰漏若分離
雜惡極臭穢　是悉水所壞　內身俱亦然
乃至刼成敗　斯由水大力　水輪極沸湧
大地皆澌壞　從彼三禪際　周匝水來下
洪注極漂蕩　有物皆消盡　一切情識類
百穀及藥林　土地地所生　悉為水所壞
衆生水所壞　是皆依宿業　如上水災相
無垢決定說　此諸一切種　皆從三昧地
修行果所起　當知是決定　修行善繫心
安住三摩提　是能於所緣　明見彼種相

此地熟時熱（亦義言壞此地能壞燒惱時見壞相）充滿境界海
修行所見壞　水大決定相　火大所壞相
今當說善聽　識類非識類　斯亦如上說
及自現火然　一切皆消盡　乃至刼成敗
世界悉灰滅　於彼火輪處　熾炎大火起
亦從二禪際　弥滿悉雨火　盛火普周遍
世界俱洞然　於彼三昧地　正觀思惟起
修行見此變　火壞決定相
風大所壞相　今當次第說　如上諸種類
悉為風所壞　大地及須弥　分散若粉塵
一切盡磨滅　是皆風大力　上際第四禪
下極風輪界　災風從彼起　其中皆散壞
一切風所壞　智者見真實　如是正思惟
風壞決定相　云何彼修行　常起深憂猒
於前見苦法　隨憶念不忘　八苦大地獄
各增十六分　彼彼衆苦類　無量邊地獄
衆生生彼處　隨行受衆苦　我於此惡道
未離或牽來　如八大地獄　誰能盡稱說
其中無量苦　難可得邊際　設人有百頭
頭各有百舌　欲說地獄苦　窮刼不能盡
如愚黠地經　唯佛善分別　我悉能究竟
無有能測者　輪迴苦毒海　往返無量刼
顛倒不善行　致此大苦果　自見宿命時

是痛曾悉經　修行憶本苦　便得順涅槃
闇冥心增上　畜生不淨業　受癡不愛果
種種苦報身　九万九千種　形類各別異
空行水陸性　蚑行蠕動類　隨業各受生
究轉此劇處　一切諸畜生　展轉相殘食
我以愚癡故　悉增受此苦　顧此而悚懼
心與猒患俱　修行深憂猒　則於苦決定
修行已如是　方便生猒離　又復自憶念
餓鬼無量苦　咽細如針孔　巨身如灰燋
於此無數刼　飢渴極熱惱　見天降甘雨
欲飲成炭火　如彼四大海　深廣無崖底
飲之令悉盡　不能止飢渴　裸形被長髮
狀燒多羅樹　於中甚久長　受此種種苦
業風飄東西　吹身令碎折　亦如狂飈起
摧破久枯樹　我積慳貪行　不習惠施業
故生餓鬼處　受此諸苦痛　三昧境界地
修行思惟起　種種別觀察　便得不放逸
雖未斷煩惱　見此衆苦迫　楚毒深憂懼
極猒生死苦　既猒能離欲　如觀掌中寶
貪欲既已離　便速得解脫　辟如香美食
其中有蠱毒　種種生死味　雜苦亦如是
亦如篋盛虵　有人負自隨　若能覺棄捨
不為毒所中　身亦復如是　四大為毒虵

智者能捨離　不為彼所害　如愚執火炬
急持即自燒　明人知時捨　不為火所焚
樂著生死者　究炎常熾然　若能覺捨離
不為火所焚　辟諸恐怖處　亦如被燒舍
蚖虵毒嗽聚　生死畏過是　辟猶空聚落
又如彼虚器　諸法空無我　真實性亦然
此三惡道中　如是苦無量　雖天有喜樂
是亦為大苦　辟彼盛火然　貪愛熾如是
久處存天上　常為欲火焚　自憶忉利天
安處善法堂　天女侍供養　無量極快樂
四園列寶樹　花果妙莊嚴　隨意五所欲
一切皆悉受　時乘白龍象　遊觀諸浴池
縱意林流間　迴顧弥日夕　食必須陁味
飲則甘露陁　充實無疑患　受樂如大海
又處内勝堂　天女進音樂　妓讚極姿態
光色曜心目　妙音六万種　常聞美歎聲
耳目隨彼轉　令我心醉冥　諸天發微歌
聲與弦管諧　偃卧聽音樂　寤寐皆情悅
諸根迴五欲　猶如旋火輪　須弥山王頂
安處快自在　百一衆雜寶　間錯莊嚴地
諸天共娛樂　經歷甚久長　觸彼五境界
發動五情根　一切悉奇特　皆是快樂因
諸天共噐食　隨福有差別　見此異色時

心則生憂惱　如是極愁慘　猶如地獄苦
食此不淨飯　伍頭内慙耻　悔責本宿業
令我致此苦
諸天阿修羅　自守貪彼利　由是興諍怒
畏死大恐懼　或為天給使　或復極貧窶
我雖生天上　無異惡道苦　於彼恒樂處
衰死二五相　是相及命終　介時寂大苦
方欲恣所樂　五衰忽然至　若見是相時
愁怖不自安　天眼卒便瞬　浴已水著身
一切妙境界　其心不喜樂　千種樂自然
加陵頻伽音　今則寂無聲　當知七日死
玉女悉捨去　餘天共從事　見已生熱惱
命終入地獄　唯有賢聖人　了達無常變
解脫生死苦　凡夫為燒然　腋下流汗出
衣服坐垢膩　見已大恐怖　是則淨業盡
華冠常鮮嚴　而今忽萎熟　身體本光澤
一朝頓枯悴　常所愛樂坐　今悉不復樂
是五惡瑞現　當知死時至　唯有見諦者
無此諸惡相　我今說比丘　於是增厭患
梵本中無此一偈　諸天及天處　衰變不久住
明智修行者　見斯無常變　四寶須弥王
真金山圍遶　修行慧眼淨　見此悉融消
又諸大鐵圍　周匝四天下　消壞非常相

行者見明了　修行於天上　如是觀察已
復於人道中　思惟正憶念　或時犯王法
斬截身手足　拷掠極楚毒　我悉遍經歷
親戚永別離　悲戀為墮淚　設集者一處
過於四大海　計我從本來　人中所受生
白骨悉積聚　高廣踰須弥　流迴三惡道
楚毒無過者　人天所受苦　是亦多無量
欲廣分別說　窮劫不能盡　三昧境界地
思惟所生果　觀察善明了　修行深憂厭
我雖捨家業　不能成道果　自謂為出家
未出生死獄　我雖棄恩愛　名曰捨所生
而不能免離　癡愛業父母　徒自為人子
不從佛法生　外假聖法衣　力不離癡惑
捨彼五欲利　依止出家業　而於佛法中
不獲少功德　雖捨内貪著　而不得出要
四念未成就　何從得心樂　剃髮毀形好
而不捨憍慢　空失欲味歡　不得禪悅樂
於五無間業　未能定不起　辟如無舟梁
而欲越深水　未入決定聚　復無生天業
無明覆心眼　永沒生死淵　應勤業所務
無有無作果　作者終不喪　修行宜善思
常受人信施　侵彼肌體分　謂我有功德
自頋空無實　由此利養心　鄙我善功德

深思剋骨苦 即時興厭離 未脫諸惡趣
顛倒見所縛 不向平等路 牟尼一乘道
得生難得趣 諸根悉具足 值佛興于世
又得聞正法 而不捨苦器 未渡貪欲海
拔刀五惡賊 是亦未摧滅 如是正觀時
修行向解脫 作是憂厭相 則便生決定
身為不淨器 三十六充滿 辟如大地種
生育衆雜類 身為隱覆聚 亦常假澡浴
聚沫擁摩法 不久必當滅 辟如毒蛇篋
四大篋亦然 八万虫中舍 常共競侵食
是身為災宅 四百四病惱 種種苦不淨
一切內充滿 辟如故空舍 亦如丘塜間
坏器無堅固 說身亦復然 無量衆惡聚
虛妄非真實 顛倒起貪著 長夜嬰楚毒
將復處胞胎 穀穀受生苦 不見真實法
生死輪常轉 始受加羅邏 次生泡內段
漸厚成肢節 五種胞胎苦 幽閉無日獄
生熟藏所迫 長養於行廁 臭悶不淨苦
出胎受生苦 輪轉老病死 一切諸陰起
三相所迫切 觀色如聚沫 受如水上泡
想如春時炎 衆行如芭蕉 識種猶如幻
虛妄無真實
逼迫是苦相 因緣是集相 寂靜滅盡相

出要是道相 於此四聖諦 修行漸觀察
思惟十六行 解脫生死苦 略說一切法
自相及共相 明知決定義 修行正觀察
修行然慧燈 正觀四真諦 能斷惡趣分
離諸受胎苦 不復樂受身 嬰世之苦惱
捨除利養行 獨處修遠離 已能修厭離
不味生天樂 況復著人間 忍受諸苦痛
觀種如毒蛇 陰為五怨賊 自覺貪欲患
長夜審侵害 六根如空聚 塵賊競來集
於此內外入 修行真實觀 見愛如大河
涅槃如彼岸 修行慧眼淨 觀法空無我
如是知真實 不樂處三有 明見諸法者
略說三成相 及前說三壞 方便勤修習
次第相行義 是今當更說 一色種種觀
一二四種因 決定知因果 究竟身念處
受與心相應 觀時惟自體 因緣果無量
其相同種性 修行思惟起 悉依所依現
心猶不調馬 如幻如獼猴 無量因緣相
一切現所依 二陰空無我 次合觀想色
想合受與識 行二亦如是 次第想色受
想色識亦然 分別想受識 行三同想說
四五漸和合 思惟壞自相 捴緣五盛陰
七處三種觀 悅樂廣境界 還滅觀生滅

一念見真實 具足法念處 正觀陰種相
如化夢水月 定慧轉增廣 彼則煙法生
其心極寂靜 捴見五陰相 自身欲火燒
三界盡熾然 諸相三三昧 正向解脫門
初觀四聖諦 真實十六行 成就煙法已
增進真實觀 見佛身相好 無量諸功德
第一寂滅法 清淨離煩惱 聖衆功德海
甚深無崖底 種種微妙相 現身及境界
見已心歡喜 頂法具足相 增進生法忍
五趣現境界 惡道熾然滅 遊息清涼處
中住經生死 寂上唯一心 先觀無量苦
次見苦種生 種轉增廣大 漸見苦集滅
滅已然後觀 八聖平等道 變滅無常相
廣遍逼迫苦 空寂無衆生 不自在無我
苦種是因緣 衆緣合為集 種生故說起
興果名為緣 苦集盡故滅 滅靜說寂止
清淨離三有 覺說為妙出 徑路是道相
平直說正義 進向謂之趣 乘出故說乘
四諦十六行 具足真實觀 忍法次第生
世間第一法 聖行正受地 得是三決定
見道思惟道 次第漸究竟 一切微妙相
各各隨地起 成就實智慧 具足諸功德
當知上所說 修行決定分
諸有明智者 應作正方便 信勤勿懈怠

常起欲慚愧　於諸梵行者　常當愛恭敬
自守修淨戒　威儀令安諦　假使得利養
少欲知止足　易滿亦易養　適身知量食
亦如人膏車　不為貪味故　曉了一切有
所生悉過患　思惟善觀察　三有如火然
如彼重病人　信受醫方療　聞善知識說
觀察諦思惟　常以清淨心　繫身莫放逸
寂嘿少言說　宴坐思實義　丘壙林樹間
閑居修遠離　無事樂山巖　窟中露地坐
樹下敷草菜　如是清淨住　修行內思惟
勤習無休懈　專精求己利　遠離退住過
必能得升進　決定功德分　修行勤方便
具足諸善根　我以少慧力　略說諸法性
如其究竟義　十力智境界

達摩多羅禪經卷上

丙午歲高麗國大藏都監奉
勅雕造

達摩多羅禪經卷上
校勘記

一　底本，麗藏本。
一　七九一頁上一行經名，諸本(不含石，下同)作「達摩多羅禪經序」。
一　七九一頁上二行譯者，諸本無。
一　七九一頁上六行第四字「造」，諸本作「告」。又第一三字「云」，資作「亡」。
一　七九一頁上一二行「大像」，諸本作「大象」。
一　七九一頁上一七行第二字「遇」，資作「過」。
一　七九一頁中二行「无匠」，磧、普、南、徑、清作「元匠」。
一　七九一頁中三行「優波崛」，資作「優波崛多」。
一　七九一頁中四行「智紹」，磧、普、南、徑、清作「智絕」。
一　七九一頁中六行第九字「以」，資、磧、普作「以以」；南、徑、清作「以系」。
一　七九一頁中一六行第三字「全」，諸本作「令」。
一　七九一頁下三行第八字「人」，資無。
一　七九一頁下九行「造跡」，諸本作「告踈」。
一　七九一頁下一九行「色則是如如則是色」，諸本作「色不離如色則是如如不離色如則是色」。
一　七九一頁下二二行「正觀」，諸本作「止觀」。
一　七九二頁上五行與六行之間，諸本有經名「達摩多羅禪經卷上」、譯者「東晉天竺三藏佛陁跋陁羅譯」各一行。卷下譯者同。
一　七九二頁中三行「善法」，諸本作「善根」。
一　七九二頁中四行第一四字「減」，資、磧、普、南、清作「滅」。
一　七九二頁中二〇行第二字「據」，諸本作「懼」。
一　七九二頁中二一行第一〇字「面」。

磧、普、南、徑、清作「耳」。

一　七九二頁下四行第五字「淨」，諸本作「靜」。

一　七九二頁下一六行第九字「令」，資作「念」。

一　七九三頁上二行「任之」，諸本作「住之」。

一　七九三頁上三行「方便道安般念退分第一竟」，資、磧、普、南作「修行方便道安般念退分第一竟」；徑、清無。

一　七九三頁上六行「惱惱」，諸本作「煩惱」。

一　七九三頁上七行「振掉或閑鑰」，諸本作「震掉或閃爍」。又夾註「以灼反」，諸本無。

一　七九三頁上一七行「離相樂」，諸本作「離不樂」。

一　七九三頁上末行「精勤」，諸本作「精進」。

一　七九三頁中五行「消滅」，諸本作「消滅」。

一　七九三頁中一六行「知時亦知量」，諸本作「知時知節量」。

一　七九三頁下二行第七字「衆」，諸本作「終」。

一　七九三頁下一二行「惡行」，諸本作「要行」。

一　七九三頁下一八行「二俱」，磧、普、南、徑、清作「二想」。

一　七九三頁下一九行第一〇字「得」，諸本作「縛」。

一　七九三頁下末行末字「惻」，資作「側」；磧、普、南、徑、清作「測」。

一　七九四頁上二行「勝道中退分竟」，清無。

一　七九四頁上一二行「念住分第三竟」，徑、清無。

一　七九四頁上一四行「正觀」，諸本作「止觀」。

一　七九四頁上一九行第一二字「自」，磧、南作「目」。

一　七九四頁中三行第二字「想」，諸本作「相」，二〇行第一〇字同。又第一一字「住」，諸本作「任」，六行第八字同。

一　七九四頁中一三行「功德相」，諸本作「功德想」。

一　七九四頁中一四行第八字「取」，諸本作「趣」。又第一二字「過」，諸本作「愚」。

一　七九四頁中一八行「相縛」，諸本作「縛相」。

一　七九四頁中一九行第一三字「或」，諸本作「惑」。

一　七九四頁下八行第一二字「部」，諸本作「剖」。又第一三字「含」，資作「合」。

一　七九四頁下一〇行「或有」，諸本作「亦有」。

一　七九四頁下一三行「不增長」，諸本作「不增進」。

一　七九五頁上八行「少樂」，諸本作「妙樂」。

一　七九五頁上一一行「於地能究竟」下，諸本有「則能得不共」五字。

一　七九五頁上一三行「知過患」，諸本作「諸過惡」。

一　七九五頁上二〇行「顯説」，諸本作「顯現」。

一　七九五頁中一行末字「惱」，諸本作「悔」。

一　七九五頁中二行第三字「作」，諸本作「住」。

一　七九五頁中三行「黠無慧」，諸本作「無黠慧」。又「後世果」，諸本作「後世累」。

一　七九五頁中一三行第七字「澤」，諸本作「擇」。

一　七九五頁中一八行第八字「知」，諸本作「智」。

一　七九五頁下七行「安般相」，諸本作「安般性」。

一　七九五頁下八行第一一字「是」，諸本作「亦」。

一　七九五頁下一五行「意寂止攝來」，諸本作「寂止意攝來」。

一　七九五頁下一八行第一三字「報」，諸本作「執」。

一　七九六頁上四行「次第阿那生」，諸本作「得入無想定」。

一　七九六頁上七行「火虵」，資作「火地」；磧、普、南、徑、清作「大地」。

一　七九六頁上一八行第七字「習」，徑作「息」。

一　七九六頁上二〇行第一〇字「相」，諸本作「想」。

一　七九六頁中一行「不死者」，諸本作「不亂者」。

一　七九六頁中五行夾註「極上下風際」，諸本作「極止下風際」。

一　七九六頁中六行「正住已」，諸本作「止住已」。

一　七九六頁中一二行首字「非」，諸本作「悲」。又第七字「復」，諸本作「彼」。

一　七九六頁下四行第三字「持」，諸本作「恃」。

一　七九六頁下一一行「時或」，諸本作「或時」。

一　七九六頁下一六行第七字「與」，諸本作「興」。

一　七九六頁下末行第二字「後」，諸本作「有」。

一　七九七頁上五行「方便」，磧、普、南、徑、清作「眷屬」。

一　七九七頁上八行末字「未」，磧、普、南、徑、清作「末」。

一　七九七頁中四行第一〇字「緣」，諸本作「處」。

一　七九七頁中一〇行第三字「智」，諸本作「知」。

一　七九七頁中二一行「方便升進第五竟」，諸本無。

一　七九七頁下二行第三字「相」，諸本作「想」，九行第七字、次頁中九行夾註右第二字同。又「梯捬既已起」，諸本作「梯禘既起已」。

一　七九七頁下六行「受持」，諸本作「守持」。

一　七九七頁下一一行第三字「攝」，徑作「生」。

一 七九七頁下一五行「聖道」，諸本作「聖行」。

一 七九七頁下一七行「功德」，徑作「功廣」。

一 七九七頁下末行第一二字「地」，資作「他」。

一 七九八頁上一二行「是相」，諸本作「是時」。

一 七九八頁上一八行「受斯樂」，諸本作「愛斯樂」。

一 七九八頁上二二行「功德住廾進」，諸本重出。

一 七九八頁中二行第八字「充」，諸本作「交」。

一 七九八頁中四行第五字「相」，諸本作「根」。

一 七九八頁中一六行「妙甚深」，諸本作「甚深妙」。

一 七九八頁中一八行第五字「求」，諸本作「來」。

一 七九八頁中二〇行「修行善守持」下，諸本有「勝道功德住」五字。

一 七九八頁中二一行「勝道升進第六竟」，諸本無。

一 七九八頁下一九行「捨利」，諸本作「捨離」。

一 七九八頁下二二行首字「曾」，資作「廰」。

一 七九八頁下末行第四字「智」，諸本作「諸」。又第七字「似」，南、徑、清作「以」。

一 七九九頁上三行第四字「思」，諸本作「息」。

一 七九九頁上九行第三字「令」，資作「念」。

一 七九九頁上一〇行「定意」，諸本作「究竟」。

一 七九九頁上一一行第一〇字「出」，資作「處」。

一 七九九頁中六行第四字「求」，徑、清作「長」。

一 七九九頁中一六行「訖至復之短」，諸本作「說至復乏短」。

一 七九九頁中一九行第八字「互」，資作「手」。

一 七九九頁下八行首字「涓」，磧、南、徑、清作「消」。

一 七九九頁下一六行首字「劣」，諸本作「少」。

一 七九九頁下二一行第七字「故」，資作「念」；磧、普、南、徑、清作「令」。

一 八〇〇頁上三行「方便決定分竟」，諸本無。

一 八〇〇頁上四行「方便」，諸本無。

一 八〇〇頁上一一行第一三字「當」，諸本作「但」。

一 八〇〇頁上一七行「滅壞」，諸本作「浸壞」。

一 八〇〇頁中一行夾註「亦義言壞此地能壞煩惱時見壞相」，諸本作「亦義言此能壞煩惱則見壞相」。

一 八〇〇頁中七行「三昧」，資作「三時」。

一 八〇〇頁中一一行「一切」，諸本作「一劫」。

一　八〇〇頁下六行第七字「增」，諸本作「曾」。

一　八〇〇頁下一四行第三字「飄」，諸本作「吹」。又第一四字「颷」，諸本作「飄」。

一　八〇一頁上二行末字「焚」，諸本作「傷」。

一　八〇一頁上五行第四字「嗽」，諸本作「螫」。

一　八〇一頁上八行第七字「彼」，諸本作「如」。

一　八〇一頁上一四行第九字「疑」，諸本作「盈」。

一　八〇一頁上一五行第三字「內」，諸本作「四」。又「媛豔」，磧、普、南、徑、清作「媛艷」。

一　八〇一頁中一六行「常鮮嚴」，諸本作「皆鮮嚴」。

一　八〇一頁中一九行「說比丘」，諸本作「諸比丘」。

一　八〇一頁下三行「身手足」，諸本作「身首足」。又「楚毒」，普、徑作「苦楚」。

一　八〇一頁下四行第七字「戀」，資作「變」。

一　八〇一頁下五行末字「生」，諸本作「身」。

一　八〇一頁下一二行「爲人子」，諸本作「達人子」。

一　八〇一頁下一三行第一一字「力」，諸本作「內」。

一　八〇二頁上一行第一二字「脫」，諸本作「說」。

一　八〇二頁上三行第一一字「值」，諸本作「俱」。

一　八〇二頁上一〇行第三字「篋」，諸本作「器」。又「虫中」，資、磧、南、清作「惡蟲」；普、徑作「惡中」。又第一一字「常」，南作「當」。

一　八〇二頁上一一行第四字「灾」，諸本作「火」。

一　八〇二頁上一八行第一一字「鼂」，徑作「烏」。

一　八〇二頁中三行第七字「知」，諸本作「智」。

一　八〇二頁中一六行「自體」，諸本作「四體」。

一　八〇二頁中一七行第一〇字「起」，諸本作「定」。又第一二字「依」，諸本作「於」。

一　八〇二頁中末行第一二字「滅」，諸本作「減」。

一　八〇二頁下九行「法忍」，諸本作「忍法」。

一　八〇二頁下一〇行「清涼」，諸本作「清淨」。

一　八〇二頁下一五行「因緣」，諸本作「因義」。

一　八〇二頁下一六行「興果」，諸本作「緣果」。

一　八〇二頁下二三行「當知」，諸本作「當如」。

一　八〇三頁上二行「安諦」，磧作「安謗」。

一　八〇三頁上末行經名，諸本無（未換卷）。

達摩多羅禪經卷下　圖

東晉三藏佛陀跋陀羅譯

修行方便道不淨觀退分第九

如我力所能　已說安般念　修行不淨觀
次第應分別　不淨方便觀　思惟念退減
明智所知相　是令我當說　修行初方便
自於身少分　背淨開皮色　觀其所起相
雖暫壞皮色　不力勤方便　淨想還復生
說名修行退　不能起所應　重令皮色壞
淨想仍不除　亦名修行退　修行愛欲增
應往至塚間　取彼不淨相　還來本處坐
所見諸死屍　我身亦復然　一心內觀察
如彼冢間相　彼為我作證　由是得真實
已得真實相　不復起邪想　如是方便修
慧眼猶不淨　當知是顛倒　無智癡冥聚
若於足指緣　闇亂心不住　當於上繫心
觀察求外進　於上壞色處　其心復馳亂
當力勤精進　方便離退過　勿為煩惱染
令不至解脫　自勉勤方便　疾得到涅槃
自於身壞相　繫念無分散　日夜勤修習
莫念煩惱起　修行微妙相　世尊之所說
常能守護相　是終不退減　具足觀內身

其念已堅固　次應觀外緣　漸習令增廣
於外已周滿　堅固三摩提　當知是不久
次第盡諸漏　如王無器甲　安足不堅固
而欲御惡敵　必為彼所害　修行於自身
愚癡未決定　而欲觀外緣　是必於行退
我已說比丘　無黠故修退　更不餘退過
今當說善聽　當知修行退　沒在癡冥故
或為諸煩惱　業行所障蔽　有人因色欲
而起煩惱退　於彼美艷色　癡愛覆正念
種種上衣服　文彩發光澤　瓔珞莊嚴具
金銀衆妙寶　於先俗所樂　修行還顧戀
因此動欲相　當知是必退　形相計端嚴
處處著姿好　一切身枝節　憶此本所更
身體諸枝節　細滑柔軟觸　妄想起貪欲
欲火還復熾　或泣或言笑　歌舞相顧眄
綵服貫珠環　文繡莊嚴具　來去若容止
流轉行者心　顧念是威儀　欲起令退轉
有人情欲深　不專在四種　愚癡增煩惱
遇形起婬亂　是則極惡欲　疾令修行退
由是諸愛欲　迷亂失正念　相與想明了
是終不退轉　諦自見內身　次外善觀察
境界廣增滿　周匝見嶮峭　不識究竟處
修行疾退沒　於身染愛著　怖畏不能進

修行生疑怖　是必疾退滅　若欲離疑怖
於身修厭患　厭患想已生　其心猶馳亂
當知修行者　是必復還退　已說諸修行
不淨方便退　若於勝道中　退亦如前說
方便不淨退分竟

修行方便不淨觀住分第十

我已略分別　不淨退滅分　如其住過相
今當次第說　修行煩惱業　增長內充滿
不曉知度法　愚癡縛令住　自於身少分
皆淨壞皮色　不知外進法　煩惱增故住
或有漸外進　逼身見壞相　不能求外緣
樂觀內身住　若於外境界　修行心樂進
欲去應隨去　方便勿令住　未見究竟處
而便中路止　癡冥住所縛　猶如爲繫樹
骨想有堅相　其體密無間　不次行衆想
亦不求外進　又無厭離心　亦不能決定
修行雖成就　不淨奇特道　不能起勝想
令其身柔軟　若不柔軟身　流覺則不生
不能生流覺　是說修行住
不淨觀方便道住分竟

修行方便道不淨觀外進分第十一

已說不淨觀　方便道住過　若於勝道中
住應如前說　今當次第說　不淨外進法

先想相思惟　繫念不淨緣　次住身少分
正觀察自相　自在及外緣　二種說无量
行者於內身　自在三摩提　勤習正方便
周滿究竟處　外緣無量者　境界普周遍
而於彼正受　不能數自在　又自觀內身
是亦說無量　謂於自身處　種種衆多色
筋連與肉段　其數各五百　提賴與揵大
是皆有六種
提賴似果揵大似癰盡在腹內
三十六種物　三百二十骨　節解九百分
九十千種脉　宣氣通諸味　三万六千道
身中諸毛孔　九十九万數　身內侵食虫
戶有八十千　內血外精氣　是二共和合
先得迦羅邏　身相與命根　是身不淨起
出自迦羅邏　結業之所起　愚惑生樂著
二種重煩惱　愛恚癡冥心　謂初受生時
與二顛倒想　於內生愛欲　於外起瞋恚
男有如是想　女則上相違
不淨迦羅邏　迦羅邏起泡　從泡生肉段
漸厚成枝節　出胎名嬰兒　轉次爲童子
如是漸增長　盛壯謂中年　年逝形枯悴
朽耄日衰老　識滅壽命終　身壞白骨現
青瘀節節離　消碎盡磨滅　如是十五種

修行觀自相　始從迦羅邏　次第衰老死
七日漸毀變　乃至灰滅盡　宿世曾修行
先從迦羅邏　出生至老死　次第諦觀察
白骨青赤相　枝節皆離散　骨瑣及羸朽
腐壞盡磨滅　彼諸修行者　思惟不淨念
有從因觀察　或果方便學　成就深妙慧
能了是相義　觀察迦羅邏　乃至一切分
四大和合淨　造色五情根　無量極微種
一切從彼起　當復更觀察　死後次第相
日日漸變異　乃至於七日　無復有來至
視瞻笑語言　容止悉已滅　捨離威儀姿
死屍漸漸異　其色日毀壞　青等諸不淨
如是次第現　膖脹膿爛潰　流溢極臭處
種種諸虫出　見已離色欲　觀察本所著
已壞食不盡　離散在處處　能滅全具欲
上言端正非其本亦應言全具
自見枯朽骨　無復滋潤相　久故極麁澁
能離細滑欲　腐碎若塵坌　磨滅無所有
成就如是相　遠離有形欲　有形不必患是衆生
五欲亦五壞　隨病而對治　相對與實相
修行正觀察　色變若離散　威儀容止滅
羸朽及磨碎　是名五種壞　此則自身中
無量諸境界　修行正憶念　悉能得自在

已說二無量　自在及境界　修行不自在
亦已分別說　於是不淨念　聞思與修慧
正觀開慧眼　是說有三種　作想有二種
時復不想住　俱開解思惟　或時非開解
第三性無垢　離垢清淨住　不想不開解
是慧修禪起　起身寂止樂　餘二則不能
心亦寂靜樂　是名為修慧　滋潤身柔軟
此則寂靜相　二俱不柔軟　當知非寂靜
彼二不寂靜　一則安隱住　是說色有中
修禪所起慧　不淨觀一智　依止十地起
根本及未至　亦說欲中間　依住二界身
境界於欲界　化生既命終　即滅無不淨
身淨無餘穢　不能起厭患　唯觀彼生滅
變易無常相　胞胎所生身　則有死屍形
於身起淨想　不淨觀對治　不求上貪欲
思惟習厭患　更有淨對治　不作厭患想
方便淨解脫　智者開慧眼　謂於不淨緣
白骨流光出　從是次第起　青色妙寶樹
黃赤若鮮白　枝葉花亦然　上服諸瓔珞
種種微妙色　是則名修行　淨解方便相
於彼不淨身　處處莊嚴現　階級次第上
三昧然慧燈　從彼一身出　高廣普周遍
一切餘身起　莊嚴亦如是　此則淨解脫

方便不淨觀
若能須臾頃　修習此勝觀　是則順佛教
堪受一切施　世尊所稱歎　三界良福田
說餘一切相　功德亦復然　白骨青淤想
成就心厭離　因是不淨念　方便度諸地
所謂身念止　受心法念處　煖來及頂忍
世間第一法　見道及修道　乃至漏盡智
因是方便度　一切功德地　從初身念觀
乃至究竟處　佛說不淨念　一切諸種子
世尊說貪欲　利入深無底　正受對治藥
當修厭離想　一切餘煩惱　悉能須臾治
我以說不淨　方便昇進法　餘有勝道進
相行如前說

不淨念昇進分第十一竟

修行方便道不淨決定分第十二

不淨昇進分　相義我已說　今當說修行
不淨決定分　不為惡戒縛　亦非業煩惱
心不背解脫　歡喜常志樂　如是隨順生
麁澁四大滅　柔軟寂止樂　三昧於中起
從定生智慧　修行能厭患　厭想已修起
則能離有愛　思惟離有愛　解脫實相生
已生解脫智　於縛得解脫　從是得無為
究竟離三有　是說名修行　成就決定分

天王五威相　觀相壞煩惱　漏過漸衰薄
田是究竟滅　人王有五相　獸王相亦然
諸地相明了　說名為決定　動身四顧視
奮威暢大音　自在獨遊步　師子王威相
於此十五相　修行生決定　能令彼地中
一切諸垢滅　緊念三摩提　出諸煩惱縛
惡露不淨相　能生厭離心　青淤等諸想
修行善決了　更有餘三想　明想及觀想
第三說空想　修習寂滅慧　淨色及自身
所起諸煩惱　貪欲瞋恚癡　從是正觀滅
此一一諸想　各三想眷屬　能除貪欲等
結縛使惱纏　是諸一切想　明審善觀察
是名修行者　決定不淨想
久故朽白骨　疎瘵羸相現　破碎若塵屑
一切悉磨滅　從下次第起　方便壞所依
淨慧之所說　修行決定想　無量深妙種
一切普周遍　彼決定真實　生如金翅鳥
次起清淨地　平坦極莊嚴　勇猛寶師子
牛王若龍象　此諸未曾類　處處決定相
始因不淨生　亦從不淨長　初起迦羅邏
住於不淨中　觀彼七日住　念頃不暫停
修行善明了　是則說決定　如是一切分
悉能知相義　明見彼真實　念念有生滅

因習諸覺想 修行覺意生 能起覺覺想
說名為決定 彼諸修行者 分別三種想
或有始習行 或已少習行 或有久修習
是悉近決定 隨彼智慧力 趣向有差別
初業者始起 少習心已住 久學能起緣
是說三種修 初業名始種 第二為長養
最後能捨離 說名為決定 不淨有二種
或共或非共 如前三眷屬 是離共不淨
聞思與修慧 三種不淨念 於此一切種
修行諦明了 善分別離欲 是說名決定
不淨決定第十二竟

修行觀界第十三

安般不淨念 退住與升進 決定真實相
悉已分別說 修行界方便 廣略差別相
甚深微妙義 今當次第說 有因先修習
安般不淨念 然後觀諸界 安樂速究竟
自以方便度 此苦難成就 項上兩眉間
繫念令不亂 寂止潤澤生 三摩提增長
所依已柔軟 三昧安不動 擾亂不淨心
智者悉調伏 已隨調伏心 安住修行處
是處起明想 一切身分現 初從一髮始
如其相憶念 於一見自相 然後總衆髮
次第三十六 自相總亦然 佛說三十六

各各有住處 或時彼諸界 合聚內觀察
猶如明眼人 開倉見五穀 時復有逆順
超越次第觀 一界籍其下 餘種悉處上
次第相連持 一一智其相 雜色不雜色
周滿悉觀察 止心在一處 境界遍十方
處處安置已 依是勤修習
一髮為百分 思惟正憶念 復於一分中
分別五種界 次於空界上 識相別觀察
修行見無垢 清淨妙相生 譬如水上泡
明淨無障翳 是處觀諸界 各各見自相
水濕地堅強 風動火燒熱 虛空無障㝵
別知是識相 青黃赤白綠 及與頗梨色
於此衆雜色 修行具足觀 虛空堅固相
弥廣周遍住 難沮喻金剛 金剛慧能壞
於上曼荼邏 則有熱相現 譬如火熾然
能破彼堅固 或見生疑惑 其心大恐怖
明者能決定 增益諸功德 已壞虛空界
能起升進相 融壞若流注 復碎如塵壓
修行見真實 則生解脫想
空界既已壞 上諸界亦然 是則壞相上
有餘壞相起 若復餘一種 於上觀諸界
次第普周遍 俱壞如前說 觀察六六種
六三及四二 如是六十二 世尊略說界

色壞有三種 刹那世極微 無色唯二種
無為無壞相 修界不淨念 則能捨貪欲
順界方便觀 是治我慢藥 觀界四無量
除滅瞋恚毒（一无常頃名刹那）
阿難說是言 當修五念處 世尊告之日
更有第六念 髮毛爪齒骨 筋宍厚薄皮
肪𦚧髓腦膜 脾腎心肝肺 胞腸大小腸
屎尿膿涕唾 垢汗諸血淚 黃白及痰癊
三十六不淨 觀察三種界 是中濕相水
火熱地堅強 諸有形色處 內外飄動相
出入息語言 通利等迴轉 一切總說五
是相名風界 眼耳鼻舌身 毛孔咽喉空
山巖室宅中 內外無障㝵 如是一切種
悉名為空界 於彼六情根 所生諸識種
如是多無量 總說名識界 佛言應當知
六界非有我 不觀陰界相 計我及我所
一切內外界 是處意迴轉 從是意行處
三受十八種 六觸及四處 世尊之所說
愛慢諸煩惱 悉於是中起 是身衆緣合
虛妄空無主 非我非衆生 悉或計真實
佛告羅睺羅 觀界悉無常 如是六種界
說從六處起 修習六巧便 六時各觀一
色處悉具足 無色唯識界 彼種所依處

相行地境界　對治與所治　如實知分數
身中諸界種　還自生苦惱　譬如養毒虵
終為彼所害　四大生造色　即共造色住
和合相間錯　還為四大壞　不淨方便觀
先於造色起　安般方便念　要從四大始
若彼修行者　增廣二方便　四大及造色
和合等觀察　始入根本處　彼先壞造色
入已然後觀　所因四大壞　定慧漸增廣
念處具成就　和合揔觀察　一切悉寂滅
彼三十六物　臭穢壞磨滅　此三與十想
修行增厭離　佛說是根本　能及一切惡
四十九種法　三昧於中起　修行諦觀察
自身及欲界　無量不淨種　穢惡悉充滿
衆苦所逼迫　熾火極熾然　無常變壞相
見已生厭離　色界相似種　微妙相顯現
深樂求出離　增進厭惡想　有覺亦有觀
離欲生喜樂　寂然入初禪　內外悉清淨
所依及境界　如鍊真金像　自身處梵世
於中極娛樂　又見五枝相　身及境界現
第二滅覺觀　內淨心一處　從定生喜樂
四枝身內現　所依及境界　譬如真珊瑚
第三處離喜　行捨念慧除　身受樂三昧
五枝相明了　所依青琉璃　清淨甚微妙

緣少身無量　諸相次第起　第四斷苦樂
憂喜先已滅　不苦不樂捨　念淨三摩提
如是四枝相　現身及境界　出息入息滅
所依極淳白　過色滅有對　是說入空處
過空相識定　過識無所有　過是無所有
非想非非想　善知識界相　不味亦不縛
清淨四梵行　高廣無有量　慈悲普周遍
喜捨亦復然　根本四禪中　修起五神通
三昧現在前　繫心觀自身　作輕及軟想
漸舉不令動　境界現在前　離地如胡麻
稍進如大麦　轉次高四指　此床至彼床
漸漸能隨意　飛行及變化　自在无障㝵
是名修行者　微妙神通力　繫心於自身
禪定現在前　諦取外音聲　如其實皆聞
繫心於自身　禪定現在前　觀他心所念
一切皆悉知　繫心於自身　禪定現在前
自憶念此生　從胎及中陰　漸見前身事
乃至百千劫　一切諸所更　如實憶念知
繫心於自身　禪定現在前　觀察衆生類
生死及形色　隨其業果報　中陰五道生
修行天眼淨　一切如實見　根本諸地中
無量餘功德　修行心自在　一切悉具足
所謂八背捨　勝處一切入　背捨相有五

不淨與淨相　色相煩惱識　略說是五相
勝處先自身　內色外少色　若好若醜一
外多二亦然　內無有色想　外觀少多色
二俱若好醜　是前四勝處　後四內無色
外青黃赤白　一切入四大　四色與空識
觀外及內身　一相無差別　諸辯妙願智
無諍三摩提　逆順與超越　無量三昧門
明智決定觀　具足五種滿　一身二境界
定相普周遍　第三憶念滿　修行喜厭捨
第四諸地滿　十處相明了　三乘根具足
是說第五滿　界方便成就　久遠凝寂滅
能令意清淨　無垢如虛空　如是諸功德
一切悉究竟

觀界第十三竟

修行四無量三昧第十四

修行者若欲廣修慈心先當繫心所緣漸習令無量滅除過惡心不諍競亦無怨結無恚清淨謂於親中怨三種九品衆生無量無數安處十方盡三分際淳一樂行唯除國土世界於衆生世界周普揔緣成就遊行者修慈方便先等心思惟揔緣一切衆生令心堅固滅除瞋恚而起慈心是名

捴觀慈無量三昧如是捴觀猶為瞋恚所縛者當於上親修別相慈次於中親下親中人怨家次第修習九品慈心漸離瞋恚心生愛念與種種樂具與是樂已然後於一切衆生起法饒益心修三種慈廣大慈極遠慈無量慈捨除瞋㝵住仁愛心隨其所應功德善根一切佛法皆悉與之謂與種種法樂修種　慈先與出家樂種次與禪定正受樂次與菩提樂次與寂滅樂彼修行者本曾所更及所未更種種樂具自得他得清淨善根乃至無上寂滅究竟無為隨其修行意所想念無量法樂等與衆生相現在前樂想起已一一觀察以相自證便得決定猶如明鏡因物像現慈三昧鏡亦因樂事種種樂相悉現在前或時修行為瞋恚所亂作是思惟我從本來由是瞋恚多所煞害與諸罪逆入於惡道於大地獄還受苦毒或作蜂蠆蜈蚣毒虵惡龍害鬼羅刹如是種種毒害之類今不除滅復見燒迫以是方便能止瞋恚又復思惟駡者受

者彼我無常須臾不住二俱過去惡聲已滅後起二人無故共諍又今二人念念即滅虛妄無實誰駡誰受何為顛倒與空共鬪計我耳根從虛妄顛倒煩惱業起彼人舌根亦復如是因緣生滅誰駡誰聞修行如是思惟時瞋恚縛解能修慈心離垢清淨如佛說修慈者於四念處能得決定修習增廣成就無量法門勝妙道果不復退還是則三種方便大慈若已離欲更修淨妙離欲慈心深心饒益增廣無量得真實果因此功德具足所願究竟涅槃所以者何一切諸佛說慈為無畏慈為一切功德之母慈為一切功德熾燃慈能消滅凶暴諸惡是故修行當勤方便修離欲大慈悲无量者如慈境界怨親中人悲亦如是次第修習如佛言曰饒益衆生說名慈心除不饒益說名悲心若先於衆生起饒益心以種種樂具悉施與之然後觀衆生唯見受樂是名慈心若先觀衆生受無量苦起除不饒益心然後見衆生除不饒益除不饒益已受

種種樂非與樂也是名悲心見淨相是慈見虛空相是悲樂行是慈苦行是悲是則差別謂修行者見諸衆生兇暴諍怒殘賊煞害共相逼迫無有覆護如是見已而起悲心為作覆護又見衆生斬截身首耳鼻枝體苦痛無量無能救者修行見已而起悲心又修行住悲心時見五趣衆生苦痛熾然无量燒迫深起悲心與救護想如是修行悲无量善根生時無量功德相現若見此衆生受無量苦而不起悲是則極惡无善根人如是大悲一切諸佛本所修習由是究竟一切智海行者若能具足修習當知不久必到是處

喜無量者謂修行於慈境界以六思念等諸善功德無量佛法及自身成就戒定智慧一切功德饒益衆生自樂他樂盡皆與之見一切衆生得法樂已其心歡喜其心歡喜則憂慼滅憂慼滅已一向欣悅踊躍歡喜念言快哉永使安樂於一切衆生歡喜時見有樂相輕微明淨成就此相名為喜

無量三昧如佛說修集喜等乃至識處捨無量者捨怨親已等緣中品此唯是衆生无有差別離慈悲喜唯作衆生無有差別離慈悲喜唯行近境界現作衆生近相是故世尊說捨種種捨自有相捨无量不與喜同謂平等清淨離苦樂相捨相似相現是名捨無量三昧世尊說修捨无量乃至無所有處已略說四無量相餘種種甚深相行者應次第修習

修行觀陰第十五

若修行者久積功德曾習禪定少聞開視發其本緣即能思惟觀察五陰了達深法滅除生死猶如大風飄散重雲亦斷一切魔所樂法觀五陰義今當說修行者內自思惟欲渡煩惱海起離欲生潤澤自身快樂麁澀四大滅隨順四大生攝諸亂意能趣究竟成就智慧若根本觀處堅固明淨能起三昧離諸乱想滅除煩惱諸微妙相於是悉現如淨妙瑠璃如水淨泡行者見此明淨無垢相起善念守持心不放逸既不放逸則熟相起熟相起已壞相現壞相現已唯起法想

一切寂滅如是修行法相具足成就得增上厭離意堅固精進不可動轉得甚深三昧堅固三昧不動三昧修行住是三昧能起五種明淨三昧遍照五道月光三昧日光三昧淨瑠璃三昧練金光三昧無垢頗梨三昧因此五種明淨三昧復生光耀三昧遍光耀三昧無量光耀三昧

復次修行者因五種壞相能壞諸緣一曰穿二曰剥三曰裂四曰壞五曰滅以是五壞相壞一切法修行五種三昧壞境界悉清淨已復次生五種三昧相師子王三昧龍王三昧金翅鳥王三昧牛王三昧象王三昧心無放逸故起此雄相修行住此獸王三昧各隨其類一切悉攝又三昧力男女十相起隨類相攝一切衆生於是悉現若能分別此諸三昧相而不恐怖是則名曰於一切諸法自在功德

復次修行者於明淨境界觀察陰流從一處出分為二分如是觀已還合為一一流中復見五相相各別異布列境界布列境界已還合為一色如

聚沫受如泡觀想如炎行如芭蕉觀識如幻是虛妄欺誑之法相修行如是觀已其身安隱柔軟快樂復觀流所起處無垢相現如淨泡漸漸增長充滿其身修行心不放逸專念受持持已淨相增廣周遍覆身如明淨泡離諸過惡更勝妙智生乃壞是相是相既壞彼流流下遠注無量如淨頗梨極知境極界鏡界已從彼攝還成曼荼羅更有異相充滿本處然後流至十方無量世界至十方已各住自相尒時修行明見無量色種猶如山水漂積聚沫一切受相如大雨渧泡種種諸想如春時炎行如芭蕉無有堅實觀六識種猶如幻化如是種種虛妄但欺誑愚夫是名修行觀陰自相觀陰自相已復以智慧自照其身專念觀察觀察時見周匝熾然相起身處其內有種種雜華淨妙珎寶周匝遶身又自見身種種雜寶諸功德相微妙莊嚴修行見是諸相已慧眼開廣自顧其身周遍觀察觀察已復外觀陰相盛火熾然即生厭心勇猛精進

欲度生死無邊苦海修行於五陰熾然相厭離已離欲相解脱相涅槃相一切功德相次第起現復次修行者具七處觀觀五陰苦集滅道復觀因愛生五陰厭患出離如是於真諦中方便　種子慧生於是七處善修三種觀義自相觀成　就決定堅固已然後得無垢自止修慧是慧起已境界平正淳一无雜復次得勝妙無垢思慧決定觀五陰與衰念念磨滅見真實相譬如毒飯食者必死修行觀五陰三相所雜亦復如是一念生一念苦即一念時亦生亦住亦滅彼念生時即與苦俱生是故一念一念即壞修行觀五陰如是生滅破壞虛偽無常過惡即起無常行苦行空寂行無我行穿漏法不實法速朽法破壞法如是無常義如修多羅廣説乃至百句修行盡行如是諸相知諸法真實便得解脱以賢聖地三昧想行觀此非常相便起深憂厭見有為過患不樂三有復次修行者若觀生則非滅若觀滅則非生如是則不生聖行要一心

一相正向解脱然後智生是決定聖行聖行既起一切法相寂滅無餘癡愛煩惱及諸罪垢能轉苦陰者皆悉除滅澄其心調伏是見五陰無我亦無我所以無常諸行觀察苦陰有八苦逼迫於八苦相成就八行所謂如病如癰如刺如煞無常苦空無我四是聖行四非聖行於苦陰決定觀其真實如是四諦十六聖行是則修行煗法初相於真諦地得真實慧觀察苦陰如燒鐵丸亦无堅固向涅槃背生死不貴有不樂生譬如群獸獵師圍逼以怖急力故起勇奔出修行如是見生死熾然大苦圍迫以厭智力起出無身復次修行者思慧生時煗法種起息止修慧生時煗種增長到煗自地煗相滿足息止修慧生時頂法種起煗法生時頂種增長到頂自地頂相滿足煗法生時忍法種起頂法生時忍種增長到忍自地忍相滿足復次於五陰悦可名為煗法煗法觀五陰於三寶悦可名為頂法頂法觀十八界於四諦悦可名為忍法忍

法觀十二入俱觀三　種隨彼善根一增上故説有差別是一切盡觀真諦但忍於真實觀增煗法想增頂法信觀信增忍法智慧增復次修行有三種緣謂上下諦諸方三種善根依此三緣各一增上故説（悦可本去出設）復次三種修煗依厭離頂依歡喜忍依平等捨亦隨彼善根一增上故説當知一種修盡成就三法

復次修行當知譬如有人有五怨賊拔刀隨逐常欲加害前後五陰轉相煎逼亦復如是佛言欲求阿鼻三磨耶（此云見道名也）十王中心當作達摩㖿斯伽邏常觀真實義以聖行刀斷除陰賊莫如劣夫不能執杖為彼所害乃至一切賢聖皆應勤修如是正觀為現法樂故為後世作大明故斷一切苦本故饒益衆生故況於凡夫空無所得而自放逸不勤修習

觀五陰竟達摩㖿斯伽邏達磨法謂世間第一法也摩㖿斯伽邏謂一經心譯者義言思惟

修行觀入第十六

六入各於境界縛無智衆生貪欲心故常起淨相脩行當知於諸根境界防制非法攝心所緣繫令不動正觀六入辟如空村離我我所不定義是入處義牽下義是入處義能將衆生入惡道又內入相如燒鐵銷如極利劍亦如利刀佛言若觀此相則能捨離復次觀外入惡賊劫善珎寶若修行捨正念開諸入門馳縱六境惡賊劫奪淨戒失諸功德如鳥無兩翼而欲飛空人無兩足而欲遠遊修行如是毀淨戒功德故止觀兩翅永不復生欲出生死是終不能如破瓶盛水須臾不住破戒比丘亦復如是三昧法水須臾不住如天德瓶守護不壞常出珎寶隨意無盡修行如是不毀淨戒則常出生聖功德寶輕壞德瓶珎寶即滅若破戒瓶則永失法寶辟人截鼻照鏡不自喜樂破戒比丘亦復如是內省其身心不自悅百穀藥木依地而生諸善功德悉依淨戒如栴檀塗身能除熱惱淨戒清涼能止欲火如如意寶珠隨所耆處熱時清涼淨

戒如是於煩惱火中能息熾然犯戒比丘自惟罪深身逝命終必入惡道心常憂悔死時恐怖淨戒之人心常歡喜生無憂悔死時安樂淨戒為梯能升慧堂戒為莊嚴具亦為善衣衛戒能將人至於涅槃戒為良地生十善種子教戒師水隨時溉灌信根則生無漏陰為幹四如意為莖慈心為枝條少欲知足為柯葉七覺意為華解脫智為果寂滅法為甘露戒香流出一切普勳賢聖鳥王栖宿其間悲為重陰清涼廣覆辯才法師為蜜蜂王和聲相頌常採精味其樹脩直堅固貞實無有虛偽諂曲瘡病是則名曰功德大樹諸修行者欲趣涅槃背三世苦向解脫城漸次發行諸善功德息彼樹下飲法甘露止三渴患其身安隱能至涅槃

復次戒有衆多數或一二三四或十二或二十一若念念須臾頃則有無量戒種道共定共俱生或戒正語正業正命與心迴轉觀此諸戒其相各別或淳淨無垢或輕薄明淨如是无

垢戒相現於境界修行於依緣念三處觀察戒相若塗香柔軟離垢悅樂明淨潔白是所依中相若其地平廣妙華寶器嚴飾之具衆寶滑澤是名修行境界中相辟如犛牛護尾一毛著樹守樹而死不令毛斷比丘護戒亦復如是一微之戒守死不犯妙相嚴身衆好具足猶如秋月停照虛空修行三昧觀此淨相已乃至命終无復憂悔亦無熱惱不復恐怖安悅歡喜踊躍增長生寂止樂麁澀四大滅如是苦名修行憶念思相復次三種中更有雜相嬈亂障㝵失念意不住請求悔過不善惡業守死不為夢中無犯增益持戒佛說戒為花鬘塗香莊嚴衆具香風一方來是世界香諸方來是戒德香或身無手足眼耳身舌一切枝節悉不見具或身沒塵埃或觀察自身離諸塵垢澡浴塗身名衣上服是名修行於依緣憶念觀察尸羅種種雜相威儀定共道共三種戒悉已於中說此三種戒更有無量諸深妙相明智者當廣演說修行已觀

淨戒欲破諸入山者當修二法所謂
止觀先當觀離惡悅樂充滿其身麁
澀四大城柔順四大生趣寂止樂一
心不亂自於內身繫
心於入相所起處觀察時白淨相起
比丘見此相當善守護如佛所說辟
如伏鷄善護其子必得成就比丘修
行亦復如是專精守護乃得成就十
二修果相現分明修行善守護時離
諳放逸修果成就境界淨妙離諸垢
汙明如寶珠亦如懸水境界廣滿身
處少分周遍遠流然後來還還已一
相現復分為二分還合其一成曼荼
邏境界安住平正普現衆相猶如衆
星光耀布列然後乃壞壞已各各流
出還合為一復周遍遠流充滿諸方
充滿諸方已復還安隱堅住住已熟
相現熟相現已有種種衆相周遍弥
廣微妙器服諸奇特相悉現境界內
入空聚外色聲香味觸及三世三種
法善不善無記一切悉現觀其真實
復次外六入如賊內六入如空聚亦說
內外入為此彼岸此十二入諸勝妙相

增廣無量佛說修多羅中廣說復次
修行者於此境界熟相起起已復壞
間間有斷離相斷離相流住極遠停
住一處如寶瓶盛水然後還開漸見
寂滅寂滅已復有諸餘一切功德相
生諸入門中常離相流出各各出已
復於一處成曼荼邏曼荼邏上復有
自相起已復熟熟已不久寂滅然後修
行復加專精更現清淨微妙禪相現
已如前次第寂滅
復次修行於諸入中更有種種妙相
於繫心處決定相起名髻中明珠喻
三昧修行自觀身作分段寶藏有寶蓮
花修行自見身在蓮花上衆寶妙華
莊嚴圍遶復次如世尊修多羅說六
衆生喻行者於此見足觀察所謂眼
為狗走逐五色村耳為鳥隨空聲起
鼻為毒虵隨逐香穴舌為野干貪五
味死屍身為輸收磨羅常樂入觸海
意為獼猴常樂遊縱三世法林若六
種衆生繫著一處不能自在各遊所
樂修行如是以三昧正念繫縛六根不
令自在馳散所緣然後以清淨智觀

法真實癡冥凡夫六境中貪著悕望
無量惡法如是正觀悉能除滅一切
衆生樂著境界自起障㝵不至涅槃
是故修行欲壞生死趣涅槃者當降
伏諸根遠離境界
修行觀十二因緣第十七
已說諸對治及所治愚癡對治是應
分別一切佛所說緣起滅除癡冥生
如實智有甚深微妙隨順功德今當
略說令諸修行功德增益滅除愚癡
觀察緣起遠離斷常二邊諸想知因
緣和合有為法生亦能降伏迷醉外
道牽令隨順第一空法慧眼明淨無
明悉滅修行觀緣起有四種一名連
縛二名流注三名分段四名刹那連
縛有六種一曰生二曰分三曰起四曰
生門五曰剎那六曰成壞生者從死
陰次起中陰中陰次起生陰中陰衆
生无明昏乱愚癡所盲造作有業中
陰衆生見男女和合無明增故生顛
倒想或生害想或生愛想然後自見
與彼和合尒時欲心迷醉是名愛起
身見和合不淨謂為已有是名慢起

身因母飲食而得增長令身敷起是名食起身四大與迦羅邏俱生

得報身是名四大起身結業為方便二枝既過次第識種生是名種子識始處迦羅邏時其心沉沒少所識知識不明利是名為生得迦羅邏已識明利故是名為識是名生連縛也分段者從迦羅邏次起泡宍段堅厚枝節嬰兒童子盛壯衰分老分次第生是名分連縛也趣者謂徧至諸趣修行觀諸相是名趣連縛也生門者謂四生相續輪迴不絕是名生門連縛也剎那者觀五陰念念相續生滅不斷是名剎那連縛也成壞者一切境界起滅劫數始終修行觀此成壞相續名為成壞連縛也是則修行觀緣起連縛也流注者謂修行觀剎那流至恒剎那乃至羅婆摩睺路姤是名流注迦羅邏分注七日泡宍段堅厚乃至衰老分是名流注起分住分起緣分入分出分方便分一切正受巧便流注次第起盡名流注諸起迴轉

如旋火輪是名流注如是一切无量流注是則修行觀緣起流注分段者修行觀察從分至分故說分段能如是知則於緣起成就謂無明增上猶如盲人無有見相如大黑冥遠離光明或於前無見或於後無見是則偏盲若前後無見是二俱盲若離二盲則捨癡冥得明淨慧眼如是苦集滅道佛法僧寶無知是名十種癡十種癡滅名為十種慧佛說無明為初因種三種業若修行不知無明過患則種三種業業起已從是生識諸識如幻種種悉現從識相續起名色於彼一身而有二相辟如虗軟沮爛之物內有諸虫令外動搖亦如野蠶初作蠒繭名色二相亦復如是乃至諸根未成說為名色二相諸根既開名為六入諸根始開未有所作於觸愚癡不知適與不適如雨滯注水水則泡起情塵生觸亦復如是外剌剌身觸從中起亦如然燈油注所成是名修行觀尒炎觸相觸相起已次第生受辟如水泡三種相現若分別諸根則有

五受受起已次生渴愛辟如舌舐蜜塗刀刃愛增諸煩惱名為取取次生有種三種業業起當来果故名為有已種生而未受名為未来生生已熟謂為老死二枝說未来生時生相增上佛說識分未来識生時名為生名色六入觸受名為老死前生愛取有能集今有故於此生為過去愛取有能是煩惱分故說為無明有則是行現在三枝能種来生過去二枝轉生死轉彼衆生輪轉以無明覆故八現在二過去二未来世差別故如是分別當知轉時一切皆十二

復次更有餘分因緣今當說從迦羅邏泡肉段堅厚枝節嬰兒童子壯年衰分老死分於是十種分觀察緣起復次於起住起緣入出方便分乃至餘一切分悉觀緣起復次是事起故是事起謂彼眼色能起眼識三事和合觸生受想思是名修行異種觀緣起復次修行方便觀諸入緣起以明淨境界自向觀諸入門如是見已各觀自相處破諸入山無量積聚熟相

現巳派注十方極智境界致到彼觀察明智外進者修住巧便尒時聞思修慧熟相壞相次第而起諸餘外進義如前入處說復次是事有故是事有是事起故是事起謂修行者先壞內身次觀外色猶如照鏡因物像現如是所依相起外相亦起也

復次修行於諸不淨觀其緣起先於方便處繫念令堅固然後於枝節分解觀其緣起起明巳無明相壞依脚骨有蹲骨髀骨跨骨肩骨頸骨頭骨充滿十方有漏業相普現於下諸雜不淨相階級次第起復次修行觀四因能生衆苦展轉因隣近因周普因不共因復次修行觀果從生因生從有因有從取因如是乃至行從無明因行是果亦是因從因推果還至老死亦如是若於無明求因必大恐怖而起斷見無智闇冥餘明甚微猶如螢火如是猶復求因不巳自見唯與大黑闇俱世尊說言由不正思惟衆生若與是俱則輪轉生死無明縛故有輪常轉無明為本餘枝所作各有相

現一切有枝輪無明寂自在自在力所轉如奴屬其主是無故是不作是滅故是不轉當知餘枝皆如是說死有四種漸漸死頓死行盡死剎那死又說三種無常一剎那無常二分段無常三種類無常修行了此無常則遠離四魔破壞無明明相顯現如明淨燈能消衆冥乃至老死滅諸明相起亦復如是破壞無明諸積聚巳成就一相淨妙境界行者身體柔軟光澤光澤巳身極明淨如明鏡像如是相現明淨觀巳身內衆物各各自相一切顯現如是觀成就名曰於界得度何以故有五種癡五種對治相一界二入三陰四卑賤五垢汙是名五種癡或觀界得度或復觀陰觀入觀彼增功德觀第二義而得度者是名五種對治也

復次修行者入快淨琉璃三昧於明淨境界觀緣起枝觀緣起枝時便生易見想如說阿難白佛言緣起易見佛告阿難十二緣起甚深無底難見難知汝欲毀壞我三阿僧祇劫深微

妙難得之果云何欣悅而說是言是深妙觀我今當度汝當隨我觀佛境界境界海浮漂外道無智闇冥二邊愚癡離尒炎境界所不能入聲聞辟支佛雖能少入不得其底尒時世尊說是語巳即入甚深微妙尒炎住三昧自在正受正受境界有三師子王師子王上各有七寶池七寶池中各有七寶蓮華七寶蓮花上皆有坐佛放大光明極聲聞境界然後乃住是諸聲聞從初發心至寂後身所種善根及諸緣起一切悉現從是復起三師子王師子王上各有七寶池七寶池中各有七寶蓮花七寶蓮花上皆有坐佛放大光明極辟支佛境界然後乃住諸辟支佛從初發心乃至究竟所種善根及諸緣起一切悉現從是復起無量師子王上各有七寶池七寶池中各有七寶蓮花一一花上皆有坐佛普放光明極菩薩境界然後乃住是諸菩薩從初發心至金剛坐所修善根一切功德若業若果及諸緣起一切悉現從是復起無量師子王師子

王上各有七寶池七寶池中各有七寶蓮花一一花上皆有坐佛放大光明普照佛法甚深緣起一切悉現尒時佛以神力示阿難佛之境界已語阿難言尒炎中更有無量無邊諸佛境界佛智所行如是甚深微妙境界云何欣悅而言易見汝智淺不及謂為易見耳如上尒炎境界無量諸法現在前已然後乃壞一切皆空清淨寂滅寂滅已復觀勝妙尒炎起佛法身漸漸廣大周滿十方無量法寶充滿法身法身光明无有邊際不共智慧所行境界一切佛法甚深緣起悉現在前然後乃壞一切皆空清淨寂滅無有處所猶如虗空無所依止如寶入手名為得寶修果如是名决定相阿難如来境界不可思議我今為汝示少少耳阿難見佛境界歡喜踊躍白佛言甚深世尊世尊尒炎境界難得其底若我先知如来境界如是深妙者寧使我身碎如胡麻要當究竟佛法彼岸如是一切名修行觀緣起分段刹那者三世一刹那一刹那三

世法未起名未来起時名現在已起名過去一刹那生即一刹那苦與無常俱故當知衆生行刹那須不住亦無所從来去亦無所至雖轉亦無所去去亦無積聚一刹那起刹那滅刹那如一念一念如刹那前刹那聚已滅滅時與後起隨順四緣具足後刹那起修行境界觀一刹那間有無量微塵無量微塵一一刹那次第相續猶如連珠辟如四善射人俱放四箭有一人健行箭未至地能就空中接取四箭不令落地地神迅疾復過於是虗空神疾過於地神日月天疾過虗空天如是健行天疾倍過日月當知諸無常迅過於是不可辟喻如修行觀迦羅邏七日住分有無量刹那當知餘一切分亦如是如是觀已離諸愚癡增益明慧如是無量名修行觀緣起刹那

復次修行初入正受名為違縛境界增成名為流注方便境界安住名為分段境界漸滅名為刹那

復次已說四種別相觀緣起佛說揔

緣起今當說二枝種二枝熟二枝起二枝牽所種二枝生長二枝成就二枝受二枝作人二枝田二枝寄者二枝所寄二枝受寄者是說名有枝修行觀緣起或五陰盛陰欲色界四陰无色界無常空等諸行於陰决定真實决定真實已决定相現在前是事有故是事有是事起故是事起是事無故是事無是滅故是不作辟如有鑽燧有人方便煙火乃至因薪熾然亦如因樹有蔭因日有光因燈有炎皆從緣起無明不言我能生行行亦不言我從无明生當知一切有枝皆如是是空法寂滅法無所有法作者不可得但有無明諸行和合有漏法生受為軸轉有枝輪生諸結縛諸結中愛枝增諸縛中取枝增諸使中識枝增諸纏中無明增向生結增受生縛增諸識漂利使增於增界愚癡煩惱境如是煩惱業縛能轉生果有輪常轉漂無智衆生隨義增故說有差別當知諸分皆有結縛使纏

復次修行六種觀十二緣起於十二

枝隨順義說謂安般念觀業枝有枝出息入息是身行覺觀是口行想思是意行是故安般念是彼對治界方便觀觀識枝生枝識增上故處胎識於諸界增上說七識界是故界方便觀是彼對治陰方便觀觀名色枝老死枝是故陰方便觀是彼對治破諸入出方便觀觀六入枝觸枝是故入方便觀是彼對治緣起方便觀觀無明枝受枝是緣起方便觀是彼對治何以故受及無明是諸煩惱根本是故智慧是彼對治愛取二枝染著淨故不淨是對治

復次修行觀十二緣或時從因度或時從果度或從無明行乃至老死或觀識乃至老死或三事和合生觸觸生受受生愛愛生取乃至老死或從愛取有生死或從老死乃至無明或觀老死乃至識如佛城喻經說

復次修行於四念處觀十二枝各增上身念處觀六入枝受念處觀受枝心念處觀識名色枝法念處總觀餘枝說此義已而說讚偈曰

方便治地行　乃至究竟處　無上法施主
說是傳至今　我從彼勝聞　撰說深妙義
章句莊嚴集　欲令法久住　佛法深無底
修行亦無邊　以我少智力　宣揚無量法
是深非所測　如蚊嘗大海　唯彼已度者
然後乃究竟

六十二界六種六情六塵六識六界六覺謂貪恚癡三不淨覺及是三淨覺也苦樂不苦不樂憂喜捨

六三欲色無色界又色無色滅界三世法軟中上法善不善無記法學無學非無學四二者食非食漏無漏依欲依出要有為無為三十六不淨次第髮毛爪齒薄皮厚皮筋肉骨髓脾腎心肝肺小腸大腸胃胞屎尿垢汗淚涕唾膿血黃白痰癊肪𦙁腦膜剎那數百二十剎那名一怛剎那六十怛剎那名一羅婆三十羅婆名一摩睺路姤三十摩睺路姤名一日一夜一歲中唯二時二日三十摩睺姤路晝夜等謂羯提月白分八日八月名羯提後半月名為白分陛舍佉月白分八日二月名陛舍佉後半月名白分此二時二日晝夜各十五摩睺路

姤從是後羅婆流或晝減夜增或夜減晝增名為流晝夜等各三十摩睺路姤謂羯提月白分八日陛舍佉月白分八日羯提月者謂七月十六日至八月十五日是八月名後半月名白分陛舍佉月者正月十六日至二月十五日是二月名後半月名白分此二時二日晝夜各三十摩睺路姤從是後羅婆流或晝減夜增或夜減晝增名為流

達摩多羅禪經下

達摩多羅禪經卷下

校勘記

一　底本，金藏廣勝寺本。八〇八頁中一行至一〇行原版殘，以麗藏本補。

一　八〇八頁中一行經名，二行譯者，資、磧、普、南、徑、清無（未換卷）。

一　八〇八頁中一三行第三字「家」，諸本（不含石，下同）作「冢」。

一　八〇八頁中一六行末字「心」，麗作「念」。

一　八〇八頁中一九行第七字「勉」，資、磧作「免」。

一　八〇八頁中二一行第二字「念」，諸本作「令」。又第一〇字「相」，諸本作「想」，末行第五字、本頁下一二行第五字同。

一　八〇八頁下五行「觀外緑」，資、磧、普、南、清、麗作「觀外緣」；徑作「外觀緣」。

一　八〇八頁下六行第一二字「不」，諸本作「有」。

一　八〇八頁下一三行第九字「枝」，資作「支」；磧、普、南、徑、清作「肢」。以下「支」、「肢」二字諸本互用，不一一出校。

一　八〇八頁下一四行末字「更」，資作「處」。

一　八〇八頁下一九行首字「遇」，資、磧、普、南、徑、清作「愚」。

一　八〇八頁下末行第八字「染」，資、磧、普、南、徑、清作「深」。

一　八〇九頁上三行第一〇字「退」，資、磧、普、南、徑、清作「起」。

一　八〇九頁上五行「方便不淨退分竟」，資、磧、普、南、徑、清無，並卷上終，卷下始。

一　八〇九頁上六行「方便」，資、磧、普、南、徑、清作「方便道」。

一　八〇九頁上九行第三字「知」，資、磧、普、南、徑、清作「智」。

一　八〇九頁上一一行「逼身」，諸本作「遍身」。

一　八〇九頁上二〇行「不淨觀方便道住分竟」，資、磧、普、南、徑、清無。

一　八〇九頁上末行末字「法」，資、磧、普、南、徑、清作「分」。

一　八〇九頁中九行「提頼似果捷大似癰盡在腹内」，磧、南、清作夾註。

一　八〇九頁中一六行「二種」，資、磧、普、南、徑、清作「一種」。又第一三字「愛」，諸本作「受」。

一　八〇九頁下四行「骨瑣」，資、磧、普、徑作「骨鏁」。

一　八〇九頁下九行末字「相」，資、磧、普、南、徑、清作「想」。次頁中四行第五字、一三行首字同。

一　八〇九頁下一〇行「日日」，資、磧、普、南、徑、清作「日月」。又「來至」，諸本作「來去」。

一　八〇九頁下一二行第一〇字「壞」，諸本作「變」。

一　八〇九頁下一九行至次頁中三行「成就如是相……堪受一切施」與

次頁中三行至次頁下一一行「世尊所稱歎……能除貪欲等」兩段經文，資互置。

一 八〇九頁下一九行至次頁中四行「五欲亦五壞……說餘一切相」與次頁中四行至次頁下一二行「功德亦復然……明審善觀察」兩段經文，普、南、徑、清互置。

一 八〇九頁下二〇行夾註左「患是」，資、磧、普、南、徑、清作「悉是」。

一 八一〇頁上九行「有中」，徑作「中有」。

一 八一〇頁上一一行「二界」，資、普、徑作「三界」；麗作「一界」。

一 八一〇頁上一二行「欲界」，諸本作「欲色」。

一 八一〇頁上一九行「諸瓔珞」，麗作「珠瓔珞」。

一 八一〇頁中二行第二字「能」，徑、清作「是」。

一 八一〇頁中四行第一四字「淤」，諸本作「瘀」。

一 八一〇頁中一四行「不淨念升進分第十一竟」，資、磧、普、南、徑、清無。

一 八一〇頁中二一行第一四字「相」，諸本作「智」。

一 八一〇頁下二行首字「田」，諸本作「由」。

一 八一〇頁下七行第五字「相」，諸本作「想」。又末字「想」，資、磧、普、南、徑、清作「相」。

一 八一〇頁下一六行第一〇字「想」，諸本作「相」。

一 八一〇頁下二一行第一〇字「住」，資、磧、普、南、徑、清作「長」。

一 八一一頁上一一行「不淨決定第十二竟」，資、磧、普、南、徑、清無；麗作「不淨決定分第十二竟」。

一 八一一頁上一二行第四字「界」，資、磧、普、南、徑、清作「界分」。

一 八一一頁上二一行「初從」，資、磧、普、南、徑、清作「從初」。

一 八一一頁中四行第八字「智」，諸本作「知」。

一 八一一頁中一四行第八字「喻」，資、磧、普、南、徑、清作「踰」。

一 八一一頁中一五行第八字「熟」，資、磧、普、南、徑、清作「熱」。

一 八一一頁下四行夾註右首字「一」，資、磧、普、南、徑、清無。

一 八一一頁下六行第八字「抓」，諸本作「爪」。

一 八一一頁下一五行第七字「說」，資、磧、普、南、徑、清作「識」。

一 八一一頁下二〇行「悉或」，諸本作「迷惑」。

一 八一二頁上一三行「不淨種」，資、磧、普、南、徑、清作「不淨處」。

一 八一二頁上一八行第七字「練」，資、磧、普、南、徑、清作「鍊」。

一 八一二頁中一行「諸相」，資、磧、普、南、徑、清作「諸根」。

一 八一二頁中六行第八字「識」，諸本作「諸」。

一 八一二頁中一一行「此床至彼床」，

一 資、磧、普、南、徑、清作「此林至彼林」。

一 八一二頁中末行「八背捨」，磧、普、南、徑、清作「入背捨」。

一 八一二頁下一四行「觀界第十三竟」，資、磧、普、南、徑、清無。

一 八一三頁上九行第六字「種」，諸本作「種種」。又末字「種」，諸本無。

一 八一三頁上一三行「修行」，資、磧、普、南、徑、清作「修行者」。下同（不含「修行者」）。

一 八一三頁上二二行「燒迫」，資、磧、普、南、徑、清作「嬈迫」。本頁下九行同。

一 八一三頁中一五行「⿰火贊燧」，諸本作「鑽燧」。

一 八一三頁下九行第一〇字「與」，諸本作「興」。

一 八一四頁上四行「無有差別離慈悲喜唯行近境界現作衆生」，資、磧、普、南、徑、清作「行近境界現」：麗作「行近境界」。

一 八一四頁上一〇行「觀陰」，資、磧、普、南、徑、清作「觀陰分」。

一 八一四頁上一七行第一三字「趣」，資、磧、普、南、徑、清作「起」。

一 八一四頁上末行第四、五字「壞相」，資、磧、普、南、徑、清作「則壞相」。

一 八一四頁中二行「精進」，資、磧、普、南、徑、清作「精勤」。

一 八一四頁中六行第三字「練」，資、磧、普、南、徑、清作「鍊」。

一 八一四頁中一二行「復次」，諸本作「次復」。

一 八一四頁中二二行「一一」，麗作「一一一」。

一 八一四頁下二行「之法相」，資、磧、普、南、徑、清作「力相」；麗作「之相」。

一 八一四頁下六行「淨相」，資、磧、普、南、徑、清作「得淨相」。

一 八一四頁下八行「下遠」，資、磧、普、南、徑、清作「遠下」。

一 八一四頁下九行「知境極界如」，資、磧、普、南、徑、清作「智境界知」；麗作「知境界極知」。

一 八一五頁上三行「起現」，資、磧、普、南、徑、清作「現起」。

一 八一五頁上六行「種子」，資、磧、普、南、徑、清作「使種子」。

一 八一五頁上七行第六字「成」，諸本作「成成」。

一 八一五頁上八行「自止」，諸本作「息止」。

一 八一五頁上一〇行「與衰」，諸本作「興衰」。

一 八一五頁中五行「觀察苦陰」，諸本重出。

一 八一五頁中九行首字「真」，資作「身」。

一 八一五頁中一四行第一〇字「迫」，資、磧、普、南、徑、清作「逼」。

一 八一五頁中一七行「息止」，資、磧、普、南、徑、清作「止息」。

— 八一五頁下一行「三種」，資、磧、普、南、徑、清作「三觀種」。
— 八一五頁下四行「觀信增」，資、磧、普、南、徑、清作「歡喜增」；麗作「觀喜增」。
— 八一五頁下五行第七字「謂」，諸本無。
— 八一五頁下六行夾註左第二字「咄」，麗作「出」。
— 八一五頁下七行「歡喜」，麗作「觀喜」。
— 八一五頁下一三行「十王中心」，諸本無。又「達摩那斯伽邏」，諸本作「達磨摩那斯迦邏」，二〇行同。
— 八一五頁下一五行「執杖」，資、磧、普、南、徑、清作「報讎」。
— 八一五頁下一六行「正觀」，資、磧、普、南、徑、清作「止觀」。
— 八一六頁上二行「淨相」，諸本作「淨想」。
— 八一六頁上九行「捨正念」，資、磧、普、南、徑、清作「捨於正念」。又「六境」，諸本重出。
— 八一六頁上一五行「須臾」，諸本作「念頃」。
— 八一六頁上一八行「譬人」，資、磧、普、南、徑、清作「譬如人」。
— 八一六頁中五行「慧堂」，磧、普、南、徑、清作「慧臺」。
— 八一六頁中八行第九字「茅」，資、磧、普、南、徑、清作「觚」。
— 八一六頁中一一行「普勳」，諸本作「普熏」。
— 八一六頁中一九行「或一二三四」，諸本作「或一二三四或七」。
— 八一六頁中二一行第一〇字「或」，資、磧、普、南、徑、清作「戒」；麗無。
— 八一六頁下一二行第三字「苦」，諸本作「等」。又第九字「思」，諸本作「中」。
— 八一六頁下一七行首字「方」，麗作「万」。又末字「身」，諸本作「鼻」。
— 八一六頁下一八行第八字「皃」，資、磧、普、南、徑、清作「完」。
— 八一七頁上三行第四字「城」，諸本作「減」。又第一〇字「趣」，資、磧、普、南、徑、清作「起」。
— 八一七頁上五行「所起處」，諸本作「當善守護入相所起處」。
— 八一七頁上九行第一三字「時」，資、磧、普、南、徑、清作「持」。
— 八一七頁上一三行「其一」，諸本作「爲一」。
— 八一七頁上一八行第三字「熟」，磧作「熱」。
— 八一七頁中三行「流住」，諸本作「流注」。
— 八一七頁中六行第七字「雜」，磧、普、南、徑、清作「離」。
— 八一七頁中八行第三字「起」，諸本作「起起」。又「熟熟」，資作「熱熱」。
— 八一七頁中一一行「入中」，資、磧、普、南、徑、清作「入門中」。

一 八一七頁中一六行「見足」，諸本作「具足」。

一 八一七頁下八行「一切佛」，麗作「一切諸佛」。

一 八一七頁下一六行「三曰起」，諸本作「三曰趣」。

一 八一七頁下二〇行第一二字「故」，資、磧、普、南、徑、清作「故故」。

一 八一七頁下二一行「或生愛想」下，諸本有「欲與女俱者於男生害心」十字。

一 八一八頁上二行末二字至次行首二字「與迦羅邏」下，資、磧、普、南、徑、清有「時其心沉没少有所識起身四大與迦羅邏」十七字。

一 八一八頁上九行第一〇字「宍」，磧、普、南、徑作「内」。

一 八一八頁上一二行「諸相」，諸本作「諸趣相」。

一 八一八頁上二〇行第七字「注」，諸本作「流注」。

一 八一八頁上末行第一二字「起」，麗作「趣」。

一 八一八頁中一二行第四字「業」，資、磧、普、南、徑、清無。又第九字「生」，徑作「先」。

一 八一八頁中一六行首字「䩭」，諸本作「膜」。

一 八一八頁中二一行第八字「注」，諸本作「炷」。

一 八一八頁下二行第三字「刃」，磧作「刀」。

一 八一八頁下三行第二字「種」，麗作「有」。

一 八一八頁下八行「有能」，資、磧、普、南、徑、清作「有相」；麗無。

一 八一八頁下一一行首字「轉」，諸本作「輪」。

一 八一八頁下末行第八字「山」，資、磧、普、南、徑、清作「出」。

一 八一九頁上一行第一一字「致」，麗無。

一 八一九頁上一〇行第七字「明」，諸本作「明相」。

一 八一九頁上二二行首字「若」，資、磧、普、南、徑、清作「苦」。

一 八一九頁中一七行「第二義」，諸本作「第一義」。

一 八一九頁中末行第一三字「深」，諸本作「甚深」。

一 八一九頁下三行「境界」，麗作「佛境界」。

一 八一九頁下六行第一一字至次行首字「介炎住三昧」，資、磧、普、南、徑、清作「爾炎境界住三三昧」。

一 八一九頁下一八行「師子王」，諸本重出。

一 八二〇頁中三行第七字「生」，麗無。

一 八二〇頁中一五行首字「諸」，諸本作「諸行」。

一 八二〇頁中二一行第二字「咸」，諸本作「長」。

一 八二〇頁下一行第一四字「起」，資、磧、普、南、徑、清作「趣」。

一 八二〇頁下一〇行「乃至」，諸本

作「乃出」。

一 八二〇頁下一九行第八字「增」，諸本作「境」。又末字「境」，諸本作「增」。

一 八二一頁上一八行「有生死」，諸本作「有生老死」。

一 八二一頁上末行第七字「説」，資、磧、普、南、徑、清無。

一 八二一頁中四行「宣揚」，資、磧、普、南、徑、清作「宣暢」。

一 八二一頁中八行第一一字「反」，資、磧、普、南、徑、清作「及」。

一 八二一頁中九行第三字「苦」，磧、南、清作「若」。又第八字「樂」，資、磧、普、南、徑、清作「樂處」。

一 八二一頁中一二行「非無學」，諸本作「非學非無學」。

一 八二一頁中一四行第四字「抓」，諸本作「爪」。

一 八二一頁中一五行末字「汙」，資、磧、普、南、徑、清作「汗」。

一 八二一頁中二一行「妬路」，諸本作「路妬」。

一 八二一頁中二二行「階舍佉」，諸本作「陛舍佉」。

一 八二一頁下三行第三字至一〇行末字「謂羯提月……名爲流」，資、磧、普、南、徑、清作夾註。

一 八二一頁下四行末字「日」，資、磧、普、南、徑、清無。

一 八二一頁下八行「三十」，資、磧、普、南、徑、清作「二十」。

一 八二一頁下卷末經名，諸本作「達摩多羅禪經卷下」。

禪法要解卷上　圖

姚秦三藏鳩摩羅什等於長安逍遥園譯

行者初来欲受法時師問五衆戒淨有
已若婬欲多者應教觀不淨不淨有
二種一者惡猒不淨二者非惡猒不
淨何以故衆生有六種欲一者着色
二者着形容三者着威儀四者着言
聲五者着細滑六者着人相着五種
欲者令觀惡猒不淨着人相者令觀
白骨人相又觀死屍若壞若不壞觀
不壞斷二種欲威儀言聲觀已壞悉
斷六種欲習不淨有二種一者觀死
屍臭爛不淨我身不淨死屍一等無
有異也如是觀已心生惡猒取是相
已至閑靜處若樹下若空舍以所取
相自觀不淨處處遍察繫心身中不
令外出若心馳散還攝緣中二者雖
不眼見從師受法憶想分別自觀身
中三十六物不淨充滿髮毛爪齒涕
淚涎唾汗垢肪𦙶皮膜肌肉筋脉髓
腦心肝脾腎肺胃腸肚胞膽澹陰生
藏熟藏血屎尿諸虫如是等種種不淨
聚假名為身自觀如是所着着外身
亦如是觀若心猒惡婬欲心息則已
若心不息當勤精進呵責其心作是
念言老病死苦其為至近命如電逝
人身難得善師難遇佛法欲滅如曉
時燈有破定法衆患甚多內諸煩惱
外有魔民國土飢荒內外老病死賊
其力甚大壞習禪定我身可畏於諸
煩惱賊中未有微損於禪定法中未
有所得雖服法衣內實空虚俗人無
異諸惡趣門一切皆開諸善法中未
入正定於諸惡法未能必不為惡我
今云何着是屎囊而生懈怠不能精
勤制伏其心如此弊身賢聖所呵不
淨可惡九孔流出而貪着此身與畜
生同死俱投黑闇甚所不應如是鞭
心思惟自責還攝本處又時亦復應
令心悅作是念言佛是一切智人直
說道教易解易行是我大師如是不
應憂畏如依大王無有怖畏諸阿羅
漢所作已辦是我同伴已能伏心如
奴畏主心已調伏具種種果六通自
在我亦應自伏其心求得此事雖有

此道無復異路如是思惟已還觀不淨復自欣歡作是念言初習道時諸煩惱風吹破我心我欲得道上妙五欲尚不能壞何況獘者如長老摩訶目揵連得阿羅漢道本婦將從伎直嚴自莊嚴飾欲壞目連目連尒時說偈言

汝身骨幹立　皮肉相纏裹　不淨內充滿
無一是好物　韋囊盛屎尿　九孔常流出
如鬼無所直　何足以自貴　汝身如行廁
薄皮以自覆　智者所棄遠　如人捨廁去
若人知汝身　如我所猒惡　一切皆遠離
如人避屎坑　汝身自嚴飾　花香以瓔珞
凡夫所貪愛　智者所不惑　汝是不淨聚
集諸穢惡物　如莊嚴廁舍　愚者以為好
汝脊肋著脊　如椽依棟柱　五藏在腹內
不淨如屎篋　汝身如糞舍　愚夫所保愛
飾以珠瓔珞　外好如畫瓶　若人欲染空
終始不可著　汝欲來嬈我　如蛾自投火
一切諸欲毒　我今已滅盡　五欲已遠離
魔網已壞裂　我心如虛空　一切無所著
正使天欲來　不能染我心

行者如是思惟決定堅固住心本緣不畏衆欲若利根者一心精勤遠至七日心得定住中根者乃至三七鈍根者久久乃得如攢酪成蘇必可得也若不任習行是身雖復久習種種方喻空無所得譬如攢水終不成蘇問曰何事不中荅曰若犯禁戒不可懺者若邪見不捨若斷善根及三覆障所謂厚利煩惱五無間罪三惡道報如是等罪不應習行又摩訶衍中菩薩利根有實智慧福德因緣不同其事若不任習行當誦經修福起塔供養說法教化行十善道問曰云何當知得一心相荅曰心住相者身軟輕樂瞋恚愁憂諸惱心法皆已止息心得快樂未曾所得勝於五欲心淨不濁故身有光明如清淨鏡光現於外如明珠在淨水中光明顯照行者見是相已心安喜悅譬如渴人掘地求水已見濕泥得水不久行者如是初習行時如掘乾土久而不止得見濕相自知不久當得禪定一心信樂精勤攝心轉入深定作是念已毀呰五欲見求欲者甚為可惡如人見狗不得好食而噉臭糞如是種種因緣呵欲為過心生憐愍受五欲者自心有樂而不知求反更外求不淨罪樂行者常應精進晝夜集諸善法助成禪定諸障禪法令心遠離集諸善法者觀欲界無常苦空無我如病如瘡如癰如箭入心三毒熾然起諸鬪諍嫉妬烟相甚為惡猒如是觀者是名初習禪法若習法時中間或有五蓋覆心即應除滅如黑雲翳日風力破散若婬欲蓋起心念五欲即應思惟我今在道自捨五欲云何復念如人還食其吐此是世間罪法我今學道除剃鬚髮被者法衣盡其形壽五欲情願永離永斷云何還復生著甚非所宜即今除滅如賊毒虵不令入室以其為禍甚深重故復次五欲之法衆惡住處無有反復初時尚可久後欺誑受諸苦毒嫉妬恚怒無惡不作如囊盛衆刀以手抱觸左右傷壞復次設得五欲猶不猒足若無猒足則無有樂如渴飲漿未及除渴不得有樂猶如搔疥其患未差不可為樂復次欲染其心不見好醜不畏今世後世罪報以是之

故除却婬欲已却婬欲或生瞋惱瞋
惱心生即應除却衆生可念處胎已
来無時不苦衆苦俻具云何更增其
惱如人臨欲刑戮何有善人重增苦
痛又復行道之人應捨吾我愛慢等
結雖不障生天而行道之人尚不生
念何況瞋恚拔樂根本復次如水沸
動不見面像瞋恚心生不識尊畀父
母師長乃至不受佛教瞋為大病殘
害無道猶如羅刹當以思惟慈心消
滅瞋恚婬欲瞋恚既止若得禪定則
為快樂若未得禪樂情散愁憒心轉
沉重瞖瞢不了即知睡眠害心之賊
尚破世利何況道事睡眠法者與死
無異氣息為別如水衣覆水不覩面
像睡眠覆心不見好醜諸法之實亦
復如是即時除却應作是念諸煩惱
賊皆欲危害何可安眠如對賊陣鋒
刃之間不應睡眠未離老病死患未
脫三惡道苦於道法中乃至暖法未
有所得不應睡眠作是念已若睡猶
不止即應起行冷水洗面瞻視四方
仰觀星宿念於三事除滅睡眠不令

覆心一者怖畏當自思惟死王大力
常欲為害念死甚近如賊疾来無可
恃怙又如拔刀臨項睡則斬首二者
欣慰當作是念佛為大師所有妙法
未曾有也我以愛學自幸欣慶睡心
即滅三者愁憂當復念言後世展
轉受身經歷苦痛毒害無邊無量
如是種種因緣呵睡眠法如是思惟
睡眠則止若掉悔蓋起應作是念世
人欲除憂求歡喜故而生掉戲今我
苦行坐禪求道云何自恣放心掉戲
甚所不應佛法所重攝心為本不應
輕躁縱心自放如水波動不見面像
掉戲動心不見好醜悔如禪度中說
問曰貪欲恚疑各別為蓋何故睡眠
掉悔二合為蓋答曰睡雖煩惱勢力
微薄眠不助成則不覆心掉戲無悔
不能成蓋以是故二合為蓋譬如以
繩繫物單則無力合而能繫復次睡
眠心法因睡心重以心重故身亦俱重
因睡微覆眠覆轉增遮壞道法是故
二合為蓋眠既覺已心不專一馳念
五欲行諸煩惱是名為掉譬如獼猴

得出羇閉自恣跳躑戲諸林木掉亦
如是已念五欲行諸結使身口意失
而生憂悔作是念言不應作而作應
作不作是故掉悔相因二合為蓋問
曰作惡能悔不應為蓋答曰如犯戒
自悔從今以往不復更作如是非蓋
若心作罪常念不息憂惱乱心故名
為蓋如是種種因緣呵掉悔蓋繫心
緣中若心生疑即應令滅所以者何
疑之為法非如愛慢令世不生歡心
後世令墮地獄有疑遮諸蓋法如歧
路猶豫不知趣進便自止息行者如
是本所習法疑不復進即知疑患遮
覆正道當疾除却復作是念佛為一
切智人分别諸法是世間法是出世
間法是善是不善是利是害了了
分明令但受行不應生疑當隨教法
不應拒違復次佛法妙者修定智恵
如實如法我無是智云何自心籌
量諸法如人手執利器乃可與賊相
御若無所執而對強敵反以為害我
今未得修定智慧云何欲籌量諸法
實相是不應然復次外道非佛弟子

故應生疑我是弟子去何於佛而復生疑佛常毀呰疑患是覆是蓋是遮是身自誑之法如人既知劫客即應除避疑亦如是誑惑行者欲與疑慧而破實智辟如病疥搔之轉多身壞增劇良醫授藥疥痒自止行者如是種種諸法而生疑想隨事欲解疑心轉多是以佛教直令斷疑疑生即滅如是種種呵疑當疾除却行者如是思惟除捨五蓋集諸善法深入一心斷欲界煩惱得初禪定如佛經說行者離欲惡不善法有覺有觀離生喜樂入初禪問曰得初禪相去何荅曰如先以正念呵止五欲未得到地身心快樂柔和輕軟身有光明得初禪相轉復增勝色界四大遍滿身故柔和輕軟離欲惡不善一心定故能令快樂色界造色有光明相是故行者見妙光明照身內外行者如是心意轉異瞋處不瞋喜處不喜世間八法所不能動信敬慙愧轉多增倍於衣服飲食等心不貪著但以諸善功德為貴餘者為賤於天五欲尚不繫心

何況世間不淨五欲得初禪人有如是等相復次得初禪時心大驚喜辟如貧者卒得寶藏心大歡喜作是念言初夜中夜後夜精勤苦行習初禪道令得果報如實不虗妙樂如是而諸衆生狂惑顛愚沒於五欲不淨罪樂甚可憐愍初禪快樂內外遍身如水漬乾土內外沾洽欲界身分受樂不能普遍欲界婬恚諸火熱身入初禪池涼樂第一除諸熱惱如大熱極入清涼池既得初禪念本所習修行道門或有異緣所謂念佛三昧或念不淨慈心觀等所以者何是行思力令得禪定轉復深入本觀倍增清淨明了行者得初禪已進求二禪若有漏道於二禪邊地肰患覺觀如欲界五欲五蓋令心散乱初禪覺觀惱乱定心亦復如是若無漏道離初禪欲即用無漏初禪呵責覺觀問曰如初禪結使亦能乱心何故但說覺觀荅曰初禪結使名為覺觀所以者何因善覺觀而生愛者是故結使亦名覺觀始得初禪未有餘著復次本未

曾得覺觀大喜以大喜故壞敗定心以破定故先應除捨復次欲入甚深二禪定故除却覺觀為大利故而捨小利如捨欲界小樂而得大樂問曰但說覺觀應滅不說初禪煩惱耶荅曰覺觀即是初禪善覺觀也初禪愛等亦名覺觀以惡覺觀障二禪道是故宜滅以善覺觀能留行者令心樂住是故皆應當滅尋復思惟知惡覺觀是為真賊善覺觀者雖似親善亦復是賊奪我大利故當進求滅二覺觀覺觀惱乱如人疲極安眠衆音惱乱是故行者滅此覺觀已求二禪辟如風土能濁清水不見面像欲界五欲濁心如土濁水覺觀乱心如風動水以覺觀滅故內得清淨无覺无觀定生喜樂入於二禪問曰云何是二禪相荅曰經中說言滅諸覺觀著善若無記以無覺觀動故內心清淨如水澄靜無有風波星月諸山悉皆照見如是內心清淨故名賢聖嘿然三禪四禪雖皆嘿然以二禪初得為名有覺觀語言因緣因緣初滅故得名嘿然定生

喜樂妙勝初禪初禪喜樂從離欲生此中喜樂從初禪定生問曰二禪亦離初禪結使何以不言離生荅曰雖復離結但依定力多故以定為名復次言離欲者則離欲界言離初禪未離色界是故不名離生如是等是二禪相行者既得二禪更求深定二禪定有煩惱覆心所謂愛慢邪見疑等壞破定心是二禪賊遮三禪門是故當求斷滅此患以求三禪問曰若尒者佛何以故說離喜行捨得入三禪荅曰得二禪大喜喜心過差心變著喜生諸結使以是故喜為煩惱之本又復諸結使無有利益不應生著喜是恱樂甚為利益滯著難捨以是故佛說捨喜得入三禪問曰五欲不淨罪喜則應當捨是喜淨妙衆生所樂云何言捨荅曰先已荅生著因緣則是罪門復次若不捨喜則不能得上妙功德以是故捨小得大有何過也行者進求三禪觀喜知患憂苦因緣所可喜樂無常事變則生憂苦復次喜為麁樂今欲捨麁而求細樂故言

離喜更入深定求異定樂云何三禪相滅喜捨此妙喜心不悔念知喜為害辟如人知婦是羅刹則能捨離心不悔念喜為狂惑麁法非妙第三禪身受樂世間最樂無有過者聖所經由能受能捨無喜之樂以念巧慧身則遍受入於三禪問曰此說一心念慧初禪二禪何以不說荅曰第三禪者身遍受樂心行捨法不令心著分別好醜故言一心念慧復次三禪中有三過一者心轉細沒二者心大發動三者心生迷悶行者常應一心念此三過若心沒時以精進智慧力還令心起若大發動則應攝止若心迷悶應念佛妙法還令心喜常當守護治此三心是名一心行樂者入第三禪問曰如経第三禪中二時說樂何等為二樂荅曰前說受樂後說快樂問曰有三種樂受樂快樂無惱樂以何樂故三禪名為第一之樂荅曰三樂上妙皆勝下地但以受樂第一說名樂地究竟盡故餘二樂者上地猶有此中不以為名問曰喜樂無喜樂有

何差別荅曰樂受有二種一者喜根二者樂根喜根喜樂初禪二禪所攝樂根無喜樂三禪所攝復次欲界初禪樂受麁者名樂根細者名為喜根二禪三禪樂受麁者為喜根細者為樂根辟如熱極得清冷水持洗手面是名為喜入大涼池舉身沐浴是名受樂行者如是初禪覺觀故樂不遍身二禪大喜驚故不能遍身三禪無障㝵故樂遍其身是名差別復次樂受有四種欲界六識相應樂名為喜根亦名樂根初禪四識相應樂名為樂根亦名喜根二禪意識相應樂受名為喜根三禪離喜故意識相應樂受名為樂根行者既得三禪知上三樂一心守護常恐畏忘失則為是惱是故樂復為患當求離樂辟如人求富貴之樂求時既苦得時無猒則後為苦得已守護亦復為苦有人以求樂為苦故捨或有得樂無猒覺苦故捨或有既得守護為苦故捨行者患樂亦如是求初禪樂以覺觀惱乱故捨二禪大喜動故捨三禪知樂無常難守故捨

以是故當捨此樂求於四禪安隱之地問曰行者依禪定樂捨於欲樂今依何等而捨禪樂若捨禪樂得何利益荅曰行者依於涅槃樂能捨禪樂得三利故所謂羅漢辟支佛佛道是故捨禪定樂行於四禪安隱快樂以三乘道隨意而入涅槃問曰云何知是第四禪相荅曰如佛說四禪相若比丘斷樂斷苦先滅憂喜不苦不樂護念清淨入第四禪問曰斷三禪樂應尒離欲時已斷苦今何故復言斷苦荅曰有人言斷有二種一別相斷二捴相斷如須陁洹以道比智捴斷一切見諦結使是事不然何以故佛說斷苦斷樂先滅憂喜若欲界苦應說先斷苦憂喜而不說者以是故知非欲界苦以三禪樂無常相故則能生苦是故說斷苦又如佛說樂受時當覩是苦於三禪樂生時住時為樂滅時為苦以是故言斷樂斷苦先滅憂喜者欲界中憂初二禪喜者問曰欲界中有苦有憂離欲時滅何以但說斷憂不說斷苦荅曰離欲時雖斷二事憂

根不復成就苦根成就以成就故不得言滅問曰若三禪中樂生住時樂滅時為苦今說初禪二禪中喜何獨不尒荅曰佛經所說離三禪時斷樂斷苦無滅憂喜初禪二禪不作是說問曰佛何因緣不作是說荅曰三禪中樂於三界中受樂最妙心所著處以其著故無常生苦以喜麁故不能遍身雖復有失不大生憂以是故佛經不說也不苦不樂者第四禪中雖有不苦不樂受捨者捨三禪樂行不苦不樂受不憶不悔念清淨者以滅憂喜苦樂四事故念清淨問曰上三禪中不說清淨此中何以獨說荅曰初禪覺觀乱故念不清淨辟如露地風中然燈雖有脂炷以風吹故明不得照二禪中雖一識攝以喜大發故定心散乱是故不名念清淨三禪中著樂心多乱此禪定故不說念清淨四禪中都無此事故言念清淨復次下地雖有定心出入息故令心難攝是中無出入息故心則易攝易攝故念清淨復次第四禪名為真禪餘三

禪者方便階梯是第四禪辟如山頂餘三禪定如上山道是故第四禪佛說為不動處無有定所動處故有名安隱調順之處是第四禪相辟如善御調馬隨意所至行者得此第四禪欲行四無量心隨意易得欲修四念處修之則易欲得四諦疾得不難欲入四無色定易可得入欲得六通求之亦易何以故第四禪中不苦不樂捨念清淨調柔隨意如佛說諭金師調金洋練如法隨意作器無不成就問曰行者云何得慈心無量荅曰行者依四禪已念一城衆生願令得樂如是一國土一閻浮提四天下小千國土二千國土三千大千國土乃至十方恒河沙等無量無邊衆生慈心遍覆皆願得樂辟如水劫盡時消水火珠滅不復現大海龍王心大發動從念生水出海盈滿及天澍雨遍滿天下是時天地弥滿無不充溢行者亦尒以大慈水滅瞋恚消慈火珠慈水發溢漸漸廣大遍至無量無邊衆生悉蒙潤澤常出不斷或聽說法

增益慈心辟如大雨無不周普行者慈念衆生令得世間清淨之樂亦以所得禪定快樂持與衆生亦以涅槃苦盡之樂乃至諸佛第一實樂願與衆生以慈力故悉見十方六道衆生無不受樂問曰如阿毗曇説何等是慈三昧觀一切衆生悉見受樂又経中説慈心三昧遍滿十方皆見受樂云何但言願令衆生得樂荅曰初習慈心願令得樂深入慈心三昧已悉見衆生無不受樂如鑽燧出火初然細軟乾草火勢轉大濕木山林一時俱然慈亦如是初入觀時見人受樂願與苦者慈力轉成悉見得樂問曰衆生實無得者云何皆見得樂而不顛倒荅曰定有二種一者觀諸法實相二者觀法利用辟如真珠師一者善知珠相貴賤好醜二者善能持用或有知相而不能用或有治用而不知相或有知相亦能治用行者如是賢聖未離欲者能觀法相四真諦等而不能用不行四無量故如凡夫離欲行諸功德能有利用生四

無量心不能觀實相故如俱解脫阿羅漢等能觀實相具禪定故生四無量四無量者得解之法以利用故非為顛倒復次佛法之實無有衆生云何觀苦者為實樂者為倒所謂顛倒無衆生中而著我相若常若無常若邊若無邊等是為顛倒行慈之人知衆生假名如輪等和合名之為車是故行者慈心清淨則非顛倒復次若無衆生以為實者衆生受樂應是顛倒而有衆生無衆生皆為是邊不應但有衆生以為顛倒復次慈三昧力故行者皆見衆生無不得樂如一切入觀禪定力故於縁境界轉青作赤何況衆生皆有樂相而不見也如貴賤貧富禽獸之屬各自有樂下相憐愍貴者之患貧者所無貧者之患貴者所無問曰餘道可尒地獄云何荅曰地獄衆生亦有樂分遠見刀山灰河皆謂林水而生樂想見樹上女人亦生樂想又我心顛倒故愛樂其身若欲敎時逃避啼哭請求獄卒願見放捨若語敎汝得脫此苦心亦不樂如是之

等皆有樂分又復神通力故行慈之心種種教化令衆生得樂或隨所有而能與之及身口行助成利益如諸佛菩薩深心愛念壞諸惡趣實令衆生得種種樂以是故不但願與亦實令得樂問曰行慈者得何功德荅曰行慈者諸惡不能加如好守備外賊不害若欲惱害反自受患如人以掌拍矛掌自傷壞矛無所害五種邪語不能壞心五種者一妄語説過二惡口説過三不時説過四惡心説過五不利益説過辟如大地不可破壞種種瞋惱讒謗等不能毀也辟如虗空不受加害心智柔軟猶若天衣復次行者入慈虎狼毒獸虵蚖之屬皆不能害如入牢城無能傷害得如是等無量功德問曰慈德如是何者名慈法荅曰愛念衆生皆見受樂是心相應法行陰所攝名為慈法或色界繫或不繫心繫法心共生隨心行非色法非是業業相應業共生隨業行非報生是應修得修行修應證身證慧證或思惟斷或不斷或有覺有觀或

無覺有觀或無覺無觀或有喜或無喜或有出入息或無出入息或賢聖或凡夫或樂受相應或不苦不樂受相應非道品先緣相後緣法在四禪亦餘地緣無量衆生故名為無量清淨故慈念故憐愍利益故名為梵行梵乘能到梵世名為梵道是過去諸佛常所行道問曰云何修習慈心答曰若行者作是念我除剃鬚髮不在飾好破憍慢相若稱此者宜應行慈今著染衣當應行慈令心不染食他之食不虛受施如經所說若有比丘漸修慈心則隨佛教如是不虛食人信施復次若出家若在家行者作是念慈心力故於惡世中安隱無患於破法衆中獨隨法行於熱煩惱令心清冷如近聚落有清涼池復次行慈力故怨家毒害不能復害如著革屣剌不能傷行者處於欲界多瞋怒害鬪諍怨毒種種諸害慈心力故无能傷損辟如力士著金剛鎧執持利器雖入大陣不能傷壞復次是慈能利益利益三種人凡夫行慈除諸瞋恚得无

量福生於淨果世間福德無過是者求聲聞辟支佛者欲界多瞋慈力能破及餘煩惱則亦隨滅得離欲界漸出三界如佛所說慈心共俱近修七覺大乘發心為度衆生以慈為本如是慈心於三種人無量利益又習慈初門又十六行令速得慈又使牢固亦常修行一者持戒清淨二者心不悔三者善法中生喜四者快樂五者攝護五情六者念巧便慧七者身離心離八者同行共住九者着聽若説隨順慈法十者不惱亂他人十一者食知自節十二者少於睡眠十三者省於言語十四者身四威儀安隱適意十五者所須之物隨意無之十六者不戲論諸法行是十六法助慈三昧悲者觀衆生苦如地獄餓鬼畜生世間刑從飢寒病苦等取其苦相故悲心轉增乃至樂人皆見其苦問曰云何以樂為苦答曰樂是無常樂無猒足從因緣生念念生滅無有住時以是故苦復次如欲天受樂如狂如醉無所別知死時乃覺色無色界衆

生於深禪定愛味心著命終隨業因緣還復受報如是衆生當有何樂於地獄三惡道是舊住處天上人中猶如客住暫得止息以是因緣故佛但說苦諦無有樂諦是故一切衆生無不是苦衆生可愍不知實苦於顛倒中而生樂想今世後世受種種憂惱而無猒心雖暫得離苦還復求樂作諸苦事如是思惟見諸衆生悉皆受苦是為悲心餘悲心義如摩訶衍論四無量中說喜者行人知諸法實相觀苦衆生皆為樂相觀樂衆生皆為苦相如是諸法無有定相隨心力轉若諸法無有一定相者成阿耨多羅三藐三菩提尚無有難何況餘道隨意可得故心生歡喜復次行者作是念我因少持戒精進等便得離欲逮諸禪定無量功德念諸善功德故心生歡喜辟如賈客賫持少物百千倍利心大歡喜復作是念如是法利皆由佛恩佛自然得道與人演說隨教修行得如是利益是時心念十方諸佛身有金色相好莊嚴及十力等無

量切德法身因是念佛心生歡喜復次佛法於九十六種道中宬為第一能滅諸苦能趣常樂心生歡喜又復分别三種佛法一者涅槃無量常相是究竟不壞法二者涅槃方便八真聖道三者十二部経宣示八道如是念法心生歡喜復次能知如是實相行於正道離諸邪徑是為正人所謂佛弟子衆於一切衆中宬為第一自思惟言我巳在此衆中是我真伴彼能益我以是因縁故心生歡喜願令衆生悉皆歡喜定力轉成故悉見衆生皆得是喜捨者行人如小懈極心暫止息但觀衆生一相不觀苦樂喜相猶如小兒若常愛念憍恣敗壞若常苦切怖畏羸瘦是故有時放捨不愛不憎行者如是若常行慈喜心則憂惱以念苦多故若常行悲心則生放逸以喜樂多故是故行捨莫令苦樂有過復次行者入道得禪定味分別衆生好醜是善是不善善者恭敬愛念不善者則生輕慢如人得大珎寳輕慢貧者見有寳者恭敬愛念

破是二相故而行捨心如経中說修行慈心除破瞋恚修行悲心除惱衆生修行喜心除破愁憂修行捨心除破憎愛但觀衆生得解脫故隨心所作如人觀林不觀樹也又如世人寒時得温熱時得涼資生隨意者是名為樂若得官位寳藏歌舞戲笑是名為喜若失此衆事者是名憂苦若無此三事者是名為捨行者亦如是具有四心自身受樂願及衆生心既柔軟見一切衆生悉得是樂又復見諸天上世間豪貴取其樂相願及衆生心既柔軟見一切衆生悉得是樂修行慈時心生大喜以此大喜願與衆生或從定起礼佛法衆讃歎供養亦得心喜願與衆生及取外喜願與衆生或時自見其苦老病憂惱飢寒因苦欲令衆生離是苦惱我能分别善量忍猶尚苦惱何况衆生無有智慧忍受衆苦何得不惱則生悲心復見外人刑戮鞭撻又聞経說悪道苦痛取是苦相觀一切皆苦而生悲心捨者自捨憎愛亦觀衆生無有憎

愛及取外衆生受不苦不樂者從第四禪乃至非有想非無想處及欲界無苦無樂時取是相巳觀一切衆生亦都如是無苦無樂復次如貴人唯有一子愛念甚重心常慈愍世間諸樂願令悉得自能得者亦皆與之其子或時遭諸惱患父甚悲念若子從困得免其父大喜心生喜巳即便放捨任子自長父得休息行者如是於四無量心中觀諸衆生亦如子想隨巳所有樂事及取世間種種諸樂願令得之慈定力故悉見一切皆是樂者行人從慈心起若見衆生受諸苦痛取是相巳而生悲心悲心力故見諸衆生悉皆受苦見受苦巳願令衆生皆離是苦從悲三昧起若見衆生受樂得道入涅槃者取是相巳而生喜心欲令彼得而彼自得心識柔軟悉見衆生皆得歡喜從此定起見衆生不苦不樂者不憂不喜者取是相巳而生捨心願令衆生不苦不樂不憂不喜以善修捨定力故悉見衆生不苦不樂不憂不喜得離煩惱熱復

次若衆生有諸過罪捨而不問若恭敬愛著不以爲喜是爲捨心如是等四無量義如摩訶衍中說

禪法要解卷上

淨觀者三品或初習行或已習行或久習行若初習行當教言破皮却不淨當觀白骨人繫意在觀不令外意外念諸緣攝之令還若已習行當教言心却皮肉具觀頭骨不令外念外念諸緣攝之令還若久習行却身中一寸皮肉繫意五處頂上額上眉間鼻端心處如是等處住意在骨不令外念外念諸緣攝之令還當復觀心若心疲極捨諸外想注念在緣譬如獼猴被繫在柱終日馳走鎖常攝還極乃休息所緣如柱念則如鎖心喻獼猴亦如乳母常觀小兒不令墮落行者觀心亦復如是漸漸制心令住緣處若心久住是應禪法若得禪定即有三相身悉和悅柔輭輕便白骨流光猶如白珂心得靜住是爲淨觀是時便得色界中心是名初學禪法門若定得勝心則不如制之令住是名一心若能一寸中住便得遍却不得但觀赤骨人得此觀已棄赤骨人觀白骨人不令外念外念諸緣攝之令還心若清淨住於骨觀骨邊白光遍身中出如天清明日光極淨此光既出以心目觀了了見之因光力故見骨人中相似諸心心相應法生滅如毗瑠璃甯中水流是時心息得樂婬人欲樂不足喻也外身觀亦復如是如是一身觀大第轉多乃至閻浮提復從一閻浮提還至一寸心得自住是爲不淨中淨三昧門復大此身空骨以薄皮覆有何可樂甚可患也

禪法要解卷上

校勘記

一　底本，金藏廣勝寺本。

一　八二八頁中一行及卷末經名，資、磧、普、南、徑、清作「禪法要解經卷上」。卷下例同。

一　八二八頁中二行譯者，資、磧、普作「姚秦羅什譯」；南、徑、清作「姚秦三藏鳩摩羅什譯」。卷下同。

一　八二八頁中一三行至次行「死屍一等無有異也」，資、磧、普、南、徑、清作「亦復如是」。

一　八二八頁中一七行末字至次行首三字「雖不眼見」，資、磧、普、南、徑、清作「雖眼不見」。

一　八二八頁中二一行「澹陰」，磧、普、南、徑、清、麗作「痰癊」。

一　八二八頁下二行第一二字「著」，諸本(不含石，下同)無。

一　八二八頁下四行「其爲」，資、磧、普、南、徑、清作「甚爲」。

一　八二八頁下一二行「未能必不爲惡」，資、磧、普、南、徑、清作「未必不作」。

一　八二八頁下一六行第八字「甚」，資、磧、普、南、徑、清作「其」。又末字「鞕」，資、磧、普、南、徑、清作「硬」。

一　八二八頁下二〇行末二字至次行首字「阿羅漢」，資、磧、普、南、徑、清作「羅漢」。

一　八二八頁下二二行第二字「畏」，麗作「衷」。

一　八二八頁下末行「伏其心」，資、磧、普、南、徑、清作「調伏其心」。又「雖有」，諸本作「唯有」。

一　八二九頁上三行第九字「欲」，資、磧、普、南、徑、清作「若」。

一　八二九頁上五行第一三字「直」，諸本作「樂」。

一　八二九頁上六行第二字「嚴」，資、磧、普、南、徑、清無。又第一二字「說」，資、磧、南、徑、清作「即說」。

一　八二九頁上八行「韋囊」，資、磧、

普、南、徑、清作「皮囊」。

一 八二九頁上一五行「如掾依棟柱」，資、磧、普、南、徑、清作「如椽依梁棟」。

一 八二九頁上二一行「不能染我心」與二二行「行者」之間，資、磧、普、南、徑、清有四百四十八字經文，兹據明徑山藏本附録於卷末，即「淨觀者……甚可患也」。

一 八二九頁中一行「三七」，資、磧、普、南、徑、清作「三七日」。

一 八二九頁中三行第四字「任」，資作「住」。

一 八二九頁中一六行第四字「淨」，資、磧、普、南、徑、清作「清淨」。

一 八二九頁中一七行首字「相」，普、徑作「根」。

一 八二九頁中二二行末二字至末行首六字「不得好食而噉㲉糞」，資、磧、普、南、徑、清作「噉糞而生惡心」。

一 八二九頁下一行第二字「過」，資、磧、普、南、徑、清作「過已」。

一 八二九頁下六行末二字至次行首二字「烟相其爲」，資、磧、普、南、徑、清作「之烟甚可」。

一 八二九頁下一二行「學道」，資、磧、普、南、徑、清作「清淨學道」。

一 八二九頁下一三行「法衣」，資、磧、普、南、徑、清作「法服」。

一 八二九頁下二一行「搔疥」，磧、南作「瘙疥」。

一 八三〇頁上一行「除却」，資、磧、普、南、徑、清作「應除」。

一 八三〇頁上四行末字至次行首字「苦痛」，資、磧、普、南、徑、清作「其苦」。

一 八三〇頁上六行末字「生」，資、磧、普、南、徑、清作「應」。

一 八三〇頁上八行第九字「生」，資、磧、普、南、徑、清作「盛」。

一 八三〇頁上一三行「瞪瞢」，磧、普、南、徑、清作「瞢瞢」。

一 八三〇頁上一八行「安眠」，資、磧、普、南、徑、清作「睡眠」。

一 八三〇頁上二一行末三字至次行首二字「若睡猶不止」，資、磧、普、南、徑、清作「若睡眠不止者」。

一 八三〇頁中一五行「恚疑」，資作「恚癡」；磧、普、南、徑、清作「瞋恚」。

一 八三〇頁中一六行第一〇字「雖」，資作「眠」。

一 八三〇頁中二一行末字「故」，普、徑無。

一 八三〇頁中二二行末字「念」，普、徑作「故念」。

一 八三〇頁下四行「不作」，諸本作「而不作」。

一 八三〇頁下一一行「有疑遮諸蓋法」，資、磧、普、南、徑、清作「又疑遮諸善法」；麗作「有疑遮諸善法」。

一 八三〇頁下一九行「如法」，磧、普、南、徑、清作「知法」。

一 八三〇頁下末行「應然」，資、磧、普、南、徑、清作「應爾」。

一　八三一頁上一行「弟子」，資、磧、普、南、徑、清作「佛弟子」。

一　八三一頁上三行「刬客」，磧、普、南、徑、清作「刺害」。

一　八三一頁上五行「而破」，麗作「而礙」。又「疥搔」，磧、南作「疥瘙」。

一　八三一頁上一〇行「盖法」，諸本作「善法」。

一　八三一頁上一四行第二字「如」，資、磧、普、南、徑、清無。又「未得」，資、磧、普、南、徑、清作「得未」。

一　八三一頁上一七行「一心定」，資、磧、普、南、徑、清作「及一心定」。

一　八三一頁上二一行第一一字「多」，資、磧、普、南、徑、清作「復」。

一　八三一頁中七行首字「罪」，麗作「非」。

一　八三一頁中八行「内外沾洽」，資、磧、普、南、徑、清作「中外沾洽」；麗作「内外霑洽」。

一　八三一頁中二一行「初禪結使名爲覺觀」，資作「覺觀滅結使亦滅」。

一　八三一頁中二二行至末行「是故結使亦名覺觀」，資無。

一　八三一頁中末行「始得初禪未有餘著」，資作「始得初禪未有餘著故是以覺觀滅結使亦滅」；磧、普、南、徑、清作「始得初禪味有餘著故是以覺觀滅結使亦滅」。又末字「末」，諸本作「未」。

一　八三一頁下一行第一二字「敗」，資、磧、普、南、徑、清作「破」。

一　八三一頁下二行「先應」，資、磧、普、南、徑、清作「應當」。

一　八三一頁下六行首字至次行第四字「覺……觀」，資、磧、普、南、徑、清作「初禪覺觀有二種一者善法相應覺觀二者愛等結使相應覺觀」。

一　八三一頁下一〇行第一〇字「似」，資作「以」。

一　八三一頁下一一行第八字「當」，資、磧、普、南、徑、清作「應當」。

一　八三一頁下一四行第三字「能」，資、磧、普、南、徑、清作「能動」。

一　八三二頁上四行「復離結但依定力」，資、磧、普、南、徑、清作「復離結使但住定力」。

一　八三二頁上一五行首字「是」，資、磧、普、南、徑、清作「見」。

一　八三二頁中七行第三字「受」，資、磧、普、南、徑、清無。本頁下一三行第一一字同。

一　八三二頁中七行至八行「此說一心念慧」，資作「說一念心念慧」；磧、普、南、徑、清作「此說一心念巧慧」。

一　八三二頁中八行「何以」，資、磧、普、南、徑、清作「何故」。

一　八三二頁中九行第一三字「著」，資作「者」。

一　八三二頁中一〇行第四字「故」，資、磧、普、南、徑、清作「是故」。

一　八三二頁中一六行「一心行樂者」，資作「一念行樂者」；磧、普、南、徑、清作「一念巧慧行樂」。

一　八三二頁中一七行第四字「經」，

一 資、磧、普、南、徑、清作「經說」。

一 八三二頁中二〇行第一三字「三」，資、磧、普、南、徑、清作「三禪」。

一 八三二頁下四行「名樂根」，資、磧、普、南、徑、清作「名爲樂根」。

一 八三二頁下八行第一〇字「故」，資、磧、普、南、徑、清作「動故」。

一 八三二頁下一二行「樂相」，諸本作「樂根」。

一 八三二頁下一六行「畏忘」，資、磧、普、南、徑、清作「退」。

一 八三二頁下一八行第一〇字「後」，諸本作「復」。

一 八三二頁下二一行「亦如是」，磧、普、南、徑、清作「亦復如是」。

一 八三三頁上四行第七字「於」，資、磧、普、南、徑、清無。又末字「得」，資、磧、普、南、徑、清作「而得」。

一 八三三頁上五行第三字「故」，資、磧、普、南、徑、清無。

一 八三三頁上一一行「何故」，資、磧、普、南、徑、清作「何以」。

一 八三三頁上二一行第九字「者」，資、磧、普、南、徑、清無。

一 八三三頁中五行第三字「無」，資、磧、普、南、徑、清作「先」。

一 八三三頁中一〇行末字「雖」，資、磧、普、南、徑、清作「唯」。

一 八三三頁中一七行末字「故」，資、磧、普、南、徑、清作「動故」。

一 八三三頁下三行「有名」，資、磧、普、南、清作「又名」。

一 八三三頁下一一行「洋練」，資、麗作「洋鍊」；磧、普、南、徑、清作「融鍊」。

一 八三三頁下一三行「四禪」，資、磧、普、南、徑、清作「第四禪」。

一 八三三頁下一七行「盡時」，磧、普、南、徑、清作「至時」。

一 八三三頁下一九行「盈漫」，資、磧、普、南、徑、清作「溢漫」。

一 八三四頁上一〇行第八字「入」，普、徑作「入入」。

一 八三四頁上一二行「山林」，磧、普、南、徑、清作「生林」。

一 八三四頁上一九行首字「持」，諸本作「治」。又「而不能用」，資、磧、普、南、徑、清作「不能治用」。

一 八三四頁中二〇行第八字「見」，普、徑作「生兄」。

一 八三四頁中末行「敎汝」，諸本作「赦汝」。又「此苦」，資、磧、普、南、徑、清作「此苦者」。

一 八三四頁下二行首字「心」，資、磧、普、南、徑、清作「人」。又末字「有」，資、磧、普、南、徑、清作「用」。

一 八三四頁下五行「願與」，資、磧、普、南、徑、清作「與願」。

一 八三四頁下一一行「不時」，資、磧、普、南、徑、清作「非時」。

一 八三四頁下一四行「心智」，資、磧、普、南、徑、清作「心和」。

一 八三四頁下二〇行「心繫法」，麗作「心數法」。

一 八三五頁上九行第二字「若」，資、磧、普、南、徑、清作「若出家」。又本行末字「在」，資、磧、普、南、徑、清作「存」。

一　八三五頁上一四行第八字「若」，資、磧、普、南、徑、清無。

一　八三五頁上一八行「怨家毒害不能復害」，資、磧、普、南、徑、清作「怨家毒恚不能傷害」。

一　八三五頁上二一行首字「損」，資、磧、普、南、徑、清作「害」。

一　八三五頁上二二行第一〇字「慈」，普、徑作「故」。又「利益」，資、磧、普、南、徑、清無。

一　八三五頁中一行第二字「福」，資、磧、普、南、徑、清作「福德」。又「淨果」，資、磧、普、南、徑、清作「淨界」。

一　八三五頁中七行第三字「又」，資、磧、普、南、徑、清作「有」。

一　八三五頁中一三行「睡眠」，資、磧、普、南、徑、清作「睡卧」。

一　八三五頁中一四行「言語」，資、磧、普、南、徑、清作「言説」。

一　八三五頁中一五行「無之」，諸本作「無乏」。

一　八三五頁中一八行「刑從」，資、磧、普、南、徑、清作「刑屠」；麗作「刑徒」。

一　八三五頁下一行第六字「受」，麗作「愛」。

一　八三五頁下一五行末字「隨」，資、磧、普、南、徑、清作「以隨」。

一　八三六頁上四行「無量」，資、磧、普、南、徑、清作「無量相」。

一　八三六頁上五行「八真」，諸本作「八直」。

一　八三六頁上六行「十二部」，清作「十一部」。

一　八三六頁上一二行「悉皆」，普、徑作「悉能」。

一　八三六頁上一九行「是故」，資、磧、普、南、徑、清作「是以」。

一　八三六頁中二行末字至次行首字「衆生」，資、磧、普、南、徑、清作「衆生心」。

一　八三六頁中三行「愁憂」，資、磧、普、南、徑、清作「憂愁」。

一　八三六頁中七行「官位」，資、磧、普、南、徑、清作「安位」。又「戲笑」，資、磧、普、南、徑、清作「戲笑者」。

一　八三六頁中九行第五字「者」，資、磧、普、南、徑、清無。末行第三字同。

禪法要解卷下

圖

姚秦三藏鳩摩羅什等於長安逍遙園譯

若行者欲求虚空定當作是念色是種種衆苦具如鞭杖刺截殺害飢寒老病苦等皆由色故思惟如是則捨離色得虚空處問曰行者今以色為身云何便得捨離答曰諸煩惱是色因緣又能繫色是煩惱滅故則名離色復次習行破色虚空觀法則得離色復次如佛所説比丘觀第四禪五陰如病如癰如瘡如刺無常苦空無我如此等觀則離第四禪五陰以餘陰隨色故但言離色所以者何色究竟盡故復次行者觀色分分破裂則無有色如身有分頭足肩髀等各各異分則無有身如頭眼耳鼻舌口鬚髮骨肉等分分令異則無有頭如眼者四大四塵身根眼根十事和合白黑等肉團名為眼各各分別則無有眼地等諸分各亦如是問曰眼根四大所造不可定色云何分別答曰四大及四大造淨色和合故名為眼若除

是色則無有眼又此淨色雖不可見以有對故有分有分故無眼復次能見色者是名為眼若除四大及四大造色則無眼若無眼能見色者耳亦應為眼是色法一切色法有處有分故應可分別若可分別則為多眼若言四大所造衆微塵為眼者不應一眼若都非眼亦無一眼若言微塵為眼者是亦不然何以故若微塵有色則有十方不名為微塵若非色者則不名為眼復次微塵體定有四分色香味觸是眼非四事何以故眼是内入攝四為外入攝以是故不得以諸微塵為眼如佛説衆事和合見色假名為眼無有定實耳鼻舌皮肉骨等亦如是破是為破内身相外色宫殿財物妻子等亦皆如是分別破如佛告羅陁從今日當破散色壞裂色令無有色能如是分別是名離色復次如佛説若比丘欲離色度一切色相滅一切對相不念一切異相入無量虚空處度一切色相者是可見色滅一切對相者是有對不可見色不念

一切異相者不可見無對色復次度
一切色相者青黃赤白紅紫等種種
色相滅有對者聲香味觸等不念一
切異相者大小長短方圓遠近等如
是離一切色相得入虛空處復次行
者繫心身內虛空所謂口鼻咽喉眼
耳胷腹等既知色為衆惱空為無患
是故心樂虛空若心在色攝令在空
心轉柔軟令身中虛空漸漸廣大自
見色身如藕根孔習之轉利見身盡
空無有有色外色亦尒內外虛空同
為一空是時心緣虛空無量無邊便
離色想安隱快樂如鳥在瓶瓶破得
出翱翔虛空無所觸㝵是名初無色
定行者如虛空中受想行識知病如
癰如瘡如刺無常苦空無我更求妙
定則離空緣所以者何知是心所想
虛空欺誑虛妄先無今有已有還無
既知其患是虛空從識而有謂識為
真但觀於識捨於空緣習於識觀時
漸見識相相續而生如流水燈焰未
來現在過去識識相續無邊無量問
曰何以故佛說識處無邊無量答曰

識能遠緣故無邊無邊法緣故無邊
復次先緣虛空無邊若破無邊虛空
識應無邊行者心柔軟故能令識大
乃至無邊是名無邊識處問曰是識
處具有四陰何以故但說識處答曰
一切內法識為其大諸心數法皆隨
屬識若說識者則說餘事復次欲界
中色陰為主色界中受陰為主虛空
處識處識陰為主無所有處想陰為
主非想非非想處行陰為主復次三
法身心心數法欲界色界以身為主
心隨身故若無身已心力獨用心有
二分一分緣空一分自緣是故應有
二處空處識處但初破色故虛空受
名破虛空故獨識為名心數法亦有
二分一分想一分行是故亦應有二
處想無所有處行非想非非想處復
次緣識故得離虛空處以是故雖有
餘陰但識受名

行者得識處已更求妙定觀識為患
如上說復次觀識如幻虛誑屬諸因
緣而不自在有緣則生無緣則滅識
不住情亦不住緣亦不住中間非有

住處非無住處識相如是世尊說言
識如幻也行者如是思惟已得離識處
復次行者作是念如五欲虛誑色亦
如是如色虛誑虛空亦尒虛空虛誑
識相亦尒是皆虛誑而衆生惑著即
謂諸法空無所有是安隱處作是念
已即入無所有處問曰虛空處无所
有處有何差別答曰前者心想虛空
為緣此中心想無所有為緣是為差
別行者入無所有處已利根者覺是
中猶有受想行識猒患如先說鈍根
者則不能覺復次離無所有處因緣
有三見有見無見非有見非無見有
見從欲界乃至識處無見即是無所
有處非有非無見非想非非想處是
無見應當捨離何以故非想非非想
雖細尚應捨離何況無所有處作是
念已離無所有處問曰如佛法中亦
有空無所有若是為實云何言邪見
應當捨離答曰佛法中為用破著故
說不以為實無所有處謂為是實邪
見愛著故是中衆生受定果報已隨
業因緣復受諸報以是故應捨名雖

相似其實各異復次行者作是念一切想地皆麁可患如病如癰如瘡如箭無想地則是癡處今寂滅微妙第一處所謂非想非無想處如是觀已則離無所有處想地即入非有想非無想處問曰是中為有想為無想答曰是中有想問曰若有想者何以但下七地名為想定耶答曰此地中想微細不利想用不了故不名為想行者心謂是處非有想非無想是故佛隨其本名說是名非有想非無想處鈍根者不覺是中有四陰便謂涅槃安隱之處生增上慢壽八萬劫已還墮諸趣是中四陰雖微深妙利根者則能覺知覺知已患猒作是念此亦和合作法因緣生法虛誑不實如病如癰如瘡如箭無常苦空無我亦是後生因緣應當捨離以其患故常學四諦問曰捨餘地時何以不言學四諦答曰前以說如病如癰如瘡如箭無常苦空無我便為略說四諦但未廣說復次餘地無遮無難凡夫有漏道亦能過故而此世間之頂唯有聖人

學無漏道乃能得過辟如繩繫鳥腳初雖得去繩盡掣還凡夫人亦如是雖過餘地魔王不以為驚若過有頂之地魔王大驚如繩斷鳥去以是故離餘地時不說四諦有頂地是三界之要門欲出要門當學四諦問曰云何為四諦答曰苦諦集諦滅諦道諦苦有二種一者身苦二者心苦集亦二種一者使二者惱纏滅亦二種一者有餘涅槃二者無餘涅槃道亦二種一者定二者慧復次苦諦有二種一者苦諦二者苦聖諦苦諦者惱相故所謂五受陰名為苦諦苦聖諦者以知見故修道是名苦聖諦集諦有二種一者集諦二者集聖諦集諦者出生相所謂愛等諸煩惱名為集諦集聖諦者以斷故修道是為集聖諦滅諦有二種一者滅諦二者滅聖諦滅諦者寂滅相所謂四沙門果是名滅諦滅聖諦者以證故行道是為滅聖諦道諦有二種一者道諦二者道聖諦道諦者出到相所謂八正道是名為道諦道聖諦者以修故行道是

為道聖諦復次諦有二種揔相別相揔相苦者五受陰別相苦者廣分別色陰受想行識陰揔相集者能生後身受別相集者揔相廣分別愛等諸煩惱及有漏業五受陰因緣揔相滅者能生後身愛盡別相滅者廣分別八十九種盡揔相道者八聖道別相道者廣分別從苦法忍乃至無學道若不通達四諦者則輪轉五道往來生死無休息時以是因緣故行者應念老病死等一切苦惱皆由有身辟如一切草木皆從地出如經中說十方衆生所以有身皆為受苦故生辟如毒食若好若醜皆為殺人若無身心者死苦則無所寄如惡風摧折大樹若無樹者則無所壞如是略說身心受苦之本如虛空風之本木是火之本地是水之本身是苦之本復次如地常是堅相水常為濕相火常為熱相風常為動相身心常為苦相所以者何以有身故則老病死飢渴寒熱風雨等苦常隨逐之以有心故憂愁怖畏瞋惱嫉妬等苦常隨逐之若知

現在身苦過去苦亦尒如現在過去
身苦未來亦尒辟如見今槃種生槃
比知過去未來亦皆如是又如現在
火熱相比知過去未來火亦熱如是
若無身心前則無苦今亦無苦後亦
無苦當知三世苦痛皆從身心而有
是故應觀苦諦如是心生猒患是苦
因緣唯從愛等諸煩惱生非天非時
非自然亦非無因緣若離煩惱則不
有生當知世間皆從愛等煩惱生如
人造事皆欲以為先以是故諸煩惱
是苦因緣復次由愛水故受身若無
愛水則不受身如乾土不能著辟以
水和之則有所著復次因諸煩惱是
故受身種種不同如多欲者受多欲
形多瞋恚者受多瞋恚形多癡者受
多癡形煩惱薄者受薄煩惱形見今
果報異故知昔因緣各別來世隨煩
惱受身差別亦如是隨受身若不為
瞋恚則不受毒虵形一切餘形亦如
是以是故當知愛等諸煩惱一切苦
因緣苦因緣盡故則苦盡涅槃涅槃
名離欲斷諸煩惱常不變異是中無

生無老無病無死無愛別離苦怨憎
會苦常樂不退行者得涅槃滅度時
都無所去名為寂滅辟如然燈膏盡
則滅不至諸方是名滅諦得涅槃方
便道定分有三種慧分有二種戒分
有三種住是戒中脩行定慧所謂於
四諦中慧能決了是名正見隨正見
覺法發起是為正思惟是名慧分二
種正定正念正精進是名定分三種
正語正業正命是名戒分三種住淨
戒故諸煩惱芽不令增長勢力衰薄
如非時種芽不增長諸煩惱力來定
分能遮如大山堰水水不能破壞辟
如呪術能禁毒虵雖復有毒不能
害人定分亦如是慧能拔諸煩惱根
本如夏水暴長岸上諸樹無不漂
拔行此三分八道真直正路能滅苦
因畢竟安隱常樂無為若方便初習
其門則有十事一者心專正種種外
事來壞不能移轉如四邊風起山不
傾動二者質直閒師說法不見長短
心無增減隨教無疑辟如入稠林採
木直者易出如是三界稠林直者易

出曲者難出佛法中唯直是用曲者
遺棄三者慙媿是第一上服寂妙莊
嚴慙媿為鉤制諸惡心有慙有媿真
為是人若無慙媿畜生无異四者不
放逸一切善法之根本如世閒放逸
失諸利事行者放逸失涅槃利當
知放逸如怨如賊心常遠離當知不
放逸如君父師長應導承不捨五者
遠離因此遠離成不放逸若近五欲
諸情開發先常身離聚落次心遠離
不念世事六者少欲資生之物心不多
求多求故則墮衆惱七者知足有人
雖復少欲樂著好物則敗道心是故
智者趣足而已八者心不繫著若弟
子檀越知識親里若問訊迎送多營
多事如是等者毀敗道故不應繫著
九者不樂世樂若歌儛伎樂良時好
日選擇吉凶一切世事悉不喜樂十
者忍辱行者求道時當忍十事一致
蝱侵害二虵蚖毒螫三者毒獸四者
罵詈誹謗五者打擲加害六者病痛
七飢八渴九寒十熱如是惱事行者
忍之莫令有勝常勝此事復次如人

識知病相知病因緣知除病藥得看病人隨意所須不久當差行者如是知實苦相知苦因緣知苦盡道知得善師同學如是不久得安隱寂滅問曰以得非想非非想處入深禪定唯有上地結使微薄心已柔軟不應種種因緣種種譬喻觀是四諦似若不信荅曰非但為有頂者說總為一切有頂之人但觀無色界四陰無常苦空無我如病如瘡如箭入心無常苦空無我皆是因緣虛誑作法觀涅槃上妙安隱快樂非為作法真實不虛滅三毒三衰身心苦滅常呵四陰及其因緣則名苦諦集諦讚歎涅槃及涅槃道是名盡諦道諦行者得四禪四無色定心已柔軟若求五神通依第四禪則易得若依初禪二禪三禪雖復可得求之甚難得亦不固所以者何初禪覺觀亂定故二禪喜多故三禪樂多故與定相違四如意分皆是定相唯第四禪無苦無樂無受無喜無出入息諸聖所住快樂安隱是故行者當依第四禪修四如意分

所謂欲定行法成就如意精進定心定思惟定行法成就如意依是住者無事不得問曰云何欲定行法成就如意荅曰欲名欲於所求之事定名一心無有增減行法名信念巧慧喜樂等助成欲定因欲為主得定故名為欲定精進定心定思惟定亦如是行者觀欲莫令有增有減莫令內多攝外多散柔軟平等調和堪用猶如彈琴調其緩急隨作何曲精進心思惟亦介如行者學飛欲飛是名欲攝諸散心集助行法是名精進心能舉身離身心麤重睡掉等心則輕便以心輕故能舉其身是名心籌量欲精進心多少能舉身未能壞內外諸色味是名思惟依四如意分能具足一切功德何況五通問曰五神通何者先生荅曰隨所樂者為先問曰若介者何以變化神通在初荅曰五神通多為衆生所以者何如慧解脫阿羅漢既得阿羅漢作是念言有衆生多鈍根者不信道事輕慢佛法我得難事漏盡神通如何不起神通教化衆

生而令墮罪又佛大悲利益衆生我為弟子應以神通助益衆生然諸衆生多以現事而得利益神變感動貴賤大衆無不傾伏餘通無有是者以是故變化神通在初問曰天身火大多故身有光明亦能昇虛疾去鬼神風大多故身則輕疾無所觸导龍身水多故心念生水亦能變動人身地大多故輕動相少云何能飛荅曰以人身地種輕動相少故求學神通如天如神何用通為如地雖重以水力故地則為動如是心力故能舉其身譬如獼猴從高墜落而不傷身人墮則傷以獼猴心力輕疾強故無損當知身通如是心力強故又如人能浮雖在深水而不沉沒心方便力故能持其身以是故當知人身雖重心力強故身飛虛空問曰如是可信云何當學荅曰若行者住於第四禪依四如意分一心攝念觀身處處虛空如藕根孔取身輕疾相習之不已身與心合如鐵與火合滅身麤重相但有輕疾身與欲精進思惟及助行法

合欲等善行力故身則隨遂如火在鐵輕軟中用又復色界四大造色在此身中與身和合令身輕便隨意能去如人服藥令心了了身則輕便辟如色界四大造色明淨在此身故眼則明淨如人學跳習之轉工絕於餘人如鳥子學飛漸漸轉遠身通如是初得之時或一丈二丈漸能遠飛是變化神通有四種一者身飛虛空如鳥飛行二者遠能令近三者此滅彼出四者猶如意疾彈指之頃有六十念十念中閒能越無量阿僧祇恒河沙國土隨念即至用是神通身得自在一身能為多身多身能為一身大能為小小能為大重若須弥輕如鴻毛如是等所作如意復次菩薩得是身通一念之頃度恒河沙國土然眾生見菩薩到彼而菩薩不動於本處於彼說法教化此亦不廢或有天人著常顛倒可以神通度者現燒三千大千國土而眾生見三千大千國土焚燒破壞而國土無損有眾生心生憍慢現作手執金剛杵從金剛

中出火見者怖畏歸伏礼敬有人樂著轉輪聖王身即現轉輪聖王而為說法或現釋提桓因或現魔王或現聲聞辟支佛或現佛身隨所樂身而為說法菩薩或復在虛空中結加趺坐從身四邊悉放種種光明而為說法或時眾生樂雜色莊嚴即為現三千大千國土七寶莊嚴幢幡華蓋百種伎樂處中說法或令三千大千國土為一海水青蓮紅華覆蓋水上於上說法或坐須弥山上以梵音聲說法普聞諸國或時眾生不見其形但聞說法之聲或作乹闥婆身伎樂音聲令其心悅然後說法或現龍王雷電霹靂而以說法如是種種因緣方便而現神變開引眾生問曰是神通變化諸物云何而不虛妄荅曰行者先知諸法虛誑如幻如化辟如調泥隨意所作如福德之人尚能夏有雪冬生華河不流又如仙人瞋怒令虎狼師子變為石身何況神通定力而不變物復次一切物中各有氣分取其分相神力廣之餘者隱没如經說

有比丘神力心得自在見有大木欲令為地即皆是地所以者何木有地分故若水火風亦如是若作金銀種種寶物隨意悉作何以故木有淨分故問曰物變如是化無本末其事云何荅曰有言虛空中四大所造微塵化心力故令諸微塵合成化人辟如人死或生天上或生地獄罪福因緣故和合微塵為化亦如是等是物變化神通相若行者欲求天耳亦以第四禪為本修四如意分如上所說調柔其心屬念大眾音聲取種種聲相所聞之聲常當想念若心餘緣攝之令還常當一心修念即於耳中得色界四大所造清淨之色是名修習天耳以是天耳聞十方無量國土音聲所謂天聲人聲龍聲阿修羅聲乹闥婆聲揵陁羅聲摩睺勒聲及畜生餓鬼之聲地獄苦痛麁細大小音聲等皆悉聽聞菩薩定心轉深乃聞十方諸佛音聲從佛聞法而不取相以法為真法為最上而依深義不依於語云何深義所謂知諸法空無相無作

不生邪見於義亦不得義不可得中亦無得相是依深義不依語言復次行者依了義經不依非了義經了義經者若能依義一切諸經皆是了義義畢竟空不可說相故是以諸經皆是了義若不依義是人於諸經皆不了義所以者何以無深智隨逐音聲故是音聲實相亦入深義俱不可說是名分別了義經不非了義經復次行者依智而不依識何以故行者知是識相從因緣和合生無有自性無色無對不可見無知無識虛誑如幻如是知識相識即為智是故依智而不依識行者雖復生識若識若智而不生著知識如相識即為智相以是智相為衆生說復次行者依法不依人何以故若佛法中實有人者無有清淨得解脫者而一切法無我無人但隨俗故說有人有我以是故行者依法不依人所謂法者諸法之性法性者無生性是無生性者畢竟空是畢竟空者不可說者是何以故以語說法法中無語語中無法語則是無語

相一切語言非語言相以是故經說無亦無說是名佛法行者以天耳聞諸佛法若人若法不生著見若分別二相非為佛法若無二相則是佛法行者依止天耳力故聞甚深之法以教化衆生是名天耳神通若行者欲得他心智先自觀心取心生相住相滅相亦知心垢相淨相定相乱相等復觀心所緣垢淨近遠多少等自取内外心相已然緣觀衆生色取欲相心瞋相心慢相心慳相心嫉相心憂相心畏相心語言音聲種種所依相心等作是念佛如我心生時住時滅時彼亦如是自知心所緣他亦如是我心有如是色相語言所依相他亦如是常修學心相如是習已得他心通是時但緣他心心數法如明眼者觀淨水中魚有大小好醜悉皆見之雖有水覆以水淨故不以為㝵行者如是知他心通力故衆生雖身覆心而能見之既得心通或時在大衆說法先知其心知是衆生以何深心行何法何因緣有何相喜何事知自心清淨

故知衆生心亦可清淨如淨鏡中隨所有色若長若短方圓麁細等如本相現不增不減所以者何鏡清淨故鏡雖不分別而顯其相行者亦如是自心清淨故諸法無一定相常清淨故衆生心心數法皆悉知之若衆中多婬欲者即知其心為說離婬欲法恚癡亦如是何以故心實相無染無瞋無癡若衆中求聲聞乘者亦知其心而為說法雖為說法知法性亦無有小求辟支佛道者亦知其心而為說法雖為說法知法性亦無有中若求大乘者亦知其心而為說法雖為說法知法性亦無有大行者如是等隨衆生心而為說法亦不分別心相雖分別三乘說法而不壞法性不壞法性故悉知一切衆生心所行雖自用心知他心於彼此心無逆無順亦知一切衆生心心相續如水流如知心性法性亦如是以他心智知衆生心而為說法則不害也是名知他心智神通

若行者欲知宿命先自覺知今所經

事向所經事轉至昨夜昨日前日如是一月從今歲乃至孩童辟如行道到所至處思惟憶念所經遊處如是習已善修定力故憶念生時處胎時知某處死此胎生知是一世二世三世乃至百世千万無量億世以宿命智自知已身及他恒河沙劫所經由事悉皆念知以宿命事教化衆生作如是言我某處如是姓字如是生如是壽命所逕苦樂亦說彼所逕之事行者以宿命力故知是衆生先世罪福因緣所謂種聲聞因緣辟支佛因緣佛因緣隨其因緣而為說法復次行者宿命智力故自知從諸佛種善根不迴向阿耨多羅三藐三菩提今當迴向阿耨多羅三藐三菩提行者亦知過去諸法滅時無所去知未来世諸法生時無所從来雖知過去世無始不生無始見雖觀未来世衆生滅入涅槃亦不生邊見行者念宿命時增益諸善根及滅無量世罪因緣何以故知一切法無新相無故相得如是智慧已觀一切有為法及所經生

死苦樂如夢中所見以是故於生死中心不生猒於一切衆生而起悲心知一切法皆是作相作是念如我千万億無量劫往来生死皆為虚妄非實一切衆生来往生死皆亦如是若無四大四陰者是則為實四大四陰亦畢竟不生復次行者以宿命智憶念曽為轉輪聖王所受之樂無常磨滅釋提桓因樂亦無常磨滅有諸國土清淨莊嚴及諸菩薩諸佛上妙之色轉於法輪皆悉無常何况餘事念如是已心猒遠離行者依宿命智入無常空觀一切諸法皆空無常而衆生顛倒故著為是衆生故而生悲心行是悲心漸漸得成大悲得大悲已十方諸佛念是菩薩讃歎其德是名宿命神通

若行者欲求天眼者初取明光相所謂燈火明珠日月星宿等取是明相已若晝日則閉目夜則無在念上明相如眼所見常修習明念繫心在明不令他念若去攝還心得一處是時色界四大所造清淨之色在此眼中

是名天眼以天四大造故名為天眼又諸賢聖清淨眼故名為天眼行者得是天眼已諸山樹木鐵圍須弥及諸國土都無障蔽以無㝵眼能見十方無量阿僧祇諸佛及莊嚴國土介時行者能知一切佛為一佛又見一佛為一切佛以法性不壞故如見佛相自見身相亦如是自身相淨故一切法相亦如是如見佛清淨弟子亦介無有二相及十方無量國土衆生若地獄畜生餓鬼人天除無色者生死好醜皆悉見之皆知十方六道衆生業因緣及果報是衆生以善業因緣故生天人中是衆生以不善業因緣故生三悪道中行者於天眼中得智慧力故雖見衆生不生衆生想一切法無衆生想故雖見業及果報相續亦入一切法無業無果報中雖天眼見一切色以智慧力故亦不取色相是色悉皆空故復次若障若不障近遠上下無不悉見行者見色界諸天清淨微形者而彼不見乃至大天亦復不見如是等種種神通義如

摩訶衍神通義中廣說

禪法要解卷下

禪法要解卷下

校勘記

一　底本，金藏廣勝寺本。

一　八四二頁中三行第八字「定」，磧、普、南、徑、清無。

一　八四二頁中八行「又能」，資、磧、普、南、徑、清作「又復」。

一　八四二頁中一三行首字「陰」，普、徑作「隨」。

一　八四二頁中一六行第一三字「口」，資、磧、普、南、徑、清無。

一　八四二頁中一七行「骨肉」，資、磧、普、南、徑、清作「皮肉」。

一　八四二頁中二一行第五字「定」，資作「具」；磧、普、南、徑、清作「見」。

一　八四二頁下四行「則無眼」，資、磧、普、南、徑、清作「則無有眼」。

一　八四二頁下五行「是色法」，諸本（不含石，下同）作「若眼是色法」。

一　八四二頁下一三行第三字「四」，資、磧、普、南、徑、清作「四大」。

一　八四三頁上一一行「無有有色」，諸本作「無復有色」。

一　八四三頁上一五行第四字「如」，資、磧、普、南、徑、清作「知」。又第一二字「知」，諸本作「如」。

一　八四三頁上二〇行「於空」，資、磧、普、南、徑、清作「虛空」。

一　八四三頁中六行第八字「大」，諸本作「主」。

一　八四三頁中七行第二字「識」，徑作「識者」。

一　八四三頁中一八行「雖有」，磧、普作「難有」。

一　八四三頁中二〇行末字「患」，資、磧、普、南、徑、清作「幻」。

一　八四三頁下一七行第九字「無」，資、磧、普、徑作「所有處」。

一　八四三頁下二一行末字「邪」，磧、普、南、徑、清作「亦」。

一　八四三頁下二二行第九字「受」，磧、普、南、徑、清作「爲」。

一　八四四頁上一八行第一二字「常」，諸本作「當」。

一　八四四頁中二行第八字「還」下，資、磧、普、南、徑、清有「若當繩斷烏便永去」八字。

一　八四四頁中一六行第七字「諦」，資、磧、普、南、徑、清作「諸」。

一　八四四頁中末行首字「名」，資、磧、普、南、徑、清無。

一　八四四頁下四行第二字「受」，資、磧、普、南、徑、清作「愛」。又「捻相」，諸本無。

一　八四四頁下八行末二字至次行首字「無學道」，南作「無覺道」。

一　八四四頁下一五行「死苦」，資、磧、普、南、徑、清作「老病死苦」。

一　八四四頁下一七行「風之本」，資、

磧、普、南、徑、清作「是風之本」。

一　八四五頁上一一行「欲以」，資、磧、普、南、徑、清作「以欲」。

一　八四五頁上一三行末字「以」，資、磧、普、南、徑、清作「如」。

一　八四五頁上一四行末字「是」，資、磧、普、南、徑、清作「異」。

一　八四五頁上一九行第九字「隨」，麗作「隨業」。

一　八四五頁上二二行第一一、一二字「涅脲」，資、磧、普、南、徑、清作「得涅槃」。

一　八四五頁中一三行第一二字「破」，資、磧、普、南、徑、清無。

一　八四五頁中一六行「暴長」，麗作「暴漲」。

一　八四五頁中末行「直者易出」，諸本作「直者易出曲者難出」。

一　八四五頁下三行末字「真」，資、磧、普、南、徑、清作「直」。

一　八四五頁下一〇行第六字「常」，資、磧、普、南、徑、清作「當」。末行第七字同。

一　八四五頁下二〇行「虵蚖」，資、磧、普、南、徑、清作「蛇虺」。

一　八四五頁下二〇行至二一行「三者」、「四者」、「五者」，資、磧、普、南、徑、清分別作「三」、「四」、「五」。

一　八四五頁下二二行「如是」，資、磧、普、南、徑、清作「如是等」。

一　八四六頁上一四行「讚歎」，資、磧、普、南、徑、清作「常讚歎」。

一　八四六頁上一五行「盡諦」，資、磧、普、南、徑、清作「滅諦」。

一　八四六頁上一六行「五神通」，資、磧、普、南、徑、清作「五通」。

一　八四六頁上一八行第一三字「固」，資、磧、普、南作「因」；徑、清作「同」。

一　八四六頁上二一行「無愛」，諸本作「無憂」。

一　八四六頁中一〇行「何曲」，資、磧、普、南、徑、清作「歌曲」。

一　八四六頁中一二行第五字「助」，磧作「睡」。

一　八四六頁中一三行第四字「心」，資、磧、普、南、徑、清無。

一　八四六頁中一六行首字「味」，資、磧、普、南、徑、清作「未」。

一　八四六頁中二〇行末二字至次行首三字「阿羅漢既得」，資、磧、普、南、徑、清無。

一　八四六頁中二一行第五字至次頁上一一行第七字「羅……如」與次頁上一一行第八字至八四八頁下五行第六字「意……諸」兩段經文，資、磧、普、南互置。

一　八四六頁下二行「神通」，資、磧、普、南、徑、清作「神力」。

一　八四六頁下八行「水多故」，資、磧、普、南、徑、清作「水大多故」。

一　八四六頁下一三行「墜落」，資、磧、普、南、徑、清作「墮落」。

一　八四七頁上六行「習之」，資、磧、普、南、徑、清作「久習」。

一　八四七頁上九行「神通有四種」，

資、磧、普、南、徑、清作「神通力四種」。

一　八四七頁上一二行「十念中」，諸本作「一念中」。

一　八四七頁上一六行「菩薩」，資、磧、普、南、徑、清作「若菩薩」。

一　八四七頁中一行「歸伏」，資、磧、普、南、徑、清作「歸依」。

一　八四七頁中一八行「虛誑」，資、磧、普、南、徑、清作「虛妄」。

一　八四七頁下七行首字「化」，資、磧、普、南、徑、清無。

一　八四七頁下九行「爲化亦如是等是物」，資、磧、普、南、徑、清作「身化亦如是如是等是初」。

一　八四八頁上一一行首字「是」，資、磧、普、南、徑、清作「者」。

一　八四八頁中三行第一一字「若」，磧、普、南作「苦」。

一　八四八頁中一〇行第六字「緣」，資、磧、普、南、徑、清作「後」。

一　八四八頁中一二行「所依」，普、徑、清、麗作「所作」。

一　八四八頁中一三行第五字「佛」，資、磧、普、南、徑、清作「時」。

一　八四八頁中一五行「所依」，磧、普、南、徑、清、麗作「所作」。

一　八四八頁下二一行「不害也」，資、磧、普、南、徑、清作「不虛也」。

一　八四九頁上三行「經遊」，資、磧、普、南、徑、清作「經由」。

一　八四九頁上八行第九字「事」，資、磧、普、南、徑、清作「處」。

一　八四九頁上一〇行第六字及第一三字「逕」，諸本作「經」。

一　八四九頁上一九行第七字「見」，資、磧、普、南、徑、清作「不見」。

一　八四九頁中九行第一三字「諸」，資、磧、普、南、徑、清作「諸佛」。

一　八四九頁中一八行「明光相」，資、磧、普、南、徑、清作「光明相」。

一　八四九頁下二一行第六字「無」，資、磧、普、南、徑、清作「有無」。

舊雜譬喻經卷上

吴天竺三藏康僧會譯　圖

昔無數世有一商人号曰薩薄時適他國賣貨所止近住佛弟子家佛弟子家時作大福安施高座衆僧說法講論罪福善惡由心身口所行及四諦非常苦空之法遠道賈人時来寄聽心解信樂便受五戒白優婆塞上座以法勸樂之言善男子護身口心十善具者戒有五神五戒有二十五神現世衛護令無枉横後世自致無為大道賈人聞法重喜無量後還本國國中都無佛法便欲宣化恐無受者以所受法教化父母兄弟妻子及諸中外皆便奉法去賈人土千里有國民多豊樂寶物饒好二國否塞絶不復通百餘年中所以故有閲叉居其道中得人便敢前後無數是故斷絶無往来者賈人自念吾奉佛戒如經所道及有二十五神見助不疑懸彼鬼唯一人耳吾往伏之必獲也時有同賈五百餘人便語衆人吾有異力能降伏鬼汝等能行詣彼者不及有大利衆人自共議二國不通從来大久若得達者所得不訾便相可適進道而去来至中路見鬼食處人骸骨鬚狼籍滿地薩薄自念鬼神前後所可食人令證驗現我死職當恐此衆人便語衆輩汝等住此吾欲獨進得勝鬼者當還相迎不得来者知為遇害便各還退勿復進也於是獨前方行數里逢見鬼来正心念佛志定不懼鬼到問曰卿是何人荅曰吾是通道導師也鬼大笑曰汝聞我名不而欲通道薩薄曰知汝在此故来相求當與卿鬬若卿勝者便可食我若我得勝通萬姓道益天下利矣鬼言誰應先下手乎賈人言吾来相求故應先下鬼聽可之以右手拟之手入鬼腹堅不可出左手復打亦入如是兩脚及頭都入鬼中不能復動於是閲叉即以頌而問曰

手足及與頭　五事雖絆羇　但當前就死
跳踉復何為　手足及與頭　五事雖被繫
執心如金剛　終不為汝擘　吾為神中王
作鬼多力拔　前後敢汝輩　不可復稱數
令汝死在近　何為復調語
是身為無常　吾早欲棄離　魔令適我願
便持相布施　緣是得正覺　當成無上智
志妙摩訶薩　三界中希有　畢為度人師
得脩將不久　願以身自歸　頭面礼稽首

於是閲叉前受五戒慈心衆生即為作礼退入深山薩薄還呼衆人前進彼土於是二國並知五戒十善降鬼通道乃識佛法至真無量皆共奉戒延敬三尊國致太平後昇天得道乃五戒賢者直信之恩力也佛告諸比丘時薩薄者我身是菩薩行尸波羅蜜所度如是過去無數劫尒時有孔雀王從五百婦孔雀相隨經歷諸山見青雀色大好便捨五百婦追青雀青雀但食甘露好果時國王夫人有疾夜夢見孔雀王寤則白王王當重募求之王命射師有能得孔雀王来者賜金百斤婦以女女之諸射師分布諸山見孔雀從一青雀便以蜜麨處處塗樹孔雀日日為青雀取食如是玩習人便以蜜麨塗巳身孔雀便取蜜麨

人則得之語人言我以一山金相與可捨我人言王與我金并婦足可自畢已便持白王孔雀白大王王重受夫人故相取願乞水來咒之與夫人飲澡浴若不差者相煞不脫王則與水令咒授與夫人飲病則除宮中內外諸有百病皆因此水悉得除愈國王人民來取水者無央數孔雀白大王事可木繫我足自在往來湖水中方咒令民遠近自恣取水王言大佳則引木入湖水中自極制方咒之人民飲水聾盲視聽跛傴皆伸孔雀白大王國中諸惡病悉得除愈人民供養我如天神無異然無去心大王可解我足使得飛往來入入湖水中瞑止此梁上宿王則令解之如是數月於梁上大笑王問曰汝何等笑荅曰我笑天下有三癡一曰我癡二曰獵師癡三曰王癡我與五百婦相隨捨退青雀貪欲之意為射獵者所得是為我癡射獵人我與一山金不取言王當與已婦并金是射獵者癡王得神醫王夫人太子國中人民諸有病者悉

舊雜譬喻經卷上　第四張

得除愈皆更端正王既得神醫而不牢持又縱放之是為王癡孔雀便飛去佛告舍利弗時孔雀王者我身是也時國王汝身是時夫人者今調達婦是時獵師者調達是也

昔有國王行射獵於曠澤中大飢渴疲極遥望欝然有屋樹木即往趣之中有一女人王從求飲食果實之輩所求悉得王請女人與相見侍人白言倮形無衣王即解衣與之有自然火燒衣如是至三王驚問女何因如此女人荅言前世為王妻王飯沙門梵志又欲上衣我時言但設飯則可不須與衣故受此罪若王相念作衣與國中沙門道士若曉佛經者呪願女人得脫此勤苦王受其言還國作衣求沙門道人了不得時國無曉佛經者王憶念問舍度父當知之度父言乃昔有人度無錢以五戒經一卷相與讀之耳王言汝知佛經則以衣與度父使呪願令倮形女人得福無量解脫勤苦女人則時有新衣著身故在鬼道中命盡當生第一天上也

舊雜譬喻經卷上　第五張

昔海邊有國王行射獵得一沙門持作使沙門夜誦經作梵聲王言此伎大工歌有客輙伎歌時有異國優婆塞賈往到其國王請之出沙門令歌優婆塞聞說深經內心踊躍即去國人以千万往贖至三千万王乃與之賈人作礼曰我以三千万相贖在所到道人即彈指踊在空中曰卿自贖不贖我也所以者何往昔王為賈慈人汝來於王買慈不畢三錢我時任卿卿遂不還三錢今此生子息乃至三千万汝當還本三錢也主則意解悔過受五戒為優婆塞師曰債無多少不可負亦不任人也

佛在世有小兒與兄嫂共居兒日日至佛所受經戒兄嫂諫不止後取兒牽抱之以杖撾之言佛比丘僧當救汝兒啼呼恐怖自歸三尊則得須陁洹道乘佛威神便與木抱縛相隨俱飛去出壁入壁出地入地自在所為兄嫂見之惶怖叩頭悔過兒便為兄嫂說善惡之行俱到佛所受戒佛則為現宿命本末兄嫂歡喜心開垢除

舊雜譬喻經卷上　第六張

得須陁洹道
昔有羅漢與沙弥於山中行道沙弥日日至道人家取飯道經歷堤基上行崎嶇危嶮常躃地覆飯汙泥土沙弥取不汙飯著師鉢中取汙飯澡洗食之如是非一日師曰何因澡棄飯味荅日行乞去時晴還雨於堤基躃地覆飯師默然權思之知是龍娆沙弥便起到堤上持杖叩擻之龍化作老翁来頭面著地沙門言汝何因娆我沙弥乎荅曰不敢娆實愛其容貌耳龍言何以日見其行師曰行乞飯龍言從今日為始願日日於我室食畢我壽命沙門默然受請還語沙弥汝往乞止彼食勿復持飯来沙弥日日於彼食後見師鉢中有兩三粒飯香美非世間飯問和上曰於天上飯乎師默不應沙弥便伺師知於何許飯便入牀下持牀足和上坐禪定意牀相隨俱飛到龍七寶殿上龍及婦諸婇女俱為沙門作礼復為沙弥作礼師乃覺呼出正汝心勿動此非常之像何因汙意飯已即將還語之彼雖有殿舍七寶婦人婇女故為畜生耳汝為沙弥

雖未得道必生忉利天上勝彼百倍勿以汙意語沙弥言此百味飯入口即化成蝦蟇意恶吐棄逆反已乃却飯不復入二日婦女端正無比欲為夫婦礼化成兩虵相交三日龍背有逆鱗沙石生其中痛乃達心胷龍有此三苦汝何因欲之沙弥不應遂晝夜思想於彼不食得病而死魂神即生為龍作子威神致猛其父命盡得脫生人中師曰人未得道不可令見道及國王内也

昔有國王夫人生一女父母名為月女端正無比王與衣被珎寶輒言自然也至年十六王恚言此是我與汝何言自然後有乞兒来丐王言此實汝夫月女言諾自然便追去乞人惶怖不敢取女言汝乞食常不飽王與汝婦何為讓便俱出城晝藏夜進行到大國國王時崩無太子夫婦於城外坐出入行人問曰何等人汝何姓名何國来荅曰自然如是十餘日時大臣使梵志八人於都城門行人出入以次相之唯有此夫婦應相耳是時

舉國羣臣共奉迎之為王王夫婦以正法治國人民安寧諸小王来朝月女父王在中飲食已去月女持留父王月女以七寶作魚機関帳牽一魚百二十魚現推一魚户則開下為父作礼白父今已得自然曰夫人行然臣不及矣師曰月女與乞兒宿命夫婦俱田作令婦取餉夫道見婦與沙門相逢於岸水邊止飯夫還見兩人不謂上道人道人止飯夫婦食則分飯有恶持杖往見道人飛去婦言卿分自在勿恚夫言兩分者我與共食也師曰夫有恶意故墮貧家作子後見道人歡喜自悔責故同受此福耳

昔佛從衆比丘行逢三醉人一人走入草中逃一人正坐慱頰言無狀犯戒一人起儛曰我亦不飲佛酒漿亦何畏乎佛謂阿難草中逃人弥勒作佛時當得應真度脫正坐慱頰人過千佛當於冣後佛得應真度脫起儛人未央得度也

昔有沙門晝夜誦經有猫伏牀下一心聽經不復念食如是積年命盡得

人形生舍衛國中作女人長大見沙門分越便走自持飯與歡喜如是後便追沙門去作比丘尼精進得應真道也

昔維衛佛在世時國中諸大姓各各一時供佛及比丘衆時有一大姓貧無以供佛者白言願比丘衆有欲得藥者某恙當給之時有一比丘身體有疾大姓以一甘果與之食比丘得安隱除愈大姓後壽盡生天上勝諸天有五事一者身無病二者端正三者命長四者得財富五者智慧如是九十一劫中上為天下生大姓家不墮三惡道乃至釋迦文佛時為四姓家作子名日多寶見佛歡喜作沙門精進得道号為應真夫施高行沙門一踰波邪織濁一國人矣

昔有夫婦俱持五戒事沙門有新學比丘不知經至其門乞夫婦請道人前坐作飯食已畢夫婦俱下地作礼言少小事道人未曾聞經願開解槃闇不及比丘低頭無以荅曰苦哉苦哉夫婦心意俱解言世間實苦應時俱

舊雜譬喻經卷上　第十張　國

得道迹比丘見兩人歡喜亦得道迹也師日宿命累世三人兄弟願學道迹同行故俱道證

昔有國王出射獵還過繞塔為沙門作礼群臣共笑之王覺知問羣臣有金在釜沸中以手取可得不荅曰不可得王言汝冷水投中可得不臣白王可得也王言我行王事射獵所作如湯沸燒香然燈繞塔如持冷水投沸湯中夫作王有善惡之行何可但有惡無善乎

昔有沙門行至他國夜不得入城於外草中坐至夜閱叉鬼來持之當敢汝沙門言相離遠鬼言何以為遠沙門言汝害我我當生忉利天上汝當入地獄中是不為遠也鬼則置辭謝作礼而去

昔有國王令人呼知識知識言謝王適穿地作坑欲藏七寶王聞大驚令人復呼知識白王今適下寶著坑中王便復令呼知識白王今適下平地平地已便往王問汝何癡藏七寶以語人耶知識言屬饌具甘美欲飯佛

舊雜譬喻經卷上　第十一張　國

及比丘僧是為穿地作坑斟布羹飯是為下寶坑中掃地行澡水辭經是為平地白王此寶五家不能奪也王言善哉善哉汝不當早相告我當早相告我當毀藏寶王則開藏大布施飯佛及比丘僧佛為說清淨呪願即發道意矣

昔有四姓請佛飯時有一人賣牛湩大姓留止飯教持齋戒止聽經賓乃歸婦言我朝相待未飯便強令夫飯壞其齋意雖介七生天上七生世間師曰一日持齋有六十万歲粮復有五福一日少病二日身安隱三日少婬意四日少睡卧五日得生天上常識宿命所行也

佛及比丘衆應請有一沙門與一沙弥後來道逢婬女人牽沙門沙門與之有欲欲畢到飯家佛呼沙弥汝到須弥山下取甘泉來沙弥已得道便挑鉢於前叉手退須臾得水來還其師慚愧踧踖悔過自責即得羅漢此女人宿命對也逢對畢罪乃得道矣

昔阿育王日飯千羅漢後有來年少

舊雜譬喻經卷上　第十二張　國

沙門與千道人俱入宮年少沙門坐已上下視王宮殿復視正夫人不休王有恚意飯已各自去王留上座三人問此年少從何來姓名為何師事何人此非沙門何因將入宮占相正夫人眼不轉休荅曰此沙門從天竺來師名某乙姓某名某有慧明達經故來以視坐起宮殿復上視忉利天適等無異念王前世以把沙著佛鉢中巍巍乃尒今復日飯千羅漢其福無量也所以視正夫人者萬六千人之上端正無比却後七日壽盡當入地獄世間無常用是故視之耳王惶怖呼夫人自歸三道人道人言王雖日飯吾等千人千人不能釋解夫人意故當得年少沙門為說經可疾見諦道王使請道人道人還王與夫人俱頭面著地願歸命令重罪得微輕道人則為夫人說宿命所可經見者為現法要應時歡喜衣毛竪立則得須陀洹也夫人本五百世為道人姉宿共誓先得道當相度師曰人無宿命終不從解亦不相見語言終不入

意人各有本師也

昔有四姓名伊利沙富無央數慳貪不肯好衣食時有貧老公與相近居日日飲食魚肉自恣賓客不絕四姓自念我財無數反不如此老公便殺一雞炊一升白米著車上到無人處下車適欲飯天帝釋化作犬來上下視之請謂狗言汝若不能倒懸空中我當與汝不狗便倒懸空中四姓意天恐何畜有此曰汝眼脫著地我當與汝不狗兩眼則脫落地四姓便徙去天帝化作四姓身體語言乘車來還勅外人有詐稱四姓驅逐捶之四姓晚還門人罵詈令去天帝盡取財物大布施四姓亦不得歸財物盡為之發狂天帝化作一人問汝何以愁曰我財物了盡天帝言夫有寶令人多憂五家卒至無期積財不食不施死為餓鬼恒乏衣食若脫為人常墮下賤汝不覺無常富且慳貪不食欲何望乎天帝為說四諦苦空非身四姓意解歡喜天帝則去四姓得歸自悔前意施給盡心得道迹也

昔有大姓家子端正以金作女像語父母有女如此者乃當娉也時他國有女人亦端正亦以金作男像白父母有人如此乃當嫁之耳父母各聞有是便遠娉合此二人為夫婦時國王舉鏡自照謂群臣天下人顏容寧有如我不荅曰臣聞彼國有男子端正無比則遣使請之使者至以王告之王欲見賢者則嚴車進去已自念王以我明達故來相呼則還取書籍之要術而見婦與客為奸悵然懷感為之結氣顏色衰耗恠恠更醜臣見其如此人行道轗軻顏色痟瘦便斷馬廄以安措之夜於廄中見王正夫人出與馬下人通心乃自悟王夫人當如此何況我婦乎意解顏色如故則與王相見王曰何因止外三日荅曰臣來相迎我有所忘道還歸取之而見婦與客為姧意忿為之悷怒顏色衰變住廄中三日昨於廄見正夫人來與養馬兒私通夫人乃尒何況餘乎意解顏色復故王言我婦尚尒何況凡女人兩人俱便入山除鬚鬢作沙門思惟

女人不可與從事精進不懈俱得辟支佛道也

昔有婦人生一女端正無比年三歲國王取視呼道人相後中夫人不道人言此女人有夫王必後之我當牢藏之便呼鵠來汝所處在何所白王我止大山半有樹人及畜獸所不得歷下有迴復水船所不行王言以此女寄汝養便撤持去日日從王取飯與女如是久後上有一聚半為水所漂去有一樹正倚追水下流有一男子得抱持樹墮迴水中不得去迴蒲樹踊出住倚山男子得上鵠樹與女通女便藏之鵠日舉女稱之已更子身未者輕也鵠覺女重左右求得男子舉棄之往如事白王王曰道人工相人也師曰人有宿命對非力所能制也逢對則相可諸畜生亦如是也

昔有國王持婦女急正夫人謂太子我為汝母生不見國中欲一出汝可白王如是至三太子白王王則聽太子自為御車出群臣於道路奉迎為拜夫人出其手開帳令人得見之太

子見女人而如是便詐腹痛而還夫人言我無相甚矣太子自念我母當如此何況餘乎夜便委國去入山中遊觀時道邊有樹下有好泉水太子上樹逢見梵志獨行來入水池浴出飯食作術吐出一壺壺中有女人與於屏處作家室梵志遂得臥女人則復作術吐出一壺壺中有年少男子復與共臥已便呑壺須臾梵志起復內婦著壺中呑之已作杖而去太子歸國白王請道人及諸臣下持作三人食著一邊梵志既至言我獨自耳太子曰道人當出婦共食道人不得止出婦太子謂婦當出男子共食如是至三不得止出男子共食已便去王問太子汝何因知之答曰我母欲觀國中我為御車母出手令人見之我念女人能多欲便詐腹痛還入山見是道人藏婦腹中當有姦如是女人姦不可絕願大王赦宮中自在行來王則勅後宮中其欲行者從志也師曰天下不可信女人也昔有二人從師學道俱去到他國於道路見象

迹一人言此母象懷雌子象一目盲象上有一婦人懷女兒一人言介何知曰以意思知也汝不信者前到當見之二人俱及象悉如所言至後象與人俱生如是一自念我與俱從師學我獨不見要後還白師我二人俱行此人見一象迹別若干要而我不解願師重開講我不偏頗也師乃呼一人問何因知此答曰是師所常道者也我見象小便地知是雌象見其右足踐地深知懷雌也見道邊右面草不動知右目盲見象所止有小便知是女人見右足蹈地深知懷女我以纖密意思惟之耳師曰夫學當以意思惟乃密乃達之也夫簡略者不至非師之過也

昔有婦人富有金銀與男子交通盡取金銀衣相追俱去到急水邊男子言汝持財物來我先度之當還迎汝男子便走去不還婦人獨住在水邊見狐捕取鷹捨取魚不得魚復失鷹婦謂狐汝何癡甚捕兩不得一狐言我癡尚可汝癡劇我也

昔龍王女出遊為牧牛者所縛捶國王出行界見女便解之便使去龍王問女何因啼泣女言國王枉捶我龍王曰此王常仁慈何横捶人龍王冥作一虵於牀下聽王王語夫人我行見小女兒為牧牛人所捶我解使去龍王明日人現來與王相見語王王有大恩在我許女昨行為人所捶得王往解之我是龍王也在卿所欲得王言寶物自多願曉百畜獸所語耳龍王言當齋七日七日訖來語慎勿令人知也如是王與夫人共飯見蛾雌語雄取飯雄言各自取雌言我腹不便王失笑夫人言王何因笑王默然後與夫人俱坐見蛾緣壁相逢諍共闘墮地王復失笑夫人言何等笑如是至三言我不語汝夫人言王不相語者我當自殺王言待我行還語汝王便出行龍王化作羖百頭羊度水有懷姙牸羊呼羝羊汝還迎我羝羊言我極不能度汝牸言汝不度我我自殺汝不見國王當為婦死羝羊言此王癡為婦死耳汝便死謂我無

牸羊也王聞之王念我為一國王不及羊智乎王歸夫人言王不為説者當自殺耳王言汝能自殺善我宮中多有婦女不用汝為師曰癡男子坐婦欲煞身也

昔有一國五穀熟成人民安寧無有疾病晝夜伎樂無憂也王問羣臣我聞天下有禍何類荅曰臣亦不見也王便使一臣至鄰國求買之天神則化作一人於市中賣之狀類如豬持鐵鎖繫縛臣問此名何等荅曰禍母曰賣幾錢曰千万臣便顧之問曰此何等食曰日食一升針臣便家家發求針如是人民兩兩三三相逢求針使至諸郡縣擾乱在所患毒無憀臣白王此禍母致使民乱男女失業欲煞棄之王言大善便於城外刾不入斫不傷搯不死積薪燒之身體赤如火便走出過里燒里過市燒市入城燒城如是過國遂擾乱人民飢餓坐猒樂買禍所致

昔有鸚䳇飛集他山中山中百鳥畜獸轉相重愛不相殘害鸚䳇自念雖尒

不可久也當歸耳便去却後數月大山失火四面皆然鸚䳇遥見便入水以羽翅取水飛上空中以衣毛間水灑之欲滅大火如是往来往来天神言咄鸚䳇汝何以癡千里之火寧為汝兩翅水滅乎鸚䳇曰我由知而不滅也我曾客是山中山中百鳥畜獸皆仁善悉為兄弟我不忍見之耳天神感其至意則雨滅火也

佛與比丘俱行避入草中阿難問佛何因捨道行草中佛言前有賊後三梵志當為賊所得三人後来見道邊有聚金便止共取令一人還聚中市飯二人取毒著飯中煞二人我當獨得金二人復生意見来便共煞之已便貪毒飯俱死三各生惡意展轉相煞如是也

昔有四姓藏婦不使人見婦值青衣作地窟與琢銀兒相通夫後覺婦言我生不行卿莫妄語夫言當將汝至神樹所婦言佳持齋七日入齋室婦密語琢銀兒汝當云何汝詐作狂乱頭於市逢人抱持牽引之夫齋竟便

將婦出婦言我生不見市御將我過市琢銀兒便抱持臥地在所爲婦便哮呼其夫何爲使人抱持我夫言此狂人耳夫婦俱到神所叩頭言生來不作惡但爲此狂所抱耳婦則得活夫默然而慙婦人姧詐乃當如是也

昔有一女行嫡人諸女共送於樓上飲食相娛樂橘子墮地諸女共覷誰敢下取得橘來當共爲作飲食當嫁女便下樓見一童子巳取橘去女言童子以橘相與童子曰汝臨嫁時先至我許我還橘不尒不相與女言諾童子便與橘女得持還衆人共作飲食送女至夫所女言我有重誓願先見童子還爲卿婦夫便放去出城逢賊女向賊求哀我有重誓當解賊放去適前逢噉人鬼女叩頭願乞解誓鬼放去到童子門請前坐童子不干爲設飲食以私金一餅送之師曰如是夫賊鬼童子四人皆善雖尒意有所在或有言夫勝者爲持婦急言賊勝者爲持財物急言鬼勝者爲持飲食急言童子勝者爲譏議也

舊雜譬喻經卷上　第二十二張

昔有婦人常曰我無所亡其子取母指鐶擲去水中巳往問母金鐶所在母言我無所亡母後日請目連阿那律大迦葉飯時當得魚遣人於市買魚歸治於腹中得金鐶母謂子我無所亡子大歡喜往至佛所問我母何因有此不亡之福佛言昔有一仙人居北陰寒至冬天人人悉度山南時有老獨母貧窮不能行獨止爲衆蓋藏器物春人悉來還母以物一一悉付還其主衆人皆歡喜佛言時獨母者是汝母前世護衆人物故得是無所亡福耳

昔有四姓家子爲離越作小居處則足自容復作經行處後壽盡上生忉利天上得寶舍周帀四千里所欲自樂歡喜持天華散離越屋上天言我作小泥屋耳乃得好殿舍念恩故來散華耳

昔有三道人共相問汝何因得道曰我於王國中觀蒲萄大盛好至晡時人來折減取悉敗狼藉在地我見覺無常緣是得道也一人曰我於水邊

舊雜譬喻經卷上　第二十三張

坐見婦人搖手澡器臂鐶更相叩因緣合乃成聲我緣是得道也一人曰我於蓮華水邊坐見華盛好至晡有數十乘車來人馬於中浴悉取華去萬物無常乃尒我覺是得道也

昔有梵志大高才學問反駁論議造立無端彈易正要引虛爲實牽物連喻莫當之者諸國逐師之後到舍衛國白日然火行城中人問曰何以故如是曰國冥無明故然火也國王大耻之而懸鼓城門下募求明人有能折此人者時有一沙門入國問之何以有此答曰王耻梵志所爲有明者捶鼓沙門舉足蹹之王聞大歡喜則請沙門梵志上殿飯食沙門語王善哉是梵志智慧明達眞是道人非奴非卒非擔死人種梵志默然無以答伎樂同時作便取梵志著糞箕中掃迹驅逐出國相傳告語也

昔有沙門飯巳減除粧飾面目整頓衣被闚視前後阿難白佛言此比丘非法乃尒佛言適從女中來餘態未盡故耳比丘則現羅漢道般泥洹去也

舊雜譬喻經卷上　第二十四張

昔舍衛城外有家人婦為清信女戒行㪽具佛自至門分衛婦以飯著鉢中却作礼佛言種一生十種十生百種百生千如是生万生億得見諦道其夫不信道德默於後聽佛呪願曰瞿曇沙門言何若過甚哉施一鉢飯乃得尒所福復見諦道佛言卿從何所来荅曰從城中来佛言汝見尼拘類樹高幾許荅曰高四十里歳下數万斛實其核大如芥子荅曰少少耳佛言一升乎荅曰一核耳佛言汝語何若過乎栽種一芥子乃高四十里歳下數十万子荅曰實尒佛言地者無知其報力尒何况歡喜持一鉢飯上佛其福不可稱量夫婦心意開解應時得須陁洹道也

昔有沙門已得阿那含道於山上㸑草染衣時有失牛者遍求牛見山上有火烟便往視見釜中恚牛骨鉢化成牛頭袈裟化成牛皮人便以骨繫頭徇行國中衆人共見之沙弥見日已中揵椎不見師至便入户坐思惟見師乃人所辱則往頭面著足言

何因如此日久遠時罪也沙弥言可逝歸食兩人則放神足俱去沙弥未得道常有恚未除顧見清信士及國人國人乃取我師如此使龍雨沙石動此國令之恐怖念此適竟四面雨沙城墻屋室皆悉壊敗師言我宿命一世屠牛為業故得此殃耳汝何縁作此罪乎汝去不須復與我相追師曰罪福如是可不慎矣

昔有國王大臣五人一臣宿請佛佛不受臣則還因王請佛佛言此臣今必命當終明日將誰復作福乎臣當令相師相之云當兵死常以兵自衛已亦拔劍持之夜極欲卧以劍付婦持之婦睡落劍斷其夫頭婦便啼叫言君死王則呂四大臣問汝曹營衛之激脩姧嫪其婦與相隨而忽至此罪為誰在邊者便斬四臣右手阿難問佛何因佛言其夫前世作牧羊兒婦為白羊母其四臣前世作賊見兒牧羊便呼兒俱舉右手指令煞白羊母與五人烹之兒啼泣悲哀煞羊食賊如是展轉生死今世共會故畢其宿

命罪也

昔有大姓家富巨億常好恵施所求不違後生一男無有手足形體似魚名曰魚身父母終亡襲持家業寢卧室内又無見者時有力士仰王廚食恒懐飢乏獨牽十六車樵賣以自給又常不供詣此四姓求所不足日累年仰王飲食常不供足恒抱飢餓聞四姓豐財巨億故来乞匃魚身請與相見亦其形體力士退自思惟力石乃尒近不如無手足人㲗取其物往到佛所問其所疑世或有豪尊如國王者死無手足殖富乃尒近我筋幹國中無敵而常抱餓飲食不足何縁如此佛言昔迦葉佛時魚身與此王共飯佛汝時貧窮駈使助之魚身㒵所當得已與王行而謂王言今日有務不得俱行廢此事為断我手足無異故時行者今王是也不行失言者魚身是也時貧窮佐助者汝身是也於是力士心意開悟即作沙門得阿羅漢道也

舊雜譬喻經卷上

乙巳歳高麗國大藏都監奉
勑雕造

舊雜譬喻經卷上

校勘記

一 底本，麗藏本。

一 八五三頁上二行譯者，資、磧、普、南作「賢聖集 吴赤烏年康僧會譯」；徑、清作「吴康僧會譯」。

一 八五三頁上三行「商人」，諸本（不含石，下同）作「商人」。

一 八五三頁上四行第九字「住」，諸本作「在」。

一 八五三頁上六行第九字「心」，諸本作「心心」。

一 八五三頁上八行第一一字「白」，資作「曰」。

一 八五三頁上一六行第一二字「否」，諸本作「圮」。

一 八五三頁中一七行「先下」，諸本作「先下手」。

一 八五三頁中二二行「手足及與頭」上，諸本有「貫客偈答」四字。

一 八五三頁中末行「吾爲神中王」上，諸本有「鬼復説偈」四字。

一 八五三頁下一行第五字「依」，資、磧、南、清作「旋」。

一 八五三頁下三行「是身爲無常」上，諸本有「貫客偈答」四字。

一 八五三頁下五行「志妙摩訶薩」上，諸本有「鬼説偈歸依」五字。

一 八五三頁下六行首字「得」，諸本作「德」。

一 八五三頁下一〇行「延敬」，諸本作「近然」。

一 八五三頁下二〇行「女女之」，諸本作「汝小女」。

一 八五四頁上一行第七字「言」，諸本無。

一 八五四頁上一五行「來入」，諸本作「來去」。又第一三字「止」，資、普、南、徑、清作「上」。

一 八五四頁中一九行第二字「乃」，諸本作「曰」。

一 八五四頁下二行第二字「使」，諸本作「伎」。

一 八五四頁下三行第二字「工」，資作「攻」。

一 八五四頁下一一行第一〇字「生」，南、徑、清作「王」。

一 八五四頁下一二行「主則」，資、磧、普作「主即」；南、徑、清作「王即」。

一 八五四頁下一六行首字「至」，諸本作「到」。

一 八五四頁下一九行第三字「乘」，諸本作「承」。

一 八五五頁上三行第一二字「堤」，徑、清作「提」。九行第三字同。

一 八五五頁中二行第五字「語」，諸本作「復謂」。又第一二字「飯」，諸本作「飯飯」。

一 八五五頁下六行第一〇字「曰」，諸本作「父曰」。

一 八五五頁下八行「遥見」，諸本作「逢見」。

一 八五五頁下一五行「從衆」，諸本作「徒衆」。

一 八五五頁下一六行「慱頻」，諸本

作「搏頰」。一九行同。

一八五五頁下一七行第一三字「漿」，諸本作「將」。

一八五六頁上二行「分越」，資、普、南、徑、清作「分衛」；磧作「今衛」。

一八五六頁上一七行首字「一」，諸本作「一人」。

一八五六頁中七行「汝冷水」，諸本作「以冷水」。

一八五六頁中九行「湯沸」，諸本作「釜湯沸」。

一八五六頁下二行「羼經」，諸本作「闡經」。

一八五六頁下一八行第三字「欲」，諸本作「有」。

一八五六頁下二〇行第七字「追」，磧、普、南、徑、清作「退」。

一八五七頁上五行「何人」，諸本作「誰本何許人」。

一八五七頁上七行「某乙」，南、徑、清作「某己」。

一八五七頁中二行至八六〇頁上末行「昔有四姓……爲譏譏也」與八六〇頁中一行至八六〇頁下一九行末字「昔有婦人……傳告語也」，諸本互爲倒置。

一八五七頁中八行「汝若」，南作「汝狗」。

一八五七頁中一〇行「天恐何畐」，諸本作「大恐何由」。

一八五七頁中一五行第一三字「盡」，徑無。

一八五七頁下一八行末字「客」，諸本作「奴」。

一八五七頁下一九行「爲之」，諸本作「之爲」。

一八五八頁上一〇行第八字「一」，南無。

一八五八頁上一二行「滿樹」，諸本作「抱樹」。

一八五八頁上一四行第一二字「更」，南、徑、清作「重」。

一八五八頁上一五行首字「未」，南、徑、清作「來」。

一八五八頁中一行「見女人」，諸本作「見女人面」。

一八五八頁中二行末字「當」，南、徑、清作「尚」。

一八五八頁中五行第一二字「池」，南、徑、清作「洗」。

一八五八頁下一五行第三字「乙」，徑、清作「一」。

一八五九頁上一〇行第一〇字「百」，諸本作「百鳥」。

一八五九頁中一行「國王」，諸本作「國主」。

一八五九頁中四行第九字「師」，清作「婦」。

一八五九頁中一八行「棓不死」，諸本作「棓不死」。

一八五九頁中二一行「所致」，諸本作「所致也」。

一八五九頁下一行第七字「耳」，諸本作「爾」。

一八五九頁下二行「遙見」，諸本作「逢見」。

一　八五九頁下三行第一三字「閤」，諸本作「潤」。

一　八五九頁下六行末三字至次行首字「知而不滅」，諸本作「不知而滅」。

一　八五九頁下八行第四字「悉」，諸本作「要」。

一　八五九頁下一六行第七字「三」，諸本作「三人」。

一　八五九頁下一八行「值青衣」，南、徑、清作「使青衣」。

一　八五九頁下末行首字「頭」，諸本作「投」。

一　八六〇頁上七行「嫡人」，徑、清作「適人」。

一　八六〇頁上一三行「飲食」，資、磧、普、南作「飯食」。

一　八六〇頁上一九行「一餅」，資、磧、南作「一鉼」。

一　八六〇頁中二行第三字「擲」，諸本作「摘」。又第八字「往」，諸本作「住」。

一　八六〇頁中一〇行「一一」，諸本作「一二」。

一　八六〇頁中二二行「滅取」，諸本作「搣取」。

一　八六〇頁中末行第五字「得」，諸本無。本頁下二行第九字同。

一　八六〇頁下五行「是得道」，資、磧、南、徑、清作「得道」；普作「是道」。

一　八六〇頁下一三行「所爲」，資作「雖而意有所爲」；磧、普、南、徑、清作「雖爾意有所爲」。

一　八六〇頁下二〇行「滅除粧飾」，諸本作「滅除莊飾」。

一　八六〇頁下二一行第三字「閾」，諸本無。

一　八六〇頁下二二行第七字「適」，諸本作「適以」。

一　八六一頁上四行第四字「千」，諸本作「千種」。

一　八六一頁上二二行「揵椎」，諸本作「揵抵」。

一　八六一頁中一七行首字「激」，諸本作「徼」。又第一一字「忽」，資作「必」。

一　八六一頁下一〇行末字至次行首三字「力石乃介」，徑作「力子乃耳」。

一　八六一頁下一二行第一二字「豪」，磧、普、南、徑、清作「勢」。

趙城縣廣勝寺

舊雜譬喻經卷下

吳天竺三藏康僧會譯

佛為諸弟子說經時有射獵人擔弩及負十餘死鳥過往觀佛其意精銳願聞說經心欲聽受佛則止不為說之獵人退去便言若我作佛必普過為人說道無所違逆阿難問佛此人撰情欲聽典教何以逆之佛言此人是大菩薩立心深固昔為國王於衆采女意不平均不見幸者共鴆煞王王生射獵家諸采女皆墮鳥獸中今畢其罪後又成就若為說經恐其意懼墮羅漢道故不為說耳

昔佛寺中有金釜以烹五味供給道人時有凡人入觀見金釜欲盜取之無所因詐作沙門被服入衆僧中聞上座論經說諸罪福生死證要影響之報不可得離之證盜人意中開悟懷慙悔撰情專心則見道迹思惟所由釜是我師特先礼釜繞之三帀為衆沙門具自道說夫覺悟各有所因心專一者莫不見諦也

昔阿那律已得羅漢衆比丘中顏容端正有似女人時獨行草中有輕薄年少見之謂是女人邪性泆動欲干犯之知是男子自視其形變為女人慙愧賚毒自放深山遂不敢歸經踰數年其家妻子生不知處謂已死亡悲號無寧阿那律行分衛往至其家婦人涕泣自說其夫不歸乞丐福力使得生活阿那律嘿然不應心有哀念乃至山中求與相見此人便悔過自責其身還成男子遂得還歸家室相見凡得道人不可以惡向之反受其殃也昔有比丘於空閑樹下坐行道意樹上有一獼猴見比丘食下住其邊比丘以餘飯與之獼猴得食輒行取水以給澡洗如是連月後日食忽忘不留飯獼猴不得食大怒取比丘袈裟上樹悉裂敗之比丘忿此畜生以杖㩻誤中墮地獼猴即死數獼猴並來讙譁共轝死獼猴到佛寺中比丘僧知必有以則合會諸比丘推問其意此比丘具說其實於是造教自從今日比丘每食皆當割省留餘以

施鏢動不得盡之檀越丏飯由此為始也

昔有鱉遭遇枯旱湖澤乾竭不能自致有食之地時有大鵠集住其邊鱉從求哀乞相濟度鵠啄銜之飛過都邑上鱉不嘿聲問此何等如是不止鵠便應之應之口開鱉乃墮地人得屠裂食之夫人愚頑無慮不謹口舌其辟如是也

昔有沙門令凡人剃頭剃頭已頭面着地作礼言願令我後世心意淨潔智慧如道人道人言令卿得慧勝我其人作礼而去後命盡生忉利天上天上壽盡來下生大姓家作子後得作沙門智慧得見道迹此至意所致也昔有梵志從國王匄王欲出獵令梵志止殿上須我方還乃出獵追逐禽獸與臣下相失到山谷中與鬼相逢鬼欲噉之王曰聽我言朝來於城門中逢一道人從我匄我言止殿上待還今乞暫還與此道人物已當來就卿受噉鬼言今欲噉汝汝寧肯來還王言善哉誠無信者我當念此道人耶鬼則放王王還宮出物與道人以國付太子王還就鬼鬼見王來感其至誠辭謝不敢食也師曰王以一誠全命濟國何況賢者奉持五戒布施至意其福無量也

昔阿育王常好布施飯食沙門令太子自斟酌供具太子嘿恚言我作王時悉當煞諸道人道人心知太子願悉謂太子言我不久在世間太子驚曰道人明乃尒知我心意即反念我作王時當供養道人勝我父心遂和則去惡就善道人言比卿作王時我生天上已太子曰聖哉沙門後作國王以五戒十善為國政遂致隆平矣

昔有四姓取兩婦大婦日日以好飯供養沙門沙門日往取飯小婦恚毒之明日沙門復來小婦則出取鉢以不淨着鉢中以飯覆上授還沙門沙門持去於山中適欲飯見不淨則澡洗鉢後不敢復往小婦口中及身體則俱臭人見皆走避後壽終墮沸屎地獄如是展轉三惡道數千万歲罪畢得為人常思欲食大便不得腹中絞痛後為人婦夜起盜食大便如是數數夫怪之便往尋視見婦食屎此宿命行所致也

人有四難得成一者塔二者招提僧舍三者飯比丘僧四者出家作沙門是四事以立其福無量所以者何三界時有耳已得作人復有財產能拔慳貪之本應時施惠功業訖立是亦難得誰能知此福者唯佛耳

佛言比丘不以飯食轉相呼為親道唯以經法轉相教誡為親耳比丘以飯食美味轉相責施見世於比丘善名後世無所應於佛得惡論何以故外行家見比丘言佛弟子但以美飯食好衣轉相施耳誰教者是佛也於佛得惡論比丘以經戒道法轉相請乃為大親厚耳何以故外行家見比丘言佛弟子但以經戒道法轉相施耳無他相與於比丘現世得善名後得解脫於佛有善論何以言之佛是比丘師教弟子但以經道是故不必以飯食為惠也但以善言轉相施上耳

佛言比丘當知足何等為當知足謂趣求一衣一食常在經行念不念外求能止不亂意是為知足亦不當知足謂所謂經戒逮得四禪及四空定須陁洹斯陁含未可計知足也如是為不當計足矣

有比丘分衛道往促迫卒失小便行人見之皆共譏笑言佛弟子行步有法度被服有威儀而此比丘立住失小便甚可笑也時有外行尼揵種見人譏笑此比丘即自念言我曹尼揵種裸身而行都無問者佛弟子住小便而人皆共笑之如是者我曹師為無法則故人不笑耳將獨佛弟子法清淨有礼儀易為論議故便自歸佛所作沙門即得須陁洹比丘辟如師子衆獸中王人中師所語當用法行步坐起當有威儀為人法則不得自輕自輕自毀以辱先賢也

天王釋及第一四天王十五日三視天下誰持戒者見持戒者天即歡喜時以十五日天王釋在正殿坐處自念言天下若十五日三齋者壽終可得吾位矣邊諸天大驚言但十五日三齋乃得如釋處有比丘已得阿羅漢即知釋心念白佛言寧能審如釋語不佛言釋語不可信為不諦說何以故十五日三齋精進者可得度世何為釋處如是為不諦說為未足信誰能知齋福者唯佛耳

海中有大龍龍欲雨閻浮利地恐地無當此水者龍意念地無當我雨者還自海中雨耳佛慧弟子威德甚大欲以施外行九十六種道家恐無能堪者是故佛弟子展轉自相惠耳辟如龍自還雨海中也

昔有梵志年百二十少小不妻娶無淫泆之情處深山無人之處以茅為廬蓬蒿為席以水果蓏為食飯不積財寶國王娉之不往意靖處無為於山中數千餘歲日與禽獸相娛樂有四獸一名狐二名獮猴三者獺四者兎此四獸日於道人所聽經說戒如是積久食諸果蓏皆悉訖盡後道人意欲使從去此四獸大愁憂不樂共議言我曹各行求索供養道人獮猴去至他山中取甘果來以上道人願心莫去狐亦復行化作人求食得一囊飯麨來以上道人可給一月粮願止留獺亦復入水取大魚來以上道人給一月粮願莫去也兎自思念我當用何等供養道人耶自念當持身供養耳便行取樵以然火作炭往白道人言今我為兎最小薄能請入火中作炙以身上道人可給一日糧兎便自投火中火為不然道人見兎感其仁義傷哀之則自止留佛言時梵志者提和竭佛是時兎者我身是獮猴者舍利弗是狐者阿難是獺者目揵連是也

昔有五道人俱行道逢雨過一神寺中宿舍中有鬼神形像國人吏民所奉事者四人言今夕大寒可取是木人燒之用炊一人言此是人所事不可敗便置不破此室中鬼常啖人自相與語言正當啖彼一人是一人畏我餘四人惡不可犯其可止不敢破像者夜聞鬼語起呼伴何不取破此像用炊乎便取燒之啖人鬼便奔走夫人學道常當堅心意不可怯弱令鬼

神得人便也
昔有國王棄國行作沙門於山中精思草茅為屋蓬蒿為席自謂得志大笑言快哉邊道人問之卿快樂今獨坐山中學道將有何樂耶沙門言我作王時所憂念多或恐鄰王奪我國恐人劫取我財物或恐我為人所貪利常畏臣下利我財寶反逆無時今我作沙門人無貪利我者快不可言以是故言快耳

昔有國王大好道德常行繞塔百帀不竟邊國王來攻欲奪其國傍臣大恐怖即行白王言有兵來者唯大王置斯旋塔還為攉慮以攘重寇王言聽使兵來我終不止心意如故繞塔未竟兵散罷去夫人有一心定意無所不消也

昔有國王行常過為佛作礼不避泥雨傍臣患之自相與語王作意何以煩碎乃介王耳聞之王還宮勑臣下行求百獸頭及人頭一枚來臣下白王言已具王令於市賣之皆售人頭不售臣下白言賣百獸頭皆售此人頭臭爛初無買者王語傍臣汝曹不解耳秘前者過佛所為佛作礼汝曹言王意煩碎欲知我頭者如此死人頭不潔淨當以求福可得上天汝曹愚癡不知反言煩乎旁臣言實如大王所說叩頭謝過臣等愚不及王後復出臣等皆下馬為佛作礼以王為法也

昔有國王出遊每見沙門輒下車為沙門作礼道人言大王止不得下車王言我上不下也所以言上不下者今我為道人作礼壽終已後當生天上是故言上耳不下也

昔有人死已後魂神還自摩挲其故骨邊人問之汝已死何為復用摩挲枯骨神言此是我故身身不煞生不盜竊不他婬兩舌惡罵妄言綺語不嫉妬不瞋恚不癡死後得生天上所願自然快樂無極是故愛重之也

昔外國有沙門於山中行道有鬼變化作無頭人來到沙門前報言無頭痛之患目所以視色耳以聽聲鼻以知香口以受味了無頭何一快乎鬼復沒去復化無身但有手足沙門言無身者不知痛痒無五藏了不知病何一快乎鬼復沒去更作無手足人從一面車轉輪來至沙門道人言大快無有手足不能行取他財物何其快哉鬼言沙門守一心不動鬼便化作端正男子來頭面著道人足言道人持意堅乃如是今道人所學但成不久頭面著足恭敬而去也

昔沙門於山中行道裹衣解墮地便左右顧視徐牽衣衣之山神出謂道人此間亦無人民衣墮地何為匍匐著衣沙門言山神見我我亦復自見上日月諸天見我於義不可身露无有慙愧非佛弟子也

昔有六人為伴俱墮地獄中同在一釜中皆欲說本罪一人言沙二人言那三人言特四人言涉五人言姑六人言陁羅佛見之笑目捷連問佛何以故笑佛言有六人為伴俱墮地獄中共在一釜中各欲說本罪湯沸涌躍不能得再語各一語便迴下一人言沙者世間六十億万歲在泥犁中為一日何時當竟第二人言那者無有

期亦不知何時當得脫第三人言特者咄咄當用治生為如是不能自制意棄五家分供養三尊愚貪無足今悔何益四人言涉者言治生亦不至誠我財產屬他人成為得苦痛第五人言姑者誰當保我從地獄中出便不復犯道禁得生天上樂者第六人言陁羅者是事上頭本不為心計辟如御車失道入邪道折車軸悔無所復及也

折羅漢辟喻抄七首

昔佛遣舍利弗西至維衛莊嚴刹土問訊彼佛三事佛身安隱不說法如常不受者增進不舍利弗即承佛威神往詣彼刹宣令如是彼佛報言皆悉安隱於時彼佛轉阿惟越致輪為七住菩薩說法舍利弗聞之從彼刹還姿色光明行步勝常佛告舍利弗汝到彼何故倏步怡悅如是舍利弗白佛言辟如貧家飢凍之人得大珎寶如須弥山寧歡喜不佛言甚善舍利弗言我到彼刹得聞彼佛說阿惟越致深奧之事是以欣踊不能自勝佛言善哉如汝所言佛語舍利弗辟如長者大迦羅越純以紫磨金摩尼珠為寶內有掃除銅鐵鉛錫棄在於外糞壤之中有貧匱者喜得持歸言我大得迦羅越寶寧是長者珎妙寶非答言非也佛語舍利弗汝所聞得如是貧者彼佛所說但十住事及在舉中清淨之者汝所聞者不足言耳舍利弗即愁毒如言我謂得寶反是鉛錫舍利弗說是事時無央數人皆發無上平等度意無央數人得阿惟顔住也

昔摩訶目揵連坐於樹下自試道眼見八千佛刹意自念言如來所見尚不如我作師子步行詣佛所佛告目連汝聲聞種今者何故作師子步目連白佛我自所見八方面八千佛刹想佛所視又不如我故師子步佛言善哉目連所見廣大乃尒佛告目連辟如燈明比方摩尼相去甚多佛言我眼所見十方各如十恒沙刹一沙為一佛刹盡見其中所有一切有從兜術天來入母腹中者及有生者有出家行學道者有降伏魔者有轉梵輪來勸助者有轉法輪一切說法者有欲般泥洹者有已般泥洹燒舍利者如是等輩不可計數我持是眼悉已見之佛放眉間毫相之光徹照上方放身中光遍照八隅放足下光明洞照下方各百千刹應時十方諸刹六反震動其大光明無所罣㝵時目揵連即於佛前見無央數千恒河邊刹其中所有如佛說前佛言佛屬所說十恒沙刹今佛所現乃尒所乎佛語目連用汝不信故小說耳今我所現如是之比不可勝計摩訶目揵連聞說是事身即躃地如大山崩舉聲大哭我憶知佛有是功德今方如此寧令我身入大泥犁　右胥見者過於百劫不取羅漢目連便言諸在會者世尊說我神足第一尚不足言所作功德不及知此何況未有所得者耶發心所作當志如佛莫得效我化為敗種一切會者龍神人民無央數千皆發無上平等度意發大道心者即得阿惟越致已得不退轉者皆悉

逮得阿惟顏住也

昔有龍王名曰拔抵威神廣遠多所感動志性急憋數為暴虐多合龍共為非法風雨礔礰雹煞人民鳥獸蝡動積無央數有尊羅漢萬人自共議言若煞一人墮地獄一劫百償死罪猶祭畢今者此龍殘害衆生前後不訾遂尒不休轉恐難度幸當共往諫止之耳時佛知之讚言善哉汝等出家罪者大怏當尒是為報恩時諸羅漢求無為道欲救一切危厄之命度有自相謂言不足乃使万人俱行於是一人各各更往輙被厄害不能自前還謂言雖獨行不能降化函折此龍使改為善當更合會万人切德俱時共行即都復往龍放風雨雷電霹靂万人驚怖不知所至逆為所辱頓伏来還阿難白佛此龍殘煞乃尒所人及諸畜狩其罪太多已不可計今復加雹怖万羅漢雨其衣被狀如溺人其罪深大叵復勝計是時佛在耆闍崛山與万菩薩万羅漢俱往詣異山到龍止所龍便瞋恚興暴雨澍雷雹霹靂

其放一雹令辟方四十丈若至地者入地四尺欲以害佛及菩薩僧時雹適下住於空中化成天花佛放光明廣有所照諸在山中射獵行者遭值雲雨窈冥迷惑不識東西合万餘人皆尋光来詣佛所住龍復霹靂放下大石方四十丈若石至地者陷入地中當四尺　石於佛上與前華合化成華蓋小龍雹石各方一丈亦皆如是前諸羅漢見龍災變各懷恐怖前依近佛龍於雲閒自見雹石化為花蓋懸於虛空而不下至復自念言我當以身堅自槃結令四十丈欲以澍佛及衆僧上即時自撲无所能中遍身毒痛倒地甚久舉頭明目仰視見佛我之所為皆不如意疑是尊妙無上神人於是小龍而皆自撲無所動揺龍王是時即便命盡上生為天諸餘小龍亦皆并命得作天子皆悉来下住於佛邊佛告阿難汝知是天所從生不對曰不及佛言屬者諸龍興惡意者汝言罪大不可勝計自撲在地發一善心知佛為尊命盡為天

此者是也天聞佛言及諸天子皆發無上平等度意是時獵人諸在山中来詣佛者皆自念言此龍之罪尚得解脫我之所害方之此龍蓋亦無幾欲發道意心尚猶豫佛告阿難此万羅漢欲度諸罪力所不任若無我者為龍所制不能度惡還益其罪欲度一切當先禪定思惟可度然後乃行汝等不能度者怛薩阿竭能度不度是時獵人聞說如是皆發無上平等度意天龍人民其在會者佛為說経皆得阿惟越致昔龍王拔抵與犍迦文佛共為婆羅門拔抵弟子時有万人見犍迦文為人才猛捨其師事犍迦文拔抵懷恚罪至為龍佛德既成多度一切弟子万人皆得羅漢龍惡遂盛廣欲為害万人愍傷故欲往度曾為師故四道雖足猶受其辱若為菩薩龍欲加惡然不敢也

昔有一國人民熾盛男女大小廣為諸惡性行剛憋凶暴難化佛將弟子到其鄰國五百羅漢心自貢高摩訶目揵連前白佛言我欲詣彼度諸人

民佛即聽之往說經道言當為菩若為衆諸惡其罪難測覆一國人皆共搗駡不從其教於是復還舍利弗謂目揵連欲教誨人當以智慧如更見毀舍利弗白佛我欲詣彼勸度人民佛復聽往為說經戒復不從用而被罵辱摩訶迦葉及尊弟子合五百人以次遍往不能度之咸見輕毀阿難白佛彼國人惡不受善教多所折辱一羅漢其罪不訾況乃違戾尒所人教當獲重罪虛空不容佛言此罪雖為深重菩薩視之静為無罪佛遣文殊師利往度脫之即到其國都讚歎言賢者所為何乃快耶詣其王所皆面稱譽各令大小人人聞知言甚勇健某復仁孝某有謄慧隨其所在應意嘆譽皆歡喜不能自勝言此大人所說神妙知我志操何一快善衆人各持金寶香花散菩薩上咸持好疊錦采衣服甘脆美味飲食餚膳供奉菩薩皆發無上平等度意文殊師利謂人民曰供養我不如與我師我師名佛可往共供之福倍無量一切甚悅隨

文殊師利往詣佛所佛為說經應時即得阿惟越致三千國土為大震動山林樹木皆讚言囉文殊師利善度如是佛告阿難深大之罪今為所在五百羅漢蹈地湧出菩薩威神所化如是何況如來可復稱說耶我為敗種無益一切也

昔佛坐樹下時佛為無央數人說法中有得須陁洹有斯陁含有阿那含有得羅漢者如是之等不可計數時佛面色無有精光狀類如愁阿難深知佛意長跪白佛礼侍佛八年未曾見佛尊顏無有光明如今日也有何變應令佛如此今日誰有失大行者誰有為惡墮地獄者誰有離遠本際者耶佛告阿難辟如商客多持珎寶及數千万遠行求利道逢盜賊亡失財寶其身裸住無以自活寧愁憂不阿難白佛其愁甚劇佛告阿難我從無數劫来勤苦為道欲救度一切人民皆令得佛我今已為自得作佛而無一人作功德者是以不樂身色為變阿難白佛今佛弟子有得羅漢已過

去者今現在住及當来者不可計數有得阿那含斯陁含須陁洹亦尒叵計云何無因功德度者佛告阿難辟老公嫗生十數女當能典家成門户不阿難言不能也佛言雖有羅漢無央數千因我法生猶非我子會亦不能坐佛樹下故辟如生女雖為衆多行嫁適人公嫗孤獨我亦如是時佛涕泣墮三渧淚三千世界為大震動無央數天龍神人民皆發無上平等度意應時佛面端正悅好無數光明千億万變十方徹照倍異於常其見光者無不蒙度阿難白佛何以重光神變妙好乃如是佛告阿難如老公嫗祠天禱地求索子姓晚得生男豎立門户豈不歡喜而自勞賀令諸一切發摩訶衍意是以踊躍佛種不絶故也佛遣須摩提菩薩上國六十億恒沙數刹令詣彼國取師子座衆飲食具如伸臂頃還来到此嚴莊師子高廣之座請諸一切無不會者其發無上平等度意者皆坐自然師子千葉金蓮花上坐有於七寶交絡帳中及

菩薩本行經卷下　第三十一張　國字號

於七寶樹下坐者豎諸幢幡七寶為柄天錦為幡天繒為花蓋佛應時令大千國土變為浴池七寶蓮華滿其中生佛自變身現作菩薩或復現形如釋梵四天王者廣為大檀供養一切万味飲食其香廣聞十方一切其聞食香皆發無上平等度意香香遍身從毛孔出展轉復聞毛孔之香者亦發無上平等度意十方無涯坧刹為大震動刹刹諸佛各遣左右尊菩薩来賀釋迦文用一切人民多發菩薩心之故也中有持紫摩金蓮花来者有持摩尼寶蓮花来者有將明月珠蓮花来者各各持雜尊寶蓮花共散佛上佛之威神皆令所散合成花蓋覆過十方無央數刹花蓋光明亦照諸刹幽冥之處恒為明泥犁薜荔禽獸六畜皆發大意咸欲求佛佛為一切會者說經不可計菩薩皆得阿惟顏住復不可計天人得無所從生法忍復不可計龍神人民得阿惟越致復一切菩薩和薩皆發無上平等度意

菩薩本行經卷下　第三十二張　國字號

昔有一人年少貧苦行詣他國得一甘果香美且大世所希有輙愛惜之不敢餟嘗心念父母欲以果與即持果歸還耶離時佛入城與諸菩薩大弟子俱詣長者家就檀越請佛適過去人未至家手持果投在佛處從少及長未曾聞佛見佛足跡相輪如蓋光色眾變亦無缺減便住足邊視之無猒心自俛倖亡悲亡喜地之行迹猶尚乃介況此人身誠非世有度是行人必當来還我當搬置父母之分待此人至以果上之佛未周旋人坐跡旁悲思淚出道路行者来問此人為持果坐此悲耶荅言守此無極尊跡待留神人冀其當還欲以此果自歸上之遇見光顏未得如願自鄙薄祐是故悲耳行路間者聚觀如雲豈佐此人謂之狂癡詎知行者還在何斯欲待之乎佛到檀越長者家坐眾僧澡訖以次坐定長者大小手下飯具衆味適設皆悉備足佛遥達覷道中守迹持果延竦欲上佛者於是食訖檀越自念世尊遠覷屬不見及即遥

祝願外持果者將以所供有不可乎佛告阿難長者供具福往耳所為雖廣意有所冀心懷四懼志在滅度外有年少手持甘果一心無他守我足跡慈悲待我思欲上果用一切故發大道　意是以在坐並遥達覷長者念言是人果施而無異饌佛嘆其德甚為高妙我雖豪富所設為豐計意輕重福為不如願侍隨佛往見此人佛便起坐到守跡人所菩薩弟子長者居士并餘眾輩應時皆從彼持果者遥見佛往身但衆好光踰日月即前迎佛稽首作礼因以此果長跪上佛即發無上平等度意佛放光明徹照無極三千世界為大震動十方諸佛及諸菩薩應時皆現如鏡中像不以遠近無不見佛為受其果轉施諸佛等令一果周遍無極十方諸佛及諸菩薩各從袈裟伸金光手放千億炎其一炎端各各自然有寶蓮花珠交絡帳師子之座上有坐佛及諸菩薩皆持寶鉢受得此果各持一果神變達覷釋迦文佛亦復如是於此世界

照耀十方虛空神天一切充滿八維上下無空缺處皆助歡喜讚善稱嘆三界諸菩薩皆得應蒙時上果者得不起忍佛授其決後當作佛号果尊王無上正覺所有國土如阿弥陁剎應聞世尊所別國土自然清淨得阿惟顏長者居士向道迹者無數千人不退轉地大度其德如是也

昔佛往到第二忉利天上為母說經時有一天壽命垂盡有七事為應一者項中光滅二者頭上傅飾華萎三者面色變四者衣上有塵五者腋下汗出六者身形瘦七者離本坐即自思惟壽終之後當棄天座七寶殿館浴池園果自然飲食衆伎女樂更當下生於拘夷那竭國疥癩母腊腹中作子其豫愁憂不知當作何等方便得免此罪有天語言今佛在此為母說經佛為三世一切之救唯佛能脫卿之罪耳即到佛所稽首作礼未及發問佛告天子一切万物皆歸無常汝素所知何為憂愁天白佛言雖知天福不可得久恨離此座當為疥癩母腊作豚以是為毒趣受他身不敢為恐也佛言欲離豚身當三自歸言南無佛南無法南無比丘僧歸命佛歸命法歸命比丘僧如是日三天從佛教晨夜自歸却後七日天即壽盡來下生於維耶離國作長者子在母胞胎日三自歸始生墮地亦跪自歸其母娩身又無悪露母旁侍婢怖而棄走母亦深怪兒墮地語謂之螢惑意欲煞之退自念言我少子怪若煞此兒父必罪我徐白長者煞之不晚母即収兒往白長者言産生一男甫初墮地長跪叉手自歸三尊閫門怪之謂為螢惑父言止止此兒非凡人生在世行年百歲或八九十無尚不曉自歸三尊況兒墮地能稱南無佛好養視之慎無輕慢兒遂長大年向七歲與其輩類於道邊戲時佛弟子舍利弗摩訶目揵連適過兒旁兒前礼足言和南舍利弗摩目揵連舍利弗摩目揵連驚怪小兒能礼比丘兒言道人不識我耶佛於天上為母說經我時為天當下作腊從佛之教自歸得人比丘即禪亦尋知之即為呪願言洛梨祇兒語目連及舍利弗願以我聲因請世尊諸菩薩僧并及仁等目連舍利弗然受其言兒便還歸白父母言屬者遊戲見佛第三弟子過即因請佛及四輩飯願辦其甘脆父母受之從其所言異其年幼開發大意又奇所作操識宿命為極珍妙盡世名味求具精細過踰兒意佛及衆僧各以功德作神足來到兒舍飯父母小大供養畢訖行香澡水如法皆了佛為說經父母及兒內外親屬應時皆得阿惟越致自歸之福所度如是況乃終年修道教乎

舊雜譬喻經卷下

舊雜譬喻經卷下

校勘記

一 底本，金藏廣勝寺本。

一 八六五頁中二行譯者，資、磧、普、南作「吴天竺沙門康僧會譯」；徑、清作「吴康僧會譯」。

一 八六五頁中四行第四字「餘」，資、磧、普、南、徑、清作「有餘」。

一 八六五頁中一六行第三字「因」，資、磧、普、南、徑、清作「因緣」。

一 八六五頁中一九行首字「懷」，資、磧、普、南、徑、清作「內懷」。

一 八六五頁下七行第七字「行」，資、磧、普、南、徑、清無。

一 八六六頁上四行首字「致」，資、磧、普、南、徑、清作「到」。又第九字「鵠」，資、磧、普、南、徑、清作「鶴」。下同。

一 八六六頁上五行第九字「啄」，資、磧、普、南、徑、清作「遂」。

一 八六六頁上七行第五、六字「應之」，徑無。

一 八六六頁中三行「辭謝」，麗作「禮謝」。

一 八六六頁中八行末字至次行首字「願巻」，諸本（不含石，下同）作「瞋恚」。

一 八六六頁中二〇行末字至次行首二字「俱臭人」，資作「作臭人」；磧、普、南、徑、清作「作死人臭」。

一 八六六頁下八行「施恵功業訦立」，資、磧、普、南、徑、清作「恵施功業託立」；麗作「施恵功業純立」。

一 八六六頁下一九行末字「後」，麗作「後世」。

一 八六七頁上四行「逮得」，資、磧、普、南、徑、清作「若得」。

一 八六七頁中一〇行「海中雨」，資、磧、普、南、徑、清作「雨海中」。

一 八六七頁中一六行「食飯」，資、磧、普、南、徑、清作「食飲」。

一 八六七頁中一九行「二名」，資、磧、普、南、徑、清作「二者」。

一 八六七頁下一行「願心」，資、磧、普、南、徑、清作「願止」。

一 八六七頁下一四行第一〇字「雨」，諸本作「雨雪」。

一 八六七頁下二〇行「可止」，資、磧、普、南、徑、清作「呵止」。

一 八六八頁上八行「利我」，南、徑、清作「劫我」。

一 八六八頁上一三行「來者」，麗作「來至」。

一 八六八頁上一八行第七字「遇」，諸本作「過」。又「爲佛」，麗作「佛爲」。

一 八六八頁上二二行「人頭」，資、磧、普、南、徑、清作「獨人頭」。

一 八六八頁中二行首字「秘」，資、磧、普、南、徑、清作「我」。

一 八六八頁中一三行「摩娑」，資、磧、普、南、徑、清作「摩沙手」。一四行同。

一 八六八頁中一六行第六字「兩」，徑作「雨」。

一　八六八頁中二〇行第五字「人」，資、磧、普、南、徑、清無。

一　八六八頁下一七行「言特」，資、磧、南、清作「言時」。次頁上一行同。

一　八六八頁下二〇行「涌躍」，資、磧、普、南、徑、清作「踊躍」。

一　八六九頁上五行「成爲」，麗作「或爲」。

一　八六九頁上七行「天上」，麗作「天人」。

一　八六九頁上一五行「宣令」，資、磧、普、南、徑、清作「宣命」。

一　八六九頁上一九行「侅步」，資作「孩步」；磧、普、南、徑、清作「陔步」。

一　八六九頁下五行「毫相」，資、磧、普作「毛相」。

一　八六九頁下九行末三字至次行首字「恒河邊刹」，資、磧、普、南、清作「恒沙邊刹」；麗作「恒沙無邊刹」。

一　八六九頁下一〇行「説前」，麗作「前説白」。

一　八七〇頁上四行「雹熱」，普、南、徑、清作「震熱」。

一　八七〇頁上一三行「厄害」，資、磧、普、南、徑、清作「危害」。

一　八七〇頁上一六行第二字「郗」，資作「却」。又「雷電」，麗作「雷雹」。

一　八七〇頁上末行第一〇字「㴽」，資、磧、普、南、徑、清作「疾」。

一　八七〇頁中五行「窈寞」，資、磧、普、南、徑、清作「杳寞」。

一　八七〇頁中七行「陷入」，資、磧、南作「焰入」。

一　八七〇頁中八行「四尺」，磧、普、南、徑、清、麗作「四十丈」。

一　八七〇頁中一三行「槃結」，麗作「蟠結」。

一　八七〇頁中一四行首字「澍」，磧、普、南、徑、清作「投」。

一　八七〇頁下四行「方之」，徑、清作「方知」。

一　八七一頁上四行「欲教誨人」，資、磧、普、南、徑、清作「欲救誨人」；麗作「欲教諸人」。

一　八七一頁上二〇行「甘脆」，資作「其肥」。

一　八七一頁中三行第八字「嗏」，南作「嘆」。

一　八七一頁中九行「有斯陁含有阿那含」，資、磧、普、南、徑、清作「有得斯陁含有得阿那含」。

一　八七一頁中一二行「八年」，資、磧、普、南、徑、清作「以來」。

一　八七一頁中一九行「其愁」，資、磧、普、南、徑、清作「甚愁」。

一　八七一頁下一六行第一一字「令」，徑、清、麗作「今」。

一　八七一頁下一八行「六十億」，磧、普、南、徑、清作「六千億」。

一　八七一頁下末行「交絡」，資作「交路」；磧、普、南、徑、清、麗作「交露」。

一　八七二頁上六行「万味飲食」，磧、普、南、徑、清作「百味飲食」；麗作「万味飯食」。

一　八七二頁上七行首字「聞」，資作「問」。

一　八七二頁上一一行第六字「用」，南、徑、清作「因」。

一　八七二頁上一二行「心之」，麗作「之心」。

一　八七二頁上一三行第一一字「將」，資、磧、普、南、徑、清作「持」。

一　八七二頁上一六行「覆過」，諸本作「覆遍」。

一　八七二頁中三行「餟嗇」，資作「啜嗇」。

一　八七二頁中四行「耶離」，資、磧、普、南、徑、清作「維耶離」。

一　八七二頁中一一行「掇置」，資、磧、普、南、徑、清作「輟置」。

一　八七二頁中一二行「跡旁」，資作「路傍」；磧、普、南、徑、清作「路旁」。

一　八七二頁中一八行第一三字「何」，磧、南、清作「何所」。

一　八七二頁中二〇行首字「渠」，資、磧、普、南、徑、清作「集」。

一　八七二頁下一行首字「祝」，資、磧、普、徑作「呪」。

一　八七二頁下四行第一二字「守」，資、磧、普、南、徑、清作「專守」。

一　八七二頁下六行第三字「意」，資作「以意」。

一　八七二頁下一二行「身但衆好光喻日月」，資作「身旦衆好光踰日月」；磧、普、南、徑、清、麗作「身相衆好光踰日月」。

一　八七二頁下一七行「無不見」，諸本作「無不見者」。又第七字「爲」，資、磧、普、南、徑、清無。

一　八七二頁下二〇行末字至次行首字「交絡」，資作「跤路」；磧、普、南、徑、清作「交路」；麗作「交露」。

一　八七三頁上六行第六字「列」，普、徑作「有」。

一　八七三頁上一七行第三字「其」，諸本作「甚」。

一　八七三頁中二行首字「恐」，資、磧、普、南、徑、清作「怨」。

一　八七三頁中九行第一二字「婆」，諸本作「娑」。一四行第三字同。

一　八七三頁中二〇行第七字及末字「摩」，諸本作「摩訶」。

一　八七三頁下五行「第三」，磧、普、南、徑、清作「第二」；麗作「二」。

一　八七三頁下七行「受之」，麗作「愛之」。

一　八七三頁下八行「操識」，資、磧、普、南、徑、清作「探識」。

趙城縣廣勝寺

五門禪經要用法

圖

大禪師佛陁蜜多撰
宋罽賓三藏曇摩蜜多譯

坐禪之法要有五門一者安般二不淨三慈心四觀緣五念佛安般不淨二門觀緣此三門有內外境界念佛慈心緣外境界所以五門者隨衆生病若亂心多者教以安般若貪愛多者教以不淨若瞋恚多者教以慈心若著我多者教以因緣若心沒者教以念佛若行人有善心已來未念佛三昧者教令一心觀佛若觀佛時當至心觀佛相好了了分明諦了已然後閉目憶念在心若不明了者還開目視極心明了然後還坐正身正意繫念在前如對真佛明了無異即從座起跪白師言我房中係念見佛無異師言汝還本坐係念額上一心念佛尒時額上有佛像現從一至十乃至無量若行人所見多佛從額上出者若去身不遠而還者教師當知此是求聲聞人若小遠而還者求辟支

佛人若遠而還者是大乘人三種所出佛還近身作地金色此諸佛盡入於地地平如掌明淨如鏡自觀己身明淨如地此名得念佛三昧境界得是境界已白師師言是好境界此名初門觀也師復教係念在心然後觀佛即見諸佛從心而出手執琉璃杖杖兩頭出三乘人光爛有大小如是出已未後一佛執杖在心正立而住未後住佛廻身還入先去諸佛盡來隨入若小乘人入盡則止若大乘人入盡已悉從身毛孔滿於四海上至有頂下至風際如是照已還來入身如淨琉璃所以光明還來入身者欲亦踴猛健疾境界相好如是已即往白師師言此名一切念處以能生諸定故名為念處亦初得此法皆是諸佛弟子所得非是邪道神仙所見上杖者定相也相先者智慧相也此內凡夫境界相也

師復更教言汝從今捨前二觀係心在齊即受師教一心觀臍觀臍不久覺齊有動相諦視不乱見臍有物猶

如鴈卵其色鮮白即往白師師言汝更視在處如師所教觀已有蓮花琉璃為莖黃金為臺臺上有佛結加趺坐第一佛臍中復有蓮花出上復有佛結加趺坐如是展轉相出乃至大海海邊末後第一佛還入第二佛臍第二佛還入第三佛臍如是展轉還入乃至人臍佛令為一一佛入行人齊中已行人自身諸毛孔遍出蓮花滿虛空中猶如垂寶瓔珞如是出生見諸蓮花盡入齊行人尒時身體柔軟輕悅自見已身明淨如雜寶色即以所見白師師言大善汝好用心觀此身成定相也師教言更觀臍中即如教觀見頂有五色光焰見已白師師言更觀五光有五瑞相如教觀已見有一佛在光明中結加趺坐更觀五光中佛有何瑞相即見佛口中種種蓮花出出已遍滿大地更令觀五光中佛一見佛臍中有五師子出師子出已食所出諸花已還入五光中佛臍中師子入已五光及佛即從項入此名師子奮迅三昧定相也

行人復觀光入佛身已行人身作金色見金色已見臍中有物圓如日月白而明淨見已白師師言更觀即見佛出滿腹下及胷中有佛出凡四佛出四佛出已見四佛身一一佛出無量圓日光日光甚明淨因諸日光見四天下色上至有頂下至風際悉皆明了如見掌中無所罣㝵此名白淨解境界也見如此已還見四佛隨出處還入四佛入已復見白焰諸光前入後出後入前出左入右出右入左出如是四種出入竟見自身明淨及水四邊圓滿淨光此為名明淨境界見此光已名成念佛三昧在四禪中

不淨門行者善心來詣師所未受法時師教先使房中七日端坐若有緣者覺身及臍有潤動相自見已身明了左足大指爪上有白露如珠行者從座起以所覺白師師教行人行住坐立相其人內境界多者視占極高遠知緣外多者一心徐步視占審諦者知緣內若外緣者教觀塚間死屍見已還來在房中坐自觀已身念骨

若三日不失次觀房中諸人漸漸令見白骨次第相續至於大海以何相故到大海緣見水波源一切骨人及已身盡者瓔珞後見大水來灌其頂滿於已身滿已身已令從足指出成血河此名為厭患三昧也

復專念前見一切卧唯身在以白師師言汝自觀分為五分所以為五分者欲知內覺外覺為驗身若能壞作五分了者即知今則無有我一一亦無我心則若住無我定門若住定時盡見支節有刀出諸刀刃皆有明焰出此名我智慧境界

復更係心白骨自見骨上有明星出四邊有金丸星者明淨境界金丸者智慧境界二十五四十名白骨境界滿也

於十想中略出白骨相也行人雖見白骨於男女色故生愛心欲除愛者應觀三十六物若觀時應係心額上係心不久見有明珠於額而現在前不令墮落為心堅住故所以有此相者現法派出故如是不久數令放已

入地入地已隨而觀之明淨而下過於地界所以知者自見已身及處處見凍凌過於風界所以知者身體柔軟過於水界所以知者自見已身及處處有水上有泡出若到風界所以知者自見已身猶如虛空珠若尋空還來明淨光明隨珠而來珠若出已入行人臍中入已見三十六物了無异行人尒時得男女相定滿

白骨觀法白骨觀者除身肉血筋脉都盡骨骨相拄白如珂雪光亦如是若不見者辟如病人譬語其人家若令飲血色同乳者便可得差家中所有悉令白作白銀器盛血語言飲乳此病必差病言血也荅言白物治之汝豈不見家中諸物悉是白物罪故見血但當專心乳相莫念是血也如是七日便變為乳何况實白而不能見即見骨人骨人之中其心生滅相續如綖貫珠如是所見及觀外身亦復如是若心故住精進不廢如鑽火見烟穿井見泥得水不久若心静住開眼見骨了了如水澄清則見面像

濁則不見

觀佛三昧佛為法王能令人得種種善法是故坐禪之人先當念佛佛者能令人無量罪微薄得諸禪定至心念佛佛亦念人為王所念怨家債主不能侵近念佛者佛亦尒諸餘惡法不能嬈乱若念佛者佛不在世云何憶念人之自信無過於眼當觀好像如見真佛無異先從肉髻眉間白毫下至於足復至肉髻相相諦觀還於静處閇目思惟係心在像使不他念若有餘緣攝之令還心自觀察如意得見是為得觀緣定當作是念我亦不往像亦不來而得見者由心定想住也得觀佛定已然後進觀生身便得見之如對面無異也人心馳散多緣惡法當如乳母看視其子不令作惡若心不住當自責心老病死苦常來逼切若生天上著於妙欲無有治心善法若墮三惡苦惱怖懅善心不生今於此身當至心念佛復作是念言生在末世法欲滅盡猶如打鼓開門放囚鼓聲漸止門閇一扇豈不自知不

求出獄也過去無始世界生死已來所更苦惱万端今始受法未得成就無常死賊常來侵害經無數劫生死之苦如是種種責心令住於相坐卧行步常得見佛然後更進生身得禪定已展轉則易生身觀者既以觀像心隨想成就㪅意入定即便得見當因於像以念生身觀云如坐於菩提樹下光明顯照相好奇特又如鹿野苑中為五比丘說四諦法又如耆闍崛山放大光明為諸大衆說般若時隨用一處係念在前不令外散心想得住即便見佛舉身快樂貫徹骨髓辟如熱時得清凉池寒得温室世間之樂無以為喻法身觀者已於空中見佛生身當因生身觀內法身十力四無所畏十八不共法大慈大悲無量善業如人先見金瓶後觀瓶內摩尼寶珠所以法身真妙神智無比无近無遠无難無易無量世界悉如目前無有一法而不知者一切諸法無所不了是故行者當常專念不令心散若念餘緣攝之令還

復次一切命過者知當死時先失諸根如投火坑發聲至梵天甚大怖畏无過死賊唯佛一人力能救拔與種種人天涅槃之樂復次一切諸佛世世常為一切衆生故不惜身命如釋迦文佛為太子時出遊觀看見一癩人即勑醫言當須不死人血飲之髓塗之乃可得差太子念言是人難得設使有者復不可害一差一死即便以身與之令治佛為一切衆生亦復如是佛恩深重過於父母假使一切衆生悉為一分二分之中當念佛不應餘念如是種種功德隨念行事若此念成斷除結縛乃至可得無生法忍若於中間諸病起者隨病服藥若不得定六欲天中豪尊第一業行所致宮殿自隨或生諸佛前無不定也如人藥和赤銅若不成金不失於銀也

觀十方諸佛法

念十方佛者坐觀東方廓然大光諸山河石壁唯見一佛結加趺坐舉手說法心明觀察光明相好畫然明了係心

在佛不令他緣心若餘念攝之令還如是見者便增十佛既見之後復增百佛千佛乃至無邊身近者則使轉遠轉廣但見諸佛光光相接心明觀察得如是者迴想東南復如上觀既得成已西北方四維上下亦復如是既向方方皆見諸佛已當復一時并觀十方諸佛一念所緣周遍得見定心成就者於定中見十方諸佛皆為說法疑網悉除得無生忍若有宿罪因緣不見諸佛者當一日一夜六時懺悔勸請隨喜漸自得見縱使請不為說法是入心快樂身體安無患也

初習坐禪法

先教注意觀右脚大指上見洪脹以意發抓却之令黃汁流如膿血出肌肉爛盡已唯見白骨盡見應廣教骨觀若見滿一天下者宜教大乘若見近者宜教小乘教注意觀鼻頭憶想人身肌肉皆是父母精氣不淨所成次觀齒白 人身中唯此白骨耳若見齒長若額上白者即觀骨令身皆白遠近如上此人隨根深淺若教時不

能卒見白骨者教如常九想觀令一月一秋修習要見白骨乃前若見衆生教觀慈心觀法教熟觀白骨若見餘物當語前人此亦好耳且置是事但觀白骨前當若久觀白骨去我身中覺煖教令續觀見煖覺已安隱和悅者此是煖法次當教以意解白骨令節節解散若見餘物當令且置但觀白骨解離久久觀之若言我頂上火出教令更觀去我常見頂上火出身中安樂無有乱想此是頂法

次教注意令骨白淨已分散飄落在地如雪在地或如爛土其上或有白光種種異物教更觀之若言續見如是身中快樂當語汝本時所愛人試憶念與作世事彼觀已言我憶念人見之但變作膿血不淨甚可惡見次教觀身如草束或如空葦囊若言我見自身如乾草束或如空葦囊有火燒盡乃無有我教令更觀汝意起時從何處起滅時從何處滅觀之觀者要言我見卒覺起時從意起滅時鼻頭滅鼻頭滅時身中和靜不覺有我

了了分明教觀頂上言我見身長大頂上出水滿於身中令其極滿臍中出之流在前地水出既盡教更重下水令身廣大若言我見身大水滿其中出之水成大池教以蘇灌頂令入身中若言我以蘇灌頂便身廣大教諦觀之若言觀須臾之間見皮火起火便熾然滿身中以水滅之令火滅盡快得蘇息教係意觀池若言我見池中自然有樹樹生甘果見此果已若有衆生来飢餓求索觀者見之教即起慈便自觀身若言我觀自身盡膿血流出在地衆生見之便取食之食之既足各四向而去教自觀身及觀他身若言便見衆多餓鬼来在身邊飢餓所逼命如絲髮即教以慈心以身施之若言我以身施之令得充足教復更觀若言我見無數衆生遶身四邊若見此事應教自觀身若言我自見身不淨膿血在地衆生見之便取食之既飽足已教令諦觀我見忽然火起燒諸罪人及其已身在池水所有悉已都盡復教諦觀見處若言我

見衆生及池中水已身悉平復如故觀衆生及其已身若言我見自身乳出流下在地衆生見之不能得食由罪重故教以慈心觀若言我須臾之間乳化為膿衆生飢急便食之既飽足已便見脚底火然燒諸衆生忽然滅盡行人見此事已應教自㲽頭更不受生教尋觀前池若言我觀見水池池中蓮花樹枝葉茂盛見此事已自身入水藥樹邊坐自觀身中火出滿於池中須臾之頃忽然火起自燒已身及衆生池水都盡尋教更觀若言我見池中忽然樹生枝葉茂盛出生甘果行人見之向樹食果既飽足已身心明淨安隱快樂教淨觀此池及其己身若言須臾之間都已乾枯行者見此破壞之相心懷怖恐即来白師師應教身為苦本觀令觀身使如泡沫若言我見自身如泡沫及身出骨出已便以手摩如麵平以為地尋復教觀令身如氣囊若言我自觀如氣囊即變骨出其骨微細摩以塗地其地青色復教觀身若言我觀自身微

塵及身出骨其骨絶黑摩以為地教自觀身及觀於地若言我觀其池地出身赤如火地来逼身便變為火自燒其身如是七反座中自然有水灑之地身即滅教復還觀身及觀於他若言我觀須臾之間自然光出高大明好尋復觀身若言我覺和適心意快樂無有懈息自然光来遍身滿七反教自觀身若言我便自見頂上有光似如雲蓋其色如銀具足此事應於初道亦名觀火竟

次觀水大教令觀身中何處有水若言身中盡是水教令更觀若言我見水眼中現者好若不著汝觀頭已上水何處出若言我見水從眼中復不墮地眼如水沫頭中亦滿師當問汝見水何似出時悉有何相若言我見頭中不温不冷大好若言水温當知非真復教更觀要令水不温不冷乃是真相教觀咽胷已下至腹中令見水滿但莫令入髀脚中水要頗梨色若覺水温冷乃是真餘者非真也次觀身中通髀脚若言我見皆皮囊者

相又見水滿中舍及牀座處是水冷
者尒乃是真餘者非真若廣見水者
大好
次觀水大從何處盡若言我見水從
我身中消盡唯有空皮或如草束火
起燒盡了無有我也
觀水大竟
次觀火大教令觀臍四邊何處有火
若言我見臍上火起或言從鼻中出
或言從口中出或言從一中出或言
眼耳中出者教令更觀若言我見蟲
中五色光出其狀如然身中不溫不
冷此則一法教更觀之若去我見火
從頂上出或言從下道出教令更觀
去我見火在頭上如雲蓋狀或言在
下如雲狀身潛愉安隱此則一法教
令更觀身去我見火從臍中出喻如
蓮花其色如金者大好教令觀身中
火若言我行坐常見火不但唯坐時
也行時見火似如人持火行常在我
前大明乃應他人恠之而他人實不
見而身常溫此是一法教更久觀之
去我見大海水其中有摩尼珠其珠

焰出如火此珠則是一法也
觀火大法竟
次觀風大此風大其性細微非條跡所
解故不出此四大是坐禪根本所由
處雖多見餘相要向此四觀也
初教觀佛光教坐定意不令外念諸
緣使人然後將至好像前令諦觀像
相好分明然後安坐教以心目觀此
像相好若言我見像分明是一事
教自觀身令身安坐教還觀佛若言
我見一佛至十佛悉令明了是二事
教令諦自觀身漸安教還觀佛若言
我見佛至二十佛明了是三事
教自觀身令身轉安淨教還觀佛若
言我見二十佛至五十佛明了如前
是四事
教自觀身令意轉細教還觀佛若言
我見五十佛至百佛相好如前是五事
教自觀身令心轉細教還觀佛若言
我見百佛至千佛明了如前是六事
教自觀身令心轉細還教觀佛若言
我見二百佛至四百佛明了勝前是
七事

教自觀身令心轉細教還觀佛若言
我見四百佛至八百佛相好轉明是
八事
教自觀身令心轉細還教觀佛若言
我見八百佛至千佛是九事
從一佛至千佛諦觀相好極令分明
還自觀身不淨膿血即教作不淨觀
若見白骨即作白骨觀若見苦痛衆
生即作慈心觀若不見此事還觀一
佛至心懇惻求哀懺悔是初覺家觀
佛法若趣住地應廣觀佛若言我見
一佛至百千万乃至衆多佛相好明
了是第十事
教觀自身令身明淨教還觀佛發大
誓願心生供養言我見無量諸佛於
佛前自然有花便取供養悉令周遍
是十一事
教自觀身令身明淨還教觀佛若言
我如前見已心生歡喜教至心觀佛念
欲供養若言我見自然有花樹踊出
上生種種雜色花自然有人取此好
花與我供養散諸佛上普使周遍故
不盡是十二事

次教於佛邊坐自觀己身極令明淨
還教觀從東方始令意東行見無數
佛意乃疲息是十三事
教前境界次東行若言我意東行見
無數佛滿於虛空無有邊際意疲乃
息復意旋意東行要有限㝵乃住南
西北方亦復如是是十四事
教令自觀身中支節悉已明了若言
我見者教還觀佛足下若言我見佛
足下雜光明然後還至四方一切諸
佛悉在光上蓮花中是十五事
教發觀佛喜心諦觀足下若言我見
佛足下光出至於大地無有邊際教
乘此光觀若言我見苦痛衆生無量
無邊光所照處悉皆安樂是十六事
教觀自身令復轉明淨教觀一佛齊
中若言我見佛臍中光出遍至四方
極遠之處一切諸佛悉上光住是十
七事
教尋光觀若言我見無量人於光中
現悉受快樂是十八事
教自觀身令極明淨教還觀一佛兩
乳若言我見佛兩乳中自然光出遍

至四方一切諸佛悉在光上是十九事
教尋光觀若言我見此光中有無量
人悉受快樂是二十事
教自觀身見身極明教還觀一佛眉
間若言我見光從眉間出大如斗許
漸漸廣大便上向去踊在空中教令
尋光觀為隨何光上意疲乃息復
更尋去若言我尋去上至無極到光
所盡是二十一事　二十二事本闕
教尋此花佛從東方始若言我見光
者有無量細微光皆悉如觀此光頭
盡有化佛滿於東方中間相去或五
步教續東行觀之若言我行見無量
佛意疲乃息教續觀至極遠處更見
餘相乃至南西北方亦復如是是二
十三事
教自觀身若言我自見身悉明淨喻
如聚光教令觀佛次第作礼供養若
言我見無量諸佛行列我持衆花次
第灑散供養諸佛悉令周遍是二十
四事
教令觀此所供養花若言我見花隨
者在於佛邊便成花帳行位次第嚴

好微妙悉皆如是如是一切諸佛悉
在帳中坐其牀上是二十五事
教觀花帳若言我見花帳漸漸高出
踊在空中合成一蓋覆一切佛是二
十六事
教觀自身若言我見自身廣大喻如
聚光教還觀佛次第作礼悉令周遍
仰觀於蓋若言我見上花蓋中有花
臺下向七寶成中有花下以手承取
教散諸方供養諸佛悉令周遍是二
十七事
教向佛作礼求願已用教令至心在
於佛邊坐若言我坐須臾須見地自
然踊出七寶臺色妙香好便取供養
一切諸佛是二十八事
教自觀身極令明教令明教令於佛
邊坐觀所供養花若言我見此花在
佛足下便成琉璃之座次第行伍佛
坐上中間道陌悉皆上寶所成端直
無比是二十九事
教自觀身若言我見身中更有小身
兩重而現內見外明淨教還觀佛若
言我見一切諸佛來入一佛身中而

不迫迮是三十事竟

觀佛事多略出三十事以教行者
初教慈心觀法先教懺悔淨身口意
至心懇惻發弘誓願然後教坐便心
目自觀已身若言我見自身便觀他
身若言我見衆生苦痛在前足下火
然成於火坑焚諸罪人身體膿爛血
流成池高聲大哭苦痛無量復見四
方有城園遠是名初事
教發大願生憐愍諦觀衆生若言我
罪見罪人為火所逼投膿血池池中
膿血便應變為火坑燒諸罪人苦痛
無量便共號哭無寧息處二事
教令諦觀莫懷恐怖誓心救濟教令
人人代之乃至衆多若言我人人代
已將着坑上令得蘇息三事
教諦觀之若言我見諸城門中有無
量人来投火坑復受苦痛代之令出
將至所安四事
教令諦觀若言我見諸門中人来不
止受無量苦我以慈心力便以自手
捫摸此門門便破盡四壁盡破五事
教以慈觀之若言我見諸治罪人心
生憐愍下淚如雨以手接取灑散火

坑火尋滅盡六事
教更觀之見火已滅唯有膿血滿
大坑自身出水以着池中池血消盡
其水澄清七事
教令諦觀若言我見池中生大花樹
衆生見此樹便来取之教令飲之洗
欲令身清淨八事
教自上花臺上若言我上花臺已見
下衆生復欲得上即挽上之著蘂中
其花狹小不相容受我以手摩令花
廣大得相容受九事
教自觀身明淨已若言我并見諸罪
人飢餓須食生憐愍心即於身邊便
有飲食我便與之悉令飽足使得休
息諸人皆言離苦得樂十事
教令諦觀花臺增長有數重出我便
尋上至第二重身安坐已便哭下人
悉上花臺快得安住我生悲心於是
花上所須之物飲食充飽我以慈心
即為說法汝由宿世作毒火燒人家
種種惡業今受此報汝可懺悔滅除
宿罪十一事

教生善心復登華臺若言我已下重
諸人亦上所須與之令無所乏須復
為說法天上人間五道報應令心開解
十二事
教尋花上若言我已於花上為下重
諸人復欲得上我悉上之復生喜心
觀此花中便有自然金銀珍寶衣裳
飲食所須之物悉給與之天諸伎樂自
然而至隨意所欲受快樂已便為說
法汝等善心始生果報尋至封受此
果報十三事
教增善心乘華而上若言已上華臺
頭在下諸人心生歡喜尋後而上盡
華頭復教觀花若言我見華頭我見
華頭生大甘果香味具足告諸人言
樹上有果可取食便如所言食得充
足皆言快樂十四事
教觀華中若言我見華中有七寶之
臺自然而出中有經卷名曰智慧我
即宣令一切諸人此中有經說三乘
法汝可作礼生恭敬心花香供養復
欲聽法我便荅言燒香散花供養已
訖復欲聽法我便荅言我及衆會俱

不清淨如何可聞法者令身心清淨
即便受教我語諸人悉令端坐閉目
一心除諸乱想我亦如是須臾之間
身盡明淨心意泰然我即語之今當
為汝說此妙法至心聽受即便受教
我為說法令聞法既聞法已於上空
中有自然光明照此華臺一切諸人
便於四方悉令明淨此諸人等見光
歡喜身輕踊躍尋光而去十五事
教諦觀身若言我自見身光出遶身
四邊其明轉盛便自以手推此光明
遠至四方有無量人尋光来至我以
慈心便給所須令得充足無所乏少
便為說法令得信解歡喜受行須臾
之須便踊身空中排徊而去十六事
教諦觀華臺若言我見華臺所有
悉已去都不得見四向清淨於此事
中境界亦多略出所有耳
續教作慈心觀先教以慈心自觀已
身見已了了便教觀苦痛衆生若言
我見四山之中有大地獄罪人滿中
受大苦痛須臾之須忽然便有鐵蓋
覆諸罪人令不得現初事

教以慈心發大誓願我當救濟無量
苦惱衆生令得解脫即起慈心坐鐵
蓋上破此鐵蓋若言我以此手破碎
鐵蓋漸令破盡便下向觀見諸罪人
受大苦痛有重鐵輪在人頭上或在
身中或在足下或大或小膿血流出
苦痛無量高聲大哭不可堪忍復見
無量治罪之具治諸罪人苦痛無量
不可具說二事
復教發誓願益增悲心觀之若言我
見此罪人心生憐愍注下如雨諸人
小得休息三事
教修慈心代諸罪人將著高處便得
休息須臾之間入人如是四事
教更觀之若言我見地獄四邊高龍
起中有膿血池池中四處忽然火起
燒諸罪人苦痛難忍號哭稱怨若言
我見此事生憐愍心即於身邊手出
清水四向灑之令火漸滅小得休息
五事
教令更觀若言我見山間有無量人
来入地獄中受諸苦痛不可稱計我
見此已心生憐愍便於池處立抵代

諸罪人將著抵上令得休息人人如
是六事
教諦觀之若言我見諸山間人来不
絕受苦不斷我以慈心力磨滅此山
以為平地七事
教以慈心於此池上空中而坐身出
少水著於池中若言我於空中坐已
下水著池中池中膿血四向出去其
池澄清須臾之頃於池四面便有火
起燒此膿血悉已都盡八事
教以悲心於池上坐四面諦觀若言
我見鐵輪毒害之具来至我坐下成
大臺諸罪人等各至四方安隱之處
我在臺上見下火起與臺然盡大四
向去燒諸四方所到皆盡九事
教觀池中若言我見池中泉水廣大
乃至四方無邊際中生蓮華漸漸廣
大覆此池上教在華中便四向觀見
池四邊有無量人欲来趣我我教洗
浴令身清淨身清淨已於花葉間便
開少分於下水上住於道陌間令諸
人等悉上花臺十事
教觀池四邊若言我見池四邊便有

樓閣自然而出與華相接令諸人等趣此樓上快得休息各各自言雖得樂既上息已便索飲食無以與之於十指頭出雨雨花為乳諸人等悉令足飽是十一事

教令觀花臺中若言我見花臺中更有臺出及四方樓俱更有重廣大如前我尋上到已於華葉間便開少分設諸梯橙上諸人等復著臺上四向趣樓隨来處東向三方亦介復加悲心觀此華中復有自然所須之物與四方人令其充足便為說法是身為苦無牢強者皆由宿世犯五逆罪行悪所致受此苦痛令可懺悔尋如所言即便懺悔是十二事

教觀華臺若言我華臺中更出重樓閣我便尋上到已復作梯橙諸人上已各各上樓休息已我於華上便取飲食衣服所須之物四向與之令無所少便為說法無量利益便生信心受持齋戒悉令奉行十三事

教令更觀花臺樓閣若言我見花臺樓閣如前生微妙勝前我與諸人等

如前尋上重已各共上樓與諸人等便得充足令無所乏復為說法即便受教悉得利益十四事

教生喜心諦觀花中若言我華臺中樓閣如前生重我與諸人悉共上已我坐華上心歡喜須史之須見花臺樓皆作金色七寶合成於上便有無盡寶藏衣服飲食微細柔軟妓樂器須隨意所欲得充足已復為說法皆悉受行十五事

教更觀華臺中若言我已見花臺中有樹踊出高樓十丈枝葉茂盛生香美藥自上樹頭便下向觀見下樓閣徙下破落至五重諸人惶怖各言苦哉便尋花上在諸花中十六事

教生憐愍救濟諸人若言於花葉中挽諸人等上著花頭便以甘果悉給與之令無所乏便為說法教修禪定滅諸悪身心得清淨踊躍無量飛行虛空隨意而去十七事

教在花上四方遠觀若言我見四方有光明雲蓋来趣我身於時我身復光出與外相接我以手摩令廣大十

八事

教即尋光從東方始若言我尋光東行極遠於此光中見無量人光中而来趣花所如是尋去到光住處乃自還来花教次第行伍給與衣食所須之物令得充足便為說法隨意所應歡喜受行身輕踊躍飛騰空中隨意而去南西北方亦如是十九事

教觀身令廣大滿於空中極明淨復明見四方無量人来集身邊我以慈心令入我身中入我身中已安止須史之頃有自然所須之物隨意應施與諸人等令無所乏各得充足快樂安隱便為說法無量利益令得開解隨意而去二十事

如是等極多略受法者說此事耳所疾有三品風寒熱病為輕微心心有三病患體動有劫數受諸苦惱唯佛良醫授以法藥能受行者除生死病令心決定專心不乱如人見賊安心定意牢自莊嚴賊自退散乱心悪賊亦復如是如是言日血肉雖盡但皮筋骨在不捨精進如人燒身但欲救火

更無餘計出煩惱苦亦復如是當忍五事苦患飢渴寒熱瞋恨等當避憒閙樂在靜處所以者何衆閙乱定如入剌林

四無量觀法求佛道者當行四無量心其心無量故功德亦無量於一切衆生中凡有三品一者父母親里善知識等二者怨賊惡人常欲惱害三者中人不親不怨行者於此三品人中慈心觀之當如親里老者如父少者如子常應修習如是慈心人之為怨以有惡縁惡縁盡還成親親怨無定何以故今世是怨後世成親瞋恚之惡失大利失慈心者障㝵佛道是故應於瞋增怨賊應視之如其親里所以者何由是怨賊令我得佛若使怨賊無惡於我忍從何生是則為我善知識令我得忍辱波羅蜜於怨賊之中得慈心已於十方衆生慈心愛念普遍一切蜎蜚蠕動皆無妄者而起悲心也若見衆生得今世樂得生天樂賢聖道樂而起喜心不見衆生有苦樂事不憂不喜以慧自御離縁

衆生而起捨心是名四無量心於十方衆生慈遍滿故名為無量行者應當修習是心或時有瞋恚心起如馳如火在於身上即應急除若心馳散入於五欲及為五蓋所覆當智慧精進之力攝持令還修習慈心常念衆生令得佛樂習之不息便得離五欲除五蓋入初禪相者喜樂遍身諸善法中生歡喜樂見有種種微妙之色是名入佛道初門禪定福德因縁得上四無量心已於一切衆生忍辱不瞋是名衆生忍得衆生忍已易得法忍得法忍者所謂諸法不生不滅畢竟空相能信受是法忍者是名無生忍得阿耨多羅三藐三菩提記欲得佛道者應當如是修習求初禪先習如是諸觀或觀不淨或觀因縁或念佛三昧或安般後得入諸定求佛道者先習四無量心得入初禪則易若利根人直求初禪者觀於五欲種種過患猶如火坑亦如廁屋念初禪地如清涼池臺觀等五蓋則除便得初禪如後利仙人初學禪時道見死屍

膖脹爛臭心諦觀之自見其身如彼不異靜處専念便得初禪佛在恒水邊坐禪有豪聞比丘問佛云何得道佛言他物莫取便解法空即得道迹世間人自恡無所得而問於佛佛言取恒水中小石以君持水淨洗比丘如教佛問恒水多濕瓶水多答言恒水不可為比佛言不以指洗用水雖多無益也行者當勤精進用智定指洗除心垢若不如是不能離苦也

不淨觀法貪瞋癡是衆病之本愛身着欲則生瞋恚顛倒所惑即是愚癡所覆故也於内外身愛著淨想習之來久深著難遣欲離貪欲當觀不淨瞋由外起雖介猶可制之如人破竹初節難破既制貪欲餘二自息不淨觀者當觀此身生不淨處在胞胎中從不淨出薄皮覆之内純不淨然四大變為飲食充實其内自觀察從頭至足薄皮裹之内無一淨者腦膜涕唾膿血屎尿略説則有三十六物廣則無量猶如農夫開倉善分別麻麦

粟豆行者深觀見此身倉種種惡露三十六物如實分別内身如此當知外身亦不異此若心住相者身體柔軟心神快樂心若不住當自責心汝從無數劫來隨順汝故經歷三塗受無窮苦從今日去我當供伏汝汝且隨我還攝其心令得成就若極其身者當觀白骨亦可入初禪行者志求大乘者命終隨意所欲生諸佛前若不尒者必至兜率天得見弥勒定无有疑也

初禪過患内有覺觀外有火災二禪過患内有喜樂外有水災三禪過患内有喘息外有風災四禪地中過患都盡三災不及

二十五有　四天下　六欲天　四惡道四禪地　大梵天　無色界　第四禪地有五阿那含天　合二十五有

五門禪經要用法

五門禪經要用法

校勘記

一　底本，金藏廣勝寺本。

一　八七七頁中一行經名，資、磧、普作「五門禪經要用法一卷」。卷末經名同。

一　八七七頁中二行撰者，資、磧、普、南作「大禪師佛陁蜜多所撰」。

一　八七七頁中三行譯者，資、磧、普、南、徑、清作「宋曇摩蜜多譯」。

一　八七七頁下八行「光爛」，麗作「光焰」。

一　八七七頁下一〇行「先云」，麗作「先去」。

一　八七七頁下一二行「毛孔」，麗作「毛孔出」。

一　八七七頁下一五行「踴猛」，諸本(不含石，下同)作「勇猛」。

一　八七七頁下一九行第七字「先」，諸本作「光」。

一　八七八頁上八行末字「齊」，資、磧、普、南、徑、清作「臍」。下同。

一　八七八頁中九行首字「解」，諸本作「解脱」。

一　八七八頁中一三行「此爲名」，資、磧、普、南、徑、清作「此名爲」。

一　八七八頁中一七行「潤動」，諸本作「瞤動」。

一　八七八頁下三行第二字「到」，資、磧、普、南、徑、清作「知到」。

一　八七八頁下七行第九字「唯」，諸本作「唯有」。

一　八七八頁下一三行第五字「我」，諸本作「無我」。

一　八七八頁下一六行「四十」，麗作「此」。

一　八七九頁上八行第一三字「了」，諸本作「明了」。

一　八七九頁上一二行末字至次行首字「若令」，資、磧、普、南作「共今」；徑、清作「若今」。

一　八七九頁上一七行「乳相」，資、磧、普、南、徑、清作「乳想」。

一　八七九頁中二〇行「怖懅」，資、磧、普、南、徑、清作「怖懼」。

一　八八〇頁上一行「知當」，資、磧、普、南、徑、清作「當知」。

一　八八〇頁上七行「即勑」，資、磧、普、南、徑、清作「即勑醫人治之」。又「不死」，磧、普、南、徑、清作「不瞋」。

一　八八〇頁上一九行「銀也」，磧、普、南、徑、清作「銅也」。

一　八八〇頁上二一行第四字「佛」，徑作「諸佛」。又第一四字「諸」，麗作「無諸」。

一　八八〇頁上末行「盡然」，磧、普、南、徑、清作「憆然」；麗作「畫然」。

一　八八〇頁中一二行第一一字「請」，麗作「勸請」。

一　八八〇頁中一六行第三字「抓」，資、磧、普、南、徑、清作「爪」。

一　八八〇頁下六行第八字「見」，資、磧、南作「月」。

一　八八〇頁下八行首字「令」，資、磧、普、南、徑、清無。

一　八八〇頁下一五行末字「試」，資、磧、普、南、徑、清作「常」。

一　八八〇頁下一八行「空葦囊」，磧、普、南、徑、清作「空革囊」；麗作「空韋囊」。一九行同。

一　八八〇頁下二二行「要言」，資、磧、普、南、徑、清作「若言」。

一　八八一頁上六行第一〇字「便」，資、磧、普、南、徑、清作「使」。

一　八八一頁上一二行第三字「慈」，資、磧、普、南、徑、清作「慈心」。

一　八八一頁中一八行「教身爲苦本觀」，資、磧、普、南、徑、清作「教觀身爲苦本教」。

一　八八一頁下二行第七字「地」，資、磧、普、南、徑、清作「池」。

一　八八一頁下四行「座中」，資、磧、普、南、徑、清作「空中」。

一　八八一頁下五行「他」，資、磧、普、南、徑、清作「池」。

一　八八二頁上一〇行「或言從一中出」，磧、普、南、徑、清作「或言從眼中出」；麗無。

一　八八二頁上一一行首字「眼」，磧、普、南、徑、清作「從」。

一　八八二頁上一六行「澹愉」，資作「澹渝」。

一　八八二頁中六行「光教」，諸本作「先教」。

一　八八二頁中一三行第三字「佛」，諸本作「十佛」。

一　八八二頁中二〇行「千佛」，資、磧、普、南、徑、清作「二百佛」。

一　八八二頁下一〇行「初覺」，諸本作「初學」。

一　八八二頁下二二行「普使周遍」，資、磧、普、南、徑、清作「普周遍華」；麗作「普使周遍華」。

一　八八三頁上六行第三字「意」，麗作「更」。

一　八八三頁上一二行「教發」，資、磧、普、南、徑、清作「教令」。

一　八八三頁中五行「斗許」，資、磧、

普、南、徑、清作「升許」。
一　八八三頁中九行夾註「二十二事本闕」，資、磧、普、南、徑、清無。
一　八八三頁中一二行末二字至次行首字「或五步」，資、磧、普、南、徑、清作「五步是二十二事」。
一　八八三頁中末行「行位」，磧、普、南、徑、清、麗作「行伍」。
一　八八三頁下九行「成中」，徑、清作「城中」。
一　八八三頁下一二行第九字「用」，麗作「周」。
一　八八三頁下一六行「明教令明教令」，資、磧、普、南、徑、清作「明淨令明淨已」。
一　八八三頁下一九行「坐上」，資、磧、普、南、徑、清作「坐其上」。又「上寶」，資、磧、普、南、徑、清作「妙寶」。
一　八八四頁上二行「三十事」，麗作「二十事」。
一　八八四頁上一一行首字「罪」，資、磧、普、南、徑、清無。
一　八八四頁上一二行第四字「應」，資、磧、普、南、徑、清無。
一　八八四頁中八行首字「欲」，諸本作「浴」。
一　八八四頁中一〇行「葉中」，資、磧、普、南、徑、清作「華中」。
一　八八四頁下一二行「善心」，麗作「喜心」。
一　八八四頁下一五行「大甘果」，資、磧、普、南、徑、清作「大大甘果」。
一　八八五頁上六行「令聞法」，諸本作「令得聞法」。
一　八八五頁上一五行第二字「須」，諸本作「之頃」。二二行第八字同。
一　八八五頁中一九行「漸滅」，諸本作「漸滅」。
一　八八五頁中末行末字「代」，資、磧、普、南、徑、清作「以」。
一　八八五頁下七行第三字「著」，麗作「澍」。八行第三字同。
一　八八五頁下一一行「四面」，資、磧、普、南、徑、清作「四向」。
一　八八五頁下一三行「大臺」，資、磧、普、南、徑、清作「大華臺」。
一　八八五頁下一四行「與臺」，麗作「舉臺」。
一　八八六頁上二行第一三字「雖」，資、磧、普、南、徑、清無。
一　八八六頁上四行「諸人」，資、磧、普、南、徑、清作「是諸人」。
一　八八六頁中六行「歡喜」，資、磧、普、南、徑、清作「生歡喜」。
一　八八六頁中一二行「十文」，諸本作「十丈」。
一　八八六頁中一九行「惡身」，資、磧、普、南、徑、清作「惡業」。
一　八八六頁中末行「與外」，諸本作「與蓋」。
一　八八六頁下八行「亦如是」，資、磧、普、南、徑、清作「亦復如是」。
一　八八七頁上一五行「瞋增」，諸本作「瞋憎」。
一　八八七頁中一〇行「初門」，徑、清

作「初問」。

一　八八七頁下三行「寡聞」，資、磧、普、南、徑、清作「寶聞」。

一　八八七頁下五行「世間」，麗作「多聞」。

一　八八七頁下六行「以君持水淨洗」，資、磧、普、南、徑、清作「以君意持淨水洗」。

一　八八七頁下一〇行第二字「指」，資作「相」。

一　八八七頁下一六行首字「瞋」，資作「顛」；磧、普、南、徑、清作「意」。

一　八八八頁上四行末字「安」，諸本作「我」。

一　八八八頁上六行第一〇字「供」，資、磧、普、南、徑、清無。

一　八八八頁上一〇行「必至」，麗作「必生」。

雜譬喻經

後漢月支沙門支婁迦讖譯

昔有比丘聰明智慧時病危頓弟子問曰成應真未荅曰未得不還未也問曰和上道高名遠何以不至乎和上告曰已得頻來二果未通問之已得頻來异何等事不至真人荅曰欲覩弥勒佛時三會二百八十億人得真人時及諸菩薩不可限載弥勒如來巨身至尊長百六十丈其土人民皆柰華色人民皆壽八万四千歲土地平正衣食自然閻浮土地廣長各三十万里意欲見此不取真人弥勒佛時二尊弟子一曰雜施二曰數數復欲見之知何如我弟子復問從何聞此和上荅曰從佛經聞弟子白曰生死勤苦弥勒設有異法當徃待之乎荅曰無異六度四等四恩四諦寧有異乎荅曰不也設使一等彼此無異何為復待今受佛恩友歸弥勒亦可取度不須待彼和上言上卿且出去吾當思惟弟子適出未到户外

已成真人弟子還曰何乎師曰已成真人弟子礼曰咄叱之頃已成果證

昔有比丘得定意時野火燒不燒人見之謂是鬼便斫之刀折不入用心一故不入柔軟故不燒有人得定者弟子呼之飯不覺因前牵其辟辟申長丈餘弟子怖便取結之意恐結不可復解之師禪寤苦辟痛問弟子白如是師言汝不解寤我折我辟人得定意柔軟如綿在母腹中亦尒

昔罽賓國有一菩薩始生墮地地有大動父母皆驚時有真人侏頭面礼華盖供散後長出家明諳辯慧然多蕩泆乃無法度所說聞者輙令得道時有二人共為比丘精舍守戒清白積年意不開解天神語之彼國有比丘多所化度二人即徃故遠歸請時此比丘彼國有比丘與婬女通二人求現一人先入礼敬却坐婬女故卧端正極世專心聽經無他異念便得道迹稽首還復使一前礼調訊坐聽見卧婬女心念此人穢辱不良唐苦遠來便棄出外比丘日何愁乃尒知有邪見

日乃誤我曹涉曠辛苦師此汙濁有是蕩行曰卿為大非學士法但當正心聽受慧解焉識是非自生惡念令無所得更自端心共入聽經復得道迹一得應真師為設實便還本國師後典寺大用僧物通婬戲樂過度衆僧議逐有真人曰且莫擯棄雖用僧物能多化度便止不逐親親諳曰卿前弟子可往從乞俗衆人物即到彼國大得衆寶還倍償僧

昔有賢者奉法精進得病奄亡妻子嗥慼無料有生火葬収骨埋去既訖癡忽經道香燈不設家財饒富月旦晦朔烹殺饌餟上冢集會相哭哀摧悲悼斷絕亡者誠德終乃昇天天眼遥見愍其笑之愚癡之至便作小兒於邊牧牛牛便卒死兒便嗥哭刈草著前曉喻令食復打呼起對泣所傳如此終日衆人怪笑共往呵問是誰家子牛死當歸語家嗥哭何益牛死豈知乎曰我不愚也牛死當在猶可有望汝父早死設百種食共向嗥哭焦骨何知衆聞霍解曰吾本

汝父萦佛生天故来釋卿因還復天身欲得如我加進道供已忽不現妻子内外便還精進誠德布施拯濟一切不復憂愁皆得道迹同時生天

海中有一國名私訶疊中多出珎寶唯无石蜜時有賈人持五百餘車石蜜往念欲上王所得賞報必勝市買便以石蜜置王宫門作事自陳如是月日之中无有問者恚曰彼王亦是人我亦是人眼耳鼻口四大俱尒乃不可得一見與言語也何則王福德勝人故也吾亦當作功德當令王不覺来歸我時遂行作沙門以齋供養三尊求一静處思惟苦空非身使其未半意解無縛得六通道諸能一處不移成羅漢者地為震動帝釋諸天應来慰問於是天帝諸天人皆下作礼助其歡喜比丘問天帝卿等天上盡何所為荅曰天上有四戲觀園三處是五欲處一處是道德在中或論佛貴典或時論天下四輩精進持法者比丘曰論持者為一等也為有深淺乎天帝曰普論善人耳佛泥曰以来有三人諸天持論未曾廢捨比丘曰斯何人也天帝與我一一說之天帝言波羅奈國有一人作沙門自誓言當經行彷徉不得應真終不卧息於是晝夜經行足壞流血百鳥逐啄三年得道諸天稱察無不奉承矣有一人在羅閱祇國亦作沙門布草為蓐坐其上自誓曰不得道終不起雨蔭盖来但欲睡眠使人作錐長八寸睡来時便刺兩髀以瘡痛不睡一年之中得應真道天亦歎未曾有也復有一人在拘睒巨國亦作沙門在山石室嶮陰卒無能得往来者時魔波旬見其精進便化作水牛在比丘前鳴鼻角目以欲觸之比丘甚畏而思曰此間牛所不能得至何以有此得無是魔所為也即喊言汝是弊魔所為耶魔謂已知便服本形比丘語魔卿恐我何求魔言見道人精勤恐出我界去故来相恐矣比丘說言我所以作沙門者求度世間佛有相好欲見之耳佛以去世無能見者聞魔能變作佛身為吾現之吾便不復精進

也魔其當然即化為佛在前立思惟即得應真諸天空中稱善無量魔誨愁毒即時滅去天帝語比丘是三人諸天所歎于今未休比丘語天帝此三人者明識苦空是以朽身吾本無意為人所輕遂行求道得出三界亦復奇妙亦得應真諸天報曰今還天上以道人上頭第一於是諸天作礼而去於是國王聞石蜜主勤行得道即往稽首叩頭謝過遂為國師興隆三寶國致太平得福得度不可復計

昔有一病人衆醫不能治差徑來投國王王名薩和檀以身歸大王慈愍願治我病王即付諸師勅令為治病諸醫啓王此藥不可得王問諸師曰其藥名何等無五毒人其肉中作湯服此便得差何等為五毒一者無貪婬心二者无瞋恚心三者無愚癡心四者無妬嫉心五者無剋虛心若有此人者其病便愈王告諸師曰此人求歸我唯我無此毒即割身上肉與之令合湯病者服愈便發摩訶衍

昔有迦羅越常願見文殊師利迦羅越便大布施并設高座訖便有一老公甚大醜惡眼中眵出鼻中涕出口中唾出迦羅越見在高座上便起意我今日施高座高經沙門當在其上汝是何等人便牽着地布施訖迦羅越便然燈燒香着佛寺中言持是功德現世見文殊師利便自還歸家疲極卧夢有人語言汝欲見文殊師利見之不識近前高座上老公正是文殊師利汝便牽着地如是前後七反見之不識當鄉得見文殊師利若人求菩薩道一切當等心於人求菩薩道者文殊師利便往試之當覺是意

為無常家說辟喻有一大樹其果如二升瓶其果垂熟有烏飛來住樹技上方住果落烏頭煞樹神見此而作偈言

烏來不求死　果墮不為烏　果熟烏應死
因緣會使尒

人在世間罪福會遲速合無有前却黠人得罪不恐得福不喜尒乃為諦信佛言受持不離三界之中有九十六種道世人各奉其所事莫神有益

此諸小道未曉為福豈能執德所以尒者不識三尊之上明不執五戒之清真無有八正之深見豈能祐濟於人乎是以名之薄田耳

有能敬佛三尊監通三世明天堂之福審太山之罪至信三寶以塞三塗強智慧之力以消三界癡冥修六濁神水以蕩六患之穢故能輕財損身口分行等之施以樹來世之本施一万報疾若響應故言大道三界之良田也何以明之昔阿育王曽作小兒時道遇佛不勝歡喜以少沙土至心奉佛由此之福故得為聖王典主四十万里十六大國以此明之佛寂為良田昔佛弟難陁乃往昔惟衛佛時人一洗衆僧之福功德自追生在釋種身珮五六之相神容晃昱金色乘前世之福與佛同世研精道場便得六通古人施一猶有弘報況今檀越能多行者乎普等之行必逮尊号加增歡喜廣度一切

法言染神億劫不朽煎熬生死得道乃止昔佛泥日後五百十年有一國

王精進勇猛所希有供養六万沙門三月一時甘香餚饍極世之味冣上座道人慱綜群籍探古達今得應眞去此國東四百八十里有一國王供養五百婆羅門亦盡世之美作百種幢幡裝挍繒綵綿㓗金寶雜物一幢直五百兩金以此伎樂而娛樂之其有能作此伎藝者便以與之諸國貧人聞彼國王有此寶物各各四面雲集合五百人路由精舍各習伎藝欲取彼寶粮食乏盡不能得達便詣上座前求作沙門上座即觀之乃惟衛佛時賢者家奴客曽為道人作食飲又聞法言從是以来天上人中受福自然福今始盡法言故存此等可度便下鬚髮授以戒法將入宮食還大歡喜師知其意為說此飯不可妄食人無至誠而食此飯者當累劫為王作牛馬奴婢五百新學比丘聞此恐怖厲志精進九十日皆得應眞比丘以得道欲自說本末便大走行嘆入王門共相撲來三毒十二因緣五陰六衰我皆撲之誰能與我對者衆坐愕然此何言也比丘曰吾等本習伎藝取彼寶利養為沙門自致羅漢三界衆邪吾等以撲滅之蒙大師恩快樂無極

昔者兄弟二人居大勢富貴資財無量父母終亡無所依仰雖為兄弟志念各異兄好道誼弟愛家業官爵俸祿貪世榮色居近波利弗鷄鳴精舍去之不遠兄專行學諮受經道不預家計其弟見兄不親家事恒嫌恨之共為兄弟父母早終勤苦念生活反棄家業追逐沙門聽受佛經沙門豈能與汝衣財寶耶家轉貧狹財物日耗人所𡠉笑謂之懈廢門户絶滅凡為人子當立功效繼續父母功勳不廢乃為孝子耳兄報之曰五戒十善供養三寶行六度坐禪念定以道化親乃為孝耳道俗相反自然之數道之所樂俗之所惡俗之所珍道之所賤智愚不同謀猶明冥不奇共處是故慧人去冥就明以致道眞卿今所樂苦惱之我一切空無虛偽不真迷謬計有豈知苦辛其弟含恚俛頭不信兄見如是便謂曰卿貪家事以財為貴吾好經道以慧為珍今欲捨家歸命福田計命寄世忽若飛塵無常卒至為罪所纏是故捨世避危就安弟見兄意志趣道誼寂然無報兄則去家行作沙門夙夜精進誦經念道一心坐禪分別思惟未曽休息懈怠具根力三十七品行合經法成道果證往到弟所勸令奉法五戒十善生天之本布施學問道慧之基弟聞此言瞋恚更盛即荅兄曰卿自懸廢不親家業毀壞門户可獨為此勿復教我疾出門去莫預我事兄便捨去弟貪家業汲汲不休未曽以法而住其心然後壽終墮牛中肥盛甚大賈客買取載塩販之往返有數牛遂羸頓不能復前上坂困頓躃卧不起賈人策撾遥頭纔動時兄遊行飛在虛空遥見如是即時思惟知從何來觀見其本本是其弟便謂之曰弟汝所居舍宅田地汲汲所樂今為所在而自投身墮牛畜中即以威神照亦本命即自識知淚出自責本行不善

慳貪嫉妬不信佛法輕慢聖衆怏心恣意不信兄語違废聖教抵突自用故墮牛中疲頓困劣悔當何逮兄知心念愴然哀傷即為牛主說其本末事狀如是本是我弟不信三尊背真向僞慳妬自恣貪求不施墮牛中羸瘦困劣甚可愍傷今已老極疲不中用幸以惠我濟其殘命賈人聞之便以施與即將牛去還至寺中使念三寶飯食隨時其命終盡得生忉利時衆賈客各自念言我等勤治生無默不能施與又奉法不減道誼死亦恐然不免此類便共出舍捐其妻子棄所珎翫行作沙門精進不懈皆亦得道由是觀之世間財寶不益於人奉敬三尊脩身學慧憐閑行道世世獲安

昔者舍衛國有一貧家庭中有蒲桃樹上有數穗念欲有施道人時國王先前請食一月是貧家力勢不如王正玄許一月乃得一道人便持施之語道人言念欲施来一月令乃得頻道人語優婆夷以一月中施矣優婆夷言我但一穗蒲桃施耳那得一月施道人言但一月中念欲施則為一月也

有十八事人於世間甚大難一者值佛世難二者正使值佛成得為人難三者正使得成為人在中國生難四者正使在中國生種姓家難五者正使在種姓家四支六情皃具難六者正使四支六情皃具財産難七者正使得財産善知識難八者正使得善知識智慧難九者正使得智慧善心難十者正使得善心能布施難十一者正使能布施欲得賢善有德人難十二者正使得賢善有德人往至其所難十三者正至其所得宜適難十四者正使得宜適受聽問訊說中正難十五者正使得中正解智慧難十六者正使得解智慧能受深經種種難是為十八事

雜譬喻經

雜譬喻經

校勘記

一 底本，金藏廣勝寺本。

一 八九二頁中一行經名，資、磧作「雜譬喻經一卷」。卷末經名同。

一 八九二頁中二行譯者，資、磧、普、南、徑、清作「後漢沙門支婁迦讖譯」。

一 八九二頁中四行「不還未也」，磧、南、徑、清作「不還未也答曰未」。

一 八九二頁中一〇行「巨身」，南、徑、清作「其身」。

一 八九二頁中二〇行「友歸」，諸本（不含石，下同）作「反歸」。

一 八九二頁中二一行「言上」，諸本作「言止」。

一 八九二頁中末行「未到」，資、磧、普、南、徑、清作「來到」。

一 八九二頁下九行首字「白」，資、普、南、徑、清作「曰」。

一 八九二頁下一一行末字「有」，磧、

普、南、徑、清作「地爲」。

一　八九二頁下一二行「佉頭」，普、南、徑、清作「往頭」；麗作「低頭」。

一　八九二頁下一八行「求現」，麗作「求見」。

一　八九二頁下二一行第三字「還」，磧、普、南、徑、清作「還出」。又第九字「調」，磧、普、南、徑、清無。

一　八九三頁上二行「學士法」，磧、南、徑、清作「學士之法」。

一　八九三頁上四行「更自」，資、磧、普、徑、清作「便自」。

一　八九三頁上一二行「無料」，諸本作「無聊」。

一　八九三頁上一三行「癡忽」，諸本作「廢忘」。

一　八九三頁上一四行「饌餟」，資、磧、普、南、徑、清作「饌餚」。

一　八九三頁上一六行「笑之」，資、磧、普、南、徑、清作「哭之」。又「便作」，資、磧、普、南、徑、清作「化作」。

一　八九三頁上一九行「所傳」，資、磧、普、南、清作「自搏」；徑作「自博」；麗作「自傳」。

一　八九三頁上二〇行首字「是」，諸本作「汝」。

一　八九三頁上二一行「常在」，諸本作「尚在」。

一　八九三頁中三行「拯濟」，資、磧、普、南、徑、清作「賑濟」。

一　八九三頁中七行末字「買」，資、磧、普、南、徑、清作「貫」；麗作「賣」。

一　八九三頁中二二行「論持者」，磧、普、南、徑、清作「論持法者」。

一　八九三頁中末行第六字「論」，資作「諸」。

一　八九三頁下一七行「喊言」，徑作「戒言」。

一　八九三頁下一八行「便服」，磧、南、徑、清作「便復」。

一　八九四頁上二行末字「誨」，諸本作「悔」。

一　八九四頁上一〇行「即往」，徑作「即住」。

一　八九四頁上一一行第七字「得」，資作「復」。

一　八九四頁上一六行第四字「無」，諸本作「世無」。

一　八九四頁中二行首字「甚」，資、磧、普、徑、清作「其」。

一　八九四頁中四行「高經」，麗作「高尚」。

一　八九四頁中一二行末字「者」，徑作「著」。

一　八九四頁下一行「執德」，磧、普、南、徑、清作「報德」。

一　八九四頁下一三行「典主」，磧作「典上」。

一　八九四頁下一七行第三字「珮」，資、磧、普、南、徑、清作「佩」。

一　八九四頁下二二行「法言」，資、磧、普、南、徑、清作「佛言」。

一　八九五頁上一行「所希有」，諸本作「世所希有」。

一　八九五頁上六行「綿潔」，資、磧、普、南、徑、清作「綿絜」。

一　八九五頁上末行「衆坐」，普、徑作「衆生」。

一　八九五頁中二行第二字「取」，資、磧、普、南、徑、清作「欲取」。

一　八九五頁中五行「昔者」，資、磧、普、南、徑、清作「昔有」。

一　八九五頁中二〇行第一一字「可」，資、磧、普、南、徑、清無。

一　八九五頁中二二行第四字「我」，磧、普、南、徑、清作「戒」。

一　八九五頁中末行「俾頭」，資、磧、普、南、徑、清作「頓頭」。

一　八九五頁下八行首字「具」，徑作「其」。

一　八九五頁下一八行「遥頭」，諸本作「揺頭」。

一　八九五頁下末行「本行」，資、磧、普、南、徑、清作「大行」。

一　八九六頁上一一行第九字「勤」，資、磧、普、南、徑、清作「勤勞」。

一　八九六頁上一二行「又奉法不滅道誼」，諸本作「又不奉法不識道誼」。

一　八九六頁上一八行「有施」，資、磧、普、南、徑、清作「布施」；麗作「即施」。

一　八九六頁上二〇行「玄許」，徑、清作「言許」。

一　八九六頁中三行「十八事」，磧、普、南、徑、清作「十七事」。

一　八九六頁中一四行第六字「正」，資、磧、普、南、徑、清作「正使」。

一　八九六頁中一六行「十六者」，資、磧、普、南、徑、清作「十五者」。

一　八九六頁中一六行末字至次行首二字「十七者」，資、磧、普、南、徑、清作「十六者」。

一　八九六頁中一八行「是爲十八事」，資作「十七者正使能受深經依行得道難是爲十八事」；磧、普、南、徑、清作「十七者正使能受深經依行得道難是爲十七事」。

佛說內身觀章句經

失譯人名在後漢錄

一切一其心　皆聽美言訓　佛所從得道
且聽我彼經　彼空亦不斷　有行皆非常
夫行不敗壞　佛以講授經　深微難見事
非章原之句　通彼能敷演　是以故為師
從本以存本　有造法之積　從慧以除棄
上士可稱說　所從因緣有　有行皆無有
亦有前世除　無知彼諸行　亦如欲演身
日親之所講　夫災患無數　皆以歸流身
刪定如本文　所演衆要言　麁麗五字句
明哲以勸勉　以頌文具足　偶字音商偹
若花實雜糅　皆聽彼我誨　身非人非命
不丈夫非士　若體若有蠱　斯身都無彼
夫身造而有　以有即敗亡　無強皆歸命
如沫蹈踐碎　無強則無常　無常即無樂
無常亦為苦　非身身非我　身非常亦苦
非彼應為身　苦體蠱我有　身都無可有
若以都無體　有存亦有亡　慧者以本末
何彼已有體　若以無主者　不得以自由
有技計若此　何彼體我有　斯體身為空
體我有為虛　應因緣為有　非身逝心造

以身無造者　從彼為得諦　亦非都骨節
從前世方來　亦非天造身　非神所化城
非無行無本　無因為自有　是身有所由
有事亦有物　有本有所起　稍稍為生有
本以癡亦愛　心與愛有漏　亦有縛亦結
行二品為漏　斯為本亦餘　世與受因緣
以由彼斯身　以漸能致有　初始有精沫
精沫為轉凝　足為生兩兩　以兩為轉厚
以序有四體　為生頭第五　若干骨積聚
從行為用成　頭九為髑髏　頰頭為二骨
齒根三十二　齒三十二骨　頸為與耳本
鼻為與上矐　心與頸寵喉　凡為骨八十
頰車與頸四　咽亦為骨四　左體與右髀
凡有骨五十　若其斯在脅　應有十三肋
亦斯右脅然　應有肋十三　斯為四十八
三三三相連　二為二相連　其餘不相連
身者以為彊　如來尊無彊　脊膂三十二
尻與髖為三　笞其斯左髀　骨為二十五
右髀為亦然　為骨二十五　肩髀有骨四
凡三百二十　敷演名之諦　佛以日斷嗣
彼毀卷以聚　諸根為以縫　非創而裹之
內血以塗搽　如木機關纏　為如幻師幻
骨機關亦然　以筋纏縛成　合聚骨若此

以為是形體　愚者莫不著　智者而不著
生草以隱弊　九孔為大瘡　周帀為滲漏
不淨腐臭處　口鼻如為孔　滿之以諸穀
是身為若此　以進苦干腑　毛髮與爪齒
塵埃亦皮革　骨節亦骨髓　為凡筋與脈
腸與心亦脾　大腸亦小腸　肝與肺亦腎
脂膭亦大便　洟與唾亦汗　鼻涕膏亦血
寒熱肪小便　腔之與腔膜　皆以沉浸彼
如泥塗老牛　如其成不知　身之內與外
夫城骨與牆　肉血為塗鼷　為怨所破壞
恒為以內外　彼央若干百　以為貪其肉
其外亦災害　皆以多亢彼　斯身腐敗壞
辟如久故城　晝夜供侍之　壞如巳復壞
如坎與空聚　恒盜賊俱止　取之欺殆人
身為毒虺穴　夫毒虺亂毒　恒千身苦止
喜怒毒蘂弊　乎不和大毒　正使滿百歲
恒以和安隱　忿則無叉復　須叟復不安
有畏多恐怖　諸念為以仰　為一切苦器
斯身為災禍　嫌而有怨畏　如虎遊荒澤
亦為諸亂事　斯身主為受　沉於苦之法
一切諸病宅　為老死之法　身為增恩愛
苦以寒與熱　或風而不和　是則病如生
為敗壞諸根　失疾賊害人　老死苦厄人
如雪聚得火　疾而為解釋　斯若此無數
身之多災禍　吾所演一切　未能巳備具
要以為諸苦　腐身為不實　多因緣以成
火耶以為軀

佛說內身觀章句經

佛說內身觀章句經
校勘記

一　底本，金藏廣勝寺本。
一　八九九頁中一行經名，資、磧作「內身觀章句經一卷」；普、徑、清作「內身觀章句經」。卷末經名同。
一　八九九頁中二行譯者，資、磧、普作「漢失譯」；徑、清作「漢失譯師名」。
一　八九九頁中八行「可稱」，資、磧、普、徑、清、麗作「所講」。
一　八九九頁中九行第五字「除」，資、磧、普、徑、清作「際」。
一　八九九頁中一〇行「夫災患」，麗作「大災患」。
一　八九九頁中一一行「冊定」，資、磧、普、徑、清、麗作「刪定」。
一　八九九頁中一四行第九字「有」，麗作「不」。又第一二字「身」，資、磧、普、徑、清作「事」。
一　八九九頁中一五行末字「命」，資、磧、普、徑、清作「終」。
一　八九九頁中一八行「苦體」，普、徑、清作「若體」。
一　八九九頁中二〇行「無主者」，資、磧作「無生者」。
一　八九九頁中末行末字「造」下，資、磧、普、徑、清、麗有「非衆人身造　亦非自身造　都無有身(「有身」，麗作「身有」)造　亦身不無(「不無」，麗作「無不」)造」五言四句。
一　八九九頁下二行末字「城」，資、磧、普、徑、清作「成」。

一　八九九頁下七行第一二字「始」，資、磧、普、徑、清作「如」。

一　八九九頁下八行「足爲生雨雨以雨爲轉厚」，麗作「足爲生兩兩以兩爲轉厚」。

一　八九九頁下一一行第一四字「耳」，資、磧、普、徑、清作「身」。

一　八九九頁下一二行第五字「碓」，資、磧、普、徑、清、麗作「髀」。又「八十」，資、磧、普、徑、清作「十八」。

一　八九九頁下一三行「左體」，資、磧、普、徑、清、麗作「左臂」。

一　八九九頁下一四行第九字「左」，資、磧、普、徑、清、麗作「左」。

一　八九九頁下一七行第七字「來」，資、磧、普、徑、清、麗作「束」。

一　八九九頁下一八行第六字「苦」，資、磧、普、徑、清、麗作「若」。

一　八九九頁下一九行「肩髀」，資、磧、普、徑、清作「肩臂」。

一　八九九頁下二一行「爲以」，資、磧、普、徑、清作「以爲」。又「裹之」，資、磧、普、徑、清、麗作「裹之」。

一　八九九頁下二二行「塗搽」，資、磧、普、徑、清作「塗身」。

一　九〇〇頁上三行「口喙」，資、磧、普、徑、清作「口啄」。

一　九〇〇頁上四行「苦千腑」，資、磧、普、徑、清作「若千腐」；麗作「若千腑」。

一　九〇〇頁上七行第二字「膭」，資、磧、普、徑、清作「腁」。又第一〇字「汗」，資、普、徑、清作「汙」。

一　九〇〇頁上八行「脘之與脘膜」，資、磧、普、徑、清、麗作「腦之與腦膜」。

一　九〇〇頁上一一行「彼央若千百」，資、磧作「彼中若千百」；普、徑、清作「彼中若千百」。

一　九〇〇頁上一三行「供侍之」，資、磧、普、徑、清作「供待之」。

一　九〇〇頁上一五行第一二字「千」，資、普、徑、清、麗作「于」。

一　九〇〇頁上一六行第三字「毒」，資、磧、普、徑、清作「恚」。

一　九〇〇頁上一八行「怨畏」，資、磧、普、徑、清作「恐畏」。

一　九〇〇頁上二一行「思愛」，資、磧、普、徑、清、麗作「恩愛」。

一　九〇〇頁上二二行「病如生」，徑、清作「病始生」。

一　九〇〇頁上末行第六字「失」，磧、普、徑、清作「夫」。

一　九〇〇頁中四行與五行間，資、磧、普、徑、清有「十一因緣章　佛言行者有十一因緣滅道制令人(「人」，資作「入」)不墮惡道當不識者謂萬物一爲大會謂人衆二者多食謂諸美亦謂過飽三者爲多行謂多業四爲多喧謂多語五謂多睡眠六爲會聚謂禪中七爲習行謂多事八爲愛身九爲輕謂非法語十爲貪謂多欲十一爲不好善處居謂惡人中行道者當斷是十一因緣得道疾」一段經文。

法觀經　　　　圖

西晉月氏國三藏竺法護　譯

佛言弟何以故數息用息輕易知故以世間人皆貪身未能捨身守意又身中事難分別皆不信本無意不止何以有故説空意顛倒習息見有無故先説息稍稍解人意上頭為數已得行為弟一禪

佛言坐禪當三定何等為三定一者身定二者口定三者意定痛痒止為身定聲止為口定意念止為意定念止者為受行常念道聲止者斷四惡痛痒止者為不墮貪意在内巳身定口定意足當立戒身意持者為一切無所犯又身意持名為治治者意持意行三十七品經故經言所不識所不能止為息中不識意去時不能止意去如是當精進行出力守政坐叉手伍頭持意内著心中墮自生滅當識意去時巳識當能止便不隨蓋蓋在戳疑聽六根如是為不可佛言數息意令息數不互何意念意為互行

佛言巳三定戒應律為道法愛行道故經言貪道法行道巳坐行道上夜後夜驚意守食時至禺中日西至夕名為四守當精不離是勤力夜半日出日中晡時是名為四正讀經經行旋塔内外自觀身體内視五臧外從頭至足從足至頭一一觀視斯何等有皆當臭敗節節解墮本無所有来作去亦滅盡無所有反覆佃念用數心意復不解眼見死人諦念從頭至足若坐若起若飲食常念著心中用堅其心是為數念出息入息念滅時巳覺息滅盡時無所有挍計思惟知人物皆當復盡意止巳定便知空故經言一者勤力二者數念三者思惟

佛言自觀身有時當觀他人身當觀身者為挍計當觀他人身者為自觀身意著當觀他人身死敗有時可自觀身亦可觀他人身可自觀者為自觀身意不著可觀他人身亦為觀他人身意不著有時不可自觀身亦不可觀他人身不可自觀身者為自見身肥白好不可觀他人身亦為見他

人身肥白好端正賦眉赤絜見肥當念腤脹見白念死人骨見腻眉念死人欲壞時色轉青黑見赤絜念血皆當壞敗何等可貪

是意自觀身有三十二物者計髮毛爪齒骨皮肉五藏十一事屬地淚涕唾膿血肪髓汗小便七事屬水溫熱主消食二事屬火風有十二事是三十二物皆從地水火風出何等為他人生從穀精氣穀為地意為種精氣為水雨便合生身故求一衣一食是為養氣護主人身為本無故滅盡無常得道便知身非身念身不久要當死敗意為人種便守意一心癡人不守意護䰟神但養四柯為色味所欺謂身是我計不知惡一切從身起飯食貪味便墮苦往来生死不脫幸逢惡對䰟神空去趣善惡之道身死墮地日夜消腐亦本無所有得意行故化成身死皆歸土万物亦尒皆當過去是為非常

人不自計多念万端皆不為一以是為苦身死棄棄万物亦尒滅是為已

復生生復苦便作善惡行種栽未知所趣是為非身道人行道當為斷人不知四非常終不得道以自計身視諸死敗知人物皆無所有意便守止得行歡喜已得行心便安不離五者其心一是道

佛言念身觀頭髮腦念髮本無所有来作為化成皆當腐落腦如凝米粥皆當臭敗耶但有竅水皆汁出空埳耳但有肉垢皆穿漏鼻口涕唾皆流棄消壞舌咽喉肺肝心心中惡血肝膽腸脾著腸胃著脊腸中有未消食大腹有屎小腸泡有屁發便腹少增減身死氣盡皆當臃脹壞爛腸胃屎屁相澆潰臭處可惡下有尻肉兩髀兩足肌肉稍盡筋脉壞敗骨鏁節節解墮脛䏶碓政日髀骨如車輻髖骨與脊骨相連脊與肋骨相連肩骨與肘髀手相連皮革消腐節節解墮頚骨與髑髏相連肉血消盡磨磨但有骨氣出不報為死人身徒正直不復搖風去身冷火去黃汁從九孔流出水去死不復食地去三四日色轉正青膿血

從口鼻耳目中出正赤肌肉壞敗骨正白久久轉黑作灰土梘郭外臭死人死人骨如是自身亦如是皆當滅盡是為空出息盡時便知空知空便知身空何以故知命近在息空故

佛言是意當先觀思惟滅念待息意便守言意不出身為道人待在外為万物念在内為思識欲滅念待當念物非常敗皆非我所我亦非物主意念死時持何等去持善持一心持經多作多樂故佛言是汝物持去其餘一切皆非我所意當識念何等恩愛會當别離各自消腐念之但乱人意墮人罪要當還身守淨趣泥洹道

佛從一心至九道念四色皆當消滅謂人死四五日欲臭壞色轉正青五日六日膿血從口鼻耳目中出正赤後肌肉壞敗腸臓生虫還自食皮草消腐骨頹正白久久轉黑作灰土明地水火風空皆非我所意汝從无數世以来亦為人作妻子奴婢亦作畜生牛馬虫鳥勤苦重負亦為人所屠剝膾炙今為人復所人作妻子奴婢

亦取畜生屠剥膾剘斫自在身死皆當復受行道人汝寧見死人不氣絶便无所知身挺正直便臭壞可惡諦念便畏不欲見何以故不怖一心一心令人上天得泥洹道佛知九道皆空無所有故還就一心行道人急滅念待無所他知便至拘深國行拘深國在所見用不在故不見

佛言意欲貪念非常欺婬當念對瞋恚念等心愚癡念本一切行非常無為安隱人不知非常終不去貪亦不離薜茘道世間所有如夢耳夢飯食見好㾕便不見世間所有如是生便死適成便壞要皆歸空當何等可貪人有妻子財產亦㝉何以故人治生得錢利時若家室合會喜樂辟如飛鳥聚會亦皆无常一旦別離亦便不見正使有憂恐万苦意在生死中為日積罪黠人自約少欲趣求一衣一食從定意行不求地止常還身守淨斷求念空

闓口行道守意根本從何起佛言天地成從人從十五天上来下壽无有炇逝生死五道從六衰起人生心意本自善無有貪愛痛痒思想生死識為耳目鼻口所欺目光視色耳聲音鼻知香口知味身知寒温粗細心為作十事成五陰意為識合為六衰因作善惡行種栽從是便有老病死生五道求道欲斷生死故目守意止自色止耳聲止鼻香止口味止身如斷六衰行觀懐心念坐禪滅意識得道者五陰悉滅知本無便念空想空徑向泥洹問所以守意者意為識主行故惡六衰為禍行種五首根本道人精思自守四意欲止無邪念識思想走何道人欲滅念識思想當一切行非常斷身十事身口意三者從五陰六衰乃止三定者口無所知為口定身無所知為身定意無所復念為意定

佛言道有四要界持啓封乃得出何等為四一為識苦不復向萬物是為得出三惡道啓二者知身非身便懐身不復愛是為從人得出門第六天上啓三者知非常意不復向是為得出十八天啓四者知空滅空是為得出二十八天啓空滅乃為隨道故經言行道覺者得出謂覺苦空非身非常得出者謂得出四要界得第一禪上七天無有身景何以故行道壞身故

法觀經

法觀經

校勘記

一　底本，金藏廣勝寺本。

一　九〇二頁中一行經名，資、磧、普、徑、清作「法觀經一卷」。卷末經名同。

一　九〇二頁中二行譯者，資、磧、普、徑、清作「西晉竺法護譯」。

一　九〇二頁中三行第三字「弟」，資、磧、普、徑、清、麗作「第一」。

一　九〇二頁中一三行第七字及一九行第九字「墮」，資、磧、普、徑、清作「隨」，次頁上一七行第五字資同。

一　九〇二頁中一三行第一一字「內」，麗作「止」。

一　九〇二頁中一四行「意足」，資、磧、普、徑、清、麗作「意定」。

一　九〇二頁中二〇行第一一字「隨」，資、磧、普、徑、清、麗作「墮」。

一　九〇二頁中末行第二字「今」，資、磧、普、徑、清作「令」。又第九字「念」，資、磧、普、徑、清作「令」。

一　九〇二頁下四行第九字「是」，資、磧、普、徑、清、麗作「是爲」。

一　九〇二頁下五行「四正」，資、磧、普、徑、清作「四止」。

一　九〇二頁下一九行「身可」，資、磧、普、徑、清作「身著當觀他」。

一　九〇三頁上九行末字「他」，資、磧、普、徑、清、麗作「地」。

一　九〇三頁上一七行第五字「墮」，資作「隨」。

一　九〇三頁上一九行第一一字「得」，資、磧、普、徑、清、麗作「但」。

一　九〇三頁上末行「索棄」，資、磧、普、徑、清作「索牽」。

一　九〇三頁中一一行第六字「肺」，資作「肺肭」；磧、普、徑、清作「肺腑」。

一　九〇三頁中一三行首字「腹」，資、磧、普、徑、清、麗作「腸」。又第六字「泡」，資、磧、普、徑、清作「胞」。

一　九〇三頁中一五行末字「肌」，資、磧、普、徑、清作「肥」。

一　九〇三頁中一六行「骨鏁」，資作「骨瑣」。

一　九〇三頁中一七行第四字「曰」，資、磧、普、徑、清、麗作「白」。又「車輻」，資、磧、普、徑、清作「車輪」。

一　九〇三頁下六行「息意」，麗作「自意」。

一　九〇三頁下七行第三字「言」，資、磧、普、徑、清、麗作「意」。

一　九〇三頁下一八行「腸臓」，資、磧、普、徑、清、麗作「腸胃」。

一　九〇三頁下末行第八字「所」，徑、清作「與」。

一　九〇四頁上七行末字「國」，資、磧、普、徑、清、麗作「俱」。

一　九〇四頁中一行「夭逝」，資、磧、普、徑、清作「夭折」。

一　九〇四頁中七行至次行首字「目守意止自色」，資、磧、普、徑、清、麗作「自守意止目色」。

一　九〇四頁中一二行「五首」，資、磧、普、徑、清、麗作「五道」。

一　九〇四頁中一五行「從五陰」，資、磧、普、徑、清作「定五陰」。

一　九〇四頁中二一行「懷身」，資、磧、普、徑、清、麗作「壞身」。

一　九〇四頁中二二行第三字「愛」，資、磧、普、徑、清作「受」。

趙城縣廣勝寺

思惟略要法 圖

姚秦三藏羅什法師出

形疾有三風寒熱病為患輕微心有三病患禍深重動有劫數受諸苦惱唯佛良醫能為制藥行者無量世界長嬰此疾今始造行當令其心決定專精不惜身命如人入賊心不決定不能破賊破乱想軍亦復如是如佛言曰血宍雖盡但有皮筋在尚不捨精進如人火燒身衣但欲救火更無餘念出煩惱苦亦復如是當忍事病苦飢渴寒熱瞋恨等當避憒閙樂住閑寂所以者何衆音乱定如入棘林凡求初禪先習諸觀或行四無量或觀不浄或觀因緣或念佛三昧或安那般那然後得入初禪則易若利根之人真求禪者觀於五欲種種過患猶如火坑亦如廁舍念初禪地如清涼池如高臺觀五蓋則除便得初禪如波利仙人初學禪時道見死女胮脹爛臰諦心取相自觀其身如彼不異靜處專思便得初禪佛在恒水邊坐

禪有一宗聞比丘問佛云何得道佛言他物莫取便解法空即得道迹有多聞比丘自恠無所得而問於佛佛言取恒水中小石以君遅水淨洗比丘如教佛問恒水多君遅水多荅不可為喻也佛言不以指洗雖多無用也行者當勤精進用智定指洗除心垢若不如是不能離法也

四無量觀法

求佛道者當先行四無量心其心無量功德亦無量於一切衆生中凡有三分一者父母親里善知識等二者怨賊嬈人常欲惱害者三者中人不親不怨行者於此三品人中慈心視之當如親里老者如父母中年如兄弟少年如兒子常應修集如是慈心人之為怨以有惡緣惡因緣盡還復成親怨親無定何以故今世是怨後世成親瞋憎之心自失大利破忍辱福失慈心業障佛道因緣是故不應瞋憎怨賊應當視之如其親里所以者何是怨賊令我得佛道因緣若使怨賊無惡於我我無所忍是則為我

善知識也令我得成忍辱波羅蜜怨賊之中得是慈已於十方衆生慈心愛念普遍世界見諸衆生無常變異有老病死衆苦逼切蜎蜚蠕動皆無安者而起悲心若見衆生得今世樂及後世樂得生天樂賢聖道樂而起喜心不見衆生有苦樂事不憂不喜以慧自御但緣衆生而起捨心是名四無量心於十方衆生慈心遍滿故名為無量行者常應修集是心若或時有瞋恚心起如虵如火在於身上即應急却若心馳散入於五欲及為五蓋所覆當以精進智慧之力強攝之還修習慈心常念衆生令得佛樂習之不息便得離五欲除五蓋入初禪得初禪相者喜樂遍身諸善法中生歡喜樂見有種種微妙之色是名入佛道初門禪定福德因緣也得是四無量心已於一切衆生忍辱不瞋是名衆生忍得衆生忍已易得法忍法忍者所謂諸法不生不滅畢竟空相能信受是法忍是名無生忍得阿耨多羅三藐三菩提記當得作佛行者

應當如是修習也

不淨觀法

貪欲瞋恚愚癡是衆生之大病愛身著欲則生瞋恚顛倒所惑即是愚癡愚癡所覆故內身外身愛著淨相習之來久深心難遣欲除貪欲當觀不淨瞋恚由外既尒可制如人破竹初節為難既制貪欲餘二自伏不淨觀者當知此身生於不淨處在胞胎還從不淨中出薄皮之內純是不淨外有四大變為飲食充實其內諦心觀察從足至髮從髮至足皮囊之裏無一淨者腦膜涕唾膿血屎尿等略說則三十六廣說則無量譬如農夫開倉種種別知麻米豆麥等行者以心眼開是身倉見種種惡露肝肺腸肚諸虫動食九孔流出不淨常無休止眼流眵淚耳出結聹鼻中涕流口出涎吐大小便孔常出屎尿雖復衣食障覆實是行廁身狀如此何由是淨又觀此身假名為人四大和合譬之如屋脊骨如棟脇肋如椽骸骨如柱皮如四壁宍如泥塗虛偽假合人為安

在危脆非真幻化須臾脚骨上脛骨接之脛骨上髀骨接之髀骨上脊骨接之脊骨上髑髏接之骨骨相拄危如累卵諦觀此身無一可取如是心則生猒偲常念不淨三十六物如實分別內身如此外身不異若心不住制之令還專念不淨心住相者身體柔軟漸得快樂心故不住當自呵心從無數劫來常隨汝故更歷三惡道中苦毒万端從今日去我當伏汝汝且隨我還繫其心令得成就若極猒偲其身當進白骨觀亦可入初禪行者志求大乘者命終隨意生諸佛前不尒必至兜率天上得見弥勒

白骨觀法

白骨觀者除身皮血筋宍都盡骨骨相拄白如軻雪光亦如是若不見者譬如癩人醫語其家若令飲血色同乳者便可得差家中所有悉令作白銀椀盛血語之飲乳病必得差癩人言血也荅言白物治之汝豈不見家中諸物悉是白耶罪故見血但當專心乳想莫謂是血也如是七日便變

為乳何況實白而不能見既見骨人當觀骨人之中其心生滅相續如綖穿珠如意所見及觀外身亦復如是若心欲住精勤莫廢如攢火見烟揺井見濕必得不久若心靜住開眼閉眼光骨明了如水澄靜則見面像濁則不了竭則不見

觀佛三昧法

佛為法王能令人得種種善法是故習禪之人先當念佛念佛者令无量劫重罪微薄得至禪定至心念佛佛亦念之如人為王所念怨家債主不敢侵近念佛之人諸餘惡法不來擾亂若念佛者佛常在也云何憶念人之自信無過於眼當觀好像便如真佛先從肉髻眉間白毫下至於足從足復至肉髻如是相相諦取還於靜處閉目思惟繫心在像不令他念若念餘緣攝之令還心目觀察如意得見是為得觀像定當作是念我亦不往像亦不來而得見者由心定想住也然後進觀生身便得見之如對面無異也人心馳散多緣惡法當如

乳母伺視其子莫令墜於坑井險道念則如子行者如母若心不住當自責心念老病死甚為切近若生天者著於妙欲無有治心善法若墮三惡道苦惱怖懼善心不生今受妙法云何可不至心專念耶又作念言生在末法末法垂已欲滅猶如救鼓開門放囚鼓音漸已欲止門扉已閉一扇豈可自寬不求出獄過去無始世界巳來所更生死苦惱万端今所受法未得成就無常死賊須臾叵保當復更受無數劫生死之苦如是種種鞭心令心得住心住相者坐卧行步常得見佛然後更進生身法身得初觀已展轉則易

生身觀法

生身觀者既已觀像心想成就歛意入定即便得見當因於像以念生身觀佛坐於菩提樹下光明顯照相好奇特或如鹿野苑中坐為五比丘說四諦法時或如耆闍崛山放大光明為諸大衆說波若時如是隨用一處繫念在緣不令外散心想得住即便

見佛舉身快樂徹骨髓譬如熱得涼池寒得温室世間之樂無以為喻也

法身觀法

法身觀者已於室中見佛生身當因生身觀內法身十力四無所畏大慈大悲無量善業如人先念金瓶後觀瓶內摩尼寶珠所以尊妙神智無比無遠無近無難無易無限世界悉如目前無有一人在於外者一切諸法無所不了常當專念不令心散心念餘緣攝之令還復次一切愚智當其死時外失諸根如投黑坑若能發聲聲至梵天大力大苦大怖大畏無過死賊唯佛一人力能救拔能與種種人天涅槃之樂復次一切諸佛世世常為一切衆生故不惜身命如釋迦牟尼佛昔為太子時出遊道見癩人勸醫令治醫言當須不瞋人血飲之以髓塗之乃可得差太子念言是人難得設使有者復不可尒即便以身與之令治若為一切衆生亦復如是佛恩深重過於父母若使一切衆生悉為父母佛為一分二分之中常當念

佛不應餘念如是種種功德隨念何事若此定成除斷結縛乃至可得無上法忍若於中間諸病起者隨病習藥若不得定六欲天中豪尊第一飛行所至宮殿自隨或生諸佛前終不空也若人藥和赤銅若不成金不失銀也

十方諸佛觀法

念十方諸佛者坐觀東方廓然明淨無諸山河石壁唯見一佛結跏趺坐舉手說法心眼觀察光明相好畫然了了繫念在佛不令他緣心若餘緣攝之令還如是見者更增十佛既見之後復增百千乃至無有邊際近身則狹轉遠轉廣但見諸佛光相接心眼觀察得如是者迴身東南復如上觀既得成就南方西南方西方西北方北方東北上下方都亦如是既得方方皆見諸佛如東方已當復端坐摠觀十方諸佛一念所緣周帀得見定心成就者即於定中十方諸佛皆為說法疑網雲消得無生忍若宿罪因緣不見諸佛者當一日一夜六時懺悔隨

喜勸請漸自得見縱使諸佛不為說法是時心得快樂身體安隱是則名為觀十方諸佛也

觀無量壽佛法

觀無量壽佛者有二種人鈍根者先當教令心眼觀察額上一寸除却皮肉但見赤骨繫念在緣不令他念心若餘緣攝之令還得如是見者當復教令變此赤骨辟方一寸令白如珂既得如是見者當復教令自變其身皆作白骨無有皮肉色如珂雪復得如是見當更教令變此骨身使作琉璃光色清淨視表徹裏既得如是見者當復教令從此琉璃身中放白光明自近及遠遍滿閻浮唯見光明不見諸物還攝光明入於身中既入之後復放如初凡此諸觀從易及難其日亦應初少後多既能如是當從身中放此白光乃於光中觀無量壽佛無量壽佛其身姝大光明亦妙西向端坐相相諦取然後摠觀其身結跏趺坐顏容巍巍如紫金山繫念在佛不令他緣心若餘緣攝之令還常如與諦

對坐不異如是不久便可得見若利根者但當先作明想晃然空淨乃於明中觀佛便可得見行者若欲生於無量壽佛國者當作如是觀無量壽佛也

諸法實相觀法

諸法實相觀者當知諸法從因緣生因緣生故不得自在不自在故畢竟空相但有假名無有實者若法實有不應說無先有今無是名為斷不常不斷亦不有無心識處滅言說亦盡是名甚深清淨觀也又觀婬怒癡法即是實相何以故是法不在內不在外若在內不應待外因緣生若在外則無所住若無所住亦無生滅空無所有清淨無為是名婬怒癡實相觀也又一切諸法畢竟清淨非諸佛賢聖所能令尒但以凡夫未得慧觀見諸虛妄之法有種種相得實相者觀之如鏡中像但誑人眼其實不生亦無有滅如是觀法甚深微妙行者若能精心思惟深靜實相不生邪者即便可得無生法忍此法難緣心多馳散若不馳散或復縮沒常應清淨其

心了了觀察若心難攝當呵責心汝無數劫來常應雜業無有猒足馳逐世樂不覺為苦一切世間貪樂致患隨業因緣受生五道皆心所為誰使尒者汝如狂象蹈藉殘害無有物制誰調汝者若得善調則離世患當知處胎不淨苦厄逼迮切身猶如地獄既生在世老病死苦憂悲万端不得自在若生天上當復墮落三界無安汝何以樂著如是種種呵責其心已還念本緣心想住者心得柔軟見有種種色光從身而出是名諸法實相觀也欲生無量壽佛國者應當如是上觀無量壽佛又觀諸法實相又當觀於世間如夢如幻皆無實者但以顛倒虛妄之法攅起煩惱受諸罪報如人見諸小兒共諍凡石土木便生瞋鬭觀諸世間亦復如是當興大悲誓度一切常伏其心修行二忍所謂衆生忍法忍也衆生忍者若恒河沙等衆生種種加惡心不瞋恚種種恭敬供養心不歡喜又觀衆生無初無後若有初者則無因緣若有因緣是則無初若無初者中後亦無如是觀時不墮常斷二邊用安隱道觀諸衆生不生邪見是名衆生忍法忍者當觀諸法甚深清淨畢竟空相心無罣㝵能忍是事是名法忍新發意者雖未得是法忍當如是修習其心又觀諸法畢竟空相而於衆生常興大悲所有善本盡以迴向願生無量壽佛國便得往生

法華三昧觀法

三七日一心精進如說修行正憶念法華經者當念釋迦牟尼佛於耆闍崛山與多寶佛在七寶塔共坐十方分身化佛遍滿所移衆生國土之中一切諸佛各有一生補處菩薩一人為侍如釋迦牟尼佛以彌勒為侍一切諸佛現神通力光明遍照無量國土欲證實法出其舌相音聲滿於十方世界所說法華經者所謂十方三世衆生若大若小乃至一稱南无佛者皆當作佛唯一大乘無二無三一切諸法一相一門所謂無生無滅畢竟空相唯有此大乘無有二也習如是觀者五欲自斷五蓋自除五根增長即得禪定住此定中深愛於佛又當入是甚深微妙一相一門清淨之法當恭敬普賢藥王大樂說觀世音得大勢文殊彌勒等大菩薩衆是名一心精進如說修行正憶念法花經也此謂與禪定合行令心堅固如是三七日中則普賢菩薩乘六牙白象來至其所如經中說

思惟略要法

思惟略要法

校勘記

一　底本，金藏廣勝寺本。

一　九〇六頁中一行經名，資、磧、普、南、徑、清作「思惟要略法」。又經名下，徑有夾註「二般同卷」。

一　九〇六頁中二行譯者，資、磧、普、南作「姚秦三藏鳩摩羅什譯」；徑、清作「姚秦三藏法師鳩摩羅什譯」；麗作「姚秦三藏羅什法師譯」。

一　九〇六頁中九行「在尚」，麗作「尚在」。

一　九〇六頁中一一行「當忍」，磧、普、南、徑、清作「常忍」。

一　九〇六頁中一三行「棘林」，資、磧、普、南、徑、清作「刺林」。

一　九〇六頁中一七行第二字「真」，諸本(不含石，下同)作「直」。

一　九〇六頁下七行「行者」，資、磧、普、南、徑、清無。

一　九〇七頁中五行「淨相」，麗作「浮相」。

一　九〇七頁中六行「深心」，諸本作「染心」。

一　九〇七頁中一五行「別知」，資作「別加」。

一　九〇七頁中一六行「腸肚」，諸本作「腸胃」。

一　九〇七頁中一七行「休止」，資、磧、普、南、徑、清作「休息」。

一　九〇七頁中一八行「結夢」，資、磧、普、南、徑、清作「盯瞜」。

一　九〇七頁中二〇行「何由」，南作「何曰」。

一　九〇七頁中二二行「脇助」，諸本作「脇肋」。

一　九〇七頁中末行「人爲」，資、磧、普、南、徑、清作「爲人」。

一　九〇七頁下二行「脛骨上髀骨」，資作「髀骨上脛骨」。

一　九〇七頁下五行「猒偲」，資、磧、普、南、徑、清作「惡厭」。

一　九〇七頁下一七行「如軻」，諸本作「如珂」。

一　九〇八頁上六行「澄静」，資、磧、普、南、徑、清作「澄淨」。

一　九〇八頁上一四行「佛常在也」，磧、普、南、徑、清作「佛不在世」。

一　九〇八頁中五行「怖懅」，資、磧、普、南、徑、清作「怖懼」。

一　九〇八頁中八行「二扇」，資、磧、普、南、徑、清作「一扉」。

一　九〇八頁中一七行「撿意」，資、磧、普、南、徑、清作「歛意」。

一　九〇八頁下四行「室中」，諸本作「空中」。

一　九〇八頁下五行首字「生」，資、磧、普、南、徑、清無。

一　九〇九頁上三行首字「上」，諸本作「生」。

一　九〇九頁上七行「銀也」，磧、普、南、徑、清作「銅也」。

一　九〇九頁上一一行「盡然」，資、磧、普、南、徑、清作「憒然」；麗作「畫然」。

一九〇九頁上一五行第一〇字「光」，諸本作「光光」。

一九〇九頁上一八行「東北」，諸本作「東北方」。

一九〇九頁上二一行「皆爲」，徑作「爲皆」。

一九〇九頁中一七行末字「曰」，諸本作「白」。

一九一〇頁上四行末字「尒」，磧、普、南、徑、清作「汝」。

一九一〇頁上五行「物制」，資、磧、普、南、徑、清作「拘制」。

一九一〇頁上一四行「當觀」，資、磧、普、南、徑、清作「當視」。

一九一〇頁下七行「合行」，麗作「和合」。

一九一〇頁下卷末經名，資、磧、普、南、徑、清作「思惟要略法」。又經名下磧、南、徑、清有夾註「已上思惟要略前通大小諸法實相觀法法華三昧觀法唯在今經開顯部中如何一槩屬小乘」。

趙城縣廣勝寺

禪要經

單譯本　　匱

失譯人名在後漢錄

呵欲品第一

行者求道欲修定時尒時法師應隨根相行四攝道亦教利喜廣淨信戒淨信戒已次除六欲所謂色欲形容欲威儀欲言聲欲細滑欲人相欲者上五欲令觀可得不淨之相著人相欲令觀骨人分分斷相觀彼全户能斷二欲威儀欲言聲欲若觀壞屍悉斷六欲可得不淨有二種觀一即死屍臭爛不淨我身不淨亦復如是如是觀已心生厭患取是相已至閑靜處山澤塜間空舍樹下自觀不淨處可得繫心身中不令馳散二者聞法憶想分別自觀身中三十六物髮毛爪齒涕淚涎唾汗垢肪脂皮膜肌肉筋脉髓腦心肝脾腎肺胃腸肚胞膽痰陰生藏膿血屎尿諸虫臭穢不淨聚以為身往来五道纖然衆苦猶如浮屍隨流東西所至之處物皆可傴又念我身以骨為柱以肉為泥筋纏血澆如劍如毒皮毛九孔以為門户腸胃胞膜以為庫藏姤惕惡心謂以為身貪求无厭猶如漏塹是故行者除三欲想受信施時如火毒想教諸虫想繫死屍想涎沫齒垢汙滋味想我無空慧壞白淨想貪愛因緣成惡露想如是思惟慚愧具足能度生死為世福田若觀骨人二足甲骨指骨趺骨踝骨脛骨膝骨髀骨腰骨脊骨頸骨頭骨頷骨兩手甲骨指骨掌骨腕骨臂骨肘骨膊骨胷骨心骨齒骨肋骨左右思惟皆如目見所著外身亦如是觀三百二十骨相拄在内皮囊九孔惡漏於外如是觀身猶如死屍為鬼所起行来語嘿常是死屍即於我身作死屍想青淤想膖脹想膿爛想破壞想血塗想食殘想虫出想骨鏁想分離想腐敗想世界衆生無可樂想若心恐怖應作因緣虛妄空觀猶如幻化無所有觀第一義空清淨智觀若心懈怠當自責言老病死苦甚為至近命如電逝須臾難保人身難得善師難遇佛法欲滅正

言似反如曉時燈雖有無用惡人出
家助俗毀法貪婬邪濁令道衰酢惡
法增長大闇將至破定因緣衆患甚
多内諸煩惱外魔魔民鬼疫行災世
間空荒惡對揚謗諸惱万端八苦輪
迴晝夜無捨我身可哀屬當斯禍於
煩惱賊未有徵撿於禪定法未有所
得雖服法衣猶思欲味内寶虛空俗
人無異諸惡趣門一切皆開諸善法
中未入正定於諸惡法未畢不作我
今云何著是屎囊而生嬌恣不能精
勤制伏其心如此弊身賢聖所呵不
淨可惡九孔流出若貪此身與畜生
同死投大黑闇當復何依今得人身
不能出要若生惡趣解脫何由如是
鞭心還攝本處又時勸發令心喜悅
解脫法王慧命常住神通光明恒照
五道直說道教易解易行既是我師
我得歸命香華讚歎心安喜悅如依
天帝遊空無畏諸大菩薩阿羅漢等
皆我同伴以能伏心如貓制鼠諸根
調順六通自在我亦如是應自伏心未
出生死如囚在獄四顧牢察唯有廁
孔更無異路如人中毒唯糞能治更
無餘藥思惟是已諦觀不淨復作是
念初習行時心多進退八法惡風吹
破我心我若得道心安若山上妙五
欲尚不能壞何況弊欲如大目連得
羅漢已婦將伎人盛自莊飾欲壞目
連尒時為說偈言

汝身骨幹立　皮肉相纏裹　不淨内充滿
无一是妙物　皮囊盛屎尿　九孔常流血
如鬼無所直　何足以自貴　汝身如行廁
薄皮以自覆　智者所棄遠　如人捨廁去
若人知汝身　如我所惡厭　一切皆遠離
如人避屎坑　汝身自嚴飾　香花以瓔珞
凡愚所貪愛　智者所不惑　汝是不淨聚
集諸穢惡物　雖服珎妙衣　如莊嚴廁舍
汝智肋著脊　如椽依梁棟　五藏在腹内
不淨如屎篋　我觀汝不淨　猶如五色糞
飾以珠瓔珞　外好如畫瓶　若人欲染空
終始不可著　汝欲來嬈我　如蛾自投火
一切諸欲毒　我今已滅盡　五欲已遠離
魔網已壞裂　我心如虛空　一切無所著
正使天欲來　不能染我心　墮俗生世苦
命速猶電光　老病死時至　對來無豪強
無親可恃怙　無處可隱藏　天福尚有盡
人命豈久長　寂晚不過命　如風吹浮雲
淨雲壞甚速　形命不久連　身死魂靈散
當知非我身　勉時力精進　難得不過人
生死不斷絶　貪欲嗜味故　養怨益丘塚
唐受諸辛苦　身臭如死屍　九孔流不淨
如廁虫樂糞　愚貪身無異　雖明在宮中
五欲色味聞　志意不甘樂　常思幽隱禪
晝夜觀除障　有天又手言　時至今可行
衆伎皆睡眠　世間不足樂　恒與憂惱俱
恩愛正合會　當復之別離　家室轉相哭
不知死所趣　慧人見苦諦　是故行學道
世間歡日少　憂惱甚太多　安由得此苦
自作不由他　俗人樂恩愛　道以為怨家
富貴是苦本　如鳥墮網羅　人命甚速駛
五馬不能追　殘命日滅盡　各各自思唯
恩愛正合會　夫感當有裹　是故自拔出
得道當來歸

禪要經

禪要經

校勘記

一　底本，金藏廣勝寺本。

一　九一三頁中一行經名，資、磧作「禪要呵欲經一卷」；普、徑、清作「禪要呵欲經」。卷末經名同。

一　九一三頁中二行譯者，南、磧作「失譯」；普、徑、清作「失譯師名」。

一　九一三頁中三行「呵欲品第一」，資、磧、普、徑、清無。

一　九一三頁中八行「可得」，資、磧、普、徑、清作「可惡」。一一行同。

一　九一三頁中一四行末字「處」，麗作「處處」。

一　九一三頁中一九行「澹陰」，資、磧、普、徑、清、麗作「痰癊」。

一　九一三頁下五行「垢汙」，資、磧、普、徑、清作「垢汗」。

一　九一三頁下一六行第一一字「淤」，麗作「瘀」。

一　九一四頁上二行「衰酢」，資、磧、普、徑、清作「衰滅」。

一　九一四頁上一一行「嬌恣」，資、磧、普、徑、清、麗作「憍恣」。

一　九一四頁中六行末字至次行首字「目連」，麗作「目連目連」。

一　九一四頁下六行首字「唐」，資、磧、普、徑、清作「虛」。

佛說十二遊經

東晉西域沙門迦留陁伽譯

昔阿僧祇劫時菩薩為國王其父母早喪亡讓國持與弟捨國行求道遇見一婆羅門姓瞿曇菩薩因從婆羅門學道婆羅門荅菩薩言解體所著王者衣服編髮結莎為衣如吾所服受吾瞿曇姓於是菩薩受服衣被體瞿曇姓潔志入於深山林藪嶮阻坐禪念道婆羅門言卿是王者久在尊貴前於勤苦夏可飲水食衆果蓏冬可還城邑街里乞食還其樹下禪思勿毀菩薩其所乞食還其國界舉國王者下及庶民無能識菩薩者謂以為小瞿曇菩薩於城外甘果園中作精舍於中獨坐時國中五百大賊劫取官物逃走路由菩薩廬邊蹤跡放散遺物在菩薩舍之左右明日捕賊追尋賊者蹤迹在菩薩舍下因収菩薩便將上問謂為菩薩國中大賊前後劫盜罪有過死王便勑臣下如此之人法應以木貫身立為大摽其身血出流下於地是大瞿曇於深山中以天眼徹視見之便以神足飛來問之子有何罪其痛酷乃尒乎瘡豈不傷毒忍苦若斯菩薩荅曰外有瘡痛内懷慈心不知何罪擯見誅害大瞿曇言卿無子姓當何継嗣忍痛如此菩薩荅言命在須臾何陳子孫於是國王使左右以彊弩飛箭射而殺之大瞿曇悲哀涕泣下其尸喪棺斂之於是取土中餘血以泥團之各取左右持著山中還其精舍左面血著左器中其右亦然大瞿曇言子是道士若其至誠天神當使血化成人却後十月左即成男右即成女於是便姓瞿曇氏一名舍夷仁賢劫來始為寶如來釋迦越壽五百萬歲自下二十五王其壽　三百万歲文陁竭王壽百万歲頂生王遮迦越左髀右髀王皆壽十万歲從歡喜王諸王皆壽八万四千歲從惡念遮迦越煞一牛祠祀宫命失金輪得銀輪主三天下壽万歲堅念王作鎧壽五千歲得銅輪主二天下主西南喜煞王壽二千五百歲得鐵輪主南天下其王有太子

行五悪煞一減壽千歲古人有九病寒熱飢渴生老病死婆羅門煞生祠祀從是生四百四病從師子念王人壽轉減壽百二十歲從師子念王後師子意王有八十四王人命減或壽八十七十五十三十二十十歲者於是後有師子命車王名白淨是菩薩父計菩薩身終始并前後八万四千遮迦越王名瞿曇氏純熟之姓菩薩在兜術天上意欲下生觀於天下誰國可生言唯白淨王家可生身於是天上有樹名兜曇樹菩薩退坐他樹下思惟其本樹無復精光於是有天問言菩薩何緣捨本常坐就他樹坐有天子知菩薩意荅天言卿不知那今者菩薩欲下生閻浮利觀何國可生唯白淨家可生於是諸天皆言今菩薩下生當何以贈送各設方計言唯淨明天上四百四寶奇鏤別異各有名類同有寶華以為車乘伊羅慢龍王以為御乘名白象其毛羽踰於白雪山之白象有三十三頭頭有七牙一牙上上有七池池上有七憂鉢蓮華一華上有一王女菩薩與八万四千天子乘白象寶車来下時白淨王夫人中寐見白象騎騄寐寤惕驚寤以告王

菩薩父名白淨其父兄弟四人白淨王有二子其大名悉達其小子名難陁菩薩母名摩耶難陁母名瞿曇弥菩薩䢴父名甘露淨王亦有二子長子名調達小子名阿難菩薩中䢴名穀淨王有二子大子名釋摩納小子阿那律菩薩小䢴名設淨王有二子大子名釋迦王小子名釋少王迦惟羅閱國有八城合有九百万戶調達以四月七日生佛以四月八日生佛弟難陁四月九日生阿難以四月十日生調達身長丈五四寸佛身長丈六尺難陁身長丈五四寸阿難身長丈五三寸其貴姓舍夷長一丈四尺其餘國皆長丈三尺菩薩外家去城八百里姓瞿曇氏作小王主百万戶名一億王菩薩婦家姓瞿曇氏舍夷長者名水光其婦母名月女有一城居近其邊生女之時日將欲沒餘明照其家室內皆明因字之為瞿夷（晉言明女）瞿夷者是太子第一夫人其父名水光長者太子第二夫人生羅云者名耶惟檀其父名移施長者第三夫人名鹿野其父名釋長者以有三婦故太子父王為立三時殿殿有二万婇女三殿凡有六万綵女以太子當作遮迦越王故置有六万綵女

佛以二十九出家以三十五得道從四月八日至七月十五日坐樹下為一年二年於鹿野園中為阿若拘鄰等說法復為畢婆般等說法復為迦者羅等十七人說法復為大才長者及二才念優婆夷說法復為正念尼揵說法復為提和竭羅佛時四十二人說法三年為欝為迦葉兄弟三人說法滿千比丘四年象頭山上為龍鬼神說法五年於竹園中為私呵昧說法五年去未至舍衛時舍利弗作婆羅門有百二十五弟子坐一樹下時目連為弥夷羅國中作承相將軍出行見舍利弗坐樹下便問舍利弗何為在此坐舍利弗荅言吾欲學道

十二遊經　第六張　図字号

目連言願以君為伴即遣百官群臣還去唯留百二十五人二人合有二百五十人舍利弗入城分衛見佛弟子馬師比丘問之為何道士衣服不與常同馬師比丘荅言吾是佛弟子舍利弗問言佛云何說法馬師言諸法從因緣滅諸苦盡滅於是舍利弗便得須陁洹道歡喜便還報目連言世間有神人目連言云何說法舍利弗具說本末目連便復得須陁洹道二人便相將及弟子至佛所未至佛已豫知便告比丘言今當有二賢士一人名智慧比丘一人名神足比丘須臾来到佛為說四諦舍利弗七日得阿羅漢目連以十五日得阿羅漢六年須達與太子祇陁共為佛作精舍作十二佛啚寺七十二講堂三千六百間屋五樓閣七年拘耶尼國為婆陁和菩薩等八人說般舟經八年在抑山中為屯真陁羅王弟說法九年獼猴澤中為陁呵摩說法十年還摩竭國為弗迦沙王說法十一年恐懼樹下為弥勒說本起十二年還父王國

十二遊經　第七張　図字号

為釋氏精廬去城八十里為差摩竭說法還國為父王及釋迦種說法度八万四千人得須陁洹道是十四國佛十二年於中遊化說法波斯匿王晉言和悅迦惟羅越晉言妙德舍衛國者晉言無物不有維耶離國者晉言廣大一名度生死羅閱祇者晉言王舍城鳩留國者晉言智士國波羅奈者晉言鹿野一名諸佛國閻浮提中有十六大國八万四千城有八國王四天子東有晉天子人民熾盛南有天竺國天子土地地多名象西有大秦國天子土地饒金璧玉西北月支天子土地多好馬八万四千城中六千四百種人万種音響五十六万億丘聚魚有六千四百種鳥有四千五百種獸有二千四百種樹有万種草有八千種雜藥七百四十種雜香四十三種寶有百二十一種正寶七種海中有二千五百國百八十國噉五穀三百三十國噉魚鼈黿鼉五國王一王主五百城第一王名斯黎國土地盡事佛不事衆邪第二王名迦

十二遊經　第八張　図字号

羅土地出七寶第三王名不羅土地出四十二種香及白琉璃第四王名閻耶土地出畢鉢胡椒第五王名那頞土地出白珠及七色琉璃五大國城多黑短小相去六十五万里從是但有海水無有人民去鐵圍山百四十万里

佛說十二遊經

佛說十二遊經

校勘記

一　底本，金藏廣勝寺本。

一　九一六頁中一行經名，資、磧、南作「十二遊經一卷」；普、徑、清作「十二遊經」。又譯者，資、磧、普、南、徑、清作「東晉沙門迦留陁伽譯」。

一　九一六頁中三行第一三字「道」，資、磧、普、南、徑、清作「學道」。

一　九一六頁中末行「於深山中」，資、磧、普、南、徑、清作「在於山中」。

一　九一六頁下五行「子姓」，資、磧、普、南、徑、清作「子姪」。

一　九一六頁下八行「斂之」，資、磧、普、南、徑、清作「殮之」。

一　九一六頁下一四行「舍夷」，資、磧、普、南、徑、清作「金夷」。

一　九一六頁下一六行「三百万」，麗作「三百五」。又第一二字「王」，清作「正」。

一　九一七頁上一五行「不知那」，磧、普、南、徑、清、麗作「不知耶」。

一　九一七頁上二二行「三十三」，南、徑、清作「二十三」。

一　九一七頁上末行第四字「上」，諸本（不含石，下同）無。

一　九一七頁中一五行「四月九日」，資、磧、普、南、徑、清作「以四月九日」。

一　九一七頁下四行「移施」，資、磧、普、南、徑、清作「移施移施」。

一　九一八頁上二行「二人」，資、磧、普、南、徑、清無。

一　九一八頁上一一行第五字「將」，資、磧、普、南、徑、清作「持」。

一　九一八頁上一六行第九字「陁」，資、磧、普、南、徑、清無。

一　九一八頁上一八行「五樓閣」，麗作「五百樓閣」。

一　九一八頁上二一行「織澤中」，磧、普、南、徑、清作「織澤山」。

一　九一八頁中一二行第九字「地」，麗無。

一　九一八頁中一三行「金壁玉」，諸本作「金銀壁玉」。又「西北」，諸本作「西北有」。

一　九一八頁下三行末字至次行首字「那頞」，徑作「那頟」。

一　九一八頁下卷末經名，資、磧作「十二遊經一卷」；普、南、徑、清作「十二遊經」。

趙城縣廣勝寺

阿育王經卷第一

梁扶南三藏僧伽婆羅譯　寫

生因緣第一

佛住王舍城竹林迦蘭陁精舍於彼早起著衣持鉢與比丘衆圍遶入王舍城乞食是時空中而說頌曰

佛身如金山　行步如象王　面貌甚端嚴
猶若於滿月　與比丘圍遶　俱行入於城

尒時世尊將欲入城足履門閫有種種不思議事盲者得視聾者能聽啞者能語跛者能行牢獄繫閉皆得解脫有怨憎者悉生慈悲犢子繫縛自然解脫其往母所一切諸獸象馬牛等心大歡喜悉皆鳴吼一切飛鳥鸚鵡舍利俱翅羅孔雀等鳥鳴聲相和諸莊嚴具鐶釧釵璫種種寶物在篋笥中自然出聲甚可愛樂一切伎樂自然俱作是時此地自然清淨无諸穢惡沙礫凡石荊棘毒草六種震動東踊西沒西踊東沒南踊北沒北踊南沒中央踊四邊沒四邊踊中央沒周迴旋轉現此種種奇特之事尒時空中復說偈言

一切大地　四海為依　國城諸山
以為莊嚴　世尊踊地　六種震動
如海中船　為風所吹

時佛入城以神力故令一切人悉生喜踊如大海水為風所吹一切人民而說偈言

世間可愛樂　無過佛入國　大地六種動
沙礫无遺餘　諸根不具足　悉皆得具足
一切衆樂器　自然出妙聲　佛光照諸國
如千日照世　以香水灑地　及栴檀末香
是時此國城　莊嚴中第一

尒時世尊行至大路於大路中有二小兒一是何伽羅久履苜(翻勝姓)兒一是久履苜(翻勝)兒此二小兒在沙中戲第一小兒名闍耶(翻勝)第二小兒名毗闍耶(翻不勝)此二小兒見世尊身三十二相第一小兒以沙為麨捧內佛鉢第二小兒合掌隨喜即說偈言

自然大慈悲　圓光莊嚴身　已遠離生死
我今一心念　以心念佛故　捧沙以供養

是時闍耶供養已而發願言以此善根當令我為一繖地王於佛法中廣

阿育王經第一卷　第三張　寫字号

作供養佛知其心見其正願未來之世有勝妙果由佛如來爲福田故以慈悲心而受此沙即便含笑身出諸光青黄赤白或從頂出或膝下出膝下出光照八地獄寒者得暖熱者清凉光照其身苦惱皆除彼諸衆生心生疑惑我已脱苦爲即住此爲餘處生佘時世尊爲起善念復作化人令至其處彼衆生見而生心言我等今者非異處生但以此人力故令我脱苦復於化人更生心念地獄報業悉皆消滅從彼命終生人天中有見諦處從頂出光照四天王乃至阿迦尼吒於光明中説苦無常空無我法復説偈言

當精進出家　相應於佛法　滅除生死軍
如象破宅舍　若人於佛法　勤行不放逸
捨一切生死　得一切苦滅

佛之光明能照三千大千世界照已還入佛身若佛欲記過去業報光從背入若佛欲記未來業報光從前入若佛欲記地獄生者光從足入若佛欲記畜生生者光從蹝入若佛欲記

阿育王經第一卷　第四張　寫字号

餓鬼生者光從脚趾入若佛欲記人生者光從膝入若佛欲記鐵輪王生光從左掌入若佛欲記金輪王生光從右掌入若佛欲記天生光從臍入若佛欲記聲聞菩提光從口入若佛欲記緣覺菩提光從白豪相處入若佛欲記菩薩菩提光從肉髻入光從三千世界還者先繞佛三帀然後各隨所入今佛含笑身出光明繞佛三帀從左掌入不無因緣是時阿難見已合掌而説偈言

佛除掉憍等　滅怨成勝因　不无因而笑
齒白如珂雪　以智慧能知　他所樂聞事
以𡨧勝光明　能令彼疑滅　佛聲如雷震
眼猶如牛王　人天勝福田　當記施沙報

佛言阿難我於今者不無因笑有因緣故如來應正遍知現此含笑阿難汝見小兒以手捧沙置鉢中不阿難白佛唯然已見世尊又言此兒者我入涅槃百年後當生波吒利弗多城名阿育爲四分轉輪王信樂正法當廣供養舍利起八万四千塔饒益多人於是如來復記偈言

阿育王經第一卷　第五張　寫字号

我入涅槃後　當生孔雀姓　名阿育人王
樂法廣名聞　以我舍利塔　莊嚴閻浮提
是其功德報　施沙奉於佛

佛時取沙授與阿難而語之言汝取牛糞用和此沙塗佛經行地阿難受教即用塗地乃至波吒利弗多城有王名旃那羅笈多（翻月護）時王有子名頻頭娑羅（翻實隨）頻頭娑羅長子名修私摩（翻善結）是時有瞻波城婆羅門生一女色貌端正國中第一相師記曰是女夫當作王女應生二子第一子作四分轉輪王第二子出家得道婆羅門聞是語已生大歡喜欲樂富貴將其女往波吒利弗多國以一切莊嚴之具莊嚴其身而白頻頭娑羅王言我女端正國中第一與王作婦王即納之以置宮内一切内人皆作是念此女端正彼國寡勝若王見者必當樂著不愛我等諸内人等思惟是已即便令其作剃毛師爲王剃毛又於一時王令剃毛當剃毛時王便得眠王眠既覺心生歡喜即語其言汝有所須

隨意所說即白王言我願與王共相娛樂時王語言汝是剃毛師我是國王云何同汝復白王言我是婆羅門女非剃毛師彼婆羅門本欲以我為王夫人王又問言誰令汝作剃毛師耶答言內人王又語言汝今勿復更為此事即便取之以為夫人少時有娠十月生子時王念言我今無憂即名此兒為阿輸柯(即是阿育翻為無憂)乃至生第二兒除心憂故即名此兒為毗多輸柯(翻為除憂)其體麁澁父不愛念時頻頭婆羅王欲相諸子誰堪紹繼即命外道相師名賓伽羅跋婆(翻蒼攢)語言和上我欲相諸王子若我滅後誰堪為王賓伽羅跋婆答言大王欲相王子當入金殿乃至頻頭婆羅王將至金殿時阿育母語阿育言大王今日欲相諸子汝可往彼阿育答言王不喜我云何得往其母語言汝今但去阿育答言今當如命願母遣人將食至彼乃至阿育從波吒利弗多城出時有大臣名曰成護遇見阿育問言今者欲何處去阿育答言今日大王於

金殿上欲相諸子我今往彼成護即以最勝舊象與阿育乘阿育乘象至金殿所至已於諸王中而便坐地諸王皆有種種飲食金銀為器時阿育母即便遣人辦飯與酪盛以凡器送與阿育是時頻頭婆羅王語相師言汝當次第相諸王子於我滅後誰堪為王相師思惟若阿育堪為王者王不重之必當殺我思惟是已便白王言我今以因緣相不出其名王答言好相師即言若王子中有好乘者便堪為王大王復言汝可更相相師復言若勝坐處是堪為王大王復言汝可更相相師復言有好飲食及以好器則堪為王時諸王子聞其此言各各思惟若有好乘坐處飲食器者我當作王阿育思惟今此相師不出其名以相故說若好乘等堪為王者我乘最勝又坐大地飯酪第一我器地造以水為飲如我所見我當作王是時相師問訊其母其母問言大王滅後誰當作王答言阿育復語相師王或更問堪作王者汝可遠去不須住

此若阿育得王汝當更來是時相師遠至餘國時頻頭婆羅王所領國名德叉尸羅欲為反逆不從王化頻頭婆羅王語阿育言汝可集四種兵往至彼國器仗資物悉不與之乃至阿育領四兵衆從波吒利弗多國出衆人白阿育言我等今者無有器仗及以資物去何當能征罰彼國阿育答言若有功德應為王者器仗資物自然而出作此語已應時地開器仗資物一時而出是時阿育領四種兵罰德叉尸羅時德叉尸羅人民聞阿育来出半由旬莊嚴道路香水灑地奉迎阿育而說言我等逆王不為鬪諍亦不與彼大王相嫌但王所遣大臣在我國者為治無道願欲廢之是時人民以諸供具供養阿育迎至國中如是乃至廣說時阿育王遣使往佉師國佉師國中有二健兒白其王言我等二人力能平山彼阿育来不足白事是時諸天而發聲言阿育當為四分轉輪王領閻浮提不可逆也時頻頭婆羅王長子修私摩從苑中還

入波吒利弗多城是時頻頭娑羅王第一大臣頂上無髮從城内出中路相逢修私摩戲手拍其頭是時大臣思惟說言其今以手拍我若作王時汝以刀害我宜作方便令其後時不得為王是時大臣令五百臣離修私摩又言阿育當為四分轉輪王我等應當悉共事之乃至令德叉尸羅人民反叛大王不復臣屬頻頭娑羅王遣修私摩往征罰之時修私摩雖復到彼而不能罰是時阿育自還本國頻頭娑羅王身遇重病命將欲絶勅語使人可遣阿育更往德叉尸羅國速令修私摩還我令欲以國事付之介時諸臣以黃薑汁塗阿育身示作病相復煮落叉(不翻)汁以鉢盛之置在一處唱阿育病是時頻頭娑羅王未終之頃諸大臣等莊嚴阿育至大王所白大王言此是王子大王應當授之王位若修私摩還我復當以王位與之是時大王聞是語已心大瞋恚時阿育言若我如法得為王者天當即時與我天冠作是言已諸天即以

天冠著其頭上大王見已倍生瞋恚遂有熱血從其口出即便命終阿育於是即登王位登王位已即拜成護為第一臣是時修私摩聞大王終阿育就位生大瞋恚即與兵衆欲罰阿育時阿育王於其城中出多兵衆守城四門令二勇猛大力之將領諸兵衆守南西二門復令大臣成護領諸兵衆守城北門時阿育王自領兵衆守城東門大臣成護以諸方便於城東門作諸機關刻木以為阿育王身及諸軍衆掘地作坑與無烟火以物覆之復以糠土用置其上時修私摩領諸兵衆欲攻北門成護語言汝莫攻我當攻東門汝若得殺阿育王者我自降伏時修私摩便從其語即迴軍衆往攻東門見機關人悉皆不動於是直前即墮火坑自燒而死修私摩死已彼有軍主名跋陁羅(翻賢)由他(翻伏)大力勇猛領諸軍衆其數過千於佛法中出家修道即得阿羅漢果時阿育王領理國事有五百大臣於阿育王起輕慢心阿育王語諸大臣汝

可折取花菓樹以護棘刺樹諸臣荅言大王不介當折取棘刺樹以護花菓樹阿育王復言不如是當折取花樹護棘刺樹如是至三時諸大臣不受其教阿育王瞋即自拔刀斬五百臣首乃至阿育王復於一時將五百婇女入於後園園中有樹名阿輸柯樹生花葉阿輸柯王見而說言此樹與我同名是故歡喜時阿育王身體麁澁諸女人等不欲近之王園中眠諸女人等為欲令王不歡喜故折樹花葉乃至令盡阿育王覺見无花葉而問諸女樹花脫盡誰之所作諸女荅言我等所為阿育王瞋即以竹箔裹諸女人以火燒之以其惡故時人謂為旃陁阿輸柯王(翻可畏)大臣成護白旃陁阿輸柯王如是所作若打若殺當付餘人不應自作王即募覓能行殺者是時山中有村村中有人善織衣裳而生一子其父字之名耆利柯(翻山)其人可畏能行不仁恒罵父母家中男女悉皆打拍乃至一切衆生无不殺害常以網捕為業以其殺害多

故人復謂之旃陁耆利柯（曲可反山）王見惡人而值遇之使者語言王今欲以殺害治人汝能為不其人荅言閻浮提中悉令殺盡我亦能為使者以其所說還白大王王即語言將此人來使者受教往彼語之王令汝來其荅使言且待少時須見父母即白父母阿育大王欲以一切殺害治人令我為之我今欲去父母不許其人瞋故便害父母還使人處使人語言汝來何遲其人荅言父母不聽我來我已害之後至王處白大王言欲治人者當作牢獄莊嚴獄門極令華麗令見之者无不愛樂復白王言諸王嚴教有入獄者悉不得出王言甚善是時旃陁耆利柯往至雞寺寺中有一比丘誦脩多羅脩多羅中說地獄事謂鑊湯鑪炭刀山劒樹等種種苦事若有人生地獄者隨罪治之乃至廣說如五天使脩多羅中說地獄事是時旃陁耆利柯聞此語已一切隨之造地獄具時舍衛國有一商主共婦入海至海生兒仍名兒為海乃至十二年

海中往反過五百賊害此商主奪其財物唯兒得免後於佛法出家次第遊行至波吒利弗多國至已早起著衣持鉢入國乞食以不悉故見地獄門種種莊嚴便入其中為欲乞食入已見諸苦具即便欲出旃陁耆利柯見而執之語言汝今受死不得出也是時比丘心懷怖懼啼泣流淚旃陁耆利柯語言汝今何事啼泣猶如小兒比丘荅言我不為惜此身但為值遇解脫難故出家難得我今已得釋迦難值我已得值法中真法我猶未得是故憂惱旃陁耆利柯語比丘言我已受大王命有入此獄者悉不得出是時比丘啼泣而言汝當申我一月荅言一月不可聽至七日比丘思惟死近勤脩精進至滿七日時有王子共內人語阿育王見而生瞋忿即令將此二人付獄治罪旃陁耆利柯即以二人置鐵臼中以杵擣之比丘見已深生怖畏即說偈言

大師佛慈悲　第一仙正說　此色如泡聚
不實不常住　此身色端嚴　滅為何所趣

阿育王經第二卷　第十三張

是故應捨離　癡人不樂法　此緣我當知
解脫在此獄　依此當得渡　三有之海岸

介時比丘於一夜中精進思惟斷除煩惱即得阿羅漢果旃陁耆利柯語比丘言是夜已過明相已現受苦時至汝應知之比丘荅言我今不知汝之所說是夜已過明相已現唯能自知無明夜過智慧日現我以智慧今光見一切世間皆無有實是故我今欲以佛法攝諸世間語旃陁耆利柯言我今此身隨汝意作是時獄主無慈悲心不見世間即大瞋忿以此比丘置鐵鑊中盛以濃血屎溺雜穢多與薪火煑此比丘乃至薪盡身不爛壞是時獄主見其不異即生瞋忿打罵獄卒汝今何故不多與火獄主即便自與薪火而火不燃既見不燃便看鑊中見此比丘坐蓮華上結加趺坐見是事已即往白王時王聞已與一切人民共往看之是時比丘即以神力於一念頃從鐵鑊出身昇虗空譬如鵝王飛騰空中現十八變時阿育王見此比丘猶如破山林於空中

阿育王經第二卷　第十四張　寫

心生歡喜而說偈言
汝身同人身　神力過人力　我不知此事
汝今為是誰　是故當正說　應令我知之
若我知此事　當為汝弟子
尒時比丘心自思惟　此王今能堪受
佛語當廣作塔供養舍利為一切
人受法饒益作是思惟已欲顯其功
德而說偈言
佛滅一切漏　無比大慈悲　寂勝論議師
我是彼弟子　无盡正法力　不著一切有
佛人中牛王　自調復調他　令我今得脫
三有之牢獄
復次大王汝佛所記我入涅槃百年
後於波吒利弗城當有王名阿輸柯
作四分轉輪王於我舍利廣作供養
起八万四千塔復次大王王所起獄
與地獄等於此獄中殺害无數王當
除之於一切衆生施與無畏大王今
應滿世尊意即說偈言
是故大人王　於一切衆生　當起慈悲心
施與无怖畏　當滿世尊意　廣起舍利塔
尒時阿育王生念佛心合掌懺悔而
說偈言

我歸依佛法　及世尊弟子　汝今十力子
當起忍辱心　我所作衆惡　悉懺悔於汝
今當修精進　深生恭敬心　我莊嚴此地
以種種佛塔　其白如珂雪　如佛之所說
比丘荅言善哉即以神力還其所住
時阿育王欲從獄出旃陀耆利柯合
掌說言大王當知我已受命入此獄
者皆不得出時王語言汝今欲殺我
耶荅言如是王言我等誰寂前入旃
陀耆利柯荅言我寂前入時王語諸
獄卒捉旃陀耆利柯置落可屋(不解翻)
以火焚之又復令人破壞此獄於一
切衆生施與无畏時王生心欲廣造
佛塔莊嚴四兵往阿闍世王所起塔
處名頭樓那(瀨瓶)至已令人壞塔取佛
舍利如是次第乃至七塔皆取舍利
復往一村名曰羅摩(瀨戲)於此村中復
有一塔寂初起者復欲破之以取舍
利時有龍王即將阿育入於龍宮而
白王言此塔是我供養王當留之王
即聽許是龍王復將阿育至羅摩村
時王思惟此塔第一是故龍王倍加
守護我於是塔不得舍利思惟既竟

還其本國時阿育王作八万四千寶
函分布舍利遍此函中復作八万四
千瓶及諸幡蓋付與夜叉令於一切
大地乃至大海處處起塔又言國有
三種小中大若國出千万兩金者是
處應起一王塔是時德叉尸羅國出
三十六千万兩金彼國人民白阿育
王言王當與我三十六函王聞是語
即便思惟我欲處處廣造佛塔去何
此國頂得多耶時王以善方便語彼
人民今當除汝三十五千万兩金又
言若國有多塔若國有少塔從今已
去悉聽不復輸金與我乃至阿育王
往耶舍大德阿羅漢處說言我欲於
一日一念中起八万四千塔一時俱
成而說偈言
於先七塔中　取世尊舍利　我孔雀姓王
一日中造作　八万四千塔　光明如白雲
乃至阿育王起八万四千塔已守護
佛法時諸人民謂為阿育法王一切
世人而說偈言
大聖孔雀王　知法大饒益　以塔印世間
捨悪名於地　得善名法王　依法得安樂

阿育王經卷第一

阿育王經第一卷　第十八張　寫字

阿育王經卷第一
校勘記

一　底本，金藏廣勝寺本。

一　九二〇頁中三行品名，資、磧、普、南、徑、清作「生因緣品第一」。

一　九二〇頁中一三行「其往」，資、磧、普、南、徑、清作「往其」。

一　九二〇頁中二〇行第二字「踊」，磧、徑作「涌」。同行第六字至二一行第一一字資、磧、普、南、徑、清同。

一　九二〇頁下二行第八字「依」，麗作「衣」。

一　九二〇頁下三行「踊地」，諸本作「蹈地」。

一　九二〇頁下九行「具足」，資、磧、普、南、徑、清作「具者」。

一　九二〇頁下一四行第一〇字「苟」，資、磧、普、南、徑、清作「笱」。

一　九二一頁中一二行第七字「怨」，資、磧、普、南、徑、清作「惡」。

一　九二一頁中二〇行末字「城」，麗作「城王」。

一　九二一頁中末行第七字「記」，諸本作「說」。

一　九二一頁下一一行「女夫」，資、磧、普、南、徑、清作「女人」。

一　九二一頁下一二行「王女」，資、磧、普、南、徑、清作「王后」。

一　九二二頁中八行第七字「若」，諸本作「若言」。

一　九二二頁下五行「彼國」，資、磧作「波國」。

一　九二二頁下八行第九字「罰」，資、磧、普、南、徑、清作「伐」。下至次頁中五行第一三字同。

一　九二三頁上三行第七字「手」，資、磧、普、南、徑、清作「以手」。

一　九二三頁上四行第六字「今」，資、磧、普、南、徑、清作「今尚」。

一　九二三頁上五行首字「汝」，資、磧、普、南、徑、清作「汝當」。

一　九二三頁上八行第一二字「尸」，

資、磧、普、南、徑、清無。

一　九二三頁中二〇行「勇猛」，資、磧、普、南、徑、清作「勇健」。

一　九二三頁下三行末字「花」，資、磧、普、南、徑、清作「花果」。

一　九二三頁下八行第一一字「説」，資、磧、普、南、徑、清作「悦」。

一　九二四頁上九行第一二字「瞋」，資、磧、普、南、徑、清作「恚」。

一　九二四頁上末行「乃至」，資、磧、普、南、徑、清作「乃至于」。

一　九二四頁中一〇行第八字「爲」，資、磧、普、南、徑、清無。

一　九二四頁下一行「不樂」，麗作「所樂」。

一　九二四頁下一二行「瞋忿」，資、磧、普、南、徑、清作「瞋怒」。

一　九二四頁下一三行「濃血」，資、磧、普作「膿血」；南、徑、清作「濃血」。

一　九二四頁下一四行首字「與」，資、磧、普、南、徑、清作「以」。

一　九二四頁下末行「山林」，麗作「山臨」。

一　九二五頁上一三行第五字「汝」，諸本作「如」。

一　九二五頁上一四行「波吒利弗」，麗作「波吒利弗多」。

一　九二五頁中四行末字「説」，資、磧、普、南、徑、清作「記」。

一　九二六頁上一行經名後，麗有附文：「右梁天監十一年六月二十日扶南沙門僧伽婆羅於陽都壽光殿譯見寶唱録」。

阿育王經卷第二

梁扶南三藏僧伽婆羅譯

見優波笈多因緣品第二

尒時阿育王起八万四千舍利塔已生大歡喜與諸大臣共往雞寺到已於上座前合掌礼拜而作是言佛一切見者記我以沙施佛令得是報更復有人佛所記不彼時上座比丘耶舍（翻名闍）答阿育王言亦有世尊未涅槃時有龍王名阿波羅羅（翻無苗）復有陶師及施陁羅（翻惡）龍王佛化是等竟至摩偷羅國於摩偷羅國告長老阿難言此摩偷羅國如來涅槃百年之後當有賣香商主名曰笈多其後生兒名優波笈多寂勝教化為无相佛我涅槃後當作佛事復告阿難汝今見彼遠青林不阿難荅言已見佛言彼有山名優樓漫陁如來涅槃百年之後當於彼山起寺名那哆婆哆寂勝坐禪處於時世尊而說偈言

教化弟子中　智慧寂第一　世尊之所記

名優波笈多　大德於此世　當廣作佛事

尒時阿育王復問上座耶舍荅言已生在多為生以未大德耶舍優波笈多優樓漫陁山除一切煩惱諸阿羅漢悲隨從之攝受世間故如一切智於天人阿修羅及諸龍神等而為說法是時長老優波笈多為一万八千阿羅漢之所圍繞在那哆婆哆寺時阿育王為諸大臣而說偈言

汝當速莊嚴　象馬車步兵　我欲往彼國

優樓漫陁山　為欲見大德　名優波笈多

勤精進盡漏　乃至阿羅漢

時諸大臣白阿育王言王應遣使報彼諸人令優波笈多來至王門王荅諸臣向阿羅漢者不可輕屈我等令應自往礼拜而說偈言

處世同如來　名優波笈多　若不受其教

其心金剛造

乃至阿育王遣使往優波笈多所白優波笈多言我欲至大德處優波笈多聞使語已即便思惟若阿育王來必多人隨從當損此國思惟已即語使言我當至彼不須王來王即造船迎優波笈多處處道路無不修治至

摩偷羅國是時優波笈多將一万八千阿羅漢爲攝受阿育王故一切入舩乃至往波吒利弗多國時阿育王民白大王言優波笈多爲攝受王故已至此國大王當知佛法如地王今修善由之得正渡三有海至無爲岸優波笈多至明清旦當步至王所王聞歡喜即解瓔珞價直千万以賞此人復令此人擊鼓宣令使波吒利弗多國一切聞知優波笈多明當入國復令此人說此偈言

若人樂富樂　及天解脫因　一切應當見
彼優波笈多　若人不見佛　兩足中最尊
自然大慈悲　无漏大師等　彼見當供養
名優波笈多

乃至阿育王令一切人民聞此偈言又復令其嚴治道路時王出城至半由旬共諸臣民嚴持香花種種伎樂迎優波笈多時阿育王遥見優波笈多已在岸上與一万八千阿羅漢如半月形而自圍繞即便下象步至優波笈多處時阿育王一足在舩一足在岸以兩手捧優波笈多以置舩中

五體投地敬礼其足猶如大樹摧折墮地又復以舌䑛其兩足長跪合掌瞻仰無猒而說偈言

大地海爲衣　山莊嚴一繖　除怨得此地
令我生歡喜　不如於今日　與大德相見
我今見大德　倍生於心念　是故我生喜
謂已見世尊　佛已入涅槃　大德作佛事
世間爲無明　汝如日月光　以智慧莊嚴
猶如大師等　第一教化人　衆生所歸依
應當見教化　我當如說行

尒時大德優波笈多以右手摩阿育王頂而說偈言

王今得自在　當修不放逸　三寶値遇難
王應常供養　世尊付法藏　於王及我等
當守護佛法　爲攝受衆生

阿育王荅言如世尊記我今已作而說偈言

我今已供養　世尊舍利像　處處廣起塔
以珎寶莊嚴　唯不能出家　修行於梵行

優波笈多言大王善哉善哉如此之事是王應作何以故

王於身命財　應當修真實　王若在異世
不受異世苦

時阿育王以大供養將優波笈多入城手捧大德以置高座優波笈多其身軟滑如兜羅綿阿育王既觸其身合掌而言

大德身軟滑　如綿迦尸等　今我體麁澁
而觸大德身

時優波笈多復說偈言

我以勝供養　供養佛世尊　不及王以沙
奉施於如來

時阿育王復以偈言

我先小兒意　以沙奉世尊　値遇功德田
是故今爲王

時優波笈多爲令阿育生歡喜故而說偈言

王値功德田　而生布施種　是故得此報
不可思議樂

王聞是已心大歡喜復說偈言

昔以沙布施　世尊大福田　今得无比樂
四分轉輪王　誰聞如此事　不供養如來

是時阿育王礼優波笈多足白言大德我欲於佛行住坐處悉皆供養又欲作相令未來衆生知佛如來行住坐卧所在之處爲攝受故而即說

偈言

我欲於如來　行住坐卧處　悉皆修供養
為離生死苦　又欲作如來　行住坐卧相
使未來衆生　起見佛因緣

優波笈多荅言大王善哉善哉王令此心最為難及今欲現王如來世尊四威儀處令王作相為欲攝受諸衆生故是時阿育王即嚴四兵香花伎樂與優波笈多即往彼處時優波笈多將阿育王至佛生處入嵐毗尸林（翻解脱）舉右手指言阿育王此是佛生處而說偈言

世尊第一處　生便行七步　淨眼四觀方
而作師子吼　是我最後生　處胎住亦然

時阿育王五體投地頂礼如來初生之處合掌說偈

有人見佛者　彼具大功德　若聞師子吼
功德亦如是

優波笈多為阿育王生大信心而問王言有天有佛初生行七步及聞師子吼王欲見耶王荅言大德我今欲見優波笈多言如來初生摩耶夫人所攀樹枝天在其中即便以手指示

其處而說偈言

若有諸天人　住在此林中　得見世尊生
復聞師子吼　當現其自身　為阿育生信

是時天人便現其身於優波笈多前立合掌說言大德令我欲何所作時優波笈多語阿育王此天見佛生時阿育王合掌向天而說偈言

汝見佛初生　百福莊嚴身　佛面如蓮花
世間所愛樂　復聞師子吼　依此大林中

是時天人復以偈荅

我已見佛身　光明如金色　七步行虛空
二足中最勝　亦聞師子吼　為天人中尊

時王問言如來生時有何瑞相天人荅言我今不能廣說妙事略說少分即說偈言

放金色光明　照於盲世間　人天所愛樂
及山海地動

乃至阿育王以十万兩金供養如來初生之處即便起塔復往餘處時優波笈多將阿育王入迦比羅婆修斗（仙人住處翻黃色）舉手示王此處人以菩薩與白飯王三十二相可愛之色莊嚴其

身王見已五體投地向彼作礼釋迦（人姓）跋陁那（翻當正）是天神處菩薩至彼欲礼天神是時天神不受其礼而礼菩薩時白飯王見是事已即便說言我今此兒為天之天即為立名謂之天天又言此是相師婆羅門相菩薩處又言此是仙人記菩薩處去此兒生已當應作佛又言此是摩訶波闍波提養菩薩處又言此是菩薩學書之處又言此是菩薩乘象車馬筭種種伎術之處又言此是菩薩究竟諸道滿足之處又言此是菩薩轉百輪處又言此是共六万婇女娛樂之處又言此是菩薩見老病死生悲心處又言此是菩薩閻浮樹下修諸禪定離欲惡法有覺有觀離生喜樂入初禪處菩薩坐禪日已過中廕菩薩樹其影不移其餘諸樹影隨日轉時白飯王見如此事五體投地礼菩薩足又此聞有一万天人隨侍菩薩從迦毗羅城中夜而出又此是菩薩脱寶冠并遣馬與車匿還國而說偈言

捨寶冠瓔珞　并馬與車匿　令其還本國

一身無侍衛　為務精進行　便入山學道
菩薩於此處以迦尸衣易獦師袈裟
而便出家此是婆羅伽婆(翻姓)請菩薩
處此處頻毗婆羅(翻摸實)王與菩薩半
國是處問欝頭藍弗復說偈言
此處有仙人　名欝頭藍弗　聞其法捨去
人王無餘師
此處六年苦行復說偈言
六年中苦行　難行我已行　知苦行非道
捨仙人所行
此處是菩薩受難陁難陁波羅二女
奉十六轉乳糜受已食之復說偈言
菩薩在此處　食難陁乳糜　大勇最勝語
往菩提樹間
此處迦黎龍王讚嘆菩薩如偈所說
龍王名迦黎　讚歎而說言　以此道當往
於菩提樹間
是時阿育王礼優波笈多足合掌說
言我欲見龍王其先見如來行如象
王從於此路往菩提樹時優波笈多
往迦黎住處以手指而說偈言
龍王中最勝　汝當起現身　汝見菩薩行
往詣菩提樹

是時迦黎龍王即現其身於優波笈
多前合掌說言大德教我欲何所作
優波笈多語阿育王言此迦黎龍王
菩薩從此路往菩提樹時是其讚歎
時阿育王合掌向迦黎龍王而說偈言
汝見佛世尊　光明如金色　於世間无等
面如秋滿月　十力大功德　汝當說一分
去何從此行　佛神力具足
迦黎龍王荅言我今不能廣說當略
說之王當諦聽而說偈言
菩薩履地時　六種大震動　及大海諸山
放光過於日
乃至阿育王於龍王處起塔已便去
時優波笈多將阿育王往菩提樹舉
手指言大王此處菩薩以慈悲為伴
勝魔王軍學得阿耨多羅三藐三菩
提而說偈言
滿足王於此　勝種種魔軍　得无比醍醐
無上正遍知
時阿育王以十方兩金供養菩提樹及
起塔已便去優波笈多復白王言此
是佛受四天王四鉢合為一鉢處又此
處受二商主提謂波利所奉之食佛

從此處往波羅㮈國時有外道名優
波祇歎如来處優波笈多復將阿育
王往仙面處舉手指言此是世尊三
轉十二行法輪處即說偈言
是此處三轉　十二行法輪　真實法所造
為度生死苦
此是一千外道出家之處又此是佛
為頻婆娑羅王說法得見諦處及八
万諸天摩伽陁國婆羅門長者无數
人等說法得見諦處此是佛為帝釋
天王說法及八万諸天得見諦處此
是世尊為母說法夏安居竟與無數
諸天從彼來處乃至廣說優波笈多
將阿育王至拘尸那城佛涅槃處舉
手示言大王此是如來所作已辦入
無餘涅槃處而說偈言
天人阿脩羅　夜叉龍神等　及一切世間
教化彼已竟大慈悲精進　是故入涅槃
時阿育王聞是語已悶絕躃地乃至
以冷水灑面尋得醒寤從地而起以
十方兩金供養如來涅槃之處及起塔
已礼優波笈多足而說言我是世尊
所說大弟子我欲供養舍利優波笈

多荅言善哉善哉王心極善是時優
波笈多將阿育王入祇洹林舉右手
指言大王此是舍利弗塔自當供養
阿育王問優波笈多言舍利弗功德
智慧其事云何荅言是第二佛為法
之將能隨如來而轉法輪佛弟子中
智慧第二切世間所有智慧十六
分中不及其一唯除如來而說偈言
无等正法輪　佛為世間轉　舍利弗隨轉
以利益世間　誰能說其人　功德智慧海
時阿育王心大歡喜以十万兩金供養
舍利弗塔合掌說偈言
我礼舍利弗　以恭敬心念　大慧離煩惱
為世間光明
優波笈多復示阿育王目揵連塔說
言大王此是目揵連塔王當供養王
問言其人功德神力云何長老荅言
佛說其神力弟子之中㝡為第一能
以足指動天帝釋㝡勝法堂亦能降
伏難陁優波難陁龍王即說偈言
目揵連神力　佛說為第一　能以足指動
帝釋㝡勝殿　降伏二龍王　難陁波難陁
神力功德海　無有能稱量

時阿育王以十万金供養目揵連塔
合掌說偈
㝡勝之神力　離生死苦惱　我今以頂礼
名聞目揵連
優波笈多復指示言此是摩訶迦葉
塔應當供養阿育王問言其人功德
云何長老荅言於少欲知足乃至八
種及頭陁苦行佛說其人㝡為第一
佛以半座與其令坐又以自身袈裟
覆之攝受苦人受持法藏復說偈言
㝡勝大福田　行少欲知足　受持佛法藏
能攝苦衆生　佛與其半座　及以衣覆身
无有人能說　其大功德海
時阿育王復以十万金供養大迦葉
塔合掌說偈
常在山石窟　具少欲知足　除諸煩惱怨
獲得解脫果　无比功德力　是故今頂礼
時優波笈多復示阿育王薄拘羅塔
說言大王此是薄拘羅塔應當供養
阿育王問言其人功德云何荅言佛
弟子中精進无病㝡為第一不曾為
人說一二句法時王令人以二十貝
子供養其塔時有大臣聞阿育王等

是羅漢何故餘塔皆以金供養而薄
拘羅塔獨與二十貝子以為供養阿
育王言汝當聽說
以智慧為燈　除於无明闇　住意為舍宅
少利益世間　是故以貝子　供養於其塔
是時二十貝子從塔還來著阿育王
足時大臣見深生驚怪而說言此阿
羅漢少欲之力乃至已入涅槃而不
受施時優波笈多復將阿育王至阿
難塔說言大王此阿難塔應當供養
其是如來給事弟子能持佛語佛說
其人弟子之中多聞第一而說偈言
是長老阿難　諸天人所貴　常護持佛鉢
具足念慧心　多聞為大海　口說微妙語
方便正覺意　明了一切法　為諸功德藏
世尊所讚歎
時阿育王以十万金供養阿難塔大
臣問言何故於此㝡勝供養阿育王
荅言當聽我說
佛世尊法身　清淨无與等　其能攝受持
故我上供養　其然佛法燈　除諸煩惱闇
其力故法住　故我上供養　如以牛跡水
不及於大海　阿難智慧水　不及佛智海

阿育王經卷第二 第十五張 馬字號

於修多羅中 佛與登王位 故我於今日
設最上供養
時阿育王供養已竟生大歡喜礼優
波笈多足而說偈言
我今生人中 不失善業果 以乞功德力
得作自在王 以不真實法 獲得於真實
世尊舍利塔 莊嚴於世間 古何修善行
於我所未作
時阿育王礼優波笈多足還其本國

阿育王經卷第二

阿育王經卷第二
校勘記

一 底本，金藏廣勝寺本。
一 九二八頁中八行「比丘」，諸本作「比丘名」。
一 九二八頁中一一行「施陁羅」，諸本作「旃陁羅」。
一 九二八頁下一三行「王門」，資、磧、普作「王間」。
一 九二八頁下二〇行第一〇字「若」，資、磧、普、南、徑、清作「若乃」。
一 九二九頁上五行「如地」，資、普作「如拖」；磧、南、徑、清作「如舟」。
一 九二九頁上一八行第七字「嚴」，資、磧、普、南、徑、清作「貴」。
一 九二九頁中二二行第一三字「在」，資、磧、普、南、徑、清作「於」。
一 九二九頁下一〇行末字「言」，資、磧、普、南、徑、清作「答」。
一 九二九頁下一三行「阿育」，資、磧、普、南、徑、清作「阿育王」。
一 九二九頁下二一行第八字「坐」，資、磧、普、南、徑、清作「坐卧」。
一 九二九頁下末行第一一字「而」，資、磧、普、南、徑、清無。
一 九三〇頁上一〇行「尸林」，諸本作「尼林」。
一 九三〇頁上一三行「四觀方」，諸本作「觀四方」。
一 九三〇頁上二〇行「有佛」，諸本作「見佛」。
一 九三〇頁下一行第五字「立」，麗無。
一 九三〇頁下一二行末字「石」，資、磧、普、南、徑、清作「法」。
一 九三〇頁下二一行第九字「又」，資、磧、普、南、徑、清作「又言」。
一 九三一頁上三行「婆羅伽婆」，磧、南、徑、清、麗作「娑羅伽婆」。
一 九三一頁上四行「婆羅」，諸本作「娑羅」。
一 九三一頁上一二行第六字「糜」，磧、南、清、麗作「縻」。

一 九三一頁中一二行「於日」，資、磧、普、南、徑、清作「日月」。

一 九三一頁中一六行第五字「學」，麗作「覺」。

一 九三一頁中二〇行「十万兩」，諸本作「十万」。本頁下二一行及次頁上一一行同。

一 九三一頁下末行「所説」，資、磧、普、南、徑、清作「所記」。

一 九三二頁中二一行「不曽」，資、磧、普、南、徑、清作「不嘗」。

一 九三二頁下一行第一〇字「金」，資、磧、普、南、徑、清作「十萬金」。

一 九三二頁下二〇行「受授」，磧、普、南、徑、清作「受記」；麗作「受持」。

一 九三二頁下二一行「法燈」，資、磧、普、南、徑、清作「法炬」。

趙城縣廣勝寺

阿育王經卷第三　寫

梁扶南三藏僧伽婆羅譯

供養菩提樹因緣品第三

介時阿育王於佛生處得道轉法輪入般涅槃於二處各以十万金供養於菩提樹倍生信樂作是思惟此是世尊得阿耨多羅三藐三菩提處曰日之中最勝珎寶供養此樹是時阿育王第一夫人名微沙落起多(勸先生護)嗔恚心大王既愛念我云何以好珎寶與菩提樹即喚旃陁利女(勸下姓)而語言菩提樹是我怨汝能殺不荅言能汝當與我金夫人語言如是時旃陁利女即便呪樹以縷縛之是菩提樹漸漸枯死有人白王是菩提樹漸漸枯死而說偈言

佛坐菩提樹　知一切世間　得一切種智　此樹今日死

時王聞是語已悶絕躃地諸臣以水灑王良久乃醒即便啼泣而說偈言

我見此樹王　即是見如来　樹王若枯死　我命亦隨滅

時彼夫人見王憂惱便白王言若我不能令菩提樹生者我亦不能令王歡喜王荅言汝若能令菩提樹生者汝非女人何以故佛住此處得阿耨多羅三藐三菩提是時夫人喚旃陁利女而語言汝能令樹更生如其先不荅言若菩提樹其根不死能令更生乃至旃陁利除所縛縱周帀掘坑日日以甖乳灌之坑中少日之間樹漸還生遂得如本時人白王王於今者大生功德菩提之樹今得生故王聞此言心大歡喜即便往至菩提樹間瞻菩提樹目不能捨而說偈言

從於瓶沙王　及諸餘國王　无上二因緣　悉所不能作　當於菩提樹　灌以香色乳　復當修供養　聖衆五部僧

時阿育王以千金銀瑠璃甖盛以香水復持種種飲食及香花等千甖香水浴菩提樹以種種綵衣而以衣之王於是時復受八戒受八戒竟手執香爐而登殿上請四方僧說言世尊弟子在四方者為攝受我故悲愍来此而說偈言

正行善逝子　根寂靜離欲　應供大福田
天人所歸依　寂勝善逝子　行禪離愛著
阿修羅所依　當来攝受我　於罽賓國處
大林及暗林　有諸阿羅漢　當来攝受我
如来子樂禪　住阿耨達池　及江山石窟
當来作慈悲　善言如来子　住舍利沙殿
无憂慈悲心　當来攝受我　大勇之神力
住於香醉山　我請阿羅漢　當志来此處
時阿育王說此言已有三十万比丘和合阿羅漢十万學人二十万及精進凡夫無數於衆僧中上座一處無有人坐時阿育王白六通上座耶舍言第一坐處何故無人答言此是第一上座之處王又白言除大德外更有上座耶答言有佛說弟子中有能師子吼此為第一姓頗羅墮名賓頭盧第一坐處是其所坐時阿育王聞其此言身毛為竪如柯曇婆花又說言大德有比丘見佛未涅槃今猶在者不長老答言有姓頗羅墮名賓頭盧其人見佛王又問言我於今者得見其人不長老答言王尋當見其本應来時王聞已大生歡喜而說偈言

我今得大利　及无比攝受　以得見大德
名曰賓頭盧
時阿育王合掌仰看空中目不暫捨時賓頭盧與無數阿羅漢隨從圍繞如半月形猶若鴈王從空中下於第一處坐是時阿育王見頗羅墮賓頭盧来及見十万比丘皆從坐起又見賓頭盧頭鬚皓白額皮眉毛悉垂覆面如縁覺身見巳五體投地礼賓頭盧足如大樹倒舌舐其足長跪合掌瞻仰啼泣而說偈言
大地海為衣　山莊嚴一織　除怨得此地
令我生歡喜　不如於今日　與大德相見
我今見大德　倍生於心念
復次大德見世尊不是時賓頭盧以兩手舉其眉毛視阿育王便說偈言
我數見如来　無等无辟類　有三十二相
面如秋滿月　梵音除煩惱　入无諍三昧
阿育王復問大德於何處云何見長老荅言大王世尊與五百漏盡阿羅漢隨從寂初於王舍城安居是時在此衆中得具足見佛便說偈言
无欲無欲從　摩訶辛足尊　是時此安居

我具足見佛　如汝今見我　如是我見佛
復次大王世尊又於舍衛國為勝外道故現種種神力作无數化佛相好莊嚴次第而上至阿迦貳吒天我於尒時亦在莊嚴其中見佛種種神變而說偈言
時有諸外道　行種種邪道　世尊以神力
示現降伏之　是時我見佛　令世間歡喜
復次大王世尊於三十三天上安居為母說法竟與諸天衆圍繞下僧柯奢(翻光明)國我於尒時在大衆中見諸天衆復見比丘尼名欝波羅(翻青色華)槃尼柯(翻色)見其化作轉輪聖王具足七寶而說偈言
上天安居竟　佛便從彼下　我時在衆中
是故得見佛
復次大王修摩陁伽(翻不解)孤獨女兒請佛及五百阿羅漢佛以神力至分陁跋陁國(翻不解)我以神力舉山從虗空中亦至彼國是時如来戒勑於我汝不得入涅槃至我法住而說偈言
修摩伽陁請　佛神力至彼　我以力舉山
隨至分陁國　是時佛誡勑　令我至法住

以是因緣故　得具足見佛
復次大王汝先小時以小兒意佛入
王舍城乞食我奉佛麨汝奉佛沙成
護尒時起隨喜心如佛所記此小兒
於我涅槃百年後當生波吒利城名
阿輸柯為四分轉輪主領法王當廣
供養舍利起八万四千法王塔我於
是時亦在其中而說偈言
王昔為小兒　合掌以沙施　我亦於是時
具足見此事
阿育王復問賓頭盧大德何處住以
偈荅言
北方阿耨池　於香醉山中　我住於彼處
及諸同學衆
阿育王復問賓頭盧大德幾人隨從
以偈荅言
六万阿羅漢　圍繞隨於我　我及諸大衆
悉盡煩惱毒
復次大王何事此疑當速施僧食衆
僧食竟當更共語王荅言尒如大德
教以念佛教我當觀菩提樹觀菩提
竟當與僧食以種種飲食當以供養
時阿育王語比丘名一切友我當施

僧十万金及一千金銀琉璃甖於大
衆中當說我名供養五部僧時阿育
王兒名鳩那羅鳥名千解翻住王右邊是時
王子畏其父故不敢發言便舉二指
示唱導比丘表其脩福倍多其父時
大衆見鳩那羅一倍作福悉皆大笑
時王見大衆笑語大臣成護汝所作
非是故人笑成護荅言多人欲作功
德若作功德必以一倍是為政當阿
育王荅言我當以三十万金供養衆
僧以三千寶甖盛以香水灌菩提樹
當以我名在大衆說供養五衆乃至
鳩那羅復舉四指以示比丘時大王
瞋語成護大臣我脩功德誰令與我
而欲諍大不識世法成護見大王瞋
礼大王足誰敢與王爭作功德而說
偈言
誰敢與王　諍脩功德　是拘摩羅
與王諍作
是時阿育轉身右邊見拘那羅王子
向賓頭盧說言大德我今唯除七寶
庫藏一切大地宫人大臣并以我身
及鳩那羅悉施衆僧當以我名在大

衆說供養五衆復說偈言
一切宫內　唯除珍寶　宫人大臣
悉施衆僧　大衆之僧　為福田處
我及王子　具足功德
是時阿育王於賓頭盧等大衆中布
施竟於菩提樹周帀起牆時阿育王
自登牆上以四千甖盛以香水灌菩
提樹其菩提樹還生如本而說偈言
已灌菩提樹　菩提樹還生　枝葉極茂盛
功德亦增長
大王灌菩提樹竟還生如本枝葉青
軟新牙更出王及大臣一切人民心
大歡喜復次飲食供養衆僧於大衆
中有一大德名耶舍語王言今此大
衆實可愛重王今供養勿起異心時
阿育王自手行食從上座為始盡於
一衆於衆僧末有二沙弥以麨相扮
歡喜丸等共戲相擲阿育王見笑而
思惟此二沙弥為小兒戲乃至阿育
王復往上座語所次第行食耶舍所時
大德耶舍復語王言大王於衆僧中
不得起不信心王荅言尒復白上座
耶舍言有二沙弥以麨等相戲耶舍

答言此二沙弥具心解脫及慧解脫皆阿羅漢王聞是已心大歡喜復生心言我已供養衆僧復自好衣施二沙弥時二沙弥即知王意便現功德之力一沙弥化作鐵器以置其前一沙弥化作揵瓶水等王見問曰用此何為答言大王我見王心供養僧竟別施我衣我欲染之時王聞已即便生意我本在心未發言說云何此人已知我心即以五體投地敬礼其足向二沙弥而說偈言

我孔雀大王　及大臣人民　功德我已作
一切得大利　精進處生信　可施我已施

乃至阿育王語二沙弥我以汝故於一切僧悉施三衣時阿育王於五衆中已作功德復於一一人悉施三衣又以四十万金布施衆僧復以无數金銀贖此大地宮人大臣并以末身及拘郁羅眦多輸柯因緣

是時阿育王於佛法生大信心起八万四千塔已作五衆大會以飲食供養有三十万阿羅漢學人一倍精進凡夫無數阿育王倍信心時阿育王弟毗多輸柯信外道法言釋迦牟尼弟子无有解脫何以故常樂行畏苦行故乃至阿育王語其弟言汝非處莫起信心於佛法處常生信心時阿育王於異時中欲為捕獵阿育王弟於彼山中見一仙人五熱炙身其於苦道而起寶意往其所礼其足說言大德住此幾時仙人答言經十二年復更問言汝食何食答言常食樹木果根復問汝衣何衣答言結芳為衣復問卧處云何答言以草鋪地又問汝因何事而起煩惱答言見鹿行欲起我欲心以欲心火燒於我心時阿育王弟心便生疑如此苦行尚起欲心佛之弟子常修樂行云何見欲而不起心既起欲心何得於欲而起厭離即說偈言

仙人住苦林　食樹花果根　服氣除飢食
不能滅欲愛　釋迦牟尼子　食蘇酪乳味
於種種衣服　悉皆不得捨　若伏諸根者
頻陁山能浮

阿育王弟復更說言釋迦弟子誑阿育王令作功德時阿育王聞其此言即設方便語大臣言我弟於外道生信當以方便令其得入佛法時大臣答阿育王言大王云何教我所作王語大臣我今欲洗入彼浴室應脫天冠及衣服等汝當以我服飾莊嚴我弟令登王座臣答言尒及至阿育王將入浴室脫莊嚴具入浴室已是時大臣語阿育王弟若无阿育汝當作王是故今者試著天冠被天衣服及登王座大臣語已而便與著令登王座時大臣即白阿育王言王所勅使臣已作竟阿育王出觀其弟著天冠及登王座而語言我今未滅汝已作王阿育王嗔即命行殺之人身著青衣披髮執鈴至已礼王白言今者欲何所作王語言我捨此弟汝可殺之王語已竟便有多人執諸器杖而圍繞之是時大臣礼阿育王足而白王言此是王弟願王忍辱莫起嗔心時阿育王答大臣言我當忍辱至於七日為我弟故於七日中暫與其國令其作王種種伎樂及諸婇女以供給之一切臣民皆往問訊行殺之人執

刀門立日日白王令一日已過餘六
日在如是乃至六日已過餘一日在
至第七日王莊嚴具天冠衣服還阿
育王大目諸人將毗多輸柯共往問
訊阿育大王時王問言汝七日為王
種種伎樂好聞見不弟以偈言荅
若人見色　及聞音聲　食種種味
此能荅王
王復語言我與汝國七日為王百種
伎樂皆恣汝意无數衆人日日問訊
呪願於汝云何而言不見不聞不得
好味復以偈荅
我於七日中　不見不聞聲　不嗅不嘗味
亦不覺諸觸　我身莊嚴具　及諸婇女等
宫殿及卧具　大地諸珎寶　初无歡喜心
思惟懼死故　不知如此事　伎女歌舞聲
以見行殺者　執刀在門立　又聞搖鈴聲
令我懐死畏　死㩌釰我心　不知妙五欲
旣著畏死病　不得安隱眠　思惟死將至
不覺夜已過
是時阿育王語其弟言毗多輸柯汝
於一生中思惟死苦雖得上妙五欲
而不生愛出家比丘於十二入思惟

無量生死无常云何而得起煩惱耶
又復思惟地獄之苦及諸畜生更相
殘害餓鬼飢渴衆苦所逼思惟人中
四方馳求初无安樂思惟天上壞敗
之苦如是五道身心之苦无有樂處
觀此五陰無常苦空无我不實譬如
空村無有居民如是五陰皆空無我
以無常火燒諸世間佛諸弟子常作
此觀云何而得起煩惱耶復説偈言
汝於一日中　思惟生死畏　而无有歡樂
不起貪愛心　佛諸弟子等　日日觀生死
云何生歡樂　而起煩惱心　於飲食衣服
及以卧具等　思惟解脱法　而不起著心
觀身如怨家　三有如火宅　思惟何方便
而得解脱心　深樂解脱法　不貪於五欲
其心如蓮華　處水而不著
時阿育王以善方便佛法教化毗多
輸柯時毗多輸柯合掌向王而説言
大王我於今者歸依如来及以法僧
而説偈言
我今歸依佛　佛面如蓮華　天人所歸依
无漏法及僧
時阿育王以兩手抱其弟頸而語言

我不捨汝為欲令汝信佛法故是為
汝現此方便時毗多輸柯以種種華
香及諸伎樂供養佛塔以種種飲食
供養衆僧復往鷄寺耶舍上座六通
羅漢所至已對耶舍坐為欲聞法時
耶舍以神通力見其前世已造善業
今於此生是㝡後身得阿羅漢為其
説法讃歎出家旣得聞法便樂出家
即起合掌白耶舍言善説法律我得
出家受具足不於佛法中欲修梵行
耶舍荅言善男子汝可還白阿育王
聽出家不時毗多輸柯即還阿育王
處至已合掌白言大王今當聽我出
家我於佛法欲脩梵行復説偈言
我心乱不住　猶如象无鉤　王意如鐵鉤
勿制我出家　王為地中主　當聽我出家
佛作世間光　欲令修其行
阿育王聞其言手抱其頸悲泣落淚
而語言毗多輸柯勿作此意何以故
出家之人形服麁弊飲食假人眠卧
樹下汝今制心勿欲出家毗多輸柯
荅言大王我於今者不為瞋故而欲
出家亦不為貪欲不為貧苦亦不為

脱㤙家但見世間種種諸苦生死相隨無有脱處唯見佛法正路能脱生死終无所畏是故我今樂欲出家阿育王聞之更增悲泣時毗多輸柯復說偈言

生死為懸繩　有人則恒動　在上必復墮
和合必分離

時阿育王復語之言汝當先習乞食然後乃得出家時王後園有一大樹以草布地令住其下與一凡鉢令入宮乞食毗多輸柯即便持鉢行入宮内種種上食而便得之時阿育王嗔宮内人汝於今者云何乃與乞食者上食從今已去當以麤食施之乃至以麦為飯経宿臭壞乃可施與時毗多輸柯得而食之不以為惡阿育王見而語之言汝今勿食此食聽汝出家出家之後恒來見我乃至毗多輸柯往至鷄寺至已思惟我若於此出家人物乱我不得修道當於遠處而出家也便往毗提國於彼出家思惟精進得阿羅漢果是時長老毗多輸柯得阿羅漢已受解脱樂復思惟言昔與王約出家之後恒來見王我於今者應滿本約乃至次第行至波吒利弗多國是時長老毗多輸柯早起著衣持鉢入國乞食次第行至阿育王城語門人言汝入白王云毗多輸柯今在門外欲見大王時守門人即入白王今毗多輸柯至欲見大王時阿育王而語之言汝可將入令王宮中毗多輸柯即便入宮阿育王見即從座起為其作礼如大樹倒起而合掌視之無猒悲泣而言

一切諸衆生　當樂於和合　汝今除和合
而味寂静心　我今知汝心　以慧無猒足

時阿育大臣名曰善護見毗多輸柯著糞掃衣執持凡鉢次第乞食麁好俱受心無分别見已白阿育王言毗多輸柯少欲知足所作已辦王當生歡喜心何以故

常行乞食　著糞掃衣　住於樹下
心常在定　心廣無漏　其體無病
正命自活　常生歡喜

時阿育王聞是語已心大歡喜便說偈言

捨於孔雀姓　及摩伽陁國　種種諸珎寶
上妙之五欲　樂於四聖種　除憍慢煩惱
行於大精進　多聞顯我國　寂勝十力法
而汝能受持

時阿育王以手捧之置好座上種種飲食自手與之食竟洗鉢置之一處阿育大王於其前坐聽其說法是時毗多輸柯為王說法而說偈言

王今得自在　當循不放逸　三寶甚難值
王應勤供養

時阿育王與五百大臣及國人民以自圍繞合掌恭敬送毗多輸柯大臣人民而說偈言

大兄阿育王　今恭敬送弟　出家有勝果
於今為現證

是時長老毗多輸柯欲顯其功徳身外虚空一切人民皆見其去時阿育王與諸大衆合掌觀之目不暫捨復說偈言

无復親友愛　如鳥飛虚空　我以貪愛縶
不能自在去　禪定有勝果　於身得自在
隨意之所行　一切无罣㝵　為欲愛所盲
不能見此法　汝今以神力　輕我起欲愛

我本有慧懪　今汝為最勝　我等著世法
見聖始知畏　今我等啼泣　由汝今捨我
時長老毗多輸柯往至邊地至已得病已病重故頭皆發瘡時王聞之即遣給事醫藥療治後得小差醫師給事悉遣令還其體所資唯食牛乳為乞食故往多牛處復有一國名分鄴婆陁鄴（翻正增長）彼國一切信受外道復有一人受外道法事裸形神畫作如来礼其神足有一佛弟子見此事白阿育王王時聞已語駛將来阿育王所領於虛空中半由旬上一切夜叉悉繫屬王地下一由旬一切諸龍悉繫屬王是時夜叉聞王語已於一念頃即將外道弟子并畫像来時阿育王見已生大瞋心於分鄴婆陁鄴國一切外道悉皆殺之於一日中殺十万八千外道復有一外道弟子受外道法事躶形神畫作如来礼其神足時阿育王復聞是事即勑餘人令取此人及其親屬置一屋中以火焚之時王復勑若有人能得一尼揵首者我當與其金錢一枚是時長老毗多輸柯入養牛處一日停住毗多輸柯病来多日頭鬚髮爪悉皆長利衣服弊惡无有光色時養牛女竊生是念今此尼揵来入我舍便語其夫汝應殺此尼揵取頭與阿育王必當得金其夫聞已即便拔刀往毗多輸柯欲斬其頭時此長老即自思惟見其業至无得脫處即便受死而將頭至阿育王所欲求覓金王即觀之見其頭髮駮奪心中生疑即問其醫師及給事人時醫師給事人即白王言此是毗多輸柯頭王聞是已悶絶躃地以水灑之良久乃起時有大臣白王無漏之人不滅此苦大王當施衆生無畏乃至阿育即隨其言宣令一切不得復殺尼揵時諸比丘生疑問優波笈多毗多輸柯昔造何業今受此報為人所殺優波笈多荅言長老當聽過去世時有一獵師多殺群鹿於大林中有一泉水時此獵師張施羅網以其繩羂取置於水邊日日之中多殺諸鹿時佛未出世有一緣覺於水邊食食竟澡洗還樹下坐時彼群鹿聞緣覺香不往水邊時獵師至不見鹿来即尋其跡往辟支佛所見已作是念言坐是人故令鹿不来即便以刀殺辟支佛長老當知昔獵師者而即是毗多輸柯以其日日多殺諸鹿是故今者多諸病苦復以昔殺辟支佛故以此業緣於无數年常在地獄受諸苦報於五百世在人道中生生之處常為他殺今是最後果報雖得羅漢猶為他害諸比丘復問優波笈多此人去何復生大姓又得阿羅漢果優波笈多荅言先於迦葉佛法出家樂行布施常教檀越種種飲食供養衆僧有一佛髮爪塔以香華幡蓋種種伎樂而供養之以是業報生於大姓十万年中常修梵行復發正願以是業緣得阿羅漢

阿育王經卷第三

阿育王經卷第三

校勘記

一 底本，金藏廣勝寺本。

一 九三五頁下八行「栴陁利」，資、磧、普、南、徑、清作「栴陁利女」。

一 九三五頁下九行第三字「以」，資、磧、普、南、徑、清作「以千」。

一 九三五頁下一六行第二字「當」，磧作「常」。

一 九三六頁上一九行第九字「未」，諸本作「未入」。

一 九三六頁上二二行末字「本」，諸本作「今」。

一 九三六頁中七行「十万」，徑作「十方」。

一 九三六頁中八行「頭髮」，資、磧、南、清作「頭�」。

一 九三六頁中一三行首字「令」，資、磧、普、南、徑、清作「今」。

一 九三六頁下四行第一〇字「貳」，諸本作「膩」。

一 九三六頁下五行「莊嚴」，諸本作「在」。

一 九三六頁下八行「降伏」，資、磧、普、南、徑、清作「除伏」。

一 九三六頁下一五行「上天」，資、磧、普、南、徑、清作「天上」。

一 九三七頁上五行「波吒利」，資、磧、普、南、徑、清作「波吒利弗多」。

一 九三七頁上六行第二字「輸」，諸本作「輸」。

一 九三七頁上二一行末二字「菩提」，資、磧、普、南、徑、清作「菩提樹」。

一 九三七頁中一三行「大王」，資作「王大」。

一 九三七頁中一五行第四字「大」，資、磧、普、南、徑、清作「作」。

一 九三七頁中二〇行「阿育」，資、磧、普、南、徑、清作「阿育王」。同行「拘那羅」，資、磧、普、南、徑、清作「拘摩羅」。

一 九三七頁下一三行第五字「次」，資、磧、普、南、徑、清作「以」。

一 九三七頁下一七行「相枌」，資、磧、普、南、徑、清作「相坌」；麗作「相扮」。

一 九三七頁下二〇行第一〇字「食」，諸本作「食至」。

一 九三八頁上一行「具心」，磧、南、徑、清作「其心」。

一 九三八頁上一八行「末身」，資、磧、普、南、徑、清作「我身」。

一 九三八頁上末行第八字「倍」，諸本作「倍生」。

一 九三八頁中二行「常樂」，諸本作「常樂樂」。

一 九三八頁中三行第一二字「汝」，諸本作「汝於」。

一 九三八頁中四行「常生」，諸本作「當生」。

一 九三八頁中一〇行「結芳」，諸本作「結茅」。

一 九三八頁中一二行第一二字「麁」，諸本作「鹿」。

一 九三八頁中一八行第三字「往」，

(一) 九三八頁中二〇行「不得」，諸本作「不能」。

(一) 九三八頁下一〇行第八字「而」，資、磧、普、南、徑、清作「即」。

(一) 九三九頁上六行「言答」，資、磧、普、南、徑、清作「答」；麗作「答言」。

(一) 九三九頁上二二行「一生」，磧、普、南、徑、清作「一日」。

(一) 九三九頁中四行第四字「來」，磧、普、南、徑、清作「求」；麗作「走」。

(一) 九三九頁中一〇行「思惟」，資、磧、普、南、徑、清作「思量」。同行及一二行「歡樂」，資、磧、普、南、徑、清作「歡喜」。

(一) 九三九頁中一四行「怨家」，資、磧、普、南、徑、清作「寃家」。

(一) 九三九頁中一五行第五字「心」，諸本作「之」。

(一) 九三九頁下一行第三字「捨」，麗作「俁」。同行第一三字「是」，諸本作「是故」。

(一) 九三九頁下一三行「今當」，磧作「念當」。

(一) 九三九頁下一六行第一〇字「主」，資、磧、普、南、徑、清作「王」。

(一) 九三九頁下一七行「欲令」，諸本作「今欲」。

(一) 九四〇頁上一三行第一三字「食」，資、磧、普、南、徑、清無。

(一) 九四〇頁中一行「恒來」，資、磧、普、南、徑、清作「常來」。

(一) 九四〇頁中八行「王宮」，諸本作「至宮」。

(一) 九四〇頁下三行第六字「多」，諸本作「名」。

(一) 九四一頁上一一行末字「王」，資、磧、普、南、徑、清無。

(一) 九四一頁中四行「汝應」，資、磧、普、南、徑、清作「汝當」。

(一) 九四一頁中六行「欲斬」，諸本作「所欲斬」。

(一) 九四一頁中七行末字「至」，資、磧、普、南、徑、清作「報」。

(一) 九四一頁中二一行第四字「取」，資、磧、普、南、徑、清無。

(一) 九四一頁中二二行第三字「時」，諸本作「是時」。

(一) 九四一頁下一行「不往」，資、磧、普、南、徑、清作「不住」。

(一) 九四一頁下四行第一三字「而」，資、磧、普、南、徑、清無；麗作「而今」。

(一) 九四一頁下一〇行「復問」，資、磧、南作「後問」。

阿育王經卷第四　　　寫

梁扶南三藏僧伽婆羅譯

鳩那羅因緣第四

是時阿育王於一日中起八万四千塔於是日中王夫人名鉢摩婆底（翻有扶容華也）生一男兒形色端正眼爲第一一切人見無不愛樂時有內人即白大王王有功德夫人生兒王聞歡喜而說偈言

我於今日大生歡喜我孔雀姓名聞一切宮人以法由之增長

故名此兒名達磨（翻法）婆陀那（翻增長）即抱此兒示阿育王時王見已歡喜說偈

我兒目端嚴　爲功德所造　光明甚輝曜如優波羅花　以此功德眼　莊嚴於一面其面良端正　辟如秋滿月

乃至阿育王命諸大臣而語之言汝等嘗見此兒眼不諸臣答言臣於人中實所未見於雪山有鳥名鳩那羅此鳥之眼與其相似即說偈言

於雪山頂　有寶花處　鳩那羅鳥而住其上　此兒二眼　類彼鳥眼

王便發言將此鳥来虛空上半由旬夜叉神聞其語下一由旬龍聞其語一念之頃夜叉之神即得鳥来時阿育王以鳥眼比兒眼見此二眼無有異相即以鳥名而以名兒復說偈言

大地人王　以可愛眼　鳩那羅名說爲兒名　是故大地　其名遠聞

乃至鳩那羅長大爲其納妃妃名千遮那（翻金）摩羅（翻勇花）時阿育王將鳩那羅往至鷄寺寺有上座六通羅漢名耶舍是時耶舍見鳩那羅未經幾時應當失眼即白王言何故不令鳩那羅作其自業時阿育王語鳩那羅大德令汝所作汝當隨之時鳩那羅礼耶舍足說言大德教我所作耶舍答言

眼非是常　汝當思惟即說偈言

汝鳩那羅　常思惟眼　無常病苦衆惠所集　凡夫顛倒　由之起過

時鳩那羅於宮中靜處獨坐思惟眼等諸入爲苦無常時阿育王第一夫人名微沙落起多往鳩那羅處見其獨坐觀其眼故而起欲心以手抱之而說偈言

阿育王經第四卷　第二張　偶字号

以大力愛火　令来燒我心　譬如火燒籘
汝當遂我意
鳩鄰羅聞其言以手掩耳而說偈言
汝今於我所　不應說此言　汝今為我母
我則為汝子　今此非法愛　應當捨離之
何故為此事　開諸惡道門
夫人又說偈言
愛心往汝處　而汝無愛心　汝心既有惡
不久須臾滅
鳩鄰羅荅言
我今寧當死　以法而清淨　不顧於生中
而起不淨心　若有惡心者　失人天善法
善法既不全　依何而得生

徵沙落起多恒伺其過而欲殺之於北有國名德叉尸羅非逆不從阿育王領時王聞之意欲自往大臣白王王今當令鳩鄰羅往不須自去時阿育王命鳩鄰羅而語之言汝往彼國荅王言尔時阿育王復說偈言

我於今者　聞其此言　雖為是兒
而是我心　以心念故　倍加莊嚴

是時阿育王即便令人嚴治道路老病死等悉令不現時阿育王與鳩鄰

羅同載一車送之近路將欲分别手抱兒頸見鳩鄰羅眼啼泣而言

若有人見　鳩鄰羅眼　心歡喜故
有病皆除

是時有一相師婆羅門見鳩鄰羅不久失眼見阿育王唯觀兒眼不緣餘事見已說偈

王子眼清淨　王觀之歡喜　眼光明莊嚴
去何而當失　此國諸人民　見鳩鄰羅眼
一切皆歡喜　猶如天上樂　若見其失眼
一切當苦惱

乃至鳩鄰羅次第行至德叉尸羅國彼國人聞出半由旬嚴治諸道處處置水以待来衆時諸人民即便說偈

德叉尸羅人　執寶瓶威水　及諸供養具
迎鳩鄰羅王

時王至已人民合掌而作是言我等迎王不為闘諍亦不與彼大王相嫌但王所遣人大臣在我國者為治無道願欲廢之是時人民以諸供具供養鳩鄰羅王迎至國中時阿育王身遇重病糞從口出諸不淨汁從毛孔出一切良醫所不能治時阿育王即語諸臣召鳩鄰羅還我當灌頂授以王位我於今者不貪身命時徵沙落起多即便思惟若鳩鄰羅得作王者我必當死思惟已白阿育王言我能令王病得除愈一切醫師不須令進時阿育王即受其語斷諸醫師時徵沙落起多語諸醫師門外男女病如王者可將其入時阿毗羅國有一人病如王不異時病人婦為見醫師說其病狀醫師荅言將此人来我欲見之當為處藥乃至婦人將此病者送與醫師醫師復送與王夫人時王夫人將此病者置無人處令破其腹出生熟二藏於熟藏中有一大虫虫若上行糞從口出虫若下行便從下出若左右行諸不淨汁從毛孔出時王夫人磨摩梨遮以置虫邊而虫不死復以畢鉢以置虫邊虫亦不死復以乾薑以置虫邊虫亦不死乃至以大蒜置於虫邊虫便即死時王夫人以如此事具以白王王於今者應當食蒜病即除愈王荅言我是剎利不得食蒜夫人復言為身命故作藥意食之乃

至阿育王遂便食之垂死病除便利如本時阿育王清淨洗浴語夫人言汝於今者當何所求隨意與之夫人白王願王七日聽我為王王語夫人若汝為王必當殺我夫人又言過七日已我當還王時阿育王遂便許之夫人思惟我欲治鳩那羅今政是時是時夫人即便假作阿育王書與德叉尸羅人令取鳩那羅眼書中說偈

我今有大力　威名甚可畏　鳩那羅王子
於彼為罪過　令勑彼人民　挑取其二眼
今為此一事　汝等速為之

時王夫人作書已竟須齒牙印之阿育王眠夫人欲印書故便近王邊王即驚覺夫人白王何故驚怖王荅夫人我夢不祥見有鷲鳥欲取鳩那羅眼是故驚懼夫人荅言王不須憂鳩那羅子今甚安隱第二更夢王復驚起語夫人言我今更夢如本不祥夫人問言夢復云何王荅言我見鳩那羅頭髮爪悉皆長利而不能言夫人荅言其今安隱願勿憂之乃至後時阿育王眠夫人即便以大王齒竊取印之遣使送與德叉尸羅人時阿育王又夢自齒悉皆墮落至明清旦澡洗已畢為身命故召相師來以夢所見具向其說語言汝當為我解釋夢意相師荅言若人有此夢者兒當失眼不異失兒而說偈言

若人夢齒落　必當失兒眼　兒眼既已失
不異失於兒

時阿育王聞其此言即便起立合掌向四方神而呪願言

今一心歸佛　清淨法及僧　世間諸仙人
於世為最勝　一切諸聖衆　皆護鳩那羅

使者執書至德叉尸羅國是時彼國人民見此書至念鳩那羅故共隱此書而不與之不欲令其起於惡心彼諸人民復更思惟阿育大王其甚可畏心不敬信於其自兒尚欲取眼況於我等而不起惡復說偈言

今此鳩那羅　如大仙不異　於一切衆生
皆能作饒益　彼阿育大王　而不起慈念
況於餘衆生　而能不殘害

乃至彼人以書與鳩那羅鳩那羅得書已語諸人言若能取我眼者今隨汝意時諸人即喚旃陁羅汝當挑取鳩那羅眼旃陁羅合掌說言我今不能何以故

若人於滿月　能除其光明　是人當能除
汝面明月眼

是時鳩那羅即脫寶冠語旃陁羅言汝挑我眼我當與汝復有一人形貌可憎十八種醜語鳩那羅言我能挑眼時鳩那羅尋憶大德耶舍所說便說偈言

合會有離　是真實說　思惟此義
知眼無常　我善知識　能饒益者
是人說法　皆苦因緣　我常思念
一切無常　是師之教　深自憶持
我不畏苦　見法不住　當依王教
汝取我眼　我已攝受　無常真實

是時鳩那羅語醜人言汝當取我一眼置我手中我欲觀之時此醜人欲取其眼无數諸人相與嗔罵而說偈言

眼清淨無垢　如月在空中　汝今挑此眼
如拔池蓮華

是无數人悲號啼哭是時醜人即出其眼置鳩那羅手中時鳩那羅以手

受之向眼說偈

汝於本時　能見諸色　而於今者
何故不見　本令見者　生於愛心
今觀不實　但為虛誑　辟如水沫
空無有實　汝无有力　無有自在
若人見此　則不受苦

是時鳩那羅思惟一切諸法悉皆无常得須陁洹果既得果已語魍人言所餘一眼隨汝取之時彼魍人復更挑之置鳩那羅手中既失肉眼而得慧眼復說偈言

我於今者　捨此肉眼　慧眼難得
我今已得　王今捨我　我非王子
我今得法　為法王子　令從自在
苦宮殿墮　復登自在　法王宮殿

乃至鳩那羅知取其眼是微沙落起多而說偈言

願王夫人　長受富樂　壽命常存
無有盡滅　由其方便　我得所作

是時鳩那羅婦千遮那摩羅聞鳩那羅失眼以念夫故至其夫所入多人處見鳩那羅失眼流血悶絶躃地傍人以水灑之令得醒悟啼泣說偈

眼光明可愛　昔見生歡喜　今見其離身
心生大瞋惱

鳩那羅語其婦言汝勿啼泣我自起業自受此報復說偈言

一切世間　以業受身　衆苦為身
汝應當知　一切和合　無不別離
當知此事　不應啼泣

是時鳩那羅共其婦從德叉尸羅國還阿育王所二人生來未曾履地其身軟弱不堪作業時鳩那羅善於鼓琴復能歌吹隨其本路乞食濟命漸漸遊行至於本國欲入宮門時守門人不聽其前既不得前而復還出住車馬廐於後夜中鼓琴而歌歌曰我眼已失四諦已見復說偈言

若人有智慧　見十二入等　以智慧為燈
得解脫生死　三有中之苦　悉為自心苦
三有中之過　今應當知之　若欲求勝樂
當思十二入

時阿育王聞其歌聲心大歡喜而說偈言

今此說偈　及聞鼓琴　似是我子
鳩那羅聲　若是其至　何不見我

時阿育王命一人來我所聞聲似鳩那羅而聲清妙復兼悲慼聞此聲故令我心乱如象失子而聞子聲其心迴遑不安其所汝可往看是鳩那羅不若是鳩那羅汝可將來乃至此人受教至車馬廐至已見其無有二眼皮膚曝露不復可識還白大王王所令看是孤獨盲人共其婦俱住車馬廐非鳩那羅時阿育王聞其此言懊惱思惟而說偈言

如昔所夢見　鳩那羅失眼　今此盲人者
鳩那羅不疑　汝可更至彼　但將此人來
以思惟子故　其心不安隱

乃至此人受教更至其所語鳩那羅言汝是誰兒何所名姓鳩那羅復以偈答

父名阿輸柯　增長姓孔雀　一切諸大地
悉為其所領　我是彼王子　名為鳩那羅
姓曰法王佛　今為法王子

是時使人將鳩那羅及其婦至宮中時阿育王見鳩那羅風日曝露以草弊帛雜為衣裳形容改異不復可識時阿育王生心疑惑而語之言汝是鳩

那羅不荅言我是阿育王聞悶絶墮
地傍人見王而說偈言
王見鳩那羅　有面而無眼　以苦惱燒心
從牀墮於地
傍人以水灑王令其得醒還至坐處
抱鳩那羅置其膝上復抱其頸啼哭
落淚手拂頭面憶其昔容而說偈言
汝端嚴眼　今何所在　失眼因緣
汝今當說　汝今无眼　如空無月
形容改異　誰之所作　汝昔容貌
猶如仙人　誰無慈悲　壞汝眼目
汝於世間　誰為怨讎　我苦惱根
由之而起　汝身妙色　誰之所壞
懊惱心火　今燒我身　譬如霹靂
摧折樹木　懊惱之雷　以破我心
如此因緣　汝今速說
時鳩那羅以偈荅言
王不聞佛言　果報不可說　乃至辟支佛
亦所不能免　一切諸凡夫　悉由業所造
善惡之業緣　時至必應受　一切諸衆生
自作自受報　我知此緣故　不說壞眼人
此苦我自作　無有他作者　如此眼因緣
不由於人作　一切衆生苦　皆亦復如是
悉由業所作　王當知此事
時阿育王為懊惱火以燒其心復說
偈言
汝但說其人　我不生瞋心　汝若不說者
我心乱不安
時阿育王知是微沙落起多所作喚
微沙落起多而說偈言
汝今為大惡　云何不陷地　令汝不為法
於我為大過　汝今既為惡　從今捨於汝
猶如行善人　捨不如法利
時阿育王瞋火燒心見微沙落起多
復說偈言
我於今者　欲出其眼　欲以鐵鋸
以解其身　以斧破身　以刀割舌
以刀截頸　以火燒身　令飲毒藥
以除其命
阿育王說如此事欲治微沙落起多
鳩那羅聞深生慈心復說偈言
微沙落起多　所為諸惡業　大王於今者
不應便殺之　一切諸大力　無過於忍辱
世尊之所說　其冣為第一
時阿育王不受見語以微沙落起多
冣落可屋以火焚之又復令殺德义
尸羅人是時比丘生疑問大德優波笈多鳩那羅先造何業今受此報大德荅言長老當聽過去久遠於波羅㮈國有一獵師至雪山中多殺群鹿又於一時復往雪山時雷電霹靂看五百鹿以怖畏故入石窟中時此獵師見諸群鹿即便捕之一切皆得得已復作是念若皆殺者肉當臭爛無如之何我當挑其兩眼使其不死而不知去後漸殺之作是念已一切挑眼長老於意云何先獵師者鳩那羅是以其挑鹿眼故於无數年常在地獄從地獄出生於人中五百世中常被挑眼今是最後餘殘果報比丘又問以何因緣生於大姓得端嚴眼復得羅漢荅言諸長老聽過去久遠人壽四万歲時有佛正覺名迦羅鳩村大出現於世是時如來於一切世間所應作者皆已作訖入无餘涅槃時有一王名曰輸頗（翻夜羼）為佛世尊起四寶塔時王命過弟不信佛起塔珎寶悉皆盜取唯土木在一切人民見塔毀壞懊惱發聲時有長者子問彼諸人

汝等何事懊惱發聲諸人答言世尊之塔本有四寶不謂於今悉皆毀散是故我見懊惱發聲時長者子即以四寶如本莊嚴復令高廣有勝於初又起金像以置塔中所作已訖復發願言迦羅鳩村大為世間師願我後師亦如今日比丘當知昔長者子即鳩鄰羅是以其修治迦羅鳩村大如来塔故今得生於大姓之中以其造作如来像故今所得身端嚴第一以其發願值善師故今得釋迦牟尼為師及見四諦

阿育王經卷第四

阿育王經卷第四

校勘記

一　底本，金藏廣勝寺本。

一　九四四頁中三行「因緣」，徑、清作「因緣品」。

一　九四四頁中一四行第三字「目」，資、南、徑、清作「自」。

一　九四四頁下二行第一一字「龍」，資、磧、普、南、徑、清作「神」。

一　九四四頁下七行首字「説」，資、磧、普、南、徑、清作「以」。

一　九四四頁下一二行第三字「眼」，資、磧、普、南、徑、清作「其眼」。

一　九四四頁下一七行第五字「常」，資、磧、普、南、徑、清作「當」。

一　九四四頁下二一行「徵沙」，諸本作「微沙」。下同。

一　九四五頁上一行末字「滕」，資、磧、普、南、徑、清作「藤」。

一　九四五頁上七行「夫人又説偈言」，諸本作「時微沙落起多不遂意故心生瞋忿即説偈言」。

一　九四五頁上八行第三字「往」，麗作「住」。

一　九四五頁上一六行第二字「領」，麗作「令」。

一　九四五頁上一九行「尒時」，資、磧、普、南、徑、清作「唯爾時」。

一　九四五頁中一九行「遺人」，諸本作「遣」。

一　九四五頁下七行「門外」，資、磧、普作「外間」；南、徑、清作「外聞」。

一　九四五頁下一八行「畢鉢」，資、磧、普、南、徑、清作「華芨」。

一　九四五頁下二〇行「便即」，資、磧、普、南、徑、清作「即便」。

一　九四六頁上一一行第六字「令」，諸本作「今」。

一　九四六頁上一五行第一〇字「驚」，資、磧作「警」。

一　九四六頁中一行第六字「送」，資、磧、普、南、徑、清作「送之」。

一　九四七頁上一一行「復説」，資、磧、

一　普、南、徑、清作「而說」。

一　九四七頁上一五行首字「苦」，資作「若」。

一　九四七頁上一八行「富樂」，磧作「當樂」。同行「常存」，資、磧、普、南、徑、清作「長存」。

一　九四七頁下二二行首字「獘」，磧、南、清作「幣」。同行「改異」，磧、徑作「改易」。

一　九四八頁上三行「而無眼」，資、磧、普、南、徑、清作「無有眼」。

一　九四八頁上一〇行「改異」，資、磧、普、南、徑、清作「改易」。

一　九四八頁上一八行第一〇字「說」，麗作「脫」。

一　九四八頁中一行第五字「作」，資、磧、普、南、徑、清作「生」。

一　九四八頁中八行「云何不堷地」，資、磧作「如何不堷地」；南、徑、清作「如何不陷地」；麗作「云何不陷地」。

一　九四八頁中末行首字「寂」，諸本作「置」。

一　九四八頁下一二行第七字「於」，南、徑、清無。同行第一〇字「年」，南、徑、清作「年中」。

一　九四八頁下一四行首字「桃」，諸本作「挑」。

一　九四八頁下二〇行夾註右「疚」，資作「疾」；磧、普、南、清、麗作「莊」。

阿育王經卷第五　寫

梁扶南三藏僧伽婆羅譯

半菴摩勒施僧因緣品第五

尒時阿育王得堅固信問諸比丘誰巳能於佛法之中㝡大布施諸比丘荅言孤獨長者巳大布施王復問言其能幾許佛法中施比丘荅言用百千万金阿育王聞即便思惟孤獨長者用百千万金我於今者亦以百千万金以用布施阿育大王巳起八万四千塔又於初生得道轉法輪入涅槃及諸羅漢涅槃之處各以十万金施四部大會亦巳作訖又三十万衆僧一分阿羅漢二分學人及精進凡夫於一日中一時施食又阿育王唯留珎寶一切大地宮人大臣鳩那羅及以自身悉施衆僧復以四十万金布施衆僧又以无數之金贖此大地乃至自身後以九十六千万金布施衆僧時阿育王得病困篤生大憂惱大臣成護是其先世隨喜施沙知識聞大王病便往王所而礼王足即說偈言

昔面如蓮花　塵垢不能汙　大力諸怨家
不得見大王　猶如日炎盛　人所不能視
何故於今者　悲泣而流淚

阿育王以偈荅言

我今生憂惱　不為身命財　別離聖衆故
是以我憂惱　世尊諸弟子　成就諸功德
以種種飲食　日日常供養　當思惟此事
是故我流淚

復次成護我昔欲以百千万金供養三寶而意未滿我今欲以四十千万金布施滿我本心思惟巳便欲遣四十千万金送與鷄寺是時鳩那羅兒名三波地翻具足為太子大臣語太子言阿育大王須臾應終而今欲遣四十千万金送與鷄寺一切國王以物為力太子應當勤守物人勿令金出於是太子即便勅之阿育王勅不復施行唯有金器供王食用王食訖巳便令送此金器與彼鷄寺復斷金器聽以銀器王食竟巳復令送此銀器與彼鷄寺復斷銀器乃至以鐵器供王王食巳復令送與鷄寺復斷鐵器聽

阿育王經第五卷　第二張　寫

用凡器時阿育王无復有物唯半菴羅菓在其手中時阿育王心大悲惱召諸大臣及以人民一切和合而語之言誰於今日為此地主大臣起而作礼合掌說言唯天為主更无異人時阿育王淚落如雨而說偈言

今我阿育王　无復自在力　唯半阿摩勒
於我得自在　何用是富貴　如恒河流水
先所領國土　豪富㝡第一　今忽貧窮至
不復得自在　一切諸合會　皆悉當分離
如来正法言　无有能知者　我先所勅令
一切无障㝵　猶如心意識　於緣得自在
我今所教勅　如水㝵於石　一切諸惡賊
我先悉降伏　王領一切地　攝一切貧苦
今者无光明　如雲障於月　如阿輸迦樹
花菓悉枯落　是我阿輸迦　貧悴亦如是

是時阿育王即呼傍臣名曰跋陁羅目阿翻賢面而語之言我失自在汝今於我為㝡後使唯此一事汝應當作此半阿摩勒菓送與鷄寺宣我語曰阿育王礼衆僧足昔領一切閻浮提地今者唯有半阿摩勒菓是我㝡後所行布施願僧受之此物雖小以施衆

阿育王經第五卷　第三張　寫

僧福德廣大而說偈言
我本為人王　於宮得自在　无常為自相
不久而磨滅　能為療治者　唯有聖福田
令我无醫藥　願令見濟度　此半阿摩勒
是我最後施　小施而福廣　是故應攝受
時此使人受王勅已將半阿摩勒菓
往至鷄寺於上座前以阿摩勒菓供
養衆僧合掌說偈
一切地一繖　王領无障导　猶如日光明
遍照一切處　以自造諸業　功德於今盡
辟如日入時　無復有光明　以恭敬頂礼
施半阿摩勒　顯其福德盡　今為最後施
是時上座集諸比丘而語之言汝等
今當起怖畏心如佛所說見他无常
是處可畏誰能於此不生猒離何以故
勇猛能布施　孔雀阿育王　王領於大地
閻浮提自在　今日果報盡　唯有阿摩勒
大地諸珎寶　悉為他所護　今此阿育王
捨半阿摩勒　諸有凡夫人　福德力生慢
當為說无常　令其生猒離
時諸衆僧得阿育王半阿摩羅菓碎
以為末以置羹中遍行衆僧時阿育
王語成護言誰今為王成護礼足合

阿育王經第五卷　第四張　寫

掌說言天為地主更無有人時阿育
王以人扶起遍觀四方向衆僧處合
掌而言今留珎寶此外大地乃至大
海一切施僧又說偈言
水為大地衣　七寶嚴地面　持一切衆生
及以諸山等　我今以捨此　布施諸衆僧
於衆僧得果　是故我今施　以此布施福
不求帝釋處　亦不樂梵天　及諸大地主
唯欲以此福　願求心自在　得共聖人法
人所不能奪
乃至阿育王以多羅葉書此偈語以
齒印之執書合掌向彼僧處而作是
言以此大地一切施僧說已便終乃
至大臣用五色綵以莊嚴轝供養王
身供養已便水欲以灌太子頂以授
王位成護語諸臣言一切大地阿育
大王已施衆僧諸臣荅言我等今者
當作云何成護荅言先阿育王作意
我用百千万金施佛法僧巳與九十
六千万金欲更滿之而諸臣不聽王
意不滿故以一切大地布施衆僧諸
臣即便取四十千万金以贖大地即
以海水灌太子三波地頂令登王位

阿育王經第五卷　第五張　寫

三波地兒名毗梨訶鉢底翻太白星太白有
兒名毗梨沙斯鄰翻牛畢牛畢有兒名弗
沙跋摩翻尾鎧星尾鎧有兒名弗沙蜜多
羅翻善友乃至弗沙蜜多羅得登王位
集諸大臣以何方便能令我名恒住
不失諸臣荅言大王之姓從阿育王
來是阿育王起八万四千塔乃至佛
法未滅阿育大王名聞亦在王今應
當起八万四千塔時王荅言阿育大
王有大神力人无及者更有方便得
流名不是時有婆羅門呪願第一而
是凡夫不信佛法白王言有二種因
名得常住一者作惡二者作善阿育
大王起八万四千塔天令壞之名則
常在乃至弗沙蜜多羅王嚴駕四兵
欲壞佛法往至鷄寺至巳於寺門聞
有師子吼王大怖畏復還波吒利弗
國如是三反往至鷄寺亦復如是還
於本國集彼衆僧而作是言我於今
者欲壞佛法諸衆僧中於塔及寺各
有所護宜各說之諸僧皆言我等護
塔王於是時即殺上座次及諸僧將
有沙柯羅國是其所領語彼國人若

阿育王經第五卷　第六張

有能得一比丘首與其金錢彼國有寺名曰法王時彼寺中有一羅漢人欲取頭而白王言彼有比丘令欲取頭送與大王時王聞已自欲取之是時比丘入滅盡定以定力故刀杖火毒不能侵害既不得殺復往餘處至拘瑟他歌(翻摩薩)國彼國有一夜叉神守護佛牙是夜叉思惟佛法當滅我既受戒不復殺生我有女兒已利履(亡矣反)夜叉本欲求之以其先常作惡業故而我不許為護佛法今應與之復有一大力夜叉常護弗沙蜜多羅王以其力故人无侵害是護佛牙神將護王夜叉至於南海是時已利履夜叉取太山壓弗沙蜜多羅王及其四兵一時皆死是故此山名脩尼喜多弗沙蜜多羅王既被殺已孔雀大姓從此而滅

阿育王經卷第五

乙巳歲高麗國大藏都監奉
勑彫造

阿育王經第五卷　第七張　写

阿育王經卷第五

校勘記

一　底本，麗藏本。

一　九五一頁上一一行「初生」，諸本作「佛初生」。

一　九五一頁中二行「怨家」，諸本作「寃家」。

一　九五一頁中四行「今者」，諸本作「今日」。

一　九五一頁中八行「常供養」，諸本作「當供養」。同行「當思惟」，諸本作「常思如」。

一　九五一頁下九行第七字「富」，諸本作「貴」。同行末字「至」，磧、普、南、徑、清作「王」。

一　九五一頁下一二行「障罣」，資作「障得」；磧、普、徑、清作「障礙」。

一　九五一頁下一四行「先悉」，諸本作「悉先」。

一　九五一頁下一八行「目阿」，諸本作「目砢」。

一　九五二頁中一行第七字「主」，資、磧、普、南、徑、清作「王」。

一　九五二頁中一五行第六字「水」，諸本作「以海水」。

一　九五二頁下一四行第九字「天」，磧、普、徑作「王」。

阿育王經卷第六　　寫

佛記優波笈多因緣第六

梁扶南三藏僧伽婆羅譯

是時佛欲涅槃化阿波羅囉龍王及瞿波羅旃陁利龍王竟至摩偷羅國於彼國告阿難言於此摩偷羅國我入涅槃百年後當有賣香商主名笈多有兒名優波笈多无相佛當作佛事教化多人證阿羅漢果此處石窟長十八肘廣十二肘令其弟子人捉一四寸籌投石窟中使滿石窟阿難當知我後教化弟子優波笈多最為第一阿難汝今見彼遠青林不阿難答言已見世尊佛言彼山名優樓漫陁如來入涅槃百年後當有舍那婆私比丘於彼山起寺又說法教化優波笈多令其出家於摩偷羅國有長者子兄弟二人名那哆婆哆其當於優樓漫陁山為起寺檀越故名此寺為那哆婆哆阿難當知此寺最為第一禪處阿難驚惋優波笈多饒益多人佛語阿難汝今不應驚惋此事過

去久遠其生惡道已益多人又過去世於此優樓漫陁山三邊一邊有五百緣覺一邊有五百仙人一邊有五百獼猴獼猴之中而有一主是獼猴主往緣覺處見諸緣覺生歡喜心取樹花果供養緣覺時諸緣覺結加趺坐是時獼猴次第作礼作礼已畢於僧坐末而自端坐乃至日日亦復如是時諸緣覺皆入涅槃獼猴不知恒脩供養如本不異見諸緣覺悉不受之是時獼猴執緣覺衣及以牽脚緣覺不動獼猴思惟是諸緣覺悉皆已死啼泣懊惱復至仙人處是五百仙人皆卧棘刺是時獼猴復學仙人卧棘刺上又學仙人卧灰土上復學仙人五熱炙身炙身去後是時獼猴以水滅火取灰藏之所卧棘刺拔取擲去所卧之灰復取除之仙人以手攀樹自懸獼猴復撥其手令其墮地是獼猴四威儀中常教化諸仙既教化已於諸仙前端坐脩定語仙人言汝等一切當如是坐時五百仙人隨其坐禪是諸仙人無師說法於三十七助菩

提法思惟諸得緣覺之道既得道已復作是念我得聖道由此獼猴即以香花飲食供養獼猴乃至獼猴命終時諸緣覺即以香木用燒其身佛語阿難是獼猴者即優波笈多是優波笈多於惡道中為多衆生作大饒益我入涅槃百年後復於優樓漫陀山作大饒益尒時世尊語阿難言汝當捉我衣角時世尊將阿難身昇虛空往罽賓國至已語阿難言汝見此處多山林不阿難答言已見世尊復告阿難此罽賓國我入涅槃百年後當有末田地比丘於此土立罽賓國乃至佛次第行到拘尸那城涅槃時至告長老摩訶迦葉我今欲入涅槃汝當聚集法藏令住千年為攝受衆生故摩訶迦葉白佛言世尊如世尊教我當奉行乃至佛念天帝釋時天主帝釋知佛心已即至佛所尒時世尊告帝釋言憍尸迦汝當護持法藏帝釋白佛言世尊我當如是世尊復念四天王時四天王知佛心故即至佛所佛復告四天王我涅槃後汝等當

護持法藏乃至未來三賊國王汝皆應共其護持法藏四天王白佛言如是世尊是時世尊以法藏付摩訶迦葉及天帝釋四天王等竟復往摩偷羅國如是次第至拘尸那城娑羅雙樹間告阿難言涅槃時至是娑羅雙樹北面汝當安置眠處我於今日中夜當入无餘涅槃即說偈言

生死海无底　波浪洄復深　老病以為岸
我今已得度　欲入無憂國　棄捨身之栰
更生以為海　老可畏為水　牟尼為牛王
渡彼生死海　如人依於栰　安隱至彼岸

乃至廣說佛入涅槃起八舍利塔第九甖塔第十炭塔而說偈言

八塔高如山　舍利在其下　次第九甖塔
第十者炭塔

乃至天主帝釋及四天王一切香花種種伎樂供養舍利說言世尊付我等法藏入涅槃令我等依佛法守護是時帝釋語持黎哆阿囉哆(翻治國)言汝於東方當護佛法復語毗留多(翻增長)言汝於南方當護佛法復語毗留博叉(翻不好眼)言汝於西方當護佛法復語鳩

鞞羅(翻不好身)言汝於北方當護佛法世尊言我滅後有三賊王當來與汝同處若壞佛法汝當擁護是時佛入涅槃无數羅漢亦入涅槃是時空中悲聲說偈

苦哉佛弟子　一切皆涅槃　今日此世間
一切皆虛空

无明為闇覆正法燈大德羅漢悉皆涅槃无復守護三藏法者三藏正法不得久住是時帝釋及四天王無數諸天一切往至大迦葉所至已礼迦葉足而說言世尊付法藏與大德及我等大德今當與我共護佛法一切佛法當共聚集勿令分散令此佛法天人攝受住世千年為攝受一切衆生故乃至迦葉鳴磬以神通力從口出聲告閻浮提一切令知有五百阿羅漢住拘尸那伽是時迦葉語阿㝹樓馱長老見阿羅漢誰今未來阿㝹樓馱答言伽梵波提(翻牛主)今在天上尸利沙(翻樹名)殿其今未來大德迦葉聞諸比丘今此衆中誰為最小富那羅漢答言我為最小摩訶迦葉語言長老

衆僧法教汝能受不富那荅言能受
迦葉又言善男子汝今能受衆僧教

法善哉善哉汝今當往天上尸利沙
殿伽梵波提所而語之言大迦葉及
諸衆僧喚汝來下今有衆事汝可速
來而說偈言
善男子當往　尸利沙之林　捨此衆往彼
伽梵波提所
乃至富那往至尸利沙殿語伽梵波
提言迦葉及諸衆僧於閻浮提一切
和合今有僧事汝宜速下伽梵波提
荅言善男子汝當說佛及衆僧勿道
迦葉及衆僧何以故佛已涅槃諸外
道等當輕佛法復次有惡比丘起破
僧事外道當言佛既涅槃法亦滅盡
諸比丘等皆无所知佛昔在世以智
慧光明令諸世間悉亦光明今既滅
度世間皆闇我於今者何事至彼復
說偈言
一切世間空　無復歡喜處　无如來說法
閻浮提無事　我今欲住此　而入於涅槃
汝今還彼以宣我心伽梵波提礼大
迦葉及諸衆僧而說偈言

一切世間空　无復歡喜處　无如来說法

閻浮提无事　我今欲住此　而入於涅槃
伽梵波提說此語已即入涅槃是時
富那還閻浮提而說偈言
大德勝衆　伽梵波提　礼敬而言
佛已涅槃　我於今日　亦入涅槃
如大象滅　子亦隨滅
是時大迦葉即便立制從今已去衆
僧和合結集法藏其事未畢諸比丘
等不得涅槃即說偈言
從今日已去　一切僧和合　未結集法藏
皆不得涅槃
乃至五百阿羅漢皆和合竟大迦葉
白僧言此長老阿難恒隨如来其今
已老一切衆僧當恭敬之復說偈言
此長老阿難　受持佛所說　利根有智慧
常隨如來行　淨心解佛法　應當恭敬之
饒益諸衆僧　十力所讃歎
是時大迦葉語諸比丘我等若於此
地結集法藏大衆雲聚必當悲泣妨
於法事我等欲於佛得道處摩伽陁
國結集法藏乃至迦葉及五百羅漢
至王舍城是時長老毗棃時弗多供

給阿難行毗棃時國至已彼國四衆

聞佛涅槃心生悲惱是阿難思惟四
衆懊惱云何說法長老毗棃時弗思
惟我觀和上心為是聖人為是凡夫
即見和上猶是學心未猒欲界見已
往阿難處至已說此偈言
汝當往樹下　於涅槃作心　瞿曇當坐禪
不久證涅槃
是時長老阿難以毗棃時弗教化故
晝日行坐洗五蓋心如是一更乃至
五更明星出時出外洗足洗竟還寺
欲右脇卧頭未至枕離諸煩惱得羅
漢果往王舍城乃至迦葉及五百羅
漢亦来此城是時阿闍世鞞提希子
聞迦葉及五百羅漢至莊嚴道路種
種供具迎大迦葉時阿闍世王以無
根心成就故昔見佛来從高樓隨佛
以神力而接取之今於象上見大迦
葉復欲投下時大迦葉亦以神力而
接取之是時迦葉語阿闍世王如来
神力不假思惟聲聞神力必須作意
若不作意而汝墮者命則不全從今
以去不應復尒時王荅言我當如是

時阿闍世王礼迦葉足合掌說言大德世尊涅槃我遂不見若大德作意欲入涅槃當来看我迦葉荅言如是復語大王我等欲於此城結集佛法時王荅言我從今去至未終滅當以衣服飲食醫藥卧具供養衆僧願諸衆僧在竹林中是時迦葉思惟此寺廣大諸比丘等妨乱我事當作是言如是可說如是不可說有石窟處名畢波羅延名樹我等當於彼處結集法藏乃至迦葉共五百羅漢往畢波羅延石窟至已莊嚴住處語諸比丘於未来世諸比丘等當失正心我等未中之前當共集優陁那伽陁中後集一切法乃至五百阿羅漢次第坐於其坐處鋪尼師檀一切衆僧心念於三藏中先集何藏大德迦葉言當先集脩多羅諸衆僧復言誰能誦脩多羅迦葉荅言長老阿難多聞中第一一切脩多羅皆是阿難受持我等當問阿難集脩多羅是迦葉語阿難言汝今當說脩多羅我等大衆當共結集而說偈言

汝長老阿難　當知此法藏　是如来所造
汝力故能住　汝持佛法藏　如牛負重擔
如来持十力　冣勝大勇猛　能令三有滅
佛法如醍醐　一切持法藏　皆悉已涅槃
唯今汝一人　受持佛法藏

是時長老阿難荅言如是即從坐起於上座前立觀一切衆僧而說偈言

此大吉衆僧　離世尊一人　淨心不莊嚴
如虛空無月

乃至長老阿難從上座次第作礼礼已即登高座而便思惟有脩多羅我親從佛聞有脩多羅不親從佛聞我於今者悉說如是我聞乃至大德迦葉語阿難言長老應說脩多羅在何處說而說偈言

大智皆勸請　佛子汝當說　佛初脩多羅
在於何處說

時阿難荅言婆羅㮈國為五比丘初說脩多羅如是我聞一時世尊住婆羅㮈國仙面鹿園佛語諸比丘此苦聖諦乃至廣說是時長老阿若憍陳如思惟我此衆中聞為我等說脩多羅如是至佛法不斷皆是初所聞法

便生懊惱是時阿難見是事故亦生懊惱便下高座而在地坐復說偈言

三有无有力　猶如水中月　幻化芭蕉樹
復以智慧力　能知諸世間　是故捨生死
而入於涅槃　如大風倒樹

時五百阿羅漢皆除牀座露地而坐是時迦葉語諸比丘阿難所說是何脩多羅乃至五百阿羅漢入三摩提從三摩提起而說言如是脩多羅如是脩多羅乃至廣說四種脩多羅結集已竟衆僧復言我今欲集毗尼藏應當問誰大德迦葉荅言長老優波離持一切律冣為第一我當問其欲結毗尼是時迦葉語優波離長老汝當說毗尼我欲結集荅言如是佛於何處說波羅夷優波離荅言於毗時國為何人說為須提那迦蘭陁子如是廣說乃至第二法藏已竟摩訶迦葉復思惟我等自說智母是時迦葉語諸比丘云何說智母謂四念處四正勤四如意足五根五力七覺八正道四辯无諍智願智悉皆結集法身制說寂靜見等是說智母乃至大德

迦葉已結集法藏而說偈言
已結經法竟　為世間饒益　佛十力所說
是事不可量　世間无明闇　法燈能除之
是時長老阿難思惟佛世尊涅槃時有犯小罪教令除滅我今當白衆僧即於上座前合掌而言我親聞受佛說從今有犯小戒悉令放捨不復假持若衆僧同令便共捨既无細罪諸衆僧等則安樂住是時大德迦葉語阿難言汝問世尊何者是細戒應捨何者非細戒不應捨於五篇中為是第五為是第四阿難答言我實不問何以故于時佛邊諸大比丘悉皆不問我既寂小心无慚愧是故不問復次為佛涅槃我時懊惱是故不問時大迦葉語阿難言汝有罪過犯突吉羅如來臨欲涅槃從汝索水而汝以濁水上佛阿難答言我既寂小心無慚愧是時柯掘他不解翻江有五百乘車而從江過車去未久我便取水是故水濁迦葉又言如來須水汝何故不以鉢向天天自降水何為取此濁水上佛是故汝今得突吉羅復次世尊有新袈裟色黃如金汝何故以足蹹之阿難答言非我无慚愧是時我處更无異人是故足蹹迦葉又言汝何故不執衣向天天當來捉是故汝今犯突吉羅
復次佛時語汝若人能脩四如意足能住壽一劫若減一劫令汝知之而佛如來常成就四如意足汝何故不請佛住世一劫若減一劫阿難答言大德迦葉不无慚愧時魔王迷惑我心是故不能請如來住迦葉語言此亦得突吉羅罪復次汝何故以如來陰藏相示諸女人阿難答言大德我非无慚愧以陰藏相示諸女人時諸女人多諸愛欲若見如來陰藏之相便厭女身願求男身是故示之迦葉語言汝得突吉羅罪汝應當懺悔是時迦葉語諸比丘我等今當說七滅諍法及諸細罪諸比丘中或言衆學法是小或言四法是小或言九十事是小或言三十事是小或言乃至二不定是小或言若留四重及十三僧殘餘一切捨外道當說沙門瞿曇其法班駮若佛在世法則和合佛滅度後法亦散滅佛涅槃後諸弟子等各隨其意欲受便受欲捨便捨佛說此言若有比丘不一心受者當正心受戒若已受戒不得捨之依佛所說悉皆受持若比丘如說受持善法增長无復退轉是故依佛說一切諸戒悉皆受持

阿育王經卷第六

阿育王經卷第六

校勘記

一 底本，金藏廣勝寺本。

一 九五四頁中三行「因緣」，徑、清作「因緣品」。

一 九五四頁下八行第二字「末」，資、磧作「未」。

一 九五四頁下一三行「啼泣」，資、磧、普、南、徑、清作「啼哭」。

一 九五五頁中一五行第四字「如」，資、磧、普、南、徑、清作「於」。

一 九五六頁上末行「偈言」，資、磧、普、南、徑、清作「此言」。

一 九五六頁下一行第八字「國」，資、磧、普、南、徑、清作「弗」。

一 九五六頁下二行第九字「是」，資、磧、普、南、徑、清作「是時」。

一 九五六頁下一〇行首字「畫」，資、磧、普、南、徑、清作「盡」。

一 九五六頁下一七行「昔見」，資、磧、普、南、徑、清作「悉見」。

一 九五七頁上五行「至末」，資、磧、普、南、徑、清作「未至」。

一 九五七頁上一八行「多羅」，資、磧、普、南、徑、清作「多羅藏」。

一 九五七頁上二一行第八字「是」，麗作「是時」。

一 九五七頁中二行「能住」，資、磧、普、南、徑、清作「能任」。

一 九五七頁中三行「寂勝」，南、徑、清作「取勝」。

一 九五八頁上八行首字「持」，麗作「治」。

一 九五八頁上一四行第三字「既」，資、磧、普、南、徑、清作「時」。

一 九五八頁中一三行至次行「我非」，資、磧、普、南、徑、清作「非我」。

一 九五八頁中二二行第一一字「及」，資、磧作「乃」。

阿育王經卷第七

梁扶南三藏僧伽婆羅譯　篤

佛弟子五人傳授法藏因緣品第七

世尊付法藏與摩訶迦葉（翻大龜）入涅槃阿難摩訶迦葉付阿難（翻歡喜）入涅槃阿難付末田地（翻中）入涅槃末田地付舍那婆私（翻紵衣）入涅槃舍那婆私付優波笈多（翻大護）入涅槃優波笈多付絺徵柯（翻女）優波笈多在摩偷羅國教化弟子有成阿羅漢者輒令投一四寸籌於右室中室廣十二肘長十八肘自作擔言籌若滿室當入涅槃籌既滿已乃入涅槃以法付囑弟子絺徵柯絺徵柯是滿室籌中最後弟子優波笈多語絺徵柯言昔佛以法藏付囑迦葉迦葉以付囑阿難阿難以付囑末田地末田地以付囑和上我今以此法藏付囑於汝付囑既竟却後七日而入涅槃天人展轉相告滿閻浮提阿羅漢十万人和合共來供養學人及優婆塞優婆夷不可稱數乃至涅槃時至身騰虛空行住坐卧身上出水身下出火現十八變諸天世人莫不歡喜然後以籌而自闍維尒時一千羅漢同入涅槃乃至絺徵柯受護法藏

迦葉因緣

長老摩訶迦葉涅槃因緣尒時拂毗梨迦葉修多羅毗尼阿毗曇一切皆誦以願智令知三藏受身證滅盡三昧得揔持四辯與五百阿羅漢結集法藏佛所說法次第付囑與諸勝人處處流布常視讀誦勿令遺失於一切衆而為饒益常自思惟我年已大老死无常作此思惟依佛所說依力已受善友受經法子已生以現佛恩少報佛恩誰能一切恚報佛恩一切同學於法和合多時持身以攝世間多時揞身已大疲極以臭身疲極涅槃時至復說偈曰

已結脩多羅　以脩治道路　世尊之法語
處處廣宣說

復說偈言

无慚愧已除　已攝有慚愧　已作自饒益
我涅槃時至

阿育王經第七卷　第三張　寫字者

是時摩訶迦葉往至阿難處語長老
阿難言世尊付我法藏付已而入涅
槃我今欲涅槃以法藏付汝汝當受
持尒時王舍城當有商主兒生以舍
那衣覆是故名舍那婆私舍那婆私
入大海後歸於世尊法當修供養汝
當教化令其出家汝當以佛法藏以
傳與之尒時摩訶迦葉以佛法藏付
長老阿難付法藏竟作是思惟是我
世尊大慈悲難作已作教化周遍無
邊功德以造此身世尊舍利處處供
養我應入涅槃汝自當知是我可作
无有別事復說偈言

是我世尊　摩訶慈悲　世尊舍利
我已供養　菩提三昧　之所出生
難作已作　寂後供養

摩訶迦葉以神力往四支徵音知持及生處成道
處轉法輪處涅槃處以第一恭敬礼拜供養八舍
利塔亦復如是復入於龍宮以修供
養辟如師子王入於池湖无有怖畏
深大不動清淨無垢於彼佛牙供養
已竟辟如龍王出於虛空一瞬眼須至
忉利天宮與帝釋及諸天歡喜供養

阿育王經第七卷　第四張　寫字者

供養既竟欲從彼而入涅槃是時帝
釋見此事相語迦葉言念於淨行常
住山中以何意故而來至此此處孤
獨無有歸依是時拂毗利摩訶迦葉
語帝釋言憍尸迦我樂看佛牙及佛
天冠摩尼寶珠鉢多羅等是我最後
應為供養復說偈言

為說苦盡　是故我來　為看佛相
是故我來

帝釋及諸天聞迦葉語一切懊惱恭
敬彼故而以兩手捧持佛牙以授迦
葉迦葉頂受目不暫瞬以漫陁羅華
翻圓華薄拘羅華翻曲華牛頭旃檀周流
那翻末香以此供養摩訶迦葉語帝釋
及一千諸天汝當修不放逸是時迦
葉於須弥山頂忽然不現還王舍城
尒時長老迦葉以佛法藏付囑阿難
是時阿難日日隨從迦葉後行阿難
語迦葉言莫入涅槃是時迦葉告阿
難言我今與汝各隨所入尒時阿難
早起著衣持鉢入城乞食是阿難以
三可愛和合一者名可愛二者聞可
愛三者色可愛彼人見色不猒聞說

阿育王經第七卷　第五張　寫字者

法不猒迦葉亦早起著衣持鉢入城
乞食迦葉思惟我本有約入涅槃時
當往見阿闍世王是時迦葉入王宮
內語看門人我今住此欲見大王汝
可入宮白王令知門人荅言王今政
眠須王眠覺當為啓聞迦葉語言汝
可覺王門人荅言王不可覺覺必大
瞋瞋必殺我長老迦葉語門人言王若
覺時汝當白王迦葉今來欲入涅槃
故須見王是時迦葉入城乞食乞食
竟入鷄足山破山三分於山中鋪草
布地即自思惟而語身言如來昔以
糞掃之衣覆蔽於汝而於弥勒法藏
住復說偈言

我以神通力　當持於此身　以糞掃衣覆
至弥勒佛出　以此故弥勒　教化諸弟子

尒時迦葉起三三昧一者如入涅槃
竟被糞掃衣以三山覆身如子入母腹
而不失壞乃至弥勒法藏應住二者
若阿闍世王來山應開迦葉思惟若
阿闍世王不見我身當吐熱血死三
者若阿難來山當開是時從三昧起
捨命入涅槃竟地六種動帝

釋等无數天人以天諸花供養迦葉身三山還合以覆其身帝釋及諸天遠離故生懊惱即說偈言

我等今日　遠離迦葉　心生懊惱
不能自勝　畢鉢窟天　衆難法生
摩伽他人　生貧孤獨　一切世間
无有歸依
今此迦葉　第二佛滅　正法山壞
正法船動　正法樹落　正法海涌
魔王歡喜　攝受法乱

作如是語已忽然不現時阿難入王舍城未出迦葉入涅槃長老阿難王舍城乞食竟思惟無常乃至阿闍世王眠中夢見其母姓滅驚此夢故怖畏起覺門人白王迦葉向來欲見王當入涅槃王聞其言悶乱躄地傍人以水起王王得少醒往竹林中礼阿難足礼已復起懊惱啼哭說言我今聞長老摩訶迦葉入涅槃阿難荅言大精進已入涅槃尒時阿闍世王語阿難言看迦葉身我欲供養阿難將王至鷄足山上是時阿難見諸羅刹讚迦葉身阿闍世王亦如是見又見天花覆迦葉身見已舉手拍頭以一切身接足作礼如象觸樹倒礼已便欲覓薪以闍維之是時阿難語言大王今何所作王荅言我欲燒迦葉身阿難荅言莫燒莫燒此身神力所持乃至正覺弥勒佛九十六千万弟子圍繞来至此處取迦葉身現諸弟子時弥勒說言此迦葉是釋迦牟尼弟子少欲知足㝡為第一又結集釋迦牟尼法藏復說偈曰

此仙比丘姓迦葉　釋迦牟尼大弟子
㝡勝善見益世間　是其受持彼法藏

是時弥勒弟子生念彼時人身小釋迦牟尼身為如是為當大是時弥勒佛見其弟子而語言摩訶迦葉身糞掃僧伽棃是釋迦牟尼世尊僧伽棃衣彼弟子聞已憂愁故九十六千万弟子當得證阿羅漢果復得受持成行功德復次於山頂應起塔阿闍世王還其城內是時三山還合更覆其身阿闍世王即於山上更復起塔以種種香花供養

阿難因緣

尒時長老迦葉入涅槃時阿闍世王礼阿難足說言長老佛入涅槃我不見長老摩訶迦葉入涅槃亦不見若長老欲入涅槃願来見我阿難荅言如是乃至舍郍婆私商主從海而還舍郍婆私以其寶物安置室內往竹林中是時長老阿難於講堂門立尒時舍郍婆私往阿難所到已礼足於一處坐舍郍婆私語阿難言長老當知我從海中安隱得還今欲於佛等一切衆僧作五年功德大會今佛何處阿難荅言世尊已入涅槃舍郍婆私聞已悶乱躃地傍人以水起之少時得醒仍說言長老舍利弗何處入涅槃如是摩訶目健連摩訶迦葉等何處入涅槃問已復言長老我欲作五年功德大會阿難言隨汝意作乃至廣設作大會已阿難語言汝已於世尊法藏作五年功德竟今日當作以法攝受舍郍婆私荅言長老云何教我是時阿難語舍郍婆私汝當於佛法藏出家舍郍婆私荅言如是長老阿難為其出家受具足戒乃至究

竟第四羯磨舍𨙻婆私復受大受我
當至死著舍𨙻衣長老阿難受持八
万四千法門乃至佛所說諸羅漢所
說舍𨙻婆私悉能受持具足三明通
達三藏尒時長老阿難住於竹林是
時有一比丘誦斯伽陁
若人百年生　不見水白鷺　若人一日生
能見水白鷺　是人有智慧　名勝彼百年
是時阿難將其遊行聞其所說而語
言汝誦此偈非佛所說當言若百年
生不見生滅若一日生能見生滅是
人有智勝彼百年復次二人謗佛一
者不信瞋恚故謗二者雖信不如法
受持修多羅義亦名謗佛如人無足
无口　此人無用捘底不解阿票多无患子
此二人不能善受修多羅義亦如是
復說偈言
癡人不聰慧　其為无可用　聡慧不受法
具慧則為毒　正智聞可說　則得解脫果
是時彼誦偈比丘還其師所說阿難
言世尊所說若百年生不見生滅若
一日生能見生滅勝彼百年彼師語
弟子言阿難已老其念無力復說

偈言
若人老至　失其念力　智慧身力
一切皆老
復語弟子依汝所誦莫從彼語乃至
阿難復往其所聞說本偈長老阿難
語言我已語汝此非佛說彼荅阿難
我師說言阿難已老其念無力阿難
思惟欲往其師所為說此義復觀其
心受我語不即見其心不受此義復
更思惟有餘比丘能為說不亦不見
人能為其說阿難念言若佛在世我
當白佛及舍利佛目揵連迦葉等今
佛等悉入涅槃我今亦欲隨入涅槃
以佛力故法住千年復說偈言
如彼諸仙人　當皆已過去　我今與彼等
无有老別相　今我自思惟　猶如鳥隨風
彼已入涅槃　能除諸垢結　於世間為燈
為除无明闇　除彼大精進　无量律儀者
今唯我一人　如林餘一樹
是時阿難付囑舍𨙻婆私復說世尊
付法藏摩訶迦葉竟入涅槃摩訶迦
葉付囑我竟入涅槃今我欲入涅槃
此佛法藏應當受持守護於摩偷羅

國有山名優沵漫陁翻大醍醐摩偷羅國
有長者生二子一名𨙻多翻无二名婆
多翻單是佛所記於彼山中應當起寺
復有摩偷羅國賣香商主名笈多笈
多當生兒名優波笈多汝當教化令
其出家其是世尊所記无相佛我涅
槃百年後當作佛事是時舍𨙻婆私
荅言如是長老阿難已付法藏於舍
𨙻婆私竟早起著衣持鉢入王舍城
乞食阿難思惟我有約入涅槃時當
往見阿闍世王是時阿難即入王宮
語看門人我今住此欲見大王汝可
入宮白王令知門人荅言王今政眠
須王眠覺當為啓聞阿難語言汝可
覺王門人荅言王不可覺覺必大瞋
瞋必治我長老阿難語門人言王若
覺時汝當白王阿難今者欲入涅槃
故來見王是時阿難入城乞食乞食
竟即自思惟若我於此入涅槃阿闍
世王不以我身分與毗舍離人毗舍
離人於阿闍世王必當相瞋若我於
毗舍離國入涅槃毗舍離人必不以
我身分與阿闍世王阿闍世王於毗

合離人必復相瞋是故我於恒河中
入涅槃是時長老阿難往恒河處阿
闍世王於眠中夢見繖柄折而繖不
墮驚此夢故怖畏起覺門人白王阿
難向來欲見大王當入涅槃王聞其
言悶乱墮地傍人以水起王是時王
得少醒即自思惟長老阿難欲於何
處當入涅槃是時有林中天語阿闍
世王言長老阿難佛法生子守護法
藏其以作心令三有滅以寂靜意往
毗舍離國為涅槃故是時阿闍世王
集四種兵象馬車步往恒河岸毗舍
離國復有天人說偈語毗舍離人言
此仙阿難陁　以除无明闇　於世間多人
等起慈悲心　入毗舍離國　為欲入涅槃
是時毗舍離人離車毗衆不解復集四種
兵象馬車步往恒河岸是時阿難上
船往恒河中阿闍世王來逮阿難合
掌說偈
佛子入涅槃　於三世間等　佛面如蓮花
今已入涅槃　汝是我等歸　不應捨離我
是時毗舍離人礼阿難足合掌說言
汝於此處人天所念而今欲滅瞿曇

於此世間宗勝自在眼如蓮花為饒
益孤獨故應當攝世間長老阿難作
是思惟若我入摩伽陁國離車毗人
當懊惱若我入毗舍離國時摩伽陁王
復當懊惱我於今日當思所宜既已
知時即說偈曰
以半功德法　與摩伽陁王　復次半功德
與離車毗衆　如是此二人　當正修供養
長老阿難於涅槃時大地六種震動
介時於雪山有一仙人五通具足共
五百弟子彼仙思惟何故地動甚覺
阿難欲入涅槃乃至共五百弟子往
阿難所到已礼足合掌說言我於長
老當得佛所說法及出家具足修淨
梵行長老阿難生念我一切弟子應
當來生此念時五百弟子阿羅漢一
切來集長老阿難即以神力轉此大
地乃至仙人及五百弟子出家受具
足於第一羯磨仙人及五百弟子得
須陁洹果於第二羯磨得斯陁含果
於第三羯磨得阿那含果於第四羯
磨除一切煩惱得阿羅漢果仙人及
弟子於恒河中出家是故名末田地

是時末田地作所作已礼阿難足說
此言如世尊宗後與須跋陁出家須
跋陁前入涅槃我不樂見和上涅槃
和上亦當聽我前入涅槃長老阿難
語末田地言世尊付摩訶迦葉法藏
入涅槃摩訶迦葉付我入涅槃我今
欲涅槃此法藏汝應受持佛已說罽
賓國第一坐禅寺我入涅槃百年後
當有比丘名末田地是其應持法藏
入罽賓國是故汝應將法藏入彼國
末田地荅言介長老阿難付法藏與
末田地竟現神通力作十八變於虛
空中行住坐卧入火三昧入三昧竟
從其身中出種種色青黃赤白或身
上出火身下出水或身上出水身下
出火是時阿難其身端正辟如名山
出清流水及種種花阿難思惟欲分
此身半與摩伽陁王半與離車毗衆
是時以神通力遂檀越心以智慧金
剛破其身山半與摩伽陁國半與毗
舍離衆乃至阿難入涅槃阿闍世王
與諸天人供養半身毗舍離人復供養
半身有二塔一在王舍城一在毗舍離

末田地因緣

是時長老阿難入涅槃末田地思惟我和上教我將佛法藏入罽賓國時末田地往罽賓國坐於繩牀更復思惟此罽賓國龍王所領若不伏之不從我界應入如是三昧以三昧力令罽賓國六種震動乃至龍王不能自安於是龍王至末田地所時末田地入慈三昧龍王興風吹袈裟角不能令動復起雷雨末田地神力變其雷雨皆成天花優鉢羅拘牟頭分陁利花等悉皆墮地乃至復以種種器仗欲害末田地復以神力變其器仗亦成天花復以大山壓末田地復變大山而成天花即時空中而說偈曰

大風吹動　不移衣角　雷雨器仗
變為天花　譬如雪山　日光所照
悉皆銷消　無有遺餘　入慈三昧
火不能燒　器仗毒害　不近其身

於是龍王驚悅往末田地所說言聖人數我何作末田地言此處與我龍王荅言不可得也末田地言此處佛所記當起寂勝坐禪處名罽賓國龍

王復言此是佛所記耶末田地荅言如是龍王復言欲得大小地耶末田地言欲得如牀處龍王言如是我與是時末田地以神通力廣其坐處如究塗盧鄉茂訶(不解翻)覆此大地龍王復言幾人相隨末田地言有五百阿羅漢龍王復言若五百阿羅漢少一人者當奪住處是時末田地自思惟乃至法藏當有五百阿羅漢不其見不滅乃至過數荅龍王言如是長老復言若有受施應有檀越我欲將白衣入罽賓國龍王荅言如是是時末田地將衆多白衣入罽賓國立聚落城邑諸白衣語末田地言我今於此云何自活時末田地以神通力將諸白衣入揵陁摩陁那(翻香醉山)山至已諸白衣掘取官久摩(翻鬱金香)還罽賓種是時香醉山中諸龍王瞋末田地教化降伏諸龍王問末田地世尊法藏住當幾時末田地荅言經一千年諸龍王作約至佛法住聽住彼國末田地荅言如是時末田地取欝金香至罽賓國種乃至世尊法藏住是時末田地廣

布法藏現種種神力與諸檀越共學佛法令其解悟然後涅槃如水滅火以牛頭栴檀種種香木闍維其身收其舍利為之起塔

舍那婆私因緣

尒時長老阿難入涅槃時舍那婆私往摩偷羅國於中路有寺名貧陁婆那(翻叢林)舍那婆私住寺一宿寺有二老比丘論議說偈

無犯第一戒　擇法第一聞　是比丘謂是

舍那婆私說

時舍那婆私語二比丘汝所說義非我所說正法和合是我所說長老先過去世於波羅㮈國有一商主與五百估客欲入大海於其中路見辟支佛病商主留諸估客看辟支佛以醫所說藥商主親自料理時辟支佛病得小差尒時商主取舍那衣衣本麁澁更浣染治令其軟滑浴辟支佛以衣施之白言世尊此衣麁澁世尊浴竟願納受之辟支佛荅言善男子我老隨舍那婆私出家以此衣覆我身得聖法今著此衣至入涅槃商主白

言莫入涅槃乃至我入海還當以衣服飲食卧具醫藥供養世尊至未入涅槃我今入海不得住此辟支佛言我今不得不入涅槃汝已大作功德當生歡喜時辟支佛即為商主現十八變現神變已即入涅槃商主供養其身作此誓願我於此比丘修諸功德以此善根如其所得我當得之時商主者我身是也是故我今值寂勝師令我得道我者舍那婆私衣於世尊法藏出家以舍那婆私覆身得道以舍那婆私覆身入涅槃我常著舍那婆私於白衣處亦著此衣是故我名舍那婆私我受具足第四羯磨竟復受大受乃至未入涅槃恒著舍那婆私是故復名舍那婆私是時長老舍那婆私次第行至摩偷羅國往優流漫陁山坐於繩牀優流漫陁山有二龍王兄弟與五百諸龍相隨舍那婆私思惟我不伏之不得教化即以神力動山二龍王瞋往舍那婆私處起疾風雨及以出火舍那婆私入慈三昧能令風雨及火不近其身變其水火悉為天花謂優鉢羅花拘牟頭分陁利花等悉皆墮地復起雷電亦以神力變其雷電皆成天花復以種種器仗欲擲舍那婆私亦以神力變為天花復以大山欲壓舍那婆私亦變大山而為天花即時空中而說偈曰

暴風疾雨　不能為害　雷電器仗
變為天花　譬如雪山　日光所照
悉皆銷消　无有遺餘　入慈三昧
火不能燒　器仗毒害　不近其身

於是二龍王往舍那婆私處白言聖人教我何作舍那婆私荅言我欲於此山中起寺汝當聽我龍王荅不可得也長老言世尊已記我入涅槃百年後於大醍醐山寂靜寂勝處當起寺名那哆婆哆龍王復言世尊已記耶長老荅言如是龍王言若世尊已記我聽是時長老思惟觀察那哆婆哆寺檀越為生已未見其已生時舍那婆私早起著衣持鉢入偷羅國乞食乞食已往那哆婆哆檀越處至已語檀越言善男子汝當與我金錢我欲於醍醐山起寺那哆婆哆兄弟二人語舍那婆私我不能也長老語言佛已記汝二人於大醍醐山當起寺二人荅言若佛所記我當起寺乃至二人於山起寺服飾等物悉皆具足故名此寺為那哆婆哆

阿育王經卷第七

阿育王經卷第七

校勘記

— 底本，金藏廣勝寺本。

— 九六〇頁中三行「因緣品第七」，資、磧、普、南作「因緣卷上」。同行「第七」，徑、清作「第七之一」。

— 九六〇頁中八行「絺徵柯」，資、磧作「絺徵柯」。下同。

— 九六〇頁中一一行首字「右」，諸本作「石」。

— 九六〇頁中二一行第一一字「稱」，資、磧、普、南、徑、清作「勝」。

— 九六〇頁下一六行「世聞」，諸本作「世間」。

— 九六〇頁下一八行第四字「復」，資、磧、普、南、徑、清作「而」。

— 九六一頁上八行首字「傅」，資、磧、普、南、徑、清作「付」。

— 九六一頁上一二行「自當」，徑、清作「當自」。

— 九六一頁上一七行「神力」，資、磧、普、南、徑、清作「神通力」。

— 九六一頁上一八行至一九行「八舍利塔」，磧作「入舍利塔」。

— 九六一頁上二〇行第一〇字「湖」，資、磧、普、南、徑、清作「湖湖」。

— 九六一頁上末行第五字「與」，麗作「時」。

— 九六一頁中一行第五字「欲」，諸本作「意欲」。

— 九六一頁下五行「門入」，諸本作「門人」。

— 九六一頁下八行「必殺」，諸本作「必治」。

— 九六一頁下一二行「如來昔」，資、磧、普、南、徑、清作「昔如來」。

— 九六一頁下一三行第九字「而」，資、磧、普、南、徑、清作「乃至」；麗作「至」。

— 九六一頁下一四行首字「住」，諸本作「應住」。

— 九六一頁下一八行「母腹」，資、磧、普、南、徑、清作「腹」。

— 九六一頁下二二行第一一字「從」，資、磧作「徙」。

— 九六一頁下末行第一三字「動」，麗作「震動」。

— 九六二頁上一一行第一〇字「時」，資、磧、普、南、徑、清作「是時」。

— 九六二頁上一七行第三字「起」，資、磧、普、南、徑、清作「灑」。頁下一三行第一二字普、南、徑、清同。

— 九六二頁中一一行「姓迦葉」，資、磧、普、南、徑、清作「迦葉氏」。

— 九六二頁中一五行「而語」，徑作「面語」。

— 九六二頁中一八行「持成」，南、清、麗作「持戒」。

— 九六二頁中一九行第九字「應」，資、磧、普、南、徑、清作「當」。

— 九六二頁下一〇行末字「等」，資、磧、普、南、徑、清作「寺」。

— 九六二頁下一三行第五字「乱」，資、磧、普、南、徑、清作「絶」。

— 九六二頁下一四行第四字「仍」，

資、磧、普、南、徑、清作「乃」。

一　九六二頁下一八行第三字「設」，資、磧、普、南、徑、清作「說」。

一　九六二頁下二一行第一二字「汝」，麗作「言汝」。

一　九六三頁上一行第一二字「大」，麗作「大戒」。

一　九六三頁上四行「三明」，磧作「三門」。

一　九六三頁上九行「聞其」，資、磧、普、南、徑、清作「聞彼」。

一　九六三頁上一五行「阿票多」，資、磧、普、南、徑、清作「阿栗多」。

一　九六三頁上一八行末字「法」，資、磧作「持」。

一　九六三頁上一九行首字「具」，資、磧、普、南、徑、清作「其」。

一　九六三頁中一五行第六字「當」，資、磧、普、南、徑、清作「悉」。

一　九六三頁下三行「所記」，資、磧、普、南、徑、清作「所說」。

一　九六四頁上一行第一〇字「我」，資、磧、普、南、徑、清無。

一　九六四頁上二行首字「入」，資、磧、普、南、徑、清作「我入」。

一　九六四頁上九行「生子」，資、磧、普、南、徑、清作「王子」。

一　九六四頁上一八行「來逮」，資、磧、普、南、徑、清作「來揖」。

一　九六四頁中四行「毗衆國時」，資、磧、普、南、徑、清作「毗衆時國」；麗作「毗舍衆國時」。

一　九六四頁中七行「復次」，磧、南、清、麗作「復以」。

一　九六四頁中一四行「修淨」，普、南、徑、清作「修清淨」。

一　九六五頁上二〇行第六字「恍」，諸本作「恐」。

一　九六五頁中五行「那茂砢」，麗作「那筏砢」。

一　九六五頁中八行第五字「處」，普、南、徑、清無。

一　九六五頁中一七行「官久摩」，資作「宮久摩」；磧作「宮人摩」；南、徑、清作「宮叉摩」。

一　九六五頁下二行第三字「令」，資、磧、普作「今」。

一　九六六頁上一二行「我常」，徑、清作「我當」。

一　九六六頁中一三行「王答」，諸本作「王答言」。

一　九六六頁中一四行「已記」，資、磧、普、南、徑、清作「已說」。一六行資、磧同。

趙城縣廣勝寺

阿育王經卷第八　　寫

梁扶南三藏僧伽婆羅譯

佛弟子五人傳授法藏因緣第八

優波笈多因緣

尒時舍那婆私於大醍醐山起寺已即便思惟賣香商主名笈多生已未生見其已生其兒名優波笈多世尊所記无相佛我入涅槃百年後能作佛事生已未生見其未生舍那婆私以方便力教化賣香商主令其精進時舍那婆私一日多將弟子入其家别日與一弟子入其家復於一日獨入其家笈多當作佛事見舍那婆私獨來其家問言聖人何故獨无弟子隨從長老語言我是老人何得有人隨從於我若有人樂精進出家則有隨從笈多語言我樂在家受五欲樂不能出家若我生兒當隨長老長老言如是如是恒作此願勿令退失乃至笈多生兒名阿波笈多（不翻正譯）至其長大舍那婆私往至笈多所語言汝先有願若我生兒當與長老今兒已生此兒有德汝當聽其隨我出家笈多言我今唯有一兒若第二兒生當與長老時舍那婆私思惟此兒是優波笈多不見其非是語笈多言如是乃至第二兒生名陁那笈多（此翻寶）至其長大舍那婆私往笈多處語言汝先願第二兒生當與我今兒已生汝當聽其隨我出家笈多荅言長老勿瞋我有二兒共治家業一令見物一令守護若第三兒生當與長老舍那婆私復更思惟此是優波笈多不見其非是語笈多言如是乃至第三兒生端正好色甚可愛樂過人之色不及天色是故名為優波笈多是兒長大其父留之以法治生多獲其利時舍那婆私往笈多處語言善男子汝先願第三兒生當以與我今兒已生汝當聽其隨我出家笈多荅言我當作指令其治生若長若退不得出家不長不退乃聽出家是時魔王令摩偷羅國一切人衆悉買其物令其得利乃至舍那婆私往笈多所時優波笈多正在賣香長老語言汝心心

阿育王經第八卷　第三張　寫字号

法生云何為善云何為惡優波笈多
荅言我今不知心心法云何為善云
何為惡長老語言若心心法與貪瞋
癡相應是名為惡與不貪不瞋不癡
相應是名為善乃至長老復於異時
更往優波笈多所語言善男子汝云
何心心法生為善為惡荅言我今不
知心心法云何為善云何為惡長老
言汝今欲知心心法為善惡者若能
受道除心心法惡我當作事時長老
以黑白土為丸而語之言若汝黑心
起取黑丸若白心起取白丸當作不
淨觀如所說念佛應當思惟是時優
波笈多欲善作心心法而取多黑丸
乃至不得一白丸復更思惟取二分
黑丸一分白丸復更思惟取半黑丸
半白丸復更思惟取二分白丸一分
黑丸復更思惟乃至一切白心起悉
取白丸是時摩偷羅國有婬女名婆
婆婆達多翻天與其有一婢往優波笈多
處買香多得香還其主問言汝於何
處得此多香將不於估客偷此香来
婢荅言有估客名優波笈多形色具

阿育王經第八卷　第四張　寫字号

足言語微妙以法賣物其主聞已於
優波笈多起婬欲心復令其婢至優
波笈多處汝當語彼云我欲與汝共
相娛樂乃至其婢白優波笈多優波
笈多言汝可荅彼我今相見未是其
時婢還白其主其主云彼不能以五
百銀錢與我是故不来復令婢往而
語之言我不須錢但須汝来共相娛
樂其婢復往優波笈多所說其此言
優波笈多猶荅言我今相見未是其
時乃至別有長者子往婆婆婆達多
所復有一商主從北天竺来將五百
疋馬及種種物至摩偷羅國至巳問
摩偷羅國人此國何處有第一端正
女人國人荅言有女人第一端正名
婆婆婆達多商主又言我今欲以五
百銀錢及種種寶物往至其處是時
婬女貪其物故殺長者子取其身骸
置不淨處與後商主共相娛樂是長
者子親善知識於不淨處覓得身骸
往白國王國王語言汝可取彼婆婆
婆達多截其手脚及以耳鼻散置野
外乃至如王教令截其手脚散置野

外是時優波笈多聞婆婆婆達多手
脚被截散在野外即便思惟我於本
時不樂見之共受五欲今時欲見觀
其手脚及其耳鼻復說偈曰

昔以衣勝衣　及種種寶飾　如是等衆具
莊嚴於其身　若人樂解脫　欲猒離於世
是時不當見　實能莊嚴身　今時應往觀
无傷无歡喜　其色還本相　視之生猒離

尒時優波笈多將一小兒捉繖隨從
行至野外是時其婢憶念其恩住其
身邊駈逐烏鳥不令侵啄乃至其婢
語之先數遣喚優波笈多其人今来
起欲心耶其主聞之即便說言我好
形容今巳毀壞實為大苦於此地上
為血所汙舉身皆赤我身如是云何
見之而起欲心語其婢言我手脚耳
鼻集之一處无令得見乃至其婢集
在一處以衣覆之是時優波笈多至
巳對婆婆婆達多立而觀之婆婆婆
達多見優波笈多語言聖善至昔時
我身堪受五欲于時遣使而言非時
今手脚被截在血泥何故而来復說
偈言

前時之身　猶如蓮花　大價寶衣
以為莊嚴　而无功德　故不見汝
我今如此汝何故來即身離莊嚴離
歡喜血為塗香見之驚怖優波笈多
答言我今非是起欲心來為見貪欲
想及不淨想是故我來復說偈曰
以諸寶衣　及種種花　莊嚴汝身
見者心亂　一切衆人　有欲見者
以無物故　無不見者　色還本相
離於莊嚴　臭處如是　尸骸共住
身薄皮覆　以血護之　薄皮覆之
以宍泥之　千脉纏縛　處處周遍
此身如是　云何起愛　復說姊妹
外可愛色　世間人見　起於欲心
若知其內　即得解脫　貴賤尊卑
皆有臭尸　愚者見之　起於淨見
智者見之　起不淨見　此身臭穢
是不淨處　以種種香　周以勳身
此身可惡　垢膩膿血　種種衣服
以自莊嚴　身不淨盛　以水淨之
愚夫罪人　愛著此身　若有人聞
佛說善法　隨從受持　厭離五欲
樂解脫心　入寂靜林　依道為筏

渡有彼岸
婆娑婆達多聞其言深畏生死聞佛功德變其意樂於涅槃即便說偈答優波笈多

如是如是　如汝所說　汝實智慧
有大慈悲　今當更說　如來妙法

乃至優波笈多次第說法所謂四諦優波笈多更觀其身觀其身竟得厭欲界以自說法故通達四諦得那含果婆娑婆達多得須陀洹果是時婆婆娑達多語優波笈多言善哉善哉摩訶薩埵以汝力故覆三惡道大苦惱處開發天堂涅槃之道復次如來應等正覺及以法僧我今歸依復說偈言

我往歸依佛　兩足第一尊　佛眼若青蓮
天人中可貴　清淨離欲法　无上應真僧

乃至優波笈多以說法故令其歡喜還歸本處去已未久婆娑婆達多即便命終生於天上是時諸天為摩偷羅國人說其生天諸人聞已供養其身是時長老舍那婆私從笈多所語言汝當聽優波笈多隨我出家笈多

答言我先有約令其治生不利不銳乃聽出家乃至長老舍那婆私以神通力令其治生不利不銳是時優波笈多即自思惟稱量筭計不利不銳舍那婆私更至笈多所而語言汝此兒是佛所記我入涅槃百年後當作佛事汝當聽其隨我出家乃至笈多聽其出家是時長老舍那婆私將優波笈多往那哆婆哆寺與其出家受具足戒至第四羯磨除一切結得阿羅漢果是時舍那婆私語優波笈多言善男子汝佛所記我入涅槃百年後有比丘名優波笈多无相佛當作佛事如是一冊說佛弟子中教化第一善男子汝當作佛法饒益優波笈多答言如是舍那婆私教其說法摩偷羅國一切人民聞有比丘名優波笈多无相佛當說法无量千人皆欲往聽乃至長老優波笈多入三昧思惟見佛說法處四衆圍繞如半月形復更思惟世尊說法次第云何即見次第謂欲味過欲出及四信等如是次第乃至涅槃優波笈多亦如是說法是

時魔王於大衆中雨於真珠以乱人
心衆人乱故无有一人能見四諦優
波笈多見衆心乱即自念言誰作此
事以乱衆心即見知是魔王所作至
第二日倍多人来優波笈多更次第
說四諦真法是時魔王復更雨金以
乱衆心无有一人能見四諦優波笈
多見衆心乱即自念言誰作此事以
乱衆心即見知是魔王所作至第三
日復倍多人来優波笈多復更說法
是時魔王更雜雨珠金及作天伎樂
是時衆人未得離欲見色聞聲其心
變動不復聽法是時魔王即以花鬘
繫優波笈多項乃至優波笈多思惟
誰作此事即知是魔王所作優波笈
多生意此魔王於世尊法藏常作乱
事何故世尊不教化之即自思惟是
我可化佛記於我為无相佛教化人
攝受故乃至思惟今欲化之是其時
不即見魔王受化時至是時長老優
波笈多取三死尸一者死虵二者死
狗三者死人以神通力變三死尸以作
花鬘往魔王處魔王見優波笈多生

大歡喜優波笈多已受我化即便以
身欲受花鬘優波笈多自手縛之即
以死虵繫其頂上死狗死人繫其頸
下優波笈多語魔王言如汝先以非
法之花以辱於我如是我今還以死
尸繫縛於汝汝今已與佛子和合若
有神力可以現我辟如大風能動海
水以為波浪而不能動摩羅耶山翻離垢山
是時魔王欲脫死尸用力極多而不
能脫辟如蚋子不能移山魔王瞋忿
上昇虛空而說偈言
若我自不能　從頸脫死尸　有餘天能脫
其力則大我
長老優波笈多復以偈言
汝往歸依梵　及日月帝釋　入火及大海
不爆爛不脫　我以此死尸　繫著於汝頸
神力之所作　无有能脫者
尒時魔王往摩醯首羅及帝釋等三
十三天四天王為脫死尸而不得脫
復往大梵天處大梵語言善男子十
力弟子神力所作誰能脫之如大海
岸水不能破復說偈曰
如蓮花絲　縛於雪山　有能稱舉

此不為難　神通之力　死尸繫身
我今不能　為汝脫之　若我諸天
所有之力　不及如来　弟子之力
辟如餘光　不及火光　如此火光
不及日光
魔王語言云何教我所作我於今者
當歸依誰大梵語言汝今速往歸依
優波笈多如人於此地墮即於是地
得起汝今從其神力墮還從其神力
起是時魔王方知佛子神力為大即
便思惟復說偈言
若梵王歸依　佛弟子法藏　誰復能思量
如来之神力　如来之神力　實能降伏我
但以慈悲故　是故不降伏
我今已知佛力不復廣說復說偈言
今我已知　世尊慈悲　心離煩惱
辟如金山　我無明故　處處乱佛
處處作惡　而不降伏
尒時欲界主魔王无逃避處離優波
笈多而思惟即捨憍心往優波笈多
處礼其足說言長老我從菩提樹閒
乃至今日於世尊所起種種惡無量
無數復於娑羅國婆羅門舍佛往彼

阿育王經第八卷　第十三張　恭字号

覆令不得食是我所作我所作惡佛
亦不嗔我或時化作龍虵惡鬼種種
可畏以怖世尊亦不嗔我長老今日
无有慈悲令一切世間天人阿修羅
皆見怪笑令我羞愧優波笈多言汝
无智慧不能思惟欲以如来慈悲功
德比於比丘譬如芥子比須弥山無
異螢火等彼日光取一掬水同於大
海如是沙門慈悲不得比十力慈悲
佛以是因緣汝所作罪佛忍受之魔
王言佛斷一切惑除一切疑有大忍
辱我以煩惱惡故常欲惱佛世尊以
慈覆護於我以是故佛不伏我長老
當說優波笈多荅言善男子汝今當
聽汝於佛多作衆惡種不善法除於
如来生信敬心无以除滅是故佛見
當来久遠不伏於汝復說偈言

汝心少敬重　如来則發起　從小增長大
當得涅槃果　汝所作衆罪　今但略說之
當以念慧水　洗除煩惱垢

尒時魔王念佛舉身毛豎如歌曇婆
花不翻復說偈言

我多種種　苦惱世尊　世尊不瞋
我願相應　如兒罪過　父不責之

尒時魔王多時思惟佛恩以念佛故
令其心冷礼長老之足而說偈言

長老今日　已攝受我　能令於我
恭敬世尊　今以死尸　繫縛我頸
以為莊嚴　唯願大仙　以慈悲力
為我脫之

長老優波笈多言若能有約當為脫
之魔王問言云何為約優波笈多言
汝從今去莫惱比丘魔王荅言如是
如是復當云何教我所作長老荅言
世尊法藏當廣流布是我所作是時
魔王驚而復說教我所作長老荅言
汝今當知如来入涅槃百年後我時
出家世尊法身我已得見世尊色身
我所未見汝今為我所攝受故如来
色身汝當現我我於今者更無所樂
唯樂見佛魔王偈荅

當共作約　若見我作　如来身色
不得見礼　此是一切　智恭敬故
長老礼我　我當自滅　令無有力
擔聖人礼　如伊蘭牙　不能勝持
象牙所擔　故先共約

阿育王經第八卷　第十四張　恭字号

長老優波笈多荅言如是我不礼汝
魔王復言小待須臾乃至我入林中
猶如往昔有一長者名曰首羅我於
尒時欲乱彼故化作佛身金色晃曜
圓光一尋猶如日光如是色身不可
思議我今故作令人見者悉生信樂
是時長老優波笈多荅言如是即便
為除三種死尸為欲見於如来色故
是時魔王即入林中化作佛身作佛
身竟從林而出譬如女人入屏帳裏
種種莊嚴既莊嚴竟然後乃出如来色相
无有譬喻令人見者无不歡喜譬如
采畫有種種色尒時魔王以變化色
莊嚴林竟又復作舍利弗以置右邊
作目揵連以置左邊復作阿難持鉢
在後摩訶迦葉阿㝹樓馱須菩提等
一千二百五十諸大聲聞圍繞化佛如
半月形作是化已往至優波笈多所優
波笈多見佛身色生歡喜心即從坐
起觀佛色身目不暫捨即說偈言

无常无慈悲　破壞如来色　如来无常故
滅色入涅槃

優波笈多緣念佛故心不能捨我今

第十五張　寫字号

見此化身真佛无異一心合掌略
以偈讚
面勝於蓮花　眼勝優波羅　色勝衆花林
亦勝於真金　可愛過於月　光明過於日
智深過於海　不動過須弥　行勝師子王
眼瞬勝牛王
復次歡喜滿心大聲而說
以心清淨業　今得此妙果　以自業所造
不由化所作　无量無數劫　脩淨身口業
具足行六度　莊嚴不障身　見者皆歡喜
悲家亦生愛　我今見如来　云何不歡喜
是時優波笈多思惟念佛故不覺是
魔以一切身礼魔王足辟如大樹根
折躃地尒時魔王驚而說言長老今
者不應乖約長老荅言云何為約魔
王言先共作約若我作佛不應作礼
云何於今而見礼耶長老從地起小
聲荅言我非不知如来涅槃如水滅
火但見如来其色微妙是故作礼不
礼汝也魔王聞言汝一切身分頂礼
我足云何而言不礼我耶優波笈多
言我不礼汝亦不乖約汝今當聽辟如
以土為佛若礼敬者但作佛想不作

第十六張　寫字号

土想我今見汝但作佛想不作魔想
尒時魔王即捨佛形供養優波笈多
還歸本處劫後四日魔王即自打鍾
令一切人悉皆聞知若欲生天及得
涅槃皆應往優波笈多所諮受正法
若有人未見佛者當往覲優波笈多
於是魔王說偈言
若人欲富貴　不樂於貧窮　若樂天上樂
及大涅槃樂　悉當聽受法　思惟其義趣
若人未曾見　寂勝兩足尊　大師有慈悲
自然得聖法　悉皆應當往　優波笈多所
此人為世間　而作於燈明
尒時此聲遍滿摩偷羅國優波笈多
降伏魔王已摩偷羅國諸婆羅門等
一切人民皆往優波笈多所時優波
笈多坐師子座為衆說法心無所畏
猶如師子即說偈言
若人无有智　不登師子座　山苟登高座
深生大怖畏　如師子无畏　摧伏外道論
若能如是者　堪登師子座
是時優波笈多初所說法已次第說
所謂四諦是時无數人有得阿那含
果斯陁含果須陁洹果乃至一万八

第八卷　第十七張　寫字号

千人出家思惟坐禪精進修道得阿
羅漢果於大醍醐山有石窟長十八
肘廣十二肘是時諸弟子已作所作
竟長老優波笈多語諸弟子諸弟子
中我已教化證阿羅漢果得阿羅漢
者取四寸籌置石窟中乃至一日中
有万八千阿羅漢取籌置石窟中是
時乃至海邊大地廣聞名聲知摩偷羅
國有優波笈多教化弟一佛之所記
舍那婆私得道因緣
尒時舍那婆私與優波笈多出家竟
優波笈多教化降伏魔王已為攝受
衆生故舍那婆私思惟攝受正法已
竟我今欲向罽賓國受三昧樂世尊
所記罽賓國是弟一坐禪處是時舍
那婆私即往彼處入於石窟受三昧
樂有清淨涼風以吹其身即得阿羅
漢果受解脫樂而說偈言
著舍那婆衣　觸五種三昧　於寂勝山中
端坐入禪定　令風中出聲　遍告罽賓國
是舍那婆私　今已得道樂　以清淨自揩
得無漏解脫　今舍那婆私　自說如是偈

阿育王經卷第八

阿育王經第八卷　第十八張

阿育王經卷第八

校勘記

一　底本，金藏廣勝寺本。

一　九六九頁中三行「因緣第八」，資、磧、普、南作「因緣卷八」；徑、清作「因緣品第七之二」；麗作「因緣下」。

一　九六九頁下一二行第七字「多」，資、磧、普、南、徑、清無。

一　九七〇頁上一四行「善作」，資、磧、普、南、徑、清作「作善」。

一　九七〇頁中一五行「有女人」，資、磧、普、南、徑、清作「有婬女」。

一　九七〇頁下二二行「血泥」，資、磧、普、南、徑、清作「血泥中」。

一　九七一頁上九行「以無物故」下，諸本有「而不得見　今汝此身散在諸處　一切衆人」十六字。

一　九七一頁上一一行「護之」，諸本作「灌之」。同行末字「之」，資、磧、普、南、徑、清作「身」。

一　九七一頁上一三行「云何」，資作「如何」。

一　九七一頁上一八行「周以」，諸本作「用以」。

一　九七一頁上末行末字「筏」，資作「茷」。

一　九七一頁中三行第三字「變」，資、磧、普、南、徑、清作「轉變」。

一　九七一頁中九行「那含」，資、磧、普、南、徑、清作「阿那含」。

一　九七一頁中一九行「求久」，諸本作「未久」。

一　九七一頁下一〇行末字「阿」，資、磧、普、南、徑、清無。

一　九七一頁下一二行「汝佛」，麗作「如佛」。

一　九七一頁下一六行第五字「含」，資作「言」。

一　九七一頁下二二行第四字「過」，諸本作「欲過」。

一　九七二頁上一二行「是時」，徑作「是人」。

一　九七二頁上一四行第六字「頂」，諸本作「項」。

一　九七二頁上一五行「此事」，資作「此是」。同行「魔王」，資、磧、普、南、徑、清作「魔又」。

一　九七二頁上二〇行「長老」，資、磧、普、南、徑、清無。

一　九七二頁中一九行「得脱」，資、磧、普、南、徑、清作「能得」。

一　九七二頁中二〇行第三字「大」，資、磧、普、南、徑、清作「入」。

一　九七二頁下六行第三字「語」，資、磧、普、南、徑、清作「説」。同行「云何」，資作「如何」。

一　九七三頁上一三行首字「慈」，諸本作「慈悲」。

一　九七三頁上一五行第四字「佛」，資、磧、普、南、徑、清作「佛所」。

一　九七三頁上一六行「信敬」，資、磧、普、南、徑、清作「敬信」。

一　九七三頁中三行第八字「之」，資、磧、普、南、徑、清無。

一　九七三頁中八行末字「脱」，資、磧、普、南、徑、清作「汝脱」。

一　九七三頁中一八行「見佛」，諸本作「見佛身」。

一　九七三頁中二一行第九字「令」，資、磧、普、南、徑、清作「今」。

一　九七三頁下七行末字「便」，資、磧、普、南、徑、清無。

一　九七三頁下八行「色故」，麗作「色身故」。

一　九七三頁下一一行「既莊嚴竟」，諸本作「莊嚴既竟」。

一　九七三頁下一四行第七字「作」，資、磧、普、南、徑、清作「化作」。

一　九七三頁下二〇行第六字「目」，徑作「自」。

一　九七四頁上七行「而説」，麗作「而説偈言」。

一　九七四頁上九行第三字「化」，諸本作「他」。

一　九七四頁上一一行「怨家」，資、磧、普、南、徑、清作「寃家」。

一　九七四頁上末行「礼敬」，資、磧、普、南、徑、清作「敬禮」。

一　九七四頁中一二行「燈明」，麗作「明燈」。

一　九七四頁中一八行「山苟」，資、磧、普、南、徑、清作「山狗」；麗作「如苟」。

一　九七四頁中二二行「阿那含」，資、磧、普、南、徑、清作「須陀洹」。

一　九七四頁中末行「須陁洹」，資、磧、普、南、徑、清作「阿那含」。

阿育王經卷第九

梁扶南三藏僧伽婆羅譯　寫

優波笈多弟子因緣第八

虎子因緣

是時優波笈多住摩偷羅國大醍醐山鄉哆婆哆寺去寺不遠有一虎生子不能覓食飢餓困苦即便命終優波笈多以精進慈悲與虎子食優波笈多有五百弟子未得道果白其師云何乃與難衆生食其師荅言善男子為解脫因故彼弟子聞心生疑怪難處衆生云何而得解脫因緣彼諸虎子壽命短促將欲近死優波笈多語虎子言一切行无常一切法無我涅槃寂靜汝於我所當生信心於畜生道應生厭離時彼虎子於長老所心生信敬生信敬已即便命終於摩偷羅國生於人中乃至七歲優波笈多教化令其出家於七年中得羅漢果以神通力採種種花供養優波笈多是時優波笈多與諸弟子而自圍繞羅漢弟子從空中来即住其前彼未得道五百弟子白其師言此我同學其年尚少云何已得神通功德時師荅言此是先虎子汝先所問云何與此衆生食者為見我聞法故今得此果時優波笈多即為五百弟子說法於是五百弟子深生慚愧断除煩惱得阿羅漢果

牛味因緣

南天竺國有一男子於佛法中出家常畏生死而不得涅槃生心念言誰能說法教化於我若有人能說法教我當得涅槃其聞摩偷羅國世尊所記教化最勝弟子名優波笈多聞已往摩偷羅國至優波笈多處到已礼足合掌白言長老佛已涅槃長老今者應作佛事為我說法是時優波笈多見其後身畏生死苦復見其身從遠處来羸瘦疲極語言善男子消息汝身其本所食唯食乳酪摩偷羅國有種種飲食而无乳酪優波笈多教其從別路行彼路中遇見衆多女人持乳酪漿酥等欲從他國入此國彼諸女人即問長老何故羸瘦荅言姊妹我生

南天竺恒食乳酪此摩偷羅國有種種飲食无有乳酪是故羸瘦時彼女人於數日中人人各與乳酪酥等令其身壯時優波笈多為其說法彼勤精進即得阿羅漢果優波笈多語言汝取一籌著石窟中即便受教

南天竺人因緣

南天竺國有一人婬他婦恒往他家其母不聽而語之言若人為此惡行則無惡不作其人生瞋即害其母害已往至他國至彼國已不得具足五欲以不得故深生憂惱即於佛法出家通達三藏成就多聞與諸弟子圍繞共至摩偷羅國鄉哆婆哆寺優波笈多處是時優波笈多思惟觀之見其害母以罪重故不能見諦不得道果雖復遠来不相慰問時彼比丘心懷慚愧從此遠去優波笈多五百弟子未得道者見是事故於其師所不生歡喜作是思惟和上少智見老比丘其心闇鈍而為說法令此比丘聡明智慧善通三藏眷屬隨從而不為說是時優波笈多見弟子意於其起

瞋又見其心應為和上舍那婆私教化降伏是時舍那婆私住罽賓國觀優波笈多其令教化作佛事不即見其五百弟子心生嗔惱不敬其師見已思惟優波笈多何故不教化之又復深觀見其非是優波笈多之所能化應是我化時舍那婆私以神通力往至彼寺優波笈多遊行出外舍那婆私即入其寺鬚髮皆長其衣麁弊優波笈多諸弟子等見已說言无知老人從何所来入我師寺前聦明比丘通達三藏和上尚不為其說法汝今老鈍豈當為說是時舍那婆私入寺已於優波笈多眠處坐優波笈多弟子見已而嗔以手曳之而不能動猶如須弥即欲罵之而聲不出乃至白優波笈多言有一貧老比丘入和上寺坐和上牀優波笈多荅弟子言除我和上無有能坐我牀是時優波笈多還寺已以宬勝恭敬供養和上舍那婆私自取小牀於師邊坐乃至優波笈多弟子思惟若此比丘是和上師然其智慧猶不及我和上時舍

阿育王經第九卷　第四張　寫

那婆私見其意即便思惟云何方便為彼除慢見已自舉右臂手出牛乳告優波笈多善男子此三昧云何優波笈多荅和上言我今不識此三昧名和上語言名龍頻呻三昧第二時復更出乳復問言此三昧云何優波笈多荅言我今不識此三昧名和上語言此名青和合覺支三昧乃至廣說諸三昧優波笈多語和上言是我智慧境界和上則說非我境界則不說之乃至舍那婆私語優波笈多善男子是三昧佛智受持辟支佛不聞其名是三昧辟支佛智慧受持舍利弗不聞其名是三昧舍利弗智受持目揵連不聞其名是三昧目揵連智受持摩訶迦葉不聞其名是三昧我和上智受持我不聞名舍那婆私又言善男子我涅槃時此三昧法一切皆失又世尊本生有七万七千名亦復皆失一万阿毗曇法亦復皆失是時優波笈多諸弟子聞此懊惱即便思惟此比丘智慧勝我和上即滅憍慢舍那婆私教化說法彼諸弟子悉

阿育王經第九卷　第五張　寫

得阿羅漢果

尒時長老舍那婆私語優波笈多善男子世尊付法藏與摩訶迦葉入涅槃摩訶迦葉付和上入涅槃和上付我入涅槃我今付汝當入涅槃此法藏汝當守護於此摩偷羅國有人當生名絺徵柯其當出家此法藏當付之乃至長老舍那婆私付優波笈多法藏竟以神通力身昇虛空現四威儀入火三昧入三昧竟有種種花青黃赤白從其身出身上出水身下出火身上出火身下出水其身端嚴辟如有山一邊出水一邊出火舍那婆私以種種神力令諸比丘及諸檀越心得開解作是化已即入涅槃如水滅火是時優波笈多及一万八千阿羅漢弟子供養其身為作塔廟

北天竺人因緣

是時優波笈多住摩偷羅國那哆婆哆寺北天竺有一善男子於世尊法中出家多聞智慧通達三藏說法美妙在在至處一切諸人請其說法即為諸人三種說法常自思惟誰能為

阿育王經第九卷　第六張　寫

我說法令我得道其聞摩偷羅國有比丘名優波笈多无相佛教化第一佛之所記聞已往彼國至那哆婆多寺到優波笈多所説言世尊已涅槃長老令作佛事為我說法即說偈言

佛有大慈悲　已入於涅槃　汝今作佛事
世間癡盲冥　汝作智慧光　如日明照世
世間无餘師　唯汝以為師　化弟子㝡勝
長老應化我

是時優波笈多思惟觀其心見其㝡後身深畏生死何故前身而不得聖法即見其緣未具足故優波笈多為其作緣令得具足又見其心樂欲坐禪不欲說法優波笈多語言善男子若汝能受我教我當為說彼荅言我當如是優波笈多言汝今當說三種法彼又問云何修多羅我應當說優波笈多言於多聞五功德一者陰方便二者界方便三者入方便四者因緣方便五者說法化人不待他教我已教汝說三種法乃至次第說法說法竟得阿羅漢果乃至取籌投石窟中

提婆落起多翻天護因緣

是時天護商主住陸求那不翻國常樂布施於佛生信欲往入海而作師子吼若我從海安隱得還我當於佛法中作五年大會乃至一切諸天聞其語而受持之其國一切無不聞知說言天護商主作師子吼我從海還當於佛法作五年大會是時有一阿羅漢比丘尼住彼國思惟觀察天護從海安隱還不即見其人安隱得還復見其還已於佛法中作五年大會又見會時幾僧和合即見其數一万八千皆阿羅漢學人倍多凡夫無數於彼衆中誰為上座即見上座名阿娑陁星名復觀阿娑陁上座為是阿羅漢為是阿那含為是斯陁含為是須陁洹即見上座是凡夫人又觀其人為精進為懈怠見其精進即便思惟欲往問之為欲自益為欲益他見其自作利益乃至羅漢比丘尼至彼僧伽藍至巳次第從上座礼而說言大德汝不端嚴上座心自思惟云何以我為不端嚴即自觀身見鬚鬏長即唤年

少比丘剃除鬚鬏乃至剃竟比丘尼復更思惟此大德解我語不即見大德不解語意復至僧伽藍次第礼拜說言大德汝不端嚴上座思惟我已剃鬚鬏竟云何猶不端嚴復更觀身見其衣服麁弊唤年少弟子更浣染之浣治既竟著已端坐比丘尼復更思惟大德解我語不即見大德不解其意乃至三過羅漢比丘尼復至僧伽藍次第礼拜說言大德不端嚴乃至大德生瞋我巳剃鬚鬏及浣染衣竟云何謂我不端嚴耶比丘尼白大德言云何以此為佛法莊嚴若得四果此為佛法莊嚴復次大德聞商主天護作師子吼我從海中安隱得還當於佛法作五年大會不大德荅言聞復問大德知彼會時衆僧數不荅言不知比丘尼自說會時僧數有一万八千阿羅漢學人復倍凡夫无數大德是凡夫為第一上座在羅漢衆中先受供養是莊嚴不大德聞此語啼泣懊惱比丘尼言何故啼泣荅言姊妹我今巳老無可堪任比丘尼而說

偈言
如来法可見　无有於時節　欲得於解脫
一切時與果
復次大德當往郁哆婆哆寺彼有比丘名優波芨多佛之所記我弟子中教化第一是時長老比丘次第往至摩偷羅國郁哆婆哆寺優波芨多見長老来即出迎之語言大德洗足消息比丘荅言我未洗足欲見優波芨多時優波芨多弟子語言大德此即是優波芨多来迎大德比丘聞已心生歡喜即便洗足優波芨多即教化之為見檀越洗浴飲食種種供養語維郁言今有得二解脫比丘入坐禪處乃至一万八千阿羅漢悉入禪處是時比丘入第一禪座處坐而便睡眠時維郁取燈以置其前而復彈指比丘覺寤便欲捉燈時優波芨多入火三昧如是一万八千阿羅漢悉入火三昧比丘見已心生歡喜而說偈言
一切諸比丘　跏趺坐於地　譬若於盤龍
光明如燈樹
阿育王經第九卷　第十張　寫

乃至優波芨多教化說法是時比丘精進思惟得阿羅漢果已作所作還其本國阿羅漢比丘㞃見比丘已至往僧伽藍礼拜說言今日大德莊嚴比丘荅言姊妹以汝力故乃至商主天護安隱海還作五年大會是時會中一万八千阿羅漢和合學人一倍精進凡夫無數大德上座為天護呪願多跋多柯提跋多柯鷖婆跋多柯鷄跋耽婆鼻娑底乃至五年功德究竟亦如是呪願商主天護問上座世尊種種說法上座所說多跋多柯提拔多柯鷖婆跋多柯鷄跋耽婆鼻娑底而无有異上座荅言善男子我思惟汝功德呪願於過去世九十一刧我等為商主經營大舶入海取寶令滿此舶還閻浮提是時海中遇大風吹舶令墮沙海我等為毗婆尸佛正覺聚沙為塔以珎寶物供養此塔是時諸天示我道路我等即復裝束大舶天人語言七日有大水来當將汝舶入閻浮提乃至七日有大水来將我大舶入閻浮提以我作此沙塔
阿育王經第九卷　第十一張　寫

因緣經九十一刧不墮悪道以是因緣我今得阿羅漢果汝今能供養一万八千阿羅漢學人一倍精進凡夫无數於三寶所已作供養是故我說呪願多跋多柯（翻從彼時）提跋多柯（是時）鷖婆跋多柯（從此時）鷄跋耽（是時）婆鼻娑底（生）復次善男子生死苦无窮汝當於佛法出家乃至天護出家得阿羅漢果
我見婆羅門因緣
優波芨多住摩偷羅國郁哆婆哆寺摩偷羅國有一婆羅門常起我見問佛弟子言有人可造生死不佛弟子荅言婆羅門當往郁哆婆哆寺彼有比丘名優波芨多常說法無我時婆羅門往彼寺優波芨多為四衆說法優波芨多見婆羅門說無我偈
世間无有我　亦復无我所　无人無壽命
唯有生死心
是時婆羅門聞說無我法我見即斷於優波芨多所出家優波芨多為其說法婆羅門精進思惟即得阿羅漢果婆羅門已作所作乃至取籌置石
阿育王經第九卷　第十二張　寫

室中

睡眠因緣

優波笈多住摩偷羅國郁哆婆哆寺有一善男子依優波笈多出家常好睡眠優波笈多說法亦復睡眠時優波笈多教其往禪處至巳樹下趴趺而坐猶故睡眠乃至優波笈多以神通力於其四邊化作深坑深一千肘以驚怖之是時比丘見此深坑即便驚覺時優波笈多復化作路令其得行是時比丘隨路而出往優波笈多處優波笈多復令其往至彼住處比丘荅言和上彼有深坑深一千肘優波笈多言此深坑小生死深坑最為廣大所謂生老病死憂悲苦惱若人不知四諦則墮其中是時比丘復往彼樹下趴趺而坐其心思惟恐有深坑不復睡眠以怖畏故思惟精進除諸煩惱得阿羅漢果乃至取籌置石室中

給事人因緣

優波笈多住摩偷羅國郁哆婆哆寺有一善男子東國人於佛法中出家

阿育王經第九卷　第十三張　寫

能為給事所至寺處諸比丘等令其作給事諸比丘言若有檀越至汝處者汝當教化令其作功德乃至給事教化疲極思惟言誰能為我說法教化閻摩偷羅國有比丘名優波笈多佛所記教化弟子中最為第一即往其處至巳礼足合掌說言大德佛巳涅槃大德今作佛事為我說法時優波笈多思惟見其最後身能畏生死復思惟言何故不得聖道見其因緣未足去何方便令其滿足若更為給事因緣當足復見疲極不作給事優波笈多言善男子若隨我教當為說法荅言如是優波笈多言汝當於衆僧更作給事荅言大德我於摩偷羅國人不知誰精進誰不精進大德語言汝能早起入國不荅言能入比丘又問此寺衆僧其數有幾大德荅言有一万八千阿羅漢學人一倍精進凡夫无數是時彼比丘即為一切衆僧而作給事令一切僧專脩道業時給事比丘早起著衣持鉢入摩偷羅國是時有一長者從摩偷羅國出逢

阿育王經第九卷　第十四張　寫

此比丘所未曾見而今見之見巳礼足礼巳問言大德從遠近来比丘荅言從東國来長者問言為何事来比丘荅言我来至優波笈多處為欲聞法而優波笈多令我為僧給事我今不知摩偷羅國人誰精進誰不精進長者語言汝今不須思惟是事我當代汝給事衆僧一切飲食衣服醫藥我悉給與乃至比丘與長者共取飲食等供養衆僧三月安居時比丘思惟所作功德得阿羅漢果乃至取籌置石窟中

工巧因緣

尒時東國有一善男子於佛法中出家善能工巧在所至處一切衆僧令其造作寺舍屋宇日日不息生大疲極即自念言我欲坐禪思惟佛先巳說一切比丘應坐禪脩道不得放逸即自生心誰能為我說法教化閻摩偷羅國有比丘名優波笈多佛之所記教化弟子中最為第一即往其處礼拜合掌說言大德佛巳涅槃大德今作佛事為我說法時優波笈多見

阿育王經第九卷　第十五張　寫

其宬後身畏生死復思惟言何故不得聖道見因緣未足云何方便令其滿足見其更為工巧因緣當足復見其疲極不能作工巧優波笈多言善男子若隨我教當為說法荅言如是優波笈多言若地未起寺者汝當於彼起寺佛已說此言若有地未起寺處若人於彼能起寺者當得梵功德荅言大德我於摩偷羅國不知誰精進誰不精進大德語言善男子汝能早起著衣持鉢入國不荅言如是乃至早起持鉢入國是時有一長者從摩偷羅國出逢此比丘所未曾見而今見之見已礼足問言大德從遠近来比丘荅言從東國来長者問言為何事来比丘荅言我来至優波笈多處為欲聞法而優波笈多語我若有地未起寺處汝當起寺我今不知摩偷羅國誰精進誰不精進長者言大德今不須思惟是事我當為比丘種種辦具是時比丘與長者有未起寺處欲為起寺共長者捉繩量度繩未至地即於其中思惟所作功德除一切

阿育王經第九卷　第十六張　寫

煩惱即得阿羅漢果乃至取籌投石室中

飲食因緣

尒時摩偷羅國有一善男子於優波笈多所出家為貪食故不得聖道時優波笈多言我明當與汝食至明日以一器盛滿糜一是空器屛置其前而語言汝當取食令此器空又語言使此糜冷稍稍食之此比丘以貪食故而多欲食又以口吹令冷如是一過二過白和上言我已冷竟優波笈多復言汝雖能令乳糜冷而汝心有欲愛火熱汝復令冷汝貪欲熱以不淨觀為水除此心熱若愛飲食當如服藥時此比丘食此糜竟即便吐出滿於空器優波笈多言汝當食之比丘白和上此吐不淨云何可食優波笈多復語言汝今當觀一切法不淨猶如涕吐時優波笈多即為說法聞法竟精進思惟得阿羅漢果乃至取籌置石室中

少欲知足因緣

時南天竺有一善男子於佛法中出

阿育王經第九卷　第十七張　寫

家少欲知足不樂榮華不以蘇油摩身不湯水浴不食蘇油常畏生死為四大无力故不得聖道即生心念誰能為我說法聞摩偷羅國有比丘名優波笈多佛之所記教化弟子中宬為第一即往其處合掌礼敬說言大德佛已涅槃大德今作佛事為我說法時優波笈多見其宬後身畏生死復思惟言何故不得聖道即便見其四大无力故常樂麁惡不願榮華時優波笈多語言善男子當隨我教我當為說荅言如是優波笈多為其教化令諸檀越設種種飲食洗浴衆僧又語年少比丘汝當為此比丘洗浴時年少比丘以蘇油摩其身以湯水洗浴食時至以種種美食與之是比丘食竟數日之中身有氣力是時優波笈多為其說法是比丘精進思惟即得阿羅漢果乃至取籌置石室中

羅剎因緣

摩偷羅國有一男子啓其父母求欲出家往優波笈多處至已礼足白言大德我得佛法中出家作比丘受具

阿育王經第九卷　第十八張　寫

足不我欲於世尊法中修行梵行優波笈多見其於身為愛所縛語言善来我當與汝出家其人聞巳礼長老足欲還其家即於中路作是思惟我若至家或有留難不得出家於其路中有一神廟便在中宿優波笈多即以神力作二羅刹一持死尸入於廟中一則空往既入廟巳共諍死尸言我得此尸一人言我得此尸於是二羅刹乎共相諍既不自決而問此人誰將此尸来入廟耶此人思惟若我實言彼空来者必當殺我若不實語將尸来者復應殺我乃可受死不應妄語即語鬼言是彼將来時空来鬼即牽其髀而欲食之將尸鬼者助其牽掣令得免脫又牽其脚而欲食之將尸鬼者復助牽掣令得免脫如此良久遂至日出經二日後往優波笈多處至巳為其出家精進修道即得阿羅漢果乃至取籌置石室中

阿育王經卷第九

乙巳歲高麗國大藏都監奉

勑雕造

阿育王經第九卷　第十六張　[illegible]

阿育王經卷第九

校勘記

一　底本，麗藏本。

一　九七七頁上三行「因緣第八」，資、磧、普、南作「因緣卷上」；徑、清作「因緣品第八之一」。

一　九七七頁上九行末字「師」，諸本作「師言」。

一　九七七頁中九行第一二字「中」，諸本無。

一　九七七頁中一九行第五字「食」，諸本作「飡」。

一　九七七頁下四行首字「身」，諸本作「肥」。

一　九七八頁上九行「鬚髮」，諸本作「鬢髮」。

一　九七八頁下七行「絺徵柯」，資作「絺微柯」。

一　九七九頁中一一行第八字「中」，諸本無。

一　九八〇頁中二〇行「諸天」，諸本作「諸天及諸帝釋」。

一　九八〇頁下五行「提跋多柯」，諸本作「是跋多柯」。

一　九八一頁上一行「室中」，徑作「窟中」。

一　九八一頁上六行第七字「禪」，諸本作「坐禪」。

一　九八一頁上一四行第四字「言」，諸本作「答言」。

一　九八一頁中三行「乃至」，磧作「乃而」。

一　九八一頁中一一行第一一字「若」，諸本作「若使」。

一　九八一頁下一二行「石窟」，諸本作「石室」。

一　九八二頁中六行第七字「明」，諸本作「明日」。

一　九八二頁中一〇行「多欲」，諸本作「欲多」。

一　九八二頁下一二行首字「當」，磧作「常」。

一　九八三頁上一〇行第七字「既」，

諸本作「即」。

一　九八三頁上一三行末字「應」，諸本作「得」。

趙城縣廣勝寺

阿育王經卷第十　寫

梁扶南三藏僧伽婆羅譯

優波笈多弟子因緣第十

樹因緣

南天竺國有一善男子於佛法出家而於其身為愛所縛以蘇油摩身又用湯水以浴其身以種種飲食供養其身以其於身愛所縛故不得聖道即便思惟誰能為我說法聞摩偷羅國有一比丘名優波笈多佛之所說教化弟子中最為第一乃至往摩偷羅國優波笈多處至巳礼足而說言大德佛巳涅槃大德應作佛事為我說法時優波笈多見其最後身為愛所縛又語言善男子能受我教當為汝說荅言如是時優波笈多將其入山於山中以神通力化作大樹語言汝當上此大樹是時比丘即便上樹又於樹下化作大坑深廣一千肘又語比丘汝當次第放二脚比丘受教即便放脚又復語言令放一手亦便受教又語言復放一手比丘荅言若復

放手便墮坑死優波笈多言我先共約一切受教汝今云何不受我言是時比丘身愛即滅放手而墮不見樹坑是時優波笈多即為說法精進思惟得阿羅漢果乃至取籌置石室中

慳因緣

摩偷羅國有善男子於優波笈多處出家而大慳以其慳故不得聖道優波笈多語言汝當布施汝今出家巳得第一物不須復覓餘物又復以法得他供養乃至得飲食入鉢中者應當布施若不能廣施隨所得食當分施比坐二人至一日二日以有慳故猶不肯與時比坐二人皆阿羅漢至滿三日多得飲食方分二人尒時優波笈多為說法即便思惟得阿羅漢果乃至取籌置石室中

鬼因緣

尒時摩偷羅國有一善男子於優波笈多所出家多喜睡眠優波笈多為其說法將至林中在一樹下坐禪而復睡眠時優波笈多為令其畏化作一鬼而有七頭當其前手捉樹枝身

懸空中比丘見已即便驚覺生大怖 阿育王經第十卷 第三張 舊字
畏即從坐起還其本處優波笈多令
還坐禪處時彼比丘白言和上彼林
中有一鬼七頭當我前手挺樹枝懸
在空中此甚可畏優波笈多言比丘
此鬼不足畏睡眠之心是實可畏若
比丘為鬼所殺不入生死若為睡眠
所殺則生死无窮比丘即還坐禪之
處復見此鬼畏此鬼故不敢睡眠是
時比丘精進思惟得阿羅漢果乃至
取籌置石室中

虫食因緣

尒時摩偷羅國有一善男子於優波
笈多所出家優波笈多為其說法是
時比丘精進思惟意但為須陁洹果
不放逸故脫惡道怖七生天上七生
人中受人天樂當入涅槃時優波笈
多見其意共入摩偷羅國次第乞食
至旃陁羅舍有旃陁羅子得須陁洹
果身有惡病一切身體為虫所食口
氣臭穢優波笈多語弟子言汝觀此
小兒須陁洹受如此苦而說偈言
生旃陁羅姓　樂著於三有　惡虫食其體
為愛自在故　入於三有苦　汝當見佛子 阿育王經第十卷 第四張 舊字
此人已得道　能殺三惡道　以其放逸故
生旃陁羅姓　汝莫作此意　當觀三有苦
為脫三有苦　我當為汝說　汝當作精進
為於解脫故　生死無有實　猶如芭蕉林
比丘問言此人以何業緣得須陁洹
而受此苦優波笈多答言是其先於
釋迦牟尼法中出家衆僧坐禪其為
維那是時僧中有一羅漢有此惡病
搔刮作聲維那語言虫食汝體耶而
作此聲即牽臂出而語之言汝入旃
陁羅室是時阿羅漢語維那言善男
子汝當精進莫住生死受苦是維那
即懺悔之懺悔竟得須陁洹果便自
念言我已得須陁洹果不復精進昔
維那者是今小兒以罵羅漢及牽其
出令入旃陁羅處今得此報是時比
丘聞此事深生怖畏勤修精進即得
阿羅漢果時優波笈多復化旃陁羅
子旃陁羅子即壓欲界得阿那含果
即便命終生五淨居乃至取籌置石
室中

骨想因緣

摩偷羅國有一善男子於優波笈多 阿育王經第十卷 第五張 舊字
出家優波笈多為其說不淨觀筭以
不淨觀巧伏煩惱令不得起其意謂
言已作所作不復精進優波笈多言
善男子汝當精進勿作放逸答言我
已作所作得阿羅漢優波笈多言善
男子汝見乾陁羅國（翻地持）治下名為鑿
石有酤酒女人不此女人自言得道
如汝不異煩惱未斷而自言斷是憎
上慢汝今觀此女人為得道不比丘
答言我未能見欲向彼國師即聽之
是時比丘至乾陁羅國治下有寺名
為土石即入彼寺消息早起著衣持
鉢入聚落乞食是時酤酒女人取食
欲與而比丘見此女故婬欲變心便
自取鉢中麨酪與此女人女人見之
亦婬欲變心而露齒笑是比丘未觸
其身又未共語已變其心時比丘見
其笑露齒即又得不淨觀乃至觀其
身一切皆作白骨作是觀已得阿羅
漢果作所作竟而說偈言
癡人无知　見外好色　便生貪著
有智慧人　見內惡色　即得解脫

若無明者　為色所縛　若明智者
於色解脫　從令此身　莫捨不淨
又於此身　莫更莊嚴　以實觀身
即得解脫

尒時比丘還摩偷羅國優波笈多處優波笈多問言汝見此女人不荅言依法見乃至取籌置石室中

貪因緣

尒時摩偷羅國有一長者初甚巨富後漸漸貧唯有五百銀錢生心念言欲於佛法出家脩道若我出家之後須湯藥衣服當用買之乃至往優波笈多所出家日日令給使人守護銀錢時優波笈多言善男子出家之法應少欲知足汝何用是五百銀錢為當以此物供養衆僧比丘荅言此是我湯藥三衣直優波笈多令其入房化作一千銀錢而語言此是湯藥三衣直當以與汝是比丘聞已即捨其五百銀錢施與衆僧優波笈多為其說法是時比丘精進思惟得阿羅漢果乃至取籌置石室中

箭刷因緣

尒時摩偷羅國有一善男子於優波笈多所出家脩道時優波笈多為其說法是比丘精進思惟得須陁洹果即生心念我惡道已覆應作已作優波笈多言善男子汝當精進莫作放逸比丘荅言我已得須陁洹果惡道已覆不復放逸我當七生天上七生人中受人天樂然後涅槃時優波笈多為欲令其生怖畏故早起著衣持鉢共入摩偷羅國次第乞食到旃陁羅舍有旃陁羅子得須陁洹身有惡瘡醫師語言汝當取箭刷刷瘡令其血出我當覆藥其人聞已日當以箭刷刷身優波笈多見已示其弟子語言善男子汝見須陁洹受此苦不比丘荅言和上何業所造優波笈多言此人於釋迦牟尼正覺法中出家有一比丘作維那監視坐禪於衆僧中有一阿羅漢入禪處坐禪身有瘡疥即便搔刮是維那語言大德汝何不取箭刷刷身而令作聲又牽其手出坐禪處語言汝當往旃陁羅舍莫亂衆僧時阿羅漢荅言善男子汝當精進莫作放逸受生死苦是時維那聞是語已便向大德懺悔懺悔竟即得須陁洹果是比丘即生心念我惡道已覆不復精進優波笈多語弟子言先坐禪維那即此旃陁羅子以其先世語阿羅漢汝何不取箭刷刷身是故今日得此果報用箭刷刷身先世又語大德汝往旃陁羅家是故今生旃陁羅姓時優波笈多弟子聞此語已心生怖畏精進思惟即得阿羅漢果優波笈多復為旃陁羅子說法旃陁羅子厭離欲界得阿那含果即便命終生五淨居乃至取籌置石室中

親情因緣

尒時摩偷羅國有一長者生一兒一歲便死復生一長者家二歲便死更生一長者家三歲便死如是四處五處六處七處於第七處生至年七歲時有劫抄將是小兒入於山中時優波笈多思惟見此衆生冣後為攝受故往至山中結跏趺坐化作四種兵象馬車步彼劫畏故往優波笈多所優波笈多即攝神通為其說法彼劫聞

法見四真諦於佛法中出家修道即以小兒與優波笈多時優波笈多令其出家說法教化小兒精進思惟得阿羅漢果既得果已即自思惟見其父母生大苦惱還父母處說言父母莫生苦惱是時父母見其兒還生大歡喜羅漢小兒即為父母說法乃至令得須陁洹果復往第六父母處白言父母莫生憂惱我是汝子汝先所生汝所長養至六歲而死父母聞之心大歡喜即為父母說法得須陁洹果如是第五第四第三第二乃至第一父母悉為說法教化得須陁洹果乃至取籌置石室中

江因緣

尒時摩偷羅國有一善男子於優波笈多所出家優波笈多為其說法精進修行即得世間四禪得初禪定生須陁洹想得第二禪生斯陁含想得第三禪生阿那含想得第四禪生阿羅漢想不復精進優波笈多言善男子汝當精進莫作放逸弟子荅言我所作已辦得阿羅漢果時優波笈多

方便教化言善男子汝可往中天竺國比丘便往優波笈多於其中路化作五百賈客共遊山中復化作五百劫賊來殺賈客比丘見劫欲來殺之生大怖畏即自思惟我非羅漢若是羅漢不應怖畏我當是阿那含於賈客中有一長者女失伴無侶女人見比丘即礼其足便語比丘聖人今者願與一女人同路行汝今去我如師子見遠以隨我行優波笈多復化作大江是比丘入水欲渡江而在水下女人亦渡江而在水上比丘見此女人在江中將欲沒即便思惟世尊已聽若見女人水中欲死牽出无罪思惟竟即便牽出牽出之後便起欲心而復思惟我非是阿那含阿那含者無有欲心我應是斯陁含須陁洹乃至將女人上岸便作思惟我於今者欲捨一切戒與此女人為居時優波笈多即攝神通在其前立語言善男子汝是阿羅漢耶是時比丘即向優波及多懺悔優波笈多為其說法比丘

精進思惟即得阿羅漢果乃至取籌置石室中

覺因緣

尒時摩偷羅國有一長者兒典領家業未經幾時而白父母聽我出家乃至優波笈多與其出家即為說法令入山坐禪比丘受教即入山中在一樹下結跏趺坐是比丘未出家時有婦端正及其坐禪思惟其婦時優波笈多化作其婦以住其前比丘見已而語之言汝何故來女人荅言汝棄我來比丘語言我在此坐未曾出言云何棄汝女人荅言汝以覺觀棄我非是發言時彼女人即說偈言

慙愧有二種　謂口及與心　於此二種中
心慚愧為冣　若无有心覺　則无口言說

乃至優波笈多還攝神力復其本身在其前住而說偈言

若汝不樂　觀彼女人　若不欲見
則不思惟　若汝捨欲　不應當樂
辟如人吐　不復欲食

優波笈多更為說法精進思惟得阿羅漢果便說偈言

和上見實　已教化我　我歆彼故

即得聖道
乃至取籌置石室中
放牛因緣
尒時優波笈多欲往中天竺國於其中路有五百放牛人時五百放牛人見優波笈多便到其所優波笈多即為說法既聞法已得見四諦便以牛施優波笈多即於其所出家脩道優波笈多為其說法皆得阿羅漢果乃至取籌置石室中
化人因緣
尒時摩偷羅國有一善男子於優波笈多所出家脩道優波笈多為其說法既聞法已得世間四禪於初禪定生須陁洹果想於二禪定生斯陁含果想於三禪定生阿那含果想於四禪定生阿羅漢果想言我已作所作便生懈怠不復精進優波笈多言汝當精進莫作放逸比丘荅言我已作所作乃至得阿羅漢果優波笈多教其入山坐禪復化作比丘共其坐禪令其諮受時化比丘教其禪法又問言誰為汝出家和上是誰比丘荅言

阿育王經第十卷 第十二張

優波笈多是我和上為我出家化比丘言汝大功德得優波笈多無相佛為汝作師復問汝讀誦何經為脩多羅毗尼摩得勒伽（論律本）於佛法有所得不比丘荅言我得須陁洹果乃至阿羅漢果化人又問汝以何道得比丘荅言以世道得化人言汝所得者是世諦道汝未得聖法比丘聞已深生憂惱便往優波笈多所白和上言我故是凡夫和上當為我說法優波笈多即為說法彼比丘精進思惟即得阿羅漢果乃至取籌置石室中
不樂住處因緣
尒時摩偷羅國有一長者子典領家事未經幾時心念欲出家白其父母聽我出家脩道父母荅言我無有兒唯有汝耳我今未死云何捨我出家是兒聞父母言心生憂惱乃至六日不食是時父母聽其出家而語言汝出家已當數看我荅言如是即便往至優波笈多所出家出家竟念言昔與父母有約出家之後當數看父母白和上言往父母處是其先妻為其

阿育王經第十卷 第十三張

懊惱不復嚴飾比丘見之語言我當捨戒還家又往優波笈多處至已礼足說言和上一心我欲捨戒還我本處優波笈多言善男子汝莫作此思惟且待少時我欲知汝意令汝意滿後可捨戒復令其往摩偷羅國化其婦死四人檐之從彼國出是時比丘還看父母而於中路見死尸出問檐尸者此是何人彼人荅言有一長者兒某甲新出家是其婦為其懊惱而死我今移之置尸陁林比丘聞之便隨其去欲見其身優波笈多化此死尸多出虫血比丘見已入不淨觀思惟精進得阿羅漢果已作所作往優波笈多處頂礼其足優波笈多言汝見婦不荅言依法而見乃至取籌置石室中
錫杖因緣
是時摩偷羅國有一善男子於優波笈多所出家時優波笈多為其說法聞法已得世間四禪比丘念言我所作已作不復精進優波笈多言善男子汝當精進莫作放逸荅言和上我

阿育王經第十卷 第十四張

已作所作得阿羅漢果時和上令其執錫杖早起著衣持鉢往衆僧前然後入國是時有五百優婆塞皆持飲食隨其後行比丘見已知他重之謂言已是勝功德人便起我慢復更思惟我非羅漢阿羅漢者无有我我所慢乃至往和上處白和上言我未得聖道當為說法優波笈多即為說法比丘思惟即得阿羅漢果乃至取籌置石室中

善見因緣

尒時罽賓國有一比丘名善見得世間四禪龍王所貴時罽賓國炎旱无雨一切大衆請此比丘欲令降雨優波笈多思惟欲化善見今正是時優波笈多方便教化令十二年无雨外道見相語大衆言過十二年乃當有雨大衆聞此言而生憂惱往優波笈多處請令降雨優波笈多言我不當請雨罽賓國有一比丘名善見汝可求之時摩偷羅國大衆遣使至善見所請其求雨善見得四禪通以神通力往摩偷羅國乃至大衆請其求雨是時善見即為降雨滿閻浮提地閻浮提人患此大水大衆心謂善見比丘降此大雨勝優波笈多是時善見多人隨從出摩偷羅國優波笈多少人隨從入摩偷羅國時善見比丘見其自身隨從者多見優波笈多隨從者少便生慢心復思惟言我非羅漢阿羅漢者無有慢心即往優波笈多所至已礼足而白言佛已涅槃大德今作佛事為我說法優波笈多言佛所說戒汝不正守護自謂勝我而生憍慢佛處處說聽比丘請雨乃至優波笈多為其說法比丘聞法思惟精進得阿羅漢果乃至取籌置石室中

寺封因緣

尒時優波笈多於摩偷羅國起寺非壹乃至百數時摩偷羅國王名真多柯無有信心惱乱衆僧及給事檀越時无量衆僧及給事檀越往至優波笈多所說如是事優波笈多思惟若我遣使白阿育王恐阿育王頭必當害之我當自往時優波笈多以神通力如瞬眼頃於郍多婆多寺忽然不現即到波多利弗多城鷄寺時阿育王聞優波笈多来從治國界香花伎樂種種莊嚴與諸大臣及國人民悉皆往迎優波笈多至已礼足恭敬合掌說言大德何故来此答言故来王處王復問言有何事故大德答言大王已弘廣佛法於摩偷國起寺非一乃至百數彼國王真多柯王領彼國无有信心惱乱佛法王當令其守護佛法時阿育王即勅大臣名曰成護汝可使人急殺彼王優波笈多即白王言莫殺彼王王當教勅從今以去莫復惱乱佛法時阿育王自手作書以牙印之授羅剎手羅剎奉書一念之頃即至彼國時真多柯王頂受讀誦既讀誦竟擊鼓宣令一切國人從今以往不得惱乱佛法時阿育王問優波笈多彼何等寺為倫劫所乱優波笈多答言郍哆婆哆寺時阿育王自手作書以牙印之與優波笈多以一國封供給此寺時阿育王設種種供養優波笈多受供養竟即於鷄寺忽然不見還郍哆婆哆寺

郗徵柯因緣

尒時優波笈多思惟郗徵柯為生已未見其未生從此日日往其父母處一日與多比丘往其家一日與二比丘往其家復別日獨往是時長者見優波笈多獨来其舍問言聖人何故无有弟子隨從長老荅言我无弟子長者白言我樂在家不樂出家若我生兒當與大德為弟子是時長者生兒未久而便命終第二兒生又復命終乃至第三兒生名郗徵柯即與優波笈多令其出家優波笈多為其出家與受具足於第一羯磨得須陁洹果乃至第四羯磨得阿羅漢果時優波笈多思惟我應化者悉已化竟此石室長十八肘廣十二肘四寸籌已滿我今當入涅槃是時優波笈多作是念已便以法藏付郗徵柯說言善男子世尊法藏付摩訶迦葉入般涅槃摩訶迦葉法藏付阿難入涅槃阿難以法藏付末田地入涅槃末田地以法藏付和上入涅槃和上以法藏付我我今欲入涅槃此法藏汝當守

護乃至劫後七日優波笈多當入涅槃時諸天入遍告一切閻浮提人令知有十万阿羅漢和合學人及精進凡夫比丘白衣等無量无數優波笈多涅槃時至以神通力身昇虛空現種種神變行住坐臥入火三昧入三昧有種種色青黃赤白從其身出身上出水身下出火身下出水身上出火乃至以種種神力令諸同學及諸人天生大歡喜心得開解即入涅槃如水滅火即以此籌闍維其身乃至起塔種種供養優波笈多入涅槃時復有一千羅漢捨命入涅槃乃至郗徵柯守護法藏竟復入涅槃優波笈多因緣竟

正法常住　多時不滅　塔持舍利
亦如是住　是人持法　愛樂无窮
常住不滅　亦複如是

從阿育王因緣乃至優波笈多入涅槃外國凡三千一百偈三十二字爲偈

第子二十八人

阿育王經卷第十

阿育王經卷第十

校勘記

一　底本，金藏廣勝寺本。

一　九八五頁中三行「因緣第十」，資、磧、普、南作「因緣卷下」；徑、清作「因緣品第八之二」；麗作「因緣下」。

一　九八五頁中五行「佛法」，資、磧、普、南、徑、清作「佛法中」。

一　九八五頁中一〇行末字「說」，諸本作「記」。

一　九八五頁下一六行第三字「爲」，諸本作「教化」。

一　九八六頁上一五行第一〇字「爲」，諸本作「爲得」。

一　九八六頁下二行「出家」，資、磧、普、南、徑、清作「所出家」。

一　九八六頁下三行「巧伏」，諸本作「折伏」。

一　九八六頁下九行末字「憎」，諸本作「增」。

一　九八六頁下一九行「又得」，資、磧、普、南、徑、清作「入」。
一　九八七頁上二行「莫捨」，磧、普、南、徑、清作「永捨」。
一　九八七頁中一三行第五字「覆」，諸本作「傳」。同行「日當」，諸本作「日日常」。
一　九八七頁下一四行「覩情」，資、磧、普、南、徑、清作「小兒」。
一　九八八頁中四行第二字「賊」，資、磧、普、南、徑、清無。
一　九八九頁上九行第八字「皆」，資、磧、普、南、徑、清作「即」。
一　九八九頁上一五行末字「含」，資、磧、普、南、徑、清作「洹」。
一　九九〇頁上一〇行首字「石」，徑無。
一　九九〇頁上二二行第一〇字「通」，諸本作「神通」。
一　九九〇頁中一二行「處處」，資、磧、普、南、徑、清作「何處」。
一　九九〇頁下七行末字「國」，諸本作「羅國」。
一　九九〇頁下一五行「一念」，磧作「二念」。
一　九九一頁上六行「何故」，資、磧、普、南、徑、清作「今日何故」。
一　九九一頁中二行「天入」，諸本作「天人」。
一　九九一頁中二〇行「三千」，資、磧、普、南、徑、清作「二千」。同行第九字「偈」，麗作「偈偈」。同行末二字「爲偈」，諸本無。

中華大藏經（漢文部分）

校勘凡例

一　《中華大藏經（漢文部分）》的底本以《趙城金藏》爲主；《趙城金藏》缺佚，則以《高麗藏》等作底本。各卷所用底本的名稱及涉及底本的其他問題，均在校勘記的第一條中說明。

一　《中華大藏經（漢文部分）》選用的參校本共八種，即《房山雲居寺石經》（石）、宋《資福藏》（資）、《影印宋磧砂藏》（磧）、元《普寧藏》（普）、明《永樂南藏》（南）、明《徑山藏》（徑）、《清藏》（清）、《高麗藏》（麗）。

一　校勘記中的「諸本」，若底本爲金藏，即包括石、資、磧、普、南、徑、清、麗全部八種校本；若底本爲麗藏，則包括石、資、磧、普、南、徑、清全部七種校本。其他情况若用「諸本」，校勘記中則另加說明。

一　校勘採用底本與校本逐字對校的辦法，只勘出經文中的異同及字句錯落，一般不加評注。參校本若有缺卷，或有殘缺、漫漶等字迹無可辨認者，則略去不校，校勘記亦不作記録。

一　一經多卷，經名、譯者、品名出現同樣性質的問題，一般只在第一卷出校，並注明以下各卷同；分卷不同時，以底本爲主出校。

一　古今字、異體字、正俗字、通假字及同義字，一般不出校。如：

古今字：宍（肉）；猗（倚）；距（跛）；鉾（矛）；誼（義）等。

異體字：睬（槃）；剁（剎）；皃（貌）；惱（惱）；旱（碍、礙、閡）等。

正俗字：怪（恠）；滴（渧）；體（躰）；剃（剃）；閉（閇）等。

通假字：惟（唯）；嫉（疾）；頻（嚬、顰）；揣（摶）；尠（鮮）等。

同義字：言（曰）；如（若）；弗（不）等。